Aushangpflichtige Gesetze und weitere wichtige Vorschriften im Gesundheitswesen

D1672195

Änderungen durch das
Gesetz zur Verbesserung des Vollzugs im Arbeitsschutz (Arbeitsschutzkontrollgesetz)

 Mit dem Arbeitsschutzkontrollgesetz wird es mehrere Änderungen geben, die aushangpflichtige Gesetze und weitere wichtige Vorschriften betreffen: Die **aushangpflichtigen Gesetze Arbeitszeitgesetz (ArbZG) und Jugendarbeitsschutzgesetz (JArbSchG)** werden ebenso geändert wie das Arbeitsschutzgesetz (ArbSchG) und die Arbeitsstättenverordnung (ArbStättV). Da das Gesetzgebungsverfahren zum Zeitpunkt der Drucklegung des Aushangbuchs Ende November 2020 noch nicht abgeschlossen war, die Änderungen laut Gesetz aber „einen Tag nach Verkündung" in Kraft treten sollen, können Sie mit dem nebenstehenden QR-Code auf die Fassung, die am 18.12.2020 im Bundesrat verabschiedet werden soll, zugreifen.

Änderungen durch das
Gesetz zur Beschäftigungssicherung infolge der COVID-19-Pandemie
(Beschäftigungssicherungsgesetz – BeschSiG)

Mit dem Beschäftigungssicherungsgesetz hat der Bundesrat folgende Änderungen im Bundeselterngeld- und Elternzeitgesetz (BEEG) beschlossen, die laut Artikel 7 Abs. 1 dieses Gesetzes am „1. Januar 2021" in Kraft treten:

„Artikel 3
Änderung des Bundeselterngeld- und Elternzeitgesetzes

Das Bundeselterngeld- und Elternzeitgesetz in der Fassung der Bekanntmachung vom 27. Januar 2015 (BGBl. I S. 33), das zuletzt durch Artikel 6 des Gesetzes vom 3. Dezember 2020 (BGBl. I S. 2668) geändert worden ist, wird wie folgt geändert:

1. In § 2b Absatz 1 Satz 3 wird die Angabe „31. Dezember 2020" durch die Wörter „zum Ablauf des 31. Dezember 2021" ersetzt.

2. § 27 Absatz 4 wird wie folgt gefasst:

   „(4) Beginnt der Bezug von Einnahmen nach § 3 Absatz 1 Satz 1 Nummer 5 nach der Geburt des Kindes und berechnen sich die anzurechnenden Einnahmen auf der Grundlage eines Einkommens, das geringer ist als das Einkommen aus Erwerbstätigkeit im Bemessungszeitraum und das aufgrund der COVID-19-Pandemie weggefallen ist, so ist für die Zeit vom 1. März 2020 bis zum Ablauf des 31. Dezember 2021 der Teil des Elterngeldes in Höhe des nach § 2 Absatz 1 oder 2 maßgeblichen Prozentsatzes des Unterschiedsbetrages zwischen dem durchschnittlichen monatlichen Einkommen aus Erwerbstätigkeit im Bemessungszeitraum und dem Bemessungseinkommen der anzurechnenden Einnahmen von der Anrechnung freigestellt."

Aushangpflichtige Gesetze und weitere wichtige Vorschriften im Gesundheitswesen

37. aktualisierte Neuauflage

Bibliografische Information der Deutschen Bibliothek
Die Deutsche Bibliothek verzeichnet diese Publikation in der Deutschen Nationalbibliografie; detaillierte bibliografische Daten sind im Internet über http://dnb.dnb.de abrufbar.

© 2020 by FORUM VERLAG HERKERT GMBH
Mandichostraße 18
86504 Merching

Telefon: +49 (0)8233 381-123
Fax: +49 (0)8233 381-222
E-Mail: service@forum-verlag.com
Internet: www.forum-verlag.com

Satz: Fotosatz Hartmann · 86441 Zusmarshausen
Druck: Druckerei & Verlag Steinmeier GmbH & Co. KG · 86738 Deiningen
Printed in Germany

ISBN 978-3-96314-502-5
37. aktualisierte und veränderte Auflage

Vorwort

Eine Vielzahl von rechtlichen Bestimmungen verpflichten den Arbeitgeber zur Bekanntgabe bestimmter Gesetze, Verordnungen, einzelner Regelungen und Mitteilungen. Diese ergeben sich insbesondere aus dem Arbeitsrecht und dem Arbeitsschutzrecht.

Gegenstand des vorliegenden Bandes sind deshalb Vorschriften aus den Bereichen Arbeitszeit, Gleichbehandlung und Schutz bestimmter Arbeitnehmergruppen.

Wir haben uns bei der Auswahl der Vorschriften vorrangig auf solche beschränkt, die von nahezu allen Betrieben und Dienststellen in geeigneter Form betriebsöffentlich gemacht werden müssen oder von besonderer Wichtigkeit sind. Dabei haben wir bewusst auch solche Vorschriften in diesem Band zusammengetragen, die nicht aushangpflichtig sind oder nur Bestimmungen enthalten, die zur Bekanntgabe einzelner Hinweise verpflichten.

Wir möchten darauf hinweisen, dass neben den ebenfalls in allen Betrieben auszuhängenden Unfallverhütungsvorschriften der BGW noch weitere gesetzliche Vorschriften ausgehängt werden müssen, so z. B. Betriebsvereinbarungen oder Tarifverträge. Falls Ihr Unternehmen zu einer Spezialbranche gehört, empfehlen wir, sich bei der Gewerbeaufsicht über die für Sie geltenden Aushangpflichten zu informieren.

Die Form der betrieblichen Bekanntmachung ist auf unterschiedliche Weise vorstellbar. Naheliegend ist der Aushang am „Schwarzen Brett" oder das „Intranet". Auch ein anderer allgemein zugänglicher und von jedem Arbeitnehmer frequentierter Ort, wie z. B. die Stechuhr, kann für die Auslage oder den Aushang infrage kommen. Besonders praktisch für den Aushang erweist sich bei der vorliegenden Textsammlung die Lochung am linken oberen Rand.

Es liegt nahe, dass sich die vorgeschriebenen Bekanntmachungen nicht allein in einem gut lesbaren Zustand befinden müssen, sondern auch in diesem Zustand zu erhalten sind. Unleserliche oder sogar verschwundene Aushänge oder Auslagen sind also baldmöglichst durch neuwertige in einwandfreiem Zustand zu ersetzen. Darüber hinaus wird der Arbeitgeber angehalten, stets die aktuellen Fassungen der aushangpflichtigen Vorschriften bereitzustellen. Die genaue Beobachtung der Tätigkeit des Gesetzgebers in diesem Bereich wird dem Arbeitgeber daher empfohlen.

Die Erfüllung der Aushangpflicht wird von den Gewerbeaufsichtsämtern überprüft. Eine Verletzung dieser Pflicht – auch in Unkenntnis – stellt eine Fahrlässigkeit dar, die gewöhnlich als Ordnungswidrigkeit mit einer Geldbuße (im Falle des Arbeitszeitgesetzes z. B. bis zu 2.500 Euro) geahndet werden kann.

Der Verlag

Inhalt

Inhalt

Aushangpflichtige Gesetze und Verordnungen für Einrichtungen im Gesundheitswesen

Allgemeines Gleichbehandlungsgesetz

(AGG)

Vom 14. August 2006
(BGBl. I S. 1897, 2006)

Zuletzt geändert durch Art. 8 des Gesetzes
vom 3. April 2013
(BGBl. I S. 610)

Abschnitt 1
Allgemeiner Teil

§ 1 Ziel des Gesetzes

Ziel des Gesetzes ist, Benachteiligungen aus Gründen der Rasse oder wegen der ethnischen Herkunft, des Geschlechts, der Religion oder Weltanschauung, einer Behinderung, des Alters oder der sexuellen Identität zu verhindern oder zu beseitigen.

§ 2 Anwendungsbereich

(1) Benachteiligungen aus einem in § 1 genannten Grund sind nach Maßgabe dieses Gesetzes unzulässig in Bezug auf:

1. die Bedingungen, einschließlich Auswahlkriterien und Einstellungsbedingungen, für den Zugang zu unselbstständiger und selbstständiger Erwerbstätigkeit, unabhängig von Tätigkeitsfeld und beruflicher Position, sowie für den beruflichen Aufstieg,

2. die Beschäftigungs- und Arbeitsbedingungen einschließlich Arbeitsentgelt und Entlassungsbedingungen, insbesondere in individual- und kollektivrechtlichen Vereinbarungen und Maßnahmen bei der Durchführung und Beendigung eines Beschäftigungsverhältnisses sowie beim beruflichen Aufstieg,

3. den Zugang zu allen Formen und allen Ebenen der Berufsberatung, der Berufsbildung einschließlich der Berufsausbildung, der beruflichen Weiterbildung und der Umschulung sowie der praktischen Berufserfahrung,

4. die Mitgliedschaft und Mitwirkung in einer Beschäftigten- oder Arbeitgebervereinigung oder einer Vereinigung, deren Mitglieder einer bestimmten Berufsgruppe angehören, einschließlich der Inanspruchnahme der Leistungen solcher Vereinigungen,

5. den Sozialschutz, einschließlich der sozialen Sicherheit und der Gesundheitsdienste,

6. die sozialen Vergünstigungen,

7. die Bildung,

8. den Zugang zu und die Versorgung mit Gütern und Dienstleistungen, die der Öffentlichkeit zur Verfügung stehen, einschließlich von Wohnraum.

(2) Für Leistungen nach dem Sozialgesetzbuch gelten § 33c des Ersten Buches Sozialgesetzbuch und § 19a des Vierten Buches Sozialgesetzbuch. Für die betriebliche Altersvorsorge gilt das Betriebsrentengesetz.

(3) Die Geltung sonstiger Benachteiligungsverbote oder Gebote der Gleichbehandlung wird durch dieses Gesetz nicht berührt. Dies gilt auch für öffentlich-rechtliche Vorschriften, die dem Schutz bestimmter Personengruppen dienen.

(4) Für Kündigungen gelten ausschließlich die Bestimmungen zum allgemeinen und besonderen Kündigungsschutz.

§ 3 Begriffsbestimmungen

(1) Eine unmittelbare Benachteiligung liegt vor, wenn eine Person wegen eines in § 1 genannten Grundes eine weniger günstige Behandlung erfährt, als eine andere Person in einer vergleichbaren Situation erfährt, erfahren hat oder erfahren würde. Eine unmittelbare Benachteiligung wegen des Geschlechts liegt in Bezug auf § 2 Abs. 1 Nr. 1 bis 4 auch im Fall einer ungünstigeren Behandlung einer Frau wegen Schwangerschaft oder Mutterschaft vor.

(2) Eine mittelbare Benachteiligung liegt vor, wenn dem Anschein nach neutrale Vorschriften, Kriterien oder Verfahren Personen wegen eines in § 1 genannten Grundes gegenüber anderen Personen in besonderer Weise benachteiligen können, es sei denn, die betreffenden Vorschriften, Kriterien oder Verfahren sind durch ein rechtmäßiges Ziel sachlich gerechtfertigt und die Mittel sind zur Erreichung dieses Ziels angemessen und erforderlich.

(3) Eine Belästigung ist eine Benachteiligung, wenn unerwünschte Verhaltensweisen, die mit einem in § 1 genannten Grund in Zusammenhang stehen, bezwecken oder bewirken, dass die Würde der betreffenden Person verletzt und ein von Einschüchterungen, Anfeindungen, Erniedrigungen, Entwürdigungen oder Beleidigungen gekennzeichnetes Umfeld geschaffen wird.

(4) Eine sexuelle Belästigung ist eine Benachteiligung in Bezug auf § 2 Abs. 1 Nr. 1 bis 4, wenn ein unerwünschtes, sexuell bestimmtes Verhalten, wozu auch unerwünschte sexuelle Handlungen und Aufforderungen zu diesen, sexuell bestimmte körperliche Berührungen, Bemerkungen sexuellen Inhalts sowie unerwünschtes Zeigen und sichtbares Anbringen von pornographischen Darstellungen gehören, bezweckt oder bewirkt, dass die Würde der betreffenden Person verletzt wird, insbesondere wenn ein von Einschüchterungen, Anfeindungen, Erniedrigungen, Entwürdigungen oder Beleidigungen gekennzeichnetes Umfeld geschaffen wird.

(5) Die Anweisung zur Benachteiligung einer Person aus einem in § 1 genannten Grund gilt als Benachteiligung. Eine solche Anweisung liegt in Bezug auf § 2 Abs. 1 Nr. 1 bis 4 insbesondere vor, wenn jemand eine Person zu einem Verhalten bestimmt, das einen Beschäftigten oder eine Beschäftigte wegen eines in § 1 genannten Grundes benachteiligt oder benachteiligen kann.

§ 4 Unterschiedliche Behandlung wegen mehrerer Gründe

Erfolgt eine unterschiedliche Behandlung wegen mehrerer der in § 1 genannten Gründe, so kann diese unterschiedliche Behandlung nach den §§ 8 bis 10 und 20 nur gerechtfertigt werden, wenn sich die Rechtfertigung auf alle diese Gründe erstreckt, derentwegen die unterschiedliche Behandlung erfolgt.

§ 5 Positive Maßnahmen

Ungeachtet der in den §§ 8 bis 10 sowie in § 20 benannten Gründe ist eine unterschiedliche Behandlung auch zulässig, wenn durch geeignete und angemessene Maßnahmen bestehende Nachteile wegen eines in § 1 genannten Grundes verhindert oder ausgeglichen werden sollen.

Abschnitt 2
Schutz der Beschäftigten vor Benachteiligung

Unterabschnitt 1
Verbot der Benachteiligung

§ 6 Persönlicher Anwendungsbereich

(1) Beschäftigte im Sinne dieses Gesetzes sind

1. Arbeitnehmerinnen und Arbeitnehmer,

2. die zu ihrer Berufsbildung Beschäftigten,

3. Personen, die wegen ihrer wirtschaftlichen Unselbstständigkeit als arbeitnehmerähnliche Personen anzusehen sind; zu diesen gehören auch die in Heimarbeit Beschäftigten und die ihnen Gleichgestellten.

Als Beschäftigte gelten auch die Bewerberinnen und Bewerber für ein Beschäftigungsverhältnis sowie die Personen, deren Beschäftigungsverhältnis beendet ist.

(2) Arbeitgeber (Arbeitgeber und Arbeitgeberinnen) im Sinne dieses Abschnitts sind natürliche und juristische Personen sowie rechtsfähige Personengesellschaften, die Personen nach Absatz 1 beschäftigen. Werden Beschäftigte einem Dritten zur Arbeitsleistung überlassen, so gilt auch dieser als Arbeitgeber im Sinne dieses Abschnitts. Für die in Heimarbeit Beschäftigten und die ihnen Gleichgestellten tritt an die Stelle des Arbeitgebers der Auftraggeber oder Zwischenmeister.

(3) Soweit es die Bedingungen für den Zugang zur Erwerbstätigkeit sowie den beruflichen Aufstieg betrifft, gelten die Vorschriften dieses Abschnitts für Selbstständige und Organmitglieder, insbesondere Geschäftsführer oder Geschäftsführerinnen und Vorstände, entsprechend.

§ 7 Benachteiligungsverbot

(1) Beschäftigte dürfen nicht wegen eines in § 1 genannten Grundes benachteiligt werden; dies gilt auch, wenn die Person, die die Benachteiligung begeht, das Vorliegen eines in § 1 genannten Grundes bei der Benachteiligung nur annimmt.

(2) Bestimmungen in Vereinbarungen, die gegen das Benachteiligungsverbot des Absatzes 1 verstoßen, sind unwirksam.

(3) Eine Benachteiligung nach Absatz 1 durch Arbeitgeber oder Beschäftigte ist eine Verletzung vertraglicher Pflichten.

§ 8 Zulässige unterschiedliche Behandlung wegen beruflicher Anforderungen

(1) Eine unterschiedliche Behandlung wegen eines in § 1 genannten Grundes ist zulässig, wenn dieser Grund wegen der Art der auszuübenden Tätigkeit oder der Bedingungen ihrer Ausübung eine wesentliche und entscheidende berufliche Anforderung darstellt, sofern der Zweck rechtmäßig und die Anforderung angemessen ist.

(2) Die Vereinbarung einer geringeren Vergütung für gleiche oder gleichwertige Arbeit wegen eines in § 1 genannten Grundes wird nicht dadurch gerechtfertigt, dass wegen eines in § 1 genannten Grundes besondere Schutzvorschriften gelten.

§ 9 Zulässige unterschiedliche Behandlung wegen der Religion oder Weltanschauung

(1) Ungeachtet des § 8 ist eine unterschiedliche Behandlung wegen der Religion oder der Weltanschauung bei der Beschäftigung durch Religionsgemeinschaften, die ihnen zugeordneten Einrichtungen ohne Rücksicht auf ihre Rechtsform oder durch Vereinigungen, die sich die gemeinschaftliche Pflege einer Religion oder Weltanschauung zur Aufgabe machen, auch zulässig, wenn eine bestimmte Religion oder Weltanschauung unter Beachtung des Selbstverständnisses der jeweiligen Religionsgemeinschaft oder Vereinigung im Hinblick auf ihr Selbstbestimmungsrecht oder nach der Art der Tätigkeit eine gerechtfertigte berufliche Anforderung darstellt.

(2) Das Verbot unterschiedlicher Behandlung wegen der Religion oder der Weltanschauung berührt nicht das Recht der in Absatz 1 genannten Religionsgemeinschaften, der ihnen zugeordneten Einrichtungen ohne Rücksicht auf ihre Rechtsform oder der Vereinigungen, die sich die gemeinschaftliche Pflege einer Religion oder Weltanschauung zur Aufgabe machen, von ihren Beschäftigten ein loyales und aufrichtiges Verhalten im Sinne ihres jeweiligen Selbstverständnisses verlangen zu können.

§ 10 Zulässige unterschiedliche Behandlung wegen des Alters

Ungeachtet des § 8 ist eine unterschiedliche Behandlung wegen des Alters auch zulässig, wenn sie objektiv und angemessen und durch ein legitimes Ziel gerechtfertigt ist. Die Mittel zur Erreichung dieses Ziels müssen angemessen und erforderlich sein. Derartige unterschiedliche Behandlungen können insbesondere Folgendes einschließen:

1. die Festlegung besonderer Bedingungen für den Zugang zur Beschäftigung und zur beruflichen Bildung sowie besonderer Beschäftigungs- und Arbeitsbedingungen, einschließlich der Bedingungen für Entlohnung und Bendigung des Beschäftigungsverhältnisses, um die berufliche Eingliederung von Jugendlichen, älteren Beschäftigten und Personen mit Fürsorgepflichten zu fördern oder ihren Schutz sicherzustellen,

2. die Festlegung von Mindestanforderungen an das Alter, die Berufserfahrung oder das Dienstalter für den Zugang zur Beschäftigung oder für bestimmte mit der Beschäftigung verbundene Vorteile,

3. die Festsetzung eines Höchstalters für die Einstellung auf Grund der spezifischen Ausbildungsanforderungen eines bestimmten Arbeitsplatzes oder auf Grund der Notwendigkeit einer angemessenen Beschäftigungszeit vor dem Eintritt in den Ruhestand,

4. die Festsetzung von Altersgrenzen bei den betrieblichen Systemen der sozialen Sicherheit als Voraussetzung für die Mitgliedschaft oder den Bezug von Altersrente oder von Leistungen bei Invalidität einschließlich der Festsetzung unterschiedlicher Altersgrenzen im Rahmen dieser Systeme für bestimmte Beschäftigte oder Gruppen von Beschäftigten und die Verwendung von Alterskriterien im Rahmen dieser Systeme für versicherungsmathematische Berechnungen,

5. eine Vereinbarung, die die Beendigung des Beschäftigungsverhältnisses ohne Kündigung zu einem Zeitpunkt vorsieht, zu dem der oder die Beschäftigte eine Rente wegen Alters beantragen kann; § 41 des Sechsten Buches Sozialgesetzbuch bleibt unberührt,

6. Differenzierungen von Leistungen in Sozialplänen im Sinne des Betriebsverfassungsgesetzes, wenn die Parteien eine nach Alter oder Betriebszugehörigkeit gestaffelte Abfindungsregelung geschaffen haben, in der die wesentlich vom Alter abhängenden Chancen auf dem Arbeitsmarkt durch eine verhältnismäßig starke Betonung des Lebensalters erkennbar berücksichtigt worden sind, oder Beschäftigte von den Leistungen des Sozialplans ausgeschlossen haben, die wirtschaftlich abgesichert sind, weil sie, gegebenenfalls nach Bezug von Arbeitslosengeld, rentenberechtigt sind.

Unterabschnitt 2
Organisationspflichten des Arbeitgebers

§ 11 Ausschreibung

Ein Arbeitsplatz darf nicht unter Verstoß gegen § 7 Abs. 1 ausgeschrieben werden.

§ 12 Maßnahmen und Pflichten des Arbeitgebers

(1) Der Arbeitgeber ist verpflichtet, die erforderlichen Maßnahmen zum Schutz vor Benachteiligungen wegen eines in § 1 genannten Grundes zu treffen. Dieser Schutz umfasst auch vorbeugende Maßnahmen.

(2) Der Arbeitgeber soll in geeigneter Art und Weise, insbesondere im Rahmen der beruflichen Aus- und Fortbildung, auf die Unzulässigkeit solcher Benachteiligungen hinweisen und darauf hinwirken, dass diese unterbleiben. Hat der Arbeitgeber seine Beschäftigten in geeigneter Weise zum Zwecke der Verhinderung von Benachteiligung geschult, gilt dies als Erfüllung seiner Pflichten nach Absatz 1.

(3) Verstoßen Beschäftigte gegen das Benachteiligungsverbot des § 7 Abs. 1, so hat der Arbeitgeber die im Einzelfall geeigneten, erforderlichen und angemessenen Maßnahmen zur Unterbindung der Benachteiligung wie Abmahnung, Umsetzung, Versetzung oder Kündigung zu ergreifen.

(4) Werden Beschäftigte bei der Ausübung ihrer Tätigkeit durch Dritte nach § 7 Abs. 1 benachteiligt, so hat der Arbeitgeber die im Einzelfall geeigneten, erforderlichen und angemessenen Maßnahmen zum Schutz der Beschäftigten zu ergreifen.

(5) Dieses Gesetz und § 61b des Arbeitsgerichtsgesetzes sowie Informationen über die für die Behandlung von Beschwerden nach § 13 zuständigen Stellen sind im Betrieb oder in der Dienststelle bekannt zu machen. Die Bekanntmachung kann durch Aushang oder Auslegung an geeigneter Stelle oder den Einsatz der im Betrieb oder der Dienststelle üblichen Informations- und Kommunikationstechnik erfolgen.

Unterabschnitt 3
Rechte der Beschäftigten

§ 13 Beschwerderecht

(1) Die Beschäftigten haben das Recht, sich bei den zuständigen Stellen des Betriebs, des Unternehmens oder der Dienststelle zu beschweren, wenn sie sich im Zusammenhang mit ihrem Beschäftigungsverhältnis vom Arbeitgeber, von Vorgesetzten, anderen Beschäftigten oder Dritten wegen eines in § 1 genannten Grundes benachteiligt fühlen. Die Beschwerde ist zu prüfen und das Ergebnis der oder dem beschwerdeführenden Beschäftigten mitzuteilen.

(2) Die Rechte der Arbeitnehmervertretungen bleiben unberührt.

§ 14 Leistungsverweigerungsrecht

Ergreift der Arbeitgeber keine oder offensichtlich ungeeignete Maßnahmen zur Unterbindung einer Belästigung oder sexuellen Belästigung am Arbeitsplatz, sind die betroffenen Beschäftigten berechtigt, ihre Tätigkeit ohne Verlust des Arbeitsentgelts einzustellen, soweit dies zu ihrem Schutz erforderlich ist. § 273 des Bürgerlichen Gesetzbuchs bleibt unberührt.

§ 15 Entschädigung und Schadensersatz

(1) Bei einem Verstoß gegen das Benachteiligungsverbot ist der Arbeitgeber verpflichtet, den hierdurch entstandenen Schaden zu ersetzen. Dies gilt nicht, wenn der Arbeitgeber die Pflichtverletzung nicht zu vertreten hat.

(2) Wegen eines Schadens, der nicht Vermögensschaden ist, kann der oder die Beschäftigte eine angemessene Entschädigung in Geld verlangen. Die Entschädigung darf bei einer Nichteinstellung drei Monatsgehälter nicht übersteigen, wenn der oder die Beschäftigte auch bei benachteiligungsfreier Auswahl nicht eingestellt worden wäre.

(3) Der Arbeitgeber ist bei der Anwendung kollektivrechtlicher Vereinbarungen nur dann zur Entschädigung verpflichtet, wenn er vorsätzlich oder grob fahrlässig handelt.

(4) Ein Anspruch nach Absatz 1 oder 2 muss innerhalb einer Frist von zwei Monaten schriftlich geltend gemacht werden, es sei denn, die Tarifvertragsparteien haben etwas anderes vereinbart. Die Frist beginnt im Falle einer Bewerbung oder eines beruflichen Aufstiegs mit dem Zugang der Ablehnung und in den sonstigen Fällen einer Benachteiligung zu dem Zeitpunkt, in dem der oder die Beschäftigte von der Benachteiligung Kenntnis erlangt.

(5) Im Übrigen bleiben Ansprüche gegen den Arbeitgeber, die sich aus anderen Rechtsvorschriften ergeben, unberührt.

(6) Ein Verstoß des Arbeitgebers gegen das Benachteiligungsverbot des § 7 Abs. 1 begründet keinen Anspruch auf Begründung eines Beschäftigungsverhältnisses, Berufsausbildungsverhältnisses oder einen beruflichen Aufstieg, es sei denn, ein solcher ergibt sich aus einem anderen Rechtsgrund.

§ 16 Maßregelungsverbot

(1) Der Arbeitgeber darf Beschäftigte nicht wegen der Inanspruchnahme von Rechten nach

diesem Abschnitt oder wegen der Weigerung, eine gegen diesen Abschnitt verstoßende Anweisung auszuführen, benachteiligen. Gleiches gilt für Personen, die den Beschäftigten hierbei unterstützen oder als Zeuginnen oder Zeugen aussagen.

(2) Die Zurückweisung oder Duldung benachteiligender Verhaltensweisen durch betroffene Beschäftigte darf nicht als Grundlage für eine Entscheidung herangezogen werden, die diese Beschäftigten berührt. Absatz 1 Satz 2 gilt entsprechend.

(3) § 22 gilt entsprechend.

1. Tarifvertragspartei,

2. Vereinigung, deren Mitglieder einer bestimmten Berufsgruppe angehören oder die eine überragende Machtstellung im wirtschaftlichen oder sozialen Bereich innehaben, wenn ein grundlegendes Interesse am Erwerb der Mitgliedschaft besteht,

sowie deren jeweiligen Zusammenschlüssen.

(2) Wenn die Ablehnung einen Verstoß gegen das Benachteiligungsverbot des § 7 Abs. 1 darstellt, besteht ein Anspruch auf Mitgliedschaft oder Mitwirkung in den in Absatz 1 genannten Vereinigungen.

Unterabschnitt 4
Ergänzende Vorschriften

§ 17 Soziale Verantwortung der Beteiligten

(1) Tarifvertragsparteien, Arbeitgeber, Beschäftigte und deren Vertretungen sind aufgefordert, im Rahmen ihrer Aufgaben und Handlungsmöglichkeiten an der Verwirklichung des in § 1 genannten Ziels mitzuwirken.

(2) In Betrieben, in denen die Voraussetzungen des § 1 Abs. 1 Satz 1 des Betriebsverfassungsgesetzes vorliegen, können bei einem groben Verstoß des Arbeitgebers gegen Vorschriften aus diesem Abschnitt der Betriebsrat oder eine im Betrieb vertretene Gewerkschaft unter der Voraussetzung des § 23 Abs. 3 Satz 1 des Betriebsverfassungsgesetzes die dort genannten Rechte gerichtlich geltend machen; § 23 Abs. 3 Satz 2 bis 5 des Betriebsverfassungsgesetzes gilt entsprechend. Mit diesem Antrag dürfen nicht Ansprüche des Benachteiligten geltend gemacht werden.

§ 18 Mitgliedschaft in Vereinigungen

(1) Die Vorschriften dieses Abschnitts gelten entsprechend für die Mitgliedschaft oder die Mitwirkung in einer

Abschnitt 3
Schutz vor Benachteiligung im Zivilrechtsverkehr

§ 19 Zivilrechtliches Benachteiligungsverbot

(1) Eine Benachteiligung aus Gründen der Rasse oder wegen der ethnischen Herkunft, wegen des Geschlechts, der Religion, einer Behinderung, des Alters oder der sexuellen Identität bei der Begründung, Durchführung und Beendigung zivilrechtlicher Schuldverhältnisse, die

1. typischerweise ohne Ansehen der Person zu vergleichbaren Bedingungen in einer Vielzahl von Fällen zustande kommen (Massengeschäfte) oder bei denen das Ansehen der Person nach der Art des Schuldverhältnisses eine nachrangige Bedeutung hat und die zu vergleichbaren Bedingungen in einer Vielzahl von Fällen zustande kommen oder

2. eine privatrechtliche Versicherung zum Gegenstand haben,

ist unzulässig.

(2) Eine Benachteiligung aus Gründen der Rasse oder wegen der ethnischen Herkunft ist darüber hinaus auch bei der Begründung, Durchführung und Beendigung sonstiger zivilrechtlicher Schuldverhältnisse im Sinne des § 2 Abs. 1 Nr. 5 bis 8 unzulässig.

(3) Bei der Vermietung von Wohnraum ist eine unterschiedliche Behandlung im Hinblick auf die Schaffung und Erhaltung sozial stabiler Bewohnerstrukturen und ausgewogener Siedlungsstrukturen sowie ausgeglichener wirtschaftlicher, sozialer und kultureller Verhältnisse zulässig.

(4) Die Vorschriften dieses Abschnitts finden keine Anwendung auf familien- und erbrechtliche Schuldverhältnisse.

(5) Die Vorschriften dieses Abschnitts finden keine Anwendung auf zivilrechtliche Schuldverhältnisse, bei denen ein besonderes Nähe- oder Vertrauensverhältnis der Parteien oder ihrer Angehörigen begründet wird. Bei Mietverhältnissen kann dies insbesondere der Fall sein, wenn die Parteien oder ihre Angehörigen Wohnraum auf demselben Grundstück nutzen. Die Vermietung von Wohnraum zum nicht nur vorübergehenden Gebrauch ist in der Regel kein Geschäft im Sinne des Absatzes 1 Nr. 1, wenn der Vermieter insgesamt nicht mehr als 50 Wohnungen vermietet.

§ 20 Zulässige unterschiedliche Behandlung

(1) Eine Verletzung des Benachteiligungsverbots ist nicht gegeben, wenn für eine unterschiedliche Behandlung wegen der Religion, einer Behinderung, des Alters, der sexuellen Identität oder des Geschlechts ein sachlicher Grund vorliegt. Das kann insbesondere der Fall sein, wenn die unterschiedliche Behandlung

1. der Vermeidung von Gefahren, der Verhütung von Schäden oder anderen Zwecken vergleichbarer Art dient,

2. dem Bedürfnis nach Schutz der Intimsphäre oder der persönlichen Sicherheit Rechnung trägt,

3. besondere Vorteile gewährt und ein Interesse an der Durchsetzung der Gleichbehandlung fehlt,

4. an die Religion eines Menschen anknüpft und im Hinblick auf die Ausübung der Religionsfreiheit oder auf das Selbstbestimmungsrecht der Religionsgemeinschaften, der ihnen zugeordneten Einrichtungen ohne Rücksicht auf ihre Rechtsform sowie der Vereinigungen, die sich die gemeinschaftliche Pflege einer Religion zur Aufgabe machen, unter Beachtung des jeweiligen Selbstverständnisses gerechtfertigt ist.

(2) Kosten im Zusammenhang mit Schwangerschaft und Mutterschaft dürfen auf keinen Fall zu unterschiedlichen Prämien oder Leistungen führen. Eine unterschiedliche Behandlung wegen der Religion, einer Behinderung, des Alters oder der sexuellen Identität ist im Falle des § 19 Abs. 1 Nr. 2 nur zulässig, wenn diese auf anerkannten Prinzipien risikoadäquater Kalkulation beruht, insbesondere auf einer versicherungsmathematisch ermittelten Risikobewertung unter Heranziehung statistischer Erhebungen.

§ 21 Ansprüche

(1) Der Benachteiligte kann bei einem Verstoß gegen das Benachteiligungsverbot unbeschadet weiterer Ansprüche die Beseitigung der Beeinträchtigung verlangen. Sind weitere Beeinträchtigungen zu besorgen, so kann er auf Unterlassung klagen.

(2) Bei einer Verletzung des Benachteiligungsverbotes ist der Benachteiligende verpflichtet, den hierdurch entstandenen Schaden zu ersetzen. Dies gilt nicht, wenn der Benachteiligende die Pflichtverletzung nicht zu vertreten hat. Wegen eines Schadens, der nicht Vermögensschaden ist, kann der Benachteiligte eine angemessene Entschädigung in Geld verlangen.

(3) Ansprüche aus unerlaubter Handlung bleiben unberührt.

(4) Auf eine Vereinbarung, die von dem Benachteiligungsverbot abweicht, kann sich der Benachteiligende nicht berufen.

(5) Ein Anspruch nach Absatz 1 und 2 muss innerhalb einer Frist von zwei Monaten geltend gemacht werden. Nach Ablauf der Frist kann der Anspruch nur geltend gemacht werden, wenn der Benachteiligte ohne Verschulden an der Einhaltung der Frist verhindert war.

Abschnitt 4
Rechtsschutz

§ 22 Beweislast

Wenn im Streitfall die eine Partei Indizien beweist, die eine Benachteiligung wegen eines in § 1 genannten Grundes vermuten lassen, trägt die andere Partei die Beweislast dafür, dass kein Verstoß gegen die Bestimmungen zum Schutz vor Benachteiligung vorgelegen hat.

§ 23 Unterstützung durch Antidiskriminierungsverbände

(1) Antidiskriminierungsverbände sind Personenzusammenschlüsse, die nicht gewerbsmäßig und nicht nur vorübergehend entsprechend ihrer Satzung die besonderen Interessen von benachteiligten Personen oder Personengruppen nach Maßgabe von § 1 wahrnehmen. Die Befugnisse nach den Absätzen 2 bis 4 stehen ihnen zu, wenn sie mindestens 75 Mitglieder haben oder einen Zusammenschluss aus mindestens sieben Verbänden bilden.

(2) Antidiskriminierungsverbände sind befugt, im Rahmen ihres Satzungszwecks in gerichtlichen Verfahren als Beistände Benachteiligter in der Verhandlung aufzutreten. Im Übrigen bleiben die Vorschriften der Verfahrensordnungen, insbesondere diejenigen, nach denen Beiständen weiterer Vortrag untersagt werden kann, unberührt.

(3) Antidiskriminierungsverbänden ist im Rahmen ihres Satzungszwecks die Besorgung von Rechtsangelegenheiten Benachteiligter gestattet.

(4) Besondere Klagerechte und Vertretungsbefugnisse von Verbänden zu Gunsten von behinderten Menschen bleiben unberührt.

Abschnitt 5
Sonderregelungen für öffentlich-rechtliche Dienstverhältnisse

§ 24 Sonderregelung für öffentlich-rechtliche Dienstverhältnisse

Die Vorschriften dieses Gesetzes gelten unter Berücksichtigung ihrer besonderen Rechtsstellung entsprechend für

1. Beamtinnen und Beamte des Bundes, der Länder, der Gemeinden, der Gemeindeverbände sowie der sonstigen der Aufsicht des Bundes oder eines Landes unterstehenden Körperschaften, Anstalten und Stiftungen des öffentlichen Rechts,

2. Richterinnen und Richter des Bundes und der Länder,

3. Zivildienstleistende sowie anerkannte Kriegsdienstverweigerer, soweit ihre Heranziehung zum Zivildienst betroffen ist.

Abschnitt 6
Antidiskriminierungsstelle

§ 25 Antidiskriminierungsstelle des Bundes

(1) Beim Bundesministerium für Familie, Senioren, Frauen und Jugend wird unbeschadet der Zuständigkeit der Beauftragten des Deutschen Bundestages oder der Bundesregierung die Stelle des Bundes zum Schutz vor Benachteiligungen wegen eines in § 1 genannten Grundes (Antidiskriminierungsstelle des Bundes) errichtet.

(2) Der Antidiskriminierungsstelle des Bundes ist die für die Erfüllung ihrer Aufgaben notwendige Personal- und Sachausstattung zur Verfügung zu stellen. Sie ist im Einzelplan des Bundesministeriums für Familie, Senioren, Frauen und Jugend in einem eigenen Kapitel auszuweisen.

§ 26 Rechtsstellung der Leitung der Antidiskriminierungsstelle des Bundes

(1) Die Bundesministerin oder der Bundesminister für Familie, Senioren, Frauen und Jugend ernennt auf Vorschlag der Bundesregierung eine Person zur Leitung der Antidiskriminierungsstelle des Bundes. Sie steht nach Maßgabe dieses Gesetzes in einem öffentlich-rechtlichen Amtsverhältnis zum Bund. Sie ist in Ausübung ihres Amtes unabhängig und nur dem Gesetz unterworfen.

(2) Das Amtsverhältnis beginnt mit der Aushändigung der Urkunde über die Ernennung durch die Bundesministerin oder den Bundesminister für Familie, Senioren, Frauen und Jugend.

(3) Das Amtsverhältnis endet außer durch Tod

1. mit dem Zusammentreten eines neuen Bundestages,

2. durch Ablauf der Amtszeit mit Erreichen der Altersgrenze nach § 51 Abs. 1 und 2 des Bundesbeamtengesetzes,

3. mit der Entlassung.

Die Bundesministerin oder der Bundesminister für Familie, Senioren, Frauen und Jugend entlässt die Leiterin oder den Leiter der Antidiskriminierungsstelle des Bundes auf deren Verlangen oder wenn Gründe vorliegen, die bei einer Richterin oder einem Richter auf Lebenszeit die Entlassung aus dem Dienst rechtfertigen. Im Falle der Beendigung des Amtsverhältnisses erhält die Leiterin oder der Leiter der Antidiskriminierungsstelle des Bundes eine von der Bundesministerin oder dem Bundesminister für Familie, Senioren, Frauen und Jugend

vollzogene Urkunde. Die Entlassung wird mit der Aushändigung der Urkunde wirksam.

(4) Das Rechtsverhältnis der Leitung der Antidiskriminierungsstelle des Bundes gegenüber dem Bund wird durch Vertrag mit dem Bundesministerium für Familie, Senioren, Frauen und Jugend geregelt. Der Vertrag bedarf der Zustimmung der Bundesregierung.

(5) Wird eine Bundesbeamtin oder ein Bundesbeamter zur Leitung der Antidiskriminierungsstelle des Bundes bestellt, scheidet er oder sie mit Beginn des Amtsverhältnisses aus dem bisherigen Amt aus. Für die Dauer des Amtsverhältnisses ruhen die aus dem Beamtenverhältnis begründeten Rechte und Pflichten mit Ausnahme der Pflicht zur Amtsverschwiegenheit und des Verbots der Annahme von Belohnungen oder Geschenken. Bei unfallverletzten Beamtinnen oder Beamten bleiben die gesetzlichen Ansprüche auf das Heilverfahren und einen Unfallausgleich unberührt.

§ 27 Aufgaben

(1) Wer der Ansicht ist, wegen eines in § 1 genannten Grundes benachteiligt worden zu sein, kann sich an die Antidiskriminierungsstelle des Bundes wenden.

(2) Die Antidiskriminierungsstelle des Bundes unterstützt auf unabhängige Weise Personen, die sich nach Absatz 1 an sie wenden, bei der Durchsetzung ihrer Rechte zum Schutz vor Benachteiligungen. Hierbei kann sie insbesondere

1. über Ansprüche und die Möglichkeiten des rechtlichen Vorgehens im Rahmen gesetzlicher Regelungen zum Schutz vor Benachteiligungen informieren,

2. Beratung durch andere Stellen vermitteln,

3. eine gütliche Beilegung zwischen den Beteiligten anstreben.

Soweit Beauftragte des Deutschen Bundestages oder der Bundesregierung zuständig sind, leitet die Antidiskriminierungsstelle des Bundes die Anliegen der in Absatz 1 genannten Personen mit deren Einverständnis unverzüglich an diese weiter.

(3) Die Antidiskriminierungsstelle des Bundes nimmt auf unabhängige Weise folgende Aufgaben wahr, soweit nicht die Zuständigkeit der Beauftragten der Bundesregierung oder des Deutschen Bundestages berührt ist:

1. Öffentlichkeitsarbeit,

2. Maßnahmen zur Verhinderung von Benachteiligungen aus den in § 1 genannten Gründen,

3. Durchführung wissenschaftlicher Untersuchungen zu diesen Benachteiligungen.

(4) Die Antidiskriminierungsstelle des Bundes und die in ihrem Zuständigkeitsbereich betroffenen Beauftragten der Bundesregierung und des Deutschen Bundestages legen gemeinsam dem Deutschen Bundestag alle vier Jahre Berichte über Benachteiligungen aus den in § 1 genannten Gründen vor und geben Empfehlungen zur Beseitigung und Vermeidung dieser Benachteiligungen. Sie können gemeinsam wissenschaftliche Untersuchungen zu Benachteiligungen durchführen.

(5) Die Antidiskriminierungsstelle des Bundes und die in ihrem Zuständigkeitsbereich betroffenen Beauftragten der Bundesregierung und des Deutschen Bundestages sollen bei Benachteiligungen aus mehreren der in § 1 genannten Gründe zusammenarbeiten.

§ 28 Befugnisse

(1) Die Antidiskriminierungsstelle des Bundes kann in Fällen des § 27 Abs. 2 Satz 2 Nr. 3 Beteiligte um Stellungnahmen ersuchen, soweit die Person, die sich nach § 27 Abs. 1 an sie gewandt hat, hierzu ihr Einverständnis erklärt.

(2) Alle Bundesbehörden und sonstigen öffentlichen Stellen im Bereich des Bundes sind verpflichtet, die Antidiskriminierungsstelle des Bundes bei der Erfüllung ihrer Aufgaben zu unterstützen, insbesondere die erforderlichen Auskünfte zu erteilen. Die Bestimmungen zum Schutz personenbezogener Daten bleiben unberührt.

§ 29 Zusammenarbeit mit Nichtregierungsorganisationen und anderen Einrichtungen

Die Antidiskriminierungsstelle des Bundes soll bei ihrer Tätigkeit Nichtregierungsorganisationen sowie Einrichtungen, die auf europäischer, Bundes-, Landes- oder regionaler Ebene zum Schutz vor Benachteiligungen wegen eines in § 1 genannten Grundes tätig sind, in geeigneter Form einbeziehen.

§ 30 Beirat

(1) Zur Förderung des Dialogs mit gesellschaftlichen Gruppen und Organisationen, die sich den Schutz vor Benachteiligungen wegen eines in § 1 genannten Grundes zum Ziel gesetzt haben, wird der Antidiskriminierungsstelle des Bundes ein Beirat beigeordnet. Der Beirat berät die Antidiskriminierungsstelle des Bundes bei der Vorlage von Berichten und Empfehlungen an den Deutschen Bundestag nach § 27 Abs. 4 und kann hierzu sowie zu wissenschaftlichen Untersuchungen nach § 27 Abs. 3 Nr. 3 eigene Vorschläge unterbreiten.

(2) Das Bundesministerium für Familie, Senioren, Frauen und Jugend beruft im Einvernehmen mit der Leitung der Antidiskriminierungsstelle des Bundes sowie den entsprechend zuständigen Beauftragten der Bundesregierung oder des Deutschen Bundestages die Mitglieder dieses Beirats und für jedes Mitglied eine Stellvertretung. In den Beirat sollen Vertreterinnen und Vertreter gesellschaftlicher Gruppen und Organisationen sowie Expertinnen und Experten in Benachteiligungsfragen berufen werden. Die Gesamtzahl der Mitglieder des Beirats soll 16 Personen nicht überschreiten. Der Beirat soll zu gleichen Teilen mit Frauen und Männern besetzt sein.

(3) Der Beirat gibt sich eine Geschäftsordnung, die der Zustimmung des Bundesministeriums für Familie, Senioren, Frauen und Jugend bedarf.

(4) Die Mitglieder des Beirats üben die Tätigkeit nach diesem Gesetz ehrenamtlich aus. Sie haben Anspruch auf Aufwandsentschädigung sowie Reisekostenvergütung, Tagegelder und Übernachtungsgelder. Näheres regelt die Geschäftsordnung.

Abschnitt 7
Schlussvorschriften

§ 31 Unabdingbarkeit

Von den Vorschriften dieses Gesetzes kann nicht zuungunsten der geschützten Personen abgewichen werden.

§ 32 Schlussbestimmung

Soweit in diesem Gesetz nicht Abweichendes bestimmt ist, gelten die allgemeinen Bestimmungen.

§ 33 Übergangsbestimmungen

(1) Bei Benachteiligungen nach den §§ 611a, 611b und 612 Abs. 3 des Bürgerlichen Gesetzbuchs oder sexuellen Belästigungen nach dem Beschäftigtenschutzgesetz ist das vor dem 18. August 2006 maßgebliche Recht anzuwenden.

(2) Bei Benachteiligungen aus Gründen der Rasse oder wegen der ethnischen Herkunft sind die §§ 19 bis 21 nicht auf Schuldverhältnisse anzuwenden, die vor dem 18. August 2006 begründet worden sind. Satz 1 gilt nicht für spätere Änderungen von Dauerschuldverhältnissen.

(3) Bei Benachteiligungen wegen des Geschlechts, der Religion, einer Behinderung, des Alters oder der sexuellen Identität sind die §§ 19 bis 21 nicht auf Schuldverhältnisse anzuwenden, die vor dem 1. Dezember 2006 begründet worden sind. Satz 1 gilt nicht für spätere Änderungen von Dauerschuldverhältnissen.

(4) Auf Schuldverhältnisse, die eine privatrechtliche Versicherung zum Gegenstand haben, ist § 19 Abs. 1 nicht anzuwenden, wenn diese vor dem 22. Dezember 2007 begründet worden sind. Satz 1 gilt nicht für spätere Änderungen solcher Schuldverhältnisse.

(5) Bei Versicherungsverhältnissen, die vor dem 21. Dezember 2012 begründet werden, ist eine unterschiedliche Behandlung wegen des Geschlechts im Falle des § 19 Absatz 1 Nummer 2 bei den Prämien oder Leistungen nur zulässig, wenn dessen Berücksichtigung bei einer auf relevanten und genauen versicherungsmathematischen und statistischen Daten beruhenden Risikobewertung ein bestimmender Faktor ist. Kosten im Zusammenhang mit Schwangerschaft und Mutterschaft dürfen auf keinen Fall zu unterschiedlichen Prämien oder Leistungen führen.

Arbeitsgerichtsgesetz

(ArbGG)

In der Fassung der Bekanntmachung vom 2. Juli 1979
(BGBl. I S. 853, 1036)

Zuletzt geändert durch Artikel 12 des Gesetzes
vom 12. Juni 2020
(BGBl. I S. 1248)

Auszug:
§ 61b Klage wegen Benachteiligung

§ 61b Klage wegen Benachteiligung

(1) Eine Klage auf Entschädigung nach § 15 des Allgemeinen Gleichbehandlungsgesetzes muss innerhalb von drei Monaten, nachdem der Anspruch schriftlich geltend gemacht worden ist, erhoben werden.

(2) Machen mehrere Bewerber wegen Benachteiligung bei der Begründung eines Arbeitsverhältnisses oder beim beruflichen Aufstieg eine Entschädigung nach § 15 des Allgemeinen Gleichbehandlungsgesetzes gerichtlich geltend, so wird auf Antrag des Arbeitgebers das Arbeitsgericht, bei dem die erste Klage erhoben ist, auch für die übrigen Klagen ausschließlich zuständig. Die Rechtsstreitigkeiten sind von Amts wegen an dieses Arbeitsgericht zu verweisen; die Prozesse sind zur gleichzeitigen Verhandlung und Entscheidung zu verbinden.

(3) Auf Antrag des Arbeitgebers findet die mündliche Verhandlung nicht vor Ablauf von sechs Monaten seit Erhebung der ersten Klage statt.

Hinweis zu § 61b ArbGG:

In Betrieben, in denen in der Regel mehr als fünf Arbeitnehmer beschäftigt sind, ist ein Abdruck der §§ 612, 612a des Bürgerlichen Gesetzbuches sowie des § 61b des Arbeitsgerichtsgesetzes an geeigneter Stelle zur Einsicht auszulegen oder auszuhängen.

Arbeitszeitgesetz

(ArbZG)

Vom 6. Juni 1994
(BGBl. I S. 1170, 1171)

Zuletzt geändert durch Artikel 8 des Gesetzes
vom 27. März 2020
(BGBl. I S. 575)

Anmerkung des Verlags:

In dem hier abgedruckten Text des ArbZG sind die Änderungen durch das „Gesetz zur Verbesserung des Vollzugs im Arbeitsschutz (Arbeitsschutzkontrollgesetz)" noch nicht eingearbeitet, da der Gesetzgebungsprozess zum Zeitpunkt der Drucklegung noch nicht abgeschlossen war. Da die Änderungen im ArbZG allerdings einen Tag nach Verkündung in Kraft treten sollen, finden Sie den Stand zur Drucklegung auf dem separaten Beiblatt.

Erster Abschnitt
Allgemeine Vorschriften

§ 1 Zweck des Gesetzes

Zweck des Gesetzes ist es,

1. die Sicherheit und den Gesundheitsschutz der Arbeitnehmer der Bundesrepublik Deutschland und in der ausschließlichen Wirtschaftszone bei der Arbeitszeitgestaltung zu gewährleisten und die Rahmenbedingungen für flexible Arbeitszeiten zu verbessern sowie

2. den Sonntag und die staatlich anerkannten Feiertage als Tage der Arbeitsruhe und der seelischen Erhebung der Arbeitnehmer zu schützen.

§ 2 Begriffsbestimmungen

(1) Arbeitszeit im Sinne dieses Gesetzes ist die Zeit vom Beginn bis zum Ende der Arbeit ohne die Ruhepausen; Arbeitszeiten bei mehreren Arbeitgebern sind zusammenzurechnen. Im Bergbau unter Tage zählen die Ruhepausen zur Arbeitszeit.

(2) Arbeitnehmer im Sinne dieses Gesetzes sind Arbeiter und Angestellte sowie die zu ihrer Berufsbildung Beschäftigten.

(3) Nachtzeit im Sinne dieses Gesetzes ist die Zeit von 23 bis 6 Uhr, in Bäckereien und Konditoreien die Zeit von 22 bis 5 Uhr.

(4) Nachtarbeit im Sinne dieses Gesetzes ist jede Arbeit, die mehr als zwei Stunden der Nachtzeit umfasst.

(5) Nachtarbeitnehmer im Sinne dieses Gesetzes sind Arbeitnehmer, die

1. auf Grund ihrer Arbeitszeitgestaltung normalerweise Nachtarbeit in Wechselschicht zu leisten haben oder

2. Nachtarbeit an mindestens 48 Tagen im Kalenderjahr leisten.

Zweiter Abschnitt
Werktägliche Arbeitszeit und arbeitsfreie Zeiten

§ 3 Arbeitszeit der Arbeitnehmer

Die werktägliche Arbeitszeit der Arbeitnehmer darf acht Stunden nicht überschreiten. Sie kann auf bis zu zehn Stunden nur verlängert werden, wenn innerhalb von sechs Kalendermonaten oder innerhalb von 24 Wochen im Durchschnitt acht Stunden werktäglich nicht überschritten werden.

§ 4 Ruhepausen

Die Arbeit ist durch im voraus feststehende Ruhepausen von mindestens 30 Minuten bei einer Arbeitszeit von mehr als sechs bis zu neun Stunden und 45 Minuten bei einer Arbeitszeit von mehr als neun Stunden insgesamt zu unterbrechen. Die Ruhepausen nach Satz 1 können in Zeitabschnitte von jeweils mindestens 15 Minuten aufgeteilt werden. Länger als sechs Stunden hintereinander dürfen Arbeitnehmer nicht ohne Ruhepause beschäftigt werden.

§ 5 Ruhezeit

(1) Die Arbeitnehmer müssen nach Beendigung der täglichen Arbeitszeit eine ununterbrochene Ruhezeit von mindestens elf Stunden haben.

(2) Die Dauer der Ruhezeit des Absatzes 1 kann in Krankenhäusern und anderen Einrichtungen zur Behandlung, Pflege und Betreuung von Personen, in Gaststätten und anderen Einrichtungen zur Bewirtung und Beherbergung, in Verkehrsbetrieben, beim Rundfunk sowie in der Landwirtschaft und in der Tierhaltung um bis zu eine Stunde verkürzt werden, wenn jede Verkürzung der Ruhezeit innerhalb eines Kalendermonats oder innerhalb von vier Wochen durch Verlängerung einer anderen Ruhezeit auf mindestens zwölf Stunden ausgeglichen wird.

(3) Abweichend von Absatz 1 können in Krankenhäusern und anderen Einrichtungen zur Behandlung, Pflege und Betreuung von Personen Kürzungen der Ruhezeit durch Inanspruchnahmen während der Rufbereitschaft, die nicht mehr als die Hälfte der Ruhezeit betragen, zu anderen Zeiten ausgeglichen werden.

(4) (weggefallen)

§ 6 Nacht- und Schichtarbeit

(1) Die Arbeitszeit der Nacht- und Schichtarbeitnehmer ist nach den gesicherten arbeitswissenschaftlichen Erkenntnissen über die menschengerechte Gestaltung der Arbeit festzulegen.

(2) Die werktägliche Arbeitszeit der Nachtarbeitnehmer darf acht Stunden nicht überschreiten. Sie kann auf bis zu zehn Stunden nur verlängert werden, wenn abweichend von § 3 innerhalb von einem Kalendermonat oder innerhalb von vier Wochen im Durchschnitt acht Stunden werktäglich nicht überschritten werden. Für Zeiträume, in denen Nachtarbeitnehmer im Sinne des § 2 Abs. 5 Nr. 2 nicht zur Nachtarbeit herangezogen werden, findet § 3 Satz 2 Anwendung.

(3) Nachtarbeitnehmer sind berechtigt, sich vor Beginn der Beschäftigung und danach in regelmäßigen Zeitabständen von nicht weniger als drei Jahren arbeitsmedizinisch untersuchen zu lassen. Nach Vollendung des 50. Lebensjahres steht Nachtarbeitnehmern dieses Recht in Zeitabständen von einem Jahr zu. Die Kosten der Untersuchungen hat der Arbeitgeber zu tragen, sofern er die Untersuchungen den Nachtarbeitnehmern nicht kostenlos durch einen Betriebsarzt oder einen überbetrieblichen Dienst von Betriebsärzten anbietet.

(4) Der Arbeitgeber hat den Nachtarbeitnehmer auf dessen Verlangen auf einen für ihn geeigneten Tagesarbeitsplatz umzusetzen, wenn

a) nach arbeitsmedizinischer Feststellung die weitere Verrichtung von Nachtarbeit den Arbeitnehmer in seiner Gesundheit gefährdet oder

b) im Haushalt des Arbeitnehmers ein Kind unter zwölf Jahren lebt, das nicht von einer anderen im Haushalt lebenden Person betreut werden kann, oder

c) der Arbeitnehmer einen schwerpflegebedürftigen Angehörigen zu versorgen hat, der nicht von einem anderen im Haushalt lebenden Angehörigen versorgt werden kann,

sofern dem nicht dringende betriebliche Erfordernisse entgegenstehen. Stehen der Umsetzung des Nachtarbeitnehmers auf einen für ihn geeigneten Tagesarbeitsplatz nach Auffassung des Arbeitgebers dringende betriebliche Erfordernisse entgegen, so ist der Betriebs- oder Personalrat zu hören. Der Betriebs- oder Personalrat kann dem Arbeitgeber Vorschläge für eine Umsetzung unterbreiten.

(5) Soweit keine tarifvertraglichen Ausgleichsregelungen bestehen, hat der Arbeitgeber dem Nachtarbeitnehmer für die während der Nachtzeit geleisteten Arbeitsstunden eine angemessene Zahl bezahlter freier Tage oder einen angemessenen Zuschlag auf das ihm hierfür zustehende Bruttoarbeitsentgelt zu gewähren.

(6) Es ist sicherzustellen, daß Nachtarbeitnehmer den gleichen Zugang zur betrieblichen Weiterbildung und zu aufstiegsfördernden Maßnahmen haben wie die übrigen Arbeitnehmer.

§ 7 Abweichende Regelungen

(1) In einem Tarifvertrag oder auf Grund eines Tarifvertrags in einer Betriebs- oder Dienstvereinbarung kann zugelassen werden,

1. abweichend von § 3

    a) die Arbeitszeit über zehn Stunden werktäglich zu verlängern, wenn in die Arbeitszeit regelmäßig und in erheblichem Umfang Arbeitsbereitschaft oder Bereitschaftsdienst fällt,

b) einen anderen Ausgleichszeitraum festzulegen,

c) (weggefallen),

2. abweichend von § 4 Satz 2 die Gesamtdauer der Ruhepausen in Schichtbetrieben
und Verkehrsbetrieben auf Kurzpausen von
angemessener Dauer aufzuteilen,

3. abweichend von § 5 Abs. 1 die Ruhezeit um
bis zu zwei Stunden zu kürzen, wenn die Art
der Arbeit dies erfordert und die Kürzung
der Ruhezeit innerhalb eines festzulegenden Ausgleichszeitraums ausgeglichen
wird,

4. abweichend von § 6 Abs. 2

a) die Arbeitszeit über zehn Stunden werktäglich hinaus zu verlängern, wenn in
die Arbeitszeit regelmäßig und in erheblichem Umfang Arbeitsbereitschaft
oder Bereitschaftsdienst fällt,

b) einen anderen Ausgleichszeitraum festzulegen,

5. den Beginn des siebenstündigen Nachtzeit-
raums des § 2 Abs. 3 auf die Zeit zwischen
22 und 24 Uhr festzulegen.

(2) Sofern der Gesundheitsschutz der Arbeitnehmer durch einen entsprechenden Zeitaus-
gleich gewährleistet wird, kann in einem Tarifvertrag oder auf Grund eines Tarifvertrags in
einer Betriebs- oder Dienstvereinbarung ferner
zugelassen werden,

1. abweichend von § 5 Abs. 1 die Ruhezeiten
bei Rufbereitschaft den Besonderheiten
dieses Dienstes anzupassen, insbesondere
Kürzungen der Ruhezeit infolge von Inanspruchnahmen während dieses Dienstes
zu anderen Zeiten auszugleichen,

2. die Regelungen der §§ 3, 5 Abs. 1 und § 6
Abs. 2 in der Landwirtschaft der Bestel-
lungs- und Erntezeit sowie den Witterungs-
einflüssen anzupassen,

3. die Regelungen der §§ 3, 4, 5 Abs. 1 und
§ 6 Abs. 2 bei der Behandlung, Pflege und

Betreuung von Personen der Eigenart dieser Tätigkeit und dem Wohl dieser Personen entsprechend anzupassen,

4. die Regelungen der §§ 3, 4, 5 Abs. 1 und
§ 6 Abs. 2 bei Verwaltungen und Betrieben
des Bundes, der Länder, der Gemeinden
und sonstigen Körperschaften, Anstalten
und Stiftungen des öffentlichen Rechts sowie bei anderen Arbeitgebern, die der Tarif-
bindung eines für den öffentlichen Dienst
geltenden oder eines im wesentlichen in-
haltsgleichen Tarifvertrags unterliegen, der
Eigenart der Tätigkeit bei diesen Stellen anzupassen.

(2a) In einem Tarifvertrag oder auf Grund eines Tarifvertrags in einer Betriebs- oder Dienstvereinbarung kann abweichend von den §§ 3, 5
Abs. 1 und § 6 Abs. 2 zugelassen werden, die
werktägliche Arbeitszeit auch ohne Ausgleich
über acht Stunden zu verlängern, wenn in die
Arbeitszeit regelmäßig und in erheblichem Umfang Arbeitsbereitschaft oder Bereitschaftsdienst fällt und durch besondere Regelungen sichergestellt wird, dass die Gesundheit der Arbeitnehmer nicht gefährdet wird.

(3) Im Geltungsbereich eines Tarifvertrags
nach Absatz 1, 2 oder 2a können abweichende
tarifvertragliche Regelungen im Betrieb eines
nicht tarifgebundenen Arbeitgebers durch Be-
triebs- oder Dienstvereinbarung oder, wenn ein
Betriebs- oder Personalrat nicht besteht, durch
schriftliche Vereinbarung zwischen dem Arbeitgeber und dem Arbeitnehmer übernommen
werden. Können auf Grund eines solchen Tarifvertrags abweichende Regelungen in einer Be-
triebs- oder Dienstvereinbarung getroffen werden, kann auch in Betrieben eines nicht tarifgebundenen Arbeitgebers davon Gebrauch gemacht werden. Eine nach Absatz 2 Nr. 4
getroffene abweichende tarifvertragliche Regelung hat zwischen nicht tarifgebundenen Arbeitgebern und Arbeitnehmern Geltung, wenn
zwischen ihnen die Anwendung der für den öffentlichen Dienst geltenden tarifvertraglichen
Bestimmungen vereinbart ist und die Arbeitgeber die Kosten des Betriebs überwiegend mit

Zuwendungen im Sinne des Haushaltsrechts decken.

(4) Die Kirchen und die öffentlich-rechtlichen Religionsgesellschaften können die in Absatz 1, 2 oder 2a genannten Abweichungen in ihren Regelungen vorsehen.

(5) In einem Bereich, in dem Regelungen durch Tarifvertrag üblicherweise nicht getroffen werden, können Ausnahmen im Rahmen des Absatzes 1, 2 oder 2a durch die Aufsichtsbehörde bewilligt werden, wenn dies aus betrieblichen Gründen erforderlich ist und die Gesundheit der Arbeitnehmer nicht gefährdet wird.

(6) Die Bundesregierung kann durch Rechtsverordnung mit Zustimmung des Bundesrates Ausnahmen im Rahmen des Absatzes 1 oder 2 zulassen, sofern dies aus betrieblichen Gründen erforderlich ist und die Gesundheit der Arbeitnehmer nicht gefährdet wird.

(7) Auf Grund einer Regelung nach Absatz 2a oder den Absätzen 3 bis 5 jeweils in Verbindung mit Absatz 2a darf die Arbeitszeit nur verlängert werden, wenn der Arbeitnehmer schriftlich eingewilligt hat. Der Arbeitnehmer kann die Einwilligung mit einer Frist von sechs Monaten schriftlich widerrufen. Der Arbeitgeber darf einen Arbeitnehmer nicht benachteiligen, weil dieser die Einwilligung zur Verlängerung der Arbeitszeit nicht erklärt oder die Einwilligung widerrufen hat.

(8) Werden Regelungen nach Absatz 1 Nr. 1 und 4, Absatz 2 Nr. 2 bis 4 oder solche Regelungen auf Grund der Absätze 3 und 4 zugelassen, darf die Arbeitszeit 48 Stunden wöchentlich im Durchschnitt von zwölf Kalendermonaten nicht überschreiten. Erfolgt die Zulassung auf Grund des Absatzes 5, darf die Arbeitszeit 48 Stunden wöchentlich im Durchschnitt von sechs Kalendermonaten oder 24 Wochen nicht überschreiten.

(9) Wird die werktägliche Arbeitszeit über zwölf Stunden hinaus verlängert, muss im unmittelbaren Anschluss an die Beendigung der Arbeitszeit eine Ruhezeit von mindestens elf Stunden gewährt werden.

§ 8 Gefährliche Arbeiten

Die Bundesregierung kann durch Rechtsverordnung mit Zustimmung des Bundesrates für einzelne Beschäftigungsbereiche, für bestimmte Arbeiten oder für bestimmte Arbeitnehmergruppen, bei denen besondere Gefahren für die Gesundheit der Arbeitnehmer zu erwarten sind, die Arbeitszeit über § 3 hinaus beschränken, die Ruhepausen und Ruhezeiten über die §§ 4 und 5 hinaus ausdehnen, die Regelungen zum Schutz der Nacht- und Schichtarbeitnehmer in § 6 erweitern und die Abweichungsmöglichkeiten nach § 7 beschränken, soweit dies zum Schutz der Gesundheit der Arbeitnehmer erforderlich ist. Satz 1 gilt nicht für Beschäftigungsbereiche und Arbeiten in Betrieben, die der Bergaufsicht unterliegen.

Dritter Abschnitt
Sonn- und Feiertagsruhe

§ 9 Sonn- und Feiertagsruhe

(1) Arbeitnehmer dürfen an Sonn- und gesetzlichen Feiertagen von 0 bis 24 Uhr nicht beschäftigt werden.

(2) In mehrschichtigen Betrieben mit regelmäßiger Tag- und Nachtschicht kann Beginn oder Ende der Sonn- und Feiertagsruhe um bis zu sechs Stunden vor- oder zurückverlegt werden, wenn für die auf den Beginn der Ruhezeit folgenden 24 Stunden der Betrieb ruht.

(3) Für Kraftfahrer und Beifahrer kann der Beginn der 24stündigen Sonn- und Feiertagsruhe um bis zu zwei Stunden vorverlegt werden.

§ 10 Sonn- und Feiertagsbeschäftigung

(1) Sofern die Arbeiten nicht an Werktagen vorgenommen werden können, dürfen Arbeitnehmer an Sonn- und Feiertagen abweichend von § 9 beschäftigt werden

1. in Not- und Rettungsdiensten sowie bei der Feuerwehr,

2. zur Aufrechterhaltung der öffentlichen Sicherheit und Ordnung sowie der Funktionsfähigkeit von Gerichten und Behörden und für Zwecke der Verteidigung,

3. in Krankenhäusern und anderen Einrichtungen zur Behandlung, Pflege und Betreuung von Personen,

4. in Gaststätten und anderen Einrichtungen zur Bewirtung und Beherbergung sowie im Haushalt,

5. bei Musikaufführungen, Theatervorstellungen, Filmvorführungen, Schaustellungen, Darbietungen und anderen ähnlichen Veranstaltungen,

6. bei nichtgewerblichen Aktionen und Veranstaltungen der Kirchen, Religionsgesellschaften, Verbände, Vereine, Parteien und anderer ähnlicher Vereinigungen,

7. beim Sport und in Freizeit-, Erholungs- und Vergnügungseinrichtungen, beim Fremdenverkehr sowie in Museen und wissenschaftlichen Präsenzbibliotheken,

8. beim Rundfunk, bei der Tages- und Sportpresse, bei Nachrichtenagenturen sowie bei den der Tagesaktualität dienenden Tätigkeiten für andere Presseerzeugnisse einschließlich des Austragens, bei der Herstellung von Satz, Filmen und Druckformen für tagesaktuelle Nachrichten und Bilder, bei tagesaktuellen Aufnahmen auf Ton- und Bildträger sowie beim Transport und Kommissionieren von Presseerzeugnissen, deren Ersterscheinungstag am Montag oder am Tag nach einem Feiertag liegt,

9. bei Messen, Ausstellungen und Märkten im Sinne des Titels IV der Gewerbeordnung sowie bei Volksfesten,

10. in Verkehrsbetrieben sowie beim Transport und Kommissionieren von leichtverderblichen Waren im Sinne des § 30 Abs. 3 Nr. 2 der Straßenverkehrsordnung,

11. in den Energie- und Wasserversorgungsbetrieben sowie in Abfall- und Abwasserentsorgungsbetrieben,

12. in der Landwirtschaft und in der Tierhaltung sowie in Einrichtungen zur Behandlung und Pflege von Tieren,

13. im Bewachungsgewerbe und bei der Bewachung von Betriebsanlagen,

14. bei der Reinigung und Instandhaltung von Betriebseinrichtungen, soweit hierdurch der regelmäßige Fortgang des eigenen oder eines fremden Betriebs bedingt ist, bei der Vorbereitung der Wiederaufnahme des vollen werktägigen Betriebs sowie bei der Aufrechterhaltung der Funktionsfähigkeit von Datennetzen und Rechnersystemen,

15. zur Verhütung des Verderbens von Naturerzeugnissen oder Rohstoffen oder des Mißlingens von Arbeitsergebnissen sowie bei kontinuierlich durchzuführenden Forschungsarbeiten,

16. zur Vermeidung einer Zerstörung oder erheblichen Beschädigung der Produktionseinrichtungen.

(2) Abweichend von § 9 dürfen Arbeitnehmer an Sonn- und Feiertagen mit den Produktionsarbeiten beschäftigt werden, wenn die infolge der Unterbrechung der Produktion nach Absatz 1 Nr. 14 zulässigen Arbeiten den Einsatz von mehr Arbeitnehmern als bei durchgehender Produktion erfordern.

(3) Abweichend von § 9 dürfen Arbeitnehmer an Sonn- und Feiertagen in Bäckereien und Konditoreien für bis zu drei Stunden mit der Herstellung und dem Austragen oder Ausfahren von Konditorwaren und an diesem Tag zum Verkauf kommenden Bäckerwaren beschäftigt werden.

(4) Sofern die Arbeiten nicht an Werktagen vorgenommen werden können, dürfen Arbeitnehmer zur Durchführung des Eil- und Großbetragszahlungsverkehrs und des Geld-, Devisen-, Wertpapier- und Derivatehandels abweichend von § 9 Abs. 1 an den auf einen Werktag

fallenden Feiertagen beschäftigt werden, die nicht in allen Mitgliedstaaten der Europäischen Union Feiertage sind.

§ 11 Ausgleich für Sonn- und Feiertagsbeschäftigung

(1) Mindestens 15 Sonntage im Jahr müssen beschäftigungsfrei bleiben.

(2) Für die Beschäftigung an Sonn- und Feiertagen gelten die §§ 3 bis 8 entsprechend, jedoch dürfen durch die Arbeitszeit an Sonn- und Feiertagen die in den §§ 3, 6 Abs. 2, §§ 7 und 21a Abs. 4 bestimmten Höchstarbeitszeiten und Ausgleichszeiträume nicht überschritten werden.

(3) Werden Arbeitnehmer an einem Sonntag beschäftigt, müssen sie einen Ersatzruhetag haben, der innerhalb eines den Beschäftigungstag einschließenden Zeitraums von zwei Wochen zu gewähren ist. Werden Arbeitnehmer an einem auf einen Werktag fallenden Feiertag beschäftigt, müssen sie einen Ersatzruhetag haben, der innerhalb eines den Beschäftigungstag einschließenden Zeitraums von acht Wochen zu gewähren ist.

(4) Die Sonn- oder Feiertagsruhe des § 9 oder der Ersatzruhetag des Absatzes 3 ist den Arbeitnehmern unmittelbar in Verbindung mit einer Ruhezeit nach § 5 zu gewähren, soweit dem technische oder arbeitsorganisatorische Gründe nicht entgegenstehen.

§ 12 Abweichende Regelungen

In einem Tarifvertrag oder auf Grund eines Tarifvertrags in einer Betriebs- oder Dienstvereinbarung kann zugelassen werden,

1. abweichend von § 11 Abs. 1 die Anzahl der beschäftigungsfreien Sonntage in den Einrichtungen des § 10 Abs. 1 Nr. 2, 3, 4 und 10 auf mindestens zehn Sonntage, im Rundfunk, in Theaterbetrieben, Orchestern sowie bei Schaustellungen auf mindestens

acht Sonntage, in Filmtheatern und in der Tierhaltung auf mindestens sechs Sonntage im Jahr zu verringern,

2. abweichend von § 11 Abs. 3 den Wegfall von Ersatzruhetagen für auf Werktage fallende Feiertage zu vereinbaren oder Arbeitnehmer innerhalb eines festzulegenden Ausgleichszeitraums beschäftigungsfrei zu stellen,

3. abweichend von § 11 Abs. 1 bis 3 in der Seeschifffahrt die den Arbeitnehmern nach diesen Vorschriften zustehenden freien Tage zusammenhängend zu geben,

4. abweichend von § 11 Abs. 2 die Arbeitszeit in vollkontinuierlichen Schichtbetrieben an Sonn- und Feiertagen auf bis zu zwölf Stunden zu verlängern, wenn dadurch zusätzliche freie Schichten an Sonn- und Feiertagen erreicht werden.

§ 7 Abs. 3 bis 6 findet Anwendung.

§ 13 Ermächtigung, Anordnung, Bewilligung

(1) Die Bundesregierung kann durch Rechtsverordnung mit Zustimmung des Bundesrates zur Vermeidung erheblicher Schäden unter Berücksichtigung des Schutzes der Arbeitnehmer und der Sonn- und Feiertagsruhe

1. die Bereiche mit Sonn- und Feiertagsbeschäftigung nach § 10 sowie die dort zugelassenen Arbeiten näher bestimmen,

2. über die Ausnahmen nach § 10 hinaus weitere Ausnahmen abweichend von § 9

   a) für Betriebe, in denen die Beschäftigung von Arbeitnehmern an Sonn- oder Feiertagen zur Befriedigung täglicher oder an diesen Tagen besonders hervortretender Bedürfnisse der Bevölkerung erforderlich ist,

   b) für Betriebe, in denen Arbeiten vorkommen, deren Unterbrechung oder Aufschub aa) nach dem Stand der Technik ihrer Art nach nicht oder nur mit erheblichen Schwierigkeiten möglich ist,

bb) besondere Gefahren für Leben oder Gesundheit der Arbeitnehmer zur Folge hätte,

cc) zu erheblichen Belastungen der Umwelt oder der Energie- oder Wasserversorgung führen würde,

c) aus Gründen des Gemeinwohls, insbesondere auch zur Sicherung der Beschäftigung,

zulassen und die zum Schutz der Arbeitnehmer und der Sonn- und Feiertagsruhe notwendigen Bedingungen bestimmen.

(2) Soweit die Bundesregierung von der Ermächtigung des Absatzes 1 Nr. 2 Buchstabe a keinen Gebrauch gemacht hat, können die Landesregierungen durch Rechtsverordnung entsprechende Bestimmungen erlassen. Die Landesregierungen können diese Ermächtigung durch Rechtsverordnung auf oberste Landesbehörden übertragen.

(3) Die Aufsichtsbehörde kann

1. feststellen, ob eine Beschäftigung nach § 10 zulässig ist,

2. abweichend von § 9 bewilligen, Arbeitnehmer zu beschäftigen

a) im Handelsgewerbe an bis zu zehn Sonn- und Feiertagen im Jahr, an denen besondere Verhältnisse einen erweiterten Geschäftsverkehr erforderlich machen,

b) an bis zu fünf Sonn- und Feiertagen im Jahr, wenn besondere Verhältnisse zur Verhütung eines unverhältnismäßigen Schadens dies erfordern,

c) an einem Sonntag im Jahr zur Durchführung einer gesetzlich vorgeschriebenen Inventur,

und Anordnungen über die Beschäftigungszeit unter Berücksichtigung der für den öffentlichen Gottesdienst bestimmten Zeit treffen.

(4) Die Aufsichtsbehörde soll abweichend von § 9 bewilligen, dass Arbeitnehmer an Sonn- und Feiertagen mit Arbeiten beschäftigt werden, die aus chemischen, biologischen, technischen oder physikalischen Gründen einen ununterbrochenen Fortgang auch an Sonn- und Feiertagen erfordern.

(5) Die Aufsichtsbehörde hat abweichend von § 9 die Beschäftigung von Arbeitnehmern an Sonn- und Feiertagen zu bewilligen, wenn bei einer weitgehenden Ausnutzung der gesetzlich zulässigen wöchentlichen Betriebszeiten und bei längeren Betriebszeiten im Ausland die Konkurrenzfähigkeit unzumutbar beeinträchtigt ist und durch die Genehmigung von Sonn- und Feiertagsarbeit die Beschäftigung gesichert werden kann.

Vierter Abschnitt
Ausnahmen in besonderen Fällen

§ 14 Außergewöhnliche Fälle

(1) Von den §§ 3 bis 5, 6 Abs. 2, §§ 7, 9 bis 11 darf abgewichen werden bei vorübergehenden Arbeiten in Notfällen und in außergewöhnlichen Fällen, die unabhängig vom Willen der Betroffenen eintreten und deren Folgen nicht auf andere Weise zu beseitigen sind, besonders wenn Rohstoffe oder Lebensmittel zu verderben oder Arbeitsergebnisse zu misslingen drohen.

(2) Von den §§ 3 bis 5, 6 Abs. 2, §§ 7, 11 Abs. 1 bis 3 und § 12 darf ferner abgewichen werden,

1. wenn eine verhältnismäßig geringe Zahl von Arbeitnehmern vorübergehend mit Arbeiten beschäftigt wird, deren Nichterledigung das Ergebnis der Arbeiten gefährden oder einen unverhältnismäßigen Schaden zur Folge haben würden,

2. bei Forschung und Lehre, bei unaufschiebbaren Vor- und Abschlussarbeiten sowie bei unaufschiebbaren Arbeiten zur Behandlung, Pflege und Betreuung von Personen oder zur Behandlung und Pflege von Tieren an einzelnen Tagen,

wenn dem Arbeitgeber andere Vorkehrungen nicht zugemutet werden können.

(3) Wird von den Befugnissen nach den Absätzen 1 oder 2 Gebrauch gemacht, darf die Arbeitszeit 48 Stunden wöchentlich im Durchschnitt von sechs Kalendermonaten oder 24 Wochen nicht überschreiten.

(4) Das Bundesministerium für Arbeit und Soziales kann durch Rechtsverordnung im Einvernehmen mit dem Bundesministerium für Gesundheit ohne Zustimmung des Bundesrates in außergewöhnlichen Notfällen mit bundesweiten Auswirkungen, insbesondere in epidemischen Lagen von nationaler Tragweite nach § 5 Absatz 1 des Infektionsschutzgesetzes, für Tätigkeiten der Arbeitnehmer für einen befristeten Zeitraum Ausnahmen zulassen, die über die in diesem Gesetz und in den auf Grund dieses Gesetzes erlassenen Rechtsverordnungen sowie in Tarifverträgen vorgesehenen Ausnahmen hinausgehen. Diese Tätigkeiten müssen zur Aufrechterhaltung der öffentlichen Sicherheit und Ordnung, des Gesundheitswesens und der pflegerischen Versorgung, der Daseinsvorsorge oder zur Versorgung der Bevölkerung mit existenziellen Gütern notwendig sein. In der Rechtsverordnung sind die notwendigen Bedingungen zum Schutz der in Satz 1 genannten Arbeitnehmer zu bestimmen.*

* Anmerkung des Verlags:
Diese Regelung tritt zum 01.01.2021 außer Kraft.

§ 15 Bewilligung, Ermächtigung

(1) Die Aufsichtsbehörde kann

1. eine von den §§ 3, 6 Abs. 2 und § 11 Abs. 2 abweichende längere tägliche Arbeitszeit bewilligen

a) für kontinuierliche Schichtbetriebe zur Erreichung zusätzlicher Freischichten,

b) für Bau- und Montagestellen,

2. eine von den §§ 3, 6 Abs. 2 und § 11 Abs. 2 abweichende längere tägliche Arbeitszeit für Saison- und Kampagnebetriebe für die Zeit der Saison oder Kampagne bewilligen, wenn die Verlängerung der Arbeitszeit über acht Stunden werktäglich durch eine entsprechende Verkürzung der Arbeitszeit zu anderen Zeiten ausgeglichen wird,

3. eine von den §§ 5 und 11 Abs. 2 abweichende Dauer und Lage der Ruhezeit bei Arbeitsbereitschaft, Bereitschaftsdienst und Rufbereitschaft den Besonderheiten dieser Inanspruchnahmen im öffentlichen Dienst entsprechend bewilligen,

4. eine von den §§ 5 und 11 Abs. 2 abweichende Ruhezeit zur Herbeiführung eines regelmäßigen wöchentlichen Schichtwechsels zweimal innerhalb eines Zeitraums von drei Wochen bewilligen.

(2) Die Aufsichtsbehörde kann über die in diesem Gesetz vorgesehenen Ausnahmen hinaus weitergehende Ausnahmen zulassen, soweit sie im öffentlichen Interesse dringend nötig werden.

(2a) Die Bundesregierung kann durch Rechtsverordnung mit Zustimmung des Bundesrates

1. Ausnahmen von den §§ 3, 4, 5 und 6 Absatz 2 sowie von den §§ 9 und 11 für Arbeitnehmer, die besondere Tätigkeiten zur Errichtung, zur Änderung oder zum Betrieb von Bauwerken, künstlichen Inseln oder sonstigen Anlagen auf See (Offshore-Tätigkeiten) durchführen, zulassen und

2. die zum Schutz der in Nummer 1 genannten Arbeitnehmer sowie der Sonn- und Feiertagsruhe notwendigen Bedingungen bestimmen.

(3) Das Bundesministerium der Verteidigung kann in seinem Geschäftsbereich durch Rechtsverordnung mit Zustimmung des Bundesministeriums für Arbeit und Soziales aus zwingenden Gründen der Verteidigung Arbeitnehmer verpflichten, über die in diesem Gesetz und in den auf Grund dieses Gesetzes erlassenen Rechtsverordnungen und Tarifverträgen festgelegten Arbeitszeitgrenzen und -beschränkungen hinaus Arbeit zu leisten.

(3a) Das Bundesministerium der Verteidigung kann in seinem Geschäftsbereich durch Rechtsverordnung im Einvernehmen mit dem Bundesministerium für Arbeit und Soziales für besondere Tätigkeiten der Arbeitnehmer bei den Streitkräften Abweichungen von in diesem Gesetz sowie von in den auf Grund dieses Gesetzes erlassenen Rechtsverordnungen bestimmten Arbeitszeitgrenzen und -beschränkungen zulassen, soweit die Abweichungen aus zwingenden Gründen erforderlich sind und die größtmögliche Sicherheit und der bestmögliche Gesundheitsschutz der Arbeitnehmer gewährleistet werden.

(4) Werden Ausnahmen nach Absatz 1 oder 2 zugelassen, darf die Arbeitszeit 48 Stunden wöchentlich im Durchschnitt von sechs Kalendermonaten oder 24 Wochen nicht überschreiten.

Fünfter Abschnitt
Durchführung des Gesetzes

§ 16 Aushang und Arbeitszeitnachweise

(1) Der Arbeitgeber ist verpflichtet, einen Abdruck dieses Gesetzes, der auf Grund dieses Gesetzes erlassenen, für den Betrieb geltenden Rechtsverordnungen und der für den Betrieb geltenden Tarifverträge und Betriebs- oder Dienstvereinbarungen im Sinne des § 7 Abs. 1 bis 3, §§ 12 und 21a Abs. 6 an geeigneter Stelle im Betrieb zur Einsichtnahme auszulegen oder auszuhängen.

(2) Der Arbeitgeber ist verpflichtet, die über die werktägliche Arbeitszeit des § 3 Satz 1 hinausgehende Arbeitszeit der Arbeitnehmer aufzuzeichnen und ein Verzeichnis der Arbeitnehmer zu führen, die in eine Verlängerung der Arbeitszeit gemäß § 7 Abs. 7 eingewilligt haben. Die Nachweise sind mindestens zwei Jahre aufzubewahren.

§ 17 Aufsichtsbehörde

(1) Die Einhaltung dieses Gesetzes und der auf Grund dieses Gesetzes erlassenen Rechtsverordnungen wird von den nach Landesrecht zuständigen Behörden (Aufsichtsbehörden) überwacht.

(2) Die Aufsichtsbehörde kann die erforderlichen Maßnahmen anordnen, die der Arbeitgeber zur Erfüllung der sich aus diesem Gesetz und den auf Grund dieses Gesetzes erlassenen Rechtsverordnungen ergebenden Pflichten zu treffen hat.

(3) Für den öffentlichen Dienst des Bundes sowie für die bundesunmittelbaren Körperschaften, Anstalten und Stiftungen des öffentlichen Rechts werden die Aufgaben und Befugnisse der Aufsichtsbehörde vom zuständigen Bundesministerium oder den von ihm bestimmten Stellen wahrgenommen; das gleiche gilt für die Befugnisse nach § 15 Abs. 1 und 2.

(4) Die Aufsichtsbehörde kann vom Arbeitgeber die für die Durchführung dieses Gesetzes und der auf Grund dieses Gesetzes erlassenen Rechtsverordnungen erforderlichen Auskünfte verlangen. Sie kann ferner vom Arbeitgeber verlangen, die Arbeitszeitnachweise und Tarifverträge oder Betriebs- oder Dienstvereinbarungen im Sinne des § 7 Abs. 1 bis 3, §§ 12 und 21a Abs. 6 vorzulegen oder zur Einsicht einzusenden.

(5) Die Beauftragten der Aufsichtsbehörde sind berechtigt, die Arbeitsstätten während der Betriebs- und Arbeitszeit zu betreten und zu besichtigen; außerhalb dieser Zeit oder wenn sich die Arbeitsstätten in einer Wohnung befinden,

dürfen sie ohne Einverständnis des Inhabers nur zur Verhütung von dringenden Gefahren für die öffentliche Sicherheit und Ordnung betreten und besichtigt werden. Der Arbeitgeber hat das Betreten und Besichtigen der Arbeitsstätten zu gestatten. Das Grundrecht der Unverletzlichkeit der Wohnung (Artikel 13 des Grundgesetzes) wird insoweit eingeschränkt.

(6) Der zur Auskunft Verpflichtete kann die Auskunft auf solche Fragen verweigern, deren Beantwortung ihn selbst oder einen der in § 383 Abs. 1 Nr. 1 bis 3 der Zivilprozessordnung bezeichneten Angehörigen der Gefahr strafgerichtlicher Verfolgung oder eines Verfahrens nach dem Gesetz über Ordnungswidrigkeiten aussetzen würde.

Sechster Abschnitt
Sonderregelungen

§ 18 Nichtanwendung des Gesetzes

(1) Dieses Gesetz ist nicht anzuwenden auf

1. leitende Angestellte im Sinne des § 5 Abs. 3 des Betriebsverfassungsgesetzes sowie Chefärzte,
2. Leiter von öffentlichen Dienststellen und deren Vertreter sowie Arbeitnehmer im öffentlichen Dienst, die zu selbständigen Entscheidungen in Personalangelegenheiten befugt sind,
3. Arbeitnehmer, die in häuslicher Gemeinschaft mit den ihnen anvertrauten Personen zusammenleben und sie eigenverantwortlich erziehen, pflegen oder betreuen,
4. den liturgischen Bereich der Kirchen und der Religionsgemeinschaften.

(2) Für die Beschäftigung von Personen unter 18 Jahren gilt anstelle dieses Gesetzes das Jugendarbeitsschutzgesetz.

(3) Für die Beschäftigung von Arbeitnehmern als Besatzungsmitglieder auf Kauffahrteischiffen im Sinne des § 3 des Seearbeitsgesetzes gilt anstelle dieses Gesetzes das Seearbeitsgesetz.

(4) (weggefallen)

§ 19 Beschäftigung im öffentlichen Dienst

Bei der Wahrnehmung hoheitlicher Aufgaben im öffentlichen Dienst können, soweit keine tarifvertragliche Regelung besteht, durch die zuständige Dienstbehörde die für Beamte geltenden Bestimmungen über die Arbeitszeit auf die Arbeitnehmer übertragen werden; insoweit finden die §§ 3 bis 13 keine Anwendung.

§ 20 Beschäftigung in der Luftfahrt

Für die Beschäftigung von Arbeitnehmern als Besatzungsmitglieder von Luftfahrzeugen gelten anstelle der Vorschriften dieses Gesetzes über Arbeits- und Ruhezeiten die Vorschriften über Flug-, Flugdienst- und Ruhezeiten der Zweiten Durchführungsverordnung zur Betriebsordnung für Luftfahrtgerät in der jeweils geltenden Fassung.

§ 21 Beschäftigung in der Binnenschifffahrt

(1) Die Bundesregierung kann durch Rechtsverordnung mit Zustimmung des Bundesrates, auch zur Umsetzung zwischenstaatlicher Vereinbarungen oder von Rechtsakten der Europäischen Union, abweichend von den Vorschriften dieses Gesetzes die Bedingungen für die Arbeitszeitgestaltung von Arbeitnehmern, die als Mitglied der Besatzung oder des Bordpersonals an Bord eines Fahrzeugs in der Binnenschifffahrt beschäftigt sind, regeln, soweit dies erforderlich ist, um den besonderen Bedingungen an Bord von Binnenschiffen Rechnung zu tragen. Insbesondere können in diesen Rechtsverordnungen die notwendigen Bedingungen für die Sicherheit und den Gesundheitsschutz im Sinne des § 1, einschließlich gesundheitlicher Untersuchungen hinsichtlich der Auswirkungen der Arbeitszeitbedingungen auf einem Schiff in der Binnenschifffahrt, sowie die notwendigen Bedingungen für den Schutz der

Sonn- und Feiertagsruhe bestimmt werden. In Rechtsverordnungen nach Satz 1 kann ferner bestimmt werden, dass von den Vorschriften der Rechtsverordnung durch Tarifvertrag abgewichen werden kann.

(2) Soweit die Bundesregierung von der Ermächtigung des Absatzes 1 keinen Gebrauch macht, gelten die Vorschriften dieses Gesetzes für das Fahrpersonal auf Binnenschiffen, es sei denn, binnenschifffahrtsrechtliche Vorschriften über Ruhezeiten stehen dem entgegen. Bei Anwendung des Satzes 1 kann durch Tarifvertrag von den Vorschriften dieses Gesetzes abgewichen werden, um der Eigenart der Binnenschifffahrt Rechnung zu tragen.

§ 21a Beschäftigung im Straßentransport

(1) Für die Beschäftigung von Arbeitnehmern als Fahrer oder Beifahrer bei Straßenverkehrstätigkeiten im Sinne der Verordnung (EG) Nr. 561/2006 des Europäischen Parlaments und des Rates vom 15. März 2006 zur Harmonisierung bestimmter Sozialvorschriften im Straßenverkehr und zur Änderung der Verordnungen (EWG) Nr. 3821/85 und (EG) Nr. 2135/98 des Rates sowie zur Aufhebung der Verordnung (EWG) Nr. 3820/85 des Rates (ABl. EG Nr. L 102 S. 1) oder des Europäischen Übereinkommens über die Arbeit des im internationalen Straßenverkehr beschäftigten Fahrpersonals (AETR) vom 1. Juli 1970 (BGBl. II 1974 S. 1473) in ihren jeweiligen Fassungen gelten die Vorschriften dieses Gesetzes, soweit nicht die folgenden Absätze abweichende Regelungen enthalten. Die Vorschriften der Verordnung (EG) Nr. 561/2006 und des AETR bleiben unberührt.

(2) Eine Woche im Sinne dieser Vorschriften ist der Zeitraum von Montag 0 Uhr bis Sonntag 24 Uhr.

(3) Abweichend von § 2 Abs. 1 ist keine Arbeitszeit:

1. die Zeit, während derer sich ein Arbeitnehmer am Arbeitsplatz bereithalten muss, um seine Tätigkeit aufzunehmen,

2. die Zeit, während derer sich ein Arbeitnehmer bereithalten muss, um seine Tätigkeit auf Anweisung aufnehmen zu können, ohne sich an seinem Arbeitsplatz aufhalten zu müssen;

3. für Arbeitnehmer, die sich beim Fahren abwechseln, die während der Fahrt neben dem Fahrer oder in einer Schlafkabine verbrachte Zeit.

Für die Zeiten nach Satz 1 Nr. 1 und 2 gilt dies nur, wenn der Zeitraum und dessen voraussichtliche Dauer im Voraus, spätestens unmittelbar vor Beginn des betreffenden Zeitraums bekannt ist. Die in Satz 1 genannten Zeiten sind keine Ruhezeiten. Die in Satz 1 Nr. 1 und 2 genannten Zeiten sind keine Ruhepausen.

(4) Die Arbeitszeit darf 48 Stunden wöchentlich nicht überschreiten. Sie kann auf bis zu 60 Stunden verlängert werden, wenn innerhalb von vier Kalendermonaten oder 16 Wochen im Durchschnitt 48 Stunden wöchentlich nicht überschritten werden.

(5) Die Ruhezeiten bestimmen sich nach den Vorschriften der Europäischen Gemeinschaften für Kraftfahrer und Beifahrer sowie nach dem AETR. Dies gilt auch für Auszubildende und Praktikanten.

(6) In einem Tarifvertrag oder auf Grund eines Tarifvertrags in einer Betriebs- oder Dienstvereinbarung kann zugelassen werden,

1. nähere Einzelheiten zu den in Absatz 3 Satz 1 Nr. 1, 2 und Satz 2 genannten Voraussetzungen zu regeln,

2. abweichend von Absatz 4 sowie den §§ 3 und 6 Abs. 2 die Arbeitszeit festzulegen, wenn objektive, technische oder arbeitszeitorganisatorische Gründe vorliegen. Dabei darf die Arbeitszeit 48 Stunden wöchentlich im Durchschnitt von sechs Kalendermonaten nicht überschreiten.

§ 7 Abs. 1 Nr. 2 und Abs. 2a gilt nicht. § 7 Abs. 3 gilt entsprechend.

(7) Der Arbeitgeber ist verpflichtet, die Arbeitszeit der Arbeitnehmer aufzuzeichnen. Die Aufzeichnungen sind mindestens zwei Jahre aufzubewahren. Der Arbeitgeber hat dem Arbeitnehmer auf Verlangen eine Kopie der Aufzeichnungen seiner Arbeitszeit auszuhändigen.

(8) Zur Berechnung der Arbeitszeit fordert der Arbeitgeber den Arbeitnehmer schriftlich auf, ihm eine Aufstellung der bei einem anderen Arbeitgeber geleisteten Arbeitszeit vorzulegen. Der Arbeitnehmer legt diese Angaben schriftlich vor.

Siebter Abschnitt
Straf- und Bußgeldvorschriften

§ 22 Bußgeldvorschriften

(1) Ordnungswidrig handelt, wer als Arbeitgeber vorsätzlich oder fahrlässig

1. entgegen §§ 3, 6 Abs. 2 oder § 21a Abs. 4, jeweils auch in Verbindung mit § 11 Abs. 2, einen Arbeitnehmer über die Grenzen der Arbeitszeit hinaus beschäftigt,

2. entgegen § 4 Ruhepausen nicht, nicht mit der vorgeschriebenen Mindestdauer oder nicht rechtzeitig gewährt,

3. entgegen § 5 Abs. 1 die Mindestruhezeit nicht gewährt oder entgegen § 5 Abs. 2 die Verkürzung der Ruhezeit durch Verlängerung einer anderen Ruhezeit nicht oder nicht rechtzeitig ausgleicht,

4. einer Rechtsverordnung nach § 8 Satz 1, § 13 Abs. 1 oder 2, § 15 Absatz 2a Nummer 2, § 21 Absatz 1 oder § 24 zuwiderhandelt, soweit sie für einen bestimmten Tatbestand auf diese Bußgeldvorschrift verweist,

5. entgegen § 9 Abs. 1 einen Arbeitnehmer an Sonn- oder Feiertagen beschäftigt,

6. entgegen § 11 Abs. 1 einen Arbeitnehmer an allen Sonntagen beschäftigt oder entgegen § 11 Abs. 3 einen Ersatzruhetag nicht oder nicht rechtzeitig gewährt,

7. einer vollziehbaren Anordnung nach § 13 Abs. 3 Nr. 2 zuwiderhandelt,

8. entgegen § 16 Abs. 1 die dort bezeichnete Auslage oder den dort bezeichneten Aushang nicht vornimmt,

9. entgegen § 16 Abs. 2 oder § 21a Abs. 7 Aufzeichnungen nicht oder nicht richtig erstellt oder nicht für die vorgeschriebene Dauer aufbewahrt oder

10. entgegen § 17 Abs. 4 eine Auskunft nicht, nicht richtig oder nicht vollständig erteilt, Unterlagen nicht oder nicht vollständig vorlegt oder nicht einsendet oder entgegen § 17 Abs. 5 Satz 2 eine Maßnahme nicht gestattet.

(2) Die Ordnungswidrigkeit kann in den Fällen des Absatzes 1 Nr. 1 bis 7, 9 und 10 mit einer Geldbuße bis zu fünfzehntausend Euro, in den Fällen des Absatzes 1 Nr. 8 mit einer Geldbuße bis zu zweitausendfünfhundert Euro geahndet werden.

§ 23 Strafvorschriften

(1) Wer eine der in § 22 Abs. 1 Nr. 1 bis 3, 5 bis 7 bezeichneten Handlungen

1. vorsätzlich begeht und dadurch Gesundheit oder Arbeitskraft eines Arbeitnehmers gefährdet oder

2. beharrlich wiederholt,

wird mit Freiheitsstrafe bis zu einem Jahr oder mit Geldstrafe bestraft.

(2) Wer in den Fällen des Absatzes 1 Nr. 1 die Gefahr fahrlässig verursacht, wird mit Freiheitsstrafe bis zu sechs Monaten oder mit Geldstrafe bis zu 180 Tagessätzen bestraft.

Achter Abschnitt
Schlussvorschriften

§ 24 Umsetzung von zwischenstaatlichen Vereinbarungen und Rechtsakten der EG

Die Bundesregierung kann mit Zustimmung des Bundesrates zur Erfüllung von Verpflichtungen aus zwischenstaatlichen Vereinbarungen oder zur Umsetzung von Rechtsakten des Rates oder der Kommission der Europäischen Gemeinschaften, die Sachbereiche dieses Gesetzes betreffen, Rechtsverordnungen nach diesem Gesetz erlassen.

§ 25 Übergangsvorschriften für Tarifverträge

Enthält ein am 1. Januar 2004 bestehender oder nachwirkender Tarifvertrag abweichende Regelungen nach § 7 Abs. 1 oder 2 oder § 12 Satz 1, die den in diesen Vorschriften festgelegten Höchstrahmen überschreiten, bleiben diese tarifvertraglichen Bestimmungen bis zum 31. Dezember 2006 unberührt. Tarifverträgen nach Satz 1 stehen durch Tarifvertrag zugelassene Betriebsvereinbarungen sowie Regelungen nach § 7 Abs. 4 gleich.

Bürgerliches Gesetzbuch

(BGB)

Neugefasst durch Bekanntmachung vom 2. Januar 2002
(BGBl. I S. 42, 2909; 2003 I S. 738)

Zuletzt geändert durch Artikel 2 des Gesetzes
vom 12. November 2020
(BGBl. I S. 2392)

Auszug:

§ 611a	Arbeitsvertrag
§ 612	Vergütung
§ 612a	Maßregelungsverbot

§ 611a Arbeitsvertrag

(1) Durch den Arbeitsvertrag wird der Arbeitnehmer im Dienste eines anderen zur Leistung weisungsgebundener, fremdbestimmter Arbeit in persönlicher Abhängigkeit verpflichtet. Das Weisungsrecht kann Inhalt, Durchführung, Zeit und Ort der Durchführung, Zeit und Ort der Tätigkeit betreffen. Weisungsgebunden ist, wer nicht im Wesentlichen frei seine Tätigkeit gestalten und seine Arbeitszeit bestimmen kann. Der Grad der persönlichen Abhängigkeit hängt dabei auch von der Eigenart der jeweiligen Tätigkeit ab. Für die Feststellung, ob ein Arbeitsvertrag vorliegt, ist eine Gesamtbetrachtung alles Umstände vorzunehmen. Zeigt die tatsächliche Durchführung des Vertragsverhältnisses, dass es sich um ein Arbeitsverhältnis handelt, kommt es auf die Bezeichnung im Vertrag nicht an.

(2) Der Arbeitgeber ist zur Zahlung der vereinbarten Vergütung verpflichtet.

§ 612 Vergütung

(1) Eine Vergütung gilt als stillschweigend vereinbart, wenn die Dienstleistung den Umständen nach nur gegen eine Vergütung zu erwarten ist.

(2) Ist die Höhe der Vergütung nicht bestimmt, so ist bei dem Bestehen einer Taxe die taxmäßige Vergütung, in Ermangelung einer Taxe die übliche Vergütung als vereinbart anzusehen.

(3) (weggefallen)

§ 612a Maßregelungsverbot

Der Arbeitgeber darf einen Arbeitnehmer bei einer Vereinbarung oder einer Maßnahme nicht benachteiligen, weil der Arbeitnehmer in zulässiger Weise seine Rechte ausübt.

Hinweis zu §§ 612, 612a BGB

In Betrieben, in denen in der Regel mehr als fünf Arbeitnehmer beschäftigt sind, ist ein Abdruck der §§ 612, 612a des Bürgerlichen Gesetzbuches sowie des § 61b des Arbeitsgerichtsgesetzes an geeigneter Stelle zur Einsicht auszulegen oder auszuhängen.

Gesetz zum Schutze der arbeitenden Jugend

(Jugendarbeitsschutzgesetz – JArbSchG)

Vom 12. April 1976
(BGBl. I S. 965)

Zuletzt geändert durch Artikel 3 Abs. 4 des Gesetzes
vom 9. Oktober 2020
(BGBl. I S. 2075)

Anmerkung des Verlags:

In dem hier abgedruckten Text des JArbSchG sind die Änderungen durch das „Gesetz zur Verbesserung des Vollzugs im Arbeitsschutz (Arbeitsschutzkontrollgesetz)" noch nicht eingearbeitet, da der Gesetzgebungsprozess zum Zeitpunkt der Drucklegung noch nicht abgeschlossen war. Da die Änderungen im JArbSchG allerdings einen Tag nach Verkündung in Kraft treten sollen, finden Sie den Stand zur Drucklegung auf dem separaten Beiblatt.

Erster Abschnitt
Allgemeine Vorschriften

§ 1 Geltungsbereich

(1) Dieses Gesetz gilt in der Bundesrepublik Deutschland und in der ausschließlichen Wirtschaftszone für die Beschäftigung von Personen, die noch nicht 18 Jahre alt sind,

1. in der Berufsausbildung,

2. als Arbeitnehmer oder Heimarbeiter,

3. mit sonstigen Dienstleistungen, die der Arbeitsleistung von Arbeitnehmern oder Heimarbeitern ähnlich sind,

4. in einem der Berufsausbildung ähnlichen Ausbildungsverhältnis.

(2) Dieses Gesetz gilt nicht

1. für geringfügige Hilfeleistungen, soweit sie gelegentlich

   a) aus Gefälligkeit,

   b) auf Grund familienrechtlicher Vorschriften,

   c) in Einrichtungen der Jugendhilfe,

   d) in Einrichtungen zur Eingliederung Behinderter

   erbracht werden,

2. für die Beschäftigung durch die Personensorgeberechtigten im Familienhaushalt.

§ 2 Kind, Jugendlicher

(1) Kind im Sinne dieses Gesetzes ist, wer noch nicht 15 Jahre alt ist.

(2) Jugendlicher im Sinne dieses Gesetzes ist, wer 15, aber noch nicht 18 Jahre alt ist.

(3) Auf Jugendliche, die der Vollzeitschulpflicht unterliegen, finden die für Kinder geltenden Vorschriften Anwendung.

§ 3 Arbeitgeber

Arbeitgeber im Sinne dieses Gesetzes ist, wer ein Kind oder einen Jugendlichen gemäß § 1 beschäftigt.

§ 4 Arbeitszeit

(1) Tägliche Arbeitszeit ist die Zeit vom Beginn bis zum Ende der täglichen Beschäftigung ohne die Ruhepausen (§ 11).

(2) Schichtzeit ist die tägliche Arbeitszeit unter Hinzurechnung der Ruhepausen (§ 11).

(3) Im Bergbau unter Tage gilt die Schichtzeit als Arbeitszeit. Sie wird gerechnet vom Betreten des Förderkorbes bei der Einfahrt bis zum Verlassen des Förderkorbs bei der Ausfahrt oder vom Eintritt des einzelnen Beschäftigten in das Stollenmundloch bis zu seinem Wiederaustritt.

(4) Für die Berechnung der wöchentlichen Arbeitszeit ist als Woche die Zeit von Montag bis einschließlich Sonntag zugrunde zu legen. Die Arbeitszeit, die an einem Werktag infolge eines gesetzlichen Feiertags ausfällt, wird auf die wöchentliche Arbeitszeit angerechnet.

(5) Wird ein Kind oder Jugendlicher von mehreren Arbeitgebern beschäftigt, so werden die Arbeits- und Schichtzeiten sowie die Arbeitstage zusammengerechnet.

Zweiter Abschnitt
Beschäftigung von Kindern

§ 5 Verbot der Beschäftigung von Kindern

(1) Die Beschäftigung von Kindern (§ 2 Abs. 1) ist verboten.

(2) Das Verbot des Absatzes 1 gilt nicht für die Beschäftigung von Kindern

1. zum Zwecke der Beschäftigungs- und Arbeitstherapie,

2. im Rahmen des Betriebspraktikums während der Vollzeitschulpflicht,

3. in Erfüllung einer richterlichen Weisung.

Auf die Beschäftigung finden § 7 Satz 1 Nr. 2 und die §§ 9 bis 46 entsprechende Anwendung.

(3) Das Verbot des Absatzes 1 gilt ferner nicht für die Beschäftigung von Kindern über 13 Jahre mit Einwilligung des Personensorgeberechtigten, soweit die Beschäftigung leicht und für Kinder geeignet ist. Die Beschäftigung ist leicht, wenn sie auf Grund ihrer Beschaffenheit und der besonderen Bedingungen, unter denen sie ausgeführt wird,

1. die Sicherheit, Gesundheit und Entwicklung der Kinder,

2. ihren Schulbesuch, ihre Beteiligung an Maßnahmen zur Berufswahlvorbereitung oder Berufsausbildung, die von der zuständigen Stelle anerkannt sind, und

3. ihre Fähigkeit, dem Unterricht mit Nutzen zu folgen,

nicht nachteilig beeinflußt. Die Kinder dürfen nicht mehr als zwei Stunden täglich, in landwirtschaftlichen Familienbetrieben nicht mehr als drei Stunden täglich, nicht zwischen 18 und 8 Uhr, nicht vor dem Schulunterricht und nicht während des Schulunterrichts beschäftigt werden. Auf die Beschäftigung finden die §§ 15 bis 31 entsprechende Anwendung.

(4) Das Verbot des Absatzes 1 gilt ferner nicht für die Beschäftigung von Jugendlichen (§ 2 Abs. 3) während der Schulferien für höchstens vier Wochen im Kalenderjahr. Auf die Beschäftigung finden die §§ 8 bis 31 entsprechende Anwendung.

(4a) Die Bundesregierung hat durch Rechtsverordnung mit Zustimmung des Bundesrates die Beschäftigung nach Absatz 3 näher zu bestimmen.

(4b) Der Arbeitgeber unterrichtet die Personensorgeberechtigten der von ihm beschäftigten Kinder über mögliche Gefahren sowie über alle zu ihrer Sicherheit und ihrem Gesundheitsschutz getroffenen Maßnahmen.

(5) Für Veranstaltungen kann die Aufsichtsbehörde Ausnahmen gemäß § 6 bewilligen.

§ 6 Behördliche Ausnahmen für Veranstaltungen

(1) Die Aufsichtsbehörde kann auf Antrag bewilligen, daß

1. bei Theatervorstellungen Kinder über sechs Jahre bis zu vier Stunden täglich in der Zeit von 10 bis 23 Uhr,

2. bei Musikaufführungen und anderen Aufführungen, bei Werbeveranstaltungen sowie bei Aufnahmen im Rundfunk (Hörfunk und Fernsehen), auf Ton- und Bildträger sowie bei Film- und Fotoaufnahmen

a) Kinder über drei bis sechs Jahre bis zu zwei Stunden täglich in der Zeit von 8 bis 17 Uhr,

b) Kinder über sechs Jahre bis zu drei Stunden täglich in der Zeit von 8 bis 22 Uhr

gestaltend mitwirken und an den erforderlichen Proben teilnehmen. Eine Ausnahme darf nicht bewilligt werden für die Mitwirkung in Kabaretts, Tanzlokalen und ähnlichen Betrieben sowie auf Vergnügungsparks, Kirmessen, Jahrmärkten und bei ähnlichen Veranstaltungen, Schaustellungen oder Darbietungen.

(2) Die Aufsichtsbehörde darf nach Anhörung des zuständigen Jugendamts die Beschäftigung nur bewilligen, wenn

1. die Personensorgeberechtigten in die Beschäftigung schriftlich eingewilligt haben,

2. der Aufsichtsbehörde eine nicht länger als vor drei Monaten ausgestellte ärztliche Bescheinigung vorgelegt wird, nach der gesundheitliche Bedenken gegen die Beschäftigung nicht bestehen,

3. die erforderlichen Vorkehrungen und Maßnahmen zum Schutz des Kindes gegen Gefahren für Leben und Gesundheit sowie zur Vermeidung einer Beeinträchtigung der körperlichen oder seelisch-geistigen Entwicklung getroffen sind,

4. Betreuung und Beaufsichtigung des Kindes bei der Beschäftigung sichergestellt sind,

5. nach Beendigung der Beschäftigung eine ununterbrochene Freizeit von mindestens 14 Stunden eingehalten wird,

6. das Fortkommen in der Schule nicht beeinträchtigt wird.

(3) Die Aufsichtsbehörde bestimmt,

1. wie lange, zu welcher Zeit und an welchem Tage das Kind beschäftigt werden darf,

2. Dauer und Lage der Ruhepausen,

3. die Höchstdauer des täglichen Aufenthalts an der Beschäftigungsstätte.

(4) Die Entscheidung der Aufsichtsbehörde ist dem Arbeitgeber schriftlich bekanntzugeben. Er darf das Kind erst nach Empfang des Bewilligungsbescheides beschäftigen.

§ 7 Beschäftigung von nicht vollzeitschulpflichtigen Kindern

Kinder, die der Vollzeitschulpflicht nicht mehr unterliegen, dürfen

1. im Berufsausbildungsverhältnis,

2. außerhalb eines Berufsausbildungsverhältnisses nur mit leichten und für sie geeigneten Tätigkeiten bis zu sieben Stunden täglich und 35 Stunden wöchentlich

beschäftigt werden. Auf die Beschäftigung finden die §§ 8 bis 46 entsprechende Anwendung.

Dritter Abschnitt
Beschäftigung Jugendlicher

Erster Titel
Arbeitszeit und Freizeit

§ 8 Dauer der Arbeitszeit

(1) Jugendliche dürfen nicht mehr als acht Stunden täglich und nicht mehr als 40 Stunden wöchentlich beschäftigt werden.

(2) Wenn in Verbindung mit Feiertagen an Werktagen nicht gearbeitet wird, damit die Beschäftigten eine längere zusammenhängende Freizeit haben, so darf die ausfallende Arbeitszeit auf die Werktage von fünf zusammenhängenden, die Ausfalltage einschließenden Wochen nur dergestalt verteilt werden, dass die Wochenarbeitszeit im Durchschnitt dieser fünf Wochen 40 Stunden nicht überschreitet. Die tägliche Arbeitszeit darf hierbei achteinhalb Stunden nicht überschreiten.

(2a) Wenn an einzelnen Werktagen die Arbeitszeit auf weniger als acht Stunden verkürzt ist, können Jugendliche an den übrigen Werktagen derselben Woche achteinhalb Stunden beschäftigt werden.

(3) In der Landwirtschaft dürfen Jugendliche über 16 Jahre während der Erntezeit nicht mehr als neun Stunden täglich und nicht mehr als 85 Stunden in der Doppelwoche beschäftigt werden.

§ 9 Berufsschule

(1) Der Arbeitgeber hat den Jugendlichen für die Teilnahme am Berufsschulunterricht freizustellen. Er darf den Jugendlichen nicht beschäftigen

1. vor einem vor 9 Uhr beginnenden Unterricht; dies gilt auch für Personen, die über 18 Jahre alt und noch berufsschulpflichtig sind,

2. an einem Berufsschultag mit mehr als fünf Unterrichtsstunden von mindestens je 45 Minuten, einmal in der Woche,

3. in Berufsschulwochen mit einem planmäßigen Blockunterricht von mindestens 25 Stunden an mindestens fünf Tagen; zusätzliche betriebliche Ausbildungsveranstaltungen bis zu zwei Stunden wöchentlich sind zulässig.

(2) Auf die Arbeitszeit des Jugendlichen werden angerechnet

1. Berufsschultage nach Absatz 1 Satz 2 Nummer 2 mit der durchschnittlichen täglichen Arbeitszeit,

2. Berufsschulwochen nach Absatz 1 Satz 2 Nummer 3 mit der durchschnittlichen wöchentlichen Arbeitszeit,

3. im Übrigen die Unterrichtszeit einschließlich der Pausen.

(3) Ein Entgeltausfall darf durch den Besuch der Berufsschule nicht eintreten.

(4) (weggefallen)

§ 10 Prüfungen und außerbetriebliche Ausbildungsmaßnahmen

(1) Der Arbeitgeber hat den Jugendlichen

1. für die Teilnahme an Prüfungen und Ausbildungsmaßnahmen, die auf Grund öffentlich-rechtlicher oder vertraglicher Bestimmungen außerhalb der Ausbildungsstätte durchzuführen sind,

2. an dem Arbeitstag, der der schriftlichen Abschlussprüfung unmittelbar vorangeht,

freizustellen.

(2) Auf die Arbeitszeit des Jugendlichen werden angerechnet

1. die Freistellung nach Absatz 1 Nr. 1 mit der Zeit der Teilnahme einschließlich der Pausen,

2. die Freistellung nach Absatz 1 Nr. 2 mit der durchschnittlichen täglichen Arbeitszeit.

Ein Entgeltausfall darf nicht eintreten.

§ 11 Ruhepausen, Aufenthaltsräume

(1) Jugendlichen müssen im voraus feststehende Ruhepausen von angemessener Dauer gewährt werden. Die Ruhepausen müssen mindestens betragen

1. 30 Minuten bei einer Arbeitszeit von mehr als viereinhalb bis zu sechs Stunden,

2. 60 Minuten bei einer Arbeitszeit von mehr als sechs Stunden.

Als Ruhepause gilt nur eine Arbeitsunterbrechung von mindestens 15 Minuten.

(2) Die Ruhepausen müssen in angemessener zeitlicher Lage gewährt werden, frühestens eine Stunde nach Beginn und spätestens eine Stunde vor Ende der Arbeitszeit. Länger als viereinhalb Stunden hintereinander dürfen Jugendliche nicht ohne Ruhepause beschäftigt werden.

(3) Der Aufenthalt während der Ruhepausen in Arbeitsräumen darf den Jugendlichen nur gestattet werden, wenn die Arbeit in diesen Räumen während dieser Zeit eingestellt ist und auch sonst die notwendige Erholung nicht beeinträchtigt wird.

(4) Absatz 3 gilt nicht für den Bergbau unter Tage.

§ 12 Schichtzeit

Bei der Beschäftigung Jugendlicher darf die Schichtzeit (§ 4 Abs. 2) 10 Stunden, im Bergbau unter Tage 8 Stunden, im Gaststättengewerbe, in der Landwirtschaft, in der Tierhaltung, auf Bau- und Montagestellen 11 Stunden nicht überschreiten.

§ 13 Tägliche Freizeit

Nach Beendigung der täglichen Arbeitszeit dürfen Jugendliche nicht vor Ablauf einer ununterbrochenen Freizeit von mindestens 12 Stunden beschäftigt werden.

§ 14 Nachtruhe

(1) Jugendliche dürfen nur in der Zeit von 6 bis 20 Uhr beschäftigt werden.

(2) Jugendliche über 16 Jahre dürfen

1. im Gaststätten- und Schaustellergewerbe bis 22 Uhr,

2. in mehrschichtigen Betrieben bis 23 Uhr,

3. in der Landwirtschaft ab 5 Uhr oder bis 21 Uhr,

4. in Bäckereien und Konditoreien ab 5 Uhr

beschäftigt werden.

(3) Jugendliche über 17 Jahre dürfen in Bäckereien ab 4 Uhr beschäftigt werden.

(4) An dem einem Berufsschultag unmittelbar vorangehenden Tag dürfen Jugendliche auch nach Absatz 2 Nr. 1 bis 3 nicht nach 20 Uhr beschäftigt werden, wenn der Berufsschulunterricht am Berufsschultag vor 9 Uhr beginnt.

(5) Nach vorheriger Anzeige an die Aufsichtsbehörde dürfen in Betrieben, in denen die übliche Arbeitszeit aus verkehrstechnischen Gründen nach 20 Uhr endet, Jugendliche bis 21 Uhr beschäftigt werden, soweit sie hierdurch unnötige Wartezeiten vermeiden können. Nach vorheriger Anzeige an die Aufsichtsbehörde dürfen ferner in mehrschichtigen Betrieben Jugendliche über 16 Jahren ab 5.30 Uhr oder bis 23.30 Uhr beschäftigt werden, soweit sie hierdurch unnötige Wartezeiten vermeiden können.

(6) Jugendliche dürfen in Betrieben, in denen die Beschäftigten in außergewöhnlichem Grade der Einwirkung von Hitze ausgesetzt sind, in der warmen Jahreszeit ab 5 Uhr beschäftigt werden. Die Jugendlichen sind berechtigt, sich vor Beginn der Beschäftigung und danach in regelmäßigen Zeitabständen arbeitsmedizinisch untersuchen zu lassen. Die Kosten der Untersuchungen hat der Arbeitgeber zu tragen, sofern er diese nicht kostenlos durch einen Betriebsarzt oder einen überbetrieblichen Dienst von Betriebsärzten anbietet.

(7) Jugendliche dürfen bei Musikaufführungen, Theatervorstellungen und anderen Aufführungen, bei Aufnahmen im Rundfunk (Hörfunk und Fernsehen), auf Ton- und Bildträger sowie bei Film- und Fotoaufnahmen bis 23 Uhr gestaltend mitwirken. Eine Mitwirkung ist nicht zulässig bei Veranstaltungen, Schaustellungen oder Darbietungen, bei denen die Anwesenheit Jugendlicher nach den Vorschriften des Jugend-

schutzgesetzes verboten ist. Nach Beendigung der Tätigkeit dürfen Jugendliche nicht vor Ablauf einer ununterbrochenen Freizeit von mindestens 14 Stunden beschäftigt werden.

§ 15 Fünf-Tage-Woche

Jugendliche dürfen nur an fünf Tagen in der Woche beschäftigt werden. Die beiden wöchentlichen Ruhetage sollen nach Möglichkeit aufeinander folgen.

§ 16 Samstagsruhe

(1) An Samstagen dürfen Jugendliche nicht beschäftigt werden.

(2) Zulässig ist die Beschäftigung Jugendlicher an Samstagen nur

1. in Krankenanstalten sowie Alten-, Pflege- und Kinderheimen,

2. in offenen Verkaufsstellen, in Betrieben mit offenen Verkaufsstellen, in Bäckereien und Konditoreien, im Friseurhandwerk und im Marktverkehr,

3. im Verkehrswesen,

4. in der Landwirtschaft und Tierhaltung,

5. im Familienhaushalt,

6. im Gaststätten- und Schaustellergewerbe,

7. bei Musikaufführungen, Theatervorstellungen und anderen Aufführungen, bei Aufnahmen im Rundfunk (Hörfunk und Fernsehen), auf Ton- und Bildträger sowie bei Film- und Fotoaufnahmen,

8. bei außerbetrieblichen Ausbildungsmaßnahmen,

9. beim Sport,

10. im ärztlichen Notdienst,

11. in Reparaturwerkstätten für Kraftfahrzeuge.

Mindestens zwei Samstage im Monat sollen beschäftigungsfrei bleiben.

(3) Werden Jugendliche am Samstag beschäftigt, ist ihnen die Fünf-Tage-Woche (§ 15) durch Freistellung an einem anderen berufsschulfreien Arbeitstag derselben Woche sicherzustellen. In Betrieben mit einem Betriebsruhetag in der Woche kann die Freistellung auch an diesem Tage erfolgen, wenn die Jugendlichen an diesem Tage keinen Berufsschulunterricht haben.

(4) Können Jugendliche in den Fällen des Absatzes 2 Nr. 2 am Samstag nicht acht Stunden beschäftigt werden, kann der Unterschied zwischen der tatsächlichen und der nach § 8 Abs. 1 höchstzulässigen Arbeitszeit an dem Tage bis 13 Uhr ausgeglichen werden, an dem die Jugendlichen nach Absatz 3 Satz 1 freizustellen sind.

§ 17 Sonntagsruhe

(1) An Sonntagen dürfen Jugendliche nicht beschäftigt werden.

(2) Zulässig ist die Beschäftigung Jugendlicher an Sonntagen nur

1. in Krankenanstalten sowie Alten-, Pflege- und Kinderheimen,

2. in der Landwirtschaft und Tierhaltung mit Arbeiten, die auch an Sonn- und Feiertagen naturnotwendig vorgenommen werden müssen,

3. im Familienhaushalt, wenn der Jugendliche in die häusliche Gemeinschaft aufgenommen ist,

4. im Schaustellergewerbe,

5. bei Musikaufführungen, Theatervorstellungen und anderen Aufführungen sowie bei Direktsendungen im Rundfunk (Hörfunk und Fernsehen),

6. beim Sport,

7. im ärztlichen Notdienst,

8. im Gaststättengewerbe.

Jeder zweite Sonntag soll, mindestens zwei Sonntage im Monat müssen beschäftigungsfrei bleiben.

(3) Werden Jugendliche am Sonntag beschäftigt, ist ihnen die Fünf-Tage-Woche (§ 15) durch Freistellung an einem anderen berufsschulfreien Arbeitstag derselben Woche sicherzustellen. In Betrieben mit einem Betriebsruhetag in der Woche kann die Freistellung auch an diesem Tag erfolgen, wenn die Jugendlichen an diesem Tage keinen Berufsschulunterricht haben.

§ 18 Feiertagsruhe

(1) Am 24. und 31. Dezember nach 14 Uhr und an gesetzlichen Feiertagen dürfen Jugendliche nicht beschäftigt werden.

(2) Zulässig ist die Beschäftigung Jugendlicher an gesetzlichen Feiertagen in den Fällen des § 17 Abs. 2, ausgenommen am 25. Dezember, am 1. Januar, am ersten Osterfeiertag und am 1. Mai.

(3) Für die Beschäftigung an einem gesetzlichen Feiertag, der auf einen Werktag fällt, ist der Jugendliche an einem anderen berufsschulfreien Arbeitstag derselben oder der folgenden Woche freizustellen. In Betrieben mit einem Betriebsruhetag in der Woche kann die Freistellung auch an diesem Tag erfolgen, wenn die Jugendlichen an diesem Tag keinen Berufsschulunterricht haben.

§ 19 Urlaub

(1) Der Arbeitgeber hat Jugendlichen für jedes Kalenderjahr einen bezahlten Erholungsurlaub zu gewähren.

(2) Der Urlaub beträgt jährlich

1. mindestens 30 Werktage, wenn der Jugendliche zu Beginn des Kalenderjahres noch nicht 16 Jahre alt ist,

2. mindestens 27 Werktage, wenn der Jugendliche zu Beginn des Kalenderjahres noch nicht 17 Jahre alt ist,

3. mindestens 25 Werktage, wenn der Jugendliche zu Beginn des Kalenderjahres noch nicht 18 Jahre alt ist.

Jugendliche, die im Bergbau unter Tage beschäftigt werden, erhalten in jeder Altersgruppe einen zusätzlichen Urlaub von drei Werktagen.

(3) Der Urlaub soll Berufsschülern in der Zeit der Berufsschulferien gegeben werden. Soweit er nicht in den Berufsschulferien gegeben wird, ist für jeden Berufsschultag, an dem die Berufsschule während des Urlaubs besucht wird, ein weiterer Urlaubstag zu gewähren.

(4) Im Übrigen gelten für den Urlaub der Jugendlichen § 3 Abs. 2, §§ 4 bis 12 und § 13 Abs. 3 des Bundesurlaubsgesetzes. Der Auftraggeber oder Zwischenmeister hat jedoch abweichend von § 12 Nr. 1 des Bundesurlaubsgesetzes den jugendlichen Heimarbeitern für jedes Kalenderjahr einen bezahlten Erholungsurlaub entsprechend Absatz 2 zu gewähren; das Urlaubsentgelt der jugendlichen Heimarbeiter beträgt bei einem Urlaub von 30 Werktagen 11,6 vom Hundert, bei einem Urlaub von 27 Werktagen 10,3 vom Hundert und bei einem Urlaub von 25 Werktagen 9,5 vom Hundert.

§ 20 Binnenschifffahrt

(1) In der Binnenschifffahrt gelten folgende Abweichungen:

1. Abweichend von § 12 darf die Schichtzeit Jugendlicher über 16 Jahre während der Fahrt bis auf 14 Stunden täglich ausgedehnt werden, wenn ihre Arbeitszeit sechs Stunden täglich nicht überschreitet. Ihre tägliche Freizeit kann abweichend von § 13 der Ausdehnung der Schichtzeit entsprechend bis auf 10 Stunden verkürzt werden.

2. Abweichend von § 14 Abs. 1 dürfen Jugendliche über 16 Jahre während der Fahrt bis 22 Uhr beschäftigt werden.

3. Abweichend von §§ 15, 16 Abs. 1, § 17 Abs. 1 und § 18 Abs. 1 dürfen Jugendliche an jedem Tag der Woche beschäftigt werden, jedoch nicht am 24. Dezember, an den

Weihnachtsfeiertagen, am 31. Dezember, am 1. Januar, an den Osterfeiertagen und am 1. Mai. Für die Beschäftigung an einem Samstag, Sonntag und an einem gesetzlichen Feiertag, der auf einen Werktag fällt, ist je ein freier Tag zu gewähren. Diese freien Tage sind den Jugendlichen in Verbindung mit anderen freien Tagen zu gewähren, spätestens, wenn ihnen 10 freie Tage zustehen.

(2) In der gewerblichen Binnenschifffahrt hat der Arbeitgeber Aufzeichnungen nach Absatz 3 über die tägliche Arbeits- oder Freizeit jedes Jugendlichen zu führen, um eine Kontrolle der Einhaltung der §§ 8 bis 21a dieses Gesetzes zu ermöglichen. Die Aufzeichnungen sind in geeigneten Zeitabständen, spätestens bis zum nächsten Monatsende, gemeinsam vom Arbeitgeber oder seinem Vertreter und von dem Jugendlichen zu prüfen und zu bestätigen. Im Anschluss müssen die Aufzeichnungen für mindestens zwölf Monate an Bord aufbewahrt werden und dem Jugendlichen ist eine Kopie der bestätigten Aufzeichnungen auszuhändigen. Der Jugendliche hat die Kopien daraufhin zwölf Monate für eine Kontrolle bereitzuhalten.

(3) Die Aufzeichnungen nach Absatz 2 müssen mindestens folgende Angaben enthalten:

1. Name des Schiffes,

2. Name des Jugendlichen,

3. Name des verantwortlichen Schiffsführers,

4. Datum des jeweiligen Arbeits- oder Ruhetages,

5. für jeden Tag der Beschäftigung, ob es sich um einen Arbeits- oder um einen Ruhetag handelt, sowie

6. Beginn und Ende der täglichen Arbeitszeit oder der täglichen Freizeit.

§ 21 Ausnahmen in besonderen Fällen

(1) Die §§ 8 und 11 bis 18 finden keine Anwendung auf die Beschäftigung Jugendlicher mit vorübergehenden und unaufschiebbaren

Arbeiten in Notfällen, soweit erwachsene Beschäftigte nicht zur Verfügung stehen.

(2) Wird in den Fällen des Absatzes 1 über die Arbeitszeit des § 8 hinaus Mehrarbeit geleistet, so ist sie durch entsprechende Verkürzung der Arbeitszeit innerhalb der folgenden drei Wochen auszugleichen.

§ 21a Abweichende Regelungen

(1) In einem Tarifvertrag oder auf Grund eines Tarifvertrages in einer Betriebsvereinbarung kann zugelassen werden

1. abweichend von den §§ 8, 15, 16 Abs. 3 und 4, § 17 Abs. 3 und § 18 Abs. 3 die Arbeitszeit bis zu neun Stunden täglich, 44 Stunden wöchentlich und bis zu fünfeinhalb Tagen in der Woche anders zu verteilen, jedoch nur unter Einhaltung einer durchschnittlichen Wochenarbeitszeit von 40 Stunden in einem Ausgleichszeitraum von zwei Monaten,

2. abweichend von § 11 Abs. 1 Satz 2 Nr. 2 und Abs. 2 die Ruhepausen bis zu 15 Minuten zu kürzen und die Lage der Pausen anders zu bestimmen,

3. abweichend von § 12 die Schichtzeit mit Ausnahme des Bergbaus unter Tage bis zu einer Stunde täglich zu verlängern,

4. abweichend von § 16 Abs. 1 und 2 Jugendliche an 26 Samstagen im Jahr oder an jedem Samstag zu beschäftigen, wenn statt dessen der Jugendliche an einem anderen Werktag derselben Woche von der Beschäftigung freigestellt wird,

5. abweichend von den §§ 15, 16 Abs. 3 und 4, § 17 Abs. 3 und § 18 Abs. 3 Jugendliche bei einer Beschäftigung an einem Samstag oder an einem Sonn- oder Feiertag unter vier Stunden an einem anderen Arbeitstag derselben oder der folgenden Woche vor- oder nachmittags von der Beschäftigung freizustellen,

6. abweichend von § 17 Abs. 2 Satz 2 Jugendliche im Gaststätten- und Schaustellergewerbe sowie in der Landwirtschaft während der Saison oder der Erntezeit an drei Sonntagen im Monat zu beschäftigen.

(2) Im Geltungsbereich eines Tarifvertrages nach Absatz 1 kann die abweichende tarifvertragliche Regelung im Betrieb eines nicht tarifgebundenen Arbeitgebers durch Betriebsvereinbarung oder, wenn ein Betriebsrat nicht besteht, durch schriftliche Vereinbarung zwischen dem Arbeitgeber und dem Jugendlichen übernommen werden.

(3) Die Kirchen und die öffentlich-rechtlichen Religionsgesellschaften können die in Absatz 1 genannten Abweichungen in ihren Regelungen vorsehen.

§ 21b Ermächtigung

Das Bundesministerium für Arbeit und Soziales kann im Interesse der Berufsausbildung oder der Zusammenarbeit von Jugendlichen und Erwachsenen durch Rechtsverordnung mit Zustimmung des Bundesrates Ausnahmen von den Vorschriften

1. des § 8, der §§ 11 und 12, der §§ 15 und 16, des § 17 Abs. 2 und 3 sowie des § 18 Abs. 3 im Rahmen des § 21a Abs. 1,

2. des § 14, jedoch nicht vor 5 Uhr und nicht nach 23 Uhr, sowie

3. des § 17 Abs. 1 und des § 18 Abs. 1 an höchstens 26 Sonn- und Feiertagen im Jahr

zulassen, soweit eine Beeinträchtigung der Gesundheit oder der körperlichen oder seelischgeistigen Entwicklung der Jugendlichen nicht zu befürchten ist.

Zweiter Titel
Beschäftigungsverbote und -beschränkungen

§ 22 Gefährliche Arbeiten

(1) Jugendliche dürfen nicht beschäftigt werden

1. mit Arbeiten, die ihre physische oder psychische Leistungsfähigkeit übersteigen,

2. mit Arbeiten, bei denen sie sittlichen Gefahren ausgesetzt sind,

3. mit Arbeiten, die mit Unfallgefahren verbunden sind, von denen anzunehmen ist, dass Jugendliche sie wegen mangelnden Sicherheitsbewusstseins oder mangelnder Erfahrung nicht erkennen oder nicht abwenden können,

4. mit Arbeiten, bei denen ihre Gesundheit durch außergewöhnliche Hitze oder Kälte oder starke Nässe gefährdet wird,

5. mit Arbeiten, bei denen sie schädlichen Einwirkungen von Lärm, Erschütterungen oder Strahlen ausgesetzt sind,

6. mit Arbeiten, bei denen sie schädlichen Einwirkungen von Gefahrstoffen im Sinne der Gefahrstoffverordnung ausgesetzt sind,

7. mit Arbeiten, bei denen sie schädlichen Einwirkungen von biologischen Arbeitsstoffen im Sinne der Biostoffverordnung ausgesetzt sind.

(2) Absatz 1 Nr. 3 bis 7 gilt nicht für die Beschäftigung Jugendlicher, soweit

1. dies zur Erreichung ihres Ausbildungszieles erforderlich ist,

2. ihr Schutz durch die Aufsicht eines Fachkundigen gewährleistet ist und

3. der Luftgrenzwert bei gefährlichen Stoffen (Absatz 1 Nr. 6) unterschritten wird.

Satz 1 findet keine Anwendung auf gezielte Tätigkeiten mit biologischen Arbeitsstoffen der Risikogruppen 3 und 4 im Sinne der Biostoffverordnung sowie auf nicht gezielte Tätigkeiten, die nach der Biostoffverordnung der Schutzstufe 3 oder 4 zuzuordnen sind.

(3) Werden Jugendliche in einem Betrieb beschäftigt, für den ein Betriebsarzt oder eine Fachkraft für Arbeitssicherheit verpflichtet ist, muss ihre betriebsärztliche oder sicherheitstechnische Betreuung sichergestellt sein.

§ 23 Akkordarbeit, tempoabhängige Arbeiten

(1) Jugendliche dürfen nicht beschäftigt werden

1. mit Akkordarbeit und sonstigen Arbeiten, bei denen durch ein gesteigertes Arbeitstempo ein höheres Entgelt erzielt werden kann,

2. in einer Arbeitsgruppe mit erwachsenen Arbeitnehmern, die mit Arbeiten nach Nummer 1 beschäftigt werden,

3. mit Arbeiten, bei denen ihr Arbeitstempo nicht nur gelegentlich vorgeschrieben, vorgegeben oder auf andere Weise erzwungen wird.

(2) Absatz 1 Nr. 2 gilt nicht für die Beschäftigung Jugendlicher,

1. soweit dies zur Erreichung ihres Ausbildungsziels erforderlich ist oder

2. wenn sie eine Berufsausbildung für diese Beschäftigung abgeschlossen haben

und ihr Schutz durch die Aufsicht eines Fachkundigen gewährleistet ist.

§ 24 Arbeiten unter Tage

(1) Jugendliche dürfen nicht mit Arbeiten unter Tage beschäftigt werden.

(2) Absatz 1 gilt nicht für die Beschäftigung Jugendlicher über 16 Jahren,

1. soweit dies zur Erreichung ihres Ausbildungsziels erforderlich ist,

2. wenn sie eine Berufsausbildung für die Beschäftigung unter Tage abgeschlossen haben oder

3. wenn sie an einer von der Bergbehörde genehmigten Ausbildungsmaßnahme für Bergjungarbeiter teilnehmen oder teilgenommen haben

und ihr Schutz durch die Aufsicht eines Fachkundigen gewährleistet ist.

§ 25 Verbot der Beschäftigung durch bestimmte Personen

(1) Personen, die

1. wegen eines Verbrechens zu einer Freiheitsstrafe von mindestens zwei Jahren,

2. wegen einer vorsätzlichen Straftat, die sie unter Verletzung der ihnen als Arbeitgeber, Ausbildender oder Ausbilder obliegenden Pflichten zum Nachteil von Kindern oder Jugendlichen begangen haben, zu einer Freiheitsstrafe von mehr als drei Monaten,

3. wegen einer Straftat nach den §§ 109h, 171, 174 bis 184i, 184k, 225, 232 bis 233a des Strafgesetzbuches,

4. wegen einer Straftat nach dem Betäubungsmittelgesetz oder

5. wegen einer Straftat nach dem Jugendschutzgesetz oder nach dem Gesetz über die Verbreitung jugendgefährdender Schriften wenigstens zweimal

rechtskräftig verurteilt worden sind, dürfen Jugendliche nicht beschäftigen sowie im Rahmen eines Rechtsverhältnisses im Sinne des § 1 nicht beaufsichtigen, nicht anweisen, nicht ausbilden und nicht mit der Beaufsichtigung, Anweisung oder Ausbildung von Jugendlichen beauftragt werden. Eine Verurteilung bleibt außer Betracht, wenn seit dem Tage ihrer Rechtskraft fünf Jahre verstrichen sind. Die Zeit, in welcher der Täter auf behördliche Anordnung in einer Anstalt verwahrt worden ist, wird nicht eingerechnet.

(2) Das Verbot des Absatzes 1 Satz 1 gilt auch für Personen, gegen die wegen einer Ordnungswidrigkeit nach § 58 Abs. 1 bis 4 wenigstens dreimal eine Geldbuße rechtskräftig festgesetzt worden ist. Eine Geldbuße bleibt außer Betracht, wenn seit dem Tag ihrer rechtskräftigen Festsetzung fünf Jahre verstrichen sind.

(3) Das Verbot des Absatzes 1 und 2 gilt nicht für die Beschäftigung durch die Personensorgeberechtigten.

§ 26 Ermächtigungen

Das Bundesministerium für Arbeit und Soziales kann zum Schutz der Jugendlichen gegen Gefahren für Leben und Gesundheit sowie zur Vermeidung einer Beeinträchtigung der körperlichen oder seelisch-geistigen Entwicklung durch Rechtsverordnung mit Zustimmung des Bundesrates

1. die für Kinder, die der Vollzeitschulpflicht nicht mehr unterliegen, geeigneten und leichten Tätigkeiten nach § 7 Satz 1 Nr. 2 und die Arbeiten nach § 22 Abs. 1 und den §§ 23 und 24 näher bestimmen,

2. über die Beschäftigungsverbote in den §§ 22 bis 25 hinaus die Beschäftigung Jugendlicher in bestimmten Betriebsarten oder mit bestimmten Arbeiten verbieten oder beschränken, wenn sie bei diesen Arbeiten infolge ihres Entwicklungsstands in besonderem Maß Gefahren ausgesetzt sind oder wenn das Verbot oder die Beschränkung der Beschäftigung infolge der technischen Entwicklung oder neuer arbeitsmedizinischer oder sicherheitstechnischer Erkenntnisse notwendig ist.

§ 27 Behördliche Anordnungen und Ausnahmen

(1) Die Aufsichtsbehörde kann in Einzelfällen feststellen, ob eine Arbeit unter die Beschäftigungsverbote oder -beschränkungen der §§ 22 bis 24 oder einer Rechtsverordnung nach § 26 fällt. Sie kann in Einzelfällen die Beschäftigung Jugendlicher mit bestimmten Arbeiten über die Beschäftigungsverbote und -beschränkungen der §§ 22 bis 24 und einer Rechtsverordnung nach § 26 hinaus verbieten oder beschränken, wenn diese Arbeiten mit Gefahren für Leben, Gesundheit oder für die körperliche oder seelisch-geistige Entwicklung der Jugendlichen verbunden sind.

(2) Die zuständige Behörde kann

1. den Personen, die die Pflichten, die ihnen kraft Gesetzes zugunsten der von ihnen beschäftigten, beaufsichtigten, angewiese-

nen oder auszubildenden Kinder und Jugendlichen obliegen, wiederholt oder gröblich verletzt haben,

2. den Personen, gegen die Tatsachen vorliegen, die sie in sittlicher Beziehung zur Beschäftigung, Beaufsichtigung, Anweisung oder Ausbildung von Kindern und Jugendlichen ungeeignet erscheinen lassen,

verbieten, Kinder und Jugendliche zu beschäftigen oder im Rahmen eines Rechtsverhältnisses im Sinne des § 1 zu beaufsichtigen, anzuweisen oder auszubilden.

(3) Die Aufsichtsbehörde kann auf Antrag Ausnahmen von § 23 Abs. 1 Nr. 2 und 3 für Jugendliche über 16 Jahre bewilligen,

1. wenn die Art der Arbeit oder das Arbeitstempo eine Beeinträchtigung der Gesundheit oder der körperlichen oder seelisch-geistigen Entwicklung des Jugendlichen nicht befürchten lassen und

2. wenn eine nicht länger als vor drei Monaten ausgestellte ärztliche Bescheinigung vorgelegt wird, nach der gesundheitliche Bedenken gegen die Beschäftigung nicht bestehen.

Dritter Titel
Sonstige Pflichten des Arbeitgebers

§ 28 Menschengerechte Gestaltung der Arbeit

(1) Der Arbeitgeber hat bei der Einrichtung und der Unterhaltung der Arbeitsstätte einschließlich der Maschinen, Werkzeuge und Geräte und bei der Regelung der Beschäftigung die Vorkehrungen und Maßnahmen zu treffen, die zum Schutz der Jugendlichen gegen Gefahren für Leben und Gesundheit sowie zur Vermeidung einer Beeinträchtigung der körperlichen oder seelisch-geistigen Entwicklung der Jugendlichen erforderlich sind. Hierbei sind das mangelnde Sicherheitsbewusstsein, die mangelnde Erfahrung und der Entwicklungsstand der Jugendlichen zu berücksichtigen und die allgemein anerkannten sicherheitstechnischen und arbeitsmedizinischen Regeln sowie die sonstigen gesicherten arbeitswissenschaftlichen Erkenntnisse zu beachten.

(2) Das Bundesministerium für Arbeit und Soziales kann durch Rechtsverordnung mit Zustimmung des Bundesrates bestimmen, welche Vorkehrungen und Maßnahmen der Arbeitgeber zur Erfüllung der sich aus Absatz 1 ergebenden Pflichten zu treffen hat.

(3) Die Aufsichtsbehörde kann in Einzelfällen anordnen, welche Vorkehrungen und Maßnahmen zur Durchführung des Absatzes 1 oder einer vom Bundesministerium für Arbeit und Soziales gemäß Absatz 2 erlassenen Verordnung zu treffen sind.

§ 28a Beurteilung der Arbeitsbedingungen

Vor Beginn der Beschäftigung Jugendlicher und bei wesentlicher Änderung der Arbeitsbedingungen hat der Arbeitgeber die mit der Beschäftigung verbundenen Gefährdungen Jugendlicher zu beurteilen. Im übrigen gelten die Vorschriften des Arbeitsschutzgesetzes.

§ 29 Unterweisung über Gefahren

(1) Der Arbeitgeber hat die Jugendlichen vor Beginn der Beschäftigung und bei wesentlicher Änderung der Arbeitsbedingungen über die Unfall- und Gesundheitsgefahren, denen sie bei der Beschäftigung ausgesetzt sind, sowie über die Einrichtungen und Maßnahmen zur Abwendung dieser Gefahren zu unterweisen. Er hat die Jugendlichen vor der erstmaligen Beschäftigung an Maschinen oder gefährlichen Arbeitsstellen oder mit Arbeiten, bei denen sie mit gesundheitsgefährdenden Stoffen in Berührung kommen, über die besonderen Gefahren dieser Arbeiten sowie über das bei ihrer Verrichtung erforderliche Verhalten zu unterweisen.

(2) Die Unterweisungen sind in angemessenen Zeitabständen, mindestens aber halbjährlich, zu wiederholen.

(3) Der Arbeitgeber beteiligt die Betriebsärzte und die Fachkräfte für Arbeitssicherheit an der Planung, Durchführung und Überwachung der für die Sicherheit und den Gesundheitsschutz bei der Beschäftigung Jugendlicher geltenden Vorschriften.

§ 30 Häusliche Gemeinschaft

(1) Hat der Arbeitgeber einen Jugendlichen in die häusliche Gemeinschaft aufgenommen, so muss er

1. ihm eine Unterkunft zur Verfügung stellen und dafür sorgen, dass sie so beschaffen, ausgestattet und belegt ist und so benutzt wird, dass die Gesundheit des Jugendlichen nicht beeinträchtigt wird, und

2. ihm bei einer Erkrankung, jedoch nicht über die Beendigung der Beschäftigung hinaus, die erforderliche Pflege und ärztliche Behandlung zuteil werden lassen, soweit diese nicht von einem Sozialversicherungsträger geleistet wird.

(2) Die Aufsichtsbehörde kann im Einzelfall anordnen, welchen Anforderungen die Unterkunft (Absatz 1 Nr. 1) und die Pflege bei Erkrankungen (Absatz 1 Nr. 2) genügen müssen.

§ 31 Züchtigungsverbot; Verbot der Abgabe von Alkohol und Tabak

(1) Wer Jugendliche beschäftigt oder im Rahmen eines Rechtsverhältnisses im Sinne des § 1 beaufsichtigt, anweist oder ausbildet, darf sie nicht körperlich züchtigen.

(2) Wer Jugendliche beschäftigt, muss sie vor körperlicher Züchtigung und Misshandlung und vor sittlicher Gefährdung durch andere bei ihm Beschäftigte und durch Mitglieder seines Haushalts an der Arbeitsstätte und in seinem Haus schützen. Soweit deren Abgabe nach § 9 Absatz 1 oder § 10 Absatz 1 und 4 des Jugendschutzgesetzes verboten ist, darf der Arbeitgeber Jugendlichen keine alkoholischen Getränke, Tabakwaren oder anderen dort genannten Erzeugnisse geben.

Vierter Titel
Gesundheitliche Betreuung

§ 32 Erstuntersuchung

(1) Ein Jugendlicher, der in das Berufsleben eintritt, darf nur beschäftigt werden, wenn

1. er innerhalb der letzten vierzehn Monate von einem Arzt untersucht worden ist (Erstuntersuchung) und

2. dem Arbeitgeber eine von diesem Arzt ausgestellte Bescheinigung vorliegt.

(2) Absatz 1 gilt nicht für eine geringfügige oder eine nicht länger als zwei Monate dauernde Beschäftigung mit leichten Arbeiten, von denen keine gesundheitlichen Nachteile für den Jugendlichen zu befürchten sind.

§ 33 Erste Nachuntersuchung

(1) Ein Jahr nach Aufnahme der ersten Beschäftigung hat sich der Arbeitgeber die Bescheinigung eines Arztes darüber vorlegen zu lassen, dass der Jugendliche nachuntersucht worden ist (erste Nachuntersuchung). Die Nachuntersuchung darf nicht länger als drei Monate zurückliegen. Der Arbeitgeber soll den Jugendlichen neun Monate nach Aufnahme der ersten Beschäftigung nachdrücklich auf den Zeitpunkt, bis zu dem der Jugendliche ihm die ärztliche Bescheinigung nach Satz 1 vorzulegen hat, hinweisen und ihn auffordern, die Nachuntersuchung bis dahin durchführen zu lassen.

(2) Legt der Jugendliche die Bescheinigung nicht nach Ablauf eines Jahres vor, hat ihn der Arbeitgeber innerhalb eines Monats unter Hinweis auf das Beschäftigungsverbot nach Absatz 3 schriftlich aufzufordern, ihm die Bescheinigung vorzulegen. Je eine Durchschrift des Aufforderungsschreibens hat der Arbeitgeber dem Personensorgeberechtigten und dem Betriebs- oder Personalrat zuzusenden.

(3) Der Jugendliche darf nach Ablauf von 14 Monaten nach Aufnahme der ersten Beschäftigung nicht weiterbeschäftigt werden, solange er die Bescheinigung nicht vorgelegt hat.

§ 34 Weiter Nachuntersuchungen

Nach Ablauf jedes weiteren Jahres nach der ersten Nachuntersuchung kann sich der Jugendliche erneut nachuntersuchen lassen (weitere Nachuntersuchungen). Der Arbeitgeber soll ihn auf diese Möglichkeit rechtzeitig hinweisen und darauf hinwirken, dass der Jugendliche ihm die Bescheinigung über die weitere Nachuntersuchung vorlegt.

§ 35 Außerordentliche Nachuntersuchung

(1) Der Arzt soll eine außerordentliche Nachuntersuchung anordnen, wenn eine Untersuchung ergibt, dass

1. ein Jugendlicher hinter dem seinem Alter entsprechenden Entwicklungsstand zurückgeblieben ist,

2. gesundheitliche Schwächen oder Schäden vorhanden sind,

3. die Auswirkungen der Beschäftigung auf die Gesundheit oder Entwicklung des Jugendlichen noch nicht zu übersehen sind.

(2) Die in § 33 Abs. 1 festgelegten Fristen werden durch die Anordnung einer außerordentlichen Nachuntersuchung nicht berührt.

§ 36 Ärztliche Untersuchungen und Wechsel des Arbeitgebers

Wechselt der Jugendliche den Arbeitgeber, so darf ihn der neue Arbeitgeber erst beschäftigen, wenn ihm die Bescheinigung über die Erstuntersuchung (§ 32 Abs. 1) und, falls seit der Aufnahme der Beschäftigung ein Jahr vergangen ist, die Bescheinigung über die erste Nachuntersuchung (§ 33) vorliegen.

§ 37 Inhalt und Durchführung der ärztlichen Untersuchungen

(1) Die ärztlichen Untersuchungen haben sich auf den Gesundheits- und Entwicklungsstand und die körperliche Beschaffenheit, die Nachuntersuchungen außerdem auf die Auswirkungen der Beschäftigung auf Gesundheit und Entwicklung des Jugendlichen zu erstrecken.

(2) Der Arzt hat unter Berücksichtigung der Krankheitsvorgeschichte des Jugendlichen auf Grund der Untersuchungen zu beurteilen,

1. ob die Gesundheit oder die Entwicklung des Jugendlichen durch die Ausführung bestimmter Arbeiten oder durch die Beschäftigung während bestimmter Zeiten gefährdet wird,

2. ob besondere der Gesundheit dienende Maßnahmen einschließlich Maßnahmen zur Verbesserung des Impfstatus erforderlich sind,

3. ob eine außerordentliche Nachuntersuchung (§ 35 Abs. 1) erforderlich ist.

(3) Der Arzt hat schriftlich festzuhalten:

1. den Untersuchungsbefund,

2. die Arbeiten, durch deren Ausführung er die Gesundheit oder die Entwicklung des Jugendlichen für gefährdet hält,

3. die besonderen der Gesundheit dienenden Maßnahmen einschließlich Maßnahmen zur Verbesserung des Impfstatus,

4. die Anordnung einer außerordentlichen Nachuntersuchung (§ 35 Abs. 1).

§ 38 Ergänzungsuntersuchung

Kann der Arzt den Gesundheits- und Entwicklungsstand des Jugendlichen nur beurteilen, wenn das Ergebnis einer Ergänzungsuntersuchung durch einen anderen Arzt oder einen Zahnarzt vorliegt, so hat er die Ergänzungsuntersuchung zu veranlassen und ihre Notwendigkeit schriftlich zu begründen.

§ 39 Mitteilung, Bescheinigung

(1) Der Arzt hat dem Personensorgeberechtigten schriftlich mitzuteilen:

1. das wesentliche Ergebnis der Untersuchung,

2. die Arbeiten, durch deren Ausführung er die Gesundheit oder die Entwicklung des Jugendlichen für gefährdet hält,

3. die besonderen der Gesundheit dienenden Maßnahmen einschließlich Maßnahmen zur Verbesserung des Impfstatus,

4. die Anordnung einer außerordentlichen Nachuntersuchung (§ 35 Abs. 1).

(2) Der Arzt hat eine für den Arbeitgeber bestimmte Bescheinigung darüber auszustellen, dass die Untersuchung stattgefunden hat, und darin die Arbeiten zu vermerken, durch deren Ausführung er die Gesundheit oder die Entwicklung des Jugendlichen für gefährdet hält.

§ 40 Bescheinigung mit Gefährdungsvermerk

(1) Enthält die Bescheinigung des Arztes (§ 39 Abs. 2) einen Vermerk über Arbeiten, durch deren Ausführung er die Gesundheit oder die Entwicklung des Jugendlichen für gefährdet hält, so darf der Jugendliche mit solchen Arbeiten nicht beschäftigt werden.

(2) Die Aufsichtsbehörde kann die Beschäftigung des Jugendlichen mit den in der Bescheinigung des Arztes (§ 39 Abs. 2) vermerkten Arbeiten im Einvernehmen mit einem Arzt zulassen und die Zulassung mit Auflagen verbinden.

§ 41 Aufbewahren der ärztlichen Bescheinigungen

(1) Der Arbeitgeber hat die ärztlichen Bescheinigungen bis zur Beendigung der Beschäftigung, längstens jedoch bis zur Vollendung des 18. Lebensjahrs des Jugendlichen aufzubewahren und der Aufsichtsbehörde sowie der Berufsgenossenschaft auf Verlangen zur Einsicht vorzulegen oder einzusenden.

(2) Scheidet der Jugendliche aus dem Beschäftigungsverhältnis aus, so hat ihm der Arbeitgeber die Bescheinigungen auszuhändigen.

§ 42 Eingreifen der Aufsichtsbehörde

Die Aufsichtsbehörde hat, wenn die dem Jugendlichen übertragenen Arbeiten Gefahren für seine Gesundheit befürchten lassen, dies dem Personensorgeberechtigten und dem Arbeitgeber mitzuteilen und den Jugendlichen aufzufordern, sich durch einen von ihr ermächtigten Arzt untersuchen zu lassen.

§ 43 Freistellung für Untersuchungen

Der Arbeitgeber hat den Jugendlichen für die Durchführung der ärztlichen Untersuchungen nach diesem Abschnitt freizustellen. Ein Entgeltausfall darf hierdurch nicht eintreten.

§ 44 Kosten der Untersuchungen

Die Kosten der Untersuchungen trägt das Land.

§ 45 Gegenseitige Unterrichtung der Ärzte

(1) Die Ärzte, die Untersuchungen nach diesem Abschnitt vorgenommen haben, müssen, wenn der Personensorgeberechtigte und der Jugendliche damit einverstanden sind,

1. dem staatlichen Gewerbearzt,

2. dem Arzt, der einen Jugendlichen nach diesem Abschnitt nachuntersucht,

auf Verlangen die Aufzeichnungen über die Untersuchungsbefunde zur Einsicht aushändigen.

(2) Unter den Voraussetzungen des Absatzes 1 kann der Amtsarzt des Gesundheitsamts einem Arzt, der einen Jugendlichen nach diesem Abschnitt untersucht, Einsicht in andere in seiner Dienststelle vorhandene Unterlagen über Gesundheit und Entwicklung des Jugendlichen gewähren.

§ 46 Ermächtigungen

(1) Das Bundesministerium für Arbeit und Soziales kann zum Zwecke einer gleichmäßigen und wirksamen gesundheitlichen Betreuung durch Rechtsverordnung mit Zustimmung des

Bundesrates Vorschriften über die Durchführung der ärztlichen Untersuchungen und über die für die Aufzeichnungen der Untersuchungsbefunde, die Bescheinigungen und Mitteilungen zu verwendenden Vordrucke erlassen.

(2) Die Landesregierung kann durch Rechtsverordnung

1. zur Vermeidung von mehreren Untersuchungen innerhalb eines kurzen Zeitraums aus verschiedenen Anlässen bestimmen, dass die Untersuchungen nach den §§ 32 bis 34 zusammen mit Untersuchungen nach anderen Vorschriften durchzuführen sind, und hierbei von der Frist des § 32 Abs. 1 Nr. 1 bis zu drei Monate abweichen,

2. zur Vereinfachung der Abrechnung

   a) Pauschbeträge für die Kosten der ärztlichen Untersuchungen im Rahmen der geltenden Gebührenordnung festsetzen,

   b) Vorschriften über die Erstattung der Kosten beim Zusammentreffen mehrerer Untersuchungen nach Nummer 1 erlassen.

Vierter Abschnitt
Durchführung des Gesetzes

Erster Titel
Aushänge und Verzeichnisse

§ 47 Bekanntgabe des Gesetzes und der Aufsichtsbehörde

Arbeitgeber, die regelmäßig mindestens einen Jugendlichen beschäftigen, haben einen Abdruck dieses Gesetzes und die Anschrift der zuständigen Aufsichtsbehörde an geeigneter Stelle im Betrieb zur Einsicht auszulegen oder auszuhängen.

§ 48 Aushang über Arbeitszeit und Pausen

Arbeitgeber, die regelmäßig mindestens drei Jugendliche beschäftigen, haben einen Aushang über Beginn und Ende der regelmäßigen täglichen Arbeitszeit und der Pausen der Jugendlichen an geeigneter Stelle im Betrieb anzubringen.

§ 49 Verzeichnisse der Jugendlichen

Arbeitgeber haben Verzeichnisse der bei ihnen beschäftigten Jugendlichen unter Angabe des Vor- und Familiennamens, des Geburtsdatums und der Wohnanschrift zu führen, in denen das Datum des Beginns der Beschäftigung bei ihnen, bei einer Beschäftigung unter Tage auch das Datum des Beginns dieser Beschäftigung, enthalten ist.

§ 50 Auskunft; Vorlage der Verzeichnisse

(1) Der Arbeitgeber ist verpflichtet, der Aufsichtsbehörde auf Verlangen

1. die zur Erfüllung ihrer Aufgaben erforderlichen Angaben wahrheitsgemäß und vollständig zu machen,

2. die Verzeichnisse gemäß § 49, die Unterlagen, aus denen Name, Beschäftigungsart und -zeiten der Jugendlichen sowie Lohn- und Gehaltszahlungen ersichtlich sind, und alle sonstigen Unterlagen, die sich auf die nach Nummer 1 zu machenden Angaben beziehen, zur Einsicht vorzulegen oder einzusenden.

(2) Die Verzeichnisse und Unterlagen sind mindestens bis zum Ablauf von zwei Jahren nach der letzten Eintragung aufzubewahren.

Zweiter Titel
Aufsicht

§ 51 Aufsichtsbehörde; Besichtigungsrechte und Berichtspflicht

(1) Die Aufsicht über die Ausführung dieses Gesetzes und der auf Grund dieses Gesetzes erlassenen Rechtsverordnungen obliegt der nach Landesrecht zuständigen Behörde (Aufsichtsbehörde). Die Landesregierung kann durch Rechtsverordnung die Aufsicht über die Ausführung dieser Vorschriften in Familienhaushalten auf gelegentliche Prüfungen beschränken.

(2) Die Beauftragten der Aufsichtsbehörde sind berechtigt, die Arbeitsstätten während der üblichen Betriebs- und Arbeitszeit zu betreten und zu besichtigen; außerhalb dieser Zeit oder wenn sich die Arbeitsstätten in einer Wohnung befinden, dürfen sie zur Verhütung von dringenden Gefahren für die öffentliche Sicherheit und Ordnung betreten und besichtigt werden. Der Arbeitgeber hat das Betreten und Besichtigen der Arbeitsstätten zu gestatten. Das Grundrecht der Unverletzlichkeit der Wohnung (Artikel 13 des Grundgesetzes) wird insoweit eingeschränkt.

(3) Die Aufsichtsbehörden haben im Rahmen der Jahresberichte nach § 139b Abs. 3 der Gewerbeordnung über ihre Aufsichtstätigkeit gemäß Absatz 1 zu berichten.

§ 52 (weggefallen)

§ 53 Mitteilung über Verstöße

Die Aufsichtsbehörde teilt schwerwiegende Verstöße gegen die Vorschriften dieses Gesetzes oder gegen die auf Grund dieses Gesetzes erlassenen Rechtsvorschriften der nach dem Berufsbildungsgesetz oder der Handwerksordnung zuständigen Stelle mit. Die zuständige Agentur für Arbeit erhält eine Durchschrift dieser Mitteilung.

§ 54 Ausnahmebewilligungen

(1) Ausnahmen, die die Aufsichtsbehörde nach diesem Gesetz oder den auf Grund dieses Gesetzes erlassenen Rechtsverordnungen bewilligen kann, sind zu befristen.

Die Ausnahmebewilligungen können

1. mit einer Bedingung erlassen werden,

2. mit einer Auflage oder mit einem Vorbehalt der nachträglichen Aufnahme, Änderung oder Ergänzung einer Auflage verbunden werden und

3. jederzeit widerrufen werden.

(2) Ausnahmen können nur für einzelne Beschäftigte, einzelne Betriebe oder einzelne Teile des Betriebs bewilligt werden.

(3) Ist eine Ausnahme für einen Betrieb oder einen Teil des Betriebs bewilligt worden, so hat der Arbeitgeber hierfür an geeigneter Stelle im Betrieb einen Aushang anzubringen.

Dritter Titel
Ausschüsse für Jugendarbeitsschutz

§ 55 Bildung des Landesausschusses für Jugendarbeitsschutz

(1) Bei der von der Landesregierung bestimmten obersten Landesbehörde wird ein Landesausschuss für Jugendarbeitsschutz gebildet.

(2) Dem Landesausschuss gehören als Mitglieder an:

1. je sechs Vertreter der Arbeitgeber und der Arbeitnehmer,

2. ein Vertreter des Landesjugendrings,

3. ein von der Bundesagentur für Arbeit benannter Vertreter und je ein Vertreter des Landesjugendamts, der für das Gesundheitswesen zuständigen obersten Landesbehörde und der für die berufsbildenden

Schulen zuständigen obersten Landesbehörde und

4. ein Arzt.

(3) Die Mitglieder des Landesausschusses werden von der von der Landesregierung bestimmten obersten Landesbehörde berufen, die Vertreter der Arbeitgeber und Arbeitnehmer auf Vorschlag der auf Landesebene bestehenden Arbeitgeberverbände und Gewerkschaften, der Arzt auf Vorschlag der Landesärztekammer, die übrigen Vertreter auf Vorschlag der in Absatz 2 Nr. 2 und 3 genannten Stellen.

(4) Die Tätigkeit im Landesausschuss ist ehrenamtlich. Für bare Auslagen und für Entgeltausfall ist, soweit eine Entschädigung nicht von anderer Seite gewährt wird, eine angemessene Entschädigung zu zahlen, deren Höhe nach Landesrecht oder von der von der Landesregierung bestimmten obersten Landesbehörde festgesetzt wird.

(5) Die Mitglieder können nach Anhören der an ihrer Berufung beteiligten Stellen aus wichtigem Grund abberufen werden.

(6) Die Mitglieder haben Stellvertreter. Die Absätze 2 bis 5 gelten für die Stellvertreter entsprechend.

(7) Der Landesausschuss wählt aus seiner Mitte einen Vorsitzenden und dessen Stellvertreter. Der Vorsitzende und sein Stellvertreter sollen nicht derselben Mitgliedergruppe angehören.

(8) Der Landesausschuss gibt sich eine Geschäftsordnung. Die Geschäftsordnung kann die Bildung von Unterausschüssen vorsehen und bestimmen, dass ihnen ausnahmsweise nicht nur Mitglieder des Landesausschusses angehören. Absatz 4 Satz 2 gilt für die Unterausschüsse hinsichtlich der Entschädigung entsprechend. An den Sitzungen des Landesausschusses und der Unterausschüsse können Vertreter der beteiligten obersten Landesbehörde teilnehmen.

§ 56 Bildung des Ausschusses für Jugendarbeitsschutz bei der Aufsichtsbehörde

(1) Bei der Aufsichtsbehörde wird ein Ausschuss für Jugendarbeitsschutz gebildet. In Städten, in denen mehrere Aufsichtsbehörden ihren Sitz haben, wird ein gemeinsamer Ausschuss für Jugendarbeitsschutz gebildet. In Ländern, in denen nicht mehr als zwei Aufsichtsbehörden eingerichtet sind, übernimmt der Landesausschuss für Jugendarbeitsschutz die Aufgaben dieses Ausschusses.

(2) Dem Ausschuss gehören als Mitglieder an:

1. je sechs Vertreter der Arbeitgeber und der Arbeitnehmer,

2. ein Vertreter des im Bezirk der Aufsichtsbehörde wirkenden Jugendrings,

3. je ein Vertreter eines Arbeits-, Jugend- und Gesundheitsamts,

4. ein Arzt und ein Lehrer an einer berufsbildenden Schule.

(3) Die Mitglieder des Jugendarbeitsschutzausschusses werden von der Aufsichtsbehörde berufen, die Vertreter der Arbeitgeber und Arbeitnehmer auf Vorschlag der im Aufsichtsbezirk bestehenden Arbeitgeberverbände und Gewerkschaften, der Arzt auf Vorschlag der Ärztekammer, der Lehrer auf Vorschlag der nach Landesrecht zuständigen Behörde, die übrigen Vertreter auf Vorschlag der in Absatz 2 Nr. 2 und 3 genannten Stellen. § 55 Abs. 4 bis 8 gilt mit der Maßgabe entsprechend, dass die Entschädigung von der Aufsichtsbehörde mit Genehmigung der von der Landesregierung bestimmten obersten Landesbehörde festgesetzt wird.

§ 57 Aufgaben der Ausschüsse

(1) Der Landesausschuss berät die oberste Landesbehörde in allen allgemeinen Angelegenheiten des Jugendarbeitsschutzes und macht Vorschläge für die Durchführung dieses Gesetzes. Er klärt über Inhalt und Ziel des Jugendarbeitsschutzes auf.

(2) Die oberste Landesbehörde beteiligt den Landesausschuss in Angelegenheiten von besonderer Bedeutung, insbesondere vor Erlass von Rechtsvorschriften zur Durchführung dieses Gesetzes.

(3) Der Landesausschuss hat über seine Tätigkeit im Zusammenhang mit dem Bericht der Aufsichtsbehörden nach § 51 Abs. 3 zu berichten.

(4) Der Ausschuss für Jugendarbeitsschutz bei der Aufsichtsbehörde berät diese in allen allgemeinen Angelegenheiten des Jugendarbeitsschutzes und macht dem Landesausschuss Vorschläge für die Durchführung dieses Gesetzes. Er klärt über Inhalt und Ziel des Jugendarbeitsschutzes auf.

Fünfter Abschnitt
Straf- und Bußgeldvorschriften

§ 58 Bußgeld- und Strafvorschriften

(1) Ordnungswidrig handelt, wer als Arbeitgeber vorsätzlich oder fahrlässig

1. entgegen § 5 Abs. 1, auch in Verbindung mit § 2 Abs. 3, ein Kind oder einen Jugendlichen, der der Vollzeitschulpflicht unterliegt, beschäftigt,

2. entgegen § 5 Abs. 3 Satz 1 oder Satz 3, jeweils auch in Verbindung mit § 2 Abs. 3, ein Kind über 13 Jahre oder einen Jugendlichen, der der Vollzeitschulpflicht unterliegt, in anderer als der zugelassenen Weise beschäftigt,

3. (weggefallen)

4. entgegen § 7 Satz 1 Nr. 2, auch in Verbindung mit einer Rechtsverordnung nach § 26 Nr. 1, ein Kind, das der Vollzeitschulpflicht nicht mehr unterliegt, in anderer als der zugelassenen Weise beschäftigt,

5. entgegen § 8 einen Jugendlichen über die zulässige Dauer der Arbeitszeit hinaus beschäftigt,

6. entgegen § 9 Absatz 1 einen Jugendlichen beschäftigt oder nicht freistellt,

7. entgegen § 10 Abs. 1 einen Jugendlichen für die Teilnahme an Prüfungen oder Ausbildungsmaßnahmen oder an dem Arbeitstag, der der schriftlichen Abschlussprüfung unmittelbar vorangeht, nicht freistellt,

8. entgegen § 11 Abs. 1 oder 2 Ruhepausen nicht, nicht mit der vorgeschriebenen Mindestdauer oder nicht in der vorgeschriebenen zeitlichen Lage gewährt,

9. entgegen § 12 einen Jugendlichen über die zulässige Schichtzeit hinaus beschäftigt,

10. entgegen § 13 die Mindestfreizeit nicht gewährt,

11. entgegen § 14 Abs. 1 einen Jugendlichen außerhalb der Zeit von 6 bis 20 Uhr oder entgegen § 14 Abs. 7 Satz 3 vor Ablauf der Mindestfreizeit beschäftigt,

12. entgegen § 15 einen Jugendlichen an mehr als fünf Tagen in der Woche beschäftigt,

13. entgegen § 16 Abs. 1 einen Jugendlichen an Samstagen beschäftigt oder entgegen § 16 Abs. 3 Satz 1 den Jugendlichen nicht freistellt,

14. entgegen § 17 Abs. 1 einen Jugendlichen an Sonntagen beschäftigt oder entgegen § 17 Abs. 2 Satz 2 Halbsatz 2 oder Abs. 3 Satz 1 den Jugendlichen nicht freistellt,

15. entgegen § 18 Abs. 1 einen Jugendlichen am 24. oder 31. Dezember nach 14 Uhr oder an gesetzlichen Feiertagen beschäftigt oder entgegen § 18 Abs. 3 nicht freistellt,

16. entgegen § 19 Abs. 1, auch in Verbindung mit Abs. 2 Satz 1 oder 2, oder entgegen § 19 Abs. 3 Satz 2 oder Abs. 4 Satz 2 Urlaub nicht oder nicht mit der vorgeschriebenen Dauer gewährt,

17. entgegen § 21 Abs. 2 die geleistete Mehrarbeit durch Verkürzung der Arbeitszeit nicht ausgleicht,

18. entgegen § 22 Abs. 1, auch in Verbindung mit einer Rechtsverordnung nach § 26 Nr. 1, einen Jugendlichen mit den dort genannten Arbeiten beschäftigt,

19. entgegen § 23 Abs. 1, auch in Verbindung mit einer Rechtsverordnung nach § 26 Nr. 1, einen Jugendlichen mit Arbeiten mit Lohnanreiz, in einer Arbeitsgruppe mit Erwachsenen, deren Entgelt vom Ergebnis ihrer Arbeit abhängt, oder mit tempoabhängigen Arbeiten beschäftigt,

20. entgegen § 24 Abs. 1, auch in Verbindung mit einer Rechtsverordnung nach § 26 Nr. 1, einen Jugendlichen mit Arbeiten unter Tage beschäftigt,

21. entgegen § 31 Abs. 2 Satz 2 einem Jugendlichen ein dort genanntes Getränk, Tabakwaren oder ein dort genanntes Erzeugnis gibt,

22. entgegen § 32 Abs. 1 einen Jugendlichen ohne ärztliche Bescheinigung über die Erstuntersuchung beschäftigt,

23. entgegen § 33 Abs. 3 einen Jugendlichen ohne ärztliche Bescheinigung über die erste Nachuntersuchung weiterbeschäftigt,

24. entgegen § 36 einen Jugendlichen ohne Vorlage der erforderlichen ärztlichen Bescheinigungen beschäftigt,

25. entgegen § 40 Abs. 1 einen Jugendlichen mit Arbeiten beschäftigt, durch deren Ausführung der Arzt nach der von ihm erteilten Bescheinigung die Gesundheit oder die Entwicklung des Jugendlichen für gefährdet hält,

26. einer Rechtsverordnung nach
a) § 26 Nr. 2 oder
b) § 28 Abs. 2

zuwiderhandelt, soweit sie für einen bestimmten Tatbestand auf diese Bußgeldvorschrift verweist,

27. einer vollziehbaren Anordnung der Aufsichtsbehörde nach § 6 Abs. 3, § 27 Abs. 1 Satz 2 oder Abs. 2, § 28 Abs. 3 oder § 30 Abs. 2 zuwiderhandelt,

28. einer vollziehbaren Auflage der Aufsichtsbehörde nach § 6 Abs. 1, § 14 Abs. 7, § 27 Abs. 3 oder § 40 Abs. 2, jeweils in Verbindung mit § 54 Abs. 1, zuwiderhandelt,

29. einer vollziehbaren Abordnung oder Auflage der Aufsichtsbehörde auf Grund einer Rechtsverordnung nach § 26 Nr. 2 oder § 28 Abs. 2 zuwiderhandelt, soweit die Rechtsverordnung für einen bestimmten Tatbestand auf die Bußgeldvorschrift verweist.

(2) Ordnungswidrig handelt, wer vorsätzlich oder fahrlässig entgegen § 25 Abs. 1 Satz 1 oder Abs. 2 Satz 1 einen Jugendlichen beschäftigt, beaufsichtigt, anweist oder ausbildet, obwohl ihm dies verboten ist, oder einen anderen, dem dies verboten ist, mit der Beaufsichtigung, Anweisung oder Ausbildung eines Jugendlichen beauftragt.

(3) Absatz 1 Nr. 4, 6 bis 29 und Absatz 2 gelten auch für die Beschäftigung von Kindern (§ 2 Abs. 1) oder Jugendlichen, die der Vollzeitschulpflicht unterliegen (§ 2 Abs. 3), nach § 5 Abs. 2 Absatz 1 Nr. 6 bis 29 und Absatz 2 gelten auch für die Beschäftigung von Kindern, die der Vollzeitschulpflicht nicht mehr unterliegen, nach § 7.

(4) Die Ordnungswidrigkeit kann mit einer Geldbuße bis zu fünfzehntausend Euro geahndet werden.

(5) Wer vorsätzlich eine in Absatz 1, 2 oder 3 bezeichnete Handlung begeht und dadurch ein Kind, einen Jugendlichen oder im Falle des Absatzes 1 Nr. 6 eine Person, die noch nicht 21 Jahre alt ist, in ihrer Gesundheit oder Arbeitskraft gefährdet, wird mit Freiheitsstrafe bis zu einem Jahr oder mit Geldstrafe bestraft. Ebenso wird bestraft, wer eine in Absatz 1, 2 oder 3 bezeichnete Handlung beharrlich wiederholt.

(6) Wer in den Fällen des Absatzes 5 Satz 1 die Gefahr fahrlässig verursacht, wird mit Freiheitsstrafe bis zu sechs Monaten oder mit Geldstrafe bis zu einhundertachtzig Tagessätzen bestraft.

§ 59 Bußgeldvorschriften

(1) Ordnungswidrig handelt, wer als Arbeitgeber vorsätzlich oder fahrlässig

1. entgegen § 6 Abs. 4 Satz 2 ein Kind vor Erhalt des Bewilligungsbescheides beschäftigt,

2. entgegen § 11 Abs. 3 den Aufenthalt in Arbeitsräumen gestattet,

2a. entgegen § 20 Absatz 2 Satz 1 eine Aufzeichnung nicht oder nicht richtig führt,

2b. entgegen § 20 Absatz 2 Satz 3 eine Aufzeichnung nicht oder nicht mindestens zwölf Monate aufbewahrt,

3. entgegen § 29 einen Jugendlichen über Gefahren nicht, nicht richtig oder nicht rechtzeitig unterweist,

4. entgegen § 33 Abs. 2 Satz 1 einen Jugendlichen nicht oder nicht rechtzeitig zur Vorlage einer ärztlichen Bescheinigung auffordert,

5. entgegen § 41 die ärztlichen Bescheinigung nicht aufbewahrt, vorlegt, einsendet oder aushändigt,

6. entgegen § 43 Satz 1 einen Jugendlichen für ärztliche Untersuchungen nicht freistellt,

7. entgegen § 47 einen Abdruck des Gesetzes oder die Anschrift der zuständigen Aufsichtsbehörde nicht auslegt oder aushängt,

8. entgegen § 48 Arbeitszeit und Pausen nicht oder nicht in der vorgeschriebenen Weise aushängt,

9. entgegen § 49 ein Verzeichnis nicht oder nicht in der vorgeschriebenen Weise führt,

10. entgegen § 50 Abs. 1 Angaben nicht, nicht richtig oder nicht vollständig macht oder Verzeichnisse oder Unterlagen nicht vorlegt oder einsendet oder entgegen § 50 Abs. 2 Verzeichnisse oder Unterlagen nicht oder nicht vorschriftsmäßig aufbewahrt,

11. entgegen § 51 Abs. 2 Satz 2 das Betreten oder Besichtigen der Arbeitsstätten nicht gestattet,

12. entgegen § 54 Abs. 3 einen Aushang nicht anbringt.

(2) Absatz 1 Nr. 2 bis 6 gilt auch für die Beschäftigung von Kindern (§ 2 Abs. 1 und 3) nach § 5 Abs. 2 Satz 1.

(3) Die Ordnungswidrigkeit kann mit einer Geldbuße bis zu zweitausendfünfhundert Euro geahndet werden.

§ 60 Verwaltungsvorschriften für die Verfolgung und Ahndung von Ordnungswidrigkeiten

Der Bundesminister für Arbeit und Sozialordnung kann mit Zustimmung des Bundesrates allgemeine Verwaltungsvorschriften für die Verfolgung und Ahndung von Ordnungswidrigkeiten nach §§ 58 und 59 durch die Verwaltungsbehörde (§ 35 des Gesetzes über Ordnungswidrigkeiten) und über die Erteilung einer Verwarnung (§§ 56, 58 Abs. 2 des Gesetzes über Ordnungswidrigkeiten) wegen einer Ordnungswidrigkeit nach §§ 58 und 59 erlassen.

Sechster Abschnitt
Schlussvorschriften

§ 61 Beschäftigung von Jugendlichen auf Kauffahrteischiffen

Für die Beschäftigung von Jugendlichen als Besatzungsmitglieder auf Kauffahrteischiffen im Sinne des § 3 des Seearbeitsgesetzes gilt anstelle dieses Gesetzes das Seearbeitsgesetz.

§ 62 Beschäftigung im Vollzug einer Freiheitsentziehung

(1) Die Vorschriften dieses Gesetzes gelten für die Beschäftigung Jugendlicher (§ 2 Abs. 2) im Vollzug einer gerichtlich angeordneten Freiheitsentziehung entsprechend, soweit es sich nicht nur um gelegentliche, geringfügige Hilfeleistungen handelt und soweit in den Absätzen 2 bis 4 nichts anderes bestimmt ist.

(2) Im Vollzug einer gerichtlich angeordneten Freiheitsentziehung finden § 19, §§ 47 bis 50 keine Anwendung.

(3) Die §§ 13, 14, 15, 16, 17 und 18 Abs. 1 und 2 gelten im Vollzug einer gerichtlich angeordneten Freiheitsentziehung nicht für die Beschäftigung jugendlicher Anstaltsinsassen mit der Zubereitung und Ausgabe der Anstaltsverpflegung.

(4) § 18 Abs. 1 und 2 gilt nicht für die Beschäftigung jugendlicher Anstaltsinsassen in landwirtschaftlichen Betrieben der Vollzugsanstalten mit Arbeiten, die auch an Sonn- und Feiertagen naturnotwendig vorgenommen werden müssen.

§§ 63 bis 70
(weggefallen)

§ 71
(aufgehoben)

§ 72 Inkrafttreten

(1) Dieses Gesetz tritt am 1. Mai 1976 in Kraft.

(2) (gegenstandslos)

(3) Die auf Grund des § 37 Abs. 2 und des § 53 des Jugendarbeitsschutzgesetzes vom 9. August 1960, des § 20 Abs. 1 des Jugendarbeitsschutzgesetzes vom 30. April 1938 und des § 120e der Gewerbeordnung erlassenen Vorschriften bleiben unberührt. Sie können, soweit sie den Geltungsbereich dieses Gesetzes betreffen, durch Rechtsverordnungen auf Grund des § 26 oder des § 46 geändert oder aufgehoben werden.

(4) Vorschriften in Rechtsverordnungen, die durch § 69 dieses Gesetzes geändert werden, können vom Bundesministerium für Arbeit und Soziales im Rahmen der bestehenden Ermächtigungen geändert oder aufgehoben werden.

(5) Verweisungen auf Vorschriften des Jugendarbeitsschutzgesetzes vom 9. August 1960 gelten als Verweisungen auf die entsprechenden Vorschriften dieses Gesetzes oder der auf Grund dieses Gesetzes erlassenen Rechtsverordnungen.

Gesetz über den Ladenschluss

(Ladenschlussgesetz – LadSchlG)

In der Fassung der Bekanntmachung
vom 2. Juni 2003
(BGBl. I S. 744)

Zuletzt geändert durch Artikel 430 der Verordnung
vom 31. August 2015
(BGBl. I S. 1474)

Erster Abschnitt
Begriffsbestimmungen

§ 1 Verkaufsstellen

(1) Verkaufsstellen im Sinne dieses Gesetzes sind

1. Ladengeschäfte aller Art, Apotheken, Tankstellen und Bahnhofsverkaufsstellen,

2. sonstige Verkaufsstände und -buden, Kioske, Basare und ähnliche Einrichtungen, falls in ihnen ebenfalls von einer festen Stelle aus ständig Waren zum Verkauf an jedermann feilgehalten werden. Dem Feilhalten steht das Zeigen von Mustern, Proben und ähnlichem gleich, wenn Warenbestellungen in der Einrichtung entgegengenommen werden,

3. Verkaufsstellen von Genossenschaften.

(2) Zur Herbeiführung einer einheitlichen Handhabung des Gesetzes kann das Bundesministerium für Arbeit und Soziales im Einvernehmen mit dem Bundesministerium für Wirtschaft und Energie durch Rechtsverordnung mit Zustimmung des Bundesrates bestimmen, welche Einrichtungen Verkaufsstellen gemäß Absatz 1 sind.

§ 2 Begriffsbestimmungen

(1) Feiertage im Sinne dieses Gesetzes sind die gesetzlichen Feiertage.

(2) Reisebedarf im Sinne dieses Gesetzes sind Zeitungen, Zeitschriften, Straßenkarten, Stadtpläne, Reiselektüre, Schreibmaterialien, Tabakwaren, Schnittblumen, Reisetoilettenartikel, Filme, Tonträger, Bedarf für Reiseapotheken, Reiseandenken und Spielzeug geringeren Wertes, Lebens- und Genussmittel in kleineren Mengen sowie ausländische Geldsorten.

Zweiter Abschnitt
Ladenschlusszeiten

§ 3 Allgemeine Ladenschlusszeiten

Verkaufsstellen müssen zu folgenden Zeiten für den geschäftlichen Verkehr mit Kunden geschlossen sein:

1. an Sonn- und Feiertagen,

2. montags bis samstags bis 6 Uhr und ab 20 Uhr,

3. am 24. Dezember, wenn dieser Tag auf einen Werktag fällt, bis 6 Uhr und ab 14 Uhr.

Verkaufsstellen für Bäckerwaren dürfen abweichend von Satz 1 den Beginn der Ladenöffnungszeit an Werktagen auf 5.30 Uhr vorverlegen. Die beim Ladenschluss anwesenden Kunden dürfen noch bedient werden.

§ 4 Apotheken

(1) Abweichend von den Vorschriften des § 3 dürfen Apotheken an allen Tagen während des ganzen Tages geöffnet sein. An Werktagen während der allgemeinen Ladenschlusszeiten (§ 3) und an Sonn- und Feiertagen ist nur die Abgabe von Arznei-, Krankenpflege-, Säuglingspflege- und Säuglingsnährmitteln, hygienischen Artikeln sowie Desinfektionsmitteln gestattet.

(2) Die nach Landesrecht zuständige Verwaltungsbehörde hat für eine Gemeinde oder für benachbarte Gemeinden mit mehreren Apotheken anzuordnen, dass während der allgemeinen Ladenschlusszeiten (§ 3) abwechselnd ein Teil der Apotheken geschlossen sein muss. An den geschlossenen Apotheken ist an sichtbarer Stelle ein Aushang anzubringen, der die zurzeit offenen Apotheken bekannt gibt. Dienstbereitschaft der Apotheken steht der Offenhaltung gleich.

**Dritter Abschnitt
Besonderer Schutz der Arbeitnehmer**

§ 17 Arbeitszeit an Sonn- und Feiertagen

(1) In Verkaufsstellen dürfen Arbeitnehmer an Sonn- und Feiertagen nur während der ausnahmsweise zugelassenen Öffnungszeiten (§§ 4 bis 15 und die hierauf gestützten Vorschriften) und, falls dies zur Erledigung von Vorbereitungs- und Abschlussarbeiten unerlässlich ist, während insgesamt weiterer 30 Minuten beschäftigt werden.

(2) Die Dauer der Beschäftigungszeit des einzelnen Arbeitnehmers an Sonn- und Feiertagen darf acht Stunden nicht überschreiten.

(2a) In Verkaufsstellen, die gemäß § 10 oder den hierauf gestützten Vorschriften an Sonn- und Feiertagen geöffnet sein dürfen, dürfen Arbeitnehmer an jährlich höchstens 22 Sonn- und Feiertagen beschäftigt werden. Ihre Arbeitszeit an Sonn- und Feiertagen darf vier Stunden nicht überschreiten.

(3) Arbeitnehmer, die an Sonn- und Feiertagen in Verkaufsstellen gemäß §§ 4 bis 6, 8 bis 12, 14 und 15 und den hierauf gestützten Vorschriften beschäftigt werden, sind, wenn die Beschäftigung länger als drei Stunden dauert, an einem Werktage derselben Woche ab 13 Uhr, wenn sie länger als sechs Stunden dauert, an einem ganzen Werktage derselben Woche von der Arbeit freizustellen; mindestens jeder dritte Sonntag muss beschäftigungsfrei bleiben. Werden sie bis zu drei Stunden beschäftigt, so muss jeder zweite Sonntag oder in jeder zweiten Woche ein Nachmittag ab 13 Uhr beschäftigungsfrei bleiben. Statt an einem Nachmittag darf die Freizeit am Sonnabend- oder Montagvormittag bis 14 Uhr gewährt werden. Während der Zeiten, zu denen die Verkaufsstelle geschlossen sein muss, darf die Freizeit nicht gegeben werden.

(4) Arbeitnehmerinnen und Arbeitnehmer in Verkaufsstellen können verlangen, in jedem Kalendermonat an einem Samstag von der Beschäftigung freigestellt zu werden.

(5) Mit dem Beschicken von Warenautomaten dürfen Arbeitnehmer außerhalb der Öffnungszeiten, die für die mit dem Warenautomaten in räumlichem Zusammenhang stehende Verkaufsstelle gelten, nicht beschäftigt werden.

(6) (weggefallen)

(7) Das Bundesministerium für Arbeit und Soziales wird ermächtigt, zum Schutze der Arbeitnehmer in Verkaufsstellen vor übermäßiger Inanspruchnahme ihrer Arbeitskraft oder sonstiger Gefährdung ihrer Gesundheit durch Rechtsverordnung mit Zustimmung des Bundesrates zu bestimmen,

1. dass während der ausnahmsweise zugelassenen Öffnungszeiten (§§ 4 bis 16 und die hierauf gestützten Vorschriften) bestimmte Arbeitnehmer nicht oder die Arbeitnehmer nicht mit bestimmten Arbeiten beschäftigt werden dürfen,

2. dass den Arbeitnehmern für Sonn- und Feiertagsarbeit über die Vorschriften des Absatzes 3 hinaus ein Ausgleich zu gewähren ist,

3. dass die Arbeitnehmer während der Ladenschlusszeiten an Werktagen (§ 3 Abs. 1 Nr. 2, §§ 5, 6, 8 bis 10 und die hierauf gestützten Vorschriften) nicht oder nicht mit bestimmten Arbeiten beschäftigt werden dürfen.

(8) Das Gewerbeaufsichtsamt kann in begründeten Einzelfällen Ausnahmen von den Vorschriften der Absätze 1 bis 5 bewilligen. Die Bewilligung kann jederzeit widerrufen werden.

(9) Die Vorschriften der Absätze 1 bis 8 finden auf pharmazeutisch vorgebildete Arbeitnehmer in Apotheken keine Anwendung.

**Fünfter Abschnitt
Durchführung des Gesetzes**

§ 21 Auslage des Gesetzes, Verzeichnisse

(1) Der Inhaber einer Verkaufsstelle, in der regelmäßig mindestens ein Arbeitnehmer beschäftigt wird, ist verpflichtet,

1. einen Abdruck dieses Gesetzes und der auf Grund dieses Gesetzes erlassenen Rechtsverordnungen mit Ausnahme der Vorschriften, die Verkaufsstellen anderer Art betreffen, an geeigneter Stelle in der Verkaufsstelle auszulegen oder auszuhängen,

2. ein Verzeichnis über Namen, Tag, Beschäftigungsart und -dauer der an Sonn- und Feiertagen beschäftigten Arbeitnehmer und über die diesen gemäß § 17 Abs. 3 als Ersatz für die Beschäftigung an diesen Tagen gewährte Freizeit zu führen; dies gilt nicht für die pharmazeutisch vorgebildeten Arbeitnehmer in Apotheken. Die Landesregierungen können durch Rechtsverordnung eine einheitliche Form für das Verzeichnis vorschreiben.

(2) Die Verpflichtung nach Absatz 1 Nr. 2 obliegt auch den in § 20 genannten Gewerbetreibenden.

§ 22 Aufsicht und Auskunft

(1) Die Aufsicht über die Ausführung der Vorschriften dieses Gesetzes und der auf Grund dieses Gesetzes erlassenen Vorschriften üben, soweit es sich nicht um Wochenmärkte (§ 19) handelt, die nach Landesrecht für den Arbeitsschutz zuständigen Verwaltungsbehörden aus; ob und inwieweit andere Dienststellen an der Aufsicht beteiligt werden, bestimmen die obersten Landesbehörden.

(2) Auf die Befugnisse und Obliegenheiten der in Absatz 1 genannten Behörden finden die Vorschriften des § 139b der Gewerbeordnung entsprechend Anwendung.

(3) Die Inhaber von Verkaufsstellen und die in § 20 genannten Gewerbetreibenden sind verpflichtet, den Behörden, denen auf Grund des Absatzes I die Aufsicht obliegt, auf Verlangen

1. die zur Erfüllung der Aufgaben dieser Behörden erforderlichen Angaben wahrheitsgemäß und vollständig zu machen,

2. das Verzeichnis gemäß § 21 Abs. 1 Nr. 2, die Unterlagen, aus denen Namen, Beschäftigungsart und -zeiten der Arbeitnehmer sowie Lohn- und Gehaltszahlungen ersichtlich sind, und alle sonstigen Unterlagen, die sich auf die nach Nummer 1 zu machenden Angaben beziehen, vorzulegen oder zur Einsicht einzusenden. Die Verzeichnisse und Unterlagen sind mindestens bis zum Ablauf eines Jahres nach der letzten Eintragung aufzubewahren.

(4) Die Auskunftspflicht nach Absatz 3 Nr. 1 obliegt auch den in Verkaufsstellen oder beim Feilhalten gemäß § 20 beschäftigten Arbeitnehmern.

§ 23 Ausnahmen im öffentlichen Interesse

(1) Die obersten Landesbehörden können in Einzelfällen befristete Ausnahmen von den Vorschriften der §§ 3 bis 15 und 19 bis 21 dieses Gesetzes bewilligen, wenn die Ausnahmen im öffentliche Interesse dringend nötig werden. Die Bewilligung kann jederzeit widerrufen werden. Die Landesregierungen werden ermächtigt, durch Rechtsverordnung die zuständigen Behörden abweichend von Satz 1 zu bestimmen. Sie können diese Ermächtigung auf oberste Landesbehörden übertragen.

(2) Das Bundesministerium für Arbeit und Soziales kann im Einvernehmen mit dem Bundesministerium für Wirtschaft und Energie durch Rechtsverordnung mit Zustimmung des Bundesrates Vorschriften über die Voraussetzungen und Bedingungen für die Bewilligung von Ausnahmen im Sinne des Absatzes 1 erlassen.

Sechster Abschnitt
Straftaten und Ordnungswidrigkeiten

§ 24 Ordnungswidrigkeiten

(1) Ordnungswidrig handelt, wer vorsätzlich oder fahrlässig

1. als Inhaber einer Verkaufsstelle oder als Gewerbetreibender im Sinne des § 20

   a) einer Vorschrift des § 17 Abs. 1 bis 3 über die Beschäftigung an Sonn- und Feiertagen, die Freizeit oder den Ausgleich,

   b) einer Vorschrift einer Rechtsverordnung nach § 17 Abs. 7 oder § 20 Abs. 4, soweit sie für einen bestimmten Tatbestand auf diese Bußgeldvorschrift verweist,

   c) einer Vorschrift des § 21 Abs. 1 Nr. 2 über Verzeichnisse oder des § 22 Abs. 3 Nr. 2 über die Einsicht, Vorlage oder Aufbewahrung der Verzeichnisse,

2. als Inhaber einer Verkaufsstelle

   a) einer Vorschrift der §§ 3, 4 Abs. 1 Satz 2, des § 6 Abs. 2, des § 9 Abs. 1 Satz 2, des § 17 Abs. 5 oder einer nach § 4 Abs. 2 Satz 1, § 8 Abs. 2, § 9 Abs. 2 oder nach § 10 oder § 11 erlassenen Rechtsvorschrift über die Ladenschlusszeiten,

   b) einer sonstigen Vorschrift einer Rechtsverordnung nach § 10 oder § 11, soweit sie für einen bestimmten Tatbestand auf diese Bußgeldvorschrift verweist,

   c) der Vorschrift des § 21 Abs. 1 Nr. 1 über Auslagen und Aushänge,

3. als Gewerbetreibender im Sinne des § 19 oder des § 20 einer Vorschrift des § 19 Abs. 1, 2 oder des § 20 Abs. 1, 2 über das Feilhalten von Waren im Marktverkehr oder außerhalb einer Verkaufsstelle oder

4. einer Vorschrift des § 22 Abs. 3 Nr. 1 oder Abs. 4 über die Auskunft

zuwiderhandelt.

(2) Die Ordnungswidrigkeit nach Absatz 1 Nr. 1 Buchstabe a und b kann mit einer Geldbuße bis zu zweitausendfünfhundert Euro, die Ordnungswidrigkeit nach Absatz 1 Nr. 1 Buchstabe c und Nr. 2 bis 4 mit einer Geldbuße bis zu fünfhundert Euro geahndet werden.

§ 25 Straftaten

Wer vorsätzlich als Inhaber einer Verkaufsstelle oder als Gewerbetreibender im Sinne des § 20 eine der in § 24 Abs. 1 Nr. 1 Buchstaben a und b bezeichneten Handlungen begeht und dadurch vorsätzlich oder fahrlässig Arbeitnehmer in ihrer Arbeitskraft oder Gesundheit gefährdet, wird mit Freiheitsstrafe bis zu sechs Monaten oder mit Geldstrafe bis zu 180 Tagessätzen bestraft.

§ 26 (weggefallen)

Siebenter Abschnitt
Schlussbestimmungen

§ 27 Vorbehalt für die Landesgesetzgebung

Unberührt bleiben die landesrechtlichen Vorschriften, durch die der Gewerbebetrieb und die Beschäftigung von Arbeitnehmern in Verkaufsstellen an anderen Festtagen als an Sonn- und Feiertagen beschränkt werden.

§ 28 Bestimmung der zuständigen Behörden

Soweit in diesem Gesetz auf die nach Landesrecht zuständige Verwaltungsbehörde verwiesen wird, bestimmt die Landesregierung durch Verordnung, welche Behörden zuständig sind.

§§ 29 und 30 (weggefallen)

Gesetz zum Schutz von Müttern
bei der Arbeit, in der Ausbildung und im Studium

(Mutterschutzgesetz – MuSchG)

Neugefasst durch Artikel 1 des Gesetzes
vom 23. Mai 2017
(BGBl. I S. 1228)

Zuletzt geändert durch Artikel 57 Absatz 8 des Gesetzes
vom 12. Dezember 2019
(BGBl. I S. 2652)

Abschnitt 1
Allgemeine Vorschriften

§ 1 Anwendungsbereich, Ziel des Mutterschutzes

(1) Dieses Gesetz schützt die Gesundheit der Frau und ihres Kindes am Arbeits-, Ausbildungs- und Studienplatz während der Schwangerschaft, nach der Entbindung und in der Stillzeit. Das Gesetz ermöglicht es der Frau, ihre Beschäftigung oder sonstige Tätigkeit in dieser Zeit ohne Gefährdung ihrer Gesundheit oder der ihres Kindes fortzusetzen und wirkt Benachteiligungen während der Schwangerschaft, nach der Entbindung und in der Stillzeit entgegen. Regelungen in anderen Arbeitsschutzgesetzen bleiben unberührt.

(2) Dieses Gesetz gilt für Frauen in einer Beschäftigung im Sinne von § 7 Absatz 1 des Vierten Buches Sozialgesetzbuch. Unabhängig davon, ob ein solches Beschäftigungsverhältnis vorliegt, gilt dieses Gesetz auch für

1. Frauen in betrieblicher Berufsbildung und Praktikantinnen im Sinne von § 26 des Berufsbildungsgesetzes,

2. Frauen mit Behinderung, die in einer Werkstatt für behinderte Menschen beschäftigt sind,

3. Frauen, die als Entwicklungshelferinnen im Sinne des Entwicklungshelfer-Gesetzes tätig sind, jedoch mit der Maßgabe, dass die §§ 18 bis 22 auf sie nicht anzuwenden sind,

4. Frauen, die als Freiwillige im Sinne des Jugendfreiwilligendienstegesetzes oder des Bundesfreiwilligendienstgesetzes tätig sind,

5. Frauen, die als Mitglieder einer geistlichen Genossenschaft, Diakonissen oder Angehörige einer ähnlichen Gemeinschaft auf einer Planstelle oder aufgrund eines Gestellungsvertrages für diese tätig werden, auch während der Zeit ihrer dortigen außerschulischen Ausbildung,

6. Frauen, die in Heimarbeit beschäftigt sind, und ihnen Gleichgestellte im Sinne von § 1 Absatz 1 und 2 des Heimarbeitsgesetzes, soweit sie am Stück mitarbeiten, jedoch mit der Maßgabe, dass die §§ 10 und 14 auf sie nicht anzuwenden sind und § 9 Absatz 1 bis 5 auf sie entsprechend anzuwenden ist,

7. Frauen, die wegen ihrer wirtschaftlichen Unselbstständigkeit als arbeitnehmerähnliche Person anzusehen sind, jedoch mit der Maßgabe, dass die §§ 18, 19 Absatz 2 und § 20 auf sie nicht anzuwenden sind, und

8. Schülerinnen und Studentinnen, soweit die Ausbildungsstelle Ort, Zeit und Ablauf der Ausbildungsveranstaltung verpflichtend vorgibt oder die ein im Rahmen der schulischen oder hochschulischen Ausbildung verpflichtend vorgegebenes Praktikum ableisten, jedoch mit der Maßgabe, dass die §§ 17 bis 24 auf sie nicht anzuwenden sind.

(3) Das Gesetz gilt nicht für Beamtinnen und Richterinnen. Das Gesetz gilt ebenso nicht für Soldatinnen, auch soweit die Voraussetzungen des Absatzes 2 erfüllt sind, es sei denn, sie werden aufgrund dienstlicher Anordnung oder Gestattung außerhalb des Geschäftsbereiches des Bundesministeriums der Verteidigung tätig.

(4) Dieses Gesetz gilt für jede Person, die schwanger ist, ein Kind geboren hat oder stillt. Die Absätze 2 und 3 gelten entsprechend.

§ 2 Begriffsbestimmungen

(1) Arbeitgeber im Sinne dieses Gesetzes ist die natürliche oder juristische Person oder die rechtsfähige Personengesellschaft, die Personen nach § 1 Absatz 2 Satz 1 beschäftigt. Dem Arbeitgeber stehen gleich:

1. die natürliche oder juristische Person oder die rechtsfähige Personengesellschaft, die Frauen im Fall von § 1 Absatz 2 Satz 2 Nummer 1 ausbildet oder für die Praktikantin-

nen im Fall von § 1 Absatz 2 Satz 2 Nummer 1 tätig sind,

2. der Träger der Werkstatt für behinderte Menschen im Fall von § 1 Absatz 2 Satz 2 Nummer 2,

3. der Träger des Entwicklungsdienstes im Fall von § 1 Absatz 2 Satz 2 Nummer 3,

4. die Einrichtung, in der der Freiwilligendienst nach dem Jugendfreiwilligendienstegesetz oder nach dem Bundesfreiwilligendienstgesetz im Fall von § 1 Absatz 2 Satz 2 Nummer 4 geleistet wird,

5. die geistliche Genossenschaft und ähnliche Gemeinschaft im Fall von § 1 Absatz 2 Satz 2 Nummer 5,

6. der Auftraggeber und der Zwischenmeister von Frauen im Fall von § 1 Absatz 2 Satz 2 Nummer 6,

7. die natürliche oder juristische Person oder die rechtsfähige Personengesellschaft, für die Frauen im Sinne von § 1 Absatz 2 Satz 2 Nummer 7 tätig sind, und

8. die natürliche oder juristische Person oder die rechtsfähige Personengesellschaft, mit der das Ausbildungs- oder Praktikumsverhältnis im Fall von § 1 Absatz 2 Satz 2 Nummer 8 besteht (Ausbildungsstelle).

(2) Eine Beschäftigung im Sinne der nachfolgenden Vorschriften erfasst jede Form der Betätigung, die eine Frau im Rahmen eines Beschäftigungsverhältnisses nach § 1 Absatz 2 Satz 1 oder die eine Frau im Sinne von § 1 Absatz 2 Satz 2 im Rahmen ihres Rechtsverhältnisses zu ihrem Arbeitgeber nach § 2 Absatz 1 Satz 2 ausübt.

(3) Ein Beschäftigungsverbot im Sinne dieses Gesetzes ist nur ein Beschäftigungsverbot nach den §§ 3 bis 6, 10 Absatz 3, § 13 Absatz 1 Nummer 3 und § 16. Für eine in Heimarbeit beschäftigte Frau und eine ihr Gleichgestellte tritt an die Stelle des Beschäftigungsverbots das Verbot der Ausgabe von Heimarbeit nach den §§ 3, 8, 13 Absatz 2 und § 16. Für eine Frau, die wegen ihrer wirtschaftlichen Unselbstständigkeit als arbeitnehmerähnliche Person anzusehen ist, tritt an die Stelle des Beschäftigungsverbots nach Satz 1 die Befreiung von der vertraglich vereinbarten Leistungspflicht; die Frau kann sich jedoch gegenüber der dem Arbeitgeber gleichgestellten Person oder Gesellschaft im Sinne von Absatz 1 Satz 2 Nummer 7 dazu bereit erklären, die vertraglich vereinbarte Leistung zu erbringen.

(4) Alleinarbeit im Sinne dieses Gesetzes liegt vor, wenn der Arbeitgeber eine Frau an einem Arbeitsplatz in seinem räumlichen Verantwortungsbereich beschäftigt, ohne dass gewährleistet ist, dass sie jederzeit den Arbeitsplatz verlassen oder Hilfe erreichen kann.

(5) Arbeitsentgelt im Sinne dieses Gesetzes ist das Arbeitsentgelt, das nach § 14 des Vierten Buches Sozialgesetzbuch in Verbindung mit einer aufgrund des § 17 des Vierten Buches Sozialgesetzbuch erlassenen Verordnung bestimmt wird. Für Frauen im Sinne von § 1 Absatz 2 Satz 2 gilt als Arbeitsentgelt ihre jeweilige Vergütung.

Abschnitt 2
Gesundheitsschutz

Unterabschnitt 1
Arbeitszeitlicher Gesundheitsschutz

§ 3 Schutzfristen vor und nach der Entbindung

(1) Der Arbeitgeber darf eine schwangere Frau in den letzten sechs Wochen vor der Entbindung nicht beschäftigen (Schutzfrist vor der Entbindung), soweit sie sich nicht zur Arbeitsleistung ausdrücklich bereit erklärt. Sie kann die Erklärung nach Satz 1 jederzeit mit Wirkung für die Zukunft widerrufen. Für die Berechnung der Schutzfrist vor der Entbindung ist der voraussichtliche Tag der Entbindung maßgeblich, wie

er sich aus dem ärztlichen Zeugnis oder dem Zeugnis einer Hebamme oder eines Entbindungspflegers ergibt. Entbindet eine Frau nicht am voraussichtlichen Tag, verkürzt oder verlängert sich die Schutzfrist vor der Entbindung entsprechend.

(2) Der Arbeitgeber darf eine Frau bis zum Ablauf von acht Wochen nach der Entbindung nicht beschäftigen (Schutzfrist nach der Entbindung). Die Schutzfrist nach der Entbindung verlängert sich auf zwölf Wochen

1. bei Frühgeburten,

2. bei Mehrlingsgeburten und,

3. wenn vor Ablauf von acht Wochen nach der Entbindung bei dem Kind eine Behinderung im Sinne von § 2 Absatz 1 Satz 1 des Neunten Buches Sozialgesetzbuch ärztlich festgestellt wird.

Bei vorzeitiger Entbindung verlängert sich die Schutzfrist nach der Entbindung nach Satz 1 oder nach Satz 2 um den Zeitraum der Verkürzung der Schutzfrist vor der Entbindung nach Absatz 1 Satz 4. Nach Satz 2 Nummer 3 verlängert sich die Schutzfrist nach der Entbindung nur, wenn die Frau dies beantragt.

(3) Die Ausbildungsstelle darf eine Frau im Sinne von § 1 Absatz 2 Satz 2 Nummer 8 bereits in der Schutzfrist nach der Entbindung im Rahmen der schulischen oder hochschulischen Ausbildung tätig werden lassen, wenn die Frau dies ausdrücklich gegenüber ihrer Ausbildungsstelle verlangt. Die Frau kann ihre Erklärung jederzeit mit Wirkung für die Zukunft widerrufen.

(4) Der Arbeitgeber darf eine Frau nach dem Tod ihres Kindes bereits nach Ablauf der ersten zwei Wochen nach der Entbindung beschäftigen, wenn

1. die Frau dies ausdrücklich verlangt und

2. nach ärztlichem Zeugnis nichts dagegen spricht.

Sie kann ihre Erklärung nach Satz 1 Nummer 1 jederzeit mit Wirkung für die Zukunft widerrufen.

§ 4 Verbot der Mehrarbeit; Ruhezeit

(1) Der Arbeitgeber darf eine schwangere oder stillende Frau, die 18 Jahre oder älter ist, nicht mit einer Arbeit beschäftigen, die die Frau über achteinhalb Stunden täglich oder über 90 Stunden in der Doppelwoche hinaus zu leisten hat. Eine schwangere oder stillende Frau unter 18 Jahren darf der Arbeitgeber nicht mit einer Arbeit beschäftigen, die die Frau über acht Stunden täglich oder über 80 Stunden in der Doppelwoche hinaus zu leisten hat. In die Doppelwoche werden die Sonntage eingerechnet. Der Arbeitgeber darf eine schwangere oder stillende Frau nicht in einem Umfang beschäftigen, der die vertraglich vereinbarte wöchentliche Arbeitszeit im Durchschnitt des Monats übersteigt. Bei mehreren Arbeitgebern sind die Arbeitszeiten zusammenzurechnen.

(2) Der Arbeitgeber muss der schwangeren oder stillenden Frau nach Beendigung der täglichen Arbeitszeit eine ununterbrochene Ruhezeit von mindestens elf Stunden gewähren.

§ 5 Verbot der Nachtarbeit

(1) Der Arbeitgeber darf eine schwangere oder stillende Frau nicht zwischen 20 Uhr und 6 Uhr beschäftigen. Er darf sie bis 22 Uhr beschäftigen, wenn die Voraussetzungen des § 28 erfüllt sind.

(2) Die Ausbildungsstelle darf eine schwangere oder stillende Frau im Sinne von § 1 Absatz 2 Satz 2 Nummer 8 nicht zwischen 20 Uhr und 6 Uhr im Rahmen der schulischen oder hochschulischen Ausbildung tätig werden lassen. Die Ausbildungsstelle darf sie an Ausbildungsveranstaltungen bis 22 Uhr teilnehmen lassen, wenn

1. sich die Frau dazu ausdrücklich bereit erklärt,

2. die Teilnahme zu Ausbildungszwecken zu dieser Zeit erforderlich ist und

3. insbesondere eine unverantwortbare Gefährdung für die schwangere Frau oder ihr Kind durch Alleinarbeit ausgeschlossen ist.

Die schwangere oder stillende Frau kann ihre Erklärung nach Satz 2 Nummer 1 jederzeit mit Wirkung für die Zukunft widerrufen.

§ 6 Verbot der Sonn- und Feiertagsarbeit

(1) Der Arbeitgeber darf eine schwangere oder stillende Frau nicht an Sonn- und Feiertagen beschäftigen. Er darf sie an Sonn- und Feiertagen nur dann beschäftigen, wenn

1. sich die Frau dazu ausdrücklich bereit erklärt,

2. eine Ausnahme vom allgemeinen Verbot der Arbeit an Sonn- und Feiertagen nach § 10 des Arbeitszeitgesetzes zugelassen ist,

3. der Frau in jeder Woche im Anschluss an eine ununterbrochene Nachtruhezeit von mindestens elf Stunden ein Ersatzruhetag gewährt wird und

4. insbesondere eine unverantwortbare Gefährdung für die schwangere Frau oder ihr Kind durch Alleinarbeit ausgeschlossen ist.

Die schwangere oder stillende Frau kann ihre Erklärung nach Satz 2 Nummer 1 jederzeit mit Wirkung für die Zukunft widerrufen.

(2) Die Ausbildungsstelle darf eine schwangere oder stillende Frau im Sinne von § 1 Absatz 2 Satz 2 Nummer 8 nicht an Sonn- und Feiertagen im Rahmen der schulischen oder hochschulischen Ausbildung tätig werden lassen. Die Ausbildungsstelle darf sie an Ausbildungsveranstaltungen an Sonn- und Feiertagen teilnehmen lassen, wenn

1. sich die Frau dazu ausdrücklich bereit erklärt,

2. die Teilnahme zu Ausbildungszwecken zu dieser Zeit erforderlich ist,

3. der Frau in jeder Woche im Anschluss an eine ununterbrochene Nachtruhezeit von mindestens elf Stunden ein Ersatzruhetag gewährt wird und

4. insbesondere eine unverantwortbare Gefährdung für die schwangere Frau oder ihr Kind durch Alleinarbeit ausgeschlossen ist.

Die schwangere oder stillende Frau kann ihre Erklärung nach Satz 2 Nummer 1 jederzeit mit Wirkung für die Zukunft widerrufen.

§ 7 Freistellung für Untersuchungen und zum Stillen

(1) Der Arbeitgeber hat eine Frau für die Zeit freizustellen, die zur Durchführung der Untersuchungen im Rahmen der Leistungen der gesetzlichen Krankenversicherung bei Schwangerschaft und Mutterschaft erforderlich sind. Entsprechendes gilt zugunsten einer Frau, die nicht in der gesetzlichen Krankenversicherung versichert ist.

(2) Der Arbeitgeber hat eine stillende Frau auf ihr Verlangen während der ersten zwölf Monate nach der Entbindung für die zum Stillen erforderliche Zeit freizustellen, mindestens aber zweimal täglich für eine halbe Stunde oder einmal täglich für eine Stunde. Bei einer zusammenhängenden Arbeitszeit von mehr als acht Stunden soll auf Verlangen der Frau zweimal eine Stillzeit von mindestens 45 Minuten oder, wenn in der Nähe der Arbeitsstätte keine Stillgelegenheit vorhanden ist, einmal eine Stillzeit von mindestens 90 Minuten gewährt werden. Die Arbeitszeit gilt als zusammenhängend, wenn sie nicht durch eine Ruhepause von mehr als zwei Stunden unterbrochen wird.

§ 8 Beschränkung von Heimarbeit

(1) Der Auftraggeber oder Zwischenmeister darf Heimarbeit an eine schwangere in Heimarbeit beschäftigte Frau oder an eine ihr Gleichgestellte nur in solchem Umfang und mit solchen Fertigungsfristen ausgeben, dass die Ar-

beit werktags während einer achtstündigen Tagesarbeitszeit ausgeführt werden kann.

(2) Der Auftraggeber oder Zwischenmeister darf Heimarbeit an eine stillende in Heimarbeit beschäftigte Frau oder an eine ihr Gleichgestellte nur in solchem Umfang und mit solchen Fertigungsfristen ausgeben, dass die Arbeit werktags während einer siebenstündigen Tagesarbeitszeit ausgeführt werden kann.

Unterabschnitt 2
Betrieblicher Gesundheitsschutz

§ 9 Gestaltung der Arbeitsbedingungen; unverantwortbare Gefährdung

(1) Der Arbeitgeber hat bei der Gestaltung der Arbeitsbedingungen einer schwangeren oder stillenden Frau alle aufgrund der Gefährdungsbeurteilung nach § 10 erforderlichen Maßnahmen für den Schutz ihrer physischen und psychischen Gesundheit sowie der ihres Kindes zu treffen. Er hat die Maßnahmen auf ihre Wirksamkeit zu überprüfen und erforderlichenfalls den sich ändernden Gegebenheiten anzupassen. Soweit es nach den Vorschriften dieses Gesetzes verantwortbar ist, ist der Frau auch während der Schwangerschaft, nach der Entbindung und in der Stillzeit die Fortführung ihrer Tätigkeiten zu ermöglichen. Nachteile aufgrund der Schwangerschaft, der Entbindung oder der Stillzeit sollen vermieden oder ausgeglichen werden.

(2) Der Arbeitgeber hat die Arbeitsbedingungen so zu gestalten, dass Gefährdungen einer schwangeren oder stillenden Frau oder ihres Kindes möglichst vermieden werden und eine unverantwortbare Gefährdung ausgeschlossen wird. Eine Gefährdung ist unverantwortbar, wenn die Eintrittswahrscheinlichkeit einer Gesundheitsbeeinträchtigung angesichts der zu erwartenden Schwere des möglichen Gesundheitsschadens nicht hinnehmbar ist. Eine unverantwortbare Gefährdung gilt als ausge-

schlossen, wenn der Arbeitgeber alle Vorgaben einhält, die aller Wahrscheinlichkeit nach dazu führen, dass die Gesundheit einer schwangeren oder stillenden Frau oder ihres Kindes nicht beeinträchtigt wird.

(3) Der Arbeitgeber hat sicherzustellen, dass die schwangere oder stillende Frau ihre Tätigkeit am Arbeitsplatz, soweit es für sie erforderlich ist, kurz unterbrechen kann. Er hat darüber hinaus sicherzustellen, dass sich die schwangere oder stillende Frau während der Pausen und Arbeitsunterbrechungen unter geeigneten Bedingungen hinlegen, hinsetzen und ausruhen kann.

(4) Alle Maßnahmen des Arbeitgebers nach diesem Unterabschnitt sowie die Beurteilung der Arbeitsbedingungen nach § 10 müssen dem Stand der Technik, der Arbeitsmedizin und der Hygiene sowie den sonstigen gesicherten wissenschaftlichen Erkenntnissen entsprechen. Der Arbeitgeber hat bei seinen Maßnahmen die vom Ausschuss für Mutterschutz ermittelten und nach § 30 Absatz 4 im Gemeinsamen Ministerialblatt veröffentlichten Regeln und Erkenntnisse zu berücksichtigen; bei Einhaltung dieser Regeln und bei Beachtung dieser Erkenntnisse ist davon auszugehen, dass die in diesem Gesetz gestellten Anforderungen erfüllt sind.

(5) Der Arbeitgeber kann zuverlässige und fachkundige Personen schriftlich damit beauftragen, ihm obliegende Aufgaben nach diesem Unterabschnitt in eigener Verantwortung wahrzunehmen.

(6) Kosten für Maßnahmen nach diesem Gesetz darf der Arbeitgeber nicht den Personen auferlegen, die bei ihm beschäftigt sind. Die Kosten für Zeugnisse und Bescheinigungen, die die schwangere oder stillende Frau auf Verlangen des Arbeitgebers vorzulegen hat, trägt der Arbeitgeber.

§ 10 Beurteilung der Arbeitsbedingungen; Schutzmaßnahmen

(1) Im Rahmen der Beurteilung der Arbeitsbedingungen nach § 5 des Arbeitsschutzgesetzes hat der Arbeitgeber für jede Tätigkeit

1. die Gefährdungen nach Art, Ausmaß und Dauer zu beurteilen, denen eine schwangere oder stillende Frau oder ihr Kind ausgesetzt ist oder sein kann, und

2. unter Berücksichtigung des Ergebnisses der Beurteilung der Gefährdung nach Nummer 1 zu ermitteln, ob für eine schwangere oder stillende Frau oder ihr Kind voraussichtlich

   a) keine Schutzmaßnahmen erforderlich sein werden,

   b) eine Umgestaltung der Arbeitsbedingungen nach § 13 Absatz 1 Nummer 1 erforderlich sein wird oder

   c) eine Fortführung der Tätigkeit der Frau an diesem Arbeitsplatz nicht möglich sein wird.

Bei gleichartigen Arbeitsbedingungen ist die Beurteilung eines Arbeitsplatzes oder einer Tätigkeit ausreichend.

(2) Sobald eine Frau dem Arbeitgeber mitgeteilt hat, dass sie schwanger ist oder stillt, hat der Arbeitgeber unverzüglich die nach Maßgabe der Gefährdungsbeurteilung nach Absatz 1 erforderlichen Schutzmaßnahmen festzulegen. Zusätzlich hat der Arbeitgeber der Frau ein Gespräch über weitere Anpassungen ihrer Arbeitsbedingungen anzubieten.

(3) Der Arbeitgeber darf eine schwangere oder stillende Frau nur diejenigen Tätigkeiten ausüben lassen, für die er die erforderlichen Schutzmaßnahmen nach Absatz 2 Satz 1 getroffen hat.

§ 11 Unzulässige Tätigkeiten und Arbeitsbedingungen für schwangere Frauen

(1) Der Arbeitgeber darf eine schwangere Frau keine Tätigkeiten ausüben lassen und sie keinen Arbeitsbedingungen aussetzen, bei denen sie in einem Maß Gefahrstoffen ausgesetzt ist oder sein kann, dass dies für sie oder für ihr Kind eine unverantwortbare Gefährdung darstellt. Eine unverantwortbare Gefährdung im Sinne von Satz 1 liegt insbesondere vor, wenn die schwangere Frau Tätigkeiten ausübt oder Arbeitsbedingungen ausgesetzt ist, bei denen sie folgenden Gefahrstoffen ausgesetzt ist oder sein kann:

1. Gefahrstoffen, die nach den Kriterien des Anhangs I zur Verordnung (EG) Nr. 1272/2008 des Europäischen Parlaments und des Rates vom 16. Dezember 2008 über die Einstufung, Kennzeichnung und Verpackung von Stoffen und Gemischen, zur Änderung und Aufhebung der Richtlinien 67/548/EWG und 1999/45/EG und zur Änderung der Verordnung (EG) Nr. 1907/2006 (ABl. L 353 vom 31.12.2008, S. 1) zu bewerten sind

   a) als reproduktionstoxisch nach der Kategorie 1A, 1B oder 2 oder nach der Zusatzkategorie für Wirkungen auf oder über die Laktation,

   b) als keimzellmutagen nach der Kategorie 1A oder 1B,

   c) als karzinogen nach der Kategorie 1A oder 1B,

   d) als spezifisch zielorgantoxisch nach einmaliger Exposition nach der Kategorie 1 oder

   e) als akut toxisch nach der Kategorie 1, 2 oder 3,

2. Blei und Bleiderivaten, soweit die Gefahr besteht, dass diese Stoffe vom menschlichen Körper aufgenommen werden, oder

3. Gefahrstoffen, die als Stoffe ausgewiesen sind, die auch bei Einhaltung der arbeitsplatzbezogenen Vorgaben möglicherweise zu einer Fruchtschädigung führen können.

Eine unverantwortbare Gefährdung im Sinne von Satz 1 oder 2 gilt insbesondere als ausgeschlossen,

1. wenn

   a) für den jeweiligen Gefahrstoff die arbeitsplatzbezogenen Vorgaben eingehalten werden und es sich um einen Gefahrstoff handelt, der als Stoff ausgewiesen ist, der bei Einhaltung der arbeitsplatzbezogenen Vorgaben hinsichtlich einer Fruchtschädigung als sicher bewertet wird, oder

   b) der Gefahrstoff nicht in der Lage ist, die Plazentaschranke zu überwinden, oder aus anderen Gründen ausgeschlossen ist, dass eine Fruchtschädigung eintritt, und

2. wenn der Gefahrstoff nach den Kriterien des Anhangs I zur Verordnung (EG) Nr. 1272/2008 nicht als reproduktionstoxisch nach der Zusatzkategorie für Wirkungen auf oder über die Laktation zu bewerten ist.

Die vom Ausschuss für Mutterschutz ermittelten wissenschaftlichen Erkenntnisse sind zu beachten.

(2) Der Arbeitgeber darf eine schwangere Frau keine Tätigkeiten ausüben lassen und sie keinen Arbeitsbedingungen aussetzen, bei denen sie in einem Maß mit Biostoffen der Risikogruppe 2, 3 oder 4 im Sinne von § 3 Absatz 1 der Biostoffverordnung in Kontakt kommt oder kommen kann, dass dies für sie oder für ihr Kind eine unverantwortbare Gefährdung darstellt. Eine unverantwortbare Gefährdung im Sinne von Satz 1 liegt insbesondere vor, wenn die schwangere Frau Tätigkeiten ausübt oder Arbeitsbedingungen ausgesetzt ist, bei denen sie mit folgenden Biostoffen in Kontakt kommt oder kommen kann:

1. mit Biostoffen, die in die Risikogruppe 4 im Sinne von § 3 Absatz 1 der Biostoffverordnung einzustufen sind, oder

2. mit Rötelnvirus oder mit Toxoplasma.

Die Sätze 1 und 2 gelten auch, wenn der Kontakt mit Biostoffen im Sinne von Satz 1 oder 2 therapeutische Maßnahmen erforderlich macht oder machen kann, die selbst eine unverantwortbare Gefährdung darstellen. Eine unverantwortbare Gefährdung im Sinne von Satz 1 oder 2 gilt insbesondere als ausgeschlossen, wenn die schwangere Frau über einen ausreichenden Immunschutz verfügt.

(3) Der Arbeitgeber darf eine schwangere Frau keine Tätigkeiten ausüben lassen und sie keinen Arbeitsbedingungen aussetzen, bei denen sie physikalischen Einwirkungen in einem Maß ausgesetzt ist oder sein kann, dass dies für sie oder für ihr Kind eine unverantwortbare Gefährdung darstellt. Als physikalische Einwirkungen im Sinne von Satz 1 sind insbesondere zu berücksichtigen:

1. ionisierende und nicht ionisierende Strahlungen,

2. Erschütterungen, Vibrationen und Lärm sowie

3. Hitze, Kälte und Nässe.

(4) Der Arbeitgeber darf eine schwangere Frau keine Tätigkeiten ausüben lassen und sie keinen Arbeitsbedingungen aussetzen, bei denen sie einer belastenden Arbeitsumgebung in einem Maß ausgesetzt ist oder sein kann, dass dies für sie oder für ihr Kind eine unverantwortbare Gefährdung darstellt. Der Arbeitgeber darf eine schwangere Frau insbesondere keine Tätigkeiten ausüben lassen

1. in Räumen mit einem Überdruck im Sinne von § 2 der Druckluftverordnung,

2. in Räumen mit sauerstoffreduzierter Atmosphäre oder

3. im Bergbau unter Tage.

(5) Der Arbeitgeber darf eine schwangere Frau keine Tätigkeiten ausüben lassen und sie keinen Arbeitsbedingungen aussetzen, bei denen sie körperlichen Belastungen oder mechanischen Einwirkungen in einem Maß ausgesetzt ist oder sein kann, dass dies für sie oder für ihr Kind eine unverantwortbare Gefährdung darstellt. Der Arbeitgeber darf eine schwangere Frau insbesondere keine Tätigkeiten ausüben lassen, bei denen

1. sie ohne mechanische Hilfsmittel regelmäßig Lasten von mehr als 5 Kilogramm Gewicht oder gelegentlich Lasten von mehr als 10 Kilogramm Gewicht von Hand heben, halten, bewegen oder befördern muss,

2. sie mit mechanischen Hilfsmitteln Lasten von Hand heben, halten, bewegen oder befördern muss und dabei ihre körperliche Beanspruchung der von Arbeiten nach Nummer 1 entspricht,

3. sie nach Ablauf des fünften Monats der Schwangerschaft überwiegend bewegungsarm ständig stehen muss und wenn diese Tätigkeit täglich vier Stunden überschreitet,

4. sie sich häufig erheblich strecken, beugen, dauernd hocken, sich gebückt halten oder sonstige Zwangshaltungen einnehmen muss,

5. sie auf Beförderungsmitteln eingesetzt wird, wenn dies für sie oder für ihr Kind eine unverantwortbare Gefährdung darstellt,

6. Unfälle, insbesondere durch Ausgleiten, Fallen oder Stürzen, oder Tätlichkeiten zu befürchten sind, die für sie oder für ihr Kind eine unverantwortbare Gefährdung darstellen,

7. sie eine Schutzausrüstung tragen muss und das Tragen eine Belastung darstellt oder

8. eine Erhöhung des Drucks im Bauchraum zu befürchten ist, insbesondere bei Tätigkeiten mit besonderer Fußbeanspruchung.

(6) Der Arbeitgeber darf eine schwangere Frau folgende Arbeiten nicht ausüben lassen:

1. Akkordarbeit oder sonstige Arbeiten, bei denen durch ein gesteigertes Arbeitstempo ein höheres Entgelt erzielt werden kann,

2. Fließarbeit oder

3. getaktete Arbeit mit vorgeschriebenem Arbeitstempo, wenn die Art der Arbeit oder das Arbeitstempo für die schwangere Frau oder für ihr Kind eine unverantwortbare Gefährdung darstellt.

§ 12 Unzulässige Tätigkeiten und Arbeitsbedingungen für stillende Frauen

(1) Der Arbeitgeber darf eine stillende Frau keine Tätigkeiten ausüben lassen und sie keinen Arbeitsbedingungen aussetzen, bei denen sie in einem Maß Gefahrstoffen ausgesetzt ist oder sein kann, dass dies für sie oder für ihr Kind eine unverantwortbare Gefährdung darstellt. Eine unverantwortbare Gefährdung im Sinne von Satz 1 liegt insbesondere vor, wenn die stillende Frau Tätigkeiten ausübt oder Arbeitsbedingungen ausgesetzt ist, bei denen sie folgenden Gefahrstoffen ausgesetzt ist oder sein kann:

1. Gefahrstoffen, die nach den Kriterien des Anhangs I zur Verordnung (EG) Nr. 1272/2008 als reproduktionstoxisch nach der Zusatzkategorie für Wirkungen auf oder über die Laktation zu bewerten sind oder

2. Blei und Bleiderivaten, soweit die Gefahr besteht, dass diese Stoffe vom menschlichen Körper aufgenommen werden.

(2) Der Arbeitgeber darf eine stillende Frau keine Tätigkeiten ausüben lassen und sie keinen Arbeitsbedingungen aussetzen, bei denen sie in einem Maß mit Biostoffen der Risikogruppe 2, 3 oder 4 im Sinne von § 3 Absatz 1 der Biostoffverordnung in Kontakt kommt oder kommen kann, dass dies für sie oder für ihr Kind eine unverantwortbare Gefährdung darstellt. Eine unverantwortbare Gefährdung im

Sinne von Satz 1 liegt insbesondere vor, wenn die stillende Frau Tätigkeiten ausübt oder Arbeitsbedingungen ausgesetzt ist, bei denen sie mit Biostoffen in Kontakt kommt oder kommen kann, die in die Risikogruppe 4 im Sinne von § 3 Absatz 1 der Biostoffverordnung einzustufen sind. Die Sätze 1 und 2 gelten auch, wenn der Kontakt mit Biostoffen im Sinne von Satz 1 oder 2 therapeutische Maßnahmen erforderlich macht oder machen kann, die selbst eine unverantwortbare Gefährdung darstellen. Eine unverantwortbare Gefährdung im Sinne von Satz 1 oder 2 gilt als ausgeschlossen, wenn die stillende Frau über einen ausreichenden Immunschutz verfügt.

(3) Der Arbeitgeber darf eine stillende Frau keine Tätigkeiten ausüben lassen und sie keinen Arbeitsbedingungen aussetzen, bei denen sie physikalischen Einwirkungen in einem Maß ausgesetzt ist oder sein kann, dass dies für sie oder für ihr Kind eine unverantwortbare Gefährdung darstellt. Als physikalische Einwirkungen im Sinne von Satz 1 sind insbesondere ionisierende und nicht ionisierende Strahlungen zu berücksichtigen.

(4) Der Arbeitgeber darf eine stillende Frau keine Tätigkeiten ausüben lassen und sie keinen Arbeitsbedingungen aussetzen, bei denen sie einer belastenden Arbeitsumgebung in einem Maß ausgesetzt ist oder sein kann, dass dies für sie oder für ihr Kind eine unverantwortbare Gefährdung darstellt. Der Arbeitgeber darf eine stillende Frau insbesondere keine Tätigkeiten ausüben lassen

1. in Räumen mit einem Überdruck im Sinne von § 2 der Druckluftverordnung oder

2. im Bergbau unter Tage.

(5) Der Arbeitgeber darf eine stillende Frau folgende Arbeiten nicht ausüben lassen:

1. Akkordarbeit oder sonstige Arbeiten, bei denen durch ein gesteigertes Arbeitstempo ein höheres Entgelt erzielt werden kann,

2. Fließarbeit oder

3. getaktete Arbeit mit vorgeschriebenem Arbeitstempo, wenn die Art der Arbeit oder das Arbeitstempo für die stillende Frau oder für ihr Kind eine unverantwortbare Gefährdung darstellt.

§ 13 Rangfolge der Schutzmaßnahmen: Umgestaltung der Arbeitsbedingungen, Arbeitsplatzwechsel und betriebliches Beschäftigungsverbot

(1) Werden unverantwortbare Gefährdungen im Sinne von § 9, § 11 oder § 12 festgestellt, hat der Arbeitgeber für jede Tätigkeit einer schwangeren oder stillenden Frau Schutzmaßnahmen in folgender Rangfolge zu treffen:

1. Der Arbeitgeber hat die Arbeitsbedingungen für die schwangere oder stillende Frau durch Schutzmaßnahmen nach Maßgabe des § 9 Absatz 2 umzugestalten.

2. Kann der Arbeitgeber unverantwortbare Gefährdungen für die schwangere oder stillende Frau nicht durch die Umgestaltung der Arbeitsbedingungen nach Nummer 1 ausschließen oder ist eine Umgestaltung wegen des nachweislich unverhältnismäßigen Aufwandes nicht zumutbar, hat der Arbeitgeber die Frau an einem anderen geeigneten Arbeitsplatz einzusetzen, wenn er einen solchen Arbeitsplatz zur Verfügung stellen kann und dieser Arbeitsplatz der schwangeren oder stillenden Frau zumutbar ist.

3. Kann der Arbeitgeber unverantwortbare Gefährdungen für die schwangere oder stillende Frau weder durch Schutzmaßnahmen nach Nummer 1 noch durch einen Arbeitsplatzwechsel nach Nummer 2 ausschließen, darf er die schwangere oder stillende Frau nicht weiter beschäftigen.

(2) Der Auftraggeber oder Zwischenmeister darf keine Heimarbeit an schwangere oder stillende Frauen ausgeben, wenn unverantwortbare Gefährdungen nicht durch Schutzmaß-

nahmen nach Absatz 1 Nummer 1 ausgeschlossen werden können.

§ 14 Dokumentation und Information durch den Arbeitgeber

(1) Der Arbeitgeber hat die Beurteilung der Arbeitsbedingungen nach § 10 durch Unterlagen zu dokumentieren, aus denen Folgendes ersichtlich ist:

1. das Ergebnis der Gefährdungsbeurteilung nach § 10 Absatz 1 Satz 1 Nummer 1 und der Bedarf an Schutzmaßnahmen nach § 10 Absatz 1 Satz 1 Nummer 2,

2. die Festlegung der erforderlichen Schutzmaßnahmen nach § 10 Absatz 2 Satz 1 sowie das Ergebnis ihrer Überprüfung nach § 9 Absatz 1 Satz 2 und

3. das Angebot eines Gesprächs mit der Frau über weitere Anpassungen ihrer Arbeitsbedingungen nach § 10 Absatz 2 Satz 2 oder der Zeitpunkt eines solchen Gesprächs.

Wenn die Beurteilung nach § 10 Absatz 1 ergibt, dass die schwangere oder stillende Frau oder ihr Kind keiner Gefährdung im Sinne von § 9 Absatz 2 ausgesetzt ist oder sein kann, reicht es aus, diese Feststellung in einer für den Arbeitsplatz der Frau oder für die Tätigkeit der Frau bereits erstellten Dokumentation der Beurteilung der Arbeitsbedingungen nach § 5 des Arbeitsschutzgesetzes zu vermerken.

(2) Der Arbeitgeber hat alle Personen, die bei ihm beschäftigt sind, über das Ergebnis der Gefährdungsbeurteilung nach § 10 Absatz 1 Satz 1 Nummer 1 und über den Bedarf an Schutzmaßnahmen nach § 10 Absatz 1 Satz 1 Nummer 2 zu informieren.

(3) Der Arbeitgeber hat eine schwangere oder stillende Frau über die Gefährdungsbeurteilung nach § 10 Absatz 1 Satz 1 Nummer 1 und über die damit verbundenen für sie erforderlichen Schutzmaßnahmen nach § 10 Absatz 2 Satz 1 in Verbindung mit § 13 zu informieren.

§ 15 Mitteilungen und Nachweise der schwangeren und stillenden Frauen

(1) Eine schwangere Frau soll ihrem Arbeitgeber ihre Schwangerschaft und den voraussichtlichen Tag der Entbindung mitteilen, sobald sie weiß, dass sie schwanger ist. Eine stillende Frau soll ihrem Arbeitgeber so früh wie möglich mitteilen, dass sie stillt.

(2) Auf Verlangen des Arbeitgebers soll eine schwangere Frau als Nachweis über ihre Schwangerschaft ein ärztliches Zeugnis oder das Zeugnis einer Hebamme oder eines Entbindungspflegers vorlegen. Das Zeugnis über die Schwangerschaft soll den voraussichtlichen Tag der Entbindung enthalten.

Unterabschnitt 3
Ärztlicher Gesundheitsschutz

§ 16 Ärztliches Beschäftigungsverbot

(1) Der Arbeitgeber darf eine schwangere Frau nicht beschäftigen, soweit nach einem ärztlichen Zeugnis ihre Gesundheit oder das ihres Kindes bei Fortdauer der Beschäftigung gefährdet ist.

(2) Der Arbeitgeber darf eine Frau, die nach einem ärztlichen Zeugnis in den ersten Monaten nach der Entbindung nicht voll leistungsfähig ist, nicht mit Arbeiten beschäftigen, die ihre Leistungsfähigkeit übersteigen.

Abschnitt 3
Kündigungsschutz

§ 17 Kündigungsverbot

(1) Die Kündigung gegenüber einer Frau ist unzulässig

1. während ihrer Schwangerschaft,

2. bis zum Ablauf von vier Monaten nach einer Fehlgeburt nach der zwölften Schwangerschaftswoche und

3. bis zum Ende ihrer Schutzfrist nach der Entbindung, mindestens jedoch bis zum Ablauf von vier Monaten nach der Entbindung,

wenn dem Arbeitgeber zum Zeitpunkt der Kündigung die Schwangerschaft, die Fehlgeburt nach der zwölften Schwangerschaftswoche oder die Entbindung bekannt ist oder wenn sie ihm innerhalb von zwei Wochen nach Zugang der Kündigung mitgeteilt wird. Das Überschreiten dieser Frist ist unschädlich, wenn die Überschreitung auf einem von der Frau nicht zu vertretenden Grund beruht und die Mitteilung unverzüglich nachgeholt wird. Die Sätze 1 und 2 gelten entsprechend für Vorbereitungsmaßnahmen des Arbeitgebers, die er im Hinblick auf eine Kündigung der Frau trifft.

(2) Die für den Arbeitsschutz zuständige oberste Landesbehörde oder die von ihr bestimmte Stelle kann in besonderen Fällen, die nicht mit dem Zustand der Frau in der Schwangerschaft, nach einer Fehlgeburt nach der zwölften Schwangerschaftswoche oder nach der Entbindung in Zusammenhang stehen, ausnahmsweise die Kündigung für zulässig erklären. Die Kündigung bedarf der Schriftform und muss den Kündigungsgrund angeben.

(3) Der Auftraggeber oder Zwischenmeister darf eine in Heimarbeit beschäftigte Frau in den Fristen nach Absatz 1 Satz 1 nicht gegen ihren Willen bei der Ausgabe von Heimarbeit ausschließen; die §§ 3, 8, 11, 12, 13 Absatz 2 und § 16 bleiben unberührt. Absatz 1 gilt auch für eine Frau, die der in Heimarbeit beschäftigten Frau gleichgestellt ist und deren Gleichstellung sich auch auf § 29 des Heimarbeitsgesetzes erstreckt. Absatz 2 gilt für eine in Heimarbeit beschäftigte Frau und eine ihr Gleichgestellte entsprechend.

Abschnitt 4
Leistungen

§ 18 Mutterschutzlohn

Eine Frau, die wegen eines Beschäftigungsverbots außerhalb der Schutzfristen vor oder nach der Entbindung teilweise oder gar nicht beschäftigt werden darf, erhält von ihrem Arbeitgeber Mutterschutzlohn. Als Mutterschutzlohn wird das durchschnittliche Arbeitsentgelt der letzten drei abgerechneten Kalendermonate vor dem Eintritt der Schwangerschaft gezahlt. Dies gilt auch, wenn wegen dieses Verbots die Beschäftigung oder die Entlohnungsart wechselt. Beginnt das Beschäftigungsverhältnis erst nach Eintritt der Schwangerschaft, ist das durchschnittliche Arbeitsentgelt aus dem Arbeitsentgelt der ersten drei Monate der Beschäftigung zu berechnen.

§ 19 Mutterschaftsgeld

(1) Eine Frau, die Mitglied einer gesetzlichen Krankenkasse ist, erhält für die Zeit der Schutzfristen vor und nach der Entbindung sowie für den Entbindungstag Mutterschaftsgeld nach den Vorschriften des Fünften Buches Sozialgesetzbuch oder nach den Vorschriften des Zweiten Gesetzes über die Krankenversicherung der Landwirte.

(2) Eine Frau, die nicht Mitglied einer gesetzlichen Krankenkasse ist, erhält für die Zeit der Schutzfristen vor und nach der Entbindung sowie für den Entbindungstag Mutterschaftsgeld zu Lasten des Bundes in entsprechender Anwendung der Vorschriften des Fünften Buches Sozialgesetzbuch über das Mutterschaftsgeld, jedoch insgesamt höchstens 210 Euro. Das Mutterschaftsgeld wird dieser Frau auf Antrag vom Bundesamt für Soziale Sicherung gezahlt. Endet das Beschäftigungsverhältnis nach Maßgabe von § 17 Absatz 2 durch eine Kündigung, erhält die Frau Mutterschaftsgeld in entsprechender Anwendung der Sätze 1 und 2 für die Zeit nach dem Ende des Beschäftigungsverhältnisses.

§ 20 Zuschuss zum Mutterschaftsgeld

(1) Eine Frau erhält während ihres bestehenden Beschäftigungsverhältnisses für die Zeit der Schutzfristen vor und nach der Entbindung sowie für den Entbindungstag von ihrem Arbeitgeber einen Zuschuss zum Mutterschaftsgeld. Als Zuschuss zum Mutterschaftsgeld wird der Unterschiedsbetrag zwischen 13 Euro und dem um die gesetzlichen Abzüge verminderten durchschnittlichen kalendertäglichen Arbeitsentgelt der letzten drei abgerechneten Kalendermonate vor Beginn der Schutzfrist vor der Entbindung gezahlt. Einer Frau, deren Beschäftigungsverhältnis während der Schutzfristen vor oder nach der Entbindung beginnt, wird der Zuschuss zum Mutterschaftsgeld von Beginn des Beschäftigungsverhältnisses an gezahlt.

(2) Ist eine Frau für mehrere Arbeitgeber tätig, sind für die Berechnung des Arbeitgeberzuschusses nach Absatz 1 die durchschnittlichen kalendertäglichen Arbeitsentgelte aus diesen Beschäftigungsverhältnissen zusammenzurechnen. Den sich daraus ergebenden Betrag zahlen die Arbeitgeber anteilig im Verhältnis der von ihnen gezahlten durchschnittlichen kalendertäglichen Arbeitsentgelte.

(3) Endet das Beschäftigungsverhältnis nach Maßgabe von § 17 Absatz 2 durch eine Kündigung, erhält die Frau für die Zeit nach dem Ende des Beschäftigungsverhältnisses den Zuschuss zum Mutterschaftsgeld nach Absatz 1 von der für die Zahlung des Mutterschaftsgeldes zuständigen Stelle. Satz 1 gilt entsprechend, wenn der Arbeitgeber wegen eines Insolvenzereignisses im Sinne von § 165 Absatz 1 Satz 2 des Dritten Buches Sozialgesetzbuch den Zuschuss nach Absatz 1 nicht zahlen kann.

§ 21 Ermittlung des durchschnittlichen Arbeitsentgelts

(1) Bei der Bestimmung des Berechnungszeitraumes für die Ermittlung des durchschnittlichen Arbeitsentgelts für die Leistungen nach den §§ 18 bis 20 bleiben Zeiten unberücksichtigt, in denen die Frau infolge unverschuldeter Fehlzeiten kein Arbeitsentgelt erzielt hat. War das Beschäftigungsverhältnis kürzer als drei Monate, ist der Berechnung der tatsächliche Zeitraum des Beschäftigungsverhältnisses zugrunde zu legen.

(2) Für die Ermittlung des durchschnittlichen Arbeitsentgelts für die Leistungen nach den §§ 18 bis 20 bleiben unberücksichtigt:

1. einmalig gezahltes Arbeitsentgelt im Sinne von § 23a des Vierten Buches Sozialgesetzbuch,

2. Kürzungen des Arbeitsentgelts, die im Berechnungszeitraum infolge von Kurzarbeit, Arbeitsausfällen oder unverschuldetem Arbeitsversäumnis eintreten, und

3. im Fall der Beendigung der Elternzeit nach dem Bundeselterngeld- und Elternzeitgesetz das Arbeitsentgelt aus Teilzeitbeschäftigung, das vor der Beendigung der Elternzeit während der Elternzeit erzielt wurde, soweit das durchschnittliche Arbeitsentgelt ohne die Berücksichtigung der Zeiten, in denen dieses Arbeitsentgelt erzielt wurde, höher ist.

(3) Ist die Ermittlung des durchschnittlichen Arbeitsentgelts entsprechend den Absätzen 1 und 2 nicht möglich, ist das durchschnittliche kalendertägliche Arbeitsentgelt einer vergleichbar beschäftigten Person zugrunde zu legen.

(4) Bei einer dauerhaften Änderung der Arbeitsentgelthöhe ist die geänderte Arbeitsentgelthöhe bei der Ermittlung des durchschnittlichen Arbeitsentgelts für die Leistungen nach den §§ 18 bis 20 zugrunde zu legen, und zwar

1. für den gesamten Berechnungszeitraum, wenn die Änderung während des Berechnungszeitraums wirksam wird,

2. ab Wirksamkeit der Änderung der Arbeitsentgelthöhe, wenn die Änderung der Arbeitsentgelthöhe nach dem Berechnungszeitraum wirksam wird.

§ 22 Leistungen während der Elternzeit

Während der Elternzeit sind Ansprüche auf Leistungen nach den §§ 18 und 20 aus dem wegen der Elternzeit ruhenden Arbeitsverhältnis ausgeschlossen. Übt die Frau während der Elternzeit eine Teilzeitarbeit aus, ist für die Ermittlung des durchschnittlichen Arbeitsentgelts nur das Arbeitsentgelt aus dieser Teilzeitarbeit zugrunde zu legen.

§ 23 Entgelt bei Freistellung für Untersuchungen und zum Stillen

(1) Durch die Gewährung der Freistellung nach § 7 darf bei der schwangeren oder stillenden Frau kein Entgeltausfall eintreten. Freistellungszeiten sind weder vor- noch nachzuarbeiten. Sie werden nicht auf Ruhepausen angerechnet, die im Arbeitszeitgesetz oder in anderen Vorschriften festgelegt sind.

(2) Der Auftraggeber oder Zwischenmeister hat einer in Heimarbeit beschäftigten Frau und der ihr Gleichgestellten für die Stillzeit ein Entgelt zu zahlen, das nach der Höhe des durchschnittlichen Stundenentgelts für jeden Werktag zu berechnen ist. Ist eine Frau für mehrere Auftraggeber oder Zwischenmeister tätig, haben diese das Entgelt für die Stillzeit zu gleichen Teilen zu zahlen. Auf das Entgelt finden die Vorschriften der §§ 23 bis 25 des Heimarbeitsgesetzes über den Entgeltschutz Anwendung.

§ 24 Fortbestehen des Erholungsurlaubs bei Beschäftigungsverboten

Für die Berechnung des Anspruchs auf bezahlten Erholungsurlaub gelten die Ausfallzeiten wegen eines Beschäftigungsverbots als Beschäftigungszeiten. Hat eine Frau ihren Urlaub vor Beginn eines Beschäftigungsverbots nicht oder nicht vollständig erhalten, kann sie nach dem Ende des Beschäftigungsverbots den Resturlaub im laufenden oder im nächsten Urlaubsjahr beanspruchen.

§ 25 Beschäftigung nach dem Ende des Beschäftigungsverbots

Mit dem Ende eines Beschäftigungsverbots im Sinne von § 2 Absatz 3 hat eine Frau das Recht, entsprechend den vertraglich vereinbarten Bedingungen beschäftigt zu werden.

Abschnitt 5
Durchführung des Gesetzes

§ 26 Aushang des Gesetzes

(1) In Betrieben und Verwaltungen, in denen regelmäßig mehr als drei Frauen beschäftigt werden, hat der Arbeitgeber eine Kopie dieses Gesetzes an geeigneter Stelle zur Einsicht auszulegen oder auszuhängen. Dies gilt nicht, wenn er das Gesetz für die Personen, die bei ihm beschäftigt sind, in einem elektronischen Verzeichnis jederzeit zugänglich gemacht hat.

(2) Für eine in Heimarbeit beschäftigte Frau oder eine ihr Gleichgestellte muss der Auftraggeber oder Zwischenmeister in den Räumen der Ausgabe oder Abnahme von Heimarbeit eine Kopie dieses Gesetzes an geeigneter Stelle zur Einsicht auslegen oder aushängen. Absatz 1 Satz 2 gilt entsprechend.

§ 27 Mitteilungs- und Aufbewahrungspflichten des Arbeitgebers, Offenbarungsverbot der mit der Überwachung beauftragten Personen

(1) Der Arbeitgeber hat die Aufsichtsbehörde unverzüglich zu benachrichtigen,

1. wenn eine Frau ihm mitgeteilt hat,

    a) dass sie schwanger ist oder

    b) dass sie stillt, es sei denn, er hat die Aufsichtsbehörde bereits über die Schwangerschaft dieser Frau benachrichtigt, oder

2. wenn er beabsichtigt, eine schwangere oder stillende Frau zu beschäftigen

   a) bis 22 Uhr nach den Vorgaben des § 5 Absatz 2 Satz 2 und 3,

   b) an Sonn- und Feiertagen nach den Vorgaben des § 6 Absatz 1 Satz 2 und 3 oder Absatz 2 Satz 2 und 3 oder

   c) mit getakteter Arbeit im Sinne von § 11 Absatz 6 Nummer 3 oder § 12 Absatz 5 Nummer 3.

Er darf diese Informationen nicht unbefugt an Dritte weitergeben.

(2) Der Arbeitgeber hat der Aufsichtsbehörde auf Verlangen die Angaben zu machen, die zur Erfüllung der Aufgaben dieser Behörde erforderlich sind. Er hat die Angaben wahrheitsgemäß, vollständig und rechtzeitig zu machen.

(3) Der Arbeitgeber hat der Aufsichtsbehörde auf Verlangen die Unterlagen zur Einsicht vorzulegen oder einzusenden, aus denen Folgendes ersichtlich ist:

1. die Namen der schwangeren oder stillenden Frauen, die bei ihm beschäftigt sind,

2. die Art und der zeitliche Umfang ihrer Beschäftigung,

3. die Entgelte, die an sie gezahlt worden sind,

4. die Ergebnisse der Beurteilung der Arbeitsbedingungen nach § 10 und

5. alle sonstigen nach Absatz 2 erforderlichen Angaben.

(4) Die auskunftspflichtige Person kann die Auskunft auf solche Fragen oder die Vorlage derjenigen Unterlagen verweigern, deren Beantwortung oder Vorlage sie selbst oder einen ihrer in § 383 Absatz 1 Nummer 1 bis 3 der Zivilprozessordung bezeichneten Angehörigen der Gefahr der Verfolgung wegen einer Straftat oder Ordnungswidrigkeit aussetzen würde. Die auskunftspflichtige Person ist darauf hinzuweisen.

(5) Der Arbeitgeber hat die in Absatz 3 genannten Unterlagen mindestens bis zum Ablauf von zwei Jahren nach der letzten Eintragung aufzubewahren.

(6) Die mit der Überwachung beauftragten Personen der Aufsichtsbehörde dürfen die ihnen bei ihrer Überwachungstätigkeit zur Kenntnis gelangten Geschäfts- und Betriebsgeheimnisse nur in den gesetzlich geregelten Fällen oder zur Verfolgung von Rechtsverstößen oder zur Erfüllung von gesetzlich geregelten Aufgaben zum Schutz der Umwelt den dafür zuständigen Behörden offenbaren. Soweit es sich bei Geschäfts- und Betriebsgeheimnissen um Informationen über die Umwelt im Sinne des Umweltinformationsgesetzes handelt, richtet sich die Befugnis zu ihrer Offenbarung nach dem Umweltinformationsgesetz.

§ 28 Behördliches Genehmigungsverfahren für eine Beschäftigung zwischen 20 Uhr und 22 Uhr

(1) Die Aufsichtsbehörde kann abweichend von § 5 Absatz 1 Satz 1 auf Antrag des Arbeitgebers genehmigen, dass eine schwangere oder stillende Frau zwischen 20 Uhr und 22 Uhr beschäftigt wird, wenn

1. sich die Frau dazu ausdrücklich bereit erklärt,

2. nach ärztlichem Zeugnis nichts gegen die Beschäftigung der Frau bis 22 Uhr spricht und

3. insbesondere eine unverantwortbare Gefährdung für die schwangere Frau oder ihr Kind durch Alleinarbeit ausgeschlossen ist.

Dem Antrag ist die Dokumentation der Beurteilung der Arbeitsbedingungen nach § 14 Absatz 1 beizufügen. Die schwangere oder stillende Frau kann ihre Erklärung nach Satz 1 Nummer 1 jederzeit mit Wirkung für die Zukunft widerrufen.

(2) Solange die Aufsichtsbehörde den Antrag nicht ablehnt oder die Beschäftigung zwischen

20 Uhr und 22 Uhr nicht vorläufig untersagt, darf der Arbeitgeber die Frau unter den Voraussetzungen des Absatzes 1 beschäftigen. Die Aufsichtsbehörde hat dem Arbeitgeber nach Eingang des Antrags unverzüglich eine Mitteilung zu machen, wenn die für den Antrag nach Absatz 1 erforderlichen Unterlagen unvollständig sind. Die Aufsichtsbehörde kann die Beschäftigung vorläufig untersagen, soweit dies erforderlich ist, um den Schutz der Gesundheit der Frau oder ihres Kindes sicherzustellen.

(3) Lehnt die Aufsichtsbehörde den Antrag nicht innerhalb von sechs Wochen nach Eingang des vollständigen Antrags ab, gilt die Genehmigung als erteilt. Auf Verlangen ist dem Arbeitgeber der Eintritt der Genehmigungsfiktion (§ 42a des Verwaltungsverfahrensgesetzes) zu bescheinigen.

(4) Im Übrigen gelten die Vorschriften des Verwaltungsverfahrensgesetzes.

§ 29 Zuständigkeit und Befugnisse der Aufsichtsbehörden, Jahresbericht

(1) Die Aufsicht über die Ausführung der Vorschriften dieses Gesetzes und der aufgrund dieses Gesetzes erlassenen Vorschriften obliegt den nach Landesrecht zuständigen Behörden (Aufsichtsbehörden).

(2) Die Aufsichtsbehörden haben dieselben Befugnisse wie die nach § 22 Absatz 2 und 3 des Arbeitsschutzgesetzes mit der Überwachung beauftragten Personen. Das Grundrecht der Unverletzlichkeit der Wohnung (Artikel 13 des Grundgesetzes) wird insoweit eingeschränkt.

(3) Die Aufsichtsbehörde kann in Einzelfällen die erforderlichen Maßnahmen anordnen, die der Arbeitgeber zur Erfüllung derjenigen Pflichten zu treffen hat, die sich aus Abschnitt 2 dieses Gesetzes und aus den aufgrund des § 31 Nummer 1 bis 5 erlassenen Rechtsverordnungen ergeben. Insbesondere kann die Aufsichtsbehörde:

1. in besonders begründeten Einzelfällen Ausnahmen vom Verbot der Mehrarbeit nach § 4 Absatz 1 Satz 1, 2 oder 4 sowie vom Verbot der Nachtarbeit auch zwischen 22 Uhr und 6 Uhr nach § 5 Absatz 1 Satz 1 oder Absatz 2 Satz 1 bewilligen, wenn

   a) sich die Frau dazu ausdrücklich bereit erklärt,

   b) nach ärztlichem Zeugnis nichts gegen die Beschäftigung spricht und

   c) in den Fällen des § 5 Absatz 1 Satz 1 oder Absatz 2 Satz 1 insbesondere eine unverantwortbare Gefährdung für die schwangere Frau oder ihr Kind durch Alleinarbeit ausgeschlossen ist,

2. verbieten, dass ein Arbeitgeber eine schwangere oder stillende Frau

   a) nach § 5 Absatz 2 Satz 2 zwischen 20 Uhr und 22 Uhr beschäftigt oder

   b) nach § 6 Absatz 1 Satz 2 oder nach § 6 Absatz 2 Satz 2 an Sonn- und Feiertagen beschäftigt,

3. Einzelheiten zur Freistellung zum Stillen nach § 7 Absatz 2 und zur Bereithaltung von Räumlichkeiten, die zum Stillen geeignet sind, anordnen,

4. Einzelheiten zur zulässigen Arbeitsmenge nach § 8 anordnen,

5. Schutzmaßnahmen nach § 9 Absatz 1 bis 3 und nach § 13 anordnen,

6. Einzelheiten zu Art und Umfang der Beurteilung der Arbeitsbedingungen nach § 10 anordnen,

7. bestimmte Tätigkeiten oder Arbeitsbedingungen nach § 11 oder nach § 12 verbieten,

8. Ausnahmen von den Vorschriften des § 11 Absatz 6 Nummer 1 und 2 und des § 12 Absatz 5 Nummer 1 und 2 bewilligen, wenn die Art der Arbeit und das Arbeitstempo keine unverantwortbare Gefährdung für die

schwangere oder stillende Frau oder für ihr Kind darstellen, und

9. Einzelheiten zu Art und Umfang der Dokumentation und Information nach § 14 anordnen.

Die schwangere oder stillende Frau kann ihre Erklärung nach Satz 2 Nummer 1 Buchstabe a jederzeit mit Wirkung für die Zukunft widerrufen.

(4) Die Aufsichtsbehörde berät den Arbeitgeber bei der Erfüllung seiner Pflichten nach diesem Gesetz sowie die bei ihm beschäftigten Personen zu ihren Rechten und Pflichten nach diesem Gesetz; dies gilt nicht für die Rechte und Pflichten nach den §§ 18 bis 22.

(5) Für Betriebe und Verwaltungen im Geschäftsbereich des Bundesministeriums der Verteidigung wird die Aufsicht nach Absatz 1 durch das Bundesministerium der Verteidigung oder die von ihm bestimmte Stelle in eigener Zuständigkeit durchgeführt.

(6) Die zuständigen obersten Landesbehörden haben über die Überwachungstätigkeit der ihnen unterstellten Behörden einen Jahresbericht zu veröffentlichen. Der Jahresbericht umfasst auch Angaben zur Erfüllung von Unterrichtungspflichten aus internationalen Übereinkommen oder Rechtsakten der Europäischen Union, soweit sie den Mutterschutz betreffen.

§ 30 Ausschuss für Mutterschutz

(1) Beim Bundesministerium für Familie, Senioren, Frauen und Jugend wird ein Ausschuss für Mutterschutz gebildet, in dem geeignete Personen vonseiten der öffentlichen und privaten Arbeitgeber, der Ausbildungsstellen, der Gewerkschaften, der Studierendenvertretungen und der Landesbehörden sowie weitere geeignete Personen, insbesondere aus der Wissenschaft, vertreten sein sollen. Dem Ausschuss sollen nicht mehr als 15 Mitglieder angehören. Für jedes Mitglied ist ein stellvertretendes Mitglied zu benennen. Die Mitgliedschaft im Ausschuss für Mutterschutz ist ehrenamtlich.

(2) Das Bundesministerium für Familie, Senioren, Frauen und Jugend beruft im Einvernehmen mit dem Bundesministerium für Arbeit und Soziales, dem Bundesministerium für Gesundheit und dem Bundesministerium für Bildung und Forschung die Mitglieder des Ausschusses für Mutterschutz und die stellvertretenden Mitglieder. Der Ausschuss gibt sich eine Geschäftsordnung und wählt die Vorsitzende oder den Vorsitzenden aus seiner Mitte. Die Geschäftsordnung und die Wahl der oder des Vorsitzenden bedürfen der Zustimmung des Bundesministeriums für Familie, Senioren, Frauen und Jugend. Die Zustimmung erfolgt im Einvernehmen mit dem Bundesministerium für Arbeit und Soziales und dem Bundesministerium für Gesundheit.

(3) Zu den Aufgaben des Ausschusses für Mutterschutz gehört es,

1. Art, Ausmaß und Dauer der möglichen unverantwortbaren Gefährdungen einer schwangeren oder stillenden Frau und ihres Kindes nach wissenschaftlichen Erkenntnissen zu ermitteln und zu begründen,

2. sicherheitstechnische, arbeitsmedizinische und arbeitshygienische Regeln zum Schutz der schwangeren oder stillenden Frau und ihres Kindes aufzustellen und

3. das Bundesministerium für Familie, Senioren, Frauen und Jugend in allen mutterschutzbezogenen Fragen zu beraten.

Der Ausschuss arbeitet eng mit den Ausschüssen nach § 18 Absatz 2 Nummer 5 des Arbeitsschutzgesetzes zusammen.

(4) Nach Prüfung durch das Bundesministerium für Familie, Senioren, Frauen und Jugend, durch das Bundesministerium für Arbeit und Soziales, durch das Bundesministerium für Gesundheit und durch das Bundesministerium für Bildung und Forschung kann das Bundesministerium für Familie, Senioren, Frauen und Jugend im Einvernehmen mit den anderen in diesem Absatz genannten Bundesministerien die

vom Ausschuss für Mutterschutz nach Absatz 3 aufgestellten Regeln und Erkenntnisse im Gemeinsamen Ministerialblatt veröffentlichen.

(5) Die Bundesministerien sowie die obersten Landesbehörden können zu den Sitzungen des Ausschusses für Mutterschutz Vertreterinnen oder Vertreter entsenden. Auf Verlangen ist ihnen in der Sitzung das Wort zu erteilen.

(6) Die Geschäfte des Ausschusses für Mutterschutz werden vom Bundesamt für Familie und zivilgesellschaftliche Aufgaben geführt.

§ 31 Erlass von Rechtsverordnungen

Die Bundesregierung wird ermächtigt, durch Rechtsverordnung mit Zustimmung des Bundesrates Folgendes zu regeln:

1. nähere Bestimmungen zum Begriff der unverantwortbaren Gefährdung nach § 9 Absatz 2 Satz 2 und 3,

2. nähere Bestimmungen zur Durchführung der erforderlichen Schutzmaßnahmen nach § 9 Absatz 1 und 2 und nach § 13,

3. nähere Bestimmungen zu Art und Umfang der Beurteilung der Arbeitsbedingungen nach § 10,

4. Festlegungen von unzulässigen Tätigkeiten und Arbeitsbedingungen im Sinne von § 11 oder § 12 oder von anderen nach diesem Gesetz unzulässigen Tätigkeiten und Arbeitsbedingungen,

5. nähere Bestimmungen zur Dokumentation und Information nach § 14,

6. nähere Bestimmungen zur Ermittlung des durchschnittlichen Arbeitsentgelts im Sinne der §§ 18 bis 22 und

7. nähere Bestimmungen zum erforderlichen Inhalt der Benachrichtigung, ihrer Form, der Art und Weise der Übermittlung sowie die Empfänger der vom Arbeitgeber nach § 27 zu meldenden Informationen.

Abschnitt 6
Bußgeldvorschriften, Strafvorschriften

§ 32 Bußgeldvorschriften

(1) Ordnungswidrig handelt, wer vorsätzlich oder fahrlässig

1. entgegen § 3 Absatz 1 Satz 1, auch in Verbindung mit Satz 4, entgegen § 3 Absatz 2 Satz 1, auch in Verbindung mit Satz 2 oder 3, entgegen § 3 Absatz 3 Satz 1, § 4 Absatz 1 Satz 1, 2 oder 4 oder § 5 Absatz 1 Satz 1, § 6 Absatz 1 Satz 1, § 13 Absatz 1 Nummer 3 oder § 16 eine Frau beschäftigt,

2. entgegen § 4 Absatz 2 eine Ruhezeit nicht, nicht richtig oder nicht rechtzeitig gewährt,

3. entgegen § 5 Absatz 2 Satz 1 oder § 6 Absatz 2 Satz 1 eine Frau tätig werden lässt,

4. entgegen § 7 Absatz 1 Satz 1, auch in Verbindung mit Satz 2, oder entgegen § 7 Absatz 2 Satz 1 eine Frau nicht freistellt,

5. entgegen § 8 oder § 13 Absatz 2 Heimarbeit ausgibt,

6. entgegen § 10 Absatz 1 Satz 1, auch in Verbindung mit einer Rechtsverordnung nach § 31 Nummer 3, eine Gefährdung nicht, nicht richtig oder nicht rechtzeitig beurteilt oder eine Ermittlung nicht, nicht richtig oder nicht rechtzeitig durchführt,

7. entgegen § 10 Absatz 2 Satz 1, auch in Verbindung mit einer Rechtsverordnung nach § 31 Nummer 3, eine Schutzmaßnahme nicht, nicht richtig oder nicht rechtzeitig festlegt,

8. entgegen § 10 Absatz 3 eine Frau eine andere als die dort bezeichnete Tätigkeit ausüben lässt,

9. entgegen § 14 Absatz 1 Satz 1 in Verbindung mit einer Rechtsverordnung nach § 31 Nummer 5 eine Dokumentation nicht, nicht richtig, nicht vollständig oder nicht rechtzeitig erstellt,

10. entgegen § 14 Absatz 2 oder 3, jeweils in Verbindung mit einer Rechtsverordnung nach § 31 Nummer 5, eine Information nicht, nicht richtig, nicht vollständig oder nicht rechtzeitig gibt,

11. entgegen § 27 Absatz 1 Satz 1 die Aufsichtsbehörde nicht, nicht richtig oder nicht rechtzeitig benachrichtigt,

12. entgegen § 27 Absatz 1 Satz 2 eine Information weitergibt,

13. entgegen § 27 Absatz 2 eine Angabe nicht, nicht richtig, nicht vollständig oder nicht rechtzeitig macht,

14. entgegen § 27 Absatz 3 eine Unterlage nicht, nicht richtig oder nicht rechtzeitig vorlegt oder nicht oder nicht rechtzeitig einsendet,

15. entgegen § 27 Absatz 5 eine Unterlage nicht oder nicht mindestens zwei Jahre aufbewahrt,

16. einer vollziehbaren Anordnung nach § 29 Absatz 3 Satz 1 zuwiderhandelt oder

17. einer Rechtsverordnung nach § 31 Nummer 4 oder einer vollziehbaren Anordnung aufgrund einer solchen Rechtsverordnung zuwiderhandelt, soweit die Rechtsverordnung für einen bestimmten Tatbestand auf diese Bußgeldvorschrift verweist.

(2) Die Ordnungswidrigkeit kann in den Fällen des Absatzes 1 Nummer 1 bis 5, 8, 16 und 17 mit einer Geldbuße bis zu dreißigtausend Euro, in den übrigen Fällen mit einer Geldbuße bis zu fünftausend Euro geahndet werden.

§ 33 Strafvorschriften

Wer eine in § 32 Absatz 1 Nummer 1 bis 5, 8, 16 und 17 bezeichnete vorsätzliche Handlung begeht und dadurch die Gesundheit der Frau oder ihres Kindes gefährdet, wird mit Freiheitsstrafe bis zu einem Jahr oder mit Geldstrafe bestraft.

Abschnitt 7
Schlussvorschriften

§ 34 Evaluationsbericht

Die Bundesregierung legt dem Deutschen Bundestag zum 1. Januar 2021 einen Evaluationsbericht über die Auswirkungen des Gesetzes vor. Schwerpunkte des Berichts sollen die Handhabbarkeit der gesetzlichen Regelung in der betrieblichen und behördlichen Praxis, die Wirksamkeit und die Auswirkungen des Gesetzes im Hinblick auf seinen Anwendungsbereich, die Auswirkungen der Regelungen zum Verbot der Mehr- und Nachtarbeit sowie zum Verbot der Sonn- und Feiertagsarbeit und die Arbeit des Ausschusses für Mutterschutz sein. Der Bericht darf keine personenbezogenen Daten enthalten.

Gesetz zum Schutz vor der schädlichen Wirkung ionisierender Strahlung

(Strahlenschutzgesetz – StrlSchG)

**Neugefasst durch Artikel 1 des Gesetzes
vom 27. Juni 2017
(BGBl. I S. 1966)**

**Zuletzt geändert durch Artikel 5 des Gesetzes
vom 23. Oktober 2020
(BGBl. I S. 2232)**

Teil 1
Allgemeine Vorschriften

§ 1 Anwendungs- und Geltungsbereich

(1) Dieses Gesetz trifft Regelungen zum Schutz des Menschen und, soweit es um den langfristigen Schutz der menschlichen Gesundheit geht, der Umwelt vor der schädlichen Wirkung ionisierender Strahlung insbesondere bei

1. geplanten Expositionssituationen,

2. Notfallexpositionssituationen,

3. bestehenden Expositionssituationen.

(2) Dieses Gesetz trifft keine Regelungen für

1. die Exposition von Einzelpersonen der Bevölkerung oder Arbeitskräften durch kosmische Strahlung, mit Ausnahme des fliegenden und raumfahrenden Personals,

2. die oberirdische Exposition durch Radionuklide, die natürlicherweise in der nicht durch Eingriffe beeinträchtigten Erdrinde vorhanden sind,

3. die Exposition durch Radionuklide, die natürlicherweise im menschlichen Körper vorhanden sind, und durch kosmische Strahlung in Bodennähe.

(3) Dieses Gesetz und die auf Grund dieses Gesetzes erlassenen Rechtsverordnungen sind im Rahmen der Vorgaben des Seerechtsübereinkommens der Vereinten Nationen vom 10. Dezember 1982 (BGBl. 1994 II S. 1799) auch im Bereich der ausschließlichen Wirtschaftszone und des Festlandsockels anzuwenden.

§ 2 Exposition; Expositionssituationen; Expositionskategorien

(1) Exposition ist die Einwirkung ionisierender Strahlung auf den menschlichen Körper durch Strahlungsquellen außerhalb des Körpers (äußere Exposition) und innerhalb des Körpers (innere Exposition) oder das Ausmaß dieser Einwirkung.

(2) Geplante Expositionssituation ist eine Expositionssituation, die durch Tätigkeiten entsteht und in der eine Exposition verursacht wird oder verursacht werden kann.

(3) Notfallexpositionssituation ist eine Expositionssituation, die durch einen Notfall entsteht, solange die Situation nicht unter Absatz 4 fällt.

(4) Bestehende Expositionssituation ist eine Expositionssituation, die bereits besteht, wenn eine Entscheidung über ihre Kontrolle getroffen werden muss.

(5) Folgende Expositionskategorien werden unterschieden:

1. Exposition der Bevölkerung,

2. berufliche Exposition,

3. medizinische Exposition.

(6) Exposition der Bevölkerung ist die Exposition von Personen, mit Ausnahme beruflicher oder medizinischer Exposition.

(7) Berufliche Exposition ist die Exposition

1. einer Person, die zum Ausübenden einer Tätigkeit nach diesem Gesetz in einem Beschäftigungsverhältnis steht oder diese Tätigkeit selbst ausübt,

2. von fliegendem und raumfahrendem Personal,

3. einer Person, die eine Aufgabe nach § 19 oder § 20 des Atomgesetzes, nach § 172 oder § 178 wahrnimmt,

4. einer Person, die in einer bestehenden Expositionssituation zum Ausübenden einer beruflichen Betätigung in einem Beschäftigungsverhältnis steht oder eine solche Betätigung selbst ausübt (Arbeitskraft) oder

5. einer Einsatzkraft während ihres Einsatzes in einer Notfallexpositionssituation oder einer anderen Gefahrenlage.

Einem Beschäftigungsverhältnis gleich steht ein Ausbildungsverhältnis oder eine freiwillige oder ehrenamtliche Ausübung vergleichbarer Handlungen.

(8) Medizinische Exposition ist die Exposition

1. eines Patienten oder einer asymptomatischen Person, an dem oder der im Rahmen seiner oder ihrer medizinischen oder zahnmedizinischen Untersuchung oder Behandlung, die seiner oder ihrer Gesundheit zugutekommen soll, radioaktive Stoffe oder ionisierende Strahlung angewendet werden,

2. einer Person, an der mit ihrer Einwilligung oder mit Einwilligung des gesetzlichen Vertreters oder Bevollmächtigten radioaktive Stoffe oder ionisierende Strahlung zum Zweck der medizinischen Forschung angewendet werden oder

3. einer einwilligungsfähigen oder mit Einwilligung des gesetzlichen Vertreters oder Bevollmächtigten handelnden Person, die sich wissentlich und willentlich ionisierender Strahlung aussetzt, indem sie außerhalb ihrer beruflichen Tätigkeit freiwillig Personen unterstützt oder betreut, an denen im Rahmen ihrer medizinischen oder zahnmedizinischen Untersuchung oder Behandlung oder im Rahmen der medizinischen Forschung radioaktive Stoffe oder ionisierende Strahlung angewendet werden (Betreuungs- oder Begleitperson).

§ 3 Begriff der radioaktiven Stoffe

(1) Radioaktive Stoffe (Kernbrennstoffe und sonstige radioaktive Stoffe) im Sinne dieses Gesetzes sind alle Stoffe, die ein Radionuklid oder mehrere Radionuklide enthalten und deren Aktivität oder spezifische Aktivität nach den Regelungen dieses Gesetzes oder auf Grund dieses Gesetzes von der Bundesregierung mit Zustimmung des Bundesrates erlassenen Rechtsverordnung nicht außer Acht gelassen werden kann. Kernbrennstoffe sind besondere spaltbare Stoffe in Form von

1. Plutonium 239 und Plutonium 241,

2. mit den Isotopen 235 oder 233 angereichertem Uran,

3. jedem Stoff, der einen oder mehrere der in den Nummern 1 und 2 genannten Stoffe enthält,

4. Stoffen, mit deren Hilfe in einer geeigneten Anlage eine sich selbst tragende Kettenreaktion aufrechterhalten werden kann und die in einer durch die Bundesregierung mit Zustimmung des Bundesrates erlassenen Rechtsverordnung bestimmt werden.

Der Ausdruck „mit den Isotopen 235 und 233 angereichertem Uran" bedeutet Uran, das die Isotope 235 oder 233 oder diese beiden Isotope in einer solchen Menge enthält, dass die Summe der Mengen dieser beiden Isotope größer ist als die Menge des Isotops 238 multipliziert mit dem in der Natur auftretenden Verhältnis des Isotops 235 zum Isotop 238.

(2) Die Aktivität oder spezifische Aktivität eines Stoffes kann im Sinne des Absatzes 1 Satz 1 außer Acht gelassen werden, wenn dieser nach diesem Gesetz oder einer auf Grund dieses Gesetzes durch die Bundesregierung mit Zustimmung des Bundesrates erlassenen Rechtsverordnung

1. festgelegte Freigrenzen unterschreitet,

2. soweit es sich um einen im Rahmen einer genehmigungspflichtigen Tätigkeit nach diesem Gesetz, dem Atomgesetz oder nach einer auf Grund eines dieser Gesetze erlassenen Rechtsverordnung anfallenden Stoff handelt, festgelegte Freigabewerte unterschreitet und der Stoff freigegeben worden ist,

3. soweit es sich um einen Stoff natürlichen Ursprungs handelt, der nicht auf Grund seiner Radioaktivität, als Kernbrennstoff oder zur Erzeugung von Kernbrennstoff genutzt wird, nicht der Überwachung nach dem Atomgesetz, nach diesem Gesetz oder ei-

ner auf Grund dieses Gesetzes mit Zustimmung des Bundesrates erlassenen Rechtsverordnung unterliegt.

Abweichend von Satz 1 kann eine auf Grund dieses Gesetzes erlassene Rechtsverordnung, die von der Bundesregierung mit Zustimmung des Bundesrates erlassen wird, für die Verwendung von Stoffen am Menschen oder für den zweckgerichteten Zusatz von Stoffen bei der Herstellung von Arzneimitteln, Medizinprodukten, Pflanzenschutzmitteln, Schädlingsbekämpfungsmitteln, Stoffen nach § 2 Satz 1 Nummer 1 bis 8 des Düngegesetzes oder Konsumgütern oder deren Aktivierung festlegen, in welchen Fällen die Aktivität oder spezifische Aktivität eines Stoffes nicht außer Acht gelassen werden kann.

(3) Für die Anwendung von Genehmigungsvorschriften nach diesem Gesetz oder der auf Grund dieses Gesetzes erlassenen Rechtsverordnungen gelten Stoffe, in denen der Anteil der Isotope Uran 233, Uran 235, Plutonium 239 und Plutonium 241 insgesamt 15 Gramm oder die Konzentration der genannten Isotope 15 Gramm pro 100 Kilogramm nicht überschreitet, als sonstige radioaktive Stoffe. Satz 1 gilt nicht für verfestigte hochradioaktive Spaltproduktlösungen aus der Aufarbeitung von Kernbrennstoffen.

(4) Die Absätze 1 bis 3 sind nicht auf Stoffe anzuwenden, die im Zusammenhang mit bestehenden Expositionssituationen und Notfallexpositionssituationen auftreten.

§ 4 Tätigkeiten, Tätigkeitsarten

(1) Tätigkeiten sind

1. der Umgang nach § 5 Absatz 39,

2. der Erwerb von künstlich erzeugten radioaktiven Stoffen und von natürlich vorkommenden radioaktiven Stoffen, die auf Grund ihrer Radioaktivität, als Kernbrennstoff oder zur Erzeugung von Kernbrennstoff genutzt werden, die Abgabe dieser Stoffe an andere, ihre Beförderung und ihre grenzüberschreitende Verbringung,

3. die Verwahrung von Kernbrennstoffen nach § 5 des Atomgesetzes und die Aufbewahrung von Kernbrennstoffen nach § 6 des Atomgesetzes,

4. die Errichtung, der Betrieb, die sonstige Innehabung, die Stilllegung, der sichere Einschluss einer Anlage sowie der Abbau einer Anlage oder von Anlagenteilen nach § 7 des Atomgesetzes,

5. die Bearbeitung, Verarbeitung und sonstige Verwendung von Kernbrennstoffen nach § 9 des Atomgesetzes,

6. die Errichtung, der Betrieb und die Stilllegung von Anlagen des Bundes zur Sicherstellung und zur Endlagerung radioaktiver Abfälle nach § 9b des Atomgesetzes,

7. die Errichtung und der Betrieb von Anlagen zur Erzeugung ionisierender Strahlung,

8. der Betrieb und die Prüfung, Erprobung, Wartung oder Instandsetzung von Röntgeneinrichtungen oder Störstrahlern,

9. der Zusatz radioaktiver Stoffe bei der Herstellung von Konsumgütern, von Arzneimitteln im Sinne des Arzneimittelgesetzes, von Pflanzenschutzmitteln im Sinne des Pflanzenschutzgesetzes, von Schädlingsbekämpfungsmitteln und von Stoffen nach § 2 Satz 1 Nummer 1 bis 8 des Düngegesetzes sowie die Aktivierung der vorgenannten Produkte und

10. Handlungen, die, ohne unter die Nummern 1 bis 9 zu fallen, bei natürlich vorkommender Radioaktivität die Exposition oder Kontamination erhöhen können,

a) soweit sie im Zusammenhang mit dem Aufsuchen, der Gewinnung, Erzeugung, Lagerung, Bearbeitung, Verarbeitung und sonstigen Verwendung von Materialien durchgeführt werden,

b) soweit sie im Zusammenhang mit Materialien durchgeführt werden, die bei betrieblichen Abläufen anfallen, soweit diese Handlungen nicht bereits unter Buchstabe a fallen,

c) soweit sie im Zusammenhang mit der Verwertung oder Beseitigung von Materialien durchgeführt werden, die durch Handlungen nach Buchstaben a oder b anfallen,

d) soweit in ihrer Folge natürliche terrestrische Strahlungsquellen einwirken, ausgenommen die Exposition durch Radon, das aus dem Boden in die freie Atmosphäre austritt oder aus dem geogenen Untergrund herrührt und in Aufenthaltsräume eintritt, und soweit diese Handlungen nicht bereits unter die Buchstaben a bis c fallen und nicht zu einem unter Buchstabe a genannten Zweck erfolgen, oder

11. der Betrieb von Luft- und Raumfahrzeugen im Zusammenhang mit der Berufsausübung des fliegenden und raumfahrenden Personals.

Zu den Tätigkeiten nach Satz 1 Nummer 1 bis 10 zählen auch die Beschäftigung von Personen, die diese Tätigkeit für Dritte ausüben, sowie sonstige Handlungen, die im Zusammenhang mit diesen Tätigkeiten die Exposition oder Kontamination erhöhen können. Nicht als Tätigkeit im Sinne von Satz 1 Nummer 10 gilt die landwirtschaftliche, forstwirtschaftliche und bautechnische Bearbeitung der Erdoberfläche, soweit diese Handlungen nicht zum Zweck der Entfernung von Kontaminationen nach § 64 Absatz 1 erfolgen.

(2) Tätigkeitsart ist die Gesamtheit von Tätigkeiten, die unter dem Aspekt des Grundsatzes der Rechtfertigung wesentlich gleich zu beurteilen sind.

§ 5 Sonstige Begriffsbestimmungen

(1) Abfälle: Alle Stoffe und Gegenstände, die Abfälle im Sinne des § 3 Absatz 1 des Kreislaufwirtschaftsgesetzes sind, einschließlich der Abfälle, die nach § 2 Absatz 2 Nummer 1 bis 5 oder 7 bis 15 des Kreislaufwirtschaftsgesetzes vom Geltungsbereich des Kreislaufwirtschaftsgesetzes ausgenommen sind. Keine Abfälle im Sinne dieses Gesetzes sind Reststoffe und Anlagenteile, die nach § 9a Absatz 1 des Atomgesetzes schadlos zu verwerten oder geordnet zu beseitigen sind, sowie andere dem Bestimmungen des Standortauswahlgesetzes oder des Atomgesetzes unterliegende radioaktive Abfälle, Rückstände und sonstige radioaktive Stoffe.

(2) Anlagen zur Erzeugung ionisierender Strahlung: Vorrichtungen oder Geräte, die geeignet sind, Teilchen- oder Photonenstrahlung mit einer Teilchen- oder Photonengrenzenergie von mindestens 5 Kiloelektronvolt gewollt oder ungewollt zu erzeugen, insbesondere Elektronenbeschleuniger, Ionenbeschleuniger, Plasmaanlagen. Eine Anlage zur Erzeugung ionisierender Strahlung umfasst im Zusammenhang mit der Anwendung am Menschen auch Anwendungsgeräte, Zusatzgeräte und Zubehör, die erforderliche Software und die Vorrichtungen zur Überprüfung und Beurteilung der unmittelbaren Ergebnisse der Anwendung. Keine Anlagen zur Erzeugung ionisierender Strahlung sind Röntgeneinrichtungen, Störstrahler, kerntechnische Anlagen und Anlagen im Sinne des § 9a Absatz 3 Satz 1 zweiter Satzteil des Atomgesetzes.

(3) Anwendung ionisierender Strahlung oder radioaktiver Stoffe am Menschen: Technische Durchführung

1. einer Untersuchung mit ionisierender Strahlung oder radioaktiven Stoffen und die Befundung der Untersuchung oder

2. einer Behandlung mit ionisierender Strahlung oder radioaktiven Stoffen und die unmittelbare Überprüfung und Beurteilung des Ergebnisses der Behandlung.

(4) Arbeitsplatz: Jeder Ort, an dem sich eine Arbeitskraft während ihrer Berufsausübung regelmäßig oder wiederholt aufhält.

(5) Aufenthaltsraum: Innenraum, der zum nicht nur vorübergehenden Aufenthalt von Einzelpersonen der Bevölkerung bestimmt ist, zum Beispiel in einer Schule, einem Krankenhaus, einem Kindergarten oder zum Wohnen.

(6) Bauprodukte: Baustoffe, Bausätze, Bauteile und Anlagen, die hergestellt werden, um dauerhaft als Wand-, Boden- oder Deckenkonstruktionen, einschließlich deren Bekleidungen, von Aufenthaltsräumen in Gebäuden eingebaut zu werden. Keine Bauprodukte sind kleinflächig und kleinvolumig verwendete Fertigprodukte wie Flickmörtel und Verfugungen.

(7) Beruflich exponierte Person: Eine Person, die eine berufliche Exposition aus Tätigkeiten erhalten kann, die

1. eine effektive Dosis von 1 Millisievert im Kalenderjahr überschreitet,

2. eine Organ-Äquivalentdosis für die Augenlinse von 15 Millisievert im Kalenderjahr überschreitet oder

3. eine Organ-Äquivalentdosis für die Haut, gemittelt über jede beliebige Hautfläche von 1 Quadratzentimeter unabhängig von der exponierten Fläche, von 50 Millisievert im Kalenderjahr überschreitet.

Berufliche Expositionen aus Notfallexpositionssituationen werden dabei nicht berücksichtigt. Eine Person, die eine berufliche Exposition ausschließlich in einer Notfallexpositionssituation oder einer anderen Gefahrenlage erhält, ist keine beruflich exponierte Person.

(8) Bestrahlungsvorrichtung: Gerät mit Abschirmung, das umschlossene radioaktive Stoffe enthält oder Bestandteil einer Anlage zur Spaltung von Kernbrennstoffen ist und das zeitweise durch Öffnen der Abschirmung oder Ausfahren dieser radioaktiven Stoffe ionisierende Strahlung aussendet,

1. die im Zusammenhang mit der Anwendung am Menschen oder der Anwendung am Tier in der Tierheilkunde verwendet wird oder

2. mit der zu anderen Zwecken eine Wirkung in den zu bestrahlenden Objekten hervorgerufen werden soll, wenn die Aktivität der radioaktiven Stoffe 20 Terabecquerel überschreitet.

Eine Bestrahlungsvorrichtung umfasst im Zusammenhang mit der Anwendung am Menschen auch Anwendungsgeräte, Zusatzgeräte und Zubehör, die erforderliche Software sowie die Vorrichtungen zur Befundung einer Untersuchung oder zur Überprüfung und Beurteilung der Ergebnisse einer Behandlung.

(9) Betrieb einer Röntgeneinrichtung: Eigenverantwortliches Verwenden oder Bereithalten einer Röntgeneinrichtung zur Erzeugung von Röntgenstrahlung. Nicht zum Betrieb gehört die Erzeugung von Röntgenstrahlung im Zusammenhang mit der geschäftsmäßigen Prüfung, Erprobung, Wartung oder Instandsetzung der Röntgeneinrichtung. Röntgeneinrichtungen werden ferner nicht betrieben, soweit sie im Bereich der Bundeswehr oder des Zivilschutzes ausschließlich für den Einsatzfall geprüft, erprobt, gewartet, instand gesetzt oder bereitgehalten werden.

(10) Betrieb eines Störstrahlers: Eigenverantwortliches Verwenden oder Bereithalten eines Störstrahlers. Nicht zum Betrieb gehört die Erzeugung von Röntgenstrahlung im Zusammenhang mit der geschäftsmäßigen Prüfung, Erprobung, Wartung oder Instandsetzung des Störstrahlers. Störstrahler werden ferner nicht betrieben, soweit sie im Bereich der Bundeswehr oder des Zivilschutzes ausschließlich für den Einsatzfall geprüft, erprobt, gewartet, instand gesetzt oder bereitgehalten werden.

(11) Effektive Dosis: Das zur Berücksichtigung der Strahlenwirkung auf verschiedene Organe oder Gewebe gewichtete Mittel von Organ-Äquivalentdosen; die Organe oder Gewebe werden mit den Wichtungsfaktoren berücksichtigt, die

in der Rechtsverordnung nach § 175 Absatz 2 Nummer 2 festgelegt sind.

(12) Einrichtungen: Gebäude, Gebäudeteile, einzelne Räume oder vergleichbar abgegrenzte Freiflächen, in denen

1. nach § 5 oder § 9 des Atomgesetzes oder nach § 12 Absatz 1 Nummer 3 dieses Gesetzes mit radioaktiven Stoffen umgegangen wird, außer Zwischenlagerungen im Sinne des § 2 Absatz 3a Nummer 1 Buchstabe c des Atomgesetzes, oder

2. nach § 12 Absatz 1 Nummer 1 eine Anlage zur Erzeugung ionisierender Strahlung, nach § 12 Absatz 1 Nummer 4 eine Röntgeneinrichtung oder nach § 12 Absatz 1 Nummer 5 ein Störstrahler betrieben wird.

(13) Einsatzkraft: Person, die bei einem Notfall oder einer anderen Gefahrenlage eine festgelegte Aufgabe wahrnimmt und die bei ihrem Einsatz einer Exposition ausgesetzt sein kann.

(14) Einzelperson der Bevölkerung: Person, soweit sie nicht einer beruflichen Exposition oder einer medizinischen Exposition ausgesetzt ist.

(15) Freigrenzen: Werte der Aktivität und spezifischen Aktivität radioaktiver Stoffe, die in einer Rechtsverordnung nach § 24 Satz 1 Nummer 10 festgelegt sind und für Tätigkeiten im Zusammenhang mit diesen radioaktiven Stoffen als Maßstab für die Überwachungsbedürftigkeit nach diesem Gesetz und den auf seiner Grundlage erlassenen Rechtsverordnungen dienen.

(16) Früherkennung: Anwendung von Röntgenstrahlung oder radioaktiven Stoffen im Rahmen einer medizinischen Exposition zur Untersuchung von Personen, die keine Krankheitssymptome und keinen konkreten Krankheitsverdacht aufweisen (asymptomatische Personen), um eine bestimmte Krankheit festzustellen.

(17) Innenräume: Umschlossene ortsfeste Räume innerhalb und außerhalb von Gebäuden, in denen sich Menschen aufhalten können, einschließlich Höhlen und Bergwerken.

(18) Kerntechnische Anlage: Kerntechnische Anlage nach § 2 Absatz 3a Nummer 1 des Atomgesetzes.

(19) Körperdosis: Oberbegriff für die effektive Dosis und die Organ-Äquivalentdosis.

(20) Konsumgüter: Für den Endverbraucher bestimmte Bedarfsgegenstände im Sinne des Lebensmittel- und Futtermittelgesetzbuches sowie Güter und Gegenstände des täglichen Gebrauchs zur Verwendung im häuslichen und beruflichen Bereich. Keine Konsumgüter sind Bauprodukte und bauartzugelassene Vorrichtungen, wenn diese Bauprodukte oder Vorrichtungen sonstige radioaktive Stoffe enthalten.

(21) Kontamination: Verunreinigung mit Stoffen, die ein Radionuklid oder mehrere Radionuklide enthalten.

(22) Materialien: Stoffe, die natürlich vorkommende Radionuklide enthalten oder mit solchen Stoffen kontaminiert sind. Keine Materialien sind

1. Stoffe, die natürliche und künstliche Radionuklide enthalten, die Gegenstand von Tätigkeiten nach § 4 Absatz 1 Satz 1 Nummer 1 bis 9 und 11 sind oder waren,

2. Stoffe, die natürliche und künstliche Radionuklide enthalten, die aus Notfällen stammen, und

3. Stoffe, die in der Umwelt vorhanden und auf Grund von Kernwaffenversuchen kontaminiert sind.

(23) Medizinische Forschung: Fortentwicklung medizinischer Untersuchungsmethoden, Behandlungsverfahren oder der medizinischen Wissenschaft. Medizinische Forschung liegt nicht vor, wenn die Anwendung radioaktiver Stoffe oder ionisierender Strahlung ausschließlich der Untersuchung oder Behandlung der einzelnen Person dient.

(24) Medizinphysik-Experte: Person mit Masterabschluss in medizinischer Physik oder eine in medizinischer Physik gleichwertig ausgebildete Person mit Hochschulabschluss, die jeweils die erforderliche Fachkunde im Strahlenschutz besitzt.

(25) Nachsorgemaßnahmen: Überwachung, Aufrechterhaltung und Wiederherstellung der Wirksamkeit von Sanierungsmaßnahmen oder von sonstigen Maßnahmen zur Verhinderung oder Verminderung der Exposition bei bestehenden Expositionssituationen.

(26) Notfall: Ereignis, bei dem sich durch ionisierende Strahlung erhebliche nachteilige Auswirkungen auf Menschen, die Umwelt oder Sachgüter ergeben können. Kein Notfall liegt vor, wenn abzusehen ist, dass ein Ereignis, das im Rahmen einer geplanten Tätigkeit eingetreten ist, voraussichtlich durch die für geplante Expositionssituationen geregelten Maßnahmen bewältigt werden kann.

1. Überregionaler Notfall: Ein Notfall im Bundesgebiet, dessen nachteilige Auswirkungen sich voraussichtlich nicht auf das Land beschränken werden, in dem er sich ereignet hat, oder ein Notfall außerhalb des Bundesgebietes, der voraussichtlich innerhalb des Geltungsbereichs dieses Gesetzes nicht nur örtliche nachteilige Auswirkungen haben wird.

2. Regionaler Notfall: Ein Notfall im Bundesgebiet, dessen nachteilige Auswirkungen sich voraussichtlich im Wesentlichen auf das Land beschränken werden, in dem er sich ereignet hat.

3. Lokaler Notfall: Ein Notfall, der voraussichtlich im Geltungsbereich dieses Gesetzes im Wesentlichen nur örtliche nachteilige Auswirkungen haben wird.

(27) Organ-Äquivalentdosis: Ergebnis der Multiplikation der Energie, die durch ionisierende Strahlung in einem Organ oder Gewebe deponiert worden ist, geteilt durch die Masse des Organs oder Gewebes, mit einem zur Berücksichtigung der Wirkung für die Strahlungsart oder -energie gegenüber Photonen- und Elektronenstrahlung durch Rechtsverordnung nach § 175 Absatz 2 Nummer 1 festgelegten Wichtungsfaktor. Bei Vorliegen mehrerer Strahlungsarten oder -energien werden die Beiträge addiert.

(28) Radon: Das Radionuklid Rn-222 und dessen Zerfallsprodukte.

(29) Referenzwert: In bestehenden Expositionssituationen oder Notfallexpositionssituationen ein festgelegter Wert, der als Maßstab für die Prüfung der Angemessenheit von Maßnahmen dient. Ein Referenzwert ist kein Grenzwert.

(30) Röntgeneinrichtung: Eine Vorrichtung oder ein Gerät,

1. in der oder dem Röntgenstrahlung mit einer Grenzenergie von mindestens 5 Kiloelektronvolt durch beschleunigte Elektronen erzeugt werden kann, wobei die Beschleunigung der Elektronen auf eine Energie von 1 Megaelektronvolt begrenzt ist, und

2. die oder das zum Zweck der Erzeugung von Röntgenstrahlung betrieben wird.

Eine Röntgeneinrichtung umfasst auch Anwendungsgeräte, Zusatzgeräte und Zubehör, die erforderliche Software sowie Vorrichtungen zur medizinischen Befundung.

(31) Röntgenstrahler: Bestandteil einer Röntgeneinrichtung, der aus einer Röntgenröhre und einem Röhrenschutzgehäuse besteht und bei einem Eintankgerät auch die Hochspannungserzeugung umfasst.

(32) Rückstände: Materialien, die in den in Anlage 1 genannten industriellen und bergbaulichen Prozessen anfallen und die dort genannten Voraussetzungen erfüllen.

(33) Sanierungsmaßnahmen: Maßnahmen, die

1. der Beseitigung oder Verminderung einer Kontamination dienen oder

2. eine Ausbreitung von Radionukliden oder der von ihnen ausgehenden ionisierenden

Strahlung langfristig verhindern oder vermindern.

(34) Offene radioaktive Stoffe: Alle radioaktiven Stoffe mit Ausnahme der umschlossenen radioaktiven Stoffe.

(35) Umschlossene radioaktive Stoffe: Radioaktive Stoffe, die ständig von einer allseitig dichten, festen, nicht zerstörungsfrei zu öffnenden, inaktiven Hülle umschlossen oder in festen inaktiven Stoffen ständig so eingebettet sind, dass bei üblicher betriebsmäßiger Beanspruchung ein Austritt radioaktiver Stoffe mit Sicherheit verhindert wird; eine Abmessung des umschlossenen radioaktiven Stoffes muss mindestens 0,2 Zentimeter betragen.

(36) Hochradioaktive Strahlenquellen: Umschlossene radioaktive Stoffe, deren Aktivität den in einer Rechtsverordnung nach § 24 Satz 1 Nummer 11 festgelegten Werten entspricht oder diese überschreitet. Keine hochradioaktiven Strahlenquellen sind Brennelemente und verfestigte hochradioaktive Spaltproduktlösungen aus der Aufarbeitung von Kernbrennstoffen sowie ständig dichte und feste Transport- oder Lagerbehälter mit radioaktiven Stoffen.

(37) Störstrahler: Gerät oder Vorrichtung, in der oder dem Röntgenstrahlung mit einer Grenzenergie von mindestens 5 Kiloelektronenvolt ausschließlich durch beschleunigte Elektronen erzeugt werden kann und bei dem oder der die Beschleunigung der Elektronen auf eine Energie von 1 Megaelektronenvolt begrenzt ist, ohne dass das Gerät oder die Vorrichtung zu dem Zweck der Erzeugung von Röntgenstrahlung betrieben wird. Als Störstrahler gilt auch ein Elektronenmikroskop, bei dem die erzeugte Röntgenstrahlung durch Detektoren ausgewertet wird.

(38) Teleradiologie: Untersuchung eines Menschen mit Röntgenstrahlung unter der Verantwortung eines Arztes, der die erforderliche Fachkunde im Strahlenschutz besitzt und der sich nicht am Ort der technischen Durchführung befindet (Teleradiologe).

(39) Umgang:

1. die Gewinnung, Erzeugung, Lagerung, Bearbeitung, Verarbeitung, sonstige Verwendung und Beseitigung von

   a) künstlich erzeugten radioaktiven Stoffen und

   b) natürlich vorkommenden radioaktiven Stoffen auf Grund ihrer Radioaktivität, zur Nutzung als Kernbrennstoff oder zur Erzeugung von Kernbrennstoffen,

2. der Betrieb von Bestrahlungsvorrichtungen und

3. das Aufsuchen, die Gewinnung und die Aufbereitung von radioaktiven Bodenschätzen im Sinne des Bundesberggesetzes.

(40) Zusatz radioaktiver Stoffe: Zweckgerichteter Zusatz von Radionukliden zu Stoffen zur Erzeugung besonderer Eigenschaften, wenn

1. der Zusatz künstlich erzeugter Radionuklide dazu führt, dass deren spezifische Aktivität im Produkt 500 Mikrobecquerel je Gramm überschreitet, oder

2. der Zusatz natürlich vorkommender Radionuklide dazu führt, dass deren spezifische Aktivität im Produkt ein Fünftel der Freigrenzen, die in einer Rechtsverordnung nach § 24 Satz 1 Nummer 10 festgelegt sind, überschreitet.

Es ist unerheblich, ob der Zusatz auf Grund der Radioaktivität oder auf Grund anderer Eigenschaften erfolgt.

Teil 2
Strahlenschutz bei geplanten Expositionssituationen

Kapitel 1
Strahlenschutzgrundsätze

§ 6 Rechtfertigung von Tätigkeitsarten; Verordnungsermächtigung

(1) Neue Tätigkeitsarten, mit denen Expositionen von Mensch und Umwelt verbunden sein können, müssen unter Abwägung ihres wirtschaftlichen, gesellschaftlichen oder sonstigen Nutzens gegen die möglicherweise von ihnen ausgehende gesundheitliche Beeinträchtigung gerechtfertigt sein. Bei der Rechtfertigung sind die berufliche Exposition, die Exposition der Bevölkerung und die medizinische Exposition zu berücksichtigen. Expositionen durch die Anwendung am Menschen sind nach Maßgabe des § 83 Absatz 2 zu berücksichtigen.

(2) Die Rechtfertigung bestehender Tätigkeitsarten kann überprüft werden, sobald wesentliche neue Erkenntnisse über den Nutzen oder die Auswirkungen der Tätigkeit oder wesentliche neue Informationen über andere Verfahren und Techniken vorliegen.

(3) Die Bundesregierung wird ermächtigt, durch Rechtsverordnung mit Zustimmung des Bundesrates zu bestimmen, welche Tätigkeitsarten nicht gerechtfertigt sind.

§ 7 Verfahren zur Prüfung der Rechtfertigung einer Tätigkeitsart; Verordnungsermächtigung

(1) Liegen der zuständigen Behörde in einem Genehmigungs- oder Anzeigeverfahren nach den §§ 10, 12, 17, 19 Absatz 1 Satz 1 Nummer 1, § 56 oder § 59 Anhaltspunkte vor, die Zweifel an der Rechtfertigung der Tätigkeitsart im Sinne des § 6 Absatz 1 und 2 aufwerfen, so übermittelt die Behörde, bei Landesbehörden über die für den Strahlenschutz zuständige oberste Landesbehörde, dem Bundesministeri-

um für Umwelt, Naturschutz und nukleare Sicherheit die Unterlagen, die die Anhaltspunkte darlegen. Erfordern die Anhaltspunkte eine weitere Untersuchung, so veranlasst dieses eine Prüfung durch das Bundesamt für Strahlenschutz. Das Bundesministerium für Umwelt, Naturschutz und nukleare Sicherheit kann auch außerhalb laufender Genehmigungs- und Anzeigeverfahren in entsprechender Anwendung von Satz 2 für Tätigkeitsarten eine Prüfung durch das Bundesamt für Strahlenschutz veranlassen, sofern es aus Sicht des Strahlenschutzes geboten ist.

(2) Das Bundesamt für Strahlenschutz prüft innerhalb von zwölf Monaten nach Eingang der Unterlagen die Rechtfertigung der Tätigkeitsart im Sinne des § 6 Absatz 1 und 2 und veröffentlicht einen wissenschaftlichen Bericht. In dem Bericht sind Betriebs- und Geschäftsgeheimnisse und personenbezogene Daten unkenntlich zu machen.

(3) Die Bundesregierung wird ermächtigt, durch Rechtsverordnung mit Zustimmung des Bundesrates

1. zu bestimmen, welche Unterlagen vorzulegen sind,

2. Vorgaben über das Prüfungsverfahren zur Rechtfertigung von Tätigkeitsarten zu treffen,

3. zu regeln, auf welche Weise das Bundesamt für Strahlenschutz den wissenschaftlichen Bericht über die Rechtfertigung der Tätigkeitsart veröffentlicht.

§ 8 Vermeidung unnötiger Exposition und Dosisreduzierung

(1) Wer eine Tätigkeit plant, ausübt oder ausüben lässt, ist verpflichtet, jede unnötige Exposition oder Kontamination von Mensch und Umwelt zu vermeiden.

(2) Wer eine Tätigkeit plant, ausübt oder ausüben lässt, ist verpflichtet, jede Exposition oder Kontamination von Mensch und Umwelt auch

unterhalb der Grenzwerte so gering wie möglich zu halten. Hierzu hat er unter Berücksichtigung aller Umstände des Einzelfalls

1. bei Tätigkeiten nach § 4 Absatz 1 Satz 1 Nummer 1 bis 7 und 9 den Stand von Wissenschaft und Technik zu beachten,

2. bei Tätigkeiten nach § 4 Absatz 1 Satz 1 Nummer 8, 10 und 11 den Stand der Technik zu beachten.

§ 9 Dosisbegrenzung

Wer eine Tätigkeit plant, ausübt oder ausüben lässt, ist verpflichtet, dafür zu sorgen, dass die Dosisgrenzwerte nicht überschritten werden, die in diesem Gesetz und in den auf Grund dieses Gesetzes erlassenen Rechtsverordnungen festgelegt sind.

Kapitel 2
Vorabkontrolle bei radioaktiven Stoffen oder ionisierender Strahlung

Abschnitt 1
Errichtung von Anlagen zur Erzeugung ionisierender Strahlung

§ 10 Genehmigungsbedürftige Errichtung von Anlagen zur Erzeugung ionisierender Strahlung

Wer eine Anlage zur Erzeugung ionisierender Strahlung der folgenden Art errichtet, bedarf der Genehmigung:

1. Beschleuniger- oder Plasmaanlage, in der je Sekunde mehr als 10^{12} Neutronen erzeugt werden können,

2. Elektronenbeschleuniger mit einer Endenergie der Elektronen von mehr als 10 Megaelektronenvolt, sofern die mittlere Strahlleistung 1 Kilowatt übersteigen kann,

3. Elektronenbeschleuniger mit einer Endenergie der Elektronen von mehr als 150 Megaelektronenvolt,

4. Ionenbeschleuniger mit einer Endenergie der Ionen von mehr als 10 Megaelektronenvolt je Nukleon, sofern die mittlere Strahlleistung 50 Watt übersteigen kann,

5. Ionenbeschleuniger mit einer Endenergie der Ionen von mehr als 150 Megaelektronenvolt je Nukleon.

§ 11 Voraussetzungen für die Erteilung der Genehmigung; Aussetzung des Genehmigungsverfahrens

(1) Die zuständige Behörde hat die Genehmigung für die Errichtung einer Anlage nach § 10 zu erteilen, wenn

1. keine Tatsachen vorliegen, aus denen sich Bedenken gegen die Zuverlässigkeit des Antragstellers, seines gesetzlichen Vertreters oder, bei juristischen Personen oder nicht rechtsfähigen Personenvereinigungen, der nach Gesetz, Satzung oder Gesellschaftsvertrag zur Vertretung oder Geschäftsführung Berechtigten ergeben,

2. gewährleistet ist, dass für die Errichtung der Anlage ein Strahlenschutzbeauftragter bestellt wird, der die erforderliche Fachkunde im Strahlenschutz besitzt und der die Anlage entsprechend der Genehmigung errichten oder errichten lassen kann; es dürfen keine Tatsachen vorliegen, aus denen sich Bedenken gegen die Zuverlässigkeit des Strahlenschutzbeauftragten ergeben,

3. gewährleistet ist, dass die Exposition von Personen auf Grund des Betriebs der Anlage die für Einzelpersonen der Bevölkerung zugelassenen Grenzwerte in den allgemein zugänglichen Bereichen außerhalb des Betriebsgeländes nicht überschreitet; bei der Ermittlung der Exposition sind die Ableitung radioaktiver Stoffe mit Luft und Wasser und die austretende und gestreute Strahlung zu berücksichtigen,

4. die Vorschriften über den Schutz der Umwelt bei dem beabsichtigten Betrieb der An-

lage sowie bei Störfällen eingehalten werden können,

5. der erforderliche Schutz gegen Störmaßnahmen oder sonstige Einwirkungen Dritter gewährleistet ist,

6. es sich nicht um eine nicht gerechtfertigte Tätigkeitsart nach einer Rechtsverordnung nach § 6 Absatz 3 handelt oder wenn unter Berücksichtigung eines nach § 7 Absatz 2 veröffentlichten Berichts keine erheblichen Zweifel an der Rechtfertigung der Tätigkeitsart bestehen.

Satz 1 Nummer 2 ist nicht anzuwenden, wenn eine der in Satz 1 Nummer 1 genannten Personen die erforderliche Fachkunde im Strahlenschutz besitzt und die Anlage entsprechend der Genehmigung errichten oder errichten lassen kann.

(2) Leitet die zuständige Behörde ein Verfahren zur Prüfung der Rechtfertigung nach § 7 ein, so setzt sie das Verfahren zur Erteilung der Genehmigung für die Dauer des Verfahrens zur Prüfung der Rechtfertigung aus.

Abschnitt 2
Betrieb von Anlagen zur Erzeugung ionisierender Strahlung; Umgang mit radioaktiven Stoffen; Betrieb von Röntgeneinrichtungen oder Störstrahlern

§ 12 Genehmigungsbedürftige Tätigkeiten

(1) Einer Genehmigung bedarf, wer

1. eine Anlage zur Erzeugung ionisierender Strahlung betreibt; ausgenommen sind Anlagen, für deren Betrieb eine Anzeige nach § 17 ausreichend ist oder die nach der Rechtsverordnung nach § 24 Satz 1 Nummer 1 genehmigungs- und anzeigefrei betrieben werden dürfen,

2. ionisierende Strahlung aus einer Bestrahlungsvorrichtung, die Bestandteil einer nach § 7 Absatz 1 Satz 1 des Atomgesetzes genehmigten Anlage zur Spaltung von Kernbrennstoffen ist, im Zusammenhang mit der Anwendung am Menschen oder mit der Anwendung am Tier in der Tierheilkunde verwendet,

3. mit sonstigen radioaktiven Stoffen umgeht; ausgenommen ist der Umgang, der nach der Rechtsverordnung nach § 24 Satz 1 Nummer 1 genehmigungsfrei ist,

4. eine Röntgeneinrichtung betreibt; ausgenommen sind Röntgeneinrichtungen, für deren Betrieb, auch unter Berücksichtigung der Genehmigungsbedürftigkeit nach § 19 Absatz 2, eine Anzeige nach § 19 Absatz 1 ausreichend ist,

5. einen Störstrahler betreibt; ausgenommen ist ein Störstrahler, der nach der Rechtsverordnung nach § 24 Satz 1 Nummer 1 genehmigungsfrei betrieben werden darf.

(2) Einer Genehmigung bedarf auch, wer eine der in Absatz 1 Nummer 1 bis 5, jeweils erster Halbsatz, genannten genehmigungsbedürftigen Tätigkeiten wesentlich ändert.

(3) Eine Genehmigung nach Absatz 1 Nummer 1 kann sich auf einen nach Absatz 1 Nummer 3 genehmigungsbedürftigen Umgang erstrecken.

(4) Eine Genehmigung nach Absatz 1 Nummer 3 ist nicht erforderlich

1. soweit eine Genehmigung nach Absatz 1 Nummer 1, eine Genehmigung nach den §§ 6, 7, 9 oder 9b des Atomgesetzes oder ein Planfeststellungsbeschluss nach § 9b des Atomgesetzes vorliegt, die oder der sich gemäß § 10a Absatz 2 des Atomgesetzes auf den Umgang mit sonstigen radioaktiven Stoffen nach Absatz 1 Nummer 3 erstreckt, und

2. für das Aufsuchen, die Gewinnung oder die Aufbereitung von radioaktiven Bodenschätzen, wenn dies der Betriebsplanpflicht nach § 51 des Bundesberggesetzes unterfällt.

(5) Zwei oder mehr Tätigkeiten, die zu einem gemeinsamen Zweck zusammenhängend ausgeführt werden, können in einer Genehmigung beschieden werden,

1. wenn sie zwei oder mehr Genehmigungstatbestände nach Absatz 1 erfüllen und

2. wenn die Voraussetzungen für alle Genehmigungen erfüllt sind.

Satz 1 gilt entsprechend für Tätigkeiten, die sowohl genehmigungsbedürftig als auch anzeigebedürftig nach diesem Gesetz sind, wenn die mit der Anzeige einzureichenden Unterlagen im Genehmigungsverfahren vorgelegt werden und kein Grund für die Untersagung der anzeigebedürftigen Tätigkeit vorliegt. Bei wesentlichen Änderungen gelten die Sätze 1 und 2 entsprechend.

§ 13 Allgemeine Voraussetzungen für die Erteilung der Genehmigung; Aussetzung des Genehmigungsverfahrens

(1) Die zuständige Behörde hat eine Genehmigung für Tätigkeiten nach § 12 Absatz 1 zu erteilen, wenn

1. keine Tatsachen vorliegen, aus denen sich Bedenken gegen die Zuverlässigkeit des Antragstellers, seines gesetzlichen Vertreters oder, bei juristischen Personen oder nicht rechtsfähigen Personenvereinigungen, der nach Gesetz, Satzung oder Gesellschaftsvertrag zur Vertretung oder Geschäftsführung Berechtigten ergeben und, falls ein Strahlenschutzbeauftragter nicht notwendig ist, eine der genannten natürlichen Personen die erforderliche Fachkunde im Strahlenschutz besitzt,

2. keine Tatsachen vorliegen, aus denen sich Bedenken gegen die Zuverlässigkeit der Strahlenschutzbeauftragten ergeben und diese die erforderliche Fachkunde im Strahlenschutz besitzen,

3. die für eine sichere Ausführung der Tätigkeit notwendige Anzahl von Strahlen-

schutzbeauftragten bestellt ist und ihnen die für die Erfüllung ihrer Aufgaben erforderlichen Befugnisse eingeräumt sind,

4. gewährleistet ist, dass die bei der Tätigkeit sonst tätigen Personen das notwendige Wissen und die notwendigen Fertigkeiten im Hinblick auf die mögliche Strahlengefährdung und die anzuwendenden Schutzmaßnahmen besitzen,

5. keine Tatsachen vorliegen, aus denen sich Bedenken ergeben, ob das für die sichere Ausführung der Tätigkeit notwendige Personal vorhanden ist,

6. gewährleistet ist, dass die Ausrüstungen vorhanden und die Maßnahmen getroffen sind,

   a) die, bei einer Tätigkeit nach § 12 Absatz 1 Nummer 1 bis 3, nach dem Stand von Wissenschaft und Technik erforderlich sind, damit die Schutzvorschriften eingehalten werden, oder

   b) die, bei einer Tätigkeit nach § 12 Absatz 1 Nummer 4 oder 5, nach dem Stand der Technik erforderlich sind, damit die Schutzvorschriften eingehalten werden,

7. es sich nicht um eine nicht gerechtfertigte Tätigkeitsart nach einer Rechtsverordnung nach § 6 Absatz 3 handelt oder wenn unter Berücksichtigung eines nach § 7 Absatz 2 veröffentlichten Berichts keine erheblichen Zweifel an der Rechtfertigung der Tätigkeitsart bestehen sowie

8. sonstige öffentlich-rechtliche Vorschriften nicht entgegenstehen.

(2) Die Genehmigung für eine Tätigkeit nach § 12 Absatz 1 Nummer 1, 2 oder 3 wird nur erteilt, wenn die erforderliche Vorsorge für die Erfüllung gesetzlicher Schadensersatzverpflichtungen getroffen ist.

(3) Die Genehmigung für eine Tätigkeit nach § 12 Absatz 1 Nummer 1 oder 3 wird nur erteilt,

wenn der erforderliche Schutz gegen Störmaßnahmen oder sonstige Einwirkungen Dritter gewährleistet ist; für die Genehmigung nach § 12 Absatz 1 Nummer 1 gilt dies nur, wenn die Errichtung der Anlage der Genehmigung nach § 10 bedarf.

(4) Die Genehmigung nach § 12 Absatz 1 Nummer 3 für den Umgang mit hochradioaktiven Strahlenquellen wird nur erteilt, wenn Verfahren für den Notfall und geeignete Kommunikationsverbindungen vorhanden sind.

(5) Lässt sich erst während eines probeweisen Betriebs oder Umgangs beurteilen, ob die Voraussetzungen der Absätze 1 und 3 vorliegen, so kann die zuständige Behörde die Genehmigung für eine Tätigkeit nach § 12 Absatz 1 Nummer 1 oder 3 befristet erteilen. Der Strahlenschutzverantwortliche hat zu gewährleisten, dass die Vorschriften über die Dosisgrenzwerte, über die Sperrbereiche und Kontrollbereiche sowie zur Begrenzung der Ableitung radioaktiver Stoffe während des probeweisen Betriebs oder Umgangs eingehalten werden. Während des probeweisen Betriebs oder Umgangs ist eine Anwendung am Menschen nicht zulässig.

(6) Leitet die zuständige Behörde ein Verfahren zur Prüfung der Rechtfertigung nach § 7 ein, so setzt sie das Verfahren zur Erteilung einer Genehmigung nach § 12 Absatz 1 für die Dauer des Verfahrens zur Prüfung der Rechtfertigung aus.

(7) Die zuständige Behörde kann von dem Inhaber einer Genehmigung nach § 12 Absatz 1 Nummer 3 eine Sicherheitsleistung für die Beseitigung von aus dem Umgang stammenden radioaktiven Stoffen verlangen. Satz 1 findet keine Anwendung, wenn Genehmigungsinhaber der Bund, ein oder mehrere Länder oder ein Dritter ist, der vom Bund, von einem oder mehreren Ländern oder vom Bund gemeinsam mit einem oder mehreren Ländern vollständig finanziert wird.

§ 14 Besondere Voraussetzungen bei Tätigkeiten im Zusammenhang mit der Anwendung am Menschen

(1) Die Genehmigung für eine Tätigkeit nach § 12 Absatz 1 Nummer 1, 2, 3 oder 4 im Zusammenhang mit der Anwendung ionisierender Strahlung oder radioaktiver Stoffe am Menschen wird nur erteilt, wenn neben dem Vorliegen der jeweiligen Voraussetzungen des § 13

1. der Antragsteller oder der von ihm bestellte Strahlenschutzbeauftragte als Arzt oder Zahnarzt approbiert oder ihm die vorübergehende Ausübung des ärztlichen oder zahnärztlichen Berufs erlaubt ist,

2. gewährleistet ist, dass

a) bei einer Behandlung mit radioaktiven Stoffen oder ionisierender Strahlung, der ein individueller Bestrahlungsplan zugrunde liegt, ein Medizinphysik-Experte zur engen Mitarbeit nach der Rechtsverordnung nach § 86 Satz 2 Nummer 10 hinzugezogen werden kann,

b) bei einer Behandlung mit radioaktiven Stoffen oder ionisierender Strahlung, der kein individueller Bestrahlungsplan zugrunde liegt (standardisierte Behandlung), und bei einer Untersuchung mit radioaktiven Stoffen oder ionisierender Strahlung, die mit einer erheblichen Exposition der untersuchten Person verbunden sein kann, ein Medizinphysik-Experte zur Mitarbeit nach der Rechtsverordnung nach § 86 Satz 2 Nummer 10 hinzugezogen werden kann,

c) bei allen weiteren Anwendungen mit ionisierender Strahlung oder radioaktiven Stoffen am Menschen sichergestellt ist, dass ein Medizinphysik-Experte zur Beratung hinzugezogen werden kann, soweit es die jeweilige Anwendung erfordert,

3. gewährleistet ist, dass

   a) bei einer Behandlung nach Nummer 2 Buchstabe a Medizinphysik-Experten in ausreichender Anzahl als weitere Strahlenschutzbeauftragte bestellt sind,

   b) bei einer Behandlung oder Untersuchung nach Nummer 2 Buchstabe b ein Medizinphysik-Experte als weiterer Strahlenschutzbeauftragter bestellt ist, sofern dies aus organisatorischen oder strahlenschutzfachlichen Gründen geboten ist,

4. gewährleistet ist, dass das für die sichere Ausführung der Tätigkeit notwendige Personal in ausreichender Anzahl zur Verfügung steht,

5. gewährleistet ist, dass die Ausrüstungen vorhanden und die Maßnahmen getroffen sind, die erforderlich sind, damit die für die Anwendung erforderliche Qualität

   a) bei Untersuchungen mit möglichst geringer Exposition erreicht wird,

   b) bei Behandlungen mit der für die vorgesehenen Zwecke erforderlichen Dosisverteilung erreicht wird.

(2) Die Genehmigung für eine Tätigkeit nach § 12 Absatz 1 Nummer 4 zur Teleradiologie wird nur erteilt, wenn neben dem Vorliegen der Voraussetzungen des Absatzes 1 und des § 13 Absatz 1

1. die Verfügbarkeit des Teleradiologen während der Untersuchung gewährleistet ist,

2. gewährleistet ist, dass die technische Durchführung durch eine Person erfolgt, die die erforderliche Fachkunde im Strahlenschutz besitzt und die nach der Rechtsverordnung nach § 86 Satz 2 Nummer 6 zur technischen Durchführung der Untersuchung in der Teleradiologie berechtigt ist,

3. gewährleistet ist, dass am Ort der technischen Durchführung ein Arzt mit den erforderlichen Kenntnissen im Strahlenschutz anwesend ist,

4. ein Gesamtkonzept für den teleradiologischen Betrieb vorliegt, das

   a) die erforderliche Verfügbarkeit des Teleradiologiesystems gewährleistet,

   b) eine im Einzelfall erforderliche persönliche Anwesenheit des Teleradiologen am Ort der technischen Durchführung innerhalb eines für eine Notfallversorgung erforderlichen Zeitraums ermöglicht; in begründeten Fällen kann auch ein anderer Arzt persönlich anwesend sein, der die erforderliche Fachkunde im Strahlenschutz besitzt,

   c) eine regelmäßige und enge Einbindung des Teleradiologen in den klinischen Betrieb des Strahlenschutzverantwortlichen gewährleistet.

Die Genehmigung für den Betrieb einer Röntgeneinrichtung zur Teleradiologie wird auf den Nacht-, Wochenend- und Feiertagsdienst beschränkt. Sie kann über den Nacht-, Wochenend- und Feiertagsdienst hinaus erteilt werden, wenn ein Bedürfnis im Hinblick auf die Patientenversorgung besteht. Die Genehmigung nach Satz 3 wird auf längstens fünf Jahre befristet.

(3) Die Genehmigung für eine Tätigkeit nach § 12 Absatz 1 Nummer 3 und 4 im Zusammenhang mit der Früherkennung wird nur erteilt, wenn neben dem Vorliegen der jeweiligen Voraussetzungen des § 13 sowie des Absatzes 1

1. die Früherkennung nach § 84 Absatz 1 oder 4 zulässig ist und

2. die Einhaltung derjenigen Maßnahmen gewährleistet ist, die unter Berücksichtigung der Erfordernisse der medizinischen Wissenschaft erforderlich sind, damit bei der Früherkennung die erforderliche Qualität mit möglichst geringer Exposition erreicht wird.

Die Genehmigung wird auf längstens fünf Jahre befristet.

§ 15 Besondere Voraussetzungen bei Tätigkeiten im Zusammenhang mit der Anwendung am Tier in der Tierheilkunde

Die Genehmigung für eine Tätigkeit nach § 12 Absatz 1 Nummer 1, 2, 3 oder 4 im Zusammenhang mit der Anwendung am Tier in der Tierheilkunde wird nur erteilt, wenn neben dem Vorliegen der jeweiligen Voraussetzungen des § 13 der Antragsteller oder der von ihm bestellte Strahlenschutzbeauftragte als Tierarzt, Arzt oder Zahnarzt approbiert oder zur vorübergehenden Ausübung des tierärztlichen, ärztlichen oder zahnärztlichen Berufs berechtigt ist.

§ 16 Erforderliche Unterlagen

Einem Genehmigungsantrag für eine Tätigkeit nach § 12 Absatz 1 sind die zur Prüfung erforderlichen Unterlagen, insbesondere die Unterlagen nach Anlage 2, beizufügen.

§ 17 Anzeigebedürftiger Betrieb von Anlagen zur Erzeugung ionisierender Strahlung

(1) Wer beabsichtigt,

1. eine Plasmaanlage zu betreiben, bei deren Betrieb die Ortsdosisleistung von 10 Mikrosievert durch Stunde im Abstand von 0,1 Metern von den Wandungen des Bereichs, der aus elektrotechnischen Gründen während des Betriebs unzugänglich ist, nicht überschritten wird, oder

2. einen Ionenbeschleuniger zu betreiben, bei dessen Betrieb die Ortsdosisleistung von 10 Mikrosievert durch Stunde im Abstand von 0,1 Metern von der berührbaren Oberfläche nicht überschritten wird,

hat dies der zuständigen Behörde spätestens vier Wochen vor dem beabsichtigten Beginn schriftlich anzuzeigen. Nach Ablauf dieser Frist darf der Anzeigende die Anlage zur Erzeugung ionisierender Strahlung betreiben, es sei denn,

die zuständige Behörde hat das Verfahren nach § 18 Absatz 2 ausgesetzt oder den Betrieb untersagt.

(2) Der Anzeige sind die folgenden Unterlagen beizufügen:

1. Nachweis, dass die Anlage den Anforderungen des Absatzes 1 Satz 1 Nummer 1 oder 2 entspricht,

2. Nachweis, dass die für eine sichere Ausführung des Betriebs notwendige Anzahl von Strahlenschutzbeauftragten bestellt ist und ihnen die für die Erfüllung ihrer Aufgaben erforderlichen Befugnisse eingeräumt sind,

3. Nachweis, dass jeder Strahlenschutzbeauftragte die erforderliche Fachkunde im Strahlenschutz besitzt oder, falls ein Strahlenschutzbeauftragter nicht notwendig ist, die zur Anzeige verpflichtete Person, ihr gesetzlicher Vertreter oder, bei juristischen Personen oder nicht rechtsfähigen Personenvereinigungen, die nach Gesetz, Satzung oder Gesellschaftsvertrag zur Vertretung oder Geschäftsführung berechtigte Person die erforderliche Fachkunde im Strahlenschutz besitzt.

(3) Bei einer wesentlichen Änderung einer Anlage nach Absatz 1 oder ihres Betriebs sind die Absätze 1 und 2 entsprechend anzuwenden.

§ 18 Prüfung des angezeigten Betriebs einer Anlage zur Erzeugung ionisierender Strahlung

(1) Die zuständige Behörde prüft die Unterlagen innerhalb von vier Wochen nach Eingang der Anzeige. Teilt die Behörde dem Anzeigenden vor Ablauf der Frist schriftlich mit, dass alle Nachweise nach § 17 Absatz 2 erbracht sind, darf der Anzeigende die Anlage zur Erzeugung ionisierender Strahlung bereits mit Erhalt der Mitteilung betreiben.

(2) Leitet die zuständige Behörde innerhalb der Frist nach Absatz 1 ein Verfahren zur Prü-

fung der Rechtfertigung nach § 7 ein, so setzt sie das Verfahren zur Prüfung der Anzeige für die Dauer des Verfahrens zur Prüfung der Rechtfertigung aus.

(3) Die zuständige Behörde kann den Betrieb der Anlage zur Erzeugung ionisierender Strahlung oder die Änderung des Betriebs untersagen, wenn

1. eine der nach § 17 Absatz 2 nachzuweisenden Anforderungen nicht oder nicht mehr erfüllt ist; dies gilt nach Ablauf der Frist nach Absatz 1 nur, wenn nicht in angemessener Zeit Abhilfe geschaffen wird,

2. Tatsachen vorliegen, aus denen sich Bedenken gegen die Zuverlässigkeit der zur Anzeige verpflichteten Person, ihres gesetzlichen Vertreters oder, bei juristischen Personen oder nicht rechtsfähigen Personenvereinigungen, der nach Gesetz, Satzung oder Gesellschaftsvertrag zur Vertretung oder Geschäftsführung berechtigten Person oder des Strahlenschutzbeauftragten ergeben,

3. es sich um eine nicht gerechtfertigte Tätigkeitsart nach einer Rechtsverordnung nach § 6 Absatz 3 handelt oder wenn unter Berücksichtigung eines nach § 7 Absatz 2 veröffentlichten Berichts erhebliche Zweifel an der Rechtfertigung der Tätigkeitsart bestehen,

4. gegen die Vorschriften dieses Gesetzes oder der auf Grund dieses Gesetzes erlassenen Rechtsverordnungen oder gegen die hierauf beruhenden Anordnungen und Verfügungen der Aufsichtsbehörden erheblich oder wiederholt verstoßen wird und nicht in angemessener Zeit Abhilfe geschaffen wird oder

5. dies wegen einer erheblichen Gefährdung der Beschäftigten, Dritter oder der Allgemeinheit erforderlich ist.

§ 19 Genehmigungs- und anzeigebedürftiger Betrieb von Röntgeneinrichtungen

(1) Wer beabsichtigt,

1. eine Röntgeneinrichtung zu betreiben,

   a) deren Röntgenstrahler nach § 45 Absatz 1 Nummer 2 bauartzugelassen ist,

   b) deren Herstellung und erstmaliges Inverkehrbringen unter den Anwendungsbereich des Medizinproduktegesetzes in der bis einschließlich 25. Mai 2020 geltenden Fassung fällt,

   c) deren Herstellung und Inverkehrbringen unter den Anwendungsbereich der Verordnung (EU) 2017/745 des Europäischen Parlaments und des Rates vom 5. April 2017 über Medizinprodukte, zur Änderung der Richtlinie 2001/83/EG, der Verordnung (EG) Nr. 178/2002 und der Verordnung (EG) Nr. 1223/2009 und zur Aufhebung der Richtlinien 90/385/EWG und 93/42/EWG des Rates (ABl. L 117 vom 5.5.2017, S. 1; L 117 vom 3.5.2019, S. 9; L 334 vom 27.12.2019, S. 165) fällt,

   d) die nach den Vorschriften des Medizinproduktegesetzes in der bis einschließlich 25. Mai 2020 geltenden Fassung erstmalig in Verkehr gebracht worden ist und nicht im Zusammenhang mit medizinischen Expositionen eingesetzt wird oder

   e) die nach den Vorschriften der Verordnung (EU) 2017/745 in Verkehr gebracht worden ist und nicht im Zusammenhang mit medizinischen Expositionen eingesetzt wird,

2. ein Basis-, Hoch- oder Vollschutzgerät oder eine Schulröntgeneinrichtung zu betreiben,

hat dies der zuständigen Behörde spätestens vier Wochen vor dem beabsichtigten Beginn schriftlich anzuzeigen, sofern der Betrieb nicht nach Absatz 2 der Genehmigungspflicht unterliegt. Nach Ablauf dieser Frist darf der Anzeigende die Röntgeneinrichtung betreiben, es sei denn, die zuständige Behörde hat das Verfahren nach § 20 Absatz 2 ausgesetzt oder den Betrieb untersagt.

(2) Abweichend von Absatz 1 Satz 1 Nummer 1 bedarf einer Genehmigung nach § 12 Absatz 1 Nummer 4, wer eine Röntgeneinrichtung

1. in der technischen Radiographie zur Grobstrukturanalyse in der Werkstoffprüfung betreibt,

2. zur Behandlung von Menschen betreibt,

3. zur Teleradiologie betreibt,

4. im Zusammenhang mit der Früherkennung betreibt,

5. außerhalb eines Röntgenraumes betreibt, es sei denn, der Zustand der zu untersuchenden Person oder des zu untersuchenden Tieres oder dessen Größe erfordert im Einzelfall zwingend, dass die Röntgeneinrichtung außerhalb des Röntgenraumes betrieben wird,

6. in einem Röntgenraum zu betreiben beabsichtigt, der in einem Prüfbericht eines behördlich bestimmten Sachverständigen oder in einer Genehmigung für eine andere Röntgeneinrichtung bezeichnet ist, oder

7. in einem mobilen Röntgenraum betreibt.

(3) Der Anzeige nach Absatz 1 Satz 1 Nummer 1 sind die folgenden Unterlagen beizufügen:

1. ein Abdruck der Bescheinigung eines behördlich bestimmten Sachverständigen nach § 172 einschließlich des Prüfberichtes, in der

   a) die Röntgeneinrichtung und der vorgesehene Betrieb beschrieben sind,

   b) festgestellt ist, dass der Röntgenstrahler bauartzugelassen oder die Röntgeneinrichtung nach den Vorschriften des Medizinproduktegesetzes in der bis einschließlich 25. Mai 2020 geltenden Fassung erstmalig in Verkehr oder nach den Vorschriften der Verordnung (EU) 2017/745 in Verkehr gebracht worden ist,

   c) festgestellt ist, dass für den vorgesehenen Betrieb die Ausrüstungen vorhanden und die Maßnahmen getroffen sind, die nach dem Stand der Technik erforderlich sind, damit die Schutzvorschriften eingehalten werden,

   d) bei einer Röntgeneinrichtung zur Anwendung von Röntgenstrahlung am Menschen festgestellt ist, dass die Voraussetzungen nach § 14 Absatz 1 Nummer 5 Buchstabe a vorliegen und die nach einer Rechtsverordnung nach § 86 Satz 2 Nummer 13 erforderliche Abnahmeprüfung durchgeführt wurde,

   e) bei einer Röntgeneinrichtung zur Untersuchung, deren Betrieb gemäß Absatz 2 Nummer 5 außerhalb eines Röntgenraums im Einzelfall zwingend erforderlich ist, festgestellt ist, dass besondere Vorkehrungen zum Schutz Dritter vor Röntgenstrahlung getroffen worden sind;

2. bei einer Röntgeneinrichtung nach Absatz 1 Satz 1 Nummer 1 Buchstabe a ein Abdruck des Zulassungsscheins nach § 47 für die Bauart des Röntgenstrahlers,

3. bei einer Röntgeneinrichtung nach Absatz 1 Satz 1 Nummer 1 Buchstabe b oder d ein Abdruck der EG-Konformitätserklärung gemäß Artikel 11 Absatz 3 in Verbindung mit Anhang II, IV, V oder VI der Richtlinie 93/42/EWG des Rates vom 14. Juni 1993 über Medizinprodukte (ABl. L 169 vom 12.7.1993, S. 1), die zuletzt durch die Richtlinie 2007/47/EG (ABl. L 247 vom 21.9.2007, S. 21) geändert worden ist,

4. bei einer Röntgeneinrichtung nach Absatz 1 Satz 1 Nummer 1 Buchstabe c oder e ein Abdruck der EU-Konformitätserklärung nach Artikel 19 in Verbindung mit Anhang IV der Verordnung (EU) 2017/745,

5. der Nachweis, dass die für den sicheren Betrieb der Röntgeneinrichtung notwendige Anzahl von Strahlenschutzbeauftragten bestellt ist und ihnen die für die Erfüllung ihrer Aufgaben erforderlichen Befugnisse eingeräumt sind,

6. der Nachweis, dass jeder Strahlenschutzbeauftragte die erforderliche Fachkunde besitzt oder, falls ein Strahlenschutzbeauftragter nicht notwendig ist, die zur Anzeige verpflichtete Person, ihr gesetzlicher Vertreter oder, bei juristischen Personen oder nicht rechtsfähigen Personenvereinigungen, der nach Gesetz, Satzung oder Gesellschaftsvertrag zur Vertretung oder Geschäftsführung Berechtigte die erforderliche Fachkunde im Strahlenschutz besitzt,

7. der Nachweis, dass die beim Betrieb der Röntgeneinrichtung sonst tätigen Personen das notwendige Wissen und die notwendigen Fertigkeiten im Hinblick auf die mögliche Strahlengefährdung und die anzuwendenden Schutzmaßnahmen besitzen,

8. bei einer Röntgeneinrichtung zur Anwendung am Menschen der Nachweis, dass die in § 14 Absatz 1 Nummer 1, 2 Buchstabe b oder c, Nummer 3 Buchstabe b und Nummer 4 genannten Voraussetzungen erfüllt sind und

9. bei einer Röntgeneinrichtung zur Anwendung am Tier in der Tierheilkunde der Nachweis, dass die in § 15 genannten Voraussetzungen erfüllt sind.

Verweigert der Sachverständige die Erteilung der Bescheinigung nach Satz 1 Nummer 1, so entscheidet auf Antrag die zuständige Behörde, ob die nach Satz 1 Nummer 1 nachzuweisenden Anforderungen erfüllt sind. Sie kann in diesem Fall Auflagen für den Betrieb vorsehen.

(4) Der Anzeige nach Absatz 1 Satz 1 Nummer 2 sind die folgenden Unterlagen beizufügen:

1. der Abdruck des Zulassungsscheins nach § 47 für die Bauart der Röntgeneinrichtung und

2. bei einem Basis- oder Hochschutzgerät oder einer Schulröntgeneinrichtung die Nachweise nach Absatz 3 Satz 1 Nummer 4 bis 6.

(5) Bei einer wesentlichen Änderung des Betriebs einer nach Absatz 1 angezeigten Röntgeneinrichtung sind die Absätze 1 bis 4 entsprechend anzuwenden.

§ 20 Prüfung des angezeigten Betriebs einer Röntgeneinrichtung

(1) Die zuständige Behörde prüft die Unterlagen innerhalb von vier Wochen nach Eingang der Anzeige. Teilt die Behörde dem Anzeigenden vor Ablauf der Frist schriftlich mit, dass alle Nachweise nach § 19 Absatz 3 oder 4 erbracht sind, darf der Anzeigende die Röntgeneinrichtung bereits mit Erhalt der Mitteilung betreiben.

(2) Leitet die zuständige Behörde im Falle einer Anzeige nach § 19 Absatz 1 Satz 1 Nummer 1 innerhalb der Frist nach Absatz 1 ein Verfahren zur Prüfung der Rechtfertigung nach § 7 ein, so setzt sie das Verfahren zur Prüfung der Anzeige für die Dauer des Verfahrens zur Prüfung der Rechtfertigung aus.

(3) Die zuständige Behörde kann den Betrieb einer Röntgeneinrichtung nach § 19 Absatz 1 Satz 1 Nummer 1 oder die Änderung des Betriebs nach § 19 Absatz 5 untersagen, wenn

1. eine der nach § 19 Absatz 3 nachzuweisenden Anforderungen nicht oder nicht mehr erfüllt ist; dies gilt nach Ablauf der Frist nach Absatz 1 nur, wenn nicht in angemessener Zeit Abhilfe geschaffen wird,

2. Tatsachen vorliegen, aus denen sich Bedenken gegen die Zuverlässigkeit der zur Anzeige verpflichteten Person, ihres gesetzlichen Vertreters oder, bei juristischen Personen oder nicht rechtsfähigen Personenvereinigungen, der nach Gesetz, Satzung oder Gesellschaftsvertrag zur Vertretung oder Geschäftsführung berechtigten

Person oder des Strahlenschutzbeauftragten ergeben,

3. Tatsachen vorliegen, aus denen sich Bedenken ergeben, ob das für die sichere Ausführung der Tätigkeit notwendige Personal vorhanden ist,

4. es sich um eine nicht gerechtfertigte Tätigkeitsart nach einer Rechtsverordnung nach § 6 Absatz 3 handelt oder wenn unter Berücksichtigung eines nach § 7 Absatz 2 veröffentlichten Berichts erhebliche Zweifel an der Rechtfertigung der Tätigkeitsart bestehen,

5. gegen die Vorschriften dieses Gesetzes oder der auf Grund dieses Gesetzes erlassenen Rechtsverordnungen oder gegen die hierauf beruhenden Anordnungen und Verfügungen der Aufsichtsbehörden erheblich oder wiederholt verstoßen wird und nicht in angemessener Zeit Abhilfe geschaffen wird,

6. dies wegen einer erheblichen Gefährdung der Beschäftigten, Dritter oder der Allgemeinheit erforderlich ist oder

7. sonstige öffentlich-rechtliche Vorschriften der beabsichtigten Tätigkeit entgegenstehen.

(4) Die zuständige Behörde kann den Betrieb eines Basis- oder Hochschutzgerätes oder einer Schulröntgeneinrichtung nach § 19 Absatz 1 Satz 1 Nummer 2 oder die Änderung des Betriebs nach § 19 Absatz 5 untersagen, wenn eine der nach § 19 Absatz 4 nachzuweisenden Anforderungen nicht oder nicht mehr erfüllt ist. Dies gilt nach Ablauf der Frist nach Absatz 1 nur, wenn nicht in angemessener Zeit Abhilfe geschaffen wird. Im Übrigen gilt Absatz 3 Nummer 2, 4 und 7 entsprechend.

(5) Die zuständige Behörde kann den Betrieb eines Vollschutzgerätes nach § 19 Absatz 1 Satz 1 Nummer 2 untersagen, wenn Tatsachen vorliegen, aus denen sich Bedenken gegen die Zuverlässigkeit des Strahlenschutzverantwortlichen ergeben oder wenn der Anzeige nicht der

nach § 19 Absatz 4 Nummer 1 geforderte Zulassungsschein beigefügt wurde.

§ 21 Beendigung des genehmigten oder angezeigten Betriebs oder Umgangs

Wer den genehmigten oder angezeigten Betrieb einer Anlage zur Erzeugung ionisierender Strahlung, einer Röntgeneinrichtung oder eines Störstrahlers oder den genehmigten Umgang mit radioaktiven Stoffen beendet, hat dies der zuständigen Behörde unverzüglich mitzuteilen.

§ 22 Anzeigebedürftige Prüfung, Erprobung, Wartung und Instandsetzung von Röntgeneinrichtungen oder Störstrahlern

(1) Wer

1. geschäftsmäßig Röntgeneinrichtungen oder Störstrahler prüft, erprobt, wartet oder instand setzt oder

2. Röntgeneinrichtungen oder Störstrahler im Zusammenhang mit ihrer Herstellung prüft oder erprobt,

hat dies der zuständigen Behörde vor Beginn der Tätigkeit schriftlich anzuzeigen.

(2) Der Anzeige sind die folgenden Unterlagen beizufügen:

1. Nachweis, dass jeder Strahlenschutzbeauftragte die erforderliche Fachkunde im Strahlenschutz besitzt oder, falls ein Strahlenschutzbeauftragter nicht notwendig ist, dass die zur Anzeige verpflichtete Person, ihr gesetzlicher Vertreter oder, bei juristischen Personen oder nicht rechtsfähigen Personenvereinigungen, der nach Gesetz, Satzung oder Gesellschaftsvertrag zur Vertretung oder Geschäftsführung Berechtigte die erforderliche Fachkunde im Strahlenschutz besitzt,

2. Nachweis, dass die bei der Prüfung, Wartung, Erprobung oder Instandsetzung der Röntgeneinrichtung sonst tätigen Personen das notwendige Wissen und die notwendi-

gen Fertigkeiten im Hinblick auf die mögliche Strahlengefährdung und die anzuwendenden Schutzmaßnahmen besitzen,

3. Nachweis, dass bei der Prüfung, Wartung, Erprobung oder Instandsetzung der Röntgeneinrichtung die Ausrüstungen vorhanden und die Maßnahmen getroffen sind, die nach dem Stand der Technik erforderlich sind, damit die Schutzvorschriften eingehalten werden und

4. Nachweis, dass die für die sichere Prüfung, Erprobung, Wartung oder Instandsetzung notwendige Anzahl von Strahlenschutzbeauftragten bestellt ist und ihnen die für die Erfüllung ihrer Aufgaben erforderlichen Befugnisse eingeräumt sind.

(3) Die zuständige Behörde kann Tätigkeiten nach Absatz 1 untersagen, wenn

1. Tatsachen vorliegen, aus denen sich Bedenken gegen die Zuverlässigkeit der zur Anzeige verpflichteten Person, ihres gesetzlichen Vertreters oder, bei juristischen Personen oder nicht rechtsfähigen Personenvereinigungen, der nach Gesetz, Satzung oder Gesellschaftsvertrag zur Vertretung oder Geschäftsführung berechtigten Person oder des Strahlenschutzbeauftragten ergeben,

2. eine der nach Absatz 2 nachzuweisenden Anforderungen nicht oder nicht mehr erfüllt ist oder

3. Tatsachen vorliegen, aus denen sich Bedenken ergeben, ob das für die sichere Ausführung der Tätigkeit notwendige Personal vorhanden ist.

§ 23 Verhältnis zur Verordnung (EU) 2017/745

Die Anforderungen an die Beschaffenheit von Bestrahlungsvorrichtungen, von radioaktiven Stoffen, von Anlagen zur Erzeugung ionisierender Strahlung und von Röntgeneinrichtungen, die Medizinprodukte oder Zubehör im Sinne des der Verordnung (EU) 2017/745 sind, richten sich nach den jeweils geltenden Anforderungen des der Verordnung (EU) 2017/745. Anforderungen des der Verordnung (EU) 2017/745 an die Beschaffenheit von Geräten und Einrichtungen zur Aufzeichnung, Speicherung, Auswertung, Wiedergabe und Übertragung von Röntgenbildern und digitalen Untersuchungs- und Behandlungsdaten bleiben unberührt.

§ 24 Verordnungsermächtigungen

Die Bundesregierung wird ermächtigt, durch Rechtsverordnung mit Zustimmung des Bundesrates zu bestimmen,

1. dass Ausnahmen von der Genehmigungs- oder Anzeigebedürftigkeit einer Tätigkeit zugelassen werden können, soweit wegen der Menge oder Beschaffenheit der radioaktiven Stoffe, Eigenschaften der Geräte oder wegen bestimmter Schutzmaßnahmen nicht mit Schäden infolge der Wirkung ionisierender Strahlung zu rechnen ist,

2. unter welchen Voraussetzungen die erforderliche Vorsorge für die Erfüllung gesetzlicher Schadensersatzverpflichtungen für die Genehmigung nach § 12 Absatz 1 Nummer 3 nicht getroffen werden muss,

3. unter welchen Voraussetzungen der Hersteller oder Einführer einen Störstrahler einem anderen überlassen darf,

4. welche Röntgeneinrichtungen in Schulen betrieben werden dürfen, mit welchen radioaktiven Stoffen in Schulen umgegangen werden darf, welche bauartzugelassenen Vorrichtungen, die radioaktive Stoffe enthalten, in Schulen verwendet werden dürfen und welche besonderen Anforderungen bei Tätigkeiten in Schulen gelten,

5. dass und in welcher Weise und in welchem Umfang die Inhaber einer kerntechnischen Anlage, einer Anlage im Sinne des § 9a Absatz 3 Satz 1 zweiter Satzteil des Atomgesetzes oder einer Anlage zur Erzeugung io-

nisierender Strahlung, in der mit radioaktiven Stoffen umgegangen wird oder umgegangen werden soll, verpflichtet ist, der Aufsichtsbehörde mitzuteilen, ob und welche Abweichungen von den Angaben zum Genehmigungsantrag einschließlich der beigefügten Unterlagen oder von der Genehmigung eingetreten sind,

6. dass in den Fällen, in denen der Umgang mit radioaktiven Stoffen oder der Betrieb einer Anlage zur Erzeugung ionisierender Strahlung, einer Röntgeneinrichtung oder eines Störstrahlers in der Verantwortung mehrerer Strahlenschutzverantwortlicher liegt, dies den zuständigen Behörden mitzuteilen ist, durch wen dies zu erfolgen hat und welche Unterlagen dabei vorzulegen sind,

7. dass radioaktive Stoffe

   a) in bestimmter Art und Weise oder für bestimmte Zwecke nicht verwendet oder nicht in Verkehr gebracht werden dürfen oder

   b) nicht grenzüberschreitend verbracht werden dürfen,

soweit das Verbot zum Schutz von Leben und Gesundheit der Bevölkerung vor den Gefahren radioaktiver Stoffe oder zur Durchsetzung von Beschlüssen internationaler Organisationen, deren Mitglied die Bundesrepublik Deutschland ist, erforderlich ist,

8. dass und in welcher Weise der Schutz von radioaktiven Stoffen, von Anlagen zur Erzeugung ionisierender Strahlung, von Röntgeneinrichtungen und von Störstrahlern gegen Störmaßnahmen und sonstige Einwirkungen Dritter zu gewährleisten ist,

9. unter welchen Voraussetzungen eine Genehmigung nach § 12 Absatz 1 Nummer 3

   a) für eine Zwischenlagerung von radioaktiven Abfällen, die von der Ablieferungspflicht von radioaktiven Abfällen

an die Landessammelstellen und an die Anlagen des Bundes nach § 9a Absatz 3 des Atomgesetzes im Hinblick auf das Ausmaß der damit verbundenen Gefahr abweicht, erteilt werden kann oder

   b) unter Zulassung sonstiger Ausnahmen von der Ablieferungspflicht erteilt werden kann,

10. welche Werte der Aktivität und spezifischen Aktivität radioaktiver Stoffe als Freigrenzen gelten,

11. ab welcher Aktivität ein umschlossener radioaktiver Stoff eine hochradioaktive Strahlenquelle ist.

Die Rechtsverordnung kann auch diejenigen Vorschriften der Rechtsverordnung festlegen, für deren Einhaltung die Strahlenschutzverantwortliche zu sorgen hat.

Abschnitt 3
Beschäftigung in fremden Anlagen oder Einrichtungen oder im Zusammenhang mit dem Betrieb fremder Röntgeneinrichtungen oder Störstrahler

§ 25 Genehmigungsbedürftige Beschäftigung in fremden Anlagen oder Einrichtungen

(1) Wer in fremden kerntechnischen Anlagen, Anlagen im Sinne des § 9a Absatz 3 Satz 1 zweiter Satzteil des Atomgesetzes, Anlagen zur Erzeugung ionisierender Strahlung oder Einrichtungen Personen beschäftigt, die unter seiner Aufsicht stehen, oder Aufgaben selbst wahrnimmt, bedarf der Genehmigung, wenn dies bei den beschäftigten Personen oder bei ihm selbst zu einer effektiven Dosis von mehr als 1 Millisievert im Kalenderjahr führen kann. Im Zusammenhang mit fremden Einrichtungen, in denen Röntgeneinrichtungen oder Störstrahler betrieben werden, ist eine Genehmigung nach Satz 1 entbehrlich, wenn eine Anzeige nach § 26 Absatz 1 erstattet wird.

(2) Dem Genehmigungsantrag sind die zur Prüfung erforderlichen Unterlagen, insbesondere die Unterlagen nach Anlage 2 Teil E, beizufügen.

(3) Die zuständige Behörde hat die Genehmigung zu erteilen, wenn

1. die Voraussetzungen nach § 13 Absatz 1 Nummer 1 bis 4 und 6 Buchstabe a erfüllt sind und

2. gewährleistet ist, dass die in den Anlagen und Einrichtungen beschäftigten Personen den Anordnungen der Strahlenschutzverantwortlichen und der Strahlenschutzbeauftragten dieser Anlagen oder Einrichtungen Folge zu leisten haben, die diese in Erfüllung ihrer Pflichten nach diesem Gesetz und nach den auf Grund dieses Gesetzes erlassenen Rechtsverordnungen treffen.

Die Genehmigung wird auf längstens fünf Jahre befristet.

§ 26 Anzeigebedürftige Beschäftigung im Zusammenhang mit dem Betrieb fremder Röntgeneinrichtungen oder Störstrahler

(1) Wer im Zusammenhang mit dem Betrieb einer fremden Röntgeneinrichtung oder eines fremden Störstrahlers Personen beschäftigt, die unter seiner Aufsicht stehen, oder Aufgaben selbst wahrnimmt, hat dies der zuständigen Behörde vor Beginn der Tätigkeit schriftlich anzuzeigen, wenn dies bei den beschäftigten Personen oder bei ihm selbst zu einer effektiven Dosis von mehr als 1 Millisievert im Kalenderjahr führen kann. Von der Anzeigepflicht ausgenommen sind Inhaber einer Genehmigung nach § 25 für die Tätigkeit nach Satz 1.

(2) Der Anzeige sind die folgenden Unterlagen beizufügen:

1. Nachweis, dass jeder Strahlenschutzbeauftragte die erforderliche Fachkunde im Strahlenschutz besitzt oder, falls ein Strahlenschutzbeauftragter nicht notwendig ist, die zur Anzeige verpflichtete Person, ihr gesetzlicher Vertreter oder, bei juristischen Personen oder nicht rechtsfähigen Personenvereinigungen, der nach Gesetz, Satzung oder Gesellschaftsvertrag zur Vertretung oder Geschäftsführung Berechtigte die erforderliche Fachkunde im Strahlenschutz besitzt,

2. Nachweis, dass die beim Betrieb der Röntgeneinrichtung sonst tätigen Personen das notwendige Wissen und die notwendigen Fertigkeiten im Hinblick auf die mögliche Strahlengefährdung und die anzuwendenden Schutzmaßnahmen besitzen und

3. Nachweis, dass die im Zusammenhang mit dem Betrieb der fremden Röntgeneinrichtung oder des fremden Störstrahlers beschäftigten Personen den Anordnungen der dortigen Strahlenschutzverantwortlichen und Strahlenschutzbeauftragten Folge zu leisten haben, die diese in Erfüllung ihrer Pflichten nach diesem Gesetz und nach den auf Grund dieses Gesetzes erlassenen Rechtsverordnungen treffen.

(3) Die zuständige Behörde kann Tätigkeiten nach Absatz 1 Satz 1 untersagen, wenn

1. eine der Anforderungen nach Absatz 2 nicht oder nicht mehr erfüllt ist,

2. Tatsachen vorliegen, aus denen sich Bedenken gegen die Zuverlässigkeit der zur Anzeige verpflichteten Person, ihres gesetzlichen Vertreters oder, bei juristischen Personen oder nicht rechtsfähigen Personenvereinigungen, der nach Gesetz, Satzung oder Gesellschaftsvertrag zur Vertretung oder Geschäftsführung berechtigten Person oder des Strahlenschutzbeauftragten ergeben.

Abschnitt 4
Beförderung radioaktiver Stoffe; grenzüberschreitende Verbringung

§ 27 Genehmigungsbedürftige Beförderung

(1) Wer sonstige radioaktive Stoffe auf öffentlichen oder der Öffentlichkeit zugänglichen Ver-

kehrswegen befördert, bedarf der Genehmigung. Die Genehmigung kann dem Absender oder Beförderer im Sinne der Vorschriften über die Beförderung gefährlicher Güter, dem Abgebenden oder demjenigen erteilt werden, der es übernimmt, die Versendung oder Beförderung zu besorgen. Sie ist für den einzelnen Beförderungsvorgang zu erteilen; sie kann jedoch einem Antragsteller allgemein für längstens drei Jahre für eine Vielzahl von Beförderungen erteilt werden. Die Genehmigung erstreckt sich auch auf die Teilstrecken eines Beförderungsvorgangs, der nicht auf öffentlichen oder der Öffentlichkeit zugänglichen Verkehrswegen stattfindet, soweit für diese Teilstrecken keine Genehmigung für den Umgang mit radioaktiven Stoffen vorliegt.

(2) Eine Genehmigung nach Absatz 1 ist nicht erforderlich, soweit eine Genehmigung nach § 4 Absatz 1 des Atomgesetzes vorliegt, die sich gemäß § 10a Absatz 3 des Atomgesetzes auf eine genehmigungsbedürftige Beförderung radioaktiver Stoffe nach Absatz 1 erstreckt.

(3) Bei der Beförderung ist eine Ausfertigung oder eine amtlich beglaubigte Abschrift des Genehmigungsbescheides mitzuführen. Die Ausfertigung oder Abschrift des Genehmigungsbescheides ist der für die Aufsicht zuständigen Behörde oder den von ihr Beauftragten auf Verlangen vorzuzeigen.

(4) Die Bestimmungen des Genehmigungsbescheides sind bei der Ausführung der Beförderung auch vom Beförderer, der nicht selbst Inhaber der Genehmigung ist, zu beachten.

(5) Die für die jeweiligen Verkehrsträger geltenden Rechtsvorschriften über die Beförderung gefährlicher Güter bleiben unberührt.

§ 28 Genehmigungsfreie Beförderung

(1) Keiner Genehmigung nach § 4 Absatz 1 des Atomgesetzes oder § 27 Absatz 1 dieses Gesetzes bedarf, wer folgende Stoffe befördert:

1. Stoffe, für die der Umgang nach einer nach § 24 Satz 1 Nummer 1 erlassenen Rechtsverordnung genehmigungsfrei ist,

2. Stoffe, die von der Anwendung der für radioaktive Stoffe geltenden Vorschriften für die Beförderung gefährlicher Güter befreit sind,

3. sonstige radioaktive Stoffe

   a) unter den Voraussetzungen für freigestellte Versandstücke nach den Vorschriften für die Beförderung gefährlicher Güter,

   b) nach den Vorschriften der Gefahrgutverordnung See oder

   c) mit Luftfahrzeugen und der hierfür erforderlichen Erlaubnis nach § 27 des Luftverkehrsgesetzes.

Satz 1 gilt nicht für die Beförderung von Großquellen im Sinne des § 186 Absatz 1 Satz 2. Satz 1 Nummer 3 Buchstabe a gilt nicht für die Beförderung hochradioaktiver Strahlenquellen.

(2) Wer radioaktive Erzeugnisse oder Abfälle befördert, die Kernmaterialien im Sinne der Anlage 1 Absatz 1 Nummer 5 zum Atomgesetz sind, ohne hierfür der Genehmigung nach § 27 Absatz 1 Satz 1 zu bedürfen, darf die Kernmaterialien zur Beförderung oder Weiterbeförderung nur dann übernehmen, wenn ihm gleichzeitig eine Bescheinigung der zuständigen Behörde darüber vorgelegt wird, dass sich die Vorsorge der Person, die ihm die Kernmaterialien übergibt, auch auf die Erfüllung gesetzlicher Schadensersatzverpflichtungen im Zusammenhang mit der Beförderung oder Weiterbeförderung erstreckt. Die Vorlage der Bescheinigung ist entbehrlich, falls er selbst den Nachweis der erforderlichen Vorsorge für die Erfüllung gesetzlicher Schadensersatzverpflichtungen nach § 4b Absatz 1 des Atomgesetzes zu erbringen hat.

§ 29 Voraussetzungen für die Erteilung der Genehmigung

(1) Die zuständige Behörde hat die Genehmigung nach § 27 Absatz 1 zu erteilen, wenn

1. keine Tatsachen vorliegen, aus denen sich Bedenken gegen die Zuverlässigkeit des Abgebenden, des Absenders, des Beförderers und der die Versendung und Beförderung besorgenden Personen, ihrer gesetzlichen Vertreter oder, bei juristischen Personen oder nicht rechtsfähigen Personenvereinigungen, der nach Gesetz, Satzung oder Gesellschaftsvertrag zur Vertretung oder Geschäftsführung Berechtigten ergeben, und, falls ein Strahlenschutzbeauftragter nicht notwendig ist, eine der genannten natürlichen Personen die erforderliche Fachkunde im Strahlenschutz besitzt,

2. keine Tatsachen vorliegen, aus denen sich Bedenken gegen die Zuverlässigkeit der Strahlenschutzbeauftragten ergeben und wenn diese die erforderliche Fachkunde im Strahlenschutz besitzen,

3. die für eine sichere Ausführung der Beförderung notwendige Anzahl von Strahlenschutzbeauftragten bestellt ist und ihnen die für die Erfüllung ihrer Aufgaben erforderlichen Befugnisse eingeräumt sind,

4. gewährleistet ist, dass die Beförderung durch Personen ausgeführt wird, die das für die beabsichtigte Art der Beförderung notwendige Wissen und die notwendigen Fertigkeiten im Hinblick auf die mögliche Strahlengefährdung und die anzuwendenden Schutzmaßnahmen besitzen,

5. gewährleistet ist, dass die radioaktiven Stoffe unter Beachtung der für den jeweiligen Verkehrsträger geltenden Rechtsvorschriften über die Beförderung gefährlicher Güter befördert werden oder, soweit solche Vorschriften fehlen, auf andere Weise die nach dem Stand von Wissenschaft und Technik erforderliche Vorsorge gegen Schäden durch die Beförderung der radioaktiven Stoffe getroffen ist,

6. die erforderliche Vorsorge für die Erfüllung gesetzlicher Schadensersatzverpflichtungen getroffen ist bei der Beförderung

a) von sonstigen radioaktiven Stoffen nach § 3 Absatz 1, deren Aktivität je Versandstück das 10^9fache der in einer nach § 24 Satz 1 Nummer 10 erlassenen Rechtsverordnung festgelegten Freigrenzen der Aktivität oder 10^{15} Becquerel überschreitet, oder

b) von Kernbrennstoffen nach § 3 Absatz 3, deren Aktivität je Versandstück das 10^5fache der in einer nach § 24 Satz 1 Nummer 10 erlassenen Rechtsverordnung festgelegten Freigrenzen der Aktivität oder 10^{15} Becquerel überschreitet,

7. der erforderliche Schutz gegen Störmaßnahmen oder sonstige Einwirkung Dritter gewährleistet ist,

8. gewährleistet ist, dass bei der Beförderung von sonstigen radioaktiven Stoffen mit einer Aktivität von mehr als dem 10^{10}fachen der in einer nach § 24 Satz 1 Nummer 10 erlassenen Rechtsverordnung festgelegten Freigrenzen der Aktivität nach Maßgabe einer nach § 82 Absatz 1 Nummer 1 erlassenen Rechtsverordnung das erforderliche Personal und die erforderlichen Hilfsmittel vorgehalten werden, um Gefahren einzudämmen und zu beseitigen, die in Zusammenhang mit der Beförderung durch Störfälle oder Notfälle entstehen können,

9. die Wahl der Art, der Zeit und des Weges der Beförderung dem Schutz der Bevölkerung vor der schädlichen Wirkung ionisierender Strahlung nicht entgegensteht.

(2) Dem Genehmigungsantrag sind die zur Prüfung erforderlichen Unterlagen beizufügen.

(3) Sofern eine Haftung nach dem Pariser Übereinkommen in Verbindung mit § 25 des Atomgesetzes in Betracht kommt, gilt für Kernmaterialien anstelle der Regelung des Absatzes 1 Nummer 6 die Regelung der Anlage 2 zum Atomgesetz.

§ 30 Verordnungsermächtigung für die grenzüberschreitende Verbringung radioaktiver Stoffe

Die Bundesregierung wird ermächtigt, durch Rechtsverordnung mit Zustimmung des Bundesrates zu bestimmen, dass die grenzüberschreitende Verbringung radioaktiver Stoffe einer Genehmigung, Anzeige oder Anmeldung bedarf. In der Rechtsverordnung können insbesondere festgelegt werden:

1. die Voraussetzungen für die Erteilung der Genehmigung,

2. Art, Inhalt und Umfang der vorzulegenden Unterlagen oder beizubringenden Nachweise,

3. die Art und Weise der Abgabe dieser Unterlagen und Nachweise sowie

4. die Anforderungen an die Person, die die eingeführten radioaktiven Stoffe erstmals erwirbt.

In der Rechtsverordnung kann ebenfalls festgelegt werden, unter welchen Voraussetzungen die grenzüberschreitende Verbringung genehmigungsfrei ist.

Abschnitt 5
Medizinische Forschung

§ 31 Genehmigungsbedürftige Anwendung radioaktiver Stoffe oder ionisierender Strahlung am Menschen zum Zweck der medizinischen Forschung

(1) Wer zum Zweck der medizinischen Forschung radioaktive Stoffe oder ionisierende Strahlung am Menschen anwendet, bedarf der Genehmigung, sofern die Anwendung radioaktiver Stoffe oder ionisierender Strahlung am Menschen zum Zweck der medizinischen Forschung nicht nach § 32 Absatz 1 anzeigebedürftig ist. Einer Genehmigung bedarf ferner, wer von einer nach dieser Vorschrift genehmigten Anwendung wesentlich abweicht.

(2) Dem Genehmigungsantrag sind die zur Prüfung erforderlichen Unterlagen beizufügen.

(3) Die zuständige Behörde soll die zur Prüfung erforderlichen Unterlagen innerhalb von 21 Kalendertagen nach Eingang des Genehmigungsantrages auf Vollständigkeit prüfen. Sind die Unterlagen unvollständig, so soll die zuständige Behörde den Antragsteller auffordern, die von ihr benannten Mängel innerhalb einer Frist von 21 Kalendertagen nach Zugang der Aufforderung zu beheben. Die zuständige Behörde entscheidet über den Antrag auf Erteilung der Genehmigung innerhalb von 90 Kalendertagen nach Eingang der vollständigen Antragsunterlagen. Die zuständige Behörde kann die Frist um 90 Kalendertage verlängern, wenn dies wegen der Schwierigkeit der Prüfung erforderlich ist. Die Fristverlängerung ist zu begründen und rechtzeitig mitzuteilen. Die Genehmigung gilt als erteilt, wenn die zuständige Behörde nicht innerhalb der verlängerten Frist über den Genehmigungsantrag entschieden hat.

(4) Die zuständige Behörde darf die Genehmigung nur erteilen, wenn

1. die strahlenbedingten Risiken, die für die in das Forschungsvorhaben eingeschlossene Person mit der Anwendung verbunden sind, gemessen an der voraussichtlichen Bedeutung der Ergebnisse für die Fortentwicklung medizinischer Untersuchungsmethoden oder Behandlungsverfahren oder der medizinischen Wissenschaft, gegebenenfalls unter Berücksichtigung des medizinischen Nutzens für die Person, ärztlich gerechtfertigt sind,

2. die für die medizinische Forschung vorgesehenen radioaktiven Stoffe oder Anwendungsarten ionisierender Strahlung dem Zweck des Forschungsvorhabens entsprechen und nicht durch andere Untersuchungs- und Behandlungsarten ersetzt werden können, die zu keiner oder einer geringeren Exposition für die Person führen,

3. die bei der Anwendung auftretende Exposition und die Aktivität der anzuwendenden

radioaktiven Stoffe nach dem Stand von Wissenschaft und Technik nicht weiter herabgesetzt werden können, ohne die Erfüllung des Zwecks des Forschungsvorhabens zu gefährden,

4. die Anzahl der in das Forschungsvorhaben eingeschlossenen Personen auf das für die Erfüllung des Zwecks des Forschungsvorhabens notwendige Maß beschränkt wird,

5. die zustimmende Stellungnahme einer Ethikkommission nach § 36 zu dem Forschungsvorhaben vorliegt,

6. die Anwendungen von einem Arzt geleitet werden, der die erforderliche Fachkunde im Strahlenschutz und mindestens zwei Jahre Erfahrung in der Anwendung radioaktiver Stoffe oder ionisierender Strahlung am Menschen besitzt,

7. die erforderliche Vorsorge für die Erfüllung gesetzlicher Schadensersatzverpflichtungen getroffen ist und

8. eine Genehmigung nach § 12 Absatz 1 Nummer 1 bis 4 zur Anwendung am Menschen vorliegt oder der Betrieb einer nach § 19 Absatz 1 zur Anwendung am Menschen angezeigten Röntgeneinrichtung zulässig ist.

(5) Die Vorsorge zur Erfüllung gesetzlicher Schadensersatzverpflichtungen im Sinne des Absatzes 4 Nummer 7 ist für den Zeitraum vom Beginn der Anwendung bis zum Ablauf von zehn Jahren nach Beendigung des Forschungsvorhabens zu treffen. Absatz 4 Nummer 7 findet keine Anwendung, soweit die Vorgaben der Atomrechtlichen Deckungsvorsorge-Verordnung durch die getroffene Vorsorge zur Erfüllung gesetzlicher Schadensersatzverpflichtungen nach den entsprechenden Vorschriften des Arzneimittelgesetzes oder des des Medizinprodukterecht-Durchführungsgesetzes dem Grunde und der Höhe nach erfüllt sind.

(6) Sieht der Antrag die Anwendung radioaktiver Stoffe oder ionisierender Strahlung in mehreren Einrichtungen vor (Multi-Center-Studie), so erteilt die zuständige Behörde eine umfassende Genehmigung für alle Einrichtungen, für die die Voraussetzungen nach Absatz 4 Nummer 6 und 8 erfüllt sind.

(7) Die zuständige Behörde übermittelt der für das Forschungsvorhaben zuständigen Aufsichtsbehörde einen Abdruck des Genehmigungsbescheids.

§ 32 Anzeigebedürftige Anwendung radioaktiver Stoffe oder ionisierender Strahlung am Menschen zum Zweck der medizinischen Forschung

(1) Wer beabsichtigt, radioaktive Stoffe oder ionisierende Strahlung am Menschen zum Zweck der medizinischen Forschung anzuwenden, hat dies der zuständigen Behörde vorher schriftlich oder elektronisch anzuzeigen, wenn

1. das Forschungsvorhaben die Prüfung von Sicherheit oder Wirksamkeit eines Verfahrens zur Behandlung volljähriger, kranker Menschen zum Gegenstand hat und

2. die Anwendung radioaktiver Stoffe oder ionisierender Strahlung selbst nicht Gegenstand des Forschungsvorhabens ist.

Anzeigepflichtig ist ferner, wer beabsichtigt, von einer nach dieser Vorschrift angezeigten Anwendung wesentlich abzuweichen.

(2) Im Rahmen der Anzeige ist nachvollziehbar darzulegen, dass

1. die Art der Anwendung anerkannten Standardverfahren zur Untersuchung von Menschen entspricht,

2. der Zweck des Forschungsvorhabens Art und Häufigkeit der Anwendung rechtfertigt,

3. gewährleistet ist, dass ausschließlich volljährige Personen in das Forschungsvorhaben eingeschlossen werden, bei denen eine Krankheit vorliegt, deren Behandlung im Rahmen des Forschungsvorhabens geprüft wird und

4. eine Genehmigung nach § 12 Absatz 1 Nummer 1 bis 4 zur Anwendung am Menschen vorliegt oder der Betrieb einer nach § 19 Absatz 1 zur Anwendung am Menschen angezeigten Röntgeneinrichtung zulässig ist.

(3) Der Anzeige ist der Nachweis beizufügen, dass die erforderliche Vorsorge für die Erfüllung gesetzlicher Schadensersatzverpflichtungen nach Maßgabe des § 35 getroffen ist. Einrichtungen des Bundes und der Länder sind nicht zur Vorlage dieses Nachweises verpflichtet, soweit das Prinzip der Selbstversicherung der jeweiligen Körperschaft zur Anwendung kommt.

(4) Ist das Forschungsvorhaben als Multi-Center-Studie vorgesehen, so kann die Anwendung radioaktiver Stoffe oder ionisierender Strahlung am Menschen zum Zweck der medizinischen Forschung für alle beteiligten Einrichtungen gemeinsam angezeigt werden. In diesem Fall hat der Anzeigende darzulegen, dass die Anforderungen nach Absatz 2 Nummer 4 in Bezug auf jede teilnehmende Einrichtung erfüllt sind.

§ 33 Prüfung der Anzeige durch die zuständige Behörde

(1) Ist die Anzeige nach § 32 vollständig, so bestätigt die zuständige Behörde dies dem Anzeigenden innerhalb von 14 Kalendertagen nach Eingang der Anzeige und teilt ihm das Eingangsdatum der Anzeige mit. Ist die Anzeige unvollständig, so fordert die zuständige Behörde den Anzeigenden innerhalb von 14 Kalendertagen nach Eingang der Anzeige einmalig auf, die von ihr benannten Mängel innerhalb einer Frist von zehn Kalendertagen nach Zugang der Aufforderung zu beheben. Innerhalb von zwölf Kalendertagen nach Eingang der ergänzenden Angaben oder Unterlagen schließt die zuständige Behörde im Falle von Satz 2 die Vollständigkeitsprüfung ab und teilt dem Anzeigenden das Ergebnis der Vollständigkeitsprüfung sowie das Eingangsdatum der ergänzenden Angaben oder Unterlagen mit.

(2) Die zuständige Behörde schließt die inhaltliche Prüfung der Anzeige innerhalb von 28 Kalendertagen nach der Bestätigung gemäß Absatz 1 Satz 1 oder der Mitteilung nach Absatz 1 Satz 3 ab. Hat die zuständige Behörde Einwände gegen die angezeigte Anwendung, so übermittelt sie dem Anzeigenden einmalig innerhalb des in Satz 1 genannten Zeitraums ihre mit Gründen versehenen Einwände und fordert ihn auf, seine Anzeige innerhalb von 21 Kalendertagen nach Zugang der Aufforderung entsprechend zu ändern. Im Falle von Satz 2 schließt die zuständige Behörde die inhaltliche Prüfung der Anzeige innerhalb von 21 Kalendertagen nach Eingang der geänderten oder ergänzten Anzeigeunterlagen ab.

(3) Mit der angezeigten Anwendung radioaktiver Stoffe oder ionisierender Strahlung am Menschen zum Zweck der medizinischen Forschung darf begonnen werden, wenn

1. der Zeitraum zur inhaltlichen Prüfung der Anzeige nach Absatz 2 verstrichen ist oder die zuständige Behörde dem Anzeigenden mitgeteilt hat, dass sie auf die Ausschöpfung dieser Frist verzichtet,

2. die zuständige Behörde dem Anzeigenden den Eingang einer zustimmenden Stellungnahme einer Ethikkommission nach § 36 Absatz 1 bis 3 zu dem Forschungsvorhaben bestätigt hat und

3. die Anwendung nicht nach § 34 Absatz 1 untersagt wurde.

Die zuständige Behörde hat dem Anzeigenden den Eingang einer zustimmenden Stellungnahme einer Ethikkommission nach § 36 zu dem Forschungsvorhaben unverzüglich zu bestätigen.

(4) Sobald nach Absatz 3 mit der Anwendung begonnen werden darf, gibt die für die Anzeige zuständige Behörde der zuständigen Aufsichtsbehörde den wesentlichen Inhalt der Anzeige unverzüglich zur Kenntnis.

§ 34 Untersagung der angezeigten Anwendung radioaktiver Stoffe oder ionisierender Strahlung am Menschen zum Zweck der medizinischen Forschung

(1) Innerhalb des Zeitraums der inhaltlichen Prüfung der Anzeige nach § 33 Absatz 2 Satz 1, auch in Verbindung mit den Sätzen 2 und 3, kann die zuständige Behörde die angezeigte Anwendung untersagen, wenn eine der in § 32 Absatz 2 bis 4 genannten Anforderungen nicht erfüllt ist.

(2) Nach Ablauf des Zeitraums der inhaltlichen Prüfung kann die zuständige Behörde die angezeigte Anwendung untersagen, wenn

1. eine der in § 32 Absatz 2 bis 4 genannten Anforderungen nicht oder nicht mehr erfüllt ist und nicht in angemessener Zeit Abhilfe geschaffen wird,

2. der zuständigen Behörde nach Ablauf einer dem Anzeigenden mitgeteilten angemessenen Frist eine zustimmende Stellungnahme einer Ethikkommission nach § 36 Absatz 1 Satz 1 zu dem Forschungsvorhaben nicht vorliegt oder

3. gegen die Vorschriften dieses Gesetzes oder der auf Grund dieses Gesetzes erlassenen Rechtsverordnungen oder gegen die hierauf beruhenden Anordnungen und Verfügungen der Aufsichtsbehörden erheblich oder wiederholt verstoßen wird und nicht in angemessener Zeit Abhilfe geschaffen wird.

§ 35 Deckungsvorsorge bei der anzeigebedürftigen Anwendung radioaktiver Stoffe oder ionisierender Strahlung am Menschen zum Zweck der medizinischen Forschung

(1) Im Anzeigeverfahren ist der Nachweis über die erforderliche Deckungsvorsorge zu erbringen durch die Vorlage einer Bestätigung über eine bestehende Versicherung, die für den Fall, dass bei der Anwendung radioaktiver Stoffe oder ionisierender Strahlung am Menschen zum Zweck der medizinischen Forschung ein Mensch getötet oder der Körper oder die Gesundheit eines Menschen verletzt oder beeinträchtigt wird, auch Leistungen gewährt, wenn kein anderer für den Schaden haftet. Die Versicherung muss zugunsten der Personen, an denen die radioaktiven Stoffe oder die ionisierende Strahlung angewendet werden, bei einem in einem Mitgliedstaat der Europäischen Union oder einem anderen Vertragsstaat des Abkommens über den Europäischen Wirtschaftsraum zum Geschäftsbetrieb zugelassenen Versicherer genommen werden.

(2) Der Umfang der Versicherung muss in einem angemessenen Verhältnis zu den Risiken stehen, die mit den Anwendungen verbunden sind. Er muss auf der Grundlage der Risikoabschätzung so festgelegt werden, dass für den Fall des Todes oder der dauernden Erwerbsunfähigkeit einer jeden Person, an der die radioaktiven Stoffe oder die ionisierende Strahlung angewendet werden, mindestens 500 000 Euro zur Verfügung stehen.

(3) Abweichend von Absatz 1 kann der Nachweis über die erforderliche Deckungsvorsorge durch den Nachweis des Bestehens einer Versicherung zugunsten der von der klinischen Prüfung betroffenen Personen nach dem Arzneimittelgesetz oder nach dem dem Medizinprodukterecht-Durchführungsgesetz erbracht werden.

§ 36 Ethikkommission

(1) Eine im Anwendungsbereich dieses Gesetzes tätige Ethikkommission muss unabhängig, interdisziplinär besetzt, nach Landesrecht gebildet und bei der zuständigen Behörde registriert sein. Die Ethikkommission muss aus medizinischen Sachverständigen und nichtmedizinischen Mitgliedern bestehen, die die jeweils erforderliche Fachkompetenz aufweisen. Eine Registrierung erfolgt nur, wenn die Mitglieder, das Verfahren und die Anschrift der Ethikkommission in einer veröffentlichten Verfahrensordnung aufgeführt sind. Veränderungen der Zusammensetzung der Kommission, des Ver-

fahrens oder der übrigen Festlegungen der Verfahrensordnung sind der für die Registrierung zuständigen Behörde unverzüglich mitzuteilen.

(2) Aufgabe der Ethikkommission ist es, auf Veranlassung des Antragstellers oder des Anzeigenden das Forschungsvorhaben nach ethischen und rechtlichen Gesichtspunkten mit mindestens fünf Mitgliedern mündlich zu beraten und innerhalb von 60 Kalendertagen nach Eingang der erforderlichen Unterlagen eine schriftliche Stellungnahme dazu abzugeben. Bei Multi-Center-Studien genügt die Stellungnahme einer Ethikkommission. Wird das Forschungsvorhaben durch eine Ethikkommission sowohl nach Arzneimittelrecht oder Medizinprodukterecht als auch nach diesem Gesetz geprüft, soll die Stellungnahme sowohl die arzneimittelrechtliche oder medizinprodukterechtliche als auch die strahlenschutzrechtliche Bewertung enthalten.

(3) Die Ethikkommission prüft und bewertet, ob das Forschungsvorhaben ethisch vertretbar ist. Sie gibt eine Stellungnahme dazu ab, ob

1. das Forschungsvorhaben geeignet ist, nach dem Stand der Wissenschaft einem wissenschaftlichen Erkenntnisgewinn zu dienen,

2. das Forschungsvorhaben, einschließlich der Anzahl der in das Forschungsvorhaben eingeschlossenen Personen, zur Beantwortung der wissenschaftlichen Fragestellung geeignet ist,

3. das Risiko für die einzelne Person im Hinblick auf den potentiellen Nutzen für die Gesellschaft vertretbar ist,

4. die Einbeziehung vertretbar ist, soweit eine besonders schutzbedürftige Personengruppe in das Forschungsvorhaben einbezogen werden soll, und

5. die schriftliche Information über das Forschungsvorhaben, die die in das Forschungsvorhaben eingeschlossene Person, ihr gesetzlicher Vertreter oder der Bevoll-

mächtigte erhält, ausreichend über Nutzen und Risiken aufklärt und somit eine informierte Einwilligung ermöglicht.

(4) Rechtsbehelfe gegen Stellungnahmen der Ethikkommission können nur gleichzeitig mit den gegen die Sachentscheidung zulässigen Rechtsbehelfen geltend gemacht werden.

§ 37 Verordnungsermächtigung

(1) Die Bundesregierung wird ermächtigt, durch Rechtsverordnung mit Zustimmung des Bundesrates zu bestimmen, welche besonderen Anforderungen bei der Anwendung radioaktiver Stoffe oder ionisierender Strahlung zum Zweck der medizinischen Forschung einzuhalten sind, um die ordnungsgemäße Durchführung eines Forschungsvorhabens und den Schutz der in das Forschungsvorhaben eingeschlossenen Personen zu gewährleisten. In der Rechtsverordnung können insbesondere Regelungen getroffen werden über

1. Aufklärungspflichten und Einwilligungserfordernisse,

2. Verbote und Beschränkungen der Anwendung an einzelnen Personengruppen,

3. ärztliche oder zahnärztliche Untersuchungen der in das Forschungsvorhaben eingeschlossenen Personen vor Beginn der Anwendung,

4. die Befugnis der zuständigen Behörde, bei Überschreitung genehmigter oder angezeigter Dosiswerte für die Anwendung ärztliche oder zahnärztliche Untersuchungen der in das Forschungsvorhaben eingeschlossenen Personen anzuordnen,

5. Grenzwerte und Maßnahmen zur Einhaltung der Grenzwerte,

6. Maßnahmen zur Beschränkung und Überwachung der Exposition der in das Forschungsvorhaben eingeschlossenen Personen,

7. Aufzeichnungs- und Aufbewahrungspflichten,

8. Mitteilungs- und Berichtspflichten.

Die Rechtsverordnung kann auch diejenigen Vorschriften der Rechtsverordnung festlegen, für deren Einhaltung der Strahlenschutzverantwortliche zu sorgen hat.

(2) Das Grundrecht auf körperliche Unversehrtheit (Artikel 2 Absatz 2 Satz 1 des Grundgesetzes) wird nach Maßgabe des Absatzes 1 Satz 2 Nummer 3 und 4 eingeschränkt.

Abschnitt 6
Schutz des Verbrauchers bei Zusatz radioaktiver Stoffe und Aktivierung; bauartzugelassene Vorrichtungen

Unterabschnitt 1
Rechtfertigung

§ 38 Rechtfertigung von Tätigkeitsarten mit Konsumgütern oder bauartzugelassenen Vorrichtungen; Verordnungsermächtigung

(1) Das Bundesamt für Strahlenschutz prüft innerhalb von zwölf Monaten nach Eingang eines von der zuständigen Behörde gemäß § 41 Absatz 5, § 43 Absatz 2 oder § 46 Absatz 3 weitergeleiteten Antrags die Rechtfertigung der Tätigkeitsart im Sinne des § 6 Absatz 1 und veröffentlicht eine Stellungnahme. Die Stellungnahme enthält eine Feststellung über die Rechtfertigung der Tätigkeitsart. In der Stellungnahme sind Betriebs- und Geschäftsgeheimnisse und personenbezogene Daten unkenntlich zu machen.

(2) Die Bundesregierung wird ermächtigt, durch Rechtsverordnung mit Zustimmung des Bundesrates

1. zu bestimmen, welche Unterlagen der Antragsteller dem Bundesamt für Strahlenschutz vorzulegen hat,

2. Vorgaben über das Prüfungsverfahren nach Absatz 1, einschließlich der Beteiligung von Behörden, zu treffen,

3. zu bestimmen, welche Bewertungskriterien das Bundesamt für Strahlenschutz im Verfahren nach Absatz 1 besonders zu berücksichtigen hat,

4. zu regeln, dass die zuständigen Behörden dem Bundesamt für Strahlenschutz Informationen über erteilte Genehmigungen für Konsumgüter nach § 40 oder § 42 sowie Bauartzulassungen nach § 45 Absatz 1 Nummer 1 oder 3 bis 6 übermitteln und auf welche Weise das Bundesamt für Strahlenschutz eine Liste mit den Angaben, für welche Tätigkeitsarten solche Genehmigungen oder Bauartzulassungen bereits erteilt wurden, veröffentlicht,

5. zu regeln, auf welche Weise das Bundesamt für Strahlenschutz die Stellungnahme über die Rechtfertigung der Tätigkeitsart veröffentlicht und

6. festzulegen, auf welche Weise das Bundesamt für Strahlenschutz die Stellungnahme an die zuständigen Behörden anderer Mitgliedstaaten der Europäischen Atomgemeinschaft sowie Drittstaaten weitergibt.

Unterabschnitt 2
Schutz des Verbrauchers beim Zusatz radioaktiver Stoffe und bei der Aktivierung

§ 39 Unzulässiger Zusatz radioaktiver Stoffe und unzulässige Aktivierung

(1) Der Zusatz radioaktiver Stoffe bei der Herstellung folgender Produkte ist unzulässig:

1. Spielwaren im Sinne des § 2 Absatz 6 Nummer 5 des Lebensmittel- und Futtermittelgesetzbuchs,

2. Schmuck,

3. Lebensmittel, einschließlich Trinkwasser und Lebensmittelzusatzstoffe, im Sinne

des Lebensmittel- und Futtermittelgesetzbuchs,

4. Futtermittel im Sinne des Lebensmittel- und Futtermittelgesetzbuchs,

5. Erzeugnisse im Sinne von § 2 Nummer 1 des Tabakerzeugnisgesetzes,

6. Mittel zum Tätowieren einschließlich vergleichbarer Stoffe und Gemische aus Stoffen, die dazu bestimmt sind, zur Beeinflussung des Aussehens in oder unter die menschliche Haut eingebracht zu werden und dort, auch vorübergehend, zu verbleiben,

7. kosmetische Mittel,

8. Gasglühstrümpfe, soweit diese nicht zur Beleuchtung öffentlicher Straßen verwendet werden sollen,

9. Blitzschutzsysteme und

10. Lebensmittelbedarfsgegenstände im Sinne des § 2 Absatz 6 Nummer 1 des Lebensmittel- und Futtermittelgesetzbuchs.

Die grenzüberschreitende Verbringung nach § 42 Absatz 1 von Produkten nach Satz 1, denen radioaktive Stoffe zugesetzt worden sind, sowie das Inverkehrbringen von solchen Produkten sind ebenfalls unzulässig. Die Sätze 1 und 2 gelten nicht für den Zusatz von Radionukliden, für die keine Freigrenzen festgelegt sind.

(2) Absatz 1 Satz 1 und 2 gilt entsprechend für die Aktivierung derartiger Produkte, wenn dies zu einer spezifischen Aktivität im Produkt von mehr als 500 Mikrobecquerel je Gramm führt oder wenn bei Schmuck die in einer Rechtsverordnung nach § 24 Satz 1 Nummer 10 festgelegten Freigrenzen für die spezifische Aktivität überschritten werden.

(3) Im Übrigen bleiben die Rechtsvorschriften für die in Absatz 1 Satz 1 Nummer 1 bis 10 genannten Produkte unberührt.

§ 40 Genehmigungsbedürftiger Zusatz radioaktiver Stoffe und genehmigungsbedürftige Aktivierung

(1) Wer bei der Herstellung von Konsumgütern, von Arzneimitteln im Sinne des § 2 des Arzneimittelgesetzes, von Schädlingsbekämpfungsmitteln, von Pflanzenschutzmitteln im Sinne des § 2 des Pflanzenschutzgesetzes oder von Stoffen nach § 2 Satz 1 Nummer 1 bis 8 des Düngegesetzes, die im Geltungsbereich dieses Gesetzes erworben oder an andere abgegeben werden sollen, radioaktive Stoffe zusetzt, bedarf der Genehmigung. Satz 1 gilt entsprechend für die Aktivierung der dort genannten Produkte. § 39 bleibt unberührt.

(2) Die Genehmigung nach Absatz 1 ersetzt keine Genehmigung nach § 12 Absatz 1 Nummer 1 oder 3.

(3) Eine Genehmigung nach Absatz 1 ist nicht erforderlich für den Zusatz von

1. aus der Luft gewonnenen Edelgasen, wenn das Isotopenverhältnis im Zusatz demjenigen in der Luft entspricht, oder

2. Radionukliden, für die keine Freigrenzen nach der Rechtsverordnung nach § 24 Satz 1 Nummer 10 festgelegt sind.

(4) Dem Genehmigungsantrag sind die zur Prüfung erforderlichen Unterlagen, insbesondere die in Anlage 2 Teil B genannten Unterlagen, sowie bei der Herstellung von Konsumgütern die in Anlage 2 Teil F genannten Unterlagen, beizufügen.

§ 41 Voraussetzungen für die Erteilung der Genehmigung des Zusatzes radioaktiver Stoffe oder der Aktivierung

(1) Die zuständige Behörde hat die Genehmigung nach § 40 bei der Herstellung von Konsumgütern zu erteilen, wenn

1. die Aktivität der zugesetzten radioaktiven Stoffe nach dem Stand der Technik so gering wie möglich ist,

2. nachgewiesen ist, dass

   a) in dem Konsumgut die in einer Rechtsverordnung nach § 24 Satz 1 Nummer 10 festgelegten Freigrenzen der Aktivität nicht überschritten werden oder

   b) für Einzelpersonen der Bevölkerung nur eine effektive Dosis im Bereich von 10 Mikrosievert im Kalenderjahr auftreten kann,

3. in einem Rücknahmekonzept dargelegt ist, dass das Konsumgut nach Gebrauch kostenlos dem Antragsteller oder einer von ihm benannten Stelle zurückgegeben werden kann, wenn

   a) die spezifische Aktivität der zugesetzten künstlichen radioaktiven Stoffe in dem Konsumgut die in einer Rechtsverordnung nach § 24 Satz 1 Nummer 10 festgelegten Freigrenzen der spezifischen Aktivität überschreitet oder

   b) die spezifische Aktivität der zugesetzten natürlichen radioaktiven Stoffe in dem Konsumgut 0,5 Becquerel je Gramm überschreitet,

4. das Material, das die radioaktiven Stoffe enthält, berührungssicher abgedeckt ist oder der radioaktive Stoff fest in das Konsumgut eingebettet ist und die Ortsdosisleistung im Abstand von 0,1 Metern von der berührbaren Oberfläche des Konsumguts 1 Mikrosievert durch Stunde unter normalen Nutzungsbedingungen nicht überschreitet,

5. gewährleistet ist, dass dem Konsumgut eine Information beigefügt wird, die

   a) den radioaktiven Zusatz erläutert,

   b) den bestimmungsgemäßen Gebrauch beschreibt und

   c) auf die Rückführungspflicht nach § 44 und die zur Rücknahme verpflichtete Stelle hinweist,

falls die spezifische Aktivität der zugesetzten künstlichen radioaktiven Stoffe in dem Konsumgut die in einer Rechtsverordnung nach § 24 Satz 1 Nummer 10 festgelegten Freigrenzen der spezifischen Aktivität oder die spezifische Aktivität der zugesetzten natürlichen radioaktiven Stoffe in dem Konsumgut 0,5 Becquerel je Gramm überschreitet,

6. es sich bei dem Zusatz um sonstige radioaktive Stoffe nach § 3 Absatz 1 handelt,

7. beim Zusetzen die Voraussetzungen für eine Genehmigung des Umgangs nach § 13 Absatz 1 bis 3 erfüllt sind,

8. es sich bei der Verwendung des Konsumguts nicht um eine nicht gerechtfertigte Tätigkeitsart nach einer Rechtsverordnung nach § 6 Absatz 3 handelt und

9. das Bundesamt für Strahlenschutz nicht in einer Stellungnahme nach § 38 Absatz 1 festgestellt hat, dass die beabsichtigte Verwendung oder Lagerung des Konsumguts eine nicht gerechtfertigte Tätigkeitsart darstellt.

(2) Die zuständige Behörde kann bei Konsumgütern, die überwiegend im beruflichen, nicht häuslichen Bereich genutzt werden, Abweichungen von Absatz 1 Nummer 2 Buchstabe a und Nummer 4 gestatten, sofern das Zehnfache der in einer Rechtsverordnung nach § 24 Satz 1 Nummer 10 festgelegten Freigrenze in einem einzelnen Konsumgut nicht überschritten wird.

(3) Die zuständige Behörde hat die Genehmigung nach § 40 bei der Herstellung von Arzneimitteln im Sinne des § 2 des Arzneimittelgesetzes, von Schädlingsbekämpfungsmitteln, von Pflanzenschutzmitteln im Sinne des § 2 des Pflanzenschutzgesetzes und von Stoffen nach § 2 Satz 1 Nummer 1 bis 8 des Düngegesetzes zu erteilen, wenn

1. es sich bei dem Zusatz um sonstige radioaktive Stoffe nach § 3 Absatz 1 handelt,

2. nachgewiesen ist, dass in dem Arzneimittel im Sinne des § 2 des Arzneimittelgesetzes, dem Schädlingsbekämpfungsmittel, dem Pflanzenschutzmittel im Sinne des § 2 des Pflanzenschutzgesetzes oder dem Stoff nach § 2 Satz 1 Nummer 1 bis 8 des Düngegesetzes die in einer Rechtsverordnung nach § 24 Satz 1 Nummer 10 festgelegten Freigrenzen der Aktivität oder der spezifischen Aktivität nicht überschritten sind und

3. beim Zusetzen die Voraussetzungen des § 13 Absatz 1 bis 3 für eine Umgangsgenehmigung erfüllt sind.

(4) Die Absätze 1 bis 3 gelten entsprechend für die Aktivierung der in diesen Absätzen genannten Produkte.

(5) Die zuständige Behörde übermittelt den Genehmigungsantrag an das Bundesamt für Strahlenschutz, sofern die beabsichtigte Verwendung oder Lagerung des Konsumguts, für dessen Herstellung der Zusatz von radioaktiven Stoffen oder dessen Aktivierung beantragt worden ist, eine neue Tätigkeitsart darstellt. Das Verfahren nach § 38 ist anzuwenden; bis zu dessen Abschluss setzt die zuständige Behörde das Genehmigungsverfahren aus.

§ 42 Genehmigungsbedürftige grenzüberschreitende Verbringung von Konsumgütern

(1) Wer Konsumgüter, denen radioaktive Stoffe zugesetzt oder die aktiviert worden sind,

1. in den Geltungsbereich dieses Gesetzes oder

2. aus dem Geltungsbereich dieses Gesetzes in einen Staat, der nicht Mitgliedstaat der Europäischen Union ist,

verbringt, bedarf der Genehmigung.

(2) Absatz 1 gilt nicht für

1. die Verbringung von Waren im Reiseverkehr, die weder zum Handel noch zur gewerblichen Verwendung bestimmt sind,

2. die zollamtlich überwachte Durchfuhr,

3. Konsumgüter, deren Herstellung nach § 40 genehmigt ist und dabei nach § 41 Absatz 1 Nummer 2 Buchstabe b nachgewiesen wurde, dass für Einzelpersonen der Bevölkerung nur eine effektive Dosis im Bereich von 10 Mikrosievert im Kalenderjahr auftreten kann,

4. Produkte, in die Konsumgüter eingebaut sind, wenn die Herstellung der Konsumgüter nach § 40 oder deren Verbringung nach Absatz 1 genehmigt ist,

5. Konsumgüter, denen

   a) aus der Luft gewonnene Edelgase zugesetzt sind, wenn das Isotopenverhältnis im Zusatz demjenigen in der Luft entspricht, oder

   b) Radionuklide zugesetzt sind, für die keine Freigrenzen nach der Rechtsverordnung nach § 24 Satz 1 Nummer 10 festgelegt sind.

(3) Dem Genehmigungsantrag sind die zur Prüfung erforderlichen Unterlagen, bei Verbringung in den Geltungsbereich dieses Gesetzes insbesondere die in Anlage 2 Teil F genannten Unterlagen, beizufügen.

§ 43 Voraussetzungen für die Erteilung der Genehmigung der grenzüberschreitenden Verbringung von Konsumgütern

(1) Die zuständige Behörde hat die Genehmigung nach § 42 zu erteilen, wenn die Voraussetzungen für die Genehmigung der grenzüberschreitenden Verbringung radioaktiver Stoffe nach Maßgabe der Rechtsverordnung nach § 30 erfüllt sind. Bei Verbringung in den Geltungsbereich dieses Gesetzes müssen zusätzlich die Voraussetzungen des § 41 Absatz 1 Nummer 1 bis 6, 8 und 9 erfüllt sein. § 41 Absatz 2 und § 44 Satz 1 gelten entsprechend; dabei tritt der Verbringer an die Stelle des Herstellers im Sinne des § 44 Satz 1.

(2) Die zuständige Behörde übermittelt einen Genehmigungsantrag für die Verbringung in den Geltungsbereich dieses Gesetzes dem Bundesamt für Strahlenschutz, sofern die beabsichtigte Verwendung oder Lagerung des Konsumguts, dem radioaktive Stoffe zugesetzt sind oder das aktiviert ist und für dessen grenzüberschreitende Verbringung die Genehmigung beantragt worden ist, eine neue Tätigkeitsart darstellt. Das Verfahren nach § 38 ist anzuwenden; bis zu dessen Abschluss setzt die zuständige Behörde das Genehmigungsverfahren aus.

§ 44 Rückführung von Konsumgütern

Wer als Hersteller eines Konsumguts einer Genehmigung nach § 40 bedarf und nach § 41 Absatz 1 Nummer 3 ein Rücknahmekonzept zu erstellen hat, hat sicherzustellen, dass das Konsumgut kostenlos zurückgenommen wird. Der Letztverbraucher hat das Konsumgut nach Beendigung des Gebrauchs unverzüglich der in der Information nach § 41 Absatz 1 Nummer 5 angegebenen Stelle zurückzugeben.

Unterabschnitt 3
Bauartzulassung

§ 45 Bauartzugelassene Vorrichtungen

(1) Die Bauart folgender Vorrichtungen kann auf Antrag des Herstellers oder Verbringers der Vorrichtung zugelassen werden (bauartzugelassene Vorrichtungen):

1. die Bauart einer Vorrichtung, die sonstige radioaktive Stoffe nach § 3 Absatz 1 enthält, oder einer Anlage zur Erzeugung ionisierender Strahlung oder eines Störstrahlers, wenn Strahlenschutz und Sicherheit der Vorrichtung eine genehmigungs- und anzeigefreie Verwendung nach der Rechtsverordnung nach § 49 Nummer 1 und 2 erlaubt,

2. die Bauart eines Röntgenstrahlers, wenn die strahlenschutztechnischen Eigenschaften den genehmigungsfreien Betrieb einer Röntgeneinrichtung mit diesem Röntgenstrahler nach der Rechtsverordnung nach § 49 Nummer 1 und 2 erlaubt,

3. die Bauart einer Röntgeneinrichtung als Basisschutzgerät, wenn das hohe Schutzniveau der Bauart, einschließlich möglicher Öffnungen im Schutzgehäuse zum Ein- und Ausbringen von Gegenständen, den genehmigungsfreien Betrieb der Röntgeneinrichtung nach der Rechtsverordnung nach § 49 Nummer 1 und 2 erlaubt,

4. die Bauart einer Röntgeneinrichtung als Hochschutzgerät, wenn das hohe Schutzniveau der Bauart den genehmigungsfreien Betrieb der Röntgeneinrichtung nach der Rechtsverordnung nach § 49 Nummer 1 und 2 erlaubt,

5. die Bauart einer Röntgeneinrichtung als Vollschutzgerät, wenn das besonders hohe Schutzniveau der Bauart den genehmigungsfreien Betrieb der Röntgeneinrichtung ohne Beaufsichtigung durch eine Person nach der Rechtsverordnung nach § 49 Nummer 1 und 2 erlaubt, die die erforderliche Fachkunde im Strahlenschutz besitzt,

6. die Bauart einer Röntgeneinrichtung als Schulröntgeneinrichtung, wenn die strahlenschutztechnische Funktion der Bauart den Betrieb der Röntgeneinrichtung in Zusammenhang mit dem Unterricht in Schulen nach der Rechtsverordnung nach § 49 Nummer 1 und 2 erlaubt.

(2) Absatz 1 ist nicht auf Medizinprodukte oder Zubehör im Sinne der Verordnung (EU) 2017/745 anzuwenden. Absatz 1 Nummer 1 ist nicht auf Vorrichtungen anzuwenden, die hochradioaktive Strahlenquellen enthalten.

§ 46 Verfahren der Bauartzulassung

(1) Dem Antrag auf Zulassung einer Bauart sind die zur Prüfung erforderlichen Unterlagen, insbesondere die in Anlage 2 Teil G genannten Unterlagen, beizufügen.

(2) Der Antragsteller hat der für die Zulassung der Bauart zuständigen Behörde auf Verlangen die zur Prüfung erforderlichen Baumuster zu überlassen. Bei einer Bauart einer Vorrichtung, die radioaktive Stoffe enthält, hat die zuständige Behörde vor ihrer Entscheidung die Bundesanstalt für Materialforschung und -prüfung zu Fragen der Dichtheit, der Werkstoffauswahl und der Konstruktion der Geräte oder Vorrichtungen sowie der Qualitätssicherung zu beteiligen.

(3) Die für die Zulassung der Bauart zuständige Behörde übermittelt den Antrag gemäß § 45 Absatz 1 Nummer 1, 3, 4, 5 oder 6 dem Bundesamt für Strahlenschutz, sofern die beabsichtigte Verwendung oder der beabsichtigte Betrieb der Vorrichtungen, Anlagen, Röntgeneinrichtungen oder Störstrahler, deren Bauartzulassung beantragt worden ist, eine neue Tätigkeitsart darstellt. Das Verfahren nach § 38 ist anzuwenden; bis zu dessen Abschluss setzt die für die Zulassung der Bauart zuständige Behörde das Verfahren der Bauartzulassung aus.

(4) Die zuständige Behörde darf die Bauartzulassung nur erteilen, wenn

1. die Vorrichtung die in der Rechtsverordnung nach § 49 Nummer 1 und 2 festgelegten Anforderungen erfüllt,

2. keine Tatsachen vorliegen, aus denen sich Bedenken ergeben

   a) gegen die Zuverlässigkeit des Herstellers oder Verbringers oder des für die Leitung der Herstellung Verantwortlichen oder

   b) gegen die für die Herstellung erforderliche technische Erfahrung des für die Leitung der Herstellung Verantwortlichen,

3. überwiegende öffentliche Interessen der Bauartzulassung nicht entgegenstehen,

4. es sich bei der Verwendung oder dem Betrieb der bauartzuzulassenden Vorrichtung

nicht um eine nicht gerechtfertigte Tätigkeitsart nach der Rechtsverordnung nach § 6 Absatz 3 handelt und

5. das Bundesamt für Strahlenschutz nicht in einer Stellungnahme nach § 38 Absatz 1 festgestellt hat, dass die beabsichtigte Verwendung oder der Betrieb der nach § 45 Absatz 1 Nummer 1 oder 3 bis 6 bauartzulassenden Vorrichtung, der Anlage zur Erzeugung ionisierender Strahlung, der Röntgeneinrichtung oder des Störstrahlers eine nicht gerechtfertigte Tätigkeitsart darstellt.

(5) Die Bauartzulassung wird auf längstens zehn Jahre befristet. Sie kann auf Antrag jeweils maximal um zehn Jahre verlängert werden.

(6) Die zuständige Behörde soll über den Antrag auf Zulassung innerhalb von zwölf Monaten nach Eingang der vollständigen Antragsunterlagen entscheiden. Hat der Antragsteller der zuständigen Behörde auf deren Verlangen die zur Prüfung erforderlichen Baumuster überlassen, soll die zuständige Behörde über den Antrag innerhalb von zwölf Monaten nach Eingang der vollständigen Antragsunterlagen und des zur Prüfung erforderlichen Baumusters entscheiden.

§ 47 Zulassungsschein

Wird die Bauart einer Vorrichtung nach § 45 zugelassen, so erteilt die für die Zulassung der Bauart zuständige Behörde einen Zulassungsschein. Der Zulassungsschein enthält die folgenden Angaben:

1. die für den Strahlenschutz wesentlichen Merkmale der bauartzugelassenen Vorrichtung,

2. den zugelassenen Gebrauch der bauartzugelassenen Vorrichtung,

3. die Bezeichnung der dem Strahlenschutz dienenden Ausrüstungen der bauartzugelassenen Vorrichtung,

4. inhaltliche Beschränkungen, Auflagen und Befristungen der Bauartzulassung,

5. das Bauartzeichen und die Angaben, mit denen die bauartzugelassene Vorrichtung zu versehen ist,

6. einen Hinweis auf die Pflichten des Inhabers der bauartzugelassenen Vorrichtung nach der Rechtsverordnung nach § 49 Nummer 5 und

7. bei einer Vorrichtung, die radioaktive Stoffe enthält, Anforderungen an die Rückführung der Vorrichtung an den Inhaber der Bauartzulassung oder an die Entsorgung der Vorrichtung nach der Rechtsverordnung nach § 49 Nummer 4 und 5.

§ 48 Verwendung oder Betrieb bauartzugelassener Vorrichtungen

Eine bauartzugelassene Vorrichtung darf

1. bei einer Bauart nach § 45 Absatz 1 Nummer 1 nach Maßgabe der Voraussetzungen, die die Rechtsverordnung nach § 24 Satz 1 Nummer 1 festlegt, genehmigungs- und anzeigefrei verwendet werden oder

2. bei einer Bauart nach § 45 Absatz 1 Nummer 2, 3, 4, 5 oder 6 nach Maßgabe der Voraussetzungen, die für den anzeigebedürftigen Betrieb von Röntgeneinrichtungen nach § 19 gelten, betrieben werden.

Ist die bauartzugelassene Vorrichtung vor Ablauf der Frist der Bauartzulassung in Verkehr gebracht worden, so darf sie auch nach Ablauf dieser Frist verwendet oder betrieben werden. Satz 2 gilt nicht, wenn die für die Zulassung der Bauart zuständige Behörde bekannt gemacht hat, dass die Vorrichtung nicht weiter betrieben werden darf, weil ein ausreichender Schutz gegen Strahlenschäden nicht gewährleistet ist.

§ 49 Verordnungsermächtigung

Die Bundesregierung wird ermächtigt, durch Rechtsverordnung mit Zustimmung des Bundesrates

1. die technischen Anforderungen an die Bauartzulassung von Vorrichtungen festzulegen, die eine genehmigungs- und anzeigefreie Verwendung oder einen genehmigungsfreien Betrieb der bauartzugelassenen Vorrichtung erlauben,

2. festzulegen, unter welchen Voraussetzungen die für die Zulassung der Bauart zuständige Behörde Ausnahmen von den technischen Anforderungen nach Nummer 1 zulassen kann,

3. zu bestimmen, dass und auf welche Weise

   a) Angaben über eine Bauartzulassung bekannt zu machen sind und

   b) die Festlegung, dass eine bauartzugelassene Vorrichtung nicht weiter betrieben werden darf, bekannt zu machen ist,

4. die Pflichten des Inhabers einer Bauartzulassung festzulegen, einschließlich der Pflicht, die bauartzugelassene Vorrichtung, die radioaktive Stoffe enthält, nach Beendigung der Nutzung zurückzunehmen, und

5. die Pflichten des Inhabers einer bauartzugelassenen Vorrichtung festzulegen, einschließlich der Pflicht, die bauartzugelassene Vorrichtung nach Beendigung der Nutzung dem Inhaber zurückzugeben oder sie zu entsorgen.

Abschnitt 7
Tätigkeiten im Zusammenhang mit kosmischer Strahlung

§ 50 Anzeigebedürftiger Betrieb von Luftfahrzeugen

(1) Wer beabsichtigt, ein Luftfahrzeug zu betreiben, das in der deutschen Luftfahrzeugrolle nach § 3 Absatz 1 des Luftverkehrsgesetzes vom 10. Mai 2007 in der jeweils geltenden Fassung eingetragen ist, hat dies der zuständigen Behörde vier Wochen vor der beabsichtigten Aufnahme des Betriebs anzuzeigen, wenn die

effektive Dosis, die das fliegende Personal durch kosmische Strahlung erhält, 1 Millisievert im Kalenderjahr überschreiten kann. Satz 1 gilt entsprechend für den Betrieb von Luftfahrzeugen, die in einem anderen Land registriert sind, wenn der Betreiber deutscher Staatsangehöriger oder eine juristische Person oder Personengesellschaft mit Sitz im Geltungsbereich dieses Gesetzes ist und fliegendes Personal einsetzt, das in einem Beschäftigungsverhältnis nach dem deutschen Arbeitsrecht steht.

(2) Absatz 1 gilt entsprechend, wenn ein der Anzeigepflicht zuvor nicht unterfallender Betrieb eines Luftfahrzeugs derart geändert wird, dass die effektive Dosis, die das fliegende Personal durch kosmische Strahlung erhält, 1 Millisievert im Kalenderjahr überschreiten kann.

(3) Der Anzeige sind die folgenden Unterlagen beizufügen:

1. Nachweis, dass die für die sichere Durchführung der Tätigkeit notwendige Anzahl von Strahlenschutzbeauftragten bestellt ist und ihnen die für die Erfüllung ihrer Aufgaben erforderlichen Befugnisse eingeräumt sind,

2. Nachweis, dass jeder Strahlenschutzbeauftragte die erforderliche Fachkunde im Strahlenschutz besitzt oder, falls ein Strahlenschutzbeauftragter nicht notwendig ist, die zur Anzeige verpflichtete Person, ihr gesetzlicher Vertreter oder, bei juristischen Personen oder nicht rechtsfähigen Personenvereinigungen, der nach Gesetz, Satzung oder Gesellschaftsvertrag zur Vertretung oder Geschäftsführung Berechtigte die erforderliche Fachkunde im Strahlenschutz besitzt,

3. Nachweis, dass die bei der Tätigkeit sonst tätigen Personen das notwendige Wissen und die notwendigen Fertigkeiten im Hinblick auf die mögliche Strahlengefährdung und die anzuwendenden Schutzmaßnahmen besitzen,

4. Benennung eines von der zuständigen Behörde anerkannten Rechenprogramms oder der Nachweis, dass geeignete Messgeräte genutzt werden, die jeweils zur Ermittlung der Körperdosis verwendet werden und den Anforderungen der auf Grund des § 76 Absatz 1 Satz 2 Nummer 11 erlassenen Rechtsverordnung genügen.

(4) Die Anzeigepflicht gilt auch für Luftfahrzeuge, die im Geschäftsbereich des Bundesministeriums der Verteidigung betrieben werden.

§ 51 Prüfung des angezeigten Betriebs von Luftfahrzeugen

(1) Die zuständige Behörde prüft die Unterlagen innerhalb von vier Wochen nach Eingang der Anzeige. Teilt die Behörde dem Anzeigenden vor Ablauf der Frist schriftlich mit, dass alle Nachweise nach § 50 Absatz 3 erbracht sind, so darf der Anzeigende die Tätigkeit bereits mit Erhalt der Mitteilung aufnehmen.

(2) Die zuständige Behörde kann den angezeigten Betrieb untersagen, wenn

1. eine der nachzuweisenden Anforderungen nicht oder nicht mehr erfüllt ist; dies gilt nach Ablauf der Frist nach Absatz 1 nur, wenn nicht in angemessener Zeit Abhilfe geschaffen wird,

2. Tatsachen vorliegen, aus denen sich Bedenken gegen die Zuverlässigkeit der zur Anzeige verpflichteten Person, ihres gesetzlichen Vertreters oder, bei juristischen Personen oder nicht rechtsfähigen Personenvereinigungen, der nach Gesetz, Satzung oder Gesellschaftsvertrag zur Vertretung oder Geschäftsführung berechtigten Person oder des Strahlenschutzbeauftragten ergeben, oder

3. gegen die Vorschriften dieses Gesetzes oder der auf Grund dieses Gesetzes erlassenen Rechtsverordnungen oder gegen die hierauf beruhenden Anordnungen und Verfügungen der Aufsichtsbehörden erheblich oder wiederholt verstoßen wird und nicht in

angemessener Zeit Abhilfe geschaffen wird.

§ 52 Anzeigebedürftiger Betrieb von Raumfahrzeugen

(1) Wer mit Sitz im Geltungsbereich dieses Gesetzes beabsichtigt, Raumfahrzeuge zu betreiben und dafür raumfahrendes Personal einzusetzen, das in einem Beschäftigungsverhältnis nach dem deutschen Arbeitsrecht steht, hat dies der zuständigen Behörde zwei Monate vor der beabsichtigten Aufnahme der Tätigkeit anzuzeigen, wenn die effektive Dosis, die das raumfahrende Personal durch kosmische Strahlung während des Betriebs des Raumfahrzeugs erhält, 1 Millisievert im Kalenderjahr überschreiten kann.

(2) Der Anzeige sind die folgenden Unterlagen beizufügen:

1. Nachweis, dass die für die sichere Durchführung der Tätigkeit notwendige Anzahl von Strahlenschutzbeauftragten bestellt ist und ihnen die für die Erfüllung ihrer Aufgaben erforderlichen Befugnisse eingeräumt sind,

2. Nachweis, dass jeder Strahlenschutzbeauftragte die erforderliche Fachkunde im Strahlenschutz besitzt oder, falls kein Strahlenschutzbeauftragter notwendig ist, die zur Anzeige verpflichtete Person, ihr gesetzlicher Vertreter oder, bei juristischen Personen oder nicht rechtsfähigen Personenvereinigungen, der nach Gesetz, Satzung oder Gesellschaftsvertrag zur Vertretung oder Geschäftsführung Berechtigte die erforderliche Fachkunde im Strahlenschutz besitzt,

3. Nachweis, dass die bei der Tätigkeit sonst tätigen Personen das notwendige Wissen und die notwendigen Fertigkeiten im Hinblick auf die mögliche Strahlengefährdung und die anzuwendenden Schutzmaßnahmen besitzen und

4. plausible Darlegung der beabsichtigten Vorgehensweise zur Ermittlung der Körperdosis nach den Anforderungen der auf Grund von § 76 Absatz 1 Satz 2 Nummer 11 erlassenen Rechtsverordnung.

(3) Ist zu erwarten, dass die Exposition des raumfahrenden Personals den Dosisgrenzwert nach § 78 Absatz 1 Satz 1 überschreitet, so ist zusätzlich eine gesonderte Anzeige der erhöhten Exposition spätestens zwei Monate vor dem Einsatz des raumfahrenden Personals erforderlich. In diesem Fall gelten die Grenzwerte nach den §§ 77 und 78 für die berufliche Exposition von raumfahrendem Personal durch kosmische Strahlung nicht.

(4) Der gesonderten Anzeige sind die folgenden Unterlagen beizufügen:

1. Darlegung, dass die erhöhte Exposition gerechtfertigt ist,

2. Nachweis, dass die erhöhte Exposition mit dem einzusetzenden raumfahrenden Personal und dem ermächtigten Arzt erörtert worden ist,

3. Nachweis, dass das einzusetzende raumfahrende Personal über die zu erwartenden Dosen, die mit der erhöhten Exposition verbundenen Risiken und die zu ergreifenden Vorsorgemaßnahmen unterrichtet worden ist,

4. Einwilligung des einzusetzenden raumfahrenden Personals zu der erhöhten Exposition.

§ 53 Prüfung des angezeigten Betriebs von Raumfahrzeugen

(1) Die zuständige Behörde prüft die Unterlagen innerhalb von zwei Monaten nach Eingang der Anzeige. Teilt die Behörde dem Anzeigenden vor Ablauf der Frist schriftlich mit, dass alle Nachweise nach § 52 Absatz 2 oder 4 erbracht sind, so darf der Anzeigende die Tätigkeit bereits mit Erhalt der Mitteilung aufnehmen.

(2) Die zuständige Behörde kann im Falle einer Anzeige nach § 52 Absatz 1 den Einsatz des Personals untersagen, wenn

1. eine der nach § 52 Absatz 2 nachzuweisenden Anforderungen nicht oder nicht mehr erfüllt ist; dies gilt nach Ablauf der Frist nach Absatz 1 nur, wenn nicht in angemessener Zeit Abhilfe geschaffen wird,

2. Tatsachen vorliegen, aus denen sich Bedenken gegen die Zuverlässigkeit der zur Anzeige verpflichteten Person, ihres gesetzlichen Vertreters oder, bei juristischen Personen oder nicht rechtsfähigen Personenvereinigungen, der nach Gesetz, Satzung oder Gesellschaftsvertrag zur Vertretung oder Geschäftsführung berechtigten Person oder des Strahlenschutzbeauftragten ergeben, oder

3. gegen die Vorschriften dieses Gesetzes oder der auf Grund dieses Gesetzes erlassenen Rechtsverordnungen oder gegen die hierauf beruhenden Anordnungen und Verfügungen der Aufsichtsbehörden erheblich oder wiederholt verstoßen wird und nicht in angemessener Zeit Abhilfe geschaffen wird.

(3) Im Falle einer gesonderten Anzeige nach § 52 Absatz 3 Satz 1 kann die zuständige Behörde den Einsatz des raumfahrenden Personals zusätzlich untersagen, wenn eine der nach § 52 Absatz 4 nachzuweisenden Anforderungen nicht erfüllt ist.

§ 54 Beendigung der angezeigten Tätigkeit

Wer eine nach § 50 Absatz 1 oder § 52 Absatz 1 angezeigte Tätigkeit beendet oder derart verändert, dass die effektive Dosis, die das fliegende oder raumfahrende Personal durch kosmische Strahlung erhält, 1 Millisievert im Kalenderjahr nicht mehr überschreiten kann, hat dies der zuständigen Behörde unverzüglich mitzuteilen.

Abschnitt 8
Tätigkeiten im Zusammenhang mit natürlich vorkommender Radioaktivität

Unterabschnitt 1
Arbeitsplätze mit Exposition durch natürlich vorkommende Radioaktivität

§ 55 Abschätzung der Exposition

(1) Wer in seiner Betriebsstätte eine Tätigkeit nach § 4 Absatz 1 Satz 1 Nummer 10 ausübt oder ausüben lässt, die einem der in Anlage 3 genannten Tätigkeitsfelder zuzuordnen ist, hat vor Beginn der Tätigkeit eine auf den Arbeitsplatz bezogene Abschätzung der Körperdosis durchzuführen. Die Abschätzung ist unverzüglich zu wiederholen, wenn der Arbeitsplatz so verändert wird, dass eine höhere Exposition auftreten kann.

(2) Liegen Anhaltspunkte dafür vor, dass bei einer Tätigkeit nach § 4 Absatz 1 Satz 1 Nummer 10, die keinem der in Anlage 3 genannten Tätigkeitsfelder zuzuordnen ist, Expositionen auftreten, die denen der in Anlage 3 genannten Tätigkeitsfelder entsprechen, so kann die zuständige Behörde anordnen, dass eine Abschätzung nach Absatz 1 Satz 1 unverzüglich durchzuführen ist. Wird der Arbeitsplatz so verändert, dass eine höhere Exposition auftreten kann, so kann die zuständige Behörde anordnen, dass die Abschätzung unverzüglich zu wiederholen ist.

§ 56 Anzeige

(1) Ergibt die Abschätzung, dass die Körperdosis einen der Werte für die Einstufung als beruflich exponierte Person überschreiten kann, so hat der zur Abschätzung Verpflichtete der zuständigen Behörde die Tätigkeit schriftlich anzuzeigen. Die Anzeige auf Grund einer Abschätzung nach § 55 Absatz 1 Satz 1 hat spätestens vier Wochen vor der beabsichtigten Aufnahme der Tätigkeit zu erfolgen; nach Ablauf dieser Frist darf der Anzeigende die Tätigkeit aufnehmen, es sei denn, die zuständige Behörde hat

das Verfahren nach § 57 Absatz 2 ausgesetzt oder die Tätigkeit untersagt. Die Anzeige auf Grund einer Abschätzung nach § 55 Absatz 1 Satz 2 oder nach § 55 Absatz 2 hat unverzüglich nach der Abschätzung zu erfolgen.

(2) Der Anzeige sind die folgenden Unterlagen beizufügen:

1. Prüfbericht eines behördlich bestimmten Sachverständigen nach § 172, in dem

    a) die angezeigte Tätigkeit und die vorgesehenen Strahlenschutzmaßnahmen beschrieben sind,

    b) die mögliche Körperdosis der beruflich exponierten Personen bestimmt ist und

    c) nachgewiesen ist, dass bei der Tätigkeit die Ausrüstungen vorhanden und die Maßnahmen getroffen sind, die nach dem Stand der Technik erforderlich sind, damit die Schutzvorschriften eingehalten werden,

2. Nachweis, dass die für die sichere Durchführung der Tätigkeit notwendige Anzahl von Strahlenschutzbeauftragten bestellt ist und ihnen die für die Erfüllung ihrer Aufgaben erforderlichen Befugnisse eingeräumt sind,

3. Nachweis, dass jeder Strahlenschutzbeauftragte die erforderliche Fachkunde im Strahlenschutz besitzt oder, falls ein Strahlenschutzbeauftragter nicht notwendig ist, der Anzeigende, sein gesetzlicher Vertreter oder, bei juristischen Personen oder nicht rechtsfähigen Personenvereinigungen, der nach Gesetz, Satzung oder Gesellschaftsvertrag zur Vertretung oder Geschäftsführung Berechtigte die erforderliche Fachkunde im Strahlenschutz besitzt und

4. Nachweis, dass die bei der Tätigkeit sonst tätigen Personen das notwendige Wissen und die notwendigen Fertigkeiten im Hinblick auf die mögliche Strahlengefährdung und die anzuwendenden Schutzmaßnahmen besitzen.

Erfolgt die Anzeige auf Grund einer Abschätzung nach § 55 Absatz 1 Satz 2 oder nach § 55 Absatz 2, so kann die zuständige Behörde im Einzelfall eine Frist für eine spätere Vorlage aller oder einzelner Unterlagen bestimmen.

(3) Die Absätze 1 und 2 sind entsprechend anzuwenden, wenn die angezeigte Tätigkeit wesentlich verändert wird.

§ 57 Prüfung der angezeigten Tätigkeit

(1) Die zuständige Behörde prüft die Anzeige innerhalb von vier Wochen nach Eingang der Unterlagen. Teilt die Behörde dem Anzeigenden im Falle einer Abschätzung nach § 55 Absatz 1 Satz 1 vor Ablauf dieser Frist schriftlich mit, dass alle erforderlichen Nachweise erbracht sind, darf der Anzeigende die Tätigkeit bereits mit Erhalt der Mitteilung aufnehmen.

(2) Leitet die zuständige Behörde innerhalb der Frist nach Absatz 1 Satz 1 ein Verfahren zur Prüfung der Rechtfertigung nach § 7 ein, so setzt sie das Verfahren zur Prüfung der Anzeige für die Dauer des Verfahrens zur Prüfung der Rechtfertigung aus.

(3) Die zuständige Behörde kann die Tätigkeit untersagen, wenn

1. eine der nach § 56 Absatz 2 Satz 1 nachzuweisenden Anforderungen nicht oder nicht mehr erfüllt ist; dies gilt nach Ablauf der Frist nach Absatz 1 nur, wenn nicht in angemessener Zeit Abhilfe geschaffen wird,

2. Tatsachen vorliegen, aus denen sich Bedenken gegen die Zuverlässigkeit der zur Anzeige verpflichteten Person, ihres gesetzlichen Vertreters oder, bei juristischen Personen oder nicht rechtsfähigen Personenvereinigungen, der nach Gesetz, Satzung oder Gesellschaftsvertrag zur Vertretung oder Geschäftsführung berechtigten Person oder des Strahlenschutzbeauftragten ergeben,

3. Tatsachen vorliegen, aus denen sich Bedenken ergeben, ob das für die sichere Ausführung der Tätigkeit notwendige Personal vorhanden ist,

4. es sich um eine nicht gerechtfertigte Tätigkeitsart nach einer Rechtsverordnung nach § 6 Absatz 3 handelt oder wenn unter Berücksichtigung eines nach § 7 Absatz 2 veröffentlichten Berichts erhebliche Zweifel an der Rechtfertigung der Tätigkeitsart bestehen,

5. gegen die Vorschriften dieses Gesetzes oder der auf Grund dieses Gesetzes erlassenen Rechtsverordnungen oder gegen die darauf beruhenden Anordnungen und Verfügungen der Aufsichtsbehörden erheblich oder wiederholt verstoßen wird und nicht in angemessener Zeit Abhilfe geschaffen wird oder

6. dies wegen einer erheblichen Gefährdung der Beschäftigten, Dritter oder der Allgemeinheit erforderlich ist.

(4) Kommt der auf Grund von § 55 Absatz 2 zur Abschätzung Verpflichtete der vollziehbaren behördlichen Anordnung nicht nach, so kann die zuständige Behörde die Tätigkeit ganz oder teilweise bis zur Erfüllung der Anordnung untersagen.

§ 58 Beendigung der angezeigten Tätigkeit

Wer eine nach § 56 Absatz 1 Satz 1 angezeigte Tätigkeit beendet oder derart verändert, dass eine Abschätzung nach § 55 Absatz 1 Satz 2 ergibt, dass die Körperdosis die Werte für die Einstufung als beruflich exponierte Person nicht mehr überschreiten kann, hat dies der zuständigen Behörde unverzüglich mitzuteilen.

§ 59 Externe Tätigkeit

(1) Die Pflicht zur Abschätzung der Körperdosis nach § 55 Absatz 1 gilt entsprechend für denjenigen, der die dort genannten Tätigkeiten in einer fremden Betriebsstätte in eigener Verantwortung ausübt oder von Personen ausüben lässt, die unter seiner Aufsicht stehen. Liegt für die fremde Betriebsstätte eine auf den Arbeitsplatz bezogene Abschätzung vor, so hat der Inhaber der Betriebsstätte eine Abschrift der Aufzeichnungen über die Abschätzung an den nach Satz 1 Verpflichten unverzüglich zu übermitteln. § 55 Absatz 2 gilt entsprechend.

(2) Ergibt die Abschätzung nach Absatz 1 Satz 1 oder 3, dass die Körperdosis einen der Werte für die Einstufung als beruflich exponierte Person überschreiten kann, so hat der nach Absatz 1 Satz 1 oder 3 Verpflichtete die Tätigkeit der zuständigen Behörde entsprechend § 56 Absatz 1 anzuzeigen.

(3) Der Anzeige nach Absatz 2 sind das Ergebnis der Abschätzung nach § 55 Absatz 1 und die folgenden Unterlagen beizufügen:

1. Nachweis, dass jeder Strahlenschutzbeauftragte die erforderliche Fachkunde im Strahlenschutz besitzt oder, falls ein Strahlenschutzbeauftragter nicht notwendig ist, der Anzeigende, sein gesetzlicher Vertreter oder, bei juristischen Personen oder nicht rechtsfähigen Personenvereinigungen, der nach Gesetz, Satzung oder Gesellschaftsvertrag zur Vertretung oder Geschäftsführung Berechtigte die erforderliche Fachkunde im Strahlenschutz besitzt,

2. Nachweis, dass die bei der Tätigkeit sonst tätigen Personen das notwendige Wissen und die notwendigen Fertigkeiten im Hinblick auf die mögliche Strahlengefährdung und die anzuwendenden Schutzmaßnahmen besitzen,

3. Nachweis, dass die beschäftigten Personen den Anordnungen der Strahlenschutzverantwortlichen und Strahlenschutzbeauftragten derjenigen Betriebsstätten, in denen eine nach § 56 Absatz 1 angezeigte Tätigkeit ausgeübt wird, Folge zu leisten haben, die diese infolge ihrer Pflichten nach diesem Gesetz und der auf Grund dieses Gesetzes erlassenen Rechtsverordnungen treffen und

4. Nachweis, dass für die Beschäftigung in denjenigen Betriebsstätten, für die eine Anzeige nach § 56 Absatz 1 nicht erstattet ist, die Ausrüstungen vorhanden und die Maßnahmen getroffen sind, die nach dem Stand der Technik erforderlich sind, damit die Schutzvorschriften eingehalten werden.

(4) § 56 Absatz 3 und die §§ 57 und 58 gelten für die nach Absatz 2 angezeigte Tätigkeit entsprechend.

Unterabschnitt 2
Tätigkeiten mit Rückständen; Materialien

§ 60 Anfall, Verwertung oder Beseitigung von Rückständen

(1) Wer in seiner Betriebsstätte industrielle und bergbauliche Prozesse durchführt oder durchführen lässt, bei denen jährlich mehr als insgesamt 2 000 Tonnen an Rückständen anfallen werden und verwertet oder beseitigt werden sollen, hat dies bei der zuständigen Behörde und der nach § 47 Absatz 1 Satz 1 des Kreislaufwirtschaftsgesetzes zuständigen Behörde zu Beginn jedes Kalenderjahrs anzumelden. Die Anmeldepflicht gilt entsprechend für denjenigen, der überwachungsbedürftige Rückstände, die im Ausland angefallen und ins Inland verbracht worden sind, verwertet oder zur Verwertung annimmt.

(2) Der zur Anmeldung nach Absatz 1 Verpflichtete hat ein Konzept über die Verwertung und Beseitigung der Rückstände (Rückstandskonzept) zu erstellen und der zuständigen Behörde auf Verlangen vorzulegen. Das Rückstandskonzept hat Folgendes zu enthalten:

1. Angaben über Art, Masse, spezifische Aktivität und Verbleib der Rückstände, einschließlich Schätzungen der in den nächsten fünf Jahren anfallenden Rückstände, und

2. eine Darstellung der getroffenen und für die nächsten fünf Jahre geplanten Beseitigungs- oder Verwertungsmaßnahmen.

(3) Das Rückstandskonzept ist alle fünf Jahre oder auf Verlangen der zuständigen Behörde zu einem früheren Zeitpunkt fortzuschreiben.

(4) Der zur Anmeldung nach Absatz 1 Verpflichtete hat jährlich für das vorangegangene Jahr eine Bilanz über Art, Masse, spezifische Aktivität und Verbleib der verwerteten und beseitigten Rückstände (Rückstandsbilanz) zu erstellen, fünf Jahre lang aufzubewahren und der zuständigen Behörde auf Verlangen vorzulegen. Ergänzend kann die zuständige Behörde die Vorlage entsprechender Nachweise nach § 21 des Kreislaufwirtschaftsgesetzes verlangen.

(5) Die zuständige Behörde kann verlangen, dass Form und Inhalt des Rückstandskonzeptes und der Rückstandsbilanz bestimmten Anforderungen genügen, und die sachliche Richtigkeit überprüfen.

§ 61 Anfall und Lagerung überwachungsbedürftiger Rückstände; Verordnungsermächtigung

(1) Wer in eigener Verantwortung industrielle und bergbauliche Prozesse durchführt oder durchführen lässt, bei denen überwachungsbedürftige Rückstände anfallen, durch deren Lagerung, Verwertung oder Beseitigung für Einzelpersonen der Bevölkerung der Richtwert der effektiven Dosis von 1 Millisievert im Kalenderjahr überschritten werden kann, hat Maßnahmen zum Schutz der Bevölkerung zu ergreifen, um sicherzustellen, dass der Richtwert nicht überschritten wird, und sich hierzu von einer Person mit der erforderlichen Fachkunde im Strahlenschutz beraten zu lassen. Satz 1 gilt entsprechend für denjenigen, der überwachungsbedürftige Rückstände, die im Ausland angefallen und ins Inland verbracht worden sind, verwertet oder zur Verwertung annimmt.

(2) Rückstände sind überwachungsbedürftig, wenn nicht sichergestellt ist, dass bei ihrer Beseitigung oder Verwertung die durch Rechtsverordnung nach Satz 2 festgelegten Überwa-

chungsgrenzen und Verwertungs- und Beseitigungswege eingehalten werden. Die Bundesregierung wird ermächtigt, durch Rechtsverordnung mit Zustimmung des Bundesrates die für Rückstände geltenden Überwachungsgrenzen und heranzuziehenden Verwertungs- und Beseitigungswege festzulegen.

(3) Anfallende Rückstände dürfen vor der beabsichtigten Beseitigung oder Verwertung nicht vermischt oder verdünnt werden, um die Überwachungsgrenzen gemäß Absatz 2 einzuhalten. Satz 1 gilt auch für im Ausland angefallene und zur Verwertung ins Inland verbrachte Rückstände.

(4) Werden die überwachungsbedürftigen Rückstände auf dem Betriebsgelände des nach Absatz 1 Verpflichteten gelagert, so hat dieser die Lagerung bei der zuständigen Behörde anzumelden. Die Beendigung der Lagerung ist der zuständigen Behörde unverzüglich mitzuteilen.

(5) Die zuständige Behörde kann verlangen, dass für die Rückstände, die nicht überwachungsbedürftig sind, die Einhaltung der durch Rechtsverordnung nach Absatz 2 Satz 2 bestimmten Überwachungsgrenzen und Verwertungs- und Beseitigungswege nachgewiesen wird. Sie kann hierfür technische Verfahren, geeignete Messverfahren und sonstige Anforderungen, insbesondere solche zur Ermittlung repräsentativer Messwerte der spezifischen Aktivität, festlegen.

(6) Der nach Absatz 1 Verpflichtete hat Rückstände vor ihrer Beseitigung oder Verwertung gegen Abhandenkommen und vor dem Zugriff durch Unbefugte zu sichern. Sie dürfen an andere Personen nur zum Zweck der Beseitigung oder Verwertung abgegeben werden.

(7) Die grenzüberschreitende Verbringung von Rückständen ins Inland zur Beseitigung ist verboten.

§ 62 Entlassung von Rückständen aus der Überwachung; Verordnungsermächtigung

(1) Der nach § 61 Absatz 1 Satz 1 Verpflichtete hat unter Angabe von Art, Masse und spezifischer Aktivität die beabsichtigte Verwertung oder Beseitigung der Rückstände bei der zuständigen Behörde unverzüglich anzumelden, sobald er deren Überwachungsbedürftigkeit nach § 61 Absatz 2 festgestellt hat. Eine Anmeldung nach Satz 1 ist entbehrlich, wenn wegen der Art und spezifischen Aktivität der überwachungsbedürftigen Rückstände eine Anzeige nach § 63 Absatz 1 erstattet wird.

(2) Die zuständige Behörde entlässt auf Antrag des nach § 61 Absatz 1 Satz 1 Verpflichteten überwachungsbedürftige Rückstände zum Zweck einer bestimmten Verwertung oder Beseitigung aus der Überwachung, wenn

1. auf Grund der für die Verwertung oder Beseitigung getroffenen Maßnahmen der erforderliche Schutz der Bevölkerung vor Expositionen sichergestellt ist,

2. bei der Beseitigung oder Verwertung die Körperdosis der beruflich tätigen Personen die Werte für die Einstufung als beruflich exponierte Person nicht überschreiten kann und

3. keine Bedenken gegen die abfallrechtliche Zulässigkeit des vorgesehenen Verwertungs- oder Beseitigungsweges und seine Einhaltung bestehen.

Die Entlassung aus der Überwachung erfolgt durch schriftlichen Bescheid.

(3) Maßstab für den Schutz der Bevölkerung ist, dass als Richtwert für die Exposition von Einzelpersonen der Bevölkerung, die durch die Beseitigung oder Verwertung bedingt ist, eine effektive Dosis von 1 Millisievert im Kalenderjahr auch ohne weitere Maßnahmen nach Abschluss der Verwertung oder Beseitigung nicht überschritten wird. Sollen die überwachungsbedürftigen Rückstände als Bauprodukt verwertet werden, so ist Maßstab für den Schutz der Be-

völkerung, dass die Anforderungen der §§ 133 bis 135 erfüllt sind.

(4) Die Exposition bei Rückständen ist unter Anwendung der Grundsätze der Rechtsverordnung nach Absatz 6 Nummer 1 zu ermitteln. Eine abfallrechtliche Verwertung oder Beseitigung überwachungsbedürftiger Rückstände ohne Entlassung aus der Überwachung ist nicht zulässig.

(5) Die Absätze 1 bis 4 gelten entsprechend für die Verbringung überwachungsbedürftiger Rückstände, die im Ausland angefallen sind. Wer beabsichtigt, im Ausland angefallene Rückstände zur Verwertung ins Inland zu verbringen, muss zuvor der zuständigen Behörde nachweisen, dass

1. die durch Rechtsverordnung nach § 61 Absatz 2 Satz 2 bestimmten Überwachungsgrenzen und Verwertungswege eingehalten werden oder

2. die Voraussetzungen der Entlassung aus der Überwachung zum Zweck einer bestimmten Verwertung vorliegen.

(6) Die Bundesregierung wird ermächtigt, durch Rechtsverordnung mit Zustimmung des Bundesrates

1. Grundsätze für die Ermittlung von Expositionen bei Rückständen festzulegen,

2. zu bestimmen, unter welchen Voraussetzungen die zuständige Behörde bei der Entlassung von Rückständen aus der Überwachung zur gemeinsamen Deponierung mit anderen Rückständen und Abfällen davon ausgehen kann, dass für die Exposition von Einzelpersonen der Bevölkerung, die durch die Beseitigung oder Verwertung bedingt ist, eine effektive Dosis im Bereich von 1 Millisievert im Kalenderjahr auch ohne weitere Maßnahmen nach Abschluss der Deponierung nicht überschritten wird und

3. zu bestimmen, in welchem Verfahren eine Entlassung überwachungsbedürftiger Rückstände aus der Überwachung erfolgt,

insbesondere, wenn überwachungsbedürftige Rückstände als Bauprodukt verwertet werden sollen oder eine Verwertung oder Beseitigung in einem anderen Bundesland vorgesehen ist.

(7) Sofern eine Entlassung überwachungsbedürftiger Rückstände aus der Überwachung nach diesem Gesetz, dem Atomgesetz oder nach einer auf Grund dieses Gesetzes oder des Atomgesetzes erlassenen Rechtsverordnung die Beseitigung nach den Vorschriften des Kreislaufwirtschaftsgesetzes oder den auf dessen Grundlage oder auf der Grundlage des bis zum 1. Juni 2012 geltenden Kreislaufwirtschafts- und Abfallgesetzes erlassenen Rechtsverordnungen vorsieht, dürfen diese Rückstände nach den genannten Vorschriften nicht wieder verwendet oder verwertet werden.

§ 63 In der Überwachung verbleibende Rückstände; Verordnungsermächtigung

(1) Ist eine Entlassung aus der Überwachung nach § 62 Absatz 2 nicht möglich, so hat der nach § 61 Absatz 1 Satz 1 Verpflichtete der zuständigen Behörde Art, Masse und spezifische Aktivität der in der Überwachung verbleibenden Rückstände sowie eine geplante Beseitigung oder Verwertung dieser Rückstände oder deren Abgabe zu diesem Zweck innerhalb der Frist nach Satz 2 anzuzeigen. Die Anzeige hat nach Ablehnung eines Antrags nach § 62 Absatz 2 innerhalb eines Monats, anderenfalls unverzüglich, nachdem der Verpflichtete die Überwachungsbedürftigkeit nach § 61 Absatz 2 festgestellt hat, zu erfolgen.

(2) Die zuständige Behörde kann anordnen, dass und welche Schutzmaßnahmen zu treffen sind und wie die in der Überwachung verbleibenden Rückstände bei einer von ihr zu bestimmenden Stelle weiter zu behandeln oder zu lagern sind.

(3) Die Bundesregierung wird ermächtigt, durch Rechtsverordnung mit Zustimmung des Bundesrates festzulegen, auf welche Weise in

der Überwachung verbleibende Rückstände zu beseitigen sind.

§ 64 Entfernung von Kontaminationen von Grundstücken

(1) Wer industrielle oder bergbauliche Prozesse, bei denen überwachungsbedürftige Rückstände angefallen sind, beendet, hat Kontaminationen durch überwachungsbedürftige Rückstände vor Nutzung des Grundstücks durch Dritte, spätestens jedoch fünf Jahre nach Beendigung der Nutzung, so zu entfernen, dass die Rückstände keine Einschränkung der Nutzung begründen. Maßstab für eine Grundstücksnutzung ohne Einschränkungen ist, dass die Exposition, der Einzelpersonen der Bevölkerung durch die nicht entfernten Rückstände ausgesetzt sind, den Richtwert einer effektiven Dosis von 1 Millisievert im Kalenderjahr nicht überschreitet.

(2) Der nach Absatz 1 Satz 1 Verpflichtete hat der zuständigen Behörde den Abschluss der Entfernung der Kontaminationen unter Beifügung geeigneter Nachweise nach Satz 2 innerhalb von drei Monaten mitzuteilen. Der Nachweis nach Satz 1 ist unter Anwendung der Grundsätze, die in einer Rechtsverordnung nach § 62 Absatz 6 Nummer 1 festgelegt werden, zu erbringen. Die Behörde kann verlangen, dass der Verbleib der entfernten Kontaminationen nachgewiesen wird.

(3) Die zuständige Behörde kann im Einzelfall ganz oder teilweise von der Pflicht nach Absatz 1 befreien, wenn die vorgesehene Nutzung des Grundstücks oder Schutzmaßnahmen eine Exposition von mehr als 1 Millisievert effektive Dosis im Kalenderjahr für Einzelpersonen der Bevölkerung auch ohne Entfernung der Kontaminationen verhindern. Sie kann die Durchführung der Pflicht nach Absatz 1 auch zu einem späteren Zeitpunkt gestatten, wenn auf dem Grundstück weiterhin industrielle oder bergbauliche Prozesse nach § 61 Absatz 1 durchgeführt werden sollen.

§ 65 Überwachung sonstiger Materialien; Verordnungsermächtigung

(1) Kann durch Tätigkeiten nach § 4 Absatz 1 Satz 1 Nummer 10 mit Materialien, die im Inland oder im Ausland angefallen und die keine Rückstände sind oder durch die Ausübung von industriellen oder bergbaulichen Prozessen, bei denen solche Materialien anfallen, die Exposition von Einzelpersonen der Bevölkerung so erheblich erhöht werden, dass Strahlenschutzmaßnahmen notwendig sind, kann die zuständige Behörde Anordnungen treffen. Sie kann insbesondere anordnen,

1. dass und welche Schutzmaßnahmen zu ergreifen sind,

2. dass und wie die Materialien bei einer von ihr zu bestimmenden Stelle weiter zu behandeln oder zu lagern sind oder

3. dass derjenige, der Materialien angenommen hat, die im Ausland angefallen und ins Inland verbracht worden sind, diese an den ursprünglichen Besitzer im Versandstaat zurückführt.

(2) Die Bundesregierung wird ermächtigt, durch Rechtsverordnung mit Zustimmung des Bundesrates festzulegen, auf welche Weise Materialien zu beseitigen sind.

§ 66 Mitteilungspflichten zur Betriebsorganisation

Besteht bei juristischen Personen das vertretungsberechtigte Organ aus mehreren Mitgliedern oder sind bei teilrechtsfähigen Personengesellschaften oder nichtrechtsfähigen Personenvereinigungen mehrere vertretungsberechtigte Personen vorhanden, so ist der zuständigen Behörde mitzuteilen, wer von ihnen die Verpflichtungen nach diesem Unterabschnitt wahrnimmt. Die Gesamtverantwortung aller Organmitglieder oder vertretungsberechtigter Mitglieder der Personenvereinigung bleibt hiervon unberührt.

Abschnitt 9
Ausnahme

§ 67 Ausnahme von dem Erfordernis der Genehmigung und der Anzeige

Wer als Arbeitnehmer oder Arbeitnehmerin anderweitig unter der Aufsicht stehend im Rahmen einer nach diesem Gesetz genehmigungs- oder anzeigebedürftigen Tätigkeit beschäftigt wird, bedarf weder einer Genehmigung noch hat er oder sie eine Anzeige zu erstatten.

Kapitel 3
Freigabe

§ 68 Verordnungsermächtigung; Verwendungs- und Verwertungsverbot

(1) Die Bundesregierung wird ermächtigt, durch Rechtsverordnung mit Zustimmung des Bundesrates zu bestimmen,

1. unter welchen Voraussetzungen und mit welchen Nebenbestimmungen sowie in welchem Verfahren eine Freigabe radioaktiver Stoffe zum Zweck der Entlassung aus der Überwachung nach diesem Gesetz oder einer auf Grund dieses Gesetzes erlassenen Rechtsverordnung erfolgt,

2. wer die Freigabe beantragen kann und

3. welche Pflichten im Zusammenhang mit der Freigabe zu beachten sind, insbesondere dass und auf welche Weise über diese Stoffe Buch zu führen und der zuständigen Behörde Mitteilung zu erstatten ist.

In der Rechtsverordnung können auch das Verfahren und die Mitteilungspflichten für die Fälle geregelt werden, in denen die Voraussetzungen für die Freigabe nicht mehr bestehen.

(2) Sofern eine Freigabe radioaktiver Stoffe nach einer auf Grund dieses Gesetzes erlassenen Rechtsverordnung die Beseitigung nach den Vorschriften des Kreislaufwirtschaftsgesetzes oder den auf dessen Grundlage oder auf der Grundlage des bis zum 1. Juni 2012 geltenden Kreislaufwirtschafts- und Abfallgesetzes erlassenen Rechtsverordnungen vorsieht, dürfen diese Stoffe nach den genannten Vorschriften nicht wieder verwendet oder verwertet werden.

Kapitel 4
Betriebliche Organisation des Strahlenschutzes

§ 69 Strahlenschutzverantwortlicher

(1) Strahlenschutzverantwortlicher ist, wer

1. einer Genehmigung nach § 10, § 12 Absatz 1, § 25 oder § 27, einer Genehmigung nach den §§ 4, 6, 7 oder 9 des Atomgesetzes, der Planfeststellung nach § 9b des Atomgesetzes oder der Genehmigung nach § 9b Absatz 1a des Atomgesetzes bedarf,

2. eine Tätigkeit nach § 5 des Atomgesetzes ausübt,

3. eine Anzeige nach den §§ 17, 19, 22, 26, 50, 52, 56 oder 59 zu erstatten hat oder

4. auf Grund des § 12 Absatz 4 keiner Genehmigung nach § 12 Absatz 1 Nummer 3 bedarf.

(2) Handelt es sich bei dem Strahlenschutzverantwortlichen um eine juristische Person oder um eine rechtsfähige Personengesellschaft, so werden die Aufgaben des Strahlenschutzverantwortlichen von der durch Gesetz, Satzung oder Gesellschaftsvertrag zur Vertretung berechtigten Person wahrgenommen. Besteht das vertretungsberechtigte Organ aus mehreren Mitgliedern oder sind bei nicht rechtsfähigen Personenvereinigungen mehrere vertretungsberechtigte Personen vorhanden, so ist der zuständigen Behörde mitzuteilen, welche dieser Personen die Aufgaben des Strahlenschutzverantwortlichen wahrnimmt. Die Gesamtverantwortung aller Organmitglieder oder Mitglieder der Personenvereinigung bleibt hiervon unberührt.

§ 70 Strahlenschutzbeauftragter

(1) Der Strahlenschutzverantwortliche hat für die Leitung oder Beaufsichtigung einer Tätigkeit die erforderliche Anzahl von Strahlenschutzbeauftragten unverzüglich schriftlich zu bestellen, soweit dies für die Gewährleistung des Strahlenschutzes bei der Tätigkeit notwendig ist. Der Strahlenschutzverantwortliche bleibt auch im Falle einer solchen Bestellung für die Einhaltung der Pflichten, die ihm durch dieses Gesetz und durch die auf seiner Grundlage erlassenen Rechtsverordnungen auferlegt sind, verantwortlich.

(2) Der Strahlenschutzverantwortliche hat bei der Bestellung eines Strahlenschutzbeauftragten dessen Aufgaben, dessen innerbetrieblichen Entscheidungsbereich und die zur Aufgabenwahrnehmung erforderlichen Befugnisse schriftlich festzulegen. Dem Strahlenschutzbeauftragten obliegen die Pflichten, die ihm durch dieses Gesetz und durch die auf dessen Grundlage ergangenen Rechtsverordnungen auferlegt sind, nur im Rahmen seiner Befugnisse.

(3) Es dürfen nur Personen zu Strahlenschutzbeauftragten bestellt werden, bei denen keine Tatsachen vorliegen, aus denen sich Bedenken gegen ihre Zuverlässigkeit ergeben und die die erforderliche Fachkunde im Strahlenschutz besitzen.

(4) Die Bestellung eines Strahlenschutzbeauftragten hat der Strahlenschutzverantwortliche der zuständigen Behörde unter Angabe der festgelegten Aufgaben und Befugnisse unverzüglich schriftlich mitzuteilen. Der Mitteilung ist die Bescheinigung über die erforderliche Fachkunde im Strahlenschutz beizufügen. Dem Strahlenschutzbeauftragten und dem Betriebsrat oder dem Personalrat ist je eine Abschrift der Mitteilung zu übermitteln. Die Sätze 1 und 3 gelten entsprechend im Falle der Änderung der Aufgaben oder Befugnisse eines Strahlenschutzbeauftragten sowie im Falle des Ausscheidens des Strahlenschutzbeauftragten aus seiner Funktion. Satz 2 gilt im Falle der Änderung entsprechend, falls es eine Erweiterung der Aufgaben oder Befugnisse eines Strahlenschutzbeauftragten gibt.

(5) Die zuständige Behörde kann gegenüber dem Strahlenschutzverantwortlichen feststellen, dass eine Person nicht als Strahlenschutzbeauftragter anzusehen ist, wenn die Person auf Grund unzureichender Befugnisse, unzureichender Fachkunde im Strahlenschutz, fehlender Zuverlässigkeit oder aus anderen Gründen ihre Pflichten als Strahlenschutzbeauftragter nur unzureichend erfüllen kann.

(6) Der Strahlenschutzbeauftragte darf bei der Erfüllung seiner Pflichten nicht behindert und wegen deren Erfüllung nicht benachteiligt werden. Steht der Strahlenschutzbeauftragte in einem Arbeitsverhältnis mit dem zur Bestellung verpflichteten Strahlenschutzverantwortlichen, so ist die Kündigung des Arbeitsverhältnisses unzulässig, es sei denn, es liegen Tatsachen vor, die den Strahlenschutzverantwortlichen zur Kündigung aus wichtigem Grund ohne Einhaltung einer Kündigungsfrist berechtigen. Nach der Abberufung als Strahlenschutzbeauftragter ist die Kündigung innerhalb eines Jahres nach der Beendigung der Bestellung unzulässig, es sei denn, der Strahlenschutzverantwortliche ist zur Kündigung aus wichtigem Grund ohne Einhaltung einer Kündigungsfrist berechtigt.

(7) Strahlenschutzbeauftragte, die für das Aufsuchen, das Gewinnen oder das Aufbereiten radioaktiver Bodenschätze zu bestellen sind, müssen als verantwortliche Person zur Leitung oder Beaufsichtigung des Betriebes oder eines Betriebsteiles nach § 58 Absatz 1 Nummer 2 des Bundesberggesetzes bestellt sein, wenn auf diese Tätigkeiten die Vorschriften des Bundesberggesetzes Anwendung finden.

§ 71 Betriebliche Zusammenarbeit im Strahlenschutz

(1) Der Strahlenschutzverantwortliche hat den Strahlenschutzbeauftragten unverzüglich über alle Verwaltungsakte und Maßnahmen, die Aufgaben oder Befugnisse des Strahlenschutzbeauftragten betreffen, zu unterrichten.

(2) Der Strahlenschutzbeauftragte hat dem Strahlenschutzverantwortlichen unverzüglich alle Mängel mitzuteilen, die den Strahlenschutz beeinträchtigen. Kann sich der Strahlenschutzbeauftragte über eine von ihm vorgeschlagene Maßnahme zur Behebung von aufgetretenen Mängeln mit dem Strahlenschutzverantwortlichen nicht einigen, so hat dieser dem Strahlenschutzbeauftragten die Ablehnung des Vorschlages schriftlich mitzuteilen und zu begründen; dem Betriebsrat oder dem Personalrat sowie der zuständigen Behörde hat der Strahlenschutzverantwortliche je eine Abschrift der Mitteilung einschließlich der Begründung zu übermitteln. Unterbleibt die Mitteilung oder die Übermittlung an die zuständige Behörde, so kann der Strahlenschutzbeauftragte sich direkt an die zuständige Behörde wenden.

(3) Der Strahlenschutzverantwortliche und der Strahlenschutzbeauftragte haben bei der Wahrnehmung ihrer Aufgaben mit dem Betriebsrat oder dem Personalrat, den Fachkräften für Arbeitssicherheit und dem ermächtigten Arzt nach § 79 Absatz 1 Satz 2 Nummer 9 Buchstabe a zusammenzuarbeiten und sie über wichtige Angelegenheiten des Strahlenschutzes zu unterrichten. Der Strahlenschutzbeauftragte hat den Betriebsrat oder Personalrat auf dessen Verlangen in Angelegenheiten des Strahlenschutzes zu beraten.

§ 72 Weitere Pflichten des Strahlenschutzverantwortlichen und des Strahlenschutzbeauftragten; Verordnungsermächtigung

(1) Der Strahlenschutzverantwortliche hat bei Tätigkeiten nach § 4 Absatz 1 Satz 1 Nummer 1 bis 7 und 9 unter Beachtung des Standes von Wissenschaft und Technik, bei Tätigkeiten nach § 4 Absatz 1 Satz 1 Nummer 8, 10 und 11 unter Beachtung des Standes der Technik, zum Schutz des Menschen und der Umwelt vor den schädlichen Wirkungen ionisierender Strahlung durch geeignete Schutzmaßnahmen, insbesondere durch Bereitstellung geeigneter Räume, Ausrüstungen und Geräte, durch geeignete Regelung des Betriebsablaufs und durch Bereitstellung ausreichenden und geeigneten Personals, dafür zu sorgen, dass

1. im Sinne des § 8 Absatz 1 jede unnötige Exposition oder Kontamination von Mensch und Umwelt vermieden wird und im Sinne des § 8 Absatz 2 jede Exposition oder Kontamination von Mensch und Umwelt unter Berücksichtigung aller Umstände des Einzelfalls auch unterhalb der Grenzwerte so gering wie möglich gehalten wird;

2. die folgenden Vorschriften eingehalten werden:

   a) § 27 Absatz 3, § 77 Satz 1, § 78 Absatz 1 bis 4, § 80 Absatz 1 und 2, § 83 Absatz 1, 3 Satz 1 und 4 und Absatz 5 und § 166 sowie nach Maßgabe des § 115 Absatz 1 Nummer 1 und Absatz 2 Nummer 1 die Vorschriften der §§ 113, 114 und 116 und

   b) § 76 Absatz 2, § 85 Absatz 1 bis 3, § 90 Absatz 2, die §§ 167 und 168;

3. die Vorschriften und Schutzvorschriften einer auf Grund der §§ 24, 37 Absatz 1, von § 68 Absatz 1, der §§ 73, 76 Absatz 1, von § 79 Absatz 1, der §§ 81, 82, 85 Absatz 4, der §§ 86, 87, 89, 90 Absatz 2, von § 170 Absatz 9, § 171 erlassenen Rechtsverordnung eingehalten werden, soweit die Rechtsverordnung dies bestimmt, und

4. die erforderlichen Maßnahmen gegen ein unbeabsichtigtes Kritischwerden von Kernbrennstoffen getroffen werden.

Für Tätigkeiten nach § 4 Absatz 1 Satz 2 gilt Satz 1 entsprechend.

(2) Der Strahlenschutzbeauftragte hat dafür zu sorgen, dass

1. im Rahmen der ihm nach § 70 Absatz 2 übertragenen Aufgaben und Befugnisse

   a) die in Absatz 1 Satz 1 Nummer 1 und 2 genannten Vorschriften eingehalten werden,

b) die in Absatz 1 Satz 1 Nummer 3 genannten Vorschriften und Schutzvorschriften eingehalten werden,

soweit nicht auf Grund der Rechtsverordnung nach Satz 2 allein der Strahlenschutzverantwortliche für die Einhaltung zu sorgen hat, und

2. die Bestimmungen des Bescheides über die Genehmigung, Freigabe oder Bauartzulassung und die von der zuständigen Behörde erlassenen Anordnungen und Auflagen eingehalten werden, soweit ihm deren Durchführung und Erfüllung nach § 70 Absatz 2 übertragen worden sind.

Die Bundesregierung wird ermächtigt, durch Rechtsverordnung mit Zustimmung des Bundesrates festzulegen, dass für die Einhaltung bestimmter in Absatz 1 Satz 1 Nummer 3 genannter Vorschriften und Schutzvorschriften allein der Strahlenschutzverantwortliche zu sorgen hat. Die Bundesregierung wird ermächtigt, durch Rechtsverordnung mit Zustimmung des Bundesrates festzulegen, wie die Befugnisse des nach § 29 Absatz 1 Satz 1 Nummer 3 erforderlichen Strahlenschutzbeauftragten auszugestalten sind.

(3) Der Strahlenschutzverantwortliche und der Strahlenschutzbeauftragte haben dafür zu sorgen, dass bei Gefahr für Mensch und Umwelt unverzüglich geeignete Maßnahmen zur Abwendung dieser Gefahr getroffen werden.

§ 73 Verordnungsermächtigung für den Erlass einer Strahlenschutzanweisung

Die Bundesregierung wird ermächtigt, durch Rechtsverordnung mit Zustimmung des Bundesrates festzulegen, dass der Strahlenschutzverantwortliche eine Strahlenschutzanweisung zu erlassen hat und welchen Inhalt die Strahlenschutzanweisung haben muss.

§ 74 Erforderliche Fachkunde und Kenntnisse im Strahlenschutz; Verordnungsermächtigungen

(1) Die erforderliche Fachkunde im Strahlenschutz wird in der Regel durch eine für das jeweilige Anwendungsgebiet geeignete Ausbildung, durch praktische Erfahrung und durch die erfolgreiche Teilnahme an von der zuständigen Stelle anerkannten Kursen erworben.

(2) Die erforderlichen Kenntnisse im Strahlenschutz werden in der Regel durch eine für das jeweilige Anwendungsgebiet geeignete Einweisung und durch praktische Erfahrung erworben. Die in einer Rechtsverordnung nach Absatz 4 Nummer 5 bestimmten Personen erwerben in der Regel die erforderlichen Kenntnisse im Strahlenschutz durch eine geeignete Ausbildung, durch praktische Erfahrung und durch die erfolgreiche Teilnahme an von der zuständigen Stelle anerkannten Kursen.

(3) Die Bundesregierung wird ermächtigt, durch Rechtsverordnung mit Zustimmung des Bundesrates Näheres über die erforderliche Fachkunde und die erforderlichen Kenntnisse im Strahlenschutz in Abhängigkeit von dem Anwendungsgebiet und den Aufgaben der Person, die die erforderliche Fachkunde im Strahlenschutz oder die erforderlichen Kenntnisse im Strahlenschutz besitzen muss, festzulegen.

(4) Die Bundesregierung wird auch ermächtigt, durch Rechtsverordnung mit Zustimmung des Bundesrates zu bestimmen,

1. welche Nachweise über die erforderliche Fachkunde im Strahlenschutz oder die erforderlichen Kenntnisse im Strahlenschutz zu erbringen sind,

2. dass und auf welche Weise das Vorliegen der erforderlichen Fachkunde im Strahlenschutz oder der erforderlichen Kenntnisse im Strahlenschutz geprüft und bescheinigt wird,

3. welche Anforderungen an die Anerkennung von Kursen zum Erwerb der erforderlichen

Fachkunde im Strahlenschutz oder der erforderlichen Kenntnisse im Strahlenschutz, an die Anerkennung einer Berufsausbildung, die den Erwerb der erforderlichen Fachkunde im Strahlenschutz oder der erforderlichen Kenntnisse im Strahlenschutz beinhaltet, sowie an Kurse zu ihrer Aktualisierung zu stellen sind,

4. welche Inhalte in den Kursen zum Erwerb der erforderlichen Fachkunde im Strahlenschutz oder der erforderlichen Kenntnisse im Strahlenschutz und zu ihrer Aktualisierung zu vermitteln sind,

5. welche Personen die erforderlichen Kenntnisse im Strahlenschutz nach Absatz 2 Satz 2 zu erwerben haben,

6. dass, in welchen Abständen und auf welche Weise Personen die erforderliche Fachkunde oder Kenntnisse im Strahlenschutz zu aktualisieren haben,

7. unter welchen Voraussetzungen eine vergleichbare Fachkunde im Strahlenschutz oder vergleichbare Kenntnisse im Strahlenschutz, die außerhalb des Geltungsbereichs dieses Gesetzes erworben wurden, oder die Teilnahme an einem Kurs, der außerhalb des Geltungsbereichs dieses Gesetzes stattgefunden hat, anerkannt werden können und

8. unter welchen Voraussetzungen die zuständige Stelle eine Bescheinigung über die erforderliche Fachkunde im Strahlenschutz oder die erforderlichen Kenntnisse im Strahlenschutz entziehen kann, die Fortgeltung der Bescheinigung mit Auflagen versehen kann oder eine Überprüfung der Fachkunde oder der Kenntnisse veranlassen kann.

§ 75 Überprüfung der Zuverlässigkeit

Für die Überprüfung der Zuverlässigkeit von Personen zum Schutz gegen unbefugte Handlungen, die zu einer Entwendung oder Freisetzung sonstiger radioaktiver Stoffe führen können, sind § 12b des Atomgesetzes und die Atomrechtliche Zuverlässigkeitsüberprüfungs-Verordnung anzuwenden.

Kapitel 5
Anforderungen an die Ausübung von Tätigkeiten

§ 76 Verordnungsermächtigungen für die physikalische Strahlenschutzkontrolle und Strahlenschutzbereiche; Aufzeichnungs- und Mitteilungspflichten der Daten der Körperdosis

(1) Die Bundesregierung wird ermächtigt, durch Rechtsverordnung mit Zustimmung des Bundesrates Anforderungen an die physikalische Strahlenschutzkontrolle festzulegen sowie Vorgaben für Überwachungsbereiche, Kontrollbereiche und Sperrbereiche als Teil des Kontrollbereichs (Strahlenschutzbereiche) und den Schutz von Personen, die sich in Strahlenschutzbereichen aufhalten, zu machen. In der Rechtsverordnung kann insbesondere festgelegt werden,

1. wann Strahlenschutzbereiche einzurichten sind und welche Merkmale sie erfüllen müssen,

2. wie Strahlenschutzbereiche abzugrenzen, zu sichern und zu kennzeichnen sind,

3. unter welchen Bedingungen Personen der Zutritt zu Strahlenschutzbereichen erlaubt wird,

4. dass Personen vor dem Zutritt zu Strahlenschutzbereichen, vor dem Einsatz als fliegendes oder raumfahrendes Personal oder vor dem Umgang mit radioaktiven Stoffen oder vor dem Betrieb von Anlagen zur Erzeugung ionisierender Strahlung, Röntgeneinrichtungen oder Störstrahlern oder vor der Beförderung radioaktiver Stoffe zu unterweisen sind, welchen Inhalt die Unterweisungen haben müssen, in welchen Zeitabständen die Unterweisung zu erfolgen hat,

5. dass aufzuzeichnen ist, wer an der Unterweisung nach Nummer 4 teilgenommen hat, wie lange die Aufzeichnung aufzubewahren und unter welchen Voraussetzungen sie der zuständigen Behörde vorzulegen ist,

6. dass persönliche Schutzausrüstungen zu verwenden sind und welche persönlichen Schutzausrüstungen zu verwenden sind,

7. dass und wie die messtechnische Überwachung zu erfolgen hat, einschließlich der Verwendung bestimmter Strahlungsmessgeräte,

8. wie Personen, die sich in Strahlenschutzbereichen aufhalten oder aufgehalten haben, zu überwachen sind, einschließlich der Pflicht dieser Personen, Dosimeter zu tragen,

9. dass aufzuzeichnen ist, wer sich in Strahlenschutzbereichen aufgehalten hat und welche Ergebnisse die Überwachung hat, dass und wie lange die Aufzeichnungen aufzubewahren sind, dass und unter welchen Voraussetzungen sie der zuständigen Behörde vorzulegen sind und unter welchen Voraussetzungen die Ergebnisse der Überwachung ermächtigten Ärzten und Arbeitgebern mitzuteilen sind,

10. dass und in welchem Umfang Personen, die einer beruflichen Exposition ausgesetzt sein können oder die sich in einem Strahlenschutzbereich aufhalten oder aufgehalten haben, verpflichtet sind, sich Messungen zur Bestimmung der Körperdosis, ärztlicher Untersuchung und, soweit zum Schutz anderer Personen oder der Allgemeinheit erforderlich, ärztlicher Behandlung zu unterziehen, und dass die Untersuchung oder die Behandlung durch ermächtigte Ärzte vorzunehmen ist,

11. dass, wie und durch wen die Körperdosis zu ermitteln ist,

12. welche technischen und organisatorischen Anforderungen für die nach Absatz 2, nach

§ 85 Absatz 1 Nummer 3 Buchstabe b sowie nach den §§ 167 und 168 erforderliche Aufzeichnung, Aufbewahrung, Weitergabe und Übermittlung der ermittelten Daten zur Körperdosis gelten,

13. welche Dosimeter zur Messung der beruflichen Exposition verwendet werden dürfen und dass sie der zu überwachenden Person zur Verfügung zu stellen sind,

14. welche Anforderungen an die Anerkennung eines Rechenprogramms zur Ermittlung der Körperdosis des fliegenden Personals zu stellen sind,

15. welche Schutzmaßnahmen in Strahlenschutzbereichen und beim Verlassen von Strahlenschutzbereichen zu ergreifen sind, um Kontaminationen von Personen und Gegenständen festzustellen und zu beseitigen sowie Aktivierungen von Gegenständen festzustellen und welche Werte der oberflächenspezifischen und spezifischen Aktivität hierfür heranzuziehen sind sowie welche Anforderungen an mit der Dekontamination betraute Personen zu stellen sind,

16. welche Vorkehrungen zum Schutz der Feuerwehr vor der schädlichen Wirkung ionisierender Strahlung bei der Brandbekämpfung zu treffen sind und

17. welche weiteren Aufzeichnungs-, Aufbewahrungs-, Mitteilungs- und Vorlagepflichten im Zusammenhang mit den Pflichten nach den Nummern 1 bis 16 bestehen.

Die Rechtsverordnung kann auch diejenigen Vorschriften der Rechtsverordnung festlegen, für deren Einhaltung die Strahlenschutzverantwortliche zu sorgen hat.

(2) Der Strahlenschutzverantwortliche hat dafür zu sorgen, dass die Ergebnisse der nach der Rechtsverordnung nach Absatz 1 Satz 2 Nummer 11 ermittelten Daten zur Körperdosis von Personen, die der physikalischen Strahlenschutzkontrolle unterliegen oder sich in Strahlenschutzbereichen aufgehalten haben und weder einer beruflichen Exposition unterliegen

noch Betreuungs- und Begleitpersonen sind, unverzüglich aufgezeichnet werden. Die Aufzeichnungen sind zehn Jahre ab dem Zeitpunkt der Erstellung aufzubewahren und der zuständigen Behörde auf Verlangen vorzulegen.

(3) Das Grundrecht auf körperliche Unversehrtheit (Artikel 2 Absatz 2 Satz 1 des Grundgesetzes) wird nach Maßgabe des Absatzes 1 Satz 2 Nummer 10 eingeschränkt.

§ 77 Grenzwert für die Berufslebensdosis

Der Grenzwert für die Summe der in allen Kalenderjahren ermittelten effektiven Dosen beruflich exponierter Personen beträgt 400 Millisievert. Die zuständige Behörde kann im Benehmen mit einem ermächtigten Arzt eine zusätzliche berufliche Exposition zulassen, wenn diese nicht mehr als 10 Millisievert effektive Dosis im Kalenderjahr beträgt und die beruflich exponierte Person einwilligt. Die Einwilligung ist schriftlich zu erteilen.

§ 78 Grenzwerte für beruflich exponierte Personen

(1) Der Grenzwert der effektiven Dosis beträgt für beruflich exponierte Personen 20 Millisievert im Kalenderjahr. Die zuständige Behörde kann im Einzelfall für ein einzelnes Jahr eine effektive Dosis von 50 Millisievert zulassen, wobei in fünf aufeinander folgenden Jahren insgesamt 100 Millisievert nicht überschritten werden dürfen.

(2) Der Grenzwert der Organ-Äquivalentdosis beträgt für beruflich exponierte Personen

1. für die Augenlinse 20 Millisievert im Kalenderjahr,

2. für die Haut, gemittelt über jede beliebige Hautfläche von einem Quadratzentimeter, unabhängig von der exponierten Fläche, (lokale Hautdosis) 500 Millisievert im Kalenderjahr und

3. für die Hände, die Unterarme, die Füße und Knöchel jeweils 500 Millisievert im Kalenderjahr.

Für die Organ-Äquivalentdosis der Augenlinse gilt Absatz 1 Satz 2 entsprechend.

(3) Für beruflich exponierte Personen unter 18 Jahren beträgt der Grenzwert der effektiven Dosis 1 Millisievert im Kalenderjahr. Der Grenzwert der Organ-Äquivalentdosis beträgt

1. für die Augenlinse 15 Millisievert im Kalenderjahr,

2. für die lokale Hautdosis 50 Millisievert im Kalenderjahr,

3. für die Hände, die Unterarme, die Füße und Knöchel jeweils 50 Millisievert im Kalenderjahr.

Abweichend davon kann die zuständige Behörde für Auszubildende und Studierende im Alter zwischen 16 und 18 Jahren einen Grenzwert von 6 Millisievert im Kalenderjahr für die effektive Dosis und jeweils 150 Millisievert im Kalenderjahr für die Organ-Äquivalentdosis der Haut, der Hände, der Unterarme, der Füße und Knöchel zulassen, wenn dies zur Erreichung des Ausbildungszieles notwendig ist.

(4) Bei gebärfähigen Frauen beträgt der Grenzwert für die Organ-Äquivalentdosis der Gebärmutter 2 Millisievert im Monat. Für ein ungeborenes Kind, das auf Grund der Beschäftigung der Mutter einer Exposition ausgesetzt ist, beträgt der Grenzwert der effektiven Dosis vom Zeitpunkt der Mitteilung über die Schwangerschaft bis zu deren Ende 1 Millisievert.

(5) Die Befugnis der zuständigen Behörde nach der Rechtsverordnung nach § 79 Absatz 1 Satz 2 Nummer 1, unter außergewöhnlichen, im Einzelfall zu beurteilenden Umständen zur Durchführung notwendiger spezifischer Arbeitsvorgänge Expositionen zuzulassen, die von den Grenzwerten der Absätze 1 und 2 und Absatz 4 Satz 1 abweichen, bleibt unberührt.

§ 79 Verordnungsermächtigung für die berufliche Exposition; Führung einer Gesundheitsakte

(1) Die Bundesregierung wird ermächtigt, durch Rechtsverordnung mit Zustimmung des Bundesrates festzulegen, welche Vorsorge- und Überwachungsmaßnahmen für den Schutz von Personen, die einer beruflichen Exposition unterliegen, zu treffen sind. In der Rechtsverordnung kann insbesondere festgelegt werden,

1. unter welchen Voraussetzungen eine Weiterbeschäftigung als beruflich exponierte Person bei Grenzwertüberschreitung zulässig ist und unter welchen Voraussetzungen von den Grenzwerten abweichende Expositionen zugelassen werden können,

2. in welchen Fällen, auf welche Weise und durch wen Dosisrichtwerte für berufliche Expositionen festgelegt werden können und wer diese Dosisrichtwerte bei der Durchführung von Strahlenschutzmaßnahmen zu berücksichtigen hat,

3. dass und wie Schutzvorkehrungen vor äußerer und innerer Exposition getroffen werden, welche Beschäftigungsverbote und Beschäftigungsbeschränkungen für Personen unter 18 Jahren gelten sowie Ausnahmen von diesen Verboten und Beschränkungen,

4. welche besonderen Schutzmaßnahmen für eine schwangere oder stillende Frau und ihr Kind zu treffen sind,

5. dass Personen zum Zweck der Kontrolle und ärztlichen Überwachung Kategorien zugeordnet werden,

6. in welchen Fällen Personen nur nach Vorlage einer Bescheinigung ermächtigter Ärzte so beschäftigt werden dürfen, dass sie einer beruflichen Exposition ausgesetzt sind, und dass die zuständige Behörde bei gesundheitlichen Bedenken gegen eine solche Beschäftigung nach Einholung eines Gutachtens ärztlicher Sachverständiger entscheidet, dass die ärztliche Untersu-

chung in regelmäßigen Abständen zu wiederholen ist und auch in kürzeren Abständen sowie nach Beendigung des Arbeitsverhältnisses angeordnet werden kann,

7. welche Unterlagen, einschließlich der Gesundheitsakte nach Nummer 10, ein ermächtigter Arzt für die Anfertigung der Bescheinigung nach Nummer 6 heranzuziehen hat, welche Angaben die Bescheinigung enthalten muss und welches Verfahren bei der Ausstellung der Bescheinigung zu beachten ist,

8. in welchen Fällen bei einer Person eine besondere ärztliche Überwachung durchzuführen ist und wie diese durchzuführen ist,

9. dass und unter welchen Voraussetzungen

   a) die zuständige Behörde Ärzte zur ärztlichen Untersuchung exponierter Personen ermächtigen darf (ermächtigte Ärzte),

   b) die Ermächtigung befristet werden kann,

10. welche Aufgaben und Verpflichtungen, einschließlich der Pflicht zur Führung von Gesundheitsakten, die ermächtigten Ärzte haben,

11. dass und unter welchen Voraussetzungen ein ermächtigter Arzt

    a) die Bescheinigung nach Nummer 6 dem Strahlenschutzverantwortlichen, der untersuchten Person, einem anderen ermächtigten Arzt und der zuständigen Behörde zu übermitteln hat,

    b) die Gesundheitsakte einem anderen ermächtigten Arzt und, bei Beendigung der Ermächtigung, einer von der zuständigen Behörde benannten Stelle zu übermitteln hat,

12. dass bei der Aufstellung der Arbeitspläne für das fliegende Personal der ermittelten Exposition im Hinblick auf eine Verringerung der Dosen Rechnung zu tragen ist,

13. welche weiteren Aufzeichnungs-, Aufbewahrungs-, Mitteilungs- und Vorlagepflichten im Zusammenhang mit den Pflichten nach den Nummern 1 bis 12 bestehen.

Die Rechtsverordnung kann auch diejenigen Vorschriften der Rechtsverordnung festlegen, für deren Einhaltung der Strahlenschutzverantwortliche zu sorgen hat.

(2) Die Gesundheitsakte nach der Rechtsverordnung nach Absatz 1 Satz 2 Nummer 10 hat die folgenden Angaben zu enthalten:

1. Angaben über die Arbeitsbedingungen,

2. Angaben über die Ergebnisse der ärztlichen Überwachung,

3. die ärztliche Bescheinigung nach Absatz 1 Satz 2 Nummer 6,

4. Angaben über die Ergebnisse der besonderen ärztlichen Überwachung nach Absatz 1 Satz 2 Nummer 8,

5. Angaben über die Entscheidung der zuständigen Behörde auf Grund der Rechtsverordnung nach Absatz 1 Satz 2 Nummer 6,

   a) dass die ärztliche Überwachung innerhalb eines kürzeren Zeitraums als dem in der Rechtsverordnung festgelegten Zeitraum durchzuführen ist,

   b) bei gesundheitlichen Bedenken gegen eine Beschäftigung, einschließlich des Gutachtens des ärztlichen Sachverständigen, und

6. Angaben über die erhaltene Körperdosis.

(3) Die Gesundheitsakte ist während der Tätigkeit der beruflich exponierten Person auf dem neuesten Stand zu halten. Sie ist so lange aufzubewahren, bis die Person das 75. Lebensjahr vollendet hat oder vollendet hätte, mindestens jedoch 30 Jahre nach Beendigung der Wahrnehmung von Aufgaben als beruflich exponierte Person. Sie ist spätestens 100 Jahre nach der Geburt der überwachten Person zu vernichten.

(4) Der ermächtigte Arzt nach Absatz 1 Satz 2 Nummer 9 Buchstabe a ist verpflichtet, die Gesundheitsakte auf Verlangen der zuständigen Behörde einer von ihr bestimmten Stelle zur Einsicht vorzulegen und bei Beendigung der Ermächtigung zu übergeben. Dabei ist durch geeignete Maßnahmen sicherzustellen, dass die Wahrung des Patientengeheimnisses durch die bestimmte Stelle gewährleistet ist. Der ermächtigte Arzt hat der untersuchten Person auf ihr Verlangen Einsicht in ihre Gesundheitsakte zu gewähren.

(5) Das Grundrecht auf körperliche Unversehrtheit (Artikel 2 Absatz 2 Satz 1 des Grundgesetzes) wird nach Maßgabe des Absatzes 1 Satz 2 Nummer 6 und 8 eingeschränkt.

§ 80 Grenzwerte für die Exposition der Bevölkerung

(1) Für Einzelpersonen der Bevölkerung beträgt der Grenzwert der Summe der effektiven Dosen 1 Millisievert im Kalenderjahr durch Expositionen aus

1. genehmigungs- oder anzeigebedürftigen Tätigkeiten nach diesem Gesetz oder dem Atomgesetz,

2. der staatlichen Verwahrung von Kernbrennstoffen nach § 5 Absatz 3 Satz 1 des Atomgesetzes,

3. der planfeststellungsbedürftigen Errichtung, dem planfeststellungsbedürftigen Betrieb oder der planfeststellungsbedürftigen Stilllegung der in § 9a Absatz 3 des Atomgesetzes genannten Anlagen des Bundes und

4. dem Aufsuchen, Gewinnen oder Aufbereiten von radioaktiven Bodenschätzen, wenn dies der Betriebsplanpflicht nach § 51 des Bundesberggesetzes unterliegt.

(2) Der Grenzwert der Summe der Organ-Äquivalentdosen für Einzelpersonen der Bevölkerung beträgt

1. für die Augenlinse 15 Millisievert im Kalenderjahr und

2. für die lokale Hautdosis 50 Millisievert im Kalenderjahr.

(3) Expositionen auf Grund nichtmedizinischer Anwendung nach § 83 Absatz 1 Nummer 2 werden bei den Grenzwerten für Einzelpersonen der Bevölkerung nicht berücksichtigt.

(4) Die zuständige Behörde hat darauf hinzuwirken, dass bei mehreren zu betrachtenden genehmigungs- oder anzeigebedürftigen Tätigkeiten die in den Absätzen 1 und 2 genannten Grenzwerte insgesamt eingehalten werden.

§ 81 Verordnungsermächtigung für den Schutz der Bevölkerung und der Umwelt

Die Bundesregierung wird ermächtigt, durch Rechtsverordnung mit Zustimmung des Bundesrates festzulegen, welche Vorsorge- und Überwachungsmaßnahmen für den Schutz von Einzelpersonen der Bevölkerung in Zusammenhang mit geplanten Expositionssituationen zu treffen sind, damit bestimmte Körperdosen und bestimmte Konzentrationen radioaktiver Stoffe in Luft und Wasser nicht überschritten werden. In der Rechtsverordnung kann insbesondere festgelegt werden,

1. bei der Planung oder bei der Ausübung welcher Tätigkeiten die zu erwartende Exposition von Einzelpersonen der Bevölkerung zu ermitteln ist und welche Expositionen aus weiteren Tätigkeiten bei der Ermittlung zu berücksichtigen sind sowie welche Angaben der zuständigen Behörde zur Wahrnehmung der Aufgabe nach § 80 Absatz 4 zu übermitteln sind,

2. für welche genehmigten oder angezeigten Tätigkeiten die erhaltene Exposition von Einzelpersonen der Bevölkerung zu ermitteln ist und welche Angaben der Strahlenschutzverantwortliche hierzu der zuständigen Behörde zu übermitteln hat,

3. dass und auf welche Weise die Ermittlung der erhaltenen Exposition zu dokumentieren ist,

4. auf welche Weise und unter welchen Annahmen die Exposition von Einzelpersonen der Bevölkerung zu ermitteln ist und welche Beiträge bei der Bildung der Summe der Körperdosen nach § 80 Absatz 1 und 2 zu berücksichtigen sind,

5. welche Dosisgrenzwerte für Ableitungen mit Luft oder Wasser bei Planung, Errichtung, Betrieb, Stilllegung, sicherem Einschluss und Abbau von kerntechnischen Anlagen, Anlagen im Sinne des § 9a Absatz 3 Satz 1 zweiter Satzteil des Atomgesetzes, Anlagen zur Erzeugung ionisierender Strahlung und Einrichtungen gelten,

6. dass und auf welche Weise die zuständige Behörde in Zusammenhang mit kerntechnischen Anlagen, Anlagen im Sinne des § 9a Absatz 3 Satz 1 zweiter Satzteil des Atomgesetzes, Anlagen zur Erzeugung ionisierender Strahlung und Einrichtungen zulässige Ableitungen radioaktiver Stoffe mit Luft und Wasser festlegt sowie unter welchen Voraussetzungen die zuständige Behörde davon ausgehen kann, dass die Dosisgrenzwerte nach Nummer 5 eingehalten werden,

7. welche Vorgaben zur Emissions- und Immissionsüberwachung, die auch die Überwachung der Exposition durch Direktstrahlung umfasst, von kerntechnischen Anlagen, Anlagen im Sinne des § 9a Absatz 3 Satz 1 zweiter Satzteil des Atomgesetzes, Anlagen zur Erzeugung ionisierender Strahlung und Einrichtungen einzuhalten sind,

8. für welche Tätigkeiten eine allgemeine Untersuchung zur Einhaltung von Umweltkriterien für einen langfristigen Schutz der menschlichen Gesundheit durchzuführen ist und welche Verfahren hierzu zu verwenden sind,

9. in welchen Fällen, auf welche Weise und durch wen Dosisrichtwerte festgelegt werden können und wer diese Dosisrichtwerte bei der Durchführung von Strahlenschutzmaßnahmen zu berücksichtigen hat und

10. bei der Planung welcher Tätigkeiten bauliche oder sonstige technische Schutzmaßnahmen zur Begrenzung der Exposition durch Störfälle zu treffen und welche Grundsätze und welche Höchstwerte für Expositionen dabei zu beachten sind.

In der Rechtsverordnung können Verwaltungsbehörden des Bundes Aufgaben zur Qualitätssicherung, zur Verfahrensentwicklung für Probenahme, Analyse und Messung sowie zur Behandlung der Daten zugewiesen werden. Die Rechtsverordnung kann auch diejenigen Vorschriften der Rechtsverordnung festlegen, für deren Einhaltung der Strahlenschutzverantwortliche zu sorgen hat.

§ 82 Verordnungsermächtigung für Pflichten des Strahlenschutzverantwortlichen im Zusammenhang mit Störfällen und Notfällen

(1) Die Bundesregierung wird ermächtigt, durch Rechtsverordnung mit Zustimmung des Bundesrates festzulegen, welche Pflichten der Strahlenschutzverantwortliche zur Vorbereitung angemessener Reaktionen auf Störfälle, mögliche Notfälle sowie bei einem Notfall zu erfüllen hat, insbesondere

1. dass das erforderliche Personal und die erforderlichen Hilfsmittel vorzuhalten sind, um Gefahren, die im Zusammenhang mit der Tätigkeit des Strahlenschutzverantwortlichen durch Störfälle oder Notfälle entstanden sind, einzudämmen und zu beseitigen, und welche Anforderungen an die erforderliche Fachkunde oder die erforderlichen Kenntnisse im Strahlenschutz und die Hilfsmittel zu stellen sind,

2. dass und auf welche Weise die Bevölkerung über die Schutzmaßnahmen und die Emp-

fehlungen für das Verhalten bei möglichen Notfällen zu informieren ist,

3. dass bei Notfällen unverzüglich alle angemessenen Maßnahmen zu treffen sind, um Gefahren für Mensch und Umwelt abzuwenden oder die nachteiligen Auswirkungen zu beschränken,

4. dass und auf welche Weise bestimmte Behörden unverzüglich über den Eintritt eines Notfalls zu unterrichten sind, dass diesen unverzüglich eine vorläufige erste Bewertung der Umstände und Abschätzung der Folgen des Notfalls zu übermitteln ist und dass den zuständigen Behörden und Hilfsorganisationen bei deren Entscheidungen und Schutzmaßnahmen Hilfe zu leisten ist, insbesondere durch die notwendigen Informationen und die erforderliche Beratung.

(2) Unberührt bleiben Pflichten der Strahlenschutzverantwortlichen auf Grundlage anderer Rechtsvorschriften des Bundes und der Länder zur Abwehr von Gefahren für die menschliche Gesundheit, die Umwelt oder für die öffentliche Sicherheit oder auf Grundlage unmittelbar anwendbarer Rechtsakte der Europäischen Union oder der Europäischen Atomgemeinschaft, soweit diese Rechtsvorschriften und Rechtsakte auch bei radiologischen Gefahren anwendbar sind.

§ 83 Anwendung ionisierender Strahlung oder radioaktiver Stoffe am Menschen

(1) Ionisierende Strahlung und radioaktive Stoffe dürfen am Menschen nur angewendet werden

1. im Rahmen einer medizinischen Exposition oder

2. im Rahmen der Exposition der Bevölkerung zur Untersuchung einer Person in durch Gesetz vorgesehenen oder zugelassenen Fällen oder nach Vorschriften des allgemeinen Arbeitsschutzes oder nach Einwanderungs-

bestimmungen anderer Staaten (nichtmedizinische Anwendung).

(2) Die Anwendung muss einen hinreichenden Nutzen erbringen. Bei der Bewertung, ob die Anwendung einen hinreichenden Nutzen erbringt, ist ihr Gesamtpotential an diagnostischem oder therapeutischem Nutzen, einschließlich des unmittelbaren gesundheitlichen Nutzens für den Einzelnen und des Nutzens für die Gesellschaft, gegen die von der Exposition möglicherweise verursachte Schädigung des Einzelnen abzuwägen.

(3) Die Anwendung darf erst durchgeführt werden, nachdem ein Arzt oder Zahnarzt mit der erforderlichen Fachkunde im Strahlenschutz entschieden hat, dass und auf welche Weise die Anwendung durchzuführen ist (rechtfertigende Indikation). Die rechtfertigende Indikation erfordert bei Anwendungen im Rahmen einer medizinischen Exposition die Feststellung, dass der gesundheitliche Nutzen der einzelnen Anwendung gegenüber dem Strahlenrisiko überwiegt. Die rechtfertigende Indikation erfordert bei nichtmedizinischen Anwendungen die Feststellung, dass der mit der jeweiligen Untersuchung verbundene Nutzen gegenüber dem Strahlenrisiko überwiegt. Die rechtfertigende Indikation darf nur gestellt werden, wenn der Arzt, der die Indikation stellt, die Person, an die ionisierende Strahlung oder radioaktive Stoffe angewendet werden, vor Ort persönlich untersuchen kann, es sei denn, es liegt ein Fall der Teleradiologie nach § 14 Absatz 2 vor.

(4) Absatz 3 gilt nicht für Untersuchungen mit Röntgenstrahlung nach dem Infektionsschutzgesetz und für Anwendungen am Menschen zum Zweck der medizinischen Forschung nach § 31 Absatz 1 oder § 32 Absatz 1.

(5) Die Exposition durch eine Untersuchung mit ionisierender Strahlung oder radioaktiven Stoffen ist so weit einzuschränken, wie dies mit den Erfordernissen der medizinischen Wissenschaft zu vereinbaren ist. Bei der Anwendung ionisierender Strahlung oder radioaktiver Stoffe zur Behandlung von Menschen ist die Dosis

außerhalb des Zielvolumens so niedrig zu halten, wie dies unter Berücksichtigung des Behandlungsziels möglich ist. Satz 1 gilt entsprechend für nichtmedizinische Anwendungen.

§ 84 Früherkennung; Verordnungsermächtigung

(1) Früherkennung zur Ermittlung nicht übertragbarer Krankheiten ist nur zulässig, wenn die Rechtsverordnung nach Absatz 2 dies vorsieht.

(2) Das Bundesministerium für Umwelt, Naturschutz und nukleare Sicherheit wird ermächtigt, durch Rechtsverordnung ohne Zustimmung des Bundesrates festzulegen, welche Früherkennungsuntersuchung unter welchen Voraussetzungen zur Ermittlung einer nicht übertragbaren Krankheit für eine besonders betroffene Personengruppe zulässig ist. In der Rechtsverordnung darf nur die Zulässigkeit solcher Früherkennungsuntersuchungen geregelt werden, bei denen mit einem wissenschaftlich anerkannten Untersuchungsverfahren eine schwere Krankheit in einem Frühstadium erfasst werden kann und so die wirksamere Behandlung einer erkrankten Person ermöglicht wird. Die Ergebnisse der wissenschaftlichen Bewertung nach Absatz 3 sind zu berücksichtigen.

(3) Früherkennungsuntersuchungen zur Ermittlung nicht übertragbarer Krankheiten werden durch das Bundesamt für Strahlenschutz unter Beteiligung von Fachkreisen wissenschaftlich bewertet, wobei Risiko und Nutzen der Früherkennungsuntersuchung gegeneinander abzuwägen sind. Die wissenschaftliche Bewertung ist zu veröffentlichen. Das Bundesministerium für Umwelt, Naturschutz und nukleare Sicherheit regelt das weitere Verfahren der wissenschaftlichen Bewertung und ihrer Veröffentlichung im Einvernehmen mit dem Bundesministerium für Gesundheit durch allgemeine Verwaltungsvorschriften.

(4) Früherkennung zur Ermittlung übertragbarer Krankheiten in Landesteilen oder für Bevölkerungsgruppen mit überdurchschnittlicher Er-

krankungshäufigkeit ist nur zulässig, wenn die zuständige oberste Landesgesundheitsbehörde im Einvernehmen mit der obersten Strahlenschutzbehörde des Landes eine Früherkennungsuntersuchung zur öffentlichen Gesundheitsvorsorge zugelassen hat.

(5) Erfolgt die Früherkennungsuntersuchung im Rahmen eines Früherkennungsprogramms, so kann die Rechtsverordnung nach Absatz 2 oder die Zulassung nach Absatz 4 Ausnahmen von der Pflicht zur rechtfertigenden Indikation zulassen, soweit Art und Umfang der Einschlusskriterien für das Früherkennungsprogramm eine Entscheidung darüber, ob oder auf welche Weise die Anwendung durchzuführen ist, entbehrlich machen.

§ 85 Aufzeichnungs-, Aufbewahrungs- und behördliche Mitteilungspflichten von Daten und Bilddokumenten bei der Anwendung am Menschen; Verordnungsermächtigung

(1) Der Strahlenschutzverantwortliche hat dafür zu sorgen, dass über die Anwendung ionisierender Strahlung oder radioaktiver Stoffe am Menschen Aufzeichnungen angefertigt werden. Die Aufzeichnungen müssen Folgendes enthalten:

1. Angaben zur rechtfertigenden Indikation,

2. den Zeitpunkt und die Art der Anwendung,

3. Angaben zur Exposition

    a) der untersuchten oder behandelten Person oder zur Ermittlung dieser Exposition, einschließlich einer Begründung im Falle der Überschreitung diagnostischer Referenzwerte, sowie

    b) von Betreuungs- und Begleitpersonen, sofern nach der Rechtsverordnung nach § 86 Satz 2 Nummer 3 ihre Körperdosis zu ermitteln ist,

4. den erhobenen Befund einer Untersuchung,

5. den Bestrahlungsplan und das Bestrahlungsprotokoll einer Behandlung.

Die Aufzeichnungen sind gegen unbefugten Zugriff und unbefugte Änderung zu sichern.

(2) Der Strahlenschutzbeauftragte hat die Aufzeichnungen sowie Röntgenbilder, digitale Bilddaten und sonstige Untersuchungsdaten aufzubewahren, und zwar

1. im Falle von Behandlungen für eine Dauer von 30 Jahren,

2. im Falle von Untersuchungen

    a) einer volljährigen Person für eine Dauer von zehn Jahren,

    b) bei einer minderjährigen Person bis zur Vollendung ihres 28. Lebensjahres.

Die zuständige Behörde kann verlangen, dass im Falle der Praxisaufgabe oder sonstigen Einstellung des Betriebes die Aufzeichnungen sowie die Röntgenbilder, die digitalen Bilddaten und die sonstigen Untersuchungsdaten unverzüglich bei einer von ihr bestimmten Stelle zu hinterlegen sind; dabei ist durch geeignete Maßnahmen sicherzustellen, dass die Wahrung des Patientengeheimnisses durch die bestimmte Stelle gewährleistet ist.

(3) Der Strahlenschutzverantwortliche hat

1. der zuständigen Behörde auf Verlangen die Aufzeichnungen vorzulegen; dies gilt nicht für medizinische Befunde,

2. der ärztlichen oder zahnärztlichen Stelle auf Verlangen die Aufzeichnungen sowie die Röntgenbilder, die digitalen Bilddaten und die sonstigen Untersuchungsdaten zur Erfüllung ihrer nach der Rechtsverordnung nach § 86 Satz 2 Nummer 9 festgelegten Aufgaben vorzulegen,

3. einem weiter untersuchenden oder behandelnden Arzt oder Zahnarzt Auskünfte über die Aufzeichnungen zu erteilen und ihm die Aufzeichnungen sowie die Röntgenbilder, die digitalen Bilddaten und die sonstigen

Untersuchungsdaten vorübergehend zu überlassen.

Bei der Weitergabe oder Übermittlung sind geeignete Maßnahmen zur Einhaltung der ärztlichen Schweigepflicht zu treffen. Der untersuchten oder behandelten Person ist auf deren Wunsch eine Abschrift der Aufzeichnungen zu überlassen.

(4) Die Bundesregierung wird ermächtigt, durch Rechtsverordnung mit Zustimmung des Bundesrates festzulegen,

1. dass einer Person, die unter Anwendung von Röntgenstrahlung oder radioaktiven Stoffen untersucht wurde, Informationen über die durchgeführte Untersuchung anzubieten sind, welchen Inhalt diese Informationen haben müssen und in welcher Form diese Informationen zur Verfügung zu stellen sind,

2. welche Anforderungen an die Aufbewahrung von Aufzeichnungen, Röntgenbildern, digitalen Bilddaten und sonstigen Untersuchungsdaten zu stellen sind, insbesondere zur Sicherung ihrer Verfügbarkeit und Verhinderung von Datenverlusten,

3. welche Anforderungen an die Weitergabe und Übermittlung von Aufzeichnungen, Röntgenbildern, digitalen Bilddaten und sonstigen Untersuchungsdaten zu stellen sind.

Die Rechtsverordnung kann auch diejenigen Vorschriften der Rechtsverordnung festlegen, für deren Einhaltung der Strahlenschutzverantwortliche zu sorgen hat.

§ 86 Verordnungsermächtigungen zum Schutz von Personen bei der Anwendung ionisierender Strahlung oder radioaktiver Stoffe am Menschen

Die Bundesregierung wird ermächtigt, durch Rechtsverordnung mit Zustimmung des Bundesrates festzulegen, welche Maßnahmen, einschließlich Vorsorge- und Überwachungsmaßnahmen, für den Schutz von Personen, an denen ionisierende Strahlung und radioaktive Stoffe angewendet werden, sowie für den Schutz von Einzelpersonen der Bevölkerung bei oder nach der Anwendung ionisierender Strahlung oder radioaktiver Stoffe am Menschen zu treffen sind. In der Rechtsverordnung kann insbesondere festgelegt werden,

1. auf welche Weise jede einzelne Exposition zu rechtfertigen ist,

2. auf welche Weise bei der Anwendung die medizinische Exposition und die Exposition der Personen, an denen ionisierende Strahlung oder radioaktive Stoffe im Rahmen einer nichtmedizinischen Anwendung angewendet werden, zu beschränken ist,

3. dass und auf welche Weise bei der Anwendung die medizinische Exposition und die Exposition der Personen, die im Rahmen nichtmedizinischer Anwendungen untersucht werden, zu ermitteln und zu bewerten ist,

4. welche Maßnahmen vor, bei und nach der Anwendung zu ergreifen sind, damit die für den Strahlenschutz erforderliche Qualität unter Berücksichtigung der Erfordernisse der medizinischen Wissenschaften eingehalten wird,

5. auf welche Weise Teleradiologie durchzuführen ist und welche Anforderungen an die Qualität von Teleradiologiesystemen zu stellen sind,

6. welche Personen berechtigt sind, radioaktive Stoffe und ionisierende Strahlung am Menschen anzuwenden oder bei der technischen Durchführung der Anwendung tätig zu werden, und welche Kriterien für die Bemessung der ausreichenden Anzahl des notwendigen Personals nach § 14 Absatz 1 Nummer 4 zugrunde gelegt werden sollen,

7. dass und auf welche Weise diagnostische Referenzwerte ermittelt, erstellt und veröffentlicht werden,

8. dass und auf welche Weise für die Bevölkerung die medizinische Exposition ermittelt wird und dazu Erhebungen durchgeführt werden,

9. dass und auf welche Weise ärztliche und zahnärztliche Stellen zur Sicherung der Qualität bei der Anwendung radioaktiver Stoffe oder ionisierender Strahlung am Menschen tätig werden und dass die zuständigen Behörden ärztliche und zahnärztliche Stellen zu diesem Zweck bestimmen,

10. dass und in welchem Umfang ein Medizinphysik-Experte entsprechend dem radiologischen Risiko der Strahlenanwendung hinzuzuziehen ist sowie welche Untersuchungen mit radioaktiven Stoffen oder ionisierender Strahlung mit einer erheblichen Exposition der untersuchten Person verbunden sein können,

11. dass und auf welche Weise zu gewährleisten ist, dass die Bevölkerung vor einer Exposition durch eine Person, an der radioaktive Stoffe angewendet worden sind, geschützt wird,

12. welche Anforderungen an die eingesetzten Ausrüstungen, Geräte und Vorrichtungen, insbesondere im Hinblick auf das Qualitätsziel des § 14 Absatz 1 Nummer 5, zu stellen sind,

13. dass, durch wen und auf welche Weise bei den eingesetzten Ausrüstungen, Geräten und Vorrichtungen Maßnahmen zur Qualitätssicherung, insbesondere Überprüfungen der physikalisch-technischen Parameter durch Abnahme- und Konstanzprüfungen, im Hinblick auf das Qualitätsziel des § 14 Absatz 1 Nummer 5, durchzuführen sind,

14. dass und auf welche Weise im Zusammenhang mit der Behandlung von Menschen die eingesetzten Verfahren auf Risiken für unbeabsichtigte Expositionen zu untersuchen sind und wie die Ergebnisse dieser Untersuchung bei der Ausübung der Tätigkeit zu berücksichtigen sind,

15. dass der Behandlungserfolg nach der Behandlung zu prüfen ist und in welchen Zeiträumen er zu prüfen ist,

16. dass und auf welche Weise eine Person, an der ionisierende Strahlung oder radioaktive Stoffe angewendet werden, und ihre Betreuungs- oder Begleitperson vor und nach der Anwendung über die Risiken aufzuklären sind,

17. dass und auf welche Weise Aufzeichnungen über die Anwendung radioaktiver Stoffe oder ionisierender Strahlung einschließlich der eingesetzten Ausrüstungen, Geräte und Vorrichtungen sowie ein Verzeichnis der eingesetzten Ausrüstungen, Geräte und Vorrichtungen anzufertigen und aufzubewahren sind,

18. dass und auf welche Weise der zuständigen Stelle Informationen und Aufzeichnungen über die Anwendung radioaktiver Stoffe oder ionisierender Strahlung zur Verfügung zu stellen sind und

19. auf welche Weise Früherkennung durchzuführen ist und welche besonderen Anforderungen an die Ausrüstung, Geräte und Vorrichtungen sowie an das notwendige Wissen und die notwendigen Fertigkeiten im Hinblick auf die mögliche Strahlengefährdung und die anzuwendenden Schutzmaßnahmen des Personals zu stellen und Maßnahmen zur Qualitätssicherung erforderlich sind.

In der Rechtsverordnung kann auch bestimmt werden, welche Informationen und personenbezogenen Daten der Strahlenschutzverantwortliche der ärztlichen und zahnärztlichen Stelle zur Wahrnehmung ihrer Aufgabe nach Satz 2 Nummer 9 zur Verfügung zu stellen hat sowie ob und unter welchen Voraussetzungen die ärztliche und die zahnärztliche Stelle diese Informationen und personenbezogenen Daten verarbeiten und aufbewahren und der zuständigen Behörde übermitteln dürfen. In der Rechtsverordnung kann auch bestimmt werden, dass und auf welche Weise die ärztliche oder zahnärztliche Stelle die Ergebnisse ihrer Prüfungen, einschließlich des Namens und der Anschrift des Strahlenschutzverantwortlichen, an die Stelle übermitteln darf, die für die Qualitätsprüfung nach dem Neunten Abschnitt des Vierten Kapitels des Fünften Buches Sozialgesetzbuch zuständig ist; personenbezogene Daten der untersuchten oder behandelten Personen dürfen nicht übermittelt werden. Die Rechtsverordnung kann auch diejenigen Vorschriften der Rechtsverordnung festlegen, für deren Einhaltung der Strahlenschutzverantwortliche zu sorgen hat.

§ 87 Verordnungsermächtigungen zum Schutz von Personen bei der Anwendung radioaktiver Stoffe oder ionisierender Strahlung am Tier in der Tierheilkunde

Die Bundesregierung wird ermächtigt, durch Rechtsverordnung mit Zustimmung des Bundesrates zum Schutz der bei der Anwendung radioaktiver Stoffe oder ionisierender Strahlung in der Tierheilkunde anwesenden Personen festzulegen,

1. welche Personen radioaktive Stoffe oder ionisierende Strahlung in der Tierheilkunde anwenden dürfen oder die Anwendung technisch durchführen dürfen und

2. dass und auf welche Weise die Exposition von Tierbegleitpersonen zu beschränken ist.

Die Rechtsverordnung kann auch diejenigen Vorschriften der Rechtsverordnung festlegen, für deren Einhaltung der Strahlenschutzverantwortliche zu sorgen hat.

§ 88 Register über hochradioaktive Strahlenquellen; Verordnungsermächtigungen

(1) Die Daten über hochradioaktive Strahlenquellen, die auf Grund dieses Gesetzes oder einer Rechtsverordnung nach § 89 Satz 1 Num-

mer 1 erhoben werden, werden zum Zweck der Sicherheit und Kontrolle von Strahlenquellen zum Schutz von Leben und Gesundheit in einem beim Bundesamt für Strahlenschutz eingerichteten Register erfasst.

(2) In das Register werden insbesondere folgende Angaben über die hochradioaktive Strahlenquelle, deren Kontrolle und über erteilte Genehmigungen nach diesem Gesetz, dem Atomgesetz oder einer Rechtsverordnung nach § 30 dieses Gesetzes oder § 11 Absatz 1 Nummer 6 des Atomgesetzes eingetragen:

1. Inhaber der Genehmigung, Ausstellungsdatum und Befristung der Genehmigung,

2. Identifizierungsnummer der hochradioaktiven Strahlenquelle,

3. Eigenschaften, Kontrollen und Verwendung der hochradioaktiven Strahlenquelle,

4. Ort des Umgangs mit der hochradioaktiven Strahlenquelle oder Ort ihrer Lagerung,

5. Erlangung oder Aufgabe der Sachherrschaft über die hochradioaktive Strahlenquelle,

6. Verlust, Diebstahl oder Fund der hochradioaktiven Strahlenquelle.

(3) Lesenden Zugriff auf das Register haben die nach den §§ 184, 185, 188, 190 und 191 zuständigen Behörden, die nach § 24 des Atomgesetzes zuständigen Behörden, das Bundesministerium für Umwelt, Naturschutz und nukleare Sicherheit und das Bundesamt für Bevölkerungsschutz und Katastrophenhilfe. Lesenden Zugriff haben zum Zweck der sofortigen Ermittlung eines Inhabers und der Eigenschaften einer hochradioaktiven Strahlenquelle auf Grund von Fund, Verlust oder der Gefahr missbräuchlicher Verwendung und bei Hinweisen und Ermittlungen im Zusammenhang mit der Bekämpfung des Nuklearterrorismus oder der Nuklearkriminalität sowie des Nuklearschmuggels oder des sonstigen illegalen grenzüberschreitenden Verbringens hochradioaktiver Strahlenquellen auch das Bundeskriminalamt

und die Landeskriminalämter, die in der Rechtsverordnung nach § 58 Absatz 1 des Bundespolizeigesetzes bestimmte Bundespolizeibehörde, das Zollkriminalamt und die Verfassungsschutzbehörden des Bundes und der Länder gemäß ihren jeweiligen gesetzlichen Zuständigkeiten.

(4) Auskünfte aus dem Register dürfen erteilt werden

1. den sonstigen Polizeibehörden der Länder, den Zollbehörden, dem Militärischen Abschirmdienst und dem Bundesnachrichtendienst, soweit es für die Wahrnehmung der jeweiligen Aufgaben erforderlich ist,

2. Behörden anderer Staaten mit vergleichbaren Aufgaben und internationalen Organisationen, soweit es für die Wahrnehmung der jeweiligen Aufgaben erforderlich ist und bindende Beschlüsse der Europäischen Union dies vorsehen oder dies auf Grund sonstiger internationaler Vereinbarungen geboten ist.

(5) Die im Register gespeicherten Daten sind nach der letzten Aktualisierung der Angaben über eine hochradioaktive Strahlenquelle 30 Jahre lang aufzubewahren.

(6) Die Bundesregierung wird ermächtigt, durch Rechtsverordnung mit Zustimmung des Bundesrates das Nähere festzulegen über

1. Inhalt und Form der Datenerhebung und der Eintragung, über Zugriffsrechte und das Verfahren der Erteilung von Auskünften,

2. Zugriffsrechte der Genehmigungsinhaber auf die sie betreffenden Daten und

3. die Übermittlung, Berichtigung, Einschränkung der Verarbeitung und Löschung von Daten.

§ 89 Verordnungsermächtigungen zu der Sicherheit von Strahlungsquellen

Die Bundesregierung wird ermächtigt, durch Rechtsverordnung mit Zustimmung des Bundesrates zum Schutz von Menschen vor der schädlichen Wirkung ionisierender Strahlung und zur Kontrolle und Sicherung radioaktiver Stoffe zu bestimmen,

1. dass und auf welche Weise Buch zu führen ist über die Erzeugung, die Gewinnung, den Erwerb, den Besitz, den Standort, die Abgabe und den sonstigen Verbleib von radioaktiven Stoffen und über Messungen von Dosis und Dosisleistungen, dass Meldungen zu erstatten und Unterlagen aufzubewahren, zu hinterlegen und zu übergeben sind sowie auf welche Weise die zuständige Behörde die übermittelten Daten prüft,

2. welche Anforderungen an die Sicherung und Lagerung radioaktiver Stoffe zu stellen sind,

3. welche Anforderungen an die Wartung und Überprüfung von Ausrüstungen, Geräten und sonstigen Vorrichtungen zu stellen sind und wer die Wartung und Überprüfung durchzuführen hat,

4. welche Anforderungen an die Dichtheitsprüfung von umschlossenen radioaktiven Stoffen zu stellen sind und wer die Dichtheitsprüfung durchzuführen hat,

5. welche Strahlungsmessgeräte zu verwenden sind und welche Anforderungen an sie zu stellen sind,

6. welche Bereiche, Räume, Geräte, Vorrichtungen, Behälter, Umhüllungen, Anlagen zur Erzeugung ionisierender Strahlung und welche bauartzugelassenen Vorrichtungen zu kennzeichnen sind, auf welche Weise und unter welchen Voraussetzungen die Kennzeichnung zu erfolgen hat sowie in welchen Fällen Kennzeichnungen zu entfernen sind,

7. welche Anforderungen an die Abgabe radioaktiver Stoffe zu stellen sind,

8. welche Anforderungen an die Rücknahme hochradioaktiver Strahlenquellen zu stellen sind,

9. in welchen Fällen bei Tätigkeiten mit Strahlungsquellen Röntgenräume oder Bestrahlungsräume zu nutzen sind und welche Anforderungen an Röntgenräume und Bestrahlungsräume zu stellen sind,

10. welche Personen bei Tätigkeiten mit Strahlungsquellen die Strahlung anwenden oder die Anwendung technisch durchführen dürfen, dass und wie Personen bei Tätigkeiten mit Strahlungsquellen einzuweisen sind und welche Unterlagen bei der Ausübung dieser Tätigkeiten verfügbar sein müssen, dass über die Einweisungen Aufzeichnungen anzufertigen und diese der Behörde auf Verlangen vorzulegen sind,

11. dass weitere Vorsorge- und Überwachungsmaßnahmen für eine Kontrolle radioaktiver Stoffe zum Schutz Einzelner und der Allgemeinheit zu treffen sind und welche solcher Maßnahmen zu treffen sind,

12. welche weiteren Aufzeichnungs-, Aufbewahrungs-, Mitteilungs-, Vorlage- und Hinterlegungspflichten im Zusammenhang mit den Pflichten nach den Nummern 1 bis 10 bestehen.

Die Rechtsverordnung kann auch diejenigen Vorschriften der Rechtsverordnung festlegen, für deren Einhaltung der Strahlenschutzverantwortliche zu sorgen hat.

Kapitel 6
Melde- und Informationspflichten

§ 90 Verordnungsermächtigung für Pflichten, Aufgaben und Befugnisse bei Vorkommnissen; Aufzeichnungs-, Übermittlungs- und Aufbewahrungspflichten

(1) Die Bundesregierung wird ermächtigt, durch Rechtsverordnung mit Zustimmung des Bundesrates im Hinblick auf Vorkommnisse in geplanten Expositionssituationen Pflichten des Strahlenschutzverantwortlichen sowie behördliche Aufgaben und Befugnisse festzulegen. In der Rechtsverordnung kann insbesondere festgelegt werden,

1. dass und welche Maßnahmen der Strahlenschutzverantwortliche einzuleiten hat, damit Expositionen bei einem solchen Vorkommnis so gering wie möglich gehalten werden,

2. dass und welche Maßnahmen der Strahlenschutzverantwortliche zu treffen hat, um solche Vorkommnisse zukünftig zu vermeiden,

3. dass und auf welche Weise der Strahlenschutzverantwortliche ein Vorkommnis aufzuzeichnen und zu untersuchen hat, dass und für welchen Zeitraum er diesbezügliche Aufzeichnungen aufzubewahren hat,

4. dass und auf welche Weise der Strahlenschutzverantwortliche der Aufsichtsbehörde

   a) ein Vorkommnis zu melden hat,

   b) Informationen und Erkenntnisse über Ursachen und Auswirkungen des Vorkommnisses sowie Maßnahmen zur Behebung oder Begrenzung der Auswirkungen des Vorkommnisses zu melden hat und

   c) Maßnahmen zur Vermeidung von Vorkommnissen zu melden hat,

5. dass und auf welche Weise die Aufsichtsbehörde Meldungen nach Nummer 4 erfasst, prüft und bewertet,

6. dass und wie im Bundesamt für Strahlenschutz eine zentrale Stelle zur Erfassung, Verarbeitung und Auswertung von Informationen und Erkenntnissen über Vorkommnisse im Zusammenhang mit der Anwendung radioaktiver Stoffe oder ionisierender Strahlung am Menschen einzurichten ist, welche Aufgaben die zentrale Stelle im Einzelnen wahrnimmt und wie sie diese Aufgaben wahrnimmt,

7. dass und auf welche Weise die Aufsichtsbehörde der zentralen Stelle Informationen und Erkenntnisse über ein Vorkommnis im Zusammenhang mit der Anwendung radioaktiver Stoffe oder ionisierender Strahlung am Menschen sowie ihre diesbezügliche Bewertung übermittelt,

8. unter welchen Voraussetzungen und in welcher Weise die Aufsichtsbehörde und die zentrale Stelle Informationen und Erkenntnisse über Vorkommnisse veröffentlichen.

(2) Der Strahlenschutzverantwortliche hat dafür zu sorgen, dass bei einem Vorkommnis, das der Rechtsverordnung nach Absatz 1 unterliegt, Name, Vornamen, Geburtsdatum und -ort, Geschlecht und Anschrift sowie Daten zur Exposition einer durch das Vorkommnis exponierten Person sowie zu den gesundheitlichen Folgen der Exposition unverzüglich aufgezeichnet werden. Sofern der Strahlenschutzverantwortliche das Vorkommnis nach der Rechtsverordnung nach Absatz 1 zu melden hat und Maßnahmen zum Schutz der exponierten Person erforderlich sind, übermittelt er die Daten unverzüglich der zuständigen Behörde. Die Daten sind vor dem Zugriff Unbefugter durch technisch-organisatorische Maßnahmen zu sichern. Sie sind der zuständigen Behörde in anderen Fällen als in Satz 2 auf Verlangen zu übermitteln. Die Daten sind 30 Jahre lang aufzubewahren und nach Ablauf dieser Frist unverzüglich zu löschen.

§ 91 Verordnungsermächtigung für Informationspflichten des Herstellers oder Lieferanten von Geräten

Die Bundesregierung wird ermächtigt, durch Rechtsverordnung mit Zustimmung des Bundesrates zu bestimmen, dass der Hersteller oder Lieferant von Anlagen zur Erzeugung ionisierender Strahlung, Röntgeneinrichtungen, Störstrahlern, Bestrahlungsvorrichtungen und weiteren im Zusammenhang mit Tätigkeiten eingesetzten Ausrüstungen, Geräten und Vorrichtungen dem Strahlenschutzverantwortlichen Informationen über diese Geräte zur Verfügung zu stellen hat. In der Rechtsverordnung kann insbesondere festgelegt werden,

1. zu welchem Zeitpunkt der Hersteller oder Lieferant dem Strahlenschutzverantwortlichen für welche der genannten Geräte Informationen zur Verfügung zu stellen hat,

2. welche Angaben und Unterlagen zur Verfügung gestellt werden müssen,

3. für welche Zwecke die Unterlagen geeignet sein müssen und welchen Anforderungen sie genügen müssen,

4. dass die Informationen auch demjenigen zur Verfügung zu stellen sind, der beabsichtigt, Strahlenschutzverantwortlicher zu werden.

Teil 3
Strahlenschutz bei Notfallexpositionssituationen

Kapitel 1
Notfallmanagementsystem des Bundes und der Länder

Abschnitt 1
Notfallschutzgrundsätze

§ 92 Notfallschutzgrundsätze

(1) Die Vorschriften der folgenden Absätze (Notfallschutzgrundsätze) sind als Vorgaben bei

der Bewertung von Gefahren, die bei Notfällen durch ionisierende Strahlung entstehen können, in den folgenden Fällen zu berücksichtigen:

1. bei dem Erlass, der Überprüfung und der Änderung von Notfallplänen und von Rechtsverordnungen nach diesem Kapitel und nach § 117,

2. bei der Notfallreaktion von den zuständigen Behörden und den bei der Notfallreaktion mitwirkenden Behörden und Organisationen auf der Grundlage dieses Gesetzes, der in Nummer 1 genannten Rechtsverordnungen sowie von Rechtsvorschriften des Bundes und der Länder zur Abwehr von Gefahren für die menschliche Gesundheit, die Umwelt oder die öffentliche Sicherheit, soweit sie auch bei radiologischen Gefahren anwendbar sind, und unmittelbar anwendbarer Rechtsakte der Europäischen Union und der Europäischen Atomgemeinschaft, soweit diese den Mitgliedstaaten für radiologische Gefahren keine abschließenden Vorgaben machen.

(2) Die Referenzwerte, die in diesem Gesetz und in den auf Grund dieses Gesetzes erlassenen Rechtsverordnungen für den Schutz der Bevölkerung und der Einsatzkräfte bei Notfällen festgelegt sind, sollen möglichst unterschritten werden.

(3) Die Exposition der Bevölkerung und der Einsatzkräfte sowie die Kontamination der Umwelt sind bei Notfällen unter Beachtung des Standes der Wissenschaft und unter Berücksichtigung aller Umstände des jeweiligen Notfalls durch angemessene Maßnahmen auch unterhalb der Referenzwerte so gering wie möglich zu halten.

Abschnitt 2
Referenz-, Dosis- und Kontaminationswerte; Abfälle und Anlagen

§ 93 Referenzwerte für den Schutz der Bevölkerung; Verordnungsermächtigungen

(1) Für den Schutz der Bevölkerung gilt bei der Planung von Schutzmaßnahmen und bei den Entscheidungen über ihre Durchführung in einem Notfall ein Referenzwert von 100 Millisievert für die effektive Dosis, die betroffene Personen jeweils durch den Notfall innerhalb eines Jahres über alle Expositionspfade erhalten würden, wenn die vorgesehenen Schutzmaßnahmen durchgeführt würden. Das Bundesministerium für Umwelt, Naturschutz und nukleare Sicherheit wird ermächtigt, durch Rechtsverordnung mit Zustimmung des Bundesrates Verfahren und Annahmen zur Abschätzung, inwieweit dieser Referenzwert unterschritten, eingehalten oder überschritten wird, festzulegen.

(2) Das Bundesministerium für Umwelt, Naturschutz und nukleare Sicherheit wird ermächtigt, durch Rechtsverordnung mit Zustimmung des Bundesrates für mögliche Notfälle oder für einen bereits eingetretenen Notfall ergänzend angemessene Referenzwerte für Organ-Äquivalentdosen festzulegen. Dies gilt insbesondere zur Erleichterung der Zusammenarbeit mit anderen Mitgliedstaaten der Europäischen Union und der Europäischen Atomgemeinschaft oder Drittstaaten beim Schutz der Bevölkerung.

(3) Das Bundesministerium für Umwelt, Naturschutz und nukleare Sicherheit wird ermächtigt, für einen bereits eingetretenen Notfall durch Rechtsverordnung mit Zustimmung des Bundesrates einen niedrigeren Referenzwert für die effektive Dosis, bezogen auf ein Jahr oder eine einmalige Exposition, festzulegen.

§ 94 Dosiswerte und Kontaminationswerte für den Schutz der Bevölkerung; Verordnungsermächtigungen

(1) Das Bundesministerium für Umwelt, Naturschutz und nukleare Sicherheit legt für mögliche Notfälle durch Rechtsverordnung mit Zustimmung des Bundesrates Dosiswerte fest, die als radiologisches Kriterium für die Angemessenheit folgender Schutzmaßnahmen dienen:

1. Aufforderung zum Aufenthalt in Gebäuden,

2. Verteilung von Jodtabletten oder Aufforderung zur Einnahme von Jodtabletten und

3. Evakuierung.

Diese Werte beziehen sich auf die Dosis, die betroffene Personen in einem bestimmten Zeitraum nach Eintritt des Notfalls ohne Schutzmaßnahmen erhalten würden.

(2) Das Bundesministerium für Umwelt, Naturschutz und nukleare Sicherheit wird ermächtigt, für mögliche Notfälle, für einen bereits eingetretenen Notfall und für eine nach einem Notfall bestehende Expositionssituation durch Rechtsverordnung mit Zustimmung des Bundesrates Grenzwerte für notfallbedingte Kontaminationen oder Dosisleistungen festzulegen

1. für Einzelpersonen der Bevölkerung,

2. für das Trinkwasser,

3. für Lebensmittel, Futtermittel, Bedarfsgegenstände, kosmetische Mittel und Erzeugnisse im Sinne von § 2 Nummer 1 des Tabakerzeugnisgesetzes,

4. für Arzneimittel und deren Ausgangsstoffe sowie für Medizinprodukte,

5. für sonstige Produkte, Gegenstände und Stoffe,

6. für Fahrzeuge, Güter oder Gepäck und

7. für kontaminierte Gebiete, insbesondere für kontaminierte Grundstücke und Gewässer,

bei deren Überschreitung davon auszugehen ist, dass eine Gefahr für Einzelpersonen der Bevölkerung durch ionisierende Strahlung besteht. Diese Grenzwerte dienen der Durchführung optimierter Schutzstrategien nach § 98 Absatz 3 Satz 1 Nummer 1.

(3) Das Bundesministerium für Umwelt, Naturschutz und nukleare Sicherheit wird ermächtigt, durch Rechtsverordnung ohne Zustimmung des Bundesrates Rechtsverordnungen nach Absatz 2 aufzuheben, zeitlich befristet für unanwendbar zu erklären oder in ihrem Wortlaut einem verbleibenden Anwendungsbereich anzupassen, soweit sie durch den Erlass entsprechender Vorschriften in unmittelbar geltenden Rechtsakten der Europäischen Atomgemeinschaft oder der Europäischen Union unbefristet oder befristet unanwendbar geworden sind.

(4) In den Rechtsverordnungen nach den Absätzen 1 und 2 können auch

1. Verfahren und Annahmen zur Messung, Berechnung oder Abschätzung der Dosiswerte, Kontaminationswerte oder Dosisleistungswerte festgelegt werden oder

2. Voraussetzungen festgelegt werden, unter denen diese Werte gelten.

(5) Rechtsverordnungen nach Absatz 2 ergehen im Einvernehmen mit dem Bundesministerium für Gesundheit, dem Bundesministerium für Ernährung und Landwirtschaft, dem Bundesministerium für Wirtschaft und Energie, dem Bundesministerium für Arbeit und Soziales, dem Bundesministerium für Verkehr und digitale Infrastruktur, dem Bundesministerium des Innern, für bau und Heimat und dem Bundesministerium der Finanzen.

§ 95 Bewirtschaftung von Abfällen, die infolge eines Notfalls kontaminiert sein können, Errichtung und Betrieb von Anlagen; Verordnungsermächtigungen

(1) Die Bundesregierung legt für mögliche Notfälle, für einen bereits eingetretenen Notfall und für eine nach einem Notfall bestehende Expositionssituation durch Rechtsverordnung mit Zustimmung des Bundesrates Kontaminations-

werte für Abfälle und sonstige Gegenstände oder Stoffe, die durch einen Notfall kontaminiert sind oder kontaminiert sein können, fest. Werden diese Kontaminationswerte unterschritten, so ist davon auszugehen, dass der erforderliche Schutz von Mensch und Umwelt vor der schädlichen Wirkung ionisierender Strahlung bei der Bewirtschaftung dieser Abfälle sowie der Errichtung und dem Betrieb oder der Benutzung der nachfolgend genannten Anlagen nach Maßgabe des Kreislaufwirtschaftgesetzes und der sonstigen für Abfälle und für die Anlagen geltenden Bundesgesetze und der auf diese Gesetze gestützten Rechtsverordnungen ohne zusätzliche spezielle Schutzmaßnahmen sichergestellt ist:

1. Anlagen, in denen diese Abfälle entsorgt werden,

2. Abwasseranlagen, die Abwasser aufnehmen, das durch einen Notfall kontaminiert ist oder kontaminiert sein kann,

3. Anlagen, in denen diese Abfälle oder diese sonstigen Gegenstände oder Stoffe insbesondere als Brennstoff, Rohstoff, Material, Vorprodukt, Schmier-, Löse- oder sonstiges Hilfsmittel gelagert, eingesetzt oder behandelt werden oder gelagert, eingesetzt oder behandelt werden können.

(2) Um den Schutz des Menschen und der Umwelt vor der schädlichen Wirkung ionisierender Strahlung sicherzustellen, regelt die Bundesregierung durch Rechtsverordnung mit Zustimmung des Bundesrates für die Vermeidung, Verwertung, Beseitigung oder sonstige Bewirtschaftung von Abfällen, die infolge eines Notfalls radioaktiv kontaminiert sind oder radioaktiv kontaminiert sein können, für die Errichtung und den Betrieb der in Absatz 1 Satz 2 genannten Anlagen sowie für die Gewässeraufsicht ergänzende Anforderungen und Ausnahmen zu nachfolgenden Rechtsvorschriften oder lässt die Erteilung von Ausnahmen zu diesen Rechtsvorschriften durch die zuständigen Behörden zu:

1. zum Kreislaufwirtschaftsgesetz und zu den sonstigen für Abfälle geltenden Bundesgesetzen und zu den auf diese Gesetze gestützten Rechtsverordnungen und

2. zu Bundesgesetzen, die für die Errichtung und den Betrieb der in Absatz 1 Satz 2 genannten Anlagen gelten, und zu den auf diese Gesetze gestützten Rechtsverordnungen.

Ausnahmen dürfen nur geregelt, zugelassen oder erteilt werden, soweit Gefahren für die menschliche Gesundheit hierdurch nicht zu erwarten sind und Rechtsakte der Europäischen Union oder der Europäischen Atomgemeinschaft nicht entgegenstehen. Bei solchen Ausnahmen sind erhebliche Nachteile für die Allgemeinheit oder die Nachbarschaft zu vermeiden oder zu vermindern, soweit dies unter Berücksichtigung der radiologischen Lage und der anderen für die Ausnahme erheblichen Umstände des jeweiligen Notfalls möglich und angemessen ist. Bei den Ausnahmen und den ergänzenden Regelungen sind Anforderungen an die Vorsorge gegen schädliche Umwelteinwirkungen und sonstige Gefahren sowie gegen erhebliche Nachteile und erhebliche Belästigungen zu berücksichtigen, insbesondere dadurch, dass die dem Stand der Technik entsprechenden Maßnahmen ergriffen werden.

(3) Die Regelungen nach Absatz 2 beziehen sich insbesondere auf

1. die Rangfolge der Maßnahmen zur Abfallvermeidung und zur Abfallbewirtschaftung,

2. Anforderungen an die Schadlosigkeit der Verwertung,

3. die Ordnung und Durchführung der Abfallbeseitigung,

4. Anforderungen an die Errichtung und den Betrieb von Deponien sowie deren Zulassung einschließlich des Zulassungsverfahrens,

5. Anforderungen an die Überwachung der Abfallwirtschaft,

6. Anforderungen an Sammler, Beförderer, Händler und Makler von Abfällen sowie deren jeweilige Zulassung einschließlich des Zulassungsverfahrens,

7. Anforderungen an die Errichtung, die Beschaffenheit, den Betrieb und die wesentliche Änderung der in Absatz 1 Satz 2 genannten Anlagen, an die Zulassung dieser Anlagen einschließlich des Zulassungsverfahrens sowie an den Zustand der Anlage und des Anlagengrundstücks nach Betriebseinstellung,

8. Anforderungen an die Benutzung der in Absatz 1 Satz 2 Nummer 2 genannten Abwasseranlagen,

9. Anforderungen an die Benutzung von Gewässern, insbesondere an das Einbringen und Einleiten von Stoffen in ein Gewässer; die Anforderungen können auch für den Ort des Anfalls von Abwasser oder vor seiner Vermischung festgelegt werden,

10. Anforderungen an die Erfüllung der Abwasserbeseitigungspflicht,

11. Anforderungen an die Überwachung der Gewässereigenschaften,

12. Messmethoden und Messverfahren, insbesondere im Rahmen der Abwasserbeseitigung und der Überwachung von Gewässereigenschaften,

13. Pflichten der Betreiber der in Absatz 1 Satz 2 genannten Anlagen,

14. die Voraussetzungen, unter denen die zuständigen Behörden Ausnahmen auf Grund einer Verordnung nach Absatz 2 zulassen können und

15. die Anforderungen, die zur Erfüllung der sich aus Absatz 2 Satz 2 und 3 ergebenden Pflichten zu erfüllen sind.

(4) Die Länder legen fest, welche juristischen Personen als öffentlich-rechtliche Entsorgungsträger im Sinne des § 17 des Kreislaufwirtschaftsgesetzes zur Entsorgung solcher Abfälle aus privaten Haushaltungen und aus anderen Herkunftsbereichen verpflichtet sind, die auf Grund ihrer notfallbedingten Kontamination nicht in den für die Beseitigung anderer Abfälle vorgesehenen Anlagen oder Einrichtungen behandelt, gelagert oder abgelagert werden können.

(5) Für Rechtsverordnungen nach den Absätzen 1 bis 3 gilt § 94 Absatz 3 und 4 entsprechend.

§ 96 Eilverordnungen

(1) Bei Eilbedürftigkeit nach Eintritt eines Notfalls kann

1. das Bundesministerium für Umwelt, Naturschutz und nukleare Sicherheit Regelungen nach den §§ 93, 94 und 95 Absatz 1 und

2. das Bundesministerium für Umwelt, Naturschutz und nukleare Sicherheit oder das Bundesministerium, das jeweils für abfallwirtschaftliche Regelungen außerhalb des Geltungsbereichs des Kreislaufwirtschaftsgesetzes oder für Regelungen über die Errichtung und den Betrieb der in § 95 Absatz 1 Satz 2 Nummer 2 genannten Anlagen zuständig ist, Regelungen nach § 95 Absatz 2 und 3

durch Rechtsverordnung ohne die Zustimmung des Bundesrates und ohne das Einvernehmen der zu beteiligenden Bundesministerien erlassen (Eilverordnungen), soweit noch keine entsprechenden Regelungen bestehen oder die bestehenden Regelungen nicht angemessen sind.

(2) Eilverordnungen treten spätestens sechs Monate nach ihrem Inkrafttreten außer Kraft. Ihre Geltungsdauer kann nur durch eine Rechtsverordnung mit Zustimmung des Bundesrates und im Einvernehmen mit den zu beteiligenden Bundesministerien verlängert werden. Eilverordnungen, die bestehende Regelungen ändern, sind unverzüglich aufzuheben, wenn der Bundesrat dies verlangt.

Abschnitt 3
Notfallvorsorge

§ 97 Gemeinsame Vorschriften für die Notfallpläne

(1) Bund und Länder stellen Notfallpläne nach den §§ 98, 99, 100 und 101 auf. In diesen Notfallplänen sind die geplanten angemessenen Reaktionen auf mögliche Notfälle anhand bestimmter Referenzszenarien darzustellen. Die darzustellenden Notfallreaktionen umfassen

1. die Schutzmaßnahmen, die Folgendes beinhalten:

   a) Maßnahmen zur Vermeidung oder Verringerung einer Exposition und Kontamination von Mensch oder Umwelt und

   b) Maßnahmen zur medizinischen Behandlung oder Vorsorge nach einer Exposition,

2. andere Maßnahmen, die bei einem Notfall von den beteiligten Behörden und sonstigen Organisationen ergriffen werden sollen, um nachteilige Auswirkungen des Notfalls für die menschliche Gesundheit oder die Umwelt zu verhindern oder so gering wie möglich zu halten, insbesondere Maßnahmen zur Prüfung, Vorbereitung, Durchführung, Überwachung, Änderung oder Aufhebung von Schutzmaßnahmen sowie zur Zusammenarbeit und Abstimmung bei Notfällen.

(2) Die Notfallpläne sollen die an der Notfallreaktion beteiligten Behörden und Organisationen in die Lage versetzen, im Notfall unverzüglich abgestimmte Entscheidungen zu treffen und die angemessenen Maßnahmen rechtzeitig durchzuführen.

(3) Die für Ausarbeitung der Notfallpläne zuständigen Behörden

1. stimmen ihre Notfallpläne aufeinander ab, soweit dies zur Vorbereitung einer koordinierten Notfallreaktion erforderlich ist, und

2. bemühen sich im Rahmen ihrer Zuständigkeiten um eine entsprechende Abstimmung ihrer Notfallpläne mit anderen Mitgliedstaaten der Europäischen Union und der Europäischen Atomgemeinschaft sowie nach den Grundsätzen der Gegenseitigkeit und Gleichwertigkeit mit Drittstaaten.

(4) Zu den Entwürfen der Notfallpläne des Bundes, der Rechtsverordnungen nach den §§ 93 bis 95 und 117 Absatz 1 und zu den Entwürfen wesentlicher Änderungen dieser Notfallpläne und Rechtsverordnungen soll ein jeweils auszuwählender Kreis von Vertretern der Wissenschaft, der betroffenen Wirtschaft, der Umweltvereinigungen, der Gemeinden und Gemeindeverbände, der an der Notfallvorsorge und -reaktion beteiligten Organisationen sowie der sonstigen Interessenträger und der für den jeweiligen Bereich zuständigen obersten Landesbehörden angehört werden. Satz 1 gilt nicht für den Erlass von Eilverordnungen nach den §§ 93 bis 95 und 117 Absatz 2 sowie für den Erlass, die Änderungen und Ergänzungen von Rechtsverordnungen und Notfallplänen für einen eingetretenen Notfall nach den §§ 94 und 111. Zu den Entwürfen der allgemeinen und besonderen Notfallplanungen der Länder und wesentlichen Änderungen dieser Notfallplanungen soll ein vom Land jeweils auszuwählender Kreis von Interessenträgern angehört werden. Die Länder können die Anhörung auf relevante landes- oder bereichsspezifische Konkretisierungen oder Ergänzungen der in den Notfallplänen des Bundes vorgesehenen optimierten Schutzstrategien und -maßnahmen beschränken.

(5) Bis zum Erlass von Notfallplänen des Bundes oder von Rechtsverordnungen nach den §§ 93 bis 95 gelten entsprechende Festlegungen und Darstellungen in den in Anlage 4 genannten Dokumenten vorläufig als Notfallpläne des Bundes. Bis zum Erlass von Notfallplänen der Länder nach § 100 gelten entsprechende Festlegungen und Darstellungen in Plänen, Konzepten und Erlassen der Länder, die dem Katastrophenschutz oder der sonstigen Abwehr

von Gefahren für die menschliche Gesundheit, die Umwelt oder die öffentliche Sicherheit dienen, vorläufig als allgemeine und besondere Notfallpläne der Länder.

§ 98 Allgemeiner Notfallplan des Bundes

(1) Das Bundesministerium für Umwelt, Naturschutz und nukleare Sicherheit bewertet mögliche Notfallexpositionssituationen. Auf seinen Vorschlag erlässt die Bundesregierung einen allgemeinen Notfallplan des Bundes. Der allgemeine Notfallplan des Bundes wird als allgemeine Verwaltungsvorschrift mit Zustimmung des Bundesrates beschlossen.

(2) Im allgemeinen Notfallplan des Bundes sind

1. Referenzszenarien festzulegen, die dem Bund und den Ländern als Grundlage ihrer Planungen für Notfallreaktionen dienen, und

2. folgende allgemeine Planungen für mögliche Notfälle innerhalb oder außerhalb des Geltungsbereichs dieses Gesetzes darzustellen:

   a) die Planungen des Bundes,

   b) die Planungen der Europäischen Union und der Europäischen Atomgemeinschaft, ihrer Mitgliedstaaten und von Drittstaaten sowie

   c) die Planungen internationaler Organisationen und die Planungen im Rahmen internationaler Verträge.

(3) Der allgemeine Notfallplan des Bundes umfasst insbesondere

1. auf das jeweilige Referenzszenario optimal abgestimmte Strategien zum Schutz der Bevölkerung und der Einsatzkräfte, die auch besonders schutzbedürftige Personen berücksichtigen (optimierte Schutzstrategien), und

2. die weiteren in Anlage 5 genannten Elemente.

Der allgemeine Notfallplan des Bundes kann auch Hinweise auf die Notfallpläne der Länder, von Gemeinden und Gemeindeverbänden sowie von weiteren Organisationen, die an der Notfallvorsorge und -reaktion beteiligt sind, enthalten oder diese Notfallpläne zusammenfassend darstellen.

§ 99 Besondere Notfallpläne des Bundes

(1) Auf Vorschlag der für die jeweiligen Sachbereiche zuständigen Bundesministerien ergänzt und konkretisiert die Bundesregierung den allgemeinen Notfallplan des Bundes durch besondere Notfallpläne des Bundes. Die besonderen Notfallpläne des Bundes werden als allgemeine Verwaltungsvorschriften mit Zustimmung des Bundesrates beschlossen.

(2) In den besonderen Notfallplänen des Bundes sind die Planungen insbesondere für die folgenden Anwendungsbereiche darzustellen:

1. für den Katastrophenschutz, die allgemeine Gefahrenabwehr und Hilfeleistung sowie für die medizinische Behandlung und Vorsorge nach einer Exposition der Bevölkerung und der Einsatzkräfte,

2. für die Trinkwassergewinnung und -versorgung,

3. für die Produktion pflanzlicher und tierischer Erzeugnisse, für Lebensmittel, Futtermittel, Bedarfsgegenstände, kosmetische Mittel und Erzeugnisse im Sinne von § 2 Nummer 1 des Tabakerzeugnisgesetzes,

4. für Arzneimittel und deren Ausgangsstoffe sowie für Medizinprodukte,

5. für sonstige Produkte, Gegenstände und Stoffe,

6. für die Beförderung von Gütern,

7. für den grenzüberschreitenden Verkehr von Personen, Fahrzeugen, Gütern und Gepäck,

8. für kontaminierte Gebiete, insbesondere für kontaminierte Grundstücke und Gewässer,

9. für die Entsorgung von Abfällen und für die Beseitigung von Abwasser sowie für die Errichtung und den Betrieb der in § 95 Absatz 1 Satz 2 genannten Anlagen.

(3) Die besonderen Notfallpläne umfassen insbesondere die in Anlage 6 genannten Elemente. § 98 Absatz 3 Satz 2 gilt entsprechend.

§ 100 Allgemeine und besondere Notfallpläne der Länder

Die Länder stellen allgemeine und besondere Notfallpläne auf. Diese Notfallpläne der Länder ergänzen und konkretisieren den allgemeinen Notfallplan des Bundes und die besonderen Notfallpläne des Bundes, soweit die Länder für die Planung oder Durchführung von Schutzmaßnahmen zuständig sind.

§ 101 Externe Notfallpläne für ortsfeste Anlagen oder Einrichtungen mit besonderem Gefahrenpotential

(1) Die für den Katastrophenschutz oder für die öffentliche Sicherheit zuständigen Behörden stellen nach Maßgabe ihrer landesrechtlichen Bestimmungen Sonderschutzpläne (externe Notfallpläne) auf für die Umgebung von kerntechnischen Anlagen, Anlagen im Sinne des § 9a Absatz 3 Satz 1 zweiter Satzteil des Atomgesetzes, Anlagen zur Erzeugung ionisierender Strahlung oder Einrichtungen im Sinne des § 5 Absatz 12 dieses Gesetzes, soweit Notfälle in der Anlage oder Einrichtung für eine nicht unerhebliche Personenzahl in der Umgebung der Anlage oder Einrichtung zu schwerwiegenden Gesundheitsbeeinträchtigungen führen können.

(2) Die externen Notfallpläne ergänzen und konkretisieren die in den allgemeinen und besonderen Notfallplänen des Bundes und der Länder enthaltenen Planungen. Sie berücksichtigen dabei die örtlichen Gegebenheiten sowie die Verfahren und Vorkehrungen der Strahlenschutzverantwortlichen für den anlageninternen Notfallschutz.

§ 102 Notfallübungen

(1) Die Behörden und Organisationen, die gemäß den Notfallplänen des Bundes und der Länder an der Notfallreaktion beteiligt sind, sowie die nach § 115 Absatz 1 für die Aus- und Fortbildung der Einsatzkräfte Verantwortlichen führen regelmäßig Notfallübungen durch.

(2) Die Notfallübungen sind nach Art der Übung, Umfang, Notfallszenarien und Beteiligten angemessen zu differenzieren. Zu erproben und zu üben sind insbesondere

1. die organisatorischen Vorkehrungen für die Notfallreaktion und

2. entsprechend den Notfallplänen der Informationsaustausch und die Zusammenarbeit der an der Notfallreaktion beteiligten Behörden, Organisationen und Strahlenschutzverantwortlichen bei

a) der Lageerfassung und Lagebewertung,

b) der Abstimmung der Entscheidungen der zuständigen Behörden und

c) der Durchführung von angemessenen Schutzmaßnahmen.

§ 103 Überprüfung und Änderung der Notfallpläne

(1) Die Notfallpläne des Bundes und der Länder werden regelmäßig unter Berücksichtigung der Erfahrungen aus den Notfallübungen, den Erkenntnissen aus Notfällen im In- und Ausland sowie den Veränderungen des Standes der Wissenschaft und der Rechtslage überprüft und gegebenenfalls geändert.

(2) Die die Notfallpläne ergänzenden Informationen, wie die Kontaktdaten der zuständigen Behörden und mitwirkenden Organisationen

oder die Verzeichnisse der geltenden Rechtsvorschriften, werden bei Änderungen aktualisiert und regelmäßig überprüft. Die Stichtage für die Überprüfungen sind in den Notfallplänen festzulegen.

§ 104 Beschaffung von Schutzwirkstoffen

(1) Die nach § 192 Absatz 1 zuständige Behörde beschafft Schutzwirkstoffe in dem zur Versorgung der Bevölkerung im Bundesgebiet bei möglichen Notfällen erforderlichen Umfang. Sie stellt diese Schutzwirkstoffe den Ländern für den Katastrophenschutz zur Bevorratung, Verteilung und Abgabe an die Bevölkerung zur Verfügung.

(2) Schutzwirkstoffe sind Arzneimittel,

1. die zur Verhinderung der Aufnahme radioaktiven Jods in die menschliche Schilddrüse geeignet sind oder

2. die zur Verhinderung der Aufnahme von Radionukliden in den menschlichen Körper oder zur Entfernung von Radionukliden aus dem menschlichen Körper geeignet sind.

§ 105 Information der Bevölkerung über die Schutzmaßnahmen und Empfehlungen für das Verhalten bei möglichen Notfällen

(1) Die zuständigen Stellen des Bundes veröffentlichen die Notfallpläne des Bundes nach Maßgabe des § 10 des Umweltinformationsgesetzes.

(2) Die zuständigen Stellen des Bundes

1. informieren die Bevölkerung nach Maßgabe des § 10 des Umweltinformationsgesetzes in geeigneter Weise

   a) über die Grundbegriffe der Radioaktivität und die Auswirkungen der Radioaktivität auf den Menschen und die Umwelt,

   b) über die in den Notfallplänen berücksichtigten Notfälle und ihre Folgen für Bevölkerung und Umwelt,

   c) über geplante Maßnahmen zur Warnung und zum Schutz der Bevölkerung bei möglichen Notfällen

und

2. geben der Bevölkerung Empfehlungen für das Verhalten bei möglichen Notfällen.

(3) Die Länder informieren die Bevölkerung über die in Absatz 2 Nummer 1 genannten Angelegenheiten nach Maßgabe der landesrechtlichen Vorschriften und geben der Bevölkerung Empfehlungen für das Verhalten bei möglichen Notfällen, die die Empfehlungen nach Absatz 2 Nummer 2 ergänzen und konkretisieren.

(4) Die Informationen und die Verhaltensempfehlungen sind regelmäßig und bei wesentlichen Änderungen zu aktualisieren und in aktualisierter Fassung unaufgefordert zu veröffentlichen. Sie müssen der Öffentlichkeit ständig zugänglich sein.

Abschnitt 4
Radiologische Lage, Notfallreaktion

§ 106 Radiologisches Lagezentrum des Bundes

(1) Das Bundesministerium für Umwelt, Naturschutz und nukleare Sicherheit richtet ein radiologisches Lagezentrum des Bundes ein.

(2) Das radiologische Lagezentrum des Bundes hat folgende Aufgaben:

1. Sammlung, Auswertung und Dokumentation von Daten über regionale und überregionale Notfälle,

2. Erstellung des radiologischen Lagebildes nach § 108 Absatz 2 Satz 1 und 3,

3. Bereitstellung oder Übermittlung dieses radiologischen Lagebildes an die Länder und an das Gemeinsame Melde- und Lagezentrum von Bund und Ländern im Bundesamt für Bevölkerungsschutz und Katastrophenhilfe,

4. Bereitstellung oder Übermittlung dieses radiologischen Lagebildes an die im allgemeinen Notfallplan des Bundes festgelegten obersten Bundesbehörden,

5. Informationsaustausch über die radiologische Lage und über deren Bewertung innerhalb der Bundesregierung und mit den Ländern sowie mit anderen Mitgliedstaaten, mit Organen und Einrichtungen der Europäischen Union und der Europäischen Atomgemeinschaft, mit Drittstaaten und mit internationalen Organisationen, soweit keine andere Zuständigkeit durch ein Gesetz oder auf Grund eines Gesetzes festgelegt ist,

6. Koordinierung der Schutzmaßnahmen und der Maßnahmen zur Information der Bevölkerung sowie von Hilfeleistungen bei Notfällen innerhalb der Bundesregierung und mit den Ländern sowie mit anderen Mitgliedstaaten, mit Organen und Einrichtungen der Europäischen Union und der Europäischen Atomgemeinschaft, mit Drittstaaten und mit internationalen Organisationen, soweit keine andere Zuständigkeit durch ein Gesetz oder auf Grund eines Gesetzes festgelegt ist,

7. Information der Bevölkerung und Empfehlungen für das Verhalten bei Notfällen gemäß § 112 Absatz 3,

8. Koordinierung der Messungen des Bundes und der Länder und anderer an der Bewältigung des Notfalls beteiligten Organisationen zur Vervollständigung des radiologischen Lagebildes und der Datenbasis zur Dosisabschätzung.

(3) Das Bundesministerium für Umwelt, Naturschutz und nukleare Sicherheit wird bei der Wahrnehmung seiner Aufgaben vom Bundesamt für Strahlenschutz, vom Bundesamt für die Sicherheit der nuklearen Entsorgung, von der Gesellschaft für Anlagen- und Reaktorsicherheit und vom Bundesamt für Bevölkerungsschutz und Katastrophenhilfe unterstützt.

§ 107 Aufgaben der Länder bei der Ermittlung und Auswertung der radiologischen Lage

Die Länder übermitteln dem radiologischen Lagezentrum des Bundes unverzüglich

1. Daten, die nach § 162 Absatz 2 an die Zentralstelle des Bundes zur Überwachung der Umweltradioaktivität übermittelt werden,

2. Mitteilungen des Strahlenschutzverantwortlichen über einen überregionalen oder regionalen Notfall in ihrem Landesgebiet oder ein Ereignis in ihrem Landesgebiet, das zu einem solchen Notfall führen kann, oder

3. sonstige Erkenntnisse über einen überregionalen oder regionalen Notfall in ihrem Landesgebiet,

4. bei einem überregionalen oder regionalen Notfall in ihrem Landesgebiet die für die radiologische Lage relevanten Daten zur Anlage oder Strahlungsquelle, zum radiologischen Inventar und zu Freisetzungen sowie Freisetzungsabschätzungen und -prognosen,

5. bei einem überregionalen oder regionalen Notfall im Bundesgebiet oder im grenznahen Ausland anlagenbezogene Messdaten, die aus anlagenbezogenen Messprogrammen zur Immissionsüberwachung oder aus lageabhängig durchgeführten weiteren Immissionsmessungen stammen,

6. bei überregionalen oder regionalen Notfällen Mitteilungen über die von den zuständigen Landesbehörden getroffenen Schutzmaßnahmen sowie über Informationen der Bevölkerung und Verhaltensempfehlungen gemäß § 112 Absatz 2 und

7. Mitteilungen über die Wirksamkeit dieser Schutzmaßnahmen und Verhaltensempfehlungen.

§ 108 Radiologisches Lagebild

(1) Nach Eintritt eines überregionalen oder regionalen Notfalls wird ein radiologisches Lagebild erstellt. In dem radiologischen Lagebild werden die Informationen nach den §§ 106, 107 und 161 bis 163 und weitere relevante Informationen zu Art, Umfang und zu erwartender Entwicklung der radiologischen Lage aufbereitet, dargestellt und bewertet. Das radiologische Lagebild ist entsprechend der weiteren Entwicklung des Notfalls und der relevanten Informationen zu aktualisieren. Soweit eine Dosisabschätzung nach § 111 Absatz 1 vorliegt, ist auch diese in das radiologische Lagebild aufzunehmen.

(2) Das radiologische Lagebild wird bei einem überregionalen Notfall vom radiologischen Lagezentrum des Bundes erstellt. Bei einem regionalen Notfall erstellt das Land, in dem sich der Notfall ereignet hat, das radiologische Lagebild. Das Land kann diese Aufgabe allgemein oder im Einzelfall im Einvernehmen mit dem Bundesministerium für Umwelt, Naturschutz und nukleare Sicherheit an das radiologische Lagezentrum des Bundes abgeben; das radiologische Lagezentrum des Bundes kann die Aufgabe im Einzelfall im Benehmen mit dem Land an sich ziehen. Wenn das radiologische Lagezentrum des Bundes für die Erstellung des radiologischen Lagebildes zuständig ist, kann es im Einvernehmen mit der zuständigen obersten Landesbehörde die Aufgabe der Fortschreibung des radiologischen Lagebildes an das Land abgeben, in dem sich der Notfall ereignet hat, wenn sich die weiteren Auswirkungen dieses Notfalls voraussichtlich im Wesentlichen auf dieses Land beschränken werden.

(3) Die Bundesregierung kann im allgemeinen Notfallplan des Bundes mit Zustimmung des Bundesrates insbesondere anhand der darin festgelegten Referenzszenarien bestimmen, wann von einem überregionalen, regionalen oder lokalen Notfall auszugehen ist.

(4) Durch Verwaltungsvereinbarung des Bundesministeriums für Umwelt, Naturschutz und nukleare Sicherheit mit der zuständigen obersten Landesbehörde kann festgelegt werden, dass bei einem Notfall in einer kerntechnischen Anlage oder Einrichtung, die nach den §§ 6, 7 oder 9 des Atomgesetzes einer Genehmigung oder nach § 9b des Atomgesetzes der Planfeststellung bedarf, das Land, in dem sich die kerntechnische Anlage oder die Einrichtung befindet, dem radiologischen Lagezentrum des Bundes zusätzlich zu den Daten nach § 107 eine Aufbereitung seiner regionalen Daten zur Verfügung stellt, und zwar bis zu der Entfernung von der kerntechnischen Anlage oder Einrichtung, die die verfahrensmäßige und technische Ausstattung des Landes prognostisch und diagnostisch zulässt.

§ 109 Entscheidungen über Schutzmaßnahmen durch die zuständigen Behörden

(1) Ob bei einem Notfall Schutzmaßnahmen getroffen werden und welche Schutzmaßnahmen bei diesem Notfall angemessen sind, entscheiden die zuständigen Behörden nach Maßgabe der Rechtsverordnungen auf Grundlage der §§ 94 bis 96 und, soweit sich aus diesen nichts anderes ergibt, auf Grundlage

1. der für derartige Maßnahmen geltenden Rechtsvorschriften des Bundes und der Länder zur Abwehr von Gefahren für die menschliche Gesundheit, für die Umwelt oder für die öffentliche Sicherheit und

2. unmittelbar anwendbarer Rechtsakte der Europäischen Union und der Europäischen Atomgemeinschaft,

soweit diese Rechtsvorschriften und Rechtsakte auch bei radiologischen Gefahren anwendbar sind. Bei den Entscheidungen sind die Notfallpläne zu beachten sowie die radiologische Lage und die anderen entscheidungserheblichen Umstände des jeweiligen Notfalls zu berücksichtigen.

(2) Für die Bewertung der radiologischen Lage ist bei überregionalen und regionalen Notfällen das radiologische Lagebild nach § 108 maßgeblich.

(3) Im weiteren Verlauf des Notfalls prüfen die zuständigen Behörden, ob die Schutzmaßnahmen geändert, ergänzt oder beendet werden sollen. Sie berücksichtigen dabei die Wirksamkeit der getroffenen Schutzmaßnahmen sowie Veränderungen der radiologischen Lage und der anderen Umstände des Notfalls.

§ 110 Zusammenarbeit und Abstimmung bei Notfällen

Die Behörden und Organisationen, die an Entscheidungen über Schutzmaßnahmen oder deren Durchführung beteiligt sind, arbeiten nach Maßgabe der Notfallpläne zusammen. Die Entscheidungen und Schutzmaßnahmen sind im erforderlichen Umfang aufeinander abzustimmen, soweit die rechtzeitige Durchführung angemessener Schutzmaßnahmen dadurch nicht verhindert oder unangemessen verzögert wird.

§ 111 Dosisabschätzung, Abschätzung der Wirksamkeit der Schutzmaßnahmen, Anpassung der Notfallplanungen bei überregionalen und regionalen Notfällen

(1) Bei einem überregionalen oder regionalen Notfall schätzt die für die Erstellung des radiologischen Lagebildes zuständige Behörde oder Stelle für betroffene Bevölkerungsgruppen die Dosis ab, die diese infolge des Notfalls bereits aufgenommen haben und voraussichtlich noch aufnehmen werden (Dosisabschätzung).

(2) Das Bundesministerium für UUmwelt, Naturschutz und nukleare Sicherheit vergleicht bei einem überregionalen oder regionalen Notfall die Ergebnisse der Dosisabschätzung mit dem Referenzwert und schätzt die Wirksamkeit der Schutzmaßnahmen, der Verhaltensempfehlungen und der angewandten Schutzstrategien ab. Es prüft, ob die Referenzwerte für den Schutz der Bevölkerung, die Dosiswerte und die Grenzwerte für notfallbedingte Kontaminationen oder Dosisleistungen an die radiologische Lage und die anderen relevanten Umstände des jeweiligen Notfalls oder an eingetretene oder zu erwartende Veränderungen dieser Umstände ange-

passt werden sollen. Es berücksichtigt dabei die Notfallschutzgrundsätze, die Ergebnisse der Dosisabschätzung sowie die Informationen über die getroffenen und noch vorgesehenen Schutzmaßnahmen und Verhaltensempfehlungen, die von den zuständigen Bundes- und Landesbehörden nach den §§ 106 und 107 bereitgestellt worden sind.

(3) Die zuständigen Bundesministerien prüfen bei einem überregionalen oder regionalen Notfall im Rahmen ihrer in den §§ 98, 99 und § 96 Absatz 1 genannten Zuständigkeiten, ob die Schutzstrategien, die Schutzmaßnahmen, die Verhaltensempfehlungen und sonstigen Regelungen, die in den Notfallplänen des Bundes und in Rechtsverordnungen nach § 95 festgelegt sind, an die radiologische Lage und die anderen relevanten Umstände des jeweiligen Notfalls oder an eingetretene oder zu erwartende Veränderungen dieser Umstände angepasst werden sollen. Sie berücksichtigen dabei die Ergebnisse der Abschätzung der Wirksamkeit der Schutzmaßnahmen, Verhaltensempfehlungen und angewandten Schutzstrategien.

(4) Soweit es bei einem überregionalen oder regionalen Notfall für abgestimmte und angemessene Entscheidungen über die erforderlichen Schutzmaßnahmen oder für deren Durchführung erforderlich ist, ändert oder ergänzt die Bundesregierung auf Vorschlag der zuständigen Bundesministerien durch allgemeine Verwaltungsvorschriften mit Zustimmung des Bundesrates die Notfallpläne des Bundes für diesen Notfall.

(5) Die Bundesregierung wird ermächtigt, bei einem überregionalen oder regionalen Notfall bei Eilbedürftigkeit durch Einzelweisungen nach Artikel 84 Absatz 5 des Grundgesetzes für diesen Notfall

1. zu bestimmen, welche der in den Notfallplänen für bestimmte Referenzszenarien festgelegten optimierten Schutzstrategien ganz oder teilweise entsprechend anzuwenden sind, wenn dieser Notfall möglicherweise wesentlich von den Refe-

renzszenarien abweicht oder die Erkenntnisse über diesen Notfall noch nicht ausreichen, um ihn einem bestimmten Referenzszenario zuzuordnen oder

2. Richtwerte für notfallbedingte Kontaminationen oder Dosisleistungen festzulegen.

(6) Eilbedürftigkeit liegt vor, wenn

1. die in den bestehenden Notfallplänen des Bundes festgelegten optimierten Schutzstrategien oder die in diesen Notfallplänen und in Rechtsverordnungen nach diesem Kapitel festgelegten Schutzmaßnahmen unter Berücksichtigung der Abschätzungen nach den Absätzen 1 und 2 sowie der internationalen Zusammenarbeit und Koordinierung nicht angemessen oder ausreichend sind und

2. Rechtsverordnungen nach diesem Kapitel oder Notfallpläne des Bundes für diesen Notfall voraussichtlich nicht rechtzeitig erlassen oder geändert werden können.

§ 112 Information der betroffenen Bevölkerung und Empfehlungen für das Verhalten bei Notfällen

(1) Die nach Landesrecht zuständigen Behörden informieren bei einem lokalen Notfall unverzüglich die möglicherweise betroffene Bevölkerung über den Notfall und geben ihr angemessene Empfehlungen für das Verhalten bei diesem Notfall.

(2) Die für den Katastrophenschutz zuständigen Behörden unterrichten bei überregionalen und regionalen Notfällen, die in ihrem Zuständigkeitsbereich zu einer Katastrophe geführt haben oder führen können, unverzüglich die in ihrem Zuständigkeitsbereich möglicherweise betroffene Bevölkerung über den eingetretenen Notfall und geben ihr angemessene Empfehlungen für das Verhalten in diesem Notfall.

(3) Das Bundesministerium für Umwelt, Naturschutz und nukleare Sicherheit unterrichtet un-

verzüglich bei überregionalen und regionalen Notfällen die möglicherweise betroffene Bevölkerung und gibt ihr angemessene Empfehlungen für das Verhalten bei diesem Notfall, soweit nicht die für den Katastrophenschutz zuständigen Behörden nach Absatz 2 für die Unterrichtung der Bevölkerung und Verhaltensempfehlungen zuständig sind.

(4) Die Informationen, Aufforderungen und Verhaltensempfehlungen umfassen die in Anlage 7 aufgeführten Punkte, die für den jeweiligen Notfall relevant sind.

Kapitel 2
Schutz der Einsatzkräfte

§ 113 Unterrichtung, Aus- und Fortbildung der Einsatzkräfte im Rahmen der Notfallvorsorge

(1) Personen, die in den Notfallplänen des Bundes oder der Länder oder in internen Planungen der Strahlenschutzverantwortlichen

1. als Einsatzkräfte vorgesehen sind,

2. als Fachkräfte für die Mitwirkung an Entscheidungen über Aufgaben und Maßnahmen von Einsatzkräften vorgesehen sind oder

3. für die Unterrichtung der Einsatzkräfte im Notfalleinsatz vorgesehen sind,

sind über die gesundheitlichen Risiken, die ein Einsatz bei einem Notfall mit sich bringen kann, und über die bei einem Einsatz zu treffenden Schutz- und Überwachungsmaßnahmen angemessen zu unterrichten und entsprechend aus- und fortzubilden.

(2) Die Unterrichtung, Aus- und Fortbildung berücksichtigt die in den Notfallplänen berücksichtigten Notfälle sowie die entsprechenden Arten des Einsatzes oder der Mitwirkungs- oder Unterrichtungsaufgaben. Die Inhalte der Unterrichtung, Aus- und Fortbildung und die Lehr- und Lernmittel werden regelmäßig auf den neues-

ten Stand gebracht. Soweit es zweckdienlich ist, soll die Aus- und Fortbildung auch die Teilnahme an Notfallübungen umfassen.

§ 114 Schutz der Einsatzkräfte bei Notfalleinsätzen

(1) Bei Notfalleinsätzen ist durch dem jeweiligen Einsatzzweck angemessene Schutz- und Überwachungsmaßnahmen anzustreben, dass die Exposition von Einsatzkräften in dieser Expositionssituation unterhalb der Werte bleibt, die in § 78 bei geplanten Expositionen als Dosisgrenzwerte festgesetzt sind.

(2) Sofern der Einsatz dem Schutz des Lebens oder der Gesundheit dient und einer der Werte nach Absatz 1 bei Einsätzen zum Schutz des Lebens oder der Gesundheit auch durch angemessene Schutz- und Überwachungsmaßnahmen nicht eingehalten werden kann, ist anzustreben, dass die Exposition der Einsatzkräfte den Referenzwert für die effektive Dosis von 100 Millisievert nicht überschreitet. Die Einsatzkräfte müssen vor dem jeweiligen Einsatz über die mit ihm verbundenen gesundheitlichen Risiken und die zu treffenden Schutz- und Überwachungsmaßnahmen angemessen unterrichtet werden. Bei Einsatzkräften, die bereits im Rahmen der Notfallvorsorge unterrichtet, aus- und fortgebildet wurden, ist deren allgemeine Unterrichtung entsprechend den Umständen des jeweiligen Notfalls zu ergänzen. Schwangere und Personen unter 18 Jahren dürfen nicht in Situationen nach Satz 1 eingesetzt werden.

(3) Sofern der Einsatz der Rettung von Leben, der Vermeidung schwerer strahlungsbedingter Gesundheitsschäden oder der Vermeidung oder Bekämpfung einer Katastrophe dient und die effektive Dosis 100 Millisievert auch bei angemessenen Schutz- und Überwachungsmaßnahmen überschreiten kann, ist anzustreben, dass die Exposition von Notfalleinsatzkräften den Referenzwert für die effektive Dosis von 250 Millisievert nicht überschreitet. In Ausnahmefällen, in denen es auch bei angemessenen Schutz- und Überwachungsmaßnahmen mög-

lich ist, dass die effektive Dosis den Wert von 250 Millisievert überschreitet, kann die Einsatzleitung einen erhöhten Referenzwert von 500 Millisievert festlegen. Die Einsätze nach den Sätzen 1 und 2 dürfen nur von Freiwilligen ausgeführt werden, die vor dem jeweiligen Einsatz über die Möglichkeit einer solchen Exposition informiert wurden. Absatz 2 Satz 2 bis 4 gilt entsprechend.

(4) Es ist anzustreben, dass Einsatzkräfte, die bei einem Notfall bereits eine effektive Dosis von mehr als 250 Millisievert erhalten haben oder bei denen der Grenzwert der Berufslebensdosis nach § 77 erreicht ist, bei weiteren Notfällen nicht in Situationen nach Absatz 3 eingesetzt werden.

(5) Bei der Ermittlung oder Abschätzung der Exposition einer Einsatzkraft in einer Notfallexpositionssituation sind die ermittelten oder abgeschätzten Körperdosen aus allen Einsätzen zu addieren, die von der Einsatzkraft in dieser Notfallexpositionssituation ausgeführt werden. Die Exposition einer Einsatzkraft während ihres Einsatzes in einer Notfallexpositionssituation ist hinsichtlich des Grenzwertes für die Berufslebensdosis nach § 77 zu berücksichtigen.

§ 115 Verantwortlichkeit für den Schutz der Einsatzkräfte

(1) Verantwortlich für die Unterrichtung, Aus- und Fortbildung ihrer eigenen Einsatzkräfte sind

1. die Strahlenschutzverantwortlichen,

2. die Behörden, die gemäß den Notfallplänen des Bundes und der Länder für Maßnahmen der Notfallreaktion zuständig sind oder an diesen Maßnahmen mitwirken und

3. die an der Notfallreaktion mitwirkenden Organisationen.

(2) Verantwortlich für den Schutz der Einsatzkräfte im Notfalleinsatz sind

1. die Strahlenschutzverantwortlichen hinsichtlich ihrer eigenen und der in ihrem Auftrag tätigen Einsatzkräfte,

2. hinsichtlich der anderen Einsatzkräfte

   a) die Behörde, die den Notfalleinsatz mehrerer Behörden oder mitwirkender Organisationen leitet oder

   b) die Behörden und Organisationen, die für Maßnahmen der Notfallreaktion zuständig sind oder an diesen Maßnahmen mitwirken, soweit die Einsatzkräfte nicht einer den Notfalleinsatz leitenden Behörde unterstellt sind.

§ 116 Schutz der Einsatzkräfte bei anderen Gefahrenlagen

Bei der Vorbereitung und Durchführung von Einsätzen, die nicht der Bekämpfung eines Notfalls im Sinne dieses Gesetzes, sondern der Bekämpfung einer anderen Gefahrenlage dienen, und bei denen die Einsatzkräfte ionisierender Strahlung ausgesetzt sein können, sind die §§ 113 bis 115 entsprechend anzuwenden.

§ 117 Verordnungsermächtigungen zum Schutz der Einsatzkräfte

(1) Das Bundesministerium für Umwelt, Naturschutz und nukleare Sicherheit wird ermächtigt, durch Rechtsverordnung

1. wesentliche Inhalte der in § 113 vorgeschriebenen Unterrichtung, Aus- und Fortbildung zu regeln,

2. Art und Inhalte der in § 114 Absatz 2 und 3 vorgeschriebenen Unterrichtung zu regeln,

3. die in § 76 Absatz 1 und § 79 genannten weiteren Regelungen über die physikalische Strahlenschutzkontrolle, Schutzbereiche, Schutz-, Vorsorge- und Überwachungsmaßnahmen zum Schutz der Einsatzkräfte zu treffen,

4. zu bestimmen, welche Personen, Behörden oder Organisationen für die nach Nummer 3 geregelten Maßnahmen zum Schutz der Einsatzkräfte verantwortlich sind.

Rechtsverordnungen nach Satz 1 Nummer 2 bis 4 bedürfen der Zustimmung des Bundesrates.

(2) Bei Eilbedürftigkeit nach Eintritt eines Notfalls kann das Bundesministerium für Umwelt, Naturschutz und nukleare Sicherheit Regelungen nach Absatz 1 Satz 1 Nummer 2 bis 4 durch Rechtsverordnung ohne die Zustimmung des Bundesrates erlassen (Eilverordnungen), soweit noch keine entsprechenden Regelungen bestehen. Eilverordnungen treten spätestens sechs Monate nach ihrem Inkrafttreten außer Kraft. Ihre Geltungsdauer kann nur durch eine Rechtsverordnung mit Zustimmung des Bundesrates und im Einvernehmen mit den zu beteiligenden Bundesministerien verlängert werden. Eilverordnungen, die bestehende Regelungen ändern, sind unverzüglich aufzuheben, wenn der Bundesrat dies verlangt.

(3) Das Landesrecht regelt, ob und inwieweit Rechtsverordnungen nach Absatz 1 Satz 1 Nummer 1 auch für die Beschäftigten der zuständigen Behörden der Länder, Gemeinden und sonstiger Körperschaften, Anstalten und Stiftungen des öffentlichen Rechts der Länder sowie privater Hilfsorganisationen gelten, die beim Katastrophenschutz oder beim Vollzug anderer landesrechtlicher Vorschriften zur Gefahrenabwehr und Hilfeleistung mitwirken.

(4) Das Grundrecht auf körperliche Unversehrtheit (Artikel 2 Absatz 2 Satz 1 des Grundgesetzes) wird nach Maßgabe des Absatzes 1 Satz 1 Nummer 3 eingeschränkt.

Teil 4
Strahlenschutz bei bestehenden Expositionssituationen

Kapitel 1
Nach einem Notfall bestehende Expositionssituationen

§ 118 Übergang zu einer bestehenden Expositionssituation; Verordnungsermächtigungen

(1) Wenn sich bei einem überregionalen oder regionalen Notfall die radiologische Lage im Wesentlichen stabilisiert hat, schätzt das Bundesministerium für Umwelt, Naturschutz und nukleare Sicherheit im Rahmen der Wirksamkeitsprüfung nach § 111 Absatz 2 auch ab, ob die effektive Dosis bei der betroffenen Bevölkerung infolge des Notfalls voraussichtlich im folgenden Jahr im Bundesgebiet oder in Teilen des Bundesgebietes noch den Wert von 1 Millisievert im Jahr überschreiten wird. Soweit der Wert von 1 Millisievert voraussichtlich im folgenden Jahr im Bundesgebiet oder in Teilen des Bundesgebietes noch überschritten wird, erstrecken sich die von den zuständigen Bundesministerien nach § 111 Absatz 3 und 4 vorzunehmenden Prüfungen

1. auch darauf, ob und wie lange angemessene Schutzmaßnahmen und andere Maßnahmen nach Teil 3 im Bundesgebiet oder Teilen des Bundesgebietes noch erforderlich sind, um sicherzustellen, dass die effektive Dosis bei der betroffenen Bevölkerung so bald wie möglich den Wert von 20 Millisievert unterschreitet sowie

2. darauf, ob und ab welchem Zeitpunkt bei Anwendung der Rechtsvorschriften über bestehende Expositionssituationen durch angemessene Schutz-, Sanierungs- oder andere Maßnahmen erreicht werden kann, dass die effektive Dosis weiter reduziert wird und den nach Absatz 4 festzusetzenden Referenzwert so weit wie möglich unterschreitet.

(2) Wenn eine Reduzierung der effektiven Dosis möglich ist, erlässt die Bundesregierung in entsprechender Anwendung der §§ 92 und 97 Absatz 1 bis Absatz 4 Satz 1 bis 3 sowie des § 98 auf Vorschlag des Bundesministeriums für Umwelt, Naturschutz und nukleare Sicherheit einen Plan des Bundes zum Schutz der Bevölkerung in der nach dem Notfall bestehenden Expositionssituation. Dieser Plan wird als allgemeine Verwaltungsvorschrift mit Zustimmung des Bundesrates beschlossen.

(3) Auf Vorschlag der für die jeweiligen Sachbereiche zuständigen Bundesministerien kann die Bundesregierung den Plan des Bundes nach Absatz 2 bei Bedarf durch besondere Pläne des Bundes ergänzen und konkretisieren, in denen für bestimmte der in § 99 Absatz 2 genannten Anwendungsbereiche die besonderen Planungen für Maßnahmen nach Absatz 1 Satz 2 Nummer 2 dargestellt werden. Diese besonderen Pläne des Bundes werden als allgemeine Verwaltungsvorschriften mit Zustimmung des Bundesrates beschlossen.

(4) Das Bundesministerium für Umwelt, Naturschutz und nukleare Sicherheit legt durch Rechtsverordnung mit Zustimmung des Bundesrates für eine nach einem überregionalen oder regionalen Notfall nach Absatz 1 Satz 2 Nummer 2 bestehende Expositionssituation einen Referenzwert für die effektive Dosis fest, die betroffene Personen infolge des Notfalls über alle Expositionspfade erhalten, wenn die vorgesehenen Schutzmaßnahmen durchgeführt werden. Der Referenzwert darf 20 Millisievert im Jahr nicht überschreiten. In der Rechtsverordnung ist des Weiteren festzulegen, in welchen Gebieten und ab welchem Zeitpunkt die Referenzwerte, die §§ 119, 120 und 152 sowie Pläne nach Absatz 2 und 3 anzuwenden sind.

(5) Soweit dies für einen angemessenen Schutz der Bevölkerung erforderlich ist, stellen die Länder, soweit die Länder für die Planung oder Durchführung von Maßnahmen nach Absatz 1 Satz 2 Nummer 2 zuständig sind, Landespläne auf, welche die Pläne des Bundes

nach den Absätzen 2 und 3 für diese bestehende Expositionssituation ergänzen und konkretisieren.

(6) Wenn sich bei einem lokalen Notfall die radiologische Lage im Wesentlichen stabilisiert hat, die effektive Dosis bei der betroffenen Bevölkerung infolge des Notfalls aber den Wert von 1 Millisievert im Jahr noch überschreitet, legt die zuständige Behörde durch Allgemeinverfügung einen Referenzwert für die effektive Dosis fest, die betroffene Personen infolge des Notfalls über alle Expositionspfade erhalten, wenn die vorgesehenen Schutzmaßnahmen durchgeführt werden. Der Referenzwert darf 20 Millisievert im Jahr nicht überschreiten. Die zuständige Behörde kann ergänzend angemessene Referenzwerte für Organ-Äquivalentdosen festlegen.

§ 119 Radiologische Lage, Maßnahmen, Zusammenarbeit und Abstimmung in einer nach einem Notfall bestehenden Expositionssituation

In einer nach einem Notfall bestehenden Expositionssituation sind die §§ 92 und 106 bis 111 entsprechend anzuwenden. An Stelle der Referenzwerte nach § 93 gelten für den Schutz der Bevölkerung die nach § 118 Absatz 4 oder 6 festgelegten Referenzwerte; an Stelle der Notfallpläne nach den §§ 98 bis 100 gelten die Pläne nach § 118 Absatz 2, 3 und 5.

§ 120 Information der Bevölkerung und Verhaltensempfehlungen

(1) Pläne des Bundes nach § 118 Absatz 2 und 3 werden von den zuständigen Stellen des Bundes nach Maßgabe des § 10 des Umweltinformationsgesetzes veröffentlicht.

(2) Das Bundesministerium für Umwelt, Naturschutz und nukleare Sicherheit informiert die betroffene Bevölkerung über eine nach einem überregionalen oder regionalen Notfall überörtlich bestehende Expositionssituation. § 105 Absatz 2 gilt entsprechend.

(3) Bei einem überregionalen oder regionalen Notfall ergänzen und konkretisieren die zuständigen Behörden der Länder die Informationen und Verhaltensempfehlungen des Bundes. § 105 Absatz 3 gilt entsprechend.

(4) Die nach Landesrecht zuständigen Behörden informieren die betroffene Bevölkerung über eine nach einem lokalen Notfall bestehende Expositionssituation, über die Referenzwerte nach § 118 Absatz 6 sowie über die getroffenen und vorgesehenen Schutz-, Sanierungs- und anderen Maßnahmen. Sie geben der betroffenen Bevölkerung angemessene Empfehlungen für das Verhalten in dieser Expositionssituation.

(5) § 105 Absatz 4 gilt entsprechend.

Kapitel 2
Schutz vor Radon

Abschnitt 1
Gemeinsame Vorschriften

§ 121 Festlegung von Gebieten; Verordnungsermächtigung

(1) Die zuständige Behörde legt durch Allgemeinverfügung innerhalb von zwei Jahren nach Inkrafttreten einer Rechtsverordnung nach Absatz 2 die Gebiete fest, für die erwartet wird, dass die über das Jahr gemittelte Radon-222-Aktivitätskonzentration in der Luft in einer beträchtlichen Zahl von Gebäuden mit Aufenthaltsräumen oder Arbeitsplätzen den Referenzwert nach § 124 oder § 126 überschreitet. Sie veröffentlicht die Festlegung der Gebiete. Die Festlegung der Gebiete ist alle zehn Jahre zu überprüfen.

(2) Die Bundesregierung wird ermächtigt, durch Rechtsverordnung mit Zustimmung des Bundesrates zu bestimmen, unter welchen Umständen die zuständige Behörde davon ausgehen kann, dass in einem Gebiet in einer beträchtlichen Zahl von Gebäuden mit Aufenthaltsräumen oder Arbeitsplätzen die Referenz-

werte nach den §§ 124 und 126 überschritten werden und welche Verfahren und Kriterien für die Festlegung der Gebiete heranzuziehen sind.

§ 122 Radonmaßnahmenplan

(1) Das Bundesministerium für Umwelt, Naturschutz und nukleare Sicherheit erstellt einen Radonmaßnahmenplan. Der Radonmaßnahmenplan wird unter Beteiligung der Länder erstellt. Er erläutert die Maßnahmen nach diesem Gesetz und enthält Ziele für die Bewältigung der langfristigen Risiken der Exposition durch Radon in Aufenthaltsräumen und an Arbeitsplätzen in Innenräumen hinsichtlich sämtlicher Quellen, aus denen Radon zutritt, sei es aus dem Boden, aus Bauprodukten oder aus dem Wasser.

(2) Das Bundesministerium für Umwelt, Naturschutz und nukleare Sicherheit macht den Radonmaßnahmenplan im Bundesanzeiger bekannt.

(3) Der Radonmaßnahmenplan wird vom Bundesministerium für Umwelt, Naturschutz und nukleare Sicherheit unter Beteiligung der Länder regelmäßig aktualisiert, jedoch mindestens alle zehn Jahre.

(4) Die zuständige Behörde entwickelt für ihren Zuständigkeitsbereich an die jeweiligen Bedingungen angepasste Strategien zum Umgang mit langfristigen Risiken der Exposition durch Radon. Sie berücksichtigt dabei den Radonmaßnahmenplan. Sie erhebt die erforderlichen Daten. Das Bundesministerium für Umwelt, Naturschutz und nukleare Sicherheitkoordiniert die Entwicklung der Strategien.

§ 123 Maßnahmen an Gebäuden; Verordnungsermächtigung

(1) Wer ein Gebäude mit Aufenthaltsräumen oder Arbeitsplätzen errichtet, hat geeignete Maßnahmen zu treffen, um den Zutritt von Radon aus dem Baugrund zu verhindern oder erheblich zu erschweren. Diese Pflicht gilt als erfüllt, wenn

1. die nach den allgemein anerkannten Regeln der Technik erforderlichen Maßnahmen zum Feuchteschutz eingehalten werden und

2. in den nach § 121 Absatz 1 Satz 1 festgelegten Gebieten zusätzlich die in der Rechtsverordnung nach Absatz 2 bestimmten Maßnahmen eingehalten werden.

(2) Die Bundesregierung wird ermächtigt, durch Rechtsverordnung mit Zustimmung des Bundesrates weitere Maßnahmen zum Schutz vor Radon für zu errichtende Gebäude innerhalb der nach § 121 Absatz 1 Satz 1 festgelegten Gebiete zu bestimmen.

(3) Die zuständige Behörde kann von der Pflicht nach Absatz 1 Satz 1 auf Antrag befreien, soweit die Anforderungen im Einzelfall durch einen unangemessenen Aufwand oder in sonstiger Weise zu einer unbilligen Härte führen. Eine unbillige Härte kann insbesondere vorliegen, wenn eine Überschreitung des Referenzwerts in dem Gebäude auch ohne Maßnahmen nicht zu erwarten ist.

(4) Wer im Rahmen der baulichen Veränderung eines Gebäudes mit Aufenthaltsräumen oder Arbeitsplätzen Maßnahmen durchführt, die zu einer erheblichen Verminderung der Luftwechselrate führen, soll die Durchführung von Maßnahmen zum Schutz vor Radon in Betracht ziehen, soweit diese Maßnahmen erforderlich und zumutbar sind.

Abschnitt 2
Schutz vor Radon in Aufenthaltsräumen

§ 124 Referenzwert; Verordnungsermächtigung

Der Referenzwert für die über das Jahr gemittelte Radon-222-Aktivitätskonzentration in der Luft in Aufenthaltsräumen beträgt 300 Becquerel je Kubikmeter. Spätestens zehn Jahre nach Inkrafttreten dieses Gesetzes legt das Bundesministerium für Umwelt, Naturschutz und nukleare Sicherheit einen Bericht über die Entwicklung der Schutzmaßnahmen für die Allgemeinbevölkerung gegenüber Radonexpositionen, über deren Wirksamkeit und Kosten auf Bundes- und Länderebene vor. Die Bundesregierung wird ermächtigt, durch Rechtsverordnung mit Zustimmung des Bundesrates festzulegen, wie die Messung der Radon-222-Aktivitätskonzentration in der Luft in Aufenthaltsräumen zu erfolgen hat.

§ 125 Unterrichtung der Bevölkerung; Reduzierung der Radonkonzentration

(1) Das Bundesministerium für Umwelt, Naturschutz und nukleare Sicherheit sowie die zuständigen Behörden der Länder unterrichten die Bevölkerung in geeigneter Weise über die Exposition durch Radon in Aufenthaltsräumen und die damit verbundenen Gesundheitsrisiken, über die Wichtigkeit von Radonmessungen und über die technischen Möglichkeiten, die zur Verringerung vorhandener Radon-222-Aktivitätskonzentrationen verfügbar sind.

(2) Das Bundesministerium für Umwelt, Naturschutz und nukleare Sicherheit sowie die zuständigen Behörden der Länder regen Maßnahmen zur Ermittlung von Aufenthaltsräumen an, in denen die über das Jahr gemittelte Radon-222-Aktivitätskonzentration in der Luft den Referenzwert nach § 124 überschreitet, und empfehlen technische oder andere Mittel zur Verringerung der Exposition durch Radon.

Abschnitt 3
Schutz vor Radon an Arbeitsplätzen in Innenräumen

§ 126 Referenzwert

Der Referenzwert für die über das Jahr gemittelte Radon-222-Aktivitätskonzentration in der Luft an Arbeitsplätzen beträgt 300 Becquerel je Kubikmeter.

§ 127 Messung der Radonkonzentration

(1) Wer für einen Arbeitsplatz in einem Innenraum verantwortlich ist, hat innerhalb der Frist nach Satz 2 Messungen der Radon-222-Aktivitätskonzentration in der Luft zu veranlassen, wenn

1. sich der Arbeitsplatz im Erd- oder Kellergeschoss eines Gebäudes befindet, das in einem nach § 121 Absatz 1 Satz 1 festgelegten Gebiet liegt, oder

2. die Art des Arbeitsplatzes einem der Arbeitsfelder nach Anlage 8 zuzuordnen ist.

Im Falle des Satzes 1 Nummer 1 muss die Messung innerhalb von 18 Monaten nach der Festlegung des Gebiets und Aufnahme der beruflichen Betätigung an dem Arbeitsplatz und im Falle des Satzes 1 Nummer 2 innerhalb von 18 Monaten nach Aufnahme der beruflichen Betätigung an dem Arbeitsplatz erfolgt sein. Die zuständige Behörde kann anordnen, dass für die Arbeitsplatz Verantwortliche auch für andere Arbeitsplätze in Innenräumen Messungen der Radon-222-Aktivitätskonzentration in der Luft zu veranlassen hat, wenn Anhaltspunkte dafür vorliegen, dass die Radon-222-Aktivitätskonzentration in der Luft über dem Referenzwert nach § 126 liegt.

(2) Verantwortlich für einen Arbeitsplatz ist,

1. wer in seiner Betriebsstätte eine Betätigung beruflich ausübt oder ausüben lässt oder

2. in wessen Betriebsstätte ein Dritter in eigener Verantwortung eine Betätigung beruflich ausübt oder von Personen ausüben lässt, die unter dessen Aufsicht stehen.

(3) Der für den Arbeitsplatz Verantwortliche hat die Ergebnisse der Messungen nach Absatz 1 Satz 1 und 3 unverzüglich aufzuzeichnen, fünf Jahre ab dem Zeitpunkt der Erstellung aufzubewahren und der zuständigen Behörde auf Verlangen vorzulegen.

(4) Im Falle der Verantwortlichkeit nach Absatz 2 Nummer 1 hat der für den Arbeitsplatz

Verantwortliche die betroffenen Arbeitskräfte und den Betriebsrat oder den Personalrat unverzüglich über die Ergebnisse der Messungen zu unterrichten. Im Falle der Verantwortlichkeit nach Absatz 2 Nummer 2 hat der für den Arbeitsplatz Verantwortliche unverzüglich den Dritten zu unterrichten; die Pflicht nach Satz 1 gilt entsprechend für den Dritten.

§ 128 Reduzierung der Radonkonzentration

(1) Überschreitet die Radon-222-Aktivitätskonzentration in der Luft an einem Arbeitsplatz den Referenzwert nach § 126, so hat der für den Arbeitsplatz Verantwortliche unverzüglich Maßnahmen zur Reduzierung der Radon-222-Aktivitätskonzentration in der Luft zu ergreifen.

(2) Der für den Arbeitsplatz Verantwortliche hat den Erfolg der von ihm getroffenen Maßnahmen durch eine Messung der Radon-222-Aktivitätskonzentration in der Luft zu überprüfen; die Messung muss innerhalb von 24 Monaten erfolgt sein, nachdem die Überschreitung des Referenzwerts durch die Messung nach § 127 Absatz 1 bekannt geworden ist. Der Verantwortliche hat das Ergebnis der Messung unverzüglich aufzuzeichnen, fünf Jahre ab dem Zeitpunkt der Erstellung aufzubewahren und der zuständigen Behörde auf Verlangen vorzulegen.

(3) Im Falle der Verantwortlichkeit nach § 127 Absatz 2 Nummer 1 hat der für den Arbeitsplatz Verantwortliche die betroffenen Arbeitskräfte und den Betriebsrat oder den Personalrat unverzüglich über die Ergebnisse der Messungen zu unterrichten. Im Falle der Verantwortlichkeit nach § 127 Absatz 2 Nummer 2 hat der für den Arbeitsplatz Verantwortliche unverzüglich den Dritten zu unterrichten; die Pflicht nach Satz 1 gilt entsprechend für den Dritten.

(4) Der für den Arbeitsplatz Verantwortliche muss keine Maßnahmen zur Reduzierung der Radon-222-Aktivitätkonzentration in der Luft ergreifen, wenn die Maßnahmen nicht oder nur mit unverhältnismäßig hohem Aufwand möglich

sind, und zwar aus besonderen Gründen, die sich ergeben

1. aus überwiegenden Belangen des Arbeits- oder Gesundheitsschutzes oder

2. aus der Natur des Arbeitsplatzes.

Im Falle der Verantwortlichkeit nach § 127 Absatz 2 Nummer 2 hat der für den Arbeitsplatz Verantwortliche den Dritten unverzüglich nach Bekanntwerden der Gründe darüber zu unterrichten.

§ 129 Anmeldung

(1) Der Verantwortliche nach § 128 Absatz 1 hat den Arbeitsplatz bei der zuständigen Behörde unverzüglich anzumelden, wenn eine Messung nach § 128 Absatz 2 Satz 1 keine Unterschreitung des Referenzwerts nach § 126 ergibt. Der Anmeldung sind beizufügen:

1. Informationen über die Art des Arbeitsplatzes und die Anzahl der betroffenen Arbeitskräfte,

2. die Ergebnisse der Messungen nach § 127 Absatz 1,

3. Informationen über die ergriffenen Maßnahmen zur Reduzierung der Radon-222-Aktivitätskonzentration sowie die Ergebnisse der Messungen nach § 128 Absatz 2 und

4. die weiteren vorgesehenen Maßnahmen zur Reduzierung der Exposition.

(2) Ergreift der für den Arbeitsplatz Verantwortliche auf Grund des § 128 Absatz 4 keine Maßnahmen, so hat er den Arbeitsplatz unverzüglich nach Bekanntwerden der besonderen Gründe bei der zuständigen Behörde anzumelden. Der Anmeldung sind die Unterlagen nach Absatz 1 Satz 2 beizufügen; abweichend von Absatz 1 Satz 2 Nummer 3 ist zu begründen, warum keine Maßnahmen zur Reduzierung ergriffen wurden. Soweit die vorgetragenen Gründe den Verzicht auf Maßnahmen nicht rechtfertigen, kann die zuständige Behörde Maßnahmen zur Reduzierung der Radon-222-Aktivitäts-

konzentration in der Luft an diesem Arbeitsplatz anordnen.

(3) Ein Dritter, der in fremden Betriebsstätten eine Betätigung eigenverantwortlich beruflich ausübt oder ausüben lässt, hat diese Betätigung unverzüglich anzumelden, sobald sie an mehreren Arbeitsplätzen ausgeübt wird, die nach Absatz 1 Satz 1 anzumelden sind. Der Anmeldung sind Unterlagen entsprechend Absatz 1 Satz 2 beizufügen; die für die Arbeitsplätze Verantwortlichen haben dem Dritten die dafür erforderlichen Auskünfte zu erteilen.

(4) Für den zur Anmeldung Verpflichteten gilt die Pflicht zur betrieblichen Zusammenarbeit nach § 71 Absatz 3 entsprechend.

§ 130 Abschätzung der Exposition

(1) Der zur Anmeldung Verpflichtete hat innerhalb von sechs Monaten nach der Anmeldung eine auf den Arbeitsplatz bezogene Abschätzung der Radon-222-Exposition, der potentiellen Alphaenergie-Exposition oder der Körperdosis durch die Exposition durch Radon durchzuführen; im Falle der Anmeldung durch den Dritten nach § 129 Absatz 3 Satz 1 ist die Abschätzung bezogen auf die gesamte Betätigung durchzuführen. Die Abschätzung ist unverzüglich zu wiederholen, sobald der Arbeitsplatz so verändert wird, dass eine höhere Exposition auftreten kann. Die Ergebnisse der Abschätzungen sind aufzuzeichnen und der zuständigen Behörde unverzüglich vorzulegen. Die Ergebnisse der Abschätzung sind fünf Jahre lang aufzubewahren.

(2) Ergibt die Abschätzung, dass die effektive Dosis 6 Millisievert im Kalenderjahr nicht überschreiten kann, so hat der zur Abschätzung Verpflichtete die Exposition durch Radon regelmäßig zu überprüfen. Er hat die Exposition durch geeignete Strahlenschutzmaßnahmen auf der Grundlage von Vorschriften des allgemeinen Arbeitsschutzes und unter Berücksichtigung aller Umstände des Einzelfalls so gering wie möglich zu halten. Die zuständige Behörde

kann die Vorlage entsprechender Nachweise verlangen.

(3) Ergibt die Abschätzung, dass die effektive Dosis 6 Millisievert im Kalenderjahr überschreiten kann, so sind Anforderungen des beruflichen Strahlenschutzes nach Maßgabe des § 131 und der Rechtsverordnung nach § 132 Satz 2 Nummer 6 zu erfüllen.

§ 131 Beruflicher Strahlenschutz

(1) Erfordert das Ergebnis der Abschätzung nach § 130 Absatz 3 die Einhaltung von Anforderungen des beruflichen Strahlenschutzes, so hat der zur Abschätzung Verpflichtete

1. geeignete Maßnahmen zu treffen, um unter Berücksichtigung aller Umstände des Einzelfalls die Exposition durch Radon so gering wie möglich zu halten,

2. die Radon-222-Exposition, die potentielle Alphaenergie-Exposition oder die Körperdosis der an anmeldungsbedürftigen Arbeitsplätzen beschäftigten Arbeitskräfte auf geeignete Weise durch Messung zu ermitteln,

3. dafür zu sorgen, dass die Dosisgrenzwerte nicht überschritten werden und die Körperdosen nach § 166 ermittelt werden; die Regelungen und Grenzwerte der §§ 77 und 78 Absatz 1 und 3 Satz 1 und 3 gelten insoweit entsprechend,

4. dafür zu sorgen, dass die Anforderungen des beruflichen Strahlenschutzes nach der nach § 132 Satz 2 Nummer 6 erlassenen Rechtsverordnung eingehalten werden.

(2) Handelt es sich bei dem Verpflichteten um eine juristische Person oder um eine rechtsfähige Personengesellschaft, so gilt § 69 Absatz 2 entsprechend.

§ 132 Verordnungsermächtigung

Die Bundesregierung wird ermächtigt, durch Rechtsverordnung mit Zustimmung des Bundesrates Anforderungen an den Schutz vor Radon an Arbeitsplätzen festzulegen. In der Rechtsverordnung kann insbesondere festgelegt werden,

1. in welchen Fällen und auf welche Weise mehrere Arbeitsorte als Arbeitsplatz im Sinne dieses Abschnitts zu betrachten sind,

2. wie die Radon-222-Aktivitätskonzentration an Arbeitsplätzen über das Kalenderjahr zu mitteln ist,

3. wie die Messung der Radon-222-Aktivitätskonzentration in der Luft an Arbeitsplätzen nach den §§ 127 und 128 zu erfolgen hat, dass sie von einer anerkannten Stelle auszuführen ist und welche Anforderungen an die Messung und an die Stelle, die die Messung ausführt, sowie an das Verfahren der Anerkennung dieser Stelle zu stellen sind,

4. wie die Radon-222-Aktivitätskonzentration in der Luft und die Aufenthaltszeit oder die potentielle Alphaenergie-Exposition in eine effektive Dosis, die eine Arbeitskraft erhält, umzurechnen ist,

5. wie die arbeitsplatzbezogene Abschätzung der Radon-222-Exposition, der potentiellen Alphaenergie-Exposition oder der Körperdosis durch die Exposition durch Radon nach § 130 Absatz 1 durchzuführen ist und welche Anforderungen an das Verfahren der Abschätzung und an die Person, die die Abschätzung durchführt, zu stellen sind,

6. dass die für Teil 2 dieses Gesetzes geltenden sowie die in § 76 Absatz 1 und § 79 aufgezählten Maßnahmen und Anforderungen des beruflichen Strahlenschutzes zum Schutz der Arbeitskräfte auch im Falle des § 130 Absatz 3 anzuwenden sind,

7. wie die Radon-222-Exposition, die potentielle Alphaenergie-Exposition oder die Körperdosis im Falle des § 131 Absatz 1 Nummer 2 zu ermitteln ist und welche Anforderungen an das Verfahren der Ermittlung zu stellen sind,

8. dass die Ermittlung nach § 131 Absatz 1 Nummer 2 durch eine nach § 169 behördlich bestimmte Messstelle zu erfolgen hat und welche Informationen der Messstelle für die Ermittlung zur Verfügung zu stellen sind und

9. welche Aufzeichnungs-, Aufbewahrungs-, Mitteilungs- und Vorlagepflichten im Zusammenhang mit den Pflichten nach § 131 und nach den Nummern 1 bis 8 bestehen.

Kapitel 3
Schutz vor Radioaktivität in Bauprodukten

§ 133 Referenzwert

Der Referenzwert für die effektive Dosis aus äußerer Exposition von Einzelpersonen der Bevölkerung in Aufenthaltsräumen durch Gammastrahlung aus Bauprodukten beträgt zusätzlich zur effektiven Dosis aus äußerer Exposition im Freien 1 Millisievert im Kalenderjahr.

§ 134 Bestimmung der spezifischen Aktivität

(1) Wer Bauprodukte, die die in Anlage 9 genannten mineralischen Primärrohstoffe oder Rückstände enthalten, herstellt oder ins Inland verbringt, muss vor dem Inverkehrbringen der Bauprodukte die spezifische Aktivität der Radionuklide Radium-226, Thorium-232 oder seines Zerfallsprodukts Radium-228 und Kalium-40 bestimmen.

(2) Die Ergebnisse der Bestimmung der nach Absatz 1 bestimmten spezifischen Aktivitäten sind aufzuzeichnen und fünf Jahre lang aufzubewahren.

(3) Die zuständige Behörde kann verlangen, dass sie von dem zur Bestimmung der spezifischen Aktivität Verpflichteten über die Ergebnisse der Bestimmung und den gemäß der Rechtsverordnung nach § 135 Absatz 1 Satz 3 ermittelten Aktivitätsindex sowie über andere in der Rechtsverordnung genannte für die Be-

rechnung des Aktivitätsindex verwendete Größen unterrichtet wird.

§ 135 Maßnahmen; Verordnungsermächtigung

(1) Der zur Bestimmung der spezifischen Aktivität Verpflichtete darf Bauprodukte, die die in Anlage 9 genannten mineralischen Primärrohstoffe oder Rückstände enthalten, uneingeschränkt nur in Verkehr bringen, wenn er nachweist, dass die voraussichtliche Exposition durch von dem Bauprodukt ausgehende Strahlung den Referenzwert nicht überschreitet. Der Referenzwert gilt als eingehalten, wenn der gemäß der Rechtsverordnung nach Satz 3 ermittelte Aktivitätsindex die dort festgelegten Werte nicht überschreitet. Die Bundesregierung wird ermächtigt, durch Rechtsverordnung mit Zustimmung des Bundesrates festzulegen, wie der Aktivitätsindex zu berechnen ist und welche Werte der Aktivitätsindex nicht überschreiten darf.

(2) Überschreitet die voraussichtlich von einem Bauprodukt, das die in Anlage 9 genannten mineralischen Primärrohstoffe oder Rückstände enthält, ausgehende effektive Dosis den Referenzwert, hat derjenige, der das Bauprodukt herstellt oder ins Inland verbringt, die zuständige Behörde unverzüglich zu informieren.

(3) Die zuständige Behörde kann innerhalb eines Monats nach Eingang der Information

1. die Maßnahmen anordnen, die zur Einhaltung des Referenzwerts bei Verwendung des Bauprodukts zur Herstellung von Gebäuden mit Aufenthaltsräumen erforderlich sind, oder

2. die Verwendung des Bauprodukts zur Herstellung von Gebäuden mit Aufenthaltsräumen untersagen, wenn der Referenzwert nicht eingehalten werden kann.

Das Bauprodukt darf erst nach Ablauf der Monatsfrist oder nach Maßgabe der behördlichen Entscheidung in Verkehr gebracht werden.

(4) Der Verpflichtete hat den Bauherrn, den Entwurfsverfasser und den Unternehmer im Sinne der jeweils anwendbaren Landesbauordnungen hinsichtlich der getroffenen Einschränkungen zu informieren. Soweit diese Personen nicht bekannt sind, ist das Bauprodukt mit Begleitpapieren zu versehen, aus denen die Verwendungseinschränkungen hervorgehen.

Kapitel 4 Radioaktiv kontaminierte Gebiete

Abschnitt 1 Radioaktive Altlasten

§ 136 Begriff der radioaktiven Altlast; Verordnungsermächtigung

(1) Radioaktive Altlasten sind durch abgeschlossene menschliche Betätigung kontaminierte Grundstücke, Teile von Grundstücken, Gebäude oder Gewässer, wenn von der Kontamination eine Exposition verursacht wird oder werden kann, durch die für Einzelpersonen der Bevölkerung der Referenzwert der effektiven Dosis von 1 Millisievert im Kalenderjahr überschritten wird.

(2) Die Bundesregierung wird ermächtigt, durch Rechtsverordnung mit Zustimmung des Bundesrates die Anforderungen für die Ermittlung der Exposition und Prüfwerte, bei deren Unterschreitung keine radioaktive Altlast vorliegt, festzulegen.

(3) Bei der Ermittlung der Exposition zur Bestimmung einer radioaktiven Altlast ist die planungsrechtlich zulässige Nutzung der Grundstücke und ihrer Umgebung sowie das sich daraus ergebende Schutzbedürfnis zu beachten. Fehlen planungsrechtliche Festsetzungen, so ist die Prägung des Gebiets unter Berücksichtigung der absehbaren Entwicklung zugrunde zu legen. Liegen auf Teilflächen gegenüber der nach den Sätzen 1 oder 2 zugrunde zu legenden Nutzung abweichende Nutzungen vor, die zu höheren Expositionen führen können, sind diese zu berücksichtigen.

(4) Besteht die Besorgnis, dass eine radioaktive Altlast einen Grundwasserleiter beeinflusst, ist abweichend von Absatz 3 grundsätzlich eine Nutzung des Grundwassers zu unterstellen.

§ 137 Verantwortlichkeit für radioaktive Altlasten

(1) Verantwortlich für eine radioaktive Altlast ist, wer

1. die Kontamination verursacht hat,

2. einer Person nach Nummer 1 in Gesamtrechtsnachfolge folgt,

3. Eigentümer der radioaktiven Altlast ist,

4. die tatsächliche Gewalt über die radioaktive Altlast ausübt oder

5. das Eigentum an der radioaktiven Altlast aufgibt.

(2) Verantwortlich ist auch, wer aus handelsrechtlichem oder gesellschaftsrechtlichem Rechtsgrund für eine juristische Person einzustehen hat, der eine radioaktive Altlast gehört.

(3) Verantwortlich ist auch der frühere Eigentümer einer radioaktiven Altlast, wenn er die Kontamination kannte oder kennen musste und wenn das Eigentum nach dem 31. Dezember 2018 übertragen wurde. Dies gilt für denjenigen nicht, der beim Erwerb des Grundstücks darauf vertraut hat, dass keine Kontaminationen vorhanden sind, wenn das Vertrauen unter Berücksichtigung der Umstände des Einzelfalls schutzwürdig ist.

§ 138 Verdacht auf radioaktive Altlasten

(1) Liegen einer der in § 137 genannten Personen Anhaltspunkte für das Vorliegen einer radioaktiven Altlast vor, so hat sie dies der zuständigen Behörde unverzüglich zu melden.

(2) Liegen der zuständigen Behörde Anhaltspunkte für das Vorliegen einer radioaktiven Altlast vor, so soll sie zur Ermittlung des Sachverhalts die geeigneten Maßnahmen treffen.

(3) Besteht ein hinreichender Verdacht für das Vorliegen einer radioaktiven Altlast, so kann die zuständige Behörde die in § 137 genannten Personen verpflichten, die erforderlichen Untersuchungen durchzuführen, insbesondere zu Art, Höhe und Ausdehnung der Kontamination und zur Exposition. Ein hinreichender Verdacht liegt in der Regel vor, wenn Untersuchungen eine Überschreitung der in der Rechtsverordnung nach § 136 Absatz 2 festgelegten Prüfwerte ergeben haben oder erwarten lassen oder wenn es auf Grund sonstiger Feststellungen überwiegend wahrscheinlich ist, dass eine radioaktive Altlast vorliegt.

§ 139 Behördliche Anordnungsbefugnisse für Maßnahmen; Verordnungsermächtigung

(1) Liegt eine radioaktive Altlast vor, so kann die zuständige Behörde einen der für die radioaktive Altlast Verantwortlichen verpflichten,

1. Untersuchungen zu Art und Ausdehnung der radioaktiven Altlast sowie zur Exposition und zu möglichen Sanierungs- und sonstigen Maßnahmen zur Verhinderung oder Verminderung der Exposition durchzuführen,

2. der zuständigen Behörde das Ergebnis dieser Untersuchungen mitzuteilen,

3. durch bestimmte Sanierungsmaßnahmen, sonstige Maßnahmen zur Verhinderung oder Verminderung der Exposition oder Nachsorgemaßnahmen dafür zu sorgen, dass der Referenzwert nach § 136 Absatz 1 unterschritten wird,

4. die Exposition der Bevölkerung infolge der Sanierungsarbeiten zu überwachen,

5. auch nach Durchführung von Maßnahmen nach Nummer 3 weitere Maßnahmen durchzuführen, soweit dies zur Sicherung des Ziels von Sanierungs- oder sonstigen Maßnahmen zur Verhinderung oder Verminderung der Exposition notwendig ist, oder

6. die von der radioaktiven Altlast ausgehenden, Radionuklide enthaltenden Emissionen und Immissionen, einschließlich der Direktstrahlung, zu überwachen.

§ 13 Absatz 2 und § 18 Satz 1 des Bundes-Bodenschutzgesetzes gelten entsprechend.

(2) Die nach Absatz 1 Satz 1 Nummer 3 und 5 durchzuführenden Maßnahmen sollen auf wissenschaftlich begründeten, technisch und wirtschaftlich durchführbaren Verfahren beruhen, die in der praktischen Anwendung erprobt und bewährt sind oder die ihre praktische Eignung als gesichert erscheinen lassen. Art, Umfang und Dauer der Maßnahmen sind zu optimieren.

(3) Wird während der Sanierungsmaßnahmen vorübergehend die Exposition erhöht, so soll diese einen Richtwert für die effektive Dosis von 6 Millisievert im Kalenderjahr für Einzelpersonen der Bevölkerung nicht überschreiten. Dabei soll infolge von Einleitungen in oberirdische Gewässer der Richtwert für die effektive Dosis von 1 Millisievert im Kalenderjahr für Einzelpersonen der Bevölkerung nicht überschritten werden.

(4) Die Bundesregierung wird ermächtigt, durch Rechtsverordnung mit Zustimmung des Bundesrates

1. Vorgaben zur Emissions- und Immissionsüberwachung nach Absatz 1 Satz 1 Nummer 6 zu machen und

2. Anforderungen an die Optimierung der Maßnahmen nach Absatz 2 Satz 2 festzulegen.

§ 140 Weitere Pflichten im Zusammenhang mit der Durchführung von Maßnahmen

(1) Der für die radioaktive Altlast Verantwortliche hat der zuständigen Behörde unverzüglich den Beginn und den Abschluss der Maßnahmen mitzuteilen und geeignete Nachweise über die Wirksamkeit der durchgeführten Maßnahmen vorzulegen.

(2) Wer nach Durchführung von Maßnahmen nach § 139 Absatz 1 Satz 1 Nummer 3 und 5 beabsichtigt, Veränderungen an dem betroffenen Grundstück vorzunehmen, insbesondere Änderungen der Nutzung sowie das Aufbringen oder Entfernen von Stoffen, hat dies vier Wochen vor dem beabsichtigten Beginn der zuständigen Behörde mitzuteilen und nachzuweisen, dass infolge der Veränderung die Exposition nicht erhöht wird.

§ 141 Anwendung der Vorschriften für Tätigkeiten mit Rückständen

Abweichend von den §§ 138 bis 140 finden die Vorschriften von Teil 2 Kapitel 2 Abschnitt 8 Unterabschnitt 2 dieses Gesetzes entsprechende Anwendung, wenn Rückstände oder sonstige Materialien vom verunreinigten Grundstück, auch zum Zweck der Sanierung des Grundstücks, entfernt werden, es sei denn, die Rückstände oder Materialien werden bei der Sanierung anderer radioaktiver Altlasten verwendet.

§ 142 Information der Öffentlichkeit; Erfassung

(1) Die zuständige Behörde informiert die betroffene Öffentlichkeit über die radioaktive Altlast und die von ihr ausgehende Exposition sowie über die getroffenen Sanierungsmaßnahmen, sonstigen Maßnahmen zur Verhinderung oder Verminderung der Exposition und Nachsorgemaßnahmen.

(2) Die zuständigen Behörden erfassen die festgestellten radioaktiven Altlasten und altlastverdächtigen Flächen.

§ 143 Sanierungsplanung; Verordnungsermächtigung

(1) Bei radioaktiven Altlasten, bei denen wegen der Verschiedenartigkeit der erforderlichen Maßnahmen ein abgestimmtes Vorgehen notwendig ist oder von denen auf Grund von Art oder Ausdehnung der Kontamination in beson-

derem Maße Risiken für den Einzelnen oder die Allgemeinheit ausgehen, kann die zuständige Behörde einen für die radioaktive Altlast Verantwortlichen verpflichten, einen Sanierungsplan vorzulegen. Der Sanierungsplan hat insbesondere Folgendes zu enthalten:

1. eine Darstellung der Ergebnisse der durchgeführten Untersuchungen, von Art und Ausdehnung der radioaktiven Altlast und eine Zusammenfassung der Expositionsabschätzung,

2. Angaben über die bisherige und künftige Nutzung der zu sanierenden Grundstücke und

3. die Darstellung der vorgesehenen Sanierungsmaßnahmen, sonstigen Maßnahmen zur Verhinderung oder Verminderung der Exposition und Nachsorgemaßnahmen.

Die Bundesregierung wird ermächtigt, durch Rechtsverordnung mit Zustimmung des Bundesrates Vorschriften über den Inhalt von Sanierungsplänen zu erlassen.

(2) § 136 Absatz 3 und 4 und § 139 Absatz 2 dieses Gesetzes sowie § 13 Absatz 2 und 4 und § 18 Satz 1 des Bundes-Bodenschutzgesetzes gelten entsprechend. Die zuständige Behörde kann den Sanierungsplan, auch mit Abänderungen oder mit Nebenbestimmungen, für verbindlich erklären.

§ 144 Behördliche Sanierungsplanung

(1) Die zuständige Behörde kann den Sanierungsplan nach § 143 Absatz 1 selbst erstellen oder ergänzen oder durch einen Sachverständigen erstellen oder ergänzen lassen, wenn

1. der Plan nicht, nicht innerhalb der von der Behörde gesetzten Frist oder fachlich unzureichend erstellt worden ist,

2. ein für die radioaktive Altlast Verantwortlicher nicht oder nicht rechtzeitig herangezogen werden kann oder

3. auf Grund der Komplexität der Altlastensituation, insbesondere auf Grund der großflächigen Ausdehnung der Kontamination oder der Anzahl der betroffenen Verpflichteten, ein koordiniertes Vorgehen erforderlich ist.

Für den Sachverständigen gilt § 18 Satz 1 des Bundes-Bodenschutzgesetzes entsprechend.

(2) Die zuständige Behörde kann den Sanierungsplan, auch mit Abänderungen oder mit Nebenbestimmungen, für verbindlich erklären.

(3) Mit dem Sanierungsplan kann der Entwurf eines Sanierungsvertrages über die Ausführung des Plans vorgelegt werden. Der Sanierungsvertrag kann die Einbeziehung Dritter vorsehen.

§ 145 Schutz von Arbeitskräften;- Verordnungsermächtigung

(1) Bei Sanierungs- und sonstigen Maßnahmen zur Verhinderung und Verminderung der Exposition bei radioaktiven Altlasten hat derjenige, der die Maßnahmen selbst beruflich durchführt oder durch unter seiner Aufsicht stehende Arbeitskräfte durchführen lässt, vor Beginn der Maßnahmen eine Abschätzung der Körperdosis der Arbeitskräfte durchzuführen. Die Abschätzung ist unverzüglich zu wiederholen, sobald die Arbeitssituation so verändert wird, dass eine höhere Exposition auftreten kann. Das Ergebnisse der Abschätzung sind aufzuzeichnen, fünf Jahre lang aufzubewahren und der zuständigen Behörde auf Verlangen vorzulegen. Für sonstige Betätigungen im Zusammenhang mit radioaktiven Altlasten kann die zuständige Behörde verlangen, dass derjenige, der die Betätigungen selbst beruflich durchführt oder durch unter seiner Aufsicht stehende Arbeitskräfte durchführen lässt, eine Abschätzung der Körperdosis der Arbeitskräfte durchführt.

(2) Ergibt die Abschätzung, dass die Körperdosis einen der Werte für die Einstufung als beruflich exponierte Person überschreiten kann, so hat der zur Abschätzung Verpflichtete die

Durchführung der Maßnahmen vor deren Beginn bei der zuständigen Behörde anzumelden. Der Anmeldung sind beizufügen:

1. Informationen über die durchzuführenden Maßnahmen,

2. die Abschätzung der Körperdosis,

3. die Anzahl der betroffenen Arbeitskräfte und

4. Informationen über die bei der Durchführung der Maßnahmen vorgesehenen Vorkehrungen und Maßnahmen zur Reduzierung der beruflichen Exposition.

(3) Der zur Anmeldung Verpflichte hat

1. geeignete Maßnahmen zu treffen, um unter Berücksichtigung aller Umstände des Einzelfalls die berufliche Exposition so gering wie möglich zu halten,

2. dafür zu sorgen, dass für die Arbeitskräfte, bei denen die Abschätzung ergeben hat, dass die Körperdosis einen der Werte für die Einstufung als beruflich exponierte Person überschreiten kann, die Dosisgrenzwerte nicht überschritten werden und die Körperdosen nach § 166 ermittelt werden; die Regelungen und Grenzwerte der §§ 77 und 78 gelten insoweit entsprechend,

3. dafür zu sorgen, dass die Anforderungen des beruflichen Strahlenschutzes auf Grund der nach Absatz 5 erlassenen Rechtsverordnung eingehalten werden.

(4) Für den zur Anmeldung Verpflichteten gilt die Pflicht zur betrieblichen Zusammenarbeit nach § 71 Absatz 3 entsprechend. Handelt es sich bei dem Verpflichteten um eine juristische Person oder um eine rechtsfähige Personengesellschaft, so gilt § 69 Absatz 2 entsprechend.

(5) Die Bundesregierung wird ermächtigt, durch Rechtsverordnung mit Zustimmung des Bundesrates festzulegen,

1. dass die in den §§ 73, 76 Absatz 1, §§ 79 und 89 aufgezählten Maßnahmen und An-

forderungen des beruflichen Strahlenschutzes zum Schutz der Arbeitskräfte nach Absatz 1 anzuwenden sind und

2. dass sich der zur Anmeldung Verpflichtete bei der Durchführung der Maßnahmen von Personen mit der erforderlichen Fachkunde oder den erforderlichen Kenntnissen im Strahlenschutz beraten zu lassen hat.

§ 146 Kosten; Ausgleichsanspruch

(1) Die Kosten der nach § 138 Absatz 3, § 139 Absatz 1, den §§ 143 und 144 Absatz 1 Nummer 1 angeordneten Maßnahmen tragen die zur Durchführung Verpflichteten. Bestätigen im Falle des § 138 Absatz 3 die Untersuchungen den Verdacht nicht, sind den zur Untersuchung Herangezogenen die Kosten zu erstatten, wenn sie die den Verdacht begründenden Umstände nicht zu vertreten haben. In den Fällen des § 144 Absatz 1 Nummer 2 und 3 trägt derjenige die Kosten, von dem die Erstellung eines Sanierungsplans hätte verlangt werden können.

(2) Mehrere Verantwortliche haben unabhängig von ihrer Heranziehung untereinander einen Ausgleichsanspruch. Soweit nichts anderes vereinbart wird, bestimmt sich der Umfang des zu leistenden Ausgleichs danach, inwieweit der die Sanierungspflicht begründende Zustand den einzelnen Verpflichteten zuzuordnen ist; § 426 Absatz 1 Satz 2 des Bürgerlichen Gesetzbuches findet entsprechend Anwendung. Der Ausgleichsanspruch verjährt in drei Jahren; die §§ 438, 548 und 606 des Bürgerlichen Gesetzbuches sind nicht anzuwenden. Die Verjährung beginnt nach der Beitreibung der Kosten, wenn eine Behörde Maßnahmen selbst ausführt, im Übrigen nach der Beendigung der Maßnahmen durch den Verpflichteten zu dem Zeitpunkt, zu dem der Verpflichtete von der Person des Ersatzpflichtigen Kenntnis erlangt. Der Ausgleichsanspruch verjährt ohne Rücksicht auf diese Kenntnis 30 Jahre nach der Beendigung der Maßnahmen. Für Streitigkeiten steht der Rechtsweg vor den ordentlichen Gerichten offen.

§ 147 Wertausgleich; Verordnungsermächtigung

(1) Soweit durch den Einsatz öffentlicher Mittel bei Maßnahmen zur Erfüllung der Pflichten nach § 139 oder § 143 der Verkehrswert des Grundstücks nicht nur unwesentlich erhöht wird und der Eigentümer die Kosten hierfür nicht oder nicht vollständig getragen hat, hat er einen von der zuständigen Behörde festzusetzenden Wertausgleich in Höhe der durch die Maßnahmen bedingten Wertsteigerung an den öffentlichen Kostenträger zu leisten. Die Höhe des Ausgleichsbetrages wird durch die Höhe der eingesetzten öffentlichen Mittel begrenzt. Die Pflicht zum Wertausgleich entsteht nicht, soweit hinsichtlich der auf einem Grundstück vorhandenen radioaktiven Altlasten eine Freistellung erfolgt ist von der Verantwortung oder der Kostentragungspflicht nach Artikel 1 § 4 Absatz 3 Satz 1 des Umweltrahmengesetzes vom 29. Juni 1990 (GBl. I Nr. 42 S. 649), das zuletzt durch Artikel 12 des Gesetzes vom 22. März 1991 (BGBl. I S. 766) geändert worden ist, in der jeweils geltenden Fassung. Soweit Maßnahmen im Sinne des Satzes 1 in förmlich festgelegten Sanierungsgebieten oder Entwicklungsbereichen als Ordnungsmaßnahmen von der Gemeinde durchgeführt werden, wird die dadurch bedingte Erhöhung des Verkehrswerts im Rahmen des Ausgleichsbetrags nach § 154 des Baugesetzbuchs abgegolten.

(2) Die durch Sanierungsmaßnahmen bedingte Erhöhung des Verkehrswerts eines Grundstücks besteht aus dem Unterschied zwischen dem Wert, der sich für das Grundstück ergeben würde, wenn die Maßnahmen nicht durchgeführt worden wären (Anfangswert), und dem Verkehrswert, der sich für das Grundstück nach Durchführung der Erkundungs- und Sanierungsmaßnahmen ergibt (Endwert).

(3) Der Ausgleichsbetrag wird fällig, wenn die Sanierungsmaßnahmen oder sonstigen Maßnahmen zur Verhinderung oder Verminderung der Exposition abgeschlossen sind und der Betrag von der zuständigen Behörde festgesetzt worden ist. Die Pflicht zum Wertausgleich erlischt, wenn der Betrag nicht bis zum Ende des vierten Jahres nach Abschluss der in Satz 1 genannten Maßnahmen festgesetzt worden ist.

(4) Die zuständige Behörde hat von dem Wertausgleich nach Absatz 1 die Aufwendungen abzuziehen, die der Eigentümer für eigene Sanierungsmaßnahmen oder sonstige Maßnahmen zur Verhinderung oder Verminderung der Exposition oder die er für den Erwerb des Grundstücks im berechtigten Vertrauen darauf verwendet hat, dass keine radioaktiven Altlasten vorhanden sind. Kann der Eigentümer von Dritten Ersatz verlangen, so ist dies bei der Entscheidung nach Satz 1 zu berücksichtigen.

(5) Im Einzelfall kann von der Festsetzung eines Ausgleichsbetrages ganz oder teilweise abgesehen werden, wenn dies im öffentlichen Interesse oder zur Vermeidung unbilliger Härten geboten ist. Werden dem öffentlichen Kostenträger Kosten für Sanierungsmaßnahmen oder sonstige Maßnahmen zur Verhinderung oder Verminderung der Exposition erstattet, so muss insoweit von der Festsetzung des Ausgleichsbetrages abgesehen, ein festgesetzter Ausgleichsbetrag erlassen oder ein bereits geleisteter Ausgleichsbetrag erstattet werden.

(6) Der Ausgleichsbetrag ruht als öffentliche Last auf dem Grundstück. Das Bundesministerium der Justiz und für Verbraucherschutz wird ermächtigt, durch Rechtsverordnung mit Zustimmung des Bundesrates die Art und Weise, wie im Grundbuch auf das Vorhandensein der öffentlichen Last hinzuweisen ist, zu regeln.

§ 148 Sonstige bergbauliche und industrielle Hinterlassenschaften

Die §§ 136 bis 147 finden entsprechende Anwendung auf Grubenbaue und sonstige nicht von § 136 erfasste Hinterlassenschaften aus abgeschlossenen bergbaulichen und industriellen Betätigungen, von denen eine Exposition verursacht wird oder werden kann, die nicht außer Acht gelassen werden kann, sofern die

Kontamination auf abgeschlossene menschliche Betätigungen zurückzuführen ist. Satz 1 gilt nicht für die Schachtanlage Asse II, auf die § 57b des Atomgesetzes Anwendung findet.

§ 149 Stilllegung und Sanierung der Betriebsanlagen und Betriebsstätten des Uranerzbergbaus; Verordnungsermächtigung

(1) Die Stilllegung und Sanierung von Betriebsanlagen und Betriebsstätten des Uranerzbergbaus auf Grund des Gesetzes zu dem Abkommen vom 16. Mai 1991 zwischen der Regierung der Bundesrepublik Deutschland und der Regierung der Union der Sozialistischen Sowjetrepubliken über die Beendigung der Tätigkeit der Sowjetisch-Deutschen Aktiengesellschaft Wismut vom 12. Dezember 1991 (BGBl. 1991 II S. 1138, 1142) bedarf der Genehmigung.

(2) Die zuständige Behörde hat eine Genehmigung nach Absatz 1 zu erteilen, wenn

1. durch die geplanten Sanierungsmaßnahmen, sonstigen Maßnahmen zur Verhinderung oder Verminderung der Exposition und Nachsorgemaßnahmen der Referenzwert nach § 136 Absatz 1 unterschritten werden kann, soweit dies unter Berücksichtigung aller Umstände des Einzelfalls verhältnismäßig ist,

2. die Voraussetzungen nach § 145 Absatz 2 und 3 erfüllt sind,

3. Maßnahmen getroffen sind, um die von den Betriebsanlagen und Betriebsstätten ausgehenden, Radionuklide enthaltenden Emissionen und Immissionen, einschließlich der Direktstrahlung, zu überwachen und um die Exposition der Bevölkerung infolge der Stilllegungs- und Sanierungsarbeiten zu überwachen, und

4. die Ausrüstungen vorgesehen und Maßnahmen geplant sind, die nach dem Stand von Wissenschaft und Technik erforderlich sind, um den Schutz von Arbeitskräften bei beruflichen Expositionen nach Absatz 5 und § 145 Absatz 3 sowie nach der Rechtsverordnung nach § 145 Absatz 5 zu gewährleisten.

(3) Dem Genehmigungsantrag sind die zur Prüfung erforderlichen Unterlagen beizufügen.

(4) Im Übrigen sind § 136 Absatz 3 und 4 und die §§ 140 bis 142 entsprechend anzuwenden.

(5) Für den beruflichen Strahlenschutz

1. sind die §§ 8 und 9 entsprechend anzuwenden,

2. steht derjenige, der der Genehmigung nach Absatz 1 bedarf, dem Strahlenschutzverantwortlichen nach § 69 gleich und

3. sind § 70 Absatz 1 bis 6, § 71 und § 72 Absatz 2 entsprechend anzuwenden.

(6) Die Bundesregierung wird ermächtigt, durch Rechtsverordnung mit Zustimmung des Bundesrates

1. Prüfwerte festzulegen, bei deren Einhaltung eine Genehmigung nach Absatz 1 nicht erforderlich ist,

2. Vorgaben zur Ermittlung der Exposition und zur Emissions- und Immissionsüberwachung zu machen.

§ 150 Verhältnis zu anderen Vorschriften

(1) Die §§ 136 bis 144 und 146 bis 148 finden keine Anwendung, soweit Vorschriften des Bundesberggesetzes und der auf Grund des Bundesberggesetzes erlassenen Rechtsverordnungen die Einstellung eines Betriebes regeln.

(2) Anordnungen zur Durchführung von Untersuchungen gemäß § 139 Absatz 1, ein für verbindlich erklärter Sanierungsplan gemäß § 143 Absatz 2 Satz 2, eine behördliche Sanierungsplanung nach § 144, Anordnungen zur Durchführung von Sanierungsmaßnahmen, sonstigen Maßnahmen zur Verhinderung oder Verminderung der Exposition und Nachsorgemaßnahmen gemäß § 139 Absatz 1 Nummer 3 und

5 sowie Genehmigungen gemäß § 149 schließen andere, die radioaktive Altlast betreffende Entscheidungen ein, soweit sie im Einvernehmen mit der jeweils zuständigen Behörde erlassen und in den Anordnungen die miteingeschlossenen Entscheidungen aufgeführt werden. Satz 1 gilt nicht für die Entscheidungen, die für die radioaktive Altlast nach dem Bundes-Bodenschutzgesetz getroffen werden, sowie für andere, die radioaktive Altlast betreffende Entscheidungen, wenn sie in einer behördlich für verbindlich erklärten Sanierungsplanung gemäß § 13 oder § 14 des Bundes-Bodenschutzgesetzes oder in einer Anordnung zur Sanierung gemäß § 16 des Bundes-Bodenschutzgesetzes mit eingeschlossen sind. In den Fällen nach Satz 2 stellen die nach diesem Gesetz und die nach dem Bundes-Bodenschutzgesetz zuständigen Behörden Einvernehmen her.

Abschnitt 2
Infolge eines Notfalls kontaminierte Gebiete

§ 151 Kontaminierte Gebiete in einer Notfallexpositionssituation; Verordnungsermächtigungen

Auf die infolge eines Notfalls kontaminierten Grundstücke, Teile von Grundstücken, Gebäude und Gewässer finden in einer Notfallexpositionssituation die §§ 136 bis 138, 139 Absatz 1, 2 und 4, die §§ 140 bis 144, 146, 147 und 150 entsprechende Anwendung. An Stelle des Referenzwerts nach § 136 Absatz 1 gelten für den Schutz der Bevölkerung der Referenzwert nach § 93 Absatz 1 oder die nach § 93 Absatz 2 oder 3 festgelegten Referenzwerte.

§ 152 Kontaminierte Gebiete in einer nach einem Notfall bestehenden Expositionssituation; Verordnungsermächtigungen

Auf die infolge eines Notfalls kontaminierten Grundstücke, Teile von Grundstücken, Gebäude und Gewässer finden in einer bestehenden Expositionssituation die §§ 136 bis 138, 139

Absatz 1, 2 und 4, die §§ 140 bis 147 und 150 entsprechende Anwendung. An Stelle des Referenzwerts nach § 136 Absatz 1 gelten für den Schutz der Bevölkerung die nach § 118 Absatz 4 oder 6 festgelegten Referenzwerte.

Kapitel 5
Sonstige bestehende Expositionssituationen

§ 153 Verantwortlichkeit für sonstige bestehende Expositionssituationen

(1) Verantwortlich für eine sonstige bestehende Expositionssituation ist, wer Hersteller, Lieferant, Verbringer oder Eigentümer der Strahlungsquelle ist, die die sonstige bestehende Expositionssituation bewirkt, oder wer Inhaber der tatsächlichen Gewalt über diese Strahlungsquelle ist.

(2) Verantwortlich für eine sonstige bestehende Expositionssituation ist nicht, wer

1. als Hersteller, Lieferant oder Verbringer die tatsächliche Gewalt über die Strahlungsquelle nach den Vorschriften dieses Gesetzes oder der auf Grund dieses Gesetzes erlassenen Rechtsverordnungen einem Dritten überlassen hat, wenn dieser bei der Erlangung der tatsächlichen Gewalt Kenntnis von der Eigenschaft als Strahlungsquelle hatte,

2. als Endverbraucher Eigentümer von Konsumgütern oder sonstigen aus dem Wirtschaftskreislauf herrührenden Waren ist, die eine Strahlungsquelle enthalten, welche die sonstige bestehende Expositionssituation bewirkt, oder wer Inhaber der tatsächlichen Gewalt über solche Konsumgüter oder sonstigen Waren ist,

3. als Mieter oder Pächter die tatsächliche Gewalt über eine Strahlungsquelle, die die sonstige bestehende Expositionssituation bewirkt, innehat oder

4. eine Strahlungsquelle, die die sonstige bestehende Expositionssituation bewirkt, ge-

funden hat oder ohne seinen Willen die tatsächliche Gewalt über sie erlangt hat oder die tatsächliche Gewalt über sie erlangt hat, ohne zu wissen, dass es sich um eine Strahlungsquelle handelt.

§ 154 Ermittlung und Bewertung einer sonstigen bestehenden Expositionssituation

(1) Die zuständige Behörde trifft bei Anhaltspunkten für eine sonstige bestehende Expositionssituation oder für eine nachgewiesene sonstige bestehende Expositionssituation, die jeweils unter Strahlenschutzgesichtspunkten nicht außer Acht gelassen werden kann, die erforderlichen Maßnahmen, um

1. Ursache, nähere Umstände und Ausmaß der sonstigen bestehenden Expositionssituation zu ermitteln,

2. die damit zusammenhängenden beruflichen Expositionen und Expositionen der Bevölkerung zu bestimmen und

3. die gesammelten Erkenntnisse insgesamt zu bewerten.

§ 53 des Atomgesetzes bleibt unberührt.

(2) Sofern es sich bei der sonstigen bestehenden Expositionssituation um kontaminierte Konsumgüter oder sonstige im Wirtschaftskreislauf befindliche Waren handelt, kann die Expositionssituation nicht außer Acht gelassen werden, wenn diese Konsumgüter oder sonstigen Waren

1. künstlich erzeugte Radionuklide enthalten, deren Aktivität und spezifische Aktivität die Freigrenzen, die in einer Rechtsverordnung nach § 24 Satz 1 Nummer 10 festgelegt sind, überschreiten oder

2. natürlich vorkommende Radionuklide enthalten, die eine effektive Dosis für eine Einzelperson der Bevölkerung von mehr als 1 Millisievert im Kalenderjahr bewirken können.

(3) Die zuständige Behörde kann einen oder mehrere für die sonstige bestehende Expositionssituation Verantwortliche dazu verpflichten, die Maßnahmen nach Absatz 1 durchzuführen und ihr die Ergebnisse mitzuteilen.

§ 155 Verordnungsermächtigung für die Festlegung von Referenzwerten

Das Bundesministerium für Umwelt, Naturschutz und nukleare Sicherheit wird ermächtigt, durch Rechtsverordnung mit Zustimmung des Bundesrates Referenzwerte für Arten von sonstigen bestehenden Expositionssituationen festzulegen, die eine angemessene Behandlung, die den Risiken und der Wirksamkeit der zu treffenden Maßnahmen entspricht, ermöglichen.

§ 156 Maßnahmen

(1) Auf der Grundlage der Ermittlung und Bewertung der sonstigen bestehenden Expositionssituation kann die zuständige Behörde Art, Umfang, Dauer und Ziel der zu ergreifenden Sanierungs- und sonstigen Maßnahmen zur Verhinderung oder Verminderung der Exposition festlegen. Maßnahmen, die auf der Grundlage anderer Rechtsvorschriften getroffen werden können, gehen vor.

(2) Bei der Festlegung der Maßnahmen nach Absatz 1 sind folgende Grundsätze zu beachten:

1. jede unnötige Exposition oder Kontamination von Mensch und Umwelt ist zu vermeiden;

2. die nach § 155 festgelegten Referenzwerte sollen möglichst unterschritten werden;

3. jede Exposition oder Kontamination von Mensch und Umwelt ist auch unterhalb der Referenzwerte so gering wie möglich zu halten.

(3) Die zuständige Behörde kann eine oder mehrere für die Expositionssituation Verantwortliche verpflichten,

1. die festgelegten Sanierungs- und sonstigen Maßnahmen zur Verhinderung oder Verminderung der Exposition durchzuführen und

2. nach Abschluss der Maßnahmen die effektive Dosis der Arbeitskräfte, die einer beruflichen Exposition ausgesetzt waren, und von Einzelpersonen der Bevölkerung zu ermitteln.

Die zuständige Behörde koordiniert die Maßnahmen nach Satz 1.

(4) Die zuständige Behörde bewertet in regelmäßigen Abständen die ergriffenen Maßnahmen. Sie kann von einem oder mehreren für die Expositionssituation Verantwortlichen die Übermittlung von Unterlagen verlangen, die zur Bewertung erforderlich sind.

§ 157 Kosten; Ausgleichsanspruch

Die Kosten der nach § 154 Absatz 3 und § 156 Absatz 3 angeordneten Maßnahmen tragen die zur Durchführung der Maßnahmen Verpflichteten. § 146 Absatz 2 gilt entsprechend.

§ 158 Information

(1) Die zuständige Behörde

1. informiert die exponierte und potentiell exponierte Bevölkerung in regelmäßigen Abständen über mögliche Risiken durch die sonstige bestehende Expositionssituation sowie über die verfügbaren Maßnahmen zur Verringerung ihrer Exposition und

2. veröffentlicht Empfehlungen für das individuelle Verhalten oder Maßnahmen auf örtlicher Ebene und aktualisiert diese erforderlichenfalls.

(2) Die zuständige Behörde kann einen oder mehrere für die Expositionssituation Verantwortliche verpflichten, die vorgesehenen Informationen zur Verfügung zu stellen.

§ 159 Anmeldung; Anwendung der Bestimmungen zu geplanten Expositionssituationen; Verordnungsermächtigung

(1) Die Vorschriften der folgenden Absätze sind anzuwenden, wenn

1. die sonstige bestehende Expositionssituation aus Sicht des Strahlenschutzes bedeutsam ist, insbesondere, wenn der Referenzwert nach § 155 überschritten werden kann oder, falls kein Referenzwert festgelegt ist, eine effektive Dosis von 1 Millisievert im Kalenderjahr überschritten werden kann, und

2. einer der für die Expositionssituation Verantwortlichen zugleich Verursacher der sonstigen bestehenden Expositionssituation ist.

(2) Der Verantwortliche hat die sonstige bestehende Expositionssituation unverzüglich bei der zuständigen Behörde anzumelden. Der Anmeldung sind Unterlagen zum Nachweis beizufügen, wie den Pflichten nach Absatz 3 Nummer 1 und 2 und der Rechtsverordnung nach Absatz 5 nachgekommen wird.

(3) Der Verantwortliche hat

1. dafür zu sorgen, dass jede Exposition oder Kontamination von Mensch und Umwelt unter Berücksichtigung aller Umstände des Einzelfalls so gering wie möglich gehalten wird,

2. dafür zu sorgen, dass für die Arbeitskräfte, die Maßnahmen nach § 156 Absatz 1 durchführen, die Dosisgrenzwerte nicht überschritten werden und die Körperdosen nach § 166 ermittelt werden; die Regelungen und Grenzwerte der §§ 77 und 78 gelten insoweit entsprechend, und

3. dafür zu sorgen, dass die Anforderungen der nach Absatz 5 erlassenen Rechtsverordnung eingehalten werden.

(4) Für den Verantwortlichen gilt die Pflicht zur betrieblichen Zusammenarbeit nach § 71 Ab-

satz 3 entsprechend. Handelt es sich bei der verantwortlichen Person um eine juristische Person oder um eine rechtsfähige Personengesellschaft, so gilt § 69 Absatz 2 entsprechend.

(5) Die Bundesregierung wird ermächtigt, durch Rechtsverordnung mit Zustimmung des Bundesrates festzulegen,

1. dass die in den §§ 73, 76 Absatz 1, §§ 79 und 89 aufgezählten Maßnahmen und Anforderungen des beruflichen Strahlenschutzes für anmeldungsbedürftige sonstige bestehende Expositionssituationen anzuwenden sind und

2. dass der Verantwortliche sich bei der Erfüllung seiner Pflichten von Personen mit der erforderlichen Fachkunde oder den erforderlichen Kenntnissen im Strahlenschutz beraten zu lassen hat.

§ 160 Verhältnis zu den Kapiteln 1 bis 4

Die Bestimmungen dieses Kapitels gelten nicht für nach einem Notfall bestehende Expositionssituationen, für Radon in Aufenthaltsräumen und am Arbeitsplatz, für radioaktiv kontaminierte Gebiete und für Radioaktivität in Bauprodukten.

Teil 5
Expositionssituationsübergreifende Vorschriften

Kapitel 1
Überwachung der Umweltradioaktivität

§ 161 Aufgaben des Bundes

(1) Aufgaben des Bundes sind

1. die großräumige Ermittlung

   a) der Radioaktivität in der Luft,

   b) der Radioaktivität in Niederschlägen,

   c) der Radioaktivität in Bundeswasserstraßen und in der Nord- und Ostsee

   außerhalb der Bundeswasserstraßen sowie in Meeresorganismen,

   d) der Radioaktivität auf der Bodenoberfläche und

   e) der Gamma-Ortsdosisleistung,

2. die Entwicklung und Festlegung von Probenahme-, Analyse-, Mess- und Berechnungsverfahren zur Ermittlung der Umweltradioaktivität sowie die Durchführung von Vergleichsmessungen und Vergleichsanalysen,

3. die Zusammenfassung, Dokumentation und Aufbereitung der vom Bund ermittelten sowie der von den Ländern und von Stellen außerhalb des Geltungsbereichs dieses Gesetzes übermittelten Daten zur Umweltradioaktivität,

4. die Erstellung von Ausbreitungsprognosen,

5. die Entwicklung und der Betrieb von Entscheidungshilfesystemen,

6. die Bewertung der Daten zur Umweltradioaktivität, soweit sie vom Bund oder im Auftrag des Bundes durch die Länder ermittelt worden sind, und

7. die Bereitstellung von Daten und Dokumenten nach den Nummern 1, 3, 4 und 5 für die Länder und die Unterrichtung der Länder über die Ergebnisse der Bewertung der Daten.

(2) Die zuständigen Behörden des Bundes übermitteln der Zentralstelle des Bundes für die Überwachung der Umweltradioaktivität (§ 163) die Daten, die sie gemäß Absatz 1 Nummer 1 ermittelt haben.

(3) Die Länder können weitergehende Ermittlungen der Radioaktivität in den in Absatz 1 Nummer 1 genannten Bereichen durchführen.

(4) Die Messstellen für die Ermittlung der Radioaktivität nach Absatz 1 Nummer 1 legt der Bund im Benehmen mit den zuständigen Landesbehörden fest.

§ 162 Aufgaben der Länder

(1) Die Länder ermitteln die Radioaktivität insbesondere

1. in Lebensmitteln, in Futtermitteln und in Bedarfsgegenständen, sofern diese als Indikatoren für die Umweltradioaktivität dienen,

2. in Arzneimitteln und deren Ausgangsstoffen,

3. im Trinkwasser, im Grundwasser und in oberirdischen Gewässern außer Bundeswasserstraßen,

4. in Abwässern, im Klärschlamm und in Abfällen sowie

5. im Boden und in Pflanzen.

(2) Die Länder übermitteln der Zentralstelle des Bundes für die Überwachung der Umweltradioaktivität (§ 163) die Daten, die sie gemäß Absatz 1 ermittelt haben.

§ 163 Integriertes Mess- und Informationssystem des Bundes

(1) Das Bundesamt für Strahlenschutz als Zentralstelle des Bundes für die Überwachung der Umweltradioaktivität betreibt ein integriertes Mess- und Informationssystem für die Überwachung der Umweltradioaktivität. In diesem Mess- und Informationssystem werden die nach § 161 Absatz 1 und § 162 Absatz 1 ermittelten Daten zusammengefasst.

(2) Die im integrierten Mess- und Informationssystem zusammengefassten Daten stehen den zuständigen Landesbehörden direkt zur Verfügung.

§ 164 Bewertung der Daten, Unterrichtung des Deutschen Bundestages und des Bundesrates

(1) Das Bundesministerium für Umwelt, Naturschutz und nukleare Sicherheit bewertet die Daten zur Umweltradioaktivität. Die Zentralstelle

des Bundes für die Überwachung der Umweltradioaktivität unterstützt es bei der Wahrnehmung dieser Aufgabe.

(2) Das Bundesministerium für Umwelt, Naturschutz und nukleare Sicherheit leitet dem Deutschen Bundestag und dem Bundesrat jährlich einen Bericht über die Entwicklung der Radioaktivität in der Umwelt zu.

§ 165 Betretungsrecht und Probenahme

Die Beauftragten der zuständigen Behörden sind berechtigt, Grundstücke und Betriebs- und Geschäftsräume während der Betriebs- und Arbeitszeit zu betreten, die Radioaktivität zu ermitteln und Proben zu nehmen.

Kapitel 2
Weitere Vorschriften

§ 166 Festlegungen zur Ermittlung der beruflichen Exposition

(1) Die Körperdosen einer Person aus beruflicher Exposition sind zu addieren, wenn sie nach diesem Gesetz oder einer auf dieses Gesetz gestützten Rechtsverordnung in mehreren der folgenden Bereiche zu ermitteln sind:

1. bei Tätigkeiten als beruflich exponierte Person,

2. im Zusammenhang mit Radon am Arbeitsplatz,

3. bei Sanierungs- und sonstigen Maßnahmen zur Verhinderung und Verminderung der Exposition bei radioaktiven Altlasten sowie sonstigen Betätigungen im Zusammenhang mit radioaktiven Altlasten und

4. bei anmeldebedürftigen sonstigen bestehenden Expositionssituationen.

Für den Nachweis, dass die jeweils geltenden Grenzwerte nicht überschritten wurden, ist die Summe entscheidend.

(2) Außerhalb des räumlichen Geltungsbereichs dieses Gesetzes erfolgte Expositionen, die denen nach Absatz 1 entsprechen, sind bei der Ermittlung der beruflichen Exposition zu berücksichtigen.

§ 167 Aufzeichnungs-, Aufbewahrungs- und behördliche Mitteilungspflichten für die ermittelte Körperdosis bei beruflicher Exposition

(1) Der Strahlenschutzverantwortliche, der Verpflichtete nach § 131 Absatz 1 oder § 145 Absatz 1 Satz 1 sowie der Verantwortliche nach § 115 Absatz 2 oder § 153 Absatz 1 haben für Personen, die einer beruflichen Exposition unterliegen und für die eine Messung, Ermittlung oder Abschätzung der Körperdosis vorgenommen wurde,

1. die Ergebnisse dieser Messungen, Ermittlungen oder Abschätzungen sowie Daten, die zu dieser Messung, Ermittlung oder Abschätzung dienen,

2. Familienname, Vornamen, Geburtsdatum und -ort, Geschlecht, Staatsangehörigkeit (Personendaten),

3. die persönliche Kennnummer nach § 170 Absatz 3 Satz 1,

4. bei Strahlenpassinhabern die Registriernummer des Strahlenpasses sowie

5. die Beschäftigungsmerkmale und die Expositionsverhältnisse unverzüglich aufzuzeichnen.

(2) Die zur Aufzeichnung Verpflichteten haben die Aufzeichnungen so lange aufzubewahren, bis die überwachte Person das 75. Lebensjahr vollendet hat oder vollendet hätte, mindestens jedoch 30 Jahre nach Beendigung der jeweiligen Beschäftigung.

(3) Die zur Aufzeichnung Verpflichteten haben die Aufzeichnungen auf Verlangen der zuständigen Behörde vorzulegen oder bei einer von dieser zu bestimmenden Stelle zu hinterlegen. § 168 Absatz 2 bleibt unberührt. Die zur Auf-

zeichnung Verpflichteten haben die Ermittlungsergebnisse bei einem Wechsel des Beschäftigungsverhältnisses dem neuen Arbeitgeber auf Verlangen mitzuteilen, wenn weiterhin eine Beschäftigung mit beruflicher Exposition ausgeübt wird. Satz 3 gilt entsprechend für fliegendes Personal, das in einem Luftfahrzeug eines anderen Strahlenschutzverantwortlichen tätig wird. Die zur Aufzeichnung Verpflichteten haben die Aufzeichnungen, die infolge einer Beendigung der Beschäftigung nicht mehr benötigt werden, der nach Landesrecht zuständigen Stelle zu übergeben.

(4) Die zur Aufzeichnung Verpflichteten sind verpflichtet, der zuständigen Behörde Folgendes unverzüglich zu melden:

1. Überschreitungen der Grenzwerte der Körperdosis und

2. die Körperdosen bei besonders zugelassenen Expositionen nach der Rechtsverordnung nach § 79 Absatz 1 Satz 2 Nummer 1.

Dabei sind die Personendaten der betroffenen Personen und die ermittelte Körperdosis sowie die Gründe für eine Überschreitung der Grenzwerte der Körperdosis anzugeben. Die zur Aufzeichnung Verpflichteten sind verpflichtet, den betroffenen Personen unverzüglich die Körperdosis mitzuteilen.

§ 168 Übermittlung der Ergebnisse der Ermittlung der Körperdosis

(1) Der Strahlenschutzverantwortliche, der Verpflichtete nach § 131 Absatz 1 oder § 145 Absatz 1 Satz 1 sowie der Verantwortliche nach § 115 Absatz 2 oder § 153 Absatz 1 haben, soweit sie sich einer Messstelle nach § 169 Absatz 1 zur Ermittlung der beruflichen Exposition bedienen, dieser Messstelle die Daten nach § 170 Absatz 2 Nummer 1 bis 7 derjenigen Personen zur Verfügung zu stellen, für die die Körperdosis ermittelt werden soll. Der zuständigen Behörde sind die Angaben nach Satz 1 sowie die ermittelte Körperdosis auf Verlangen vorzulegen.

(2) Soweit sich die nach Absatz 1 zur Übermittlung Verpflichteten zur Ermittlung der beruflichen Exposition keiner Messstelle nach § 169 Absatz 1 bedienen, haben sie die Daten nach § 170 Absatz 2 einschließlich der ermittelten Körperdosis der zuständigen Behörde vorzulegen.

§ 169 Bestimmung von Messstellen; Verordnungsermächtigung

(1) Die zuständige Behörde bestimmt Messstellen für die Ermittlung der beruflichen Exposition

1. durch äußere Exposition bei Tätigkeiten,

2. durch innere Exposition bei Tätigkeiten,

3. der Einsatzkräfte durch ihren Einsatz in einer Notfallexpositionssituation oder einer anderen Gefahrenlage,

4. durch Radon am Arbeitsplatz,

5. im Zusammenhang mit Maßnahmen bei radioaktiven Altlasten und

6. bei sonstigen bestehenden Expositionssituationen.

(2) Eine Messstelle darf nur bestimmt werden, wenn

1. sie über ausreichend Personal zur Ausführung ihrer Aufgaben verfügt und ihr Personal, insbesondere die Leitung der Messstelle und die weiteren leitenden Fachkräfte, die erforderliche Qualifikation, Eignung und Erfahrung besitzt,

2. sie über die erforderlichen Verfahren zur Ermittlung der Exposition verfügt,

3. sie über die zur Ausführung ihrer Aufgaben erforderliche räumliche und technische Ausstattung, insbesondere die erforderlichen Messgeräte, verfügt,

4. sie ein angemessenes Qualitätsmanagementsystem betreibt und

5. keine Tatsachen vorliegen, aus denen sich Bedenken gegen die Zuverlässigkeit des Leiters der Messstelle oder der weiteren leitenden Fachkräfte ergeben, und die Messstelle über die erforderliche Unabhängigkeit verfügt.

(3) Die Messstelle hat die Ergebnisse der Ermittlung der beruflichen Exposition aufzuzeichnen und sie der jeweiligen Person nach § 168 Absatz 1, die die Messung veranlasst hat, schriftlich mitzuteilen. Die Messstelle hat die Aufzeichnungen nach der Ermittlung fünf Jahre lang aufzubewahren. Sie hat der zuständigen Behörde auf Verlangen oder wenn sie es auf Grund der Ergebnisse ihrer Ermittlungen für erforderlich hält, diese Ergebnisse einschließlich der Daten nach § 168 Absatz 1 mitzuteilen.

(4) Die Bundesregierung wird ermächtigt, durch Rechtsverordnung mit Zustimmung des Bundesrates festzulegen,

1. wie die Anforderungen nach Absatz 2 unter Berücksichtigung der verschiedenen Expositionen nach Absatz 1 näher auszugestalten sind,

2. welche Aufgaben die behördlich bestimmten Messstellen im Zusammenhang mit der Ermittlung der Exposition wahrnehmen,

3. dass die behördlich bestimmten Messstellen der Qualitätssicherung unterliegen, welche Stellen diese ausführen und wie diese ausgeführt wird,

4. welche Informationen zusätzlich zu den Informationen nach § 168 Absatz 1 den Messstellen zum Zweck der Ermittlung der Exposition sowie der Überwachung der Dosisgrenzwerte der jeweils überwachten Person und der Beachtung der Strahlenschutzgrundsätze zu Vorsorge- und Überwachungsmaßnahmen zur Verfügung zu stellen sind,

5. welche weiteren Aufzeichnungs-, Aufbewahrungs-, Mitteilungs- und Vorlagepflichten die Messstellen im Zusammenhang mit

der Wahrnehmung ihrer Aufgaben haben und

6. dass und unter welchen Umständen die Bestimmung einer Messstelle befristet werden kann und unter welchen Voraussetzungen die Bestimmung zurückgenommen werden kann.

§ 170 Strahlenschutzregister; Verordnungsermächtigung

(1) Daten über berufliche Expositionen, die auf Grund dieses Gesetzes oder einer auf diesem Gesetz gestützten Rechtsverordnung erhoben werden, werden zum Zweck der Überwachung von Dosisgrenzwerten und der Beachtung der Strahlenschutzgrundsätze, zur Prüfung des Bestehens eines Anspruchs gegen einen Träger der gesetzlichen Unfallversicherung sowie zum Zweck der wissenschaftlichen Forschung im Bereich des Strahlenschutzes in einem beim Bundesamt für Strahlenschutz eingerichteten Register (Strahlenschutzregister) erfasst.

(2) In das Strahlenschutzregister werden die folgenden Daten eingetragen:

1. die persönliche Kennnummer nach Absatz 3,

2. die jeweiligen Personendaten,

3. Beschäftigungsmerkmale und Expositionsverhältnisse,

4. die Betriebsnummer des Beschäftigungsbetriebs,

5. Name und Anschrift des Strahlenschutzverantwortlichen, des Verpflichteten nach § 131 Absatz 1 und § 145 Absatz 1 Satz 1 sowie des Verantwortlichen nach § 115 Absatz 2 und § 153 Absatz 1,

6. Angaben über einen nach einer auf dieses Gesetz gestützten Rechtsverordnung registrierten Strahlenpass,

7. Angaben über die zuständige Behörde und

8. die nach diesem Gesetz oder einer auf dieses Gesetz gestützten Rechtsverordnung ermittelte Körperdosis infolge einer beruflichen Exposition, die Expositionsbedingungen sowie die Feststellungen der zuständigen Behörde hinsichtlich dieser Körperdosis und der Expositionsbedingungen.

(3) Zur eindeutigen Zuordnung der Eintragungen nach Absatz 2 vergibt das Bundesamt für Strahlenschutz für jede Person, für die Eintragungen vorgenommen werden, eine persönliche Kennnummer. Die persönliche Kennnummer ist mittels nicht rückführbarer Verschlüsselung aus der Versicherungsnummer nach § 147 des Sechsten Buches Sozialgesetzbuch abzuleiten, die der jeweiligen Person zugeordnet ist. Die Versicherungsnummer ist nach Ableitung der Kennnummer zu löschen. Ist einer Person bereits eine andere Identifikationsnummer zugeordnet, die eine zuständige Stelle außerhalb des Geltungsbereichs dieses Gesetzes vergeben hat, und ist diese Identifikationsnummer für die Verwendung im Strahlenschutzregister geeignet, so kann das Bundesamt für Strahlenschutz diese Identifikationsnummer als persönliche Kennnummer verwenden. Für eine Person, der weder eine Versicherungsnummer noch eine Identifikationsnummer zugeordnet ist, vergibt das Bundesamt für Strahlenschutz auf der Basis der Personendaten eine persönliche Kennnummer.

(4) Die Daten nach Absatz 2 werden dem Strahlenschutzregister übermittelt durch

1. die Messstellen nach § 169,

2. das Luftfahrt-Bundesamt,

3. die zuständigen Behörden oder

4. den Strahlenschutzverantwortlichen, den Verpflichteten nach § 131 Absatz 1 oder § 145 Absatz 1 Satz 1, den Verantwortlichen nach § 115 Absatz 2 oder § 153 Absatz 1.

Die Personen nach Nummer 4 übermitteln dem Strahlenschutzregister zur Erzeugung der persönlichen Kennnummer die Versicherungsnummer oder Identifikationsnummer nach Absatz 3 zusätzlich zu den für die Zuordnung erforderlichen Daten nach Absatz 2.

(5) Auskünfte aus dem Strahlenschutzregister werden erteilt, soweit dies für die Wahrnehmung der Aufgaben des Empfängers erforderlich ist,

1. einer zuständigen Behörde,

2. einer Messstelle nach § 169,

3. auf Antrag einem Strahlenschutzverantwortlichen, Verpflichteten nach § 131 Absatz 1 oder § 145 Absatz 1 Satz 1, Verantwortlichen nach § 153 Absatz 1 über Daten, die bei ihm beschäftigte Personen betreffen,

4. auf Antrag einem Verantwortlichen nach § 115 Absatz 2 über Daten für Personen, für die er verantwortlich ist,

5. auf Antrag einem Träger der gesetzlichen Unfallversicherung über Daten, die bei ihm versicherte Personen betreffen.

Die zuständige Behörde kann Auskünfte aus dem Strahlenschutzregister an einen Strahlenschutzverantwortlichen, Verpflichteten oder Verantwortlichen, an deren Strahlenschutzbeauftragten sowie an ermächtigte Ärzte nach § 79 Absatz 1 Satz 2 Nummer 9 Buchstabe a weitergeben, soweit dies zur Wahrnehmung ihrer Aufgaben erforderlich ist.

(6) Die Übermittlung der im Strahlenschutzregister gespeicherten personenbezogenen Daten zu Zwecken der wissenschaftlichen Forschung (Forschungszwecken) an Dritte ist nur unter den Voraussetzungen der Absätze 7 und 8 zulässig. Soweit die betroffenen Personen nicht in die Veröffentlichung der sie betreffenden Daten eingewilligt haben, dürfen Forschungsergebnisse nur anonymisiert veröffentlicht werden. Auch nach dem Tod der betroffenen Personen sind die Bestimmungen des Bundesdatenschutzgesetzes und der Verordnung (EU) 2016/679 des Europäischen Parlaments

und des Rates vom 27. April 2016 zum Schutz natürlicher Personen bei der Verarbeitung personenbezogener Daten, zum freien Datenverkehr und zur Aufhebung der Richtlinie 95/46/EG (Datenschutz-Grundverordnung) (ABl. L 119 vom 4.5.2016, S. 1; L 314 vom 22.11.2016, S. 72; L 127 vom 23.5.2018, S. 2) in der jeweils geltenden Fassung einzuhalten.

(7) Für Forschungszwecke im Bereich des Strahlenschutzes dürfen personenbezogene Daten aus dem Strahlenschutzregister mit Einwilligung der betroffenen Personen an Dritte übermittelt werden. Ohne diese Einwilligung dürfen die Daten übermittelt werden, wenn schutzwürdige Belange der betroffenen Personen der Übermittlung oder der beabsichtigten Verarbeitung der Daten nicht entgegenstehen oder wenn das öffentliche Interesse an der Forschungsarbeit das Geheimhaltungsinteresse der betroffenen Personen erheblich überwiegt. Eine Übermittlung personenbezogener Daten für Forschungszwecke ist ausgeschlossen, wenn der Zweck der Forschung mit einem vertretbaren Aufwand durch die Verarbeitung anonymisierter Daten erfüllt werden kann. Soweit besondere Kategorien von Daten im Sinne von Artikel 9 Absatz 1 der Verordnung (EU) 2016/679 übermittelt werden, sind angemessene und spezifische Maßnahmen zur Wahrung der Interessen der betroffenen Person gemäß § 22 Absatz 2 Satz 2 des Bundesdatenschutzgesetzes zu treffen.

(8) Wird eine Übermittlung personenbezogener Daten zu Forschungszwecken beantragt, so ist die Einwilligung der betroffenen Personen nachzuweisen. Soll die Übermittlung ohne Einwilligung der betroffenen Personen erfolgen, sind die für die Prüfung der Voraussetzungen nach Absatz 7 Satz 2 erforderlichen Angaben zu machen; zu Absatz 7 Satz 3 ist glaubhaft zu machen, dass der Zweck der Forschung bei Verarbeitung anonymisierter Daten nicht mit vertretbarem Aufwand erfüllt werden kann. Besondere Kategorien von Daten im Sinne von Artikel 9 Absatz 1 der Verordnung (EU) 2016/679 dürfen nur für die Forschungsarbeit verarbeitet wer-

den, für die sie übermittelt worden sind; die Verarbeitung für andere Forschungsarbeiten oder die Übermittlung richtet sich nach den Sätzen 1 und 2 und bedarf der Zustimmung des Bundesamtes für Strahlenschutz.

(9) Die Bundesregierung wird ermächtigt, durch Rechtsverordnung mit Zustimmung des Bundesrates zu bestimmen,

1. auf welche Weise die persönliche Kennnummer nach Absatz 3 erzeugt wird, wie sie beschaffen sein muss und unter welchen Voraussetzungen eine Identifikationsnummer, die außerhalb des Geltungsbereichs dieses Gesetzes vergeben wurde, genutzt werden kann,

2. welche technischen und organisatorischen Maßnahmen für die Übermittlung von Angaben nach Absatz 2 durch die Stellen nach Absatz 4 zum Strahlenschutzregister zu treffen sind,

3. unter welchen Voraussetzungen und in welchem Verfahren zum Zweck der Überwachung von Dosisgrenzwerten, der Beachtung der Strahlenschutzgrundsätze, zur Prüfung des Bestehens eines Auskunftsanspruchs oder zur Qualitätssicherung in erforderlichem Umfang an die Stellen und Personen nach Absatz 5 Auskünfte aus dem Strahlenschutzregister erteilt und weitergegeben und dabei personenbezogene Daten übermittelt werden dürfen.*

§ 171 Verordnungsermächtigung für Vorgaben in Bezug auf einen Strahlenpass

Die Bundesregierung wird ermächtigt, durch Rechtsverordnung mit Zustimmung des Bundesrates festzulegen,

1. wann zum Zweck der Überwachung von Dosisgrenzwerten und der Beachtung der Strahlenschutzgrundsätze ein Strahlenpass zu führen ist, welche Daten nach § 170 Absatz 2 und welche Daten zum Ergebnis der ärztlichen Überwachungsuntersuchung eingetragen werden, welche Form der Strahlenpass hat, wie er zu registrieren ist und wer Einträge vornehmen und die Inhalte verwenden darf,

2. unter welchen Bedingungen Strahlenpässe, die außerhalb des Geltungsbereichs dieses Gesetzes ausgestellt wurden, anerkannt werden.

§ 172 Bestimmung von Sachverständigen; Verordnungsermächtigung

(1) Die zuständige Behörde bestimmt Sachverständige für die folgenden Sachverständigentätigkeiten:

1. Prüfung von Röntgeneinrichtungen, einschließlich der Erteilung der Bescheinigung, und die Prüfung von Röntgeneinrichtungen oder Störstrahlern gemäß der Rechtsverordnung nach § 89 Satz 1 Nummer 3,

2. Prüfung von Arbeitsplätzen mit Exposition durch natürlich vorkommende Radioaktivität,

3. Prüfung von Anlagen zur Erzeugung ionisierender Strahlung, von Bestrahlungsvorrichtungen und von Geräten für die Gammaradiographie,

4. Dichtheitsprüfung von umschlossenen radioaktiven Stoffen sowie von bauartzugelassenen Vorrichtungen, die radioaktive Stoffe enthalten.

Der behördlich bestimmte Sachverständige bedarf für die Ausübung der Sachverständigentätigkeit weder einer Genehmigung noch muss er sie anzeigen.

(2) Der behördlich bestimmte Sachverständige muss unabhängig sein von Personen, die an der Herstellung, am Vertrieb oder an der Instandhaltung von Anlagen zur Erzeugung ionisierender Strahlung, Bestrahlungsvorrichtungen, Röntgeneinrichtungen, Störstrahlern oder umschlossenen radioaktiven Stoffen beteiligt

sind. Der behördlich bestimmte Sachverständige oder, bei juristischen Personen oder nicht rechtsfähigen Personenvereinigungen, die Personen, die Aufgaben als behördlich bestimmte Sachverständige wahrnehmen, müssen die erforderliche Fachkunde im Strahlenschutz besitzen. Der behördlich bestimmte Sachverständige darf keinen fachlichen Weisungen im Hinblick auf die Sachverständigentätigkeit unterliegen.

(3) Für die Sachverständigentätigkeit eines behördlich bestimmten Sachverständigen gelten die Pflichten des Strahlenschutzverantwortlichen nach § 72 Absatz 1 entsprechend. Handelt es sich bei dem behördlich bestimmten Sachverständigen um eine juristische Person oder eine nicht rechtsfähige Personengesellschaft, so gilt für diese Person auch § 70 entsprechend. Übt der behördlich bestimmte Sachverständige die Sachverständigentätigkeit in einem Beschäftigungsverhältnis aus, so gelten die §§ 70 und 72 Absatz 1 abweichend von den Sätzen 1 und 2 entsprechend für diejenige Person, zu der das Beschäftigungsverhältnis besteht.

(4) Die Bundesregierung wird ermächtigt, durch Rechtsverordnung mit Zustimmung des Bundesrates

1. die Anforderungen an die Ausbildung, die beruflichen Kenntnisse und Fähigkeiten, insbesondere hinsichtlich Berufserfahrung und Eignung, der behördlich bestimmten Sachverständigen oder, bei juristischen Personen oder nicht rechtsfähigen Personenvereinigungen, der Personen, die Aufgaben als behördlich bestimmte Sachverständige wahrnehmen, festzulegen,

2. festzulegen, welche Anforderungen an die Zuverlässigkeit, Unabhängigkeit und Unparteilichkeit der Sachverständigen und, bei juristischen Personen oder nicht rechtsfähigen Personenvereinigungen, der Personen, die Aufgaben als behördlich bestimmte Sachverständige wahrnehmen, bestehen,

3. festzulegen, wie die Einweisung in die Sachverständigentätigkeit erfolgt, welchen Umfang die Prüftätigkeit umfasst, wie die Prüfmaßstäbe festgelegt werden und welche sonstigen Voraussetzungen und Pflichten, einschließlich der Qualitätssicherung, in Bezug auf die Prüfungen und die Zusammenarbeit mit den zuständigen Behörden für behördlich bestimmte Sachverständige gelten, und

4. festzulegen, welche Voraussetzungen bei der behördlichen Bestimmung eines Sachverständigen zu prüfen sind, dass und unter welchen Umständen die Bestimmung eines Sachverständigen befristet werden kann und unter welchen Voraussetzungen die Bestimmung zurückgenommen werden kann.

§ 173 Verordnungsermächtigungen für Mitteilungspflichten bei Fund und Erlangung

Die Bundesregierung wird ermächtigt, durch Rechtsverordnung mit Zustimmung des Bundesrates festzulegen, dass, auf welche Weise und durch wen den zuständigen Behörden Folgendes zu melden ist:

1. der Fund, das Abhandenkommen und das Wiederauffinden von Stoffen, sofern zu befürchten ist, dass deren Aktivität oder spezifische Aktivität die nach einer Rechtsverordnung nach § 24 Satz 1 Nummer 10 festgelegten Werte überschreitet,

2. das Vorhandensein von Wasser in einer Wasserversorgungsanlage oder in einer Abwasseranlage, das Radionuklide enthält, deren Aktivitätskonzentration die in der Rechtsverordnung festgelegten Werte oder Grenzen überschreitet,

3. die Vermutung oder die Kenntnis, dass eine herrenlose Strahlenquelle eingeschmolzen oder auf sonstige Weise metallurgisch verwendet worden ist.

§ 174 Verordnungsermächtigung für behördliche Befugnisse bei kontaminiertem Metall

Die Bundesregierung wird ermächtigt, durch Rechtsverordnung mit Zustimmung des Bundesrates festzulegen, dass kontaminiertes Metall nur nach den Vorgaben der zuständigen Behörde verwendet, in Verkehr gebracht oder entsorgt werden darf.

§ 175 Dosis- und Messgrößen; Verordnungsermächtigung

(1) Für die Ermittlung der Organ-Äquivalentdosis ist, soweit nicht anders bestimmt, die äußere und innere Exposition zu berücksichtigen; für die innere Exposition ist auch die außerhalb des Bezugszeitraums auftretende Exposition infolge der während des Bezugszeitraums aufgenommenen Radionuklide nach Maßgabe der Rechtsverordnung nach Absatz 2 Nummer 3 zu berücksichtigen. Satz 1 gilt entsprechend für die effektive Dosis.

(2) Das Bundesministerium für Umwelt, Naturschutz und nukleare Sicherheit wird ermächtigt, durch Rechtsverordnung ohne Zustimmung des Bundesrates

1. nähere Anforderungen an die Bestimmung der Organ-Äquivalentdosis und ihre Berechnung festzulegen, insbesondere die für verschiedene Strahlungsarten und Strahlungsenergien zu nutzenden Wichtungsfaktoren sowie Einzelheiten der Mittelung über das Gewebe oder Organ,

2. nähere Anforderungen an die Bestimmung der effektiven Dosis sowie ihre Berechnung festzulegen, insbesondere die zu berücksichtigenden Gewebe oder Organe sowie die zu nutzenden Wichtungsfaktoren, und Festlegungen zur Bestimmung der effektiven Dosis des ungeborenen Kindes zu treffen,

3. zu bestimmen, auf welche Weise und für welchen Zeitraum bei der inneren Exposition die Dosis durch aufgenommene Radionuklide zu berücksichtigen ist,

4. festzulegen, welche Messgrößen im Hinblick auf die Ermittlung der äußeren Exposition zu benutzen sind und wie diese Ermittlung zu erfolgen hat,

5. die Daten festzulegen, die bei der Ermittlung der Körperdosis aus Größen des Strahlungsfeldes oder der Aktivität zugrunde zu legen sind, und

6. zu bestimmen, welche Einheiten für die Größen im Strahlenschutz zu verwenden sind.

§ 176 Haftung für durch ionisierende Strahlung verursachte Schäden

Im Anwendungsbereich dieses Gesetzes und der auf dieses Gesetz gestützten Rechtsverordnungen richtet sich die Haftung für durch ionisierende Strahlung verursachte Schäden nach den §§ 25 bis 40 des Atomgesetzes.

§ 177 Vorsorge für die Erfüllung gesetzlicher Schadensersatzverpflichtungen

Im Anwendungsbereich dieses Gesetzes und der auf dieses Gesetz gestützten Rechtsverordnungen richtet sich die Vorsorge für die Erfüllung gesetzlicher Schadensersatzverpflichtungen nach den §§ 13 bis 15 des Atomgesetzes und nach der Atomrechtlichen Deckungsvorsorge-Verordnung. § 35 bleibt unberührt. Abweichend von § 13 Absatz 1 Satz 2 des Atomgesetzes kann die zuständige Behörde bei Tätigkeiten nach § 12 Absatz 1 Nummer 1, 2 oder 3 und § 31 Absatz 1 auf eine erneute Festsetzung der Deckungsvorsorge verzichten, wenn die Überprüfung der Deckungsvorsorge ergeben hat, dass die Deckungssumme noch ausreichend bemessen ist.

Teil 6
Strahlenschutzrechtliche Aufsicht, Verwaltungsverfahren

§ 178 Strahlenschutzrechtliche Aufsicht

Die Durchführung dieses Gesetzes und der auf dieses Gesetz gestützten Rechtsverordnungen unterliegt der Aufsicht durch die zuständigen Behörden. Dies gilt nicht für Teil 3 Kapitel 1 und Teil 4 Kapitel 1 mit Ausnahme des § 95 und der Eilverordnungen nach § 96, soweit sie Regelungen über die Bewirtschaftung von Abfällen oder die Errichtung, den Betrieb oder die Benutzung von Anlagen nach § 95 regeln.

§ 179 Anwendung des Atomgesetzes

(1) Im Anwendungsbereich dieses Gesetzes und der auf dieses Gesetz gestützten Rechtsverordnungen sind in der jeweils geltenden Fassung entsprechend anzuwenden:

1. für Genehmigungen und Bauartzulassungen § 17 Absatz 1 Satz 2 bis 4 und Absatz 2 bis 6 des Atomgesetzes über inhaltliche Beschränkungen, Auflagen, Befristung, Rücknahme, Widerruf und die Bezeichnung als Inhaber einer Kernanlage,

2. § 19 Absatz 1 Satz 2 bis 4, Absatz 2 Satz 1 bis 3 und Absatz 3 bis 5 des Atomgesetzes über die staatliche Aufsicht und

3. § 20 des Atomgesetzes über Sachverständige.

(2) Das Grundrecht des Artikels 13 des Grundgesetzes über die Unverletzlichkeit der Wohnung wird eingeschränkt, soweit es den Befugnissen nach Absatz 1 Nummer 2 und 3 entgegensteht.

§ 180 Aufsichtsprogramm; Verordnungsermächtigung

(1) Im Rahmen der strahlenschutzrechtlichen Aufsicht bei geplanten Expositionssituationen richtet die zuständige Behörde ein Programm für aufsichtliche Prüfungen ein, das dem mögli-chen Ausmaß und der Art der mit den Tätigkeiten verbundenen Risiken Rechnung trägt (Aufsichtsprogramm). Die Bundesregierung wird ermächtigt, durch Rechtsverordnung mit Zustimmung des Bundesrates Anforderungen an die Ausgestaltung des Aufsichtsprogramms festzulegen. In der Rechtsverordnung können insbesondere festgelegt werden:

1. Kriterien zur Bestimmung des Ausmaßes und der Art des mit einer Tätigkeit verbundenen Risikos,

2. Zeitabstände zwischen Vor-Ort-Prüfungen durch die zuständige Behörde bei einem Strahlenschutzverantwortlichen.

(2) Die zuständige Behörde zeichnet die Ergebnisse jeder Vor-Ort-Prüfung auf und übermittelt sie dem Strahlenschutzverantwortlichen. In den Fällen des Teils 2 Kapitel 2 Abschnitt 8 Unterabschnitt 2 sind die Ergebnisse nach Satz 1 dem Verpflichteten zu übermitteln. Beziehen sich die Ergebnisse auf eine externe Arbeitskraft, so hat der Strahlenschutzverantwortliche nach Satz 1 oder der Verpflichtete nach Satz 2 diese Ergebnisse, mit Ausnahme von Betriebs- und Geschäftsgeheimnissen, auch demjenigen mitzuteilen, zu dem das Beschäftigungsverhältnis der externen Arbeitskraft besteht.

(3) Die zuständige Behörde macht der Öffentlichkeit eine Kurzfassung des Aufsichtsprogramms und die wichtigsten bei der Durchführung des Programms gewonnenen Erkenntnisse zugänglich. Die Informationen nach Satz 1 dürfen keine Betriebs- und Geschäftsgeheimnisse enthalten. Die Gesetze des Bundes und der Länder über Umweltinformationen bleiben unberührt.

§ 181 Umweltverträglichkeitsprüfung

(1) Besteht nach dem Gesetz über die Umweltverträglichkeitsprüfung eine Verpflichtung zur Durchführung einer Umweltverträglichkeitsprüfung für Vorhaben, die einer Genehmigung nach diesem Gesetz bedürfen (UVP-pflichtige

Vorhaben), ist die Umweltverträglichkeitsprüfung unselbständiger Teil der Verfahren zur Erteilung der nach diesem Gesetz erforderlichen Genehmigung. Die Umweltverträglichkeitsprüfung ist nach den Vorschriften des § 7 Absatz 4 Satz 1 und 2 des Atomgesetzes und nach den Vorschriften der Atomrechtlichen Verfahrensverordnung über den Gegenstand der Umweltverträglichkeitsprüfung, die Antragsunterlagen, die Bekanntmachung des Vorhabens und die Auslegung von Antragsunterlagen, die Erhebung von Einwendungen, die Beteiligung von Behörden, den Inhalt des Genehmigungsbescheids und die Zustellung und öffentliche Bekanntmachung der Entscheidung durchzuführen. Nach Ablauf der Einwendungsfrist kann die Genehmigungsbehörde die rechtzeitig gegen das Vorhaben erhobenen Einwendungen mit dem Antragsteller und denjenigen, die Einwendungen erhoben haben, erörtern. § 2 Absatz 1 Satz 4 und § 14 des Gesetzes über die Umweltverträglichkeitsprüfung bleiben unberührt.

(2) Vor Erhebung einer verwaltungsgerichtlichen Klage, die einen nach Durchführung einer Umweltverträglichkeitsprüfung erlassenen Verwaltungsakt zum Gegenstand hat, bedarf es keiner Nachprüfung in einem Vorverfahren.

§ 182 Schriftform, elektronische Kommunikation

(1) Genehmigungen und Bauartzulassungen nach diesem Gesetz oder nach einer auf dieses Gesetz gestützten Rechtsverordnung sind schriftlich zu erteilen.

(2) Wird für einen Verwaltungsakt, für den in diesem Gesetz oder in einer auf diesem Gesetz gestützten Rechtsverordnung die Schriftform angeordnet ist, die elektronische Form verwendet, so ist er mit einer dauerhaft überprüfbaren qualifizierten elektronischen Signatur nach § 37 Absatz 4 des Verwaltungsverfahrensgesetzes zu versehen.

(3) Anzeige- und Anmeldungspflichten sowie Melde- und Mitteilungspflichten nach diesem Gesetz oder nach einer auf dieses Gesetz gestützten Rechtsverordnung können in elektronischer Form erfüllt werden, wenn der Empfänger hierfür einen Zugang eröffnet und das Verfahren und die für die Datenübertragung notwendigen Anforderungen bestimmt. Dabei müssen dem jeweiligen Stand der Technik entsprechende Maßnahmen zur Sicherstellung von Datenschutz und Datensicherheit getroffen werden, die insbesondere die Vertraulichkeit und Unversehrtheit der Daten gewährleisten; bei der Nutzung allgemein zugänglicher Netze sind Verschlüsselungsverfahren anzuwenden. Soweit es sich um personenbezogene Daten handelt, richten sich die Maßnahmen nach den Artikeln 24, 25 und 32 der Verordnung (EU) 2016/679. Ist ein übermitteltes elektronisches Dokument für den Empfänger nicht zur Bearbeitung geeignet, teilt er dies dem Absender unter Angabe der für den Empfang geltenden technischen Rahmenbedingungen unverzüglich mit.

(4) Wenn die Antragstellung, die Anzeige, die Anmeldung, die Meldung oder die Mitteilung elektronisch erfolgt, sind der zuständigen Behörde auf Verlangen Papierausfertigungen der elektronisch übermittelten Unterlagen zu übermitteln.

§ 183 Kosten; Verordnungsermächtigung

(1) Gebühren und Auslagen (Kosten) werden erhoben

1. für Festsetzungen nach § 177 in Verbindung mit § 13 Absatz 1 Satz 2 des Atomgesetzes,

2. für Entscheidungen nach § 179 Absatz 1 Nummer 1 in Verbindung mit § 17 Absatz 1 Satz 3, Absatz 2 bis 5 des Atomgesetzes und für Entscheidungen nach § 179 Absatz 1 Nummer 2 in Verbindung mit § 19 Absatz 3 des Atomgesetzes,

3. für die in der Kostenverordnung zum Atomgesetz und zum Strahlenschutzgesetz näher bestimmten sonstigen Aufsichtsmaßnahmen nach § 179 Absatz 1 Nummer

2 in Verbindung mit § 19 des Atomgesetzes,

4. für sonstige Amtshandlungen einschließlich Prüfungen und Untersuchungen des Bundesamtes für Strahlenschutz, soweit es nach § 185 Absatz 1 Nummer 1 bis 9 zuständig ist,

5. für Entscheidungen des Bundesamtes für die Sicherheit der nuklearen Entsorgung über Anträge nach § 27 Absatz 1, soweit es nach § 186 Absatz 1 zuständig ist,

6. für sonstige Amtshandlungen einschließlich Prüfungen und Untersuchungen des Luftfahrt-Bundesamtes, soweit es nach § 189 zuständig ist.

(2) In den Rechtsverordnungen nach den §§ 81 und 185 Absatz 2 Nummer 5 und 6 können auch Regelungen zur Kostenerhebung für Amtshandlungen der danach zuständigen Behörden getroffen werden.

(3) Kosten werden erhoben in den Fällen

1. des Widerrufs oder der Rücknahme einer Amtshandlung nach Absatz 1 oder 2, sofern der Betroffene dies zu vertreten hat und nicht bereits nach Absatz 1 oder 2 Kosten erhoben werden,

2. der Ablehnung eines Antrags auf Vornahme einer Amtshandlung nach Absatz 1 oder 2 aus anderen Gründen als wegen Unzuständigkeit der Behörde,

3. der Zurücknahme eines Antrags auf Vornahme einer Amtshandlung oder einer Anzeige nach Absatz 1 oder 2 nach Beginn der sachlichen Bearbeitung, jedoch vor deren Beendigung,

4. der vollständigen oder teilweisen Zurückweisung oder der Zurücknahme eines Widerspruchs gegen

   a) eine Amtshandlung nach Absatz 1 oder 2 oder

   b) eine nach Absatz 1 oder 2 in Verbindung mit der Kostenverordnung zum Atomgesetz und zum Strahlenschutzgesetz festgesetzte Kostenentscheidung.

Die Gebühr darf in den Fällen des Satzes 1 Nummer 1, 2 und 4 Buchstabe a bis zur Höhe der für eine Amtshandlung festzusetzenden Gebühr, in den Fällen des Satzes 1 Nummer 3 bis zur Höhe von drei Vierteln der für die Amtshandlung festzusetzenden Gebühr und in den Fällen des Satzes 1 Nummer 4 Buchstabe b bis zur Höhe von 10 Prozent des streitigen Betrags festgesetzt werden.

(4) Die Bundesregierung wird ermächtigt, das Nähere durch Rechtsverordnung mit Zustimmung des Bundesrates nach den Grundsätzen des Verwaltungskostengesetzes in der bis zum 14. August 2013 geltenden Fassung zu regeln. Dabei sind die gebührenpflichtigen Tatbestände näher zu bestimmen und die Gebühren durch feste Sätze, Rahmensätze oder nach dem Wert des Gegenstandes zu bestimmen. Die Gebührensätze sind so zu bemessen, dass der mit den Amtshandlungen, Prüfungen oder Untersuchungen verbundene Personal- und Sachaufwand gedeckt wird; bei begünstigenden Amtshandlungen kann daneben die Bedeutung, der wirtschaftliche Wert oder der sonstige Nutzen für den Gebührenschuldner angemessen berücksichtigt werden. In der Verordnung können die Kostenbefreiung des Bundesamtes für Strahlenschutz und die Verpflichtung zur Zahlung von Gebühren für die Amtshandlungen bestimmter Behörden abweichend von § 8 des Verwaltungskostengesetzes in der bis zum 14. August 2013 geltenden Fassung geregelt werden. Die Verjährungsfrist der Kostenschuld kann abweichend von § 20 des Verwaltungskostengesetzes in der bis zum 14. August 2013 geltenden Fassung verlängert werden. Es kann bestimmt werden, dass die Verordnung auch auf die bei ihrem Inkrafttreten anhängigen Verwaltungsverfahren anzuwenden ist, soweit in diesem Zeitpunkt die Kosten nicht bereits festgesetzt sind.

(5) Für die Erhebung von Kosten nach diesem Gesetz oder der auf dieses Gesetz gestützten

Rechtsverordnungen sind § 21 Absatz 2 des Atomgesetzes und die Kostenverordnung zum Atomgesetz und zum Strahlenschutzgesetz anzuwenden; § 21 Absatz 4 und 5 des Atomgesetzes ist entsprechend anzuwenden.

Teil 7
Verwaltungsbehörden

§ 184 Zuständigkeit der Landesbehörden

(1) Durch die Länder als eigene Angelegenheit werden ausgeführt:

1. Teil 3 Kapitel 1 mit Ausnahme des § 107,

2. Teil 3 Kapitel 2,

3. Teil 4 Kapitel 1 mit Ausnahme der in § 119 vorgesehenen entsprechenden Anwendung des § 107,

4. Teil 4 Kapitel 2 Abschnitt 1 mit Ausnahme des § 121 und Abschnitt 2,

5. Teil 4 Kapitel 3,

6. Teil 4 Kapitel 4 mit Ausnahme der §§ 145, 149 Absatz 5 und der in § 152 Satz 1 vorgesehenen entsprechenden Anwendung des § 145,

7. die Rechtsverordnungen, die auf Grund der Ermächtigungen in den unter den Nummern 1 bis 6 genannten Vorschriften erlassen werden,

soweit nicht der Bund nach den aufgeführten Vorschriften dieses Gesetzes oder den hierzu jeweils ergehenden Rechtsverordnungen für die Ausführung zuständig ist.

(2) Vorbehaltlich des § 81 Satz 3, der §§ 185 bis 192 sowie des Absatzes 1 werden die Verwaltungsaufgaben nach diesem Gesetz und den hierzu ergehenden Rechtsverordnungen im Auftrag des Bundes durch die Länder ausgeführt.

§ 185 Zuständigkeit des Bundesamtes für Strahlenschutz; Verordnungsermächtigung

(1) Das Bundesamt für Strahlenschutz ist zuständig für

1. die Genehmigung für die Anwendung radioaktiver Stoffe oder ionisierender Strahlung am Menschen zum Zweck der medizinischen Forschung sowie die Rücknahme und den Widerruf der Genehmigung,

2. die Prüfung der Anzeige der Anwendung radioaktiver Stoffe oder ionisierender Strahlung am Menschen zum Zweck der medizinischen Forschung sowie die Untersagung der Anwendung,

3. die Prüfung der Anzeige des Betriebs von Raumfahrzeugen sowie die Untersagung des Betriebs,

4. die Bauartzulassung von Vorrichtungen, die radioaktive Stoffe enthalten, und Anlagen zur Erzeugung ionisierender Strahlung nach § 45 Absatz 1 Nummer 1,

5. die Durchführung von Maßnahmen zur Qualitätssicherung bei der Ermittlung der Körperdosis des fliegenden Personals,

6. die Überwachung der Einhaltung der Anforderungen zum Schutz vor Exposition von Personen durch kosmische Strahlung beim Betrieb von Raumfahrzeugen nach diesem Gesetz oder nach einer auf Grund dieses Gesetzes erlassenen Rechtsverordnung,

7. die Einrichtung und Führung eines Registers über Ethikkommissionen, die Forschungsvorhaben zur Anwendung radioaktiver Stoffe oder ionisierender Strahlung am Menschen zum Zweck der medizinischen Forschung bewerten, die Registrierung der Ethikkommissionen und den Widerruf der Registrierung,

8. die Einrichtung und Führung des Registers über berufliche Expositionen,

9. die Einrichtung und die Führung des Registers über hochradioaktive Strahlenquellen,

10. die Prüfung der Rechtfertigung von Tätigkeitsarten und den Bericht zu der Rechtfertigung nach § 7,

11. die Prüfung der Rechtfertigung von Tätigkeitsarten mit Konsumgütern oder bauartzugelassenen Vorrichtungen und die Stellungnahme zu der Rechtfertigung nach § 38.

(2) Die Bundesregierung wird ermächtigt, in einer Rechtsverordnung mit Zustimmung des Bundesrates zu bestimmen, dass das Bundesamt für Strahlenschutz zuständig ist

1. für die retrospektive Bestimmung von Expositionen von Einzelpersonen der Bevölkerung durch in der Rechtsverordnung nach § 81 Satz 2 Nummer 2 festgelegte genehmigte oder angezeigte Tätigkeiten,

2. für die Ermittlung, Erstellung und Veröffentlichung von diagnostischen Referenzwerten, die Ermittlung der medizinischen Exposition von Personen und die dazu jeweils erforderlichen Erhebungen auf Grund einer Rechtsverordnung nach § 86 Satz 2 Nummer 7 und 8,

3. für das Verwalten und die Vergabe von Identifizierungsnummern für hochradioaktive Strahlenquellen,

4. als zentrale Stelle für die Einrichtung und den Betrieb eines Systems zur Erfassung, Verarbeitung und Auswertung von Informationen über bedeutsame Vorkommnisse, insbesondere bei der Anwendung radioaktiver Stoffe oder ionisierender Strahlung am Menschen nach der Rechtsverordnung nach § 90 Absatz 1 Satz 2 Nummer 6 bis 8,

5. für die Anerkennung von Stellen zur Messung der Radon-222-Aktivitätskonzentration und

6. für die Durchführung von Maßnahmen zur Qualitätssicherung von Messstellen für die innere Exposition und die Exposition durch Radon.

§ 186 Zuständigkeit des Bundesamtes für die Sicherheit der nuklearen Entsorgung

(1) Das Bundesamt für die Sicherheit der nuklearen Entsorgung ist zuständig für die Genehmigung der Beförderung von Großquellen sowie deren Rücknahme und Widerruf. Großquellen sind radioaktive Stoffe, deren Aktivität je Beförderungs- oder Versandstück den Aktivitätswert von 1 000 Terabecquerel übersteigt.

(2) Das Bundesamt für die Sicherheit der nuklearen Entsorgung nimmt auch die in § 184 bezeichneten Zuständigkeiten wahr als

1. Zulassungs- und Aufsichtsbehörde im Rahmen

   a) der übertägigen Erkundung nach § 16 Absatz 1 des Standortauswahlgesetzes,

   b) der untertägigen Erkundung nach § 18 Absatz 1 des Standortauswahlgesetzes,

   c) der Errichtung, des Betriebs und der Stilllegung von Anlagen des Bundes nach § 9a Absatz 3 Satz 1 des Atomgesetzes und

2. für die Schachtanlage Asse II zuständige Aufsichtsbehörde.

§ 187 Zuständigkeit der Physikalisch-Technischen Bundesanstalt

(1) Die Physikalisch-Technische Bundesanstalt ist zuständig für

1. die Bauartzulassung von Störstrahlern nach § 45 Absatz 1 Nummer 1 und die Bauartzulassung nach § 45 Absatz 1 Nummer 2 bis 6,

2. die Durchführung von Maßnahmen zur Qualitätssicherung von Messstellen für die externe Exposition nach Maßgabe der Rechtsverordnung nach § 169 Absatz 4 und

3. die Bereitstellung von Radioaktivitätsstandards für Vergleichsmessungen nach Maßgabe der Rechtsverordnung nach § 81 Satz 2 Nummer 7.

(2) Die Rechts- und Fachaufsicht über die Physikalisch-Technische Bundesanstalt für die Aufgaben nach diesem Gesetz obliegt dem Bundesministerium für Umwelt, Naturschutz und nukleare Sicherheit. Soweit dadurch technisch-wissenschaftliche Belange der Bundesanstalt, ihre strategische Ausrichtung oder sonstige Rahmenbedingungen berührt werden, ist ein Einvernehmen mit dem Bundesministerium für Wirtschaft und Energie herzustellen.

§ 188 Zuständigkeiten für grenzüberschreitende Verbringungen und deren Überwachung

(1) Das Bundesamt für Wirtschaft und Ausfuhrkontrolle ist zuständig für die Erteilung einer Genehmigung für die grenzüberschreitende Verbringung von Konsumgütern sowie für ihre Rücknahme und den Widerruf. Das Gleiche gilt, soweit die Rechtsverordnungen nach § 24 Satz 1 Nummer 7 und § 30 das Erfordernis von Genehmigungen und Zustimmungen sowie die Prüfung von Anzeigen oder Anmeldungen für grenzüberschreitende Verbringungen vorsehen.

(2) Die Überwachung von grenzüberschreitenden Verbringungen radioaktiver Stoffe, von Konsumgütern oder Produkten nach § 39 Absatz 1 Satz 1 Nummer 1 bis 10, denen radioaktive Stoffe zugesetzt oder die aktiviert worden sind, sowie von Rückständen obliegt dem Bundesministerium der Finanzen oder den von ihm bestimmten Zolldienststellen. Die Zolldienststellen können

1. grenzüberschreitend verbrachte Sendungen, die radioaktive Stoffe, Rückstände oder die in Satz 1 genannten Konsumgüter oder Produkte enthalten, sowie deren Beförderungsmittel, Behälter, Lademittel und Verpackungsmittel zur Überwachung anhalten,

2. einen auf Grund tatsächlicher Anhaltspunkte bestehenden Verdacht von Verstößen gegen Verbote und Beschränkungen nach diesem Gesetz oder den auf Grund von § 24 Satz 1 Nummer 7 und § 30 ergehenden Rechtsverordnungen, der sich bei der Wahrnehmung ihrer Aufgaben ergibt, den zuständigen Behörden mitteilen und

3. in den Fällen der Nummer 2 anordnen, dass Sendungen nach Nummer 1 auf Kosten und Gefahr des Verfügungsberechtigten den zuständigen Behörden vorgeführt werden.

Das Brief- und Postgeheimnis nach Artikel 10 des Grundgesetzes wird nach Maßgabe der Sätze 1 und 2 eingeschränkt.

(3) Absatz 2 gilt vorbehaltlich anderweitiger Bestimmungen in nationalen oder europäischen Rechtsvorschriften entsprechend für die grenzüberschreitende Verbringung von Stoffen, bei denen zu besorgen ist, dass deren Aktivität oder spezifische Aktivität die nach einer Rechtsverordnung nach § 24 Satz 1 Nummer 10 festgelegten Werte überschreitet.

(4) Soweit das Bundesamt für Wirtschaft und Ausfuhrkontrolle auf Grund des Absatzes 1 entscheidet, ist es unbeschadet seiner Unterstellung unter das Bundesministerium für Wirtschaft und Energie und dessen auf anderen Rechtsvorschriften beruhenden Weisungsbefugnissen an die fachlichen Weisungen des Bundesministeriums für Umwelt, Naturschutz und nukleare Sicherheit gebunden.

§ 189 Zuständigkeit des Luftfahrt-Bundesamtes

Das Luftfahrt-Bundesamt ist zuständig für

1. die Prüfung der Anzeige des Betriebs von Luftfahrzeugen sowie die Untersagung des Betriebs,

2. die Anerkennung von Rechenprogrammen zur Ermittlung der Körperdosis des fliegenden Personals,

3. die Überwachung der Einhaltung der Anforderungen zum Schutz vor Expositionen von Personen durch kosmische Strahlung beim Betrieb von Luftfahrzeugen nach diesem Gesetz oder einer auf Grund dieses Gesetzes erlassenen Rechtsverordnung,

4. die Bescheinigung der Fachkunde im Strahlenschutz, soweit sie im Zusammenhang mit dem Betrieb von Luftfahrzeugen erforderlich ist, und

5. die Anerkennung von Kursen, soweit sie dem Erwerb der erforderlichen Fachkunde im Strahlenschutz im Zusammenhang mit dem Betrieb von Luftfahrzeugen dienen.

§ 190 Zuständigkeit des Eisenbahn-Bundesamtes

§ 24 Absatz 1 Satz 2 und 3 des Atomgesetzes über die Zuständigkeit des Eisenbahn-Bundesamtes gilt entsprechend für die Beaufsichtigung und Genehmigung der Beförderung sonstiger radioaktiver Stoffe. Die Zuständigkeit für die Genehmigung der Beförderung von Großquellen bestimmt sich nach § 186 Absatz 1.

§ 191 Geschäftsbereich des Bundesministeriums der Verteidigung

(1) Abweichend von § 189 sind bei dem Betrieb von Luftfahrzeugen, die im Geschäftsbereich des Bundesministeriums der Verteidigung betrieben werden, dieses Bundesministerium oder die von ihm bezeichneten Dienststellen für

die Aufgaben nach § 189 Nummer 1 und 3 zuständig.

(2) Für den Geschäftsbereich des Bundesministeriums der Verteidigung werden die in § 184 bezeichneten Zuständigkeiten von diesem Bundesministerium oder den von ihm bezeichneten Dienststellen wahrgenommen. Im Falle des § 184 Absatz 2 erfolgt dies im Benehmen mit dem Bundesministerium für Umwelt, Naturschutz und nukleare Sicherheit. Die Sätze 1 und 2 gelten auch für zivile Arbeitskräfte bei sich auf Grund völkerrechtlicher Verträge in der Bundesrepublik Deutschland aufhaltenden Truppen und zivilen Gefolgen.

§ 192 Zuständigkeiten von Verwaltungsbehörden des Bundes bei Aufgaben des Notfallschutzes und der Überwachung der Umweltradioaktivität; Verordnungsermächtigung

(1) Das Bundesamt für Strahlenschutz ist zuständig für die Beschaffung und das Zurverfügungstellen von Schutzwirkstoffen nach § 104, soweit keine andere Zuständigkeit durch Gesetz oder auf Grund eines Gesetzes festgelegt ist.

(2) Die Bundesregierung wird ermächtigt, durch Rechtsverordnung ohne Zustimmung des Bundesrates zu bestimmen, welche Bundesbehörden, bundesunmittelbare Körperschaften oder Anstalten des öffentlichen Rechts oder sonstigen Stellen die in den §§ 104, 105, 106 Absatz 2 Nummer 5, den §§ 113 bis 116, 120 Absatz 1 und 2 Satz 2 und in § 161 Absatz 1 genannten Aufgaben des Bundes wahrnehmen.

§ 193 Informationsübermittlung

(1) Das Bundesministerium für Umwelt, Naturschutz und nukleare Sicherheit kann folgende Informationen, die in strahlenschutzrechtlichen Genehmigungen der nach den §§ 184 bis 191 zuständigen Behörden enthalten sind, an die für den Außenwirtschaftsverkehr zuständigen obersten Bundesbehörden zur Erfüllung ihrer

Aufgaben bei Genehmigungen oder der Überwachung des Außenwirtschaftsverkehrs übermitteln:

1. Inhaber der Genehmigung,

2. Rechtsgrundlagen der Genehmigung,

3. den wesentlichen Inhalt der Genehmigung.

Reichen diese Informationen im Einzelfall nicht aus, können weitere Informationen aus der strahlenschutzrechtlichen Genehmigung übermittelt werden.

(2) Die Empfänger dürfen die übermittelten Informationen, soweit gesetzlich nichts anderes bestimmt ist, nur zu dem Zweck verarbeiten, zu dem sie übermittelt worden sind.

Teil 8
Schlussbestimmungen

Kapitel 1
Bußgeldvorschriften

§ 194 Bußgeldvorschriften

(1) Ordnungswidrig handelt, wer vorsätzlich oder fahrlässig

1. einer Rechtsverordnung nach

   a) § 6 Absatz 3, § 24 Satz 1 Nummer 3, 4, 7 Buchstabe a oder Nummer 8 oder Satz 2, § 37 Absatz 1 Satz 1, 2 Nummer 2 bis 5 oder 6 oder Satz 3, § 49 Nummer 4 oder 5, § 61 Absatz 2 Satz 2, § 62 Absatz 6 Nummer 3, § 63 Absatz 3, § 65 Absatz 2, § 68 Absatz 1 Satz 1, § 72 Absatz 2 Satz 2, § 76 Absatz 1 Satz 1, 2 Nummer 1, 2, 6, 7, 8, 10, 11, 13, 15 oder 16 oder Satz 3, § 79 Absatz 1 Satz 1, 2 Nummer 1 bis 3 oder 4, 6, 8 oder 12 oder Satz 3, § 81 Satz 1, 2 Nummer 5, 7, 8, 9 oder 10 oder Satz 4, § 82 Absatz 1 Nummer 1 oder 3, § 84 Absatz 2, § 86 Satz 1, 2 Nummer 2, 4, 5, 6, 9 bis 14 oder 15 oder 19 oder Satz 5, den §§ 87, 89 Satz 1 Nummer 2, 3, 4, 5, 7, 8, 9 oder 11 oder Satz 2, § 90 Absatz 1 Satz 1 oder Satz 2 Nummer 1 oder 2, § 95 Absatz 2 Satz 1 oder Absatz 3, § 123 Absatz 2, § 143 Absatz 1 Satz 3, § 169 Absatz 4 Nummer 1, 2 oder 3, § 174,

   b) § 24 Satz 1 Nummer 1, 2, 5, 6 oder 9, § 37 Absatz 1 Satz 2 Nummer 1, 7 oder 8, § 38 Absatz 2 Nummer 1, § 68 Absatz 1 Satz 2, den §§ 73, 74 Absatz 3 oder 4 Nummer 1, 2, 4, 5 oder 6, § 76 Absatz 1 Satz 2 Nummer 3, 4, 5, 9, 12 oder 17, § 79 Absatz 1 Satz 2 Nummer 5, 7, 10, 11 oder 12, § 81 Satz 2 Nummer 1, 2, 3 oder 4, § 82 Absatz 1 Nummer 2 oder 4, § 85 Absatz 4, § 86 Satz 2 Nummer 1, 3, 7, 8, 16, 17 oder 18 oder Satz 3 oder 4, § 88 Absatz 6, § 89 Satz 1 Nummer 1, 6, 10 oder 12, § 90 Absatz 1 Satz 2 Nummer 3 oder 4, den §§ 91, 124 Satz 3, den §§ 132, 135 Absatz 1 Satz 3, § 136 Absatz 2, § 139 Absatz 4, § 169 Absatz 4 Nummer 4, 5 oder 6, § 170 Absatz 9 Nummer 2 oder 3, den §§ 171, 172 Absatz 4, § 173 oder § 175 Absatz 2,*

   c) § 24 Satz 1 Nummer 7 Buchstabe b oder § 30 Satz 1 oder 2

   oder einer vollziehbaren Anordnung auf Grund einer solchen Rechtsverordnung zuwiderhandelt, soweit die Rechtsverordnung für einen bestimmten Tatbestand auf diese Bußgeldvorschrift verweist,

2. ohne Genehmigung nach

   a) § 10 eine dort genannte Anlage errichtet,

   b) § 12 Absatz 1 Nummer 1 erster Halbsatz eine dort genannte Anlage betreibt,

   c) § 12 Absatz 1 Nummer 2 ionisierende Strahlung aus einer dort genannten Bestrahlungsvorrichtung verwendet,

d) § 12 Absatz 1 Nummer 3 erster Halbsatz mit sonstigen radioaktiven Stoffen umgeht,

e) § 12 Absatz 1 Nummer 4 erster Halbsatz eine Röntgeneinrichtung betreibt,

f) § 12 Absatz 1 Nummer 5 erster Halbsatz einen Störstrahler betreibt,

g) § 12 Absatz 2, in Verbindung mit Absatz 1 Nummer 1, 4 oder 5, eine genehmigungsbedürftige Tätigkeit ändert,

h) § 25 Absatz 1 Satz 1 in einer dort genannten Anlage eine Person beschäftigt oder eine Aufgabe selbst wahrnimmt,

i) § 27 Absatz 1 Satz 1 sonstige radioaktive Stoffe auf öffentlichen oder der Öffentlichkeit zugänglichen Verkehrswegen befördert,

j) § 31 Absatz 1 Satz 1, auch in Verbindung mit Satz 2, radioaktive Stoffe oder ionisierende Strahlung am Menschen anwendet,

k) § 40 Absatz 1 Satz 1, auch in Verbindung mit Satz 2, radioaktive Stoffe zusetzt,

l) § 42 Absatz 1 ein dort genanntes Konsumgut verbringt,

3. entgegen § 17 Absatz 1 Satz 1, § 19 Absatz 1 Satz 1, § 22 Absatz 1, § 26 Absatz 1 Satz 1, § 32 Absatz 1 Satz 1, auch in Verbindung mit Satz 2, § 50 Absatz 1, auch in Verbindung mit Absatz 2, § 52 Absatz 1, auch in Verbindung mit Absatz 3 Satz 1, § 56 Absatz 1, auch in Verbindung mit Absatz 3, § 59 Absatz 2, auch in Verbindung mit Absatz 4, oder § 63 Absatz 1 Satz 1 eine Anzeige nicht, nicht richtig, nicht vollständig, nicht in der vorgeschriebenen Weise oder nicht rechtzeitig erstattet,

4. einer vollziehbaren Anordnung nach § 18 Absatz 3, § 20 Absatz 3, 4 oder 5, § 22 Ab-

satz 3, § 26 Absatz 3, den §§ 34, 51 Absatz 2, § 53 Absatz 2 oder 3, § 55 Absatz 2, § 57 Absatz 3 oder 4, jeweils auch in Verbindung mit § 59 Absatz 4, § 61 Absatz 5 Satz 1, § 63 Absatz 2, § 64 Absatz 2 Satz 3, § 65 Absatz 1, § 127 Absatz 1 Satz 3, § 129 Absatz 2 Satz 3, § 130 Absatz 2 Satz 3, § 134 Absatz 3, § 135 Absatz 3 Satz 1, § 139 Absatz 1 Satz 1, auch in Verbindung mit § 148 Satz 1, § 156 Absatz 3 Satz 1 oder Absatz 4 Satz 2 oder § 158 Absatz 2 zuwiderhandelt,

5. entgegen den §§ 21, 54, 58, auch in Verbindung mit § 59 Absatz 4, § 61 Absatz 4 Satz 2, § 64 Absatz 2 Satz 1, § 70 Absatz 4 Satz 1, § 71 Absatz 2 Satz 1 oder § 167 Absatz 3 Satz 3, auch in Verbindung mit Satz 4, eine Mitteilung nicht, nicht richtig, nicht vollständig oder nicht rechtzeitig macht,

6. entgegen § 28 Absatz 2 Satz 1 Kernmaterialien zur Beförderung oder Weiterbeförderung übernimmt,

7. entgegen § 39 Absatz 1 Satz 1, auch in Verbindung mit Absatz 2, radioaktive Stoffe zusetzt,

8. entgegen § 39 Absatz 1 Satz 2, auch in Verbindung mit Absatz 2, eine dort genannte Ware verbringt oder in Verkehr bringt,

9. einer vollziehbaren Auflage nach § 47 Satz 2 Nummer 4 zuwiderhandelt,

10. entgegen § 55 Absatz 1 Satz 1, auch in Verbindung mit Satz 2, jeweils auch in Verbindung mit § 59 Absatz 1 Satz 1, § 130 Absatz 1 Satz 1, auch in Verbindung mit Satz 2, oder § 145 Absatz 1 Satz 1, auch in Verbindung mit Satz 2, jeweils auch in Verbindung mit § 148 Satz 1, eine Abschätzung nicht, nicht richtig oder nicht rechtzeitig durchführt,

11. entgegen § 59 Absatz 1 Satz 2 eine Abschätzung nicht oder nicht rechtzeitig übermittelt,

12. entgegen § 60 Absatz 1 Satz 1, auch in Verbindung mit Satz 2, § 62 Absatz 1 Satz 1, auch in Verbindung mit Absatz 5 Satz 1, § 129 Absatz 1 Satz 1, Absatz 2 Satz 1 oder Absatz 3 Satz 1, § 145 Absatz 2 Satz 1, auch in Verbindung mit § 148, oder § 159 Absatz 2 Satz 1 eine Anmeldung nicht, nicht richtig, nicht vollständig oder nicht rechtzeitig macht,

13. entgegen § 60 Absatz 2 Satz 1 oder Absatz 4 Satz 1 ein Rückstandskonzept oder eine Rückstandsbilanz nicht, nicht richtig, nicht vollständig oder nicht rechtzeitig vorlegt,

14. entgegen § 61 Absatz 3 Satz 1, auch in Verbindung mit Satz 2, Rückstände vermischt oder verdünnt,

15. entgegen § 61 Absatz 6 Satz 1 Rückstände nicht, nicht richtig oder nicht rechtzeitig sichert,

16. entgegen § 61 Absatz 6 Satz 2 Rückstände abgibt,

17. entgegen § 61 Absatz 7 Rückstände ins Inland verbringt,

18. entgegen § 62 Absatz 4 Satz 2, auch in Verbindung mit Absatz 5 Satz 1, überwachungsbedürftige Rückstände verwertet oder beseitigt,

19. entgegen § 64 Absatz 1 Satz 1 eine Kontamination nicht, nicht richtig, nicht vollständig, nicht in der vorgeschriebenen Weise oder nicht rechtzeitig entfernt,

20. entgegen § 70 Absatz 1 Satz 1 einen Strahlenschutzbeauftragten nicht, nicht richtig, nicht in der vorgeschriebenen Weise oder nicht rechtzeitig bestellt,

21. entgegen § 72 Absatz 1 Satz 1 Nummer 1 oder Absatz 2 Nummer 1 Buchstabe a, jeweils auch in Verbindung mit Absatz 1 Satz 2, nicht dafür sorgt, dass eine dort genannte Exposition oder Kontamination vermieden oder so gering wie möglich gehalten wird,

22. entgegen § 72 Absatz 1 Satz 1 Nummer 2 Buchstabe a oder Absatz 2 Nummer 1 Buchstabe a, jeweils auch in Verbindung mit Absatz 1 Satz 2, nicht dafür sorgt, dass eine dort genannte Vorschrift eingehalten wird,

23. entgegen § 72 Absatz 1 Satz 1 Nummer 4, auch in Verbindung mit Satz 2, nicht dafür sorgt, dass die erforderlichen Maßnahmen gegen ein Kritischwerden von Kernbrennstoffen getroffen werden,

24. entgegen § 85 Absatz 1 Satz 1 nicht dafür sorgt, dass eine Aufzeichnung angefertigt wird,

25. entgegen § 85 Absatz 1 Satz 3 eine Aufzeichnung nicht oder nicht richtig sichert,

26. entgegen § 85 Absatz 3 Nummer 1 Buchstabe a erster Halbsatz oder Buchstabe b eine Aufzeichnung nicht, nicht richtig, nicht vollständig oder nicht rechtzeitig vorlegt,

27. entgegen § 127 Absatz 1 Satz 1 eine Messung nicht, nicht richtig oder nicht rechtzeitig veranlasst,

28. entgegen § 127 Absatz 3, § 128 Absatz 2 Satz 2, § 130 Absatz 1 Satz 3, § 134 Absatz 2 oder § 145 Absatz 1 Satz 3, auch in Verbindung mit § 148 Satz 1, eine dort genannte Aufzeichnung nicht, nicht richtig, nicht vollständig oder nicht rechtzeitig fertigt oder nicht oder nicht mindestens fünf Jahre aufbewahrt oder nicht, nicht richtig, nicht vollständig oder nicht rechtzeitig vorlegt,

29. entgegen § 128 Absatz 1 eine Maßnahme nicht, nicht richtig oder nicht rechtzeitig ergreift,

30. entgegen § 128 Absatz 2 Satz 1 eine Überprüfung nicht, nicht richtig oder nicht rechtzeitig vornimmt,

31. entgegen § 129 Absatz 3 Satz 2 zweiter Halbsatz eine Auskunft nicht erteilt,

32. entgegen § 131 Absatz 1 Nummer 3 erster Halbsatz, auch in Verbindung mit dem zwei-

ten Halbsatz, § 145 Absatz 3 Nummer 2 erster Halbsatz, auch in Verbindung mit dem zweiten Halbsatz, oder § 159 Absatz 3 Nummer 2 erster Halbsatz, auch in Verbindung mit dem zweiten Halbsatz, nicht dafür sorgt, dass ein Dosisgrenzwert nicht überschritten wird,

33. entgegen § 134 Absatz 1 die spezifische Aktivität nicht, nicht richtig oder nicht rechtzeitig bestimmt,

34. entgegen § 135 Absatz 1 Satz 1 oder Absatz 3 Satz 2 ein Bauprodukt in Verkehr bringt,

35. entgegen § 135 Absatz 2 eine Information nicht, nicht richtig, nicht vollständig oder nicht rechtzeitig übermittelt,

36. entgegen § 138 Absatz 1, auch in Verbindung mit § 148 Satz 1, oder § 167 Absatz 4 Satz 1 eine Meldung nicht, nicht richtig, nicht vollständig oder nicht rechtzeitig macht,

37. entgegen § 140, auch in Verbindung mit § 148 Satz 1, eine Mitteilung nicht, nicht richtig, nicht vollständig oder nicht rechtzeitig macht oder einen Nachweis nicht, nicht richtig, nicht vollständig oder nicht rechtzeitig vorlegt,

38. entgegen § 167 Absatz 1 eine Aufzeichnung nicht, nicht richtig, nicht vollständig oder nicht rechtzeitig fertigt,

39. entgegen § 167 Absatz 3 Satz 1 eine Aufzeichnung nicht, nicht richtig, nicht vollständig oder nicht rechtzeitig vorlegt oder nicht, nicht richtig, nicht vollständig oder nicht rechtzeitig hinterlegt,

40. entgegen § 168 Absatz 1 Satz 1 dort genannte Daten nicht, nicht richtig, nicht vollständig oder nicht rechtzeitig zur Verfügung stellt,

41. entgegen § 168 Absatz 1 Satz 2 oder § 168 Absatz 2 eine Angabe nicht, nicht richtig, nicht vollständig oder nicht rechtzeitig vorlegt oder

42. einer vollziehbaren Auflage nach § 179 Absatz 1 Nummer 1 dieses Gesetzes in Verbindung mit § 17 Absatz 1 Satz 2 oder 3 des Atomgesetzes oder einer vollziehbaren Anordnung nach § 179 Absatz 2 Nummer 1 dieses Gesetzes in Verbindung mit § 19 Absatz 3 des Atomgesetzes zuwiderhandelt.

(2) Die Ordnungswidrigkeit kann in den Fällen des Absatzes 1 Nummer 1 Buchstabe a und c, Nummer 2 bis 4, 6 bis 9, 14 bis 23, 29, 32, 34 und 42 mit einer Geldbuße bis zu fünfzigtausend Euro und in den übrigen Fällen mit einer Geldbuße bis zu zehntausend Euro geahndet werden.

(3) Verwaltungsbehörde im Sinne des § 36 Absatz 1 Nummer 1 des Gesetzes über Ordnungswidrigkeiten ist

1. in den Fällen des Absatzes 1 Nummer 1 Buchstabe a und b, Nummer 2, 5 bis 41 oder 42 das Bundesamt für die Sicherheit der nuklearen Entsorgung für seinen in § 186 bezeichneten Bereich,

2. in den Fällen des Absatzes 1 Nummer 1 Buchstabe c und Nummer 2 Buchstabe l das Bundesamt für Wirtschaft und Ausfuhrkontrolle,

3. in den Fällen des Absatzes 1 Nummer 3 und 4

a) das Bundesamt für Strahlenschutz im Zusammenhang mit dem Betrieb von Raumfahrzeugen,

b) das Luftfahrt-Bundesamt im Zusammenhang mit dem Betrieb von Luftfahrzeugen,

c) das Bundesamt für die Sicherheit der nuklearen Entsorgung für seinen in § 186 bezeichneten Bereich.

(4) Für einen Verstoß gegen eine Bestimmung nach Absatz 1 ist, soweit sie dem Schutz personenbezogener Daten dient, abweichend von den Absätzen 1 bis 3 ausschließlich Artikel 83 der Verordnung (EU) 2016/679 anzuwenden.

§ 195 Einziehung

Ist eine Ordnungswidrigkeit nach § 194 Absatz 1 vorsätzlich begangen worden, so können Gegenstände eingezogen werden,

1. auf die sich die Ordnungswidrigkeit bezieht oder

2. die zur Begehung oder Vorbereitung gebraucht wurden oder bestimmt gewesen sind.

Kapitel 2
Übergangsvorschriften

§ 196 Genehmigungsbedürftige Errichtung von Anlagen (§ 10)

Eine Genehmigung für die Errichtung von Anlagen zur Erzeugung ionisierender Strahlen, die vor dem 31. Dezember 2018 erteilt worden ist, gilt als Genehmigung nach § 10 mit allen Nebenbestimmungen fort.

§ 197 Genehmigungsbedürftige Tätigkeiten (§ 12)

(1) Eine Genehmigung für den Betrieb von Anlagen zur Erzeugung ionisierender Strahlen, die vor dem 31. Dezember 2018 erteilt worden ist, gilt als Genehmigung nach § 12 Absatz 1 Nummer 1 mit allen Nebenbestimmungen fort. Dies gilt für Genehmigungen im Zusammenhang mit der Anwendung am Menschen für eine Behandlung mit ionisierender Strahlung, der ein individueller Bestrahlungsplan zugrunde liegt, wenn bis zum 31. Dezember 2020 bei der zuständigen Behörde nachgewiesen ist, dass die Voraussetzungen nach § 14 Absatz 1 Nummer 2 Buchstabe a, Nummer 3 Buchstabe a und Nummer 4 erfüllt sind.

(2) Eine Genehmigung für den Umgang mit sonstigen radioaktiven Stoffen, die vor dem 31. Dezember 2018 erteilt worden ist, gilt als Genehmigung nach § 12 Absatz 1 Nummer 3 mit allen Nebenbestimmungen fort. Dies gilt für Genehmigungen

1. für den Umgang mit hochradioaktiven Strahlenquellen nur, wenn bis zum 31. Dezember 2020 nachgewiesen ist, dass die Voraussetzung des § 13 Absatz 4 erfüllt ist,

2. im Zusammenhang mit der Anwendung am Menschen für eine Behandlung mit radioaktiven Stoffen und ionisierender Strahlung, der jeweils ein individueller Bestrahlungsplan zugrunde liegt, wenn bis zum 31. Dezember 2020 bei der zuständigen Behörde nachgewiesen ist, dass die Voraussetzungen nach § 14 Absatz 1 Nummer 2 Buchstabe a, Nummer 3 Buchstabe a und Nummer 4 erfüllt sind,

3. im Zusammenhang mit der Anwendung am Menschen für eine standardisierte Behandlung mit radioaktiven Stoffen sowie zur Untersuchung mit radioaktiven Stoffen, die mit einer erheblichen Exposition der untersuchten Person verbunden sein kann, wenn bis zum 31. Dezember 2022 bei der zuständigen Behörde nachgewiesen ist, dass die Voraussetzungen nach § 14 Absatz 1 Nummer 2 Buchstabe b, Nummer 3 Buchstabe b und Nummer 4 erfüllt sind.

Die zuständige Behörde kann von dem Inhaber einer Genehmigung nach Satz 1 innerhalb von zwei Jahren nach Inkrafttreten dieses Gesetzes die Erbringung einer Sicherheitsleistung gemäß § 13 Absatz 7 verlangen.

(3) Hat sich eine Genehmigung nach den §§ 6, 7 oder § 9 des Atomgesetzes oder ein Planfeststellungsbeschluss nach § 9b des Atomgesetzes, die oder der vor dem 31. Dezember 2018 erteilt worden ist, auf einen genehmigungsbedürftigen Umgang mit radioaktiven Stoffen erstreckt, so gilt diese Erstreckung als Erstreckung auf einen genehmigungsbedürftigen Umgang nach § 12 Absatz 1 Nummer 3 dieses Gesetzes fort.

(4) Tätigkeiten nach § 4 Absatz 1 Satz 1 Nummer 1, die vor dem 31. Dezember 2018 genehmigungsfrei ausgeübt wurden und ab dem 31. Dezember 2018 einer Genehmigung nach § 12 Absatz 1 Nummer 3 bedürfen, dürfen fortge-

setzt werden, wenn der Antrag auf Genehmigung bis zum 31. Dezember 2019 gestellt wurde.

§ 198 Genehmigungsbedürftiger Betrieb von Röntgeneinrichtungen und Störstrahlern (§ 12)

(1) Eine vor dem 31. Dezember 2018 erteilte Genehmigung für den Betrieb von Röntgeneinrichtungen, mit Ausnahme der in den Absätzen 2 und 3 genannten Röntgeneinrichtungen, gilt als Genehmigung nach § 12 Absatz 1 Nummer 4 mit allen Nebenbestimmungen fort. Dies gilt für

1. Genehmigungen im Zusammenhang mit der Anwendung am Menschen für eine Behandlung mit ionisierender Strahlung, der ein individueller Bestrahlungsplan zugrunde liegt, wenn bis zum 31. Dezember 2020 bei der zuständigen Behörde nachgewiesen ist, dass die Voraussetzungen nach § 14 Absatz 1 Nummer 2 Buchstabe a, Nummer 3 Buchstabe a und Nummer 4 erfüllt sind,

2. Genehmigungen im Zusammenhang mit der Anwendung am Menschen für eine standardisierte Behandlung mit ionisierender Strahlung sowie zur Untersuchung mit ionisierender Strahlung, die mit einer erheblichen Exposition der untersuchten Person verbunden sein kann, wenn bis zum 31. Dezember 2022 bei der zuständigen Behörde nachgewiesen ist, dass die Voraussetzungen nach § 14 Absatz 1 Nummer 2 Buchstabe b, Nummer 3 Buchstabe b und Nummer 4 erfüllt sind,

3. unbefristete Genehmigungen zur Teleradiologie, wenn bis zum 31. Dezember 2022 bei der zuständigen Behörde nachgewiesen ist, dass die Voraussetzung des § 14 Absatz 2 Nummer 4 und, soweit einschlägig, die in Nummer 2 genannten Voraussetzungen erfüllt sind.

(2) Eine Genehmigung für den Betrieb von Röntgeneinrichtungen zur Teleradiologie über den Nacht-, Wochenend- und Feiertagsdienst hinaus, die vor dem 31. Dezember 2018 nach § 3 Absatz 1 der Röntgenverordnung in der bis zum 31. Dezember 2018 geltenden Fassung erteilt und nach § 3 Absatz 4 Satz 4 der Röntgenverordnung befristet worden ist, gilt bis zum Ablauf der in der Genehmigung genannten Frist mit allen Nebenbestimmungen fort.

(3) Eine Genehmigung für den Betrieb von Röntgeneinrichtungen zur Untersuchung von Menschen im Rahmen freiwilliger Röntgenreihenuntersuchungen, die vor dem 31. Dezember 2018 nach § 3 Absatz 1 der Röntgenverordnung in der bis zum 31. Dezember 2018 geltenden Fassung erteilt und nach § 3 Absatz 4a Satz 2 der Röntgenverordnung befristet worden ist, gilt bis zum Ablauf der in der Genehmigung genannten Frist mit allen Nebenbestimmungen fort.

(4) Eine vor dem 31. Dezember 2018 erteilte Genehmigung für den Betrieb von Störstrahlern gilt als Genehmigung nach § 12 Absatz 1 Nummer 5 mit allen Nebenbestimmungen fort.

§ 199 Anzeigebedürftiger Betrieb von Anlagen (§ 17)

Eine Anzeige des Betriebs einer Anlage zur Erzeugung ionisierender Strahlung, die vor dem 31. Dezember 2018 erfolgt ist, gilt als Anzeige nach § 17 Absatz 1 fort.

§ 200 Anzeigebedürftiger Betrieb von Röntgeneinrichtungen und Störstrahlern (§ 19)

(1) Eine Anzeige des Betriebs einer Röntgeneinrichtung, die vor dem 31. Dezember 2018 erfolgt ist, gilt als Anzeige nach § 19 Absatz 3 Satz 1 Nummer 8 fort. Dies gilt für Anzeigen im Zusammenhang mit der Anwendung am Menschen zur Untersuchung mit Röntgenstrahlung, die mit einer erheblichen Exposition der untersuchten Person verbunden sein kann,

wenn die jeweils einschlägigen Voraussetzungen nach § 19 Absatz 3 Nummer 7 in Verbindung mit § 14 Absatz 1 Nummer 2 Buchstabe b und Nummer 4 bis zum 31. Dezember 2022 bei der zuständigen Behörde nachgewiesen sind.

(2) Eine Anzeige des Betriebs eines Basis-, Hoch- oder Vollschutzgerätes oder einer Schulröntgeneinrichtung, die vor dem 31. Dezember 2018 erfolgt ist, gilt als Anzeige nach § 19 Absatz 1 Nummer 2 fort.

§ 201 Anzeigebedürftige Prüfung, Erprobung, Wartung und Instandsetzung von Röntgeneinrichtungen und Störstrahlern (§ 22)

Eine Anzeige der Prüfung, Erprobung, Wartung und Instandsetzung von Röntgeneinrichtungen oder Störstrahlern, die vor dem 31. Dezember 2018 erfolgt ist, gilt als Anzeige nach § 22 Absatz 1 fort.

§ 202 Genehmigungsbedürftige Beschäftigung in fremden Anlagen oder Einrichtungen (§ 25)

Eine Genehmigung für die Beschäftigung in fremden Anlagen oder Einrichtungen, die vor dem 31. Dezember 2018 erteilt worden ist, gilt als Genehmigung nach § 25 Absatz 1 mit allen Nebenbestimmungen bis zum im Genehmigungsbescheid festgelegten Datum und längstens bis zum 31. Dezember 2023 fort.

§ 203 Anzeigebedürftige Beschäftigung im Zusammenhang mit dem Betrieb fremder Röntgeneinrichtungen und Störstrahler (§ 26)

Eine Anzeige der Aufgabenwahrnehmung im Zusammenhang mit dem Betrieb einer fremden Röntgeneinrichtung oder eines fremden Störstrahlers, die vor dem 31. Dezember 2018 erfolgt ist, gilt als Anzeige nach § 26 Absatz 1 fort.

§ 204 Genehmigungsbedürftige Beförderung radioaktiver Stoffe (§ 27)

(1) Eine Genehmigung für die Beförderung, die vor dem 31. Dezember 2018 erteilt worden ist, gilt als Genehmigung nach § 27 Absatz 1 mit allen Nebenbestimmungen fort, wenn die nach § 29 Absatz 1 Nummer 2 geforderte Fachkunde bis zum 31. Dezember 2021 bei der zuständigen Behörde nachgewiesen ist.

(2) Hat sich eine Genehmigung nach § 4 Absatz 1 des Atomgesetzes, die vor dem 31. Dezember 2018 erteilt worden ist, auf eine genehmigungsbedürftige Beförderung radioaktiver Stoffe erstreckt, so gilt diese Erstreckung als Erstreckung auf eine genehmigungsbedürftige Beförderung nach § 27 Absatz 1 dieses Gesetzes fort, wenn die nach § 29 Absatz 1 Nummer 2 dieses Gesetzes geforderte Fachkunde bis zum 31. Dezember 2021 bei der zuständigen Behörde nachgewiesen ist.

§ 205 Medizinische Forschung (§§ 31, 32)

(1) Eine nach § 23 Absatz 1 in Verbindung mit § 24 Absatz 1 der Strahlenschutzverordnung in der bis zum 31. Dezember 2018 geltenden Fassung oder nach § 28a Absatz 1 in Verbindung mit § 28b Absatz 1 der Röntgenverordnung in der bis zum 31. Dezember 2018 geltenden Fassung genehmigte Anwendung radioaktiver Stoffe oder ionisierender Strahlung am Menschen zum Zweck der medizinischen Forschung gilt mit allen Nebenbestimmungen als Genehmigung nach § 31 fort.

(2) Eine nach § 23 Absatz 1 in Verbindung mit § 24 Absatz 2 der Strahlenschutzverordnung in der bis zum 31. Dezember 2018 geltenden Fassung oder nach § 28a Absatz 1 in Verbindung mit § 28b Absatz 2 der Röntgenverordnung in der bis zum 31. Dezember 2018 geltenden Fassung genehmigte Anwendung radioaktiver Stoffe oder ionisierender Strahlung am Menschen zum Zweck der medizinischen Forschung gilt als Anzeige nach § 32 fort.

(3) Vor dem 31. Dezember 2018 begonnene Genehmigungsverfahren nach § 23 Absatz 1 in Verbindung mit § 24 Absatz 2 der Strahlenschutzverordnung in der bis zum 31. Dezember 2018 geltenden Fassung oder nach § 28a Absatz 1 in Verbindung mit § 28b Absatz 2 der Röntgenverordnung in der bis zum 31. Dezember 2018 geltenden Fassung der Anwendung radioaktiver Stoffe oder ionisierender Strahlung am Menschen zum Zweck der medizinischen Forschung werden nach Maßgabe der vor dem 31. Dezember 2018 geltenden Vorschriften abgeschlossen. Für Genehmigungen nach Satz 1 gilt Absatz 2 entsprechend.

(4) Registrierungen von Ethikkommissionen nach § 92 der Strahlenschutzverordnung in der bis zum 31. Dezember 2018 geltenden Fassung oder nach § 28g der Röntgenverordnung in der bis zum 31. Dezember 2018 geltenden Fassung gelten als Registrierungen nach § 36 Absatz 1 dieses Gesetzes fort.

§ 206 Genehmigungsbedürftiger Zusatz radioaktiver Stoffe und genehmigungsbedürftige Aktivierung (§ 40)

(1) Eine Genehmigung für den Zusatz radioaktiver Stoffe und die Aktivierung, die vor dem 31. Dezember 2018 erteilt worden ist, gilt als Genehmigung nach § 40 Absatz 1 mit allen Nebenbestimmungen fort. Bedarf es zur Erteilung einer Genehmigung ab dem 31. Dezember 2018 eines Rücknahmekonzeptes nach § 41 Absatz 1 Nummer 3, das vor dem 31. Dezember 2018 noch nicht erforderlich war, so gilt Satz 1 nur, wenn für Konsumgüter, die ab dem 31. Dezember 2019 hergestellt werden, bis zu diesem Zeitpunkt ein Rücknahmekonzept erstellt wurde.

(2) Die Verwendung, Lagerung und Beseitigung von Konsumgütern, die vor dem 1. August 2001 oder auf Grund des § 117 Absatz 6 Satz 1 der Strahlenschutzverordnung in der bis zum 31. Dezember 2018 geltenden Fassung genehmigungsfrei hergestellt wurden, bedarf weiterhin keiner Genehmigung.

§ 207 Genehmigungsbedürftige grenzüberschreitende Verbringung von Konsumgütern (§ 42)

Eine Genehmigung für die grenzüberschreitende Verbringung von Konsumgütern, die vor dem 31. Dezember 2018 erteilt worden ist, gilt als Genehmigung nach § 42 mit allen Nebenbestimmungen fort; § 206 Absatz 1 Satz 2 gilt entsprechend.

§ 208 Bauartzulassung (§ 45)

(1) Bauartzulassungen von Geräten und anderen Vorrichtungen, in die sonstige radioaktive Stoffe nach § 2 Absatz 1 des Atomgesetzes eingefügt sind, von Anlagen zur Erzeugung ionisierender Strahlen sowie von Röntgenstrahlern, Schulröntgeneinrichtungen, Basisschutzgeräten, Hochschutzgeräten, Vollschutzgeräten oder Störstrahlern, die am 31. Dezember 2018 gültig waren, gelten bis zum Ablauf der im Zulassungsschein genannten Frist fort; sie können auf Antrag entsprechend § 46 Absatz 5 Satz 2 als Zulassung nach § 45 Absatz 1 verlängert werden.

(2) Vorrichtungen, deren Bauartzulassung vor dem 31. Dezember 2018 ausgelaufen war und die nach Maßgabe des § 25 Absatz 5 der Strahlenschutzverordnung in der bis zum 31. Dezember 2018 geltenden Fassung oder nach § 8 Absatz 5 der Röntgenverordnung in der bis zum 31. Dezember 2018 geltenden Fassung weiterbetrieben wurden, dürfen entsprechend § 48 weiterbetrieben werden.

(3) Für die Verwendung und Lagerung von Vorrichtungen, die radioaktive Stoffe enthalten und für die vor dem 1. August 2001 eine Bauartzulassung erteilt worden ist, gelten die Regelungen des § 4 Absatz 1, 2 Satz 2 und 5 in Verbindung mit Anlage II Nummer 2 oder 3 und Anlage III Teil B Nummer 4, § 29 Absatz 1 Satz 1, der §§ 34 und 78 Absatz 1 Nummer 1 der Strahlenschutzverordnung vom 30. Juni 1989 fort; nach dem Auslaufen dieser Bauartzulassung gilt auch die Regelung des § 23 Absatz 2 Satz 3 der

Strahlenschutzverordnung vom 30. Juni 1989 fort; § 69 Absatz 2, §§ 70, 71, 72 dieses Gesetzes gelten entsprechend.

(4) Vorrichtungen, deren Bauartzulassung vor dem 1. August 2001 ausgelaufen ist und die auf Grund des § 117 Absatz 7 Satz 3 der Strahlenschutzverordnung in der bis zum 31. Dezember 2018 geltenden Fassung nach Maßgabe des § 23 Absatz 2 Satz 3 in Verbindung mit § 4 der Strahlenschutzverordnung vom 30. Juni 1989 weiterbetrieben worden sind, dürfen weiter genehmigungsfrei betrieben werden.

§ 209 Anzeigebedürftiger Betrieb von Luftfahrzeugen (§ 50)

Tätigkeiten im Sinne des § 4 Absatz 1 Satz 1 Nummer 11, die vor dem 31. Dezember 2018 aufgenommen wurden und nach diesem Gesetz eine Anzeige nach § 50 erfordern, dürfen fortgesetzt werden, wenn die Anzeige bis zum 31. Dezember 2020 vorgenommen wurde.

§ 210 Anzeigebedürftige Tätigkeiten (§ 56)

(1) Eine Anzeige einer Tätigkeit im Sinne des § 4 Absatz 1 Satz 1 Nummer 10, die vor dem 31. Dezember 2018 erfolgt ist, gilt als Anzeige nach § 56 Absatz 1 fort, soweit die nach § 56 Absatz 2 Satz 1 geforderten Unterlagen bis zum 31. Dezember 2020 bei der zuständigen Behörde eingereicht wurden.

(2) Wurde eine Tätigkeit im Sinne des § 4 Absatz 1 Satz 1 Nummer 10 vor dem 31. Dezember 2018 aufgenommen, ohne dass eine Anzeige erforderlich war, so ist eine Abschätzung nach § 55 Absatz 1 Satz 1 bis zum 31. Dezember 2020 durchzuführen; § 56 Absatz 1 Satz 1 gilt entsprechend. Die Abschätzung muss nicht erneut durchgeführt werden, wenn vor dem 31. Dezember 2018 eine auf den Arbeitsplatz bezogene Abschätzung der Körperdosis durchgeführt und aufgezeichnet worden ist; in diesem Fall hat eine nach § 56 Absatz 1 Satz 1 erforderliche Anzeige unverzüglich zu erfolgen, § 56 Absatz 2 Satz 2 gilt entsprechend.

§ 211 Bestellung von Strahlenschutzbeauftragten (§ 70)

Eine Bestellung eines Strahlenschutzbeauftragten, die vor dem 31. Dezember 2018 erfolgt ist, gilt als Bestellung nach § 70 Absatz 1 fort.

§ 212 Grenzwerte für beruflich exponierte Personen; Ermittlung der Exposition der Bevölkerung (§§ 78, 80)

(1) Der Grenzwert nach § 78 Absatz 2 Nummer 1 ist ab dem 1. Januar 2019 einzuhalten.

(2) Für die Ermittlung der Exposition der Bevölkerung ist § 80 ab dem 1. Januar 2019 anzuwenden.

§ 213 Zulassung der Früherkennung (§ 84)

Eine Zulassung freiwilliger Röntgenreihenuntersuchungen zur Ermittlung übertragbarer Krankheiten in Landesteilen oder für Bevölkerungsgruppen mit überdurchschnittlicher Erkrankungshäufigkeit nach § 25 Absatz 1 Satz 2 der Röntgenverordnung in der bis zum 31. Dezember 2018 geltenden Fassung gilt als Zulassung nach § 84 Absatz 4 fort.

§ 214 Anmeldung von Arbeitsplätzen in Innenräumen (§ 129)

(1) Eine vor dem 31. Dezember 2018 erfolgte Anzeige einer Arbeit, die einem in Anlage XI Teil A zur Strahlenschutzverordnung in der bis zum 31. Dezember 2018 geltenden Fassung genannten Arbeitsfeld zuzuordnen war, gilt als Anmeldung nach § 129 Absatz 1 mit der Maßgabe fort, dass Maßnahmen zur Reduzierung der Radon-222-Exposition, soweit sie nach § 128 Absatz 1 erforderlich sind, bis zum 31. Dezember 2020 zu ergreifen sind.

(2) Eine Messung der Radon-222-Aktivitätskonzentration, die vor dem 31. Dezember 2018 im Rahmen einer Abschätzung nach § 95 Absatz 1 in Verbindung mit Anlage XI Teil A zur Strahlenschutzverordnung in der bis zum 31. Dezember 2018 geltenden Fassung durchge-

führt worden ist, erfüllt die Pflicht zur Messung nach § 127 Absatz 1.

§ 215 Radioaktive Altlasten

(1) Erlaubnisse, die vor dem 31. Dezember 2018 auf dem in Artikel 3 des Einigungsvertrags vom 6. September 1990 (BGBl. 1990 II S. 885, 889) genannten Gebiet erteilt wurden für Sanierungs-, Schutz- oder Nachsorgemaßnahmen an Hinterlassenschaften früherer menschlicher Betätigungen im Sinne von § 136 Absatz 1 sowie für die Stilllegung und Sanierung der Betriebsanlagen und Betriebsstätten des Uranerzbergbaus auf Grund

1. der Verordnung über die Gewährleistung von Atomsicherheit und Strahlenschutz vom 11. Oktober 1984 (GBl. I Nr. 30 S. 341) nebst Durchführungsbestimmung zur Verordnung über die Gewährleistung von Atomsicherheit und Strahlenschutz vom 11. Oktober 1984 (GBl. I Nr. 30 S. 348; Ber. GBl. I 1987 Nr. 18 S. 196) und

2. der Anordnung zur Gewährleistung des Strahlenschutzes bei Halden und industriellen Absetzanlagen und bei der Verwendung darin abgelagerter Materialien vom 17. November 1980 (GBl. I Nr. 34 S. 347),

gelten fort, soweit sie nach Inkrafttreten des Einigungsvertrags erteilt wurden oder vor diesem Zeitpunkt erteilt wurden, aber noch fortgelten.

(2) Die auf den Erlaubnissen beruhenden Maßnahmen können nach Maßgabe der jeweiligen Erlaubnis beendet werden.

§ 216 Bestimmung von Messstellen (§ 169)

Behördliche Bestimmungen von Messstellen, die vor dem 31. Dezember 2018 erfolgt sind, gelten als Bestimmungen nach § 169 Absatz 1 fort, wenn bis zum 31. Dezember 2020 bei der zuständigen Behörde nachgewiesen ist, dass die Voraussetzungen nach § 169 Absatz 2 erfüllt sind.

§ 217 Bestimmung von Sachverständigen (§ 172)

Behördliche Bestimmungen von Sachverständigen, die vor dem 31. Dezember 2018 erfolgt sind, gelten als Bestimmungen nach § 172 Absatz 1 Nummer 1, 3 oder 4 längstens fünf Jahre fort.

§ 218 Genehmigungsfreier Umgang mit Geräten, keramischen Gegenständen, Porzellan- und Glaswaren oder elektronischen Bauteilen sowie sonstigen Produkten

(1) Vor dem 1. April 1977 beschaffte Geräte, keramische Gegenstände, Porzellanwaren, Glaswaren oder elektronische Bauteile, mit denen nach § 11 der Ersten Strahlenschutzverordnung vom 15. Oktober 1965 ohne Genehmigung umgegangen werden durfte, dürfen weiter genehmigungsfrei verwendet und beseitigt werden, wenn diese Gegenstände zum Zeitpunkt der Beschaffung die Vorschrift des § 11 der Ersten Strahlenschutzverordnung vom 15. Oktober 1965 erfüllt haben.

(2) Sonstige Produkte, die den Anforderungen der Anlage III Teil A Nummer 5, 6 oder 7 zur Strahlenschutzverordnung in der Fassung vom 30. Juni 1989 entsprechen und vor dem 1. August 2001 erworben worden sind, können weiter genehmigungs- und anzeigefrei verwendet, gelagert oder beseitigt werden.

Hinweis: Auf den Abdruck des Anhangs wurde verzichtet.

Verordnung zum Schutz vor der schädlichen Wirkung ionisierender Strahlung

(Strahlenschutzverordnung – StrlSchV)

vom 29. November 2018
(BGBl. I S. 2034, 2036)

zuletzt geändert durch Artikel 1 der Verordnung
vom 20. November 2020
(BGBl. I S. 2502)

Teil 1
Begriffsbestimmungen

§ 1 Begriffsbestimmungen

(1) Ableitung: Abgabe flüssiger, an Schwebstoffe gebundener oder gasförmiger radioaktiver Stoffe auf hierfür vorgesehenen Wegen.

(2) Äquivalentdosis: Produkt aus der Energiedosis im ICRU-Weichteilgewebe und dem Qualitätsfaktor Q der ICRU nach Anlage 18 Teil D, der die Einflüsse der Strahlungsart und der Strahlungsenergie berücksichtigt. Beim Vorliegen mehrerer Strahlungsarten und Strahlungsenergien ist die gesamte Äquivalentdosis die Summe ihrer ermittelten Einzelbeiträge.

(3) Betriebsgelände: Grundstück, auf dem sich kerntechnische Anlagen, Anlagen zur Erzeugung ionisierender Strahlung und Anlagen im Sinne des § 9a Absatz 3 Satz 1 zweiter Satzteil des Atomgesetzes oder Einrichtungen befinden und zu dem der Strahlenschutzverantwortliche den Zugang oder auf dem der Strahlenschutzverantwortliche die Aufenthaltsdauer von Personen beschränken kann.

(4) Diagnostische Referenzwerte:

1. Dosiswerte bei Anwendung ionisierender Strahlung am Menschen oder

2. empfohlene Aktivitätswerte bei Anwendung radioaktiver Stoffe am Menschen, für typische Untersuchungen, bezogen auf Standardphantome oder auf Patientengruppen, für einzelne Gerätekategorien.

(5) Dosisrichtwert: eine effektive Dosis oder Organ-Äquivalentdosis, die bei der Planung und der Optimierung von Schutzmaßnahmen für Personen in geplanten Expositionssituationen als oberer Wert für die in Betracht zu ziehende Exposition dient.

(6) Energiedosis: Energie, die durch ionisierende Strahlung in Materie, einem Organ oder Gewebe deponiert worden ist, geteilt durch die Masse der bestrahlten Materie, des bestrahlten Organs oder Gewebes.

(7) Im Sinne des Forschungsvorhabens gesunde Person: Person, an der zum Zweck der medizinischen Forschung ein radioaktiver Stoff oder ionisierende Strahlung angewendet wird oder werden soll und bei der weder die Krankheit, deren Erforschung Gegenstand des Forschungsvorhabens ist, noch ein entsprechender Krankheitsverdacht vorliegt.

(8) Intervention: Einsatz von Röntgenbildgebungstechniken, um zu medizinischen Zwecken die Einbringung von Geräten und Substanzen in den Körper und ihre Steuerung zu ermöglichen.

(9) Maximale Betriebsbedingungen: Kombination der technischen Einstellparameter, die unter normalen Betriebsbedingungen bei Röntgenstrahlern nach § 18 Absatz 1 Nummer 1, Röntgeneinrichtungen nach den §§ 19 bis 22 und Störstrahlern nach § 23 zur höchsten Ortsdosisleistung und bei Röntgenstrahlern nach § 18 Absatz 1 Nummer 2 und Absatz 2 zur höchsten mittleren Ortsdosisleistung führen; hierzu gehören die Spannung für die Beschleunigung von Elektronen, der Röntgenröhrenstrom und gegebenenfalls weitere Parameter wie Einschaltzeit oder Elektrodenabstand.

(10) Oberflächenkontamination: Verunreinigung einer Oberfläche mit radioaktiven Stoffen, die nicht festhaftende, die festhaftende und die über die Oberfläche eingedrungene Aktivität umfasst. Die Einheit der Messgröße der Oberflächenkontamination ist die flächenbezogene Aktivität in Becquerel pro Quadratzentimeter.

(11) Oberflächenkontamination, nicht festhaftende: Verunreinigung einer Oberfläche mit radioaktiven Stoffen, bei denen eine Weiterverbreitung der radioaktiven Stoffe nicht ausgeschlossen werden kann.

(12) Ortsdosis: Äquivalentdosis, gemessen mit den in Anlage 18 Teil A angegebenen Messgrößen an einem bestimmten Ort.

(13) Ortsdosisleistung: in einem bestimmten Zeitintervall erzeugte Ortsdosis, geteilt durch die Länge des Zeitintervalls.

(14) Personendosis: Äquivalentdosis, gemessen mit den in Anlage 18 Teil A angegebenen Messgrößen an einer für die Exposition repräsentativen Stelle der Körperoberfläche.

(15) Prüfende Person: natürliche Person, die in einer Sachverständigenorganisation eigenständig Sachverständigentätigkeiten durchführt;

(16) Sachverständiger:

1. natürliche Person, die eigenständig Sachverständigentätigkeiten durchführt (Einzelsachverständiger) oder

2. juristische Person oder nicht rechtsfähige Personenvereinigung, die Sachverständigentätigkeiten durchführt (Sachverständigenorganisation).

(17) Spezifische Aktivität: Verhältnis der Aktivität eines Radionuklids zur Masse des Materials, in dem das Radionuklid verteilt ist. Bei festen radioaktiven Stoffen ist die Bezugsmasse für die Bestimmung der spezifischen Aktivität die Masse des Körpers oder Gegenstandes, mit dem die Radioaktivität bei vorgesehener Anwendung untrennbar verbunden ist. Bei gasförmigen radioaktiven Stoffen ist die Bezugsmasse die Masse des Gases oder des Gasgemisches.

(17a) Störfall: Ereignisablauf, bei dessen Eintreten der Betrieb der kerntechnischen Anlage, der Anlage zur Erzeugung ionisierender Strahlung oder die Tätigkeit aus sicherheitstechnischen Gründen nicht fortgeführt werden kann und für den die kerntechnische Anlage oder die Anlage zur Erzeugung ionisierender Strahlung auszulegen ist oder für den bei der Tätigkeit vorsorglich Schutzvorkehrungen vorzusehen sind.

(18) Tierbegleitperson: einwilligungsfähige Person, die das 18. Lebensjahr vollendet hat und die außerhalb ihrer beruflichen Tätigkeit freiwillig ein Tier begleitet oder betreut.

(19) Überwachung, ärztliche: ärztliche Untersuchung, gesundheitliche Beurteilung und Beratung einer beruflich exponierten Person durch einen ermächtigten Arzt.

(20) Verbringung:

1. Einfuhr in den Geltungsbereich dieser Verordnung aus einem Staat, der nicht Mitgliedstaat der Europäischen Union ist,

2. Ausfuhr aus dem Geltungsbereich dieser Verordnung in einen Staat, der nicht Mitgliedstaat der Europäischen Union ist, oder

3. grenzüberschreitender Warenverkehr aus einem Mitgliedstaat der Europäischen Union in den Geltungsbereich dieser Verordnung oder in einen Mitgliedstaat der Europäischen Union aus dem Geltungsbereich dieser Verordnung.

(21) Vorkommnis: Ereignis in einer geplanten Expositionssituation, das zu einer unbeabsichtigten Exposition geführt hat, geführt haben könnte oder führen könnte. Kein Vorkommnis liegt vor, wenn das Ereignis für den Strahlenschutz nicht relevant ist.

(22) Zur medizinischen Forschung Berechtigter: der Inhaber der Genehmigung nach § 31 des Strahlenschutzgesetzes oder derjenige, nach dessen Anzeige nach § 33 Absatz 3 Satz 1 des Strahlenschutzgesetzes mit der angezeigten Anwendung begonnen werden darf.

Teil 2
Strahlenschutz bei geplanten Expositionssituationen

Kapitel 1
Rechtfertigung von Tätigkeitsarten

§ 2 Nicht gerechtfertigte Tätigkeitsarten

Tätigkeiten, die den in Anlage 1 genannten nicht gerechtfertigten Tätigkeitsarten zuzuordnen sind, dürfen nicht ausgeübt werden.

§ 3 Verfahren zur Prüfung der Rechtfertigung von Tätigkeitsarten nach § 7 des Strahlenschutzgesetzes

(1) Die nach § 7 Absatz 1 Satz 1 des Strahlenschutzgesetzes zu übermittelnden Unterlagen umfassen neben den jeweiligen Genehmigungs- oder Anzeigeunterlagen die Unterlagen nach Anlage 2 Teil A sowie eine Darlegung der Zweifel der für das Genehmigungs- oder Anzeigeverfahren zuständigen Behörde.

(2) Leitet eine für den Strahlenschutz zuständige oberste Landesbehörde die ihr übermittelten Unterlagen an das Bundesministerium für Umwelt, Naturschutz und nukleare Sicherheit weiter, so hat sie zu den Zweifeln der für das Genehmigungs- oder Anzeigeverfahren zuständigen Behörde schriftlich Stellung zu nehmen und die Stellungnahme zusammen mit den Unterlagen unverzüglich zu übermitteln.

(3) Die Frist zur Prüfung nach § 7 Absatz 2 Satz 1 des Strahlenschutzgesetzes beginnt mit der Feststellung der Vollständigkeit der Unterlagen durch das Bundesamt für Strahlenschutz. Das Bundesamt für Strahlenschutz informiert das Bundesministerium für Umwelt, Naturschutz und nukleare Sicherheit und die für das Genehmigungs- oder Anzeigeverfahren zuständige Behörde oder, im Fall des Absatzes 2, die oberste Landesbehörde über den Beginn der Prüfung.

(4) Das Bundesamt für Strahlenschutz kann auch nach Feststellung der Vollständigkeit für die Prüfung erforderliche Unterlagen nachfordern.

(5) Das Bundesamt für Strahlenschutz legt den Bericht unverzüglich nach Abschluss der Prüfung dem Bundesministerium für Umwelt, Naturschutz und nukleare Sicherheit vor und veröffentlicht den Bericht im Bundesanzeiger. Das Bundesministerium für Umwelt, Naturschutz und nukleare Sicherheit informiert die für das Genehmigungs- oder Anzeigeverfahren zuständige Behörde oder, im Fall des Absatzes 2, die oberste Landesbehörde über das Ergebnis der Prüfung.

§ 4 Verfahren zur Prüfung der Rechtfertigung von Tätigkeitsarten nach § 38 des Strahlenschutzgesetzes

(1) Die für die Erteilung einer Genehmigung nach § 40 oder § 42 des Strahlenschutzgesetzes oder einer Bauartzulassung nach § 45 des Strahlenschutzgesetzes zuständige Behörde hat dem Bundesamt für Strahlenschutz zusammen mit dem gemäß § 41 Absatz 5 Satz 1, § 43 Absatz 2 Satz 1 oder § 46 Absatz 3 Satz 1 des Strahlenschutzgesetzes weiterzuleitenden Antrag Folgendes vorzulegen:

1. die Darlegung, warum die beabsichtigte Verwendung, die beabsichtigte Lagerung oder der beabsichtigte Betrieb eine neue Tätigkeitsart darstellt, und

2. die Unterlagen, die zur Prüfung der Rechtfertigung der Tätigkeitsart erforderlich sind, insbesondere die in Anlage 2 aufgeführten Unterlagen.

Das Bundesamt für Strahlenschutz kann für die Prüfung erforderliche Unterlagen nachfordern; die Frist nach § 38 Absatz 1 Satz 1 des Strahlenschutzgesetzes bleibt davon unberührt.

(2) Das Bundesamt für Strahlenschutz informiert das Bundesministerium für Umwelt, Naturschutz und nukleare Sicherheit, die für die Erteilung der Genehmigung nach den § 40 oder § 42 des Strahlenschutzgesetzes oder der Bauartzulassung nach § 45 Absatz 1 Nummer 1 oder 3 bis 6 des Strahlenschutzgesetzes zuständige Behörde sowie die für den Strahlenschutz zuständigen obersten Landesbehörden über den Beginn einer Prüfung.

(3) Das Bundesamt für Strahlenschutz bewertet bei der Prüfung der Rechtfertigung der Tätigkeitsart insbesondere, ob

1. die Leistungsfähigkeit und Eignung des Konsumguts, der Vorrichtung, der Anlage, der Röntgeneinrichtung oder des Störstrahlers die beabsichtigte Verwendung, die beabsichtigte Lagerung oder den beabsichtigten Betrieb rechtfertigt,

2. die Auslegung geeignet ist, um sicherzustellen, dass Expositionen bei normaler Verwendung sowie die Wahrscheinlichkeit einer falschen Verwendung oder unfallbedingter Expositionen und deren Folgen so gering wie möglich sind.

(4) Das Bundesamt für Strahlenschutz veröffentlicht seine Stellungnahme zur Rechtfertigung der Tätigkeitsart unverzüglich nach ihrer Fertigstellung im Bundesanzeiger.

(5) Das Bundesamt für Strahlenschutz übermittelt die Stellungnahme unverzüglich

1. dem Bundesministerium für Umwelt, Naturschutz und nukleare Sicherheit,

2. der für das ausgesetzte Genehmigungsoder Zulassungsverfahren zuständigen Behörde und

3. im Falle eines Antrags nach §§ 40 oder 42 des Strahlenschutzgesetzes den zuständigen Kontaktstellen der anderen Mitgliedstaaten nach Artikel 76 Absatz 2 Satz 1 der Richtlinie 2013/59 Euratom.

Die für die Erteilung einer Genehmigung nach den § 40 oder § 42 des Strahlenschutzgesetzes oder einer Bauartzulassung nach § 45 Absatz 1 Nummer 1 oder 3 bis 6 des Strahlenschutzgesetzes zuständigen Behörden übermitteln dem Bundesamt für Strahlenschutz Informationen über erteilte Genehmigungen für Konsumgüter sowie über Bauartzulassungen. Das Bundesamt für Strahlenschutz veröffentlicht eine Liste mit den wesentlichen Angaben über den Gegenstand dieser Genehmigungen oder Bauartzulassungen.

Kapitel 2
Vorabkontrolle bei radioaktiven Stoffen oder ionisierender Strahlung

Abschnitt 1
Ausnahmen von der Genehmigungs- und Anzeigebedürftigkeit einer Tätigkeit; Ausnahmen von Genehmigungsvoraussetzungen

§ 5 Genehmigungsfreier Umgang

(1) Eine Genehmigung nach § 12 Absatz 1 Nummer 3 des Strahlenschutzgesetzes ist in den in Anlage 3 Teil A und B genannten Fällen nicht erforderlich. Bei der Prüfung der Voraussetzungen nach Anlage 3 Teil B Nummer 1 oder 2 bleiben die mit den Tätigkeiten nach Anlage 3 Teil A oder Teil B Nummer 3 bis 9 verbundenen radioaktiven Stoffe außer Betracht.

(2) Bei einem nach § 12 Absatz 1 Nummer 3 oder Absatz 2 des Strahlenschutzgesetzes genehmigten Umgang ist ein darüber hinausgehender genehmigungsfreier Umgang nach Absatz 1 für die radioaktiven Stoffe, die in der Genehmigung aufgeführt sind, auch unterhalb der Freigrenzen der Anlage 4 Tabelle 1 Spalte 2 und 3 nicht zulässig. Dies gilt nicht, wenn in einem einzelnen Betrieb oder selbständigen Zweigbetrieb, bei Nichtgewerbetreibenden am Ort der Tätigkeit des Genehmigungsinhabers, mit radioaktiven Stoffen in mehreren, räumlich voneinander getrennten Gebäuden, Gebäudeteilen, Anlagen oder Einrichtungen umgegangen wird und ausreichend sichergestellt ist, dass die radioaktiven Stoffe aus den einzelnen Gebäuden, Gebäudeteilen, Anlagen oder Einrichtungen nicht zusammenwirken können.

§ 6 Genehmigungsfreier Besitz von Kernbrennstoffen

(1) Die Vorschriften des § 5 Absatz 2 bis 4 des Atomgesetzes sind auf denjenigen nicht anzuwenden, der

1. mit Kernbrennstoffen

   a) nach § 5 Absatz 1 in Verbindung mit Anlage 3 Teil B Nummer 1 oder 2 ohne Genehmigung oder

   b) aufgrund einer Genehmigung nach § 12 Absatz 1 Nummer 3 oder Absatz 2 des Strahlenschutzgesetzes umgehen darf oder

2. Kernbrennstoffe

   a) aufgrund von § 28 des Strahlenschutzgesetzes ohne Genehmigung oder

   b) aufgrund einer Genehmigung nach § 27 Absatz 1 des Strahlenschutzgesetzes befördern darf.

(2) Die Herausgabe von Kernbrennstoffen aus der staatlichen Verwahrung nach § 5 Absatz 6 des Atomgesetzes oder aus der genehmigten Aufbewahrung nach § 6 des Atomgesetzes oder § 12 Absatz 1 Nummer 3 des Strahlenschutzgesetzes ist auch zulässig, wenn der Empfänger zum Besitz der Kernbrennstoffe nach Absatz 1 berechtigt ist oder wenn diese Kernbrennstoffe zum Zweck der Ausfuhr befördert werden sollen.

§ 7 Genehmigungs- und anzeigefreier Betrieb von Anlagen zur Erzeugung ionisierender Strahlung

Wer eine Anlage zur Erzeugung ionisierender Strahlung der in Anlage 3 Teil C genannten Art betreibt, bedarf weder einer Genehmigung nach § 12 Absatz 1 Nummer 1 des Strahlenschutzgesetzes, noch hat er eine Anzeige nach § 17 Absatz 1 des Strahlenschutzgesetzes zu erstatten.

§ 8 Genehmigungsfreier Betrieb von Störstrahlern

Eine Genehmigung nach § 12 Absatz 1 Nummer 5 des Strahlenschutzgesetzes ist in den in Anlage 3 Teil D genannten Fällen nicht erforderlich.

§ 9 Anzeigefreie Prüfung, Erprobung, Wartung und Instandsetzung von Röntgeneinrichtungen oder Störstrahlern

Eine Anzeige nach § 22 Absatz 1 des Strahlenschutzgesetzes haben folgende Personen nicht zu erstatten:

1. derjenige, der geschäftsmäßig Störstrahler nach Anlage 3 Teil D Nummer 3, prüft, erprobt, wartet oder instand setzt,

2. derjenige, der, ohne Röntgenstrahlung einzuschalten, Tätigkeiten nach § 22 Absatz 1 des Strahlenschutzgesetzes an Anwendungsgeräten, Zusatzgeräten und Zubehör, der erforderlichen Software sowie an Vorrichtungen zur medizinischen Befundung durchführt, die keine Strahlenschutzmaßnahmen erfordern.

§ 10 Befreiung von der Pflicht zur Deckungsvorsorge

(1) Keiner Deckungsvorsorge nach § 13 Absatz 2 des Strahlenschutzgesetzes für die Erteilung einer Umgangsgenehmigung nach § 12 Absatz 1 Nummer 3 des Strahlenschutzgesetzes sowie nach § 6 Absatz 2 Nummer 3 und § 9 Absatz 2 Nummer 4 des Atomgesetzes bedarf es, wenn

1. die Gesamtaktivität der radioaktiven Stoffe, mit denen in dem einzelnen Betrieb oder selbständigen Zweigbetrieb, bei Nichtgewerbetreibenden am Ort der Tätigkeit des Antragstellers, umgegangen wird, das 10^6fache der Freigrenzen der Anlage 4 Tabelle 1 Spalte 2 und bei angereichertem Uran die Masse an Uran-235 den Wert von 350 Gramm nicht überschreitet und

2. ausreichend sichergestellt ist, dass die sonstigen radioaktiven Stoffe aus den einzelnen Gebäuden, Gebäudeteilen, Anlagen oder Einrichtungen nicht zusammenwirken können.

(2) Keiner Deckungsvorsorge nach § 13 Absatz 2 des Strahlenschutzgesetzes für die Ertei-

lung einer Umgangsgenehmigung nach § 12 Absatz 1 Nummer 3 des Strahlenschutzgesetzes bedarf es ferner, wenn in dem einzelnen Betrieb oder selbständigen Zweigbetrieb, bei Nichtgewerbetreibenden am Ort der Tätigkeit des Antragstellers, mit sonstigen radioaktiven Stoffen in mehreren räumlich voneinander getrennten Gebäuden, Gebäudeteilen, Anlagen oder Einrichtungen umgegangen wird und wenn

1. die Aktivität der sonstigen radioaktiven Stoffe in den einzelnen Gebäuden, Gebäudeteilen, Anlagen oder Einrichtungen das 10^6fache der Freigrenzen der Anlage 4 Tabelle 1 Spalte 2 nicht überschreitet und

2. ausreichend sichergestellt ist, dass die sonstigen radioaktiven Stoffe aus den einzelnen Gebäuden, Gebäudeteilen, Anlagen oder Einrichtungen nicht zusammenwirken können.

(3) Bei der Anwendung des Absatzes 1 oder 2 darf der Anteil an offenen radioaktiven Stoffen das 10^5fache der Freigrenzen der Anlage 4 Tabelle 1 Spalte 2 nicht überschreiten.

(4) Die Absätze 1 und 2 gelten nicht für hochradioaktive Strahlenquellen.

§ 11 Freigrenzen

Die Radionuklide, für die Freigrenzen bestehen, und die nach dem Strahlenschutzgesetz maßgeblichen Freigrenzen ergeben sich aus Anlage 4 Tabelle 1 Spalte 1 bis 3.

Abschnitt 2
Grenzüberschreitende Verbringung radioaktiver Stoffe

§ 12 Genehmigungsbedürftige grenzüberschreitende Verbringung

(1) Einer Genehmigung bedarf, wer hochradioaktive Strahlenquellen nicht nur vorübergehend zur eigenen Nutzung im Rahmen eines genehmigten Umgangs aus einem Staat, der nicht Mitgliedstaat der Europäischen Union ist, in den Geltungsbereich dieser Verordnung verbringt, wenn

1. deren Aktivität jeweils das 10fache des Wertes für hochradioaktive Strahlenquellen der Anlage 4 Tabelle 1 Spalte 4 beträgt oder überschreitet,

2. sie ebenso wie ihre Schutzbehälter oder Aufbewahrungsbehältnisse keine Kennzeichnung nach § 92 Absatz 1 Satz 1 Nummer 1 und § 92 Absatz 1 Satz 2 aufweisen oder

3. ihnen keine Dokumentation nach § 94 Absatz 3 beigefügt ist.

(2) Einer Genehmigung bedarf, wer folgende radioaktive Stoffe nicht nur vorübergehend zur eigenen Nutzung im Rahmen eines genehmigten Umgangs aus dem Geltungsbereich dieser Verordnung in einen Staat verbringt, der nicht Mitgliedstaat der Europäischen Union ist:

1. hochradioaktive Strahlenquellen,

   a) deren Aktivität jeweils das 10fache des Wertes für hochradioaktive Strahlenquellen der Anlage 4 Tabelle 1 Spalte 4 beträgt oder überschreitet,

   b) die ebenso wie ihre Schutzbehälter oder Aufbewahrungsbehältnisse keine Kennzeichnung nach § 92 Absatz 1 Satz 1 Nummer 1 und § 92 Absatz 1 Satz 2 aufweisen oder

   c) denen keine Dokumentation nach § 94 Absatz 3 beigefügt ist,

   oder

2. sonstige radioaktive Stoffe nach § 3 Absatz 1 des Strahlenschutzgesetzes oder Kernbrennstoffe nach § 3 Absatz 3 des Strahlenschutzgesetzes, deren Aktivität je Versandstück das 10^8fache der Freigrenzen der Anlage 4 Tabelle 1 Spalte 2 beträgt oder überschreitet.

(3) Eine Genehmigung nach Absatz 1 ist nicht erforderlich, soweit eine Genehmigung nach § 3 Absatz 1 des Atomgesetzes vorliegt, die sich

gemäß § 10a Absatz 1 des Atomgesetzes auf eine Verbringung nach Absatz 1 erstreckt. Eine Genehmigung nach Absatz 2 ist nicht erforderlich, soweit eine Genehmigung nach § 3 Absatz 1 des Atomgesetzes vorliegt, die sich gemäß § 10a Absatz 1 des Atomgesetzes auf eine Verbringung nach Absatz 2 erstreckt.

§ 13 Anmeldebedürftige grenzüberschreitende Verbringung

(1) Wer sonstige radioaktive Stoffe nach § 3 Absatz 1 des Strahlenschutzgesetzes oder Kernbrennstoffe nach § 3 Absatz 3 des Strahlenschutzgesetzes

1. aus einem Staat, der nicht Mitgliedstaat der Europäischen Union ist, in den Geltungsbereich dieser Verordnung verbringt oder

2. aus dem Geltungsbereich dieser Verordnung in einen Staat verbringt, der nicht Mitgliedstaat der Europäischen Union ist,

und keiner Genehmigung nach § 12 Absatz 1 oder 2 bedarf, hat die Verbringung der nach § 188 Absatz 1 Satz 2 des Strahlenschutzgesetzes zuständigen Behörde elektronisch anzumelden. Bei der Zollabfertigung ist der Nachweis der Anmeldung nach Satz 1 der nach § 188 Absatz 2 Satz 1 des Strahlenschutzgesetzes für die Überwachung zuständigen Behörde oder der von ihr benannten Stelle vorzulegen. Für die Anmeldung ist der Ausdruck des elektronisch erzeugten Formulars zu verwenden, das die nach § 188 Absatz 1 Satz 2 des Strahlenschutzgesetzes zuständige Behörde bestimmt hat.

(2) Wer Kernbrennstoffe nach § 3 Absatz 1 des Strahlenschutzgesetzes in Form von

1. bis zu 1 Kilogramm Uran, das auf 10 Prozent oder mehr, jedoch weniger als 20 Prozent an Uran-235 angereichert ist, oder

2. weniger als 10 Kilogramm Uran, das auf weniger als 10 Prozent an Uran-235 angereichert ist,

aus einem Staat, der nicht Mitgliedstaat der Europäischen Union ist, in den Geltungsbereich dieser Verordnung verbringt, hat die Verbringung abweichend von § 3 Absatz 1 des Atomgesetzes nach Absatz 1 anzumelden.

(3) Bei einer nach Absatz 1 Satz 1 oder Absatz 2 anmeldebedürftigen Verbringung in den Geltungsbereich dieser Verordnung hat der Verbringer Vorsorge zu treffen, dass die zu verbringenden radioaktiven Stoffe nach der Verbringung erstmals nur an Personen abgegeben werden, die eine Genehmigung nach § 12 Absatz 1 Nummer 1 oder 3, jeweils auch in Verbindung mit Absatz 2 des Strahlenschutzgesetzes oder § 6 Absatz 1, § 7 Absatz 1 Satz 1 oder Absatz 3 Satz 1 oder § 9 Absatz 1 des Atomgesetzes besitzen.

§ 14 Ausnahmen; andere Vorschriften über die grenzüberschreitende Verbringung

(1) Keiner Genehmigung nach § 3 Absatz 1 des Atomgesetzes oder § 12 dieser Verordnung bedarf und keine Anmeldung nach § 13 dieser Verordnung hat vorzunehmen, wer

1. einen der in Anlage 3 Teil E genannten Stoffe oder eine dort genannte Vorrichtung verbringt,

2. sonstige radioaktive Stoffe nach § 3 Absatz 1 des Strahlenschutzgesetzes oder Kernbrennstoffe nach § 3 Absatz 3 des Strahlenschutzgesetzes zollamtlich überwacht durch den Geltungsbereich dieser Verordnung verbringt,

3. Stoffe im Sinne der Nummer 2 zur eigenen Nutzung im Rahmen eines genehmigten Umgangs vorübergehend grenzüberschreitend verbringt, sofern es sich nicht um hochradioaktive Strahlenquellen handelt, oder

4. nach § 42 des Strahlenschutzgesetzes Konsumgüter verbringt.

(2) Die §§ 12 und 13 dieser Verordnung gelten nicht für die Verbringung durch die Bundeswehr.

(3) Andere Vorschriften über die Verbringung bleiben unberührt.

§ 15 Voraussetzungen für die Erteilung der Genehmigung für die grenzüberschreitende Verbringung

(1) Die Genehmigung für eine grenzüberschreitende Verbringung nach § 12 Absatz 1 ist zu erteilen, wenn

1. keine Tatsachen vorliegen, aus denen sich Bedenken gegen die Zuverlässigkeit des Antragstellers, seines gesetzlichen Vertreters oder, bei juristischen Personen oder nicht rechtsfähigen Personenvereinigungen, der nach Gesetz, Satzung oder Gesellschaftsvertrag zur Vertretung oder Geschäftsführung Berechtigten ergeben, und

2. der Antragsteller Vorsorge getroffen hat, dass die radioaktiven Stoffe nach der Verbringung erstmals nur an Personen abgegeben werden, die die für den Umgang erforderliche Genehmigung besitzen.

Für hochradioaktive Strahlenquellen darf die Genehmigung nach Satz 1 nur erteilt werden, wenn gewährleistet ist, dass

1. sie und ihr Schutzbehälter oder Aufbewahrungsbehältnis eine Kennzeichnung nach § 92 Absatz 1 Satz 1 Nummer 1 und § 92 Absatz 1 Satz 2 aufweisen und

2. die schriftlichen Unterlagen nach § 94 Absatz 3 beigefügt sind.

(2) Die Genehmigung für eine grenzüberschreitende Verbringung nach § 12 Absatz 2 ist zu erteilen, wenn

1. keine Tatsachen vorliegen, aus denen sich Bedenken gegen die Zuverlässigkeit des Antragstellers, seines gesetzlichen Vertreters oder, bei juristischen Personen oder nicht rechtsfähigen Personenvereinigun-

gen, der nach Gesetz, Satzung oder Gesellschaftsvertrag zur Vertretung oder Geschäftsführung Berechtigten ergeben, und

2. gewährleistet ist, dass die zu verbringenden radioaktiven Stoffe nicht in einer Weise verwendet werden, die die innere oder äußere Sicherheit der Bundesrepublik Deutschland oder die Erfüllung ihrer internationalen Verpflichtungen auf dem Gebiet der Kernenergie und des Strahlenschutzes gefährden.

Absatz 1 Satz 2 gilt entsprechend.

Abschnitt 3
Bauartzulassung

§ 16 Technische Anforderungen an die Bauartzulassung einer Vorrichtung, die sonstige radioaktive Stoffe enthält

(1) Die Bauart einer Vorrichtung, die sonstige radioaktive Stoffe nach § 3 Absatz 1 des Strahlenschutzgesetzes enthält, darf nach § 45 Absatz 1 Nummer 1 des Strahlenschutzgesetzes nur dann zugelassen werden, wenn sichergestellt ist, dass

1. sie nur sonstige radioaktive Stoffe nach § 3 Absatz 1 des Strahlenschutzgesetzes enthält, die

   a) umschlossen sind und

   b) berührungssicher abgedeckt sind,

2. die Ortsdosisleistung im Abstand von 0,1 Meter von der berührbaren Oberfläche der Vorrichtung 1 Mikrosievert durch Stunde bei normalen Betriebsbedingungen nicht überschreitet,

3. die Vorrichtung so ausgelegt ist, dass ein sicherer Einschluss der radioaktiven Stoffe bei bestimmungsgemäßem Betrieb gewährleistet ist und außer der Qualitätskontrolle durch den Hersteller nach § 24 Nummer 2 und einer gegebenenfalls durchzuführenden Dichtheitsprüfung nach § 25 Ab-

satz 4 keine weiteren Dichtheitsprüfungen an den radioaktiven Stoffen, die in der Vorrichtung enthalten sind, erforderlich sind, und

4. die Aktivität der in der Vorrichtung enthaltenen radioaktiven Stoffe das Zehnfache der Freigrenzen der Anlage 4 Tabelle 1 Spalte 2 nicht überschreitet.

(2) Die für die Zulassung der Bauart zuständige Behörde kann im Einzelfall Abweichungen von den Voraussetzungen nach Absatz 1 Nummer 1 Buchstabe a, Nummer 3 oder 4 zulassen, sofern die durch die Vorrichtung verursachte, zu erwartende jährliche, effektive Dosis für eine Einzelperson der Bevölkerung im Bereich von höchstens 10 Mikrosievert liegt.

§ 17 Technische Anforderungen an die Bauartzulassung einer Anlage zur Erzeugung ionisierender Strahlung

Die Bauart einer Anlage zur Erzeugung ionisierender Strahlung, die nicht zur Anwendung am Menschen bestimmt ist, darf nach § 45 Absatz 1 Nummer 1 des Strahlenschutzgesetzes nur dann zugelassen werden, wenn sichergestellt ist, dass die Ortsdosisleistung im Abstand von 0,1 Meter von der berührbaren Oberfläche der Vorrichtung 1 Mikrosievert durch Stunde bei normalen Betriebsbedingungen nicht überschreitet.

§ 18 Technische Anforderungen an die Bauartzulassung von Röntgenstrahlern

(1) Die Bauart eines Röntgenstrahlers, der weder zur Anwendung am Menschen noch zur Anwendung am Tier bestimmt ist und, bei dem der Untersuchungsgegenstand nicht vom Schutzgehäuse mit umschlossen wird, darf nach § 45 Absatz 1 Nummer 2 des Strahlenschutzgesetzes nur dann zugelassen werden, wenn sichergestellt ist, dass

1. im Falle eines Röntgenstrahlers für Röntgenfeinstrukturuntersuchungen die Ortsdo-

sisleistung bei geschlossenen Strahlenaustrittsfenstern und den vom Hersteller oder Verbringer angegebenen maximalen Betriebsbedingungen in 1 Meter Abstand vom Brennfleck 3 Mikrosievert durch Stunde nicht überschreitet, oder

2. im Falle eines Röntgenstrahlers, der nicht unter Nummer 1 fällt, die über einen je nach Anwendung geeigneten Zeitraum gemittelte Ortsdosisleistung bei geschlossenen Strahlenaustrittsfenstern und den vom Hersteller oder Verbringer angegebenen maximalen Betriebsbedingungen in 1 Meter Abstand vom Brennfleck folgende Werte nicht überschreitet:

a) bei Nennspannungen bis 200 Kilovolt 2,5 Millisievert durch Stunde,

b) bei Nennspannungen über 200 Kilovolt 10 Millisievert durch Stunde und nach Herunterregeln auf eine Röntgenspannung von 200 Kilovolt 2,5 Millisievert durch Stunde.

(2) Die Bauart eines Röntgenstrahlers, der zur Anwendung von Röntgenstrahlung am Tier bestimmt ist, darf nach § 45 Absatz 1 Nummer 2 des Strahlenschutzgesetzes nur dann zugelassen werden, wenn sichergestellt ist, dass die über einen je nach Anwendung geeigneten Zeitraum gemittelte Ortsdosisleistung bei geschlossenem Strahlenaustrittsfenster und bei den vom Hersteller oder Verbringer angegebenen maximalen Betriebsbedingungen

1. in 1 Meter Abstand vom Brennfleck 1 Millisievert durch Stunde nicht überschreitet und

2. in 0,1 Meter Abstand von der berührbaren Oberfläche des Röntgenstrahlers, ausgenommen dem Bereich der Oberfläche, in dem sich das Strahlenaustrittsfenster befindet, 100 Mikrosievert durch Stunde nicht überschreitet, sofern der Röntgenstrahler für eine Anwendung aus der Hand geeignet ist.

§ 19 Technische Anforderungen an die Bauartzulassung von Basisschutzgeräten

Die Bauart einer Röntgeneinrichtung, die weder zur Anwendung am Menschen noch zur Anwendung am Tier bestimmt ist, darf als Basisschutzgerät nach § 45 Absatz 1 Nummer 3 des Strahlenschutzgesetzes nur dann zugelassen werden, wenn sichergestellt ist, dass

1. das Schutzgehäuse außer der Röntgenröhre oder dem Röntgenstrahler auch den zu behandelnden oder zu untersuchenden Gegenstand so umschließt, dass ausschließlich Öffnungen zum Ein- und Ausbringen des Gegenstandes vorhanden sind,

2. die Ortsdosisleistung im Abstand von 0,1 Metern von der berührbaren Oberfläche des Schutzgehäuses und im Abstand von 0,1 Metern vor den Öffnungen 10 Mikrosievert durch Stunde bei den vom Hersteller oder Verbringer angegebenen maximalen Betriebsbedingungen nicht überschreitet und

3. die Röntgenröhre oder der Röntgenstrahler nur bei vollständig geschlossenem Schutzgehäuse betrieben werden kann; dies gilt nicht für

   a) Öffnungen im Schutzgehäuse gemäß Nummer 1, wenn das Ein- und Ausbringen des zu behandelnden oder zu untersuchenden Gegenstandes ausschließlich mittels Probenwechsler oder Fördereinrichtung geschieht und die Abmessungen der Öffnungen diesem Zweck angepasst sind, oder

   b) Untersuchungsverfahren, die einen kontinuierlichen Betrieb des Röntgenstrahlers erfordern, wenn die Ortsdosisleistung im Innern des geöffneten Schutzgehäuses 10 Mikrosievert durch Stunde nicht überschreitet.

§ 20 Technische Anforderungen an die Bauartzulassung von Hochschutzgeräten

Die Bauart einer Röntgeneinrichtung, die weder zur Anwendung am Menschen noch zur Anwendung am Tier bestimmt ist, darf als Hochschutzgerät nach § 45 Absatz 1 Nummer 4 des Strahlenschutzgesetzes nur dann zugelassen werden, wenn sichergestellt ist, dass

1. das Schutzgehäuse außer der Röntgenröhre oder dem Röntgenstrahler auch den zu behandelnden oder zu untersuchenden Gegenstand vollständig umschließt,

2. die Ortsdosisleistung im Abstand von 0,1 Meter von der berührbaren Oberfläche des Schutzgehäuses – ausgenommen Innenräume nach Nummer 3 Buchstabe a – bei den vom Hersteller oder Verbringer angegebenen maximalen Betriebsbedingungen 10 Mikrosievert durch Stunde nicht überschreitet,

3. die Röntgenröhre oder der Röntgenstrahler nur bei vollständig geschlossenem Schutzgehäuse betrieben werden kann; dies gilt nicht für

   a) Schutzgehäuse, in die ausschließlich hineingefasst werden kann, wenn die Ortsdosisleistung im erreichbaren Teil des Innenraumes bei den vom Hersteller oder Verbringer angegebenen maximalen Betriebsbedingungen 250 Mikrosievert durch Stunde nicht überschreitet, oder

   b) Untersuchungsverfahren, die einen kontinuierlichen Betrieb des Röntgenstrahlers erfordern, wenn die Ortsdosisleistung im Innern des geöffneten Schutzgehäuses 10 Mikrosievert durch Stunde nicht überschreitet.

§ 21 Technische Anforderungen an die Bauartzulassung von Vollschutzgeräten

Die Bauart einer Röntgeneinrichtung, die weder zur Anwendung am Menschen noch zur Anwendung am Tier bestimmt ist, darf als Vollschutzgerät nach § 45 Absatz 1 Nummer 5 des Strahlenschutzgesetzes nur dann zugelassen werden,

1. wenn sichergestellt ist, dass

   a) das Schutzgehäuse außer der Röntgenröhre oder dem Röntgenstrahler auch den zu behandelnden oder zu untersuchenden Gegenstand vollständig umschließt,

   b) die Ortsdosisleistung im Abstand von 0,1 Meter von der berührbaren Oberfläche des Schutzgehäuses 3 Mikrosievert durch Stunde bei den vom Hersteller oder Verbringer angegebenen maximalen Betriebsbedingungen nicht überschreitet, und

2. wenn durch zwei voneinander unabhängige Sicherheitseinrichtungen sichergestellt ist, dass

   a) die Röntgenröhre oder der Röntgenstrahler nur bei vollständig geschlossenem Schutzgehäuse betrieben werden kann oder

   b) bei Untersuchungsverfahren, die einen kontinuierlichen Betrieb des Röntgenstrahlers erfordern, das Schutzgehäuse während des Betriebes des Röntgenstrahlers nur bei geschlossenem Strahlenaustrittsfenster geöffnet werden kann und hierbei im Inneren des Schutzgehäuses die Ortsdosisleistung 3 Mikrosievert durch Stunde nicht überschreitet.

§ 22 Technische Anforderungen an die Bauartzulassung von Schulröntgeneinrichtungen

Die Bauart einer Röntgeneinrichtung, die weder zur Anwendung am Menschen noch zur Anwendung am Tier bestimmt ist, darf als Schulröntgeneinrichtung nach § 45 Absatz 1 Nummer 6 des Strahlenschutzgesetzes nur dann zugelassen werden, wenn sichergestellt ist, dass

1. die Voraussetzungen des § 21 erfüllt sind und

2. die vom Hersteller oder Verbringer angegebenen maximalen Betriebsbedingungen nicht überschritten werden können.

§ 23 Technische Anforderungen an die Bauartzulassung von Störstrahlern

Die Bauart eines Störstrahlers darf nach § 45 Absatz 1 Nummer 1 des Strahlenschutzgesetzes nur dann zugelassen werden, wenn sichergestellt ist, dass

1. die Ortsdosisleistung im Abstand von 0,1 Meter von der berührbaren Oberfläche des Störstrahlers 1 Mikrosievert durch Stunde bei den vom Hersteller oder Verbringer angegebenen maximalen Betriebsbedingungen nicht überschreitet und

2. der Störstrahler auf Grund technischer Maßnahmen nur dann betrieben werden kann, wenn die dem Strahlenschutz dienenden Sicherheitseinrichtungen vorhanden und wirksam sind.

§ 24 Pflichten des Inhabers einer Bauartzulassung

Der Inhaber einer Bauartzulassung hat

1. ein Qualitätssicherungssystem zu betreiben,

2. vor einer Abgabe der gefertigten bauartzugelassenen Vorrichtung eine Qualitätskontrolle durchzuführen, um sicherzustellen, dass die gefertigte bauartzugelassene Vorrichtung den für den Strahlenschutz wesentlichen Merkmalen der Bauartzulassung entspricht,

3. die Qualitätskontrolle nach Nummer 2 durch eine von der für die Zulassung der Bauartzuständigen Behörde zu benennende sachverständige Person überwachen zu lassen,

4. vor einer Abgabe der gefertigten bauartzugelassenen Vorrichtung

   a) das Bauartzeichen und weitere von der für die Zulassung der Bauart zuständigen Behörde zu bestimmende Angaben anzubringen und,

   b) im Falle einer bauartzugelassenen Vorrichtung nach § 45 Absatz 1 Nummer 1 erste oder zweite Alternative des Strahlenschutzgesetzes diese entsprechend § 91 Absatz 1 zu kennzeichnen und

   c) im Falle einer bauartzugelassenen Vorrichtung nach § 45 Absatz 1 Nummer 1 erste Alternative des Strahlenschutzgesetzes die Vorrichtung zusätzlich so zu kennzeichnen, dass die enthaltenen Radionuklide und deren Aktivität zum Zeitpunkt der Herstellung ersichtlich sind, soweit dies nach Größe und Beschaffenheit der Vorrichtung möglich ist,

5. dem Erwerber einer bauartzugelassenen Vorrichtung zusammen mit der Vorrichtung folgende Unterlagen auszuhändigen:

   a) einen Abdruck des Zulassungsscheins,

   b) einen Nachweis über das Ergebnis der Qualitätskontrolle nach Nummer 2 UnterAngabe des Datums der Durchführung,

   c) eine Betriebsanleitung in deutscher Sprache, in der auf die dem Strahlenschutz dienenden Maßnahmen hingewiesen wird, und

6. sicherzustellen, dass eine bauartzugelassene Vorrichtung nach § 45 Absatz 1 Nummer 1 erste Alternative des Strahlenschutzgesetzes nach Beendigung der Nutzung wieder von ihm zurückgenommen werden kann.

§ 25 Pflichten des Inhabers einer bauartzugelassenen Vorrichtung

(1) Der Inhaber einer bauartzugelassenen Vorrichtung hat folgende Unterlagen beider Vorrichtung bereitzuhalten:

1. einen Abdruck des Zulassungsscheins,

2. die Betriebsanleitung und

3. im Falle einer Vorrichtung nach § 45 Absatz 1 Nummer 1 erste Alternative des Strahlenschutzgesetzes die Befunde der Dichtheitsprüfung nach Absatz 4 Satz 1.

Bei einer Abgabe der bauartzugelassenen Vorrichtung gilt § 24 Nummer 5 entsprechend.

(2) An der bauartzugelassenen Vorrichtung dürfen keine Änderungen vorgenommen werden, die für den Strahlenschutz wesentliche Merkmale betreffen.

(3) Wer eine bauartzugelassene Vorrichtung betreibt oder verwendet, hat in den Fällen einer Bauartzulassung nach § 45 Absatz 1 Nummer 2 bis 6 des Strahlenschutzgesetzes unverzüglich den Betrieb einzustellen oder in den Fällen einer Bauartzulassung nach § 45 Absatz 1 Nummer 1 des Strahlenschutzgesetzes die Vorrichtung unverzüglich stillzulegen und Schutzmaßnahmen zur Vermeidung von Strahlenschäden zu treffen, wenn

1. die Rücknahme oder der Widerruf der Bauartzulassung oder die Erklärung, dass eine bauartzugelassene Vorrichtung nicht weiter betrieben werden darf, bekannt gemacht wurde oder

2. die bauartzugelassene Vorrichtung nicht mehr den im Zulassungsschein angegebenen Merkmalen entspricht.

(4) Der Inhaber einer bauartzugelassenen Vorrichtung nach § 45 Absatz 1 Nummer 1 erste Alternative des Strahlenschutzgesetzes hat die Vorrichtung alle zehn Jahre durch einen nach § 172 Absatz 1 Nummer 4 des Strahlenschutzgesetzes bestimmten Sachverständigen auf Unversehrtheit und Dichtheit prüfen zu lassen.

Stichtag für die Prüfung nach Satz 1 ist der im Nachweis nach § 24 Nummer 5 Buchstabe b vermerkte Tag der Qualitätskontrolle. Die für die Zulassung der Bauart zuständige Behörde kann im Zulassungsschein von den Sätzen 1 und 2 abweichende Regelungen zur Dichtheitsprüfung treffen.

(5) Der Inhaber einer bauartzugelassenen Vorrichtung nach § 45 Absatz 1 Nummer 1 erste Alternative des Strahlenschutzgesetzes hat die Vorrichtung nach Beendigung der Nutzung, sofern er diese nicht an einen Dritten zur weiteren Nutzung abgibt, unverzüglich dem Inhaber der Bauartzulassung zurückzugeben. Ist dies nicht möglich, so hat er sie an eine Landessammelstelle oder an eine von der zuständigen Behörde bestimmte Stelle abzugeben.

§ 26 Bekanntmachung

Die für die Zulassung der Bauart zuständige Behörde hat den wesentlichen Inhalt der Bauartzulassung, ihre Änderungen, ihre Rücknahme, ihren Widerruf, die Verlängerung der Zulassungsfrist und die Erklärung, dass eine bauartzugelassene Vorrichtung nicht weiter betrieben werden darf, im Bundesanzeiger bekannt zu machen.

Abschnitt 4
Rückstände

§ 27 Bestimmung der Überwachungsbedürftigkeit von Rückständen

Für die Bestimmung der Überwachungsbedürftigkeit von Rückständen nach § 61 Absatz 2 Satz 1 des Strahlenschutzgesetzes gelten die in Anlage 5 festgelegten Überwachungsgrenzen und Verwertungs- und Beseitigungswege.

§ 28 Ermittlung der von Rückständen verursachten Expositionen

Die von Rückständen verursachten Expositionen sind nach den in Anlage 6 festgelegten Grundsätzen zu ermitteln.

§ 29 Entlassung überwachungsbedürftiger Rückstände aus der Überwachung zur Verwertung oder Beseitigung nach dem Kreislaufwirtschaftsgesetz

(1) Bei einer beabsichtigten Verwertung oder Beseitigung der überwachungsbedürftigen Rückstände nach dem Kreislaufwirtschaftsgesetz legt der Antragsteller der für die Entlassung aus der Überwachung zuständigen Behörde die folgenden Unterlagen vor:

1. eine Erklärung des Antragstellers über den Verbleib des künftigen Abfalls,

2. eine Annahmeerklärung des Verwerters oder Beseitigers und

3. einen Nachweis, dass eine Kopie der Annahmeerklärung des Verwerters oder Beseitigers der für die Verwertungs- oder Beseitigungsanlage nach dem Kreislaufwirtschaftsgesetz zuständigen Behörde zugeleitet worden ist.

(2) Die für die Verwertungs- oder Beseitigungsanlage nach dem Kreislaufwirtschaftsgesetz zuständige Behörde kann von der für die Entlassung aus der Überwachung zuständigen Behörde innerhalb einer Frist von 30 Kalendertagen nach Zugang der Kopie der Annahmeerklärung des Verwerters oder Beseitigers verlangen, dass Einvernehmen hinsichtlich der Anforderungen an den Verwertungs- oder Beseitigungsweg hergestellt wird. Absatz 3 bleibt unberührt.

(3) Die für die Entlassung aus der Überwachung zuständige Behörde stellt bei einer beabsichtigten Verwertung oder Beseitigung des künftigen Abfalls zur Gewährleistung des Dosiskriteriums nach § 62 Absatz 3 Satz 1 des Strahlenschutzgesetzes innerhalb einer Frist von 30

Kalendertagen nach Zugang des Nachweises nach Absatz 1 Nummer 3 das Einvernehmen mit der für die Entlassung aus der Überwachung zuständigen Behörde her, in deren örtlichem Zuständigkeitsbereich der künftige Abfall verwertet oder beseitigt werden soll. Das Einvernehmen kann nicht erteilt werden, wenn das Dosiskriterium nicht eingehalten werden kann. Das Einvernehmen gilt als erteilt, wenn es nicht innerhalb von 30 Kalendertagen nach Eingang des Ersuchens versagt wird.

(4) Die zuständige Behörde kann bei der Entscheidung über die Entlassung von Rückständen aus der Überwachung zur gemeinsamen Deponierung mit anderen Rückständen und Abfällen unter den in Anlage 7 genannten Voraussetzungen davon ausgehen, dass für die Exposition von Einzelpersonen der Bevölkerung eine effektive Dosis im Bereich von 1 Millisievert im Kalenderjahr auch ohne weitere Maßnahmen nicht überschritten wird.

(5) Die Bestimmungen des Kreislaufwirtschaftsgesetzes und der aufgrund dieses Gesetzes erlassenen Verordnungen zur Führung von Nachweisen über die ordnungsgemäße Entsorgung von Abfällen bleiben unberührt.

§ 30 Entlassung überwachungsbedürftiger Rückstände aus der Überwachung zur Verwertung als Bauprodukt

(1) Bei einer beabsichtigten Verwertung der überwachungsbedürftigen Rückstände als Bauprodukt legt der Antragsteller der für die Entlassung aus der Überwachung zuständigen Behörde die folgenden Unterlagen vor:

1. eine Erklärung des Antragstellers über den Verbleib der Rückstände,

2. eine Annahmeerklärung des Herstellers des Bauproduktes, das die Rückstände enthalten soll, und

3. eine Bestätigung des Herstellers des Bauproduktes, das die Rückstände enthalten soll, dass die voraussichtliche Exposition durch von dem Bauprodukt ausgehende Gammastrahlung den Referenzwert nach § 133 des Strahlenschutzgesetzes nicht überschreitet.

(2) Die für die Entlassung aus der Überwachung zuständige Behörde prüft bei der Entscheidung über die Entlassung der überwachungsbedürftigen Rückstände zur Verwertung in einem Bauprodukt, dass das Dosiskriterium nach § 62 Absatz 3 Satz 1 des Strahlenschutzgesetzes nicht überschritten wird.

(3) Die Bestimmungen des Kreislaufwirtschaftsgesetzes und der aufgrund dieses Gesetzes erlassenen Verordnungen bleiben unberührt.

Kapitel 3
Freigabe

§ 31 Freigabe radioaktiver Stoffe; Dosiskriterium

(1) Nur nach einer Freigabe dürfen als nicht radioaktive Stoffe verwendet, verwertet, beseitigt, innegehalten oder an einen Dritten weitergegeben werden:

1. radioaktive Stoffe, die aus Tätigkeiten nach § 4 Absatz 1 Satz 1 Nummer 1 in Verbindung mit § 5 Absatz 39 Nummer 1 oder 2, oder aus Tätigkeiten nach § 4 Absatz 1 Satz 1 Nummer 3 bis 7 des Strahlenschutzgesetzes stammen, und

2. bewegliche Gegenstände, Gebäude, Räume, Raumteile und Bauteile, Bodenflächen, Anlagen oder Anlagenteile (Gegenstände), die mit radioaktiven Stoffen, die aus Tätigkeiten nach § 4 Absatz 1 Satz 1 Nummer 1 in Verbindung mit § 5 Absatz 39 Nummer 1 oder 2, oder aus Tätigkeiten nach § 4 Absatz 1 Satz 1 Nummer 3 bis 7 des Strahlenschutzgesetzes stammen, kontaminiert sind oder durch die genannten Tätigkeiten aktiviert wurden.

Einer Freigabe bedürfen insbesondere Stoffe und Gegenstände, die aus Kontrollbereichen stammen, in denen

1. mit offenen radioaktiven Stoffen umgegangen wird oder wurde,

2. offene radioaktive Stoffe vorhanden sind oder waren, oder

3. die Möglichkeit einer Aktivierung bestand.

(2) Dosiskriterium für die Freigabe ist, dass für Einzelpersonen der Bevölkerung durch die freizugebenden Stoffe und Gegenstände nur eine effektive Dosis im Bereich von 10 Mikrosievert im Kalenderjahr auftreten kann.

(3) Eine Freigabe ersetzt keine Genehmigung nach § 7 Absatz 3 des Atomgesetzes.

(4) § 58 Absatz 2 und die §§ 99 bis 102 bleiben unberührt.

(5) Die zuständige Behörde soll Ausnahmen von Absatz 1 Satz 2 erteilen, wenn durch geeignete beweissichernde Messungen nachgewiesen wird, dass keine Kontamination oder Aktivierung vorliegt. Satz 1 gilt nicht für Tätigkeiten nach § 4 Absatz 1 Satz 1 Nummer 4 des Strahlenschutzgesetzes. Die Vorgehensweise zum Nachweis, dass keine Kontamination oder Aktivierung vorliegt, ist in einer betrieblichen Unterlage zu beschreiben und durch Angaben zu Art und Umfang der Tätigkeit darzulegen.

§ 32 Antrag auf Freigabe

(1) Eine Freigabe kann beantragt werden vom Inhaber

1. einer Genehmigung nach § 6, § 7 oder § 9 des Atomgesetzes,

2. eines Planfeststellungsbeschlusses oder einer Genehmigung nach § 9b des Atomgesetzes oder

3. einer Genehmigung nach § 12 Absatz 1 Nummer 1 bis 3 des Strahlenschutzgesetzes.

(2) Eine uneingeschränkte Freigabe bedarf keiner Festlegungen zur künftigen Verwendung, Verwertung, Beseitigung, des Innehabens der freizugebenden Stoffe und Gegenstände oder deren Weitergabe an Dritte.

(3) Bei einer spezifischen Freigabe ist die künftige Verwendung, Verwertung, Beseitigung, das Innehaben der freizugebenden Stoffe und Gegenstände oder deren Weitergabe an Dritte eingeschränkt

1. aufgrund der materiellen Eigenschaften der freizugebenden Stoffe und Gegenstände oder

2. durch Anforderungen an die künftige Verwendung, Verwertung, Beseitigung, das Innehaben der freizugebenden Stoffe und Gegenstände oder deren Weitergabe an Dritte.

(4) Eine Freigabe im Einzelfall ist nur dann eine uneingeschränkte Freigabe, wenn bei der Nachweisführung zur Einhaltung des Dosiskriteriums für die Freigabe alle möglichen künftigen Nutzungen, Verwendungen, Verwertungen, Beseitigungen, Innehaben der freizugebenden Stoffe und Gegenstände oder deren Weitergabe an Dritte beachtet wurden. Abweichend von Satz 1 kommt für eine wässrige Lösung eine uneingeschränkte Freigabe im Einzelfall in Betracht, wenn zusätzlich zum Dosiskriterium der Freigabe die radiologischen Parameter für Tritium und Radon-222 der Anlage 3a der Trinkwasserverordnung in der Fassung der Bekanntmachung vom 10. März 2016 (BGBl. I S. 459) in der jeweils geltenden Fassung eingehalten werden.

§ 33 Erteilung der Freigabe

(1) Die zuständige Behörde erteilt die Freigabe, wenn das Dosiskriterium für die Freigabe eingehalten wird.

(2) Die Freigabe wird schriftlich in einem Freigabebescheid erteilt.

(3) Die zuständige Behörde kann die Freigabe unter der aufschiebenden Bedingung erteilen, dass sie den von dem Strahlenschutzverantwortlichen, der Inhaber der Freigabe ist, erbrachten Nachweis der Übereinstimmung mit dem Inhalt des Freigabebescheids bestätigt.

(4) § 17 Absatz 1 Satz 2 bis 4 des Atomgesetzes über inhaltliche Beschränkungen, Auflagen und Befristung ist in der jeweils geltenden Fassung entsprechend anzuwenden. Die Freigabe kann darüber hinaus mit einer Bedingung, einem Vorbehalt des Widerrufs oder einem Vorbehalt der nachträglichen Aufnahme, Änderung oder Ergänzung einer Auflage erteilt werden.

§ 34 Vermischungsverbot

Derjenige, der einen Antrag auf Freigabe stellen kann, und der Strahlenschutzverantwortliche, der Inhaber der Freigabe ist, dürfen die Anforderungen, von denen die Erteilung der Freigabe abhängt, und die Übereinstimmung mit dem Inhalt des Freigabebescheides nicht zielgerichtet durch Vermischen oder Verdünnen herbeiführen, veranlassen oder ermöglichen.

§ 35 Uneingeschränkte Freigabe

Die zuständige Behörde kann davon ausgehen, dass das Dosiskriterium für die Freigabe eingehalten wird, wenn der Antragsteller nachweist, dass für eine uneingeschränkte Freigabe

1. die Freigabewerte nach Anlage 4 Tabelle 1 Spalte 3 eingehalten werden,

2. die Festlegungen nach Anlage 8 Teil A Nummer 1 und Teil B eingehalten werden und

3. in den Fällen, in denen eine feste Oberfläche vorhanden ist, an der eine Messung der Kontamination möglich ist, die Werte der Oberflächenkontamination nach Anlage 4 Tabelle 1 Spalte 5 eingehalten werden.

§ 36 Spezifische Freigabe

(1) Die zuständige Behörde kann davon ausgehen, dass das Dosiskriterium für die Freigabe eingehalten wird, wenn der Antragsteller nachweist, dass für eine spezifische Freigabe

1. von Bauschutt bei einer zu erwartenden Masse von mehr als 1 000 Megagramm im Kalenderjahr

   a) die Freigabewerte nach Anlage 4 Tabelle 1 Spalte 6 eingehalten werden und

   b) die Festlegungen nach Anlage 8 Teil A Nummer 1 und Teil F eingehalten werden,

2. von Bodenflächen

   a) die Freigabewerte nach Anlage 4 Tabelle 1 Spalte 7 eingehalten werden und

   b) Festlegungen nach Anlage 8 Teil A Nummer 1 und Teil E eingehalten werden,

3. von festen Stoffen zur Beseitigung auf Deponien

   a) die Festlegungen nach Anlage 8 Teil A Nummer 1 und Teil C eingehalten werden,

   b) in den Fällen, in denen eine feste Oberfläche vorhanden ist, an der eine Messung der Kontamination möglich ist, die Werte der Oberflächenkontamination nach Anlage 4 Tabelle 1 Spalte 5 eingehalten werden und

   c) bei einer zu erwartenden Masse

   aa) von bis zu 100 Megagramm im Kalenderjahr die Freigabewerte nach Anlage 4 Tabelle 1 Spalte 8 eingehalten werden oder

   bb) von mehr als 100 Megagramm bis zu 1 000 Megagramm im Kalenderjahr die Freigabewerte nach An-

lage 4 Tabelle 1 Spalte 10 eingehalten werden,

4. von Stoffen zur Beseitigung in einer Ver-
brennungsanlage

a) die Festlegungen nach Anlage 8 Teil A
Nummer 1 und Teil C eingehalten werden und

b) in den Fällen, in denen eine feste Oberfläche vorhanden ist, an der eine Messung der Kontamination möglich ist, die
Werte der Oberflächenkontamination
nach Anlage 4 Tabelle 1 Spalte 5 eingehalten werden und

c) bei einer zu erwartenden Masse

aa) von bis zu 100 Megagramm im Kalenderjahr die Freigabewerte nach
Anlage 4 Tabelle 1 Spalte 9 eingehalten werden oder

bb) von mehr als 100 Megagramm bis
zu 1 000 Megagramm im Kalenderjahr die Freigabewerte nach Anlage 4 Tabelle 1 Spalte 11 eingehalten werden,

5. von Gebäuden, Räumen, Raumteilen und
Bauteilen zur Wieder- und Weiterverwendung

a) die Freigabewerte nach Anlage 4 Tabelle 1 Spalte 12 eingehalten werden
und

b) die Festlegungen nach Anlage 8 Teil A
Nummer 1 und Teil D eingehalten werden,

6. von Gebäuden, Räumen, Raumteilen und
Bauteilen zum Abriss

a) die Freigabewerte nach Anlage 4 Tabelle 1 Spalte 13 eingehalten werden
und

b) die Festlegungen nach Anlage 8 Teil A
Nummer 1 und Teil D eingehalten werden,

7. von Metallschrott zum Recycling

a) die Freigabewerte nach Anlage 4 Tabelle 1 Spalte 14 eingehalten werden,

b) die Festlegungen nach Anlage 8 Teil A
Nummer 1 und Teil G eingehalten werden und

c) in den Fällen, in denen eine feste Oberfläche vorhanden ist, an der eine Messung der Kontamination möglich ist, die
Werte der Oberflächenkontamination
nach Anlage 4 Tabelle 1 Spalte 5 eingehalten werden.

(2) Bei einer spezifischen Freigabe zur Beseitigung und bei einer spezifischen Freigabe von
Metallschrott zum Recycling dürfen der zuständigen Behörde darüber hinaus keine Anhaltspunkte dafür vorliegen, dass das Dosiskriterium
für die Freigabe am Standort der Entsorgungsanlage nicht eingehalten wird.

(3) Bei einer spezifischen Freigabe zur Beseitigung und bei einer spezifischen Freigabe von
Metallschrott zum Recycling kann die zuständige Behörde auf den Nachweis darüber verzichten, dass die Werte der Oberflächenkontamination nach Anlage 4 Tabelle 1 Spalte 5 eingehalten werden, wenn auszuschließen ist, dass Personen durch die freizugebenden Stoffe
kontaminiert werden können.

§ 37 Freigabe im Einzelfall

(1) Der Antragsteller kann den Nachweis, dass
das Dosiskriterium für die Freigabe eingehalten
ist, auch im Einzelfall führen. Dies gilt, soweit

1. die für eine spezifische Freigabe erforderlichen Anforderungen und Festlegungen im
Einzelfall nicht vorliegen,

2. für einzelne Radionuklide keine Freigabewerte festgelegt sind,

3. es sich um andere als die in Anlage 8 Teil B
genannten flüssigen Stoffe handelt oder

4. der zuständigen Behörde Anhaltspunkte
dafür vorliegen, dass am Standort der Ent-

sorgungsanlage bei Heranziehung der Freigabewerte nach Anlage 4 Tabelle 1 Spalten 8, 9, 10, 11 oder 14 das Dosiskriterium für die Freigabe nicht eingehalten ist.

Satz 1 gilt auch, soweit die Freigabe zum Einsatz in einem Grubenbau nach § 1 Absatz 1 der Versatzverordnung vom 24. Juli 2002 (BGBl. I S. 2833), die zuletzt durch Artikel 5 Absatz 25 des Gesetzes vom 24. Februar 2012 (BGBl. I S. 212) geändert worden ist, in der jeweils geltenden Fassung erfolgt.

(2) Bei der Nachweisführung sind die Festlegungen nach Anlage 8 Teil A Nummer 2 zu berücksichtigen.

§ 38 Freigabe von Amts wegen

Ist kein Genehmigungsinhaber vorhanden, so kann eine Freigabe auch von Amts wegen erfolgen.

§ 39 Einvernehmen bei der spezifischen Freigabe zur Beseitigung

(1) Die zuständige Behörde stellt bei einer beabsichtigten Freigabe zur Beseitigung von Massen von mehr als 10 Megagramm im Kalenderjahr das Einvernehmen mit der für den Vollzug dieser Verordnung zuständigen obersten Landesbehörde her, in deren Zuständigkeitsbereich die freizugebenden Massen beseitigt werden sollen.

(2) Das Einvernehmen gilt als erteilt, wenn es nicht innerhalb von 30 Kalendertagen nach Eingang des Ersuchens der für die beabsichtigte Freigabe zuständigen Behörde versagt wird. Ist auf Grund einer Abschätzung nicht auszuschließen, dass mit der beabsichtigten Freigabe das Dosiskriterium für die Freigabe am Standort der Entsorgungsanlage nicht eingehalten wird, so versagt die für den Vollzug dieser Verordnung zuständige oberste Landesbehörde, in deren Zuständigkeitsbereich die freizugebenden Massen beseitigt werden sollen, das Einvernehmen.

§ 40 Abfallrechtlicher Verwertungs- und Beseitigungsweg

(1) Bei einer spezifischen Freigabe zur Beseitigung, bei einer spezifischen Freigabe von Metallschrott zum Recycling und bei einer spezifischen Freigabe im Einzelfall dürfen bei der für die Freigabe zuständigen Behörde keine Bedenken gegen die abfallrechtliche Zulässigkeit des vorgesehenen Verwertungs- oder Beseitigungsweges und seine Einhaltung bestehen.

(2) Der Antragsteller hat der für die Freigabe zuständigen Behörde vor Erteilung der Freigabe eine Erklärung über den Verbleib des künftigen Abfalls und eine Annahmeerklärung des Betreibers der Verwertungs- oder Beseitigungsanlage oder eine anderweitige Vereinbarung zwischen dem Antragsteller und dem Betreiber der Verwertungs- oder Beseitigungsanlage vorzulegen. Der Antragsteller hat der für die Verwertungs- oder Beseitigungsanlage nach dem Kreislaufwirtschaftsgesetz zuständigen Behörde gleichzeitig eine Kopie der Annahmeerklärung oder der Vereinbarung zuzuleiten und dies der für die Freigabe zuständigen Behörde nachzuweisen.

(3) Die für die Verwertungs- und Beseitigungsanlage nach dem Kreislaufwirtschaftsgesetz zuständige Behörde kann von der für die Freigabe zuständigen Behörde innerhalb einer Frist von 30 Kalendertagen nach Zugang der Kopie verlangen, dass Einvernehmen hinsichtlich der Anforderungen an den Verwertungs- oder Beseitigungsweg hergestellt wird.

(4) Die Bestimmungen des Kreislaufwirtschaftsgesetzes sowie der auf Grund dieses Gesetzes erlassenen Verordnungen über die ordnungsgemäße Entsorgung von Abfällen bleiben unberührt.

§ 41 Festlegung des Verfahrens

(1) Die zuständige Behörde kann in einer Genehmigung nach § 6, § 7 oder § 9 des Atomgesetzes, in einem Planfeststellungsbeschluss oder einer Genehmigung nach § 9b des Atomgesetzes, in einer Genehmigung nach § 12 Ab-

satz 1 Nummer 1 bis 3 des Strahlenschutzgesetzes oder in einem gesonderten Bescheid das Verfahren festlegen

1. zur Erfüllung der Anforderungen und Festlegungen zum Nachweis für

   a) eine uneingeschränkte Freigabe,

   b) eine spezifische Freigabe oder

   c) eine Freigabe im Einzelfall und

2. zur Feststellung der Übereinstimmung mit dem Inhalt des Freigabebescheids.

(2) Die zuständige Behörde kann auf Antrag desjenigen, der eine Freigabe beantragen kann, feststellen, ob bestimmte Anforderungen, von denen die Erteilung der Freigabe abhängig ist, bereits erfüllt sind.

(3) Die Feststellung der Erfüllung bestimmter Anforderungen kann aufgenommen werden

1. in einer Genehmigung nach § 6, § 7 oder § 9 des Atomgesetzes,

2. in einem Planfeststellungsbeschluss oder einer Genehmigung nach § 9b des Atomgesetzes,

3. in einer Genehmigung nach § 12 Absatz 1 Nummer 1 bis 3 des Strahlenschutzgesetzes oder

4. in einem gesonderten Bescheid.

Die Feststellung ist dem Freigabeverfahren zu Grunde zu legen.

§ 42 Pflichten des Inhabers einer Freigabe

(1) Der Strahlenschutzverantwortliche, der Inhaber der Freigabe ist, hat für jede Masse oder Teilmasse, die aufgrund der Freigabe als nicht radioaktiver Stoff verwendet, verwertet, beseitigt, innegehabt oder an Dritte weitergegeben werden soll, zuvor die Übereinstimmung mit dem Inhalt des Freigabebescheids festzustellen.

(2) Messungen der spezifischen Aktivität (Freimessungen), die zur Feststellung der Übereinstimmung mit dem Inhalt des Freigabebescheids erforderlich sind, und ihre Ergebnisse sind von dem Strahlenschutzverantwortlichen, der Inhaber der Freigabe ist, zu dokumentieren.

(3) Der Strahlenschutzverantwortliche, der Inhaber der Freigabe ist, hat die zuständige Behörde unverzüglich zu informieren, wenn eine der Anforderungen, von denen die Erteilung der Freigabe abhängt, nicht mehr erfüllt ist.

Kapitel 4
Betriebliche Organisation des Strahlenschutzes

§ 43 Pflichten des Strahlenschutzbeauftragten

(1) Der Strahlenschutzbeauftragte hat für die Einhaltung der dem Strahlenschutzverantwortlichen durch diese Verordnung zugewiesenen Pflichten zu sorgen, soweit ihm die entsprechenden Aufgaben und Befugnisse nach § 70 Absatz 2 des Strahlenschutzgesetzes übertragen wurden. § 70 Absatz 1 Satz 2 des Strahlenschutzgesetzes bleibt unberührt.

(2) Die Pflichten der folgenden Vorschriften dürfen dem Strahlenschutzbeauftragten nicht übertragen werden: § 44 Absatz 2, § 45 Absatz 1 Satz 1 und Absatz 3 und 4, § 54, § 79 Absatz 5, § 98 Satz 1 Nummer 4, auch in Verbindung mit Satz 2, § 99 Absatz 3, § 104 Absatz 1 Satz 1, Absatz 3 Satz 1 und Absatz 4, § 106 Absatz 2 und 4, § 117 Absatz 1 und 2 und § 138 Absatz 1.

§ 44 Pflichten bei Nutzung durch weitere Strahlenschutzverantwortliche

(1) Ein Strahlenschutzverantwortlicher, der Inhaber einer Genehmigung nach § 12 Absatz 1 Nummer 1, 3, 4 oder 5 des Strahlenschutzgesetzes ist oder der eine Anzeige nach § 17 Absatz 1 Satz 1 oder § 19 Absatz 1 Satz 1 des Strahlenschutzgesetzes erstattet hat, hat dafür zu sorgen, dass die zuständige Behörde unver-

züglich unterrichtet wird, sobald eine weitere Person die Anlage zur Erzeugung ionisierender Strahlung, die radioaktiven Stoffe, die Röntgeneinrichtung oder den Störstrahler eigenverantwortlich nutzt. Die Pflicht der weiteren Person, als Strahlenschutzverantwortlicher eine Genehmigung nach § 12 Absatz 1 Nummer 1, 3, 4 oder 5 des Strahlenschutzgesetzes zu beantragen oder eine Anzeige nach §§ 17 oder 19 Absatz 1 des Strahlenschutzgesetzes zu erstatten, bleibt unberührt.

(2) Der Strahlenschutzverantwortliche und die weitere Person haben ihre Pflichten sowie die Pflichten ihrer jeweiligen Strahlenschutzbeauftragten, Medizinphysik-Experten und sonst unter ihrer Verantwortung tätigen Personen vertraglich eindeutig gegeneinander abzugrenzen. Der Vertrag ist der zuständigen Behörde auf Verlangen vorzulegen.

§ 45 Strahlenschutzanweisung

(1) Der Strahlenschutzverantwortliche hat dafür zu sorgen, dass eine Strahlenschutzanweisung erlassen wird. Die Strahlenschutzanweisung kann Bestandteil sonstiger erforderlicher Betriebsanweisungen insbesondere nach arbeitsschutz-, immissionsschutz-, gefahrgutoder gefahrstoffrechtlichen Vorschriften sein.

(2) In der Strahlenschutzanweisung sind die in dem Betrieb zu beachtenden Schutzmaßnahmen aufzuführen. Zu diesen Maßnahmen können insbesondere gehören

1. die Aufstellung eines Plans für die Organisation des Strahlenschutzes, erforderlichenfalls mit der Bestimmung, dass ein oder mehrere Strahlenschutzbeauftragte oder Personen mit der erforderlichen Fachkunde im Strahlenschutz bei der Tätigkeit ständig anwesend oder sofort erreichbar sein müssen,

2. die Regelung des für den Strahlenschutz wesentlichen Betriebsablaufs,

3. die für die Ermittlung der Körperdosis vorgesehenen Messungen und Maßnahmen

entsprechend den Expositionsbedingungen,

4. die Regelungen zur Festlegung von Dosisrichtwerten für die Exposition der Beschäftigten und anderer Personen,

5. die Führung eines Betriebsbuchs, in das die für den Strahlenschutz wesentlichen Betriebsvorgänge einzutragen sind,

6. Regelungen zur Vermeidung, Untersuchung und Meldung von Vorkommnissen,

7. die regelmäßige Funktionsprüfung und Wartung von Bestrahlungsvorrichtungen, Anlagen zur Erzeugung ionisierender Strahlung, Röntgeneinrichtungen, Störstrahlern, Ausrüstung und Geräten, die für den Strahlenschutz wesentlich sind, sowie die Führung von Aufzeichnungen über die Funktionsprüfungen und über die Wartungen,

8. die Regelung des Schutzes gegen Störmaßnahmen oder sonstige Einwirkungen Dritter, gegen das Abhandenkommen von radioaktiven Stoffen oder gegen das unerlaubte Inbetriebsetzen einer Bestrahlungsvorrichtung, einer Anlage zur Erzeugung ionisierender Strahlung, einer Röntgeneinrichtung oder eines Störstrahlers, unter Einhaltung der Regelungen zur Behandlung von Verschlusssachen, und

9. die Aufstellung eines Planes für regelmäßige Alarmübungen sowie für den Einsatz bei Notfällen und Störfällen, erforderlichenfalls mit Regelungen für den Brandschutz und die vorbereitenden Maßnahmen für Notfälle und Störfälle.

(3) Die Strahlenschutzanweisung ist bei wesentlichen Änderungen unverzüglich zu aktualisieren.

(4) Beim anzeigebedürftigen Betrieb von Röntgeneinrichtungen und beim Betrieb von Störstrahlern und bei einer Anzeige nach §§ 56 oder 59 des Strahlenschutzgesetzes ist der Erlass einer Strahlenschutzanweisung nur erforderlich,

wenn die zuständige Behörde den Strahlenschutzverantwortlichen dazu verpflichtet.

§ 46 Bereithalten des Strahlenschutzgesetzes und der Strahlenschutzverordnung

Der Strahlenschutzverantwortliche hat dafür zu sorgen, dass das Strahlenschutzgesetz und diese Verordnung in Betrieben oder selbständigen Zweigbetrieben, bei Nichtgewerbetreibenden an dem Ort der Tätigkeit, zur Einsicht ständig verfügbar gehalten wird, wenn regelmäßig mindestens eine Person beschäftigt oder unter der Aufsicht eines anderen tätig ist.

Kapitel 5
Fachkunde und Kenntnisse

§ 47 Erforderliche Fachkunde im Strahlenschutz

(1) Der Erwerb der erforderlichen Fachkunde im Strahlenschutz wird von der zuständigen Stelle geprüft und bescheinigt. Dazu sind der zuständigen Stelle in der Regel folgende Unterlagen vorzulegen:

1. Nachweise über eine für das jeweilige Anwendungsgebiet geeignete Ausbildung,

2. Nachweise über die praktische Erfahrung und

3. Nachweise über die erfolgreiche Teilnahme an anerkannten Kursen.

Die Kursteilnahme darf insgesamt nicht länger als fünf Jahre zurückliegen.

(2) Der Nachweis der praktischen Erfahrung erfolgt durch Vorlage einer schriftlichen Bestätigung derjenigen Person, in deren Verantwortungsbereich oder unter deren Aufsicht die praktische Erfahrung erworben wurde. Der Nachweis soll insbesondere folgende Angaben enthalten:

1. Angaben zur Person,

2. eine Auflistung der Tätigkeiten mit Angabe der Beschäftigungszeiten in dem jeweiligen Anwendungsgebiet und

3. den Namen der Einrichtung, in der die Tätigkeiten erbracht wurden.

Dauer, Art und Umfang der zu erwerbenden praktischen Erfahrung sind abhängig von der Ausbildung und dem jeweiligen Anwendungsgebiet. Die praktische Erfahrung darf nur an einer Einrichtung erworben werden, die aufgrund ihrer technischen und personellen Ausstattung in der Lage ist, die erforderlichen praktischen Fähigkeiten zu vermitteln.

(3) In den Kursen zum Erwerb der erforderlichen Fachkunde im Strahlenschutz ist das für das jeweilige Anwendungsgebiet erforderliche Wissen zu vermitteln. Neben den rechtlichen Grundlagen soll in Abhängigkeit von dem jeweiligen Anwendungsgebiet insbesondere Folgendes vermittelt werden:

1. naturwissenschaftliche und technische Grundlagen,

2. angewandter Strahlenschutz und

3. allgemeine und anwendungsspezifische Strahlenschutzmaßnahmen.

Die Kurse sollen praktische Übungen im Strahlenschutz beinhalten. Von einer erfolgreichen Teilnahme an einem anerkannten Kurs kann ausgegangen werden, wenn die Abschlussprüfung über die Inhalte des Kurses erfolgreich absolviert wurde.

(4) Die zuständige Stelle kann eine im Ausland erworbene Qualifikation im Strahlenschutz vollständig oder teilweise als erforderliche Fachkunde im Strahlenschutz anerkennen, wenn diese mit der für das jeweilige Anwendungsgebiet erforderlichen Fachkunde im Strahlenschutz vergleichbar ist. Zur Feststellung der Vergleichbarkeit sind der zuständigen Stelle im Ausland erworbene Ausbildungsnachweise und Nachweise über einschlägige Berufserfahrung und sonstige Befähigungsnachweise vorzule-

gen, sofern diese zur Feststellung der Vergleichbarkeit erforderlich sind.

(5) Die erforderliche Fachkunde im Strahlenschutz wird mit Bestehen der Abschlussprüfung einer staatlichen oder staatlich anerkannten Berufsausbildung erworben, wenn die zuständige Behörde zuvor festgestellt hat, dass in dieser Ausbildung die für das jeweilige Anwendungsgebiet erforderliche Fachkunde im Strahlenschutz vermittelt wird. Die nach der jeweiligen Ausbildungs- und Prüfungsordnung oder Approbationsordnung für das Prüfungswesen zuständige Stelle erteilt die Bescheinigung über die erforderliche Fachkunde im Strahlenschutz.

(6) Für Medizinisch-technische Radiologieassistenten gilt der Nachweis der erforderlichen Fachkunde mit der Erlaubnis nach § 1 Absatz 1 Nummer 2 des MTA-Gesetzes für die vorbehaltenen Tätigkeiten nach § 9 Absatz 1 Nummer 2 des MTA-Gesetzes als erbracht.

§ 48 Aktualisierung der Fachkunde

(1) Die erforderliche Fachkunde im Strahlenschutz muss mindestens alle fünf Jahre durch eine erfolgreiche Teilnahme an einem von der zuständigen Stelle anerkannten Kurs oder anderen von der zuständigen Stelle als geeignet anerkannten Fortbildungsmaßnahmen aktualisiert werden. Der Nachweis der Aktualisierung der erforderlichen Fachkunde ist der zuständigen Stelle auf Anforderung vorzulegen.

(2) Abweichend von Absatz 1 kann die erforderliche Fachkunde im Strahlenschutz im Einzelfall auf andere geeignete Weise aktualisiert werden. Die Aktualisierung muss geeignet sein, einen Wissenstand zu gewährleisten, der der Wissensvermittlung in einem Kurs oder einer Fortbildungsmaßnahme nach Absatz 1 Satz 1 entspricht. Die Aktualisierung ist der zuständigen Stelle nachzuweisen. Diese entscheidet über die Anerkennung der Aktualisierung.

§ 49 Erforderliche Kenntnisse im Strahlenschutz bei der Anwendung am Menschen und am Tier in der Tierheilkunde

(1) Folgende Personen haben die erforderlichen Kenntnisse im Strahlenschutz in der Regel nach § 74 Absatz 2 Satz 2 des Strahlenschutzgesetzes zu erwerben:

1. Ärzte oder Zahnärzte nach § 145 Absatz 1 Nummer 2,

2. Ärzte, die nach § 14 Absatz 2 Satz 1 Nummer 3 des Strahlenschutzgesetzes am Ort der technischen Durchführung der Teleradiologie anwesend sind,

3. Personen mit einer erfolgreich abgeschlossenen sonstigen medizinischen Ausbildung nach § 145 Absatz 2 Nummer 5,

4. Tierärzte nach § 146 Absatz 1 Nummer 2,

5. Personen nach § 146 Absatz 2 Nummer 5.

(2) § 47 Absatz 1 bis 5 gilt entsprechend. Die zuständige Behörde kann auf Antrag eines Kursveranstalters zulassen, dass der Nachweis über den erfolgreichen Abschluss eines anerkannten Kurses die Bescheinigung über den Erwerb der erforderlichen Kenntnisse ersetzt.

(3) Für die Aktualisierung der erforderlichen Kenntnisse im Strahlenschutz gilt § 48 entsprechend.

§ 50 Widerruf der Anerkennung der erforderlichen Fachkunde oder der erforderlichen Kenntnisse

(1) Die zuständige Stelle kann die Anerkennung der erforderlichen Fachkunde oder der erforderlichen Kenntnisse im Strahlenschutz widerrufen oder deren Fortgeltung mit Auflagen versehen, wenn der Nachweis über Fortbildungsmaßnahmen nicht oder nicht vollständig vorgelegt wird oder eine Überprüfung nach Absatz 2 ergibt, dass die erforderliche Fachkunde oder die erforderlichen Kenntnisse im Strahlenschutz nicht oder nicht im erforderlichen Umfang vorhanden sind.

(2) Bestehen begründete Zweifel an der erforderlichen Fachkunde oder an den erforderlichen Kenntnissen im Strahlenschutz, kann die zuständige Behörde eine Überprüfung der Fachkunde oder der Kenntnisse veranlassen.

§ 51 Anerkennung von Kursen

Kurse nach § 47 Absatz 3, § 48 Absatz 1 Satz 1, § 49 Absatz 2 Satz 1 in Verbindung mit § 47 Absatz 3 und § 49 Absatz 3 in Verbindung mit § 48 Absatz 1 Satz 1 sind von der für die Kursstätte zuständigen Stelle anzuerkennen, wenn

1. die Kursinhalte geeignet sind, die für das jeweilige Anwendungsgebiet notwendigen Fertigkeiten und das notwendige Wissen im Strahlenschutz entsprechend § 47 Absatz 3 zu vermitteln,

2. die Qualifikation des Lehrpersonals, die verwendeten Lehrmaterialien und die Ausstattung der Kursstätte eine ordnungsgemäße Wissensvermittlung gewährleisten und

3. eine Erfolgskontrolle stattfindet.

Kapitel 6
Anforderungen im Zusammenhang mit der Ausübung von Tätigkeiten

Abschnitt 1
Physikalische Strahlenschutzkontrolle; Strahlenschutzbereiche

§ 52 Einrichten von Strahlenschutzbereichen

(1) Der Strahlenschutzverantwortliche hat dafür zu sorgen, dass bei den nachfolgenden Tätigkeiten Strahlenschutzbereiche nach Absatz 2 Satz 1 eingerichtet werden, wenn die Exposition von Personen einen der Grenzwerte für Einzelpersonen der Bevölkerung nach § 80 Absatz 1 und 2 des Strahlenschutzgesetzes überschreiten kann:

1. Tätigkeiten, die einer Genehmigung nach § 12 Absatz 1 des Strahlenschutzgesetzes bedürfen,

2. Tätigkeiten, die einer Genehmigung nach §§ 6, 7, 9 oder 9b des Atomgesetzes oder eines Planfeststellungsbeschlusses nach § 9b des Atomgesetzes bedürfen, oder

3. Tätigkeiten, die anzeigepflichtig nach §§ 17 oder 19 des Strahlenschutzgesetzes sind.

Strahlenschutzbereiche sind bei diesen Tätigkeiten auch einzurichten, wenn zu erwarten ist, dass die nicht festhaftende, flächenspezifische Aktivität von Oberflächen in einem Bereich die Werte der Anlage 4 Tabelle 1 Spalte 5 überschreitet.

(2) Strahlenschutzbereiche sind einzurichten als

1. Überwachungsbereich, wenn in betrieblichen Bereichen, die nicht zum Kontrollbereich gehören, Personen im Kalenderjahr eine effektive Dosis von mehr als 1 Millisievert oder eine Organ-Äquivalentdosis von mehr als 50 Millisievert für die Hände, die Unterarme, die Füße oder Knöchel oder eine lokale Hautdosis von mehr als 50 Millisievert erhalten können,

2. Kontrollbereich, wenn Personen im Kalenderjahr eine effektive Dosis von mehr als 6 Millisievert oder eine Organ-Äquivalentdosis von mehr als 15 Millisievert für die Augenlinse oder 150 Millisievert für die Hände, die Unterarme, die Füße oder Knöchel oder eine lokale Hautdosis von mehr als 150 Millisievert erhalten können, und

3. Sperrbereich, wenn in einem Bereich die Ortsdosisleistung höher als 3 Millisievert durch Stunde sein kann; ein Sperrbereich ist Teil des Kontrollbereichs.

Maßgebend bei der Festlegung der Grenze von Kontrollbereich oder Überwachungsbereich ist eine Aufenthaltszeit von 40 Stunden je Woche und 50 Wochen im Kalenderjahr, soweit keine anderen begründeten Angaben über die Aufenthaltszeit vorliegen. Die zuständige Behörde kann bestimmen, dass weitere Bereiche als Strahlenschutzbereiche zu behandeln sind, wenn dies zum Schutz Einzelner oder der Allgemeinheit erforderlich ist. Satz 1 Nummer 3 findet keine Anwendung beim Betrieb von Röntgeneinrichtungen zum Zwecke der Untersuchung von Menschen und der Untersuchung von Tieren in der Tierheilkunde.

(3) Bereiche, in denen nur Röntgeneinrichtungen oder Störstrahler betrieben werden, gelten nur während der Einschaltzeit als Strahlenschutzbereiche. Beim Betrieb von Anlagen zur Erzeugung ionisierender Strahlung oder Bestrahlungsvorrichtungen kann die zuständige Behörde zulassen, dass Bereiche nur während der Einschaltzeit dieser Anlagen oder Vorrichtungen als Kontrollbereiche oder Sperrbereiche gelten, wenn dadurch Einzelne oder die Allgemeinheit nicht gefährdet werden.

§ 53 Abgrenzung, Kennzeichnung und Sicherung von Strahlenschutzbereichen

(1) Der Strahlenschutzverantwortliche hat dafür zu sorgen, dass Kontrollbereiche nach § 52 Absatz 2 Satz 1 Nummer 2 abgegrenzt und zusätzlich zur Kennzeichnung nach § 91 Absatz 1 deutlich sichtbar und dauerhaft mit dem Zusatz „Kontrollbereich" gekennzeichnet werden. Die zuständige Behörde kann Ausnahmen von Satz 1 gestatten, wenn da durch Einzelne oder die Allgemeinheit nicht gefährdet werden.

(2) Im Fall von Kontrollbereichen, in denen ausschließlich Röntgeneinrichtungen oder genehmigungsbedürftige Störstrahler betrieben werden, hat der Strahlenschutzverantwortliche dafür zu sorgen, dass diese Bereiche während der Einschaltzeit und der Betriebsbereitschaft mindestens mit den Worten „Kein Zutritt – Röntgen" gekennzeichnet werden. Die dauerhafte Kennzeichnung nach § 91 Absatz 1 und Absatz 1 Satz 1 ist entbehrlich.

(3) Der Strahlenschutzverantwortliche hat dafür zu sorgen, dass Sperrbereiche nach § 52 Absatz 2 Satz 1 Nummer 3 abgegrenzt und zusätzlich zur Kennzeichnung nach § 91 Absatz 1 deutlich sichtbar und dauerhaft mindestens mit dem Zusatz „Sperrbereich – Kein Zutritt" gekennzeichnet werden. Er hat dafür zu sorgen,

dass die Sperrbereiche so abgesichert werden, dass Personen, auch mit einzelnen Körperteilen, nicht unkontrolliert hineingelangen können. Die zuständige Behörde kann Ausnahmen von den Sätzen 1 und 2 gestatten, wenn dadurch Einzelne oder die Allgemeinheit nicht gefährdet werden.

(4) Sperrbereiche, die innerhalb eines Teiles eines Röntgen- oder Bestrahlungsraumes eingerichtet sind, müssen abweichend von Absatz 3 nicht gesondert gekennzeichnet oder abgegrenzt werden, wenn sich während der Einschaltzeit der Röntgeneinrichtung, der Anlage zur Erzeugung ionisierender Strahlung oder der Bestrahlungsvorrichtung nur Personen, an denen ionisierende Strahlung angewendet wird, oder Betreuungs- oder Begleitpersonen in dem Röntgen- oder Bestrahlungsraum aufhalten können.

(5) Beim ortsveränderlichen Umgang mit radioaktiven Stoffen und beim ortsveränderlichen Betrieb von Anlagen zur Erzeugung ionisierender Strahlung, Röntgeneinrichtungen, Störstrahlern oder Bestrahlungsvorrichtungen hat der Strahlenschutzverantwortliche dafür zu sorgen, dass ein einzurichtender Kontrollbereich so abgegrenzt und gekennzeichnet wird, dass unbeteiligte Personen diesen nicht unbeabsichtigt betreten können. Kann ausgeschlossen werden, dass unbeteiligte Personen den Kontrollbereich unbeabsichtigt betreten können, ist die Abgrenzung nicht erforderlich. Eine zusätzliche Abgrenzung oder Kennzeichnung von Sperrbereichen innerhalb des Kontrollbereichs ist nicht erforderlich.

§ 54 Vorbereitung der Brandbekämpfung

(1) Der Strahlenschutzverantwortliche hat dafür zu sorgen, dass zur Vorbereitung der Brandbekämpfung mit den nach Landesrecht zuständigen Behörden die erforderlichen Maßnahmen geplant werden. Es ist insbesondere festzulegen, an welchen Orten die Feuerwehr oder, in untertägigen Betrieben, die Grubenwehr im Einsatzfall

1. ohne besonderen Schutz vor den Gefahren radioaktiver Stoffe tätig werden kann (Gefahrengruppe I),

2. nur unter Verwendung einer Sonderausrüstung tätig werden kann (Gefahrengruppe II) und

3. nur mit einer Sonderausrüstung und unter Hinzuziehung einer Person mit der erforderlichen Fachkunde, um die beim Einsatz in diesem Bereich entstehende Gefährdung durch ionisierende Strahlung sowie die notwendigen Schutzmaßnahmen beurteilen zu können, tätig werden kann (Gefahrengruppe III).

Der Strahlenschutzverantwortliche hat dafür zu sorgen, dass die betroffenen Bereiche jeweils am Zugang deutlich sichtbar und dauerhaft mit dem Zeichen „Gefahrengruppe I", „Gefahrengruppe II" oder „Gefahrengruppe III" gekennzeichnet werden.

(2) Absatz 1 gilt nicht beim ausschließlichen Betrieb von Röntgeneinrichtungen oder Störstrahlern.

§ 55 Zutritt zu Strahlenschutzbereichen

(1) Der Strahlenschutzverantwortliche hat dafür zu sorgen, dass Personen der Zutritt

1. zu einem Überwachungsbereich nur erlaubt wird, wenn

    a) sie in diesem Bereich eine dem Betrieb dienende Aufgabe wahrnehmen,

    b) ihr Aufenthalt in diesem Bereich zur Anwendung ionisierender Strahlung oder radioaktiver Stoffe an ihnen selbst oder als Betreuungs-, Begleit- oder Tierbegleitperson erforderlich ist,

    c) sie Auszubildende oder Studierende sind und der Aufenthalt in diesem Bereich zur Erreichung ihres Ausbildungszieles erforderlich ist oder

    d) sie Besucher sind,

2. zu einem Kontrollbereich nur erlaubt wird, wenn

    a) sie zur Durchführung oder Aufrechterhaltung der in diesem Bereich vorgesehenen Betriebsvorgänge tätig werden müssen,

    b) ihr Aufenthalt in diesem Bereich zur Anwendung ionisierender Strahlung oder radioaktiver Stoffe an ihnen selbst oder als Betreuungs-, Begleit- oder Tierbegleitperson erforderlich ist und eine zur Ausübung des ärztlichen, zahnärztlichen oder tierärztlichen Berufs berechtigte Person, die die erforderliche Fachkunde im Strahlenschutz besitzt, zugestimmt hat oder

    c) bei Auszubildenden oder Studierenden dies zur Erreichung ihres Ausbildungszieles erforderlich ist,

3. zu einem Sperrbereich nur erlaubt wird, wenn

    a) sie zur Durchführung der in diesem Bereich vorgesehenen Betriebsvorgänge oder aus zwingenden Gründen tätig werden müssen und sie unter der Kontrolle eines Strahlenschutzbeauftragten oder einer von ihm beauftragten Person, die die erforderliche Fachkunde im Strahlenschutz besitzt, stehen oder

    b) ihr Aufenthalt in diesem Bereich zur Anwendung ionisierender Strahlung oder radioaktiver Stoffe an ihnen selbst oder als Betreuungs- oder Begleitperson erforderlich ist und eine zur Ausübung des ärztlichen oder zahnärztlichen Berufs berechtigte Person, die die erforderliche Fachkunde im Strahlenschutz besitzt, schriftlich zugestimmt hat.

Die zuständige Behörde kann gestatten, dass auch anderen Personen der Zutritt zu Strahlenschutzbereichen erlaubt werden kann, wenn ein angemessener Schutz dieser Personen gewährleistet ist. Betretungsrechte aufgrund anderer gesetzlicher Regelungen bleiben unberührt.

(2) Einer schwangeren Person darf der Zutritt

1. zu einem Sperrbereich abweichend zu Absatz 1 Satz 1 Nummer 3 nur erlaubt werden, wenn ihr Aufenthalt in diesem Bereich für ihre eigene Untersuchung oder Behandlung erforderlich ist,

2. zu einem Kontrollbereich abweichend zu Absatz 1 Satz 1 Nummer 2 Buchstabe a und c nur erlaubt werden, wenn der Strahlenschutzbeauftragte oder, wenn er die erforderliche Fachkunde im Strahlenschutz besitzt, der Strahlenschutzverantwortliche

   a) ihr den Zutritt gestattet und

   b) durch geeignete Überwachungsmaßnahmen sicherstellt, dass der besondere Dosisgrenzwert nach § 78 Absatz 4 Satz 2 des Strahlenschutzgesetzes eingehalten und dies dokumentiert wird,

3. zu einem Kontrollbereich abweichend von Absatz 1 Satz 1 Nummer 2 Buchstabe b als Betreuungs- oder Begleitperson nur erlaubt werden, wenn zwingende Gründe dies erfordern.

Die Zutrittserlaubnis für schwangere Personen zu Kontrollbereichen nach Satz 1 Nummer 2 oder 3 ist zu dokumentieren. Die Aufzeichnungen sind ab dem Zutritt fünf Jahre aufzubewahren.

(3) Einer stillenden Person darf der Zutritt zu Kontrollbereichen, in denen mit offenen radioaktiven Stoffen umgegangen wird, abweichend von Absatz 1 Satz 1 Nummer 2 Buchstabe b nicht als Tierbegleitperson erlaubt werden.

§ 56 Messtechnische Überwachung in Strahlenschutzbereichen

(1) Der Strahlenschutzverantwortliche hat dafür zu sorgen, dass in Strahlenschutzberei-

chen in dem für die Ermittlung der Exposition erforderlichen Umfang jeweils einzeln oder in Kombination Folgendes gemessen wird:

1. die Ortsdosis oder die Ortsdosisleistung,

2. die Konzentration radioaktiver Stoffe in der Luft oder

3. die Kontamination des Arbeitsplatzes.

(2) Der Strahlenschutzverantwortliche hat dafür zu sorgen, dass Zeitpunkt und Ergebnis der Messungen unverzüglich aufgezeichnet werden. Die Aufzeichnungen sind mindestens fünf Jahre nach der letzten durchgeführten Messung oder nach Beendigung der Tätigkeit aufzubewahren und der zuständigen Behörde auf Verlangen vorzulegen. Der Strahlenschutzverantwortliche hat dafür zu sorgen, dass bei Beendigung der Tätigkeit die Aufzeichnungen bei einer von der zuständigen Behörde vorgegebenen Stelle hinterlegt werden.

(3) Der Strahlenschutzverantwortliche hat dafür zu sorgen, dass die Anzeige der Geräte zur Überwachung der Ortsdosis oder Ortsdosisleistung in Sperrbereichen auch außerhalb dieser Bereiche erkennbar ist.

§ 57 Kontamination und Dekontamination

(1) Bei Strahlenschutzbereichen, in denen offene radioaktive Stoffe vorhanden sind, hat der Strahlenschutzverantwortliche, soweit es zum Schutz der sich darin aufhaltenden Personen oder der dort befindlichen Sachgüter erforderlich ist, dafür zu sorgen, dass festgestellt wird, ob Kontaminationen durch diese Stoffe vorliegen.

(2) Der Strahlenschutzverantwortliche hat dafür zu sorgen, dass unverzüglich Maßnahmen zur Verhinderung der Weiterverbreitung radioaktiver Stoffe oder ihrer Aufnahme in den Körper getroffen werden, wenn

1. festgestellt wird, dass die nicht festhaftende Oberflächenkontamination auf Verkehrsflächen, an Arbeitsplätzen oder an der Kleidung in Kontrollbereichen das 100fa-

che der Werte der Anlage 4 Tabelle 1 Spalte 5 überschreitet,

2. festgestellt wird, dass die nicht festhaftende Oberflächenkontamination auf Verkehrsflächen, an Arbeitsplätzen oder an der Kleidung in Überwachungsbereichen das Zehnfache der Werte der Anlage 4 Tabelle 1 Spalte 5 überschreitet, oder

3. außerhalb eines Strahlenschutzbereiches auf dem Betriebsgelände die Oberflächenkontamination von Bodenflächen, Gebäuden und beweglichen Gegenständen, insbesondere Kleidung, die Werte der Anlage 4 Tabelle 1 Spalte 5 überschreitet.

Satz 1 gilt nicht für die Gegenstände, die als gefährliche Güter nach § 2 des Gefahrgutbeförderungsgesetzes befördert oder nach § 94 abgegeben werden.

(3) Werden die Werte der Oberflächenkontamination nach Absatz 2 Satz 1 Nummer 3 überschritten, hat der Strahlenschutzverantwortliche dafür zu sorgen, dass die Ergebnisse der Messungen und Ermittlungen unverzüglich aufgezeichnet werden. Der Strahlenschutzverantwortliche hat dafür zu sorgen, dass diese Aufzeichnungen mindestens zehn Jahre aufbewahrt und der zuständigen Behörde auf Verlangen vorgelegt werden.

(4) Können die in Absatz 2 Satz 1 Nummer 1 oder 2 genannten Werte der Oberflächenkontamination dauerhaft nicht eingehalten werden, so hat der Strahlenschutzverantwortliche dafür zu sorgen, dass die in solchen Arbeitsbereichen beschäftigten Personen durch besondere Maßnahmen geschützt werden.

(5) Die Absätze 1 bis 3 gelten nicht für Personen, die sich zur Anwendung ionisierender Strahlung oder radioaktiver Stoffe an ihnen selbst oder als Betreuungs- oder Begleitpersonen in einem Strahlenschutzbereich aufhalten.

§ 58 Verlassen von und Herausbringen aus Strahlenschutzbereichen

(1) Der Strahlenschutzverantwortliche hat dafür zu sorgen, dass Personen beim Verlassen eines Kontrollbereichs, in dem offene radioaktive Stoffe vorhanden sind, daraufhin geprüft werden, ob sie kontaminiert sind. Wird hierbei eine Kontamination festgestellt, so hat der Strahlenschutzverantwortliche dafür zu sorgen, dass unverzüglich Maßnahmen getroffen werden, die geeignet sind, weitere Expositionen und eine Weiterverbreitung radioaktiver Stoffe zu verhindern. Wenn in einem Überwachungsbereich offene radioaktive Stoffe vorhanden sein können, kann die zuständige Behörde festlegen, dass eine Prüfung auch beim Verlassen des Überwachungsbereiches durchzuführen ist. Wird nach Satz 2 oder 3 eine Kontamination festgestellt, gelten die Aufzeichnungs-, Aufbewahrungs- und Mitteilungspflichten nach § 167 Absatz 1, 2 und 3 Satz 1 und Absatz 4 des Strahlenschutzgesetzes entsprechend.

(2) Der Strahlenschutzverantwortliche hat dafür zu sorgen, dass bewegliche Gegenstände, insbesondere Werkzeuge, Messgeräte, Messvorrichtungen, sonstige Apparate, Anlagenteile oder Kleidungsstücke, die zum Zweck der Handhabung, zum Zweck der Nutzung oder zum Zweck einer sonstigen Verwendung mit dem Ziel einer Wiederverwendung oder Reparatur außerhalb eines Strahlenschutzbereichs aus einem Kontrollbereich herausgebracht werden, daraufhin geprüft werden, ob sie aktiviert oder kontaminiert sind. Der Strahlenschutzverantwortliche hat dafür zu sorgen, dass Gegenstände nicht aus dem Kontrollbereich herausgebracht werden, wenn

1. im Fall ihrer Aktivierung die Werte der Anlage 4 Tabelle 1 Spalte 3 überschritten sind oder

2. im Fall ihrer Kontamination die Werte der Anlage 4 Tabelle 1 Spalte 3 oder Spalte 5 überschritten sind.

Wenn in einem Überwachungsbereich eine Kontamination oder eine Aktivierung nicht ausgeschlossen ist, kann die zuständige Behörde festlegen, dass die Sätze 1 und 2 auch auf Überwachungsbereiche anzuwenden sind. Die Sätze 1 und 2 gelten nicht für die Gegenstände, die als gefährliche Güter nach § 2 des Gefahrgutbeförderungsgesetzes befördert oder nach § 94 abgegeben werden. Die Prüfung nach den Sätzen 1 und 2 ist nicht erforderlich für Kontrollbereiche, in denen es keine offenen radioaktiven Stoffe gibt und in denen keine Aktivierung erfolgen kann. § 31 findet keine Anwendung.

(3) Die Absätze 1 und 2 gelten nicht für Personen, die sich zur Anwendung ionisierender Strahlung oder radioaktiver Stoffe an ihnen selbst oder als Betreuungs- oder Begleitpersonen in einem Strahlenschutzbereich aufhalten.

§ 59 Einrichten von Strahlenschutzbereichen bei Tätigkeiten mit natürlich vorkommenden radioaktiven Stoffen

Bei einer nach § 56 oder § 59 des Strahlenschutzgesetzes angezeigten Tätigkeit kann die zuständige Behörde auf Grund der Expositionsbedingungen anordnen, dass Strahlenschutzbereiche entsprechend § 52 einzurichten sind. In diesem Fall gelten § 53 und die §§ 55 bis 58 nur, soweit die zuständige Behörde die dort genannten Maßnahmen entsprechend anordnet.

§ 60 Röntgenräume

(1) Der Strahlenschutzverantwortliche hat dafür zu sorgen, dass eine Röntgeneinrichtung nur in einem Röntgenraum betrieben wird.

(2) Röntgenräume müssen allseitig umschlossen und in der Genehmigung nach § 12 Absatz 1 Nummer 4 des Strahlenschutzgesetzes, in der Bescheinigung nach § 19 Absatz 3 Satz 1 Nummer 1 des Strahlenschutzgesetzes oder in der Entscheidung nach § 19 Absatz 3 Satz 2 des Strahlenschutzgesetzes als Röntgenraum bezeichnet sein.

(3) Der Strahlenschutzverantwortliche hat dafür zu sorgen, dass im Kontrollbereich von Röntgeneinrichtungen, die in einem Röntgenraum betrieben werden, Arbeitsplätze, Verkehrswege oder Umkleidekabinen nur liegen, wenn sichergestellt ist, dass sich dort während der Einschaltzeit keine Personen aufhalten. Dies gilt nicht für Arbeitsplätze, die aus Gründen einer ordnungsgemäßen Anwendung der Röntgenstrahlen nicht außerhalb des Kontrollbereichs liegen können.

(4) Absatz 1 gilt nicht

1. für Röntgeneinrichtungen, die nach § 61 in einem Bestrahlungsraum zu betreiben sind,

2. für Röntgeneinrichtungen, bei denen die Genehmigung einen Betrieb außerhalb eines Röntgenraums und eines Bestrahlungsraums zulässt,

3. für Basis-, Hoch- und Vollschutzgeräte sowie Schulröntgeneinrichtungen und

4. in den Ausnahmefällen nach § 19 Absatz 2 Nummer 5 des Strahlenschutzgesetzes, in denen der Zustand der zu untersuchenden Person oder des zu untersuchenden Tieres oder dessen Größe im Einzelfall zwingend den Betrieb außerhalb eines Röntgenraums erfordert.

§ 61 Bestrahlungsräume

(1) Der Strahlenschutzverantwortliche hat dafür zu sorgen, dass folgende Geräte bei der Anwendung am Menschen und der Anwendung am Tier in der Tierheilkunde nur in Bestrahlungsräumen betrieben werden:

1. Röntgeneinrichtungen zur Behandlung,

2. Anlagen zur Erzeugung ionisierender Strahlung sowie

3. Bestrahlungsvorrichtungen,

   a) die hochradioaktive Strahlenquellen enthalten oder

b) bei denen die Gesamtaktivität der radioaktiven Stoffe den Wert von Anlage 4 Tabelle 1 Spalte 4 überschreitet.

(2) Bestrahlungsräume müssen

1. allseitig umschlossen sein,

2. so bemessen sein, dass die erforderlichen Verrichtungen ohne Behinderung vorgenommen werden können,

3. über eine geeignete Ausstattung zur Überwachung der Person verfügen, an der ionisierende Strahlung angewendet wird, und

4. so bemessen sein, dass sich bei Anlagen zur Erzeugung ionisierender Strahlung und bei Bestrahlungsvorrichtungen nach Absatz 1 Nummer 3

a) die Bedienungsvorrichtungen, die die Strahlung freigeben, in einem Nebenraum außerhalb des Kontrollbereiches befinden, und

b) in dem Bestrahlungsraum mindestens ein Notschalter befindet, mit dem die Anlage abgeschaltet, der Strahlerkopf der Bestrahlungsvorrichtung geschlossen oder der radioaktive Stoff in die Abschirmung eingefahren werden kann.

§ 62 Räume für den Betrieb von Störstrahlern

Die zuständige Behörde kann für genehmigungsbedürftige Störstrahler zum Schutz Einzelner oder der Allgemeinheit festlegen, dass sie nur in allseitig umschlossenen Räumen betrieben werden dürfen.

§ 63 Unterweisung

(1) Der Strahlenschutzverantwortliche hat dafür zu sorgen, dass folgende Personen unterwiesen werden:

1. Personen, die im Rahmen einer anzeige- oder genehmigungsbedürftigen Tätigkeit tätig werden,

2. Personen, denen nach § 55 Absatz 1 Satz 1 Nummer 2 Buchstabe a oder c der Zutritt zu einem Kontrollbereich erlaubt wird.

Die Unterweisung ist erstmals vor Aufnahme der Betätigung oder vor dem erstmaligen Zutritt zu einem Kontrollbereich durchzuführen. Danach ist die Unterweisung mindestens einmal im Jahr zu wiederholen. Satz 1 Nummer 1 gilt nicht für Personen, die bei der Errichtung von Anlagen zur Erzeugung ionisierender Strahlung tätig sind.

(2) Die Unterweisung hat insbesondere Informationen zu umfassen über

1. die Arbeitsmethoden,

2. die möglichen Gefahren,

3. die anzuwendenden Sicherheits- und Schutzmaßnahmen,

4. die für ihre Beschäftigung oder ihre Anwesenheit wesentlichen Inhalte des Strahlenschutzrechts, der Genehmigung oder Anzeige, der Strahlenschutzanweisung und

5. die zum Zweck der Überwachung von Dosisgrenzwerten und der Beachtung der Strahlenschutzgrundsätze erfolgende Verarbeitung und Nutzung personenbezogener Daten.

Diese Unterweisung kann Bestandteil sonstiger erforderlicher Unterweisungen insbesondere nach arbeitsschutz-, immissionsschutz-, gefahrgut- oder gefahrstoffrechtlichen Vorschriften sein.

(3) Die Unterweisung muss in einer für die Unterwiesenen verständlichen Form und Sprache erfolgen. Die Unterweisung hat mündlich zu erfolgen. Die zuständige Behörde kann zulassen, dass die Unterweisung durch Nutzung von E-Learning-Angeboten oder von audiovisuellen Medien erfolgt, wenn dabei eine Erfolgskontrolle durchgeführt wird und die Möglichkeit für Nachfragen gewährleistet ist.

(4) Der Strahlenschutzverantwortliche hat dafür zu sorgen, dass andere Personen als die

in Absatz 1 genannten, denen der Zutritt zu Kontrollbereichen gestattet wird, vorher über die möglichen Gefahren und ihre Vermeidung unterwiesen werden. Dies gilt nicht für Personen, an denen ionisierende Strahlung angewendet wird oder radioaktive Stoffe angewendet werden.

(5) Der Strahlenschutzverantwortliche hat dafür zu sorgen, dass im Rahmen der Unterweisungen darauf hingewiesen wird, dass eine Schwangerschaft im Hinblick auf die Risiken einer Exposition für das ungeborene Kind so früh wie möglich mitzuteilen ist und dass beim Vorhandensein von offenen radioaktiven Stoffen eine Kontamination zu einer inneren Exposition eines ungeborenen oder gestillten Kindes führen kann.

(6) Der Strahlenschutzverantwortliche hat dafür zu sorgen, dass der Inhalt und der Zeitpunkt der Unterweisungen unverzüglich aufgezeichnet werden. Die Aufzeichnung ist von der unterwiesenen Person zu unterzeichnen. Der Strahlenschutzverantwortliche hat dafür zu sorgen, dass die Aufzeichnungen in den Fällen des Absatzes 1 fünf Jahre und in den Fällen des Absatzes 4 ein Jahr lang nach der Unterweisung aufbewahrt und der zuständigen Behörde auf Verlangen vorgelegt werden.

§ 64 Pflicht zur Ermittlung der Körperdosis; zu überwachende Personen

(1) Der Strahlenschutzverantwortliche hat dafür zu sorgen, dass an Personen, die sich in einem Strahlenschutzbereich aufhalten, die Körperdosis nach Maßgabe des § 65 Absatz 1 ermittelt wird. Ist für den Aufenthalt in einem Überwachungsbereich für alle oder für einzelne Personen zu erwarten, dass im Kalenderjahr eine effektive Dosis von 1 Millisievert, eine höhere Organ-Äquivalentdosis als 15 Millisievert für die Augenlinse und eine lokale Hautdosis von 50 Millisievert nicht erreicht werden, so kann für diese Personen auf die Ermittlung der Körperdosis verzichtet werden. Satz 2 gilt nicht, wenn die zuständige Behörde die Ermittlung

verlangt. Für den Aufenthalt im Kontrollbereich gilt Satz 2 entsprechend, wenn die zuständige Behörde dem zugestimmt hat. Der Strahlenschutzverantwortliche hat darauf hinzuwirken, dass die Ermittlungsergebnisse spätestens sechs Monate nach einem Aufenthalt im Strahlenschutzbereich vorliegen.

(2) Absatz 1 gilt entsprechend für Personen, die bei der Ausübung einer Tätigkeit, die nicht mit dem Aufenthalt in einem Strahlenschutzbereich verbunden ist, eine effektive Dosis von mehr als 1 Millisievert, eine höhere Organ-Äquivalentdosis als 15 Millisievert für die Augenlinse oder eine lokale Hautdosis von mehr als 50 Millisievert im Kalenderjahr erhalten können. Für das eingesetzte fliegende Personal gilt Absatz 1 entsprechend, wenn die effektive Dosis durch kosmische Strahlung 1 Millisievert im Kalenderjahr überschreiten kann.

(3) Der Strahlenschutzverantwortliche hat dafür zu sorgen, dass jeder unter seiner Aufsicht stehenden beruflich exponierten Person auf deren Verlangen die im Beschäftigungsverhältnis erhaltene berufliche Exposition schriftlich mitgeteilt wird, sofern nicht ein Strahlenpass geführt wird. Beim anzeigebedürftigen Betrieb eines Luftfahrzeugs hat der Strahlenschutzverantwortliche außerdem dafür zu sorgen, dass die erhaltene berufliche Exposition den als fliegendes Personal eingesetzten Personen einmal im Kalenderjahr sowie nach ihrem letztmaligen Einsatz schriftlich mitgeteilt wird.

(4) Ist nicht auszuschließen, dass eine Person, die sich in einem Bereich aufhält oder aufgehalten hat, in dem eine Tätigkeit ausgeübt wird, radioaktive Stoffe inkorporiert hat, kann die zuständige Behörde anordnen, dass durch geeignete Messungen festgestellt wird, ob die Person radioaktive Stoffe inkorporiert hat.

(5) Absatz 1 Satz 1 gilt nicht für Personen, die sich zur Anwendung ionisierender Strahlung oder radioaktiver Stoffe an ihnen selbst in einem Strahlenschutzbereich aufhalten.

§ 65 Vorgehen bei der Ermittlung der Körperdosis

(1) Der Strahlenschutzverantwortliche hat dafür zu sorgen, dass zur Ermittlung der Körperdosis die Personendosis nach § 66 gemessen wird. Die zuständige Behörde kann auf Grund der Expositionsbedingungen bestimmen, dass zur Ermittlung der Körperdosis zusätzlich oder, abweichend von Satz 1, allein

1. die Ortsdosis, die Ortsdosisleistung, die Konzentration radioaktiver Stoffe in der Luft oder die Kontamination des Arbeitsplatzes gemessen wird,

2. die Körperaktivität oder die Aktivität der Ausscheidungen gemessen wird oder

3. weitere Eigenschaften des Strahlungsfeldes oder der Quelle der ionisierenden Strahlung festgestellt werden.

(2) Der Strahlenschutzverantwortliche hat dafür zu sorgen, dass bei einer unterbliebenen oder fehlerhaften Messung

1. die zuständige Behörde informiert wird und

2. die Dosis abgeschätzt wird.

Die zuständige Behörde legt eine Ersatzdosis fest und veranlasst, dass die Ersatzdosis an das Strahlenschutzregister nach § 170 des Strahlenschutzgesetzes übermittelt wird. Die zuständige Behörde kann im Einzelfall von der Festlegung einer Ersatzdosis absehen, wenn die festzusetzende Dosis 0 Millisievert beträgt und sie diesen Wert an das Strahlenschutzregister nach § 170 des Strahlenschutzgesetzes übermittelt. Die Übermittlung nach Satz 2 oder 3 kann über eine nach § 169 des Strahlenschutzgesetzes bestimmte Messstelle erfolgen.

(3) Besteht auf Grund der Ermittlung der Körperdosis der Verdacht, dass einer der Dosisgrenzwerte des § 78 des Strahlenschutzgesetzes überschritten wurde, hat der Strahlenschutzverantwortliche dafür zu sorgen, dass die Körperdosis unter Berücksichtigung der Expositionsbedingungen ermittelt wird. Er hat dafür zu sorgen, dass die ermittelte Körperdosis unver-

züglich der betroffenen Person mitgeteilt und zusammen mit den Angaben zu den Expositionsbedingungen an die zuständige Behörde übermittelt wird. Die zuständige Behörde veranlasst, dass die ermittelte Körperdosis und die Angaben über die Expositionsbedingungen an das Strahlenschutzregister nach § 170 Strahlenschutzgesetz übermittelt werden. Dies kann über eine nach § 169 des Strahlenschutzgesetzes bestimmte Messstelle erfolgen.

(4) Der Strahlenschutzverantwortliche hat dafür zu sorgen, dass die Messung der Körperaktivität oder der Aktivität der Ausscheidungen sowie die aufgrund dieser Messung durchzuführende Ermittlung der Körperdosis durch eine nach § 169 des Strahlenschutzgesetzes bestimmte Messstelle durchgeführt wird.

§ 66 Messung der Personendosis

(1) Die Messung der Personendosis nach § 65 Absatz 1 Satz 1 hat zu erfolgen mit

1. einem Dosimeter, das bei einer nach § 169 des Strahlenschutzgesetzes bestimmten Messstelle anzufordern ist, oder

2. einem Dosimeter, das unter der Verantwortung des Strahlenschutzverantwortlichen ausgewertet wird und dessen Verwendung nach Zustimmung einer nach § 169 des Strahlenschutzgesetzes bestimmten Messstelle von der zuständigen Behörde gestattet wurde.

(2) Der Strahlenschutzverantwortliche hat dafür zu sorgen, dass das Dosimeter an einer für die Exposition als repräsentativ geltenden Stelle der Körperoberfläche, in der Regel an der Vorderseite des Rumpfes, getragen wird. Der Messwert des Dosimeters ist als Maß für die effektive Dosis zu werten, sofern die Körperdosis für einzelne Körperteile, Organe oder Gewebe nicht genauer ermittelt worden ist. Ist vorauszusehen, dass im Kalenderjahr die Organ-Äquivalentdosis für die Hände, die Unterarme, die Füße oder Knöchel oder die lokale Hautdosis größer als 150 Millisievert oder die Organ-Äquivalentdosis der Augenlinse größer als 15 Milli-

sievert sein kann, hat der Strahlenschutzverantwortliche dafür zu sorgen, dass die Personendosis durch weitere Dosimeter auch an einzelnen Körperteilen festgestellt wird. Die zuständige Behörde kann aufgrund der Expositionsbedingungen anordnen, dass die Personendosis nach einem anderen geeigneten oder nach zwei voneinander unabhängigen Verfahren gemessen wird.

(3) Der Strahlenschutzverantwortliche hat dafür zu sorgen, dass

1. die Dosimeter nach Absatz 1 Nummer 1 und Absatz 2 Satz 3 der Messstelle jeweils nach Ablauf eines Monats unverzüglich eingereicht oder

2. im Falle des Absatzes 1 Nummer 2 die Messwerte der Messstelle zur Prüfung und Feststellung bereitgestellt werden.

Die zuständige Behörde kann gestatten, dass Dosimeter in Zeitabständen bis zu drei Monaten bei der Messstelle einzureichen sind, wenn die Expositionsbedingungen dem nicht entgegenstehen.

(4) Der Strahlenschutzverantwortliche hat dafür zu sorgen, dass die Qualität der Messungen nach Absatz 1 Nummer 2 durch regelmäßige interne Prüfungen sichergestellt wird. Er hat dafür zu sorgen, dass die Ergebnisse der Prüfungen der zuständigen Behörde auf Verlangen mitgeteilt werden.

(5) Der Strahlenschutzverantwortliche hat dafür zu sorgen, dass einer zu überwachenden Person auf ihr Verlangen ein Dosimeter zur Verfügung gestellt wird, mit dem die Personendosis gemessen und jederzeit festgestellt werden kann.

§ 67 Ermittlung der Körperdosis des fliegenden Personals

(1) Abweichend von § 65 hat der Strahlenschutzverantwortliche beim anzeigebedürftigen Betrieb eines Luftfahrzeugs dafür zu sorgen, dass zur Ermittlung der Körperdosis des einge-

setzten fliegenden Personals ein von der zuständigen Behörde anerkanntes Rechenprogramm oder ein geeignetes Messgerät verwendet wird. Mit Zustimmung der zuständigen Behörde kann ein anderes von ihr anerkanntes Rechenprogramm oder ein anderes geeignetes Messgerät als das nach § 50 Absatz 3 Nummer 4 des Strahlenschutzgesetzes benannte Programm oder Messgerät verwendet werden.

(2) Im Falle der Ermittlung mithilfe eines Messgeräts gilt § 65 Absatz 2, 3 und § 66 Absatz 4 entsprechend.

(3) Der Strahlenschutzverantwortliche hat dafür zu sorgen, dass die Ermittlungsergebnisse spätestens sechs Monate nach dem Einsatz vorliegen und unverzüglich dem Luftfahrt-Bundesamt nach § 168 Absatz 2 des Strahlenschutzgesetzes vorgelegt werden.

§ 68 Beschäftigung mit Strahlenpass

(1) Wer aufgrund einer Genehmigung nach § 25 Absatz 1 des Strahlenschutzgesetzes, aufgrund einer Anzeige nach § 26 Absatz 1 oder § 59 Absatz 2 des Strahlenschutzgesetzes Strahlenschutzverantwortlicher ist, hat dafür zu sorgen, dass die unter seiner Aufsicht stehenden Personen in fremden Strahlenschutzbereichen nur beschäftigt werden, wenn jede einzelne beruflich exponierte Person im Besitz eines vollständig geführten und bei der zuständigen Behörde registrierten Strahlenpasses ist. Satz 1 gilt nicht für Strahlenschutzbereiche, in denen auf die Ermittlung der Körperdosis verzichtet werden kann. Wenn ein Strahlenschutzverantwortlicher nach Satz 1 selbst in fremden Strahlenschutzbereichen tätig wird, gelten die Sätze 1 und 2 entsprechend.

(2) Absatz 1 gilt entsprechend für Personen, die bei der Ausübung einer Tätigkeit, die nicht mit dem Aufenthalt in einem Strahlenschutzbereich verbunden ist, eine effektive Dosis von mehr als 1 Millisievert, eine höhere Organ-Äquivalentdosis als 15 Millisievert für die Augenlinse oder eine lokale Hautdosis von mehr als 50 Millisievert im Kalenderjahr erhalten können.

(3) Der für die Einrichtung eines Strahlenschutzbereichs verantwortliche Strahlenschutzverantwortliche hat dafür zu sorgen, dass beruflich exponierte Personen nach Absatz 1 Satz 1 und 3 im Strahlenschutzbereich nur beschäftigt werden, wenn diese den Strahlenpass vorlegen und ein Dosimeter nach § 66 Absatz 1 tragen. Satz 1 gilt nicht für Strahlenschutzbereiche in denen auf die Ermittlung der Körperdosis verzichtet werden kann.

(4) Die zuständige Behörde kann im Einzelfall von der Pflicht zum Führen eines Strahlenpasses nach Absatz 1 und von der Pflicht zur Vorlage nach Absatz 3 befreien, wenn die beruflich strahlenexponierte Person in nicht mehr als einer fremden Anlage oder Einrichtung beschäftigt wird.

§ 69 Schutz von schwangeren und stillenden Personen

(1) Sobald der Strahlenschutzverantwortliche darüber informiert wird, dass eine Person, die einer beruflichen Exposition ausgesetzt sein kann, schwanger ist oder stillt, hat er dafür zu sorgen, dass die Arbeitsbedingungen dieser Person so gestaltet werden, dass eine innere berufliche Exposition ausgeschlossen ist.

(2) Sobald der Strahlenschutzverantwortliche darüber informiert wird, dass eine nach § 64 Absatz 1 Satz 1 oder Absatz 2 zu überwachende Person, die einer beruflichen Exposition ausgesetzt sein kann, schwanger ist, hat er dafür zu sorgen, dass

1. die berufliche Exposition dieser Person arbeitswöchentlich ermittelt wird und

2. die ermittelte Exposition dieser Person unverzüglich mitgeteilt wird.

§ 70 Schutz beim Umgang mit offenen radioaktiven Stoffen; Beschäftigungsverbote

(1) Der Strahlenschutzverantwortliche hat dafür zu sorgen, dass Personen beim Umgang mit offenen radioaktiven Stoffen, deren Akti-

vität und spezifische Aktivität die Freigrenzen der Anlage 4 Tabelle 1 Spalte 2 und 3 überschreitet,

1. die erforderliche Schutzkleidung tragen und die erforderliche Schutzausrüstung verwenden,

2. ein Verhalten, durch das sie radioaktive Stoffe aufnehmen können, insbesondere Essen, Trinken, Rauchen und die Verwendung von Gesundheitspflegemitteln und kosmetischen Mitteln, untersagt wird und

Der Strahlenschutverantwortliche hat dafür zu sorgen, dass Personen unter 18 Jahren nicht mit offenen radioaktiven Stoffen, deren Aktivität und spezifische Aktivität die Freigrenzen der Anlage 4 Tabelle 1 Spalte 2 und 3 überschreitet, umgehen, wenn der Umgang genehmigungsbedürftig ist. Satz 1 Nummer 1 und 2 gilt entsprechend beim Aufenthalt in Bereichen, in denen mit den in Satz 1 genannten Stoffen umgegangen wird, es sei denn, dies ist bei Patienten oder Betreuungs- und Begleitpersonen auf Grund der Aufenthaltsdauer nicht zumutbar.

(2) Die zuständige Behörde kann für Auszubildende und Studierende im Alter zwischen 16 und 18 Jahren Ausnahmen von Absatz 1 Satz 1 Nummer 3 zulassen, wenn dies für die Erreichung des Ausbildungsziels notwendig ist und eine ständige Aufsicht und Anleitung durch eine Person, die die erforderliche Fachkunde im Strahlenschutz besitzt, gewährleistet wird.

Abschnitt 2
Besondere Vorschriften zum Schutz beruflich exponierter Personen

§ 71 Kategorien beruflich exponierter Personen

(1) Der Strahlenschutzverantwortliche hat dafür zu sorgen, dass beruflich exponierte Personen zur Kontrolle und ärztlichen Überwachung vor Aufnahme ihrer Tätigkeit einer der folgenden Kategorien zugeordnet werden:

1. Beruflich exponierte Personen der Kategorie A: Personen, die einer beruflichen Exposition aus Tätigkeiten ausgesetzt sind, die im Kalenderjahr zu einer effektiven Dosis von mehr als 6 Millisievert, einer höheren Organ-Äquivalentdosis als 15 Millisievert für die Augenlinse oder 150 Millisievert für die Hände, die Unterarme, die Füße oder Knöchel oder einer lokalen Hautdosis von mehr als 150 Millisievert führen kann;

2. Beruflich exponierte Personen der Kategorie B: Personen, die nicht in die Kategorie A eingestuft sind und die einer beruflichen Exposition aus Tätigkeiten ausgesetzt sind, die im Kalenderjahr zu einer effektiven Dosis von mehr als 1 Millisievert, einer höheren Organ-Äquivalentdosis als 50 Millisievert für die Hände, die Unterarme, die Füße oder Knöchel oder einer lokalen Hautdosis von mehr als 50 Millisievert führen kann.

(2) Beim anzeigebedürftigen Betrieb eines Luftfahrzeugs hat der Strahlenschutzverantwortliche dafür zu sorgen, dass die von ihm als fliegendes Personal eingesetzten beruflich exponierten Personen vor Aufnahme ihrer Tätigkeit den Kategorien zugeordnet werden:

1. Beruflich exponierte Personen der Kategorie A: Personen, deren Einsatz als fliegendes Personal zu einer effektiven Dosis durch kosmische Strahlung von mehr als 6 Millisievert im Kalenderjahr führen kann;

2. Beruflich exponierte Personen der Kategorie B: Personen, die nicht in die Kategorie A eingestuft sind und deren Einsatz als fliegendes Personal zu einer effektiven Dosis durch kosmische Strahlung von mehr als 1 Millisievert im Kalenderjahr führen kann.

(3) Der Strahlenschutzverantwortliche hat dafür zu sorgen, dass die Zuordnung angepasst wird, wenn abzusehen ist, dass eine Person, die in die Kategorie B eingestuft wurde, die Werte für eine Einstufung in Kategorie A erreicht.

§ 72 Dosisrichtwerte bei Tätigkeiten

(1) Der Strahlenschutzverantwortliche hat innerhalb von sechs Monaten nach Aufnahme einer Tätigkeit dafür zu sorgen, dass geprüft wird, ob die Festlegung von Dosisrichtwerten für beruflich exponierte Personen ein geeignetes Instrument zur Optimierung des Strahlenschutzes ist. Für beruflich exponierte Personen, die im Rahmen einer genehmigungsbedürftigen oder anzeigebedürftigen Beschäftigung nach §§ 25 oder 26 des Strahlenschutzgesetzes Tätigkeiten ausüben, hat der Strahlenschutzverantwortliche gemeinsam mit dem Strahlenschutzverantwortlichen der fremden Anlage oder Einrichtung oder der fremden Röntgeneinrichtung oder des fremden Störstrahlers für diese Prüfung zu sorgen.

(2) Werden Dosisrichtwerte festgelegt, sind diese für die effektive Dosis oder für eine Organ-Äquivalentdosis von einzelnen Personen festzulegen und auf einen Zeitraum zu beziehen.

(3) Eine Festlegung von Dosisrichtwerten soll insbesondere dann in die Planung des betrieblichen Strahlenschutzes aufgenommen werden, wenn die ausgeübten Tätigkeiten mit Expositionen verbunden sind, die eine Einstufung der beruflich exponierten Personen in die Kategorie A erforderlich machen, und nicht bereits durch andere Maßnahmen der Strahlenschutzplanung die Optimierung des Strahlenschutzes gewährleistet ist.

(4) Der Strahlenschutzverantwortliche hat dafür zu sorgen, dass die Ergebnisse der Prüfung sowie die Festlegung von Dosisrichtwerten aufgezeichnet und der zuständigen Behörde auf Verlangen vorgelegt werden. Die Aufzeichnungen sind aufzubewahren, und zwar mindestens für die Dauer von fünf Jahren nach Beendigung der Tätigkeit oder einer erneuten Prüfung und Festlegung von Dosisrichtwerten.

§ 73 Dosisbegrenzung bei Überschreitung von Grenzwerten

Wurde unter Verstoß gegen § 78 des Strahlenschutzgesetzes ein Grenzwert im Kalenderjahr überschritten, so ist eine Weiterbeschäftigung als beruflich exponierte Person nur zulässig, wenn der Strahlenschutzverantwortliche dafür sorgt, dass die Expositionen in den folgenden vier Kalenderjahren unter Berücksichtigung der erfolgten Grenzwertüberschreitung so begrenzt werden, dass die Summe der Dosen das Fünffache des jeweiligen Grenzwertes nicht überschreitet. Ist die Überschreitung eines Grenzwertes so hoch, dass bei Anwendung von Satz 1 die bisherige Beschäftigung nicht fortgesetzt werden kann, kann die zuständige Behörde im Benehmen mit einem ermächtigten Arzt Ausnahmen zulassen.

§ 74 Besonders zugelassene Expositionen

(1) Unter außergewöhnlichen, im Einzelfall zu beurteilenden Umständen kann die zuständige Behörde zur Durchführung notwendiger spezifischer Arbeitsvorgänge berufliche Expositionen abweichend von § 78 Absatz 1, 2 und 4 Satz 1 des Strahlenschutzgesetzes zulassen. Für diese besonders zugelassene Exposition beträgt für eine Person im Berufsleben

1. der Grenzwert der effektiven Dosis 100 Millisievert,

2. der Grenzwert der Organ-Äquivalentdosis für die Augenlinse 100 Millisievert,

3. der Grenzwert der Organ-Äquivalentdosis für die Hände, die Unterarme, die Füße und Knöchel jeweils 1 Sievert,

4. der Grenzwert der lokalen Hautdosis 1 Sievert.

Der Strahlenschutzverantwortliche hat dafür zu sorgen, dass die Grenzwerte nach Satz 2 eingehalten werden.

(2) Einer besonders zugelassenen Exposition dürfen nur Freiwillige ausgesetzt werden, die beruflich exponierte Personen der Kategorie A

sind. Ausgenommen von solchen Expositionen sind Auszubildende und Studierende sowie schwangere Personen und, wenn die Möglichkeit einer Inkorporation radioaktiver Stoffe oder Kontamination nicht ausgeschlossen werden kann, stillende Personen.

(3) Der Strahlenschutzverantwortliche hat dafür zu sorgen, dass eine besonders zugelassene Exposition im Voraus auf ihre Rechtfertigung geprüft wird. Er hat dafür zu sorgen, dass Personen, die einer besonders zugelassenen Exposition ausgesetzt werden, über die mit den Arbeitsvorgängen und der Exposition verbundenen Risiken und über die während der Arbeitsvorgänge zu ergreifenden Schutzmaßnahmen unterrichtet werden. Der Betriebsrat oder der Personalrat, die Fachkräfte für Arbeitssicherheit, der Betriebsarzt und der ermächtigte Arzt sind zu beteiligen.

(4) Der Strahlenschutzverantwortliche hat dafür zu sorgen, dass die durch eine besonders zugelassene Exposition verursachte Körperdosis unter Berücksichtigung der Expositionsbedingungen ermittelt wird. Die ermittelte Körperdosis ist in den Aufzeichnungen nach § 167 des Strahlenschutzgesetzes und in den Aufzeichnungen des ermächtigten Arztes getrennt von den übrigen Ergebnissen der Messungen und Ermittlungen der Körperdosis einzutragen. Die besonders zugelassene Exposition ist bei der Summe der in allen Kalenderjahren ermittelten effektiven Dosen nach § 77 des Strahlenschutzgesetzes zu berücksichtigen.

(5) Wurden bei einer besonders zugelassenen Exposition die Grenzwerte nach § 78 Absatz 1, 2 oder 4 Satz 1 des Strahlenschutzgesetzes überschritten, so ist diese Überschreitung allein kein Grund, die Person ohne ihr Einverständnis von ihrer bisherigen Beschäftigung auszuschließen.

§ 75 Sonstige Schutzvorkehrungen

(1) Der Strahlenschutzverantwortliche hat dafür zu sorgen, dass der Schutz beruflich exponierter Personen vor äußerer und innerer Ex-

position vorrangig durch bauliche und technische Vorrichtungen oder durch geeignete Arbeitsverfahren sichergestellt wird.

(2) Der Strahlenschutzverantwortliche hat dafür zu sorgen, dass offene radioaktive Stoffe an Arbeitsplätzen nur solange und in solchen Aktivitäten vorhanden sind, wie das Arbeitsverfahren es erfordert.

(3) Beim anzeigebedürftigen Betrieb eines Luftfahrzeugs hat der Strahlenschutzverantwortliche dafür zu sorgen, dass der Pflicht zur Dosisreduzierung insbesondere bei der Aufstellung von Arbeitsplänen Rechnung getragen wird. Absatz 1 findet keine Anwendung.

§ 76 Besondere Regelungen zum Schutz des raumfahrenden Personals

Beim anzeigebedürftigen Betrieb eines Raumfahrzeugs ist abweichend von den §§ 64 und 65 die Körperdosis, die das raumfahrende Personal während des Einsatzes durch kosmische Strahlung erhält, durch ein für die besonderen Expositionsbedingungen geeignetes Verfahren zu ermitteln. § 64 Absatz 3 Satz 1 gilt entsprechend. Die §§ 45, 46, 63, 71, 72 oder 69 gelten nur, soweit die zuständige Behörde die dort genannten Maßnahmen zum Schutz des eingesetzten raumfahrenden Personals entsprechend anordnet. § 81 findet keine Anwendung.

Abschnitt 3
Ärztliche Überwachung beruflich exponierter Personen

§ 77 Ärztliche Überwachung beruflich exponierter Personen

(1) Der Strahlenschutzverantwortliche hat dafür zu sorgen, dass eine beruflich exponierte Person der Kategorie A nur dann Aufgaben wahrnimmt, für die die Einstufung in diese Kategorie erforderlich ist, wenn sie innerhalb eines Jahres vor der erstmaligen Aufgabenwahrnehmung von einem nach § 175 Absatz 1 Satz 1 er-

mächtigten Arzt untersucht worden ist und dem Strahlenschutzverantwortlichen eine von diesem Arzt ausgestellte Bescheinigung vorliegt, nach der der Aufgabenwahrnehmung keine gesundheitlichen Bedenken entgegenstehen.

(2) Der Strahlenschutzverantwortliche hat dafür zu sorgen, dass die beruflich exponierte Person der Kategorie A Aufgaben nach Absatz 1 nur fortsetzt, wenn sie innerhalb eines Jahres nach der letzten Untersuchung erneut von einem nach § 175 Absatz 1 Satz 1 ermächtigten Arzt untersucht wurde und dem Strahlenschutzverantwortlichen eine von diesem Arzt ausgestellte Bescheinigung vorliegt, nach der der weiteren Aufgabenwahrnehmung keine gesundheitlichen Bedenken entgegenstehen. Statt einer erneuten Untersuchung kann eine Beurteilung ohne Untersuchung erfolgen, wenn in den vergangenen zwölf Monaten eine Untersuchung durchgeführt wurde.

(3) Die zuständige Behörde kann auf Vorschlag des ermächtigten Arztes, der die Untersuchung nach Absatz 1 oder 2 durchgeführt hat, die Frist zur erneuten Untersuchung abkürzen, wenn die Arbeitsbedingungen oder der Gesundheitszustand der beruflich exponierten Person dies erfordert.

(4) Die zuständige Behörde kann für eine beruflich exponierte Person der Kategorie B Maßnahmen der ärztlichen Überwachung in entsprechender Anwendung der Absätze 1 bis 3 anordnen, wenn die Arbeitsbedingungen oder der Gesundheitszustand der beruflich exponierten Person dies erfordern.

(5) Die zuständige Behörde kann anordnen, dass Personen unter 18 Jahren, die eine berufliche Exposition erhalten, aber nicht als beruflich exponierte Person der Kategorie A oder B eingestuft sind, sich von einem nach § 175 Absatz 1 Satz 1 ermächtigten Arzt untersuchen lassen, wenn die Arbeitsbedingungen oder der Gesundheitszustand der Person dies erfordern.

§ 78 Ärztliche Überwachung nach Beendigung der Aufgabenwahrnehmung

(1) Der Strahlenschutzverantwortliche hat dafür zu sorgen, dass die ärztliche Überwachung nach Beendigung der Aufgabenwahrnehmung als beruflich exponierte Person mit Einwilligung der betroffenen Person so lange fortgesetzt wird, wie es ein nach § 175 Absatz 1 Satz 1 ermächtigter Arzt zum Schutz der Person für erforderlich erachtet (nachgehende Untersuchung).

(2) Die Verpflichtung zum Angebot nachgehender Untersuchungen besteht nicht mehr, wenn nach Beendigung des Beschäftigungsverhältnisses die nachgehende Untersuchung mit Einwilligung der betroffenen Person auf Veranlassung des zuständigen gesetzlichen Unfallversicherungsträgers durchgeführt wird. Voraussetzung hierfür ist, dass dem Unfallversicherungsträger die erforderlichen Unterlagen in Kopie überlassen werden; auf diese Voraussetzung ist die betroffene Person vor Abgabe der Einwilligung schriftlich hinzuweisen.

§ 79 Ärztliche Bescheinigung

(1) Zur Erteilung der ärztlichen Bescheinigung nach § 77 Absatz 1, 2 oder 3 hat der nach § 175 Absatz 1 Satz 1 ermächtigte Arzt folgende Unterlagen anzufordern:

1. die Gesundheitsakten, die zuvor bei der ärztlichen Überwachung durch andere nach § 175 Absatz 1 Satz 1 ermächtigte Ärzte angelegt wurden, soweit diese Akten für die Beurteilung erforderlich sind,

2. die bisher erteilten ärztlichen Bescheinigungen,

3. die behördlichen Entscheidungen nach § 80 und

4. die Gutachten, die den behördlichen Entscheidungen zugrunde liegen.

Die angeforderten Unterlagen sind dem anfordernden ermächtigten Arzt unverzüglich zu übergeben.

(2) In der ärztlichen Bescheinigung ist die Tauglichkeit der beruflich exponierten Person für die Wahrnehmung der jeweiligen Aufgabe in den Stufen „tauglich", „bedingt tauglich" und „nicht tauglich" anzugeben. Im Falle einer bedingten Tauglichkeit sind die mit der Einstufung verbundenen tätigkeitsbezogenen Beschränkungen für die beruflich exponierte Person darzulegen.

(3) Der nach § 175 Absatz 1 Satz 1 ermächtigte Arzt kann die Erteilung der ärztlichen Bescheinigung davon abhängig machen, dass ihm zuvor folgende Informationen schriftlich mitgeteilt werden:

1. die Art der Aufgaben der beruflich exponierten Person und die mit diesen Aufgaben verbundenen Arbeitsbedingungen,

2. jeder Wechsel der Art der Aufgaben und der mit diesen verbundenen Arbeitsbedingungen,

3. die Inhalte der Aufzeichnungen nach § 167 Absatz 1 des Strahlenschutzgesetzes und

4. der Inhalt der letzten ärztlichen Bescheinigung, soweit sie nicht von ihm ausgestellt wurde.

Die beruflich exponierte Person kann vom Strahlenschutzverantwortlichen eine Kopie der Mitteilungen verlangen.

(4) Der nach § 175 Absatz 1 Satz 1 ermächtigte Arzt hat die ärztliche Bescheinigung unverzüglich dem Strahlenschutzverantwortlichen, der beruflich exponierten Person und, wenn gesundheitliche Bedenken bestehen, auch der zuständigen Behörde zu übersenden. Die Übersendung an die beruflich exponierte Person kann durch Eintragung des Inhalts der Bescheinigung in den Strahlenpass ersetzt werden.

(5) Der Strahlenschutzverantwortliche hat dafür zu sorgen, dass die ärztliche Bescheinigung während der Dauer der Aufgabenwahrnehmung als beruflich exponierte Person aufbewahrt und der zuständigen Behörde auf Verlangen vorgelegt wird.

§ 80 Behördliche Entscheidung

(1) Hält der Strahlenschutzverantwortliche oder die beruflich exponierte Person die vom ermächtigten Arzt in der ärztlichen Bescheinigung getroffene Beurteilung für unzutreffend, so kann er oder sie eine Entscheidung der zuständigen Behörde beantragen. Die Entscheidung der zuständigen Behörde ersetzt die ärztliche Bescheinigung.

(2) Die zuständige Behörde kann vor ihrer Entscheidung das Gutachten eines ärztlichen Sachverständigen einholen. Die Kosten des Gutachtens sind vom Strahlenschutzverantwortlichen zu tragen.

§ 81 Besondere ärztliche Überwachung

(1) Ist nicht auszuschließen, dass eine Person durch eine Exposition nach § 74 oder aufgrund anderer außergewöhnlicher Umstände Expositionen erhalten hat, die im Kalenderjahr die effektive Dosis von 20 Millisievert, die Organ-Äquivalentdosis von 20 Millisievert für die Augenlinse oder von 500 Millisievert für die Hände, die Unterarme, die Füße oder Knöchel oder die lokale Hautdosis von 500 Millisievert überschreiten, so hat der Strahlenschutzverantwortliche dafür zu sorgen, dass die Person unverzüglich von einem nach § 175 Absatz 1 Satz 1 ermächtigten Arzt untersucht wird und von diesem eine Bescheinigung darüber ausgestellt wird, ob der Aufgabenwahrnehmung weiterhin keine gesundheitlichen Bedenken entgegenstehen.

(2) Ist nach dem Ergebnis der besonderen ärztlichen Überwachung zu befürchten, dass die Gesundheit der Person gefährdet wird, wenn sie erneut eine Aufgabe als beruflich exponierte Person wahrnimmt oder fortsetzt, so kann die zuständige Behörde anordnen, dass sie diese Aufgabe nicht oder nur unter Beschränkungen ausüben darf. § 80 Absatz 2 gilt entsprechend.

(3) Hält der Strahlenschutzverantwortliche oder die beruflich exponierte Person das Ergeb-nis der besonderen ärztlichen Überwachung nach Absatz 1 für unzutreffend, so kann er oder sie eine Entscheidung der zuständigen Behörde beantragen. § 80 Absatz 1 Satz 1 und Absatz 2 gilt entsprechend.

(4) Für die Fortsetzung der ärztlichen Überwachung nach der Beendigung der Aufgabenwahrnehmung gilt § 78 entsprechend.

Abschnitt 4
Besondere Regelungen zum Strahlenschutz in Schulen und bei Lehr- und Ausbildungsverhältnissen

§ 82 Strahlenschutz in Schulen und bei Lehr- und Ausbildungsverhältnissen

(1) Röntgeneinrichtungen dürfen im Zusammenhang mit dem Unterricht in allgemeinbildenden Schulen nur betrieben werden, wenn sie Schulröntgeneinrichtungen sind.

(2) Der Strahlenschutzverantwortliche hat dafür zu sorgen, dass Schüler und Auszubildende bei folgenden Tätigkeiten in Schulen nur unter Aufsicht einer Lehrkraft unmittelbar mitwirken:

1. beim Betrieb einer Schulröntgeneinrichtung oder eines Vollschutzgerätes,

2. beim Betrieb einer anderen Röntgeneinrichtung oder eines genehmigungsbedürftigen Störstrahlers und

3. beim genehmigungsbedürftigen Umgang mit radioaktiven Stoffen.

Bei Tätigkeiten nach Satz 1 Nummer 2 und 3 hat der Strahlenschutzverantwortliche zudem dafür zu sorgen, dass die Lehrkraft nach Satz 1 die erforderliche Fachkunde im Strahlenschutz besitzt.

(3) Der für ein Lehr- oder Ausbildungsverhältnis Verantwortliche hat dafür zu sorgen, dass durch geeignete Schutzmaßnahmen eine innere Exposition durch Stoffe, bei denen der Umgang nach Anlage 3 Teil B Nummer 8 genehmigungsfrei ist, ausgeschlossen wird.

Abschnitt 5
Sicherheit von Strahlenquellen

Unterabschnitt 1
Hochradioaktive Strahlenquellen

§ 83 Werte für hochradioaktive Strahlenquellen

Für die Bestimmung, ab welcher Aktivität ein umschlossener radioaktiver Stoff eine hochradioaktive Strahlenquelle ist, ist Anlage 4 Tabelle 1 Spalte 4 anzuwenden.

§ 84 Register über hochradioaktive Strahlenquellen

(1) Das Bundesamt für Wirtschaft und Ausfuhrkontrolle übermittelt dem Register über hochradioaktive Strahlenquellen unverzüglich in gesicherter elektronischer Form die Angaben nach Anlage 9 über erteilte Genehmigungen nach § 3 Absatz 1 des Atomgesetzes oder § 12 Absatz 1 für die grenzüberschreitende Verbringung einer hochradioaktiven Strahlenquelle aus einem Staat, der nicht Mitgliedstaat der Europäischen Union ist, in den Geltungsbereich dieser Verordnung. Es informiert die zuständige Behörde unverzüglich über die Mitteilung nach Satz 1.

(2) Die zuständige Behörde kann von ihr angeforderte Aufzeichnungen des Strahlenschutzverantwortlichen über hochradioaktive Strahlenquellen an das Register über hochradioaktive Strahlenquellen übermitteln.

(3) Das Bundesamt für Strahlenschutz erteilt dem nach § 85 Absatz 4 Satz 1 oder § 167 Absatz 2 zur Mitteilung verpflichteten Strahlenschutzverantwortlichen oder den von ihm ermächtigten Personen auf Antrag eine persönliche Zugangsberechtigung zum Register über hochradioaktive Strahlenquellen zur Einsicht in die sie betreffenden gespeicherten Daten. Dem Strahlenschutzverantwortlichen oder den von ihm ermächtigten Personen ist Zugriff zu ermöglichen auf

1. die persönlichen Nutzerdaten zum Zweck der Aktualisierung,

2. die eigenen Meldungen zu hochradioaktiven Strahlenquellen zur Korrektur nach Aufforderung der zuständigen Behörde und

3. die Daten zu eigenen registrierten hochradioaktiven Strahlenquellen.

(4) Das Bundesamt für Strahlenschutz fasst die übermittelten Daten im Register über hochradioaktive Strahlenquellen zusammen. Es unterrichtet unverzüglich

1. das für die kerntechnische Sicherheit und den Strahlenschutz zuständige Bundesministerium und das Bundeskriminalamt über den Eingang einer dem Register über hochradioaktive Strahlenquellen nach § 167 Absatz 2 oder § 168 Absatz 2 übermittelten Mitteilung über Fund, Erlangung, Verlust, widerrechtliche Entwendung oder Wiederauffinden einer hochradioaktiven Strahlenquelle,

2. die zuständige Behörde, wenn übermittelte Daten nicht vollständig sind oder eine hochradioaktive Strahlenquelle gefunden wurde.

(5) Das Bundesamt für Strahlenschutz bestimmt das Datenformat und legt die technischen Rahmenbedingungen der Datenübermittlung im Einvernehmen mit dem Bundesamt für Sicherheit in der Informationstechnik fest.

Unterabschnitt 2
Sicherheit und Sicherung von Strahlenquellen

§ 85 Buchführung und Mitteilung

(1) Der Strahlenschutzverantwortliche hat dafür zu sorgen, dass beim Umgang mit radioaktiven Stoffen

1. der zuständigen Behörde Gewinnung, Erzeugung, Erwerb, Abgabe und der sonstige Verbleib von radioaktiven Stoffen innerhalb

eines Monats mitgeteilt werden; Art und Aktivität der Stoffe sind dabei anzugeben,

2. über Gewinnung, Erzeugung, Erwerb, Abgabe und den sonstigen Verbleib von radioaktiven Stoffen Buch geführt wird; Art und Aktivität der Stoffe sind dabei zu verzeichnen, und

3. der zuständigen Behörde der Bestand an radioaktiven Stoffen mit Halbwertszeiten von mehr als 100 Tagen am Ende eines Kalenderjahres bis zum 31. Januar des folgenden Jahres mitgeteilt wird.

Der Strahlenschutzverantwortliche hat dafür zu sorgen, dass der Mitteilung über den Erwerb umschlossener radioaktiver Stoffe die Bescheinigung nach § 94 Absatz 2 beigefügt wird. Satz 1 gilt nicht für Tätigkeiten, die nach § 5 Absatz 1 keiner Genehmigung bedürfen.

(2) Die zuständige Behörde kann im Einzelfall ganz oder teilweise von der Pflicht zur Buchführung und Mitteilung nach Absatz 1 befreien, wenn durch Art und Aktivität der radioaktiven Stoffe keine Gefährdung von Mensch und Umwelt eintreten kann. Besteht eine Befreiung von der Pflicht zur Mitteilung nach Absatz 1 Satz 1 Nummer 1, kann die zuständige Behörde im Einzelfall festlegen, dass der am Ende eines Kalenderjahres vorhandene Bestand an radioaktiven Stoffen mit Halbwertszeiten unter 100 Tagen bis zum 31. Januar des folgenden Jahres der zuständigen Behörde mitgeteilt wird.

(3) Der Strahlenschutzverantwortliche hat dafür zu sorgen, dass die Unterlagen nach Absatz 1 Satz 1 Nummer 2

1. nach Abschluss der Gewinnung oder Erzeugung oder ab dem Zeitpunkt des Erwerbs, der Abgabe oder des sonstigen Verbleibs 30 Jahre aufbewahrt und auf Verlangen der zuständigen Behörde bei dieser hinterlegt werden oder

2. unverzüglich einer von der zuständigen Behörde bestimmten Stelle übergeben werden, wenn die Tätigkeit vor Ablauf der Auf-

bewahrungsfrist nach Nummer 1 beendet wird.

(4) Bei hochradioaktiven Strahlenquellen hat der Strahlenschutzverantwortliche zusätzlich zu der Pflicht nach Absatz 1 Satz 1 dafür zu sorgen, dass dem Register über hochradioaktive Strahlenquellen beim Bundesamt für Strahlenschutz in gesicherter elektronischer Form Folgendes mitgeteilt wird:

1. bei Erwerb und Abgabe hochradioaktiver Strahlenquellen unverzüglich die Angaben entsprechend Anlage 9 sowie Änderungen der erfassten Angaben und

2. innerhalb eines Monats das Datum der Dichtheitsprüfung nach § 89 Absatz 2.

Der Strahlenschutzverantwortliche hat dafür zu sorgen, dass die zuständige Behörde unverzüglich über die Mitteilung unterrichtet wird.

(5) Die zuständige Behörde prüft innerhalb eines Monats die nach Absatz 4 Satz 1 übermittelten Daten auf Vollständigkeit und Übereinstimmung mit der erteilten Genehmigung nach § 9 des Atomgesetzes oder § 12 Absatz 1 Nummer 3 des Strahlenschutzgesetzes. Bei positiver Feststellung kennzeichnet sie die Daten als geprüft und richtig.

(6) Der Strahlenschutzverantwortliche hat dafür zu sorgen, dass die Messprotokolle zum Nachweis der Kontaminationsfreiheit oder Nichtaktivierung, die nach § 31 Absatz 5 erhoben werden, fünf Jahre aufbewahrt werden. Sie sind unverzüglich an eine von der zuständigen Behörde bestimmte Stelle zu übergeben, wenn die Tätigkeit vor Ablauf der Aufbewahrungsfrist beendet wird.

§ 86 Buchführung und Mitteilung bei der Freigabe

(1) Der Strahlenschutzverantwortliche, der Inhaber der Freigabe nach § 33 Absatz 1 ist, hat dafür zu sorgen, dass über die Stoffe, für die die Übereinstimmung mit dem Inhalt des Freigabebescheids festgestellt wurde,

1. Buch geführt wird; dabei sind die folgenden Angaben zu machen:

   a) die getroffenen Festlegungen nach den Anlagen 4 und 8, insbesondere die spezifische Aktivität, die Radionuklide, die Mittelungsmasse und die Mittelungsfläche,

   b) die Masse der Stoffe,

   c) das Verfahren der Freimessung und

   d) der Zeitpunkt der Feststellung und

2. der zuständigen Behörde mindestens jährlich folgende Angaben mitgeteilt werden:

   a) die Masse der Stoffe,

   b) die jeweilige Art der Freigabe nach § 35, § 36 oder § 37 Absatz 1 und

   c) bei einer spezifischen Freigabe zur Beseitigung sowie einer spezifischen Freigabe von Metallschrott zum Recycling der tatsächliche Verbleib.

(2) Der Strahlenschutzverantwortliche, der Inhaber der Freigabe nach § 33 Absatz 1 ist, hat dafür zu sorgen, dass die Unterlagen nach Absatz 1 Nummer 1

1. ab dem Zeitpunkt der nach § 42 Absatz 1 getroffenen Feststellung 30 Jahre aufbewahrt und auf Verlangen der zuständigen Behörde bei dieser hinterlegt werden oder

2. unverzüglich einer von der zuständigen Behörde bestimmten Stelle übergeben werden, wenn die Tätigkeit vor Ablauf der Aufbewahrungsfrist nach Nummer 1 beendet wird.

(3) Die zuständige Behörde kann im Einzelfall ganz oder teilweise von der Pflicht zur Buchführung und Mitteilung nach Absatz 1 befreien, wenn

1. die Halbwertszeit der Radionuklide sieben Tage nicht überschreitet und

2. durch Art und Aktivität der radioaktiven Stoffe keine Gefährdung von Mensch und Umwelt eintreten kann.

§ 87 Sicherung und Lagerung radioaktiver Stoffe

(1) Der Strahlenschutzverantwortliche hat dafür zu sorgen, dass

1. radioaktive Stoffe, deren Aktivität die Freigrenze der Anlage 4 Tabelle 1 Spalte 2 und deren spezifische Aktivität die Freigrenze der Anlage 4 Tabelle 1 Spalte 3 überschreitet, gegen Abhandenkommen, missbräuchliche Verwendung und den Zugriff durch unbefugte Personen gesichert werden und

2. radioaktive Stoffe, deren Aktivität die Freigrenze der Anlage 4 Tabelle 1 Spalte 2 und deren spezifische Aktivität die Freigrenze der Anlage 4 Tabelle 1 Spalte 3 um das 100fache überschreitet, zusätzlich in geschützten Räumen oder Schutzbehältern gelagert werden, solange sie nicht bearbeitet, verarbeitet oder sonst verwendet werden.

(2) Der Strahlenschutzverantwortliche hat dafür zu sorgen, dass Kernbrennstoffe so gelagert werden, dass während der Lagerung kein kritischer Zustand entstehen kann.

(3) Der Strahlenschutzverantwortliche hat dafür zu sorgen, dass radioaktive Stoffe, die Sicherheitsmaßnahmen aufgrund internationaler Verpflichtungen unterliegen, so gelagert werden, dass die Durchführung der Sicherheitsmaßnahmen nicht beeinträchtigt wird.

§ 88 Wartung und Prüfung

(1) Der Strahlenschutzverantwortliche hat dafür zu sorgen, dass

1. Anlagen zur Erzeugung ionisierender Strahlung, Bestrahlungsvorrichtungen und Geräte für die Gammaradiographie

a) mindestens einmal jährlich gewartet werden und

b) zwischen den Wartungen durch einen nach § 172 Absatz 1 Satz 1 Nummer 3 des Strahlenschutzgesetzes bestimmten Sachverständigen auf sicherheitstechnische Funktion, Sicherheit und Strahlenschutz geprüft werden und

2. der Prüfbericht nach Nummer 1 Buchstabe b der zuständigen Behörde auf Verlangen vorgelegt wird.

Satz 1 gilt nicht für die in § 17 Absatz 1 des Strahlenschutzgesetzes und § 7 genannten Anlagen.

(2) Die zuständige Behörde kann die Frist für die Prüfung durch einen Sachverständigen nach Absatz 1 Satz 1 Nummer 1 Buchstabe b bis auf drei Jahre verlängern bei

1. Bestrahlungsvorrichtungen für die Anwendung ionisierender Strahlung am Menschen, bei denen die enthaltene Aktivität das 1000fache des Wertes für hochradioaktive Strahlenquellen der Anlage 4 Tabelle 1 Spalte 4 unterschreitet,

2. Bestrahlungsvorrichtungen, die zur Blut- oder Produktbestrahlung verwendet werden und bei denen die enthaltene Aktivität das 1000fache des Wertes für hochradioaktive Strahlenquellen der Anlage 4 Tabelle 1 Spalte 4 unterschreitet, und

3. Geräten für die Gammaradiographie.

(3) Die zuständige Behörde kann im Einzelfall von der Pflicht nach Absatz 1 Satz 1 Nummer 1 Buchstabe b befreien, wenn

1. die Prüfung durch einen Sachverständigen aufgrund des erforderlichen geringen Prüfaufwands und der erforderlichen geringen Prüftiefe oder des geringen Gefahrenpotenzials der Anlage, der Vorrichtung oder des Geräts unverhältnismäßig wäre und

2. regelmäßig auf andere geeignete Weise die sicherheitstechnische Funktion, die Sicherheit und der Strahlenschutz der Anlage, der Vorrichtung oder des Geräts geprüft wird; die Prüfberichte sind der zuständigen Behörde auf Verlangen vorzulegen.

(4) Der Strahlenschutzverantwortliche hat dafür zu sorgen, dass

1. Röntgeneinrichtungen mindestens alle fünf Jahre durch einen nach § 172 Absatz 1 Satz 1 Nummer 1 des Strahlenschutzgesetzes bestimmten Sachverständigen insbesondere auf sicherheitstechnische Funktion, Sicherheit und Strahlenschutz geprüft werden und

2. der Prüfbericht der zuständigen Behörde auf Verlangen vorgelegt wird.

(5) Die zuständige Behörde kann zum Schutz Einzelner oder der Allgemeinheit anordnen, dass Störstrahler, deren Betrieb genehmigungsbedürftig ist, und nach § 17 Absatz 1 Satz 1 des Strahlenschutzgesetzes anzeigebedürftige Anlagen zur Erzeugung ionisierender Strahlung durch einen nach § 172 Absatz 1 Satz 1 Nummer 1 oder 3 des Strahlenschutzgesetzes bestimmten Sachverständigen auf sicherheitstechnische Funktion, Sicherheit und Strahlenschutz zu prüfen sind und die Prüfung in bestimmten Zeitabständen zu wiederholen ist. Der Strahlenschutzverantwortliche hat dafür zu sorgen, dass der Prüfbericht der zuständigen Behörde auf Verlangen vorgelegt wird.

§ 89 Dichtheitsprüfung

(1) Der Strahlenschutzverantwortliche hat dafür zu sorgen, dass die Unversehrtheit und Dichtheit der Umhüllung bei umschlossenen radioaktiven Stoffen, deren Aktivität die Freigrenzen der Anlage 4 Tabelle 1 Spalte 2 überschreitet, in geeigneter Weise geprüft werden und die Prüfung in bestimmten Zeitabständen wiederholt wird. Die zuständige Behörde kann anordnen, dass und in welchen Zeitabständen die Prüfung durch einen nach § 172 Absatz 1 Satz 1 Nummer 4 des Strahlenschutzgesetzes bestimmten Sachverständigen durchzuführen ist.

Der Strahlenschutzverantwortliche hat dafür zu sorgen, dass der Prüfbericht der zuständigen Behörde auf Verlangen vorgelegt wird. Satz 1 findet keine Anwendung auf umschlossene radioaktive Stoffe, die als radioaktive Abfälle abgeliefert wurden. Die zuständige Behörde kann im Einzelfall ganz oder teilweise von der Pflicht nach Satz 1 befreien, wenn dadurch keine Gefährdung von Mensch und Umwelt eintreten kann.

(2) Der Strahlenschutzverantwortliche hat dafür zu sorgen, dass bei hochradioaktiven Strahlenquellen die Dichtheitsprüfung mindestens einmal jährlich erfolgt, sofern die zuständige Behörde nicht einen anderen Zeitraum bestimmt. Absatz 1 Satz 2 bis 4 gilt entsprechend.

(3) Ist die Umhüllung umschlossener radioaktiver Stoffe oder die Vorrichtung, die, die radioaktiven Stoffe enthält, mechanisch beschädigt oder korrodiert oder war sie einem Brand ausgesetzt, hat der Strahlenschutzverantwortliche dafür zu sorgen, dass

1. die Umhüllung des umschlossenen radioaktiven Stoffes vor dessen Weiterverwendung durch einen nach § 172 Absatz 1 Satz 1 Nummer 4 des Strahlenschutzgesetzes bestimmten Sachverständigen auf Dichtheit geprüft wird und

2. der Prüfbericht der zuständigen Behörde auf Verlangen vorgelegt wird.

(4) Der Strahlenschutzverantwortliche hat dafür zu sorgen, dass festgestellte Undichtheiten und Mängel an der Unversehrtheit der zuständigen Behörde unverzüglich mitgeteilt werden.

§ 90 Strahlungsmessgeräte

(1) Der Strahlenschutzverantwortliche hat dafür zu sorgen, dass zur Messung der Personendosis, der Ortsdosis, der Ortsdosisleistung, der Oberflächenkontamination und der Aktivität von Luft und Wasser geeignete Strahlungsmessgeräte verwendet werden.

(2) Der Strahlenschutzverantwortliche hat dafür zu sorgen, dass Messgeräte für Photonenstrahlung der in § 1 Absatz 1 Nummer 13 der Mess- und Eichverordnung bezeichneten Art für nachfolgende Zwecke nur verwendet werden, wenn sie dem Mess- und Eichgesetz entsprechen:

1. für die physikalische Strahlenschutzkontrolle mittels Messung

    a) der Personendosis nach § 65 Absatz 1 Satz 1, § 66 Absatz 2 Satz 4 oder Absatz 5 oder

    b) der Ortsdosis oder Ortsdosisleistung nach § 65 Absatz 1 Satz 2 Nummer 1,

2. für Messungen zur Abgrenzung von Strahlenschutzbereichen oder zur Festlegung von Aufenthaltszeiten von Personen in Strahlenschutzbereichen,

3. bei Röntgeneinrichtungen für Messungen zum Nachweis des Vorliegens

    a) der Genehmigungsvoraussetzungen nach § 13 Absatz 1 Nummer 6 Buchstabe b des Strahlenschutzgesetzes oder

    b) der Anzeigevoraussetzungen nach § 19 Absatz 3 Nummer 1 Buchstabe c des Strahlenschutzgesetzes, oder

4. für Messungen im Rahmen der Qualitätssicherung vor Inbetriebnahme nach § 115 bei Röntgeneinrichtungen zur Untersuchung von Menschen.

Sind für bestimmte Messzwecke keine dem Mess- und Eichgesetz entsprechenden Messgeräte für Photonenstrahlung nach Satz 1 erhältlich, kann die zuständige Behörde im Einzelfall die Verwendung anderer Strahlungsmessgeräte gestatten, wenn diese für den Messzweck geeignet sind.

(3) Der Strahlenschutzverantwortliche hat dafür zu sorgen, dass Strahlungsmessgeräte, die dazu bestimmt sind, fortlaufend zu messen, um bei Notfällen, Störfällen oder sonstigen be-

deutsamen Vorkommnissen vor Gefahren für Mensch und Umwelt zu warnen, nur verwendet werden, wenn ihr Versagen durch ein deutlich wahrnehmbares Signal angezeigt wird, sofern nicht zwei oder mehrere voneinander unabhängige Messvorrichtungen dem gleichen Messzweck dienen.

(4) Der Strahlenschutzverantwortliche, der Inhaber der Freigabe nach § 33 Absatz 1 ist, hat dafür zu sorgen, dass bei einer Freimessung nach § 42 Absatz 2 geeignete Strahlungsmessgeräte verwendet werden.

(5) Der Strahlenschutzverantwortliche hat dafür zu sorgen, dass

1. die Strahlungsmessgeräte nach den Absätzen 1 bis 4

    a) den Anforderungen des Messzwecks genügen,

    b) in ausreichender Zahl vorhanden sind und

    c) regelmäßig auf ihre Funktionstüchtigkeit geprüft und gewartet werden,

2. Zeitpunkt und Ergebnis der Funktionsprüfung und Wartung aufgezeichnet werden,

3. die Aufzeichnungen zehn Jahre ab dem Zeitpunkt der Funktionsprüfung oder Wartung aufbewahrt und der zuständigen Behörde auf Verlangen vorgelegt oder bei einer von ihr zu bestimmenden Stelle hinterlegt werden.

Im Fall der Freimessung nach § 42 Absatz 2 hat der Strahlenschutzverantwortliche, der Inhaber der Freigabe nach § 33 Absatz 1 ist, für die Erfüllung der Pflichten nach Satz 1 zu sorgen.

§ 91 Kennzeichnungspflicht

(1) Der Strahlenschutzverantwortliche hat dafür zu sorgen, dass folgende Gegenstände, Anlagen und Bereiche mit Strahlenzeichen nach Anlage 10 gekennzeichnet werden:

1. Räume, Geräte, Vorrichtungen, Schutzbehälter, Aufbewahrungsbehältnisse und Umhüllungen für radioaktive Stoffe, mit denen nur aufgrund einer Genehmigung nach § 6 Absatz 1 Satz 1 oder Absatz 3 Satz 1, § 7 Absatz 1 Satz 1, Absatz 3 Satz 1 oder Absatz 5, § 9 Absatz 1 oder § 9b Absatz 1a Satz 1 des Atomgesetzes, eines Planfeststellungsbeschlusses nach § 9b Absatz 1 Satz 1 des Atomgesetzes oder einer Genehmigung nach § 12 Absatz 1 Nummer 3 des Strahlenschutzgesetzes umgegangen werden darf,

2. Anlagen zur Erzeugung ionisierender Strahlung,

3. Kontrollbereiche und Sperrbereiche,

4. Bereiche, in denen die Kontamination die in § 57 Absatz 2 Satz 1 genannten Werte überschreitet.

Die Strahlenzeichen sind in ausreichender Anzahl deutlich sichtbar und dauerhaft anzubringen. Die Kennzeichnung muss mit Ausnahme von Kontrollbereichen und Sperrbereichen die Worte „Vorsicht – Strahlung", „Radioaktiv", „Kernbrennstoffe" oder „Kontamination" enthalten, soweit dies nach Größe und Beschaffenheit des zu kennzeichnenden Gegenstandes möglich ist.

(2) Die Kennzeichnung ist nicht erforderlich bei Behältnissen oder Geräten, die innerhalb eines Kontrollbereiches in dafür vorgesehenen Bereichen verwendet werden, solange

1. die Person, die mit dieser Verwendung betraut ist, in diesen Bereichen anwesend ist oder

2. diese Bereiche gegen unbeabsichtigten Zutritt gesichert sind.

Satz 1 gilt nicht für Behältnisse und Geräte, die hochradioaktive Strahlenquellen enthalten.

(3) Der Strahlenschutzverantwortliche hat dafür zu sorgen, dass Schutzbehälter und Aufbewahrungsbehältnisse, die gemäß Absatz 1

gekennzeichnet sind, nur zur Aufbewahrung von radioaktiven Stoffen verwendet werden.

§ 92 Besondere Kennzeichnungspflichten

(1) Der Strahlenschutzverantwortliche hat dafür zu sorgen, dass

1. eine hochradioaktive Strahlenquelle, soweit technisch möglich, und ihre Schutzbehälter oder Aufbewahrungsbehältnisse bei der Herstellung zusätzlich zur Kennzeichnung mit dem Strahlenzeichen nach Anlage 10 sichtbar und dauerhaft mit einer unverwechselbaren Identifizierungsnummer gekennzeichnet werden und

2. die aufgebrachte Identifizierungsnummer dem Bundesamt für Strahlenschutz innerhalb Monatsfrist mitgeteilt wird.

Ist die zusätzliche Kennzeichnung der hochradioaktiven Strahlenquelle technisch nicht möglich oder werden wiederverwendbare Schutzbehälter oder Aufbewahrungsbehältnisse verwendet, so sind diese neben der Kennzeichnung mit dem Strahlenzeichen zusätzlich mit der Angabe „hochradioaktive Strahlenquelle" zu versehen.

(2) Der Strahlenschutzverantwortliche hat dafür zu sorgen, dass alle Vorratsbehälter, die offene radioaktive Stoffe enthalten, deren Aktivität das 10^4fache der Werte der Anlage 4 Tabelle 1 Spalte 2 überschreitet, so gekennzeichnet werden, dass folgende Einzelheiten feststellbar sind:

1. Radionuklid,

2. chemische Verbindung,

3. Tag der Abfüllung,

4. Aktivität am Tag der Abfüllung oder an einem daneben besonders zu bezeichnenden Stichtag,

5. Strahlenschutzverantwortlicher zum Zeitpunkt der Abfüllung und

6. Name desjenigen, der die radioaktiven Stoffe abgefüllt hat.

Kennnummern, Zeichen und sonstige Abkürzungen dürfen dabei nur verwendet werden, wenn diese allgemein bekannt oder ohne weiteres aus der Buchführung nach § 85 Absatz 1 Satz 1 Nummer 2 zu entnehmen sind.

(3) Für Vorrichtungen, die umschlossene radioaktive Stoffe oder festhaftend in offener Form enthalten, deren Aktivität die Werte der Anlage 4 Tabelle 1 Spalte 4 überschreitet, gilt Absatz 2 entsprechend.

§ 93 Entfernen von Kennzeichnungen

(1) Der Strahlenschutzverantwortliche hat dafür zu sorgen, dass Kennzeichnungen nach § 91 Absatz 1 von Gegenständen entfernt werden, die gemäß § 58 Absatz 2 Satz 1 aus Strahlenschutzbereichen herausgebracht worden sind.

(2) Der Strahlenschutzverantwortliche, der Inhaber der Freigabe nach § 33 Absatz 1 ist, hat dafür zu sorgen, dass nach einer Freigabe nach § 31 Absatz 1 Kennzeichnungen nach § 91 Absatz 1 entfernt werden.

§ 94 Abgabe radioaktiver Stoffe

(1) Der Strahlenschutzverantwortliche hat dafür zu sorgen, dass Stoffe, mit denen nur aufgrund einer Genehmigung nach § 6 Absatz 1 Satz 1 oder Absatz 3 Satz 1, § 7 Absatz 1 Satz 1, Absatz 3 Satz 1 oder Absatz 5, § 9 Absatz 1 oder § 9b Absatz 1a Satz 1 des Atomgesetzes, eines Planfeststellungsbeschlusses nach § 9b Absatz 1 Satz 1 des Atomgesetzes oder einer Genehmigung nach § 12 Absatz 1 Nummer 1 oder 3 des Strahlenschutzgesetzes umgegangen werden darf, nur an Personen abgegeben werden, die die erforderliche Genehmigung besitzen.

(2) Bei der Abgabe umschlossener radioaktiver Stoffe zur weiteren Verwendung hat der

Strahlenschutzverantwortliche dafür zu sorgen, dass dem Erwerber nach Satz 2 bescheinigt wird, dass die Umhüllung dicht und kontaminationsfrei ist. Die Bescheinigung muss die die Prüfung ausführende Stelle sowie Datum, Art und Ergebnis der Prüfung enthalten.

(3) Der Strahlenschutzverantwortliche hat dafür zu sorgen, dass hochradioaktive Strahlenquellen nur abgegeben werden, wenn ihnen eine Dokumentation des Herstellers beigefügt ist, die Folgendes enthält:

1. die Identifizierungsnummer,

2. Angaben über die Art und die Aktivität der Strahlenquelle und

3. Fotografien oder technische Zeichnungen

   a) des Typs der Strahlenquelle,

   b) eines typischen Schutzbehälters oder Aufbewahrungsbehältnisses und

   c) eines geeigneten Transportbehälters.

Liegt eine Dokumentation des Herstellers nach Satz 1 nicht vor, hat der Strahlenschutzverantwortliche dafür zu sorgen, dass hochradioaktive Strahlenquellen nur abgegeben werden, wenn ihnen die Bescheinigung eines Sachverständigen, die die Angaben nach Satz 1 Nummer 1 und 2 enthält, sowie eigene Fotografien oder technische Zeichnungen, die Satz 1 Nummer 3 entsprechen, beigefügt werden.

(4) Der Strahlenschutzverantwortliche hat dafür zu sorgen, dass hochradioaktive Strahlenquellen, mit denen nicht mehr umgegangen wird oder umgegangen werden soll, nach Beendigung des Gebrauchs

1. an den Hersteller, den Verbringer oder einen anderen Genehmigungsinhaber abgegeben werden oder

2. als radioaktiver Abfall abgeliefert oder zwischengelagert werden.

(5) Der Strahlenschutzverantwortliche hat dafür zu sorgen, dass radioaktive Stoffe, die zur Beförderung oder Weiterbeförderung auf öffentlichen oder der Öffentlichkeit zugänglichen Verkehrswegen unbeschadet des § 4 der Atomrechtlichen Entsorgungsverordnung abgegeben werden, durch Personen befördert werden, die nach § 4 des Atomgesetzes oder nach den §§ 27 oder 28 des Strahlenschutzgesetzes zur Beförderung berechtigt sind. Der Strahlenschutzverantwortliche hat ferner dafür zu sorgen, dass die radioaktiven Stoffe bei der Übergabe unter Beachtung der für den jeweiligen Verkehrsträger geltenden Rechtsvorschriften verpackt sind. Fehlen solche Rechtsvorschriften, sind die radioaktiven Stoffe gemäß den Anforderungen zu verpacken, die sich nach dem Stand von Wissenschaft und Technik für den beabsichtigten Verkehrsträger ergeben. Zur Weiterbeförderung dürfen die Stoffe nicht abgegeben werden, wenn die Verpackung offensichtlich beschädigt oder undicht ist.

(6) Wer radioaktive Stoffe befördert, hat dafür zu sorgen, dass diese Stoffe nur an den Empfänger oder an eine von diesem zum Empfang berechtigte Person übergeben werden. Bis zu der Übergabe hat er für den erforderlichen Schutz gegen Abhandenkommen, Störmaßnahmen oder sonstige Einwirkung Dritter zu sorgen. Die zuständige Behörde kann im Einzelfall Ausnahmen von Satz 1 zulassen, sofern der erforderliche Schutz gegen Abhandenkommen, Störmaßnahmen oder sonstige Einwirkungen Dritter sichergestellt ist.

§ 95 Rücknahme hochradioaktiver Strahlenquellen

Wer hochradioaktive Strahlenquellen hergestellt oder aus einem Staat, der nicht Mitgliedstaat der Europäischen Union ist, in den Geltungsbereich dieser Verordnung eingeführt oder aus einem Mitgliedstaat der Europäischen Union in den Geltungsbereich dieser Verordnung verbracht hat, hat diese zurückzunehmen oder sicherzustellen, dass sie von Dritten zurückgenommen werden können.

§ 96 Überlassen von Störstrahlern

(1) Der Hersteller und der Einführer dürfen einem anderen einen Störstrahler zum genehmigungsfreien Betrieb nur überlassen, wenn dieser den in Anlage 3 Teil D Nummer 1 bis 3 genannten Voraussetzungen entsprechend beschaffen ist.

(2) Der Hersteller und der Einführer dürfen einem anderen einen Störstrahler, dessen Betrieb genehmigungsbedürftig ist, nur überlassen, wenn der Störstrahler einen deutlich sichtbaren Hinweis auf die Genehmigungsbedürftigkeit enthält.

(3) Die zuständige Behörde kann zum Schutz Einzelner oder der Allgemeinheit anordnen, dass der Hersteller oder Einführer die für den Strahlenschutz wesentlichen Merkmale eines Störstrahlers, der genehmigungsfrei betrieben werden darf und der nicht bauartzugelassen ist, prüfen lässt, bevor er den Störstrahler einem anderen überlässt.

§ 97 Aufbewahrung und Bereithalten von Unterlagen

(1) Der Strahlenschutzverantwortliche hat dafür zu sorgen, dass bei genehmigungsbedürftigen Tätigkeiten nach § 12 Absatz 1 des Strahlenschutzgesetzes eine Ausfertigung des Genehmigungsbescheides dauerhaft aufbewahrt wird.

(2) Der Strahlenschutzverantwortliche hat auch dafür zu sorgen, dass die Betriebsanleitung bereitgehalten wird bei

1. Anlagen zur Erzeugung ionisierender Strahlung,

2. Röntgeneinrichtungen,

3. Störstrahlern und

4. Vorrichtungen oder Geräten, die umschlossene radioaktive Stoffe enthalten.

(3) Der Strahlenschutzverantwortliche hat außerdem dafür zu sorgen, dass Folgendes bereitgehalten wird:

1. bei genehmigungsbedürftigen Anlagen zur Erzeugung ionisierender Strahlung der letzte Prüfbericht nach § 88 Absatz 1 Satz 1 Nummer 1 Buchstabe b,

2. bei anzeigebedürftigen Anlagen zur Erzeugung ionisierender Strahlung der letzte Prüfbericht nach § 88 Absatz 5,

3. bei Bestrahlungsvorrichtungen und Geräten für die Gammaradiographie jeweils der letzte Prüfbericht nach § 88 Absatz 1 Satz 1 Nummer 1 Buchstabe b und § 89 Absatz 1,

4. bei genehmigungsbedürftigen Röntgeneinrichtungen der letzte Prüfbericht nach § 88 Absatz 4 Nummer 1,

5. bei anzeigebedürftigen Röntgeneinrichtungen

    a) die Bescheinigung eines behördlich bestimmten Sachverständigen nach § 19 Absatz 3 Satz 1 Nummer 1 des Strahlenschutzgesetzes,

    b) der letzte Prüfbericht nach § 88 Absatz 4 Nummer 1 und

    c) die Bescheinigungen über Sachverständigenprüfungen nach wesentlichen Änderungen des Betriebes der Röntgeneinrichtung und

6. bei genehmigungsbedürftigen Störstrahlern der letzte Prüfbericht nach § 88 Absatz 5.

§ 98 Einweisung in Tätigkeiten mit Strahlungsquellen

Der Strahlenschutzverantwortliche hat dafür zu sorgen, dass bei der Anwendung am Menschen oder der Anwendung am Tier in der Tierheilkunde

1. die beim Betrieb einer Anlage zur Erzeugung ionisierender Strahlung, einer Bestrahlungsvorrichtung oder einer Röntgeneinrichtung beschäftigten Personen anhand einer deutschsprachigen Betriebsan-

leitung durch eine entsprechend qualifizierte Person in die sachgerechte Handhabung eingewiesen werden,

2. die Einweisung bei der ersten Inbetriebnahme durch eine entsprechend qualifizierte Person des Herstellers oder Lieferanten vorgenommen wird,

3. über die Einweisung unverzüglich Aufzeichnungen angefertigt werden und

4. die Aufzeichnungen für die Dauer des Betriebes aufbewahrt werden.

Satz 1 ist auch anzuwenden bei der Anwendung von Röntgenstrahlung außerhalb der Anwendung am Menschen oder der Anwendung am Tier in der Tierheilkunde sowie im Zusammenhang mit dem Betrieb von Störstrahlern.

Abschnitt 6
Schutz der Bevölkerung und der Umwelt

§ 99 Begrenzung der Ableitung radioaktiver Stoffe

(1) Für die Planung, die Errichtung, den Betrieb, die Stilllegung, den sicheren Einschluss und den Abbau von kerntechnischen Anlagen, Anlagen im Sinne des § 9a Absatz 3 Satz 1 erster Halbsatz zweiter Satzteil des Atomgesetzes, Anlagen zur Erzeugung ionisierender Strahlung und Einrichtungen betragen die Grenzwerte der effektiven Dosis der durch Ableitungen radioaktiver Stoffe mit Luft oder Wasser aus diesen Anlagen oder Einrichtungen jeweils bedingten Exposition für Einzelpersonen der Bevölkerung 0,3 Millisievert im Kalenderjahr.

(2) Sind für die Einhaltung des Dosisgrenzwerts nach § 80 Absatz 1 des Strahlenschutzgesetzes mehrere Tätigkeiten zu betrachten, so hat die zuständige Behörde darauf hinzuwirken, dass auch die Dosisgrenzwerte des Absatzes 1 durch die Gesamtheit der Ableitungen radioaktiver Stoffe aus diesen Tätigkeiten mit Luft oder mit Wasser eingehalten werden.

(3) Der Strahlenschutzverantwortliche hat für die Einhaltung der Grenzwerte des Absatzes 1 zu sorgen.

(4) Der Strahlenschutzverantwortliche hat dafür zu sorgen, dass radioaktive Stoffe nicht unkontrolliert in die Umwelt abgeleitet werden.

§ 100 Ermittlung der für Einzelpersonen der Bevölkerung zu erwartenden Exposition

(1) Im Rahmen des Genehmigungs- oder Anzeigeverfahrens für Tätigkeiten nach § 4 Absatz 1 Nummer 1 und Nummer 3 bis Nummer 8 des Strahlenschutzgesetzes sowie für in der Überwachung verbleibende Rückstände nach § 63 Absatz 1 des Strahlenschutzgesetzes hat der Strahlenschutzverantwortliche die zu erwartende Exposition für eine repräsentative Person unter Berücksichtigung der in Anlage 11 Teil A bis C oder, im Fall von in der Überwachung verbleibenden Rückständen, der in Anlage 6 genannten Expositionspfade, Lebensgewohnheiten der repräsentativen Person und der dort genannten übrigen Annahmen zu ermitteln. Die zuständige Behörde kann davon ausgehen, dass die Grenzwerte des § 80 des Strahlenschutzgesetzes und des § 99 dieser Verordnung eingehalten sind, wenn dies unter Zugrundelegung der Allgemeinen Verwaltungsvorschriften nach Absatz 3 Satz 1 nachgewiesen wird.

(2) Die Ermittlung nach Absatz 1 ist nicht erforderlich

1. bei Tätigkeiten nach § 4 Absatz 1 Nummer 7 des Strahlenschutzgesetzes, die einer Anzeige nach § 17 Absatz 1 des Strahlenschutzgesetzes bedürfen,

2. bei Tätigkeiten nach § 4 Absatz 1 Nummer 8 des Strahlenschutzgesetzes,

    a) die im Zusammenhang mit der Anwendung am Menschen oder der Anwendung am Tier in der Tierheilkunde ausgeübt werden oder

b) die einer Anzeige nach § 19 Absatz 1 Nummer 2 des Strahlenschutzgesetzes bedürfen, oder

c) die nicht von den Buchstaben a oder b erfasst werden, sofern keine Anhaltspunkte vorliegen, dass die in § 99 Absatz 1 genannten Grenzwerte oder die Grenzwerte des § 80 Absatz 1 und 2 des Strahlenschutzgesetzes aufgrund von Tätigkeiten nach § 4 Absatz 1 Satz 1 des Strahlenschutzgesetzes an diesem Standort oder anderen nach § 99 Absatz 2 einzubeziehenden Standorten überschritten werden können, oder

3. wenn die zuständige Behörde nach § 102 Absatz 2 Satz 1 von der Festlegung von Aktivitätsmengen und Aktivitätskonzentrationen absieht.

(3) Die Bundesregierung erlässt mit Zustimmung des Bundesrates Allgemeine Verwaltungsvorschriften über zugrunde zu legende Annahmen und Berechnungsverfahren für die Ermittlung der zu erwartenden Exposition einer repräsentativen Person. Die Kriterien für die nach § 80 Absatz 4 des Strahlenschutzgesetzes und § 99 Absatz 2 dieser Verordnung erforderliche Berücksichtigung anderer Tätigkeiten werden ebenfalls in die Allgemeinen Verwaltungsvorschriften aufgenommen.

(4) Die zuständige Behörde kann zur Ermittlung der zu erwartenden Exposition bei anderen Behörden folgende Angaben zu anderen, bereits genehmigten oder angezeigten Tätigkeiten sowie zu Tätigkeiten in anderen laufenden Genehmigungs- oder Anzeigeverfahren anfordern:

1. tatsächliche oder erwartete Ableitungen mit der Fortluft oder mit dem Abwasser,

2. Daten zu meteorologischen und hydrologischen Ausbreitungsverhältnissen,

3. tatsächliche oder erwartete Körperdosen durch Direktstrahlung.

§ 101 Ermittlung der von Einzelpersonen der Bevölkerung erhaltenen Exposition

(1) Die zuständige Behörde hat jährlich die von einer repräsentativen Person im vorhergehenden Kalenderjahr erhaltenen Körperdosen nach § 80 Absatz 1 und 2 des Strahlenschutzgesetzes unter Berücksichtigung der in Anlage 11 Teil A bis C oder, im Fall von in der Überwachung verbleibenden Rückständen, der in Anlage 6 genannten Expositionspfade, Lebensgewohnheiten der repräsentativen Person und der dort genannten übrigen Annahmen für folgende genehmigte oder angezeigte Tätigkeiten zu ermitteln:

1. Tätigkeiten nach § 4 Absatz 1 Nummer 1 und 3 bis 7 des Strahlenschutzgesetzes,

2. Beseitigung oder Verwertung von in der Überwachung verbleibenden Rückständen nach § 63 Absatz 1 des Strahlenschutzgesetzes.

Die Ermittlung der Exposition hat realitätsnah zu erfolgen. Die Bundesregierung erlässt mit Zustimmung des Bundesrates Allgemeine Verwaltungsvorschriften über weitere zu treffende Annahmen und über anzuwendende Berechnungsverfahren für die Ermittlung der von einer repräsentativen Person erhaltenen Exposition.

(2) Die Ermittlung nach Absatz 1 ist nicht erforderlich bei

1. Tätigkeiten im Zusammenhang mit der Anwendung am Menschen zu nichtmedizinischen Zwecken in Bezug auf die Exposition derjenigen Person, an der die ionisierende Strahlung oder der radioaktive Stoff angewandt wird,

2. Tätigkeiten, im Zusammenhang mit der Anwendung am Tier in der Tierheilkunde, auch nach Entlassung des Tieres, in Bezug auf die Exposition der Tierbegleitperson,

3. Tätigkeiten nach § 4 Absatz 1 Nummer 7 des Strahlenschutzgesetzes, die einer Anzeige nach § 17 Absatz 1 des Strahlenschutzgesetzes bedürfen,

4. Tätigkeiten nach § 4 Absatz 1 Nummer 1 und 7 des Strahlenschutzgesetzes in den Fällen, in denen die effektive Dosis 0,1 Millisievert im Kalenderjahr nicht überschreitet.

(3) Liegen der zuständigen Behörde Anhaltspunkte für eine Überschreitung der Grenzwerte nach § 80 des Strahlenschutzgesetzes vor, so sind in die Ermittlung der Körperdosen nach § 80 Absatz 1 und 2 des Strahlenschutzgesetzes alle weiteren Tätigkeiten einzubeziehen, die auch im Zulassungsverfahren einbezogen wurden.

(4) Zur Ermittlung der von einer repräsentativen Person erhaltenen Exposition kann die zuständige Behörde anordnen, dass der Strahlenschutzverantwortliche zu Tätigkeiten nach Absatz 1 folgende Daten mindestens jährlich zu ermitteln und mitzuteilen hat:

1. falls radioaktive Stoffe abgeleitet werden, die zur Beschreibung der meteorologischen und hydrologischen Ausbreitungsverhältnisse erforderlichen Daten, ergänzend zu den Angaben nach § 103 Absatz 1,

2. Daten, die für eine Ermittlung der durch Direktstrahlung erzeugten Exposition der repräsentativen Person geeignet sind.

(5) Die zuständige Behörde hat die von ihr ermittelten Expositionen der repräsentativen Personen zu dokumentieren. Sie sind allen Interessenträgern auf Anfrage zur Verfügung zu stellen. Jedenfalls für die Tätigkeiten nach Absatz 1 Nummer 1 sind die ermittelten Expositionen jährlich zu veröffentlichen.

(6) Zuständig für die Ermittlung nach Absatz 1 Satz 1 Nummer 1 ist das Bundesamt für Strahlenschutz, soweit die dort genannten Tätigkeiten auf dem Betriebsgelände von Anlagen oder Einrichtungen nach §§ 6, 7, 9 oder § 9b des Atomgesetzes ausgeübt werden.

§ 102 Zulässige Ableitungen radioaktiver Stoffe

(1) Für den Betrieb, die Stilllegung, den sicheren Einschluss und den Abbau von kerntechnischen Anlagen, Anlagen im Sinne des § 9a Absatz 3 Satz 1 erster Halbsatz zweiter Satzteil des Atomgesetzes, Anlagen zur Erzeugung ionisierender Strahlung und Einrichtungen legt die zuständige Behörde die zulässigen Ableitungen radioaktiver Stoffe mit Luft und Wasser durch Begrenzung der Aktivitätskonzentrationen oder Aktivitätsmengen fest. Der Nachweis der Einhaltung der Grenzwerte des § 99 Absatz 1 gilt als erbracht, wenn diese Begrenzungen nicht überschritten werden.

(2) Bei Anlagen oder Einrichtungen nach Absatz 1, die keiner Genehmigung nach §§ 6, 7, 9 oder 9b des Atomgesetzes und keines Planfeststellungsbeschlusses nach § 9b des Atomgesetzes bedürfen, kann die zuständige Behörde von der Festlegung von Aktivitätsmengen und Aktivitätskonzentrationen absehen und den Nachweis nach § 100 Absatz 1 zur Einhaltung der in § 99 Absatz 1 genannten Grenzwerte als erbracht ansehen, wenn die nach Anlage 11 Teil D zulässigen Aktivitätskonzentrationen für Ableitungen radioaktiver Stoffe mit Luft oder Wasser aus Strahlenschutzbereichen der betreffenden Anlagen oder Einrichtungen im Jahresdurchschnitt nicht überschritten werden. Werden die Werte der Anlage 11 Teil D eingehalten, so ist davon auszugehen, dass die effektive Dosis durch Ableitungen radioaktiver Stoffe aus dieser Tätigkeit mit Luft oder Wasser den Bereich von 10 Mikrosievert im Kalenderjahr jeweils nicht überschreitet. Soweit die zuständige Behörde nichts anderes festlegt, sind die zulässigen Aktivitätskonzentrationen an der Grenze eines Strahlenschutzbereiches einzuhalten. Satz 1 findet keine Anwendung, wenn der zuständigen Behörde Anhaltspunkte vorliegen, dass die in § 99 Absatz 1 genannten Grenzwerte oder die Grenzwerte des § 80 Absatz 1 und 2 des Strahlenschutzgesetzes an einem Standort durch Ableitungen oder Direktstrahlung aus in Absatz 1 genannten Anlagen oder

Einrichtungen an diesem Standort oder anderen nach § 99 Absatz 2 einzubeziehenden Standorten überschritten werden können.

§ 103 Emissions- und Immissionsüberwachung

(1) Der Strahlenschutzverantwortliche hat dafür zu sorgen, dass Ableitungen aus kerntechnischen Anlagen, Anlagen im Sinne des § 9a Absatz 3 Satz 1 erster Halbsatz zweiter Satzteil des Atomgesetzes, Anlagen zur Erzeugung ionisierender Strahlung und Einrichtungen

1. überwacht werden und

2. der zuständigen Behörde mindestens jährlich mitgeteilt werden; die Ableitungen sind nach Art und Aktivität zu spezifizieren.

Die zuständige Behörde kann von der Mitteilungspflicht ganz oder teilweise befreien, wenn sie auf andere Weise hinreichend abschätzen kann, dass die Grenzwerte des § 99 Absatz 1 unter Berücksichtigung von § 99 Absatz 2 durch die Ableitungen nicht überschritten werden. Satz 2 gilt nicht für Anlagen zur Spaltung von Kernbrennstoffen zur gewerblichen Erzeugung von Elektrizität und von Anlagen zur Aufarbeitung bestrahlter Kernbrennstoffe.

(2) Die zuständige Behörde kann anordnen, dass bei dem Betrieb, der Stilllegung, dem sicheren Einschluss und dem Abbau von kerntechnischen Anlagen, Anlagen im Sinne des § 9a Absatz 3 Satz 1 zweiter Satzteil des Atomgesetzes, Anlagen zur Erzeugung ionisierender Strahlung und Einrichtungen die Aktivität von Proben aus der Umgebung sowie Ortsdosen zur Überwachung der Exposition durch Direktstrahlung nach einem festzulegenden Plan durch Messung bestimmt werden und dass die Messergebnisse aufzuzeichnen, der zuständigen Behörde auf Verlangen vorzulegen und der Öffentlichkeit zugänglich zu machen sind. Die zuständige Behörde kann die Stelle bestimmen, die die Messungen vorzunehmen hat.

(3) Zur Sicherstellung eines bundeseinheitlichen Qualitätsstandards bei der Emissions- und Immissionsüberwachung führen die in Anlage 12 genannten Verwaltungsbehörden des Bundes als Leitstellen Vergleichsmessungen und Vergleichsanalysen durch. Die Leitstellen haben ferner die Aufgabe, Probenahme-, Analyse- und Messverfahren zu entwickeln und festzulegen sowie die Daten der Emissions- und Immissionsüberwachung zusammenzufassen, aufzubereiten und zu dokumentieren. Die Physikalisch-Technische Bundesanstalt stellt Radioaktivitätsstandards für Vergleichsmessungen und Referenzmessfelder zur Messung der Gamma-Ortsdosisleitung der Umgebungsstrahlung bereit.

(4) Zur Überprüfung der Emissionsmessungen nach Absatz 1 führt das Bundesamt für Strahlenschutz Kontrollmessungen durch und teilt die Messergebnisse der zuständigen Behörde mit. Im Einvernehmen mit dem Bundesamt für Strahlenschutz kann die zuständige Behörde oder eine von ihr beauftragte öffentliche Stelle im Einzelfall die Kontrollmessungen durchführen, wenn die Qualität der Messungen gewährleistet ist. Der Strahlenschutzverantwortliche und die von ihm beauftragen Messstellen haben die Kontrollmessungen zu dulden. Der Strahlenschutzverantwortliche hat zur Sicherung der Qualität seiner Emissionsmessungen an Vergleichsmessungen und Vergleichsanalysen des Bundesamtes für Strahlenschutz teilzunehmen. Die Qualität der Kontrollmessungen ist ebenfalls durch Teilnahme an diesen Ringversuchen zu sichern. Für die Durchführung der Kontrollmessungen sowie für die Teilnahme an den Vergleichsmessungen und Vergleichsanalysen werden Gebühren und Auslagen erhoben.

§ 104 Begrenzung der Exposition durch Störfälle

(1) Der Strahlenschutzverantwortliche hat dafür zu sorgen, dass bei der Planung baulicher oder sonstiger technischer Schutzmaßnahmen gegen Störfälle in oder an einem Kernkraftwerk, das der Erzeugung von Elektrizität dient, bis zur Stilllegung nach § 7 Absatz 3 des Atomgesetzes unbeschadet der Forderungen des § 8 des

Strahlenschutzgesetzes in der Umgebung der Anlage durch Freisetzung radioaktiver Stoffe in die Umgebung höchstens folgende Körperdosen zugrunde gelegt werden:

1. eine effektive Dosis von 50 Millisievert,

2. eine Organ-Äquivalentdosis der Schilddrüse von 150 Millisievert,

3. eine Organ-Äquivalentdosis der Haut, der Hände, der Unterarme, der Füße und Knöchel von jeweils 500 Millisievert,

4. eine Organ-Äquivalentdosis der Augenlinse, der Keimdrüsen, der Gebärmutter und des Knochenmarks (rot) von jeweils 50 Millisievert,

5. eine Organ-Äquivalentdosis der Knochenoberfläche von 300 Millisievert und

6. eine Organ-Äquivalentdosis des Dickdarms, der Lunge, des Magens, der Blase, der Brust, der Leber, der Speiseröhre, der anderen Organe oder Gewebe gemäß Anlage 18 Teil C Nummer 2 Fußnote 1, soweit nicht unter Nummer 4 genannt, von jeweils 150 Millisievert.

Maßgebend für eine ausreichende Vorsorge gegen Störfälle nach Satz 1 ist der Stand von Wissenschaft und Technik. Die Genehmigungsbehörde kann diese Vorsorge insbesondere dann als getroffen ansehen, wenn der Antragsteller bei der Auslegung des Kernkraftwerks die Störfälle zugrunde gelegt hat, die nach den veröffentlichten Sicherheitsanforderungen an Kernkraftwerke und den Interpretationen zu den Sicherheitsanforderungen an Kernkraftwerke die Auslegung eines Kernkraftwerkes bestimmen müssen.

(2) Absatz 1 Satz 1 und 2 gilt auch für die Aufbewahrung bestrahlter Kernbrennstoffe nach § 6 des Atomgesetzes an den jeweiligen Standorten der nach § 7 des Atomgesetzes genehmigten Kernkraftwerke sowie für Anlagen des Bundes zur Sicherstellung und zur Endlagerung radioaktiver Abfälle nach § 9a Absatz 3 Satz 1 erster Halbsatz zweiter Satzteil des Atomgesetzes.

(3) Der Strahlenschutzverantwortliche hat dafür zu sorgen, dass bei der Planung von anderen als in Absatz 1 Satz 1 genannten Anlagen nach § 7 Absatz 1 des Atomgesetzes sowie bei der Planung der Stilllegung, des sicheren Einschlusses der endgültig stillgelegten Anlagen und des Abbaus der Anlagen oder von Anlagenteilen nach § 7 Absatz 3 Satz 1 des Atomgesetzes bauliche oder technische Schutzmaßnahmen unter Berücksichtigung des potenziellen Schadensausmaßes getroffen werden, um die Exposition bei Störfällen durch die Freisetzung radioaktiver Stoffe in die Umgebung zu begrenzen. Die Genehmigungsbehörde legt Art und Umfang der Schutzmaßnahmen unter Berücksichtigung des Einzelfalls, insbesondere des Gefährdungspotenzials der Anlage und der Wahrscheinlichkeit des Eintritts eines Störfalls, fest.

(4) Absatz 3 gilt entsprechend für

1. die übrigen Tätigkeiten nach § 6 Absatz 1 und § 9 Absatz 1 des Atomgesetzes,

2. Abbau- und Stilllegungsmaßnahmen im Rahmen von Tätigkeiten nach § 6 Absatz 1 und § 9 Absatz 1 des Atomgesetzes,

3. Tätigkeiten nach § 12 Absatz 1 Nummer 3 des Strahlenschutzgesetzes in Verbindung mit § 12 Absatz 4, bei denen mit mehr als dem 10^7fachen der Freigrenzen der Anlage 4 Tabelle 1 Spalte 2 als offener radioaktiver Stoff oder mit mehr als dem 10^{10}fachen der Freigrenzen der Anlage 4 Tabelle 1 Spalte 2 als umschlossener radioaktiver Stoff umgegangen wird, es sei denn

    a) der Umgang mit den radioaktiven Stoffen in einem einzelnen Betrieb oder selbständigen Zweigbetrieb, bei Nichtgewerbetreibenden am Ort der Tätigkeit des Antragstellers, erfolgt in mehreren räumlich voneinander getrennten Gebäuden, Gebäudeteilen, Anlagen oder Einrichtungen,

    b) die Aktivität der radioaktiven Stoffe in den einzelnen Gebäuden, Gebäudeteilen, Anlagen oder Einrichtungen überschreitet die genannten Vielfachen der Freigrenzen nicht und

c) es ist ausreichend sichergestellt, dass die radioaktiven Stoffe aus den einzelnen Gebäuden, Gebäudeteilen, Anlagen oder Einrichtungen nicht zusammenwirken können.

(5) Die Absätze 1 bis 4 gelten nicht für Güter, die als gefährliche Güter nach § 2 des Gefahrgutbeförderungsgesetzes befördert werden.

(6) Die Bundesregierung erlässt mit Zustimmung des Bundesrates allgemeine Verwaltungsvorschriften, in denen Schutzziele zur Störfallvorsorge nach den Absätzen 3 und 4 festgelegt werden. Zu berücksichtigen sind dabei die Eintrittswahrscheinlichkeit des Schadensausmaßes und bei Tätigkeiten nach § 12 Absatz 1 Nummer 3 des Strahlenschutzgesetzes das Vielfache der Freigrenzen für offene und umschlossene radioaktive Stoffe.

Abschnitt 7
Vorkommnisse

§ 105 Vorbereitende Maßnahmen zur Vermeidung, zum Erkennen und zur Eindämmung der Auswirkungen eines Vorkommnisses bei der Anwendung am Menschen

(1) Der Strahlenschutzverantwortliche hat dafür zu sorgen, dass bei der Anwendung radioaktiver Stoffe oder ionisierender Strahlung am Menschen in systematischer Weise geeignete Maßnahmen getroffen werden, um

1. ein Vorkommnis zu vermeiden,

2. ein Vorkommnis zu erkennen und

3. im Falle eines Vorkommnisses die nachteiligen Auswirkungen so gering wie möglich zu halten.

(2) Bei der Wahl der Maßnahmen ist dem mit der Tätigkeit verbundenen Risiko Rechnung zu tragen.

§ 106 Vorbereitende Maßnahmen für Notfälle oder Störfälle

(1) Der Strahlenschutzverantwortliche hat dafür zu sorgen, dass den für den Katastrophenschutz und den für die öffentliche Sicherheit zuständigen Behörden die notwendigen Informationen und die erforderliche Beratung für deren Planungen zur Abwehr von Gefahren durch ionisierende Strahlung und zur Begrenzung oder Beseitigung der nachteiligen Auswirkungen eines Notfalls oder Störfalls gegeben werden. Darüber hinaus hat der Strahlenschutzverantwortliche dafür zu sorgen, dass den nach § 115 Absatz 1 Nummer 2 und 3 des Strahlenschutzgesetzes verantwortlichen Behörden und Organisationen die notwendigen Informationen und die erforderliche Beratung gegeben werden, die diese für die im Rahmen der Notfallvorsorge vorgesehene Unterrichtung, Aus- und Fortbildung von Personen benötigen, die als Einsatzkräfte oder als nach § 113 Absatz 1 Nummer 2 oder 3 des Strahlenschutzgesetzes verantwortliche Personen für Einsätze bei Notfällen im Zusammenhang mit Tätigkeiten des Strahlenschutzverantwortlichen vorgesehen sind.

(2) Der Strahlenschutzverantwortliche hat des Weiteren dafür zu sorgen, dass das zur Eindämmung und Beseitigung der durch Notfälle oder Störfälle auf dem Betriebsgelände entstandenen Gefahren erforderliche geschulte Personal und die erforderlichen Hilfsmittel vorgehalten werden. Er hat deren Einsatzfähigkeit der zuständigen Behörde nachzuweisen. Dies kann auch dadurch geschehen, dass ein Anspruch auf Einsatz einer für die Erfüllung dieser Aufgaben geeigneten Institution nachgewiesen wird.

(3) Die Absätze 1 und 2 sind nicht anzuwenden

1. auf den Umgang mit radioaktiven Stoffen, deren Aktivitäten die Freigrenzen der Anlage 4 Tabelle 1 Spalte 2 um nicht mehr überschreiten als das

a) 10^7fache, wenn es sich um offene radioaktive Stoffe handelt,

b) 10^{10}fache, wenn es sich um umschlossene radioaktive Stoffe handelt, und

2. auf den Betrieb von Röntgeneinrichtungen, Störstrahlern sowie Anlagen zur Erzeugung ionisierender Strahlung, falls deren Errichtung keiner Genehmigung nach § 10 des Strahlenschutzgesetzes bedarf.

Satz 1 ist auch anzuwenden, wenn in dem einzelnen Betrieb oder selbständigen Zweigbetrieb, bei Nichtgewerbetreibenden am Ort der Tätigkeit des Antragstellers, mit radioaktiven Stoffen in mehreren räumlich voneinander getrennten Anlagen oder Einrichtungen umgegangen wird, die Aktivität der radioaktiven Stoffe in den einzelnen Anlagen oder Einrichtungen die Werte des Satz 1 nicht überschreitet und ausreichend sichergestellt ist, dass die radioaktiven Stoffe aus den einzelnen Anlagen oder Einrichtungen nicht zusammenwirken können.

(4) Soweit die für den Katastrophenschutz oder die für die öffentliche Sicherheit zuständige Behörde einen externen Notfallplan nach § 101 Absatz 1 des Strahlenschutzgesetzes für den Fall eines Notfalls aufgestellt hat, hat der Strahlenschutzverantwortliche des Weiteren dafür zu sorgen, dass die Bevölkerung, die bei einem Notfall betroffen sein könnte, in geeigneter Weise und unaufgefordert mindestens alle fünf Jahre über die Sicherheitsmaßnahmen, geplante Maßnahmen zur Warnung und zum Schutz der Bevölkerung sowie Empfehlungen für das Verhalten bei möglichen Notfällen informiert wird. Der Strahlenschutzverantwortliche hat dafür zu sorgen, dass diese Informationen jedermann zugänglich gemacht werden und jederzeit im Internet abrufbar sind. Die Informationen ergänzen die Informationen der zuständigen Stellen des Bundes und der Länder nach § 105 des Strahlenschutzgesetzes und müssen sich auf die in Anlage 13 aufgeführten Angaben erstrecken. Der Strahlenschutzverantwortliche hat dafür zu sorgen, dass seine Informationen bei wesentlichen Änderungen, die Auswirkungen auf die Sicherheit oder den Schutz der Bevölkerung haben, auf den neuesten Stand gebracht werden. Soweit die Informationen zum Schutz der Öffentlichkeit bestimmt sind, hat der Strahlenschutzverantwortliche sie mit den für den Katastrophenschutz und den für die öffentliche Sicherheit zuständigen Behörden abzustimmen. Der Strahlenschutzverantwortliche hat die Art und Weise, in der die Informationen zu geben, zu wiederholen und auf den neuesten Stand zu bringen sind, mit den für den Katastrophenschutz und den für die öffentliche Sicherheit zuständigen Behörden abzustimmen.

§ 107 Maßnahmen bei einem Notfall oder Störfall

Über § 72 Absatz 3 des Strahlenschutzgesetzes hinaus hat der Strahlenschutzverantwortliche dafür zu sorgen, dass bei einem Notfall oder Störfall unverzüglich alle notwendigen Maßnahmen zur Verringerung der Folgen des Notfalls oder Störfalls getroffen werden.

§ 108 Meldung eines bedeutsamen Vorkommnisses

(1) Der Strahlenschutzverantwortliche hat dafür zu sorgen, dass der Eintritt eines Notfalls, Störfalls oder eines sonstigen bedeutsamen Vorkommnisses der zuständigen Behörde unverzüglich gemäß Absatz 2 gemeldet wird. Ein sonstiges Vorkommnis ist insbesondere dann bedeutsam, wenn ein in den Anlagen 14 oder 15 genanntes Kriterium erfüllt ist.

(2) Die Meldung hat alle verfügbaren Angaben zu enthalten, die für die Bewertung des bedeutsamen Vorkommnisses erforderlich sind. Soweit möglich, sind die Ursachen und Auswirkungen sowie die Maßnahmen zur Behebung der Auswirkungen und zur Vermeidung derartiger Vorkommnisse anzugeben.

(3) Der Strahlenschutzverantwortliche hat dafür zu sorgen, dass ergänzende Angaben, die zur vollständigen Bewertung erforderlich sind, nach Abschluss der Untersuchung nach § 109

Absatz 1 unverzüglich der zuständigen Behörde vorgelegt werden. Er hat dafür zu sorgen, dass der zuständigen Behörde spätestens sechs Monate nach Eintritt des bedeutsamen Vorkommnisses eine vollständige und zusammenfassende Meldung einschließlich der Darlegung der Maßnahmen zur Behebung der Auswirkungen und zur Vermeidung derartiger Vorkommnisse vorgelegt wird. Die zuständige Behörde kann einer späteren Vorlage zustimmen.

(4) Der Strahlenschutzverantwortliche hat dafür zu sorgen, dass der Eintritt eines Notfalls, Störfalls oder, falls erforderlich, eines sonstigen bedeutsamen Vorkommnisses unverzüglich nach Kenntnis auch der für den Katastrophenschutz und der für die öffentliche Sicherheit zuständigen Behörde gemeldet wird. Der Strahlenschutzverantwortliche hat des Weiteren dafür zu sorgen, dass der Eintritt eines bedeutsamen Vorkommnisses, das zu einem überregionalen oder regionalen Notfall führen kann oder geführt hat, unverzüglich nach Kenntnis auch dem radiologischen Lagezentrum des Bundes nach § 106 des Strahlenschutzgesetzes gemeldet wird.

§ 109 Untersuchung, Aufzeichnung und Aufbewahrung

(1) Der Strahlenschutzverantwortliche hat dafür zu sorgen, dass die Ursachen und Auswirkungen eines Vorkommnisses unverzüglich in systematischer Weise untersucht werden.

(2) Unbeschadet des § 90 Absatz 2 Satz 1 des Strahlenschutzgesetzes hat der Strahlenschutzverantwortliche dafür zu sorgen, dass das Eintreten eines Vorkommnisses, die Ergebnisse der Untersuchung nach Absatz 1 sowie die zur Behebung der Auswirkungen und zur Vermeidung eines Vorkommnisses getroffenen Maßnahmen unverzüglich aufgezeichnet werden.

(3) Unbeschadet des § 90 Absatz 2 Satz 3 des Strahlenschutzgesetzes hat der Strahlenschutzverantwortliche dafür zu sorgen, dass die

Aufzeichnungen nach Absatz 2 vor dem Zugriff Unbefugter geschützt werden.

(4) Unbeschadet des § 90 Absatz 2 Satz 2, 4 und 5 des Strahlenschutzgesetzes hat der Strahlenschutzverantwortliche dafür zu sorgen, dass die Aufzeichnungen nach Absatz 2 30 Jahre lang aufbewahrt und der zuständigen Behörde auf Verlangen vorgelegt werden. Die Aufbewahrungsfrist beginnt mit dem Eintritt des Vorkommnisses.

§ 110 Aufgaben der zuständigen Aufsichtsbehörden

(1) Im Rahmen der strahlenschutzrechtlichen Aufsicht erfasst, prüft und bewertet die zuständige Behörde Meldungen nach § 108.

(2) Die zuständige Behörde

1. informiert unverzüglich das Bundesministerium für Umwelt, Naturschutz und nukleare Sicherheit über ein bedeutsames Vorkommnis und

2. übermittelt bei einem bedeutsamen Vorkommnis bei medizinischer Exposition und bei Exposition der untersuchten Person bei einer nichtmedizinischen Anwendung unverzüglich die Informationen über das bedeutsame Vorkommnis in pseudonymisierter Form an die zentrale Stelle nach § 111.

Im Falle der Zuständigkeit einer Landesbehörde erfolgt die Information nach Satz 1 Nummer 1 durch die zuständige oberste Landesbehörde.

(3) Betrifft ein bedeutsames Vorkommnis bei medizinischer Exposition eine Anwendung radioaktiver Stoffe oder ionisierender Strahlung zum Zweck der medizinischen Forschung, so informiert die zuständige Behörde unverzüglich die für die Genehmigung oder Anzeige der Anwendung zuständige Behörde über den Sachverhalt. Sie übermittelt hierbei auch die Information über den Strahlenschutzverantwortlichen und die Genehmigung nach § 31 Absatz 1 oder die Anzeige nach § 32 Absatz 1 des Strahlenschutzgesetzes.

§ 111 Aufgaben der zentralen Stelle

(1) Die zentrale Stelle

1. richtet ein elektronisches System zur Erfassung, Verarbeitung und Auswertung von Informationen über bedeutsame Vorkommnisse bei medizinischer Exposition und bei Exposition der untersuchten Person bei einer nichtmedizinischen Anwendung ein und betreibt dieses,

2. bestimmt Verfahren, Form und Inhalt der Übermittlung von Informationen nach § 110 Absatz 2 Satz 1 Nummer 2,

3. erfasst und verarbeitet Informationen über ein bedeutsames Vorkommnis und wertet diese insbesondere im Hinblick auf die Übertragbarkeit und Bedeutsamkeit der Erkenntnisse auf andere Anwendungen und andere Anwender aus,

4. informiert das Bundesministerium für Umwelt, Naturschutz und nukleare Sicherheit unverzüglich über ihr vorliegende Informationen und ihre Auswertung zu einem bedeutsamen Vorkommnis,

5. macht dem Bundesministerium für Umwelt, Naturschutz und nukleare Sicherheit sowie den zuständigen Behörden die in dem System nach Nummer 1 enthaltenen Informationen zugänglich, soweit dies für deren Aufgabenerfüllung erforderlich ist,

6. führt eine regelmäßige systematische wissenschaftliche Aufarbeitung der durchgeführten Auswertungen durch und veröffentlicht die Ergebnisse einschließlich der daraus abgeleiteten Empfehlungen für den Strahlenschutz und

7. tauscht Informationen mit den für die Meldeverfahren nach Medizinprodukterecht und Arzneimittelrecht zuständigen Stellen sowie mit weiteren im Bereich der Sicherheit von Arzneimitteln und Medizinprodukten tätigen Stellen aus und berücksichtigt deren Erkenntnisse bei ihrer Auswertung und wissenschaftlichen Aufarbeitung.

(2) Zentrale Stelle ist das Bundesamt für Strahlenschutz.

§ 112 Meldung und Erfassung von Vorkommnissen nach anderen Rechtsvorschriften

(1) Die Vorschriften zur Meldung und Erfassung von Vorkommnissen nach Arzneimittelrecht und Medizinprodukterecht bleiben unberührt.

(2) §§ 108 bis 110 finden im Anwendungsbereich der Atomrechtlichen Sicherheitsbeauftragten- und Meldeverordnung keine Anwendung.

§ 113 Ausnahme

Dieser Abschnitt findet keine Anwendung beim anzeigebedürftigen Betrieb eines Luftfahrzeugs oder eines Raumfahrzeugs.

Abschnitt 8
Anwendung ionisierender Strahlung oder radioaktiver Stoffe am Menschen

Unterabschnitt 1
Technische Anforderungen

§ 114 Anforderungen an die Ausrüstung bei der Anwendung am Menschen

(1) Der Strahlenschutzverantwortliche hat dafür zu sorgen, dass eine Röntgeneinrichtung zur Anwendung am Menschen nur verwendet wird, wenn sie

1. über eine Funktion verfügt, die die Parameter zur Ermittlung der bei der Anwendung erhaltenen Exposition der untersuchten oder behandelten Person anzeigt, oder, falls dies nach dem Stand der Technik nicht möglich ist, mit der die erhaltene Exposition der untersuchten oder behandelten Person auf andere Weise ermittelt werden kann,

2. über eine Funktion verfügt, die die Parameter, die zur Ermittlung der Exposition der un-

tersuchten oder behandelten Person erforderlich sind, elektronisch aufzeichnet und für die Qualitätssicherung elektronisch nutzbar macht,

3. im Falle der Verwendung zur Durchleuchtung über eine Funktion zur elektronischen Bildverstärkung und zur automatischen Dosisleistungsregelung oder über eine andere, mindestens gleichwertige Funktion verfügt,

4. im Falle der Verwendung zur Durchleuchtung bei Interventionen neben der Vorrichtung oder Funktion nach Nummer 1 über eine Funktion verfügt, die der Person nach § 145 durchgängig während der Anwendung die Parameter zur Ermittlung der Exposition der untersuchten Person anzeigt.

(2) Der Strahlenschutzverantwortliche hat dafür zu sorgen, dass eine Anlage zur Erzeugung ionisierender Strahlung oder eine Bestrahlungsvorrichtung, die jeweils eine Photonen- oder Teilchenenergie von mindestens 1 Megaelektronenvolt bereitstellt, zur Behandlung von Personen nur verwendet wird, wenn sie die Überprüfung der Parameter zur Bestimmung der Dosisverteilung ermöglicht.

(3) Der Strahlenschutzverantwortliche hat dafür zu sorgen, dass eine Anlage zur Erzeugung ionisierender Strahlung zur Untersuchung von Personen nur verwendet wird, wenn sie über eine Funktion verfügt, die der Person nach § 145 die Parameter zur Ermittlung der Exposition der untersuchten Person anzeigt, oder, falls dies nach dem Stand der Technik nicht möglich ist, mit der die erhaltene Exposition der untersuchten Person auf andere Weise unmittelbar ermittelt werden kann.

§ 115 Qualitätssicherung vor Inbetriebnahme; Abnahmeprüfung

(1) Bei Anlagen zur Erzeugung ionisierender Strahlung, Bestrahlungsvorrichtungen, Röntgeneinrichtungen und sonstigen Vorrichtungen und Geräten, die bei der Anwendung radioakti-

ver Stoffe oder ionisierender Strahlung am Menschen verwendet werden, hat der Strahlenschutzverantwortliche vor der Inbetriebnahme sicherzustellen, dass die für die Anwendung erforderliche Qualität im Sinne des § 14 Absatz 1 Nummer 5 des Strahlenschutzgesetzes erreicht wird und zu diesem Zweck unter seiner Einbindung eine Abnahmeprüfung durch den jeweiligen Hersteller oder Lieferanten der einzelnen Komponenten durchgeführt wird.

(2) Der Strahlenschutzverantwortliche hat dafür zu sorgen, dass als Teil der Abnahmeprüfung die Bezugswerte für die Konstanzprüfung nach § 116 bestimmt werden.

(3) Ist die Anlage zur Erzeugung ionisierender Strahlung, die Bestrahlungsvorrichtung, die Röntgeneinrichtung oder eine sonstige Vorrichtung oder ein Gerät Teil eines Gesamtsystems für die Anwendung am Menschen, so hat der Strahlenschutzverantwortliche auch für das Gesamtsystem durch eine Prüfung sicherzustellen, dass die für die Anwendung erforderliche Qualität im Sinne des § 14 Absatz 1 Nummer 5 des Strahlenschutzgesetzes erreicht wird.

(4) Die Absätze 1 bis 3 gelten entsprechend nach jeder Änderung einer Anlage zur Erzeugung ionisierender Strahlung, Bestrahlungsvorrichtung, einer Röntgeneinrichtung, einer sonstigen Vorrichtung oder eines Gerätes nach Absatz 1, welche die für die Anwendung erforderliche Qualität im Sinne des § 14 Absatz 1 Nummer 5 des Strahlenschutzgesetzes beeinflussen kann. In diesem Fall kann sich die Prüfung auf die Änderung und deren Auswirkungen beschränken. Ist die Abnahmeprüfung durch den Hersteller oder Lieferanten nicht mehr möglich, so hat der Strahlenschutzverantwortliche dafür zu sorgen, dass eine gleichwertige Prüfung durch eine Person mit der erforderlichen Fachkunde im Strahlenschutz durchgeführt wird.

§ 116 Konstanzprüfung

(1) Der Strahlenschutzverantwortliche hat dafür zu sorgen, dass für Anlagen zur Erzeugung

ionisierender Strahlung, Bestrahlungsvorrichtungen, Röntgeneinrichtungen oder sonstige Vorrichtungen oder Geräte nach § 115 Absatz 1 nach der Inbetriebnahme regelmäßig und in den erforderlichen Zeitabständen geprüft wird, ob die für die Anwendung erforderliche Qualität im Sinne des § 14 Absatz 1 Nummer 5 des Strahlenschutzgesetzes weiterhin erreicht wird (Konstanzprüfung). Hierzu ist insbesondere zu prüfen, ob die Bezugswerte, die nach § 115 Absatz 2 in der letzten Abnahmeprüfung erhoben wurden, eingehalten werden.

(2) Der Strahlenschutzverantwortliche hat dafür zu sorgen, dass bei der Konstanzprüfung die Prüfmittel verwendet werden, die bei der Abnahmeprüfung für die Bestimmung der Bezugswerte nach § 115 Absatz 2 verwendet wurden. Die zuständige Behörde kann im Einzelfall der Verwendung anderer Prüfmittel zustimmen, wenn die Verwendung der bei der Abnahmeprüfung verwendeten Prüfmittel zu einer unverhältnismäßigen Beeinträchtigung des angezeigten oder genehmigten Betriebs führen würde.

(3) In Fällen des § 115 Absatz 3 ist zudem zu prüfen, ob auch das Gesamtsystem die für die Anwendung erforderliche Qualität im Sinne des § 14 Absatz 1 Nummer 5 des Strahlenschutzgesetzes weiterhin erreicht.

(4) Wird die erforderliche Qualität im Sinne des § 14 Absatz 1 Nummer 5 des Strahlenschutzgesetzes nicht mehr erreicht, so hat der Strahlenschutzverantwortliche dafür zu sorgen, dass die Ursache unverzüglich ermittelt und beseitigt wird.

§ 117 Aufzeichnungen

(1) Der Strahlenschutzverantwortliche hat dafür zu sorgen, dass Inhalt, Ergebnis und Zeitpunkt der Prüfungen nach den §§ 115 und 116 Absatz 1 und 3 unverzüglich aufgezeichnet werden.

(2) Der Strahlenschutzverantwortliche hat dafür zu sorgen, dass die Aufzeichnungen aufbewahrt werden,

1. bei Prüfungen nach § 115 für die Dauer des Betriebes, mindestens jedoch drei Jahre nach dem Abschluss der nächsten vollständigen Abnahmeprüfung,

2. bei Prüfungen nach § 116 zehn Jahre nach Abschluss der Prüfung.

Die zuständige Behörde kann Abweichungen von den Aufbewahrungsfristen festlegen.

(3) Der Strahlenschutzverantwortliche hat die Aufzeichnungen der zuständigen Behörde und der ärztlichen oder zahnärztlichen Stelle auf Verlangen vorzulegen.

§ 118 Bestandsverzeichnis

Der Strahlenschutzverantwortliche hat dafür zu sorgen, dass ein aktuelles Bestandsverzeichnis über die bei der Anwendung radioaktiver Stoffe oder ionisierender Strahlung am Menschen eingesetzten Ausrüstungen, Geräte und Vorrichtungen geführt und der zuständigen Behörde auf Verlangen vorgelegt wird; das Bestandsverzeichnis nach § 13 der Verordnung über das Errichten, Betreiben und Anwenden von Medizinprodukten kann herangezogen werden.

Unterabschnitt 2
Anforderungen im Zusammenhang mit der Anwendung am Menschen

§ 119 Rechtfertigende Indikation

(1) Der die rechtfertigende Indikation stellende Arzt oder Zahnarzt hat neben der Einhaltung der Anforderungen nach § 83 Absatz 3 des Strahlenschutzgesetzes zu prüfen, ob es sich bei der vorgesehenen Anwendung ionisierender Strahlung oder radioaktiver Stoffe um ein anerkanntes Verfahren nach den Erfordernissen der medizinischen Wissenschaften oder um einen Heilversuch handelt, dessen Durchführung durch den Arzt oder Zahnarzt besonders zu begründen ist.

(2) Eine rechtfertigende Indikation ist auch dann zu stellen, wenn eine Anforderung eines überweisenden Arztes oder Zahnarztes vorliegt.

(3) Der die rechtfertigende Indikation stellende Arzt oder Zahnarzt hat vor der Anwendung, erforderlichenfalls in Zusammenarbeit mit dem überweisenden Arzt oder Zahnarzt, die verfügbaren Informationen über bisherige medizinische Erkenntnisse heranzuziehen, um jede unnötige Exposition zu vermeiden. Zu diesem Zweck ist die zu untersuchende oder zu behandelnde Person über frühere Anwendungen ionisierender Strahlung oder radioaktiver Stoffe, die für die vorgesehene Anwendung von Bedeutung sein können, zu befragen.

§ 120 Schutz von besonderen Personengruppen

(1) Der anwendende Arzt oder Zahnarzt hat vor einer Anwendung ionisierender Strahlung oder radioaktiver Stoffe gebärfähige Personen, erforderlichenfalls in Zusammenarbeit mit einem überweisenden Arzt, zu befragen, ob eine Schwangerschaft besteht oder bestehen könnte. Bei bestehender oder nicht auszuschließender Schwangerschaft ist die Dringlichkeit der Anwendung zu prüfen. Bei der Anwendung offener radioaktiver Stoffe gelten die Sätze 1 und 2 entsprechend für stillende Personen.

(2) Der anwendende Arzt oder Zahnarzt hat bei Personen, bei denen trotz bestehender oder nicht auszuschließender Schwangerschaft die Anwendung ionisierender Strahlung oder radioaktiver Stoffe geboten ist, alle Möglichkeiten zur Herabsetzung der Exposition dieser Person und insbesondere des ungeborenen Kindes auszuschöpfen. Bei der Anwendung offener radioaktiver Stoffe gilt Satz 1 entsprechend für stillende Personen.

(3) Der Strahlenschutzverantwortliche hat dafür zu sorgen, dass bei der Anwendung ionisierender Strahlung oder radioaktiver Stoffe an Personen unter 18 Jahren geeignete Verfahren sowie Ausrüstungen, Geräte und Vorrichtungen verfügbar sind und eingesetzt werden, um der

besonderen Strahlenempfindlichkeit dieser Personen Rechnung zu tragen.

§ 121 Maßnahmen bei der Anwendung

(1) Der Strahlenschutzverantwortliche hat dafür zu sorgen, dass für Untersuchungen und Behandlungen mit ionisierender Strahlung oder radioaktiven Stoffen schriftliche Arbeitsanweisungen erstellt werden. Diese sind für die Personen, die bei diesen Anwendungen tätig sind, zur jederzeitigen Einsicht bereitzuhalten und auf Anforderung der zuständigen Behörde und der ärztlichen oder zahnärztlichen Stelle vorzulegen.

(2) Der Strahlenschutzverantwortliche hat dafür zu sorgen, dass ein Arzt nach § 145 Absatz 1 Nummer 1 und ein Medizinphysik-Experte für Personen, deren Behandlung mit ionisierender Strahlung oder radioaktiven Stoffen individuell festzulegen ist, einen auf diese Person bezogenen Bestrahlungsplan schriftlich festlegen. In den Bestrahlungsplan sind alle Behandlungsbedingungen aufzunehmen, insbesondere die nach den Erfordernissen der medizinischen Wissenschaft individuell festzulegende Dosis im Zielvolumen oder die Aktivität des eingesetzten radioaktiven Stoffes.

(3) Der Strahlenschutzverantwortliche hat dafür zu sorgen, dass bei Behandlungen, denen ein individueller Bestrahlungsplan zugrunde liegt, die Einhaltung aller im Bestrahlungsplan festgelegten Bedingungen überprüft wird. Die Überprüfung erfolgt vor Beginn

1. der ersten Bestrahlung oder nach Änderung des Bestrahlungsplans durch einen Arzt nach § 145 Absatz 1 Nummer 1 und einen Medizinphysik-Experten,

2. jeder weiteren Bestrahlung durch einen Arzt nach § 145 Absatz 1 Nummer 1 oder eine Person nach § 145 Absatz 2 Nummer 2 oder 3.

(4) Der Strahlenschutzverantwortliche hat dafür zu sorgen, dass über jede Behandlung ein Protokoll erstellt wird.

§ 122 Beschränkung der Exposition

(1) Der Strahlenschutzverantwortliche hat dafür zu sorgen, dass Maßnahmen ergriffen werden, um die Exposition von Betreuungs- und Begleitpersonen zu beschränken. Er hat dafür zu sorgen, dass innerhalb von sechs Monaten nach Aufnahme einer Tätigkeit geprüft wird, ob die Festlegung von Dosisrichtwerten für die Exposition von Betreuungs- und Begleitpersonen ein geeignetes Instrument zur Optimierung des Strahlenschutzes ist. Der Strahlenschutzverantwortliche hat auch dafür zu sorgen, dass ein Leitfaden für den Strahlenschutz von Betreuungs- und Begleitpersonen erstellt wird.

(2) Der Strahlenschutzverantwortliche hat dafür zu sorgen, dass für jede Art der Untersuchung und Behandlung die Expositionen der Personen, an denen ionisierende Strahlung oder radioaktive Stoffe angewendet werden, regelmäßig ausgewertet und bewertet wird.

(3) Der Strahlenschutzverantwortliche hat dafür zu sorgen, dass die diagnostischen Referenzwerte nach § 125 Absatz 1 Satz 1 bei Untersuchungen von Personen mit radioaktiven Stoffen oder ionisierender Strahlung zu Grunde gelegt werden.

(4) Der Strahlenschutzverantwortliche hat dafür zu sorgen, dass eine Person, die mit radioaktiven Stoffen behandelt wurde, erst dann aus dem Strahlenschutzbereich entlassen wird, wenn davon ausgegangen werden kann, dass hierdurch für Angehörige und Dritte eine effektive Dosis von nicht mehr als 1 Millisievert auftreten kann. Ist im Einzelfall eine Entlassung aus medizinischen Gründen vor diesem Zeitpunkt erforderlich, so hat der Strahlenschutzverantwortliche dafür zu sorgen, dass dies schriftlich begründet und der zuständigen Behörde mitgeteilt wird.

§ 123 Anforderungen im Zusammenhang mit dem Betrieb einer Röntgeneinrichtung zur Teleradiologie

(1) Der Teleradiologe hat bei der Durchführung der Untersuchung

1. nach eingehender Beratung mit dem Arzt, der nach § 14 Absatz 2 Nummer 3 des Strahlenschutzgesetzes am Ort der technischen Durchführung anwesend zu sein hat, die rechtfertigende Indikation zu stellen,

2. die Untersuchungsergebnisse zu befunden und

3. mit Hilfe elektronischer Datenübertragung und Telekommunikation insbesondere zur rechtfertigenden Indikation und Befundung unmittelbar in Verbindung zu stehen mit der Person, die nach § 14 Absatz 2 Nummer 2 des Strahlenschutzgesetzes die technische Durchführung der Untersuchung vorzunehmen hat, und mit dem Arzt, der nach § 14 Absatz 2 Nummer 3 des Strahlenschutzgesetzes am Ort der technischen Durchführung anwesend zu sein hat.

(2) Der Arzt, der nach § 14 Absatz 2 Nummer 3 des Strahlenschutzgesetzes am Ort der technischen Durchführung anwesend zu sein hat, hat bei der Durchführung der Untersuchung in der Teleradiologie insbesondere die zur Feststellung der rechtfertigenden Indikation erforderlichen Angaben zu ermitteln und an den Teleradiologen weiterzuleiten.

(3) Der Strahlenschutzverantwortliche hat dafür zu sorgen, dass die technische Durchführung bei der Anwendung von ionisierender Strahlung am Menschen in der Teleradiologie durch nach § 145 Absatz 2 Nummer 2 oder 3 berechtigte Personen vorgenommen wird.

(4) Beim Betrieb einer Röntgeneinrichtung zur Teleradiologie hat der Strahlenschutzverantwortliche dafür zu sorgen, dass bei der an dem Teleradiologiesystem jeweils beteiligten anderen Einrichtung Kopien der Aufzeichnungen über die Qualitätssicherung vor Inbetriebnah-

me nach § 115 und über die Konstanzprüfungen nach § 116 sowie über die Sachverständigenprüfungen nach § 88 Absatz 4 Nummer 1 aller zum System gehörenden Röntgeneinrichtungen zur Einsicht verfügbar sind. Die Pflicht kann auch durch das Bereithalten der Aufzeichnungen in elektronischer Form erfüllt werden.

§ 124 Informationspflichten

(1) Der Strahlenschutzverantwortliche hat dafür zu sorgen, dass eine Person, an der ionisierende Strahlung oder radioaktive Stoffe angewendet werden, vor der Anwendung über das Risiko der Strahlenanwendung informiert wird.

(2) Der Strahlenschutzverantwortliche hat dafür zu sorgen, dass Betreuungs- oder Begleitpersonen vor dem Betreten des Kontrollbereichs

1. über mögliche Gefahren der Exposition aufgeklärt werden und

2. ihnen geeignete schriftliche Hinweise angeboten und auf Wunsch ausgehändigt werden.

(3) Der Strahlenschutzverantwortliche hat dafür zu sorgen, dass nach der Anwendung radioaktiver Stoffe der Person, an der die Stoffe angewendet wurden, sowie der Betreuungs- oder Begleitperson geeignete schriftliche Hinweise ausgehändigt werden, um die von der Person ausgehende Exposition oder die Kontamination der Angehörigen, Dritter oder der Umwelt zu vermeiden oder so gering wie möglich zu halten. Dies gilt nicht, wenn eine solche Exposition oder Kontamination ausgeschlossen werden kann oder die Person weiter stationär aufgenommen wird.

(4) Der Strahlenschutzverantwortliche hat dafür zu sorgen, dass eine Person nach einer Behandlung mit ionisierender Strahlung oder radioaktiven Stoffen, die eine Überprüfung des langfristigen Erfolgs der Strahlenbehandlung erfordert, über geeignete Zeitabstände für die Überprüfung informiert wird.

§ 125 Diagnostische Referenzwerte, Bevölkerungsdosis

(1) Das Bundesamt für Strahlenschutz ermittelt, erstellt und veröffentlicht diagnostische Referenzwerte für Untersuchungen mit ionisierender Strahlung und radioaktiven Stoffen. Das Bundesamt für Strahlenschutz kann für die Ermittlung die Daten heranziehen, die der zuständigen Behörde nach § 130 Absatz 3 Satz 1 Nummer 2 von den ärztlichen und zahnärztlichen Stellen übermittelt werden. Zu diesem Zweck übermittelt die zuständige Behörde dem Bundesamt für Strahlenschutz einmal pro Jahr die von den ärztlichen und zahnärztlichen Stellen erfassten Daten zur Exposition.

(2) Das Bundesamt für Strahlenschutz prüft spätestens drei Jahre nach der letzten Veröffentlichung, ob die diagnostischen Referenzwerte aktualisiert werden müssen und aktualisiert sie gegebenenfalls.

(3) Das Bundesamt für Strahlenschutz ermittelt mindestens alle zwei Jahre die medizinische Exposition der Bevölkerung und ausgewählter Bevölkerungsgruppen.

§ 126 Risikoanalyse vor Strahlenbehandlungen

(1) Der Strahlenschutzverantwortliche hat dafür zu sorgen, dass vor dem erstmaligen Einsatz oder einer wesentlichen Änderung eines Behandlungsverfahrens mit radioaktiven Stoffen oder ionisierender Strahlung eine Analyse zur Identifikation und Bewertung der Gefahr unbeabsichtigter Expositionen der behandelten Person durchgeführt wird.

(2) Der Strahlenschutzverantwortliche hat dafür zu sorgen, dass die Ergebnisse der Analyse

1. aufgezeichnet werden,

2. zehn Jahre lang aufbewahrt werden und

3. der zuständigen Behörde auf Verlangen vorgelegt werden.

§ 127 Aufbewahrung, Weitergabe und Übermittlung von Aufzeichnungen, Röntgenbildern, digitalen Bilddaten und sonstigen Untersuchungsdaten

(1) Der Strahlenschutzverantwortliche hat dafür zu sorgen, dass die Aufzeichnungen nach § 85 Absatz 1 Satz 1 des Strahlenschutzgesetzes, Röntgenbilder, digitale Bilddaten und sonstige Untersuchungsdaten so aufbewahrt werden, dass während der Dauer der Aufbewahrungsfrist nach § 85 Absatz 2 des Strahlenschutzgesetzes sichergestellt ist, dass

1. sie jederzeit innerhalb angemessener Zeit verfügbar sind und bei elektronischer Aufbewahrung unmittelbar lesbar gemacht werden können und

2. keine Informationsänderungen oder -verluste eintreten können.

(2) Der Strahlenschutzverantwortliche hat dafür zu sorgen, dass bei der Aufbewahrung der Aufzeichnungen nach § 85 Absatz 1 Satz 1 des Strahlenschutzgesetzes sowie bei der Aufbewahrung von Personendaten, Röntgenbildern, digitalen Bilddaten und sonstigen Untersuchungsdaten auf elektronischen Datenträgern durch geeignete Maßnahmen sichergestellt ist, dass

1. der Urheber, der Entstehungsort und der Entstehungszeitpunkt eindeutig erkennbar sind,

2. nachträgliche Änderungen oder Ergänzungen als solche erkennbar sind und mit Angaben zu Urheber und Zeitpunkt der nachträglichen Änderungen oder Ergänzungen aufbewahrt werden und

3. während der Dauer der Aufbewahrung die Verknüpfung der Personendaten mit dem erhobenen Befund, den Daten, die den Bilderzeugungs- und Bildverarbeitungsprozess beschreiben, den Bilddaten und den sonstigen Aufzeichnungen nach § 85 Absatz 1 Satz 1 des Strahlenschutzgesetzes jederzeit hergestellt werden kann.

(3) Der Strahlenschutzverantwortliche hat dafür zu sorgen, dass bei der Aufbewahrung von Röntgenbildern, digitalen Bilddaten und sonstigen Untersuchungsdaten auf elektronischen Datenträgern sichergestellt ist, dass

1. alle erhobenen Daten, die zur Befundung genutzt wurden oder die nach den Erfordernissen der medizinischen Wissenschaft zur Befundung, zur Verlaufsbeurteilung oder zur Vermeidung weiterer Expositionen erforderlich sind, aufbewahrt werden und

2. Daten, die den Prozess der Erzeugung und Verarbeitung der Röntgenbilder, digitalen Bilddaten und sonstigen Untersuchungsdaten beschreiben, aufbewahrt werden, sofern sie dazu dienen, den Inhalt der in Nummer 1 genannten Daten nachzuvollziehen.

Daten können komprimiert werden, wenn sichergestellt ist, dass die diagnostische Aussagekraft erhalten bleibt.

(4) Der Strahlenschutzverantwortliche hat bei der Weitergabe oder Übermittlung von Daten nach § 85 Absatz 3 des Strahlenschutzgesetzes dafür zu sorgen, dass die Daten mit den Ursprungsdaten übereinstimmen und für den Adressaten lesbar sind. Die Röntgenbilder, digitalen Bilddaten und sonstigen Untersuchungsdaten müssen zur Befundung geeignet sein.

§ 128 Bestimmung von ärztlichen und zahnärztlichen Stellen zur Qualitätssicherung

(1) Zur Sicherung der Qualität bei der Anwendung ionisierender Strahlung oder radioaktiver Stoffe am Menschen bestimmt die zuständige Behörde für ihren Zuständigkeitsbereich ärztliche und zahnärztliche Stellen.

(2) Eine ärztliche oder zahnärztliche Stelle darf nur bestimmt werden, wenn

1. keine Tatsachen vorliegen, aus denen sich Bedenken gegen die für die Wahrnehmung ihrer Aufgaben erforderliche Unabhängigkeit ergeben,

2. die zur Wahrnehmung ihrer Aufgaben erforderliche personelle, technische und organisatorische Ausstattung zur Verfügung steht,

3. die für die Stelle tätigen Personen über die erforderliche Qualifikation und Erfahrung zur Wahrnehmung der Aufgaben der ärztlichen oder zahnärztlichen Stelle verfügen,

4. die Arbeitsweise der ärztlichen oder zahnärztlichen Stelle und die Art und Weise der Durchführung der Prüfungen nach § 130 Absatz 1 und 2 die ordnungsgemäße Wahrnehmung der Aufgaben einschließlich der Beachtung der Erfordernisse der medizinischen Wissenschaft erwarten lassen und

5. angemessene Maßnahmen zur Qualitätssicherung ihrer Prüfungen zur Verfügung stehen.

§ 129 Mitteilung der Aufnahme und Beendigung einer Tätigkeit an eine ärztliche oder zahnärztliche Stelle

(1) Der Strahlenschutzverantwortliche hat dafür zu sorgen, dass

1. die Aufnahme einer Tätigkeit im Zusammenhang mit der Anwendung ionisierender Strahlung oder radioaktiver Stoffe am Menschen, die einer Genehmigung nach § 12 Absatz 1 Nummer 1, 2, 3 oder Nummer 4 des Strahlenschutzgesetzes oder einer Anzeige nach § 19 Absatz 1 des Strahlenschutzgesetzes bedarf, unverzüglich einer von der zuständigen Behörde bestimmten ärztlichen oder zahnärztlichen Stelle mitgeteilt wird und

2. ein Abdruck der Mitteilung der zuständigen Behörde übersandt wird.

Bei einer wesentlichen Änderung einer Tätigkeit gilt Satz 1 entsprechend.

(2) Der Strahlenschutzverantwortliche hat dafür zu sorgen, dass

1. die Beendigung einer Tätigkeit nach Absatz 1 Satz 1 Nummer 1 unverzüglich einer von der zuständigen Behörde bestimmten ärztlichen oder zahnärztlichen Stelle mitgeteilt wird und

2. ein Abdruck der Mitteilung der zuständigen Behörde übersandt wird.

§ 130 Maßnahmen zur Qualitätssicherung durch ärztliche und zahnärztliche Stellen

(1) Der Strahlenschutzverantwortliche unterliegt der von der ärztlichen und zahnärztlichen Stelle durchzuführenden Prüfung zur Qualitätssicherung. Die ärztlichen und zahnärztlichen Stellen prüfen im Rahmen der Qualitätssicherung insbesondere, ob

1. die jeweilige Anwendung ionisierender Strahlung oder radioaktiver Stoffe am Menschen gerechtfertigt ist und bei der Anwendung die Erfordernisse der medizinischen Wissenschaft beachtet werden,

2. die eingesetzten Anlagen zur Erzeugung ionisierender Strahlung, Bestrahlungsvorrichtungen, sonstige Geräte oder Ausrüstungen sowie die im Zusammenhang damit angewendeten Verfahren den nach dem Stand von Wissenschaft und Technik jeweils notwendigen Qualitätsstandards entsprechen, um deren Exposition so gering wie möglich zu halten,

3. die eingesetzten Röntgeneinrichtungen und die im Zusammenhang damit angewendeten Verfahren den nach dem Stand der Technik jeweils notwendigen Qualitätsstandards entsprechen, um deren Exposition so gering wie möglich zu halten,

4. die diagnostischen Referenzwerte nicht ungerechtfertigt überschritten werden,

5. ein Verfahren vorliegt, mit dem Vorkommnisse bei der Anwendung ionisierender Strahlung oder radioaktiver Stoffe am Menschen in systematischer Weise erkannt und bearbeitet werden, und

6. schriftliche Arbeitsanweisungen gemäß § 121 Absatz 1 Satz 1 erstellt wurden.

Sofern bei dem Strahlenschutzverantwortlichen radioaktive Stoffe oder ionisierende Strahlung zum Zweck der medizinischen Forschung angewendet werden, prüfen die ärztlichen und zahnärztlichen Stellen, ob das Forschungsvorhaben unter Beachtung der Erfordernisse der medizinischen Wissenschaft im Hinblick auf den Strahlenschutz ordnungsgemäß durchgeführt worden ist.

(2) Die ärztlichen und zahnärztlichen Stellen schlagen dem Strahlenschutzverantwortlichen Möglichkeiten zur Optimierung der Anwendung ionisierender Strahlung oder radioaktiver Stoffe am Menschen vor und prüfen, ob und wie weit die Vorschläge umgesetzt werden.

(3) Die ärztlichen und zahnärztlichen Stellen haben der zuständigen Behörde Folgendes mitzuteilen:

1. die Ergebnisse der Prüfungen,

2. eine Zusammenstellung der bei den Prüfungen erfassten Daten zur Exposition,

3. eine ständige, ungerechtfertigte Überschreitung der bei der Untersuchung zu Grunde zu legenden diagnostischen Referenzwerte und

4. eine Nichtbeachtung der Optimierungsvorschläge.

Personenbezogene Daten der untersuchten oder behandelten Personen dürfen nicht übermittelt werden.

(4) Die ärztlichen und zahnärztlichen Stellen dürfen die Ergebnisse der Prüfungen, einschließlich des Namens und der Anschrift des Strahlenschutzverantwortlichen, der Stelle übermitteln, die für die Qualitätsprüfung nach dem Neunten Abschnitt des Vierten Kapitels des Fünften Buches Sozialgesetzbuch zuständig ist. Personenbezogene Daten der untersuchten oder behandelten Personen dürfen nicht übermittelt werden.

(5) Die ärztlichen und zahnärztlichen Stellen unterliegen im Hinblick auf personenbezogene Daten der untersuchten oder behandelten Personen der ärztlichen Schweigepflicht.

(6) Der Strahlenschutzverantwortliche hat dafür zu sorgen, dass der ärztlichen oder zahnärztlichen Stelle auf Verlangen alle Informationen zur Verfügung gestellt werden, die diese zur Wahrnehmung ihrer Aufgaben benötigt. Die ärztliche oder zahnärztliche Stelle darf die ihr nach Satz 1 übermittelten Daten nur zu den in Absätze 1 und 2 genannten Zwecken verarbeiten.

§ 131 Medizinphysik-Experte

(1) Der Strahlenschutzverantwortliche hat dafür zu sorgen, dass bei einer Behandlung mit radioaktiven Stoffen oder ionisierender Strahlung, der ein individueller Bestrahlungsplan zugrunde liegt, ein Medizinphysik-Experte zur engen Mitarbeit bei der Festlegung des Bestrahlungsplans und der Durchführung der Behandlung hinzugezogen wird.

(2) Der Strahlenschutzverantwortliche hat dafür zu sorgen, dass ein Medizinphysik-Experte zur Mitarbeit hinzugezogen wird bei

1. standardisierten Behandlungen mit radioaktiven Stoffen oder ionisierender Strahlung,

2. Untersuchungen mit offenen radioaktiven Stoffen,

3. Untersuchungen mit ionisierender Strahlung, die mit einem Computertomographen oder mit Geräten zur dreidimensionalen Bildgebung von Objekten mit niedrigem Röntgenkontrast durchgeführt werden mit Ausnahme der Tomosynthese, und

4. Interventionen, bei denen die Röntgeneinrichtungen zur Durchleuchtung eingesetzt werden und die mit einer erheblichen Exposition verbunden sind.

Der Umfang, in dem der Medizinphysik-Experte hinzuzuziehen ist, richtet sich nach der Art und Anzahl der Untersuchungen oder Behandlungen sowie der Anzahl der eingesetzten Geräte.

(3) Der Strahlenschutzverantwortliche hat dafür zu sorgen, dass bei allen weiteren Anwendungen mit radioaktiven Stoffen oder ionisierender Strahlung ein Medizinphysik-Experte zur Beratung hinzugezogen wird, soweit dies zur Optimierung des Strahlenschutzes oder zur Gewährleistung der erforderlichen Qualität geboten ist.

§ 132 Aufgaben des Medizinphysik-Experten

Der Strahlenschutzverantwortliche hat dafür zu sorgen, dass ein Medizinphysik-Experte, wenn er nach § 131 hinzuzuziehen ist, die Verantwortung für die Dosimetrie von Personen, an denen radioaktive Stoffe oder ionisierende Strahlung angewendet werden, übernimmt und insbesondere bei der Wahrnehmung der Optimierung des Strahlenschutzes und folgender Aufgaben mitwirkt:

1. Qualitätssicherung bei der Planung und Durchführung von Anwendungen radioaktiver Stoffe oder ionisierender Strahlung am Menschen einschließlich der physikalisch-technischen Qualitätssicherung,

2. Auswahl der einzusetzenden Ausrüstungen, Geräte und Vorrichtungen,

3. Überwachung der Exposition von Personen, an denen radioaktive Stoffe oder ionisierende Strahlung angewendet werden,

4. Überwachung der Einhaltung der diagnostischen Referenzwerte,

5. Untersuchung von Vorkommnissen,

6. Durchführung der Risikoanalyse für Behandlungen und

7. Unterweisung und Einweisung der bei der Anwendung tätigen Personen.

Abschnitt 9
Besondere Anforderungen bei der Anwendung radioaktiver Stoffe oder ionisierender Strahlung zum Zweck der medizinischen Forschung

§ 133 Grundsatz der Einwilligung nach Aufklärung und Befragung

Der Strahlenschutzverantwortliche hat dafür zu sorgen, dass die Anwendung radioaktiver Stoffe oder ionisierender Strahlung am Menschen zum Zweck der medizinischen Forschung nur mit Einwilligung nach Aufklärung und Befragung nach Maßgabe der §§ 134, 135 und des § 136 Absatz 1 Satz 1 Nummer 4, Absatz 2 und 3 erfolgt.

§ 134 Einwilligungen der in das Forschungsvorhaben eingeschlossenen Person

(1) Der Strahlenschutzverantwortliche hat dafür zu sorgen, dass die schriftliche Einwilligung der in das Forschungsvorhaben eingeschlossenen Person darüber eingeholt wird, dass sie mit Folgendem einverstanden ist:

1. der Anwendung radioaktiver Stoffe oder ionisierender Strahlung an ihrer Person und

2. den Untersuchungen, die vor, während und nach der Anwendung radioaktiver Stoffe oder ionisierender Strahlung an ihrer Person zur Kontrolle und zur Erhaltung ihrer Gesundheit erforderlich sind.

Die Einwilligung nach Satz 1 kann von der in das Forschungsvorhaben eingeschlossenen Person jederzeit widerrufen werden.

(2) Des Weiteren hat der Strahlenschutzverantwortliche dafür zu sorgen, dass die Einwilligung der in das Forschungsvorhaben eingeschlossenen Person in Folgendes eingeholt und nachgewiesen wird:

1. die Mitteilung ihrer Teilnahme an dem Forschungsvorhaben an die zuständige Behörde und

2. die Übermittlung der Angaben über ihre durch die Anwendung erhaltenen Expositionen an die zuständige Behörde.

(3) Die Einwilligungen nach Absatz 1 Satz 1 und Absatz 2 sind persönlich zu erklären und nur wirksam, wenn die in das Forschungsvorhaben eingeschlossene Person volljährig und in der Lage ist, Art, Bedeutung, Tragweite und Risiken der Anwendung der radioaktiven Stoffe oder der ionisierenden Strahlung für sich zu erkennen und ihren Willen hiernach auszurichten.

(4) Ist die Person nicht in der Lage, die Einwilligung nach Absatz 1 Satz 1 schriftlich zu erklären, so kann diese auf andere geeignete Weise in Anwesenheit eines unparteiischen Zeugen erklärt und aufgezeichnet werden. Der Zeuge muss bei der Aufklärung nach § 135 Absatz 2 anwesend gewesen sein und die Aufzeichnung der auf andere geeignete Weise erklärten Einwilligung unterzeichnen.

(5) Der Widerruf der Einwilligung nach Absatz 1 Satz 1 oder Absatz 2 hat keine Auswirkungen auf eine Verarbeitung von Daten, die auf der Grundlage der jeweiligen Einwilligung vor ihrem Widerruf durchgeführt wurde, oder auf die weitere Verarbeitung solcher Daten, die auf der Grundlage der jeweiligen Einwilligung bereits vor ihrem Widerruf erhoben wurden, soweit

1. die Verwirklichung der Forschungszwecke ansonsten unmöglich gemacht oder ernsthaft beeinträchtigt würde,

2. die Verarbeitung der Daten erforderlich ist, um sicherzustellen, das schutzwürdige Interessen der in das Forschungsvorhaben eingeschlossenen Person nicht beeinträchtigt werden oder

3. die Verarbeitung der Daten für die Nachvollziehbarkeit der Exposition der in das Forschungsvorhaben eingeschlossenen Person erforderlich ist um

a) der Pflicht zur Erstellung des Abschlussberichts zu genügen oder

b) strahlenschutzrechtliche Aufsicht und Qualitätssicherung durch ärztliche und zahnärztliche Stellen zu ermöglichen.

§ 135 Aufklärung und Befragung

(1) Der Strahlenschutzverantwortliche hat dafür zu sorgen, dass der in das Forschungsvorhaben eingeschlossenen Person vor der Erklärung der Einwilligungen nach § 134 Absatz 1 Satz 1 und Absatz 2 eine für die Person verständliche schriftliche Information zu der Anwendung ausgehändigt wird, in der Art, Bedeutung, Tragweite und Risiken der Anwendung der radioaktiven Stoffe oder der ionisierenden Strahlung dargelegt werden und die in das Forschungsvorhaben eingeschlossene Person über die Bedingungen und die Dauer der Anwendungen und über die Möglichkeit des Widerrufs der Einwilligung nach § 134 Absatz 1 Satz 1 unterrichtet wird.

(2) Der Strahlenschutzverantwortliche hat dafür zu sorgen, dass die in das Forschungsvorhaben eingeschlossene Person vor Erklärung der Einwilligungen nach § 134 Absatz 1 Satz 1 und Absatz 2 durch den die Anwendungen leitenden Arzt oder Zahnarzt oder einen von diesem beauftragten Arzt oder Zahnarzt aufgeklärt und befragt wird, ob an ihr bereits radioaktive Stoffe oder ionisierende Strahlung angewendet worden sind. Bei genehmigungsbedürftigen Anwendungen muss der beauftragte Arzt oder Zahnarzt die erforderliche Fachkunde im Strahlenschutz besitzen. Die Aufklärung muss die in Absatz 1 genannten Aspekte umfassen. Der Strahlenschutzverantwortliche hat dafür zu sorgen, dass über die Aufklärung und die Befragung Aufzeichnungen angefertigt werden.

§ 136 Anwendung an nicht Einwilligungsfähigen und an Minderjährigen

(1) Der Strahlenschutzverantwortliche hat dafür zu sorgen, dass an einer Person, die nicht in der Lage ist, Art, Bedeutung, Tragweite und Risiken der Anwendung der radioaktiven Stoffe

oder der ionisierenden Strahlung für sich zu erkennen und ihren Willen hiernach auszurichten, sowie an einer minderjährigen Person radioaktive Stoffe oder ionisierende Strahlung nur angewendet werden, wenn

1. das Forschungsziel anders nicht erreicht werden kann,

2. die Anwendung an einer Person erfolgt, bei der in Bezug auf das Forschungsvorhaben eine Krankheit oder ein entsprechender Krankheitsverdacht vorliegt,

3. im Rahmen des Forschungsvorhabens das Ziel verfolgt wird, diese Krankheit zu erkennen, das Leben der Person zu retten, ihre Gesundheit wiederherzustellen, ihr Leiden zu lindern oder Verfahren zu ihrer Untersuchung oder Behandlung im Zusammenhang mit dieser Krankheit zu verbessern,

4. der gesetzliche Vertreter oder der Bevollmächtigte die Einwilligungen nach § 134 Absatz 1 Satz 1 und Absatz 2 erklärt hat, nachdem ihm die schriftliche Information nach § 135 Absatz 1 ausgehändigt wurde und er entsprechend § 135 Absatz 2 Satz 1 bis 3 aufgeklärt und befragt worden ist, und

5. die Erklärung der Person oder deren in sonstiger Weise zum Ausdruck gebrachte Wille, nicht an dem Forschungsvorhaben teilnehmen zu wollen, beachtet wird.

Satz 1 Nummer 3 und Nummer 5 gilt nicht für ein Forschungsvorhaben, für das eine Genehmigung nach dem Arzneimittelrecht oder dem Medizinprodukterecht erforderlich ist.

(2) Der Strahlenschutzverantwortliche hat dafür zu sorgen, dass neben dem gesetzlichen Vertreter oder dem Bevollmächtigten die Person, die in das Forschungsvorhaben eingeschlossen werden soll, in angemessener Weise aufgeklärt wird. Ist die minderjährige Person in der Lage, Art, Bedeutung, Tragweite und Risiken der Anwendung für sich zu erkennen und ihren Willen hiernach auszurichten, sind zusätzlich deren persönliche Einwilligungen nach § 134 Absatz 1 Satz 1 und Absatz 2 erforderlich.

(3) Für die Einwilligungen des gesetzlichen Vertreters oder des Bevollmächtigten nach Absatz 1 Nummer 4 sowie für die Einwilligungen des Minderjährigen nach Absatz 2 Satz 2 gelten § 134 Absatz 1 Satz 2, Absatz 4 und 5 und § 135 Absatz 2 Satz 4 entsprechend.

§ 137 Weitere Anwendungsverbote und Anwendungsbeschränkungen

(1) Der Strahlenschutzverantwortliche hat dafür zu sorgen, dass radioaktive Stoffe oder ionisierende Strahlung zum Zweck der medizinischen Forschung an einer schwangeren Person oder an einer Person, die auf gerichtliche oder behördliche Anordnung in einer Anstalt untergebracht ist, nicht angewendet werden. Der Strahlenschutzverantwortliche hat dafür zu sorgen, dass radioaktive Stoffe zum Zweck der medizinischen Forschung an einer stillenden Person nicht angewendet werden.

(2) Der Strahlenschutzverantwortliche hat dafür zu sorgen, dass die durch das Forschungsvorhaben bedingte effektive Dosis für eine im Sinne des Forschungsvorhabens gesunde Person den Grenzwert von 20 Millisievert nicht überschreitet.

(3) Der Strahlenschutzverantwortliche hat dafür zu sorgen, dass von der Anwendung eine im Sinne des Forschungsvorhabens gesunde Person ausgeschlossen wird, bei der in den vergangenen zehn Jahren eine Anwendung radioaktiver Stoffe oder ionisierender Strahlung zum Zweck der medizinischen Forschung oder zur Behandlung stattgefunden hat, wenn durch die erneute Anwendung zum Zweck der medizinischen Forschung eine effektive Dosis von mehr als 10 Millisievert zu erwarten ist.

(4) Der Strahlenschutzverantwortliche hat dafür zu sorgen, dass radioaktive Stoffe oder ionisierende Strahlung an einer im Sinne des Forschungsvorhabens gesunden Person, die das 50. Lebensjahr nicht vollendet hat, nur dann zum Zweck der medizinischen Forschung angewendet werden, wenn dies zur Erreichung des Forschungszieles besonders notwendig ist.

§ 138 Besondere Schutzpflichten

(1) Bei einer nach § 32 Absatz 1 des Strahlenschutzgesetzes angezeigten Anwendung hat der Strahlenschutzverantwortliche vor der ersten Anwendung einen die Anwendungen leitenden Arzt oder Zahnarzt zu benennen, der die erforderliche Fachkunde im Strahlenschutz und mindestens zwei Jahre Erfahrung in der Anwendung radioaktiver Stoffe oder ionisierender Strahlung am Menschen besitzt.

(2) Der Strahlenschutzverantwortliche hat dafür zu sorgen, dass während der Anwendung radioaktiver Stoffe oder ionisierender Strahlung zum Zweck der medizinischen Forschung die ständige Erreichbarkeit des die Anwendungen leitenden Arztes oder Zahnarztes im Sinne des § 31 Absatz 4 Nummer 6 des Strahlenschutzgesetzes oder des Absatz 1 (die Anwendungen leitender Arzt oder Zahnarzt) oder die ständige Erreichbarkeit eines Vertreters mit gleicher Qualifikation gewährleistet ist.

(3) Der Strahlenschutzverantwortliche hat dafür zu sorgen, dass radioaktive Stoffe oder ionisierende Strahlung am Menschen zum Zweck der medizinischen Forschung nur von dem die Anwendungen leitenden oder einem von diesem beauftragten Arzt oder Zahnarzt mit der erforderlichen Fachkunde im Strahlenschutz angewendet werden. § 145 Absatz 2 bleibt unberührt.

(4) Der Strahlenschutzverantwortliche hat dafür zu sorgen, dass die in das Forschungsvorhaben eingeschlossene Person vor Beginn der Anwendung radioaktiver Stoffe oder ionisierender Strahlung ärztlich oder zahnärztlich untersucht wird. Er hat dafür zu sorgen, dass die Befunde unverzüglich aufgezeichnet werden.

(5) Der Strahlenschutzverantwortliche hat dafür zu sorgen, dass vor der Anwendung radioaktiver Stoffe oder ionisierender Strahlung zum Zweck der medizinischen Forschung

1. die Aktivität der anzuwendenden radioaktiven Stoffe bestimmt wird,

2. bei genehmigungsbedürftigen Anwendungen die Exposition für jede in das Forschungsvorhaben eingeschlossene Person durch geeignete Verfahren individuell abgeschätzt wird und

3. bei anzeigebedürftigen Anwendungen die Exposition für die in das Forschungsvorhaben eingeschlossenen Personen durch geeignete Verfahren abgeschätzt wird.

Der Strahlenschutzverantwortliche hat dafür zu sorgen, dass die Exposition für jede in das Forschungsvorhaben eingeschlossene Person durch geeignete Verfahren überwacht und im Hinblick auf die Abschätzung bewertet wird. Der Strahlenschutzverantwortliche hat dafür zu sorgen, dass die Ergebnisse der Abschätzung sowie Art und Ergebnis der Überwachungsmaßnahmen unverzüglich aufgezeichnet werden.

(6) § 122 Absatz 3 gilt für Anwendungen zur Untersuchung zum Zweck der medizinischen Forschung entsprechend. Bei genehmigungsbedürftigen Anwendungen zur Untersuchung zum Zweck der medizinischen Forschung kann die Genehmigungsbehörde Abweichendes festlegen, sofern die Anwendung der diagnostischen Referenzwerte für das Forschungsvorhaben nicht angemessen ist.

§ 139 Qualitätssicherung

(1) Der zur medizinischen Forschung Berechtigte und der die Anwendungen leitende Arzt oder Zahnarzt haben dafür zu sorgen, dass bei der Anwendung radioaktiver Stoffe oder ionisierender Strahlung zum Zweck der medizinischen Forschung der Gesundheit, der Sicherheit sowie den Rechten und den Interessen der in das Forschungsvorhaben eingeschlossenen Personen Vorrang eingeräumt wird, insbesondere vor dem wissenschaftlichen und gesellschaftlichen Interesse an dem Forschungsvorhaben.

(2) Im Fall einer Multi-Center-Studie hat der zur medizinischen Forschung Berechtigte den Genehmigungsbescheid oder die wesentlichen Inhalte der Anzeige, die Festlegungen zu Ziel-

setzung, Organisation, Methodik und Ablauf des Forschungsvorhabens sowie weitere für die Durchführung der Anwendungen erforderliche Informationen und Anleitungen in Bezug auf das Forschungsvorhaben den jeweiligen Strahlenschutzverantwortlichen zu übermitteln.

(3) Der Strahlenschutzverantwortliche hat dafür zu sorgen, dass der Genehmigungsbescheid oder die wesentlichen Inhalte der Anzeige, die Festlegungen zu Zielsetzung, Organisation, Methodik und Ablauf des Forschungsvorhabens sowie weitere für die Durchführung der Anwendungen erforderliche Informationen und Anleitungen in Bezug auf das Forschungsvorhaben folgenden Personen übermittelt werden:

1. dem die Anwendungen leitenden Arzt oder Zahnarzt,

2. dem von dem die Anwendungen leitenden Arzt oder Zahnarzt mit der Aufklärung oder Anwendung beauftragten Arzt oder Zahnarzt und

3. soweit es die Art der Anwendung erfordert, dem Medizinphysik-Experten.

(4) Der zur medizinischen Forschung Berechtigte hat dafür zu sorgen, dass die Anwendungen radioaktiver Stoffe oder ionisierender Strahlung am Menschen so konzipiert sind, dass zuverlässige und belastbare Ergebnisse zur Erreichung der Forschungszwecke gewonnen werden können. Der zur medizinischen Forschung Berechtigte hat die Ergebnisse so aufzubewahren, dass eine vollständige Berichterstattung und Überprüfung möglich ist und der zuständigen Behörde und der ärztlichen oder zahnärztlichen Stelle auf Verlangen Einblick zu gewähren.

(5) Der zur medizinischen Forschung Berechtigte und der die Anwendungen leitende Arzt oder Zahnarzt haben die Durchführung der Anwendungen am Menschen zum Zweck der medizinischen Forschung fortlaufend zu überwachen. Die Überwachung muss insbesondere geeignet sein,

1. unter Erfassung von erwarteten und unerwarteten Strahlenwirkungen zu erkennen, dass strahlenbedingte Risiken oder der mit dem Forschungsvorhaben verbundene Nutzen, gegebenenfalls unter Berücksichtigung des medizinischen Nutzens für die in das Forschungsvorhaben eingeschlossenen Personen, von den Angaben abweichen, die Grundlage für die Genehmigung oder Anzeige waren,

2. die Einhaltung der Festlegungen zu Zielsetzung, Organisation, Methodik und Ablauf des Forschungsvorhabens und die Gewinnung der Ergebnisse sicherzustellen und

3. im Fall einer Multi-Center-Studie die Einhaltung der genehmigten oder angezeigten Anzahl der in das Forschungsvorhaben einzuschließenden Personen sicherzustellen.

(6) Absatz 1 und Absatz 4 gelten nicht für ein Forschungsvorhaben, für das eine Genehmigung nach dem Arzneimittelrecht oder dem Medizinprodukterecht besteht.

§ 140 Aufbewahrungspflichten; weitere Regelungen zu Aufzeichnungen

(1) Der Strahlenschutzverantwortliche hat dafür zu sorgen, dass

1. die Einwilligungen nach § 134 Absatz 1 Satz 1 und Absatz 2 auch in Verbindung mit § 136 Absatz 1 Satz 1 Nummer 4 und Absatz 2 Satz 2, 30 Jahre lang nach ihrer Erklärung aufbewahrt werden,

2. die Aufzeichnungen nach § 135 Absatz 2 Satz 4, auch in Verbindung mit § 136 Absatz 3, und nach § 138 Absatz 4 Satz 2 und Absatz 5 Satz 3 30 Jahre lang nach dem Zeitpunkt der letzten Anwendung aufbewahrt werden und

3. die Einwilligungen nach Nummer 1 und die Aufzeichnungen nach Nummer 2 der zuständigen Aufsichtsbehörde auf Verlangen vorgelegt werden.

(2) Für die Aufzeichnungen nach § 135 Absatz 2 Satz 4, auch in Verbindung mit § 136 Absatz 3, und § 138 Absatz 4 Satz 2 und Absatz 5 Satz 3 gelten § 85 Absatz 1 Satz 3, Absatz 2 Satz 2 und Absatz 3 Satz 1 Nummer 2 und 3, Satz 2 und 3 des Strahlenschutzgesetzes und § 127 entsprechend.

§ 141 Mitteilungspflichten

(1) Der Strahlenschutzverantwortliche hat dafür zu sorgen, dass der zuständigen Aufsichtsbehörde die Beendigung der Anwendung radioaktiver Stoffe oder ionisierender Strahlung zum Zweck der medizinischen Forschung unverzüglich mitgeteilt wird.

(2) Der zur medizinischen Forschung Berechtigte hat dafür zu sorgen, dass der Genehmigungs- oder Anzeigebehörde unverzüglich Folgendes mitgeteilt wird:

1. bei einer Multi-Center-Studie das Ausscheiden eines Strahlenschutzverantwortlichen und

2. die Beendigung des Forschungsvorhabens.

(3) Der zur medizinischen Forschung Berechtigte hat dafür zu sorgen, dass der Genehmigungs- oder Anzeigebehörde unverzüglich Folgendes mitgeteilt wird:

1. den Abbruch oder die Unterbrechung der Anwendungen zum Schutz der in das Forschungsvorhaben eingeschlossenen Personen vor Strahlenwirkungen oder wegen einer Änderung des Nutzen-Risiko-Verhältnisses und

2. bei genehmigten Anwendungen das Vorliegen wesentlicher neuer Erkenntnisse über den mit dem Forschungsvorhaben verbundenen Nutzen, gegebenenfalls unter Berücksichtigung des medizinischen Nutzens für die in das Forschungsvorhaben eingeschlossenen Personen, oder über strahlenbedingte Risiken.

(4) Wer eine Anwendung radioaktiver Stoffe oder ionisierender Strahlung am Menschen zum Zweck der medizinischen Forschung nach § 32 des Strahlenschutzgesetzes angezeigt hat, hat eine Änderung in Bezug auf den Nachweis der erforderlichen Deckungsvorsorge nach § 32 Absatz 3 des Strahlenschutzgesetzes in Verbindung mit § 35 des Strahlenschutzgesetzes der Anzeigebehörde unverzüglich mitzuteilen und einen vorhandenen aktuellen Nachweis beizufügen.

§ 142 Abschlussbericht

(1) Der zur medizinischen Forschung Berechtigte hat der für ihn zuständigen Aufsichtsbehörde spätestens zwölf Monate nach Beendigung des Forschungsvorhabens einen Abschlussbericht vorzulegen, aus dem insbesondere die für jede in das Forschungsvorhaben eingeschlossene Person ermittelte Exposition hervorgeht.

(2) Im Fall einer Multi-Center-Studie

1. haben die jeweiligen Strahlenschutzverantwortlichen dem zur medizinischen Forschung Berechtigten unverzüglich nach Beendigung der Anwendungen unter ihrer Verantwortung die zur Erstellung des Abschlussberichts nach Absatz 1 erforderlichen Angaben bereitzustellen,

1a. muss der Abschlussbericht für jede beteiligte Einrichtung die Anzahl der Personen, an denen im Geltungsbereich dieser Verordnung radioaktive Stoffe oder ionisierende Strahlung angewendet wurden, nennen und einrichtungsspezifische Angaben in einer Weise aufführen, dass diese den einzelnen Einrichtungen zugeordnet werden können,

2. muss der Abschlussbericht auch die Gesamtanzahl der Personen, an denen im Geltungsbereich dieser Verordnung radioaktive Stoffe oder ionisierende Strahlung angewendet wurden, enthalten und

3. unterrichtet die für den zur medizinischen Forschung Berechtigten zuständige Aufsichtsbehörde die für den Strahlenschutz-

verantwortlichen zuständige Aufsichts-behörde, sofern sich aus dem Abschluss-bericht eine erhebliche Abweichung von der Genehmigung oder Anzeige oder ein Ver-stoß gegen strahlenschutzrechtliche Vor-schriften ergibt.

(3) Die für den zur medizinischen Forschung Berechtigten zuständige Aufsichtsbehörde un-terrichtet die Genehmigungs- oder Anzeige-behörde, sofern sich aus dem Abschlussbericht eine erhebliche Abweichung von der Genehmi-gung oder Anzeige ergibt.

(4) In den Fällen des Absatzes 1 und des Ab-satzes 2 Nummer 1 sind personenbezogene Daten der in das Forschungsvorhaben einge-schlossenen Personen zu pseudonymisieren.

§ 143 Behördliche Schutzanordnung

(1) Ist zu besorgen, dass eine in das For-schungsvorhaben eingeschlossene Person auf-grund einer Überschreitung der genehmigten oder angezeigten Dosiswerte für die Anwen-dung radioaktiver Stoffe oder ionisierender Strahlung zum Zweck der medizinischen For-schung an der Gesundheit geschädigt wird, oder ist aufgrund einer Überschreitung der ge-nehmigten oder angezeigten Dosiswerte eine Gesundheitsschädigung eingetreten, so ordnet die zuständige Behörde an, dass die Person durch einen nach § 175 Absatz 1 Satz 1 er-mächtigten Arzt untersucht wird. Ist eine Ge-sundheitsschädigung ohne Überschreitung der Dosiswerte zu besorgen oder eingetreten, so kann die zuständige Behörde die Untersuchung durch einen nach § 175 Absatz 1 Satz 1 er-mächtigten Arzt anordnen. § 78 Absatz 1 Satz 1 gilt entsprechend.

(2) Hat die zuständige Behörde nach Absatz 1 Satz 1 oder 2 die Untersuchung einer Person angeordnet, darf eine weitere Anwendung ra-dioaktiver Stoffe oder ionisierender Strahlung an dieser Person im Rahmen des Forschungs-vorhabens nur mit Zustimmung der zuständi-gen Behörde erfolgen.

Abschnitt 10
Anwendung ionisierender Strahlung oder ra-dioaktiver Stoffe am Tier in der Tierheilkunde

§ 144 Anforderungen im Zusammenhang mit der Anwendung

(1) Der Strahlenschutzverantwortliche hat dafür zu sorgen, dass bei der Anwendung ra-dioaktiver Stoffe oder ionisierender Strahlung am Tier in der Tierheilkunde eine Tierbegleit-person nur anwesend ist, wenn dies wegen der Umstände des Einzelfalls erforderlich ist. Ande-re Personen als Tierbegleitpersonen dürfen das Tier nicht begleiten. Eine schwangere Person darf nicht als Tierbegleitperson handeln.

(2) Der Strahlenschutzverantwortliche hat dafür zu sorgen, dass bei der Planung des be-trieblichen Strahlenschutzes zum Schutz der Tierbegleitperson ein Dosisrichtwert von höchs-tens 100 Mikrosievert je Anwendung festgelegt wird. Der Dosisrichtwert ist für die effektive Do-sis der Tierbegleitperson festzulegen.

(3) Der Strahlenschutzverantwortliche hat dafür zu sorgen, dass ein Tier, an dem radioak-tive Stoffe angewendet wurden, aus dem Strah-lenschutzbereich erst entlassen wird, wenn für die Tierbegleitperson nur eine effektive Dosis im Bereich von 100 Mikrosievert zu erwarten ist.

(4) Tierschutzrechtliche Vorschriften bleiben unberührt.

Abschnitt 11
Berechtigte Personen

§ 145 Berechtigte Personen bei der Anwendung am Menschen

(1) Der Strahlenschutzverantwortliche hat dafür zu sorgen, dass ionisierende Strahlung und radioaktive Stoffe am Menschen nur ange-wendet werden von Personen, die als Ärzte oder Zahnärzte approbiert sind oder denen die vorü-bergehende Ausübung des ärztlichen oder zahnärztlichen Berufs erlaubt ist und die

1. entweder die für die Anwendung erforderliche Fachkunde im Strahlenschutz besitzen oder,

2. auf ihrem speziellen Arbeitsgebiet über die für die Anwendung radioaktiver Stoffe und ionisierender Strahlung erforderlichen Kenntnisse im Strahlenschutz verfügen und unter ständiger Aufsicht und Verantwortung einer der unter Nummer 1 genannten Personen tätig sind.

(2) Der Strahlenschutzverantwortliche hat dafür zu sorgen, dass die technische Durchführung bei der Anwendung ionisierender Strahlung und radioaktiver Stoffe am Menschen ausschließlich durch folgende Personen vorgenommen wird:

1. Personen, die nach Absatz 1 ionisierende Strahlung und radioaktive Stoffe am Menschen anwenden dürfen,

2. Personen mit einer Erlaubnis nach § 1 Absatz 1 Nummer 2 des MTA-Gesetzes vom 2. August 1993 (BGBl. I S. 1402), das zuletzt durch Artikel 21 des Gesetzes vom 18. April 2016 (BGBl. I S. 886) geändert worden ist,

3. Personen mit einer staatlich geregelten, staatlich anerkannten oder staatlich überwachten erfolgreich abgeschlossenen Ausbildung, wenn die technische Durchführung Gegenstand ihrer Ausbildung und Prüfung war und sie die erforderliche Fachkunde im Strahlenschutz besitzen,

4. Personen, die sich in einer die erforderlichen Voraussetzungen zur technischen Durchführung vermittelnden beruflichen Ausbildung befinden, wenn sie unter ständiger Aufsicht und Verantwortung einer Person nach Absatz 1 Nummer 1 Arbeiten ausführen, die ihnen im Rahmen ihrer Ausbildung übertragen sind, und sie die erforderlichen Kenntnisse im Strahlenschutz besitzen,

5. Personen mit einer erfolgreich abgeschlossenen sonstigen medizinischen Ausbildung, wenn sie unter ständiger Aufsicht und Verantwortung einer Person nach Absatz 1 Nummer 1 tätig sind und die erforderlichen Kenntnisse im Strahlenschutz besitzen

6. Medizinphysik-Experten, wenn sie unter ständiger Aufsicht und Verantwortung einer Person nach Absatz 1 Nummer 1 tätig sind.

§ 146 Berechtigte Personen in der Tierheilkunde

(1) Der Strahlenschutzverantwortliche hat dafür zu sorgen, dass ionisierende Strahlung und radioaktive Stoffe in der Tierheilkunde nur angewendet werden von

1. Personen, die als Tierärzte, Ärzte oder Zahnärzte approbiert sind oder denen die vorübergehende Ausübung des ärztlichen oder zahnärztlichen Berufs erlaubt ist und die die für die Anwendung erforderliche Fachkunde im Strahlenschutz besitzen,

2. Personen, die zur Ausübung des tierärztlichen, ärztlichen oder zahnärztlichen Berufs berechtigt sind und die nicht die erforderliche Fachkunde im Strahlenschutz besitzen, wenn sie auf ihrem speziellen Arbeitsgebiet über die für die Anwendung erforderlichen Kenntnisse im Strahlenschutz verfügen und unter ständiger Aufsicht und Verantwortung einer der unter Nummer 1 genannten Personen tätig sind.

(2) Der Strahlenschutzverantwortliche hat dafür zu sorgen, dass die technische Durchführung bei der Anwendung ionisierender Strahlung und radioaktiver Stoffe in der Tierheilkunde ausschließlich durch folgende Personen vorgenommen wird:

1. Personen, die nach Absatz 1 ionisierende Strahlung und radioaktive Stoffe in der Tierheilkunde anwenden dürfen,

2. Personen mit einer Erlaubnis nach § 1 Absatz 1 Nummer 2 des MTA-Gesetzes,

3. Personen mit einer staatlich geregelten, staatlich anerkannten oder staatlich über-

wachten erfolgreich abgeschlossenen Ausbildung, wenn die technische Durchführung Gegenstand ihrer Ausbildung und Prüfung war und sie die erforderliche Fachkunde im Strahlenschutz besitzen,

4. Medizinphysik-Experten,

5. Personen, die über die erforderlichen Kenntnisse im Strahlenschutz verfügen, wenn sie unter ständiger Aufsicht und Verantwortung einer Person nach Absatz 1 Nummer 1 tätig sind.

§ 147 Berechtigte Personen außerhalb der Anwendung am Menschen oder der Tierheilkunde

Der Strahlenschutzverantwortliche hat dafür zu sorgen, dass in anderen Fällen als zur Anwendung am Menschen oder zur Anwendung am Tier in der Tierheilkunde nur solche Personen Röntgenstrahlung anwenden, die

1. die erforderliche Fachkunde im Strahlenschutz besitzen oder

2. auf ihrem Arbeitsgebiet über die für den Anwendungsfall erforderlichen Kenntnisse im Strahlenschutz verfügen.

Satz 1 gilt nicht für den Betrieb eines Vollschutzgerätes nach § 45 Absatz 1 Nummer 5 des Strahlenschutzgesetzes.

Kapitel 7
Informationspflichten des Herstellers

§ 148 Informationspflichten des Herstellers von Geräten

(1) Der Hersteller eines der in § 91 Satz 1 des Strahlenschutzgesetzes genannten Geräte hat dafür zu sorgen, dass dem Gerät bei der Übergabe an den Strahlenschutzverantwortlichen Unterlagen beigefügt sind, die Folgendes enthalten:

1. geeignete Informationen zu den möglichen radiologischen Gefahren im Zusammenhang mit dem Betrieb oder der Verwendung des Geräts und zur ordnungsgemäßen Nutzung, Prüfung, Wartung und Instandsetzung sowie

2. den Nachweis, dass es die Auslegung des Geräts ermöglicht, die Exposition auf ein Maß zu beschränken, das nach dem Stand der Technik so niedrig wie vernünftigerweise erreichbar ist.

Satz 1 Nummer 2 gilt nicht für Störstrahler, deren Betrieb keiner Genehmigung bedarf, und auch nicht für Anlagen zur Erzeugung ionisierender Strahlung, die genehmigungs- und anzeigefrei betrieben werden dürfen.

(2) Sind die in § 91 Satz 1 des Strahlenschutzgesetzes genannten Geräte zum Einsatz bei der Anwendung am Menschen bestimmt, müssen zusätzlich geeignete Informationen einschließlich verfügbarer Ergebnisse der klinischen Bewertung beigefügt werden, die eine Bewertung der Risiken für untersuchte oder behandelte Personen ermöglichen.

(3) Die Unterlagen müssen in deutscher oder in einer anderen für den Anwender des Gerätes leicht verständlichen Sprache abgefasst sein.

Kapitel 8
Aufsichtsprogramm

§ 149 Aufsichtsprogramm

(1) In dem Aufsichtsprogramm nach § 180 Absatz 1 Satz 1 des Strahlenschutzgesetzes legt die zuständige Behörde die Durchführung und die Modalitäten aufsichtlicher Prüfungen fest, insbesondere von Vor-Ort-Prüfungen.

(2) In welchen zeitlichen Abständen regelmäßige Vor-Ort-Prüfungen erfolgen, richtet sich nach Art und Ausmaß des mit der jeweiligen Tätigkeit verbundenen Risikos. Bei der Beurteilung der Art und des Ausmaßes des Risikos sind die Kriterien nach Anlage 16 zugrunde zu legen. Regelmäßige Vor-Ort-Prüfungen erfolgen in der Regel in zeitlichen Abständen von einem Jahr

bis zu sechs Jahren. Für Tätigkeiten mit geringem Risiko kann in dem Aufsichtsprogramm von der Durchführung regelmäßiger Vor-Ort-Prüfungen abgesehen und eine andere Vorgehensweise zur Auswahl des Zeitpunkts einer Vor-Ort-Prüfung festgelegt werden.

(3) Die Absätze 1 und 2 sind nicht anzuwenden auf Tätigkeiten nach § 4 Absatz 1 Satz 1 Nummer 3 bis 6 des Strahlenschutzgesetzes.

Teil 3
Strahlenschutz bei Notfallexpositionssituationen

§ 150 Dosimetrie bei Einsatzkräften

(1) Der nach § 115 Absatz 2 des Strahlenschutzgesetzes für den Schutz der Einsatzkräfte im Notfalleinsatz Verantwortliche hat dafür zu sorgen, dass die Exposition ermittelt oder abgeschätzt wird, der eine Einsatzkraft bei Einsätzen in einer Notfallexpositionssituation oder bei Einsätzen zur Bekämpfung einer anderen Gefahrenlage ausgesetzt ist. Die Ermittlung oder Abschätzung soll erfolgen

1. durch eine Messung der Personendosis der Einsatzkraft oder

2. wenn eine Messung nach Nummer 1 nicht möglich ist, durch eine Übernahme der Ergebnisse der Messung der Personendosis einer anderen Person mit vergleichbaren Expositionsbedingungen oder

3. ersatzweise durch eine Abschätzung der Körperdosis insbesondere auf Grundlage von Messungen der Ortsdosis, der Ortsdosisleistung, der Konzentration radioaktiver Stoffe in der Luft oder der Kontamination der Umgebung oder anderer physikalischer Parameter jeweils in Verbindung mit der Aufenthaltszeit.

(2) Falls eine relevante Inkorporation radioaktiver Stoffe zu befürchten ist, soll zur Abschätzung der Körperdosis zusätzlich zu den in Absatz 1 Satz 2 genannten Methoden eine Messung der Körperaktivität oder der Aktivität der Ausscheidungen oder anderer biologischer Parameter durch eine nach § 169 des Strahlenschutzgesetzes bestimmte Messstelle erfolgen.

(3) Die zuständige Behörde kann eine andere oder ergänzende Weise der Ermittlung oder Abschätzung der Körperdosis festlegen, wenn dies im Hinblick auf fehlende, unvollständige oder fehlerhafte Messungen oder im Hinblick auf Unsicherheiten der Ergebnisse nach den Absätze 1 oder 2 angemessen ist.

(4) Die Regelungen zur Messung der Personendosis in § 66 Absatz 1 und 2 Satz 1 und 2 gelten entsprechend. Die Dosimeter dürfen zwölf Monate vorgehalten werden, wenn zusätzlich ein Referenzdosimeter zur Berücksichtigung des Abzugs der natürlichen Exposition verwendet wird. Nach der Verwendung eines Dosimeters in einer Notfallexpositionssituation oder einer anderen Gefahrenlage ist das Dosimeter zusammen mit dem Referenzdosimeter innerhalb eines Monats bei der Messstelle einzureichen.

(5) Wenn die ermittelte oder abgeschätzte effektive Dosis ein Millisievert oder die ermittelte Organ-Äquivalentdosis für die Augenlinse 15 Millisievert oder die lokale Hautdosis 50 Millisievert überschreitet, hat der nach § 115 Absatz 2 des Strahlenschutzgesetzes für den Schutz der Einsatzkräfte im Notfalleinsatz Verantwortliche dafür zu sorgen, dass die Ergebnisse der Ermittlung oder Abschätzung der Körperdosis nach § 170 Absatz 4 des Strahlenschutzgesetzes an das Strahlenschutzregister übermittelt werden.

§ 151 Besondere ärztliche Überwachung von Einsatzkräften

Ist nicht auszuschließen, dass eine Person durch eine Exposition nach § 114 des Strahlenschutzgesetzes oder aufgrund einer anderen Gefahrenlage nach § 116 des Strahlenschutzgesetzes Expositionen erhalten hat, die im Kalenderjahr die effektive Dosis von 20 Millisievert oder die Organ-Äquivalentdosis von 20 Millisievert für die Augenlinse oder von 500 Millisievert für die Haut, die Hände, die Unterarme, die Füße oder Knöchel überschreiten, gilt § 81 für den Verantwortlichen nach § 115 Absatz 2 des Strahlenschutzgesetzes entsprechend.

§ 152 Hilfeleistung und Beratung von Behörden, Hilfsorganisationen und Einsatzkräften bei einem Notfall

(1) Der Strahlenschutzverantwortliche hat zur Erfüllung der Pflichten nach § 72 Absatz 3 des Strahlenschutzgesetzes und nach § 107 dieser Verordnung dafür zu sorgen, dass bei einem Notfall den zuständigen und den bei der Notfallreaktion mitwirkenden Behörden und Organisationen Hilfe bei Entscheidungen, Schutzmaßnahmen und anderen Maßnahmen nach § 97 Absatz 1 Satz 3 des Strahlenschutzgesetzes geleistet wird.

(2) Der Strahlenschutzverantwortliche hat gemäß Absatz 1 insbesondere dafür zu sorgen, dass bei einem nach § 108 Absatz 1 und 2 meldepflichtigen Notfall, Störfall oder sonstigen bedeutsamen Vorkommnis oder bei einem nach § 6 Absatz 1 und 2 der Atomrechtlichen Sicherheitsbeauftragten- und Meldeverordnung meldepflichtigen Ereignis nach Eintritt eines Notfalls nach der Meldung nach § 108 Absatz 4 oder der Anzeige nach § 6 Absatz 3 der Atomrechtlichen Sicherheitsbeauftragten- und Meldeverordnung folgenden Behörden unverzüglich eine vorläufige erste Bewertung des Notfalls und seiner Auswirkungen übermittelt wird:

1. der Behörde, der das besondere Vorkommnis nach § 108 Absatz 1 und 2 oder das meldepflichtige Ereignis nach § 6 Absatz 1 und 2 der Atomrechtlichen Sicherheitsbeauftragen- und Meldeverordnung zu melden ist,

2. der Katastrophenschutzbehörde,

3. der für die öffentliche Sicherheit zuständigen Behörde und

4. bei einem überregionalen oder regionalen Notfall dem radiologischen Lagezentrum des Bundes nach § 106 des Strahlenschutzgesetzes.

Der Strahlenschutzverantwortliche hat des Weiteren dafür zu sorgen, dass neue oder veränderte relevante Daten oder Abschätzungen unverzüglich nach Kenntnis den in Satz 1 genannten Behörden übermittelt werden.

(3) Bei einem überregionalen oder regionalen Notfall hat der Strahlenschutzverantwortliche dafür zu sorgen, dass die vorläufige erste Bewertung nach Absatz 2 Satz 1 und deren Aktualisierungen nach Absatz 2 Satz 2 soweit wie möglich auch diejenigen Daten zur Anlage oder Strahlungsquelle, zum radiologischen Inventar und zu Freisetzungen sowie Freisetzungsabschätzungen und -prognosen umfassen, die nach den §§ 107 und 108 des Strahlenschutzgesetzes für die Bewertung der radiologischen Lage relevant sind. Bei den in § 106 Absatz 3 genannten Tätigkeiten ist der Strahlenschutzverantwortliche nicht zur Übermittlung von Freisetzungsabschätzungen und -prognosen verpflichtet.

(4) Der Strahlenschutzverantwortliche hat gemäß Absatz 1 des Weiteren insbesondere dafür zu sorgen, dass

1. den für den Katastrophenschutz und den für die öffentliche Sicherheit zuständigen Behörden sowie den bei der Notfallreaktion mitwirkenden Behörden und Organisationen jede Information und Beratung gegeben wird, die notwendig ist

   a) zur Abwendung von Gefahren für Mensch oder Umwelt oder

   b) zur Eindämmung oder Beseitigung von nachteiligen Auswirkungen, und

2. den nach § 115 Absatz 2 Nummer 2 des Strahlenschutzgesetzes für den Schutz der Einsatzkräfte verantwortlichen Behörden und Organisationen, den am Notfalleinsatz beteiligten Behörden und Organisationen

sowie der Einsatzleitung am Einsatzort jede Information und Beratung gegeben wird, die für die Unterrichtung der Einsatzkräfte nach § 114 Absatz 2 Satz 2 oder 3 des Strahlenschutzgesetzes notwendig ist.

Teil 4
Strahlenschutz bei bestehenden Expositionssituationen

Kapitel 1
Schutz vor Radon

Abschnitt 1
Gemeinsame Vorschriften für Aufenthaltsräume und für Arbeitsplätze

§ 153 Festlegung von Gebieten nach § 121 Absatz 1 Satz 1 des Strahlenschutzgesetzes

(1) Die zuständige Behörde hat die Festlegung der Gebiete nach § 121 Absatz 1 Satz 1 des Strahlenschutzgesetzes auf Grundlage einer wissenschaftlich basierten Methode vorzunehmen, die unter Zugrundelegung geeigneter Daten Vorhersagen hinsichtlich der Überschreitung des Referenzwertes nach § 124 oder § 126 des Strahlenschutzgesetzes in der Luft von Aufenthaltsräumen oder Arbeitsplätzen ermöglicht. Geeignete Daten sind insbesondere geologische Daten, Messdaten der Radon-222-Aktivitätskonzentration in der Bodenluft, Messdaten der Bodenpermeabilität, Messdaten zur Radon-222-Aktivitätskonzentration in Aufenthaltsräumen oder an Arbeitsplätzen sowie Fernerkundungsdaten.

(2) Die zuständige Behörde kann davon ausgehen, dass die über das Jahr gemittelte Radon-222-Aktivitätskonzentration den Referenzwert nach § 124 oder § 126 des Strahlenschutzgesetzes in einer beträchtlichen Anzahl von Gebäuden in der Luft von Aufenthaltsräumen oder Arbeitsplätzen eines Gebiets überschreitet, wenn aufgrund einer Vorhersage nach Absatz 1 auf mindestens 75 Prozent des jeweils auszuweisenden Gebiets der Referenzwert in mindestens zehn Prozent der Anzahl der Gebäude überschritten wird.

(3) Die Festlegung der Gebiete erfolgt innerhalb der in dem Land bestehenden Verwaltungsgrenzen.

(4) Die zuständige Behörde erhebt die zur Festlegung der Gebiete nach § 121 Absatz 1 Satz 1 des Strahlenschutzgesetzes und die zur Überprüfung der Gebietsfestlegung nach § 121 Absatz 1 Satz 3 des Strahlenschutzgesetzes erforderlichen Daten nach Absatz 1. Hierzu führt sie die erforderlichen Messungen und Probenahmen durch oder zieht vorhandene Daten heran.

§ 154 Maßnahmen zum Schutz vor Radon für Neubauten in Gebieten nach § 121 Absatz 1 Satz 1 des Strahlenschutzgesetzes

In den Gebieten nach § 121 Absatz 1 Satz 1 des Strahlenschutzgesetzes gilt die Pflicht nach § 123 Absatz 1 Satz 1 des Strahlenschutzgesetzes, geeignete Maßnahmen zu treffen, um den Zutritt von Radon aus dem Baugrund zu verhindern oder erheblich zu erschweren, als erfüllt, wenn neben den Maßnahmen nach § 123 Absatz 1 Satz 2 Nummer 1 des Strahlenschutzgesetzes mindestens eine der folgenden Maßnahmen durchgeführt wird:

1. Verringerung der Radon-222-Aktivitätskonzentration unter dem Gebäude,

2. gezielte Beeinflussung der Luftdruckdifferenz zwischen Gebäudeinnerem und Bodenluft an der Außenseite von Wänden und Böden mit Erdkontakt, sofern der diffusive Radoneintritt aufgrund des Standorts oder der Konstruktion begrenzt ist,

3. Begrenzung der Rissbildung in Wänden und Böden mit Erdkontakt und Auswahl diffusionshemmender Betonsorten mit der erforderlichen Dicke der Bauteile,

4. Absaugung von Radon an Randfugen oder unter Abdichtungen,

5. Einsatz diffusionshemmender, konvektionsdicht verarbeiteter Materialien oder Konstruktionen.

Abschnitt 2
Radon an Arbeitsplätzen in Innenräumen

§ 155 Messung der Radon-222-Aktivitätskonzentration; anerkannte Stelle

(1) Die Messungen der Radon-222-Aktivitätskonzentration nach § 127 Absatz 1 und § 128 Absatz 2 des Strahlenschutzgesetzes sind nach den allgemein anerkannten Regeln der Technik über eine Gesamtdauer von zwölf Monaten durchzuführen. Die Messorte sind so auszuwählen, dass sie repräsentativ für die Radon-222-Aktivitätskonzentration an dem Arbeitsplatz sind. Abweichend hiervon kann eine Überschreitung des Referenzwertes im Falle der Messung nach § 127 Absatz 1 des Strahlenschutzgesetzes auch auf der Grundlage einer kürzeren Messzeit festgestellt werden, wenn aufgrund einer Abschätzung der über das Jahr gemittelten Radon-222-Aktivitätskonzentration davon auszugehen ist, dass der Referenzwert überschritten wird.

(2) Die Durchführung der Messung ist aufzuzeichnen; die Aufzeichnungen sind zusammen mit den Aufzeichnungen nach § 127 Absatz 3 und § 128 Absatz 2 Satz 2 des Strahlenschutzgesetzes der zuständigen Behörde auf Verlangen vorzulegen.

(3) Die für die Ermittlung der Radon-222-Aktivitätskonzentration notwendigen Messgeräte sind bei einer vom Bundesamt für Strahlenschutz für die Messung der Radon-222-Aktivitätskonzentration anerkannten Stelle anzufordern und nach deren Vorgaben einzusetzen. Die Auswertung der Messgeräte hat durch die anerkannte Stelle zu erfolgen. Dies gilt nicht, wenn das Messergebnis unter der Verantwortung des Verantwortlichen nach § 127 Absatz 1 des Strahlenschutzgesetzes ausgewertet werden kann.

(4) Das Bundesamt für Strahlenschutz erkennt eine Stelle für die Messung der Radon-222-Aktivitätskonzentration an, wenn die Stelle

1. geeignete Messgeräte bereitstellen kann,

2. über geeignete Ausrüstung und Verfahren zur Auswertung der Messgeräte verfügt,

3. über ein geeignetes System zur Qualitätssicherung verfügt und

4. die Teilnahme an Maßnahmen zur Qualitätssicherung durch das Bundesamt für Strahlenschutz sicherstellt.

Die Maßnahmen zur Qualitätssicherung nach Satz 1 Nummer 4 werden von dem Bundesamt für Strahlenschutz durchgeführt. Für die Anerkennung als Stelle für die Messung der Radon-222-Aktivitätskonzentration und für die Teilnahme an den Maßnahmen zur Qualitätssicherung nach Satz 1 Nummer 4 werden Gebühren und Auslagen erhoben.

Das Bundesamt für Strahlenschutz veröffentlicht eine Liste der anerkannten Stellen.

§ 156 Arbeitsplatzbezogene Abschätzung der Exposition

Die zuständige Behörde kann Vorgaben für die Durchführung der Abschätzung nach § 130 Absatz 1 des Strahlenschutzgesetzes machen, um die erforderliche Qualität der Abschätzung sicherzustellen.

§ 157 Ermittlung der Exposition und der Körperdosis

(1) Die Ermittlung der Körperdosis nach § 131 Absatz 1 Nummer 2 des Strahlenschutzgesetzes ist von einer nach § 169 Absatz 1 Nummer 4 des Strahlenschutzgesetzes bestimmten Messstelle durchzuführen.

(2) Der nach § 131 Absatz 1 des Strahlenschutzgesetzes Verpflichtete hat dafür zu sorgen, dass die Exposition mit einem Messgerät gemessen wird,

1. das bei der Messstelle nach Absatz 1 anzufordern ist und das durch diese Messstelle ausgewertet wird oder

2. das zur Ermittlung von Messwerten unter seiner Verantwortung genutzt wird, wenn dessen Verwendung nach Zustimmung der Messstelle nach Absatz 1 von der zuständigen Behörde gestattet wurde.

(3) Der nach § 131 Absatz 1 des Strahlenschutzgesetzes Verpflichtete hat dafür zu sorgen, dass die Expositionsbedingungen aufgezeichnet werden. Er hat dafür zu sorgen, dass der Messstelle zur Ermittlung der Körperdosis nach Ablauf von drei Monaten

1. die Messgeräte nach Absatz 2 Satz 1 Nummer 1 zusammen mit den Aufzeichnungen nach Satz 1 zur Verfügung gestellt werden oder

2. im Falle des Absatzes 2 Satz 1 Nummer 2, die Messwerte zusammen mit den Aufzeichnungen nach Satz 1 bereitgestellt werden.

Die zuständige Behörde kann gestatten, dass die Messgeräte in Zeitabständen bis zu sechs Monaten der Messstelle einzureichen sind, wenn die Expositionsbedingungen dem nicht entgegenstehen.

(4) Der nach § 131 Absatz 1 des Strahlenschutzgesetzes Verpflichtete hat darauf hinzuwirken, dass die Ergebnisse der Ermittlung der Körperdosis spätestens neun Monate nach erfolgter Exposition der an einem anmeldungsbedürftigen Arbeitsplatz beschäftigten Arbeitskraft vorliegen.

(5) Der nach § 131 Absatz 1 des Strahlenschutzgesetzes Verpflichtete hat dafür zu sorgen, dass bei einer unterbliebenen oder fehlerhaften Messung

1. die zuständige Behörde informiert wird und

2. die Dosis abgeschätzt wird.

Die zuständige Behörde legt eine Ersatzdosis fest und veranlasst, dass die Ersatzdosis an das Strahlenschutzregister nach § 170 des Strahlenschutzgesetzes übermittelt wird. Die zuständige Behörde kann im Einzelfall von der Festlegung einer Ersatzdosis absehen, wenn die festzusetzende Dosis 0 Millisievert beträgt und sie diesen Wert an das Strahlenschutzregister nach § 170 des Strahlenschutzgesetzes übermittelt. Die Übermittlung nach Satz 2 oder 3 kann über eine nach § 169 des Strahlenschutzgesetzes bestimmte Messstelle erfolgen.

§ 158 Weitere Anforderungen des beruflichen Strahlenschutzes

(1) Der nach § 131 Absatz 1 des Strahlenschutzgesetzes Verpflichtete, der als Dritter nach § 130 Absatz 1 Satz 1 zweiter Halbsatz des Strahlenschutzgesetzes zur Abschätzung verpflichtet war, hat dafür zu sorgen, dass er selbst und die unter seiner Aufsicht stehenden Personen in fremden Betriebsstätten eine berufliche Betätigung an anmeldebedürftigen Arbeitsplätzen nur ausüben, wenn jede Person im Besitz eines vollständig geführten, bei der zuständigen Behörde registrierten Strahlenpasses ist. Die zuständige Behörde kann im Einzelfall von der Pflicht zum Führen eines Strahlenpasses nach Satz 1 befreien, wenn die Person in nicht mehr als einer fremden Betriebsstätte eine berufliche Betätigung an anmeldepflichtigen Arbeitsplätzen ausübt.

(2) Wurde unter Verstoß gegen § 78 Absatz 1 oder 3 Satz 1 oder 3 des Strahlenschutzgesetzes ein Grenzwert im Kalenderjahr überschritten, so ist eine Weiterbeschäftigung der Person nur zulässig, wenn der nach § 131 Absatz 1 des Strahlenschutzgesetzes Verpflichtete dafür sorgt, dass die Expositionen in den folgenden vier Kalenderjahren unter Berücksichtigung der erfolgten Grenzwertüberschreitung so begrenzt werden, dass die Summe der Dosen das Fünffache des Grenzwertes nicht überschreitet. Ist die Überschreitung des Grenzwertes so hoch, dass bei Anwendung von Satz 1 die bisherige Beschäftigung nicht fortgesetzt werden kann, kann die zuständige Behörde im Benehmen mit

einem nach § 175 Absatz 1 Satz 1 ermächtigten Arzt Ausnahmen zulassen.

(3) Der nach § 131 Absatz 1 des Strahlenschutzgesetzes Verpflichtete darf Personen, die eine unter § 130 Absatz 3 des Strahlenschutzgesetzes fallende Betätigung ausüben, eine Beschäftigung oder Weiterbeschäftigung nur erlauben, wenn sie innerhalb des jeweiligen Kalenderjahrs von einem nach § 175 Absatz 1 Satz 1 ermächtigten Arzt untersucht worden sind und dem nach § 131 Absatz 1 des Strahlenschutzgesetzes Verpflichteten eine von dem ermächtigten Arzt ausgestellte Bescheinigung vorliegt, nach der der Beschäftigung keine gesundheitlichen Bedenken entgegenstehen. Dies gilt entsprechend für Personen, die in eigener Verantwortung in eigener oder in einer anderen Betriebsstätte Arbeiten ausüben. § 77 Absatz 3 und die §§ 79 und 80 gelten entsprechend. Die entsprechend § 79 Absatz 1 Satz 1 angeforderten Unterlagen sind dem ermächtigten Arzt unverzüglich zu übergeben. Der ermächtigte Arzt hat die ärztliche Bescheinigung dem Verpflichteten nach § 131 Absatz 1 des Strahlenschutzgesetzes, der exponierten Person und, soweit gesundheitliche Bedenken bestehen, auch der zuständigen Behörde unverzüglich zu übersenden.

(4) Soweit die Expositionsbedingungen es erfordern, kann die zuständige Behörde bei unter § 130 Absatz 3 des Strahlenschutzgesetzes fallenden Betätigungen gegenüber dem nach § 131 Absatz 1 des Strahlenschutzgesetzes Verpflichteten Maßnahmen entsprechend den §§ 45, 46, 52, 53, 55, 56, 63, des § 75 Absatz 1 und des § 91 Absatz 1 Satz 1 Nummer 3 anordnen.

Kapitel 2
Schutz vor Radioaktivität in Bauprodukten

§ 159 Ermittlung der spezifischen Aktivität

Der Verpflichtete nach § 135 Absatz 1 des Strahlenschutzgesetzes hat zum Nachweis,

dass der Referenzwert nach § 133 des Strahlenschutzgesetzes nicht überschritten wird,

1. den Aktivitätsindex nach Anlage 17 zu berechnen und

2. dafür zu sorgen, dass der Aktivitätsindex die in Anlage 17 genannten Werte nicht überschreitet.

Kapitel 3
Radioaktive Altlasten

§ 160 Ermittlung der Exposition der Bevölkerung

(1) Bei der Ermittlung der Exposition von Einzelpersonen der Bevölkerung sind realistische Expositionspfade und Expositionsannahmen zu verwenden. Soweit dabei die Expositionspfade nach Anlage 11 Teil A Berücksichtigung finden, sind die Annahmen der Anlage 11 Teil B Tabelle 1 Spalte 1 bis 7 und Tabelle 2 zugrunde zu legen. Dabei sind unbeschadet des § 136 Absatz 3 des Strahlenschutzgesetzes Art und Konzentrationen der Radionuklide und die Möglichkeit ihrer Ausbreitung in der Umwelt zu berücksichtigen.

(2) Es ist sowohl die gegenwärtige Exposition zu ermitteln als auch die zu erwartende zukünftige Exposition abzuschätzen. Expositionen sind für Zeiträume abzuschätzen,

1. in denen vorrausichtlich nicht vernachlässigbare Expositionen auftreten werden und

2. die das zu erwartende Maximum der Exposition einschließen.

Ist die Abschätzung der Exposition für den sich aus Satz 2 ergebenden Zeitraum nicht mit hinreichender Zuverlässigkeit möglich, so ist eine Abschätzung für den Zeitraum ausreichend, für den hinreichend zuverlässige Aussagen getroffen werden können. Eine Abschätzung ist höchstens für einen Zeitraum von 1 000 Jahren durchzuführen.

(3) Für Einzelpersonen der Bevölkerung sind die Dosiskoeffizienten aus der Zusammenstellung im Bundesanzeiger Nummer 160a und b

vom 28. August 2001 Teil I und II zu verwenden. Für Arbeitskräfte sind die Dosiskoeffizienten aus der Zusammenstellung im Bundesanzeiger Nummer 160a und b vom 28. August 2001 Teil I und III zu verwenden.

(4) Bei der Nutzung, Stilllegung, Sanierung und Folgenutzung bergbaulicher Anlagen und Einrichtungen, insbesondere der Betriebsanlagen und Betriebsstätten des Uranerzbergbaus, sowie anderer Grundstücke, die durch bergbauliche Hinterlassenschaften kontaminiert sind, kann die zuständige Behörde davon ausgehen, dass die Anforderungen nach Absatz 1 erfüllt sind, wenn der Ermittlung der Exposition die Berechnungsgrundlagen zur Ermittlung der Exposition infolge bergbaubedingter Umweltradioaktivität (Berechnungsgrundlagen – Bergbau) zugrunde gelegt worden sind.

§ 161 Prüfwerte bei radioaktiven Altlasten und bei der Stilllegung und Sanierung der Betriebsanlagen und Betriebsstätten des Uranerzbergbaus

(1) Bei der Bestimmung radioaktiver Altlasten nach § 136 Absatz 1 des Strahlenschutzgesetzes gilt für anthropogen überprägte natürliche Radionuklide der Zerfallsreihen von Uran-238 und Thorium-232 jeweils ein Prüfwert von 0,2 Becquerel je Gramm Trockenmasse.

(2) Abweichend von Absatz 1 gilt jeweils ein Prüfwert von 1 Becquerel je Gramm Trockenmasse, wenn Folgendes ausgeschlossen werden kann:

1. die Nutzung oder Kontamination des Grundwassers,

2. eine dauerhafte Nutzung der Altlastenfläche für Wohnzwecke oder andere mit einem dauerhaften Aufenthalt von Menschen verbundene Zwecke und

3. der Verzehr von auf der Altlastenfläche landwirtschaftlich oder gärtnerisch erzeugten Produkten.

Satz 1 gilt nicht für bergbauliche Altlasten.

(3) Der Bestimmung sind repräsentative Werte der größten spezifischen Aktivitäten zu Grunde zu legen.

(4) Werden die in Absatz 1 oder 2 Satz 1 genannten Prüfwerte nicht überschritten, kann die zuständige Behörde davon ausgehen, dass keine radioaktive Altlast vorliegt. Bei künstlichen Radionukliden ist das Vorliegen einer radioaktiven Altlast im Einzelfall zu prüfen.

(5) Eine Genehmigung nach § 149 Absatz 1 des Strahlenschutzgesetzes für die Stilllegung und Sanierung von Betriebsanlagen und Betriebsstätten des Uranerzbergbaus ist nicht erforderlich, wenn die Prüfwerte nach Absatz 1 nicht überschritten werden.

§ 162 Emissions- und Immissionsüberwachung bei der Stilllegung und Sanierung der Betriebsanlagen und Betriebsstätten des Uranerzbergbaus

(1) Bei der Stilllegung und Sanierung der Betriebsanlagen und Betriebsstätten des Uranerzbergbaus hat der Genehmigungsinhaber dafür zu sorgen, dass die von den Betriebsanlagen und Betriebsstätten ausgehenden Emissionen und Immissionen

1. überwacht werden und

2. der zuständigen Behörde mindestens einmal jährlich mitgeteilt werden.

Der Genehmigungsinhaber hat insbesondere ein Messprogramm zur Immissionsüberwachung aufzustellen.

(2) Die zuständige Behörde bestimmt Messstellen für die Emissions- und Immissionsüberwachung. Diese haben folgende Aufgaben:

1. Kontrolle der vom Genehmigungsinhaber durchzuführenden Emissionsüberwachung,

2. Durchführung eines Messprogramms zur Immissionsüberwachung, das der Ergänzung und Kontrolle des vom Genehmigungsinhaber aufzustellenden Messprogramms dient.

(3) Die zuständige Behörde kann davon ausgehen, dass die nach Absatz 1 und Absatz 2 Satz 2 erforderlichen Maßnahmen zur Emissions- und Immissionsüberwachung getroffen sind, wenn der Emissions- und Immissionsüberwachung die Richtlinie zur Emissions- und Immissionsüberwachung bei bergbaulichen Tätigkeiten (REI-Bergbau) zugrunde gelegt worden ist.

(4) § 103 Absatz 3 gilt entsprechend.

§ 163 Grundsätze für die Optimierung von Sanierungsmaßnahmen

(1) Bei der Optimierung von Art, Umfang und Dauer der Sanierungs-, Schutz- und Beschränkungsmaßnahmen nach § 139 Absatz 2 Satz 2 des Strahlenschutzgesetzes sind die Vor- und Nachteile der verschiedenen Maßnahmen abzuwägen.

(2) Bei der Abwägung sind insbesondere zu berücksichtigen:

1. die Eigenschaften der Altlast und des Standorts einschließlich der Nutzungs- und Expositionsverhältnisse,

2. die derzeitige Exposition durch die Altlast und die Prognose über die zukünftige Entwicklung der Exposition,

3. die durch die Maßnahmen zu erreichende Verminderung der Exposition,

4. die zusätzliche Exposition für Arbeitskräfte und die Bevölkerung durch die Maßnahmen,

5. die Kosten für die Umsetzung der Maßnahmen sowie für die Nachsorge,

6. die Veränderungen der Altlast, der geschaffenen Barrieren und der Ausbreitungsbedingungen, die die Wirksamkeit der Maßnahmen beeinträchtigen, sowie jeweils deren Konsequenzen für die Exposition und die Kosten; in Betracht zu ziehen sind hydrologische, geochemische und geomechanische Prozesse innerhalb der Altlast sowie

externe geologische, klimatische und biologische Einflüsse,

7. die Stabilität der Maßnahmen gegenüber unzureichender oder unterbleibender Nachsorge und sich hieraus ergebende Konsequenzen für die Exposition und die Kosten,

8. die langfristigen negativen Auswirkungen der Maßnahmen auf die Umwelt und

9. die Auswirkungen der Maßnahmen auf die Belange der Betroffenen.

§ 164 Inhalt von Sanierungsplänen

(1) Im Sanierungsplan sind die vorgesehenen Maßnahmen nach § 143 Absatz 1 Satz 2 Nummer 3 des Strahlenschutzgesetzes textlich und zeichnerisch vollständig darzustellen. Es ist darzulegen, dass diese Maßnahmen geeignet sind, dass der Referenzwert nach § 136 Absatz 1 des Strahlenschutzgesetzes dauerhaft unterschritten wird oder, wenn eine dauerhafte Unterschreitung nicht möglich ist, die vorgesehenen Maßnahmen geeignet sind, unter Berücksichtigung der Optimierungsgrundsätze nach § 163 die Exposition dauerhaft so gering wie möglich zu halten. Darzustellen sind insbesondere auch die voraussichtlichen Kosten sowie die Genehmigungs-, Anzeige- und Anmeldeerfordernisse, auch wenn ein verbindlicher Sanierungsplan nach § 143 Absatz 2 Satz 2 des Strahlenschutzgesetzes die Genehmigungs-, Anzeige- und Anmeldeerfordernisse nicht einschließen kann.

(2) Über die in § 143 Absatz 1 Satz 2 des Strahlenschutzgesetzes aufgeführten Angaben hinaus soll ein Sanierungsplan insbesondere Angaben enthalten zu

1. den Standortverhältnissen und Eigenschaften der Altlast,

2. der äußeren Abgrenzung des Sanierungsplans sowie dem Einwirkungsbereich, der durch die Altlast bereits betroffen ist oder der durch die vorgesehenen Maßnahmen zu prognostizieren ist,

3. der technischen Ausgestaltung von Sanierungsmaßnahmen, Art und Umfang sonstiger Maßnahmen zur Verhinderung oder Verminderung der Exposition, den Elementen und dem Ablauf der Sanierung,

4. fachspezifischen Berechnungen zu den einzelnen Maßnahmenkomponenten,

5. den Eigenkontrollmaßnahmen zur Überprüfung der sachgerechten Ausführung und Wirksamkeit der vorgesehenen Maßnahmen,

6. den zu behandelnden Mengen und den Transport-, Verwertungs- und Entsorgungswegen,

7. den getroffenen behördlichen Entscheidungen und den geschlossenen öffentlich-rechtlichen Verträgen, die sich auf die Erfüllung der Pflicht zur Sanierung der radioaktiven Altlast auswirken,

8. den für eine Verbindlichkeitserklärung nach § 143 Absatz 2 Satz 2 des Strahlenschutzgesetzes durch die zuständige Behörde geforderten Angaben und Unterlagen,

9. dem Zeitplan für die Sanierung und Nachsorge der Altlast,

10. der Verantwortlichkeit für die Nachsorge und den Kriterien für die Beendigung der Nachsorge,

11. den Kriterien für den Nachweis des Sanierungserfolgs, sowie

12. den Gesichtspunkten, die bei der Optimierung nach § 139 Absatz 2 Satz 2 des Strahlenschutzgesetzes in die Abwägung eingeflossen sind.

§ 165 Schutz der Arbeitskräfte bei radioaktiven Altlasten

(1) Zum Schutz von Arbeitskräften im Zusammenhang mit der Durchführung von Maßnahmen nach § 145 Absatz 1 des Strahlenschutzgesetzes gelten die folgenden Vorschriften entsprechend:

1. für den nach § 145 Absatz 2 des Strahlenschutzgesetzes zur Anmeldung Verpflichteten: § 63, § 64 Absatz 1 bis 3, § 65 Absatz 1 Satz 1 und Absatz 2 bis 4, § 66 Absatz 1, 2 Satz 1 bis 3 und Absatz 3 bis 5, § 68, § 69, § 70 Absatz 1, § 71, § 73 Satz 1, § 75 Absatz 1, § 77 Absatz 1 und 2, § 78, § 81 Absatz 1 und § 90 Absatz 1, 2 Satz 1 Nummer 1 und 2, Absatz 3 und 5 Satz 1,

2. für die zuständige Behörde: § 64 Absatz 4, § 65 Absatz 1 Satz 2, § 66 Absatz 2 Satz 4, § 70 Absatz 2, § 73 Satz 2, § 77 Absatz 3 bis 5 und § 81 Absatz 2 und

3. § 79, § 80 und § 81 Absatz 3.

(2) Soweit die Expositionsbedingungen es erfordern, kann die zuständige Behörde zum Schutz der Arbeitskräfte

1. geeignete Maßnahmen nach den §§ 45, 46, 52, 53 und 55 bis 58, nach § 75 Absatz 2, nach § 91, nach § 92 Absatz 2 und 3 und nach § 93 Absatz 1 anordnen und

2. anordnen, dass ein Strahlenpass geführt wird.

(3) Der nach § 145 Absatz 2 des Strahlenschutzgesetzes zur Anmeldung Verpflichtete hat bei der Durchführung von Maßnahmen nach § 145 Absatz 1 des Strahlenschutzgesetzes Personen zur Beratung hinzuzuziehen, die die erforderliche Fachkunde im Strahlenschutz besitzen. Dies gilt nicht, wenn der zur Anmeldung Verpflichtete selbst die erforderliche Fachkunde im Strahlenschutz besitzt.

Kapitel 4
Sonstige bestehende Expositionssituationen

§ 166 Schutz von Arbeitskräften bei sonstigen bestehenden Expositionssituationen

(1) Zum Schutz von Arbeitskräften bei anmeldungsbedürftigen sonstigen bestehenden Expositionssituationen gelten die folgenden Vorschriften entsprechend:

1. für den nach § 153 Absatz 1 des Strahlenschutzgesetzes Verantwortlichen: § 63, § 64 Absatz 1 bis 3, § 65 Absatz 1 Satz 1 und Absatz 2 bis 4, § 66 Absatz 1, 2 Satz 1 bis 3 und Absatz 3 bis 5, § 68, § 69, § 70 Absatz 1, § 71, § 73 Satz 1, § 75 Absatz 1, § 77 Absatz 1 und 2, § 78, § 81 Absatz 1 und § 90 Absatz 1, 2 Satz 1 Nummer 1 und 2, Absatz 3 und 5 Satz 1,

2. für die zuständige Behörde: § 64 Absatz 4, § 65 Absatz 1 Satz 2, § 66 Absatz 2 Satz 4, § 70 Absatz 2, § 73 Satz 2, § 77 Absatz 3 bis 5 und § 81 Absatz 2 und

3. § 79, § 80 und § 81 Absatz 3.

(2) Soweit die Expositionsbedingungen es erfordern, kann die zuständige Behörde zum Schutz der Arbeitskräfte

1. geeignete Maßnahmen nach den §§ 45, 46, 52, 53 und 55 bis 58, nach § 75 Absatz 2, nach § 91, nach § 92 Absatz 2 und 3 und nach § 93 Absatz 1 anordnen und

2. anordnen, dass ein Strahlenpass geführt wird.

(3) Der nach § 153 Absatz 1 des Strahlenschutzgesetzes Verantwortliche hat bei der Erfüllung seiner Pflichten Personen zur Beratung hinzuzuziehen, die die erforderliche Fachkunde im Strahlenschutz besitzen. Dies gilt nicht, wenn der Verantwortliche selbst die erforderliche Fachkunde im Strahlenschutz besitzt.

Teil 5
Expositionssituationsübergreifende Vorschriften

Kapitel 1
Abhandenkommen, Fund und Erlangung; kontaminiertes Metall

§ 167 Abhandenkommen

(1) Der bisherige Inhaber der tatsächlichen Gewalt über einen radioaktiven Stoff nach § 3 des Strahlenschutzgesetzes hat der atom- oder

strahlenschutzrechtlichen Aufsichtsbehörde oder der nach Landesrecht zuständigen Polizeibehörde das Abhandenkommen dieses Stoffes unverzüglich mitzuteilen. Satz 1 gilt entsprechend bei Abhandenkommen einer bauartzugelassenen Vorrichtung, die einen radioaktiven Stoff enthält, oder eines Konsumguts, dem ein radioaktiver Stoff zugesetzt ist, sofern die Aktivität und spezifische Aktivität des enthaltenen oder zugesetzten radioaktiven Stoffs die Werte der Anlage 4 Tabelle 1 Spalte 2 und 3 überschreitet. Satz 1 und Satz 2 gelten auch bei Wiederauffinden des radioaktiven Stoffs oder der in Satz 2 genannten Gegenstände. Die in Satz 1 genannten Behörden unterrichten sich jeweils wechselseitig unverzüglich über die von ihnen entgegengenommene Mitteilung.

(2) Zusätzlich zu der Mitteilung nach Absatz 1 Satz 1 hat der Strahlenschutzverantwortliche dafür zu sorgen, dass das Abhandenkommen einer hochradioaktiven Strahlenquelle unverzüglich dem Register über hochradioaktive Strahlenquellen beim Bundesamt für Strahlenschutz in gesicherter elektronischer Form entsprechend Anlage 9 Nummer 11 mitgeteilt wird und dass die zuständige Behörde über diese Mitteilung unverzüglich informiert wird. Satz 1 gilt auch bei Wiederauffinden einer hochradioaktiven Strahlenquelle.

§ 168 Fund und Erlangung

(1) Wer

1. einen radioaktiven Stoff nach § 3 des Strahlenschutzgesetzes findet oder

2. ohne seinen Willen die tatsächliche Gewalt über einen radioaktiven Stoff nach § 3 des Strahlenschutzgesetzes erlangt oder

3. die tatsächliche Gewalt über einen radioaktiven Stoff nach § 3 des Strahlenschutzgesetzes erlangt hat, ohne zu wissen, dass dieser Stoff radioaktiv ist,

hat dies der atom- oder strahlenschutzrechtlichen Aufsichtsbehörde oder der nach Landesrecht zuständigen Polizeibehörde unverzüglich mitzuteilen, sobald er von der Radioaktivität dieses Stoffs Kenntnis erlangt. Satz 1 gilt entsprechend für denjenigen, der vermutet, einen radioaktiven Stoff nach § 3 des Strahlenschutzgesetzes gefunden oder die tatsächliche Gewalt über einen radioaktiven Stoff nach § 3 des Strahlenschutzgesetzes erlangt zu haben. Die in Satz 1 genannten Behörden unterrichten sich jeweils wechselseitig unverzüglich über die von ihnen entgegengenommene Mitteilung.

(2) Die zuständige Behörde teilt den Fund oder die Erlangung einer hochradioaktiven Strahlenquelle dem Register über hochradioaktive Strahlenquellen beim Bundesamt für Strahlenschutz in gesicherter elektronischer Form entsprechend Anlage 9 Nummer 11 unverzüglich, spätestens an dem auf die Kenntnisnahme folgenden zweiten Werktag, mit.

(3) Die Mitteilungspflicht nach Absatz 1 Satz 1 gilt auch für denjenigen, der als Inhaber einer Wasserversorgungsanlage, die nicht in den Anwendungsbereich der Trinkwasserverordnung fällt, oder als Inhaber einer Abwasseranlage die tatsächliche Gewalt über Wasser erlangt, das radioaktive Stoffe enthält, wenn deren Aktivitätskonzentration im Kubikmeter Wasser von

1. Wasserversorgungsanlagen das Dreifache der Werte der Anlage 11 Teil D Nummer 2 übersteigt oder

2. Abwasseranlagen das 60fache der Werte der Anlage 11 Teil D Nummer 2 übersteigt.

Absatz 1 Satz 3 gilt entsprechend.

(4) Einer Genehmigung nach den §§ 4, 6 oder 9 des Atomgesetzes oder nach § 12 Absatz 1 Nummer 3, auch in Verbindung mit Absatz 2, oder § 27 Absatz 1 des Strahlenschutzgesetzes bedarf nicht, wer in den Fällen des Absatzes 1 den Stoff oder in den Fällen des Absatzes 3 das Wasser nach unverzüglicher Mitteilung bis zur Entscheidung der zuständigen Behörde oder auf deren Anordnung lagert oder aus zwingenden Gründen zum Schutz von Leben und Gesundheit befördert oder handhabt.

§ 169 Kontaminiertes Metall

(1) Wer darüber Kenntnis erlangt oder wer vermutet, dass eine herrenlose Strahlenquelle eingeschmolzen oder auf sonstige Weise metallurgisch bearbeitet wurde, hat dies der atom- oder strahlenschutzrechtlichen Aufsichtsbehörde oder der für die öffentliche Sicherheit zuständigen Behörde unverzüglich mitzuteilen.

(2) Die in Absatz 1 genannten Behörden können sich nach pflichtgemäßem Ermessen gegenseitig unverzüglich über die von ihnen entgegengenommene Mitteilung unterrichten.

(3) Der Inhaber der tatsächlichen Gewalt über tatsächlich oder möglicherweise kontaminiertes Metall darf dieses nur nach den Vorgaben der zuständigen Behörde verwenden, in Verkehr bringen oder entsorgen.

§ 170 Information des zuständigen Bundesministeriums

Die atom- oder strahlenschutzrechtliche Aufsichtsbehörde informiert unverzüglich das Bundesministerium für Umwelt, Naturschutz und nukleare Sicherheit über eine nach § 167 Absatz 1 Satz 1 und 2, § 168 Absatz 1 Satz 1 und 2 und Absatz 3 Satz 1 und § 169 Absatz 1 Satz 1 erhaltene Mitteilung. Im Fall der Zuständigkeit einer Landesbehörde erfolgt die Information durch die zuständige oberste Landesbehörde.

Kapitel 2
Dosis- und Messgrößen

§ 171 Dosis- und Messgrößen

Die für die Messungen und Ermittlungen von Expositionen maßgeblichen Messgrößen, Dosisgrößen, Wichtungsfaktoren, Dosiskoeffizienten und die dazugehörigen Berechnungsgrundlagen bestimmen sich nach Anlage 18.

Kapitel 3
Gemeinsame Vorschriften für die berufliche Exposition

§ 172 Messstellen

(1) Die nach § 169 Absatz 1 des Strahlenschutzgesetzes bestimmte Messstelle hat auf Anforderung Folgendes bereitzustellen:

1. dem Strahlenschutzverantwortlichen: die zur Ermittlung der Körperdosis nach § 65 Absatz 1 Satz 1 und § 66 Absatz 1 Nummer 1 erforderlichen Personendosimeter,

2. dem nach § 145 Absatz 2 des Strahlenschutzgesetzes Verpflichteten: die zur Ermittlung der Körperdosis nach § 165 Absatz 1 Nummer 1 in Verbindung mit § 65 Absatz 1 Satz 1 und § 66 Absatz 1 Nummer 1 erforderlichen Personendosimeter,

3. dem nach § 153 Absatz 1 des Strahlenschutzgesetzes Verantwortlichen: die zur Ermittlung der Körperdosis nach § 166 Absatz 1 Nummer 1 in Verbindung mit § 65 Absatz 1 Satz 1 und § 66 Absatz 1 Nummer 1 erforderlichen Personendosimeter und

4. dem nach § 131 Absatz 1 des Strahlenschutzgesetzes Verpflichteten: die zur Ermittlung der Exposition nach § 157 Absatz 2 Nummer 1 erforderlichen Messgeräte.

(2) Die nach § 169 Absatz 1 des Strahlenschutzgesetzes bestimmte Messstelle kann sich zur Auswertung der Messgeräte nach § 157 Absatz 2 Nummer 1 einer anerkannten Stelle nach § 155 Absatz 3 bedienen, sofern die Messstelle die Anforderungen nach § 169 Absatz 2 des Strahlenschutzgesetzes weiterhin erfüllt.

(3) Die nach § 169 Absatz 1 des Strahlenschutzgesetzes bestimmten Messstellen nehmen an Maßnahmen zur Qualitätssicherung teil. Diese werden durchgeführt

1. für die Feststellung der Körperdosis nach § 66 Absatz 1 und 2 Satz 3 von der Physikalisch-Technischen Bundesanstalt und

2. für die Feststellung der Körperdosis nach § 65 Absatz 4 und § 157 Absatz 3 von dem Bundesamt für Strahlenschutz.

Für die Teilnahme an den Maßnahmen zur Qualitätssicherung, die vom Bundesamt für Strahlenschutz durchgeführt werden, werden Gebühren und Auslagen erhoben.

§ 173 Strahlenschutzregister

(1) Das Bundesamt für Strahlenschutz bestimmt das technische Verfahren der Erzeugung und den Aufbau der persönlichen Kennnummer nach § 170 Absatz 3 des Strahlenschutzgesetzes.

(2) Das Bundesamt für Strahlenschutz kann eine Identifikationsnummer, die eine zuständige Stelle außerhalb des Geltungsbereichs des Strahlenschutzgesetzes vergeben hat, als persönliche Kennnummer verwenden, wenn die Identifikationsnummer

1. der überwachten Person eindeutig zugeordnet werden kann,

2. während der Lebenszeit der überwachten Person unverändert besteht und

3. bei der überwachten Person oder dem Beschäftigungsbetrieb verfügbar ist.

(3) Das Bundesamt für Strahlenschutz bestimmt das Datenformat sowie das technische Verfahren der Übermittlung nach § 170 Absatz 4 und der Auskunftserteilung nach § 170 Absatz 5 Satz 1 des Strahlenschutzgesetzes.

§ 174 Strahlenpass

(1) Wer nach § 68 Absatz 1, § 158 Absatz 1 Satz 1, § 165 Absatz 2 Nummer 2 oder § 166 Absatz 2 Nummer 2 dafür zu sorgen hat, dass die dort genannten Personen nur mit Strahlenpass beschäftigt werden, ist für das Führen des Strahlenpasses verantwortlich. Er hat dafür zu sorgen, dass der Strahlenpass für die Person, für die er geführt wird (Strahlenpassinhaber), durch die nach Absatz 2 zuständige Behörde re-

gistriert wird. Bei Abhandenkommen eines gültigen Strahlenpasses hat er dafür zu sorgen, dass dies der Behörde unverzüglich mitgeteilt wird.

(2) Die Behörde, in deren Zuständigkeitsbereich der für das Führen des Strahlenpasses Verantwortliche seinen Sitz hat, registriert einen Strahlenpass für die Dauer von sechs Jahren, wenn

1. die nach Absatz 3 Nummer 1 Buchstabe a bis c und Nummer 4 erforderlichen Angaben eingetragen sind,

2. der Strahlenpass vom Strahlenpassinhaber und dem für das Führen des Strahlenpasses Verantwortlichen eigenhändig unterschrieben ist und

3. in dem Strahlenpass ausreichend Raum für die weiteren nach Absatz 3 erforderlichen Eintragungen vorgesehen ist.

Die zuständige Behörde kann davon ausgehen, dass die Anforderung nach Satz 1 Nummer 3 erfüllt ist, wenn der Pass dem Muster eines Strahlenpasses nach Allgemeinen Verwaltungsvorschriften entspricht.

(3) Die nachfolgend genannten Personen oder die Behörde nach Absatz 2 haben dafür zu sorgen, dass in den Strahlenpass mindestens die folgenden Angaben eingetragen werden:

1. der zur Führung des Strahlenpasses Verpflichtete:

   a) die Personendaten des Strahlenpassinhabers und persönliche Kennnummer nach § 170 Absatz 3 des Strahlenschutzgesetzes,

   b) die Angaben über den zum Führen des Strahlenpasses Verpflichteten, einschließlich Betriebsnummer und Kontaktdaten,

   c) die Bilanzierung der amtlichen Dosiswerte aus beruflicher Exposition für jedes Kalenderjahr sowie jeden Monat des Kalenderjahres,

   d) die Überschreitung von Grenzwerten der Körperdosis,

2. der für die fremde Anlage oder Einrichtung oder die fremde Betriebsstätte Verantwortliche: die Angaben zur Exposition in der fremden Anlage, Einrichtung oder Betriebsstätte,

3. der zur Führung des Strahlenpasses nach Absatz 1 Verpflichtete oder der ermächtigte Arzt: die Angaben zur erfolgten ärztlichen Überwachung, insbesondere den Inhalt der Bescheinigung nach § 79 Absatz 1,

4. die Behörde nach Absatz 2

   a) die Angaben zur Ausstellung des Strahlenpasses und

   b) die Angaben zu der Behörde.

(4) Der zum Führen des Strahlenpasses Verpflichtete hat dafür zu sorgen, dass die Eintragungen im Strahlenpass vor Beginn der Betätigung des Strahlenpassinhabers in einer fremden Anlage oder Einrichtung oder einer fremden Betriebsstätte vollständig sind.

(5) Der für die fremde Anlage oder Einrichtung oder die fremde Betriebsstätte Verantwortliche hat dafür zu sorgen, dass die die Betätigung betreffenden Angaben nach Absatz 3 Nummer 2 unverzüglich nach Beendigung der Betätigung des Strahlenpassinhabers in der fremden Anlage oder Einrichtung oder Betriebsstätte eingetragen werden, insbesondere die Bezeichnung der fremden Anlage, Einrichtung oder Betriebsstätte, den Zeitraum der externen Betätigung sowie die Exposition in diesem Zeitraum.

(6) Der Strahlenpass ist Eigentum des Strahlenpassinhabers und nicht übertragbar. Bei Beendigung des Beschäftigungsverhältnisses hat der zum Führen des Strahlenpasses Verpflichtete dafür zu sorgen, dass der Strahlenpass dem Strahlenpassinhaber zurückgegeben wird. Ein Strahlenpass, der nicht dem Strahlenpassinhaber zurückgegeben werden kann, ist der Behörde zu übergeben, die den Strahlenpass registriert hat.

(7) Ein außerhalb des Geltungsbereichs des Strahlenschutzgesetzes registrierter Strahlenpass kann verwendet werden, wenn er die Voraussetzungen für eine Registrierung nach Absatz 2 Satz 1 erfüllt.

§ 175 Ermächtigte Ärzte

(1) Die zuständige Behörde ermächtigt Ärzte zur Durchführung der ärztlichen Überwachung nach den §§ 77, 78, 79 und 81, auch in Verbindung mit §§ 151, 158 Absatz 3, §§ 165 oder 166. Die Ermächtigung darf nur einem Arzt erteilt werden, der die für die ärztliche Überwachung bei beruflicher Exposition erforderliche Fachkunde im Strahlenschutz nachweist. Sie ist auf fünf Jahre zu befristen.

(2) Der ermächtigte Arzt hat die Aufgabe, die Erstuntersuchungen, die erneuten Untersuchungen und die Beurteilungen nach §§ 77 und 78 sowie die besondere ärztliche Überwachung nach § 81 durchzuführen. Er hat Maßnahmen vorzuschlagen, die bei erhöhter Exposition zur Vorbeugung vor gesundheitlichen Schäden und zu ihrer Abwehr erforderlich sind. Personen, die an Arbeitsplätzen beschäftigt sind, an denen die Augenlinse besonders belastet wird, sind daraufhin zu untersuchen, ob sich eine Katarakt gebildet hat.

(3) Der ermächtigte Arzt ist verpflichtet, für jede Person, die der ärztlichen Überwachung unterliegt, eine Gesundheitsakte nach § 79 Absatz 2 des Strahlenschutzgesetzes zu führen.

§ 176 Duldungspflichten

(1) Personen, die der ärztlichen Überwachung nach §§ 77 und 78, auch in Verbindung mit § 158 Absatz 3, § 165 Absatz 1 oder § 166 Absatz 1 oder der besonderen ärztlichen Überwachung nach § 81, auch in Verbindung mit § 151, 158 Absatz 3, § 165 Absatz 1 oder § 166 Absatz 1, unterliegen, haben die erforderlichen ärztlichen Untersuchungen zu dulden.

(2) Personen, an denen die Körperdosis nach § 64 Absatz 1 Satz 1 oder Absatz 2, § 65 Absatz

1 Satz 1 oder 2 oder Absatz 3, § 66 Absatz 1 § 67, § 74 Absatz 4 Satz 1, § 76 Satz 1, § 150 Absatz 1, § 157, § 165 Absatz 1 oder § 166 Absatz 1 zu ermitteln ist oder an denen die Kontaminationen nach § 57 Absatz 1 oder § 58 Absatz 1 festzustellen sind, haben die erforderlichen Messungen und Feststellungen zu dulden.

(3) Die Absätze 1 und 2 gelten auch für Personen, für die die zuständige Behörde nach § 64 Absatz 4, § 66 Absatz 2 Satz 4, § 77 Absatz 4 und 5, jeweils auch in Verbindung mit § 165 Absatz 1 Nummer 2 oder § 166 Absatz 1 Nummer 2, oder § 143 ärztliche Untersuchungen, Messungen oder Feststellungen angeordnet hat.

Kapitel 4
Bestimmung von Sachverständigen

§ 177 Bestimmung von Sachverständigen

(1) Die zuständige Behörde hat auf Antrag Einzelsachverständige nach § 172 Absatz 1 des Strahlenschutzgesetzes zu bestimmen, wenn

1. keine Tatsachen vorliegen, aus denen sich Bedenken gegen die Zuverlässigkeit oder die Unabhängigkeit des Antragstellers ergeben,

2. der Antragsteller die nach § 181 erforderlichen Anforderungen an die Ausbildung, die beruflichen Kenntnisse und Fähigkeiten erfüllt und

3. die zur sachgerechten Ausführung des Prüfauftrags erforderliche technische und organisatorische Ausstattung zur Verfügung steht.

(2) Die zuständige Behörde hat auf Antrag Sachverständigenorganisationen nach § 172 Absatz 1 des Strahlenschutzgesetzes zu bestimmen, wenn

1. keine Tatsachen vorliegen, aus denen sich Bedenken gegen die Unabhängigkeit der Sachverständigenorganisation ergeben,

2. keine Tatsachen vorliegen, aus denen sich Bedenken gegen die Zuverlässigkeit oder die Unabhängigkeit der nach Gesetz, Satzung oder Gesellschaftsvertrag zur Vertretung Berechtigten ergeben,

3. keine Tatsachen vorliegen, aus denen sich Bedenken gegen die Zuverlässigkeit der prüfenden Person ergeben,

4. die prüfende Person die nach § 181 erforderlichen Anforderungen an die Ausbildung, die beruflichen Kenntnisse und Fähigkeiten erfüllt und

5. die zur sachgerechten Ausführung des Prüfauftrags erforderliche technische und organisatorische Ausstattung zur Verfügung steht.

(3) Dem Antrag sind die zur Prüfung erforderlichen Unterlagen beizufügen. Im Fall einer Sachverständigenorganisation sind in dem Antrag insbesondere die einzelnen prüfenden Personen und die Prüfbereiche, in denen diese tätig werden sollen, aufzuführen.

(4) Die Bestimmung zum Sachverständigen ist auf fünf Jahre zu befristen.

§ 178 Erweiterung der Bestimmung

Das Hinzukommen einer prüfenden Person in einer Sachverständigenorganisation oder die Erweiterung des Tätigkeitsumfangs des Einzelsachverständigen oder der prüfenden Person bedürfen der Zustimmung der zuständigen Behörde. Dem Antrag auf Erweiterung sind die zur Prüfung erforderlichen Unterlagen beizufügen.

§ 179 Überprüfung der Zuverlässigkeit

(1) Zur Überprüfung der Zuverlässigkeit hat der Antragsteller bei jeder Antragstellung auf Bestimmung zum Sachverständigen unverzüglich ein aktuelles Führungszeugnis nach § 30 Absatz 5 des Bundeszentralregistergesetzes zur Vorlage bei der Behörde zu beantragen. Dies gilt entsprechend, wenn eine Überprüfung der Zuverlässigkeit aus anderen Gründen erforderlich ist.

(2) Soll während einer noch gültigen Bestimmung der Tätigkeitsumfang des Einzelsachverständigen oder der prüfenden Person erweitert werden, ist die erneute Vorlage der Unterlagen nicht erforderlich.

§ 180 Unabhängigkeit

(1) Die für eine Bestimmung als Sachverständiger erforderliche Unabhängigkeit ist gegeben, wenn der Einzelsachverständige oder im Fall von Sachverständigenorganisationen die Organisation selbst sowie die zur Vertretung Berechtigten keiner wirtschaftlichen, finanziellen oder sonstigen Einflussnahme unterliegen, die ihr Urteil beeinflussen oder das Vertrauen in die unparteiische Aufgabenwahrnehmung in Frage stellen kann. Es dürfen keine Bindungen eingegangen werden, die die berufliche Entscheidungsfreiheit beeinträchtigen oder beeinträchtigen könnten.

(2) Die erforderliche Unabhängigkeit ist nicht gegeben, wenn der Einzelsachverständige oder im Fall von Sachverständigenorganisationen die Organisation selbst oder die zur Vertretung Berechtigten an der Entwicklung, der Herstellung, am Vertrieb oder an der Instandhaltung von Geräten oder Vorrichtungen oder von deren Teilen oder von umschlossenen radioaktiven Stoffen beteiligt sind, die im Rahmen der Sachverständigentätigkeit geprüft werden sollen. Dies gilt auch, wenn die in Satz 1 genannten Personen die zu prüfenden Geräte oder Vorrichtungen selbst betreiben.

(3) Die erforderliche Unabhängigkeit ist in der Regel auch nicht gegeben, wenn der Einzelsachverständige oder im Fall von Sachverständigenorganisationen die Organisation selbst oder die zur Vertretung Berechtigten organisatorisch, wirtschaftlich, personell oder finanziell mit Dritten derart verflochten sind, dass deren Einflussnahme auf die jeweiligen Aufgaben nicht ausgeschlossen werden kann.

(4) Bei jeder Antragstellung ist eine Erklärung darüber abzugeben, dass die Anforderungen an die Unabhängigkeit erfüllt sind und der Einzelsachverständige oder im Fall von Sachverständigenorganisationen die prüfenden Personen keinen fachlichen Weisungen im Hinblick auf die Sachverständigentätigkeit unterliegen. § 179 Absatz 2 gilt entsprechend.

§ 181 Fachliche Qualifikation

(1) Wer als Einzelsachverständiger oder prüfende Person Sachverständigentätigkeiten durchführt, muss

1. einen Hochschul- oder Fachhochschulabschluss in einer naturwissenschaftlichen oder technischen Fachrichtung besitzen,

2. über die erforderliche Fachkunde im Strahlenschutz verfügen,

3. von einer Person, die seit mindestens drei Jahren als Einzelsachverständiger oder prüfende Person tätig ist, in die Sachverständigentätigkeit eingewiesen worden sein und

4. während der Einweisung Prüfungen nach Anlage 19 durchgeführt haben.

(2) Über die Einweisung in die Sachverständigentätigkeit ist ein Nachweis zu erbringen, der Folgendes enthält:

1. eine Aufstellung der geprüften Systeme oder der geprüften Arbeitsplätze mit Exposition durch natürlich vorkommende Radioaktivität,

2. das jeweilige Prüfdatum und

3. die jeweilige Prüfberichtsnummer.

Darüber hinaus ist eine abschließende Beurteilung vorzulegen, aus der hervorgeht, dass die erforderliche fachliche Qualifikation für die Ausübung der Sachverständigentätigkeit vorhanden ist.

(3) Für die Prüfung von Systemen, die nicht in Anlage 19 aufgeführt sind, sind mindestens fünf Jahre Erfahrung mit der Prüfung technisch verwandter Systeme erforderlich. Absatz 1 Nummer 3 und 4 ist nicht anzuwenden. Für den Nachweis der Prüfungen gilt Absatz 2 Satz 1 entsprechend.

(4) Wird eine erneute Bestimmung zum Sachverständigen beantragt und deckt sich der Tätigkeitsumfang der beantragten Bestimmung mit dem der letzten Bestimmung, muss der Einzelsachverständige oder die prüfende Person

1. im Fall von § 172 Absatz 1 Satz 1 Nummer 1, 3 und 4 des Strahlenschutzgesetzes im Rahmen der letzten Bestimmung Prüfungen nach Anlage 19 Spalte 3 Tabellen 1 und 2 durchgeführt haben und

2. im Fall von § 172 Absatz 1 Satz 1 Nummer 2 des Strahlenschutzgesetzes im Rahmen der letzten Bestimmung mindestens zwei Prüfungen in einem oder mehreren Tätigkeitsfeldern nach Anlage 3 des Strahlenschutzgesetzes durchgeführt haben.

Absatz 1 Nummer 3 und 4 ist nicht anzuwenden. Für den Nachweis der Prüfungen gilt Absatz 2 Satz 1 entsprechend.

§ 182 Prüfmaßstab

(1) Der Einzelsachverständige oder die prüfende Person prüfen, inwieweit die sicherheitstechnische Auslegung sowie die Funktion und Sicherheit des geprüften Geräts, der Vorrichtung oder des umschlossenen radioaktiven Stoffes sowie die baulichen Gegebenheiten den Schutz des Personals, der Bevölkerung und von untersuchten oder behandelten Personen gewährleisten.

(2) Bei Arbeitsplätzen mit Exposition durch natürlich vorkommende Radioaktivität wird geprüft, ob die vorgesehenen Strahlenschutzmaßnahmen den Schutz des Personals und der Bevölkerung gewährleisten.

(3) Der Einzelsachverständige oder die prüfende Person haben bei Prüfungen nach § 172 Absatz 1 Satz 1 Nummer 1 und 2 des Strahlenschutzgesetzes den Stand der Technik und bei

Prüfungen nach § 172 Absatz 1 Satz 1 Nummer 3 und 4 des Strahlenschutzgesetzes den Stand von Wissenschaft und Technik zu beachten.

§ 183 Pflichten des behördlich bestimmten Sachverständigen

(1) Der behördlich bestimmte Einzelsachverständige ist verpflichtet,

1. der für die Bestimmung zuständigen Behörde Änderungen, die die Voraussetzungen der Bestimmung betreffen, unverzüglich nach Kenntniserlangung mitzuteilen,

2. dafür zu sorgen, dass die bei der Sachverständigentätigkeit verwendeten Messgeräte und Prüfmittel ordnungsgemäß beschaffen, für die jeweilige Messaufgabe geeignet und in ausreichender Zahl vorhanden sind,

3. die messtechnische Ausstattung regelmäßig im Hinblick auf ihre ordnungsgemäße Beschaffenheit und Funktionstüchtigkeit zu prüfen und zu warten,

4. an den im Bestimmungsbescheid festgelegten Maßnahmen des Meinungs- und Erfahrungsaustauschs für Sachverständige teilzunehmen,

5. regelmäßig die im Bestimmungsbescheid vorgegebenen qualitätssichernden Maßnahmen durchzuführen und zu dokumentieren,

6. derjenigen Behörde, die für den zur Veranlassung der Sachverständigenprüfung Verpflichteten zuständig ist, innerhalb von vier Wochen nach einer Prüfung eine Kopie des Prüfberichts vorzulegen,

7. der Behörde, in deren Zuständigkeitsbereich er tätig ist, über Gegenstand und Umfang seiner Sachverständigentätigkeit regelmäßig oder aus besonderem Anlass zu berichten; insbesondere sind

    a) die im Rahmen jeder Prüfung angefertigten Aufzeichnungen einmal jährlich zusammenzufassen und der Behörde auf Verlangen vorzulegen,

    b) Aufzeichnungen über die messtechnische Ausstattung bereitzuhalten,

    c) der Behörde innerhalb von drei Monaten nach Ablauf eines Kalenderjahres eine Zusammenfassung der grundlegenden Folgerungen für die Verbesserung der Sicherheit der geprüften Geräte, Vorrichtungen und radioaktiven Stoffe oder der Arbeitsplätze mit Exposition durch natürlich vorkommende Radioaktivität vorzulegen,

8. diejenige Behörde, die für den zur Veranlassung der Sachverständigenprüfung Verpflichteten zuständig ist, sowie den Strahlenschutzverantwortlichen oder Strahlenschutzbeauftragten unverzüglich zu unterrichten, wenn er festgestellt hat oder der begründete Verdacht besteht, dass Leben oder Gesundheit von Personen oder die Umwelt durch das geprüfte Gerät, die geprüfte Vorrichtung, die geprüften umschlossenen radioaktiven Stoffe oder den geprüften Arbeitsplatz mit Exposition durch natürlich vorkommende Radioaktivität gefährdet sind, und

9. durch geeignete Maßnahmen unter Berücksichtigung bestehender geheimschutzrechtlicher Vorschriften sicherzustellen, dass die Wahrung von Betriebs- und Geschäftsgeheimnissen sowie von Geheimnissen aus Gründen der öffentlichen Sicherheit, die ihm im Zusammenhang mit seiner Tätigkeit bekannt geworden sind, gewährleistet ist.

Der für die Bestimmung zuständigen Behörde sind auf Verlangen geeignete Nachweise darüber vorzulegen, dass die Pflichten nach Satz 1 Nummern 2 bis 5 erfüllt worden sind.

(2) Übt der Einzelsachverständige eine Sachverständigentätigkeit außerhalb des Zuständigkeitsbereichs der Behörde aus, die ihn be-

stimmt hat, so hat er der Behörde, in deren Zuständigkeitsbereich er tätig wird,

1. dies unverzüglich nach Aufnahme der Tätigkeit mitzuteilen und

2. eine Kopie des Bestimmungsbescheides zu übersenden.

(3) Für die behördlich bestimmte Sachverständigenorganisation gilt Absatz 1 Satz 1 Nummer 1 bis 3 und 5 bis 9 entsprechend. Sie ist darüber hinaus verpflichtet,

1. der für die Bestimmung zuständigen Behörde das Ausscheiden einer prüfenden Person aus ihrer Funktion unverzüglich mitzuteilen,

2. die Teilnahme prüfender Personen an den im Bestimmungsbescheid festgelegten Maßnahmen des Meinungs- und Erfahrungsaustauschs sicherzustellen,

3. für jede prüfende Person Buch zu führen über

   a) Art und Anzahl der durchgeführten Prüfungen und

   b) die Teilnahme an Maßnahmen des Meinungs- und Erfahrungsaustauschs,

4. der für die Bestimmung zuständigen Behörde die Aufzeichnungen nach Nummer 3 auf Verlangen vorzulegen,

5. Informationen, die für den Aufgabenbereich der prüfenden Person von Bedeutung sind, unverzüglich an diese weiterzuleiten,

6. eine prüfende Person unverzüglich von ihrer Funktion zu entbinden, nachdem sie Kenntnis davon erlangt hat, dass eine der in § 177 Absatz 2 Nummer 3 oder 4 genannten Voraussetzungen von Anfang an nicht gegeben war oder später weggefallen ist, und

7. das Personal zur Geheimhaltung von Betriebs- und Geschäftsgeheimnissen sowie von Geheimnissen aus Gründen der öffentlichen Sicherheit, die dem Personal im Zusammenhang mit seiner Tätigkeit bekannt geworden sind, zu verpflichten.

Der für die Bestimmung zuständigen Behörde sind auf Verlangen geeignete Nachweise darüber vorzulegen, dass die Pflichten nach Satz 1 in Verbindung mit Absatz 1 Satz 1 Nummer 2, 3 und 5 erfüllt worden sind.

(4) Übt eine prüfende Person eine Sachverständigentätigkeit außerhalb des Zuständigkeitsbereichs der Behörde aus, die die Sachverständigenorganisation bestimmt hat, so hat diese der Behörde, in deren Zuständigkeitsbereich die prüfende Person tätig wird,

1. dies unverzüglich nach Aufnahme der Tätigkeit mitzuteilen und

2. eine Kopie des Bestimmungsbescheides zu übersenden.

Teil 6
Schlussbestimmungen

Kapitel 1
Ordnungswidrigkeiten

§ 184 Ordnungswidrigkeiten

(1) Ordnungswidrig im Sinne des § 194 Absatz 1 Nummer 1 Buchstabe a des Strahlenschutzgesetzes handelt, wer vorsätzlich oder fahrlässig

1. entgegen § 24 Nummer 2 eine Qualitätskontrolle nicht, nicht richtig, nicht vollständig oder nicht rechtzeitig durchführt,

2. entgegen § 24 Nummer 3 eine Qualitätskontrolle nicht überwachen lässt,

3. entgegen § 24 Nummer 4 eine Kennzeichnung nicht, nicht richtig, nicht vollständig, nicht in der vorgeschriebenen Weise oder nicht rechtzeitig vornimmt,

4. entgegen § 24 Nummer 5, auch in Verbindung mit § 25 Absatz 1 Satz 2, eine Unterlage nicht, nicht richtig, nicht vollständig oder nicht rechtzeitig aushändigt,

5. entgegen § 25 Absatz 1 Satz 1 eine dort genannte Unterlage nicht bereithält,

6. entgegen § 25 Absatz 3 den Betrieb einer Vorrichtung nicht, nicht richtig, nicht vollständig oder nicht rechtzeitig einstellt, eine Vorrichtung nicht, nicht richtig, nicht vollständig oder nicht rechtzeitig stilllegt oder eine Schutzmaßnahme nicht, nicht richtig, nicht vollständig oder nicht rechtzeitig trifft,

7. entgegen § 25 Absatz 4 Satz 1 eine Vorrichtung nicht, nicht richtig, nicht vollständig oder nicht rechtzeitig prüfen lässt,

8. entgegen § 25 Absatz 5 eine Vorrichtung nicht, nicht richtig oder nicht rechtzeitig zurückgibt oder nicht, nicht richtig oder nicht rechtzeitig abgibt,

9. entgegen § 31 Absatz 1 Satz 1 einen dort genannten Stoff oder Gegenstand als nicht radioaktiven Stoff verwendet, verwertet, beseitigt, innehält oder weitergibt,

10. einer vollziehbaren Auflage nach § 33 Absatz 4 Satz 1 in Verbindung mit § 17 Absatz 1 Satz 2 oder 3 des Atomgesetzes zuwiderhandelt,

11. entgegen § 34 eine dort genannte Anforderung oder Übereinstimmung durch Vermischen oder Verdünnen herbeiführt, veranlasst oder ermöglicht,

12. entgegen § 52 Absatz 1 nicht dafür sorgt, dass ein Strahlenschutzbereich eingerichtet wird,

13. entgegen § 53 Absatz 1 Satz 1, Absatz 2 Satz 1 oder Absatz 3 Satz 1 nicht dafür sorgt, dass ein Kontrollbereich oder ein Sperrbereich abgegrenzt oder gekennzeichnet wird,

14. entgegen § 56 Absatz 1 nicht dafür sorgt, dass eine dort genannte Messung erfolgt,

15. entgegen § 57 Absatz 1 nicht dafür sorgt, dass eine Feststellung der Kontamination erfolgt,

16. entgegen § 57 Absatz 2 Satz 1 oder § 58 Absatz 1 Satz 2 nicht dafür sorgt, dass eine Maßnahme getroffen wird,

17. entgegen § 58 Absatz 1 Satz 1 oder Absatz 2 Satz 1 nicht dafür sorgt, dass eine Prüfung erfolgt,

18. entgegen § 58 Absatz 2 Satz 2 nicht dafür sorgt, dass ein Gegenstand nicht aus dem Kontrollbereich herausgebracht wird,

19. entgegen § 60 Absatz 1 oder § 61 Absatz 1 nicht dafür sorgt, dass eine Röntgeneinrichtung oder ein Gerät nur in einem dort genannten Raum betrieben wird,

20. entgegen § 64 Absatz 1 Satz 1, auch in Verbindung mit Absatz 2, nicht dafür sorgt, dass die Körperdosis ermittelt wird,

21. einer vollziehbaren Anordnung nach § 64 Absatz 4, § 66 Absatz 2 Satz 4, § 77 Absatz 4 oder 5, § 81 Absatz 2 Satz 1, § 88 Absatz 5 Satz 1, § 89 Absatz 1 Satz 2, auch in Verbindung mit Absatz 2 Satz 2, oder § 103 Absatz 2 zuwiderhandelt,

22. entgegen § 68 Absatz 3 Satz 1 nicht dafür sorgt, dass eine dort genannte Person nur unter den dort genannten Voraussetzungen beschäftigt wird,

23. entgegen § 69 Absatz 1 nicht dafür sorgt, dass die Arbeitsbedingungen in der vorgeschriebenen Weise gestaltet werden,

24. entgegen § 69 Absatz 2 Nummer 1 nicht dafür sorgt, dass die berufliche Exposition ermittelt wird,

25. entgegen § 70 Absatz 1 Satz 1 Nummer 1 nicht dafür sorgt, dass eine Person Schutzkleidung trägt oder Schutzausrüstung verwendet,

26. entgegen § 70 Absatz 1 Satz 2 nicht dafür sorgt, dass eine Person unter 18 Jahren nicht mit einem dort genannten radioaktiven Stoff umgeht,

27. entgegen § 73 Satz 1 nicht dafür sorgt, dass die Exposition begrenzt wird,

28. entgegen § 74 Absatz 1 Satz 3 oder § 99 Absatz 3 nicht dafür sorgt, dass ein Grenzwert eingehalten wird,

29. entgegen § 77 Absatz 1 oder 2 Satz 1 nicht dafür sorgt, dass eine dort genannte Person eine Aufgabe nur dann wahrnimmt oder fortsetzt, wenn die dort genannten Voraussetzungen vorliegen,

30. entgegen § 82 Absatz 1 eine Röntgeneinrichtung betreibt,

31. entgegen § 82 Absatz 2 nicht dafür sorgt, dass ein Schüler oder Auszubildender nur unter Aufsicht oder in Anwesenheit einer dort genannten Person mitwirkt,

32. entgegen § 86 Absatz 1 Nummer 1 nicht dafür sorgt, dass Buch geführt wird,

33. entgegen § 86 Absatz 1 Nummer 2 oder § 103 Absatz 1 Satz 1 Nummer 2 nicht dafür sorgt, dass eine Mitteilung gemacht wird,

34. entgegen § 86 Absatz 2 Nummer 1 nicht dafür sorgt, dass eine dort genannte Unterlage nicht mindestens 30 Jahre aufbewahrt oder hinterlegt wird,

35. entgegen § 86 Absatz 2 Nummer 2 nicht dafür sorgt, dass eine Unterlage übergeben wird,

36. entgegen § 87 Absatz 1 Nummer 1 nicht dafür sorgt, dass ein radioaktiver Stoff gesichert wird,

37. entgegen § 87 Absatz 1 Nummer 2 oder Absatz 2 oder 3 nicht dafür sorgt, dass ein radioaktiver Stoff oder Kernbrennstoff in der genannten Weise gelagert wird,

38. entgegen § 88 Absatz 1 Satz 1 Nummer 1 Buchstabe b, Absatz 4 Nummer 1 oder § 89 Absatz 2 Satz 1 oder Absatz 3 Nummer 1 nicht dafür sorgt, dass eine dort genannte Prüfung erfolgt,

39. entgegen § 90 Absatz 3 nicht dafür sorgt, dass ein dort genanntes Messgerät verwendet wird,

40. entgegen § 94 Absatz 1 nicht dafür sorgt, dass ein dort genannter Stoff an eine dort genannte Person abgegeben wird,

41. entgegen § 94 Absatz 2 Satz 1 nicht dafür sorgt, dass eine Bescheinigung ausgestellt wird,

42. entgegen § 94 Absatz 3 nicht dafür sorgt, dass eine Strahlenquelle nur abgegeben wird, wenn eine Dokumentation beigefügt ist,

43. entgegen § 94 Absatz 4 nicht dafür sorgt, dass eine dort genannte Strahlenquelle abgegeben oder als radioaktiver Abfall abgeliefert oder zwischengelagert wird,

44. entgegen § 96 Absatz 1 oder 2 einen Störstrahler einem anderen überlässt,

45. entgegen § 99 Absatz 4 nicht dafür sorgt, dass radioaktive Stoffe nicht unkontrolliert abgeleitet werden,

46. entgegen § 104 Absatz 1 Satz 1 nicht dafür sorgt, dass bei einer Planung dort genannte Körperdosen zugrunde gelegt werden,

47. entgegen § 104 Absatz 3 Satz 1 nicht dafür sorgt, dass eine Schutzmaßnahme getroffen wird,

48. entgegen § 114 Absatz 1, 2 oder 3 nicht dafür sorgt, dass eine Röntgeneinrichtung oder Anlage nur bei Vorliegen dort genannter Voraussetzungen verwendet wird,

49. entgegen § 115 Absatz 1, auch in Verbindung mit Absatz 4 Satz 1, nicht sicherstellt, dass eine Abnahmeprüfung durchgeführt wird,

50. entgegen § 116 Absatz 4 nicht dafür sorgt, dass die Ursache beseitigt wird,

51. entgegen § 117 Absatz 1 nicht dafür sorgt, dass eine Aufzeichnung erfolgt,

52. entgegen § 117 Absatz 3 eine Aufzeichnung nicht, nicht richtig, nicht vollständig oder nicht rechtzeitig vorlegt,

53. entgegen § 121 Absatz 2 Satz 1 nicht dafür sorgt, dass ein Bestrahlungsplan festgelegt wird,

54. entgegen § 122 Absatz 4 Satz 1 nicht dafür sorgt, dass eine Person nach Vorliegen der dort genannten Voraussetzungen entlassen wird,

55. entgegen § 123 Absatz 3, § 145 Absatz 2 oder § 146 Absatz 2 nicht dafür sorgt, dass die technische Durchführung durch eine dort genannte Person vorgenommen wird,

56. entgegen § 136 Absatz 1 Satz 1 nicht dafür sorgt, dass radioaktive Stoffe oder ionisierende Strahlung unter den dort genannten Voraussetzungen angewendet werden,

57. entgegen § 137 Absatz 1 nicht dafür sorgt, dass radioaktive Stoffe oder ionisierende Strahlung nicht angewendet werden,

58. entgegen § 137 Absatz 2 nicht dafür sorgt, dass der dort genannte Grenzwert nicht überschritten wird,

59. entgegen § 137 Absatz 3 nicht dafür sorgt, dass eine dort genannte Person von der Anwendung ausgeschlossen wird,

60. entgegen § 138 Absatz 3 Satz 1, § 145 Absatz 1 oder § 146 Absatz 1 nicht dafür sorgt, dass radioaktive Stoffe oder ionisierende Strahlung von einer dort genannten Person angewendet werden,

61. entgegen § 138 Absatz 4 Satz 1 nicht dafür sorgt, dass eine dort genannte Untersuchung erfolgt,

62. entgegen § 138 Absatz 5 Satz 2 nicht dafür sorgt, dass eine Überwachung und Bewertung erfolgt,

63. entgegen § 144 Absatz 3 nicht dafür sorgt, dass ein Tier aus dem Strahlenschutzbereich bei Vorliegen der dort genannten Voraussetzungen entlassen wird oder

64. entgegen § 169 Absatz 3 ein Metall verwendet, in Verkehr bringt oder entsorgt.

(2) Ordnungswidrig im Sinne des § 194 Absatz 1 Nummer 1 Buchstabe b des Strahlenschutzgesetzes handelt, wer vorsätzlich oder fahrlässig

1. entgegen § 42 Absatz 3 eine Information nicht, nicht richtig, nicht vollständig oder nicht rechtzeitig übermittelt,

2. entgegen § 44 Absatz 1 Satz 1, 65 Absatz 2 Satz 1 Nummer 1, § 85 Absatz 4 Satz 2, § 157 Absatz 5 Satz 1 Nummer 1 oder § 167 Absatz 2 Satz 1, auch in Verbindung mit Satz 2, nicht dafür sorgt, dass eine Unterrichtung oder Information erfolgt,

3. entgegen § 56 Absatz 2 Satz 1 oder § 57 Absatz 3 Satz 1 eine Aufzeichnung nicht, nicht richtig, nicht vollständig oder nicht rechtzeitig anfertigt,

4. entgegen § 56 Absatz 2 Satz 2 eine Aufzeichnung nicht oder nicht mindestens fünf Jahre aufbewahrt oder nicht, nicht richtig, nicht vollständig oder nicht rechtzeitig vorlegt,

5. entgegen § 56 Absatz 2 Satz 3 nicht dafür sorgt, dass eine Aufzeichnung nicht, nicht richtig, nicht vollständig oder nicht rechtzeitig hinterlegt wird,

6. entgegen § 57 Absatz 3 Satz 2 nicht dafür sorgt, dass eine Aufzeichnung nicht oder nicht mindestens zehn Jahre aufbewahrt oder nicht, nicht richtig, nicht vollständig oder nicht rechtzeitig vorlegt wird,

7. entgegen § 63 Absatz 6 Satz 1, § 98 Satz 1 Nummer 3, auch in Verbindung mit Satz 2, § 109 Absatz 2, § 138 Absatz 4 Satz 2 oder Absatz 5 Satz 3 oder § 157 Absatz 2 Satz 1 nicht dafür sorgt, dass eine Aufzeichnung angefertigt wird,

8. entgegen § 63 Absatz 6 Satz 3 nicht dafür sorgt, dass eine dort genannte Aufzeichnung fünf Jahre oder ein Jahr aufbewahrt oder vorgelegt wird,

9. entgegen § 65 Absatz 3 Satz 2 nicht dafür sorgt, dass eine Übermittlung erfolgt,

10. entgegen § 66 Absatz 3 Satz 2 Nummer 2 nicht dafür sorgt, dass ein Messwert bereitgestellt wird,

11. entgegen § 66 Absatz 4 Satz 2, § 85 Absatz 1 Satz 1 Nummer 1, auch in Verbindung mit Satz 2, entgegen § 85 Absatz 4 Satz 1 Nummer 1 oder 2, § 89 Absatz 4, § 141 Absatz 1 oder § 167 Absatz 2 Satz 1 oder 2 nicht dafür sorgt, dass eine Mitteilung erfolgt,

12. entgegen § 85 Absatz 3 Nummer 1 nicht dafür sorgt, dass eine Unterlage 30 Jahre aufbewahrt oder hinterlegt wird,

13. entgegen § 85 Absatz 3 Nummer 2 nicht dafür sorgt, dass eine Unterlage übergeben wird,

14. entgegen § 88 Absatz 1 Satz 1 Nummer 2, Absatz 4 Nummer 2 oder Absatz 5 Satz 2, § 89 Absatz 1 Satz 3, auch in Verbindung mit Absatz 2 Satz 2, oder Absatz 3 Nummer 2 nicht dafür sorgt, dass ein Prüfbericht vorgelegt wird,

15. entgegen § 90 Absatz 5 Satz 1 Nummer 3 nicht dafür sorgt, dass eine Aufzeichnung zehn Jahre aufbewahrt, vorgelegt oder hinterlegt wird,

16. entgegen § 91 Absatz 1 oder § 92 Absatz 1 Satz 1 Nummer 1 oder § 92 Absatz 1 Satz 2 oder § 92 Absatz 2, auch in Verbindung mit Absatz 3, nicht dafür sorgt, dass eine Kennzeichnung vorgenommen wird,

17. entgegen § 91 Absatz 3 nicht dafür sorgt, dass ein Schutzbehälter oder ein Aufbewahrungsbehältnis nur zur Aufbewahrung von radioaktiven Stoffen verwendet wird,

18. entgegen § 97 Absatz 1 nicht dafür sorgt, dass eine Aufbewahrung erfolgt,

19. entgegen § 97 Absatz 2 oder 3 nicht dafür sorgt, dass eine Betriebsanleitung, ein Prüfbericht oder eine Bescheinigung bereitgehalten wird,

20. entgegen § 98 Satz 1 Nummer 4, auch in Verbindung mit Satz 2 nicht dafür sorgt, dass eine Aufzeichnung aufbewahrt wird,

21. einer vollziehbaren Anordnung nach § 101 Absatz 4 oder § 158 Absatz 4 zuwiderhandelt,

22. entgegen § 108 Absatz 1 Satz 1, Absatz 3 Satz 2 oder § 108 Absatz 4 Satz 1 oder 2 nicht dafür sorgt, dass eine Meldung erfolgt,

23. entgegen § 109 Absatz 4 Satz 1 nicht dafür sorgt, dass eine Aufzeichnung zehn Jahre aufbewahrt oder vorgelegt wird,

24. entgegen § 127 Absatz 1, 2 Satz 1 oder Absatz 3, auch in Verbindung mit § 140 Absatz 2 nicht dafür sorgt, dass eine dort genannte Aufbewahrung sichergestellt ist,

24a. entgegen § 129 Absatz 1 Satz 1 Nummer 1, auch in Verbindung mit Satz 2, oder entgegen § 129 Absatz 2 Nummer 1 nicht dafür sorgt, dass eine Mitteilung erfolgt,

24b. entgegen § 129 Absatz 1 Satz 1 Nummer 2, auch in Verbindung mit Satz 2, oder entgegen § 129 Absatz 2 Nummer 2 nicht dafür sorgt, dass eine Übersendung erfolgt,

25. entgegen § 133 nicht dafür sorgt, dass die Anwendung radioaktiver Stoffe oder ionisierender Strahlung in der vorgeschriebenen Weise am Menschen erfolgt,

26. entgegen § 134 Absatz 1 Satz 1, auch in Verbindung mit § 136 Absatz 1 Satz 1 Nummer 4 oder Absatz 2 Satz 2 nicht dafür sorgt, dass die dort genannte Einwilligung eingeholt wird,

27. entgegen § 135 Absatz 1, auch in Verbindung mit § 136 Absatz 1 Satz 1 Nummer 4, nicht dafür sorgt, dass eine Information ausgehändigt wird,

28. entgegen § 135 Absatz 2 Satz 1, auch in Verbindung mit § 136 Absatz 1 Satz 1 Nummer 4, nicht dafür sorgt, dass in der dort vorgesehenen Weise aufgeklärt und befragt wird,

29. entgegen § 142 Absatz 1, auch in Verbindung mit Absatz 2, einen Abschlussbericht nicht, nicht richtig, nicht vollständig oder nicht rechtzeitig vorlegt,

30. entgegen § 147 Satz 1 nicht dafür sorgt, dass Röntgenstrahlung, ionisierende Strahlung oder ein dort genannter radioaktiver Stoff von einer dort genannten Person angewendet oder eingesetzt wird,

31. entgegen § 158 Absatz 3 Satz 1, auch in Verbindung mit Satz 2, eine Beschäftigung oder Weiterbeschäftigung erlaubt,

32. entgegen § 158 Absatz 3 Satz 4 eine Unterlage nicht, nicht richtig, nicht vollständig oder nicht rechtzeitig übergibt,

33. entgegen § 158 Absatz 3 Satz 5 eine Bescheinigung nicht, nicht richtig, nicht vollständig oder nicht rechtzeitig übersendet,

34. entgegen § 175 Absatz 3 eine Gesundheitsakte nicht oder nicht richtig führt,

35. entgegen § 183 Absatz 1 Satz 1 Nummer 1, auch in Verbindung mit Absatz 3 Satz 1, oder Absatz 3 Satz 2 Nummer 1 eine Mitteilung nicht, nicht richtig, nicht vollständig oder nicht rechtzeitig macht,

36. entgegen § 183 Absatz 1 Satz 1 Nummer 6, auch in Verbindung mit Absatz 3 Satz 1, oder Absatz 3 Satz 2 Nummer 4 eine Kopie des Prüfberichts oder eine Aufzeichnung nicht, nicht richtig, nicht vollständig oder nicht rechtzeitig vorlegt,

37. entgegen § 183 Absatz 1 Satz 1 Nummer 8, auch in Verbindung mit Absatz 3 Satz 1, eine Unterrichtung nicht, nicht richtig, nicht vollständig oder nicht rechtzeitig vornimmt,

38. entgegen § 183 Absatz 2 oder 4 eine Mitteilung nicht, nicht richtig, nicht vollständig oder nicht rechtzeitig macht oder eine Kopie des Bestimmungsbescheides nicht, nicht richtig, nicht vollständig oder nicht rechtzeitig übersendet oder

39. entgegen § 183 Absatz 3 Satz 2 Nummer 3 Buch nicht, nicht richtig oder nicht vollständig führt.

(3) Ordnungswidrig im Sinne des § 194 Absatz 1 Nummer 1 Buchstabe c des Strahlenschutzgesetzes handelt, wer vorsätzlich oder fahrlässig

1. ohne Genehmigung nach § 12 Absatz 1 oder 2 eine hochradioaktive Strahlenquelle oder einen sonstigen radioaktiven Stoff verbringt,

2. entgegen § 13 Absatz 1 Satz 1 oder Absatz 2 eine Anmeldung nicht, nicht richtig, nicht vollständig, nicht in der vorgeschriebenen Weise oder nicht rechtzeitig vornimmt oder

3. entgegen § 13 Absatz 3 eine Vorsorge nicht oder nicht richtig trifft.

Kapitel 2
Übergangsvorschriften

§ 185 Bauartzulassung (§§ 16 bis 26)

Bauartzugelassene Vorrichtungen, die sonstige radioaktive Stoffe nach § 3 Absatz 1 des Strahlenschutzgesetzes enthalten oder enthalten haben und die gemäß § 208 Absatz 2, 3 zweiter Teilsatz oder Absatz 4 des Strahlenschutzgesetzes weiterbetrieben werden, hat der Inhaber, sofern im Zulassungsschein nicht kürzere Fristen vorgesehen sind, entsprechend § 25 Absatz 4 Satz 1 alle zehn Jahre nach Auslaufen der Bauartzulassung auf Unversehrtheit und Dichtheit prüfen zu lassen. Liegt das Auslaufen der Bauartzulassung am 31. Dezember 2018 mehr als zehn Jahre zurück, hat die Prüfung der Unversehrtheit und Dichtheit spätestens bis zum 31. Dezember 2021 zu erfolgen. Die Sätze 1 und 2 gelten nicht, wenn die Aktivität der in der Vorrichtung enthaltenen Stoffe unterhalb der Freigrenze nach Anlage 4 Tabelle 1 Spalte 2 liegt.

§ 186 Rückstände (§ 29)

Eine nach § 98 Absatz 1 Satz 1 der Strahlenschutzverordnung in der bis zum 31. Dezember 2018 geltenden Fassung erteilte Entlassung gilt als Entlassung nach § 29 fort, wenn die nach § 29 Absatz 3 für die Entlassung aus der Überwachung zuständige Behörde, in deren örtlichen Zuständigkeitsbereich der künftige Abfall verwertet oder beseitigt werden soll, bis zum 30. Juni 2019 ihr Einvernehmen erteilt.

§ 187 Freigabe (§§ 31 bis 42)

(1) Eine nach § 29 Absatz 2 Satz 1 in Verbindung mit Satz 2 Nummer 1 Buchstabe a) der Strahlenschutzverordnung in der bis zum 31. Dezember 2018 geltenden Fassung erteilte Freigabe, bei der die Werte der Anlage III Tabelle 1 Spalte 5 der Strahlenschutzverordnung in der bis zum 31. Dezember 2018 geltenden Fassung zugrunde gelegt wurden, gilt als Freigabe nach § 33 in Verbindung mit § 35 mit der Maßgabe fort, dass die Werte der Anlage 4 Tabelle 1 Spalte 3 ab dem 1. Januar 2021 einzuhalten sind.

(2) Eine nach § 29 Absatz 2 Satz 1 der Strahlenschutzverordnung in der bis zum 31. Dezember 2018 geltenden Fassung erteilte Freigabe, bei der gemäß § 29 Absatz 2 Satz 3 der Nachweis der Einhaltung des Dosiskriteriums im Einzelfall geführt worden ist, gilt als Freigabe nach § 33 in Verbindung mit § 37 fort.

(3) Eine nach § 29 Absatz 2 Satz 2 Nummer 1 Buchstabe b), c) oder d) oder nach Nummer 2 Buchstabe a), b), c) oder d) der Strahlenschutzverordnung in der bis zum 31. Dezember 2018 geltenden Fassung erteilte Freigabe gilt als Freigabe nach § 33 in Verbindung mit § 36 fort.

(4) Feststellungen nach § 29 Absatz 6 Satz 1 der Strahlenschutzverordnung in der bis zum 31. Dezember 2018 geltenden Fassung, die bis zum 31. Dezember 2018 getroffen wurden, gelten fort.

(5) Für eine Freigabe nach § 33 in Verbindung mit § 35, die zwischen dem 1. Januar 2019 und dem 31. Dezember 2020 erteilt wird, gelten bis zum 31. Dezember 2020 die Werte der Anlage III Tabelle 1 Spalte 5 der Strahlenschutzverordnung in der bis zum 31. Dezember 2018 geltenden Fassung und ab dem 1. Januar 2021 die Werte der Anlage 4 Tabelle 1 Spalte 3.

(6) Freigaberegelungen, die bis zum 31. Dezember 2018 in

1. Genehmigungen nach §§ 6, 7 oder § 9 des Atomgesetzes, die die Stilllegung von Anlagen und Einrichtungen zum Gegenstand haben,

2. einer Genehmigung nach § 7 oder § 11 Absatz 2 der Strahlenschutzverordnung in der bis zum 31. Dezember 2018 geltenden Fassung oder

3. einem gesonderten Bescheid nach § 29 Absatz 4 der Strahlenschutzverordnung in der bis zum 31. Dezember 2018 geltenden Fassung,

erteilt worden sind und bei denen die Werte der Anlage III Tabelle 1 Spalte 5 der Strahlenschutzverordnung in der bis zum 31. Dezember 2018 geltenden Fassung zugrunde gelegt wurden, gelten mit der Maßgabe fort, dass die Werte der Anlage 4 Tabelle 1 Spalte 3 ab dem 1. Januar 2021 einzuhalten sind.

§ 188 Betriebliche Organisation des Strahlenschutzes (§§ 44 und 45)

(1) Für eine Anlage zur Erzeugung ionisierender Strahlung, eine Röntgeneinrichtung oder einen genehmigungsbedürftigen Störstrahler, die oder der bereits vor dem 31. Dezember 2018 von mehreren Strahlenschutzverantwortlichen betrieben wurde, ist der Vertrag nach § 44 Absatz 2 Satz 1 bis zum 31. Dezember 2019 abzuschließen. Satz 1 gilt entsprechend für den vor dem 31. Dezember 2018 genehmigten Umgang mit radioaktiven Stoffen.

(2) Für Tätigkeiten, die vor dem 31. Dezember 2018 aufgenommen wurden, muss die Strahlenschutzanweisung nach § 45 Absatz 1 Satz 1

bis zum 1. Januar 2020 erstellt sein, wenn zuvor keine Strahlenschutzanweisung erforderlich war. Eine Strahlenschutzanweisung, die vor dem 31. Dezember 2018 erstellt wurde, ist unter Berücksichtigung des § 45 Absatz 2 bis zum 1. Januar 2020 zu aktualisieren.

§ 189 Erforderliche Fachkunde und Kenntnisse im Strahlenschutz (§§ 47, 49 und 51)

(1) Für Strahlenschutzbeauftragte, die

1. vor dem 1. August 2001 nach der Strahlenschutzverordnung in der bis zum 30. Juli 2001 geltenden Fassung bestellt wurden, oder

2. vor dem 1. Juli 2002 nach der Röntgenverordnung in der bis zum 30. Juni 2002 geltenden Fassung bestellt wurden,

gilt die erforderliche Fachkunde im Strahlenschutz als erworben und bescheinigt nach § 47 Absatz 1 Satz 1. Für Einzelsachverständige oder prüfende Personen einer Sachverständigenorganisation, die nach § 66 der Strahlenschutzverordnung in der bis zum 31. Dezember 2018 geltenden Fassung oder § 4a der Röntgenverordnung in der bis zum 31. Dezember 2018 geltenden Fassung bestimmt wurden und die bis zum 31. Dezember 2018 noch als solche tätig waren, gilt die erforderliche Fachkunde im Strahlenschutz als erworben und bescheinigt nach § 47 Absatz 1 Satz 1. § 48 Absatz 1 Satz 1 bleibt unberührt. Im Übrigen gilt eine vor dem 31. Dezember 2018 erteilte Fachkundebescheinigung als Bescheinigung nach § 47 Absatz 1 Satz 1 fort.

(1a) Hat die zuständige Behörde nach § 18a Absatz 1 Satz 5 der Röntgenverordnung in der bis zum 31. Dezember 2018 geltenden Fassung festgestellt, dass in einer staatlichen oder staatlich anerkannten Berufsausbildung die für den jeweiligen Anwendungsbereich geeignete Ausbildung und praktische Erfahrung im Strahlenschutz sowie den anerkannten Kursen entsprechendes theoretisches Wissen vermittelt wurde, so gilt diese Feststellung als Feststellung nach § 47 Absatz 5 Satz 1 fort. Galt die erforderliche Fachkunde im Strahlenschutz nach § 18a Absatz 1 Satz 5 der Röntgenverordnung in der bis zum 31. Dezember 2018 geltenden Fassung als geprüft und bescheinigt, so gilt sie als geprüft und bescheinigt fort. § 48 Absatz 1 Satz 1 bleibt unberührt.

(2) Eine vor dem 31. Dezember 2018 erteilte Bescheinigung über die erforderlichen Kenntnisse im Strahlenschutz gilt als Bescheinigung nach § 49 Absatz 2 Satz 1 in Verbindung mit § 47 Absatz 1 Satz 1 fort. Hat die zuständige Behörde nach § 30 Absatz 4 Satz 3 der Strahlenschutzverordnung in der bis zum 31. Dezember 2018 geltenden Fassung oder nach § 18a Absatz 3 Satz 3 der Röntgenverordnung in der bis zum 31. Dezember 2018 geltenden Fassung festgestellt, dass die erforderlichen Kenntnisse im Strahlenschutz mit dem Bestehen der Abschlussprüfung eines anerkannten Kurses erworben wurden, so gilt diese Feststellung als Zulassung nach § 49 Absatz 2 Satz 2 fort. Galten erforderliche Kenntnisse im Strahlenschutz nach § 30 Absatz 4 Satz 3 der Strahlenschutzverordnung in der bis zum 31. Dezember 2018 geltenden Fassung oder nach § 18a Absatz 3 Satz 3 der Röntgenverordnung in der bis zum 31. Dezember 2018 geltenden Fassung als geprüft und bescheinigt, so gelten sie als geprüft und bescheinigt fort. § 49 Absatz 3 in Verbindung mit § 48 Absatz 1 Satz 1 bleibt unberührt.

(2a) Hat die zuständige Behörde nach § 18a Absatz 3 Satz 2 in Verbindung mit § 18a Absatz 1 Satz 5 der Röntgenverordnung in der bis zum 31. Dezember 2018 geltenden Fassung festgestellt, dass in einer staatlichen oder staatlich anerkannten Berufsausbildung die für den jeweiligen Anwendungsbereich geeignete Ausbildung und praktische Erfahrung im Strahlenschutz sowie den anerkannten Kursen entsprechendes theoretisches Wissen vermittelt wurde, so gilt diese Feststellung als Feststellung nach § 49 Absatz 2 Satz 1 in Verbindung mit § 47 Absatz 5 Satz 1 fort. Galten die erforderlichen Kenntnisse im Strahlenschutz nach § 18a

Absatz 3 Satz 2 in Verbindung mit § 18a Absatz 1 Satz 5 der Röntgenverordnung in der bis zum 31. Dezember 2018 geltenden Fassung als geprüft und bescheinigt, so gelten sie als geprüft und bescheinigt fort. § 49 Absatz 3 in Verbindung mit § 48 Absatz 1 Satz 1 bleibt unberührt.

(3) Vor dem 31. Dezember 2018 von der zuständigen Stelle anerkannte Kurse zur Vermittlung der erforderlichen Fachkunde oder der erforderlichen Kenntnisse gelten bis zum 31. Dezember 2023 als anerkannt nach § 51 fort, soweit die Anerkennung keine kürzere Frist enthält.

§ 190 Übergangsvorschriften im Zusammenhang mit Strahlenschutzbereichen (§§ 52 bis 62)

(1) Der Inhaber einer nach § 197 oder § 198 des Strahlenschutzgesetzes fortgeltenden Genehmigung, einer vor dem 31. Dezember 2018 erteilten Genehmigung nach § 6, § 7, § 9 oder § 9b des Atomgesetzes oder eines Planfeststellungsbeschlusses nach § 9b des Atomgesetzes sowie der Anzeigepflichtige einer nach § 199, § 200 oder § 210 des Strahlenschutzgesetzes fortgeltenden Anzeige hat, sofern die Organ-Äquivalentdosis der Augenlinse 15 Millisievert im Kalenderjahr überschreiten kann, einen Kontrollbereich nach § 52 Absatz 2 Satz 1 Nummer 2 bis zum 1. Januar 2020 einzurichten, wenn nicht bereits ein Kontrollbereich eingerichtet ist.

(2) Der Inhaber einer nach § 198 Absatz 1 oder 4 des Strahlenschutzgesetzes fortgeltenden Genehmigung sowie der Anzeigepflichtige einer nach § 200 Absatz 1 des Strahlenschutzgesetzes fortgeltenden Anzeige hat, sofern ein Sperrbereich nach § 52 Absatz 2 Satz 1 Nummer 3 erforderlich ist, diesen bis zum 31. Dezember 2019 einzurichten.

(3) Der vor dem 31. Dezember 2018 genehmigte Betrieb einer Bestrahlungsvorrichtung, die radioaktive Stoffe enthält, deren Aktivität 50 Gigabecquerel unterschreitet, darf bis zum 31.

Dezember 2019 außerhalb eines Bestrahlungsraums nach § 61 fortgesetzt werden.

§ 191 Dosisrichtwerte bei Tätigkeiten (§ 72)

Für Tätigkeiten, die bereits vor dem 31. Dezember 2018 aufgenommen wurden, hat die Prüfung nach § 72 Absatz 1, ob die Festlegung von Dosisrichtwerten ein geeignetes Instrument zur Optimierung des Strahlenschutzes ist, bis zum 1. Januar 2020 zu erfolgen.

§ 192 Register über hochradioaktive Strahlenquellen (§ 84)

Bei hochradioaktiven Strahlenquellen, die bis zum 31. Dezember 2018 im Register über hochradioaktive Strahlenquellen erfasst wurden und die nach § 83 weiter als hochradioaktive Strahlenquellen gelten, sind bis zum 1. Januar 2020 die nach Anlage 9 erforderlichen Angaben im Register über hochradioaktive Strahlenquellen zu vervollständigen.

§ 193 Ermittlung der für Einzelpersonen der Bevölkerung zu erwartenden und erhaltenen Exposition (§§ 99, 100, 101, Anlage 11)

(1) § 99 Absatz 1 und § 100 Absatz 1 und 4 sind erst anzuwenden auf

1. Genehmigungsverfahren, für die ein Genehmigungsantrag ab dem ersten Tag des 13. Kalendermonats gestellt wird, der auf das Inkrafttreten Allgemeiner Verwaltungsvorschriften nach § 100 Absatz 3 folgt,

2. Anzeigeverfahren, für die eine Anzeige ab dem ersten Tag des 19. Kalendermonats erstattet wird, der auf das Inkrafttreten Allgemeiner Verwaltungsvorschriften nach § 100 Absatz 3 folgt.

Bis zu dem in Satz 1 Nummer 1 und 2 jeweils genannten Zeitpunkt ist § 47 Absatz 2 in Verbindung mit Absatz 1 und Anlage VII der Strahlenschutzverordnung in der bis zum 31. Dezember 2018 geltenden Fassung weiter anzuwenden.

(2) Die Ermittlung der von Einzelpersonen der Bevölkerung erhaltenen Exposition ist

1. erstmalig für das Kalenderjahr 2020 nach § 101 Absatz 1 durchzuführen und nach § 101 Absatz 5 Satz 1 zu dokumentieren,

2. erstmalig für das Kalenderjahr 2021 nach § 101 Absatz 5 Satz 2 und 3 auf Anfrage zur Verfügung zu stellen und zu veröffentlichen.

§ 194 Begrenzung der Exposition durch Störfälle (§ 104)

Bis zum Inkrafttreten Allgemeiner Verwaltungsvorschriften zur Störfallvorsorge nach § 104 Absatz 6 ist bei der Planung der in § 104 Absatz 3 und 4 genannten Anlagen und Einrichtungen die Störfallexposition so zu begrenzen, dass die durch Freisetzung radioaktiver Stoffe in die Umgebung verursachte effektive Dosis von 50 Millisievert nicht überschritten wird.

§ 195 Ausrüstung bei der Anwendung am Menschen (§ 114)

(1) § 114 Absatz 1 Nummer 1 gilt für Röntgeneinrichtungen, die vor dem 1. Juli 2002 erstmals in Betrieb genommen wurden, ab dem 1. Januar 2024.

(2) § 114 Absatz 1 Nummer 2 gilt vorbehaltlich des Satzes 2 nur für Röntgeneinrichtungen, die nach dem 1. Januar 2023 erstmals in Betrieb genommen werden. Für Röntgeneinrichtungen, die für die Computertomographie oder für die Durchleuchtung eingesetzt werden und die vor dem 31. Dezember 2018 erstmals in Betrieb genommen wurden, gilt § 114 Absatz 1 Nummer 2 ab dem 1. Januar 2023. Für Röntgeneinrichtungen, die für die Computertomographie oder für die Durchleuchtung eingesetzt werden und ab dem 31. Dezember 2018 erstmals in Betrieb genommen wurden, gilt § 114 Absatz 1 Nummer 2 ab dem 1. Januar 2021.

(3) § 114 Absatz 1 Nummer 4 gilt für Röntgeneinrichtungen, die vor dem 31. Dezember

2018 erstmals in Betrieb genommen worden sind, erst ab dem 1. Januar 2021.

(4) § 114 Absatz 2 gilt für Anlagen zur Erzeugung ionisierender Strahlung und Bestrahlungsvorrichtungen, die vor dem 31. Dezember 2018 erstmals in Betrieb genommen worden sind, erst ab dem 1. Januar 2021.

(5) § 114 Absatz 3 gilt nicht für Anlagen zur Erzeugung ionisierender Strahlung, die vor dem 31. Dezember 2018 erstmals in Betrieb genommen worden sind.

§ 196 Ärztliche und zahnärztliche Stellen (§ 128)

Eine vor dem 31. Dezember 2018 erfolgte Bestimmung einer ärztlichen oder zahnärztlichen Stelle gilt als Bestimmung nach § 128 Absatz 1 fort, wenn bis zum 31. Dezember 2020 bei der zuständigen Behörde nachgewiesen ist, dass die Voraussetzungen nach § 128 Absatz 2 erfüllt sind.

§ 197 Dosis- und Messgrößen (§ 171)

(1) Die in Anlage 18 Teil A Nummer 1 Buchstabe b genannte Messgröße ist spätestens ab dem 1. Januar 2022 bei Messungen der Personendosis nach § 65 Absatz 1 Satz 1 und § 66 Absatz 2 Satz 4 und Absatz 5 zu verwenden. Die in Anlage 18 Teil A Nummer 2 Buchstabe b genannte Messgröße ist spätestens ab dem 1. Januar 2022 bei Messungen der Ortsdosis und Ortsdosisleistung nach §§ 56 und 65 Absatz 1 Satz 2 Nummer 1 zu verwenden.

(2) Die in Anlage 18 Teil C Nummer 1 und 2 angegebenen Werte des Strahlungs-Wichtungsfaktors und des Gewebe-Wichtungsfaktors sind spätestens ab dem 1. Januar 2025 zu verwenden.

§ 198 Strahlenpass (§ 174)

Ein vor dem 31. Dezember 2018 ausgestellter gültiger Strahlenpass kann bis zu dem darin vorgesehenen Ende der Gültigkeit, längstens bis zum 31. Dezember 2024, weiterverwendet werden, sofern in diesen Strahlenpass bis spätestens 30. Juni 2019 die persönliche Kennnummer des Strahlenpassinhabers nach § 170 Absatz 3 des Strahlenschutzgesetzes eingetragen wird.

§ 199 Ermächtigte Ärzte (§ 175)

Eine Ermächtigung eines Arztes zur Durchführung der arbeitsmedizinischen Vorsorge nach § 64 Absatz 1 Satz 1 der Strahlenschutzverordnung in der bis zum 31. Dezember 2018 geltenden Fassung oder nach § 41 Absatz 1 Satz 1 der Röntgenverordnung in der bis zum 31. Dezember 2018 geltenden Fassung gilt als Ermächtigung zur Durchführung der ärztlichen Überwachung nach § 175 Absatz 1 Satz 1 bis zum 31. Dezember 2023 fort. Wurde die Ermächtigung auf ein früheres Datum befristet, so ist das in der Befristung genannte Datum maßgeblich.

§ 200 Behördlich bestimmte Sachverständige (§ 181)

(1) Für Einzelsachverständige oder prüfende Personen, die nach § 66 der Strahlenschutzverordnung in der bis zum 31. Dezember 2018 geltenden Fassung oder nach § 4a der Röntgenverordnung in der bis zum 31. Dezember 2018 geltenden Fassung bestimmt wurden und die bis zum 31. Dezember 2018 noch als solche tätig waren, gilt die erforderliche fachliche Qualifikation nach § 181 Absatz 1 für die Bestimmung zum Sachverständigen nach § 172 Absatz 1 Satz 1 des Strahlenschutzgesetzes für die Tätigkeitsgruppen, auf die sich die vorherige Bestimmung bezieht, als vorhanden.

(2) Personen oder Organisationen, die erstmals einen Antrag auf Bestimmung zum Sachverständigen nach § 172 Absatz 1 Satz 1 Nummer 2 des Strahlenschutzgesetzes stellen, können abweichend von § 181 Absatz 1 Nummer 2 bis 4 bis zum 1. Januar 2022 die fachliche Qualifikation dadurch nachweisen, dass sie belegen, dass die Person, die Prüfungen durchführen soll, über umfangreiche Kenntnisse im allgemeinen Strahlenschutz und vertiefte Kenntnisse im Strahlenschutz bei Arbeitsplätzen mit Exposition durch natürlich vorkommende Radioaktivität verfügt.

Hinweis: Auf den Abdruck des Anhangs wurde verzichtet.

Wichtige Gesetze,
Verordnungen und Vorschriften
für Einrichtungen
im Gesundheitswesen

Verordnung zur arbeitsmedizinischen Vorsorge

(ArbMedVV)

Vom 18. Dezember 2008
(BGBl. I S. 2768)

Zuletzt geändert durch Artikel 1 der Verordnung
vom 12. Juli 2019
(BGBl. I S. 1082)

§ 1 Ziel und Anwendungsbereich

(1) Ziel der Verordnung ist es, durch Maßnahmen der arbeitsmedizinischen Vorsorge arbeitsbedingte Erkrankungen einschließlich Berufskrankheiten frühzeitig zu erkennen und zu verhüten. Arbeitsmedizinische Vorsorge soll zugleich einen Beitrag zum Erhalt der Beschäftigungsfähigkeit und zur Fortentwicklung des betrieblichen Gesundheitsschutzes leisten.

(2) Diese Verordnung gilt für die arbeitsmedizinische Vorsorge im Geltungsbereich des Arbeitsschutzgesetzes.

(3) Diese Verordnung lässt sonstige arbeitsmedizinische Präventionsmaßnahmen, insbesondere nach dem Arbeitsschutzgesetz und dem Gesetz über Betriebsärzte, Sicherheitsingenieure und andere Fachkräfte für Arbeitssicherheit (Arbeitssicherheitsgesetz), unberührt.

§ 2 Begriffsbestimmungen

(1) Arbeitsmedizinische Vorsorge im Sinne dieser Verordnung

1. ist Teil der arbeitsmedizinischen Präventionsmaßnahmen im Betrieb;

2. dient der Beurteilung der individuellen Wechselwirkungen von Arbeit und physischer und psychischer Gesundheit und der Früherkennung arbeitsbedingter Gesundheitsstörungen sowie der Feststellung, ob bei Ausübung einer bestimmten Tätigkeit eine erhöhte gesundheitliche Gefährdung besteht;

3. beinhaltet ein ärztliches Beratungsgespräch mit Anamnese einschließlich Arbeitsanamnese sowie körperliche oder klinische Untersuchungen, soweit diese für die individuelle Aufklärung und Beratung erforderlich sind und der oder die Beschäftigte diese Untersuchungen nicht ablehnt;

4. umfasst die Nutzung von Erkenntnissen aus der Vorsorge für die Gefährdungsbeurteilung und für sonstige Maßnahmen des Arbeitsschutzes;

5. umfasst nicht den Nachweis der gesundheitlichen Eignung für berufliche Anforderungen nach sonstigen Rechtsvorschriften oder individual- oder kollektivrechtlichen Vereinbarungen.

(2) Pflichtvorsorge ist arbeitsmedizinische Vorsorge, die bei bestimmten besonders gefährdenden Tätigkeiten veranlasst werden muss.

(3) Angebotsvorsorge ist arbeitsmedizinische Vorsorge, die bei bestimmten gefährdenden Tätigkeiten angeboten werden muss.

(4) Wunschvorsorge ist arbeitsmedizinische Vorsorge, die bei Tätigkeiten, bei denen ein Gesundheitsschaden nicht ausgeschlossen werden kann, auf Wunsch des oder der Beschäftigten ermöglicht werden muss.

§ 3 Allgemeine Pflichten des Arbeitgebers

(1) Der Arbeitgeber hat auf der Grundlage der Gefährdungsbeurteilung für eine angemessene arbeitsmedizinische Vorsorge zu sorgen. Dabei hat er die Vorschriften dieser Verordnung einschließlich des Anhangs zu beachten und die nach § 9 Abs. 4 bekannt gegebenen Regeln und Erkenntnisse zu berücksichtigen. Bei Einhaltung der Regeln und Erkenntnisse nach Satz 2 ist davon auszugehen, dass die gestellten Anforderungen erfüllt sind. Arbeitsmedizinische Vorsorge kann auch weitere Maßnahmen der Gesundheitsvorsorge umfassen.

(2) Der Arbeitgeber hat zur Durchführung der arbeitsmedizinischen Vorsorge einen Arzt oder eine Ärztin nach § 7 zu beauftragen. Ist ein Betriebsarzt oder eine Betriebsärztin nach § 2 des Arbeitssicherheitsgesetzes bestellt, soll der Arbeitgeber vorrangig diesen oder diese auch mit der arbeitsmedizinischen Vorsorge beauftragen. Dem Arzt oder der Ärztin sind alle erforderlichen Auskünfte über die Arbeitsplatzverhältnisse, insbesondere über den Anlass der arbeitsmedizinischen Vorsorge und die Ergebnisse der Gefährdungsbeurteilung, zu erteilen und die Begehung des Arbeitsplatzes zu ermögli-

chen. Ihm oder ihr ist auf Verlangen Einsicht in die Unterlagen nach Absatz 4 Satz 1 zu gewähren.

(3) Arbeitsmedizinische Vorsorge soll während der Arbeitszeit stattfinden. Ergibt die Gefährdungsbeurteilung für die Tätigkeit oder die Tätigkeiten des oder der Beschäftigten mehrere Vorsorgeanlässe, soll die arbeitsmedizinische Vorsorge in einem Termin stattfinden. Arbeitsmedizinische Vorsorge soll nicht zusammen mit Untersuchungen, die dem Nachweis der gesundheitlichen Eignung für berufliche Anforderungen dienen, durchgeführt werden, es sei denn, betriebliche Gründe erfordern dies; in diesem Fall hat der Arbeitgeber den Arzt oder die Ärztin zu verpflichten, die unterschiedlichen Zwecke von arbeitsmedizinischer Vorsorge und Eignungsuntersuchung gegenüber dem oder der Beschäftigten offenzulegen.

(4) Der Arbeitgeber hat eine Vorsorgekartei zu führen mit Angaben, dass, wann und aus welchen Anlässen arbeitsmedizinische Vorsorge stattgefunden hat; die Kartei kann automatisiert geführt werden. Die Angaben sind bis zur Beendigung des Beschäftigungsverhältnisses aufzubewahren und anschließend zu löschen, es sei denn, dass Rechtsvorschriften oder die nach § 9 Absatz 4 bekannt gegebenen Regeln etwas anderes bestimmen. Der Arbeitgeber hat der zuständigen Behörde auf Anordnung eine Kopie der Vorsorgekartei zu übermitteln. Bei Beendigung des Beschäftigungsverhältnisses hat der Arbeitgeber der betroffenen Person eine Kopie der sie betreffenden Angaben auszuhändigen; § 34 des Bundesdatenschutzgesetzes bleibt unberührt.

§ 4 Pflichtvorsorge

(1) Der Arbeitgeber hat nach Maßgabe des Anhangs Pflichtvorsorge für die Beschäftigten zu veranlassen. Pflichtvorsorge muss vor Aufnahme der Tätigkeit und anschließend in regelmäßigen Abständen veranlasst werden.

(2) Der Arbeitgeber darf eine Tätigkeit nur ausüben lassen, wenn der oder die Beschäftigte an der Pflichtvorsorge teilgenommen hat.

(3) (weggefallen)

§ 5 Angebotsvorsorge

(1) Der Arbeitgeber hat den Beschäftigten Angebotsvorsorge nach Maßgabe des Anhangs anzubieten. Angebotsvorsorge muss vor Aufnahme der Tätigkeit und anschließend in regelmäßigen Abständen angeboten werden. Das Ausschlagen eines Angebots entbindet den Arbeitgeber nicht von der Verpflichtung, weiter regelmäßig Angebotsvorsorge anzubieten.

(2) Erhält der Arbeitgeber Kenntnis von einer Erkrankung, die im ursächlichen Zusammenhang mit der Tätigkeit des oder der Beschäftigten stehen kann, so hat er ihm oder ihr unverzüglich Angebotsvorsorge anzubieten. Dies gilt auch für Beschäftigte mit vergleichbaren Tätigkeiten, wenn Anhaltspunkte dafür bestehen, dass sie ebenfalls gefährdet sein können.

(3) Der Arbeitgeber hat Beschäftigten sowie ehemals Beschäftigten nach Maßgabe des Anhangs nach Beendigung bestimmter Tätigkeiten, bei denen nach längeren Latenzzeiten Gesundheitsstörungen auftreten können, nachgehende Vorsorge anzubieten. Am Ende des Beschäftigungsverhältnisses überträgt der Arbeitgeber diese Verpflichtung auf den zuständigen gesetzlichen Unfallversicherungsträger und überlässt ihm die erforderlichen Unterlagen in Kopie, sofern der oder die Beschäftigte eingewilligt hat.

§ 5a Wunschvorsorge

Über die Vorschriften des Anhangs hinaus hat der Arbeitgeber den Beschäftigten auf ihren Wunsch hin regelmäßig arbeitsmedizinische Vorsorge nach § 11 des Arbeitsschutzgesetzes zu ermöglichen, es sei denn, auf Grund der Beurteilung der Arbeitsbedingungen und der getroffenen Schutzmaßnahmen ist nicht mit einem Gesundheitsschaden zu rechnen.

§ 6 Pflichten des Arztes oder der Ärztin

(1) Bei der arbeitsmedizinischen Vorsorge hat der Arzt oder die Ärztin die Vorschriften dieser Verordnung einschließlich des Anhangs zu beachten und die dem Stand der Arbeitsmedizin entsprechenden Regeln und Erkenntnisse zu berücksichtigen. Vor Durchführung der arbeitsmedizinischen Vorsorge muss er oder sie sich die notwendigen Kenntnisse über die Arbeitsplatzverhältnisse verschaffen. In die Arbeitsanamnese müssen alle Arbeitsbedingungen und arbeitsbedingten Gefährdungen einfließen. Vor Durchführung körperlicher oder klinischer Untersuchungen hat der Arzt oder die Ärztin deren Erforderlichkeit nach pflichtgemäßem ärztlichen Ermessen zu prüfen und den oder die Beschäftigte über die Inhalte, den Zweck und die Risiken der Untersuchung aufzuklären. Untersuchungen nach Satz 3 dürfen nicht gegen den Willen des oder der Beschäftigten durchgeführt werden. Der Arzt oder die Ärztin hat die ärztliche Schweigepflicht zu beachten.

(2) Biomonitoring ist Bestandteil der arbeitsmedizinischen Vorsorge, soweit dafür arbeitsmedizinisch anerkannte Analyseverfahren und geeignete Werte zur Beurteilung zur Verfügung stehen. Biomonitoring darf nicht gegen den Willen der oder des Beschäftigten durchgeführt werden. Impfungen sind Bestandteil der arbeitsmedizinischen Vorsorge und den Beschäftigten anzubieten, soweit das Risiko einer Infektion tätigkeitsbedingt und im Vergleich zur Allgemeinbevölkerung erhöht ist. Satz 3 gilt nicht, wenn der oder die Beschäftigte bereits über einen ausreichenden Immunschutz verfügt.

(3) Der Arzt oder die Ärztin hat

1. das Ergebnis sowie die Befunde der arbeitsmedizinischen Vorsorge schriftlich festzuhalten und den oder die Beschäftigte darüber zu beraten,

2. dem oder der Beschäftigten auf seinen oder ihren Wunsch hin das Ergebnis zur Verfügung zu stellen sowie

3. der oder dem Beschäftigten und dem Arbeitgeber eine Vorsorgebescheinigung darüber auszustellen, dass, wann und aus welchem Anlass ein arbeitsmedizinischer Vorsorgetermin stattgefunden hat; die Vorsorgebescheinigung enthält auch die Angabe, wann eine weitere arbeitsmedizinische Vorsorge aus ärztlicher Sicht angezeigt ist.

(4) Der Arzt oder die Ärztin hat die Erkenntnisse arbeitsmedizinischer Vorsorge auszuwerten. Ergeben sich Anhaltspunkte dafür, dass die Maßnahmen des Arbeitsschutzes für den Beschäftigten oder die Beschäftigte oder andere Beschäftigte nicht ausreichen, so hat der Arzt oder die Ärztin dies dem Arbeitgeber mitzuteilen und Maßnahmen des Arbeitsschutzes vorzuschlagen. Hält der Arzt oder die Ärztin aus medizinischen Gründen, die ausschließlich in der Person des oder der Beschäftigten liegen, einen Tätigkeitswechsel für erforderlich, so bedarf diese Mitteilung an den Arbeitgeber der Einwilligung des oder der Beschäftigten.

§ 7 Anforderungen an den Arzt oder die Ärztin

(1) Unbeschadet anderer Bestimmungen im Anhang für einzelne Anlässe arbeitsmedizinischer Vorsorge muss der Arzt oder die Ärztin berechtigt sein, die Gebietsbezeichnung „Arbeitsmedizin" oder die Zusatzbezeichnung „Betriebsmedizin" zu führen. Er oder sie darf selbst keine Arbeitgeberfunktion gegenüber dem oder der Beschäftigten ausüben. Verfügt der Arzt oder die Ärztin nach Satz 1 für bestimmte Untersuchungsmethoden nicht über die erforderlichen Fachkenntnisse oder die speziellen Anerkennungen oder Ausrüstungen, so hat er oder sie Ärzte oder Ärztinnen hinzuzuziehen, die diese Anforderungen erfüllen.

(2) Die zuständige Behörde kann für Ärzte oder Ärztinnen in begründeten Einzelfällen Ausnahmen von Absatz 1 Satz 1 zulassen.

§ 8 Maßnahmen nach der arbeitsmedizinischen Vorsorge

(1) Im Fall von § 6 Absatz 4 Satz 2 hat der Arbeitgeber die Gefährdungsbeurteilung zu überprüfen und unverzüglich die erforderlichen Maßnahmen des Arbeitsschutzes zu treffen. Wird ein Tätigkeitswechsel vorgeschlagen, so hat der Arbeitgeber nach Maßgabe der dienst- und arbeitsrechtlichen Regelungen dem oder der Beschäftigten eine andere Tätigkeit zuzuweisen.

(2) Dem Betriebs- oder Personalrat und der zuständigen Behörde sind die getroffenen Maßnahmen mitzuteilen.

(3) Halten der oder die Beschäftigte oder der Arbeitgeber das Ergebnis der Auswertung nach § 6 Absatz 4 für unzutreffend, so entscheidet auf Antrag die zuständige Behörde.

§ 9 Ausschuss für Arbeitsmedizin

(1) Beim Bundesministerium für Arbeit und Soziales wird ein Ausschuss für Arbeitsmedizin gebildet, in dem fachkundige Vertreter der Arbeitgeber, der Gewerkschaften, der Länderbehörden, der gesetzlichen Unfallversicherung und weitere fachkundige Personen, insbesondere der Wissenschaft, vertreten sein sollen. Die Gesamtzahl der Mitglieder soll zwölf Personen nicht überschreiten. Für jedes Mitglied ist ein stellvertretendes Mitglied zu benennen. Die Mitgliedschaft im Ausschuss für Arbeitsmedizin ist ehrenamtlich.

(2) Das Bundesministerium für Arbeit und Soziales beruft die Mitglieder des Ausschusses und die stellvertretenden Mitglieder. Der Ausschuss gibt sich eine Geschäftsordnung und wählt den Vorsitzenden oder die Vorsitzende aus seiner Mitte. Die Geschäftsordnung und die Wahl des oder der Vorsitzenden bedürfen der Zustimmung des Bundesministeriums für Arbeit und Soziales.

(3) Zu den Aufgaben des Ausschusses gehört es,

1. dem Stand der Arbeitsmedizin entsprechende Regeln und sonstige gesicherte arbeitsmedizinische Erkenntnisse zu ermitteln,

2. Regeln und Erkenntnisse zu ermitteln, wie die in dieser Verordnung gestellten Anforderungen insbesondere zu Inhalt und Umfang von Pflicht-, Angebots- oder Wunschvorsorge erfüllt werden können,

3. Empfehlungen zur arbeitsmedizinischen Vorsorge aufzustellen,

4. Empfehlungen für weitere Maßnahmen der Gesundheitsvorsorge auszusprechen, insbesondere für betriebliche Gesundheitsprogramme,

5. Regeln und Erkenntnisse zu sonstigen arbeitsmedizinischen Präventionsmaßnahmen nach § 1 Abs. 3 zu ermitteln, insbesondere zur allgemeinen arbeitsmedizinischen Beratung der Beschäftigten,

6. das Bundesministerium für Arbeit und Soziales in allen Fragen der arbeitsmedizinischen Vorsorge sowie zu sonstigen Fragen des medizinischen Arbeitsschutzes zu beraten.

Das Arbeitsprogramm des Ausschusses für Arbeitsmedizin wird mit dem Bundesministerium für Arbeit und Soziales abgestimmt. Der Ausschuss arbeitet eng mit den anderen Ausschüssen beim Bundesministerium für Arbeit und Soziales zusammen.

(4) Das Bundesministerium für Arbeit und Soziales kann die vom Ausschuss für Arbeitsmedizin ermittelten Regeln und Erkenntnisse sowie Empfehlungen im Gemeinsamen Ministerialblatt bekannt geben.

(5) Die Bundesministerien sowie die obersten Landesbehörden können zu den Sitzungen des Ausschusses Vertreter entsenden. Auf Verlangen ist diesen in der Sitzung das Wort zu erteilen.

(6) Die Geschäfte des Ausschusses führt die Bundesanstalt für Arbeitsschutz und Arbeitsmedizin.

§ 10 Ordnungswidrigkeiten und Straftaten

(1) Ordnungswidrig im Sinne des § 25 Abs. 1 Nr. 1 des Arbeitsschutzgesetzes handelt, wer vorsätzlich oder fahrlässig

1. entgegen § 4 Abs. 1 eine Pflichtvorsorge nicht oder nicht rechtzeitig veranlasst,

2. entgegen § 4 Abs. 2 eine Tätigkeit ausüben lässt,

3. entgegen § 3 Absatz 4 Satz 1 Halbsatz 1 eine Vorsorgekartei nicht, nicht richtig oder nicht vollständig führt oder

4. entgegen § 5 Abs. 1 Satz 1 eine Angebotsvorsorge nicht oder nicht rechtzeitig anbietet.

(2) Wer durch eine in Absatz 1 bezeichnete vorsätzliche Handlung Leben oder Gesundheit eines oder einer Beschäftigten gefährdet, ist nach § 26 Nr. 2 des Arbeitsschutzgesetzes strafbar.

Hinweis: Auf den Abdruck des Anhangs wurde verzichtet.

Gesetz über die Durchführung von Maßnahmen des Arbeitsschutzes zur Verbesserung der Sicherheit und des Gesundheitsschutzes der Beschäftigten bei der Arbeit

(Arbeitsschutzgesetz – ArbSchG)

Vom 7. August 1996
(BGBl. I S. 1246)

Zuletzt geändert durch Artikel 293 des Gesetzes
vom 19. Juni 2020
(BGBl. I S. 1328)

Anmerkung des Verlags:

In dem hier abgedruckten Text des ArbSchG sind die Änderungen durch das „Gesetz zur Verbesserung des Vollzugs im Arbeitsschutz (Arbeitsschutzkontrollgesetz)" noch nicht eingearbeitet, da der Gesetzgebungsprozess zum Zeitpunkt der Drucklegung noch nicht abgeschlossen war. Da die Änderungen im ArbSchG allerdings einen Tag nach Verkündung in Kraft treten sollen, finden Sie den Stand zur Drucklegung auf dem separaten Beiblatt.

Erster Abschnitt
Allgemeine Vorschriften

§ 1 Zielsetzung und Anwendungsbereich

(1) Dieses Gesetz dient dazu, Sicherheit und Gesundheitsschutz der Beschäftigten bei der Arbeit durch Maßnahmen des Arbeitsschutzes zu sichern und zu verbessern. Es gilt in allen Tätigkeitsbereichen und findet im Rahmen der Vorgaben des Seerechtsübereinkommens der Vereinten Nationen vom 10. Dezember 1982 (BGBl. 1994 II S. 1799) auch in der ausschließlichen Wirtschaftszone Anwendung.

(2) Dieses Gesetz gilt nicht für den Arbeitsschutz von Hausangestellten in privaten Haushalten. Es gilt nicht für den Arbeitsschutz von Beschäftigten auf Seeschiffen und in Betrieben, die dem Bundesberggesetz unterliegen, soweit dafür entsprechende Rechtsvorschriften bestehen.

(3) Pflichten, die die Arbeitgeber zur Gewährleistung von Sicherheit und Gesundheitsschutz der Beschäftigten bei der Arbeit nach sonstigen Rechtsvorschriften haben, bleiben unberührt. Satz 1 gilt entsprechend für Pflichten und Rechte der Beschäftigten. Unberührt bleiben Gesetze, die andere Personen als Arbeitgeber zu Maßnahmen des Arbeitsschutzes verpflichten.

(4) Bei öffentlich-rechtlichen Religionsgemeinschaften treten an die Stelle der Betriebs- oder Personalräte die Mitarbeitervertretungen entsprechend dem kirchlichen Recht.

§ 2 Begriffsbestimmungen

(1) Maßnahmen des Arbeitsschutzes im Sinne dieses Gesetzes sind Maßnahmen zur Verhütung von Unfällen bei der Arbeit und arbeitsbedingten Gesundheitsgefahren einschließlich Maßnahmen der menschengerechten Gestaltung der Arbeit.

(2) Beschäftigte im Sinne dieses Gesetzes sind:

1. Arbeitnehmerinnen und Arbeitnehmer,

2. die zu ihrer Berufsbildung Beschäftigten,

3. arbeitnehmerähnliche Personen im Sinne des § 5 Abs. 1 des Arbeitsgerichtsgesetzes, ausgenommen die in Heimarbeit Beschäftigten und die ihnen Gleichgestellten,

4. Beamtinnen und Beamte,

5. Richterinnen und Richter,

6. Soldatinnen und Soldaten,

7. die in Werkstätten für Behinderte Beschäftigten.

(3) Arbeitgeber im Sinne dieses Gesetzes sind natürliche und juristische Personen und rechtsfähige Personengesellschaften, die Personen nach Absatz 2 beschäftigen.

(4) Sonstige Rechtsvorschriften im Sinne dieses Gesetzes sind Regelungen über Maßnahmen des Arbeitsschutzes in anderen Gesetzen, in Rechtsverordnungen und Unfallverhütungsvorschriften.

(5) Als Betriebe im Sinne dieses Gesetzes gelten für den Bereich des öffentlichen Dienstes die Dienststellen. Dienststellen sind die einzelnen Behörden, Verwaltungsstellen und Betriebe der Verwaltungen des Bundes, der Länder, der Gemeinden und der sonstigen Körperschaften, Anstalten und Stiftungen des öffentlichen Rechts, die Gerichte des Bundes und der Länder sowie die entsprechenden Einrichtungen der Streitkräfte.

Zweiter Abschnitt
Pflichten des Arbeitgebers

§ 3 Grundpflichten des Arbeitgebers

(1) Der Arbeitgeber ist verpflichtet, die erforderlichen Maßnahmen des Arbeitsschutzes unter Berücksichtigung der Umstände zu treffen, die Sicherheit und Gesundheit der Beschäftigten bei der Arbeit beeinflussen. Er hat die Maßnahmen auf ihre Wirksamkeit zu überprüfen und erforderlichenfalls sich ändernden Gegebenheiten anzupassen. Dabei hat er eine Verbesserung von Sicherheit und Gesundheitsschutz der Beschäftigten anzustreben.

(2) Zur Planung und Durchführung der Maßnahmen nach Absatz 1 hat der Arbeitgeber unter Berücksichtigung der Art der Tätigkeiten und der Zahl der Beschäftigten

1. für eine geeignete Organisation zu sorgen und die erforderlichen Mittel bereitzustellen sowie

2. Vorkehrungen zu treffen, daß die Maßnahmen erforderlichenfalls bei allen Tätigkeiten und eingebunden in die betrieblichen Führungsstrukturen beachtet werden und die Beschäftigten ihren Mitwirkungspflichten nachkommen können.

(3) Kosten für Maßnahmen nach diesem Gesetz darf der Arbeitgeber nicht den Beschäftigten auferlegen.

§ 4 Allgemeine Grundsätze

Der Arbeitgeber hat bei Maßnahmen des Arbeitsschutzes von folgenden allgemeinen Grundsätzen auszugehen:

1. Die Arbeit ist so zu gestalten, daß eine Gefährdung für das Leben sowie die physische und die psychische Gesundheit möglichst vermieden und die verbleibende Gefährdung möglichst gering gehalten wird;

2. Gefahren sind an ihrer Quelle zu bekämpfen;

3. bei den Maßnahmen sind der Stand von Technik, Arbeitsmedizin und Hygiene sowie sonstige gesicherte arbeitswissenschaftliche Erkenntnisse zu berücksichtigen;

4. Maßnahmen sind mit dem Ziel zu planen, Technik, Arbeitsorganisation, sonstige Arbeitsbedingungen, soziale Beziehungen und Einfluß der Umwelt auf den Arbeitsplatz sachgerecht zu verknüpfen;

5. individuelle Schutzmaßnahmen sind nachrangig zu anderen Maßnahmen;

6. spezielle Gefahren für besonders schutzbedürftige Beschäftigtengruppen sind zu berücksichtigen;

7. den Beschäftigten sind geeignete Anweisungen zu erteilen;

8. mittelbar oder unmittelbar geschlechtsspezifisch wirkende Regelungen sind nur zulässig, wenn dies aus biologischen Gründen zwingend geboten ist.

§ 5 Beurteilung der Arbeitsbedingungen

(1) Der Arbeitgeber hat durch eine Beurteilung der für die Beschäftigten mit ihrer Arbeit verbundenen Gefährdung zu ermitteln, welche Maßnahmen des Arbeitsschutzes erforderlich sind.

(2) Der Arbeitgeber hat die Beurteilung je nach Art der Tätigkeiten vorzunehmen. Bei gleichartigen Arbeitsbedingungen ist die Beurteilung eines Arbeitsplatzes oder einer Tätigkeit ausreichend.

(3) Eine Gefährdung kann sich insbesondere ergeben durch

1. die Gestaltung und die Einrichtung der Arbeitsstätte und des Arbeitsplatzes,

2. physikalische, chemische und biologische Einwirkungen,

3. die Gestaltung, die Auswahl und den Einsatz von Arbeitsmitteln, insbesondere von Arbeitsstoffen, Maschinen, Geräten und Anlagen sowie den Umgang damit,

4. die Gestaltung von Arbeits- und Fertigungsverfahren, Arbeitsabläufen und Arbeitszeit und deren Zusammenwirken,

5. unzureichende Qualifikation und Unterweisung der Beschäftigten,

6. psychische Belastungen bei der Arbeit.

§ 6 Dokumentation

(1) Der Arbeitgeber muß über die je nach Art der Tätigkeiten und der Zahl der Beschäftigten erforderlichen Unterlagen verfügen, aus denen das Ergebnis der Gefährdungsbeurteilung, die von ihm festgelegten Maßnahmen des Arbeits-

schutzes und das Ergebnis ihrer Überprüfung ersichtlich sind. Bei gleichartiger Gefährdungssituation ist es ausreichend, wenn die Unterlagen zusammengefaßte Angaben enthalten.

(2) Unfälle in seinem Betrieb, bei denen ein Beschäftigter getötet oder so verletzt wird, daß er stirbt oder für mehr als drei Tage völlig oder teilweise arbeits- oder dienstunfähig wird, hat der Arbeitgeber zu erfassen.

§ 7 Übertragung von Aufgaben

Bei der Übertragung von Aufgaben auf Beschäftigte hat der Arbeitgeber je nach Art der Tätigkeiten zu berücksichtigen, ob die Beschäftigten befähigt sind, die für die Sicherheit und den Gesundheitsschutz bei der Aufgabenerfüllung zu beachtenden Bestimmungen und Maßnahmen einzuhalten.

§ 8 Zusammenarbeit mehrerer Arbeitgeber

(1) Werden Beschäftigte mehrerer Arbeitgeber an einem Arbeitsplatz tätig, sind die Arbeitgeber verpflichtet, bei der Durchführung der Sicherheits- und Gesundheitsschutzbestimmungen zusammenzuarbeiten. Soweit dies für die Sicherheit und den Gesundheitsschutz der Beschäftigten bei der Arbeit erforderlich ist, haben die Arbeitgeber je nach Art der Tätigkeiten insbesondere sich gegenseitig und ihre Beschäftigten über die mit den Arbeiten verbundenen Gefahren für Sicherheit und Gesundheit der Beschäftigten zu unterrichten und Maßnahmen zur Verhütung dieser Gefahren abzustimmen.

(2) Der Arbeitgeber muß sich je nach Art der Tätigkeit vergewissern, daß die Beschäftigten anderer Arbeitgeber, die in seinem Betrieb tätig werden, hinsichtlich der Gefahren für ihre Sicherheit und Gesundheit während ihrer Tätigkeit in seinem Betrieb angemessene Anweisungen erhalten haben.

§ 9 Besondere Gefahren

(1) Der Arbeitgeber hat Maßnahmen zu treffen, damit nur Beschäftigte Zugang zu besonders gefährlichen Arbeitsbereichen haben, die zuvor geeignete Anweisungen erhalten haben.

(2) Der Arbeitgeber hat Vorkehrungen zu treffen, daß alle Beschäftigten, die einer unmittelbaren erheblichen Gefahr ausgesetzt sind oder sein können, möglichst frühzeitig über diese Gefahr und die getroffenen oder zu treffenden Schutzmaßnahmen unterrichtet sind. Bei unmittelbarer erheblicher Gefahr für die eigene Sicherheit oder die Sicherheit anderer Personen müssen die Beschäftigten die geeigneten Maßnahmen zur Gefahrenabwehr und Schadensbegrenzung selbst treffen können, wenn der zuständige Vorgesetzte nicht erreichbar ist; dabei sind die Kenntnisse der Beschäftigten und die vorhandenen technischen Mittel zu berücksichtigen. Den Beschäftigten dürfen aus ihrem Handeln keine Nachteile entstehen, es sei denn, sie haben vorsätzlich oder grob fahrlässig ungeeignete Maßnahmen getroffen.

(3) Der Arbeitgeber hat Maßnahmen zu treffen, die es den Beschäftigten bei unmittelbarer erheblicher Gefahr ermöglichen, sich durch sofortiges Verlassen der Arbeitsplätze in Sicherheit zu bringen. Den Beschäftigten dürfen hierdurch keine Nachteile entstehen. Hält die unmittelbare erhebliche Gefahr an, darf der Arbeitgeber die Beschäftigten nur in besonders begründeten Ausnahmefällen auffordern, ihre Tätigkeit wieder aufzunehmen. Gesetzliche Pflichten der Beschäftigten zur Abwehr von Gefahren für die öffentliche Sicherheit sowie die §§ 7 und 11 des Soldatengesetzes bleiben unberührt.

§ 10 Erste Hilfe und sonstige Notfallmaßnahmen

(1) Der Arbeitgeber hat entsprechend der Art der Arbeitsstätte und der Tätigkeiten sowie der Zahl der Beschäftigten die Maßnahmen zu treffen, die zur Ersten Hilfe, Brandbekämpfung und

Evakuierung der Beschäftigten erforderlich sind. Dabei hat er der Anwesenheit anderer Personen Rechnung zu tragen. Er hat auch dafür zu sorgen, daß im Notfall die erforderlichen Verbindungen zu außerbetrieblichen Stellen, insbesondere in den Bereichen der Ersten Hilfe, der medizinischen Notversorgung, der Bergung und der Brandbekämpfung eingerichtet sind.

(2) Der Arbeitgeber hat diejenigen Beschäftigten zu benennen, die Aufgaben der Ersten Hilfe, Brandbekämpfung und Evakuierung der Beschäftigten übernehmen. Anzahl, Ausbildung und Ausrüstung der nach Satz 1 benannten Beschäftigten müssen in einem angemessenen Verhältnis zur Zahl der Beschäftigten und zu den bestehenden besonderen Gefahren stehen. Vor der Benennung hat der Arbeitgeber den Betriebs- oder Personalrat zu hören. Weitergehende Beteiligungsrechte bleiben unberührt. Der Arbeitgeber kann die in Satz 1 genannten Aufgaben auch selbst wahrnehmen, wenn er über die nach Satz 2 erforderliche Ausbildung und Ausrüstung verfügt.

§ 11 Arbeitsmedizinische Vorsorge

Der Arbeitgeber hat den Beschäftigten auf ihren Wunsch unbeschadet der Pflichten aus anderen Rechtsvorschriften zu ermöglichen, sich je nach den Gefahren für ihre Sicherheit und Gesundheit bei der Arbeit regelmäßig arbeitsmedizinisch untersuchen zu lassen, es sei denn, auf Grund der Beurteilung der Arbeitsbedingungen und der getroffenen Schutzmaßnahmen ist nicht mit einem Gesundheitsschaden zu rechnen.

§ 12 Unterweisung

(1) Der Arbeitgeber hat die Beschäftigten über Sicherheit und Gesundheitsschutz bei der Arbeit während ihrer Arbeitszeit ausreichend und angemessen zu unterweisen. Die Unterweisung umfaßt Anweisungen und Erläuterungen, die eigens auf den Arbeitsplatz oder den Aufgabenbereich der Beschäftigten ausgerichtet sind.

Die Unterweisung muß bei der Einstellung, bei Veränderungen im Aufgabenbereich, der Einführung neuer Arbeitsmittel oder einer neuen Technologie vor Aufnahme der Tätigkeit der Beschäftigten erfolgen. Die Unterweisung muß an die Gefährdungsentwicklung angepaßt sein und erforderlichenfalls regelmäßig wiederholt werden.

(2) Bei einer Arbeitnehmerüberlassung trifft die Pflicht zur Unterweisung nach Absatz 1 den Entleiher. Er hat die Unterweisung unter Berücksichtigung der Qualifikation und der Erfahrung der Personen, die ihm zur Arbeitsleistung überlassen werden, vorzunehmen. Die sonstigen Arbeitsschutzpflichten des Verleihers bleiben unberührt.

§ 13 Verantwortliche Personen

(1) Verantwortlich für die Erfüllung der sich aus diesem Abschnitt ergebenden Pflichten sind neben dem Arbeitgeber

1. sein gesetzlicher Vertreter,

2. das vertretungsberechtigte Organ einer juristischen Person,

3. der vertretungsberechtigte Gesellschafter einer Personenhandelsgesellschaft,

4. Personen, die mit der Leitung eines Unternehmens oder eines Betriebes beauftragt sind, im Rahmen der ihnen übertragenen Aufgaben und Befugnisse,

5. sonstige nach Absatz 2 oder nach einer auf Grund dieses Gesetzes erlassenen Rechtsverordnung oder nach einer Unfallverhütungsvorschrift verpflichtete Personen im Rahmen ihrer Aufgaben und Befugnisse.

(2) Der Arbeitgeber kann zuverlässige und fachkundige Personen schriftlich damit beauftragen, ihm obliegende Aufgaben nach diesem Gesetz in eigener Verantwortung wahrzunehmen.

§ 14 Unterrichtung und Anhörung der Beschäftigten des öffentlichen Dienstes

(1) Die Beschäftigten des öffentlichen Dienstes sind vor Beginn der Beschäftigung und bei Veränderungen in ihren Arbeitsbereichen über Gefahren für Sicherheit und Gesundheit, denen sie bei der Arbeit ausgesetzt sein können, sowie über die Maßnahmen und Einrichtungen zur Verhütung dieser Gefahren und die nach § 10 Abs. 2 getroffenen Maßnahmen zu unterrichten.

(2) Soweit in Betrieben des öffentlichen Dienstes keine Vertretung der Beschäftigten besteht, hat der Arbeitgeber die Beschäftigten zu allen Maßnahmen zu hören, die Auswirkungen auf Sicherheit und Gesundheit der Beschäftigten haben können.

Dritter Abschnitt
Pflichten und Rechte der Beschäftigten

§ 15 Pflichten der Beschäftigten

(1) Die Beschäftigten sind verpflichtet, nach ihren Möglichkeiten sowie gemäß der Unterweisung und Weisung des Arbeitgebers für ihre Sicherheit und Gesundheit bei der Arbeit Sorge zu tragen. Entsprechend Satz 1 haben die Beschäftigten auch für die Sicherheit und Gesundheit der Personen zu sorgen, die von ihren Handlungen oder Unterlassungen bei der Arbeit betroffen sind.

(2) Im Rahmen des Absatzes 1 haben die Beschäftigten insbesondere Maschinen, Geräte, Werkzeuge, Arbeitsstoffe, Transportmittel und sonstige Arbeitsmittel sowie Schutzvorrichtungen und die ihnen zur Verfügung gestellte persönliche Schutzausrüstung bestimmungsgemäß zu verwenden.

§ 16 Besondere Unterstützungspflichten

(1) Die Beschäftigten haben dem Arbeitgeber oder dem zuständigen Vorgesetzten jede von ih-

nen festgestellte unmittelbare erhebliche Gefahr für die Sicherheit und Gesundheit sowie jeden an den Schutzsystemen festgestellten Defekt unverzüglich zu melden.

(2) Die Beschäftigten haben gemeinsam mit dem Betriebsarzt und der Fachkraft für Arbeitssicherheit den Arbeitgeber darin zu unterstützen, die Sicherheit und den Gesundheitsschutz der Beschäftigten bei der Arbeit zu gewährleisten und seine Pflichten entsprechend den behördlichen Auflagen zu erfüllen. Unbeschadet ihrer Pflicht nach Absatz 1 sollen die Beschäftigten von ihnen festgestellte Gefahren für Sicherheit und Gesundheit und Mängel an den Schutzsystemen auch der Fachkraft für Arbeitssicherheit, dem Betriebsarzt oder dem Sicherheitsbeauftragten nach § 22 des Siebten Buches Sozialgesetzbuch mitteilen.

§ 17 Rechte der Beschäftigten

(1) Die Beschäftigten sind berechtigt, dem Arbeitgeber Vorschläge zu allen Fragen der Sicherheit und des Gesundheitsschutzes bei der Arbeit zu machen. Für Beamtinnen und Beamte des Bundes ist § 125 des Bundesbeamtengesetzes anzuwenden. Entsprechendes Landesrecht bleibt unberührt.

(2) Sind Beschäftigte auf Grund konkreter Anhaltspunkte der Auffassung, daß die vom Arbeitgeber getroffenen Maßnahmen und bereitgestellten Mittel nicht ausreichen, um die Sicherheit und den Gesundheitsschutz bei der Arbeit zu gewährleisten, und hilft der Arbeitgeber darauf gerichteten Beschwerden von Beschäftigten nicht ab, können sich diese an die zuständige Behörde wenden. Hierdurch dürfen den Beschäftigten keine Nachteile entstehen. Die in Absatz 1 Satz 2 und 3 genannten Vorschriften sowie die Vorschriften der Wehrbeschwerdeordnung und des Gesetzes über den Wehrbeauftragten des Deutschen Bundestages bleiben unberührt.

Vierter Abschnitt
Verordnungsermächtigungen

§ 18 Verordnungsermächtigungen

(1) Die Bundesregierung wird ermächtigt, durch Rechtsverordnung mit Zustimmung des Bundesrates vorzuschreiben, welche Maßnahmen der Arbeitgeber und die sonstigen verantwortlichen Personen zu treffen haben und wie sich die Beschäftigten zu verhalten haben, um ihre jeweiligen Pflichten, die sich aus diesem Gesetz ergeben, zu erfüllen. In diesen Rechtsverordnungen kann auch bestimmt werden, daß bestimmte Vorschriften des Gesetzes zum Schutz anderer als in § 2 Abs. 2 genannter Personen anzuwenden sind.

(2) Durch Rechtsverordnungen nach Absatz 1 kann insbesondere bestimmt werden,

1. daß und wie zur Abwehr bestimmter Gefahren Dauer oder Lage der Beschäftigung oder die Zahl der Beschäftigten begrenzt werden muß,

2. daß der Einsatz bestimmter Arbeitsmittel oder -verfahren mit besonderen Gefahren für die Beschäftigten verboten ist oder der zuständigen Behörde angezeigt oder von ihr erlaubt sein muß oder besonders gefährdete Personen dabei nicht beschäftigt werden dürfen,

3. daß bestimmte, besonders gefährliche Betriebsanlagen einschließlich der Arbeits- und Fertigungsverfahren vor Inbetriebnahme, in regelmäßigen Abständen oder auf behördliche Anordnung fachkundig geprüft werden müssen,

4. daß Beschäftigte, bevor sie eine bestimmte gefährdende Tätigkeit aufnehmen oder fortsetzen oder nachdem sie sie beendet haben, arbeitsmedizinisch zu untersuchen sind und welche besonderen Pflichten der Arzt dabei zu beachten hat,

5. dass Ausschüsse zu bilden sind, denen die Aufgabe übertragen wird, die Bundesregie-

rung oder das zuständige Bundesministerium zur Anwendung der Rechtsverordnungen zu beraten, dem Stand der Technik, Arbeitsmedizin und Hygiene entsprechende Regeln und sonstige gesicherte arbeitswissenschaftliche Erkenntnisse zu ermitteln sowie Regeln zu ermitteln, wie die in den Rechtsverordnungen gestellten Anforderungen erfüllt werden können. Das Bundesministerium für Arbeit und Soziales kann die Regeln und Erkenntnisse amtlich bekannt machen.

§ 19 Rechtsakte der Europäischen Gemeinschaften und zwischenstaatliche Vereinbarungen

Rechtsverordnungen nach § 18 können auch erlassen werden, soweit dies zur Durchführung von Rechtsakten des Rates oder der Kommission der Europäischen Gemeinschaften oder von Beschlüssen internationaler Organisationen oder von zwischenstaatlichen Vereinbarungen, die Sachbereiche dieses Gesetzes betreffen, erforderlich ist, insbesondere um Arbeitsschutzpflichten für andere als in § 2 Abs. 3 genannte Personen zu regeln.

§ 20 Regelungen für den öffentlichen Dienst

(1) Für die Beamten der Länder, Gemeinden und sonstigen Körperschaften, Anstalten und Stiftungen des öffentlichen Rechts regelt das Landesrecht, ob und inwieweit die nach § 18 erlassenen Rechtsverordnungen gelten.

(2) Für bestimmte Tätigkeiten im öffentlichen Dienst des Bundes, insbesondere bei der Bundeswehr, der Polizei, den Zivil- und Katastrophenschutzdiensten, dem Zoll oder den Nachrichtendiensten, können das Bundeskanzleramt, das Bundesministerium des Innern, für Bau und Heimat, das Bundesministerium für Verkehr und digitale Infrastruktur, das Bundesministerium der Verteidigung oder das Bundesministerium der Finanzen, soweit sie hierfür jeweils zuständig sind, durch Rechtsverordnung

ohne Zustimmung des Bundesrates bestimmen, daß Vorschriften dieses Gesetzes ganz oder zum Teil nicht anzuwenden sind, soweit öffentliche Belange dies zwingend erfordern, insbesondere zur Aufrechterhaltung oder Wiederherstellung der öffentlichen Sicherheit. Rechtsverordnungen nach Satz 1 werden im Einvernehmen mit dem Bundesministerium für Arbeit und Soziales und, soweit nicht das Bundesministerium des Innern, für Bau und Heimat selbst ermächtigt ist, im Einvernehmen mit diesem Ministerium erlassen. In den Rechtsverordnungen ist gleichzeitig festzulegen, wie die Sicherheit und der Gesundheitsschutz bei der Arbeit unter Berücksichtigung der Ziele dieses Gesetzes auf andere Weise gewährleistet werden. Für Tätigkeiten im öffentlichen Dienst der Länder, Gemeinden und sonstigen landesunmittelbaren Körperschaften, Anstalten und Stiftungen des öffentlichen Rechts können den Sätzen 1 und 3 entsprechende Regelungen durch Landesrecht getroffen werden.

Fünfter Abschnitt
Gemeinsame deutsche Arbeitsschutzstrategie

§ 20a Gemeinsame deutsche Arbeitsschutzstrategie

(1) Nach den Bestimmungen dieses Abschnitts entwickeln Bund, Länder und Unfallversicherungsträger im Interesse eines wirksamen Arbeitsschutzes eine gemeinsame deutsche Arbeitsschutzstrategie und gewährleisten ihre Umsetzung und Fortschreibung. Mit der Wahrnehmung der ihnen gesetzlich zugewiesenen Aufgaben zur Verhütung von Arbeitsunfällen, Berufskrankheiten und arbeitsbedingten Gesundheitsgefahren sowie zur menschengerechten Gestaltung der Arbeit tragen Bund, Länder und Unfallversicherungsträger dazu bei, die Ziele der gemeinsamen deutschen Arbeitsschutzstrategie zu erreichen.

(2) Die gemeinsame deutsche Arbeitsschutzstrategie umfasst

1. die Entwicklung gemeinsamer Arbeitsschutzziele,

2. die Festlegung vorrangiger Handlungsfelder und von Eckpunkten für Arbeitsprogramme sowie deren Ausführung nach einheitlichen Grundsätzen,

3. die Evaluierung der Arbeitsschutzziele, Handlungsfelder und Arbeitsprogramme mit geeigneten Kennziffern,

4. die Festlegung eines abgestimmten Vorgehens der für den Arbeitsschutz zuständigen Landesbehörden und der Unfallversicherungsträger bei der Beratung und Überwachung der Betriebe,

5. die Herstellung eines verständlichen, überschaubaren und abgestimmten Vorschriften- und Regelwerks.

§ 20b Nationale Arbeitsschutzkonferenz

(1) Die Aufgabe der Entwicklung, Steuerung und Fortschreibung der gemeinsamen deutschen Arbeitsschutzstrategie nach § 20a Abs. 1 Satz 1 wird von der Nationalen Arbeitsschutzkonferenz wahrgenommen. Sie setzt sich aus jeweils drei stimmberechtigten Vertretern von Bund, Ländern und den Unfallversicherungsträgern zusammen und bestimmt für jede Gruppe drei Stellvertreter. Außerdem entsenden die Spitzenorganisationen der Arbeitgeber und Arbeitnehmer für die Behandlung von Angelegenheiten nach § 20a Abs. 2 Nr. 1 bis 3 und 5 jeweils bis zu drei Vertreter in die Nationale Arbeitsschutzkonferenz; sie nehmen mit beratender Stimme an den Sitzungen teil. Die Nationale Arbeitsschutzkonferenz gibt sich eine Geschäftsordnung; darin werden insbesondere die Arbeitsweise und das Beschlussverfahren festgelegt. Die Geschäftsordnung muss einstimmig angenommen werden.

(2) Alle Einrichtungen, die mit Sicherheit und Gesundheit bei der Arbeit befasst sind, können

der Nationalen Arbeitsschutzkonferenz Vorschläge für Arbeitsschutzziele, Handlungsfelder und Arbeitsprogramme unterbreiten.

(3) Die Nationale Arbeitsschutzkonferenz wird durch ein Arbeitsschutzforum unterstützt, das in der Regel einmal jährlich stattfindet. Am Arbeitsschutzforum sollen sachverständige Vertreter der Spitzenorganisationen der Arbeitgeber und Arbeitnehmer, der Berufs- und Wirtschaftsverbände, der Wissenschaft, der Kranken- und Rentenversicherungsträger, von Einrichtungen im Bereich Sicherheit und Gesundheit bei der Arbeit sowie von Einrichtungen, die der Förderung der Beschäftigungsfähigkeit dienen, teilnehmen. Das Arbeitsschutzforum hat die Aufgabe, eine frühzeitige und aktive Teilhabe der sachverständigen Fachöffentlichkeit an der Entwicklung und Fortschreibung der gemeinsamen deutschen Arbeitsschutzstrategie sicherzustellen und die Nationale Arbeitsschutzkonferenz entsprechend zu beraten.

(4) Einzelheiten zum Verfahren der Einreichung von Vorschlägen nach Absatz 2 und zur Durchführung des Arbeitsschutzforums nach Absatz 3 werden in der Geschäftsordnung der Nationalen Arbeitsschutzkonferenz geregelt.

(5) Die Geschäfte der Nationalen Arbeitsschutzkonferenz und des Arbeitsschutzforums führt die Bundesanstalt für Arbeitsschutz und Arbeitsmedizin. Einzelheiten zu Arbeitsweise und Verfahren werden in der Geschäftsordnung der Nationalen Arbeitsschutzkonferenz festgelegt.

Sechster Abschnitt
Schlußvorschriften

§ 21 Zuständige Behörden, Zusammenwirken mit den Trägern der gesetzlichen Unfallversicherung

(1) Die Überwachung des Arbeitsschutzes nach diesem Gesetz ist staatliche Aufgabe. Die zuständigen Behörden haben die Einhaltung dieses Gesetzes und der auf Grund dieses Gesetzes erlassenen Rechtsverordnungen zu überwachen und die Arbeitgeber bei der Erfüllung ihrer Pflichten zu beraten.

(2) Die Aufgaben und Befugnisse der Träger der gesetzlichen Unfallversicherung richten sich, soweit nichts anderes bestimmt ist, nach den Vorschriften des Sozialgesetzbuchs. Soweit die Träger der gesetzlichen Unfallversicherung nach dem Sozialgesetzbuch im Rahmen ihres Präventionsauftrags auch Aufgaben zur Gewährleistung von Sicherheit und Gesundheitsschutz der Beschäftigten wahrnehmen, werden sie ausschließlich im Rahmen ihrer autonomen Befugnisse tätig.

(3) Die zuständigen Landesbehörden und die Unfallversicherungsträger wirken auf der Grundlage einer gemeinsamen Beratungs- und Überwachungsstrategie nach § 20a Abs. 2 Nr. 4 eng zusammen und stellen den Erfahrungsaustausch sicher. Diese Strategie umfasst die Abstimmung allgemeiner Grundsätze zur methodischen Vorgehensweise bei

1. der Beratung und Überwachung der Betriebe,

2. der Festlegung inhaltlicher Beratungs- und Überwachungsschwerpunkte, aufeinander abgestimmter oder gemeinsamer Schwerpunktaktionen und Arbeitsprogramme und

3. der Förderung eines Daten- und sonstigen Informationsaustausches, insbesondere über Betriebsbesichtigungen und deren wesentliche Ergebnisse.

Die zuständigen Landesbehörden vereinbaren mit den Unfallversicherungsträgern nach § 20 Abs. 2 Satz 3 des Siebten Buches Sozialgesetzbuch die Maßnahmen, die zur Umsetzung der gemeinsamen Arbeitsprogramme nach § 20a Abs. 2 Nr. 2 und der gemeinsamen Beratungs- und Überwachungsstrategie notwendig sind; sie evaluieren deren Zielerreichung mit den von der Nationalen Arbeitsschutzkonferenz nach § 20a Abs. 2 Nr. 3 bestimmten Kennziffern.

(4) Die für den Arbeitsschutz zuständige oberste Landesbehörde kann mit Trägern der gesetzlichen Unfallversicherung vereinbaren, daß diese in näher zu bestimmenden Tätigkeitsbereichen die Einhaltung dieses Gesetzes, bestimmter Vorschriften dieses Gesetzes oder der auf Grund dieses Gesetzes erlassenen Rechtsverordnungen überwachen. In der Vereinbarung sind Art und Umfang der Überwachung sowie die Zusammenarbeit mit den staatlichen Arbeitsschutzbehörden festzulegen.

(5) Soweit nachfolgend nichts anderes bestimmt ist, ist zuständige Behörde für die Durchführung dieses Gesetzes und der auf dieses Gesetz gestützten Rechtsverordnungen in den Betrieben und Verwaltungen des Bundes die Zentralstelle für Arbeitsschutz beim Bundesministerium des Innern, für Bau und Heimat. Im Auftrag der Zentralstelle handelt, soweit nichts anderes bestimmt ist, die Unfallversicherung Bund und Bahn, die insoweit der Aufsicht des Bundesministeriums des Innern, für Bau und Heimat unterliegt; Aufwendungen werden nicht erstattet. Im öffentlichen Dienst im Geschäftsbereich des Bundesministeriums für Verkehr und digitale Infrastruktur führt die Unfallversicherung Bund und Bahn, soweit die Eisenbahn-Unfallkasse bis zum 31. Dezember 2014 Träger der Unfallversicherung war, dieses Gesetz durch. Für Betriebe und Verwaltungen in den Geschäftsbereichen des Bundesministeriums der Verteidigung und des Auswärtigen Amtes hinsichtlich seiner Auslandsvertretungen führt das jeweilige Bundesministerium, soweit es jeweils zuständig ist, oder die von ihm jeweils bestimmte Stelle dieses Gesetz durch. Im Geschäftsbereich des Bundesministeriums der Finanzen führt die Berufsgenossenschaft Verkehrswirtschaft Post-Logistik Telekommunikation dieses Gesetz durch, soweit der Geschäftsbereich des ehemaligen Bundesministeriums für Post und Telekommunikation betroffen ist. Die Sätze 1 bis 4 gelten auch für Betriebe und Verwaltungen, die zur Bundesverwaltung gehören, für die aber eine Berufsgenossenschaft Träger der Unfallversicherung ist. Die zuständigen Bundesministerien können mit den Berufs-

genossenschaften für diese Betriebe und Verwaltungen vereinbaren, daß das Gesetz von den Berufsgenossenschaften durchgeführt wird; Aufwendungen werden nicht erstattet.

§ 22 Befugnisse der zuständigen Behörden

(1) Die zuständige Behörde kann vom Arbeitgeber oder von den verantwortlichen Personen die zur Durchführung ihrer Überwachungsaufgabe erforderlichen Auskünfte und die Überlassung von entsprechenden Unterlagen verlangen. Die auskunftpflichtige Person kann die Auskunft auf solche Fragen oder die Vorlage derjenigen Unterlagen verweigern, deren Beantwortung oder Vorlage sie selbst oder einen ihrer in § 383 Abs. 1 Nr. 1 bis 3 der Zivilprozeßordnung bezeichneten Angehörigen der Gefahr der Verfolgung wegen einer Straftat oder Ordnungswidrigkeit aussetzen würde. Die auskunftpflichtige Person ist darauf hinzuweisen.

(2) Die mit der Überwachung beauftragten Personen sind befugt, zu den Betriebs- und Arbeitszeiten Betriebsstätten, Geschäfts- und Betriebsräume zu betreten, zu besichtigen und zu prüfen sowie in die geschäftlichen Unterlagen der auskunftpflichtigen Person Einsicht zu nehmen, soweit dies zur Erfüllung ihrer Aufgaben erforderlich ist. Außerdem sind sie befugt, Betriebsanlagen, Arbeitsmittel und persönliche Schutzausrüstungen zu prüfen, Arbeitsverfahren und Arbeitsabläufe zu untersuchen, Messungen vorzunehmen und insbesondere arbeitsbedingte Gesundheitsgefahren festzustellen und zu untersuchen, auf welche Ursachen ein Arbeitsunfall, eine arbeitsbedingte Erkrankung oder ein Schadensfall zurückzuführen ist. Sie sind berechtigt, die Begleitung durch den Arbeitgeber oder eine von ihm beauftragte Person zu verlangen. Der Arbeitgeber oder die verantwortlichen Personen haben die mit der Überwachung beauftragten Personen bei der Wahrnehmung ihrer Befugnisse nach den Sätzen 1 und 2 zu unterstützen. Außerhalb der in Satz 1 genannten Zeiten, oder wenn die Arbeitsstätte sich in einer Wohnung befindet, dürfen die mit der Überwachung beauftragten Personen ohne

Einverständnis des Arbeitgebers die Maßnahmen nach den Sätzen 1 und 2 nur zur Verhütung dringender Gefahren für die öffentliche Sicherheit oder Ordnung treffen. Die auskunftspflichtige Person hat die Maßnahmen nach den Sätzen 1, 2 und 5 zu dulden. Die Sätze 1 und 5 gelten entsprechend, wenn nicht feststeht, ob in der Arbeitsstätte Personen beschäftigt werden, jedoch Tatsachen gegeben sind, die diese Annahme rechtfertigen. Das Grundrecht der Unverletzlichkeit der Wohnung (Artikel 13 des Grundgesetzes) wird insoweit eingeschränkt.

(3) Die zuständige Behörde kann im Einzelfall anordnen,

1. welche Maßnahmen der Arbeitgeber und die verantwortlichen Personen oder die Beschäftigten zur Erfüllung der Pflichten zu treffen haben, die sich aus diesem Gesetz und den auf Grund dieses Gesetzes erlassenen Rechtsverordnungen ergeben,

2. welche Maßnahmen der Arbeitgeber und die verantwortlichen Personen zur Abwendung einer besonderen Gefahr für Leben und Gesundheit der Beschäftigten zu treffen haben.

Die zuständige Behörde hat, wenn nicht Gefahr im Verzug ist, zur Ausführung der Anordnung eine angemessene Frist zu setzen. Wird eine Anordnung nach Satz 1 nicht innerhalb einer gesetzten Frist oder eine für sofort vollziehbar erklärte Anordnung nicht sofort ausgeführt, kann die zuständige Behörde die von der Anordnung betroffene Arbeit oder die Verwendung oder den Betrieb der von der Anordnung betroffenen Arbeitsmittel untersagen. Maßnahmen der zuständigen Behörde im Bereich des öffentlichen Dienstes, die den Dienstbetrieb wesentlich beeinträchtigen, sollen im Einvernehmen mit der obersten Bundes- oder Landesbehörde oder dem Hauptverwaltungsbeamten der Gemeinde getroffen werden.

§ 23 Betriebliche Daten, Zusammenarbeit mit anderen Behörden, Jahresbericht

(1) Der Arbeitgeber hat der zuständigen Behörde zu einem von ihr bestimmten Zeitpunkt Mitteilungen über

1. die Zahl der Beschäftigten und derer, an die er Heimarbeit vergibt, aufgegliedert nach Geschlecht, Alter und Staatsangehörigkeit,

2. den Namen oder die Bezeichnung und Anschrift des Betriebs, in dem er sie beschäftigt,

3. seinen Namen, seine Firma und seine Anschrift sowie

4. den Wirtschaftszweig, dem sein Betrieb angehört,

zu machen. Das Bundesministerium für Arbeit und Soziales wird ermächtigt, durch Rechtsverordnung mit Zustimmung des Bundesrates zu bestimmen, daß die Stellen der Bundesverwaltung, denen der Arbeitgeber die in Satz 1 genannten Mitteilungen bereits auf Grund einer Rechtsvorschrift mitgeteilt hat, diese Angaben an die für die Behörden nach Satz 1 zuständigen obersten Landesbehörden als Schreiben oder auf maschinell verwertbaren Datenträgern oder durch Datenübertragung weiterzuleiten haben. In der Rechtsverordnung können das Nähere über die Form der weiterzuleitenden Angaben sowie die Frist für die Weiterleitung bestimmt werden. Die weitergeleiteten Angaben dürfen nur zur Erfüllung der in der Zuständigkeit der Behörden nach § 21 Abs. 1 liegenden Arbeitsschutzaufgaben verarbeitet werden.

(2) Die mit der Überwachung beauftragten Personen dürfen die ihnen bei ihrer Überwachungstätigkeit zur Kenntnis gelangenden Geschäfts- und Betriebsgeheimnisse nur in den gesetzlich geregelten Fällen oder zur Verfolgung von Gesetzwidrigkeiten oder zur Erfüllung von gesetzlich geregelten Aufgaben zum Schutz der Versicherten dem Träger der gesetzlichen Unfallversicherung oder zum Schutz der Umwelt den dafür zuständigen Behörden offenbaren. Soweit

es sich bei Geschäfts- und Betriebsgeheimnissen um Informationen über die Umwelt im Sinne des Umweltinformationsgesetzes handelt, richtet sich die Befugnis zu ihrer Offenbarung nach dem Umweltinformationsgesetz.

(3) Ergeben sich im Einzelfall für die zuständigen Behörden konkrete Anhaltspunkte für

1. eine Beschäftigung oder Tätigkeit von Ausländern ohne den erforderlichen Aufenthaltstitel nach § 4 Abs. 3 des Aufenthaltsgesetzes, eine Aufenthaltsgestattung oder eine Duldung, die zur Ausübung der Beschäftigung berechtigen, oder eine Genehmigung nach § 284 Abs. 1 des Dritten Buches Sozialgesetzbuch,

2. Vorstöße gegen die Mitwirkungspflicht nach § 60 Abs. 1 Satz 1 Nr. 2 des Ersten Buches Sozialgesetzbuch gegenüber einer Dienststelle der Bundesagentur für Arbeit, einem Träger der gesetzlichen Kranken-, Pflege-, Unfall- oder Rentenversicherung oder einem Träger der Sozialhilfe oder gegen die Meldepflicht nach § 8a des Asylbewerberleistungsgesetzes,

3. Verstöße gegen das Gesetz zur Bekämpfung der Schwarzarbeit,

4. Verstöße gegen das Arbeitnehmerüberlassungsgesetz,

5. Verstöße gegen die Vorschriften des Vierten und Siebten Buches Sozialgesetzbuch über die Verpflichtung zur Zahlung von Sozialversicherungsbeiträgen,

6. Verstöße gegen das Aufenthaltsgesetz,

7. Verstöße gegen die Steuergesetze,

unterrichten sie die für die Verfolgung und Ahndung der Verstöße nach den Nummern 1 bis 7 zuständigen Behörden, die Träger der Sozialhilfe sowie die Behörden nach § 71 des Aufenthaltsgesetzes. In den Fällen des Satzes 1 arbeiten die zuständigen Behörden insbesondere mit den Agenturen für Arbeit, den Hauptzollämtern, den Rentenversicherungsträgern, den Krankenkassen als Einzugsstellen für die Sozialversicherungsbeiträge, den Trägern der gesetzlichen Unfallversicherung, den nach Landesrecht für die Verfolgung und Ahndung von Verstößen gegen das Gesetz zur Bekämpfung der Schwarzarbeit zuständigen Behörden, den Trägern der Sozialhilfe, den in § 71 des Aufenthaltsgesetzes genannten Behörden und den Finanzbehörden zusammen.

(4) Die zuständigen obersten Landesbehörden haben über die Überwachungstätigkeit der ihnen unterstellten Behörden einen Jahresbericht zu veröffentlichen. Der Jahresbericht umfaßt auch Angaben zur Erfüllung von Unterrichtungspflichten aus internationalen Übereinkommen oder Rechtsakten der Europäischen Gemeinschaften, soweit sie den Arbeitsschutz betreffen.

§ 24 Ermächtigung zum Erlaß von allgemeinen Verwaltungsvorschriften

Das Bundesministerium für Arbeit und Soziales kann mit Zustimmung des Bundesrates allgemeine Verwaltungsvorschriften erlassen

1. zur Durchführung dieses Gesetzes und der auf Grund dieses Gesetzes erlassenen Rechtsverordnungen, soweit die Bundesregierung zu ihrem Erlaß ermächtigt ist,

2. über die Gestaltung der Jahresberichte nach § 23 Abs. 4 und

3. über die Angaben, die die zuständigen obersten Landesbehörden dem Bundesministerium für Arbeit und Soziales für den Unfallverhütungsbericht nach § 25 Abs. 2 des Siebten Buches Sozialgesetzbuch bis zu einem bestimmten Zeitpunkt mitzuteilen haben.

Verwaltungsvorschriften, die Bereiche des öffentlichen Dienstes einbeziehen, werden im Einvernehmen mit dem Bundesministerium des Innern, für Bau und Heimat erlassen.

§ 25 Bußgeldvorschriften

(1) Ordnungswidrig handelt, wer vorsätzlich oder fahrlässig

1. einer Rechtsverordnung nach § 18 Abs. 1 oder § 19 zuwiderhandelt, soweit sie für einen bestimmten Tatbestand auf diese Bußgeldvorschrift verweist, oder

2. a) als Arbeitgeber oder als verantwortliche Person einer vollziehbaren Anordnung nach § 22 Abs. 3 oder

   b) als Beschäftigter einer vollziehbaren Anordnung nach § 22 Abs. 3 Satz 1 Nr. 1

   zuwiderhandelt.

(2) Die Ordnungswidrigkeit kann in den Fällen des Absatzes 1 Nr. 1 und 2 Buchstabe b mit einer Geldbuße bis zu fünftausend Euro, in den Fällen des Absatzes 1 Nr. 2 Buchstabe a mit einer Geldbuße bis zu fünfundzwanzigtausend Euro geahndet werden.

§ 26 Strafvorschriften

Mit Freiheitsstrafe bis zu einem Jahr oder mit Geldstrafe wird bestraft, wer

1. eine in § 25 Abs. 1 Nr. 2 Buchstabe a bezeichnete Handlung beharrlich wiederholt oder

2. durch eine in § 25 Abs. 1 Nr. 1 oder Nr. 2 Buchstabe a bezeichnete vorsätzliche Handlung Leben oder Gesundheit eines Beschäftigten gefährdet.

Verordnung über Arbeitsstätten

(Arbeitsstättenverordnung – ArbStättV)

Vom 12. August 2004
(BGBl. I S. 2179)

Zuletzt geändert durch Artikel 226 des Gesetzes
vom 19. Juni 2020
(BGBl. I S. 1328)

Anmerkung des Verlags:

In dem hier abgedruckten Text der ArbStättV sind die Änderungen durch das „Gesetz zur Verbesserung des Vollzugs im Arbeitsschutz (Arbeitsschutzkontrollgesetz)" noch nicht eingearbeitet, da der Gesetzgebungsprozess zum Zeitpunkt der Drucklegung noch nicht abgeschlossen war. Da die Änderungen in der ArbStättV allerdings einen Tag nach Verkündung in Kraft treten sollen, finden Sie den Stand zur Drucklegung auf dem separaten Beiblatt.

§ 1 Ziel, Anwendungsbereich

(1) Diese Verordnung dient der Sicherheit und dem Schutz der Gesundheit der Beschäftigten beim Einrichten und Betreiben von Arbeitsstätten.

(2) Für folgende Arbeitsstätten gelten nur § 5 und der Anhang Nummer 1.3:

1. Arbeitsstätten im Reisegewerbe und im Marktverkehr,

2. Transportmittel, die im öffentlichen Verkehr eingesetzt werden,

3. Felder, Wälder und sonstige Flächen, die zu einem land- oder forstwirtschaftlichen Betrieb gehören, aber außerhalb der von ihm bebauten Fläche liegen.

(3) Für Telearbeitsplätze gelten nur

1. § 3 bei der erstmaligen Beurteilung der Arbeitsbedingungen und des Arbeitsplatzes,

2. § 6 und der Anhang Nummer 6,

soweit der Arbeitsplatz von dem im Betrieb abweicht. Die in Satz 1 genannten Vorschriften gelten, soweit Anforderungen unter Beachtung der Eigenart von Telearbeitsplätzen auf diese anwendbar sind.

(4) Der Anhang Nummer 6 gilt nicht für

1. Bedienerplätze von Maschinen oder Fahrerplätze von Fahrzeugen mit Bildschirmgeräten,

2. tragbare Bildschirmgeräte für die ortsveränderliche Verwendung, die nicht regelmäßig an einem Arbeitsplatz verwendet werden,

3. Rechenmaschinen, Registrierkassen oder andere Arbeitsmittel mit einer kleinen Daten- oder Messwertanzeigevorrichtung, die zur unmittelbaren Benutzung des Arbeitsmittels erforderlich ist und

4. Schreibmaschinen klassischer Bauart mit einem Display.

(5) Diese Verordnung ist für Arbeitsstätten in Betrieben, die dem Bundesberggesetz unterliegen, nur für Bildschirmarbeitsplätze einschließlich Telearbeitsplätze, anzuwenden.

(6) Das Bundeskanzleramt, das Bundesministerium des Innern, für Bau und Heimat, das Bundesministerium für Verkehr und digitale Infrastruktur, das Bundesministerium für Umwelt, Naturschutz und nukleare Sicherheit, das Bundesministerium der Verteidigung oder das Bundesministerium der Finanzen können, soweit sie hierfür jeweils zuständig sind, im Einvernehmen mit dem Bundesministerium für Arbeit und Soziales und, soweit nicht das Bundesministerium des Innern, für Bau und Heimat selbst zuständig ist, im Einvernehmen mit dem Bundesministerium des Innern, für Bau und Heimat Ausnahmen von den Vorschriften dieser Verordnung zulassen, soweit öffentliche Belange dies zwingend erfordern, insbesondere zur Aufrechterhaltung oder Wiederherstellung der öffentlichen Sicherheit. In diesem Fall ist gleichzeitig festzulegen, wie die Sicherheit und der andere Weise gewährleistet werden.

§ 2 Begriffsbestimmungen

(1) Arbeitsstätten sind:

1. Arbeitsräume oder andere Orte in Gebäuden auf dem Gelände eines Betriebes,

2. Orte im Freien auf dem Gelände eines Betriebes,

3. Orte auf Baustellen,

sofern sie zur Nutzung für Arbeitsplätze vorgesehen sind.

(2) Zur Arbeitsstätte gehören insbesondere auch:

1. Orte auf dem Gelände eines Betriebes oder einer Baustelle, zu denen Beschäftigte im Rahmen ihrer Arbeit Zugang haben,

2. Verkehrswege, Fluchtwege, Notausgänge, Lager-, Maschinen- und Nebenräume, Sanitärräume, Kantinen, Pausen- und Bereit-

schaftsräume, Erste-Hilfe-Räume, Unterkünfte sowie

3. Einrichtungen, die dem Betreiben der Arbeitsstätte dienen, insbesondere Sicherheitsbeleuchtungen, Feuerlöscheinrichtungen, Versorgungseinrichtungen, Beleuchtungsanlagen, raumlufttechnische Anlagen, Signalanlagen, Energieverteilungsanlagen, Türen und Tore, Fahrsteige, Fahrtreppen, Laderampen und Steigleitern.

(3) Arbeitsräume sind die Räume, in denen Arbeitsplätze innerhalb von Gebäuden dauerhaft eingerichtet sind.

(4) Arbeitsplätze sind Bereiche, in denen Beschäftigte im Rahmen ihrer Arbeit tätig sind.

(5) Bildschirmarbeitsplätze sind Arbeitsplätze, die sich in Arbeitsräumen befinden und die mit Bildschirmgeräten und sonstigen Arbeitsmitteln ausgestattet sind.

(6) Bildschirmgeräte sind Funktionseinheiten, zu denen insbesondere Bildschirme zur Darstellung von visuellen Informationen, Einrichtungen zur Datenein- und -ausgabe, sonstige Steuerungs- und Kommunikationseinheiten (Rechner) sowie eine Software zur Steuerung und Umsetzung der Arbeitsaufgabe gehören.

(7) Telearbeitsplätze sind vom Arbeitgeber fest eingerichtete Bildschirmarbeitsplätze im Privatbereich der Beschäftigten, für die der Arbeitgeber eine mit den Beschäftigten vereinbarte wöchentliche Arbeitszeit und die Dauer der Einrichtung festgelegt hat. Ein Telearbeitsplatz ist vom Arbeitgeber erst dann eingerichtet, wenn Arbeitgeber und Beschäftigte die Bedingungen der Telearbeit arbeitsvertraglich oder im Rahmen einer Vereinbarung festgelegt haben und die benötigte Ausstattung des Telearbeitsplatzes mit Mobiliar, Arbeitsmitteln einschließlich der Kommunikationseinrichtungen durch den Arbeitgeber oder eine von ihm beauftragte Person im Privatbereich des Beschäftigten bereitgestellt und installiert ist.

(8) Einrichten ist das Bereitstellen und Ausgestalten der Arbeitsstätte. Das Einrichten umfasst insbesondere:

1. bauliche Maßnahmen oder Veränderungen,

2. das Ausstatten mit Maschinen, Anlagen, anderen Arbeitsmitteln und Mobiliar sowie mit Beleuchtungs-, Lüftungs-, Heizungs-, Feuerlösch- und Versorgungseinrichtungen,

3. das Anlegen und Kennzeichnen von Verkehrs- und Fluchtwegen sowie das Kennzeichnen von Gefahrenstellen und brandschutztechnischen Ausrüstungen und

4. das Festlegen von Arbeitsplätzen.

(9) Das Betreiben von Arbeitsstätten umfasst das Benutzen, Instandhalten und Optimieren der Arbeitsstätten sowie die Organisation und Gestaltung der Arbeit einschließlich der Arbeitsabläufe in Arbeitsstätten.

(10) Instandhalten ist die Wartung, Inspektion, Instandsetzung oder Verbesserung der Arbeitsstätten zum Erhalt des baulichen und technischen Zustandes.

(11) Stand der Technik ist der Entwicklungsstand fortschrittlicher Verfahren, Einrichtungen oder Betriebsweisen, der die praktische Eignung einer Maßnahme zur Gewährleistung der Sicherheit und zum Schutz der Gesundheit der Beschäftigten gesichert erscheinen lässt. Bei der Bestimmung des Stands der Technik sind insbesondere vergleichbare Verfahren, Einrichtungen oder Betriebsweisen heranzuziehen, die mit Erfolg in der Praxis erprobt worden sind. Gleiches gilt für die Anforderungen an die Arbeitsmedizin und die Hygiene.

(12) Fachkundig ist, wer über die zur Ausübung einer in dieser Verordnung bestimmten Aufgabe erforderlichen Fachkenntnisse verfügt. Die Anforderungen an die Fachkunde sind abhängig von der jeweiligen Art der Aufgabe. Zu den Anforderungen zählen eine entsprechende Berufsausbildung, Berufserfahrung oder eine

zeitnah ausgeübte entsprechende berufliche Tätigkeit. Die Fachkenntnisse sind durch Teilnahme an Schulungen auf aktuellem Stand zu halten.

§ 3 Gefährdungsbeurteilung

(1) Bei der Beurteilung der Arbeitsbedingungen nach § 5 des Arbeitsschutzgesetzes hat der Arbeitgeber zunächst festzustellen, ob die Beschäftigten Gefährdungen beim Einrichten und Betreiben von Arbeitsstätten ausgesetzt sind oder ausgesetzt sein können. Ist dies der Fall, hat er alle möglichen Gefährdungen der Sicherheit und der Gesundheit der Beschäftigten zu beurteilen und dabei die Auswirkungen der Arbeitsorganisation und der Arbeitsabläufe in der Arbeitsstätte zu berücksichtigen. Bei der Gefährdungsbeurteilung hat er die physischen und psychischen Belastungen sowie bei Bildschirmarbeitsplätzen insbesondere die Belastung der Augen oder die Gefährdung des Sehvermögens zu berücksichtigen. Entsprechend dem Ergebnis der Gefährdungsbeurteilung hat der Arbeitgeber Maßnahmen zum Schutz der Beschäftigten gemäß den Vorschriften dieser Verordnung einschließlich ihres Anhangs nach dem Stand der Technik, Arbeitsmedizin und Hygiene festzulegen. Sonstige gesicherte arbeitswissenschaftliche Erkenntnisse sind zu berücksichtigen.

(2) Der Arbeitgeber hat sicherzustellen, dass die Gefährdungsbeurteilung fachkundig durchgeführt wird. Verfügt der Arbeitgeber nicht selbst über die entsprechenden Kenntnisse, hat er sich fachkundig beraten zu lassen.

(3) Der Arbeitgeber hat die Gefährdungsbeurteilung vor Aufnahme der Tätigkeiten zu dokumentieren. In der Dokumentation ist anzugeben, welche Gefährdungen am Arbeitsplatz auftreten können und welche Maßnahmen nach Absatz 1 Satz 4 durchgeführt werden müssen.

§ 3a Einrichten und Betreiben von Arbeitsstätten

(1) Der Arbeitgeber hat dafür zu sorgen, dass Arbeitsstätten so eingerichtet und betrieben werden, dass Gefährdungen für die Sicherheit und die Gesundheit der Beschäftigten möglichst vermieden und verbleibende Gefährdungen möglichst gering gehalten werden. Beim Einrichten und Betreiben der Arbeitsstätten hat der Arbeitgeber die Maßnahmen nach § 3 Absatz 1 durchzuführen und dabei den Stand der Technik, Arbeitsmedizin und Hygiene, die ergonomischen Anforderungen sowie insbesondere die vom Bundesministerium für Arbeit und Soziales nach § 7 Absatz 4 bekannt gemachten Regeln und Erkenntnisse zu berücksichtigen. Bei Einhaltung der bekannt gemachten Regeln ist davon auszugehen, dass die in dieser Verordnung gestellten Anforderungen diesbezüglich erfüllt sind. Wendet der Arbeitgeber diese Regeln nicht an, so muss er durch andere Maßnahmen die gleiche Sicherheit und den gleichen Schutz der Gesundheit der Beschäftigten erreichen.

(2) Beschäftigt der Arbeitgeber Menschen mit Behinderungen, hat er die Arbeitsstätte so einzurichten und zu betreiben, dass die besonderen Belange dieser Beschäftigten im Hinblick auf die Sicherheit und den Schutz der Gesundheit berücksichtigt werden. Dies gilt insbesondere für die barrierefreie Gestaltung von Arbeitsplätzen, Sanitär-, Pausen- und Bereitschaftsräumen, Kantinen, Erste-Hilfe-Räumen und Unterkünften sowie den zugehörigen Türen, Verkehrswegen, Fluchtwegen, Notausgängen, Treppen und Orientierungssystemen die von den Beschäftigten mit Behinderungen benutzt werden.

(3) Die zuständige Behörde kann auf schriftlichen Antrag des Arbeitgebers Ausnahmen von den Vorschriften dieser Verordnung einschließlich ihres Anhanges zulassen, wenn

1. der Arbeitgeber andere, ebenso wirksame Maßnahmen trifft oder

2. die Durchführung der Vorschrift im Einzelfall zu einer unverhältnismäßigen Härte führen würde und die Abweichung mit dem Schutz der Beschäftigten vereinbar ist. Der Antrag des Arbeitgebers kann in Papierform oder elektronisch übermittelt werden.

Bei der Beurteilung sind die Belange der kleineren Betriebe besonders zu berücksichtigen.

(4) Anforderungen in anderen Rechtsvorschriften, insbesondere im Bauordnungsrecht der Länder, gelten vorrangig, soweit sie über die Anforderungen dieser Verordnung hinausgehen.

§ 4 Besondere Anforderungen an das Betreiben von Arbeitsstätten

(1) Der Arbeitgeber hat die Arbeitsstätte instand zu halten und dafür zu sorgen, dass festgestellte Mängel unverzüglich beseitigt werden. Können Mängel, mit denen eine unmittelbare erhebliche Gefahr verbunden ist, nicht sofort beseitigt werden, hat er dafür zu sorgen, dass die gefährdeten Beschäftigten ihre Tätigkeit unverzüglich einstellen.

(2) Der Arbeitgeber hat dafür zu sorgen, dass Arbeitsstätten den hygienischen Erfordernissen entsprechend gereinigt werden. Verunreinigungen und Ablagerungen, die zu Gefährdungen führen können, sind unverzüglich zu beseitigen.

(3) Der Arbeitgeber hat Sicherheitseinrichtungen, insbesondere Sicherheitsbeleuchtung, Brandmelde- und Feuerlöscheinrichtungen, Signalanlagen, Notaggregate und Notschalter sowie raumlufttechnische Anlagen instand zu halten und in regelmäßigen Abständen auf ihre Funktionsfähigkeit prüfen zu lassen.

(4) Der Arbeitgeber hat dafür zu sorgen, dass Verkehrswege, Fluchtwege und Notausgänge ständig freigehalten werden, damit sie jederzeit benutzbar sind. Der Arbeitgeber hat Vorkehrungen so zu treffen, dass die Beschäftigten bei Gefahr sich unverzüglich in Sicherheit bringen und schnell gerettet werden können. Der Arbeitgeber hat einen Flucht- und Rettungsplan aufzustellen, wenn Lage, Ausdehnung und Art der Benutzung der Arbeitsstätte dies erfordern. Der Plan ist an geeigneten Stellen in der Arbeitsstätte auszulegen oder auszuhängen. In angemessenen Zeitabständen ist entsprechend diesem Plan zu üben.

(5) Der Arbeitgeber hat beim Einrichten und Betreiben von Arbeitsstätten Mittel und Einrichtungen zur Ersten Hilfe zur Verfügung zu stellen und regelmäßig auf ihre Vollständigkeit und Verwendungsfähigkeit prüfen zu lassen.

§ 5 Nichtraucherschutz

(1) Der Arbeitgeber hat die erforderlichen Maßnahmen zu treffen, damit die nicht rauchenden Beschäftigten in Arbeitsstätten wirksam vor den Gesundheitsgefahren durch Tabakrauch geschützt sind. Soweit erforderlich, hat der Arbeitgeber ein allgemeines oder auf einzelne Bereiche der Arbeitsstätte beschränktes Rauchverbot zu erlassen.

(2) In Arbeitsstätten mit Publikumsverkehr hat der Arbeitgeber beim Einrichten und Betreiben von Arbeitsräumen der Natur des Betriebes entsprechende und der Art der Beschäftigung angepasste technische oder organisatorische Maßnahmen nach Absatz 1 zum Schutz der nicht rauchenden Beschäftigten zu treffen.

§ 6 Unterweisung der Beschäftigten

(1) Der Arbeitgeber hat den Beschäftigten ausreichende und angemessene Informationen anhand der Gefährdungsbeurteilung in einer für die Beschäftigten verständlichen Form und Sprache zur Verfügung zu stellen über

1. das bestimmungsgemäße Betreiben der Arbeitsstätte,

2. alle gesundheits- und sicherheitsrelevanten Fragen im Zusammenhang mit ihrer Tätigkeit,

3. Maßnahmen, die zur Gewährleistung der Sicherheit und zum Schutz der Gesundheit der Beschäftigten durchgeführt werden müssen, und

4. arbeitsplatzspezifische Maßnahmen, insbesondere bei Tätigkeiten auf Baustellen oder an Bildschirmgeräten,

und sie anhand dieser Informationen zu unterweisen.

(2) Die Unterweisung nach Absatz 1 muss sich auf Maßnahmen im Gefahrenfall erstrecken, insbesondere auf

1. die Bedienung von Sicherheits- und Warneinrichtungen,

2. die Erste Hilfe und die dazu vorgehaltenen Mittel und Einrichtungen und

3. den innerbetrieblichen Verkehr.

(3) Die Unterweisung nach Absatz 1 muss sich auf Maßnahmen der Brandverhütung und Verhaltensmaßnahmen im Brandfall erstrecken, insbesondere auf die Nutzung der Fluchtwege und Notausgänge. Diejenigen Beschäftigten, die Aufgaben der Brandbekämpfung übernehmen, hat der Arbeitgeber in der Bedienung der Feuerlöscheinrichtungen zu unterweisen.

(4) Die Unterweisungen müssen vor Aufnahme der Tätigkeit stattfinden. Danach sind sie mindestens jährlich zu wiederholen. Sie haben in einer für die Beschäftigten verständlichen Form und Sprache zu erfolgen. Unterweisungen sind unverzüglich zu wiederholen, wenn sich die Tätigkeit der Beschäftigten, die Arbeitsorganisation, die Arbeitsstätte wesentlich verändern und die Veränderung mit zusätzlichen Gefährdungen verbunden ist.

§ 7 Ausschuss für Arbeitsstätten

(1) Beim Bundesministerium für Arbeit und Soziales wird ein Ausschuss für Arbeitsstätten gebildet, in dem fachkundige Vertreter der Arbeitgeber, der Gewerkschaften, der Länderbehörden, der gesetzlichen Unfallversicherung und weitere fachkundige Personen, insbesondere der Wissenschaft, in angemessener Zahl vertreten sein sollen. Die Gesamtzahl der Mitglieder soll 16 Personen nicht überschreiten. Für jedes Mitglied ist ein stellvertretendes Mitglied zu benennen. Die Mitgliedschaft im Ausschuss für Arbeitsstätten ist ehrenamtlich.

(2) Das Bundesministerium für Arbeit und Soziales beruft die Mitglieder des Ausschusses und die stellvertretenden Mitglieder. Der Ausschuss gibt sich eine Geschäftsordnung und wählt den Vorsitzenden aus seiner Mitte. Die Geschäftsordnung und die Wahl des Vorsitzenden bedürfen der Zustimmung des Bundesministeriums für Arbeit und Soziales.

(3) Zu den Aufgaben des Ausschusses gehört es,

1. dem Stand der Technik, Arbeitsmedizin und Hygiene entsprechende Regeln und sonstige gesicherte wissenschaftliche Erkenntnisse für die Sicherheit und Gesundheit der Beschäftigten in Arbeitsstätten zu ermitteln,

2. Regeln und Erkenntnisse zu ermitteln, wie die Anforderungen dieser Verordnung erfüllt werden können, sowie Empfehlungen für weitere Maßnahmen zur Gewährleistung der Sicherheit und zum Schutz der Gesundheit der Beschäftigten auszuarbeiten, und

3. das Bundesministerium für Arbeit und Soziales in allen Fragen der Sicherheit und der Gesundheit der Beschäftigten in Arbeitsstätten zu beraten.

Bei der Wahrnehmung seiner Aufgaben soll der Ausschuss die allgemeinen Grundsätze des Arbeitsschutzes nach § 4 des Arbeitsschutzgesetzes berücksichtigen. Das Arbeitsprogramm des Ausschusses für Arbeitsstätten wird mit dem Bundesministerium für Arbeit und Soziales abgestimmt. Der Ausschuss arbeitet eng mit den anderen Ausschüssen beim Bundesministerium für Arbeit und Soziales zusammen. Die Sitzungen des Ausschusses sind nicht öffentlich. Beratungs- und Abstimmungsergebnisse des Ausschusses sowie Niederschriften der Untergremien sind vertraulich zu behandeln, soweit die Erfüllung der Aufgaben, die den Untergremien oder den Mitgliedern des Ausschusses obliegen, dem nicht entgegenstehen.

(4) Das Bundesministerium für Arbeit und Soziales kann die vom Ausschuss nach Absatz 3 ermittelten Regeln und Erkenntnisse sowie Empfehlungen im Gemeinsamen Ministerialblatt bekannt machen.

(5) Die Bundesministerien sowie die zuständigen obersten Landesbehörden können zu den Sitzungen des Ausschusses Vertreter entsenden. Diesen ist auf Verlangen in der Sitzung das Wort zu erteilen.

(6) Die Geschäfte des Ausschusses führt die Bundesanstalt für Arbeitsschutz und Arbeitsmedizin.

§ 8 Übergangsvorschriften

(1) Soweit für Arbeitsstätten,

1. die am 1. Mai 1976 eingerichtet waren oder mit deren Einrichtung vor diesem Zeitpunkt begonnen worden war oder

2. die am 20. Dezember 1996 eingerichtet waren oder mit deren Einrichtung vor diesem Zeitpunkt begonnen worden war und für die zum Zeitpunkt der Einrichtung die Gewerbeordnung keine Anwendung fand,

in dieser Verordnung Anforderungen gestellt werden, die umfangreiche Änderungen der Arbeitsstätte, der Betriebseinrichtungen, Arbeitsverfahren oder Arbeitsabläufe notwendig machen, gelten hierfür bis zum 31. Dezember 2020 mindestens die entsprechenden Anforderungen des Anhangs II der Richtlinie 89/654/EWG des Rates vom 30. November 1989 über Mindestvorschriften für Sicherheit und Gesundheitsschutz in Arbeitsstätten (ABl. EG Nr. L 393 S. 1). Soweit diese Arbeitsstätten oder ihre Betriebseinrichtungen wesentlich erweitert oder umgebaut oder die Arbeitsverfahren oder Arbeitsabläufe wesentlich umgestaltet werden, hat der Arbeitgeber die erforderlichen Maßnahmen zu treffen, damit diese Änderungen, Erweiterungen oder Umgestaltungen mit den Anforderungen dieser Verordnung übereinstimmen.

(2) Bestimmungen in den vom Ausschuss für Arbeitsstätten ermittelten und vom Bundesministerium für Arbeit und Soziales im Gemeinsamen Ministerialblatt bekannt gemachten Regeln für Arbeitsstätten, die Anforderungen an den Arbeitsplatz enthalten, gelten unter Berücksichtigung der Begriffsbestimmung des Arbeitsplatzes in § 2 Absatz 2 der Arbeitsstättenverordnung vom 12. August 2004 (BGBl. I S. 2179), die zuletzt durch Artikel 282 der Verordnung vom 31. August 2015 (BGBl. I S. 1474) geändert worden ist, solange fort, bis sie vom Ausschuss für Arbeitsstätten überprüft und erforderlichenfalls vom Bundesministerium für Arbeit und Soziales im Gemeinsamen Ministerialblatt neu bekannt gemacht worden sind.

§ 9 Straftaten und Ordnungswidrigkeiten

(1) Ordnungswidrig im Sinne des § 25 Absatz 1 Nummer 1 des Arbeitsschutzgesetzes handelt, wer vorsätzlich oder fahrlässig

1. entgegen § 3 Absatz 3 eine Gefährdungsbeurteilung nicht richtig, nicht vollständig oder nicht rechtzeitig dokumentiert,

2. entgegen § 3a Absatz 1 Satz 1 nicht dafür sorgt, dass eine Arbeitsstätte in der dort vorgeschriebenen Weise eingerichtet ist oder betrieben wird,

3. entgegen § 3a Absatz 1 Satz 2 in Verbindung mit Nummer 4.1 Absatz 1 des Anhangs einen dort genannten Toilettenraum oder eine dort genannte mobile, anschlussfreie Toilettenkabine nicht oder nicht in der vorgeschriebenen Weise zur Verfügung stellt,

4. entgegen § 3a Absatz 1 Satz 2 in Verbindung mit Nummer 4.2 Absatz 1 des Anhangs einen dort genannten Pausenraum oder einen dort genannten Pausenbereich nicht oder nicht in der vorgeschriebenen Weise zur Verfügung stellt,

5. entgegen § 3a Absatz 2 eine Arbeitsstätte nicht in der dort vorgeschriebenen Weise einrichtet oder betreibt,

6. entgegen § 4 Absatz 1 Satz 2 nicht dafür sorgt, dass die gefährdeten Beschäftigten ihre Tätigkeit unverzüglich einstellen,

7. entgegen § 4 Absatz 4 Satz 1 nicht dafür sorgt, dass Verkehrswege, Fluchtwege und Notausgänge freigehalten werden,

8. entgegen § 4 Absatz 5 ein Mittel oder eine Einrichtung zur Ersten Hilfe nicht zur Verfügung stellt,

9. entgegen § 6 Absatz 4 Satz 1 nicht sicherstellt, dass die Beschäftigten vor Aufnahme der Tätigkeit unterwiesen werden.

(2) Wer durch eine in Absatz 1 bezeichnete vorsätzliche Handlung das Leben oder die Gesundheit von Beschäftigten gefährdet, ist nach § 26 Nummer 2 des Arbeitsschutzgesetzes strafbar.

Hinweis: Auf den Abdruck des Anhangs wurde verzichtet.

Gesetz über den Verkehr mit Arzneimitteln

(Arzneimittelgesetz – AMG)

**Neugefasst durch Bekanntmachung
vom 12. Dezember 2005
(BGBl. I S. 3394)**

**Zuletzt geändert durch Artikel 5 des Gesetzes
zur Stärkung der Vor-Ort-Apotheken**

Hinweis des Verlags:

In dem hier abgedruckten Text des AMG sind die Änderungen durch das „Gesetz zur Stärkung der Vor-Ort-Apotheken", die der Bundesrat am 27.11.2020 beschlossen hat und die laut Artikel 8 „am Tag nach der Verkündung in Kraft [treten werden]", bereits eingearbeitet. Bei Drucklegung stand die Verkündung im Bundesgesetzblatt noch aus.

Erster Abschnitt
Zweck des Gesetzes und Begriffsbestimmungen, Anwendungsbereich

§ 1 Zweck des Gesetzes

Es ist der Zweck dieses Gesetzes, im Interesse einer ordnungsgemäßen Arzneimittelversorgung von Mensch und Tier für die Sicherheit im Verkehr mit Arzneimitteln, insbesondere für die Qualität, Wirksamkeit und Unbedenklichkeit der Arzneimittel nach Maßgabe der folgenden Vorschriften zu sorgen.

§ 2 Arzneimittelbegriff

(1) Arzneimittel sind Stoffe oder Zubereitungen aus Stoffen,

1. die zur Anwendung im oder am menschlichen oder tierischen Körper bestimmt sind und als Mittel mit Eigenschaften zur Heilung oder Linderung oder zur Verhütung menschlicher oder tierischer Krankheiten oder krankhafter Beschwerden bestimmt sind oder

2. die im oder am menschlichen oder tierischen Körper angewendet oder einem Menschen oder einem Tier verabreicht werden können, um entweder

   a) die physiologischen Funktionen durch eine pharmakologische, immunologische oder metabolische Wirkung wiederherzustellen, zu korrigieren oder zu beeinflussen oder

   b) eine medizinische Diagnose zu erstellen.

(2) Als Arzneimittel gelten

1. Gegenstände, die ein Arzneimittel nach Absatz 1 enthalten oder auf die ein Arzneimittel nach Absatz 1 aufgebracht ist und die dazu bestimmt sind, dauernd oder vorübergehend mit dem menschlichen oder tierischen Körper in Berührung gebracht zu werden,

1a. tierärztliche Instrumente, soweit sie zur einmaligen Anwendung bestimmt sind und aus der Kennzeichnung hervorgeht, dass sie einem Verfahren zur Verminderung der Keimzahl unterzogen worden sind,

2. Gegenstände, die, ohne Gegenstände nach Nummer 1 oder 1a zu sein, dazu bestimmt sind, zu den in Absatz 1 bezeichneten Zwecken in den tierischen Körper dauernd oder vorübergehend eingebracht zu werden, ausgenommen tierärztliche Instrumente,

3. Verbandstoffe und chirurgische Nahtmaterialien, soweit sie zur Anwendung am oder im tierischen Körper bestimmt und nicht Gegenstände der Nummer 1, 1a oder 2 sind,

4. Stoffe und Zubereitungen aus Stoffen, die, auch im Zusammenwirken mit anderen Stoffen oder Zubereitungen aus Stoffen, dazu bestimmt sind, ohne am oder im tierischen Körper angewendet zu werden, die Beschaffenheit, den Zustand oder die Funktion des tierischen Körpers erkennen zu lassen oder der Erkennung von Krankheitserregern bei Tieren zu dienen.

(3) Arzneimittel sind nicht

1. Lebensmittel im Sinne des § 2 Abs. 2 des Lebensmittel- und Futtermittelgesetzbuches,

2. kosmetische Mittel im Sinne des § 2 Abs. 5 des Lebensmittel- und Futtermittelgesetzbuches,

3. Erzeugnisse im Sinne des § 2 Nummer 1 des Tabakerzeugnisgesetzes,

4. Stoffe oder Zubereitungen aus Stoffen, die ausschließlich dazu bestimmt sind, äußerlich am Tier zur Reinigung oder Pflege oder zur Beeinflussung des Aussehens oder des Körpergeruchs angewendet zu werden, soweit ihnen keine Stoffe oder Zubereitungen aus Stoffen zugesetzt sind, die vom Verkehr außerhalb der Apotheke ausgeschlossen sind,

5. Biozid-Produkte nach Artikel 3 Absatz 1 Buchstabe a der Verordnung (EU) Nr. 528/2012 des Europäischen Parlaments und des Rates vom 22. Mai 2012 über die Bereitstellung auf dem Markt und die Verwendung von Biozidprodukten (ABl. L 167 vom 27.6.2012, S. 1),

6. Futtermittel im Sinne des § 3 Nummer 12 bis 16 des Lebensmittel- und Futtermittelgesetzbuches,

7. Medizinprodukte und Zubehör für Medizinprodukte im Sinne des § 3 des Medizinproduktegesetzes, es sei denn, es handelt sich um Arzneimittel im Sinne des § 2 Absatz 1 Nummer 2 Buchstabe b,

8. Organe im Sinne des § 1a Nr. 1 des Transplantationsgesetzes, wenn sie zur Übertragung auf menschliche Empfänger bestimmt sind.

(3a) Arzneimittel sind auch Erzeugnisse, die Stoffe oder Zubereitungen aus Stoffen sind oder enthalten, die unter Berücksichtigung aller Eigenschaften des Erzeugnisses unter eine Begriffsbestimmung des Absatzes 1 fallen und zugleich unter die Begriffsbestimmung eines Erzeugnisses nach Absatz 3 fallen können.

(4) Solange ein Mittel nach diesem Gesetz als Arzneimittel zugelassen oder registriert oder durch Rechtsverordnung von der Zulassung oder Registrierung freigestellt ist, gilt es als Arzneimittel. Hat die zuständige Bundesoberbehörde die Zulassung oder Registrierung eines Mittels mit der Begründung abgelehnt, dass es sich um kein Arzneimittel handelt, so gilt es nicht als Arzneimittel.

§ 3 Stoffbegriff

Stoffe im Sinne dieses Gesetzes sind

1. chemische Elemente und chemische Verbindungen sowie deren natürlich vorkommende Gemische und Lösungen,

2. Pflanzen, Pflanzenteile, Pflanzenbestandteile, Algen, Pilze und Flechten in bearbeitetem oder unbearbeitetem Zustand,

3. Tierkörper, auch lebender Tiere, sowie Körperteile, -bestandteile und Stoffwechselprodukte von Mensch oder Tier in bearbeitetem oder unbearbeitetem Zustand,

4. Mikroorganismen einschließlich Viren sowie deren Bestandteile oder Stoffwechselprodukte.

§ 4 Sonstige Begriffsbestimmungen

(1) Fertigarzneimittel sind Arzneimittel, die im Voraus hergestellt und in einer zur Abgabe an den Verbraucher bestimmten Packung in den Verkehr gebracht werden oder andere zur Abgabe an Verbraucher bestimmte Arzneimittel, bei deren Zubereitung in sonstiger Weise ein industrielles Verfahren zur Anwendung kommt oder die, ausgenommen in Apotheken, gewerblich hergestellt werden. Fertigarzneimittel sind nicht Zwischenprodukte, die für eine weitere Verarbeitung durch einen Hersteller bestimmt sind.

(2) Blutzubereitungen sind Arzneimittel, die aus Blut gewonnene Blut-, Plasma- oder Serumkonserven, Blutbestandteile oder Zubereitungen aus Blutbestandteilen sind oder als Wirkstoffe enthalten.

(3) Sera sind Arzneimittel im Sinne des § 2 Absatz 1, die Antikörper, Antikörperfragmente oder Fusionsproteine mit einem funktionellen Antikörperbestandteil als Wirkstoff enthalten und wegen dieses Wirkstoffs angewendet werden. Sera gelten nicht als Blutzubereitungen im Sinne des Absatzes 2 oder als Gewebezubereitungen im Sinne des Absatzes 30.

(4) Impfstoffe sind Arzneimittel im Sinne des § 2 Abs. 1, die Antigene oder rekombinante Nukleinsäuren enthalten und die dazu bestimmt sind, bei Mensch oder Tier zur Erzeugung von spezifischen Abwehr- und Schutzstoffen angewendet zu werden und, soweit sie rekombinan-

te Nukleinsäuren enthalten, ausschließlich zur Vorbeugung oder Behandlung von Infektionskrankheiten bestimmt sind.

(5) Allergene sind Arzneimittel im Sinne des § 2 Abs. 1, die Antigene oder Haptene enthalten und dazu bestimmt sind, bei Mensch oder Tier zur Erkennung von spezifischen Abwehr- oder Schutzstoffen angewendet zu werden (Testallergene) oder Stoffe enthalten, die zur antigenspezifischen Verminderung einer spezifischen immunologischen Überempfindlichkeit angewendet werden (Therapieallergene).

(6) Testsera sind Arzneimittel im Sinne des § 2 Abs. 2 Nr. 4, die aus Blut, Organen, Organteilen oder Organsekreten gesunder, kranker, krank gewesener oder immunisatorisch vorbehandelter Lebewesen gewonnen werden, spezifische Antikörper enthalten und die dazu bestimmt sind, wegen dieser Antikörper verwendet zu werden, sowie die dazu gehörenden Kontrollsera.

(7) Testantigene sind Arzneimittel im Sinne des § 2 Abs. 2 Nr. 4, die Antigene oder Haptene enthalten und dazu bestimmt sind, als solche verwendet zu werden.

(8) Radioaktive Arzneimittel sind Arzneimittel, die radioaktive Stoffe sind oder enthalten und ionisierende Strahlen spontan aussenden und die dazu bestimmt sind, wegen dieser Eigenschaften angewendet zu werden; als radioaktive Arzneimittel gelten auch für die Radiomarkierung anderer Stoffe vor der Verabreichung hergestellte Radionuklide (Vorstufen) sowie die zur Herstellung von radioaktiven Arzneimitteln bestimmten Systeme mit einem fixierten Mutterradionuklid, das ein Tochterradionuklid bildet, (Generatoren).

(9) Arzneimittel für neuartige Therapien sind Gentherapeutika, somatische Zelltherapeutika oder biotechnologisch bearbeitete Gewebeprodukte nach Artikel 2 Absatz 1 Buchstabe a der Verordnung (EG) Nr. 1394/2007 des Europäischen Parlaments und des Rates vom 13. November 2007 über Arzneimittel für neuartige Therapien und zur Änderung der Richtlinie

2001/83/EG und der Verordnung (EG) Nr. 726/2004 (ABl. L 324 vom 10.12.2007, S. 121).

(10) Fütterungsarzneimittel sind Arzneimittel in verfütterungsfertiger Form, die aus Arzneimittel-Vormischungen und Mischfuttermitteln hergestellt werden und die dazu bestimmt sind, zur Anwendung bei Tieren in den Verkehr gebracht zu werden.

(11) Arzneimittel-Vormischungen sind Arzneimittel, die ausschließlich dazu bestimmt sind, zur Herstellung von Fütterungsarzneimitteln verwendet zu werden. Sie gelten als Fertigarzneimittel.

(12) Die Wartezeit ist die Zeit, die bei bestimmungsgemäßer Anwendung des Arzneimittels nach der letzten Anwendung des Arzneimittels bei einem Tier bis zur Gewinnung von Lebensmitteln, die von diesem Tier stammen, zum Schutz der öffentlichen Gesundheit einzuhalten ist und die sicherstellt, dass Rückstände in diesen Lebensmitteln die im Anhang der Verordnung (EU) Nr. 37/2010 der Kommission vom 22. Dezember 2009 über pharmakologisch wirksame Stoffe und ihre Einstufung hinsichtlich der Rückstandshöchstmengen in Lebensmitteln tierischen Ursprungs (ABl. L 15 vom 20.1.2010, S. 1) in der jeweils geltenden Fassung festgelegten zulässigen Höchstmengen für pharmakologisch wirksame Stoffe nicht überschreiten.

(13) Nebenwirkungen sind bei Arzneimitteln, die zur Anwendung bei Menschen bestimmt sind, schädliche und unbeabsichtigte Reaktionen auf das Arzneimittel. Nebenwirkungen sind bei Arzneimitteln, die zur Anwendung bei Tieren bestimmt sind, schädliche und unbeabsichtigte Reaktionen bei bestimmungsgemäßem Gebrauch. Schwerwiegende Nebenwirkungen sind Nebenwirkungen, die tödlich oder lebensbedrohend sind, eine stationäre Behandlung oder Verlängerung einer stationären Behandlung erforderlich machen, zu bleibender oder schwerwiegender Behinderung, Invalidität, kongenitalen Anomalien oder Geburtsfehlern führen. Für

Arzneimittel, die zur Anwendung bei Tieren bestimmt sind, sind schwerwiegend auch Nebenwirkungen, die ständig auftretende oder lang anhaltende Symptome hervorrufen. Unerwartete Nebenwirkungen sind Nebenwirkungen, deren Art, Ausmaß oder Ergebnis von der Fachinformation des Arzneimittels abweichen.

(14) Herstellen ist das Gewinnen, das Anfertigen, das Zubereiten, das Be- oder Verarbeiten, das Umfüllen einschließlich Abfüllen, das Abpacken, das Kennzeichnen und die Freigabe; nicht als Herstellen gilt das Mischen von Fertigarzneimitteln mit Futtermitteln durch den Tierhalter zur unmittelbaren Verabreichung an die von ihm gehaltenen Tiere.

(15) Qualität ist die Beschaffenheit eines Arzneimittels, die nach Identität, Gehalt, Reinheit, sonstigen chemischen, physikalischen, biologischen Eigenschaften oder durch das Herstellungsverfahren bestimmt wird.

(16) Eine Charge ist die jeweils aus derselben Ausgangsmenge in einem einheitlichen Herstellungsvorgang oder bei einem kontinuierlichen Herstellungsverfahren in einem bestimmten Zeitraum erzeugte Menge eines Arzneimittels.

(17) Inverkehrbringen ist das Vorrätighalten zum Verkauf oder zu sonstiger Abgabe, das Feilhalten, das Feilbieten und die Abgabe an andere.

(18) Der pharmazeutische Unternehmer ist bei zulassungs- oder registrierungspflichtigen Arzneimitteln der Inhaber der Zulassung oder Registrierung. Pharmazeutischer Unternehmer ist auch, wer Arzneimittel im Parallelvertrieb oder sonst unter seinem Namen in den Verkehr bringt, außer in den Fällen des § 9 Abs. 1 Satz 2.

(19) Wirkstoffe sind Stoffe, die dazu bestimmt sind, bei der Herstellung von Arzneimitteln als arzneilich wirksame Bestandteile verwendet zu werden oder bei ihrer Verwendung in der Arzneimittelherstellung zu arzneilich wirksamen Bestandteilen der Arzneimittel zu werden.

(20) (weggefallen)

(21) Xenogene Arzneimittel sind zur Anwendung im oder am Menschen bestimmte Arzneimittel, die lebende tierische Gewebe oder Zellen sind oder enthalten.

(22) Großhandel mit Arzneimitteln ist jede berufs- oder gewerbsmäßige zum Zwecke des Handeltreibens ausgeübte Tätigkeit, die in der Beschaffung, der Lagerung, der Abgabe oder Ausfuhr von Arzneimitteln besteht, mit Ausnahme der Abgabe von Arzneimitteln an andere Verbraucher als Ärzte, Zahnärzte, Tierärzte oder Krankenhäuser.

(22a) Arzneimittelvermittlung ist jede berufs- oder gewerbsmäßig ausgeübte Tätigkeit von Personen, die, ohne Großhandel zu betreiben, selbstständig und im fremden Namen mit Arzneimitteln im Sinne des § 2 Absatz 1 oder Absatz 2 Nummer 1, die zur Anwendung bei Menschen bestimmt sind, handeln, ohne tatsächliche Verfügungsgewalt über diese Arzneimittel zu erlangen.

(23) Klinische Prüfung bei Menschen ist jede am Menschen durchgeführte Untersuchung, die dazu bestimmt ist, klinische oder pharmakologische Wirkungen von Arzneimitteln zu erforschen oder nachzuweisen oder Nebenwirkungen festzustellen oder die Resorption, die Verteilung, den Stoffwechsel oder die Ausscheidung zu untersuchen, mit dem Ziel, sich von der Unbedenklichkeit oder Wirksamkeit der Arzneimittel zu überzeugen. Satz 1 gilt nicht für eine Untersuchung, die eine nichtinterventionelle Prüfung ist. Nichtinterventionelle Prüfung ist eine Untersuchung, in deren Rahmen Erkenntnisse aus der Behandlung von Personen mit Arzneimitteln anhand epidemiologischer Methoden analysiert werden; dabei folgt die Behandlung einschließlich der Diagnose und Überwachung nicht einem vorab festgelegten Prüfplan, sondern ausschließlich der ärztlichen Praxis; soweit es sich um ein zulassungspflichtiges oder nach § 21a Absatz 1 genehmigungspflichtiges Arzneimittel handelt, erfolgt dies ferner gemäß den in der Zulassung oder der Ge-

nehmigung festgelegten Angaben für seine Anwendung.

(24) Sponsor ist eine natürliche oder juristische Person, die die Verantwortung für die Veranlassung, Organisation und Finanzierung einer klinischen Prüfung bei Menschen übernimmt.

(25) Prüfer ist in der Regel ein für die Durchführung der klinischen Prüfung bei Menschen in einer Prüfstelle verantwortlicher Arzt oder in begründeten Ausnahmefällen eine andere Person, deren Beruf auf Grund seiner wissenschaftlichen Anforderungen und der seine Ausübung voraussetzenden Erfahrungen in der Patientenbetreuung für die Durchführung von Forschungen am Menschen qualifiziert. Wird eine klinische Prüfung in einer Prüfstelle von einer Gruppe von Personen durchgeführt, so ist der Prüfer der für die Durchführung verantwortliche Leiter dieser Gruppe. Wird eine Prüfung in mehreren Prüfstellen durchgeführt, wird vom Sponsor ein Prüfer als Leiter der klinischen Prüfung benannt.

(26) Homöopathisches Arzneimittel ist ein Arzneimittel, das nach einem im Europäischen Arzneibuch oder, in Ermangelung dessen, nach einem in den offiziell gebräuchlichen Pharmakopöen der Mitgliedstaaten der Europäischen Union beschriebenen homöopathischen Zubereitungsverfahren hergestellt worden ist. Ein homöopathisches Arzneimittel kann auch mehrere Wirkstoffe enthalten.

(27) Ein mit der Anwendung des Arzneimittels verbundenes Risiko ist

a) jedes Risiko im Zusammenhang mit der Qualität, Sicherheit oder Wirksamkeit des Arzneimittels für die Gesundheit der Patienten oder die öffentliche Gesundheit, bei zur Anwendung bei Tieren bestimmten Arzneimitteln für die Gesundheit von Mensch oder Tier,

b) jedes Risiko unerwünschter Auswirkungen auf die Umwelt.

(28) Das Nutzen-Risiko-Verhältnis umfasst eine Bewertung der positiven therapeutischen Wirkungen des Arzneimittels im Verhältnis zu dem Risiko nach Absatz 27 Buchstabe a, bei zur Anwendung bei Tieren bestimmten Arzneimitteln auch nach Absatz 27 Buchstabe b.

(29) Pflanzliche Arzneimittel sind Arzneimittel, die als Wirkstoff ausschließlich einen oder mehrere pflanzliche Stoffe oder eine oder mehrere pflanzliche Zubereitungen oder eine oder mehrere solcher pflanzlichen Stoffe in Kombination mit einer oder mehreren solcher pflanzlichen Zubereitungen enthalten.

(30) Gewebezubereitungen sind Arzneimittel, die Gewebe im Sinne von § 1a Nr. 4 des Transplantationsgesetzes sind oder aus solchen Geweben hergestellt worden sind. Menschliche Samen- und Eizellen (Keimzellen) sowie imprägnierte Eizellen und Embryonen sind weder Arzneimittel noch Gewebezubereitungen.

(30a) Einheitlicher Europäischer Code oder „SEC“ ist die eindeutige Kennnummer für in der Europäischen Union verteilte Gewebe oder Gewebezubereitungen gemäß Anhang VII der Richtlinie 2006/86/EG der Kommission vom 24. Oktober 2006 zur Umsetzung der Richtlinie 2004/23/EG des Europäischen Parlaments und des Rates hinsichtlich der Anforderungen an die Rückverfolgbarkeit, der Meldung schwerwiegender Zwischenfälle und unerwünschter Reaktionen sowie bestimmter technischer Anforderungen an die Kodierung, Verarbeitung, Konservierung, Lagerung und Verteilung von menschlichen Geweben und Zellen (ABl. L 294 vom 25.10.2006, S. 32), die zuletzt durch die Richtlinie (EU) 2015/565 (ABl. L 93 vom 9.4.2015, S. 43) geändert worden ist.

(30b) EU-Gewebeeinrichtungs-Code ist die eindeutige Kennnummer für Gewebeeinrichtungen in der Europäischen Union. Für den Geltungsbereich dieses Gesetzes gilt er für alle Einrichtungen, die erlaubnispflichtige Tätigkeiten mit Geweben, Gewebezubereitungen oder mit hämatopoetischen Stammzellen oder Stammzellzubereitungen aus dem peripheren Blut oder aus dem Nabelschnurblut durchführen. Der EU-Gewebeeinrichtungs-Code besteht gemäß Anhang VII der Richtlinie 2006/86/EG aus einem ISO-Ländercode und der Gewebeeinrichtungsnummer des EU-Kompendiums der Gewebeeinrichtungen.

(30c) EU-Kompendium der Gewebeeinrichtungen ist das Register, in dem alle von den zuständigen Behörden der Mitgliedstaaten der Europäischen Union genehmigten, lizenzierten, benannten oder zugelassenen Gewebeeinrichtungen enthalten sind und das die Informationen über diese Einrichtungen gemäß Anhang VIII der Richtlinie 2006/86/EG in der jeweils geltenden Fassung enthält. Für den Geltungsbereich dieses Gesetzes enthält das Register alle Einrichtungen, die erlaubnispflichtige Tätigkeiten mit Geweben, Gewebezubereitungen oder mit hämatopoetischen Stammzellen oder Stammzellzubereitungen aus dem peripheren Blut oder aus dem Nabelschnurblut durchführen.

(30d) EU-Kompendium der Gewebe- und Zellprodukte ist das Register aller in der Europäischen Union in Verkehr befindlichen Arten von Geweben, Gewebezubereitungen oder von hämatopoetischen Stammzellen oder Stammzellzubereitungen aus dem peripheren Blut oder aus dem Nabelschnurblut mit den jeweiligen Produktcodes.

(31) Rekonstitution eines Fertigarzneimittels zur Anwendung beim Menschen ist die Überführung in seine anwendungsfähige Form unmittelbar vor seiner Anwendung gemäß den Angaben der Packungsbeilage oder im Rahmen der klinischen Prüfung nach Maßgabe des Prüfplans.

(32) Verbringen ist jede Beförderung in den, durch den oder aus dem Geltungsbereich des Gesetzes. Einfuhr ist die Überführung von unter das Arzneimittelgesetz fallenden Produkten aus Drittstaaten, die nicht Vertragsstaaten des Abkommens über den Europäischen Wirtschaftsraum sind, in den zollrechtlich freien Verkehr. Produkte gemäß Satz 2 gelten als eingeführt, wenn sie entgegen den Zollvorschriften in den Wirtschaftskreislauf überführt wurden. Ausfuhr ist jedes Verbringen in Drittstaaten, die nicht Vertragsstaaten des Abkommens über den Europäischen Wirtschaftsraum sind.

(33) Anthroposophisches Arzneimittel ist ein Arzneimittel, das nach der anthroposophischen Menschen- und Naturerkenntnis entwickelt wurde, nach einem im Europäischen Arzneibuch oder, in Ermangelung dessen, nach einem in den offiziell gebräuchlichen Pharmakopöen der Mitgliedstaaten der Europäischen Union beschriebenen homöopathischen Zubereitungsverfahren oder nach einem besonderen anthroposophischen Zubereitungsverfahren hergestellt worden ist und das bestimmt ist, entsprechend den Grundsätzen der anthroposophischen Menschen- und Naturerkenntnis angewendet zu werden.

(34) Eine Unbedenklichkeitsprüfung bei einem Arzneimittel, das zur Anwendung bei Menschen bestimmt ist, ist jede Prüfung zu einem zugelassenen Arzneimittel, die durchgeführt wird, um ein Sicherheitsrisiko zu ermitteln, zu beschreiben oder zu quantifizieren, das Sicherheitsprofil eines Arzneimittels zu bestätigen oder die Effizienz von Risikomanagement-Maßnahmen zu messen.

(35) Eine Unbedenklichkeitsprüfung bei einem Arzneimittel, das zur Anwendung bei Tieren bestimmt ist, ist eine pharmakoepidemiologische Studie oder klinische Prüfung entsprechend den Bedingungen der Zulassung mit dem Ziel, eine Gesundheitsgefahr im Zusammenhang mit einem zugelassenen Tierarzneimittel festzustellen und zu beschreiben.

(36) Das Risikomanagement-System umfasst Tätigkeiten im Bereich der Pharmakovigilanz und Maßnahmen, durch die Risiken im Zusammenhang mit einem Arzneimittel ermittelt, beschrieben, vermieden oder minimiert werden sollen; dazu gehört auch die Bewertung der Wirksamkeit derartiger Tätigkeiten und Maßnahmen.

(37) Der Risikomanagement-Plan ist eine detaillierte Beschreibung des Risikomanagement-Systems.

(38) Das Pharmakovigilanz-System ist ein System, das der Inhaber der Zulassung und die zuständige Bundesoberbehörde anwenden, um insbesondere den im Zehnten Abschnitt aufgeführten Aufgaben und Pflichten nachzukommen, und das der Überwachung der Sicherheit zugelassener Arzneimittel und der Entdeckung sämtlicher Änderungen des Nutzen-Risiko-Verhältnisses dient.

(39) Die Pharmakovigilanz-Stammdokumentation ist eine detaillierte Beschreibung des Pharmakovigilanz-Systems, das der Inhaber der Zulassung auf eines oder mehrere zugelassene Arzneimittel anwendet.

(40) Ein gefälschtes Arzneimittel ist ein Arzneimittel mit falschen Angaben über

1. die Identität, einschließlich seiner Verpackung, seiner Kennzeichnung, seiner Bezeichnung oder seiner Zusammensetzung in Bezug auf einen oder mehrere seiner Bestandteile, einschließlich der Hilfsstoffe und des Gehalts dieser Bestandteile,

2. die Herkunft, einschließlich des Herstellers, das Herstellungsland, das Herkunftsland und den Inhaber der Genehmigung für das Inverkehrbringen oder den Inhaber der Zulassung oder

3. den in Aufzeichnungen und Dokumenten beschriebenen Vertriebsweg.

(41) Ein gefälschter Wirkstoff ist ein Wirkstoff, dessen Kennzeichnung auf dem Behältnis nicht den tatsächlichen Inhalt angibt oder dessen Begleitdokumentation nicht alle beteiligten Hersteller oder nicht den tatsächlichen Vertriebsweg widerspiegelt.

§ 4a Ausnahmen vom Anwendungsbereich

Dieses Gesetz findet keine Anwendung auf

1. Arzneimittel, die unter Verwendung von Krankheitserregern oder auf biotechnischem Wege hergestellt werden und zur Verhütung, Erkennung oder Heilung von Tierseuchen bestimmt sind,

2. die Gewinnung und das Inverkehrbringen von Keimzellen zur künstlichen Befruchtung bei Tieren,

3. Gewebe, die innerhalb eines Behandlungsvorgangs einer Person entnommen werden, um auf diese ohne Änderung ihrer stofflichen Beschaffenheit rückübertragen zu werden.

Satz 1 Nr. 1 gilt nicht für § 55.

§ 4b Sondervorschriften für Arzneimittel für neuartige Therapien

(1) Für Arzneimittel für neuartige Therapien, die im Geltungsbereich dieses Gesetzes

1. als individuelle Zubereitung für einen einzelnen Patienten ärztlich verschrieben,

2. nach spezifischen Qualitätsnormen nicht routinemäßig hergestellt und

3. in einer spezialisierten Einrichtung der Krankenversorgung unter der fachlichen Verantwortung eines Arztes angewendet

werden, finden der Vierte Abschnitt, mit Ausnahme des § 33, und der Siebte Abschnitt dieses Gesetzes keine Anwendung. Die übrigen Vorschriften des Gesetzes sowie Artikel 14 Absatz 1 und Artikel 15 Absatz 1 bis 6 der Verordnung (EG) Nr. 1394/2007 gelten entsprechend mit der Maßgabe, dass die dort genannten Amtsaufgaben und Befugnisse entsprechend den ihnen nach diesem Gesetz übertragenen Aufgaben von der zuständigen Behörde oder der zuständigen Bundesoberbehörde wahrgenommen werden und an die Stelle des Inhabers der Zulassung im Sinne dieses Gesetzes oder des Inhabers der Genehmigung für das Inverkehrbringen im Sinne der Verordnung (EG) Nr. 1394/2007 der Inhaber der Genehmigung nach Absatz 3 Satz 1 tritt.

(2) Nicht routinemäßig hergestellt im Sinne von Absatz 1 Satz 1 Nummer 2 werden insbesondere Arzneimittel,

1. die in so geringem Umfang hergestellt und angewendet werden, dass nicht zu erwarten ist, dass hinreichend klinische Erfahrung gesammelt werden kann, um das Arzneimittel umfassend bewerten zu können, oder

2. die noch nicht in ausreichender Anzahl hergestellt und angewendet worden sind, so dass die notwendigen Erkenntnisse für ihre umfassende Bewertung noch nicht erlangt werden konnten.

(3) Arzneimittel nach Absatz 1 Satz 1 dürfen nur an andere abgegeben werden, wenn sie durch die zuständige Bundesoberbehörde genehmigt worden sind. § 21a Absatz 2 Satz 1, Absatz 3 bis 6 und 8 gilt entsprechend. Zusätzlich zu den Angaben und Unterlagen nach § 21a Absatz 2 Satz 1 sind dem Antrag auf Genehmigung folgende Angaben und Unterlagen beizufügen:

1. Angaben zu den spezialisierten Einrichtungen der Krankenversorgung, in denen das Arzneimittel angewendet werden soll,

2. die Anzahl der geplanten Anwendungen oder der Patienten im Jahr,

3. Angaben zur Dosierung,

4. Angaben zum Risikomanagement-Plan mit einer Beschreibung des Risikomanagement-Systems, das der Antragsteller für das betreffende Arzneimittel einführen wird, verbunden mit einer Zusammenfassung des Risikomanagement-Plans und Risikomanagement-Systems, und

5. bei Arzneimitteln für neuartige Therapien, die aus einem gentechnisch veränderten Organismus oder einer Kombination von gentechnisch veränderten Organismen bestehen oder solche enthalten, zusätzlich die technischen Unterlagen gemäß den Anhängen III A, III B und IV der Richtlinie 2001/18/EG des Europäischen Parlaments und des Rates vom 12. März 2001 über die absichtliche Freisetzung genetisch veränderter Organismen in die Umwelt und

zur Aufhebung der Richtlinie 90/220/EWG des Rates (ABl. L 106 vom 17.4.2001, S. 1), die zuletzt durch die Richtlinie (EU) 2015/412 (ABl. L 68 vom 13.3.2015, S. 1) geändert worden ist, sowie die auf der Grundlage einer nach Anhang II der Richtlinie 2001/18/EG durchgeführten Umweltverträglichkeitsprüfung gewonnenen Informationen nach Anhang II Buchstabe D der Richtlinie 2001/18/EG.

§ 22 Absatz 2 Satz 1 Nummer 5, Absatz 4 und 7 Satz 1 gilt entsprechend.

(4) Bei Arzneimitteln für neuartige Therapien, die aus einem gentechnisch veränderten Organismus oder einer Kombination von gentechnisch veränderten Organismen bestehen oder solche enthalten, entscheidet die zuständige Bundesoberbehörde im Benehmen mit dem Bundesamt für Verbraucherschutz und Lebensmittelsicherheit über den Antrag auf Genehmigung. Die Genehmigung der zuständigen Bundesoberbehörde für die Abgabe des Arzneimittels nach Satz 1 an andere umfasst auch die Genehmigung für das Inverkehrbringen der gentechnisch veränderten Organismen, aus denen das Arzneimittel nach Satz 1 besteht oder die es enthält. Die Genehmigung darf nur erteilt werden, wenn

1. eine Umweltverträglichkeitsprüfung gemäß den Grundprinzipien des Anhangs II der Richtlinie 2001/18/EG und auf der Grundlage der Angaben nach den Anhängen III und IV der Richtlinie 2001/18/EG durchgeführt wurde und

2. nach dem Stand der Wissenschaft unvertretbare schädliche Auswirkungen auf die Gesundheit Dritter und auf die Umwelt nicht zu erwarten sind.

(5) Können die erforderlichen Angaben und Unterlagen nach § 21a Absatz 2 Satz 1 Nummer 8 nicht erbracht werden, kann der Antragsteller die Angaben und Unterlagen über die Wirkungsweise, die voraussichtliche Wirkung und mögliche Risiken beifügen.

(6) Die Genehmigung kann befristet werden.

(7) Der Inhaber der Genehmigung hat der zuständigen Bundesoberbehörde in bestimmten Zeitabständen, die diese festlegt, über den Umfang der Herstellung und über die Erkenntnisse für die umfassende Beurteilung des Arzneimittels zu berichten. Die Genehmigung ist zurückzunehmen, wenn nachträglich bekannt wird, dass eine der Voraussetzungen nach Absatz 1 Satz 1 nicht vorgelegen hat. Die Genehmigung ist zu widerrufen, wenn eine der Voraussetzungen nach Absatz 1 Satz 1 nicht mehr vorliegt.

(8) Der Antragsteller hat der zuständigen Bundesoberbehörde unter Beifügung entsprechender Unterlagen unverzüglich Anzeige zu erstatten, wenn sich Änderungen in den Angaben und Unterlagen ergeben, die dem Antrag auf Genehmigung beigefügt waren. Satz 1 gilt nach der Genehmigung entsprechend für den Inhaber der Genehmigung. Dieser ist ferner verpflichtet, die zuständige Bundesoberbehörde zu informieren, wenn neue oder veränderte Risiken bestehen oder sich das Nutzen-Risiko-Verhältnis des Arzneimittels geändert hat. Bei Arzneimitteln für neuartige Therapien, die aus einem gentechnisch veränderten Organismus oder einer Kombination von gentechnisch veränderten Organismen bestehen oder solche enthalten, hat der Antragsteller unter Beifügung entsprechender Unterlagen der zuständigen Bundesoberbehörde außerdem unverzüglich anzuzeigen, wenn ihm neue Informationen über Gefahren für die Gesundheit nicht betroffener Personen oder die Umwelt bekannt werden. Satz 4 gilt nach der Genehmigung entsprechend für den Inhaber der Genehmigung. § 29 Absatz 1a, 1d und 2 ist entsprechend anzuwenden.

(9) Folgende Änderungen dürfen erst vollzogen werden, wenn die zuständige Bundesoberbehörde zugestimmt hat:

1. eine Änderung der Angaben über die Dosierung, die Art oder die Dauer der Anwendung oder über die Anwendungsgebiete, soweit es sich nicht um die Zufügung einer oder Veränderung in eine Indikation handelt, die einem anderen Therapiegebiet zuzuordnen ist,

2. eine Einschränkung der Gegenanzeigen, Nebenwirkungen oder Wechselwirkungen mit anderen Arzneimitteln oder sonstigen Stoffen,

3. eine Änderung der Hilfsstoffe nach Art oder Menge oder der Wirkstoffe nach ihrer Menge,

4. eine Änderung der Darreichungsform in eine Darreichungsform, die mit der genehmigten vergleichbar ist,

5. eine Änderung des Herstellungs- oder Prüfverfahrens, einschließlich der Angaben nach § 21a Absatz 2 Satz 1 Nummer 5,

6. eine Änderung der Art der Aufbewahrung und der Dauer der Haltbarkeit oder

7. bei Arzneimitteln für neuartige Therapien, die aus einem gentechnisch veränderten Organismus oder einer Kombination von gentechnisch veränderten Organismen bestehen oder solche enthalten, eine Änderung, die geeignet ist, die Risikobewertung für die Gesundheit nicht betroffener Personen oder die Umwelt zu verändern.

Die Entscheidung über den Antrag auf Zustimmung muss innerhalb von drei Monaten ergehen. Absatz 4 und § 27 Absatz 2 gelten entsprechend.

(10) Abweichend von Absatz 9 ist eine neue Genehmigung nach Absatz 3 in folgenden Fällen zu beantragen:

1. bei einer Erweiterung der Anwendungsgebiete, soweit es sich nicht um eine Änderung nach Absatz 9 Satz 1 Nummer 1 handelt,

2. bei einer Änderung der Zusammensetzung der Wirkstoffe nach ihrer Art,

3. bei einer Änderung der Darreichungsform, soweit es sich nicht um eine Änderung nach Absatz 9 Satz 1 Nummer 4 handelt.

Über die Genehmigungspflicht nach Satz 1 entscheidet die zuständige Bundesoberbehörde.

(11) Über Anfragen zur Genehmigungspflicht eines Arzneimittels für neuartige Therapien entscheidet die zuständige Behörde im Benehmen mit der zuständigen Bundesoberbehörde. § 21 Absatz 4 gilt entsprechend.

Zweiter Abschnitt
Anforderungen an die Arzneimittel

§ 5 Verbot bedenklicher Arzneimittel

(1) Es ist verboten, bedenkliche Arzneimittel in den Verkehr zu bringen oder bei einem anderen Menschen anzuwenden.

(2) Bedenklich sind Arzneimittel, bei denen nach dem jeweiligen Stand der wissenschaftlichen Erkenntnisse der begründete Verdacht besteht, dass sie bei bestimmungsgemäßem Gebrauch schädliche Wirkungen haben, die über ein nach den Erkenntnissen der medizinischen Wissenschaft vertretbares Maß hinausgehen.

§ 6 Verbote zum Schutz der Gesundheit, Verordnungsermächtigungen

(1) Es ist verboten, ein Arzneimittel herzustellen, in Verkehr zu bringen oder bei Menschen oder Tieren anzuwenden, wenn bei der Herstellung des Arzneimittels einer durch Rechtsverordnung nach Absatz 2 angeordneten Bestimmung über die Verwendung von Stoffen, Zubereitungen aus Stoffen oder Gegenständen, die in der Anlage genannt sind, zuwidergehandelt wird.

(2) Das Bundesministerium für Gesundheit (Bundesministerium) wird ermächtigt, durch Rechtsverordnung mit Zustimmung des Bundesrates die Verwendung der in der Anlage genannten Stoffe, Zubereitungen aus Stoffen oder Gegenstände bei der Herstellung von Arzneimitteln vorzuschreiben, zu beschränken oder zu verbieten, soweit es zur Verhütung einer Gefährdung der Gesundheit von Mensch oder Tier (Risikovorsorge) oder zur Abwehr einer unmit-

telbaren oder mittelbaren Gefährdung der Gesundheit von Mensch oder Tier durch Arzneimittel geboten ist.

(3) Das Bundesministerium wird ermächtigt, durch Rechtsverordnung mit Zustimmung des Bundesrates weitere Stoffe, Zubereitungen aus Stoffen oder Gegenstände in die Anlage aufzunehmen, soweit es zur Risikovorsorge oder zur Abwehr einer unmittelbaren oder mittelbaren Gefährdung der Gesundheit von Mensch oder Tier durch Arzneimittel geboten ist. Durch Rechtsverordnung nach Satz 1 sind Stoffe, Zubereitungen aus Stoffen oder Gegenstände aus der Anlage zu streichen, wenn die Voraussetzungen des Satzes 1 nicht mehr erfüllt sind.

(4) Die Rechtsverordnungen nach den Absätzen 2 und 3 werden vom Bundesministerium für Ernährung und Landwirtschaft im Einvernehmen mit dem Bundesministerium erlassen, sofern es sich um Arzneimittel handelt, die zur Anwendung bei Tieren bestimmt sind.

(5) Die Rechtsverordnungen nach den Absätzen 2 und 3 ergehen im Einvernehmen mit dem Bundesministerium für Umwelt, Naturschutz und nukleare Sicherheit, sofern es sich um radioaktive Arzneimittel oder um Arzneimittel handelt, bei deren Herstellung ionisierende Strahlen verwendet werden.

§ 6a (weggefallen)

§ 7 Radioaktive und mit ionisierenden Strahlen behandelte Arzneimittel

(1) Es ist verboten, radioaktive Arzneimittel oder Arzneimittel, bei deren Herstellung ionisierende Strahlen verwendet worden sind, in den Verkehr zu bringen, es sei denn, dass dies durch Rechtsverordnung nach Absatz 2 zugelassen ist.

(2) Das Bundesministerium wird ermächtigt, im Einvernehmen mit dem Bundesministerium für Umwelt, Naturschutz und nukleare Sicherheit durch Rechtsverordnung mit Zustimmung des Bundesrates das Inverkehrbringen radioak-

tiver Arzneimittel oder bei der Herstellung von Arzneimitteln die Verwendung ionisierender Strahlen zuzulassen, soweit dies nach dem jeweiligen Stand der wissenschaftlichen Erkenntnisse zu medizinischen Zwecken geboten und für die Gesundheit von Mensch oder Tier unbedenklich ist. In der Rechtsverordnung können für die Arzneimittel der Vertriebsweg bestimmt sowie Angaben über die Radioaktivität auf dem Behältnis, der äußeren Umhüllung und der Packungsbeilage vorgeschrieben werden. Die Rechtsverordnung wird vom Bundesministerium für Ernährung und Landwirtschaft im Einvernehmen mit dem Bundesministerium und dem Bundesministerium für Umwelt, Naturschutz und nukleare Sicherheit erlassen, soweit es sich um Arzneimittel handelt, die zur Anwendung bei Tieren bestimmt sind.

§ 8 Verbote zum Schutz vor Täuschung

(1) Es ist verboten, Arzneimittel oder Wirkstoffe herzustellen oder in den Verkehr zu bringen, die

1. durch Abweichung von den anerkannten pharmazeutischen Regeln in ihrer Qualität nicht unerheblich gemindert sind oder

1a. (weggefallen)

2. mit irreführender Bezeichnung, Angabe oder Aufmachung versehen sind. Eine Irreführung liegt insbesondere dann vor, wenn

   a) Arzneimitteln eine therapeutische Wirksamkeit oder Wirkungen oder Wirkstoffen eine Aktivität beigelegt werden, die sie nicht haben,

   b) fälschlich der Eindruck erweckt wird, dass ein Erfolg mit Sicherheit erwartet werden kann oder dass nach bestimmungsgemäßem oder längerem Gebrauch keine schädlichen Wirkungen eintreten,

   c) zur Täuschung über die Qualität geeignete Bezeichnungen, Angaben oder Aufmachungen verwendet werden, die

für die Bewertung des Arzneimittels oder Wirkstoffs mitbestimmend sind.

(2) Es ist verboten, gefälschte Arzneimittel oder gefälschte Wirkstoffe herzustellen, in den Verkehr zu bringen oder sonst mit ihnen Handel zu treiben.

(3) Es ist verboten, Arzneimittel, deren Verfalldatum abgelaufen ist, in den Verkehr zu bringen.

§ 9 Der Verantwortliche für das Inverkehrbringen

(1) Arzneimittel, die im Geltungsbereich dieses Gesetzes in den Verkehr gebracht werden, müssen den Namen oder die Firma und die Anschrift des pharmazeutischen Unternehmers tragen. Dies gilt nicht für Arzneimittel, die zur klinischen Prüfung bei Menschen bestimmt sind.

(2) Arzneimittel dürfen im Geltungsbereich dieses Gesetzes nur durch einen pharmazeutischen Unternehmer in den Verkehr gebracht werden, der seinen Sitz im Geltungsbereich dieses Gesetzes, in einem anderen Mitgliedstaat der Europäischen Union oder in einem anderen Vertragsstaat des Abkommens über den Europäischen Wirtschaftsraum hat. Bestellt der pharmazeutische Unternehmer einen örtlichen Vertreter, entbindet ihn dies nicht von seiner rechtlichen Verantwortung.

§ 10 Kennzeichnung

(1) Fertigarzneimittel, die Arzneimittel im Sinne des § 2 Abs. 1 oder Abs. 2 Nr. 1 und nicht zur klinischen Prüfung bei Menschen bestimmt oder nach § 21 Abs. 2 Nr. 1a 1b oder 6 von der Zulassungspflicht freigestellt sind, dürfen im Geltungsbereich dieses Gesetzes nur in den Verkehr gebracht werden, wenn auf den Behältnissen und, soweit verwendet, auf den äußeren Umhüllungen in gut lesbarer Schrift, allgemeinverständlich in deutscher Sprache und auf dauerhafte Weise und in Übereinstimmung mit den Angaben nach § 11a angegeben sind

1. der Name oder die Firma und die Anschrift des pharmazeutischen Unternehmers und, soweit vorhanden, der Name des von ihm benannten örtlichen Vertreters,

2. die Bezeichnung des Arzneimittels, gefolgt von der Angabe der Stärke und der Darreichungsform, und soweit zutreffend, dem Hinweis, dass es zur Anwendung für Säuglinge, Kinder oder Erwachsene bestimmt ist, es sei denn, dass diese Angaben bereits in der Bezeichnung enthalten sind; enthält das Arzneimittel bis zu drei Wirkstoffe, muss der internationale Freiname (INN) aufgeführt werden oder, falls dieser nicht existiert, die gebräuchliche Bezeichnung; dies gilt nicht, wenn in der Bezeichnung die Wirkstoffbezeichnung nach Nummer 8 enthalten ist,

3. die Zulassungsnummer mit der Abkürzung „Zul.-Nr.",

4. die Chargenbezeichnung, soweit das Arzneimittel in Chargen in den Verkehr gebracht wird, mit der Abkürzung „Ch.-B.", soweit es nicht in Chargen in den Verkehr gebracht werden kann, das Herstellungsdatum,

5. die Darreichungsform,

6. der Inhalt nach Gewicht, Nennvolumen oder Stückzahl,

7. die Art der Anwendung,

8. die Wirkstoffe nach Art und Menge und sonstige Bestandteile nach der Art, soweit dies durch Auflage der zuständigen Bundesoberbehörde nach § 28 Abs. 2 Nr. 1 angeordnet oder durch Rechtsverordnung nach § 12 Abs. 1 Nr. 4, auch in Verbindung mit Abs. 2, oder nach § 36 Abs. 1 vorgeschrieben ist; bei Arzneimitteln zur parenteralen oder zur topischen Anwendung, einschließlich der Anwendung am Auge, alle Bestandteile nach der Art,

8a. bei gentechnologisch gewonnenen Arzneimitteln der Wirkstoff und die Bezeichnung des bei der Herstellung verwendeten gentechnisch veränderten Organismus oder die Zellinie,

9. das Verfalldatum mit dem Hinweis „verwendbar bis" oder mit der Abkürzung „verw. bis",

10. bei Arzneimitteln, die nur auf ärztliche, zahnärztliche oder tierärztliche Verschreibung abgegeben werden dürfen, der Hinweis „Verschreibungspflichtig", bei sonstigen Arzneimitteln, die nur in Apotheken an Verbraucher abgegeben werden dürfen, der Hinweis „Apothekenpflichtig",

11. bei Mustern der Hinweis „Unverkäufliches Muster",

12. der Hinweis, dass Arzneimittel unzugänglich für Kinder aufbewahrt werden sollen, es sei denn, es handelt sich um Heilwässer,

13. soweit erforderlich besondere Vorsichtsmaßnahmen für die Beseitigung von nicht verwendeten Arzneimitteln oder sonstige besondere Vorsichtsmaßnahmen, um Gefahren für die Umwelt zu vermeiden,

14. Verwendungszweck bei nicht verschreibungspflichtigen Arzneimitteln.

Sofern die Angaben nach Satz 1 zusätzlich in einer anderen Sprache wiedergegeben werden, müssen in dieser Sprache die gleichen Angaben gemacht werden. Ferner ist Raum für die Angabe der verschriebenen Dosierung vorzusehen; dies gilt nicht für die in Absatz 8 Satz 3 genannten Behältnisse und Ampullen und für Arzneimittel, die dazu bestimmt sind, ausschließlich durch Angehörige der Heilberufe angewendet zu werden. Arzneimittel, die nach einer homöopathischen Verfahrenstechnik hergestellt werden und nach § 25 zugelassen sind, sind zusätzlich mit einem Hinweis auf die homöopathische Beschaffenheit zu kennzeichnen. Weitere Angaben, die nicht durch eine Verordnung der Europäischen Gemeinschaft oder der Europäischen Union vorgeschrieben oder bereits nach einer solchen Verordnung zulässig sind, sind zulässig, soweit sie mit der Anwendung des Arzneimittels im Zusammenhang stehen, für die gesundheitliche Aufklärung der Patienten wichtig sind und den Angaben nach § 11a nicht widersprechen.

(1a) (weggefallen)

(1b) Bei Arzneimitteln, die zur Anwendung bei Menschen bestimmt sind, ist die Bezeichnung des Arzneimittels auf den äußeren Umhüllungen auch in Blindenschrift anzugeben. Die in Absatz 1 Satz 1 Nr. 2 genannten sonstigen Angaben zur Darreichungsform und zu der Personengruppe, für die das Arzneimittel bestimmt ist, müssen nicht in Blindenschrift aufgeführt werden; dies gilt auch dann, wenn diese Angaben in der Bezeichnung enthalten sind. Satz 1 gilt nicht für Arzneimittel,

1. die dazu bestimmt sind, ausschließlich durch Angehörige der Heilberufe angewendet zu werden oder

2. die in Behältnissen von nicht mehr als 20 Milliliter Nennvolumen oder einer Inhaltsmenge von nicht mehr als 20 Gramm in Verkehr gebracht werden.

(1c) Bei Arzneimitteln, die zur Anwendung bei Menschen bestimmt sind, sind auf den äußeren Umhüllungen Sicherheitsmerkmale sowie eine Vorrichtung zum Erkennen einer möglichen Manipulation der äußeren Umhüllung anzubringen, sofern dies durch Artikel 54a der Richtlinie 2001/83/EG des Europäischen Parlaments und des Rates vom 6. November 2001 zur Schaffung eines Gemeinschaftskodexes für Humanarzneimittel (ABl. L 311 vom 28.11.2001, S. 67), die zuletzt durch die Richtlinie 2011/62/EU (ABl. L 174 vom 1.7.2011, S. 74) geändert worden ist, vorgeschrieben oder auf Grund von Artikel 54a der Richtlinie 2001/83/EG festgelegt wird.

(2) Es sind ferner Warnhinweise, für die Verbraucher bestimmte Aufbewahrungshinweise und für die Fachkreise bestimmte Lagerhinweise anzugeben, soweit dies nach dem jeweiligen Stand der wissenschaftlichenErkenntnisse erforderlich oder durch Auflagen der zuständigen

Bundesoberbehörde nach § 28 Abs. 2 Nr. 1 angeordnet oder durch Rechtsverordnung vorgeschrieben ist.

(3) Bei Sera ist auch die Art des Lebewesens, aus dem sie gewonnen sind, bei Virusimpfstoffen das Wirtsystem, das zur Virusvermehrung gedient hat, anzugeben.

(4) Bei Arzneimitteln, die in das Register für homöopathische Arzneimittel eingetragen sind, sind an Stelle der Angaben nach Absatz 1 Satz 1 Nr. 1 bis 14 und außer dem deutlich erkennbaren Hinweis „Homöopathisches Arzneimittel" die folgenden Angaben zu machen:

1. Ursubstanzen nach Art und Menge und der Verdünnungsgrad; dabei sind die Symbole aus den offiziell gebräuchlichen Pharmakopöen zu verwenden; die wissenschaftliche Bezeichnung der Ursubstanz kann durch einen Phantasienamen ergänzt werden,

2. Name und Anschrift des pharmazeutischen Unternehmers und, soweit vorhanden, seines örtlichen Vertreters,

3. Art der Anwendung,

4. Verfalldatum; Absatz 1 Satz 1 Nr. 9 und Absatz 7 finden Anwendung,

5. Darreichungsform,

6. der Inhalt nach Gewicht, Nennvolumen oder Stückzahl,

7. Hinweis, dass Arzneimittel unzugänglich für Kinder aufbewahrt werden sollen, weitere besondere Vorsichtsmaßnahmen für die Aufbewahrung und Warnhinweise, einschließlich weiterer Angaben, soweit diese für eine sichere Anwendung erforderlich oder nach Absatz 2 vorgeschrieben sind,

8. Chargenbezeichnung,

9. Registrierungsnummer mit der Abkürzung „Reg.-Nr." und der Angabe „Registriertes homöopathisches Arzneimittel, daher ohne Angabe einer therapeutischen Indikation",

10. der Hinweis an den Anwender, bei während der Anwendung des Arzneimittels fortdauernden Krankheitssymptomen medizinischen Rat einzuholen,

11. bei Arzneimitteln, die nur in Apotheken an Verbraucher abgegeben werden dürfen, der Hinweis „Apothekenpflichtig",

12. bei Mustern der Hinweis „Unverkäufliches Muster".

Satz 1 gilt entsprechend für Arzneimittel, die nach § 38 Abs. 1 Satz 3 von der Registrierung freigestellt sind; Absatz 1b findet keine Anwendung.

(4a) Bei traditionellen pflanzlichen Arzneimitteln nach § 39a müssen zusätzlich zu den Angaben in Absatz 1 folgende Hinweise aufgenommen werden:

1. Das Arzneimittel ist ein traditionelles Arzneimittel, das ausschließlich auf Grund langjähriger Anwendung für das Anwendungsgebiet registriert ist, und

2. der Anwender sollte bei fortdauernden Krankheitssymptomen oder beim Auftreten anderer als der in der Packungsbeilage erwähnten Nebenwirkungen einen Arzt oder eine andere in einem Heilberuf tätige qualifizierte Person konsultieren.

An die Stelle der Angabe nach Absatz 1 Satz 1 Nr. 3 tritt die Registrierungsnummer mit der Abkürzung „Reg.-Nr.".

(5) Bei Arzneimitteln, die zur Anwendung bei Tieren bestimmt sind, gelten die Absätze 1 und 1a mit der Maßgabe, dass anstelle der Angaben nach Absatz 1 Satz 1 Nummer 1 bis 14 und Absatz 1a die folgenden Angaben zu machen sind:

1. Bezeichnung des Arzneimittels, gefolgt von der Angabe der Stärke, der Darreichungsform und der Tierart, es sei denn, dass diese Angaben bereits in der Bezeichnung enthalten sind; enthält das Arzneimittel nur einen Wirkstoff, muss die internationale Kurzbezeichnung der Weltgesundheitsor-ganisation angegeben werden oder, soweit eine solche nicht vorhanden ist, die gebräuchliche Bezeichnung, es sei denn, dass die Angabe des Wirkstoffs bereits in der Bezeichnung enthalten ist,

2. die Wirkstoffe nach Art und Menge und sonstige Bestandteile nach der Art, soweit dies durch Auflage der zuständigen Bundesoberbehörde nach § 28 Absatz 2 Nummer 1 angeordnet oder durch Rechtsverordnung nach § 12 Absatz 1 Nummer 4 auch in Verbindung mit Absatz 2 oder nach § 36 Absatz 1 vorgeschrieben ist,

3. die Chargenbezeichnung,

4. die Zulassungsnummer mit der Abkürzung „Zul.-Nr.",

5. der Name oder die Firma und die Anschrift des pharmazeutischen Unternehmers und, soweit vorhanden, der Name des von ihm benannten örtlichen Vertreters,

6. die Tierarten, bei denen das Arzneimittel angewendet werden soll,

7. die Art der Anwendung,

8. die Wartezeit, soweit es sich um Arzneimittel handelt, die zur Anwendung bei Tieren bestimmt sind, die der Gewinnung von Lebensmitteln dienen,

9. das Verfalldatum entsprechend Absatz 7,

10. soweit erforderlich, besondere Vorsichtsmaßnahmen für die Beseitigung von nicht verwendeten Arzneimitteln,

11. der Hinweis, dass Arzneimittel unzugänglich für Kinder aufbewahrt werden sollen, weitere besondere Vorsichtsmaßnahmen für die Aufbewahrung und Warnhinweise, einschließlich weiterer Angaben, soweit diese für eine sichere Anwendung erforderlich oder nach Absatz 2 vorgeschrieben sind,

12. der Hinweis „Für Tiere",

13. die Darreichungsform,

14. der Inhalt nach Gewicht, Nennvolumen oder Stückzahl,

15. bei Arzneimitteln, die nur auf tierärztliche Verschreibung abgegeben werden dürfen, der Hinweis „Verschreibungspflichtig", bei sonstigen Arzneimitteln, die nur in Apotheken an den Verbraucher abgegeben werden dürfen, der Hinweis „Apothekenpflichtig",

16. bei Mustern der Hinweis „Unverkäufliches Muster".

Arzneimittel zur Anwendung bei Tieren, die in das Register für homöopathische Arzneimittel eingetragen sind, sind mit dem deutlich erkennbaren Hinweis „Homöopathisches Arzneimittel" zu versehen; anstelle der Angaben nach Satz 1 Nummer 2 und 4 sind die Angaben nach Absatz 4 Satz 1 Nummer 1, 9 und 10 zu machen. Die Sätze 1 und 2 gelten entsprechend für Arzneimittel, die nach § 38 Absatz 1 Satz 3 oder nach § 60 Absatz 1 von der Registrierung freigestellt sind. Bei traditionellen pflanzlichen Arzneimitteln zur Anwendung bei Tieren ist anstelle der Angabe nach Satz 1 Nummer 4 die Registrierungsnummer mit der Abkürzung „Reg.-Nr." zu machen; ferner sind die Hinweise nach Absatz 4a Satz 1 Nummer 1 und entsprechend der Anwendung bei Tieren nach Nummer 2 anzugeben. Die Angaben nach Satz 1 Nummer 13 und 14 brauchen, sofern eine äußere Umhüllung vorhanden ist, nur auf der äußeren Umhüllung zu stehen.

(6) Für die Bezeichnung der Bestandteile gilt folgendes:

1. Zur Bezeichnung der Art sind die internationalen Kurzbezeichnungen der Weltgesundheitsorganisation oder, soweit solche nicht vorhanden sind, gebräuchliche wissenschaftliche Bezeichnungen zu verwenden; das Bundesinstitut für Arzneimittel und Medizinprodukte bestimmt im Einvernehmen mit dem Paul-Ehrlich-Institut und dem Bundesamt für Verbraucherschutz und Lebensmittelsicherheit die zu verwendenden Bezeichnungen und veröffentlicht diese in einer Datenbank nach § 67a;

2. Zur Bezeichnung der Menge sind Maßeinheiten zu verwenden; sind biologische Einheiten oder andere Angaben zur Wertigkeit wissenschaftlich gebräuchlich, so sind diese zu verwenden.

(7) Das Verfalldatum ist mit Monat und Jahr anzugeben.

(8) Durchdrückpackungen sind mit dem Namen oder der Firma des pharmazeutischen Unternehmers, der Bezeichnung des Arzneimittels, der Chargenbezeichnung und dem Verfalldatum zu versehen. Auf die Angabe von Namen und Firma eines Parallelimporteurs kann verzichtet werden. Bei Behältnissen von nicht mehr als 10 Milliliter Nennvolumen und bei Ampullen, die nur eine einzige Gebrauchseinheit enthalten, brauchen die Angaben nach den Absätzen 1, 2 bis 5 nur auf den äußeren Umhüllungen gemacht zu werden; jedoch müssen sich auf den Behältnissen und Ampullen mindestens die Angaben nach Absatz 1 Satz 1 Nummer 2 erster Halbsatz, 4, 6, 7, 9 sowie nach den Absätzen 3 und 5 Satz 1 Nummer 1, 3, 7, 9, 12, 14 befinden; es können geeignete Abkürzungen verwendet werden. Satz 3 findet auch auf andere kleine Behältnisse als die dort genannten Anwendung, sofern in Verfahren nach § 25b abweichende Anforderungen an kleine Behältnisse zugrunde gelegt werden.

(8a) Bei Frischplasmazubereitungen und Zubereitungen aus Blutzellen müssen mindestens die Angaben nach Absatz 1 Satz 1 Nummer 1, 2, ohne die Angabe der Stärke, Darreichungsform und der Personengruppe, Nummer 3 oder die Genehmigungsnummer mit der Abkürzung „Gen.-Nr.", Nummer 4, 6, 7 und 9 gemacht sowie die Bezeichnung und das Volumen der Antikoagulans- und, soweit vorhanden, der Additivlösung, die Lagertemperatur, die Blutgruppe und bei allogenen Zubereitungen aus roten Blutkörperchen zusätzlich die Rhesusformel, bei Thrombozytenkonzentraten und autologen Zubereitungen aus roten Blutkörperchen zusätzlich der Rhesusfaktor angegeben werden. Bei autologen Blutzubereitungen muss zusätzlich die Angabe „Nur zur Eigenbluttransfusion" gemacht und bei autologen und gerichteten Blutzubereitungen zusätzlich ein Hinweis auf den Empfänger gegeben werden. Bei hämatopoetischen Stammzellzubereitungen aus dem peripheren Blut oder aus dem Nabelschnurblut muss der Einheitliche Europäische Code mit der Abkürzung „SEC" angegeben werden sowie im Fall festgestellter Infektiosität die Angabe „Biologische Gefahr" gemacht werden.

(8b) Bei Gewebezubereitungen müssen mindestens die Angaben nach Absatz 1 Satz 1 Nummer 1 und 2 ohne die Angabe der Stärke, der Darreichungsform und der Personengruppe, Nummer 3 oder die Genehmigungsnummer mit der Abkürzung „Gen.-Nr.", Nummer 4, 6 und 9, der Einheitliche Europäische Code mit der Abkürzung „SEC" sowie die Angabe „Biologische Gefahr" im Falle festgestellter Infektiosität gemacht werden. Bei autologen Gewebezubereitungen müssen zusätzlich die Angabe „Nur zur autologen Anwendung" gemacht und bei autologen und gerichteten Gewebezubereitungen zusätzlich ein Hinweis auf den Empfänger gegeben werden.

(9) Bei den Angaben nach den Absätzen 1 bis 5 dürfen im Verkehr mit Arzneimitteln übliche Abkürzungen verwendet werden. Die Firma nach Absatz 1 Nr. 1 darf abgekürzt werden, sofern das Unternehmen aus der Abkürzung allgemein erkennbar ist.

(10) Für Arzneimittel, die zur Anwendung bei Tieren und zur klinischen Prüfung oder zur Rückstandsprüfung bestimmt sind, finden Absatz 5 Satz 1 Nummer 1, 3, 5, 7, 8, 13 und 14 sowie die Absätze 8 und 9, soweit sie sich hierauf beziehen, Anwendung. Diese Arzneimittel sind soweit zutreffend mit dem Hinweis „Zur klinischen Prüfung bestimmt" oder „Zur Rückstandsprüfung bestimmt" zu versehen. Durchdrückpackungen sind mit der Bezeichnung, der Chargenbezeichnung und dem Hinweis nach Satz 2 zu versehen.

(11) Aus Fertigarzneimitteln entnommene Teilmengen, die zur Anwendung bei Menschen bestimmt sind, dürfen nur mit einer Kennzeichnung abgegeben werden, die mindestens den Anforderungen nach Absatz 8 Satz 1 entspricht. Absatz 1b findet keine Anwendung.

Fußnote

(+++ § 10 Abs. 1: Zur Anwendung vgl. § 109 Abs. 1 +++) § 10 Abs. 1c: Eingef. durch Art. 1. Nr. 7 Buchst. c G v. 19.10.2012 I 2192 mWv ersten Tag des vierten Jahres, der auf die Verkündung des delegierten Rechtsaktes der Europäischen Kommission nach Artikel 54a Absatz 2 der Richtlinie 2001/83/EG im Amtsblatt der Europäischen Union folgt; Inkraft gem. Art. 12a Nr. 1 G v. 20.12.2016 I 3048 mWv 9.2.2019

§ 11 Packungsbeilage

(1) Fertigarzneimittel, die Arzneimittel im Sinne des § 2 Abs. 1 oder Abs. 2 Nr. 1 sind und die nicht zur klinischen Prüfung oder Rückstandsprüfung bestimmt oder nach § 21 Abs. 2 Nr. 1a 1b oder 6 von der Zulassungspflicht freigestellt sind, dürfen im Geltungsbereich dieses Gesetzes nur mit einer Packungsbeilage in den Verkehr gebracht werden, die die Überschrift „Gebrauchsinformation" trägt sowie folgende Angaben in der nachstehenden Reihenfolge allgemein verständlich in deutscher Sprache, in gut lesbarer Schrift und in Übereinstimmung mit den Angaben nach § 11a enthalten muss:

1. zur Identifizierung des Arzneimittels:

   a) die Bezeichnung des Arzneimittels, § 10 Abs. 1 Satz 1 Nr. 2 finden entsprechende Anwendung,

   b) die Stoff- oder Indikationsgruppe oder die Wirkungsweise;

2. die Anwendungsgebiete;

3. eine Aufzählung von Informationen, die vor der Einnahme des Arzneimittels bekannt sein müssen:

   a) Gegenanzeigen,

   b) entsprechende Vorsichtsmaßnahmen für die Anwendung,

   c) Wechselwirkungen mit anderen Arzneimitteln oder anderen Mitteln, soweit sie die Wirkung des Arzneimittels beeinflussen können,

d) Warnhinweise, insbesondere soweit dies durch Auflage der zuständigen Bundesoberbehörde nach § 28 Abs. 2 Nr. 2 angeordnet oder auf Grund von § 7 des Anti-Doping-Gesetzes oder durch Rechtsverordnung nach § 12 Abs. 1 Nr. 3 vorgeschrieben ist;

4. die für eine ordnungsgemäße Anwendung erforderlichen Anleitungen über

a) Dosierung,

b) Art der Anwendung,

c) Häufigkeit der Verabreichung, erforderlichenfalls mit Angabe des genauen Zeitpunkts, zu dem das Arzneimittel verabreicht werden kann oder muss, sowie, soweit erforderlich und je nach Art des Arzneimittels,

d) Dauer der Behandlung, falls diese festgelegt werden soll,

e) Hinweise für den Fall der Überdosierung, der unterlassenen Einnahme oder Hinweise auf die Gefahr von unerwünschten Folgen des Absetzens,

f) die ausdrückliche Empfehlung, bei Fragen zur Klärung der Anwendung den Arzt oder Apotheker zu befragen;

5. eine Beschreibung der Nebenwirkungen, die bei bestimmungsgemäßem Gebrauch des Arzneimittels eintreten können; bei Nebenwirkungen zu ergreifende Gegenmaßnahmen, soweit dies nach dem jeweiligen Stand der wissenschaftlichen Erkenntnis erforderlich ist; bei allen Arzneimitteln, die zur Anwendung bei Menschen bestimmt sind, ist zusätzlich ein Standardtext aufzunehmen, durch den die Patienten ausdrücklich aufgefordert werden, jeden Verdachtsfall einer Nebenwirkung ihren Ärzten, Apothekern, Angehörigen von Gesundheitsberufen oder unmittelbar der zuständigen Bundesoberbehörde zu melden, wobei die Meldung in jeder Form, insbesondere auch elektronisch, erfolgen kann;

6. einen Hinweis auf das auf der Verpackung angegebene Verfalldatum sowie

a) Warnung davor, das Arzneimittel nach Ablauf dieses Datums anzuwenden,

b) soweit erforderlich besondere Vorsichtsmaßnahmen für die Aufbewahrung und die Angabe der Haltbarkeit nach Öffnung des Behältnisses oder nach Herstellung der gebrauchsfertigen Zubereitung durch den Anwender,

c) soweit erforderlich Warnung vor bestimmten sichtbaren Anzeichen dafür, dass das Arzneimittel nicht mehr zu verwenden ist,

d) vollständige qualitative Zusammensetzung nach Wirkstoffen und sonstigen Bestandteilen sowie quantitative Zusammensetzung nach Wirkstoffen unter Verwendung gebräuchlicher Bezeichnungen für jede Darreichungsform des Arzneimittels, § 10 Abs. 6 findet Anwendung,

e) Darreichungsform und Inhalt nach Gewicht, Nennvolumen oder Stückzahl für jede Darreichungsform des Arzneimittels,

f) Name und Anschrift des pharmazeutischen Unternehmers und, soweit vorhanden, seines örtlichen Vertreters,

g) Name und Anschrift des Herstellers oder des Einführers, der das Fertigarzneimittel für das Inverkehrbringen freigegeben hat;

7. bei einem Arzneimittel, das unter anderen Bezeichnungen in anderen Mitgliedstaaten der Europäischen Union nach den Artikeln 28 bis 39 der Richtlinie 2001/83/EG des Europäischen Parlaments und des Rates vom 6. November 2001 zur Schaffung eines Gemeinschaftskodexes für Humanarz-

neimittel (ABl. L 311 vom 28.11.2001, S. 67), die zuletzt durch die Richtlinie 2012/26/EU (ABl. L 299 vom 27.10.2012, S. 1) geändert worden ist, für das Inverkehrbringen genehmigt ist, ein Verzeichnis der in den einzelnen Mitgliedstaaten genehmigten Bezeichnungen;

8. das Datum der letzten Überarbeitung der Packungsbeilage.

Für Arzneimittel, die zur Anwendung bei Menschen bestimmt sind und sich auf der Liste gemäß Artikel 23 der Verordnung (EG) Nr. 726/2004 des Europäischen Parlaments und des Rates vom 31. März 2004 zur Festlegung von Gemeinschaftsverfahren für die Genehmigung und Überwachung von Human- und Tierarzneimitteln und zur Errichtung einer Europäischen Arzneimittel-Agentur (ABl. L 136 vom 30.4.2004, S. 1), die zuletzt durch die Verordnung (EU) Nr. 1027/2012 (ABl. L 316 vom 14.11.2012, S. 38) geändert worden ist, befinden, muss ferner folgende Erklärung aufgenommen werden: „Dieses Arzneimittel unterliegt einer zusätzlichen Überwachung." Dieser Erklärung muss ein schwarzes Symbol vorangehen und ein geeigneter standardisierter erläuternder Text nach Artikel 23 Absatz 4 der Verordnung (EG) Nr. 726/2004 folgen. Erläuternde Angaben zu den in Satz 1 genannten Begriffen sind zulässig. Sofern die Angaben nach Satz 1 in der Packungsbeilage zusätzlich in einer anderen Sprache wiedergegeben werden, müssen in dieser Sprache die gleichen Angaben gemacht werden. Satz 1 gilt nicht für Arzneimittel, die nach § 21 Abs. 2 Nr. 1 einer Zulassung nicht bedürfen. Weitere Angaben, die nicht durch eine Verordnung der Europäischen Gemeinschaft oder der Europäischen Union vorgeschrieben oder bereits nach einer solchen Verordnung zulässig sind, sind zulässig, soweit sie mit der Anwendung des Arzneimittels im Zusammenhang stehen, für die gesundheitliche Aufklärung der Patienten wichtig sind und den Angaben nach § 11a nicht widersprechen. Bei den Angaben nach Satz 1 Nr. 3 Buchstabe a bis d ist, soweit dies nach dem jeweiligen Stand der wissen-

schaftlichen Erkenntnisse erforderlich ist, auf die besondere Situation bestimmter Personengruppen, wie Kinder, Schwangere oder stillende Frauen, ältere Menschen oder Personen mit spezifischen Erkrankungen einzugehen; ferner sind, soweit erforderlich, mögliche Auswirkungen der Anwendung auf die Fahrtüchtigkeit oder die Fähigkeit zur Bedienung bestimmter Maschinen anzugeben. Der Inhaber der Zulassung ist verpflichtet, die Packungsbeilage auf aktuellem wissenschaftlichen Kenntnisstand zu halten, zu dem auch die Schlussfolgerungen aus Bewertungen und die Empfehlungen gehören, die auf dem nach Artikel 26 der Verordnung (EG) Nr. 726/2004 eingerichteten europäischen Internetportal für Arzneimittel veröffentlicht werden.

(1a) Ein Muster der Packungsbeilage und geänderter Fassungen ist der zuständigen Bundesoberbehörde unverzüglich zu übersenden, soweit nicht das Arzneimittel von der Zulassung oder Registrierung freigestellt ist.

(1b) Die nach Absatz 1 Satz 1 Nummer 5 und Satz 3 erforderlichen Standardtexte werden von der zuständigen Bundesoberbehörde im Bundesanzeiger bekannt gemacht.

(2) Es sind ferner in der Packungsbeilage Hinweise auf Bestandteile, deren Kenntnis für eine wirksame und unbedenkliche Anwendung des Arzneimittels erforderlich ist, und für die Verbraucher bestimmte Aufbewahrungshinweise anzugeben, soweit dies nach dem jeweiligen Stand der wissenschaftlichen Erkenntnisse erforderlich oder durch Auflage der zuständigen Bundesoberbehörde nach § 28 Abs. 2 Nr. 2 angeordnet oder durch Rechtsverordnung vorgeschrieben ist.

(2a) Bei radioaktiven Arzneimitteln gilt Absatz 1 entsprechend mit der Maßgabe, dass die Vorsichtsmaßnahmen aufzuführen sind, die der Verwender und der Patient während der Zubereitung und Verabreichung des Arzneimittels zu ergreifen haben, sowie besondere Vorsichtsmaßnahmen für die Entsorgung des Transportbehälters und nicht verwendeter Arzneimittel.

(3) Bei Arzneimitteln, die in das Register für homöopathische Arzneimittel eingetragen sind, gilt Absatz 1 entsprechend mit der Maßgabe, dass die in § 10 Abs. 4 vorgeschriebenen Angaben, ausgenommen die Angabe der Chargenbezeichnung, des Verfalldatums und des bei Mustern vorgeschriebenen Hinweises, zu machen sind sowie der Name und die Anschrift des Herstellers anzugeben sind, der das Fertigarzneimittel für das Inverkehrbringen freigegeben hat, soweit es sich dabei nicht um den pharmazeutischen Unternehmer handelt. Satz 1 gilt entsprechend für Arzneimittel, die nach § 38 Abs. 1 Satz 3 von der Registrierung freigestellt sind.

(3a) Bei Sera gilt Absatz 1 entsprechend mit der Maßgabe, dass auch die Art des Lebewesens, aus dem sie gewonnen sind, bei Virusimpfstoffen das Wirtssystem, das zur Virusvermehrung gedient hat, und bei Arzneimitteln aus humanem Blutplasma zur Fraktionierung das Herkunftsland des Blutplasmas anzugeben ist.

(3b) Bei traditionellen pflanzlichen Arzneimitteln nach § 39a gilt Absatz 1 entsprechend mit der Maßgabe, dass bei den Angaben nach Absatz 1 Satz 1 Nr. 2 anzugeben ist, dass das Arzneimittel ein traditionelles Arzneimittel ist, das ausschließlich auf Grund langjähriger Anwendung für das Anwendungsgebiet registriert ist. Zusätzlich ist in die Packungsbeilage der Hinweis nach § 10 Abs. 4a Satz 1 Nr. 2 aufzunehmen.

(3c) Der Inhaber der Zulassung hat dafür zu sorgen, dass die Packungsbeilage auf Ersuchen von Patientenorganisationen bei Arzneimitteln, die zur Anwendung bei Menschen bestimmt sind, in Formaten verfügbar ist, die für blinde und sehbehinderte Personen geeignet sind.

(3d) Bei Heilwässern können unbeschadet der Verpflichtungen nach Absatz 2 die Angaben nach Absatz 1 Satz 1 Nr. 3 Buchstabe b, Nr. 4 Buchstabe e und f, Nr. 5, soweit der dort angegebene Hinweis vorgeschrieben ist, und Nr. 6 Buchstabe c entfallen. Ferner kann bei Heilwässern von der in Absatz 1 vorgeschriebenen Reihenfolge abgewichen werden.

(4) Bei Arzneimitteln, die zur Anwendung bei Tieren bestimmt sind, gilt Absatz 1 mit der Maßgabe, dass anstelle der Angaben nach Absatz 1 Satz 1 die folgenden Angaben nach Maßgabe von Absatz 1 Satz 2 und 3 in der nachstehenden Reihenfolge allgemein verständlich in deutscher Sprache, in gut lesbarer Schrift und in Übereinstimmung mit den Angaben nach § 11a gemacht werden müssen:

1. Name und Anschrift des pharmazeutischen Unternehmers, soweit vorhanden seines örtlichen Vertreters, und des Herstellers, der das Fertigarzneimittel für das Inverkehrbringen freigegeben hat;

2. Bezeichnung des Arzneimittels, gefolgt von der Angabe der Stärke und Darreichungsform; die gebräuchliche Bezeichnung des Wirkstoffes wird aufgeführt, wenn das Arzneimittel nur einen einzigen Wirkstoff enthält und sein Name ein Phantasiename ist; bei einem Arzneimittel, das unter anderen Bezeichnungen in anderen Mitgliedstaaten der Europäischen Union nach den Artikeln 31 bis 43 der Richtlinie 2001/82/EG des Europäischen Parlaments und des Rates zur Schaffung eines Gemeinschaftskodexes für Tierarzneimittel vom 6. November 2001 (ABl. EG Nr. L 311 S. 1), geändert durch die Richtlinie 2004/28/EG (ABl. EU Nr. L 136 S. 58), für das Inverkehrbringen genehmigt ist, ein Verzeichnis der in den einzelnen Mitgliedstaaten genehmigten Bezeichnungen;

3. Anwendungsgebiete;

4. Gegenanzeigen und Nebenwirkungen, soweit diese Angaben für die Anwendung notwendig sind; können hierzu keine Angaben gemacht werden, so ist der Hinweis „keine bekannt" zu verwenden; der Hinweis, dass der Anwender oder Tierhalter aufgefordert werden soll, dem Tierarzt oder Apotheker jede Nebenwirkung mitzuteilen, die in der Packungsbeilage nicht aufgeführt ist;

5. Tierarten, für die das Arzneimittel bestimmt ist, Dosierungsanleitung für jede Tierart, Art und Weise der Anwendung, soweit erforderlich Hinweise für die bestimmungsgemäße Anwendung;

6. Wartezeit, soweit es sich um Arzneimittel handelt, die zur Anwendung bei Tieren bestimmt sind, die der Gewinnung von Lebensmitteln dienen; ist die Einhaltung einer Wartezeit nicht erforderlich, so ist dies anzugeben;

7. besondere Vorsichtsmaßnahmen für die Aufbewahrung;

8. besondere Warnhinweise, insbesondere soweit dies durch Auflage der zuständigen Bundesoberbehörde angeordnet oder durch Rechtsverordnung vorgeschrieben ist;

9. soweit dies nach dem jeweiligen Stand der wissenschaftlichen Erkenntnisse erforderlich ist, besondere Vorsichtsmaßnahmen für die Beseitigung von nicht verwendeten Arzneimitteln oder sonstige besondere Vorsichtsmaßnahmen, um Gefahren für die Umwelt zu vermeiden.

Das Datum der letzten Überarbeitung der Packungsbeilage ist anzugeben. Bei Arzneimittel-Vormischungen sind Hinweise für die sachgerechte Herstellung der Fütterungsarzneimittel und Angaben über die Dauer der Haltbarkeit der Fütterungsarzneimittel aufzunehmen. Weitere Angaben sind zulässig, soweit sie mit der Anwendung des Arzneimittels im Zusammenhang stehen, für den Anwender oder Tierhalter wichtig sind und den Angaben nach § 11a nicht widersprechen. Bei Arzneimitteln zur Anwendung bei Tieren, die in das Register für homöopathische Arzneimittel eingetragen sind, oder die nach § 38 Absatz 1 Satz 3 oder nach § 60 Absatz 1 von der Registrierung freigestellt sind, gelten die Sätze 1, 2 und 4 entsprechend mit der Maßgabe, dass die in § 10 Absatz 4 vorgeschriebenen Angaben mit Ausnahme der Angabe der Chargenbezeichnung, des Verfalldatums und des bei Mustern vorgeschriebenen Hinwei-

ses zu machen sind. Bei traditionellen pflanzlichen Arzneimitteln zur Anwendung bei Tieren ist zusätzlich zu den Hinweisen nach Absatz 3b Satz 1 ein der Anwendung bei Tieren entsprechender Hinweis nach § 10 Absatz 4a Satz 1 Nummer 2 anzugeben.

(5) Können die nach Absatz 1 Satz 1 Nr. 3 Buchstabe a und c sowie Nr. 5 vorgeschriebenen Angaben nicht gemacht werden, so ist der Hinweis „keine bekannt" zu verwenden. Werden auf der Packungsbeilage weitere Angaben gemacht, so müssen sie von den Angaben nach den Absätzen 1 bis 4 deutlich abgesetzt und abgegrenzt sein.

(6) Die Packungsbeilage kann entfallen, wenn die nach den Absätzen 1 bis 4 vorgeschriebenen Angaben auf dem Behältnis oder auf der äußeren Umhüllung stehen. Absatz 5 findet entsprechende Anwendung.

(7) Aus Fertigarzneimitteln entnommene Teilmengen, die zur Anwendung bei Menschen bestimmt sind, dürfen nur zusammen mit einer Ausfertigung der für das Fertigarzneimittel vorgeschriebenen Packungsbeilage abgegeben werden. Absatz 6 Satz 1 gilt entsprechend. Abweichend von Satz 1 müssen bei der im Rahmen einer Dauermedikation erfolgenden regelmäßigen Abgabe von aus Fertigarzneimitteln entnommenen Teilmengen in neuen, patientenindividuell zusammengestellten Blistern Ausfertigungen der für die jeweiligen Fertigarzneimittel vorgeschriebenen Packungsbeilagen erst dann erneut beigefügt werden, wenn sich diese gegenüber den zuletzt beigefügten geändert haben.

Fußnote
§ 11 Abs. 1 Satz 1 Eingangssatz Kursivdruck: müsste richtig „Nr. 1a, 1b" lauten.

§ 11a Fachinformation

(1) Der pharmazeutische Unternehmer ist verpflichtet, Ärzten, Zahnärzten, Tierärzten, Apothekern und, soweit es sich nicht um verschreibungspflichtige Arzneimittel handelt, anderen Personen, die die Heilkunde oder Zahnheilkun-

de berufsmäßig ausüben, für Fertigarzneimittel, die der Zulassungspflicht unterliegen oder von der Zulassung freigestellt sind, Arzneimittel im Sinne des § 2 Abs. 1 oder Abs. 2 Nr. 1 und für den Verkehr außerhalb der Apotheken nicht freigegeben sind, auf Anforderung eine Gebrauchsinformation für Fachkreise (Fachinformation) zur Verfügung zu stellen. Diese muss die Überschrift „Fachinformation" tragen und folgende Angaben in gut lesbarer Schrift in Übereinstimmung mit der im Rahmen der Zulassung genehmigten Zusammenfassung der Merkmale des Arzneimittels und in der nachstehenden Reihenfolge enthalten:

1. die Bezeichnung des Arzneimittels, gefolgt von der Stärke und der Darreichungsform;

2. qualitative und quantitative Zusammensetzung nach Wirkstoffen und den sonstigen Bestandteilen, deren Kenntnis für eine zweckgemäße Verabreichung des Mittels erforderlich ist, unter Angabe der gebräuchlichen oder chemischen Bezeichnung; § 10 Abs. 6 findet Anwendung;

3. Darreichungsform;

4. klinische Angaben:

   a) Anwendungsgebiete,

   b) Dosierung und Art der Anwendung bei Erwachsenen und, soweit das Arzneimittel zur Anwendung bei Kindern bestimmt ist, bei Kindern,

   c) Gegenanzeigen,

   d) besondere Warn- und Vorsichtshinweise für die Anwendung und bei immunologischen Arzneimitteln alle besonderen Vorsichtsmaßnahmen, die von Personen, die mit immunologischen Arzneimitteln in Berührung kommen und von Personen, die diese Arzneimittel Patienten verabreichen, zu treffen sind, sowie von dem Patienten zu treffenden Vorsichtsmaßnahmen, soweit dies durch Auflagen der zuständigen Bundesoberbehörde nach § 28 Abs. 2 Nr. 1

Buchstabe a angeordnet oder auf Grund von § 7 des Anti-Doping-Gesetzes oder durch Rechtsverordnung vorgeschrieben ist,

   e) Wechselwirkungen mit anderen Arzneimitteln oder anderen Mitteln, soweit sie die Wirkung des Arzneimittels beeinflussen können,

   f) Verwendung bei Schwangerschaft und Stillzeit,

   g) Auswirkungen auf die Fähigkeit zur Bedienung von Maschinen und zum Führen von Kraftfahrzeugen,

   h) Nebenwirkungen bei bestimmungsgemäßem Gebrauch,

   i) Überdosierung: Symptome, Notfallmaßnahmen, Gegenmittel;

5. pharmakologische Eigenschaften:

   a) pharmakodynamische Eigenschaften,

   b) pharmakokinetische Eigenschaften,

   c) vorklinische Sicherheitsdaten;

6. pharmazeutische Angaben:

   a) Liste der sonstigen Bestandteile,

   b) Hauptinkompatibilitäten,

   c) Dauer der Haltbarkeit und, soweit erforderlich, die Haltbarkeit bei Herstellung einer gebrauchsfertigen Zubereitung des Arzneimittels oder bei erstmaliger Öffnung des Behältnisses,

   d) besondere Vorsichtsmaßnahmen für die Aufbewahrung,

   e) Art und Inhalt des Behältnisses,

   f) besondere Vorsichtsmaßnahmen für die Beseitigung von angebrochenen Arzneimitteln oder der davon stammenden Abfallmaterialien, um Gefahren für die Umwelt zu vermeiden;

7. Inhaber der Zulassung;

8. Zulassungsnummer;

9. Datum der Erteilung der Zulassung oder der Verlängerung der Zulassung;

10. Datum der Überarbeitung der Fachinformation.

Bei allen Arzneimitteln, die zur Anwendung bei Menschen bestimmt sind, ist ein Standardtext aufzunehmen, durch den die Angehörigen von Gesundheitsberufen ausdrücklich aufgefordert werden, jeden Verdachtsfall einer Nebenwirkung an die zuständige Bundesoberbehörde zu melden, wobei die Meldung in jeder Form, insbesondere auch elektronisch, erfolgen kann. Für Arzneimittel, die zur Anwendung bei Menschen bestimmt sind und sich auf der Liste gemäß Artikel 23 der Verordnung (EG) Nr. 726/2004 befinden, muss ferner folgende Erklärung aufgenommen werden: „Dieses Arzneimittel unterliegt einer zusätzlichen Überwachung." Dieser Erklärung muss ein schwarzes Symbol vorangehen und ein geeigneter standardisierter erläuternder Text nach Artikel 23 Absatz 4 der Verordnung (EG) Nr. 726/2004 folgen. Weitere Angaben, die nicht durch eine Verordnung der Europäischen Gemeinschaft oder der Europäischen Union vorgeschrieben oder bereits nach dieser Verordnung zulässig sind, sind zulässig, wenn sie mit der Anwendung des Arzneimittels in Zusammenhang stehen und den Angaben nach Satz 2 nicht widersprechen; sie müssen von den Angaben nach Satz 2 deutlich abgesetzt und abgegrenzt sein. Satz 1 gilt nicht für Arzneimittel, die nach § 21 Abs. 2 einer Zulassung nicht bedürfen oder nach einer homöopathischen Verfahrenstechnik hergestellt sind. Der Inhaber der Zulassung ist verpflichtet, die Fachinformation auf dem aktuellen wissenschaftlichen Kenntnisstand zu halten, zu dem auch die Schlussfolgerungen aus Bewertungen und die Empfehlungen gehören, die auf dem nach Artikel 26 der Verordnung (EG) Nr. 726/2004 eingerichteten europäischen Internetportal für Arzneimittel veröffentlicht werden. Die nach den Sätzen 3 und 5 erforderlichen Standardtexte werden von der zuständigen Bundesoberbehörde im Bundesanzeiger bekannt gemacht.

(1a) Bei Sera ist auch die Art des Lebewesens, aus dem sie gewonnen sind, bei Virusimpfstoffen das Wirtssystem, das zur Virusvermehrung gedient hat, und bei Arzneimitteln aus humanem Blutplasma zur Fraktionierung das Herkunftsland des Blutplasmas anzugeben.

(1b) Bei radioaktiven Arzneimitteln sind ferner die Einzelheiten der internen Strahlungsdosimetrie, zusätzliche detaillierte Anweisungen für die extempore Zubereitung und die Qualitätskontrolle für diese Zubereitung sowie, soweit erforderlich, die Höchstlagerzeit anzugeben, während der eine Zwischenzubereitung wie ein Eluat oder das gebrauchsfertige Arzneimittel seinen Spezifikationen entspricht.

(1c) Bei Arzneimitteln, die zur Anwendung bei Tieren bestimmt sind, muss die Fachinformation unter der Nummer 4 „klinische Angaben" folgende Angaben enthalten:

a) Angabe jeder Zieltierart, bei der das Arzneimittel angewendet werden soll,

b) Angaben zur Anwendung mit besonderem Hinweis auf die Zieltierarten,

c) Gegenanzeigen,

d) besondere Warnhinweise bezüglich jeder Zieltierart,

e) besondere Warnhinweise für den Gebrauch, einschließlich der von der verabreichenden Person zu treffenden besonderen Sicherheitsvorkehrungen,

f) Nebenwirkungen (Häufigkeit und Schwere),

g) Verwendung bei Trächtigkeit, Eier- oder Milcherzeugung,

h) Wechselwirkungen mit anderen Arzneimitteln und andere Wechselwirkungen,

i) Dosierung und Art der Anwendung,

j) Überdosierung: Notfallmaßnahmen, Symptome, Gegenmittel, soweit erforderlich,

k) Wartezeit für sämtliche Lebensmittel, einschließlich jener, für die keine Wartezeit besteht.

Die Angaben nach Absatz 1 Satz 2 Nr. 5 Buchstabe c entfallen.

(1d) Bei Arzneimitteln, die nur auf ärztliche, zahnärztliche oder tierärztliche Verschreibung abgegeben werden dürfen, ist auch der Hinweis „Verschreibungspflichtig", bei Betäubungsmitteln der Hinweis „Betäubungsmittel", bei sonstigen Arzneimitteln, die nur in Apotheken an Verbraucher abgegeben werden dürfen, der Hinweis „Apothekenpflichtig" anzugeben; bei Arzneimitteln, die einen Stoff oder eine Zubereitung nach § 48 Absatz 1 Satz 1 Nummer 3 enthalten, ist eine entsprechende Angabe zu machen.

(1e) Für Zulassungen von Arzneimitteln nach § 24b können Angaben nach Absatz 1 entfallen, die sich auf Anwendungsgebiete, Dosierungen oder andere Gegenstände eines Patents beziehen, die zum Zeitpunkt des Inverkehrbringens noch unter das Patentrecht fallen.

(2) Der pharmazeutische Unternehmer ist verpflichtet, die Änderungen der Fachinformation, die für die Therapie relevant sind, den Fachkreisen in geeigneter Form zugänglich zu machen. Die zuständige Bundesoberbehörde kann, soweit erforderlich, durch Auflage bestimmen, in welcher Form die Änderungen allen oder bestimmten Fachkreisen zugänglich zu machen sind.

(3) Ein Muster der Fachinformation und geänderter Fassungen ist der zuständigen Bundesoberbehörde unverzüglich zu übersenden, soweit nicht das Arzneimittel von der Zulassung freigestellt ist.

(4) Die Verpflichtung nach Absatz 1 Satz 1 kann bei Arzneimitteln, die ausschließlich von Angehörigen der Heilberufe verabreicht werden, auch durch Aufnahme der Angaben nach Absatz 1 Satz 2 in der Packungsbeilage erfüllt werden. Die Packungsbeilage muss mit der

Überschrift „Gebrauchsinformation und Fachinformation" versehen werden.

§ 12 Ermächtigung für die Kennzeichnung, die Packungsbeilage und die Packungsgrößen

(1) Das Bundesministerium wird ermächtigt, im Einvernehmen mit dem Bundesministerium für Wirtschaft und Energie durch Rechtsverordnung mit Zustimmung des Bundesrates

1. die Vorschriften der §§ 10 bis 11a auf andere Arzneimittel und den Umfang der Fachinformation auf weitere Angaben auszudehnen,

2. vorzuschreiben, dass die in den §§ 10 und 11 genannten Angaben dem Verbraucher auf andere Weise übermittelt werden,

3. für bestimmte Arzneimittel oder Arzneimittelgruppen vorzuschreiben, dass Warnhinweise, Warnzeichen oder Erkennungszeichen auf

   a) den Behältnissen, den äußeren Umhüllungen, der Packungsbeilage oder

   b) der Fachinformation

   anzubringen sind,

4. vorzuschreiben, dass bestimmte Bestandteile nach der Art auf den Behältnissen und den äußeren Umhüllungen anzugeben sind oder auf sie in der Packungsbeilage hinzuweisen ist,

soweit es geboten ist, um einen ordnungsgemäßen Umgang mit Arzneimitteln und deren sachgerechte Anwendung im Geltungsbereich dieses Gesetzes sicherzustellen und um eine unmittelbare oder mittelbare Gefährdung der Gesundheit von Mensch oder Tier zu verhüten, die infolge mangelnder Unterrichtung eintreten könnte.

(1a) Das Bundesministerium wird ferner ermächtigt, durch Rechtsverordnung mit Zustimmung des Bundesrates für Stoffe oder Zubereitungen aus Stoffen bei der Angabe auf Behältnissen und äußeren Umhüllungen oder in der Packungsbeilage oder in der Fachinformation zusammenfassende Bezeichnungen zuzulassen, soweit es sich nicht um wirksame Bestandteile handelt und eine unmittelbare oder mittelbare Gefährdung der Gesundheit von Mensch oder Tier infolge mangelnder Unterrichtung nicht zu befürchten ist.

(1b) Das Bundesministerium wird ferner ermächtigt, im Einvernehmen mit dem Bundesministerium für Wirtschaft und Energie durch Rechtsverordnung mit Zustimmung des Bundesrates

1. die Kennzeichnung von Ausgangsstoffen, die für die Herstellung von Arzneimitteln bestimmt sind, und

2. die Kennzeichnung von Arzneimitteln, die zur klinischen Prüfung bestimmt sind,

zu regeln, soweit es geboten ist, um eine unmittelbare oder mittelbare Gefährdung der Gesundheit von Mensch oder Tier zu verhüten, die infolge mangelnder Kennzeichnung eintreten könnte.

(2) Soweit es sich um Arzneimittel handelt, die zur Anwendung bei Tieren bestimmt sind, tritt in den Fällen des Absatzes 1, 1a, 1b oder 3 an die Stelle des Bundesministeriums das Bundesministerium für Ernährung und Landwirtschaft, das die Rechtsverordnung jeweils im Einvernehmen mit dem Bundesministerium erlässt. Die Rechtsverordnung nach Absatz 1, 1a oder 1b ergeht im Einvernehmen mit dem Bundesministerium für Umwelt, Naturschutz und nukleare Sicherheit, soweit es sich um radioaktive Arzneimittel und um Arzneimittel handelt, bei deren Herstellung ionisierende Strahlen verwendet werden, oder in den Fällen des Absatzes 1 Nr. 3 Warnhinweise, Warnzeichen oder Erkennungszeichen im Hinblick auf Angaben nach § 10 Abs. 1 Satz 1 Nr. 13 oder Absatz 5 Satz 1 Nummer 10, § 11 Abs. 4 Satz 1 Nr. 9 oder § 11a Abs. 1 Satz 2 Nr. 6 Buchstabe f vorgeschrieben werden.

(3) Das Bundesministerium wird ferner ermächtigt, durch Rechtsverordnung ohne Zustimmung des Bundesrates zu bestimmen, dass Arzneimittel nur in bestimmten Packungsgrößen in den Verkehr gebracht werden dürfen und von den pharmazeutischen Unternehmern auf den Behältnissen oder, soweit verwendet, auf den äußeren Umhüllungen entsprechend zu kennzeichnen sind. Die Bestimmung dieser Packungsgrößen erfolgt für bestimmte Wirkstoffe und berücksichtigt die Anwendungsgebiete, die Anwendungsdauer und die Darreichungsform. Bei der Bestimmung der Packungsgrößen ist grundsätzlich von einer Dreiteilung auszugehen:

1. Packungen für kurze Anwendungsdauer oder Verträglichkeitstests,

2. Packungen für mittlere Anwendungsdauer,

3. Packungen für längere Anwendungsdauer.

Dritter Abschnitt
Herstellung von Arzneimitteln

Auf den Abdruck wird verzichtet.

Vierter Abschnitt
Zulassung der Arzneimittel

§ 21 Zulassungspflicht

(1) Fertigarzneimittel, die Arzneimittel im Sinne des § 2 Abs. 1 oder Abs. 2 Nr. 1 sind, dürfen im Geltungsbereich dieses Gesetzes nur in den Verkehr gebracht werden, wenn sie durch die zuständige Bundesoberbehörde zugelassen sind oder wenn für sie die Europäische Gemeinschaft oder die Europäische Union eine Genehmigung für das Inverkehrbringen gemäß Artikel 3 Abs. 1 oder 2 der Verordnung (EG) Nr. 726/2004 auch in Verbindung mit der Verordnung (EG) Nr. 1901/2006 des Europäischen Parlaments und des Rates vom 12. Dezember 2006 über Kinderarzneimittel und zur Änderung der Verordnung (EWG) Nr. 1768/92, der

Richtlinien 2001/20/EG und 2001/83/EG sowie der Verordnung (EG) Nr. 726/2004 (ABl. L 378 vom 27.12.2006, S. 1) oder der Verordnung (EG) Nr. 1394/2007 erteilt hat. Das gilt auch für Arzneimittel, die keine Fertigarzneimittel und zur Anwendung bei Tieren bestimmt sind, sofern sie nicht an pharmazeutische Unternehmer abgegeben werden sollen, die eine Erlaubnis zur Herstellung von Arzneimitteln besitzen.

(2) Einer Zulassung bedarf es nicht für Arzneimittel, die

1. zur Anwendung bei Menschen bestimmt sind und auf Grund nachweislich häufiger ärztlicher oder zahnärztlicher Verschreibung in den wesentlichen Herstellungsschritten in einer Apotheke in einer Menge bis zu hundert abgabefertigen Packungen an einem Tag im Rahmen des üblichen Apothekenbetriebs hergestellt werden und zur Abgabe im Rahmen der bestehenden Apothekenbetriebserlaubnis bestimmt sind,

1a. Arzneimittel sind, bei deren Herstellung Stoffe menschlicher Herkunft eingesetzt werden und die entweder zur autologen oder gerichteten, für eine bestimmte Person vorgesehene Anwendung bestimmt sind oder auf Grund einer Rezeptur für einzelne Personen hergestellt werden, es sei denn, es handelt sich um Arzneimittel im Sinne von § 4 Absatz 4,

1b. andere als die in Nummer 1a genannten Arzneimittel sind und für Apotheken, denen für einen Patienten eine Verschreibung vorliegt, aus im Geltungsbereich dieses Gesetzes zugelassenen Arzneimitteln

   a)   als Zytostatikazubereitung oder für die parenterale Ernährung sowie in anderen medizinisch begründeten besonderen Bedarfsfällen, sofern es für die ausreichende Versorgung des Patienten erforderlich ist und kein zugelassenes Arzneimittel zur Verfügung steht, hergestellt werden oder

   b)   als Blister aus unveränderten Arzneimitteln hergestellt werden oder

   c)   in unveränderter Form abgefüllt werden,

1c. zur Anwendung bei Menschen bestimmt sind, antivirale oder antibakterielle Wirksamkeit haben und zur Behandlung einer bedrohlichen übertragbaren Krankheit, deren Ausbreitung eine sofortige und das übliche Maß erheblich überschreitende Bereitstellung von spezifischen Arzneimitteln erforderlich macht, aus Wirkstoffen hergestellt werden, die von den Gesundheitsbehörden des Bundes oder der Länder oder von diesen benannten Stellen für diese Zwecke bevorratet wurden, soweit ihre Herstellung in einer Apotheke zur Abgabe im Rahmen der bestehenden Apothekenbetriebserlaubnis oder zur Abgabe an andere Apotheken erfolgt,

1d. Gewebezubereitungen sind, die der Pflicht zur Genehmigung nach den Vorschriften des § 21a Abs. 1 unterliegen,

1e. Heilwässer, Bademoore oder andere Peloide sind, die nicht im Voraus hergestellt und nicht in einer zur Abgabe an den Verbraucher bestimmten Packung in den Verkehr gebracht werden, oder die ausschließlich zur äußeren Anwendung oder zur Inhalation vor Ort bestimmt sind,

1f. medizinische Gase sind und die für einzelne Personen aus im Geltungsbereich dieses Gesetzes zugelassenen Arzneimitteln durch Abfüllen und Kennzeichnen in Unternehmen, die nach § 50 zum Einzelhandel mit Arzneimitteln außerhalb von Apotheken befugt sind, hergestellt werden,

1g. als Therapieallergene für einzelne Patienten auf Grund einer Rezeptur hergestellt werden,

2. zur klinischen Prüfung bei Menschen bestimmt sind,

3. Fütterungsarzneimittel sind, die bestimmungsgemäß aus Arzneimittel-Vormischungen hergestellt sind, für die eine Zulassung nach § 25 erteilt ist,

4. für Einzeltiere oder Tiere eines bestimmten Bestandes in Apotheken oder in tierärztlichen Hausapotheken unter den Voraussetzungen des Absatzes 2a hergestellt werden,

5. zur klinischen Prüfung bei Tieren oder zur Rückstandsprüfung bestimmt sind oder

6. unter den in Artikel 83 der Verordnung (EG) Nr. 726/2004 genannten Voraussetzungen kostenlos für eine Anwendung bei Patienten zur Verfügung gestellt werden, die an einer zu einer schweren Behinderung führenden Erkrankung leiden oder deren Krankheit lebensbedrohend ist, und die mit einem zugelassenen Arzneimittel nicht zufrieden stellend behandelt werden können; dies gilt auch für die nicht den Kategorien des Artikels 3 Absatz 1 oder 2 der Verordnung (EG) Nr. 726/2004 zugehörigen Arzneimitteln; Verfahrensregelungen werden in einer Rechtsverordnung nach § 80 bestimmt.

(2a) Arzneimittel, die für den Verkehr außerhalb von Apotheken nicht freigegebene Stoffe und Zubereitungen aus Stoffen enthalten, dürfen nach Absatz 2 Nr. 4 nur hergestellt werden, wenn für die Behandlung ein zugelassenes Arzneimittel für die betreffende Tierart oder das betreffende Anwendungsgebiet nicht zur Verfügung steht, die notwendige arzneiliche Versorgung der Tiere sonst ernstlich gefährdet wäre und eine unmittelbare oder mittelbare Gefährdung der Gesundheit von Mensch und Tier nicht zu befürchten ist. Die Herstellung von Arzneimitteln gemäß Satz 1 ist nur in Apotheken zulässig. Satz 2 gilt nicht für das Zubereiten von Arzneimitteln aus einem Fertigarzneimittel und arzneilich nicht wirksamen Bestandteilen sowie für das Mischen von Fertigarzneimitteln zum Zwecke der Immobilisation von Zoo-, Wild- und Gehegetieren. Als Herstellen im Sinne des Satzes 1 gilt nicht das Umfüllen, Abpacken oder Kennzeichnen von Arzneimitteln in unveränderter Form, soweit

1. keine Fertigarzneimittel in für den Einzelfall geeigneten Packungsgrößen im Handel verfügbar sind oder

2. in sonstigen Fällen das Behältnis oder jede andere Form der Arzneimittelverpackung, die unmittelbar mit dem Arzneimittel in Berührung kommt, nicht beschädigt wird.

Die Sätze 1 bis 4 gelten nicht für registrierte oder von der Registrierung freigestellte homöopathische Arzneimittel, die, soweit sie zur Anwendung bei Tieren bestimmt sind, die der Gewinnung von Lebensmitteln dienen, ausschließlich Wirkstoffe enthalten, die im Anhang der Verordnung (EU) Nr. 37/2010 als Stoffe aufgeführt sind, für die eine Festlegung von Höchstmengen nicht erforderlich ist.

(3) Die Zulassung ist vom pharmazeutischen Unternehmer zu beantragen. Für ein Fertigarzneimittel, das in Apotheken oder sonstigen Einzelhandelsbetrieben auf Grund einheitlicher Vorschriften hergestellt und unter einer einheitlichen Bezeichnung an Verbraucher abgegeben wird, ist die Zulassung vom Herausgeber der Herstellungsvorschrift zu beantragen. Wird ein Fertigarzneimittel für mehrere Apotheken oder sonstige Einzelhandelsbetriebe hergestellt und soll es unter deren Namen und unter einer einheitlichen Bezeichnung an Verbraucher abgegeben werden, so hat der Hersteller die Zulassung zu beantragen.

(4) Die zuständige Bundesoberbehörde entscheidet ferner, unabhängig von einem Zulassungsantrag nach Absatz 3 oder von einem Genehmigungsantrag nach § 21a Absatz 1 oder § 42 Absatz 2, auf Antrag einer zuständigen Landesbehörde über die Zulassungspflicht eines Arzneimittels, die Genehmigungspflicht einer Gewebezubereitung oder über die Genehmigungspflicht einer klinischen Prüfung. Dem Antrag hat die zuständige Landesbehörde eine begründete Stellungnahme zur Einstufung des

Arzneimittels oder der klinischen Prüfung beizufügen.

§ 21a Genehmigung von Gewebezubereitungen

(1) Gewebezubereitungen, die nicht mit industriellen Verfahren be- oder verarbeitet werden und deren wesentliche Be- oder Verarbeitungsverfahren in der Europäischen Union hinreichend bekannt und deren Wirkungen und Nebenwirkungen aus dem wissenschaftlichen Erkenntnismaterial ersichtlich sind, dürfen im Geltungsbereich dieses Gesetzes nur in den Verkehr gebracht werden, wenn sie abweichend von der Zulassungspflicht nach § 21 Abs. 1 von der zuständigen Bundesoberbehörde genehmigt worden sind. Dies gilt auch im Hinblick auf Gewebezubereitungen, deren Be- oder Verarbeitungsverfahren neu, aber mit einem bekannten Verfahren vergleichbar sind. Satz 1 gilt entsprechend für hämatopoetische Stammzellzubereitungen aus dem peripheren Blut oder aus dem Nabelschnurblut, die zur autologen oder gerichteten, für eine bestimmte Person vorgesehenen Anwendung bestimmt sind. Die Genehmigung umfasst die Verfahren für die Gewinnung, Verarbeitung und Prüfung, die Spenderauswahl und die Dokumentation für jeden Verfahrensschritt sowie die quantitativen und qualitativen Kriterien für Gewebezubereitungen. Insbesondere sind die kritischen Verfahrensschritte daraufhin zu bewerten, dass die Funktionalität und die Sicherheit der Gewebe gewährleistet sind.

(1a) Einer Genehmigung nach Absatz 1 bedarf es nicht für Gewebezubereitungen, die zur klinischen Prüfung bei Menschen bestimmt sind.

(2) Dem Antrag auf Genehmigung sind vom Antragsteller folgende Angaben und Unterlagen beizufügen:

1. der Name oder die Firma und die Anschrift des Antragstellers und der Be- oder Verarbeiter,

2. die Bezeichnung der Gewebezubereitung,

3. die Bestandteile der Gewebezubereitung nach Art, Darreichungsform und Packungsgröße,

4. die Anwendungsgebiete sowie die Art der Anwendung und bei Gewebezubereitungen, die nur begrenzte Zeit angewendet werden sollen, die Dauer der Anwendung,

5. Angaben über die Gewinnung der Gewebe und die für die Gewinnung erforderlichen Laboruntersuchungen,

6. Angaben zur Herstellungsweise, einschließlich der Be- oder Verarbeitungsverfahren, der Prüfverfahren mit ihren Inprozess- und Endproduktkontrollen sowie der Verwendung von Elektronen-, Gamma- oder Röntgenstrahlen,

7. Angaben über die Art der Haltbarmachung, die Dauer der Haltbarkeit, die Art der Aufbewahrung und Lagerung der Gewebezubereitung,

8. Angaben zur Funktionalität und zu den Risiken der Gewebezubereitung,

9. Unterlagen über die Ergebnisse von mikrobiologischen, chemischen, biologischen oder physikalischen Prüfungen sowie über die zur Ermittlung angewandten Methoden, soweit diese Unterlagen erforderlich sind,

10. Unterlagen über Ergebnisse von pharmakologischen und toxikologischen Versuchen,

11. eine Nutzen-Risiko-Bewertung,

12. alle für die Bewertung des Arzneimittels zweckdienlichen Angaben und Unterlagen sowie

13. bei hämatopoetischen Stammzellzubereitungen zusätzlich Angaben zur Dosierung und zur Menge des Wirkstoffs.

Die Ergebnisse und Angaben nach Satz 1 Nummer 7 bis 10 sowie die Ergebnisse von klinischen Prüfungen oder sonstigen ärztlichen Erprobungen sind so zu belegen, dass aus diesen

Art, Umfang und Zeitpunkt der Untersuchungen hervorgehen. § 22 Absatz 4, 5 und 7 Satz 1 gilt entsprechend.

(3) Für die Angaben nach Absatz 2 Nummer 4, 8 und 10 kann wissenschaftliches Erkenntnismaterial eingereicht werden, das auch in nach wissenschaftlichen Methoden aufbereitetem medizinischen Erfahrungsmaterial bestehen kann. Hierfür kommen Studien des Herstellers der Gewebezubereitung, Daten aus Veröffentlichungen oder nachträgliche Bewertungen der klinischen Ergebnisse der hergestellten Gewebezubereitungen in Betracht.

(4) Die zuständige Bundesoberbehörde hat eine Entscheidung über den Antrag auf Genehmigung innerhalb einer Frist von fünf Monaten zu treffen. Wird dem Antragsteller Gelegenheit gegeben, Mängeln abzuhelfen, so werden die Fristen bis zur Behebung der Mängel oder bis zum Ablauf der für die Behebung gesetzten Frist gehemmt. Die Hemmung beginnt mit dem Tag, an dem dem Antragsteller die Aufforderung zur Behebung der Mängel zugestellt wird.

(5) Die zuständige Bundesoberbehörde erteilt die Genehmigung schriftlich unter Zuteilung einer Genehmigungsnummer. Sie kann die Genehmigung mit Auflagen verbinden. § 28 und § 34 finden entsprechende Anwendung.

(6) Die zuständige Bundesoberbehörde darf die Genehmigung nur versagen, wenn

1. die vorgelegten Unterlagen unvollständig sind,

2. die Gewebezubereitung nicht dem Stand der wissenschaftlichen Erkenntnisse entspricht,

3. die Gewebezubereitung nicht die vorgesehene Funktion erfüllt oder das Nutzen-Risiko-Verhältnis ungünstig ist oder

4. das Inverkehrbringen der Gewebezubereitung gegen gesetzliche Vorschriften oder gegen eine Verordnung oder eine Richtlinie oder eine Entscheidung oder einen Beschluss der Europäischen Gemeinschaft oder der Europäischen Union verstoßen würde.

(7) Der Antragsteller oder nach der Genehmigung der Inhaber der Genehmigung hat der zuständigen Bundesoberbehörde unter Beifügung entsprechender Unterlagen unverzüglich Anzeige zu erstatten, wenn sich Änderungen in den Angaben und Unterlagen nach den Absätzen 2 und 3 ergeben. Der Inhaber der Genehmigung ist verpflichtet, die zuständige Bundesoberbehörde zu informieren, wenn neue oder veränderte Risiken bei der Gewebezubereitung bestehen oder sich das Nutzen-Risiko-Verhältnis der Gewebezubereitung geändert hat. § 29 Absatz 1a, 1d und 2 ist entsprechend anzuwenden. Folgende Änderungen dürfen erst vollzogen werden, wenn die zuständige Bundesoberbehörde zugestimmt hat:

1. eine Änderung der Angaben über die Art oder die Dauer der Anwendung oder die Anwendungsgebiete,

2. eine Einschränkung der Risiken,

3. eine Änderung der Hilfsstoffe nach Art oder Menge,

4. eine Änderung der Darreichungsform,

5. eine Änderung der Angaben über die Gewinnung der Gewebe oder die für die Gewinnung erforderlichen Laboruntersuchungen,

6. eine Änderung des Be- oder Verarbeitungsverfahrens oder des Prüfverfahrens,

7. eine Änderung der Art der Haltbarmachung oder eine Verlängerung der Haltbarkeit,

8. eine Änderung der Art der Aufbewahrung oder Lagerung der Gewebezubereitung und

9. bei hämatopoetischen Stammzellzubereitungen zusätzlich eine Änderung der Angaben über die Dosierung oder die Menge des Wirkstoffs.

Die Entscheidung über den Antrag auf Zustimmung muss innerhalb von drei Monaten ergehen. § 27 Absatz 2 gilt entsprechend.

(8) Die Genehmigung ist zurückzunehmen, wenn nachträglich bekannt wird, dass einer der Versagungsgründe nach Absatz 6 Nummer 2 bis 4 vorgelegen hat. Sie ist zu widerrufen, wenn einer dieser Versagungsgründe nachträglich eingetreten ist. In beiden Fällen kann auch das Ruhen der Genehmigung befristet angeordnet werden. Vor einer Entscheidung nach den Sätzen 1 bis 3 ist der Inhaber der Genehmigung zu hören, es sei denn, dass Gefahr im Verzuge ist. Ist die Genehmigung zurückgenommen oder widerrufen oder ruht die Genehmigung, so darf die Gewebezubereitung nicht in den Verkehr gebracht und nicht in den Geltungsbereich dieses Gesetzes verbracht werden.

(9) Abweichend von Absatz 1 bedürfen Gewebezubereitungen und hämatopoetische Stammzellzubereitungen aus dem peripheren Blut oder aus dem Nabelschnurblut nach Absatz 1 Satz 3, die in einem Mitgliedstaat der Europäischen Union oder in einem anderen Vertragsstaat des Abkommens über den Europäischen Wirtschaftsraum in den Verkehr gebracht werden dürfen, bei ihrem erstmaligen Verbringen zum Zweck ihrer Anwendung in den Geltungsbereich dieses Gesetzes einer Bescheinigung der zuständigen Bundesoberbehörde. Vor der Erteilung der Bescheinigung hat die zuständige Bundesoberbehörde zu prüfen, ob die Be- oder Verarbeitung der Gewebezubereitungen den Anforderungen an die Entnahme- und Verarbeitungsverfahren, einschließlich der Spenderauswahlverfahren und der Laboruntersuchungen, sowie die quantitativen und qualitativen Kriterien für die Gewebezubereitungen den Anforderungen dieses Gesetzes und seiner Verordnungen entsprechen. Die zuständige Bundesoberbehörde hat die Bescheinigung zu erteilen, wenn sich die Gleichwertigkeit der Anforderungen nach Satz 2 aus der Genehmigungsbescheinigung oder einer anderen Bescheinigung der zuständigen Behörde des Herkunftslandes ergibt und der Nachweis über die Genehmigung in dem Mitgliedstaat der Europäischen Union oder dem anderen Vertragsstaat des Abkommens über den Europäischen

Wirtschaftsraum vorgelegt wird. Eine Änderung in den Anforderungen nach Satz 2 ist der zuständigen Bundesoberbehörde rechtzeitig vor einem weiteren Verbringen in den Geltungsbereich dieses Gesetzes anzuzeigen. Die Bescheinigung ist zurückzunehmen, wenn eine der Voraussetzungen nach Satz 2 nicht vorgelegen hat; sie ist zu widerrufen, wenn eine der Voraussetzungen nach Satz 2 nachträglich weggefallen ist. § 73 Absatz 3a gilt entsprechend.

[...]

Fünfter Abschnitt
Registrierung von Arzneimitteln

Auf den Abdruck wird verzichtet.

Sechster Abschnitt
Schutz des Menschen bei der klinischen Prüfung

Auf den Abdruck wird verzichtet.

Siebter Abschnitt
Abgabe von Arzneimitteln

§ 43 Apothekenpflicht, Inverkehrbringen durch Tierärzte

(1) Arzneimittel im Sinne des § 2 Abs. 1 oder Abs. 2 Nr. 1, die nicht durch die Vorschriften des § 44 oder der nach § 45 Abs. 1 erlassenen Rechtsverordnung für den Verkehr außerhalb der Apotheken freigegeben sind, dürfen außer in den Fällen des § 47 berufs- oder gewerbsmäßig für den Endverbrauch nur in Apotheken und ohne behördliche Erlaubnis nicht im Wege des Versandes in den Verkehr gebracht werden; das Nähere regelt das Apothekengesetz. Außerhalb der Apotheken darf außer in den Fällen des Absatzes 4 und des § 47 Abs. 1 mit den nach Satz 1 den Apotheken vorbehaltenen Arzneimitteln kein Handel getrieben werden. Die An-

gaben über die Ausstellung oder Änderung einer Erlaubnis zum Versand von Arzneimitteln nach Satz 1 sind in die Datenbank nach § 67a einzugeben.

(2) Die nach Absatz 1 Satz 1 den Apotheken vorbehaltenen Arzneimittel dürfen von juristischen Personen, nicht rechtsfähigen Vereinen und Gesellschaften des bürgerlichen Rechts und des Handelsrechts an ihre Mitglieder nicht abgegeben werden, es sei denn, dass es sich bei den Mitgliedern um Apotheken oder um die in § 47 Abs. 1 genannten Personen und Einrichtungen handelt und die Abgabe unter den dort bezeichneten Voraussetzungen erfolgt.

(3) Auf Verschreibung dürfen Arzneimittel im Sinne des § 2 Abs. 1 oder Abs. 2 Nr. 1 nur von Apotheken abgegeben werden. § 56 Abs. 1 bleibt unberührt.

(3a) Abweichend von den Absätzen 1 bis 3 dürfen ärztliche Einrichtungen, die auf die Behandlung von Gerinnungsstörungen bei Hämophilie spezialisiert sind, in ihren Räumlichkeiten einen Vorrat an Arzneimitteln zur spezifischen Therapie von Gerinnungsstörungen bei Hämophilie für den unvorhersehbaren und dringenden Bedarf (Notfallvorrat) bereithalten. Im Rahmen der Notfallversorgung darf ein hämostaseologisch qualifizierter Arzt Arzneimittel aus dem Notfallvorrat nach Satz 1 an Patienten oder Einrichtungen der Krankenversorgung abgeben.

(4) Arzneimittel im Sinne des § 2 Abs. 1 oder Abs. 2 Nr. 1 dürfen ferner im Rahmen des Betriebes einer tierärztlichen Hausapotheke durch Tierärzte an Halter der von ihnen behandelten Tiere abgegeben und zu diesem Zweck vorrätig gehalten werden. Dies gilt auch für die Abgabe von Arzneimitteln zur Durchführung tierärztlich gebotener und tierärztlich kontrollierter krankheitsvorbeugender Maßnahmen bei Tieren, wobei der Umfang der Abgabe den auf Grund tierärztlicher Indikation festgestellten Bedarf nicht überschreiten darf. Weiterhin dürfen Arzneimittel im Sinne des § 2 Abs. 1 oder Abs. 2 Nr. 1, die zur Durchführung tierseuchen-

rechtlicher Maßnahmen bestimmt und nicht verschreibungspflichtig sind, in der jeweils erforderlichen Menge durch Veterinärbehörden an Tierhalter abgegeben werden. Mit der Abgabe ist dem Tierhalter eine schriftliche Anweisung über Art, Zeitpunkt und Dauer der Anwendung auszuhändigen.

(5) Zur Anwendung bei Tieren bestimmte Arzneimittel, die nicht für den Verkehr außerhalb der Apotheken freigegeben sind, dürfen an den Tierhalter oder an andere in § 47 Abs. 1 nicht genannte Personen nur in der Apotheke oder tierärztlichen Hausapotheke oder durch den Tierarzt ausgehändigt werden. Dies gilt nicht für Fütterungsarzneimittel und für Arzneimittel im Sinne des Absatzes 4 Satz 3. Abweichend von Satz 1 dürfen Arzneimittel, die ausschließlich zur Anwendung bei Tieren, die nicht der Gewinnung von Lebensmitteln dienen, zugelassen sind, von Apotheken, die eine behördliche Erlaubnis nach Absatz 1 haben, im Wege des Versandes abgegeben werden. Ferner dürfen in Satz 3 bezeichnete Arzneimittel im Rahmen des Betriebs einer tierärztlichen Hausapotheke im Einzelfall in einer für eine kurzfristige Weiterbehandlung notwendigen Menge für vom Tierarzt behandelte Einzeltiere im Wege des Versandes abgegeben werden. Sonstige Vorschriften über die Abgabe von Arzneimitteln durch Tierärzte nach diesem Gesetz und der Verordnung über tierärztliche Hausapotheken bleiben unberührt.

(6) Arzneimittel dürfen im Rahmen der Übergabe einer tierärztlichen Praxis an den Nachfolger im Betrieb der tierärztlichen Hausapotheke abgegeben werden.

§ 44 Ausnahme von der Apothekenpflicht

(1) Arzneimittel, die von dem pharmazeutischen Unternehmer ausschließlich zu anderen Zwecken als zur Beseitigung oder Linderung von Krankheiten, Leiden, Körperschäden oder krankhaften Beschwerden zu dienen bestimmt sind, sind für den Verkehr außerhalb der Apotheken freigegeben.

(2) Ferner sind für den Verkehr außerhalb der Apotheken freigegeben:

1.
    a) natürliche Heilwässer sowie deren Salze, auch als Tabletten oder Pastillen,

    b) künstliche Heilwässer sowie deren Salze, auch als Tabletten oder Pastillen, jedoch nur, wenn sie in ihrer Zusammensetzung natürlichen Heilwässern entsprechen,

2. Heilerde, Bademoore und andere Peloide, Zubereitungen zur Herstellung von Bädern, Seifen zum äußeren Gebrauch,

3. mit ihren verkehrsüblichen deutschen Namen bezeichnete

    a) Pflanzen und Pflanzenteile, auch zerkleinert,

    b) Mischungen aus ganzen oder geschnittenen Pflanzen oder Pflanzenteilen als Fertigarzneimittel,

    c) Destillate aus Pflanzen und Pflanzenteilen,

    d) Presssäfte aus frischen Pflanzen und Pflanzenteilen, sofern sie ohne Lösungsmittel mit Ausnahme von Wasser hergestellt sind,

4. Pflaster,

5. ausschließlich oder überwiegend zum äußeren Gebrauch bestimmte Desinfektionsmittel sowie Mund- und Rachendesinfektionsmittel.

(3) Die Absätze 1 und 2 gelten nicht für Arzneimittel, die

1. nur auf ärztliche, zahnärztliche oder tierärztliche Verschreibung abgegeben werden dürfen oder

2. durch Rechtsverordnung nach § 46 vom Verkehr außerhalb der Apotheken ausgeschlossen sind.

§ 45 Ermächtigung zu weiteren Ausnahmen von der Apothekenpflicht

(1) Das Bundesministerium wird ermächtigt, im Einvernehmen mit dem Bundesministerium für Wirtschaft und Energie nach Anhörung von Sachverständigen durch Rechtsverordnung mit Zustimmung des Bundesrates Stoffe, Zubereitungen aus Stoffen oder Gegenstände, die dazu bestimmt sind, teilweise oder ausschließlich zur Beseitigung oder Linderung von Krankheiten, Leiden, Körperschäden oder krankhaften Beschwerden zu dienen, für den Verkehr außerhalb der Apotheken freizugeben,

1. soweit sie nicht nur auf ärztliche, zahnärztliche oder tierärztliche Verschreibung abgegeben werden dürfen,

2. soweit sie nicht wegen ihrer Zusammensetzung oder Wirkung die Prüfung, Aufbewahrung und Abgabe durch eine Apotheke erfordern,

3. soweit nicht durch ihre Freigabe eine unmittelbare oder mittelbare Gefährdung der Gesundheit von Mensch oder Tier, insbesondere durch unsachgemäße Behandlung, zu befürchten ist oder

4. soweit nicht durch ihre Freigabe die ordnungsgemäße Arzneimittelversorgung gefährdet wird.

Die Rechtsverordnung wird vom Bundesministerium für Ernährung und Landwirtschaft im Einvernehmen mit dem Bundesministerium und dem Bundesministerium für Wirtschaft und Energie erlassen, soweit es sich um Arzneimittel handelt, die zur Anwendung bei Tieren bestimmt sind.

(2) Die Freigabe kann auf Fertigarzneimittel, auf bestimmte Dosierungen, Anwendungsgebiete oder Darreichungsformen beschränkt werden.

(3) Die Rechtsverordnung ergeht im Einvernehmen mit dem Bundesministerium für Umwelt, Naturschutz und nukleare Sicherheit, soweit es sich um radioaktive Arzneimittel und um

Arzneimittel handelt, bei deren Herstellung ionisierende Strahlen verwendet werden.

§ 46 Ermächtigung zur Ausweitung der Apothekenpflicht

(1) Das Bundesministerium wird ermächtigt, im Einvernehmen mit dem Bundesministerium für Wirtschaft und Energie nach Anhörung von Sachverständigen durch Rechtsverordnung mit Zustimmung des Bundesrates Arzneimittel im Sinne des § 44 vom Verkehr außerhalb der Apotheken auszuschließen, soweit auch bei bestimmungsgemäßem oder bei gewohnheitsmäßigem Gebrauch eine unmittelbare oder mittelbare Gefährdung der Gesundheit von Mensch oder Tier zu befürchten ist. Die Rechtsverordnung wird vom Bundesministerium für Ernährung und Landwirtschaft im Einvernehmen mit dem Bundesministerium und dem Bundesministerium für Wirtschaft und Energie erlassen, soweit es sich um Arzneimittel handelt, die zur Anwendung bei Tieren bestimmt sind.

(2) Die Rechtsverordnung nach Absatz 1 kann auf bestimmte Dosierungen, Anwendungsgebiete oder Darreichungsformen beschränkt werden.

(3) Die Rechtsverordnung ergeht im Einvernehmen mit dem Bundesministerium für Umwelt, Naturschutz und nukleare Sicherheit, soweit es sich um radioaktive Arzneimittel und um Arzneimittel handelt, bei deren Herstellung ionisierende Strahlen verwendet werden.

§ 47 Vertriebsweg

(1) Pharmazeutische Unternehmer und Großhändler dürfen Arzneimittel, deren Abgabe den Apotheken vorbehalten ist, außer an Apotheken nur abgeben an

1. andere pharmazeutische Unternehmer und Großhändler,

2. Krankenhäuser und Ärzte, soweit es sich handelt um

a) aus menschlichem Blut gewonnene Blutzubereitungen mit Ausnahme von Gerinnungsfaktorenzubereitungen,

b) Gewebezubereitungen oder tierisches Gewebe,

c) Infusionslösungen in Behältnissen mit mindestens 500 ml, die zum Ersatz oder zur Korrektur von Körperflüssigkeit bestimmt sind, sowie Lösungen zur Hämodialyse und Peritonealdialyse, die, soweit es sich um Lösungen zur Peritonealdialyse handelt, auf Verschreibung des nephrologisch qualifizierten Arztes im Rahmen der ärztlich kontrollierten Selbstbehandlung seiner Dialysepatienten an diese abgegeben werden dürfen,

d) Zubereitungen, die ausschließlich dazu bestimmt sind, die Beschaffenheit, den Zustand oder die Funktion des Körpers oder seelische Zustände erkennen zu lassen,

e) medizinische Gase, bei denen auch die Abgabe an Heilpraktiker zulässig ist,

f) radioaktive Arzneimittel,

g) Arzneimittel, die mit dem Hinweis „Zur klinischen Prüfung bestimmt" versehen sind, sofern sie kostenlos zur Verfügung gestellt werden,

h) Blutegel und Fliegenlarven, bei denen auch die Abgabe an Heilpraktiker zulässig ist, oder

i) Arzneimittel, die im Falle des § 21 Absatz 2 Nummer 6 zur Verfügung gestellt werden,

3. Krankenhäuser, Gesundheitsämter und Ärzte, soweit es sich um Impfstoffe handelt, die dazu bestimmt sind, bei einer unentgeltlichen auf Grund des § 20 Abs. 5, 6 oder 7 des Infektionsschutzgesetzes vom 20. Juli 2000 (BGBl. I S. 1045) durchgeführten Schutzimpfung angewendet zu werden

oder soweit eine Abgabe von Impfstoffen zur Abwendung einer Seuchen- oder Lebensgefahr erforderlich ist,

3a. spezielle Gelbfieber-Impfstellen gemäß § 7 des Gesetzes zur Durchführung der Internationalen Gesundheitsvorschriften (2005), soweit es sich um Gelbfieberimpfstoff handelt,

3b. Krankenhäuser und Gesundheitsämter, soweit es sich um Arzneimittel mit antibakterieller oder antiviraler Wirkung handelt, die dazu bestimmt sind, auf Grund des § 20 Abs. 5, 6 oder 7 des Infektionsschutzgesetzes zur spezifischen Prophylaxe gegen übertragbare Krankheiten angewendet zu werden,

3c. Gesundheitsbehörden des Bundes oder der Länder oder von diesen im Einzelfall benannte Stellen, soweit es sich um Arzneimittel handelt, die für den Fall einer bedrohlichen übertragbaren Krankheit, deren Ausbreitung eine sofortige und das übliche Maß erheblich überschreitende Bereitstellung von spezifischen Arzneimitteln erforderlich macht, bevorratet werden,

4. Veterinärbehörden, soweit es sich um Arzneimittel handelt, die zur Durchführung öffentlich-rechtlicher Maßnahmen bestimmt sind,

5. auf gesetzlicher Grundlage eingerichtete oder im Benehmen mit dem Bundesministerium von der zuständigen Behörde anerkannte zentrale Beschaffungsstellen für Arzneimittel,

6. Tierärzte im Rahmen des Betriebes einer tierärztlichen Hausapotheke, soweit es sich um Fertigarzneimittel handelt, zur Anwendung an den von ihnen behandelten Tieren und zur Abgabe an deren Halter,

7. zur Ausübung der Zahnheilkunde berechtigte Personen, soweit es sich um Fertigarzneimittel handelt, die ausschließlich in der Zahnheilkunde verwendet und bei der Behandlung am Patienten angewendet werden,

8. Einrichtungen von Forschung und Wissenschaft, denen eine Erlaubnis nach § 3 des Betäubungsmittelgesetzes erteilt worden ist, die zum Erwerb des betreffenden Arzneimittels berechtigt,

9. Hochschulen, soweit es sich um Arzneimittel handelt, die für die Ausbildung der Studierenden der Pharmazie und der Veterinärmedizin benötigt werden,

10. staatlich anerkannte Lehranstalten für pharmazeutisch-technische Assistentinnen und Assistenten, sofern es sich um Arzneimittel handelt, die für die Ausbildung benötigt werden.

Die Anerkennung der zentralen Beschaffungsstelle nach Satz 1 Nr. 5 erfolgt, soweit es sich um zur Anwendung bei Tieren bestimmte Arzneimittel handelt, im Benehmen mit dem Bundesministerium für Ernährung und Landwirtschaft.

(1a) Pharmazeutische Unternehmer und Großhändler dürfen Arzneimittel, die zur Anwendung bei Tieren bestimmt sind, an die in Absatz 1 Nr. 1 oder 6 bezeichneten Empfänger erst abgeben, wenn diese ihnen eine Bescheinigung der zuständigen Behörde vorgelegt haben, dass sie ihrer Anzeigepflicht nach § 67 nachgekommen sind.

(1b) Pharmazeutische Unternehmer und Großhändler haben über den Bezug und die Abgabe zur Anwendung bei Tieren bestimmter verschreibungspflichtiger Arzneimittel, die nicht ausschließlich zur Anwendung bei anderen Tieren als solchen, die der Gewinnung von Lebensmitteln dienen, bestimmt sind, Nachweise zu führen, aus denen gesondert für jedes dieser Arzneimittel zeitlich geordnet die Menge des Bezugs unter Angabe des oder der Lieferanten und die Menge der Abgabe unter Angabe des oder der Bezieher nachgewiesen werden kann, und diese Nachweise der zuständigen Behörde auf Verlangen vorzulegen.

(1c) Pharmazeutische Unternehmer und Großhändler haben bis zum 31. März jedes Kalenderjahres nach Maßgabe einer Rechtsverordnung nach Satz 2 elektronisch Mitteilung an das zentrale Informationssystem über Arzneimittel nach § 67a Absatz 1 zu machen über Art und Menge der von ihnen im vorangegangenen Kalenderjahr an Tierärzte abgegebenen Arzneimittel, die

1. Stoffe mit antimikrobieller Wirkung,

2. in Tabelle 2 des Anhangs der Verordnung (EU) Nr. 37/2010 aufgeführte Stoffe oder

3. in einer der Anlagen der Verordnung über Stoffe mit pharmakologischer Wirkung aufgeführte Stoffe

enthalten. Das Bundesministerium für Ernährung und Landwirtschaft wird ermächtigt, im Einvernehmen mit dem Bundesministerium, durch Rechtsverordnung mit Zustimmung des Bundesrates

1. Näheres über Inhalt und Form der Mitteilungen nach Satz 1 zu regeln und

2. vorzuschreiben, dass

   a) in den Mitteilungen die Zulassungsnummer des jeweils abgegebenen Arzneimittels anzugeben ist,

   b) die Mitteilung der Menge des abgegebenen Arzneimittels nach den ersten beiden Ziffern der Postleitzahl der Anschrift der Tierärzte aufzuschlüsseln ist.

In Rechtsverordnungen nach Satz 2 können ferner Regelungen in entsprechender Anwendung des § 67a Absatz 3 und 3a getroffen werden.

(2) Die in Absatz 1 Nr. 5 bis 9 bezeichneten Empfänger dürfen die Arzneimittel nur für den eigenen Bedarf im Rahmen der Erfüllung ihrer Aufgaben beziehen. Die in Absatz 1 Nr. 5 bezeichneten zentralen Beschaffungsstellen dürfen nur anerkannt werden, wenn nachgewiesen wird, dass sie unter fachlicher Leitung eines Apothekers oder, soweit es sich um zur Anwendung bei Tieren bestimmte Arzneimittel handelt, eines Tierarztes stehen und geeignete Räume und Einrichtungen zur Prüfung, Kontrolle und Lagerung der Arzneimittel vorhanden sind.

(3) Pharmazeutische Unternehmer dürfen Muster eines Fertigarzneimittels abgeben oder abgeben lassen an

1. Ärzte, Zahnärzte oder Tierärzte,

2. andere Personen, die die Heilkunde oder Zahnheilkunde berufsmäßig ausüben, soweit es sich nicht um verschreibungspflichtige Arzneimittel handelt,

3. Ausbildungsstätten für die Heilberufe.

Pharmazeutische Unternehmer dürfen Muster eines Fertigarzneimittels an Ausbildungsstätten für die Heilberufe nur in einem dem Zweck der Ausbildung angemessenen Umfang abgeben oder abgeben lassen. Muster dürfen keine Stoffe oder Zubereitungen

1. im Sinne des § 2 des Betäubungsmittelgesetzes, die als solche in Anlage II oder III des Betäubungsmittelgesetzes aufgeführt sind, oder

2. die nach § 48 Absatz 2 Satz 3 nur auf Sonderrezept verschrieben werden dürfen,

enthalten.

(4) Pharmazeutische Unternehmer dürfen Muster eines Fertigarzneimittels an Personen nach Absatz 3 Satz 1 nur auf jeweilige schriftliche oder elektronische Anforderung, in der kleinsten Packungsgröße und in einem Jahr von einem Fertigarzneimittel nicht mehr als zwei Muster abgeben oder abgeben lassen. Mit den Mustern ist die Fachinformation, soweit diese nach § 11a vorgeschrieben ist, zu übersenden. Das Muster dient insbesondere der Information des Arztes über den Gegenstand des Arzneimittels. Über die Empfänger von Mustern sowie über Art, Umfang und Zeitpunkt der Abgabe von Mustern sind gesondert für jeden Empfänger Nachweise zu führen und auf Verlangen der zuständigen Behörde vorzulegen.

§ 47a Sondervertriebsweg, Nachweispflichten

(1) Pharmazeutische Unternehmer dürfen ein Arzneimittel, das zur Vornahme eines Schwangerschaftsabbruchs zugelassen ist, nur an Einrichtungen im Sinne des § 13 des Schwangerschaftskonfliktgesetzes vom 27. Juli 1992 (BGBl. I S. 1398), geändert durch Artikel 1 des Gesetzes vom 21. August 1995 (BGBl. I S. 1050), und nur auf Verschreibung eines dort behandelnden Arztes abgeben. Andere Personen dürfen die in Satz 1 genannten Arzneimittel nicht in den Verkehr bringen.

(2) Pharmazeutische Unternehmer haben die zur Abgabe bestimmten Packungen der in Absatz 1 Satz 1 genannten Arzneimittel fortlaufend zu nummerieren; ohne diese Kennzeichnung darf das Arzneimittel nicht abgegeben werden. Über die Abgabe haben pharmazeutische Unternehmer, über den Erhalt und die Anwendung haben die Einrichtung und der behandelnde Arzt Nachweise zu führen und diese Nachweise auf Verlangen der zuständigen Behörde zur Einsichtnahme vorzulegen.

(2a) Pharmazeutische Unternehmer sowie die Einrichtung haben die in Absatz 1 Satz 1 genannten Arzneimittel, die sich in ihrem Besitz befinden, gesondert aufzubewahren und gegen unbefugte Entnahme zu sichern.

(3) Die §§ 43 und 47 finden auf die in Absatz 1 Satz 1 genannten Arzneimittel keine Anwendung.

§ 47b Sondervertriebsweg Diamorphin

(1) Pharmazeutische Unternehmer dürfen ein diamorphinhaltiges Fertigarzneimittel, das zur substitutionsgestützten Behandlung zugelassen ist, nur an anerkannte Einrichtungen im Sinne des § 13 Absatz 3 Satz 2 Nummer 2a des Betäubungsmittelgesetzes und nur auf Verschreibung eines dort behandelnden Arztes abgeben. Andere Personen dürfen die in Satz 1 genannten Arzneimittel nicht in Verkehr bringen.

(2) Die §§ 43 und 47 finden auf die in Absatz 1 Satz 1 genannten Arzneimittel keine Anwendung.

§ 48 Verschreibungspflicht

(1) Arzneimittel, die

1. durch Rechtsverordnung nach Absatz 2, auch in Verbindung mit den Absätzen 4 und 5, bestimmte Stoffe, Zubereitungen aus Stoffen oder Gegenstände sind oder denen solche Stoffe oder Zubereitungen aus Stoffen zugesetzt sind,

2. nicht unter Nummer 1 fallen und zur Anwendung bei Tieren, die der Gewinnung von Lebensmitteln dienen, bestimmt sind oder

3. Arzneimittel im Sinne des § 2 Absatz 1 oder Absatz 2 Nummer 1 sind, die Stoffe mit in der medizinischen Wissenschaft nicht allgemein bekannten Wirkungen oder Zubereitungen solcher Stoffe enthalten,

dürfen nur bei Vorliegen einer ärztlichen, zahnärztlichen oder tierärztlichen Verschreibung an Verbraucher abgegeben werden. Satz 1 Nummer 1 gilt nicht für die Abgabe durch Apotheken zur Ausstattung der Kauffahrteischiffe im Hinblick auf die Arzneimittel, die auf Grund seearbeitsrechtlicher Vorschriften für den Schutz der Gesundheit der Personen an Bord und deren unverzügliche angemessene medizinische Betreuung an Bord erforderlich sind. Satz 1 Nummer 3 gilt auch für Arzneimittel, die Zubereitungen aus in ihren Wirkungen allgemein bekannten Stoffen sind, wenn die Wirkungen dieser Zubereitungen in der medizinischen Wissenschaft nicht allgemein bekannt sind, es sei denn, dass die Wirkungen nach Zusammensetzung, Dosierung, Darreichungsform oder Anwendungsgebiet der Zubereitung bestimmt sind. Satz 1 Nummer 3 gilt nicht für Arzneimittel, die Zubereitungen aus Stoffen bekannter Wirkungen sind, soweit diese außerhalb der Apotheken abgegeben werden dürfen. An die Stelle der Verschreibungspflicht nach Satz 1 Nummer 3 tritt mit der Aufnahme des betreffenden Stoffes oder der betreffenden Zubereitung in die Rechtsverordnung nach Absatz 2 Nummer 1 die Verschreibungspflicht nach der Rechtsverordnung.

(2) Das Bundesministerium wird ermächtigt, im Einvernehmen mit dem Bundesministerium für Wirtschaft und Energie durch Rechtsverordnung mit Zustimmung des Bundesrates

1. Stoffe oder Zubereitungen aus Stoffen zu bestimmen, bei denen die Voraussetzungen nach Absatz 1 Satz 1 Nummer 3 auch in Verbindung mit Absatz 1 Satz 3 vorliegen,

2. Stoffe, Zubereitungen aus Stoffen oder Gegenstände zu bestimmen,

   a) die die Gesundheit des Menschen oder, sofern sie zur Anwendung bei Tieren bestimmt sind die Gesundheit des Tieres, des Anwenders oder die Umwelt auch bei bestimmungsgemäßem Gebrauch unmittelbar oder mittelbar gefährden können, wenn sie ohne ärztliche, zahnärztliche oder tierärztliche Überwachung angewendet werden,

   b) die häufig in erheblichem Umfang nicht bestimmungsgemäß gebraucht werden, wenn dadurch die Gesundheit von Mensch oder Tier unmittelbar oder mittelbar gefährdet werden kann, oder

   c) sofern sie zur Anwendung bei Tieren bestimmt sind, deren Anwendung eine vorherige tierärztliche Diagnose erfordert oder Auswirkungen haben kann, die die späteren diagnostischen oder therapeutischen Maßnahmen erschweren oder überlagern,

3. die Verschreibungspflicht für Arzneimittel aufzuheben, wenn auf Grund der bei der Anwendung des Arzneimittels gemachten Erfahrungen die Voraussetzungen nach Nummer 2 nicht oder nicht mehr vorliegen, bei Arzneimitteln nach Nummer 1 kann frühestens drei Jahre nach Inkrafttreten der zugrunde liegenden Rechtsverordnung die Verschreibungspflicht aufgehoben werden,

4. für Stoffe oder Zubereitungen aus Stoffen vorzuschreiben, dass sie nur abgegeben werden dürfen, wenn in der Verschreibung bestimmte Höchstmengen für den Einzel- und Tagesgebrauch nicht überschritten werden oder wenn die Überschreitung vom Verschreibenden ausdrücklich kenntlich gemacht worden ist,

5. zu bestimmen, ob und wie oft ein Arzneimittel auf dieselbe Verschreibung wiederholt abgegeben werden darf,

6. vorzuschreiben, dass ein Arzneimittel nur auf eine Verschreibung von Ärzten eines bestimmten Fachgebietes oder zur Anwendung in für die Behandlung mit dem Arzneimittel zugelassenen Einrichtungen abgegeben werden darf oder über die Verschreibung, Abgabe und Anwendung Nachweise geführt werden müssen,

7. Vorschriften über die Form und den Inhalt der Verschreibung, einschließlich der Verschreibung in elektronischer Form, zu erlassen.

Die Rechtsverordnungen nach Satz 1 Nummer 2 bis 7 werden nach Anhörungen von Sachverständigen erlassen, es sei denn, es handelt sich um Arzneimittel, die nach Artikel 3 Absatz 1 oder 2 der Verordnung (EG) Nr. 726/2004 zugelassen sind oder die solchen Arzneimitteln im Hinblick auf Wirkstoff, Indikation, Wirkstärke und Darreichungsform entsprechen. In der Rechtsverordnung nach Satz 1 Nummer 7 kann für Arzneimittel, deren Verschreibung die Beachtung besonderer Sicherheitsanforderungen erfordert, vorgeschrieben werden, dass

1. die Verschreibung nur auf einem amtlichen Formblatt (Sonderrezept), das von der zuständigen Bundesoberbehörde auf Anforderung eines Arztes ausgegeben wird, erfolgen darf,

2. das Formblatt Angaben zur Anwendung sowie Bestätigungen enthalten muss, insbesondere zu Aufklärungspflichten über Anwendung und Risiken des Arzneimittels, und

3. eine Durchschrift der Verschreibung durch die Apotheke an die zuständige Bundesoberbehörde zurückzugeben ist.

(3) Die Rechtsverordnung nach Absatz 2, auch in Verbindung mit den Absätzen 4 und 5, kann auf bestimmte Dosierungen, Potenzierungen, Darreichungsformen, Fertigarzneimittel oder Anwendungsbereiche beschränkt werden. Ebenso kann eine Ausnahme von der Verschreibungspflicht für die Abgabe an Hebammen und Entbindungspfleger vorgesehen werden, soweit dies für eine ordnungsgemäße Berufsausübung erforderlich ist. Die Beschränkung auf bestimmte Fertigarzneimittel zur Anwendung am Menschen nach Satz 1 erfolgt, wenn gemäß Artikel 74a der Richtlinie 2001/83/EG die Aufhebung der Verschreibungspflicht auf Grund signifikanter vorklinischer oder klinischer Versuche erfolgt ist; dabei ist der nach Artikel 74a vorgesehene Zeitraum von einem Jahr zu beachten.

(4) Die Rechtsverordnung wird vom Bundesministerium für Ernährung und Landwirtschaft im Einvernehmen mit dem Bundesministerium und dem Bundesministerium für Wirtschaft und Energie erlassen, soweit es sich um Arzneimittel handelt, die zur Anwendung bei Tieren bestimmt sind.

(5) Die Rechtsverordnung ergeht im Einvernehmen mit dem Bundesministerium für Umwelt, Naturschutz und nukleare Sicherheit, soweit es sich um radioaktive Arzneimittel und um Arzneimittel handelt, bei deren Herstellung ionisierende Strahlen verwendet werden.

(6) Das Bundesministerium für Ernährung und Landwirtschaft wird ermächtigt, im Einvernehmen mit dem Bundesministerium durch Rechtsverordnung mit Zustimmung des Bundesrates im Falle des Absatzes 1 Satz 1 Nr. 2 Arzneimittel von der Verschreibungspflicht auszunehmen, soweit die auf Grund des Artikels 67 Doppelbuchstabe aa der Richtlinie 2001/82/EG festgelegten Anforderungen eingehalten sind.

Fußnote
(+++ § 48 Abs. 1: Zur Anwendung vgl. § 109 Abs. 11 +++)

§ 49
(weggefallen)

§ 50 Einzelhandel mit freiverkäuflichen Arzneimitteln

(1) Einzelhandel außerhalb von Apotheken mit Arzneimitteln im Sinne des § 2 Abs. 1 oder Abs. 2 Nr. 1, die zum Verkehr außerhalb der Apotheken freigegeben sind, darf nur betrieben werden, wenn der Unternehmer, eine zur Vertretung des Unternehmens gesetzlich berufene oder eine von dem Unternehmer mit der Leitung des Unternehmens oder mit dem Verkauf beauftragte Person die erforderliche Sachkenntnis besitzt. Bei Unternehmen mit mehreren Betriebsstellen muss für jede Betriebsstelle eine Person vorhanden sein, die die erforderliche Sachkenntnis besitzt.

(2) Die erforderliche Sachkenntnis besitzt, wer Kenntnisse und Fertigkeiten über das ordnungsgemäße Abfüllen, Abpacken, Kennzeichnen, Lagern und Inverkehrbringen von Arzneimitteln, die zum Verkehr außerhalb der Apotheken freigegeben sind, sowie Kenntnisse über die für diese Arzneimittel geltenden Vorschriften nachweist. Das Bundesministerium wird ermächtigt, im Einvernehmen mit dem Bundesministerium für Wirtschaft und Energie und dem Bundesministerium für Bildung und Forschung durch Rechtsverordnung mit Zustimmung des Bundesrates Vorschriften darüber zu erlassen, wie der Nachweis der erforderlichen Sachkenntnis zu erbringen ist, um einen ordnungsgemäßen Verkehr mit Arzneimitteln zu gewährleisten. Es kann dabei Prüfungszeugnisse über eine abgeleistete berufliche Aus- oder Fortbildung als Nachweis anerkennen. Es kann ferner bestimmen, dass die Sachkenntnis durch eine Prüfung vor der zuständigen Behörde oder einer von ihr bestimmten Stelle nachgewiesen wird und das Nähere über die Prüfungsanforderungen und das Prüfungsverfahren regeln. Die Rechtsverordnung wird, soweit es sich um Arzneimittel handelt, die zur Anwendung bei Tieren bestimmt sind, vom Bundesministerium für Ernährung und Landwirtschaft im Einverneh-

men mit dem Bundesministerium, dem Bundesministerium für Wirtschaft und Energie und dem Bundesministerium für Bildung und Forschung erlassen.

(3) Einer Sachkenntnis nach Absatz 1 bedarf nicht, wer Fertigarzneimittel im Einzelhandel in den Verkehr bringt, die

1. im Reisegewerbe abgegeben werden dürfen,

2. zur Verhütung der Schwangerschaft oder von Geschlechtskrankheiten beim Menschen bestimmt sind,

3. (weggefallen)

4. ausschließlich zum äußeren Gebrauch bestimmte Desinfektionsmittel oder

5. Sauerstoff sind.

§ 51 Abgabe im Reisegewerbe

(1) Das Feilbieten von Arzneimitteln und das Aufsuchen von Bestellungen auf Arzneimittel im Reisegewerbe sind verboten; ausgenommen von dem Verbot sind für den Verkehr außerhalb der Apotheken freigegebene Fertigarzneimittel, die

1. mit ihren verkehrsüblichen deutschen Namen bezeichnete, in ihren Wirkungen allgemein bekannte Pflanzen oder Pflanzenteile oder Presssäfte aus frischen Pflanzen oder Pflanzenteilen sind, sofern diese mit keinem anderen Lösungsmittel als Wasser hergestellt wurden, oder

2. Heilwässer und deren Salze in ihrem natürlichen Mischungsverhältnis oder ihre Nachbildungen sind.

(2) Das Verbot des Absatzes 1 erster Halbsatz findet keine Anwendung, soweit der Gewerbetreibende andere Personen im Rahmen ihres Geschäftsbetriebes aufsucht, es sei denn, dass es sich um Arzneimittel handelt, die für die Anwendung bei Tieren in land- und forstwirtschaftlichen Betrieben, in gewerblichen Tierhaltungen sowie in Betrieben des Gemüse-, Obst-, Garten- und Weinbaus, der Imkerei und der Fischerei feilgeboten oder dass bei diesen Betrieben Bestellungen auf Arzneimittel, deren Abgabe den Apotheken vorbehalten ist, aufgesucht werden. Dies gilt auch für Handlungsreisende und andere Personen, die im Auftrag und im Namen eines Gewerbetreibenden tätig werden.

§ 52 Verbot der Selbstbedienung

(1) Arzneimittel im Sinne des § 2 Abs. 1 oder Abs. 2 Nr. 1 dürfen

1. nicht durch Automaten und

2. nicht durch andere Formen der Selbstbedienung in den Verkehr gebracht werden.

(2) Absatz 1 gilt nicht für Fertigarzneimittel, die

1. im Reisegewerbe abgegeben werden dürfen,

2. zur Verhütung der Schwangerschaft oder von Geschlechtskrankheiten beim Menschen bestimmt und zum Verkehr außerhalb der Apotheken freigegeben sind,

3. (weggefallen)

4. ausschließlich zum äußeren Gebrauch bestimmte Desinfektionsmittel oder

5. Sauerstoff sind.

(3) Absatz 1 Nr. 2 gilt ferner nicht für Arzneimittel, die für den Verkehr außerhalb der Apotheken freigegeben sind, wenn eine Person, die die Sachkenntnis nach § 50 besitzt, zur Verfügung steht.

§ 52a Großhandel mit Arzneimitteln

(1) Wer Großhandel mit Arzneimitteln im Sinne des § 2 Abs. 1 oder Abs. 2 Nr. 1, Testsera oder Testantigenen betreibt, bedarf einer Erlaubnis. Ausgenommen von dieser Erlaubnispflicht sind die in § 51 Absatz 1 Nummer 2 genannten und für den Verkehr außerhalb von Apotheken freigegebenen Fertigarzneimittel.

(2) Mit dem Antrag hat der Antragsteller

1. die bestimmte Betriebsstätte sowie die Tätigkeiten und die Arzneimittel zu benennen, für die die Erlaubnis erteilt werden soll,

2. Nachweise darüber vorzulegen, dass er über geeignete und ausreichende Räumlichkeiten, Anlagen und Einrichtungen verfügt, um eine ordnungsgemäße Lagerung und einen ordnungsgemäßen Vertrieb und, soweit vorgesehen, ein ordnungsgemäßes Umfüllen, Abpacken und Kennzeichnen von Arzneimitteln zu gewährleisten,

3. eine verantwortliche Person zu benennen, die die zur Ausübung der Tätigkeit erforderliche Sachkenntnis besitzt, und

4. eine Erklärung beizufügen, in der er sich schriftlich verpflichtet, die für den ordnungsgemäßen Betrieb eines Großhandels geltenden Regelungen einzuhalten.

(3) Die Entscheidung über die Erteilung der Erlaubnis trifft die zuständige Behörde des Landes, in dem die Betriebsstätte liegt oder liegen soll. Die zuständige Behörde hat eine Entscheidung über den Antrag auf Erteilung der Erlaubnis innerhalb einer Frist von drei Monaten zu treffen. Verlangt die zuständige Behörde vom Antragsteller weitere Angaben zu den Voraussetzungen nach Absatz 2, so wird die in Satz 2 genannte Frist so lange ausgesetzt, bis die erforderlichen ergänzenden Angaben der zuständigen Behörde vorliegen.

(4) Die Erlaubnis darf nur versagt werden, wenn

1. die Voraussetzungen nach Absatz 2 nicht vorliegen,

2. Tatsachen die Annahme rechtfertigen, dass der Antragsteller oder die verantwortliche Person nach Absatz 2 Nr. 3 die zur Ausübung ihrer Tätigkeit erforderliche Zuverlässigkeit nicht besitzt oder

3. der Großhändler nicht in der Lage ist, zu gewährleisten, dass die für den ordnungs-

gemäßen Betrieb geltenden Regelungen eingehalten werden.

(5) Die Erlaubnis ist zurückzunehmen, wenn nachträglich bekannt wird, dass einer der Versagungsgründe nach Absatz 4 bei der Erteilung vorgelegen hat. Die Erlaubnis ist zu widerrufen, wenn die Voraussetzungen für die Erteilung der Erlaubnis nicht mehr vorliegen; anstelle des Widerrufs kann auch das Ruhen der Erlaubnis angeordnet werden.

(6) Eine Erlaubnis nach § 13 oder § 72 umfasst auch die Erlaubnis zum Großhandel mit den Arzneimitteln, auf die sich die Erlaubnis nach § 13 oder § 72 erstreckt.

(7) Die Absätze 1 bis 5 gelten nicht für die Tätigkeit der Apotheken im Rahmen des üblichen Apothekenbetriebes.

(8) Der Inhaber der Erlaubnis hat jede Änderung der in Absatz 2 genannten Angaben sowie jede wesentliche Änderung der Großhandelstätigkeit unter Vorlage der Nachweise der zuständigen Behörde vorher anzuzeigen. Bei einem unvorhergesehenen Wechsel der verantwortlichen Person nach Absatz 2 Nr. 3 hat die Anzeige unverzüglich zu erfolgen.

§ 52b Bereitstellung von Arzneimitteln

(1) Pharmazeutische Unternehmer und Betreiber von Arzneimittelgroßhandlungen, die im Geltungsbereich dieses Gesetzes ein tatsächlich in Verkehr gebrachtes und zur Anwendung im oder am Menschen bestimmtes Arzneimittel vertreiben, das durch die zuständige Bundesoberbehörde zugelassen worden ist oder für das durch die Europäische Gemeinschaft oder durch die Europäische Union eine Genehmigung für das Inverkehrbringen gemäß Artikel 3 Absatz 1 oder 2 der Verordnung (EG) Nr. 726/2004 erteilt worden ist, stellen eine angemessene und kontinuierliche Bereitstellung des Arzneimittels sicher, damit der Bedarf von Patienten im Geltungsbereich dieses Gesetzes gedeckt ist.

(2) Pharmazeutische Unternehmer müssen im Rahmen ihrer Verantwortlichkeit eine bedarfsgerechte und kontinuierliche Belieferung vollversorgender Arzneimittelgroßhandlungen gewährleisten. Vollversorgende Arzneimittelgroßhandlungen sind Großhandlungen, die ein vollständiges, herstellerneutral gestaltetes Sortiment an apothekenpflichtigen Arzneimitteln unterhalten, das nach Breite und Tiefe so beschaffen ist, dass damit der Bedarf von Patienten von den mit der Großhandlung in Geschäftsbeziehung stehenden Apotheken werktäglich innerhalb angemessener Zeit gedeckt werden kann; die vorzuhaltenden Arzneimittel müssen dabei mindestens dem durchschnittlichen Bedarf für zwei Wochen entsprechen. Satz 1 gilt nicht für Arzneimittel, die dem Vertriebsweg des § 47 Absatz 1 Satz 1 Nummer 2 bis 10 oder des § 47a oder des § 47b unterliegen oder die aus anderen rechtlichen oder tatsächlichen Gründen nicht über den Großhandel ausgeliefert werden können.

(3) Vollversorgende Arzneimittelgroßhandlungen müssen im Rahmen ihrer Verantwortlichkeit eine bedarfsgerechte und kontinuierliche Belieferung der mit ihnen in Geschäftsbeziehung stehenden Apotheken gewährleisten. Satz 1 gilt entsprechend für andere Arzneimittelgroßhandlungen im Umfang der von ihnen jeweils vorgehaltenen Arzneimittel.

(3a) Pharmazeutische Unternehmer müssen im Rahmen ihrer Verantwortlichkeit Krankenhäuser im Falle ihnen bekannt gewordener Lieferengpässe bei verschreibungspflichtigen Arzneimitteln zur stationären Versorgung umgehend informieren.

(4) Die Vorschriften des Gesetzes gegen Wettbewerbsbeschränkungen bleiben unberührt.

§ 52c Arzneimittelvermittlung

(1) Ein Arzneimittelvermittler darf im Geltungsbereich dieses Gesetzes nur tätig werden, wenn er seinen Sitz im Geltungsbereich dieses Gesetzes, in einem anderen Mitgliedstaat der Europäischen Union oder in einem anderen Vertragsstaat des Abkommens über den Europäischen Wirtschaftsraum hat.

(2) Der Arzneimittelvermittler darf seine Tätigkeit erst nach Anzeige gemäß § 67 Absatz 1 Satz 1 bei der zuständigen Behörde und Registrierung durch die Behörde in eine öffentliche Datenbank nach § 67a oder einer Datenbank eines anderen Mitgliedstaates der Europäischen Union oder eines anderen Vertragsstaates des Abkommens über den Europäischen Wirtschaftsraum aufnehmen. In der Anzeige sind vom Arzneimittelvermittler die Art der Tätigkeit, der Name und die Adresse anzugeben. Zuständige Behörde nach Satz 1 ist die Behörde, in deren Zuständigkeitsbereich der Arzneimittelvermittler seinen Sitz hat.

(3) Erfüllt der Arzneimittelvermittler nicht die nach diesem Gesetz oder die nach einer auf Grund dieses Gesetzes erlassenen Verordnung vorgegebenen Anforderungen, kann die zuständige Behörde die Registrierung in der Datenbank versagen oder löschen.

§ 53 Anhörung von Sachverständigen

(1) Soweit nach § 45 Abs. 1 und § 46 Abs. 1 vor Erlass von Rechtsverordnungen Sachverständige anzuhören sind, errichtet hierzu das Bundesministerium durch Rechtsverordnung ohne Zustimmung des Bundesrates einen Sachverständigen-Ausschuss. Dem Ausschuss sollen Sachverständige aus der medizinischen und pharmazeutischen Wissenschaft, den Krankenhäusern, den Heilberufen, den beteiligten Wirtschaftskreisen und den Sozialversicherungsträgern angehören. In der Rechtsverordnung kann das Nähere über die Zusammensetzung, die Berufung der Mitglieder und das Verfahren des Ausschusses bestimmt werden. Die Rechtsverordnung wird vom Bundesministerium für Ernährung und Landwirtschaft im Einvernehmen mit dem Bundesministerium erlassen, soweit es sich um Arzneimittel handelt, die zur Anwendung bei Tieren bestimmt sind.

(2) Soweit nach § 48 Abs. 2 vor Erlass der Rechtsverordnung Sachverständige anzuhören sind, gilt Absatz 1 entsprechend mit der Maßgabe, dass dem Ausschuss Sachverständige aus der medizinischen und pharmazeutischen Wissenschaft sowie Sachverständige der Arzneimittelkommissionen der Ärzte, Tierärzte und Apotheker angehören sollen. Die Vertreter der medizinischen und pharmazeutischen Praxis und der pharmazeutischen Industrie nehmen ohne Stimmrecht an den Sitzungen teil.

Achter Abschnitt
Sicherung und Kontrolle der Qualität

§ 54 Betriebsverordnungen

(1) Das Bundesministerium wird ermächtigt, im Einvernehmen mit dem Bundesministerium für Wirtschaft und Energie durch Rechtsverordnung mit Zustimmung des Bundesrates Betriebsverordnungen für Betriebe oder Einrichtungen zu erlassen, die Arzneimittel in den Geltungsbereich dieses Gesetzes verbringen oder in denen Arzneimittel entwickelt, hergestellt, geprüft, gelagert, verpackt oder in den Verkehr gebracht werden oder in denen sonst mit Arzneimitteln Handel getrieben wird, soweit es geboten ist, um einen ordnungsgemäßen Betrieb und die erforderliche Qualität der Arzneimittel sowie die Pharmakovigilanz sicherzustellen; dies gilt entsprechend für Wirkstoffe und andere zur Arzneimittelherstellung bestimmte Stoffe sowie für Gewebe. Die Rechtsverordnung wird vom Bundesministerium für Ernährung und Landwirtschaft im Einvernehmen mit dem Bundesministerium und dem Bundesministerium für Wirtschaft und Energie erlassen, soweit es sich um Arzneimittel handelt, die zur Anwendung bei Tieren bestimmt sind. Die Rechtsverordnung ergeht jeweils im Einvernehmen mit dem Bundesministerium für Umwelt, Naturschutz und nukleare Sicherheit, soweit es sich um radioaktive Arzneimittel oder um Arzneimittel handelt, bei deren Herstellung ionisierende Strahlen verwendet werden.

(2) In der Rechtsverordnung nach Absatz 1 können insbesondere Regelungen getroffen werden über die

1. Entwicklung, Herstellung, Prüfung, Lagerung, Verpackung, Qualitätssicherung, den Erwerb, die Bereitstellung, die Bevorratung und das Inverkehrbringen,

2. Führung und Aufbewahrung von Nachweisen über die in der Nummer 1 genannten Betriebsvorgänge,

3. Haltung und Kontrolle der bei der Herstellung und Prüfung der Arzneimittel verwendeten Tiere und die Nachweise darüber,

4. Anforderungen an das Personal,

5. Beschaffenheit, Größe und Einrichtung der Räume,

6. Anforderungen an die Hygiene,

7. Beschaffenheit der Behältnisse,

8. Kennzeichnung der Behältnisse, in denen Arzneimittel und deren Ausgangsstoffe vorrätig gehalten werden,

9. Dienstbereitschaft für Arzneimittelgroßhandelsbetriebe,

10. Zurückstellung von Chargenproben sowie deren Umfang und Lagerungsdauer,

11. Kennzeichnung, Absonderung oder Vernichtung nicht verkehrsfähiger Arzneimittel,

12. Voraussetzungen für und die Anforderungen an die in Nummer 1 bezeichneten Tätigkeiten durch den Tierarzt (Betrieb einer tierärztlichen Hausapotheke) sowie die Anforderungen an die Anwendung von Arzneimitteln durch den Tierarzt an den von ihm behandelten Tieren.

(2a) (weggefallen)

(3) Die in den Absätzen 1 und 2 getroffenen Regelungen gelten auch für Personen, die die in Absatz 1 genannten Tätigkeiten berufsmäßig ausüben.

(4) Die Absätze 1 und 2 gelten für Apotheken im Sinne des Gesetzes über das Apothekenwesen, soweit diese einer Erlaubnis nach § 13, § 52a oder § 72 bedürfen.

§ 55 Arzneibuch

(1) Das Arzneibuch ist eine vom Bundesinstitut für Arzneimittel und Medizinprodukte im Einvernehmen mit dem Paul-Ehrlich-Institut und dem Bundesamt für Verbraucherschutz und Lebensmittelsicherheit bekannt gemachte Sammlung anerkannter pharmazeutischer Regeln über die Qualität, Prüfung, Lagerung, Abgabe und Bezeichnung von Arzneimitteln und den bei ihrer Herstellung verwendeten Stoffen. Das Arzneibuch enthält auch Regeln für die Beschaffenheit von Behältnissen und Umhüllungen.

(2) Die Regeln des Arzneibuches werden von der Deutschen Arzneibuch-Kommission oder der Europäischen Arzneibuch-Kommission beschlossen. Die Bekanntmachung der Regeln kann aus rechtlichen oder fachlichen Gründen abgelehnt oder rückgängig gemacht werden.

(3) Die Deutsche Arzneibuch-Kommission hat die Aufgabe, über die Regeln des Arzneibuches zu beschließen und die zuständige Bundesoberbehörde bei den Arbeiten im Rahmen des Übereinkommens über die Ausarbeitung eines Europäischen Arzneibuches zu unterstützen.

(4) Die Deutsche Arzneibuch-Kommission wird beim Bundesinstitut für Arzneimittel und Medizinprodukte gebildet. Das Bundesinstitut für Arzneimittel und Medizinprodukte beruft im Einvernehmen mit dem Paul-Ehrlich-Institut und dem Bundesamt für Verbraucherschutz und Lebensmittelsicherheit die Mitglieder der Deutschen Arzneibuch-Kommission aus Sachverständigen der medizinischen und pharmazeutischen Wissenschaft, der Heilberufe, der beteiligten Wirtschaftskreise und der Arzneimittelüberwachung im zahlenmäßig gleichen Verhältnis, stellt den Vorsitz und erlässt eine Geschäftsordnung. Die Geschäftsordnung bedarf der Zustimmung des Bundesministeriums im Einvernehmen mit dem Bundesministerium für Ernährung und Landwirtschaft. Die Mitglieder sind zur Verschwiegenheit verpflichtet.

(5) Die Deutsche Arzneibuch-Kommission soll über die Regeln des Arzneibuches grundsätzlich einstimmig beschließen. Beschlüsse, denen nicht mehr als drei Viertel der Mitglieder der Kommission zugestimmt haben, sind unwirksam. Das Nähere regelt die Geschäftsordnung.

(6) Die Absätze 2 bis 5 finden auf die Tätigkeit der Deutschen Homöopathischen Arzneibuch-Kommission entsprechende Anwendung.

(7) Die Bekanntmachung erfolgt im Bundesanzeiger. Sie kann sich darauf beschränken, auf die Bezugsquelle der Fassung des Arzneibuches und den Beginn der Geltung der Neufassung hinzuweisen.

(8) Bei der Herstellung von Arzneimitteln dürfen nur Stoffe und die Behältnisse und Umhüllungen, soweit sie mit den Arzneimitteln in Berührung kommen, verwendet werden und nur Darreichungsformen angefertigt werden, die den anerkannten pharmazeutischen Regeln entsprechen. Satz 1 findet bei Arzneimitteln, die ausschließlich für den Export hergestellt werden, mit der Maßgabe Anwendung, dass die im Empfängerland geltenden Regelungen berücksichtigt werden können.

(9) Abweichend von Absatz 1 Satz 1 erfolgt die Bekanntmachung durch das Bundesamt für Verbraucherschutz und Lebensmittelsicherheit im Einvernehmen mit dem Bundesinstitut für Arzneimittel und Medizinprodukte und dem Paul-Ehrlich-Institut, soweit es sich um Arzneimittel handelt, die zur Anwendung bei Tieren bestimmt sind.

§ 55a Amtliche Sammlung von Untersuchungsverfahren

Die zuständige Bundesoberbehörde veröffentlicht eine amtliche Sammlung von Verfahren zur Probenahme und Untersuchung von Arzneimitteln und ihren Ausgangsstoffen. Die Verfahren werden unter Mitwirkung von Sachkennern aus den Bereichen der Überwachung, der Wissenschaft und der pharmazeutischen Unternehmer festgelegt. Die Sammlung ist laufend auf dem neuesten Stand zu halten.

Neunter Abschnitt
Sondervorschriften für Arzneimittel, die bei Tieren angewendet werden

Auf den Abdruck wird verzichtet

Zehnter Abschnitt
Beobachtung, Sammlung und Auswertung von Arzneimittelrisiken

Auf den Abdruck wird verzichtet

Elfter Abschnitt
Überwachung

§ 64 Durchführung der Überwachung

(1) Betriebe und Einrichtungen, in denen Arzneimittel hergestellt, geprüft, gelagert, verpackt oder in den Verkehr gebracht werden, in denen sonst mit ihnen Handel getrieben wird oder die Arzneimittel einführen oder in denen mit den genannten Tätigkeiten im Zusammenhang stehende Aufzeichnungen aufbewahrt werden, unterliegen insoweit der Überwachung durch die zuständige Behörde; das Gleiche gilt für Betriebe und Einrichtungen, die Arzneimittel entwickeln, klinisch prüfen, einer Rückstandsprüfung unterziehen oder Arzneimittel nach § 47a Abs. 1 Satz 1 oder zur Anwendung bei Tieren bestimmte Arzneimittel erwerben oder anwenden oder in denen mit den genannten Tätigkeiten im Zusammenhang stehende Aufzeichnungen aufbewahrt werden oder die einen Datenspeicher einrichten oder verwalten, der zum Datenspeicher- und -abrufsystem nach Artikel 31 der Delegierten Verordnung (EU) 2016/161 der Kommission vom 2. Oktober 2015 zur Ergänzung der Richtlinie 2001/83/EG des Europäischen Parlaments und des Rates durch die Festlegung

genauer Bestimmungen über die Sicherheitsmerkmale auf der Verpackung von Humanarzneimitteln (ABl. L 32 vom 9.2.2016, S. 1) gehört. Die Entwicklung, Herstellung, Prüfung, Lagerung, Verpackung, Einfuhr und das Inverkehrbringen von Wirkstoffen und anderen zur Arzneimittelherstellung bestimmten Stoffen und von Gewebe, der sonstige Handel mit diesen Wirkstoffen und Stoffen sowie die mit den genannten Tätigkeiten im Zusammenhang stehende Aufbewahrung von Aufzeichnungen unterliegen der Überwachung, soweit sie durch eine Rechtsverordnung nach § 54, nach § 12 des Transfusionsgesetzes oder nach § 16a des Transplantationsgesetzes geregelt sind. Im Fall des § 14 Absatz 4 Nummer 4 und des § 20b Absatz 2 unterliegen die Entnahmeeinrichtungen und Labore der Überwachung durch die für sie örtlich zuständige Behörde; im Fall des § 20c Absatz 2 Satz 2 unterliegen die beauftragten Betriebe der Überwachung durch die für sie örtlich zuständige Behörde. Satz 1 gilt auch für Personen, die diese Tätigkeiten berufsmäßig ausüben oder Arzneimittel nicht ausschließlich für den Eigenbedarf mit sich führen, für den Sponsor einer klinischen Prüfung oder seinen Vertreter nach § 40 Abs. 1 Satz 3 Nr. 1 sowie für Personen oder Personenvereinigungen, die Arzneimittel für andere sammeln. Satz 1 findet keine Anwendung auf die Rekonstitution, soweit es sich nicht um Arzneimittel handelt, die zur klinischen Prüfung bestimmt sind.

(2) Die mit der Überwachung beauftragten Personen müssen diese Tätigkeit hauptberuflich ausüben. Die zuständige Behörde kann Sachverständige beiziehen. Sie soll Angehörige der zuständigen Bundesoberbehörde als Sachverständige beteiligen, soweit es sich um Blutzubereitungen, Gewebe und Gewebezubereitungen, radioaktive Arzneimittel, gentechnisch hergestellte Arzneimittel, Sera, Impfstoffe, Allergene, Arzneimittel für neuartige Therapien, xenogene Arzneimittel oder um Wirkstoffe oder andere Stoffe, die menschlicher, tierischer oder mikrobieller Herkunft sind oder die auf gentechnischem Wege hergestellt werden, handelt. Bei Apotheken, die keine Krankenhausapothe-

ken sind oder die einer Erlaubnis nach § 13 nicht bedürfen, kann die zuständige Behörde Sachverständige mit der Überwachung beauftragen.

(3) Die zuständige Behörde hat sich davon zu überzeugen, dass die Vorschriften über Arzneimittel, Wirkstoffe und andere zur Arzneimittelherstellung bestimmte Stoffe sowie über Gewebe, über die Werbung auf dem Gebiete des Heilwesens, des Zweiten Abschnitts des Transfusionsgesetzes, der Abschnitte 2, 3 und 3a des Transplantationsgesetzes und über das Apothekenwesen beachtet werden. Sie hat dafür auf der Grundlage eines Überwachungssystems unter besonderer Berücksichtigung möglicher Risiken in angemessenen Zeitabständen und in angemessenem Umfang sowie erforderlichenfalls auch unangemeldet Inspektionen vorzunehmen und wirksame Folgemaßnahmen festzulegen. Sie hat auch Arzneimittelproben amtlich untersuchen zu lassen. Unangemeldete Inspektionen sind insbesondere erforderlich

1. bei Verdacht von Arzneimittel- oder Wirkstofffälschungen,

2. bei Hinweis auf schwerwiegende Mängel von Arzneimitteln oder Wirkstoffen sowie

3. in angemessenen Zeitabständen im Rahmen der Überwachung der Arzneimittelherstellung nach § 35 der Apothekenbetriebsordnung und der Herstellung von Arzneimitteln zur parenteralen Anwendung für Apotheken.

(3a) Betriebe und Einrichtungen, die einer Erlaubnis nach den §§ 13, 20c, 72, 72b Absatz 1 oder § 72c bedürfen, tierärztliche Hausapotheken sowie Apotheken, die Arzneimittel nach § 35 der Apothekenbetriebsordnung herstellen, sind in der Regel alle zwei Jahre nach Absatz 3 zu überprüfen. Die zuständige Behörde erteilt die Erlaubnis nach den §§ 13, 20c, 52a, 72, 72b Absatz 1 oder § 72c erst, wenn sie sich durch eine Inspektion davon überzeugt hat, dass die Voraussetzungen für die Erlaubniserteilung vorliegen.

(3b) Die zuständige Behörde führt die Inspektionen zur Überwachung der Vorschriften über den Verkehr mit Arzneimitteln, die zur Anwendung bei Menschen bestimmt sind, gemäß den Leitlinien der Europäischen Kommission nach Artikel 111a der Richtlinie 2001/83/EG durch, soweit es sich nicht um die Überwachung der Durchführung klinischer Prüfung handelt. Sie arbeitet mit der Europäischen Arzneimittel-Agentur durch Austausch von Informationen über geplante und durchgeführte Inspektionen sowie bei der Koordinierung von Inspektionen von Betrieben und Einrichtungen in Ländern, die nicht Mitgliedstaaten der Europäischen Union oder andere Vertragsstaaten des Abkommens über den Europäischen Wirtschaftsraum sind, zusammen.

(3c) Die Inspektionen können auch auf Ersuchen eines anderen Mitgliedstaates, der Europäischen Kommission oder der Europäischen Arzneimittel-Agentur durchgeführt werden. Unbeschadet etwaiger Abkommen zwischen der Europäischen Union und Ländern, die nicht Mitgliedstaaten der Europäischen Union oder andere Vertragsstaaten des Abkommens über den Europäischen Wirtschaftsraum sind, kann die zuständige Behörde einen Hersteller in dem Land, das nicht Mitgliedstaat der Union oder Vertragsstaat des Abkommens über den Europäischen Wirtschaftsraum ist, auffordern, sich einer Inspektion nach den Vorgaben der Europäischen Union zu unterziehen.

(3d) Über die Inspektion ist ein Bericht zu erstellen. Die zuständige Behörde, die die Inspektion durchgeführt hat, teilt den überprüften Betrieben, Einrichtungen oder Personen den Inhalt des Berichtsentwurfs mit und gibt ihnen vor dessen endgültiger Fertigstellung Gelegenheit zur Stellungnahme.

(3e) Führt die Inspektion nach Auswertung der Stellungnahme nach Absatz 3d Satz 2 zu dem Ergebnis, dass die Betriebe, Einrichtungen oder Personen den gesetzlichen Vorschriften nicht entsprechen, so wird diese Information, soweit die Grundsätze und Leitlinien der Guten Herstellungspraxis oder der Guten Vertriebspraxis des Rechts der Europäischen Union für Arzneimittel zur Anwendung beim Menschen oder die Grundsätze und Leitlinien der Guten Herstellungspraxis des Rechts der Europäischen Union für Arzneimittel zur Anwendung bei Tieren betroffen sind, in die Datenbank nach § 67a eingegeben.

(3f) Innerhalb von 90 Tagen nach einer Inspektion zur Überprüfung der Guten Herstellungspraxis oder der Guten Vertriebspraxis wird den überprüften Betrieben, Einrichtungen oder Personen ein Zertifikat ausgestellt, wenn die Inspektion zu dem Ergebnis geführt hat, dass die entsprechenden Grundsätze und Leitlinien eingehalten werden. Die Gültigkeitsdauer des Zertifikates über die Einhaltung der Grundsätze und Leitlinien der Guten Herstellungspraxis soll drei Jahre, die des Zertifikates über die Einhaltung der Grundsätze und Leitlinien der Guten Vertriebspraxis fünf Jahre nicht überschreiten. Das Zertifikat ist zurückzunehmen, wenn nachträglich bekannt wird, dass die Voraussetzungen nicht vorgelegen haben; es ist zu widerrufen, wenn die Voraussetzungen nicht mehr gegeben sind.

(3g) Die Angaben über die Ausstellung, die Versagung, die Rücknahme oder den Widerruf eines Zertifikates über die Einhaltung der Grundsätze und Leitlinien der Guten Herstellungspraxis sind in eine Datenbank nach § 67a einzugeben. Das gilt auch für die Erteilung, die Rücknahme, den Widerruf oder das Ruhen einer Erlaubnis nach § 13 oder § 72 Absatz 1 und 2 sowie für die Registrierung und Löschung von Arzneimittelvermittlern oder von Betrieben und Einrichtungen, die Wirkstoffe herstellen, einführen oder sonst mit ihnen Handel treiben, ohne einer Erlaubnis zu bedürfen. Die Angaben über die Ausstellung, die Versagung, die Rücknahme oder den Widerruf einer Erlaubnis nach § 52a sowie eines Zertifikates über die Einhaltung der Grundsätze und Leitlinien der Guten Vertriebspraxis sind in eine Datenbank der Europäischen Arzneimittel-Agentur nach Artikel

111 Absatz 6 der Richtlinie 2001/83/EG einzugeben.

(3h) Die Absätze 3b, 3c und 3e bis 3g finden keine Anwendung auf tierärztliche Hausapotheken sowie auf Betriebe und Einrichtungen, die ausschließlich Fütterungsarzneimittel herstellen. Darüber hinaus findet Absatz 3d Satz 2 auf tierärztliche Hausapotheken keine Anwendung oder die einen Datenspeicher einrichten oder verwalten, der zum Datenspeicher- und -abrufsystem nach Artikel 31 der Delegierten Verordnung (EU) 2016/161 gehört.

(3i) Abweichend von Absatz 3c hat die zuständige Behörde über ein begründetes Ersuchen eines anderen Mitgliedstaates der Europäischen Union zu entscheiden, in den Gewebe oder Gewebezubereitungen verbracht werden sollen, die zuvor in den Geltungsbereich dieses Gesetzes eingeführt wurden, eine einführende Gewebeeinrichtung, die der Erlaubnispflicht des § 72b Absatz 1 oder des § 72c Absatz 1 unterliegt, zu inspizieren oder sonstige Überwachungsmaßnahmen durchzuführen. Der andere Mitgliedstaat erhält zuvor Gelegenheit zur Stellungnahme. Die Sätze 1 und 2 gelten entsprechend für ein begründetes Ersuchen eines anderen Mitgliedstaates der Europäischen Union, in den hämatopoetische Stammzellen oder Stammzellzubereitungen aus dem peripheren Blut oder aus dem Nabelschnurblut verbracht werden sollen, die zuvor in den Geltungsbereich dieses Gesetzes eingeführt wurden, eine einführende Einrichtung, die der Erlaubnispflicht nach § 72 Absatz 4 oder § 72c Absatz 4 Satz 1 in Verbindung mit Absatz 1 unterliegt, zu inspizieren oder sonstige Überwachungsmaßnahmen durchzuführen.

(3j) Im Fall einer Inspektion nach Absatz 3i kann die zuständige Behörde auf ein Ersuchen der zuständigen Behörde des anderen Mitgliedstaates der Europäischen Union gestatten, dass beauftragte Personen dieses Mitgliedstaates die Inspektion begleiten. Eine Ablehnung des Ersuchens muss die zuständige Behörde gegenüber der zuständigen Behörde des anderen

Mitgliedstaates begründen. Die begleitenden Personen sind befugt, zusammen mit den mit der Überwachung beauftragten Personen Grundstücke, Geschäftsräume, Betriebsräume und Beförderungsmittel zu den üblichen Geschäftszeiten zu betreten und zu besichtigen.

(3k) Die zuständige Behörde informiert die zuständige Bundesoberbehörde über geplante Inspektionen bei Herstellern von Arzneimitteln oder Wirkstoffen in Drittstaaten. Angehörige der zuständigen Bundesoberbehörde können im Benehmen mit der zuständigen Behörde an solchen Inspektionen als Sachverständige teilnehmen. Absatz 2 Satz 3 bleibt unberührt.

(4) Die mit der Überwachung beauftragten Personen sind befugt

1. Grundstücke, Geschäftsräume, Betriebsräume, Beförderungsmittel und zur Verhütung dringender Gefahr für die öffentliche Sicherheit und Ordnung auch Wohnräume zu den üblichen Geschäftszeiten zu betreten, zu besichtigen sowie in Geschäftsräumen, Betriebsräumen und Beförderungsmitteln zur Dokumentation Bildaufzeichnungen anzufertigen, in denen eine Tätigkeit nach Absatz 1 ausgeübt wird; das Grundrecht des Artikels 13 des Grundgesetzes auf Unverletzlichkeit der Wohnung wird insoweit eingeschränkt,

2. Unterlagen über Entwicklung, Herstellung, Prüfung, klinische Prüfung oder Rückstandsprüfung, Erwerb, Einfuhr, Lagerung, Verpackung, Abrechnung, Inverkehrbringen und sonstigen Verbleib der Arzneimittel, der Wirkstoffe und anderer zur Arzneimittelherstellung bestimmter Stoffe sowie über das im Verkehr befindliche Werbematerial und über die nach § 94 erforderliche Deckungsvorsorge einzusehen,

2a. Abschriften oder Ablichtungen von Unterlagen nach Nummer 2 oder Ausdrucke oder Kopien von Datenträgern, auf denen Unterlagen nach Nummer 2 gespeichert sind, anzufertigen oder zu verlangen, soweit es sich nicht um personenbezogene Daten von Patienten handelt,

3. von natürlichen und juristischen Personen und nicht rechtsfähigen Personenvereinigungen alle erforderlichen Auskünfte, insbesondere über die in Nummer 2 genannten Betriebsvorgänge zu verlangen,

4. vorläufige Anordnungen, auch über die Schließung des Betriebes oder der Einrichtung zu treffen, soweit es zur Verhütung dringender Gefahren für die öffentliche Sicherheit und Ordnung geboten ist.

(4a) Soweit es zur Durchführung dieses Gesetzes oder der auf Grund dieses Gesetzes erlassenen Rechtsverordnungen oder der Verordnung (EG) Nr. 726/2004 erforderlich ist, dürfen auch die Sachverständigen der Mitgliedstaaten der Europäischen Union, soweit sie die mit der Überwachung beauftragten Personen begleiten, Befugnisse nach Absatz 4 Nr. 1 wahrnehmen.

(5) Der zur Auskunft Verpflichtete kann die Auskunft auf solche Fragen verweigern, deren Beantwortung ihn selbst oder einen seiner in § 383 Abs. 1 Nr. 1 bis 3 der Zivilprozessordnung bezeichneten Angehörigen der Gefahr strafrechtlicher Verfolgung oder eines Verfahrens nach dem Gesetz über Ordnungswidrigkeiten aussetzen würde.

(6) Das Bundesministerium wird ermächtigt, durch Rechtsverordnung mit Zustimmung des Bundesrates Regelungen über die Wahrnehmung von Überwachungsaufgaben in den Fällen festzulegen, in denen Arzneimittel von einem pharmazeutischen Unternehmer im Geltungsbereich des Gesetzes in den Verkehr gebracht werden, der keinen Sitz im Geltungsbereich des Gesetzes hat, soweit es zur Durchführung der Vorschriften über den Verkehr mit Arzneimitteln sowie über die Werbung auf dem Gebiete des Heilwesens erforderlich ist. Dabei kann die federführende Zuständigkeit für Überwachungsaufgaben, die sich auf Grund des Verbringens eines Arzneimittels aus einem be-

stimmten Mitgliedstaat der Europäischen Union ergeben, jeweils einem bestimmten Land oder einer von den Ländern getragenen Einrichtung zugeordnet werden. Die Rechtsverordnung wird vom Bundesministerium für Ernährung und Landwirtschaft im Einvernehmen mit dem Bundesministerium erlassen, soweit es sich um Arzneimittel handelt, die zur Anwendung bei Tieren bestimmt sind.

Fußnote
§ 64 Abs. 1 Satz 1: IdF d. Art. 1 Nr. 8 Buchst. a DBuchst. aa G v. 21.11.2016 I 2623 mWv 26.11.2016 (Kursivdruck: aufgrund offensichtlicher Unrichtigkeit wurden die Wörter „oder die Arzneimittel einführen" abweichend von dem Änderungsbefehl nach den Wörtern „in denen sonst mit ihnen Handel getrieben wird" eingefügt) u. idF d. Art. 1 Nr. 8 Buchst. a DBuchst. aa G v. 18.7.2017 I 2757 mWv 29.7.2017

§ 65 Probenahme

(1) Soweit es zur Durchführung der Vorschriften über den Verkehr mit Arzneimitteln, über die Werbung auf dem Gebiete des Heilwesens, des Zweiten Abschnitts des Transfusionsgesetzes, der Abschnitte 2, 3 und 3a des Transplantationsgesetzes und über das Apothekenwesen erforderlich ist, sind die mit der Überwachung beauftragten Personen befugt, gegen Empfangsbescheinigung Proben nach ihrer Auswahl zum Zwecke der Untersuchung zu fordern oder zu entnehmen. Diese Befugnis erstreckt sich insbesondere auf die Entnahme von Proben von Futtermitteln, Tränkwasser und bei lebenden Tieren, einschließlich der dabei erforderlichen Eingriffe an diesen Tieren. Soweit der pharmazeutische Unternehmer nicht ausdrücklich darauf verzichtet, ist ein Teil der Probe oder, sofern die Probe nicht oder ohne Gefährdung des Untersuchungszwecks nicht in Teile von gleicher Qualität teilbar ist, ein zweites Stück der gleichen Art, wie das als Probe entnommene, zurückzulassen.

(2) Zurückzulassende Proben sind amtlich zu verschließen oder zu versiegeln. Sie sind mit dem Datum der Probenahme und dem Datum des Tages zu versehen, nach dessen Ablauf der Verschluss oder die Versiegelung als aufgehoben gelten.

(3) Für Proben, die nicht bei dem pharmazeutischen Unternehmer entnommen werden, ist durch den pharmazeutischen Unternehmer eine angemessene Entschädigung zu leisten, soweit nicht ausdrücklich darauf verzichtet wird.

(4) Als privater Sachverständiger zur Untersuchung von Proben, die nach Absatz 1 Satz 2 zurückgelassen sind, kann nur bestellt werden, wer

1. die Sachkenntnis nach § 15 besitzt. Anstelle der praktischen Tätigkeit nach § 15 Abs. 1 und 4 kann eine praktische Tätigkeit in der Untersuchung und Begutachtung von Arzneimitteln in Arzneimitteluntersuchungsstellen oder in anderen gleichartigen Arzneimittelinstituten treten,

2. die zur Ausübung der Tätigkeit als Sachverständiger zur Untersuchung von amtlichen Proben erforderliche Zuverlässigkeit besitzt und

3. über geeignete Räume und Einrichtungen für die beabsichtigte Untersuchung und Begutachtung von Arzneimitteln verfügt.

§ 66 Duldungs- und Mitwirkungspflicht

(1) Wer der Überwachung nach § 64 Abs. 1 unterliegt, ist verpflichtet, die Maßnahmen nach den §§ 64 und 65 zu dulden und die in der Überwachung tätigen Personen bei der Erfüllung ihrer Aufgaben zu unterstützen, insbesondere ihnen auf Verlangen die Räume und Beförderungsmittel zu bezeichnen, Räume, Behälter und Behältnisse zu öffnen, Auskünfte zu erteilen und die Entnahme der Proben zu ermöglichen. Die gleiche Verpflichtung besteht für die sachkundige Person nach § 14, die verantwortliche Person nach § 20c, den Stufenplanbeauftragten, Informationsbeauftragten, die verantwortliche Person nach § 52a und den Leiter der klinischen Prüfung sowie deren Vertreter, auch im Hinblick auf Anfragen der zuständigen Bundesoberbehörde.

(2) Die Duldungs- und Mitwirkungspflicht nach Absatz 1 findet entsprechende Anwendung auf Maßnahmen der Bundesoberbehörden nach § 25 Absatz 5 Satz 4 oder Absatz 8 Satz 2 und 3 oder nach § 62 Absatz 6.

§ 67 Allgemeine Anzeigepflicht

(1) Betriebe und Einrichtungen, die Arzneimittel entwickeln, herstellen, klinisch prüfen oder einer Rückstandsprüfung unterziehen, prüfen, lagern, verpacken, einführen, in den Verkehr bringen oder sonst mit ihnen Handel treiben, haben dies vor der Aufnahme der Tätigkeiten der zuständigen Behörde, bei einer klinischen Prüfung bei Menschen auch der zuständigen Bundesoberbehörde, anzuzeigen. Satz 1 gilt entsprechend für Einrichtungen, die Gewebe gewinnen, die die für die Gewinnung erforderliche Laboruntersuchung durchführen, Gewebe be- oder verarbeiten, konservieren, prüfen, lagern, einführen oder in Verkehr bringen. Die Entwicklung von Arzneimitteln ist anzuzeigen, soweit sie durch eine Rechtsverordnung nach § 54 geregelt ist. Das Gleiche gilt für Personen, die diese Tätigkeiten selbständig und berufsmäßig ausüben, sowie für Personen oder Personenvereinigungen, die Arzneimittel für andere sammeln. In der Anzeige sind die Art der Tätigkeit und die Betriebsstätte anzugeben; werden Arzneimittel gesammelt, so ist das Nähere über die Art der Sammlung und über die Lagerstätte anzugeben. Ist nach Satz 1 eine klinische Prüfung bei Menschen anzuzeigen, so sind der zuständigen Behörde auch deren Sponsor, sofern vorhanden dessen Vertreter nach § 40 Absatz 1 Satz 3 Nummer 1 sowie der Prüfer und sein Stellvertreter, soweit erforderlich auch mit Angabe der Stellung als Leiter der klinischen Prüfung, namentlich zu benennen. Die Sätze 1 bis 5 gelten entsprechend für Betriebe und Einrichtungen, die Wirkstoffe oder andere zur Arzneimittelherstellung bestimmte Stoffe herstellen, prüfen, lagern, verpacken, einführen, in den Verkehr bringen oder sonst mit ihnen Handel treiben, soweit diese Tätigkeiten durch eine Rechtsverordnung nach § 54 geregelt sind. Satz 1 findet keine Anwendung auf die Rekonstitution, soweit es sich nicht um Arzneimittel handelt, die zur klinischen Prüfung bestimmt sind. Die Sätze 1 bis 6 gelten auch für Betriebe und Einrichtungen, die mit den dort genannten Tätigkeiten im Zusammenhang stehende Aufzeichnungen aufbewahren. Die Sätze 1 und 5 gelten auch für Betriebe und Einrichtungen, die einen Datenspeicher einrichten oder verwalten, der zum Datenspeicher- und -abrufsystem nach Artikel 31 der Delegierten Verordnung (EU) 2016/161 gehört.

(2) Ist die Herstellung von Arzneimitteln beabsichtigt, für die es einer Erlaubnis nach § 13 nicht bedarf, so sind die Arzneimittel mit ihrer Bezeichnung und Zusammensetzung anzuzeigen.

(3) Nachträgliche Änderungen sind ebenfalls anzuzeigen. Bei Betrieben und Einrichtungen, die Wirkstoffe herstellen, einführen oder sonst mit ihnen Handel treiben, genügt jährlich eine Anzeige, sofern die Änderungen keine Auswirkungen auf die Qualität oder Sicherheit der Wirkstoffe haben können.

(3a) Ist nach Absatz 1 der Beginn einer klinischen Prüfung bei Menschen anzuzeigen, so sind deren Verlauf, Beendigung und Ergebnisse der zuständigen Bundesoberbehörde mitzuteilen; das Nähere wird in der Rechtsverordnung nach § 42 bestimmt.

(3b) Betriebe und Einrichtungen, die mit den in Absatz 1 Satz 1 bis 4 und 6 genannten Tätigkeiten im Zusammenhang stehende Aufzeichnungen außerhalb der von der Erlaubnis nach den §§ 13, 20b, 20c, 52a, 72b oder 72c erfassten Räume aufbewahren lassen, haben dies vor Aufnahme der Tätigkeit der zuständigen Behörde anzuzeigen; dies gilt auch für nachträgliche Änderungen.

(4) Die Absätze 1 bis 3 gelten nicht für diejenigen, die eine Erlaubnis nach § 13, § 20b, § 20c, § 52a, § 72, § 72b oder § 72c haben, und für Apotheken nach dem Gesetz über das Apothekenwesen. Absatz 2 gilt nicht für tierärztliche Hausapotheken.

(5) Wer als pharmazeutischer Unternehmer ein Arzneimittel, das nach § 36 Absatz 1 von der Pflicht zur Zulassung freigestellt ist, in den Verkehr bringt, hat dies zuvor der zuständigen Bundesoberbehörde und der zuständigen Behörde anzuzeigen. In der Anzeige sind der Hersteller, die verwendete Bezeichnung, die verwendeten nicht wirksamen Bestandteile, soweit sie nicht in der Verordnung nach § 36 Absatz 1 festgelegt sind, sowie die tatsächliche Zusammensetzung des Arzneimittels, soweit die Verordnung nach § 36 Absatz 1 diesbezügliche Unterschiede erlaubt, anzugeben. Anzuzeigen sind auch jede Änderung der Angaben und die Beendigung des Inverkehrbringens.

(6) Wer Untersuchungen durchführt, die dazu bestimmt sind, Erkenntnisse bei der Anwendung zugelassener oder registrierter Arzneimittel zu sammeln, hat dies der zuständigen Bundesoberbehörde, der Kassenärztlichen Bundesvereinigung, dem Spitzenverband Bund der Krankenkassen und dem Verband der Privaten Krankenversicherung e. V. unverzüglich anzuzeigen. Dabei sind Ort, Zeit, Ziel und Beobachtungsplan der Anwendungsbeobachtung anzugeben sowie gegenüber der Kassenärztlichen Bundesvereinigung und dem Spitzenverband Bund der Krankenkassen die beteiligten Ärzte namentlich mit Angabe der lebenslangen Arztnummer, der Betriebsstättennummer und der Praxisadresse zu benennen. Entschädigungen, die an Ärzte für ihre Beteiligung an Untersuchungen nach Satz 1 geleistet werden, sind nach ihrer Art und Höhe so zu bemessen, dass kein Anreiz für eine bevorzugte Verschreibung oder Empfehlung bestimmter Arzneimittel entsteht. Sofern beteiligte Ärzte Leistungen zu Lasten der gesetzlichen Krankenversicherung erbringen, sind bei Anzeigen nach Satz 1 auch die Art und die Höhe der jeweils an sie tatsächlich geleisteten Entschädigungen anzugeben sowie jeweils eine Ausfertigung der mit ihnen geschlossenen Verträge und jeweils eine Darstellung des Aufwandes für die beteiligten Ärzte und eine Begründung für die Angemessenheit der Entschädigung zu übermitteln. Sofern sich bei den in Satz 4 genannten Informationen Änderungen ergeben, sind die jeweiligen Informationen nach Satz 4 vollständig in der geänderten, aktualisierten Form innerhalb von vier Wochen nach jedem Quartalsende zu übermitteln; die tatsächlich geleisteten Entschädigungen sind mit Zuordnung zu beteiligten Ärzten namentlich mit Angabe der lebenslangen Arztnummer, der Betriebsstättennummer und der Praxisadresse zu übermitteln. Innerhalb eines Jahres nach Abschluss der Datenerfassung sind unter Angabe der insgesamt beteiligten Ärzte die Anzahl der jeweils und insgesamt beteiligten Patienten und Art und Höhe der jeweils und insgesamt geleisteten Entschädigungen zu übermitteln. Der zuständigen Bundesoberbehörde ist innerhalb eines Jahres nach Abschluss der Datenerfassung bei Untersuchungen mit Arzneimitteln, die zur Anwendung bei Menschen bestimmt sind, ein Abschlussbericht zu übermitteln. § 42b Absatz 3 Satz 1 und 4 gilt entsprechend. Die Angaben nach diesem Absatz sind bei Untersuchungen mit Arzneimitteln, die zur Anwendung bei Menschen bestimmt sind, elektronisch zu übermitteln. Hierfür machen die zuständigen Bundesoberbehörden elektronische Formatvorgaben bekannt; die zuständige Bundesoberbehörde hat ihr übermittelte Anzeigen und Abschlussberichte der Öffentlichkeit über ein Internetportal zur Verfügung zu stellen. Für die Veröffentlichung der Anzeigen gilt § 42b Absatz 3 Satz 4 entsprechend. Die Sätze 4 bis 6 gelten nicht für Anzeigen gegenüber der zuständigen Bundesoberbehörde. Die Kassenärztliche Bundesvereinigung, der Spitzenverband Bund der Krankenkassen und der Verband der Privaten Krankenversicherung e. V. legen einvernehmlich Formatvorgaben für die elektronische Übermittlung der an sie zu richtenden Angaben fest und geben diese bekannt. Für Arzneimittel, die zur Anwendung bei Tieren bestimmt sind, sind die Anzeigen nach Satz 1 nur gegenüber der zuständigen Bundesoberbehörde zu erstatten. Die Sätze 1 bis 12 und 14 gelten nicht für Unbedenklichkeitsprüfungen nach § 63f.

(7) Wer beabsichtigt, gewerbs- oder berufsmäßig Arzneimittel, die in einem anderen Mitgliedstaat der Europäischen Union zum Inver-

kehrbringen durch einen anderen pharmazeutischen Unternehmer zugelassen sind, erstmalig aus diesem Mitgliedstaat in den Geltungsbereich des Gesetzes zum Zweck des Inverkehrbringens im Geltungsbereich des Gesetzes zu verbringen, hat dies dem Inhaber der Zulassung vor der Aufnahme der Tätigkeit anzuzeigen. Für Arzneimittel, für die eine Genehmigung für das Inverkehrbringen gemäß der Verordnung (EG) Nr. 726/2004 erteilt worden ist, gilt Satz 1 mit der Maßgabe, dass die Anzeige dem Inhaber der Genehmigung und der Europäischen Arzneimittel-Agentur zu übermitteln ist. An die Agentur ist eine Gebühr für die Überprüfung der Einhaltung der Bedingungen, die in den unionsrechtlichen Rechtsvorschriften über Arzneimittel und den Genehmigungen für das Inverkehrbringen festgelegt sind, zu entrichten; die Bemessung der Gebühr richtet sich nach den unionsrechtlichen Rechtsvorschriften.

(8) Wer zum Zweck des Einzelhandels Arzneimittel, die zur Anwendung bei Menschen bestimmt sind, im Wege des Versandhandels über das Internet anbieten will, hat dies vor Aufnahme der Tätigkeit der zuständigen Behörde unter Angabe des Namens oder der Firma und der Anschrift des Ortes, von dem aus die Arzneimittel geliefert werden sollen, und die Adresse jedes Internetportals einschließlich aller Angaben zu deren Identifizierung anzuzeigen. Nachträgliche Änderungen sind ebenfalls anzuzeigen. Die zuständige Behörde übermittelt diese Informationen an eine Datenbank nach § 67a. Das Internetportal nach Satz 1 muss den Namen und die Adresse der zuständigen Behörde und ihre sonstigen Kontaktdaten, das gemeinsame Versandhandelslogo nach Artikel 85c der Richtlinie 2001/83/EG aufweisen und eine Verbindung zum Internetportal des Bundesinstituts für Arzneimittel und Medizinprodukte haben.

(9) Wer nicht zulassungs- oder genehmigungspflichtige Arzneimittel für neuartige Therapien bei einem Patienten anwendet, hat dies der zuständigen Bundesoberbehörde gemäß den Sätzen 2 und 3 anzuzeigen. Die Anzeige ist unverzüglich nach Beginn der Anwendung einzureichen. Die Anzeige muss die folgenden Angaben enthalten:

1. den Namen und die Anschrift der behandelnden Person,

2. den Namen und die Anschrift der Einrichtung, in der der Patient behandelt wurde,

3. die Bezeichnung des Arzneimittels,

4. die Wirkstoffe nach Art und Menge und die Art der sonstigen Bestandteile des Arzneimittels,

5. die Darreichungsform,

6. die Art der Anwendung,

7. den Nachweis, dass die behandelnde Person zur Herstellung des Arzneimittels berechtigt ist,

8. Initialen, Geschlecht und Geburtsjahr des Patienten, der mit dem Arzneimittel behandelt wurde,

9. den Tag der Behandlung oder den Zeitraum der Behandlung und

10. die Indikation, in der das Arzneimittel angewendet wird.

Die zuständige Bundesoberbehörde gibt das für die Anzeige zu verwendende Formular auf ihrer Internetseite bekannt.

§ 67a Datenbankgestütztes Informationssystem

(1) Die für den Vollzug dieses Gesetzes zuständigen Behörden des Bundes und der Länder wirken mit dem Bundesinstitut für Arzneimittel und Medizinprodukte zusammen, um ein gemeinsam nutzbares zentrales Informationssystem über Arzneimittel und Wirkstoffe sowie deren Hersteller oder Einführer zu errichten. Dieses Informationssystem fasst die für die Erfüllung der jeweiligen Aufgaben behördenübergreifend notwendigen Informationen zusammen. Das Bundesinstitut für Arzneimittel und Medizinprodukte errichtet dieses Informations-

system auf der Grundlage der von den zuständigen Behörden oder Bundesoberbehörden nach der Rechtsverordnung nach Absatz 3 zur Verfügung gestellten Daten und stellt dessen laufenden Betrieb sicher. Daten aus dem Informationssystem werden an die zuständigen Behörden und Bundesoberbehörden zur Erfüllung ihrer im Gesetz geregelten Aufgaben sowie an die Europäische Arzneimittel-Agentur übermittelt. Die zuständigen Behörden und Bundesoberbehörden erhalten darüber hinaus für ihre im Gesetz geregelten Aufgaben Zugriff auf die aktuellen Daten aus dem Informationssystem. Eine Übermittlung an andere Stellen ist zulässig, soweit dies die Rechtsverordnung nach Absatz 3 vorsieht. Für seine Leistungen kann das Bundesinstitut für Arzneimittel und Medizinprodukte Entgelte verlangen. Diese werden in einem Entgeltkatalog festgelegt, der der Zustimmung des Bundesministeriums bedarf.

(2) Das Bundesinstitut für Arzneimittel und Medizinprodukte stellt allgemein verfügbare Datenbanken mit Informationen zu Arzneimitteln über ein Internetportal bereit. Das Internetportal wird mit dem von der Europäischen Arzneimittel-Agentur eingerichteten europäischen Internetportal nach Artikel 26 der Verordnung (EG) Nr. 726/2004 für Arzneimittel verbunden. Darüber hinaus stellt das Bundesinstitut für Arzneimittel und Medizinprodukte Informationen zum Versandhandel mit Arzneimitteln, die zur Anwendung bei Menschen bestimmt sind, über ein allgemein zugängliches Internetportal zur Verfügung. Dieses Internetportal wird verbunden mit dem von der Europäischen Arzneimittel-Agentur betriebenen Internetportal, das Informationen zum Versandhandel und zum gemeinsamen Versandhandelslogo enthält. Das Bundesinstitut für Arzneimittel und Medizinprodukte gibt die Adressen der Internetportale im Bundesanzeiger bekannt.

(3) Das Bundesministerium wird ermächtigt, Befugnisse zur Verarbeitung und Nutzung von Daten für die Zwecke der Absätze 1 und 2 und zur Erhebung von Daten für die Zwecke des Absatzes 2 im Einvernehmen mit dem Bundesministerium des Innern, für Bau und Heimat und dem Bundesministerium für Wirtschaft und Energie durch Rechtsverordnung mit Zustimmung des Bundesrates einzuräumen und Regelungen zu treffen hinsichtlich der Übermittlung von Daten durch Behörden des Bundes und der Länder an das Bundesinstitut für Arzneimittel und Medizinprodukte, einschließlich der personenbezogenen und betriebsbezogenen Daten für die in diesem Gesetz geregelten Zwecke, und der Art, des Umfangs und der Anforderungen an die Daten. In dieser Rechtsverordnung kann auch vorgeschrieben werden, dass Anzeigen auf elektronischen oder optischen Speichermedien erfolgen dürfen oder müssen, soweit dies für eine ordnungsgemäße Durchführung der Vorschriften über den Verkehr mit Arzneimitteln erforderlich ist. Die Rechtsverordnung wird vom Bundesministerium für Ernährung und Landwirtschaft im Einvernehmen mit dem Bundesministerium, dem Bundesministerium des Innern, für Bau und Heimat und dem Bundesministerium für Wirtschaft und Energie erlassen, soweit es sich um Arzneimittel handelt, die zur Anwendung bei Tieren bestimmt sind.

(3a) Das Bundesministerium für Ernährung und Landwirtschaft wird ermächtigt, im Einvernehmen mit dem Bundesministerium, dem Bundesministerium des Innern, für Bau und Heimat und dem Bundesministerium für Wirtschaft und Energie durch Rechtsverordnung mit Zustimmung des Bundesrates Regelungen zu treffen hinsichtlich der Übermittlung von Daten durch das Bundesinstitut für Arzneimittel und Medizinprodukte an Behörden des Bundes und der Länder, einschließlich der personenbezogenen und betriebsbezogenen Daten, zum Zweck wiederholter Beobachtungen, Untersuchungen und Bewertungen zur Erkennung von Risiken für die Gesundheit von Mensch und Tier durch die Anwendung bestimmter Arzneimittel, die zur Anwendung bei Tieren bestimmt sind, (Tierarzneimittel-Monitoring) sowie hinsichtlich der Art und des Umfangs der Daten sowie der Anforderungen an die Daten. Absatz 3 Satz 2 gilt entsprechend.

(4) Die Rechtsverordnung nach den Absätzen 3 und 3a ergeht im Einvernehmen mit dem Bundesministerium für Umwelt, Naturschutz und nukleare Sicherheit, soweit es sich um radioaktive Arzneimittel oder um Arzneimittel handelt, bei deren Herstellung ionisierende Strahlen verwendet werden.

(5) Das Bundesinstitut für Arzneimittel und Medizinprodukte ergreift die notwendigen Maßnahmen, damit Daten nur den dazu befugten Personen übermittelt werden und nur diese Zugang zu diesen Daten erhalten.

§ 67b EU-Kompendium der Gewebeeinrichtungen, EU-Kompendium der Gewebe- und Zellprodukte, Unterrichtungspflichten

(1) Die zuständigen Behörden der Länder geben die in Anhang VIII der Richtlinie 2006/86/EG in der jeweils geltenden Fassung genannten Angaben in das EU-Kompendium der Gewebeeinrichtungen ein. Sie stellen sicher, dass jeder Einrichtung eine EU-Gewebeeinrichtungsnummer eindeutig zugeordnet wird.

(2) Bei notwendigen Änderungen aktualisieren die zuständigen Behörden unverzüglich, spätestens nach zehn Werktagen, das EU-Kompendium der Gewebeeinrichtungen. Als Änderungen nach Satz 1 gelten insbesondere

1. die erstmalige Erteilung einer Erlaubnis für Einrichtungen, die erlaubnispflichtige Tätigkeiten mit Geweben, Gewebezubereitungen, hämatopoetischen Stammzellen oder Stammzellzubereitungen aus dem peripheren Blut oder aus dem Nabelschnurblut durchführen,

2. Änderungen der Erlaubnis, einschließlich Änderungen im Hinblick auf

   a) eine neue Art von Geweben, Gewebezubereitungen, hämatopoetischen Stammzellen oder Stammzellzubereitungen aus dem peripheren Blut oder aus dem Nabelschnurblut,

   b) eine neue Tätigkeit mit Geweben, Gewebezubereitungen, hämatopoetischen Stammzellen oder Stammzellzubereitungen aus dem peripheren Blut oder aus dem Nabelschnurblut oder

   c) neue Nebenbestimmungen zur Erlaubnis,

3. jede Rücknahme oder jeder Widerruf der Erlaubnis,

4. eine freiwillige, auch teilweise Einstellung der Tätigkeit einer Einrichtung,

5. Änderungen der Angaben über eine Einrichtung im Sinne des Anhangs VIII der Richtlinie 2006/86/EG in der jeweils geltenden Fassung sowie

6. Änderungen wegen falscher Angaben im EU-Kompendium der Gewebeeinrichtungen.

(3) Die zuständigen Behörden unterrichten die zuständigen Behörden eines anderen Mitgliedstaates der Europäischen Union, wenn sie

1. im EU-Kompendium der Gewebeeinrichtungen falsche Angaben feststellen, die diesen Mitgliedstaat betreffen, oder

2. einen erheblichen Verstoß gegen die Bestimmungen über den Einheitlichen Europäischen Code im Zusammenhang mit diesem Mitgliedstaat feststellen.

(4) Die zuständigen Behörden unterrichten die Europäische Kommission und die zuständigen Behörden der anderen Mitgliedstaaten der Europäischen Union, wenn das EU-Kompendium der Gewebe- und Zellprodukte einer Aktualisierung bedarf.

§ 68 Mitteilungs- und Unterrichtungspflichten

(1) Die für die Durchführung dieses Gesetzes zuständigen Behörden und Stellen des Bundes und der Länder haben sich

1. die für den Vollzug des Gesetzes zuständigen Behörden, Stellen und Sachverständigen mitzuteilen,

2. bei Zuwiderhandlungen und bei Verdacht auf Zuwiderhandlungen gegen Vorschriften des Arzneimittelrechts, Heilmittelwerberechts oder Apothekenrechts für den jeweiligen Zuständigkeitsbereich unverzüglich zu unterrichten und bei der Ermittlungstätigkeit gegenseitig zu unterstützen und

3. über Rückrufe von Arzneimitteln und Maßnahmen im Zusammenhang mit Qualitätsmängeln bei Wirkstoffen zu informieren, die zu einem Versorgungsmangel mit Arzneimitteln führen können.

(2) Die Behörden nach Absatz 1

1. erteilen der zuständigen Behörde eines anderen Mitgliedstaates der Europäischen Union oder bei Arzneimitteln, die zur Anwendung bei Menschen bestimmt sind, der Europäischen Arzneimittel-Agentur auf begründetes Ersuchen Auskünfte und übermitteln die erforderlichen Urkunden und Schriftstücke, soweit dies für die Überwachung der Einhaltung der arzneimittelrechtlichen, heilmittelwerberechtlichen und apothekenrechtlichen Vorschriften oder zur Verhütung oder zur Abwehr von Arzneimittelrisiken erforderlich ist,

2. überprüfen alle von der ersuchenden Behörde eines anderen Mitgliedstaates mitgeteilten Sachverhalte und teilen ihr das Ergebnis der Prüfung mit.

(3) Die Behörden nach Absatz 1 teilen den zuständigen Behörden eines anderen Mitgliedstaates und der Europäischen Arzneimittel-Agentur oder der Europäischen Kommission alle Informationen mit, die für die Überwachung der Einhaltung der arzneimittelrechtlichen, heilmittelwerberechtlichen und apothekenrechtlichen Vorschriften in diesem Mitgliedstaat oder zur Verhütung oder zur Abwehr von Arzneimittelrisiken erforderlich sind. In Fällen von Zuwiderhandlungen oder des Verdachts von Zuwiderhandlungen können auch die zuständigen Behörden anderer Mitgliedstaaten, das Bundesministerium, soweit es sich um Arzneimittel handelt, die zur Anwendung bei Tieren bestimmt sind, auch das Bundesministerium für Ernährung und Landwirtschaft sowie die Europäische Arzneimittel-Agentur und die Europäische Kommission unterrichtet werden.

(4) Die Behörden nach Absatz 1 können, soweit dies zur Einhaltung der arzneimittelrechtlichen, heilmittelwerberechtlichen und apothekenrechtlichen Anforderungen oder zur Verhütung oder zur Abwehr von Arzneimittelrisiken erforderlich ist, auch die zuständigen Behörden anderer Staaten und die zuständigen Stellen des Europarates unterrichten. Absatz 2 Nummer 1 findet entsprechende Anwendung. Bei der Unterrichtung von Vertragsstaaten des Abkommens über den Europäischen Wirtschaftsraum, die nicht Mitgliedstaaten der Europäischen Union sind, erfolgt diese über die Europäische Kommission.

(5) Der Verkehr mit den zuständigen Behörden anderer Staaten, Stellen des Europarates, der Europäischen Arzneimittel-Agentur und der Europäischen Kommission obliegt dem Bundesministerium. Das Bundesministerium kann diese Befugnis auf die zuständigen Bundesoberbehörden oder durch Rechtsverordnung mit Zustimmung des Bundesrates auf die zuständigen obersten Landesbehörden übertragen. Ferner kann das Bundesministerium im Einzelfall der zuständigen obersten Landesbehörde die Befugnis übertragen, sofern diese ihr Einverständnis damit erklärt. Die obersten Landesbehörden können die Befugnisse nach den Sätzen 2 und 3 auf andere Behörden übertragen. Soweit es sich um Arzneimittel handelt, die zur Anwendung bei Tieren bestimmt sind, tritt an die Stelle des Bundesministeriums das Bundesministerium für Ernährung und Landwirtschaft. Die Rechtsverordnung nach Satz 2 ergeht in diesem Fall im Einvernehmen mit dem Bundesministerium.

(6) In den Fällen des Absatzes 3 Satz 2 und des Absatzes 4 unterbleibt die Übermittlung personenbezogener Daten, soweit durch sie schutzwürdige Interessen der Betroffenen beeinträchtigt würden, insbesondere wenn beim Empfänger kein angemessener Datenschutzstandard gewährleistet ist. Personenbezogene Daten dürfen auch dann übermittelt werden, wenn beim Empfänger kein angemessener Datenschutzstandard gewährleistet ist, soweit dies aus Gründen des Gesundheitsschutzes erforderlich ist.

§ 69 Maßnahmen der zuständigen Behörden

(1) Die zuständigen Behörden treffen die zur Beseitigung festgestellter Verstöße und die zur Verhütung künftiger Verstöße notwendigen Anordnungen. Sie können insbesondere das Inverkehrbringen von Arzneimitteln oder Wirkstoffen untersagen, deren Rückruf anordnen und diese sicherstellen, wenn

1. die erforderliche Zulassung oder Registrierung für das Arzneimittel nicht vorliegt oder deren Ruhen angeordnet ist,

2. das Arzneimittel oder der Wirkstoff nicht nach den anerkannten pharmazeutischen Regeln hergestellt ist oder nicht die nach den anerkannten pharmazeutischen Regeln angemessene Qualität aufweist,

2a. der begründete Verdacht besteht, dass es sich um ein gefälschtes Arzneimittel oder einen gefälschten Wirkstoff handelt,

3. dem Arzneimittel die therapeutische Wirksamkeit fehlt,

4. der begründete Verdacht besteht, dass das Arzneimittel schädliche Wirkungen hat, die über ein nach den Erkenntnissen der medizinischen Wissenschaft vertretbares Maß hinausgehen,

5. die vorgeschriebenen Qualitätskontrollen nicht durchgeführt sind,

6. die erforderliche Erlaubnis für das Herstellen des Arzneimittels oder des Wirkstoffes

oder das Verbringen in den Geltungsbereich des Gesetzes nicht vorliegt oder ein Grund zur Rücknahme oder zum Widerruf der Erlaubnis nach § 18 Abs. 1 gegeben ist oder

7. die erforderliche Erlaubnis zum Betreiben eines Großhandels nach § 52a nicht vorliegt oder ein Grund für die Rücknahme oder den Widerruf der Erlaubnis nach § 52a Abs. 5 gegeben ist.

(1a) Bei Arzneimitteln, für die eine Genehmigung für das Inverkehrbringen oder Zulassung

1. gemäß der Verordnung (EG) Nr. 726/2004 oder

2. im Verfahren der Anerkennung gemäß Kapitel 4 der Richtlinie 2001/83/EG oder Kapitel 4 der Richtlinie 2001/82/EG oder

3. auf Grund eines Gutachtens des Ausschusses gemäß Artikel 4 der Richtlinie 87/22/EWG vom 22. Dezember 1986 vor dem 1. Januar 1995

erteilt worden ist, unterrichtet die zuständige Bundesoberbehörde den Ausschuss für Humanarzneimittel oder den Ausschuss für Tierarzneimittel über festgestellte Verstöße gegen arzneimittelrechtliche Vorschriften nach Maßgabe der in den genannten Rechtsakten vorgesehenen Verfahren unter Angabe einer eingehenden Begründung und des vorgeschlagenen Vorgehens. Bei diesen Arzneimitteln können die zuständigen Behörden vor der Unterrichtung des Ausschusses nach Satz 1 die zur Beseitigung festgestellter und zur Verhütung künftiger Verstöße notwendigen Anordnungen treffen, sofern diese zum Schutz der Gesundheit von Mensch oder Tier oder zum Schutz der Umwelt dringend erforderlich sind. In den Fällen des Satzes 1 Nr. 2 und 3 unterrichten die zuständigen Behörden die Europäische Kommission und die anderen Mitgliedstaaten, in den Fällen des Satzes 1 Nr. 1 die Europäische Kommission und die Europäische Arzneimittel-Agentur über die zuständige Bundesoberbehörde spätestens am folgenden Arbeitstag über die

Gründe dieser Maßnahmen. Im Fall des Absatzes 1 Satz 2 Nummer 2, 2a und 4 kann auch die zuständige Bundesoberbehörde das Ruhen der Zulassung anordnen oder den Rückruf eines Arzneimittels anordnen, sofern ihr Tätigwerden zum Schutz der in Satz 2 genannten Rechtsgüter dringend erforderlich ist; in diesem Fall gilt Satz 3 entsprechend.

(1b) Bei anderen als den in Absatz 1a Satz 1 genannten Arzneimitteln kann die zuständige Bundesoberbehörde im Fall des Absatzes 1 Satz 2 Nummer 2, 2a und 4 den Rückruf eines Arzneimittels anordnen, sofern ihr Tätigwerden zum Schutz der Gesundheit von Mensch oder Tier oder zum Schutz der Umwelt geboten ist. Erfolgt der Rückruf nach Satz 1 im Zusammenhang mit Maßnahmen nach den §§ 28, 30, 31 Absatz 4 Satz 2 oder nach § 32 Absatz 5, ist die Entscheidung der zuständigen Bundesoberbehörde sofort vollziehbar. Soweit es sich bei Arzneimitteln nach Absatz 1 Satz 2 Nummer 4 um solche handelt, die für die Anwendung bei Tieren bestimmt sind, beschränkt sich die Anwendung des Arzneimittels auf den bestimmungsgemäßen Gebrauch.

(2) Die zuständigen Behörden können das Sammeln von Arzneimitteln untersagen, wenn eine sachgerechte Lagerung der Arzneimittel nicht gewährleistet ist oder wenn der begründete Verdacht besteht, dass die gesammelten Arzneimittel mißbräuchlich verwendet werden. Gesammelte Arzneimittel können sichergestellt werden, wenn durch unzureichende Lagerung oder durch ihre Abgabe die Gesundheit von Mensch und Tier gefährdet wird.

(2a) Die zuständigen Behörden können ferner zur Anwendung bei Tieren bestimmte Arzneimittel sowie Stoffe und Zubereitungen aus Stoffen im Sinne des § 59a sicherstellen, wenn Tatsachen die Annahme rechtfertigen, dass Vorschriften über den Verkehr mit Arzneimitteln nicht beachtet worden sind.

(3) Die zuständigen Behörden können Werbematerial sicherstellen, das den Vorschriften über den Verkehr mit Arzneimitteln und über die

Werbung auf dem Gebiete des Heilwesens nicht entspricht.

(4) Im Fall eines Rückrufs eines Arzneimittels nach Absatz 1a Satz 4 oder nach Absatz 1b Satz 1 kann auch eine öffentliche Warnung durch die zuständige Bundesoberbehörde erfolgen.

(5) Die zuständige Behörde kann im Benehmen mit der zuständigen Bundesoberbehörde bei einem Arzneimittel, das zur Anwendung bei Menschen bestimmt ist und dessen Abgabe untersagt wurde oder das aus dem Verkehr gezogen wurde, weil

1. die Voraussetzungen für das Inverkehrbringen nicht oder nicht mehr vorliegen,

2. das Arzneimittel nicht die angegebene Zusammensetzung nach Art und Menge aufweist oder

3. die Kontrollen der Arzneimittel oder der Bestandteile und der Zwischenprodukte nicht durchgeführt worden sind oder ein anderes Erfordernis oder eine andere Voraussetzung für die Erteilung der Herstellungserlaubnis nicht erfüllt worden ist,

in Ausnahmefällen seine Abgabe an Patienten, die bereits mit diesem Arzneimittel behandelt werden, während einer Übergangszeit gestatten, wenn dies medizinisch vertretbar und für die betroffene Person angezeigt ist.

§ 69a Überwachung von Stoffen, die als Tierarzneimittel verwendet werden können

Die §§ 64 bis 69 gelten entsprechend für die in § 59c genannten Betriebe, Einrichtungen und Personen sowie für solche Betriebe, Einrichtungen und Personen, die Stoffe, die in Tabelle 2 des Anhangs der Verordnung (EU) Nr. 37/2010 der Kommission vom 22. Dezember 2009 über pharmakologisch wirksame Stoffe und ihre Einstufung hinsichtlich der Rückstandshöchstmengen in Lebensmitteln tierischen Ursprungs (ABl. L 15 vom 20.1.2010, S. 1) in der jeweils geltenden Fassung aufgeführt sind, herstellen, lagern, einführen oder in den Verkehr bringen.

§ 69b Verwendung bestimmter Daten

(1) Die für das Lebensmittel-, Futtermittel-, Tierschutz- und Tierseuchenrecht für die Erhebung der Daten für die Anzeige und die Registrierung Vieh haltender Betriebe zuständigen Behörden übermitteln der für die Überwachung nach § 64 Abs. 1 Satz 1 zweiter Halbsatz zuständigen Behörde auf Ersuchen die zu deren Aufgabenerfüllung erforderlichen Daten.

(2) Die Daten dürfen für die Dauer von drei Jahren aufbewahrt werden. Die Frist beginnt mit Ablauf desjenigen Jahres, in dem die Daten übermittelt worden sind. Nach Ablauf der Frist sind die Daten zu löschen, sofern sie nicht auf Grund anderer Vorschriften länger aufbewahrt werden dürfen.

Zwölfter Abschnitt
Sondervorschriften für Bundeswehr, Bundespolizei, Bereitschaftspolizei, Zivilschutz

Auf den Abdruck wird verzichtet.

Dreizehnter Abschnitt
Einfuhr und Ausfuhr

Auf den Abdruck wird verzichtet.

Vierzehnter Abschnitt
Informationsbeauftragter, Pharmaberater

Auf den Abdruck wird verzichtet.

Fünfzehnter Abschnitt
Bestimmung der zuständigen Bundesoberbehörden und sonstige Bestimmungen

Auf den Abdruck wird verzichtet.

Sechzehnter Abschnitt
Haftung für Arzneimittelschäden

§ 84 Gefährdungshaftung

(1) Wird infolge der Anwendung eines zum Gebrauch bei Menschen bestimmten Arzneimittels, das im Geltungsbereich dieses Gesetzes an den Verbraucher abgegeben wurde und der Pflicht zur Zulassung unterliegt oder durch Rechtsverordnung von der Zulassung befreit worden ist, ein Mensch getötet oder der Körper oder die Gesundheit eines Menschen nicht unerheblich verletzt, so ist der pharmazeutische Unternehmer, der das Arzneimittel im Geltungsbereich dieses Gesetzes in den Verkehr gebracht hat, verpflichtet, dem Verletzten den daraus entstandenen Schaden zu ersetzen. Die Ersatzpflicht besteht nur, wenn

1. das Arzneimittel bei bestimmungsgemäßem Gebrauch schädliche Wirkungen hat, die über ein nach den Erkenntnissen der medizinischen Wissenschaft vertretbares Maß hinausgehen oder

2. der Schaden infolge einer nicht den Erkenntnissen der medizinischen Wissenschaft entsprechenden Kennzeichnung, Fachinformation oder Gebrauchsinformation eingetreten ist.

(2) Ist das angewendete Arzneimittel nach den Gegebenheiten des Einzelfalls geeignet, den Schaden zu verursachen, so wird vermutet, dass der Schaden durch dieses Arzneimittel verursacht ist. Die Eignung im Einzelfall beurteilt sich nach der Zusammensetzung und der Dosierung des angewendeten Arzneimittels, nach der Art und Dauer seiner bestimmungsgemäßen Anwendung, nach dem zeitlichen Zusammenhang mit dem Schadenseintritt, nach dem Schadensbild und dem gesundheitlichen Zustand des Geschädigten im Zeitpunkt der Anwendung sowie allen sonstigen Gegebenheiten, die im Einzelfall für oder gegen die Schadensverursachung sprechen. Die Vermutung gilt nicht, wenn ein anderer Umstand nach den Gegebenheiten des Einzelfalls geeignet ist, den

Schaden zu verursachen. Ein anderer Umstand liegt nicht in der Anwendung weiterer Arzneimittel, die nach den Gegebenheiten des Einzelfalls geeignet sind, den Schaden zu verursachen, es sei denn, dass wegen der Anwendung dieser Arzneimittel Ansprüche nach dieser Vorschrift aus anderen Gründen als der fehlenden Ursächlichkeit für den Schaden nicht gegeben sind.

(3) Die Ersatzpflicht des pharmazeutischen Unternehmers nach Absatz 1 Satz 2 Nr. 1 ist ausgeschlossen, wenn nach den Umständen davon auszugehen ist, dass die schädlichen Wirkungen des Arzneimittels ihre Ursache nicht im Bereich der Entwicklung und Herstellung haben.

§ 84a Auskunftsanspruch

(1) Liegen Tatsachen vor, die die Annahme begründen, dass ein Arzneimittel den Schaden verursacht hat, so kann der Geschädigte von dem pharmazeutischen Unternehmer Auskunft verlangen, es sei denn, dies ist zur Feststellung, ob ein Anspruch auf Schadensersatz nach § 84 besteht, nicht erforderlich. Der Anspruch richtet sich auf dem pharmazeutischen Unternehmer bekannte Wirkungen, Nebenwirkungen und Wechselwirkungen sowie ihm bekannt gewordene Verdachtsfälle von Nebenwirkungen und Wechselwirkungen und sämtliche weiteren Erkenntnisse, die für die Bewertung der Vertretbarkeit schädlicher Wirkungen von Bedeutung sein können. Die §§ 259 bis 261 des Bürgerlichen Gesetzbuchs sind entsprechend anzuwenden. Ein Auskunftsanspruch besteht insoweit nicht, als die Angaben auf Grund gesetzlicher Vorschriften geheim zu halten sind oder die Geheimhaltung einem überwiegenden Interesse des pharmazeutischen Unternehmers oder eines Dritten entspricht.

(2) Ein Auskunftsanspruch besteht unter den Voraussetzungen des Absatzes 1 auch gegenüber den Behörden, die für die Zulassung und Überwachung von Arzneimitteln zuständig sind. Die Behörde ist zur Erteilung der Auskunft nicht verpflichtet, soweit Angaben auf Grund gesetz-

licher Vorschriften geheim zu halten sind oder die Geheimhaltung einem überwiegenden Interesse des pharmazeutischen Unternehmers oder eines Dritten entspricht. Ansprüche nach dem Informationsfreiheitsgesetz bleiben unberührt.

§ 85 Mitverschulden

Hat bei der Entstehung des Schadens ein Verschulden des Geschädigten mitgewirkt, so gilt § 254 des Bürgerlichen Gesetzbuchs.

§ 86 Umfang der Ersatzpflicht bei Tötung

(1) Im Falle der Tötung ist der Schadensersatz durch Ersatz der Kosten einer versuchten Heilung sowie des Vermögensnachteils zu leisten, den der Getötete dadurch erlitten hat, dass während der Krankheit seine Erwerbsfähigkeit aufgehoben oder gemindert oder eine Vermehrung seiner Bedürfnisse eingetreten war. Der Ersatzpflichtige hat außerdem die Kosten der Beerdigung demjenigen zu ersetzen, dem die Verpflichtung obliegt, diese Kosten zu tragen.

(2) Stand der Getötete zur Zeit der Verletzung zu einem Dritten in einem Verhältnis, vermöge dessen er diesem gegenüber kraft Gesetzes unterhaltspflichtig war oder unterhaltspflichtig werden konnte, und ist dem Dritten infolge der Tötung das Recht auf Unterhalt entzogen, so hat der Ersatzpflichtige dem Dritten insoweit Schadensersatz zu leisten, als der Getötete während der mutmaßlichen Dauer seines Lebens zur Gewährung des Unterhalts verpflichtet gewesen sein würde. Die Ersatzpflicht tritt auch dann ein, wenn der Dritte zur Zeit der Verletzung erzeugt, aber noch nicht geboren war.

(3) Der Ersatzpflichtige hat dem Hinterbliebenen, der zur Zeit der Verletzung zu dem Getöteten in einem besonderen persönlichen Näheverhältnis stand, für das dem Hinterbliebenen zugefügte seelische Leid eine angemessene Entschädigung in Geld zu leisten. Ein besonderes persönliches Näheverhältnis wird vermutet, wenn der Hinterbliebene der Ehegatte, der Le-

benspartner, ein Elternteil oder ein Kind des Getöteten war.

§ 87 Umfang der Ersatzpflicht bei Körperverletzung

Im Falle der Verletzung des Körpers oder der Gesundheit ist der Schadensersatz durch Ersatz der Kosten der Heilung sowie des Vermögensnachteils zu leisten, den der Verletzte dadurch erleidet, dass infolge der Verletzung zeitweise oder dauernd seine Erwerbsfähigkeit aufgehoben oder gemindert oder eine Vermehrung seiner Bedürfnisse eingetreten ist. In diesem Fall kann auch wegen des Schadens, der nicht Vermögensschaden ist, eine billige Entschädigung in Geld verlangt werden.

§ 88 Höchstbeträge

Der Ersatzpflichtige haftet

1. im Falle der Tötung oder Verletzung eines Menschen nur bis zu einem Kapitalbetrag von 600.000 Euro oder bis zu einem Rentenbetrag von jährlich 36.000 Euro,

2. im Falle der Tötung oder Verletzung mehrerer Menschen durch das gleiche Arzneimittel unbeschadet der in Nummer 1 bestimmten Grenzen bis zu einem Kapitalbetrag von 120 Millionen Euro oder bis zu einem Rentenbetrag von jährlich 7,2 Millionen Euro.

Übersteigen im Falle des Satzes 1 Nr. 2 die den mehreren Geschädigten zu leistenden Entschädigungen die dort vorgesehenen Höchstbeträge, so verringern sich die einzelnen Entschädigungen in dem Verhältnis, in welchem ihr Gesamtbetrag zu dem Höchstbetrag steht.

§ 89 Schadensersatz durch Geldrenten

(1) Der Schadensersatz wegen Aufhebung oder Minderung der Erwerbsfähigkeit und wegen Vermehrung der Bedürfnisse des Verletzten sowie der nach § 86 Abs. 2 einem Dritten zu gewährende Schadensersatz ist für die Zukunft durch Entrichtung einer Geldrente zu leisten.

(2) Die Vorschriften des § 843 Abs. 2 bis 4 des Bürgerlichen Gesetzbuchs und des § 708 Nr. 8 der Zivilprozessordnung finden entsprechende Anwendung.

(3) Ist bei der Verurteilung des Verpflichteten zur Entrichtung einer Geldrente nicht auf Sicherheitsleistung erkannt worden, so kann der Berechtigte gleichwohl Sicherheitsleistung verlangen, wenn die Vermögensverhältnisse des Verpflichteten sich erheblich verschlechtert haben; unter der gleichen Voraussetzung kann er eine Erhöhung der in dem Urteil bestimmten Sicherheit verlangen.

§ 90
(weggefallen)

§ 91 Weitergehende Haftung

Unberührt bleiben gesetzliche Vorschriften, nach denen ein nach § 84 Ersatzpflichtiger im weiteren Umfang als nach den Vorschriften dieses Abschnitts haftet oder nach denen ein anderer für den Schaden verantwortlich ist.

§ 92 Unabdingbarkeit

Die Ersatzpflicht nach diesem Abschnitt darf im Voraus weder ausgeschlossen noch beschränkt werden. Entgegenstehende Vereinbarungen sind nichtig.

§ 93 Mehrere Ersatzpflichtige

Sind mehrere ersatzpflichtig, so haften sie als Gesamtschuldner. Im Verhältnis der Ersatzpflichtigen zueinander hängt die Verpflichtung zum Ersatz sowie der Umfang des zu leistenden Ersatzes von den Umständen, insbesondere davon ab, inwieweit der Schaden vorwiegend von dem einen oder dem anderen Teil verursacht worden ist.

§ 94 Deckungsvorsorge

(1) Der pharmazeutische Unternehmer hat dafür Vorsorge zu treffen, dass er seinen gesetzlichen Verpflichtungen zum Ersatz von Schäden nachkommen kann, die durch die Anwendung eines von ihm in den Verkehr gebrachten, zum Gebrauch bei Menschen bestimmten Arzneimittels entstehen, das der Pflicht zur Zulassung unterliegt oder durch Rechtsverordnung von der Zulassung befreit worden ist (Deckungsvorsorge). Die Deckungsvorsorge muss in Höhe der in § 88 Satz 1 genannten Beträge erbracht werden. Sie kann nur

1. durch eine Haftpflichtversicherung bei einem im Geltungsbereich dieses Gesetzes zum Geschäftsbetrieb befugten unabhängigen Versicherungsunternehmen, für das im Falle einer Rückversicherung ein Rückversicherungsvertrag nur mit einem Rückversicherungsunternehmen, das seinen Sitz im Geltungsbereich dieses Gesetzes, in einem anderen Mitgliedstaat der Europäischen Union, in einem anderen Vertragsstaat des Abkommens über den Europäischen Wirtschaftsraum oder in einem von der Europäischen Kommission auf Grund von Artikel 172 der Richtlinie 2009/138/EG des Europäischen Parlaments und des Rates vom 25. November 2009 betreffend die Aufnahme und Ausübung der Versicherungs- und Rückversicherungstätigkeit (Solvabilität II) (ABl. L 335 vom 17.12.2009, S. 1) als gleichwertig anerkannten Staat hat, besteht, oder

2. durch eine Freistellungs- oder Gewährleistungsverpflichtung eines inländischen Kreditinstituts oder eines Kreditinstituts eines anderen Mitgliedstaates der Europäischen Union oder eines anderen Vertragsstaates des Abkommens über den Europäischen Wirtschaftsraum erbracht werden.

(2) Wird die Deckungsvorsorge durch eine Haftpflichtversicherung erbracht, so gelten die § 113 Abs. 3 und die §§ 114 bis 124 des Versicherungsvertragsgesetzes, sinngemäß.

(3) Durch eine Freistellungs- oder Gewährleistungsverpflichtung eines Kreditinstituts kann die Deckungsvorsorge nur erbracht werden, wenn gewährleistet ist, dass das Kreditinstitut, solange mit seiner Inanspruchnahme gerechnet werden muss, in der Lage sein wird, seine Verpflichtungen im Rahmen der Deckungsvorsorge zu erfüllen. Für die Freistellungs- oder Gewährleistungsverpflichtung gelten die § 113 Abs. 3 und die §§ 114 bis 124 des Versicherungsvertragsgesetzes sinngemäß.

(4) Zuständige Stelle im Sinne des § 117 Abs. 2 des Versicherungsvertragsgesetzes ist die für die Durchführung der Überwachung nach § 64 zuständige Behörde.

(5) Die Bundesrepublik Deutschland und die Länder sind zur Deckungsvorsorge gemäß Absatz 1 nicht verpflichtet.

§ 94a Örtliche Zuständigkeit

(1) Für Klagen, die auf Grund des § 84 oder des § 84a Abs. 1 erhoben werden, ist auch das Gericht zuständig, in dessen Bezirk der Kläger zur Zeit der Klageerhebung seinen Wohnsitz, in Ermangelung eines solchen seinen gewöhnlichen Aufenthaltsort hat.

(2) Absatz 1 bleibt bei der Ermittlung der internationalen Zuständigkeit der Gerichte eines ausländischen Staates nach § 328 Abs. 1 Nr. 1 der Zivilprozessordnung außer Betracht.

Siebzehnter Abschnitt
Straf- und Bußgeldvorschriften

§ 95 Strafvorschriften

(1) Mit Freiheitsstrafe bis zu drei Jahren oder mit Geldstrafe wird bestraft, wer

1. entgegen § 5 Absatz 1 ein Arzneimittel in den Verkehr bringt oder bei anderen anwendet,

2. entgegen § 6 Absatz 1 in Verbindung mit einer Rechtsverordnung nach § 6 Absatz 2,

jeweils auch in Verbindung mit einer Rechtsverordnung nach § 6 Absatz 3, ein Arzneimittel in den Verkehr bringt oder bei einem anderen Menschen oder einem Tier anwendet,

2a. (weggefallen)

2b. (weggefallen)

3. entgegen § 7 Abs. 1 radioaktive Arzneimittel oder Arzneimittel, bei deren Herstellung ionisierende Strahlen verwendet worden sind, in den Verkehr bringt,

3a. entgegen § 8 Abs. 1 Nr. 1 oder Absatz 2, auch in Verbindung mit § 73 Abs. 4 oder § 73a, Arzneimittel oder Wirkstoffe herstellt, in den Verkehr bringt oder sonst mit ihnen Handel treibt,

4. entgegen § 43 Abs. 1 Satz 2, Abs. 2 oder 3 Satz 1 mit Arzneimitteln, die nur auf Verschreibung an Verbraucher abgegeben werden dürfen, Handel treibt oder diese Arzneimittel abgibt,

5. Arzneimittel, die nur auf Verschreibung an Verbraucher abgegeben werden dürfen, entgegen § 47 Abs. 1 an andere als dort bezeichnete Personen oder Stellen oder entgegen § 47 Abs. 1a abgibt oder entgegen § 47 Abs. 2 Satz 1 bezieht,

5a. entgegen § 47a Abs. 1 ein dort bezeichnetes Arzneimittel an andere als die dort bezeichneten Einrichtungen abgibt oder in den Verkehr bringt,

6. entgegen § 48 Abs. 1 Satz 1 in Verbindung mit einer Rechtsverordnung nach § 48 Abs. 2 Nr. 1 oder 2 Arzneimittel, die zur Anwendung bei Tieren bestimmt sind, die der Gewinnung von Lebensmitteln dienen, abgibt,

7. Fütterungsarzneimittel entgegen § 56 Abs. 1 ohne die erforderliche Verschreibung an Tierhalter abgibt,

8. entgegen § 56a Abs. 1 Satz 1, auch in Verbindung mit Satz 3, oder Satz 2 Arzneimittel verschreibt, abgibt oder anwendet, die zur

Anwendung bei Tieren bestimmt sind, die der Gewinnung von Lebensmitteln dienen, und nur auf Verschreibung an Verbraucher abgegeben werden dürfen,

9. Arzneimittel, die nur auf Verschreibung an Verbraucher abgegeben werden dürfen, entgegen § 57 Abs. 1 erwirbt,

10. entgegen § 58 Abs. 1 Satz 1 Arzneimittel, die nur auf Verschreibung an Verbraucher abgegeben werden dürfen, bei Tieren anwendet, die der Gewinnung von Lebensmitteln dienen oder

11. entgegen § 59d Satz 1 Nummer 1 einen verbotenen Stoff einem dort genannten Tier verabreicht.

(2) Der Versuch ist strafbar.

(3) In besonders schweren Fällen ist die Strafe Freiheitsstrafe von einem Jahr bis zu zehn Jahren. Ein besonders schwerer Fall liegt in der Regel vor, wenn der Täter

1. durch eine der in Absatz 1 bezeichneten Handlungen

   a) die Gesundheit einer großen Zahl von Menschen gefährdet,

   b) einen anderen der Gefahr des Todes oder einer schweren Schädigung an Körper oder Gesundheit aussetzt oder

   c) aus grobem Eigennutz für sich oder einen anderen Vermögensvorteile großen Ausmaßes erlangt oder

2. in den Fällen des Absatzes 1 Nr. 3a gefälschte Arzneimittel oder Wirkstoffe herstellt oder in den Verkehr bringt und dabei gewerbsmäßig oder als Mitglied einer Bande handelt, die sich zur fortgesetzten Begehung solcher Taten verbunden hat.

(4) Handelt der Täter in den Fällen des Absatzes 1 fahrlässig, so ist die Strafe Freiheitsstrafe bis zu einem Jahr oder Geldstrafe.

§ 96 Strafvorschriften

Mit Freiheitsstrafe bis zu einem Jahr oder mit Geldstrafe wird bestraft, wer

1. entgegen § 4b Absatz 3 Satz 1 ein Arzneimittel abgibt,

2. entgegen § 6 Absatz 1 in Verbindung mit einer Rechtsverordnung nach § 6 Absatz 2, jeweils auch in Verbindung mit einer Rechtsverordnung nach § 6 Absatz 3, ein Arzneimittel herstellt,

3. entgegen § 8 Abs. 1 Nr. 2, auch in Verbindung mit § 73a, Arzneimittel oder Wirkstoffe herstellt oder in den Verkehr bringt,

4. ohne Erlaubnis nach § 13 Absatz 1 Satz 1 oder § 72 Absatz 1 Satz 1 ein Arzneimittel, einen Wirkstoff oder einen dort genannten Stoff herstellt oder einführt,

4a. ohne Erlaubnis nach § 20b Abs. 1 Satz 1 oder Abs. 2 Satz 7 Gewebe gewinnt oder Laboruntersuchungen durchführt oder ohne Erlaubnis nach § 20c Abs. 1 Satz 1 Gewebe oder Gewebezubereitungen be- oder verarbeitet, konserviert, prüft, lagert oder in den Verkehr bringt,

5. entgegen § 21 Abs. 1 Fertigarzneimittel oder Arzneimittel, die zur Anwendung bei Tieren bestimmt sind, oder in einer Rechtsverordnung nach § 35 Abs. 1 Nr. 2 oder § 60 Abs. 3 bezeichnete Arzneimittel ohne Zulassung oder ohne Genehmigung der Europäischen Gemeinschaft oder der Europäischen Union in den Verkehr bringt,

5a. ohne Genehmigung nach § 21a Abs. 1 Satz 1 Gewebezubereitungen in den Verkehr bringt,

5b. ohne Bescheinigung nach § 21a Absatz 9 Satz 1 eine Gewebezubereitung erstmalig verbringt,

6. eine nach § 22 Abs. 1 Nr. 3, 5 bis 9, 11, 12, 14 oder 15, Abs. 3b oder 3c Satz 1 oder § 23 Abs. 2 Satz 2 oder 3 erforderliche Angabe nicht vollständig oder nicht richtig macht oder eine nach § 22 Abs. 2 oder 3, § 23 Abs. 1, Abs. 2 Satz 2 oder 3, Abs. 3, auch in Verbindung mit § 38 Abs. 2, erforderliche Unterlage oder durch vollziehbare Anordnung nach § 28 Absatz 3, 3a, 3b oder Absatz 3c Satz 1 Nummer 2 geforderte Unterlage nicht vollständig oder mit nicht richtigem Inhalt vorlegt,

7. entgegen § 30 Abs. 4 Satz 1 Nr. 1, auch in Verbindung mit einer Rechtsverordnung nach § 35 Abs. 1 Nr. 2, ein Arzneimittel in den Verkehr bringt,

8. entgegen § 32 Abs. 1 Satz 1, auch in Verbindung mit einer Rechtsverordnung nach § 35 Abs. 1 Nr. 3, eine Charge ohne Freigabe in den Verkehr bringt,

9. entgegen § 38 Abs. 1 Satz 1 oder § 39a Satz 1 Fertigarzneimittel als homöopathische oder als traditionelle pflanzliche Arzneimittel ohne Registrierung in den Verkehr bringt,

10. entgegen § 40 Abs. 1 Satz 3 Nr. 2, 2a Buchstabe a, Nr. 3, 4, 5, 6 oder 8, jeweils auch in Verbindung mit Abs. 4 oder § 41 die klinische Prüfung eines Arzneimittels durchführt,

11. entgegen § 40 Abs. 1 Satz 2 die klinische Prüfung eines Arzneimittels beginnt,

12. entgegen § 47a Abs. 1 Satz 1 ein dort bezeichnetes Arzneimittel ohne Verschreibung abgibt, wenn die Tat nicht nach § 95 Abs. 1 Nr. 5a mit Strafe bedroht ist,

13. entgegen § 48 Abs. 1 Satz 1 Nr. 1 in Verbindung mit einer Rechtsverordnung nach § 48 Abs. 2 Nr. 1, 2 oder Nummer 7 oder entgegen § 48 Absatz 1 Satz 1 Nummer 3, auch in Verbindung mit einer Rechtsverordnung nach § 48 Absatz 2 Satz 1 Nummer 1, Arzneimittel abgibt, wenn die Tat nicht in § 95 Abs. 1 Nr. 6 mit Strafe bedroht ist,

14. ohne Erlaubnis nach § 52a Abs. 1 Satz 1 Großhandel betreibt,

14a. entgegen § 52c Absatz 2 Satz 1 eine Tätigkeit als Arzneimittelvermittler aufnimmt,

15. entgegen § 56a Abs. 4 Arzneimittel verschreibt oder abgibt,

16. entgegen § 57 Abs. 1a Satz 1 in Verbindung mit einer Rechtsverordnung nach § 56a Abs. 3 Satz 1 Nr. 2 ein dort bezeichnetes Arzneimittel in Besitz hat,

17. entgegen § 59 Abs. 2 Satz 1 Lebensmittel gewinnt,

18. entgegen § 59a Abs. 1 oder 2 Stoffe oder Zubereitungen aus Stoffen erwirbt, anbietet, lagert, verpackt, mit sich führt oder in den Verkehr bringt,

18a. entgegen § 59d Satz 1 Nummer 2 einen Stoff einem dort genannten Tier verabreicht,

18b. ohne Erlaubnis nach § 72 Absatz 4 Satz 2, § 72b Absatz 1 Satz 3 oder § 72c Absatz 1 Satz 2, auch in Verbindung mit § 72c Absatz 4 Satz 1, dort genannte hämatopoetische Stammzellen, Stammzellzubereitungen, Gewebe oder Gewebezubereitungen einführt,

18c. entgegen § 72a Absatz 1 Satz 1, auch in Verbindung mit Absatz 1b oder Absatz 1d, oder entgegen § 72a Absatz 1c ein Arzneimittel, einen Wirkstoff oder einen in den genannten Absätzen anderen Stoff einführt,

18d. entgegen § 72b Abs. 2 Satz 1 Gewebe oder Gewebezubereitungen einführt,

18e. entgegen § 73 Absatz 1b Satz 1 ein gefälschtes Arzneimittel oder einen gefälschten Wirkstoff in den Geltungsbereich dieses Gesetzes verbringt,

19. ein zum Gebrauch bei Menschen bestimmtes Arzneimittel in den Verkehr bringt, obwohl die nach § 94 erforderliche Haftpflichtversicherung oder Freistellungs- oder Gewährleistungsverpflichtung nicht oder nicht mehr besteht oder

20. gegen die Verordnung (EG) Nr. 726/2004 des Europäischen Parlaments und des Rates vom 31. März 2004 zur Festlegung von Gemeinschaftsverfahren für die Genehmigung und Überwachung von Human- und Tierarzneimitteln und zur Errichtung einer Europäischen Arzneimittel-Agentur (ABl. L 136 vom 30.4.2004, S. 1), die zuletzt durch die Verordnung (EU) Nr. 1027/2012 (ABl. L 316 vom 14.11.2012, S. 38) geändert worden ist, verstößt, indem er

a) entgegen Artikel 6 Absatz 1 Satz 1 der Verordnung in Verbindung mit Artikel 8 Absatz 3 Unterabsatz 1 Buchstabe c bis e, h bis iaa oder Buchstabe ib der Richtlinie 2001/83/EG des Europäischen Parlaments und des Rates vom 6. November 2001 zur Schaffung eines Gemeinschaftskodexes für Humanarzneimittel (ABl. L 311 vom 28.11.2001, S. 67), die zuletzt durch die Richtlinie 2012/26/EU (ABl. L 299 vom 27.10.2012, S. 1) geändert worden ist, eine Angabe oder eine Unterlage nicht richtig oder nicht vollständig beifügt oder

b) entgegen Artikel 31 Abs. 1 Satz 1 der Verordnung in Verbindung mit Artikel 12 Abs. 3 Unterabsatz 1 Satz 2 Buchstabe c bis e, h bis j oder k der Richtlinie 2001/82/EG des Europäischen Parlaments und des Rates vom 6. November 2001 zur Schaffung eines Gemeinschaftskodexes für Tierarzneimittel (ABl. EG Nr. L 311 S. 1), geändert durch die Richtlinie 2004/28/EG des Europäischen Parlaments und des Rates vom 31. März 2004 (ABl. EU Nr. L 136 S. 58), eine Angabe nicht richtig oder nicht vollständig beifügt.

§ 97 Bußgeldvorschriften

(1) Ordnungswidrig handelt, wer eine in

1. § 96 Nummer 1 bis 5b, 7 bis 18e oder Nummer 19 oder

2. § 96 Nummer 6 oder Nummer 20

bezeichnete Handlung fahrlässig begeht.

(2) Ordnungswidrig handelt auch, wer vorsätzlich oder fahrlässig

1. entgegen § 8 Absatz 3 ein Arzneimittel in den Verkehr bringt,

2. entgegen § 9 Abs. 1 Arzneimittel, die nicht den Namen oder die Firma des pharmazeutischen Unternehmers tragen, in den Verkehr bringt,

3. entgegen § 9 Abs. 2 Satz 1 Arzneimittel in den Verkehr bringt, ohne seinen Sitz im Geltungsbereich dieses Gesetzes oder in einem anderen Mitgliedstaat der Europäischen Union oder in einem anderen Vertragsstaat des Abkommens über den Europäischen Wirtschaftsraum zu haben,

4. entgegen § 10, auch in Verbindung mit § 109 Abs. 1 Satz 1 oder einer Rechtsverordnung nach § 12 Abs. 1 Nr. 1, Arzneimittel ohne die vorgeschriebene Kennzeichnung in den Verkehr bringt,

5. entgegen § 11 Abs. 1 Satz 1, auch in Verbindung mit Abs. 2a bis 3b oder 4, jeweils auch in Verbindung mit einer Rechtsverordnung nach § 12 Abs. 1 Nr. 1, Arzneimittel ohne die vorgeschriebene Packungsbeilage in den Verkehr bringt,

5a. entgegen § 11 Abs. 7 Satz 1 eine Teilmenge abgibt,

6. einer vollziehbaren Anordnung nach § 18 Abs. 2 zuwiderhandelt,

7. entgegen

    a) den §§ 20, 20b Absatz 5, § 20c Absatz 6, § 52a Absatz 8, § 67 Absatz 8 Satz 1, § 72b Absatz 2c Satz 1 oder § 73 Absatz 3b Satz 4,

    b) § 21a Absatz 7 Satz 1, § 29 Absatz 1 Satz 1, auch in Verbindung mit Satz 2, entgegen § 29 Absatz 1c Satz 1, § 63c Absatz 2, § 63h Absatz 2, § 63i Absatz 2 Satz 1, § 67 Absatz 6 Satz 1 oder

    c) § 67 Absatz 1 Satz 1, auch in Verbindung mit Satz 2, jeweils auch in Verbindung mit § 69a, entgegen § 67 Absatz 5 Satz 1 oder § 67 Absatz 9 Satz 1

eine Anzeige nicht, nicht richtig, nicht vollständig oder nicht rechtzeitig erstattet,

7a. entgegen § 29 Abs. 1a Satz 1, Abs. 1b oder 1d eine Mitteilung nicht, nicht richtig, nicht vollständig oder nicht rechtzeitig macht,

8. entgegen § 30 Abs. 4 Satz 1 Nr. 2 oder § 73 Abs. 1 oder 1a Arzneimittel in den Geltungsbereich dieses Gesetzes verbringt,

9. entgegen § 40 Abs. 1 Satz 3 Nr. 7 die klinische Prüfung eines Arzneimittels durchführt,

9a. ohne einen Stellvertreter nach § 40 Absatz 1a Satz 3 benannt zu haben, eine klinische Prüfung durchführt,

9b. entgegen § 42b Absatz 1 oder Absatz 2 die Berichte nicht, nicht richtig, nicht vollständig oder nicht rechtzeitig zur Verfügung stellt,

10. entgegen § 43 Abs. 1, 2 oder 3 Satz 1 Arzneimittel berufs- oder gewerbsmäßig in den Verkehr bringt oder mit Arzneimitteln, die ohne Verschreibung an Verbraucher abgegeben werden dürfen, Handel treibt oder diese Arzneimittel abgibt,

11. entgegen § 43 Abs. 5 Satz 1 zur Anwendung bei Tieren bestimmte Arzneimittel, die für den Verkehr außerhalb der Apothe-

ken nicht freigegeben sind, in nicht vorschriftsmäßiger Weise abgibt,

12. Arzneimittel, die ohne Verschreibung an Verbraucher abgegeben werden dürfen, entgegen § 47 Abs. 1 an andere als dort bezeichnete Personen oder Stellen oder entgegen § 47 Abs. 1a abgibt oder entgegen § 47 Abs. 2 Satz 1 bezieht,

12a. entgegen § 47 Abs. 4 Satz 1 Muster ohne schriftliche Anforderung, in einer anderen als der kleinsten Packungsgröße oder über die zulässige Menge hinaus abgibt oder abgeben lässt,

13. die in § 47 Abs. 1b oder Abs. 4 Satz 3 oder in § 47a Abs. 2 Satz 2 vorgeschriebenen Nachweise nicht oder nicht richtig führt, oder der zuständigen Behörde auf Verlangen nicht vorlegt,

13a. entgegen § 47a Abs. 2 Satz 1 ein dort bezeichnetes Arzneimittel ohne die vorgeschriebene Kennzeichnung abgibt,

14. entgegen § 50 Abs. 1 Einzelhandel mit Arzneimitteln betreibt,

15. entgegen § 51 Abs. 1 Arzneimittel im Reisegewerbe feilbietet oder Bestellungen darauf aufsucht,

16. entgegen § 52 Abs. 1 Arzneimittel im Wege der Selbstbedienung in den Verkehr bringt,

17. entgegen § 55 Absatz 8 Satz 1 auch in Verbindung mit Satz 2, einen Stoff, ein Behältnis oder eine Umhüllung verwendet oder eine Darreichungsform anfertigt,

17a. entgegen § 56 Abs. 1 Satz 2 eine Kopie einer Verschreibung nicht oder nicht rechtzeitig übersendet,

18. entgegen § 56 Abs. 2 Satz 1, Abs. 3 oder 4 Satz 1 oder 2 Fütterungsarzneimittel herstellt,

19. entgegen § 56 Absatz 4 Satz 2 eine verfütterungsfertige Mischung nicht, nicht richtig, nicht vollständig, nicht in der vorgeschriebenen Weise oder nicht rechtzeitig kennzeichnet,

20. entgegen § 56 Abs. 5 Satz 1 ein Fütterungsarzneimittel verschreibt,

21. entgegen § 56a Abs. 1 Satz 1 Nr. 1, 2, 3 oder 4, jeweils auch in Verbindung mit Satz 3, Arzneimittel,

    a) die zur Anwendung bei Tieren bestimmt sind, die nicht der Gewinnung von Lebensmitteln dienen, und nur auf Verschreibung an Verbraucher abgegeben werden dürfen,

    b) die ohne Verschreibung an Verbraucher abgegeben werden dürfen,

    verschreibt, abgibt oder anwendet,

21a. entgegen § 56a Abs. 1 Satz 4 Arzneimittel-Vormischungen verschreibt oder abgibt,

22. Arzneimittel, die ohne Verschreibung an Verbraucher abgegeben werden dürfen, entgegen § 57 Abs. 1 erwirbt,

22a. entgegen § 57a Arzneimittel anwendet,

23. entgegen § 58 Abs. 1 Satz 2 oder 3 Arzneimittel bei Tieren anwendet, die der Gewinnung von Lebensmitteln dienen,

23a. entgegen § 58a Absatz 1 Satz 1 oder 2 oder Absatz 3, Absatz 4 Satz 1, Satz 2 oder Satz 3 oder § 58b Absatz 1 Satz 1, 2 oder 3 oder Absatz 2 Satz 2 Nummer 2 oder Absatz 3 eine Mitteilung nicht, nicht richtig, nicht vollständig, nicht in der vorgeschriebenen Weise oder nicht rechtzeitig macht,

23b. entgegen § 58d Absatz 1 Nummer 2 eine dort genannte Feststellung nicht, nicht richtig oder nicht rechtzeitig aufzeichnet,

23c. entgegen § 58d Absatz 2 Satz 1 Nummer 2 einen dort genannten Plan nicht, nicht richtig, nicht vollständig, nicht in der vorgeschriebenen Weise oder nicht rechtzeitig erstellt,

23d. einer vollziehbaren Anordnung nach § 58d Absatz 3 oder Absatz 4 Satz 1 zuwiderhandelt,

24. einer Aufzeichnungs- oder Vorlagepflicht nach § 59 Abs. 4 zuwiderhandelt,

24a. entgegen § 59b Satz 1 Stoffe nicht, nicht richtig oder nicht rechtzeitig überlässt,

24b. entgegen § 59c Satz 1, auch in Verbindung mit Satz 2, einen dort bezeichneten Nachweis nicht, nicht richtig oder nicht vollständig führt, nicht oder nicht mindestens drei Jahre aufbewahrt oder nicht oder nicht rechtzeitig vorlegt,

24c. entgegen § 63a Abs. 1 Satz 1 einen Stufenplanbeauftragten nicht beauftragt oder entgegen § 63a Abs. 3 eine Mitteilung nicht, nicht vollständig oder nicht rechtzeitig erstattet,

24d. entgegen § 63a Abs. 1 Satz 6 eine Tätigkeit als Stufenplanbeauftragter ausübt,

24e. entgegen § 63b Absatz 1 ein Pharmakovigilanz-System nicht betreibt,

24f. entgegen § 63b Absatz 2 Nummer 1 eine dort genannte Maßnahme nicht oder nicht rechtzeitig ergreift,

24g. entgegen § 63b Absatz 2 Nummer 3 eine Pharmakovigilanz-Stammdokumentation nicht, nicht richtig oder nicht vollständig führt oder nicht, nicht richtig, nicht vollständig oder nicht rechtzeitig zur Verfügung stellt,

24h. entgegen § 63b Absatz 2 Nummer 4 ein Risikomanagement-System für jedes einzelne Arzneimittel nicht, nicht richtig oder nicht vollständig betreibt,

24i. entgegen § 63b Absatz 3 Satz 1 eine dort genannte Information ohne die dort genannte vorherige oder gleichzeitige Mitteilung veröffentlicht,

24j. entgegen § 63d Absatz 1, auch in Verbindung mit Absatz 3 Satz 1 oder Absatz 3

Satz 4, einen Unbedenklichkeitsbericht nicht, nicht richtig, nicht vollständig oder nicht rechtzeitig vorlegt,

24k. entgegen § 63f Absatz 1 Satz 3 einen Abschlussbericht nicht oder nicht rechtzeitig übermittelt,

24l. entgegen § 63g Absatz 1 einen Entwurf des Prüfungsprotokolls nicht, nicht richtig oder nicht rechtzeitig vorlegt,

24m. entgegen § 63g Absatz 2 Satz 1 mit einer Unbedenklichkeitsprüfung beginnt,

24n. entgegen § 63g Absatz 4 Satz 1 einen Prüfungsbericht nicht, nicht richtig, nicht vollständig oder nicht rechtzeitig vorlegt,

24o. entgegen § 63h Absatz 5 Satz 1, 2 oder Satz 3 einen Bericht nicht, nicht richtig, nicht vollständig oder nicht rechtzeitig vorlegt,

24p. entgegen § 63i Absatz 3 Satz 1 eine Meldung nicht, nicht richtig oder nicht rechtzeitig macht,

24q. entgegen § 63i Absatz 4 Satz 1 einen Bericht nicht, nicht richtig oder nicht rechtzeitig vorlegt,

25. einer vollziehbaren Anordnung nach § 64 Abs. 4 Nr. 4, auch in Verbindung mit § 69a, zuwiderhandelt,

26. einer Duldungs- oder Mitwirkungspflicht nach § 66, auch in Verbindung mit § 69a, zuwiderhandelt,

27. entgegen einer vollziehbaren Anordnung nach § 74 Abs. 1 Satz 2 Nr. 3 eine Sendung nicht vorführt,

27a. entgegen § 74a Abs. 1 Satz 1 einen Informationsbeauftragten nicht beauftragt oder entgegen § 74a Abs. 3 eine Mitteilung nicht, nicht vollständig oder nicht rechtzeitig erstattet,

27b. entgegen § 74a Abs. 1 Satz 4 eine Tätigkeit als Informationsbeauftragter ausübt,

28. entgegen § 75 Abs. 1 Satz 1 eine Person als Pharmaberater beauftragt,

29. entgegen § 75 Abs. 1 Satz 3 eine Tätigkeit als Pharmaberater ausübt,

30. einer Aufzeichnungs-, Mitteilungs- oder Nachweispflicht nach § 76 Abs. 1 Satz 2 oder Abs. 2 zuwiderhandelt,

30a. (weggefallen)

31. einer Rechtsverordnung nach § 7 Abs. 2 Satz 2, § 12 Abs. 1 Nr. 3 Buchstabe a, § 12 Abs. 1b, § 42 Abs. 3, § 54 Abs. 1, § 56a Abs. 3, § 57 Absatz 2 oder Absatz 3, § 58 Abs. 2 oder § 74 Abs. 2 oder einer vollziehbaren Anordnung auf Grund einer solchen Rechtsverordnung zuwiderhandelt, soweit die Rechtsverordnung für einen bestimmten Tatbestand auf diese Bußgeldvorschrift verweist,

32. (weggefallen)

33. (weggefallen)

34. (weggefallen)

35. (weggefallen)

36. (weggefallen)

(2a) Ordnungswidrig handelt, wer vorsätzlich oder fahrlässig gegen Artikel 1 der Verordnung (EG) Nr. 540/95 der Kommission vom 10. März 1995 zur Festlegung der Bestimmungen für die Mitteilung von vermuteten unerwarteten, nicht schwerwiegenden Nebenwirkungen, die innerhalb oder außerhalb der Gemeinschaft an gemäß der Verordnung (EWG) Nr. 2309/93 zugelassenen Human- oder Tierarzneimitteln festgestellt werden (ABl. L 55 vom 11.3.1995, S. 5), in Verbindung mit § 63h Absatz 7 Satz 2 verstößt, indem er nicht sicherstellt, dass der Europäischen Arzneimittel-Agentur und der zuständigen Bundesoberbehörde eine dort bezeichnete Nebenwirkung mitgeteilt wird.

(2b) Ordnungswidrig handelt, wer gegen die Verordnung (EG) Nr. 726/2004 verstößt, indem er vorsätzlich oder fahrlässig

1. entgegen Artikel 16 Absatz 2 Satz 1 oder Satz 2 in Verbindung mit Artikel 8 Absatz 3 Unterabsatz 1 Buchstabe c bis e, h bis iaa oder Buchstabe ib der Richtlinie 2001/83/EG oder entgegen Artikel 41 Absatz 4 Satz 1 oder 2 in Verbindung mit Artikel 12 Absatz 3 Unterabsatz 1 Satz 2 Buchstabe c bis e, h bis j oder Buchstabe k der Richtlinie 2001/82/EG, jeweils in Verbindung mit § 29 Absatz 4 Satz 2, der Europäischen Arzneimittel-Agentur oder der zuständigen Bundesoberbehörde eine dort genannte Mitteilung nicht, nicht richtig, nicht vollständig oder nicht rechtzeitig macht,

2. entgegen Artikel 28 Absatz 1 in Verbindung mit Artikel 107 Absatz 1 Unterabsatz 2 der Richtlinie 2001/83/EG nicht dafür sorgt, dass eine Meldung an einer dort genannten Stelle verfügbar ist,

3. entgegen Artikel 49 Absatz 1 Satz 1 oder Absatz 2 Satz 1, jeweils in Verbindung mit § 29 Absatz 4 Satz 2, nicht sicherstellt, dass der zuständigen Bundesoberbehörde oder der Europäischen Arzneimittel-Agentur eine dort bezeichnete Nebenwirkung mitgeteilt wird,

4. entgegen Artikel 49 Absatz 3 Satz 1 eine dort bezeichnete Unterlage nicht, nicht richtig oder nicht vollständig führt.

(2c) Ordnungswidrig handelt, wer gegen die Verordnung (EG) Nr. 1901/2006 des Europäischen Parlaments und des Rates vom 12. Dezember 2006 über Kinderarzneimittel und zur Änderung der Verordnung (EWG) Nr. 1768/92, der Richtlinien 2001/20/EG und 2001/83/EG sowie der Verordnung (EG) Nr. 726/2004 (ABl. L 378 vom 27.12.2006, S. 1) verstößt, indem er vorsätzlich oder fahrlässig

1. entgegen Artikel 33 Satz 1 ein dort genanntes Arzneimittel nicht, nicht richtig oder nicht rechtzeitig in den Verkehr bringt,

2. einer vollziehbaren Anordnung nach Artikel 34 Absatz 2 Satz 4 zuwiderhandelt,

3. entgegen Artikel 34 Absatz 4 Satz 1 den dort genannten Bericht nicht oder nicht rechtzeitig vorlegt,

4. entgegen Artikel 35 Satz 1 die Genehmigung für das Inverkehrbringen nicht oder nicht rechtzeitig auf einen dort genannten Dritten überträgt und diesem einen Rückgriff auf die dort genannten Unterlagen nicht oder nicht rechtzeitig gestattet,

5. entgegen Artikel 35 Satz 2 eine Unterrichtung nicht, nicht richtig oder nicht rechtzeitig vornimmt, oder

6. entgegen Artikel 41 Absatz 2 Satz 2 ein Ergebnis der dort genannten Prüfung nicht, nicht richtig oder nicht rechtzeitig vorlegt.

(2d) Ordnungswidrig handelt, wer gegen die Delegierte Verordnung (EU) 2016/161 der Kommission vom 2. Oktober 2015 zur Ergänzung der Richtlinie 2001/83/EG des Europäischen Parlaments und des Rates durch die Festlegung genauer Bestimmungen über die Sicherheitsmerkmale auf der Verpackung von Humanarzneimitteln (ABl. L 32 vom 9.2.2016, S. 1) verstößt, indem er vorsätzlich oder fahrlässig

1. entgegen Artikel 18 ein dort genanntes Produkt in den Verkehr bringt oder eine Information nicht oder nicht rechtzeitig gibt,

2. entgegen Artikel 24 Satz 1 ein dort genanntes Produkt abgibt oder ausführt,

3. entgegen Artikel 24 Satz 2 eine Information nicht oder nicht rechtzeitig gibt,

4. entgegen Artikel 30 ein Arzneimittel abgibt oder eine Information nicht oder nicht rechtzeitig gibt oder

5. entgegen Artikel 37 Buchstabe d nicht für die Warnung einer zuständigen Behörde, der Europäischen Arzneimittel-Agentur oder der Kommission sorgt.

(3) Die Ordnungswidrigkeit kann mit einer Geldbuße bis zu 25 000 Euro geahndet werden.

(4) Verwaltungsbehörde im Sinne des § 36 Absatz 1 Nummer 1 des Gesetzes über Ordnungswidrigkeiten ist in den Fällen

1. des Absatzes 1 Nummer 2, des Absatzes 2 Nummer 7 Buchstabe b, Nummer 7a, 9b und 24d bis 24q, der Absätze 2a bis 2c und

2. des Absatzes 2 Nummer 7 Buchstabe c Nummer 24c und 31, soweit die Tat gegenüber der zuständigen Bundesoberbehörde begangen wird,

die nach § 77 zuständige Bundesoberbehörde.

§ 98 Einziehung

Gegenstände, auf die sich eine Straftat nach § 95 oder § 96 oder eine Ordnungswidrigkeit nach § 97 bezieht, können eingezogen werden. § 74a des Strafgesetzbuches und § 23 des Gesetzes über Ordnungswidrigkeiten sind anzuwenden.

Achtzehnter Abschnitt
Überleitungs- und Übergangsvorschriften

Auf den Abdruck wird verzichtet.

Verordnung über Sicherheit und Gesundheits- schutz bei der Verwendung von Arbeitsmitteln (Betriebssicherheitsverordnung)

(BetrSichV)

Vom 3. Februar 2015
(BGBl. I S. 49)

Zuletzt geändert durch Artikel 1 der Verordnung
vom 30. April 2019
(BGBl. I S. 554)

Abschnitt 1
Anwendungsbereich und
Begriffsbestimmungen

§ 1 Anwendungsbereich und Zielsetzung

(1) Diese Verordnung gilt für die Verwendung von Arbeitsmitteln. Ziel dieser Verordnung ist es, die Sicherheit und den Schutz der Gesundheit von Beschäftigten bei der Verwendung von Arbeitsmitteln zu gewährleisten. Dies soll insbesondere erreicht werden durch

1. die Auswahl geeigneter Arbeitsmittel und deren sichere Verwendung,

2. die für den vorgesehenen Verwendungszweck geeignete Gestaltung von Arbeits- und Fertigungsverfahren sowie

3. die Qualifikation und Unterweisung der Beschäftigten.

Diese Verordnung regelt hinsichtlich der in § 18 und in Anhang 2 genannten überwachungsbedürftigen Anlagen zugleich Maßnahmen zum Schutz anderer Personen im Gefahrenbereich, soweit diese aufgrund der Verwendung dieser Anlagen durch Arbeitgeber im Sinne des § 2 Absatz 3 gefährdet werden können.

(2) Diese Verordnung gilt nicht in Betrieben, die dem Bundesberggesetz unterliegen, soweit dafür entsprechende Rechtsvorschriften bestehen. Abweichend von Satz 1 gilt sie jedoch für überwachungsbedürftige Anlagen in Tagesanlagen, mit Ausnahme von Rohrleitungen nach Anhang 2 Abschnitt 4 Nummer 2.1 Satz 1 Buchstabe d.

(3) Diese Verordnung gilt nicht auf Seeschiffen unter fremder Flagge und auf Seeschiffen, für die das Bundesministerium für Verkehr und digitale Infrastruktur nach § 10 des Flaggenrechtsgesetzes die Befugnis zur Führung der Bundesflagge lediglich für die erste Überführungsreise in einen anderen Hafen verliehen hat.

(4) Abschnitt 3 gilt nicht für Energieanlagen im Sinne des § 3 Nummer 15 des Energiewirtschaftsgesetzes, soweit sie Druckanlagen im Sinne des Anhangs 2 Abschnitt 4 Nummer 2.1 Buchstabe b, c oder d dieser Verordnung sind. Satz 1 gilt nicht für Gasfüllanlagen, die Energieanlagen im Sinne des § 3 Nummer 15 des Energiewirtschaftsgesetzes sind und auf dem Betriebsgelände von Unternehmen der öffentlichen Gasversorgung von diesen errichtet und betrieben werden.

(5) Das Bundesministerium der Verteidigung kann Ausnahmen von den Vorschriften dieser Verordnung zulassen, wenn zwingende Gründe der Verteidigung oder die Erfüllung zwischenstaatlicher Verpflichtungen der Bundesrepublik Deutschland dies erfordern und die Sicherheit auf andere Weise gewährleistet ist.

§ 2 Begriffsbestimmungen

(1) Arbeitsmittel sind Werkzeuge, Geräte, Maschinen oder Anlagen, die für die Arbeit verwendet werden, sowie überwachungsbedürftige Anlagen.

(2) Die Verwendung von Arbeitsmitteln umfasst jegliche Tätigkeit mit diesen. Hierzu gehören insbesondere das Montieren und Installieren, Bedienen, An- oder Abschalten oder Einstellen, Gebrauchen, Betreiben, Instandhalten, Reinigen, Prüfen, Umbauen, Erproben, Demontieren, Transportieren und Überwachen.

(3) Arbeitgeber ist, wer nach § 2 Absatz 3 des Arbeitsschutzgesetzes als solcher bestimmt ist. Dem Arbeitgeber steht gleich

1. wer, ohne Arbeitgeber zu sein, zu gewerblichen oder wirtschaftlichen Zwecken eine überwachungsbedürftige Anlage verwendet, sowie

2. der Auftraggeber und der Zwischenmeister im Sinne des Heimarbeitsgesetzes.

(4) Beschäftigte sind Personen, die nach § 2 Absatz 2 des Arbeitsschutzgesetzes als solche bestimmt sind. Den Beschäftigten stehen folgende Personen gleich, sofern sie Arbeitsmittel verwenden:

1. Schülerinnen und Schüler sowie Studierende,

2. in Heimarbeit Beschäftigte nach § 1 Absatz 1 des Heimarbeitsgesetzes sowie

3. sonstige Personen, insbesondere Personen, die in wissenschaftlichen Einrichtungen tätig sind.

(5) Fachkundig ist, wer zur Ausübung einer in dieser Verordnung bestimmten Aufgabe über die erforderlichen Fachkenntnisse verfügt. Die Anforderungen an die Fachkunde sind abhängig von der jeweiligen Art der Aufgabe. Zu den Anforderungen zählen eine entsprechende Berufsausbildung, Berufserfahrung oder eine zeitnah ausgeübte entsprechende berufliche Tätigkeit. Die Fachkenntnisse sind durch Teilnahme an Schulungen auf aktuellem Stand zu halten.

(6) Zur Prüfung befähigte Person ist eine Person, die durch ihre Berufsausbildung, ihre Berufserfahrung und ihre zeitnahe berufliche Tätigkeit über die erforderlichen Kenntnisse zur Prüfung von Arbeitsmitteln verfügt; soweit hinsichtlich der Prüfung von Arbeitsmitteln in den Anhängen 2 und 3 weitergehende Anforderungen festgelegt sind, sind diese zu erfüllen.

(7) Instandhaltung ist die Gesamtheit aller Maßnahmen zur Erhaltung des sicheren Zustandes oder der Rückführung in diesen. Instandhaltung umfasst insbesondere Inspektion, Wartung und Instandsetzung.

(8) Prüfung ist die Ermittlung des Istzustands, der Vergleich des Istzustands mit dem Sollzustand sowie die Bewertung der Abweichung des Istzustands vom Sollzustand.

(9) Prüfpflichtige Änderung ist jede Maßnahme, durch welche die Sicherheit eines Arbeitsmittels beeinflusst wird. Auch Instandsetzungsarbeiten können solche Maßnahmen sein.

(10) Stand der Technik ist der Entwicklungsstand fortschrittlicher Verfahren, Einrichtungen oder Betriebsweisen, der die praktische Eignung einer Maßnahme oder Vorgehensweise zum Schutz der Gesundheit und zur Sicherheit der Beschäftigten oder anderer Personen gesichert erscheinen lässt. Bei der Bestimmung des Stands der Technik sind insbesondere vergleichbare Verfahren, Einrichtungen oder Betriebsweisen heranzuziehen, die mit Erfolg in der Praxis erprobt worden sind.

(11) Gefahrenbereich ist der Bereich innerhalb oder im Umkreis eines Arbeitsmittels, in dem die Sicherheit oder die Gesundheit von Beschäftigten und anderen Personen durch die Verwendung des Arbeitsmittels gefährdet ist.

(12) Errichtung umfasst die Montage und Installation am Verwendungsort.

(13) Überwachungsbedürftige Anlagen sind Anlagen nach § 2 Nummer 30 Satz 1 des Produktsicherheitsgesetzes, soweit sie nach dieser Verordnung in Anhang 2 genannt oder nach § 18 Absatz 1 erlaubnispflichtig sind. Zu den überwachungsbedürftigen Anlagen gehören auch Mess-, Steuer- und Regeleinrichtungen, die dem sicheren Betrieb dieser überwachungsbedürftigen Anlagen dienen.

(14) Zugelassene Überwachungsstellen sind die in Anhang 2 Abschnitt 1 genannten Stellen.

(15) Andere Personen sind Personen, die nicht Beschäftigte oder Gleichgestellte nach Absatz 4 sind und sich im Gefahrenbereich einer überwachungsbedürftigen Anlage innerhalb oder außerhalb eines Betriebsgeländes befinden.

Abschnitt 2
Gefährdungsbeurteilung und
Schutzmaßnahmen

§ 3 Gefährdungsbeurteilung

(1) Der Arbeitgeber hat vor der Verwendung von Arbeitsmitteln die auftretenden Gefährdungen zu beurteilen (Gefährdungsbeurteilung) und daraus notwendige und geeignete Schutzmaßnahmen abzuleiten. Das Vorhandensein einer CE-Kennzeichnung am Arbeitsmittel entbindet

nicht von der Pflicht zur Durchführung einer Gefährdungsbeurteilung. Für Aufzugsanlagen gilt Satz 1 nur, wenn sie von einem Arbeitgeber im Sinne des § 2 Absatz 3 Satz 1 verwendet werden.

(2) In die Beurteilung sind alle Gefährdungen einzubeziehen, die bei der Verwendung von Arbeitsmitteln ausgehen, und zwar von

1. den Arbeitsmitteln selbst,

2. der Arbeitsumgebung und

3. den Arbeitsgegenständen, an denen Tätigkeiten mit Arbeitsmitteln durchgeführt werden.

Bei der Gefährdungsbeurteilung ist insbesondere Folgendes zu berücksichtigen:

1. die Gebrauchstauglichkeit von Arbeitsmitteln einschließlich der ergonomischen, alters- und alternsgerechten Gestaltung,

2. die sicherheitsrelevanten einschließlich der ergonomischen Zusammenhänge zwischen Arbeitsplatz, Arbeitsmittel, Arbeitsverfahren, Arbeitsorganisation, Arbeitsablauf, Arbeitszeit und Arbeitsaufgabe,

3. die physischen und psychischen Belastungen der Beschäftigten, die bei der Verwendung von Arbeitsmitteln auftreten,

4. vorhersehbare Betriebsstörungen und die Gefährdung bei Maßnahmen zu deren Beseitigung.

(3) Die Gefährdungsbeurteilung soll bereits vor der Auswahl und der Beschaffung der Arbeitsmittel begonnen werden. Dabei sind insbesondere die Eignung des Arbeitsmittels für die geplante Verwendung, die Arbeitsabläufe und die Arbeitsorganisation zu berücksichtigen. Die Gefährdungsbeurteilung darf nur von fachkundigen Personen durchgeführt werden. Verfügt der Arbeitgeber nicht selbst über die entsprechenden Kenntnisse, so hat er sich fachkundig beraten zu lassen.

(4) Der Arbeitgeber hat sich die Informationen zu beschaffen, die für die Gefährdungsbeurtei-

lung notwendig sind. Dies sind insbesondere die nach § 21 Absatz 6 Nummer 1 bekannt gegebenen Regeln und Erkenntnisse, Gebrauchs- und Betriebsanleitungen sowie die ihm zugänglichen Erkenntnisse aus der arbeitsmedizinischen Vorsorge. Der Arbeitgeber darf diese Informationen übernehmen, sofern sie auf die Arbeitsmittel, Arbeitsbedingungen und Verfahren in seinem Betrieb anwendbar sind. Bei der Informationsbeschaffung kann der Arbeitgeber davon ausgehen, dass die vom Hersteller des Arbeitsmittels mitgelieferten Informationen zutreffend sind, es sei denn, dass er über andere Erkenntnisse verfügt.

(5) Der Arbeitgeber kann bei der Festlegung der Schutzmaßnahmen bereits vorhandene Gefährdungsbeurteilungen, hierzu gehören auch gleichwertige Unterlagen, die ihm der Hersteller oder Inverkehrbringer mitgeliefert hat, übernehmen, sofern die Angaben und Festlegungen in dieser Gefährdungsbeurteilung den Arbeitsmitteln einschließlich der Arbeitsbedingungen und -verfahren, im eigenen Betrieb entsprechen.

(6) Der Arbeitgeber hat Art und Umfang erforderlicher Prüfungen von Arbeitsmitteln sowie die Fristen von wiederkehrenden Prüfungen gemäß den §§ 14 und 16 zu ermitteln und festzulegen, soweit diese Verordnung nicht bereits entsprechende Vorgaben enthält. Satz 1 gilt auch für Aufzugsanlagen. Die Fristen für die wiederkehrenden Prüfungen sind so festzulegen, dass die Arbeitsmittel bis zur nächsten festgelegten Prüfung sicher verwendet werden können. Bei der Festlegung der Fristen für die wiederkehrenden Prüfungen nach § 14 Absatz 2 Satz 1 für die in Anhang 3 genannten Arbeitsmittel dürfen die dort genannten Prüffristen nicht überschritten werden. Bei der Festlegung der Fristen für die wiederkehrenden Prüfungen nach § 16 dürfen die in Anhang 2 Abschnitt 2 Nummer 4.1 und 4.3, Abschnitt 3 Nummer 5.1 bis 5.3 und Abschnitt 4 Nummer 5.8 in Verbindung mit Tabelle 1 genannten Höchstfristen nicht überschritten werden, es sei denn, dass in den genannten Anhängen etwas anderes bestimmt ist. Ferner hat der Arbeitgeber zu ermit-

teln und festzulegen, welche Voraussetzungen die zur Prüfung befähigten Personen erfüllen müssen, die von ihm mit den Prüfungen von Arbeitsmitteln nach den §§ 14, 15 und 16 zu beauftragen sind.

(7) Die Gefährdungsbeurteilung ist regelmäßig zu überprüfen. Dabei ist der Stand der Technik zu berücksichtigen. Soweit erforderlich, sind die Schutzmaßnahmen bei der Verwendung von Arbeitsmitteln entsprechend anzupassen. Der Arbeitgeber hat die Gefährdungsbeurteilung unverzüglich zu aktualisieren, wenn

1. sicherheitsrelevante Veränderungen der Arbeitsbedingungen einschließlich der Änderung von Arbeitsmitteln dies erfordern,

2. neue Informationen, insbesondere Erkenntnisse aus dem Unfallgeschehen oder aus der arbeitsmedizinischen Vorsorge, vorliegen oder

3. die Überprüfung der Wirksamkeit der Schutzmaßnahmen nach § 4 Absatz 5 ergeben hat, dass die festgelegten Schutzmaßnahmen nicht wirksam oder nicht ausreichend sind.

Ergibt die Überprüfung der Gefährdungsbeurteilung, dass keine Aktualisierung erforderlich ist, so hat der Arbeitgeber dies unter Angabe des Datums der Überprüfung in der Dokumentation nach Absatz 8 zu vermerken.

(8) Der Arbeitgeber hat das Ergebnis seiner Gefährdungsbeurteilung vor der erstmaligen Verwendung der Arbeitsmittel zu dokumentieren. Dabei sind mindestens anzugeben

1. die Gefährdungen, die bei der Verwendung der Arbeitsmittel auftreten,

2. die zu ergreifenden Schutzmaßnahmen,

3. wie die Anforderungen dieser Verordnung eingehalten werden, wenn von den nach § 21 Absatz 6 Nummer 1 bekannt gegebenen Regeln und Erkenntnissen abgewichen wird,

4. Art und Umfang der erforderlichen Prüfungen sowie die Fristen der wiederkehrenden Prüfungen (Absatz 6 Satz 1) und

5. das Ergebnis der Überprüfung der Wirksamkeit der Schutzmaßnahmen nach § 4 Absatz 5.

Die Dokumentation kann auch in elektronischer Form vorgenommen werden.

(9) Sofern der Arbeitgeber von § 7 Absatz 1 Gebrauch macht und die Gefährdungsbeurteilung ergibt, dass die Voraussetzungen nach § 7 Absatz 1 vorliegen, ist eine Dokumentation dieser Voraussetzungen ausreichend.

§ 4 Grundpflichten des Arbeitgebers

(1) Arbeitsmittel dürfen erst verwendet werden, nachdem der Arbeitgeber

1. eine Gefährdungsbeurteilung durchgeführt hat,

2. die dabei ermittelten Schutzmaßnahmen nach dem Stand der Technik getroffen hat und

3. festgestellt hat, dass die Verwendung der Arbeitsmittel nach dem Stand der Technik sicher ist.

(2) Ergibt sich aus der Gefährdungsbeurteilung, dass Gefährdungen durch technische Schutzmaßnahmen nach dem Stand der Technik nicht oder nur unzureichend vermieden werden können, hat der Arbeitgeber geeignete organisatorische und personenbezogene Schutzmaßnahmen zu treffen. Technische Schutzmaßnahmen haben Vorrang vor organisatorischen, diese haben wiederum Vorrang vor personenbezogenen Schutzmaßnahmen. Die Verwendung persönlicher Schutzausrüstung ist für jeden Beschäftigten auf das erforderliche Minimum zu beschränken.

(3) Bei der Festlegung der Schutzmaßnahmen hat der Arbeitgeber die Vorschriften dieser Verordnung einschließlich der Anhänge zu beach-

ten und die nach § 21 Absatz 6 Nummer 1 bekannt gegebenen Regeln und Erkenntnisse zu berücksichtigen. Bei Einhaltung dieser Regeln und Erkenntnisse ist davon auszugehen, dass die in dieser Verordnung gestellten Anforderungen erfüllt sind. Von den Regeln und Erkenntnissen kann abgewichen werden, wenn Sicherheit und Gesundheit durch andere Maßnahmen zumindest in vergleichbarer Weise gewährleistet werden.

(4) Der Arbeitgeber hat dafür zu sorgen, dass Arbeitsmittel, für die in § 14 und im Abschnitt 3 dieser Verordnung Prüfungen vorgeschrieben sind, nur verwendet werden, wenn diese Prüfungen durchgeführt und dokumentiert wurden.

(5) Der Arbeitgeber hat die Wirksamkeit der Schutzmaßnahmen vor der erstmaligen Verwendung der Arbeitsmittel zu überprüfen. Satz 1 gilt nicht, soweit entsprechende Prüfungen gemäß § 14 oder § 15 durchgeführt wurden. Der Arbeitgeber hat weiterhin dafür zu sorgen, dass Arbeitsmittel vor ihrer jeweiligen Verwendung auf offensichtliche Mängel, die die sichere Verwendung beeinträchtigen können, kontrolliert werden und dass Schutz- und Sicherheitseinrichtungen einer regelmäßigen Kontrolle ihrer Funktionsfähigkeit unterzogen werden. Satz 3 gilt auch bei Arbeitsmitteln, für die wiederkehrende Prüfungen nach § 14 oder § 16 vorgeschrieben sind.

(6) Der Arbeitgeber hat die Belange des Arbeitsschutzes in Bezug auf die Verwendung von Arbeitsmitteln angemessen in seine betriebliche Organisation einzubinden und hierfür die erforderlichen personellen, finanziellen und organisatorischen Voraussetzungen zu schaffen. Insbesondere hat er dafür zu sorgen, dass bei der Gestaltung der Arbeitsorganisation, des Arbeitsverfahrens und des Arbeitsplatzes sowie bei der Auswahl und beim Zur-Verfügung-Stellen der Arbeitsmittel alle mit der Sicherheit und Gesundheit der Beschäftigten zusammenhängenden Faktoren, einschließlich der psychischen, ausreichend berücksichtigt werden.

§ 5 Anforderungen an die zur Verfügung gestellten Arbeitsmittel

(1) Der Arbeitgeber darf nur solche Arbeitsmittel zur Verfügung stellen und verwenden lassen, die unter Berücksichtigung der vorgesehenen Einsatzbedingungen bei der Verwendung sicher sind. Die Arbeitsmittel müssen

1. für die Art der auszuführenden Arbeiten geeignet sein,

2. den gegebenen Einsatzbedingungen und den vorhersehbaren Beanspruchungen angepasst sein und

3. über die erforderlichen sicherheitsrelevanten Ausrüstungen verfügen,

sodass eine Gefährdung durch ihre Verwendung so gering wie möglich gehalten wird. Kann durch Maßnahmen nach den Sätzen 1 und 2 die Sicherheit und Gesundheit nicht gewährleistet werden, so hat der Arbeitgeber andere geeignete Schutzmaßnahmen zu treffen, um die Gefährdung so weit wie möglich zu reduzieren.

(2) Der Arbeitgeber darf Arbeitsmittel nicht zur Verfügung stellen und verwenden lassen, wenn sie Mängel aufweisen, welche die sichere Verwendung beeinträchtigen.

(3) Der Arbeitgeber darf nur solche Arbeitsmittel zur Verfügung stellen und verwenden lassen, die den für sie geltenden Rechtsvorschriften über Sicherheit und Gesundheitsschutz entsprechen. Zu diesen Rechtsvorschriften gehören neben den Vorschriften dieser Verordnung insbesondere Rechtsvorschriften, mit denen Gemeinschaftsrichtlinien in deutsches Recht umgesetzt wurden und die für die Arbeitsmittel zum Zeitpunkt des Bereitstellens auf dem Markt gelten. Arbeitsmittel, die der Arbeitgeber für eigene Zwecke selbst hergestellt hat, müssen den grundlegenden Sicherheitsanforderungen der anzuwendenden Gemeinschaftsrichtlinien entsprechen. Den formalen Anforderungen dieser Richtlinien brauchen sie nicht zu entsprechen, es sei denn, es ist in der jeweiligen Richtlinie ausdrücklich anders bestimmt.

(4) Der Arbeitgeber hat dafür zu sorgen, dass Beschäftigte nur die Arbeitsmittel verwenden, die er ihnen zur Verfügung gestellt hat oder deren Verwendung er ihnen ausdrücklich gestattet hat.

§ 6 Grundlegende Schutzmaßnahmen bei der Verwendung von Arbeitsmitteln

(1) Der Arbeitgeber hat dafür zu sorgen, dass die Arbeitsmittel sicher verwendet und dabei die Grundsätze der Ergonomie beachtet werden. Dabei ist Anhang 1 zu beachten. Die Verwendung der Arbeitsmittel ist so zu gestalten und zu organisieren, dass Belastungen und Fehlbeanspruchungen, die die Gesundheit und die Sicherheit der Beschäftigten gefährden können, vermieden oder, wenn dies nicht möglich ist, auf ein Mindestmaß reduziert werden. Der Arbeitgeber hat darauf zu achten, dass die Beschäftigten in der Lage sind, die Arbeitsmittel zu verwenden, ohne sich oder andere Personen zu gefährden. Insbesondere sind folgende Grundsätze einer menschengerechten Gestaltung der Arbeit zu berücksichtigen:

1. die Arbeitsmittel einschließlich ihrer Schnittstelle zum Menschen müssen an die körperlichen Eigenschaften und die Kompetenz der Beschäftigten angepasst sein sowie biomechanische Belastungen bei der Verwendung vermieden sein. Zu berücksichtigen sind hierbei die Arbeitsumgebung, die Lage der Zugriffstellen und des Schwerpunktes des Arbeitsmittels, die erforderliche Körperhaltung, die Körperbewegung, die Entfernung zum Körper, die benötigte persönliche Schutzausrüstung sowie die psychische Belastung der Beschäftigten,

2. die Beschäftigten müssen über einen ausreichenden Bewegungsfreiraum verfügen,

3. es sind ein Arbeitstempo und ein Arbeitsrhythmus zu vermeiden, die zu Gefährdungen der Beschäftigten führen können,

4. es sind Bedien- und Überwachungstätigkeiten zu vermeiden, die eine uneingeschränkte und dauernde Aufmerksamkeit erfordern.

(2) Der Arbeitgeber hat dafür zu sorgen, dass vorhandene Schutzeinrichtungen und zur Verfügung gestellte persönliche Schutzausrüstungen verwendet werden, dass erforderliche Schutz- oder Sicherheitseinrichtungen funktionsfähig sind und nicht auf einfache Weise manipuliert oder umgangen werden. Der Arbeitgeber hat ferner durch geeignete Maßnahmen dafür zu sorgen, dass Beschäftigte bei der Verwendung der Arbeitsmittel die nach § 12 erhaltenen Informationen sowie Kennzeichnungen und Gefahrenhinweise beachten.

(3) Der Arbeitgeber hat dafür zu sorgen, dass

1. die Errichtung von Arbeitsmitteln, der Auf- und Abbau, die Erprobung sowie die Instandhaltung und Prüfung von Arbeitsmitteln unter Berücksichtigung der sicherheitsrelevanten Aufstellungs- und Umgebungsbedingungen nach dem Stand der Technik erfolgen und sicher durchgeführt werden,

2. erforderliche Sicherheits- und Schutzabstände eingehalten werden und

3. alle verwendeten oder erzeugten Energieformen und Materialien sicher zu- und abgeführt werden können.

Werden Arbeitsmittel im Freien verwendet, hat der Arbeitgeber dafür zu sorgen, dass die sichere Verwendung der Arbeitsmittel ungeachtet der Witterungsverhältnisse stets gewährleistet ist.

§ 7 Vereinfachte Vorgehensweise bei der Verwendung von Arbeitsmitteln

(1) Der Arbeitgeber kann auf weitere Maßnahmen nach den §§ 8 und 9 verzichten, wenn sich aus der Gefährdungsbeurteilung ergibt, dass

1. die Arbeitsmittel mindestens den sicherheitstechnischen Anforderungen der für sie zum Zeitpunkt der Verwendung geltenden Rechtsvorschriften zum Bereitstellen von Arbeitsmitteln auf dem Markt entsprechen,

2. die Arbeitsmittel ausschließlich bestimmungsgemäß entsprechend den Vorgaben des Herstellers verwendet werden,

3. keine zusätzlichen Gefährdungen der Beschäftigten unter Berücksichtigung der Arbeitsumgebung, der Arbeitsgegenstände, der Arbeitsabläufe sowie der Dauer und der zeitlichen Lage der Arbeitszeit auftreten und

4. Instandhaltungsmaßnahmen nach § 10 getroffen und Prüfungen nach § 14 durchgeführt werden.

(2) Absatz 1 gilt nicht für überwachungsbedürftige Anlagen und die in Anhang 3 genannten Arbeitsmittel.

§ 8 Schutzmaßnahmen bei Gefährdungen durch Energien, Ingangsetzen und Stillsetzen

(1) Der Arbeitgeber darf nur solche Arbeitsmittel verwenden lassen, die gegen Gefährdungen ausgelegt sind durch

1. die von ihnen ausgehenden oder verwendeten Energien,

2. direktes oder indirektes Berühren von Teilen, die unter elektrischer Spannung stehen, oder

3. Störungen ihrer Energieversorgung.

Die Arbeitsmittel müssen ferner so gestaltet sein, dass eine gefährliche elektrostatische Aufladung vermieden oder begrenzt wird. Ist dies nicht möglich, müssen sie mit Einrichtungen zum Ableiten solcher Aufladungen ausgestattet sein.

(2) Der Arbeitgeber hat dafür zu sorgen, dass Arbeitsmittel mit den sicherheitstechnisch erforderlichen Mess-, Steuer- und Regeleinrichtungen ausgestattet sind, damit sie sicher und zuverlässig verwendet werden können.

(3) Befehlseinrichtungen, die Einfluss auf die sichere Verwendung der Arbeitsmittel haben, müssen insbesondere

1. als solche deutlich erkennbar, außerhalb des Gefahrenbereichs angeordnet und leicht und ohne Gefährdung erreichbar sein; ihre Betätigung darf zu keiner zusätzlichen Gefährdung führen,

2. sicher beschaffen und auf vorhersehbare Störungen, Beanspruchungen und Zwänge ausgelegt sein,

3. gegen unbeabsichtigtes oder unbefugtes Betätigen gesichert sein.

(4) Arbeitsmittel dürfen nur absichtlich in Gang gesetzt werden können. Soweit erforderlich, muss das Ingangsetzen sicher verhindert werden können oder müssen sich die Beschäftigten Gefährdungen durch das in Gang gesetzte Arbeitsmittel rechtzeitig entziehen können. Hierbei und bei Änderungen des Betriebszustands muss auch die Sicherheit im Gefahrenbereich durch geeignete Maßnahmen gewährleistet werden.

(5) Vom Standort der Bedienung des Arbeitsmittels aus muss dieses als Ganzes oder in Teilen so stillgesetzt und von jeder einzelnen Energiequelle dauerhaft sicher getrennt werden können, dass ein sicherer Zustand gewährleistet ist. Die hierfür vorgesehenen Befehlseinrichtungen müssen leicht und ungehindert erreichbar und deutlich erkennbar gekennzeichnet sein. Der Befehl zum Stillsetzen eines Arbeitsmittels muss gegenüber dem Befehl zum Ingangsetzen Vorrang haben. Können bei Arbeitsmitteln, die über Systeme mit Speicherwirkung verfügen, nach dem Trennen von jeder Energiequelle nach Satz 1 noch Energien gespeichert sein, so müssen Einrichtungen vorhanden sein, mit denen diese Systeme energiefrei gemacht werden können. Diese Einrichtungen müssen gekennzeichnet sein. Ist ein vollständiges Energiefreimachen nicht möglich,

müssen an den Arbeitsmitteln entsprechende Gefahrenhinweise vorhanden sein.

(6) Kraftbetriebene Arbeitsmittel müssen mit einer schnell erreichbaren und auffällig gekennzeichneten Notbefehlseinrichtung zum sicheren Stillsetzen des gesamten Arbeitsmittels ausgerüstet sein, mit der Gefahr bringende Bewegungen oder Prozesse ohne zusätzliche Gefährdungen unverzüglich stillgesetzt werden können. Auf eine Notbefehlseinrichtung kann verzichtet werden, wenn sie die Gefährdung nicht mindern würde; in diesem Fall ist die Sicherheit auf andere Weise zu gewährleisten. Vom jeweiligen Bedienungsort des Arbeitsmittels aus muss feststellbar sein, ob sich Personen oder Hindernisse im Gefahrenbereich befinden, oder dem Ingangsetzen muss ein automatisch ansprechendes Sicherheitssystem vorgeschaltet sein, das das Ingangsetzen verhindert, solange sich Beschäftigte im Gefahrenbereich aufhalten. Ist dies nicht möglich, müssen ausreichende Möglichkeiten zur Verständigung und Warnung vor dem Ingangsetzen vorhanden sein. Soweit erforderlich, muss das Ingangsetzen sicher verhindert werden können, oder die Beschäftigten müssen sich Gefährdungen durch das in Gang gesetzte Arbeitsmittel rechtzeitig entziehen können.

§ 9 Weitere Schutzmaßnahmen bei der Verwendung von Arbeitsmitteln

(1) Der Arbeitgeber hat dafür zu sorgen, dass Arbeitsmittel unter Berücksichtigung der zu erwartenden Betriebsbedingungen so verwendet werden, dass Beschäftigte gegen vorhersehbare Gefährdungen ausreichend geschützt sind. Insbesondere müssen

1. Arbeitsmittel ausreichend standsicher sein und, falls erforderlich, gegen unbeabsichtigte Positions- und Lageänderungen stabilisiert werden,

2. Arbeitsmittel mit den erforderlichen sicherheitstechnischen Ausrüstungen versehen sein,

3. Arbeitsmittel, ihre Teile und die Verbindungen untereinander den Belastungen aus inneren und äußeren Kräften standhalten,

4. Schutzeinrichtungen bei Splitter- oder Bruchgefahr sowie gegen herabfallende oder herausschleudernde Gegenstände vorhanden sein,

5. sichere Zugänge zu Arbeitsplätzen an und in Arbeitsmitteln gewährleistet und ein gefahrloser Aufenthalt dort möglich sein,

6. Schutzmaßnahmen getroffen werden, die sowohl einen Absturz von Beschäftigten als auch von Arbeitsmitteln sicher verhindern,

7. Maßnahmen getroffen werden, damit Personen nicht unbeabsichtigt in Arbeitsmitteln eingeschlossen werden; im Notfall müssen eingeschlossene Personen aus Arbeitsmitteln in angemessener Zeit befreit werden können,

8. Schutzmaßnahmen gegen Gefährdungen durch bewegliche Teile von Arbeitsmitteln und gegen Blockaden solcher Teile getroffen werden; hierzu gehören auch Maßnahmen, die den unbeabsichtigten Zugang zum Gefahrenbereich von beweglichen Teilen von Arbeitsmitteln verhindern oder die beweglichen Teile vor dem Erreichen des Gefahrenbereichs stillsetzen,

9. Maßnahmen getroffen werden, die verhindern, dass die sichere Verwendung der Arbeitsmittel durch äußere Einwirkungen beeinträchtigt wird,

10. Leitungen so verlegt sein, dass Gefährdungen vermieden werden, und

11. Maßnahmen getroffen werden, die verhindern, dass außer Betrieb gesetzte Arbeitsmittel zu Gefährdungen führen.

(2) Der Arbeitgeber hat Schutzmaßnahmen gegen Gefährdungen durch heiße oder kalte Teile, scharfe Ecken und Kanten und raue Oberflächen von Arbeitsmitteln zu treffen.

(3) Der Arbeitgeber hat weiterhin dafür zu sorgen, dass Schutzeinrichtungen

1. einen ausreichenden Schutz gegen Gefährdungen bieten,

2. stabil gebaut sind,

3. sicher in Position gehalten werden,

4. die Eingriffe, die für den Einbau oder den Austausch von Teilen sowie für Instandhaltungsarbeiten erforderlich sind, möglichst ohne Demontage der Schutzeinrichtungen zulassen,

5. keine zusätzlichen Gefährdungen verursachen,

6. nicht auf einfache Weise umgangen oder unwirksam gemacht werden können und

7. die Beobachtung und Durchführung des Arbeitszyklus nicht mehr als notwendig einschränken.

(4) Werden Arbeitsmittel in Bereichen mit gefährlicher explosionsfähiger Atmosphäre verwendet oder kommt es durch deren Verwendung zur Bildung gefährlicher explosionsfähiger Atmosphäre, müssen unter Beachtung der Gefahrstoffverordnung die erforderlichen Schutzmaßnahmen getroffen werden, insbesondere sind die für die jeweilige Zone geeigneten Geräte und Schutzsysteme im Sinne der Richtlinie 2014/34/EU des Europäischen Parlaments und des Rates vom 26. Februar 2014 zur Harmonisierung der Rechtsvorschriften der Mitgliedstaaten für Geräte und Schutzsysteme zur bestimmungsgemäßen Verwendung in explosionsgefährdeten Bereichen (ABl. L 96 vom 29.3.2014, S. 309) einzusetzen. Diese Schutzmaßnahmen sind vor der erstmaligen Verwendung der Arbeitsmittel im Explosionsschutzdokument nach § 6 Absatz 9 der Gefahrstoffverordnung zu dokumentieren.

(5) Soweit nach der Gefährdungsbeurteilung erforderlich, müssen an Arbeitsmitteln oder in deren Gefahrenbereich ausreichende, verständliche und gut wahrnehmbare Sicherheits-kennzeichnungen und Gefahrenhinweise sowie Einrichtungen zur angemessenen, unmissverständlichen und leicht wahrnehmbaren Warnung im Gefahrenfall vorhanden sein.

§ 10 Instandhaltung und Änderung von Arbeitsmitteln

(1) Der Arbeitgeber hat Instandhaltungsmaßnahmen zu treffen, damit die Arbeitsmittel während der gesamten Verwendungsdauer den für sie geltenden Sicherheits- und Gesundheitsschutzanforderungen entsprechen und in einem sicheren Zustand erhalten werden. Dabei sind die Angaben des Herstellers zu berücksichtigen. Notwendige Instandhaltungsmaßnahmen nach Satz 1 sind unverzüglich durchzuführen und die dabei erforderlichen Schutzmaßnahmen zu treffen.

(2) Der Arbeitgeber hat Instandhaltungsmaßnahmen auf der Grundlage einer Gefährdungsbeurteilung sicher durchführen zu lassen und dabei die Betriebsanleitung des Herstellers zu berücksichtigen. Instandhaltungsmaßnahmen dürfen nur von fachkundigen, beauftragten und unterwiesenen Beschäftigten oder von sonstigen für die Durchführung der Instandhaltungsarbeiten geeigneten Auftragnehmern mit vergleichbarer Qualifikation durchgeführt werden.

(3) Der Arbeitgeber hat alle erforderlichen Maßnahmen zu treffen, damit Instandhaltungsarbeiten sicher durchgeführt werden können. Dabei hat er insbesondere

1. die Verantwortlichkeiten für die Durchführung der erforderlichen Sicherungsmaßnahmen festzulegen,

2. eine ausreichende Kommunikation zwischen Bedien- und Instandhaltungspersonal sicherzustellen,

3. den Arbeitsbereich während der Instandhaltungsarbeiten abzusichern,

4. das Betreten des Arbeitsbereichs durch Unbefugte zu verhindern, soweit das nach der Gefährdungsbeurteilung erforderlich ist,

5. sichere Zugänge für das Instandhaltungspersonal vorzusehen,

6. Gefährdungen durch bewegte oder angehobene Arbeitsmittel oder deren Teile sowie durch gefährliche Energien oder Stoffe zu vermeiden,

7. dafür zu sorgen, dass Einrichtungen vorhanden sind, mit denen Energien beseitigt werden können, die nach einer Trennung des instand zu haltenden Arbeitsmittels von Energiequellen noch gespeichert sind; diese Einrichtungen sind entsprechend zu kennzeichnen,

8. sichere Arbeitsverfahren für solche Arbeitsbedingungen festzulegen, die vom Normalzustand abweichen,

9. erforderliche Warn- und Gefahrenhinweise bezogen auf Instandhaltungsarbeiten an den Arbeitsmitteln zur Verfügung zu stellen,

10. dafür zu sorgen, dass nur geeignete Geräte und Werkzeuge und eine geeignete persönliche Schutzausrüstung verwendet werden,

11. bei Auftreten oder Bildung gefährlicher explosionsfähiger Atmosphäre Schutzmaßnahmen entsprechend § 9 Absatz 4 Satz 1 zu treffen.

12. Systeme für die Freigabe bestimmter Arbeiten anzuwenden.

(4) Werden bei Instandhaltungsmaßnahmen an Arbeitsmitteln die für den Normalbetrieb getroffenen technischen Schutzmaßnahmen ganz oder teilweise außer Betrieb gesetzt oder müssen solche Arbeiten unter Gefährdung durch Energie durchgeführt werden, so ist die Sicherheit der Beschäftigten während der Dauer dieser Arbeiten durch andere geeignete Maßnahmen zu gewährleisten.

(5) Werden Änderungen an Arbeitsmitteln durchgeführt, gelten die Absätze 1 bis 3 entsprechend. Der Arbeitgeber hat sicherzustellen, dass die geänderten Arbeitsmittel die Sicherheits- und Gesundheitsschutzanforderungen gemäß § 5 Absatz 1 und 2 erfüllen. Bei Änderungen von Arbeitsmitteln hat der Arbeitgeber zu beurteilen, ob es sich um prüfpflichtige Änderungen handelt. Er hat auch zu beurteilen, ob er bei den Änderungen von Arbeitsmitteln Herstellerpflichten zu beachten hat, die sich aus anderen Rechtsvorschriften, insbesondere dem Produktsicherheitsgesetz oder einer Verordnung nach § 8 Absatz 1 des Produktsicherheitsgesetzes ergeben.

§ 11 Besondere Betriebszustände, Betriebsstörungen und Unfälle

(1) Der Arbeitgeber hat Maßnahmen zu ergreifen, durch die unzulässige oder instabile Betriebszustände von Arbeitsmitteln verhindert werden. Können instabile Zustände nicht sicher verhindert werden, hat der Arbeitgeber Maßnahmen zu ihrer Beherrschung zu treffen. Die Sätze 1 und 2 gelten insbesondere für An- und Abfahr- sowie Erprobungsvorgänge.

(2) Der Arbeitgeber hat dafür zu sorgen, dass Beschäftigte und andere Personen bei einem Unfall oder bei einem Notfall unverzüglich gerettet und ärztlich versorgt werden können. Dies schließt die Bereitstellung geeigneter Zugänge zu den Arbeitsmitteln und in diese sowie die Bereitstellung erforderlicher Befestigungsmöglichkeiten für Rettungseinrichtungen an und in den Arbeitsmitteln ein. Im Notfall müssen Zugangssperren gefahrlos selbsttätig in einem sicheren Bereich öffnen. Ist dies nicht möglich, müssen Zugangssperren über eine Notentriegelung leicht zu öffnen sein, wobei an der Notentriegelung und an der Zugangssperre auf die noch bestehenden Gefahren besonders hingewiesen werden muss. Besteht die Möglichkeit, in ein Arbeitsmittel eingezogen zu werden, muss die Rettung eingezogener Personen möglich sein.

(3) Der Arbeitgeber hat dafür zu sorgen, dass die notwendigen Informationen über Maßnahmen bei Notfällen zur Verfügung stehen. Die Informationen müssen auch Rettungsdiensten zur Verfügung stehen, soweit sie für Rettungs-

einsätze benötigt werden. Zu den Informationen zählen:

1. eine Vorabmitteilung über einschlägige Gefährdungen bei der Arbeit, über Maßnahmen zur Feststellung von Gefährdungen sowie über Vorsichtsmaßregeln und Verfahren, damit die Rettungsdienste ihre eigenen Abhilfe- und Sicherheitsmaßnahmen vorbereiten können,

2. Informationen über einschlägige und spezifische Gefährdungen, die bei einem Unfall oder Notfall auftreten können, einschließlich der Informationen über die Maßnahmen nach den Absätzen 1 und 2.

Treten durch besondere Betriebszustände oder Betriebsstörungen Gefährdungen auf, hat der Arbeitgeber dafür zu sorgen, dass dies durch Warneinrichtungen angezeigt wird.

(4) Werden bei Rüst-, Einrichtungs- und Erprobungsarbeiten oder vergleichbaren Arbeiten an Arbeitsmitteln die für den Normalbetrieb getroffenen technischen Schutzmaßnahmen ganz oder teilweise außer Betrieb gesetzt oder müssen solche Arbeiten unter Gefährdung durch Energie durchgeführt werden, so ist die Sicherheit der Beschäftigten während der Dauer dieser Arbeiten durch andere geeignete Maßnahmen zu gewährleisten. Die Arbeiten nach Satz 1 dürfen nur von fachkundigen Personen durchgeführt werden.

(5) Insbesondere bei Rüst- und Einrichtungsarbeiten, der Erprobung und der Prüfung von Arbeitsmitteln sowie bei der Fehlersuche sind Gefahrenbereiche festzulegen. Ist ein Aufenthalt im Gefahrenbereich von Arbeitsmitteln erforderlich, sind auf der Grundlage der Gefährdungsbeurteilung weitere Maßnahmen zu treffen, welche die Sicherheit der Beschäftigten gewährleisten.

§ 12 Unterweisung und besondere Beauftragung von Beschäftigten

(1) Bevor Beschäftigte Arbeitsmittel erstmalig verwenden, hat der Arbeitgeber ihnen ausrei-

chende und angemessene Informationen anhand der Gefährdungsbeurteilung in einer für die Beschäftigten verständlichen Form und Sprache zur Verfügung zu stellen über

1. vorhandene Gefährdungen bei der Verwendung von Arbeitsmitteln einschließlich damit verbundener Gefährdungen durch die Arbeitsumgebung,

2. erforderliche Schutzmaßnahmen und Verhaltensregelungen und

3. Maßnahmen bei Betriebsstörungen, Unfällen und zur Ersten Hilfe bei Notfällen.

Der Arbeitgeber hat die Beschäftigten vor Aufnahme der Verwendung von Arbeitsmitteln tätigkeitsbezogen anhand der Informationen nach Satz 1 zu unterweisen. Danach hat er in regelmäßigen Abständen, mindestens jedoch einmal jährlich, weitere Unterweisungen durchzuführen. Das Datum einer jeden Unterweisung und die Namen der Unterwiesenen hat er schriftlich festzuhalten.

(2) Bevor Beschäftigte Arbeitsmittel erstmalig verwenden, hat der Arbeitgeber ihnen eine schriftliche Betriebsanweisung für die Verwendung eines Arbeitsmittels in einer für die Beschäftigten verständlichen Form und Sprache an geeigneter Stelle zur Verfügung zu stellen. Satz 1 gilt nicht für Arbeitsmittel, für die keine Gebrauchsanleitung nach § 3 Absatz 4 des Produktsicherheitsgesetzes mitgeliefert werden muss. Anstelle einer Betriebsanweisung kann der Arbeitgeber auch eine bei der Bereitstellung des Arbeitsmittels auf dem Markt mitgelieferte Gebrauchsanleitung oder Betriebsanleitung zur Verfügung stellen, wenn diese Informationen enthalten, die einer Betriebsanweisung entsprechen. Die Betriebsanweisung ist bei sicherheitsrelevanten Änderungen der Arbeitsbedingungen zu aktualisieren und bei der regelmäßig wiederkehrenden Unterweisung nach § 12 des Arbeitsschutzgesetzes in Bezug zu nehmen.

(3) Ist die Verwendung von Arbeitsmitteln mit besonderen Gefährdungen verbunden, hat der Arbeitgeber dafür zu sorgen, dass diese nur von

hierzu beauftragten Beschäftigten verwendet werden.

§ 13 Zusammenarbeit verschiedener Arbeitgeber

(1) Beabsichtigt der Arbeitgeber, in seinem Betrieb Arbeiten durch eine betriebsfremde Person (Auftragnehmer) durchführen zu lassen, so darf er dafür nur solche Auftragnehmer heranziehen, die über die für die geplanten Arbeiten erforderliche Fachkunde verfügen. Der Arbeitgeber als Auftraggeber hat die Auftragnehmer, die ihrerseits Arbeitgeber sind, über die von seinen Arbeitsmitteln ausgehenden Gefährdungen und über spezifische Verhaltensregeln zu informieren. Der Auftragnehmer hat den Auftraggeber und andere Arbeitgeber über Gefährdungen durch seine Arbeiten für Beschäftigte des Auftraggebers und anderer Arbeitgeber zu informieren.

(2) Kann eine Gefährdung von Beschäftigten anderer Arbeitgeber nicht ausgeschlossen werden, so haben alle betroffenen Arbeitgeber bei ihren Gefährdungsbeurteilungen zusammenzuwirken und die Schutzmaßnahmen so abzustimmen und durchzuführen, dass diese wirksam sind. Jeder Arbeitgeber ist dafür verantwortlich, dass seine Beschäftigten die gemeinsam festgelegten Schutzmaßnahmen anwenden.

(3) Besteht bei der Verwendung von Arbeitsmitteln eine erhöhte Gefährdung von Beschäftigten anderer Arbeitgeber, ist für die Abstimmung der jeweils erforderlichen Schutzmaßnahmen durch die beteiligten Arbeitgeber ein Koordinator/eine Koordinatorin schriftlich zu bestellen. Sofern aufgrund anderer Arbeitsschutzvorschriften bereits ein Koordinator/eine Koordinatorin bestellt ist, kann dieser/diese auch die Koordinationsaufgaben nach dieser Verordnung übernehmen. Dem Koordinator/der Koordinatorin sind von den beteiligten Arbeitgebern alle erforderlichen sicherheitsrelevanten Informationen sowie Informationen zu den festgelegten Schutzmaßnahmen zur Verfügung

zu stellen. Die Bestellung eines Koordinators/einer Koordinatorin entbindet die Arbeitgeber nicht von ihrer Verantwortung nach dieser Verordnung.

§ 14 Prüfung von Arbeitsmitteln

(1) Der Arbeitgeber hat Arbeitsmittel, deren Sicherheit von den Montagebedingungen abhängt, vor der erstmaligen Verwendung von einer zur Prüfung befähigten Person prüfen zu lassen. Die Prüfung umfasst Folgendes:

1. die Kontrolle der vorschriftsmäßigen Montage oder Installation und der sicheren Funktion dieser Arbeitsmittel,

2. die rechtzeitige Feststellung von Schäden,

3. die Feststellung, ob die getroffenen sicherheitstechnischen Maßnahmen geeignet und funktionsfähig sind.

Prüfinhalte, die im Rahmen eines Konformitätsbewertungsverfahrens geprüft und dokumentiert wurden, müssen nicht erneut geprüft werden. Die Prüfung muss vor jeder Inbetriebnahme nach einer Montage stattfinden.

(2) Arbeitsmittel, die Schäden verursachenden Einflüssen ausgesetzt sind, die zu Gefährdungen der Beschäftigten führen können, hat der Arbeitgeber wiederkehrend von einer zur Prüfung befähigten Person prüfen zu lassen. Die Prüfung muss entsprechend den nach § 3 Absatz 6 ermittelten Fristen stattfinden. Ergibt die Prüfung, dass ein Arbeitsmittel nicht bis zu der nach § 3 Absatz 6 ermittelten nächsten wiederkehrenden Prüfung sicher betrieben werden kann, ist die Prüffrist neu festzulegen.

(3) Arbeitsmittel sind nach prüfpflichtigen Änderungen vor ihrer nächsten Verwendung durch eine zur Prüfung befähigte Person prüfen zu lassen. Arbeitsmittel, die von außergewöhnlichen Ereignissen betroffen sind, die schädigende Auswirkungen auf ihre Sicherheit haben können, durch die Beschäftigte gefährdet werden können, sind vor ihrer weiteren Verwendung einer außerordentlichen Prüfung durch eine zur

Prüfung befähigte Person unterziehen zu lassen. Außergewöhnliche Ereignisse können insbesondere Unfälle, längere Zeiträume der Nichtverwendung der Arbeitsmittel oder Naturereignisse sein.

(4) Bei der Prüfung der in Anhang 3 genannten Arbeitsmittel gelten die dort genannten Vorgaben zusätzlich zu den Vorgaben der Absätze 1 bis 3.

(5) Der Fälligkeitstermin von wiederkehrenden Prüfungen wird jeweils mit dem Monat und dem Jahr angegeben. Die Frist für die nächste wiederkehrende Prüfung beginnt mit dem Fälligkeitstermin der letzten Prüfung. Wird eine Prüfung vor dem Fälligkeitstermin durchgeführt, beginnt die Frist für die nächste Prüfung mit dem Monat und Jahr der Durchführung. Für Arbeitsmittel mit einer Prüffrist von mehr als zwei Jahren gilt Satz 3 nur, wenn die Prüfung mehr als zwei Monate vor dem Fälligkeitstermin durchgeführt wird. Ist ein Arbeitsmittel zum Fälligkeitstermin der wiederkehrenden Prüfung außer Betrieb gesetzt, so darf es erst wieder in Betrieb genommen werden, nachdem diese Prüfung durchgeführt worden ist; in diesem Fall beginnt die Frist für die nächste wiederkehrende Prüfung mit dem Termin der Prüfung. Eine wiederkehrende Prüfung gilt als fristgerecht durchgeführt, wenn sie spätestens zwei Monate nach dem Fälligkeitstermin durchgeführt wurde. Dieser Absatz ist nur anzuwenden, soweit es sich um Arbeitsmittel nach Anhang 2 Abschnitt 2 bis 4 und Anhang 3 handelt.

(6) Zur Prüfung befähigte Personen nach § 2 Absatz 6 unterliegen bei der Durchführung der nach dieser Verordnung vorgeschriebenen Prüfungen keinen fachlichen Weisungen durch den Arbeitgeber. Zur Prüfung befähigte Personen dürfen vom Arbeitgeber wegen ihrer Prüftätigkeit nicht benachteiligt werden.

(7) Der Arbeitgeber hat dafür zu sorgen, dass das Ergebnis der Prüfung nach den Absätzen 1 bis 4 aufgezeichnet und mindestens bis zur nächsten Prüfung aufbewahrt wird. Dabei hat er dafür zu sorgen, dass die Aufzeichnungen nach Satz 1 mindestens Auskunft geben über:

1. Art der Prüfung,

2. Prüfumfang,

3. Ergebnis der Prüfung und

4. Name und Unterschrift der zur Prüfung befähigten Person; bei ausschließlich elektronisch übermittelten Dokumenten elektronische Signatur.

Aufzeichnungen können auch in elektronischer Form aufbewahrt werden. Werden Arbeitsmittel nach den Absätzen 1 und 2 sowie Anhang 3 an unterschiedlichen Betriebsorten verwendet, ist am Einsatzort ein Nachweis über die Durchführung der letzten Prüfung vorzuhalten.

(8) Die Absätze 1 bis 3 gelten nicht für überwachungsbedürftige Anlagen, soweit entsprechende Prüfungen in den §§ 15 und 16 vorgeschrieben sind. Absatz 7 gilt nicht für überwachungsbedürftige Anlagen, soweit entsprechende Aufzeichnungen in § 17 vorgeschrieben sind.

Abschnitt 3
Zusätzliche Vorschriften für überwachungsbedürftige Anlagen

§ 15 Prüfung vor Inbetriebnahme und vor Wiederinbetriebnahme nach prüfpflichtigen Änderungen

(1) Der Arbeitgeber hat sicherzustellen, dass überwachungsbedürftige Anlagen vor erstmaliger Inbetriebnahme und vor Wiederinbetriebnahme nach prüfpflichtigen Änderungen geprüft werden. Bei der Prüfung ist festzustellen,

1. ob die für die Prüfung benötigten technischen Unterlagen, wie beispielsweise eine EG-Konformitätserklärung, vorhanden sind und ihr Inhalt plausibel ist und

2. ob die Anlage einschließlich der Anlagenteile entsprechend dieser Verordnung errichtet oder geändert worden ist und sich auch unter Berücksichtigung der Aufstellbedingungen in einem sicheren Zustand befindet.

Die Prüfung ist nach Maßgabe der in Anhang 2 genannten Vorgaben durchzuführen. Prüfinhalte, die im Rahmen von Konformitätsbewertungsverfahren geprüft und dokumentiert wurden, müssen nicht erneut geprüft werden.

(2) Bei den Prüfungen nach Absatz 1 ist auch festzustellen, ob die getroffenen sicherheitstechnischen Maßnahmen geeignet und funktionsfähig sind und ob die Fristen für die nächsten wiederkehrenden Prüfungen nach § 3 Absatz 6 zutreffend festgelegt wurden. Abweichend von Satz 1 ist die Feststellung der zutreffenden Prüffrist für die Druckanlagen, deren Prüffrist nach Anhang 2 Abschnitt 4 Nummer 5.4 ermittelt wird, unmittelbar nach deren Ermittlung durchzuführen. Über die in den Sätzen 1 und 2 festgelegten Prüffristen entscheidet im Streitfall die zuständige Behörde. Satz 1 gilt ferner nicht für die Eignung der sicherheitstechnischen Maßnahmen, die Gegenstand einer Erlaubnis nach § 18 oder einer Genehmigung nach anderen Rechtsvorschriften sind.

(3) Die Prüfungen nach Absatz 1 sind von einer zugelassenen Überwachungsstelle nach Anhang 2 Abschnitt 1 durchzuführen. Sofern dies in Anhang 2 Abschnitt 2, 3 oder 4 vorgesehen ist, können die Prüfungen nach Satz 1 auch von einer zur Prüfung befähigten Person durchgeführt werden. Darüber hinaus können alle Prüfungen nach prüfpflichtigen Änderungen, die nicht die Bauart oder die Betriebsweise einer überwachungsbedürftigen Anlage beeinflussen, von einer zur Prüfung befähigten Person durchgeführt werden. Bei überwachungsbedürftigen Anlagen, die für einen ortsveränderlichen Einsatz vorgesehen sind und nach der ersten Inbetriebnahme an einem neuen Standort aufgestellt werden, können die Prüfungen nach Absatz 1 durch eine zur Prüfung befähigte Person durchgeführt werden. Satz 4 gilt nicht für

Dampfkesselanlagen nach § 18 Absatz 1 Satz 1 Nummer 1.

§ 16 Wiederkehrende Prüfung

(1) Der Arbeitgeber hat sicherzustellen, dass überwachungsbedürftige Anlagen nach Maßgabe der in Anhang 2 genannten Vorgaben wiederkehrend auf ihren sicheren Zustand hinsichtlich des Betriebs geprüft werden.

(2) Bei der wiederkehrenden Prüfung ist auch festzustellen, ob die Fristen für die nächsten wiederkehrenden Prüfungen nach § 3 Absatz 6 zutreffend festgelegt wurden.

(3) § 14 Absatz 5 gilt entsprechend. Ist eine behördlich angeordnete Prüfung durchgeführt worden, so beginnt die Frist für eine wiederkehrende Prüfung mit Monat und Jahr der Durchführung dieser Prüfung, wenn diese der wiederkehrenden Prüfung entspricht.

(4) § 15 Absatz 3 gilt entsprechend.

§ 17 Prüfaufzeichnungen und -bescheinigungen

(1) Der Arbeitgeber hat dafür zu sorgen, dass das Ergebnis der Prüfung nach den §§ 15 und 16 aufgezeichnet wird. Sofern die Prüfung von einer zugelassenen Überwachungsstelle durchzuführen ist, ist von dieser eine Prüfbescheinigung über das Ergebnis der Prüfung zu fordern. Aufzeichnungen und Prüfbescheinigungen müssen mindestens Auskunft geben über

1. Anlagenidentifikation,

2. Prüfdatum,

3. Art der Prüfung,

4. Prüfungsgrundlagen,

5. Prüfumfang,

6. Eignung und Funktionsfähigkeit der technischen Maßnahmen sowie Eignung der organisatorischen Maßnahmen,

7. Ergebnis der Prüfung,

8. die Fristen für die nächsten wiederkehrenden Prüfungen nach § 15 Absatz 2 und § 16 Absatz 2 sowie

9. Name und Unterschrift des Prüfers, bei Prüfung durch zugelassene Überwachungsstellen zusätzlich Name der zugelassenen Überwachungsstelle; bei ausschließlich elektronisch übermittelten Dokumenten die elektronische Signatur.

Aufzeichnungen und Prüfbescheinigungen sind während der gesamten Verwendungsdauer am Betriebsort der überwachungsbedürftigen Anlage aufzubewahren und der zuständigen Behörde auf Verlangen vorzulegen. Sie können auch in elektronischer Form aufbewahrt werden.

(2) Unbeschadet der Aufzeichnungen und Prüfbescheinigungen nach Absatz 1 muss in der Kabine von Aufzugsanlagen eine Kennzeichnung, zum Beispiel in Form einer Prüfplakette, deutlich sichtbar und dauerhaft angebracht sein, aus der sich Monat und Jahr der nächsten wiederkehrenden Prüfung sowie der prüfenden Stelle ergibt.

§ 18 Erlaubnispflicht

(1) Die Errichtung und der Betrieb sowie die Änderungen der Bauart oder Betriebsweise, welche die Sicherheit der Anlage beeinflussen, folgender Anlagen bedürfen der Erlaubnis der zuständigen Behörde:

1. Dampfkesselanlagen nach Anhang 2 Abschnitt 4 Nummer 2.1 Satz 1 Buchstabe a, die nach Artikel 13 in Verbindung mit Anhang II Diagramm 5 der Richtlinie 2014/68/EU des Europäischen Parlaments und des Rates vom 15. Mai 2014 zur Harmonisierung der Rechtsvorschriften der Mitgliedstaaten über die Bereitstellung von Druckgeräten auf dem Markt (ABl. L 189 vom 27.6.2014, S. 164) in die Kategorie IV einzustufen sind,

2. Anlagen mit Druckgeräten nach Anhang 2 Abschnitt 4 Nummer 2.1 Satz 1 Buch-

stabe c, in denen mit einer Füllkapazität von mehr als 10 Kilogramm je Stunde ortsbewegliche Druckgeräte im Sinne von Anhang 2 Abschnitt 4 Nummer 2.1 Satz 2 Buchstabe b mit Druckgasen zur Abgabe an Andere befüllt werden,

3. Anlagen einschließlich der Lager- und Vorratsbehälter zum Befüllen von Land-, Wasser- und Luftfahrzeugen mit entzündbaren Gasen im Sinne von Anhang 1 Nummer 2.2 der Verordnung (EG) Nr. 1272/2008 des Europäischen Parlaments und des Rates vom 16. Dezember 2008 über die Einstufung, Kennzeichnung und Verpackung von Stoffen und Gemischen, zur Änderung und Aufhebung der Richtlinien 67/548/EWG und 1999/45/EG und zur Änderung der Verordnung (EG) Nr. 1907/2006 (ABl. L 353 vom 31.12.2008, S. 1) zur Verwendung als Treib- oder Brennstoff (Gasfüllanlagen),

4. Räume oder Bereiche einschließlich der in ihnen vorgesehenen ortsfesten Behälter und sonstiger Lagereinrichtungen, die dazu bestimmt sind, dass in ihnen entzündbare Flüssigkeiten mit einem Gesamtrauminhalt von mehr als 10 000 Litern gelagert werden (Lageranlagen), soweit Räume oder Bereiche nicht zu Anlagen nach den Nummern 5 bis 7 gehören,

5. ortsfest errichtete oder dauerhaft am gleichen Ort verwendete Anlagen mit einer Umschlagkapazität von mehr als 1 000 Litern je Stunde, die dazu bestimmt sind, dass in ihnen Transportbehälter mit entzündbaren Flüssigkeiten befüllt werden (Füllstellen),

6. ortsfeste Anlagen für die Betankung von Land-, Wasser- und Luftfahrzeugen mit entzündbaren Flüssigkeiten (Tankstellen),

7. ortsfeste Anlagen oder Bereiche auf Flugfeldern, in denen Kraftstoffbehälter von Luftfahrzeugen aus Hydrantenanlagen mit entzündbaren Flüssigkeiten befüllt werden (Flugfeldbetankungsanlagen).

Entzündbare Flüssigkeiten nach Satz 1 Nummer 4 bis 6 sind solche mit Stoffeigenschaften nach Anhang 1 Nummer 2.6 der Verordnung (EG) Nr. 1272/2008, sofern sie einen Flammpunkt von weniger als 23 Grad Celsius haben. Zu einer Anlage im Sinne des Satzes 1 gehören auch Mess-, Steuer- und Regeleinrichtungen, die dem sicheren Betrieb dieser Anlage dienen.

(2) Absatz 1 findet keine Anwendung auf

1. Anlagen, in denen Wasserdampf oder Heißwasser in einem Herstellungsverfahren durch Wärmerückgewinnung entsteht, es sei denn, Rauchgase werden gekühlt und der entstehende Wasserdampf oder das entstehende Heißwasser werden nicht überwiegend der Verfahrensanlage zugeführt, und

2. Anlagen zum Entsorgen von Kältemitteln, die einem Wärmetauscher entnommen und in ein ortsbewegliches Druckgerät gefüllt werden.

(3) Die Erlaubnis ist schriftlich oder elektronisch zu beantragen. Ein Antrag auf eine Teilerlaubnis ist möglich. Dem Antrag sind alle Unterlagen beizufügen, die für die Beurteilung des Antrages notwendig sind. Erfolgt die Antragstellung elektronisch, kann die zuständige Behörde Mehrfertigungen sowie die Übermittlung der dem Antrag beizufügenden Unterlagen auch in schriftlicher Form verlangen. Aus den Unterlagen muss hervorgehen, dass Aufstellung, Bauart und Betriebsweise den Anforderungen dieser Verordnung und hinsichtlich des Brand- und Explosionsschutzes auch der Gefahrstoffverordnung entsprechen und dass die vorgesehenen sicherheitstechnischen Maßnahmen geeignet sind. Aus den Unterlagen muss weiterhin hervorgehen, dass

1. auch die möglichen Gefährdungen, die sich aus der Arbeitsumgebung und durch Wechselwirkungen mit anderen Arbeitsmitteln, insbesondere anderen überwachungsbedürftigen Anlagen, die in einem räumlichen oder betriebstechnischen Zusammenhang mit der beantragten Anlage verwendet wer-

den, betrachtet wurden und die Anforderungen und die vorgesehenen Schutzmaßnahmen geeignet sind, und

2. die sich aus der Zusammenarbeit verschiedener Arbeitgeber ergebenden Maßnahmen nach § 13 berücksichtigt wurden.

Den Unterlagen ist ein Prüfbericht einer zugelassenen Überwachungsstelle beizufügen, in dem bestätigt wird, dass die Anlage bei Einhaltung der in den Unterlagen genannten Maßnahmen einschließlich der Prüfungen nach Anhang 2 Abschnitt 3 und 4 sicher betrieben werden kann.

(4) Die zuständige Behörde hat die Erlaubnis zu erteilen, wenn die vorgesehene Aufstellung, Bauart und Betriebsweise den sicherheitstechnischen Anforderungen dieser Verordnung und hinsichtlich des Brand- und Explosionsschutzes auch der Gefahrstoffverordnung entsprechen. Die Erlaubnis kann beschränkt, befristet, unter Bedingungen erteilt sowie mit Auflagen verbunden werden. Die nachträgliche Aufnahme, Änderung oder Ergänzung von Auflagen ist zulässig.

(5) Die zuständige Behörde hat über den Antrag innerhalb von drei Monaten, nachdem er bei ihr eingegangen ist, zu entscheiden. Die Frist kann in begründeten Fällen verlängert werden. Die verlängerte Frist ist zusammen mit den Gründen für die Verlängerung dem Antragsteller mitzuteilen.

Abschnitt 4
Vollzugsregelungen und Ausschuss für Betriebssicherheit

§ 19 Mitteilungspflichten, behördliche Ausnahmen

(1) Der Arbeitgeber hat bei Arbeitsmitteln nach den Anhängen 2 und 3 der zuständigen Behörde folgende Ereignisse unverzüglich anzuzeigen:

1. jeden Unfall, bei dem ein Mensch getötet oder erheblich verletzt worden ist, und

2. jeden Schadensfall, bei dem Bauteile oder sicherheitstechnische Einrichtungen versagt haben.

(2) Die zuständige Behörde kann bei überwachungsbedürftigen Anlagen vom Arbeitgeber verlangen, dass dieser das nach Absatz 1 anzuzeigende Ereignis auf seine Kosten durch eine möglichst im gegenseitigen Einvernehmen bestimmte zugelassene Überwachungsstelle sicherheitstechnisch beurteilen lässt und ihr die Beurteilung schriftlich vorlegt. Die sicherheitstechnische Beurteilung hat sich insbesondere auf die Feststellung zu erstrecken,

1. worauf das Ereignis zurückzuführen ist,

2. ob sich die überwachungsbedürftige Anlage in einem nicht sicheren Zustand befand und ob nach Behebung des Mangels eine Gefährdung nicht mehr besteht und

3. ob neue Erkenntnisse gewonnen worden sind, die andere oder zusätzliche Schutzvorkehrungen erfordern.

(3) Unbeschadet des § 22 des Arbeitsschutzgesetzes hat der Arbeitgeber der zuständigen Behörde auf Verlangen Folgendes zu übermitteln:

1. die Dokumentation der Gefährdungsbeurteilung nach § 3 Absatz 8 und die ihr zugrunde liegenden Informationen,

2. einen Nachweis, dass die Gefährdungsbeurteilung entsprechend den Anforderungen nach § 3 Absatz 2 Satz 2 erstellt wurde,

3. Angaben zu den nach § 13 des Arbeitsschutzgesetzes verantwortlichen Personen,

4. Angaben zu den getroffenen Schutzmaßnahmen, einschließlich der Betriebsanweisung.

(4) Die zuständige Behörde kann auf schriftlichen Antrag des Arbeitgebers Ausnahmen von den §§ 8 bis 11 und Anhang 1 zulassen, wenn die Anwendung dieser Vorschriften für den Arbeitgeber im Einzelfall zu einer unverhältnismäßigen Härte führen würde, die Ausnahme sicherheitstechnisch vertretbar und mit dem Schutz der Beschäftigten und, soweit überwachungsbedürftige Anlagen betroffen sind, auch mit dem Schutz anderer Personen vereinbar ist. Der Arbeitgeber hat der zuständigen Behörde im Antrag Folgendes darzulegen:

1. den Grund für die Beantragung der Ausnahme,

2. die betroffenen Tätigkeiten und Verfahren,

3. die Zahl der voraussichtlich betroffenen Beschäftigten,

4. die technischen und organisatorischen Maßnahmen, die zur Gewährleistung der Sicherheit und zur Vermeidung von Gefährdungen getroffen werden sollen.

Für ihre Entscheidung kann die Behörde ein Sachverständigengutachten verlangen, dessen Kosten der Arbeitgeber zu tragen hat.

(5) Die zuständige Behörde kann bei überwachungsbedürftigen Anlagen im Einzelfall eine außerordentliche Prüfung anordnen, wenn hierfür ein besonderer Anlass besteht. Ein solcher Anlass besteht insbesondere dann, wenn ein Schadensfall eingetreten ist. Der Arbeitgeber hat eine angeordnete Prüfung unverzüglich zu veranlassen.

(6) Die zuständige Behörde kann die in Anhang 2 Abschnitt 2 bis 4 und Anhang 3 genannten Fristen im Einzelfall verkürzen, soweit es zur Gewährleistung der Sicherheit der Anlagen erforderlich ist. Die zuständige Behörde kann die in Anhang 2 Abschnitt 2 bis 4 und Anhang 3 genannten Fristen im Einzelfall verlängern, soweit die Sicherheit auf andere Weise gewährleistet ist.

§ 20 Sonderbestimmungen für überwachungsbedürftige Anlagen des Bundes

(1) Aufsichtsbehörde für die in Anhang 2 Abschnitt 2 bis 4 genannten überwachungsbe-

dürftigen Anlagen der Wasserstraßen- und Schifffahrtsverwaltung des Bundes, der Bundeswehr und der Bundespolizei ist das zuständige Bundesministerium oder die von ihm bestimmte Behörde. Dies gilt auch für alle in Anhang 2 Abschnitt 2 bis 4 genannten überwachungsbedürftigen Anlagen auf den von der Wasserstraßen- und Schifffahrtsverwaltung des Bundes, der Bundeswehr und der Bundespolizei genutzten Dienstliegenschaften. Für andere der Aufsicht der Bundesverwaltung unterliegende überwachungsbedürftige Anlagen nach Anhang 2 Abschnitt 2 bis 4 bestimmt sich die zuständige Aufsichtsbehörde nach § 38 Absatz 1 des Produktsicherheitsgesetzes.

(2) § 18 findet keine Anwendung auf die in Anhang 2 Abschnitt 2 bis 4 genannten überwachungsbedürftigen Anlagen der Wasserstraßen- und Schifffahrtsverwaltung des Bundes, der Bundeswehr und der Bundespolizei.

§ 21 Ausschuss für Betriebssicherheit

(1) Beim Bundesministerium für Arbeit und Soziales wird ein Ausschuss für Betriebssicherheit gebildet. Dieser Ausschuss soll aus fachkundigen Vertretern der Arbeitgeber, der Gewerkschaften, der Länderbehörden, der gesetzlichen Unfallversicherung und der zugelassenen Überwachungsstellen bestehen sowie aus weiteren fachkundigen Personen, insbesondere aus der Wissenschaft. Die Gesamtzahl der Mitglieder soll 21 Personen nicht überschreiten. Für jedes Mitglied ist ein stellvertretendes Mitglied zu benennen. Die Mitgliedschaft im Ausschuss für Betriebssicherheit ist ehrenamtlich.

(2) Das Bundesministerium für Arbeit und Soziales beruft die Mitglieder des Ausschusses und die stellvertretenden Mitglieder. Der Ausschuss gibt sich eine Geschäftsordnung und wählt die Vorsitzende oder den Vorsitzenden aus seiner Mitte. Die Geschäftsordnung und die Wahl des oder der Vorsitzenden bedürfen der Zustimmung des Bundesministeriums für Arbeit und Soziales.

(3) Das Arbeitsprogramm des Ausschusses für Betriebssicherheit wird mit dem Bundesministerium für Arbeit und Soziales abgestimmt. Der Ausschuss arbeitet eng mit den anderen Ausschüssen beim Bundesministerium für Arbeit und Soziales zusammen.

(4) Die Sitzungen des Ausschusses sind nicht öffentlich. Beratungs- und Abstimmungsergebnisse des Ausschusses sowie Niederschriften der Untergremien sind vertraulich zu behandeln, soweit die Erfüllung der Aufgaben, die den Untergremien oder den Mitgliedern des Ausschusses obliegen, dem nicht entgegenstehen.

(5) Zu den Aufgaben des Ausschusses gehört es,

1. den Stand von Wissenschaft und Technik, Arbeitsmedizin und Arbeitshygiene sowie sonstiger gesicherter arbeitswissenschaftlicher Erkenntnisse bei der Verwendung von Arbeitsmitteln zu ermitteln und dazu Empfehlungen auszusprechen,

2. zu ermitteln, wie die in dieser Verordnung gestellten Anforderungen erfüllt werden können, und dazu die dem jeweiligen Stand der Technik und der Arbeitsmedizin entsprechenden Regeln und Erkenntnisse zu erarbeiten,

3. das Bundesministerium für Arbeit und Soziales in Fragen von Sicherheit und Gesundheitsschutz bei der Verwendung von Arbeitsmitteln zu beraten und

4. die von den zugelassenen Überwachungsstellen nach § 37 Absatz 5 Nummer 8 des Produktsicherheitsgesetzes gewonnenen Erkenntnisse auszuwerten und bei den Aufgaben nach den Nummern 1 bis 3 zu berücksichtigen.

(6) Nach Prüfung kann das Bundesministerium für Arbeit und Soziales

1. die vom Ausschuss für Betriebssicherheit ermittelten Regeln und Erkenntnisse nach Absatz 5 Nummer 2 im Gemeinsamen Ministerialblatt bekannt geben und

2. die Empfehlungen nach Absatz 5 Nummer 1 sowie die Beratungsergebnisse nach Absatz 5 Nummer 3 in geeigneter Weise veröffentlichen.

(7) Die Bundesministerien sowie die zuständigen obersten Landesbehörden können zu den Sitzungen des Ausschusses Vertreter entsenden. Diesen ist auf Verlangen in der Sitzung das Wort zu erteilen.

(8) Die Geschäfte des Ausschusses führt die Bundesanstalt für Arbeitsschutz und Arbeitsmedizin.

Abschnitt 5
Ordnungswidrigkeiten und Straftaten, Schlussvorschriften

§ 22 Ordnungswidrigkeiten

(1) Ordnungswidrig im Sinne des § 25 Absatz 1 Nummer 1 des Arbeitsschutzgesetzes handelt, wer vorsätzlich oder fahrlässig

1. entgegen § 3 Absatz 1 Satz 1 eine Gefährdung nicht, nicht richtig oder nicht rechtzeitig beurteilt,

2. entgegen § 3 Absatz 3 Satz 3 eine Gefährdungsbeurteilung durchführt,

3. (aufgehoben)

4. (aufgehoben)

5. entgegen § 3 Absatz 7 Satz 4 eine Gefährdungsbeurteilung nicht oder nicht rechtzeitig aktualisiert,

6. entgegen § 3 Absatz 8 Satz 1 ein dort genanntes Ergebnis nicht oder nicht rechtzeitig dokumentiert,

7. entgegen § 4 Absatz 1 ein Arbeitsmittel verwendet,

8. entgegen § 4 Absatz 4 nicht dafür sorgt, dass Arbeitsmittel, für die in § 14 oder im Abschnitt 3 dieser Verordnung Prüfungen vorgeschrieben sind, nur verwendet werden, wenn diese Prüfungen durchgeführt und dokumentiert wurden.

9. entgegen § 5 Absatz 2 ein Arbeitsmittel verwenden lässt,

10. entgegen § 5 Absatz 4 nicht dafür sorgt, dass ein Beschäftigter nur ein dort genanntes Arbeitsmittel verwendet,

11. entgegen § 6 Absatz 1 Satz 2 in Verbindung mit Anhang 1 Nummer 1.3 Satz 1 nicht dafür sorgt, dass ein Beschäftigter nur auf einem dort genannten Platz mitfährt,

12. entgegen § 6 Absatz 1 Satz 2 in Verbindung mit Anhang 1 Nummer 1.4 Satz 1 nicht dafür sorgt, dass eine dort genannte Einrichtung vorhanden ist,

13. entgegen § 6 Absatz 1 Satz 2 in Verbindung mit Anhang 1 Nummer 1.5 eine dort genannte Maßnahme nicht oder nicht rechtzeitig trifft,

14. entgegen § 6 Absatz 1 Satz 2 in Verbindung mit Anhang 1 Nummer 1.7 Satz 1 nicht dafür sorgt, dass die dort genannte Geschwindigkeit angepasst werden kann,

15. entgegen § 6 Absatz 1 Satz 2 in Verbindung mit Anhang 1 Nummer 1.8 Satz 1 Buchstabe a nicht dafür sorgt, dass eine Verbindungseinrichtung gesichert ist,

16. entgegen § 6 Absatz 1 Satz 2 in Verbindung mit Anhang 1 Nummer 2.1 Satz 1 nicht dafür sorgt, dass die Standsicherheit oder die Festigkeit eines dort genannten Arbeitsmittels sichergestellt ist,

17. entgegen § 6 Absatz 1 Satz 2 in Verbindung mit Anhang 1 Nummer 2.1 Satz 5 ein dort genanntes Arbeitsmittel nicht richtig aufstellt oder nicht richtig verwendet,

18. entgegen § 6 Absatz 1 Satz 2 in Verbindung mit Anhang 1 Nummer 2.2 Satz 1 nicht dafür sorgt, dass ein Arbeitsmittel mit einem dort genannten Hinweis versehen ist,

19. entgegen § 6 Absatz 1 Satz 2 in Verbindung mit Anhang 1 Nummer 2.3.2 nicht dafür

sorgt, dass ein dort genanntes Arbeitsmittel abgebremst und eine ungewollte Bewegung verhindert werden kann,

20. entgegen § 6 Absatz 1 Satz 2 in Verbindung mit Anhang 1 Nummer 2.4 Satz 2 nicht dafür sorgt, dass das Heben eines Beschäftigten nur mit einem dort genannten Arbeitsmittel erfolgt,

21. entgegen § 6 Absatz 1 Satz 2 in Verbindung mit Anhang 1 Nummer 2.5 Buchstabe b oder Buchstabe c nicht dafür sorgt, dass Lasten sicher angeschlagen werden oder Lasten oder Lastaufnahme- oder Anschlagmittel sich nicht unbeabsichtigt lösen oder verschieben können,

22. entgegen § 6 Absatz 1 Satz 2 in Verbindung mit Anhang 1 Nummer 3.2.3 Satz 2 nicht dafür sorgt, dass ein dort genanntes Gerüst verankert wird,

23. entgegen § 6 Absatz 1 Satz 2 in Verbindung mit Anhang 1 Nummer 3.2.6 Satz 1 nicht dafür sorgt, dass ein Gerüst nur in der dort genannten Weise auf-, ab- oder umgebaut wird,

24. entgegen § 6 Absatz 2 Satz 1 nicht dafür sorgt, dass eine Schutzeinrichtung verwendet wird,

25. entgegen § 12 Absatz 1 Satz 1 eine Information nicht, nicht richtig, nicht vollständig oder nicht rechtzeitig zur Verfügung stellt,

26. entgegen § 12 Absatz 1 Satz 2 einen Beschäftigten nicht, nicht richtig, nicht vollständig oder nicht rechtzeitig unterweist,

27. entgegen § 12 Absatz 2 Satz 1 eine Betriebsanweisung nicht, nicht richtig, nicht vollständig oder nicht rechtzeitig zur Verfügung stellt,

28. entgegen § 14 Absatz 1 Satz 1 oder Absatz 4 Satz 1 ein Arbeitsmittel nicht oder nicht rechtzeitig prüfen lässt,

29. entgegen § 14 Absatz 3 Satz 2 ein Arbeitsmittel einer außerordentlichen Prüfung nicht oder nicht rechtzeitig unterziehen lässt,

30. entgegen § 14 Absatz 7 Satz 1 nicht dafür sorgt, dass ein Ergebnis aufgezeichnet und aufbewahrt wird,

31. entgegen § 14 Absatz 7 Satz 2 nicht dafür sorgt, dass eine Aufzeichnung eine dort genannte Auskunft gibt,

32. entgegen § 19 Absatz 1 bei einem Arbeitsmittel nach Anhang 3 Abschnitt 1 Nummer 1.1, Abschnitt 2 Nummer 1.1 Satz 1 oder Abschnitt 3 Nummer 1.1 Satz 1 eine Anzeige nicht, nicht richtig, nicht vollständig oder nicht rechtzeitig erstattet oder

33. entgegen § 19 Absatz 3 eine Dokumentation, eine Information, einen Nachweis oder eine Angabe nicht, nicht richtig, nicht vollständig oder nicht rechtzeitig übermittelt.

(2) Ordnungswidrig im Sinne des § 39 Absatz 1 Nummer 7 Buchstabe a des Produktsicherheitsgesetzes handelt, wer vorsätzlich oder fahrlässig

1. entgegen § 6 Absatz 1 Satz 2 in Verbindung mit Anhang 1 Nummer 4.1 Satz 1 nicht dafür sorgt, dass ein Kommunikationssystem wirksam ist,

2. entgegen § 6 Absatz 1 Satz 2 in Verbindung mit Anhang 1 Nummer 4.1 Satz 2 einen Notfallplan nicht oder nicht rechtzeitig zur Verfügung stellt,

3. entgegen § 6 Absatz 1 Satz 2 in Verbindung mit Anhang 1 Nummer 4.1 Satz 5 eine dort genannte Einrichtung nicht oder nicht rechtzeitig bereitstellt,

4. entgegen § 6 Absatz 1 Satz 2 in Verbindung mit Anhang 1 Nummer 4.1 Satz 6 nicht dafür sorgt, dass eine Person Hilfe herbeirufen kann,

5. entgegen § 6 Absatz 1 Satz 2 in Verbindung mit Anhang 1 Nummer 4.4 Satz 1 nicht da-

für sorgt, dass ein Personenumlaufaufzug nur von Beschäftigten benutzt wird,

5a. entgegen § 6 Absatz 1 Satz 2 in Verbindung mit Anhang 1 Nummer 4.4 Satz 2 einen Personenumlaufaufzug durch eine andere Person verwenden lässt,

6. entgegen § 15 Absatz 1 Satz 1 nicht sicherstellt, dass eine überwachungsbedürftige Anlage geprüft wird,

7. entgegen § 16 Absatz 1 in Verbindung mit Anhang 2 Abschnitt 2 Nummer 4.1 oder 4.3, Abschnitt 3 Nummer 5.1 Satz 1 bis 3 oder 4, Nummer 5.2 Satz 1 oder Nummer 5.3 Satz 1 oder Abschnitt 4 Nummer 5.1 Satz 1, 2 oder 3, Nummer 5.2 bis 5.4 oder 5.5, Nummer 5.7 Satz 3, Nummer 5.8 oder Nummer 5.9 Satz 1 nicht sicherstellt, dass eine überwachungsbedürftige Anlage geprüft wird,

8. ohne Erlaubnis nach § 18 Absatz 1 Satz 1 eine dort genannte Anlage errichtet, betreibt oder ändert,

9. einer vollziehbaren Anordnung nach § 19 Absatz 5 Satz 1 zuwiderhandelt oder

10. eine in Absatz 1 Nummer 9 und Nummer 24 bezeichnete Handlung in Bezug auf eine überwachungsbedürftige Anlage nach § 2 Nummer 30 des Produktsicherheitsgesetzes begeht.

(3) Ordnungswidrig im Sinne des § 39 Absatz 1 Nummer 7 Buchstabe b des Produktsicherheitsgesetzes handelt, wer vorsätzlich oder fahrlässig entgegen § 19 Absatz 1 bei einem Arbeitsmittel nach Anhang 2 Abschnitt 2 Nummer 2 Buchstabe a, Buchstabe b Satz 1 oder Buchstabe c, Abschnitt 3 Nummer 2 oder Abschnitt 4 Nummer 2.1, 2.2 oder 2.3 eine Anzeige nicht, nicht richtig, nicht vollständig oder nicht rechtzeitig erstattet.

§ 23 Straftaten

(1) Wer durch eine in § 22 Absatz 1 bezeichnete vorsätzliche Handlung Leben oder Gesundheit eines Beschäftigten gefährdet, ist nach § 26 Nummer 2 des Arbeitsschutzgesetzes strafbar.

(2) Wer eine in § 22 Absatz 2 bezeichnete vorsätzliche Handlung beharrlich wiederholt oder durch eine solche vorsätzliche Handlung Leben oder Gesundheit eines anderen oder fremde Sachen von bedeutendem Wert gefährdet, ist nach § 40 des Produktsicherheitsgesetzes strafbar.

§ 24 Übergangsvorschriften

(1) Der Weiterbetrieb einer erlaubnisbedürftigen Anlage, die vor dem 1. Juni 2015 befugt errichtet und verwendet wurde, ist zulässig. Eine Erlaubnis, die nach dem bis dahin geltenden Recht erteilt wurde, gilt als Erlaubnis im Sinne dieser Verordnung. § 18 Absatz 4 Satz 3 ist auf Anlagen nach den Sätzen 1 und 2 anwendbar.

(2) Aufzugsanlagen nach Anhang 2 Abschnitt 2 Nummer 2 Buchstabe a, die vor dem 30. Juni 1999 erstmals zur Verfügung gestellt wurden, sowie Aufzugsanlagen nach Anhang 2 Abschnitt 2 Nummer 2 Buchstabe b, die vor dem 31. Dezember 1996 erstmals zur Verfügung gestellt wurden, müssen den Anforderungen des Anhangs 1 Nummer 4.1 spätestens am 31. Dezember 2020 entsprechen. Satz 1 gilt nicht für den Notfallplan gemäß Anhang 1 Nummer 4.1 Satz 2.

(3) Bei Aufzugsanlagen nach Anhang 2 Abschnitt 2 Nummer 2 Buchstabe b, die vor dem Inkrafttreten dieser Verordnung nach den Vorschriften der bis zum 31. Mai 2015 geltenden Betriebssicherheitsverordnung erstmalig oder wiederkehrend geprüft worden sind, ist die wiederkehrende Prüfung nach Anhang 2 Abschnitt 2 Nummer 4.1 und Nummer 4.3 dieser Verordnung erstmalig nach Ablauf der nach der Prüffrist nach der bis zum 31. Mai 2015 geltenden Betriebssicherheitsverordnung durchzuführen.

(4) Die Prüfung nach Anhang 2 Abschnitt 3 Nummer 5.1 Satz 1 ist erstmals 6 Jahre nach der Prüfung vor der erstmaligen Inbetriebnah-

me durchzuführen. Bei Anlagen, die vor dem 1. Juni 2012 erstmals in Betrieb genommen wurden, ist die Prüfung nach Satz 1 spätestens bis zum 1. Juni 2018 durchzuführen. Die Prüfung nach Anhang 2 Abschnitt 3 Nummer 5.2 Satz 1 ist erstmals drei Jahre nach der Prüfung vor der Inbetriebnahme oder nach der Prüfung nach § 15 Absatz 15 der bis zum 31. Mai 2015 geltenden Betriebssicherheitsverordnung durchzuführen.

(5) Abweichend von Anhang 2 Abschnitt 3 Nummer 3.1 Buchstabe b und Abschnitt 4 Nummer 3 Buchstabe b dürfen zur Prüfung befähigte Personen auch ohne die dort vorgeschriebene Erfahrung Prüfungen durchführen, wenn sie nach der bis zum 31. Mai 2015 geltenden Betriebssicherheitsverordnung entsprechende Prüfungen befugt durchgeführt haben.

(6) Die Prüfung nach Anhang 2 Abschnitt 4 Nummer 5.3 ist spätestens zehn Jahre nach der letzten Prüfung der Anlage durchzuführen. Bei Anlagen nach Satz 1, die nur aus einem Anlagenteil gemäß Anhang 2 Abschnitt 4 Nummer 2.2 und zugehörigen Sicherheitseinrichtungen bestehen, kann für die Festlegung der Prüffrist nach Satz 1 die letzte Prüfung des Anlagenteils zu Grunde gelegt werden, sofern die Prüfinhalte

der Prüfung des Anlagenteils den Prüfinhalten der Anlagenprüfung gleichwertig sind. Bei Anlagen, die zuletzt vor dem 1. Juni 2008 geprüft wurden, ist die Prüfung nach Satz 1 spätestens bis zum 1. Juni 2018 durchzuführen.

(7) Die Prüfung nach Anhang 2 Abschnitt 4 Nummer 7 Tabelle 12 Ziffer 7.2 ist erstmals fünf Jahre nach der letzten Prüfung der Anlage durchzuführen. Bei Anlagen, die zuletzt vor dem 1. Juni 2012 geprüft wurden, ist die Prüfung nach Satz 1 spätestens bis zum 1. Juni 2017 durchzuführen.

(8) Die Prüfung der in Anhang 2 Abschnitt 4 Nummer 7 Tabelle 12 Ziffer 7.8 genannten Zwischenbehälter ist spätestens durchzuführen

1. innerhalb von 15 Jahren nach der letzten Prüfung, wenn diese vor dem 1. Januar 2009 durchgeführt wurde, oder

2. bis zum 31. Dezember 2023, wenn die letzte Prüfung vor dem 1. Januar 2014 durchgeführt wurde.

Hinweis: Auf den Abdruck des Anhangs wurde verzichtet.

Verordnung über Sicherheit und Gesundheits- schutz bei Tätigkeiten mit Biologischen Arbeitsstoffen

(Biostoffverordnung – BioStoffV)

Vom 15. Juli 2013
(BGBl. I S. 2514)

Zuletzt geändert durch Artikel 146 des Gesetzes
vom 29. März 2017
(BGBl. I S. 626)

Abschnitt 1
Anwendungsbereich, Begriffsbestimmungen und Risikoeinstufung

§ 1 Anwendungsbereich

(1) Diese Verordnung gilt für Tätigkeiten mit Biologischen Arbeitsstoffen (Biostoffen). Sie regelt Maßnahmen zum Schutz von Sicherheit und Gesundheit der Beschäftigten vor Gefährdungen durch diese Tätigkeiten. Sie regelt zugleich auch Maßnahmen zum Schutz anderer Personen, soweit diese aufgrund des Verwendens von Biostoffen durch Beschäftigte oder durch Unternehmer ohne Beschäftigte gefährdet werden können.

(2) Die Verordnung gilt auch für Tätigkeiten, die dem Gentechnikrecht unterliegen, sofern dort keine gleichwertigen oder strengeren Regelungen zum Schutz der Beschäftigten bestehen.

§ 2 Begriffsbestimmungen

(1) Biostoffe sind

1. Mikroorganismen, Zellkulturen und Endoparasiten einschließlich ihrer gentechnisch veränderten Formen,

2. mit Transmissibler Spongiformer Enzephalopathie (TSE) assoziierte Agenzien,

die den Menschen durch Infektionen, übertragbare Krankheiten, Toxinbildung, sensibilisierende oder sonstige, die Gesundheit schädigende Wirkungen gefährden können.

(2) Den Biostoffen gleichgestellt sind

1. Ektoparasiten, die beim Menschen eigenständige Erkrankungen verursachen oder sensibilisierende oder toxische Wirkungen hervorrufen können,

2. technisch hergestellte biologische Einheiten mit neuen Eigenschaften, die den Menschen in gleicher Weise gefährden können wie Biostoffe.

(3) Mikroorganismen sind alle zellulären oder nichtzellulären mikroskopisch oder submikroskopisch kleinen biologischen Einheiten, die zur Vermehrung oder zur Weitergabe von genetischem Material fähig sind, insbesondere Bakterien, Viren, Protozoen und Pilze.

(4) Zellkulturen sind in-vitro-vermehrte Zellen, die aus vielzelligen Organismen isoliert worden sind.

(5) Toxine im Sinne von Absatz 1 sind Stoffwechselprodukte oder Zellbestandteile von Biostoffen, die infolge von Einatmen, Verschlucken oder Aufnahme über die Haut beim Menschen toxische Wirkungen hervorrufen und dadurch akute oder chronische Gesundheitsschäden oder den Tod bewirken können.

(6) Biostoffe der Risikogruppe 3, die mit (**) gekennzeichnet sind, sind solche Biostoffe, bei denen das Infektionsrisiko für Beschäftigte begrenzt ist, weil eine Übertragung über den Luftweg normalerweise nicht erfolgen kann. Diese Biostoffe sind im Anhang III der Richtlinie 2000/54/EG des Europäischen Parlaments und des Rates vom 18. September 2000 über den Schutz der Arbeitnehmer gegen Gefährdung durch biologische Arbeitsstoffe bei der Arbeit (ABl. L 262 vom 17.10.2000, S. 21) sowie in den Bekanntmachungen nach § 19 Absatz 4 Nummer 1 entsprechend aufgeführt.

(7) Tätigkeiten sind

1. das Verwenden von Biostoffen, insbesondere das Isolieren, Erzeugen und Vermehren, das Aufschließen, das Ge- und Verbrauchen, das Be- und Verarbeiten, das Ab- und Umfüllen, das Mischen und Abtrennen sowie das innerbetriebliche Befördern, das Aufbewahren einschließlich des Lagerns, das Inaktivieren und das Entsorgen sowie

2. die berufliche Arbeit mit Menschen, Tieren, Pflanzen, Produkten, Gegenständen oder Materialien, wenn aufgrund dieser Arbeiten Biostoffe auftreten oder freigesetzt werden und Beschäftigte damit in Kontakt kommen können.

(8) Gezielte Tätigkeiten liegen vor, wenn

1. die Tätigkeiten auf einen oder mehrere Biostoffe unmittelbar ausgerichtet sind,

2. der Biostoff oder die Biostoffe mindestens der Spezies nach bekannt sind und

3. die Exposition der Beschäftigten im Normalbetrieb hinreichend bekannt oder abschätzbar ist.

Nicht gezielte Tätigkeiten liegen vor, wenn mindestens eine Voraussetzung nach Satz 1 nicht vorliegt. Dies ist insbesondere bei Tätigkeiten nach Absatz 7 Nummer 2 gegeben.

(9) Beschäftigte sind Personen, die nach § 2 Absatz 2 des Arbeitsschutzgesetzes als solche bestimmt sind. Den Beschäftigten stehen folgende Personen gleich, sofern sie Tätigkeiten mit Biostoffen durchführen:

1. Schülerinnen und Schüler,

2. Studierende,

3. sonstige Personen, insbesondere in wissenschaftlichen Einrichtungen und in Einrichtungen des Gesundheitsdienstes Tätige,

4. in Heimarbeit Beschäftigte nach § 1 Absatz 1 des Heimarbeitsgesetzes.

Auf Schülerinnen und Schüler, Studierende sowie sonstige Personen nach Nummer 3 finden die Regelungen dieser Verordnung über die Beteiligung der Vertretungen keine Anwendung.

(10) Arbeitgeber ist, wer nach § 2 Absatz 3 des Arbeitsschutzgesetzes als solcher bestimmt ist. Dem Arbeitgeber stehen gleich

1. der Unternehmer ohne Beschäftigte,

2. der Auftraggeber und der Zwischenmeister im Sinne des Heimarbeitsgesetzes.

(11) Fachkundig im Sinne dieser Verordnung ist, wer zur Ausübung einer in dieser Verordnung bestimmten Aufgabe befähigt ist. Die Anforderungen an die Fachkunde sind abhängig von der jeweiligen Art der Aufgabe und der Höhe der Gefährdung. Die für die Fachkunde erforderlichen Kenntnisse sind durch eine geeignete Berufsausbildung und eine zeitnahe einschlägige berufliche Tätigkeit nachzuweisen. In Abhängigkeit von der Aufgabe und der Höhe der Gefährdung kann zusätzlich die Teilnahme an spezifischen Fortbildungsmaßnahmen erforderlich sein.

(12) Stand der Technik ist der Entwicklungsstand fortschrittlicher Verfahren, Einrichtungen oder Betriebsweisen, der die praktische Eignung einer Maßnahme zum Schutz von Sicherheit und Gesundheit der Beschäftigten gesichert erscheinen lässt. Bei der Bestimmung des Standes der Technik sind insbesondere vergleichbare Verfahren, Einrichtungen oder Betriebsweisen heranzuziehen, die mit Erfolg in der Praxis erprobt worden sind.

(13) Schutzstufen orientieren sich an der Risikogruppe des jeweiligen Biostoffs und sind ein Maßstab für die Höhe der Infektionsgefährdung einer Tätigkeit. Entsprechend den Risikogruppen nach § 3 werden vier Schutzstufen unterschieden. Die Schutzstufen umfassen die zusätzlichen Schutzmaßnahmen, die in den Anhängen II und III festgelegt oder empfohlen sind.

(14) Einrichtungen des Gesundheitsdienstes nach dieser Verordnung sind Arbeitsstätten in denen Menschen stationär medizinisch untersucht, behandelt oder gepflegt werden oder ambulant medizinisch untersucht oder behandelt werden.

(15) Biotechnologie im Sinne dieser Verordnung umfasst die biotechnologische Produktion sowie die biotechnologische Forschung unter gezieltem Einsatz definierter Biostoffe.

§ 3 Einstufung von Biostoffen in Risikogruppen

(1) Biostoffe werden entsprechend dem von ihnen ausgehenden Infektionsrisiko nach dem Stand der Wissenschaft in eine der folgenden Risikogruppen eingestuft:

1. Risikogruppe 1: Biostoffe, bei denen es unwahrscheinlich ist, dass sie beim Menschen eine Krankheit hervorrufen,

2. Risikogruppe 2: Biostoffe, die eine Krankheit beim Menschen hervorrufen können und eine Gefahr für Beschäftige darstellen könnten; eine Verbreitung in der Bevölkerung ist unwahrscheinlich; eine wirksame Vorbeugung oder Behandlung ist normalerweise möglich,

3. Risikogruppe 3: Biostoffe, die eine schwere Krankheit beim Menschen hervorrufen und eine ernste Gefahr für Beschäftigte darstellen können; die Gefahr einer Verbreitung in der Bevölkerung kann bestehen, doch ist normalerweise eine wirksame Vorbeugung oder Behandlung möglich,

4. Risikogruppe 4: Biostoffe, die eine schwere Krankheit beim Menschen hervorrufen und eine ernste Gefahr für Beschäftigte darstellen; die Gefahr einer Verbreitung in der Bevölkerung ist unter Umständen groß; normalerweise ist eine wirksame Vorbeugung oder Behandlung nicht möglich.

(2) Für die Einstufung der Biostoffe in die Risikogruppen 2 bis 4 gilt Anhang III der Richtlinie 2000/54/EG des Europäischen Parlaments und des Rates vom 18. September 2000 über den Schutz der Arbeitnehmer gegen Gefährdung durch biologische Arbeitsstoffe bei der Arbeit (ABl. L 262 vom 17.10.2000, S. 21). Wird dieser Anhang im Verfahren nach Artikel 19 dieser Richtlinie an den technischen Fortschritt angepasst, so kann die geänderte Fassung bereits ab ihrem Inkrafttreten angewendet werden. Sie ist nach Ablauf der festgelegten Umsetzungsfrist anzuwenden.

(3) Ist ein Biostoff nicht nach Absatz 2 eingestuft, kann das Bundesministerium für Arbeit und Soziales nach Beratung durch den Ausschuss nach § 19 die Einstufung in eine Risikogruppe nach Absatz 1 vornehmen. Die Einstufungen werden im Gemeinsamen Ministerialblatt bekannt gegeben. Der Arbeitgeber hat diese Einstufungen zu beachten.

(4) Liegt für einen Biostoff weder eine Einstufung nach Absatz 2 noch eine nach Absatz 3 vor, hat der Arbeitgeber, der eine gezielte Tätigkeit mit diesem Biostoff beabsichtigt, diesen in eine der Risikogruppen nach Absatz 1 einzustufen. Dabei hat der Arbeitgeber Folgendes zu beachten:

1. kommen für die Einstufung mehrere Risikogruppen in Betracht, ist der Biostoff in die höchste infrage kommende Risikogruppe einzustufen,

2. Viren, die bereits beim Menschen isoliert wurden, sind mindestens in die Risikogruppe 2 einzustufen, es sei denn, es ist unwahrscheinlich, dass diese Viren beim Menschen eine Krankheit verursachen,

3. Stämme, die abgeschwächt sind oder bekannte Virulenzgene verloren haben, können vorbehaltlich einer angemessenen Ermittlung und Bewertung in eine niedrigere Risikogruppe eingestuft werden als der Elternstamm (parentaler Stamm); ist der Elternstamm in die Risikogruppe 3 oder 4 eingestuft, kann eine Herabstufung nur auf der Grundlage einer wissenschaftlichen Bewertung erfolgen, die insbesondere der Ausschuss nach § 19 vornehmen kann.

Abschnitt 2
Gefährdungsbeurteilung, Schutzstufenzuordnung, Dokumentations- und Aufzeichnungspflichten

§ 4 Gefährdungsbeurteilung

(1) Im Rahmen der Gefährdungsbeurteilung nach § 5 des Arbeitsschutzgesetzes hat der Arbeitgeber die Gefährdung der Beschäftigten durch die Tätigkeiten mit Biostoffen vor Aufnahme der Tätigkeit zu beurteilen. Die Gefährdungsbeurteilung ist fachkundig durchzuführen. Verfügt der Arbeitgeber nicht selbst über die entsprechenden Kenntnisse, so hat er sich fachkundig beraten zu lassen.

(2) Der Arbeitgeber hat die Gefährdungsbeurteilung unverzüglich zu aktualisieren, wenn

1. maßgebliche Veränderungen der Arbeitsbedingungen oder neue Informationen, zum Beispiel Unfallberichte oder Erkenntnisse aus arbeitsmedizinischen Vorsorgeuntersuchungen, dies erfordern oder

2. die Prüfung von Funktion und Wirksamkeit der Schutzmaßnahmen ergeben hat, dass die festgelegten Schutzmaßnahmen nicht wirksam sind.

Ansonsten hat der Arbeitgeber die Gefährdungsbeurteilung mindestens jedes zweite Jahr zu überprüfen und bei Bedarf zu aktualisieren. Ergibt die Überprüfung, dass eine Aktualisierung der Gefährdungsbeurteilung nicht erforderlich ist, so hat der Arbeitgeber dies unter Angabe des Datums der Überprüfung in der Dokumentation nach § 7 zu vermerken.

(3) Für die Gefährdungsbeurteilung hat der Arbeitgeber insbesondere Folgendes zu ermitteln:

1. Identität, Risikogruppeneinstufung und Übertragungswege der Biostoffe, deren mögliche sensibilisierende und toxische Wirkungen und Aufnahmepfade, soweit diese Informationen für den Arbeitgeber zugänglich sind; dabei hat er sich auch darüber zu informieren, ob durch die Biostoffe sonstige die Gesundheit schädigende Wirkungen hervorgerufen werden können,

2. Art der Tätigkeit unter Berücksichtigung der Betriebsabläufe, Arbeitsverfahren und verwendeten Arbeitsmittel einschließlich der Betriebsanlagen,

3. Art, Dauer und Häufigkeit der Exposition der Beschäftigten, soweit diese Informationen für den Arbeitgeber zugänglich sind,

4. Möglichkeit des Einsatzes von Biostoffen, Arbeitsverfahren oder Arbeitsmitteln, die zu keiner oder einer geringeren Gefährdung der Beschäftigten führen würden (Substitutionsprüfung),

5. tätigkeitsbezogene Erkenntnisse

a) über Belastungs- und Expositionssituationen, einschließlich psychischer Belastungen,

b) über bekannte Erkrankungen und die zu ergreifenden Gegenmaßnahmen,

c) aus der arbeitsmedizinischen Vorsorge.

(4) Der Arbeitgeber hat auf der Grundlage der nach Absatz 3 ermittelten Informationen die Infektionsgefährdung und die Gefährdungen durch sensibilisierende, toxische oder sonstige die Gesundheit schädigende Wirkungen unabhängig voneinander zu beurteilen. Diese Einzelbeurteilungen sind zu einer Gesamtbeurteilung zusammenzuführen, auf deren Grundlage die Schutzmaßnahmen festzulegen und zu ergreifen sind. Dies gilt auch, wenn bei einer Tätigkeit mehrere Biostoffe gleichzeitig auftreten oder verwendet werden.

(5) Sind bei Tätigkeiten mit Produkten, die Biostoffe enthalten, die erforderlichen Informationen zur Gefährdungsbeurteilung wie zum Beispiel die Risikogruppeneinstufung nicht zu ermitteln, so muss der Arbeitgeber diese beim Hersteller, Einführer oder Inverkehrbringer einholen. Satz 1 gilt nicht für Lebensmittel in Form von Fertigerzeugnissen, die für den Endverbrauch bestimmt sind.

§ 5 Tätigkeiten mit Schutzstufenzuordnung

(1) Bei Tätigkeiten in Laboratorien, in der Versuchstierhaltung, in der Biotechnologie sowie in Einrichtungen des Gesundheitsdienstes hat der Arbeitgeber ergänzend zu § 4 Absatz 3 zu ermitteln, ob gezielte oder nicht gezielte Tätigkeiten ausgeübt werden. Er hat diese Tätigkeiten hinsichtlich ihrer Infektionsgefährdung einer Schutzstufe zuzuordnen.

(2) Die Schutzstufenzuordnung richtet sich

1. bei gezielten Tätigkeiten nach der Risikogruppe des ermittelten Biostoffs; werden Tätigkeiten mit mehreren Biostoffen aus-

geübt, so richtet sich die Schutzstufenzuordnung nach dem Biostoff mit der höchsten Risikogruppe,

2. bei nicht gezielten Tätigkeiten nach der Risikogruppe des Biostoffs, der aufgrund

a) der Wahrscheinlichkeit seines Auftretens,

b) der Art der Tätigkeit,

c) der Art, Dauer, Höhe und Häufigkeit der ermittelten Exposition

den Grad der Infektionsgefährdung der Beschäftigten bestimmt.

§ 6 Tätigkeiten ohne Schutzstufenzuordnung

(1) Tätigkeiten, die nicht unter § 5 Absatz 1 fallen, müssen keiner Schutzstufe zugeordnet werden. Dabei handelt es sich um Tätigkeiten im Sinne von § 2 Absatz 7 Nummer 2. Zu diesen Tätigkeiten gehören beispielsweise Reinigungs- und Sanierungsarbeiten, Tätigkeiten in der Veterinärmedizin, der Land-, Forst-, Abwasser- und Abfallwirtschaft sowie in Biogasanlagen und Schlachtbetrieben.

(2) Kann bei diesen Tätigkeiten eine der in § 4 Absatz 3 Nummer 1 und 3 genannten Informationen nicht ermittelt werden, weil das Spektrum der auftretenden Biostoffe Schwankungen unterliegt oder Art, Dauer, Höhe oder Häufigkeit der Exposition wechseln können, so hat der Arbeitgeber die für die Gefährdungsbeurteilung und Festlegung der Schutzmaßnahmen erforderlichen Informationen insbesondere zu ermitteln auf der Grundlage von

1. Bekanntmachungen nach § 19 Absatz 4,

2. Erfahrungen aus vergleichbaren Tätigkeiten oder

3. sonstigen gesicherten arbeitswissenschaftlichen Erkenntnissen.

§ 7 Dokumentation der Gefährdungsbeurteilung und Aufzeichnungspflichten

(1) Der Arbeitgeber hat die Gefährdungsbeurteilung unabhängig von der Zahl der Beschäftigten erstmals vor Aufnahme der Tätigkeit sowie danach jede Aktualisierung gemäß Satz 2 zu dokumentieren. Die Dokumentation der Gefährdungsbeurteilung umfasst insbesondere folgende Angaben:

1. die Art der Tätigkeit einschließlich der Expositionsbedingungen,

2. das Ergebnis der Substitutionsprüfung nach § 4 Absatz 3 Nummer 4,

3. die nach § 5 Absatz 2 festgelegten Schutzstufen,

4. die zu ergreifenden Schutzmaßnahmen,

5. eine Begründung, wenn von den nach § 19 Absatz 4 Nummer 1 bekannt gegebenen Regeln und Erkenntnissen abgewichen wird.

(2) Als Bestandteil der Dokumentation hat der Arbeitgeber ein Verzeichnis der verwendeten oder auftretenden Biostoffe zu erstellen (Biostoffverzeichnis), soweit diese bekannt und für die Gefährdungsbeurteilung nach § 4 maßgeblich sind. Das Verzeichnis muss Angaben zur Einstufung der Biostoffe in eine Risikogruppe nach § 3 und zu ihren sensibilisierenden, toxischen und sonstigen die Gesundheit schädigenden Wirkungen beinhalten. Die Angaben müssen allen betroffenen Beschäftigten und ihren Vertretungen zugänglich sein.

(3) Bei Tätigkeiten der Schutzstufe 3 oder 4 hat der Arbeitgeber zusätzlich ein Verzeichnis über die Beschäftigten zu führen, die diese Tätigkeiten ausüben. In dem Verzeichnis sind die Art der Tätigkeiten und die vorkommenden Biostoffe sowie aufgetretene Unfälle und Betriebsstörungen anzugeben. Es ist personenbezogen für den Zeitraum von mindestens zehn Jahren nach Beendigung der Tätigkeit aufzubewahren. Der Arbeitgeber hat

1. den Beschäftigten die sie betreffenden Angaben in dem Verzeichnis zugänglich zu machen; der Schutz der personenbezogenen Daten ist zu gewährleisten,

2. bei Beendigung des Beschäftigungsverhältnisses dem Beschäftigten einen Auszug über die ihn betreffenden Angaben des Verzeichnisses auszuhändigen; der Nachweis über die Aushändigung ist vom Arbeitgeber wie Personalunterlagen aufzubewahren.

Das Verzeichnis über die Beschäftigten kann zusammen mit dem Biostoffverzeichnis nach Absatz 2 geführt werden.

(4) Auf die Dokumentation der Angaben nach Absatz 1 Satz 2 Nummer 2 und 5 sowie auf das Verzeichnis nach Absatz 2 kann verzichtet werden, wenn ausschließlich Tätigkeiten mit Biostoffen der Risikogruppe 1 ohne sensibilisierende oder toxische Wirkungen durchgeführt werden.

Abschnitt 3
Grundpflichten und Schutzmaßnahmen

§ 8 Grundpflichten

(1) Der Arbeitgeber hat die Belange des Arbeitsschutzes in Bezug auf Tätigkeiten mit Biostoffen in seine betriebliche Organisation einzubinden und hierfür die erforderlichen personellen, finanziellen und organisatorischen Voraussetzungen zu schaffen. Dabei hat er die Vertretungen der Beschäftigten in geeigneter Form zu beteiligen. Insbesondere hat er sicherzustellen, dass

1. bei der Gestaltung der Arbeitsorganisation, des Arbeitsverfahrens und des Arbeitsplatzes sowie bei der Auswahl und Bereitstellung der Arbeitsmittel alle mit der Sicherheit und Gesundheit der Beschäftigten zusammenhängenden Faktoren, einschließlich der psychischen, ausreichend berücksichtigt werden,

2. die Beschäftigten oder ihre Vertretungen im Rahmen der betrieblichen Möglichkeiten beteiligt werden, wenn neue Arbeitsmittel eingeführt werden sollen, die Einfluss auf die Sicherheit und Gesundheit der Beschäftigten haben.

(2) Der Arbeitgeber hat geeignete Maßnahmen zu ergreifen, um bei den Beschäftigten ein Sicherheitsbewusstsein zu schaffen und den innerbetrieblichen Arbeitsschutz bei Tätigkeiten mit Biostoffen fortzuentwickeln.

(3) Der Arbeitgeber darf eine Tätigkeit mit Biostoffen erst aufnehmen lassen, nachdem die Gefährdungsbeurteilung nach § 4 durchgeführt und die erforderlichen Maßnahmen ergriffen wurden.

(4) Der Arbeitgeber hat vor Aufnahme der Tätigkeit

1. gefährliche Biostoffe vorrangig durch solche zu ersetzen, die nicht oder weniger gefährlich sind, soweit dies nach der Art der Tätigkeit oder nach dem Stand der Technik möglich ist,

2. Arbeitsverfahren und Arbeitsmittel so auszuwählen oder zu gestalten, dass Biostoffe am Arbeitsplatz nicht frei werden, wenn die Gefährdung der Beschäftigten nicht durch eine Maßnahme nach Nummer 1 ausgeschlossen werden kann,

3. die Exposition der Beschäftigten durch geeignete bauliche, technische und organisatorische Maßnahmen auf ein Minimum zu reduzieren, wenn eine Gefährdung der Beschäftigten nicht durch eine Maßnahme nach Nummer 1 oder Nummer 2 verhindert werden kann oder die Biostoffe bestimmungsgemäß freigesetzt werden,

4. zusätzlich persönliche Schutzausrüstung zur Verfügung zu stellen, wenn die Maßnahmen nach den Nummern 1 bis 3 nicht ausreichen, um die Gefährdung auszuschließen oder ausreichend zu verringern; der Arbeitgeber hat den Einsatz belastender persönlicher Schutzausrüstung auf das

unbedingt erforderliche Maß zu beschränken und darf sie nicht als Dauermaßnahme vorsehen.

(5) Der Arbeitgeber hat die Schutzmaßnahmen auf der Grundlage der Gefährdungsbeurteilung nach dem Stand der Technik sowie nach gesicherten wissenschaftlichen Erkenntnissen festzulegen und zu ergreifen. Dazu hat er die Vorschriften dieser Verordnung einschließlich der Anhänge zu beachten und die nach § 19 Absatz 4 Nummer 1 bekannt gegebenen Regeln und Erkenntnisse zu berücksichtigen. Bei Einhaltung der Regeln und Erkenntnisse ist davon auszugehen, dass die gestellten Anforderungen erfüllt sind (Vermutungswirkung). Von diesen Regeln und Erkenntnissen kann abgewichen werden, wenn durch andere Maßnahmen zumindest in vergleichbarer Weise der Schutz von Sicherheit und Gesundheit der Beschäftigten gewährleistet wird. Haben sich der Stand der Technik oder gesicherte wissenschaftliche Erkenntnisse fortentwickelt und erhöht sich die Arbeitssicherheit durch diese Fortentwicklung erheblich, sind die Schutzmaßnahmen innerhalb einer angemessenen Frist anzupassen.

(6) Der Arbeitgeber hat die Funktion der technischen Schutzmaßnahmen regelmäßig und deren Wirksamkeit mindestens jedes zweite Jahr zu überprüfen. Die Ergebnisse und das Datum der Wirksamkeitsprüfung sind in der Dokumentation nach § 7 zu vermerken. Wurde für einen Arbeitsbereich, ein Arbeitsverfahren oder einen Anlagetyp in einer Bekanntmachung nach § 19 Absatz 4 ein Wert festgelegt, der die nach dem Stand der Technik erreichbare Konzentration der Biostoffe in der Luft am Arbeitsplatz beschreibt (Technischer Kontrollwert), so ist dieser Wert für die Wirksamkeitsüberprüfung der entsprechenden Schutzmaßnahmen heranzuziehen.

(7) Der Arbeitgeber darf in Heimarbeit nur Tätigkeiten mit Biostoffen der Risikogruppe 1 ohne sensibilisierende oder toxische Wirkung ausüben lassen.

§ 9 Allgemeine Schutzmaßnahmen

(1) Bei allen Tätigkeiten mit Biostoffen müssen mindestens die allgemeinen Hygienemaßnahmen eingehalten werden. Insbesondere hat der Arbeitgeber dafür zu sorgen, dass

1. Arbeitsplätze und Arbeitsmittel in einem dem Arbeitsablauf entsprechenden sauberen Zustand gehalten und regelmäßig gereinigt werden,

2. Fußböden und Oberflächen von Arbeitsmitteln und Arbeitsflächen leicht zu reinigen sind,

3. Waschgelegenheiten zur Verfügung stehen,

4. vom Arbeitsplatz getrennte Umkleidemöglichkeiten vorhanden sind, sofern Arbeitskleidung erforderlich ist; die Arbeitskleidung ist regelmäßig sowie bei Bedarf zu wechseln und zu reinigen.

(2) Bei Tätigkeiten in Laboratorien, in der Versuchstierhaltung, in der Biotechnologie und in Einrichtungen des Gesundheitsdienstes hat der Arbeitgeber für die Schutzstufe 1 über die Maßnahmen des Absatzes 1 hinaus spezielle Hygienemaßnahmen entsprechend den nach § 19 Absatz 4 Nummer 1 bekannt gegebenen Regeln und Erkenntnissen zu berücksichtigen.

(3) Werden nicht ausschließlich Tätigkeiten mit Biostoffen der Risikogruppe 1 ohne sensibilisierende und toxische Wirkungen ausgeübt, hat der Arbeitgeber in Abhängigkeit von der Gefährdungsbeurteilung weitergehende Schutzmaßnahmen zu ergreifen. Dabei hat er insbesondere

1. Arbeitsverfahren und Arbeitsmittel so zu gestalten oder auszuwählen, dass die Exposition der Beschäftigten gegenüber Biostoffen und die Gefahr durch Stich- und Schnittverletzungen verhindert oder minimiert werden, soweit dies technisch möglich ist,

2. Tätigkeiten und Arbeitsverfahren mit Staub- oder Aerosolbildung, einschließlich Reinigungsverfahren, durch solche ohne oder

mit geringerer Staub- oder Aerosolbildung zu ersetzen, soweit dies nach dem Stand der Technik möglich ist; ist dies nicht möglich, hat der Arbeitgeber geeignete Maßnahmen zur Minimierung der Exposition zu ergreifen,

3. die Zahl der exponierten Beschäftigten auf das für die Durchführung der Tätigkeit erforderliche Maß zu begrenzen,

4. die erforderlichen Maßnahmen zur Desinfektion, Inaktivierung oder Dekontamination sowie zur sachgerechten und sicheren Entsorgung von Biostoffen, kontaminierten Gegenständen, Materialien und Arbeitsmitteln zu ergreifen,

5. zur Verfügung gestellte persönliche Schutzausrüstung einschließlich Schutzkleidung zu reinigen, zu warten, instand zu halten und sachgerecht zu entsorgen; Beschäftigte müssen die bereitgestellte persönliche Schutzausrüstung verwenden, solange eine Gefährdung besteht,

6. die Voraussetzungen dafür zu schaffen, dass persönliche Schutzausrüstung einschließlich Schutzkleidung beim Verlassen des Arbeitsplatzes sicher abgelegt und getrennt von anderen Kleidungsstücken aufbewahrt werden kann,

7. sicherzustellen, dass die Beschäftigten in Arbeitsbereichen, in denen Biostoffe auftreten können, keine Nahrungs- und Genussmittel zu sich nehmen; hierzu hat der Arbeitgeber vor Aufnahme der Tätigkeiten gesonderte Bereiche einzurichten, die nicht mit persönlicher Schutzausrüstung einschließlich Schutzkleidung betreten werden dürfen.

(4) Der Arbeitgeber hat Biostoffe sicher zu lagern, innerbetrieblich sicher zu befördern und Vorkehrungen zu treffen, um Missbrauch oder Fehlgebrauch zu verhindern. Dabei hat er sicherzustellen, dass nur Behälter verwendet werden, die

1. hinsichtlich ihrer Beschaffenheit geeignet sind, den Inhalt sicher zu umschließen,

2. so gekennzeichnet sind, dass die davon ausgehenden Gefahren in geeigneter Weise deutlich erkennbar sind,

3. hinsichtlich Form und Kennzeichnung so gestaltet sind, dass der Inhalt nicht mit Lebensmitteln verwechselt werden kann.

(5) Bei der medizinischen Untersuchung, Behandlung und Pflege von Patienten außerhalb von Einrichtungen des Gesundheitsdienstes findet § 11 Absatz 2 bis 5 Anwendung. Bei diesen Tätigkeiten hat der Arbeitgeber in Arbeitsanweisungen den Umgang mit persönlicher Schutzausrüstung und Arbeitskleidung sowie die erforderlichen Maßnahmen zur Hygiene und zur Desinfektion festzulegen.

§ 10 Zusätzliche Schutzmaßnahmen und Anforderungen bei Tätigkeiten der Schutzstufe 2, 3 oder 4 in Laboratorien, in der Versuchstierhaltung sowie in der Biotechnologie

(1) Zusätzlich zu den Schutzmaßnahmen nach § 9 hat der Arbeitgeber vor Aufnahme der Tätigkeiten der Schutzstufe 2, 3 oder 4 in Laboratorien, in der Versuchstierhaltung oder in der Biotechnologie

1. entsprechend der Schutzstufenzuordnung

   a) geeignete räumliche Schutzstufenbereiche festzulegen und mit der Schutzstufenbezeichnung sowie mit dem Symbol für Biogefährdung nach Anhang I zu kennzeichnen,

   b) die Schutzmaßnahmen nach Anhang II oder III zu ergreifen; die als empfohlen bezeichneten Schutzmaßnahmen sind zu ergreifen, wenn dadurch die Gefährdung der Beschäftigten verringert werden kann,

2. gebrauchte spitze und scharfe Arbeitsmittel entsprechend der Anforderung nach § 11 Absatz 4 sicher zu entsorgen,

3. den Zugang zu Biostoffen der Risikogruppe 3 oder 4 auf dazu berechtigte, fachkundige und zuverlässige Beschäftigte zu beschränken; Tätigkeiten der Schutzstufe 3 oder 4 dürfen diesen Beschäftigten nur übertragen werden, wenn sie anhand von Arbeitsanweisungen eingewiesen und geschult sind.

(2) Der Arbeitgeber hat vor Aufnahme von Tätigkeiten der Schutzstufe 3 oder 4 eine Person zu benennen, die zuverlässig ist und über eine Fachkunde verfügt, die der hohen Gefährdung entspricht. Er hat diese Person mit folgenden Aufgaben zu beauftragen:

1. Beratung bei

   a) der Gefährdungsbeurteilung nach § 4,

   b) sonstigen sicherheitstechnisch relevanten Fragestellungen,

2. Unterstützung bei der

   a) Kontrolle der Wirksamkeit der Schutzmaßnahmen,

   b) Durchführung der Unterweisung nach § 14 Absatz 2,

3. Überprüfung der Einhaltung der Schutzmaßnahmen.

Der Arbeitgeber hat die Aufgaben und die Befugnisse dieser Person schriftlich festzulegen. Sie darf wegen der Erfüllung der ihr übertragenen Aufgaben nicht benachteiligt werden. Ihr ist für die Durchführung der Aufgaben ausreichend Zeit zur Verfügung zu stellen. Satz 1 gilt nicht für Tätigkeiten mit Biostoffen der Risikogruppe 3, die mit (**) gekennzeichnet sind.

§ 11 Zusätzliche Schutzmaßnahmen und Anforderungen bei Tätigkeiten der Schutzstufe 2, 3 oder 4 in Einrichtungen des Gesundheitsdienstes

(1) Zusätzlich zu den Schutzmaßnahmen nach § 9 hat der Arbeitgeber vor Aufnahme der Tätigkeiten der Schutzstufe 2, 3 oder 4 in Ein-richtungen des Gesundheitsdienstes in Abhängigkeit von der Gefährdungsbeurteilung

1. wirksame Desinfektions- und Inaktivie-rungsverfahren festzulegen,

2. Oberflächen, die desinfiziert werden müssen, so zu gestalten, dass sie leicht zu reinigen und beständig gegen die verwendeten Desinfektionsmittel sind; für Tätigkeiten der Schutzstufe 4 gelten zusätzlich die Anforderungen des Anhangs II an Oberflächen.

(2) Der Arbeitgeber hat entsprechend § 9 Absatz 3 Satz 2 Nummer 1 spitze und scharfe medizinische Instrumente vor Aufnahme der Tätigkeit durch solche zu ersetzen, bei denen keine oder eine geringere Gefahr von Stich- und Schnittverletzungen besteht, soweit dies technisch möglich und zur Vermeidung einer Infektionsgefährdung erforderlich ist.

(3) Der Arbeitgeber hat sicherzustellen, dass gebrauchte Kanülen nicht in die Schutzkappen zurückgesteckt werden. Werden Tätigkeiten ausgeübt, die nach dem Stand der Technik eine Mehrfachverwendung des medizinischen Instruments erforderlich machen und muss dabei die Kanüle in die Schutzkappe zurückgesteckt werden, ist dies zulässig, wenn ein Verfahren angewendet wird, das ein sicheres Zurück-stecken der Kanüle in die Schutzkappe mit einer Hand erlaubt.

(4) Spitze und scharfe medizinische Instrumente sind nach Gebrauch sicher zu entsorgen. Hierzu hat der Arbeitgeber vor Aufnahme der Tätigkeiten Abfallbehältnisse bereitzustellen, die stich- und bruchfest sind und den Abfall sicher umschließen. Er hat dafür zu sorgen, dass diese Abfallbehältnisse durch Farbe, Form und Beschriftung eindeutig als Abfallbehältnisse erkennbar sind. Satz 1 und 2 gelten auch für gebrauchte medizinische Instrumente mit Schutzeinrichtungen gegen Stich- und Schnittverletzungen.

(5) Der Arbeitgeber hat die Beschäftigten und ihre Vertretungen über Verletzungen durch ge-

brauchte spitze oder scharfe medizinische Instrumente, die organisatorische oder technische Ursachen haben, zeitnah zu unterrichten. Er hat die Vorgehensweise hierfür festzulegen.

(6) Tätigkeiten der Schutzstufe 3 oder 4 dürfen nur fachkundigen Beschäftigten übertragen werden, die anhand von Arbeitseinweisungen eingewiesen und geschult sind.

(7) Vor Aufnahme von Tätigkeiten der Schutzstufe 4 hat der Arbeitgeber

1. geeignete räumliche Schutzstufenbereiche festzulegen und mit der Schutzstufenbezeichnung sowie mit dem Symbol für Biogefährdung nach Anhang I zu kennzeichnen,

2. die Maßnahmen der Schutzstufe 4 aus Anhang II auszuwählen und zu ergreifen, die erforderlich und geeignet sind, die Gefährdung der Beschäftigten und anderer Personen zu verringern,

3. eine Person im Sinne von § 10 Absatz 2 Satz 1 zu benennen und mit den Aufgaben nach § 10 Absatz 2 Satz 2 zu beauftragen.

§ 12 Arbeitsmedizinische Vorsorge

Die Verordnung zur arbeitsmedizinischen Vorsorge in der jeweils geltenden Fassung gilt auch für den in § 2 Absatz 9 Satz 2 genannten Personenkreis.

§ 13 Betriebsstörungen, Unfälle

(1) Der Arbeitgeber hat vor Aufnahme einer Tätigkeit der Schutzstufen 2 bis 4 die erforderlichen Maßnahmen festzulegen, die bei Betriebsstörungen oder Unfällen notwendig sind, um die Auswirkungen auf die Sicherheit und Gesundheit der Beschäftigten und anderer Personen zu minimieren und den normalen Betriebsablauf wiederherzustellen. In Abhängigkeit von der Art möglicher Ereignisse und verwendeter oder vorkommender Biostoffe ist insbesondere Folgendes festzulegen:

1. Maßnahmen zur Ersten Hilfe und weitergehende Hilfsmaßnahmen für Beschäftigte bei unfallbedingter Übertragung von Biostoffen einschließlich der Möglichkeit zur postexpositionellen Prophylaxe,

2. Maßnahmen, um eine Verschleppung von Biostoffen zu verhindern,

3. Desinfektions-, Inaktivierungs- oder Dekontaminationsmaßnahmen,

4. dass getestet wird, ob bei Betriebsstörungen oder Unfällen die verwendeten Biostoffe in die Arbeitsumgebung gelangt sind, soweit dies technisch möglich ist und validierte Testverfahren bestehen.

Die Festlegungen sind gemäß § 14 Absatz 1 Satz 4 Nummer 3 ein Bestandteil der Betriebsanweisung.

(2) Der Arbeitgeber hat die Beschäftigten über die festgelegten Maßnahmen und ihre Anwendung zu informieren. Tritt eine Betriebsstörung oder ein Unfall im Sinne von Absatz 1 Satz 1 ein, so hat der Arbeitgeber unverzüglich die gemäß Absatz 1 Satz 2 festgelegten Maßnahmen zu ergreifen. Dabei dürfen im Gefahrenbereich nur die Personen verbleiben, die erforderlich sind, um die in Absatz 1 genannten Ziele zu erreichen.

(3) Vor Aufnahme von Tätigkeiten der Schutzstufe 3 oder 4 in Laboratorien, in der Versuchstierhaltung, in der Biotechnologie sowie vor Aufnahme von Tätigkeiten der Schutzstufe 4 in Einrichtungen des Gesundheitsdienstes hat der Arbeitgeber ergänzend zu den Festlegungen nach Absatz 1 einen innerbetrieblichen Plan darüber zu erstellen, wie Gefahren abzuwehren sind, die beim Versagen einer Einschließungsmaßnahme durch eine Freisetzung von Biostoffen auftreten können. Darin hat er die spezifischen Gefahren und die Namen der für die innerbetrieblichen Rettungsmaßnahmen zuständigen Personen festzulegen. Die Festlegungen sind regelmäßig zu aktualisieren. Satz 1 gilt nicht für Tätigkeiten mit Biostoffen der Risikogruppe 3, die mit (**) gekennzeichnet sind.

(4) Bei Tätigkeiten der Schutzstufe 4 hat der Plan nach Absatz 3 Angaben über den Umfang von Sicherheitsübungen und deren regelmäßige Durchführung zu enthalten, sofern solche Sicherheitsübungen aufgrund der Gefährdungsbeurteilung erforderlich sind. Die Maßnahmen nach Absatz 3 sind mit den zuständigen Rettungs- und Sicherheitsdiensten abzustimmen. Darüber hinaus hat der Arbeitgeber Warnsysteme einzurichten und Kommunikationsmöglichkeiten zu schaffen, durch die alle betroffenen Beschäftigten unverzüglich gewarnt und der Rettungs- und Sicherheitsdienst alarmiert werden können. Der Arbeitgeber hat sicherzustellen, dass diese Systeme funktionstüchtig sind.

(5) Der Arbeitgeber hat vor Aufnahme der Tätigkeiten ein Verfahren für Unfallmeldungen und -untersuchungen sowie die Vorgehensweise zur Unterrichtung der Beschäftigten und ihrer Vertretungen festzulegen. Das Verfahren ist so zu gestalten, dass bei schweren Unfällen sowie bei Nadelstichverletzungen mögliche organisatorische und technische Unfallursachen erkannt werden können und individuelle Schuldzuweisungen vermieden werden. Die Beschäftigten und ihre Vertretungen sind über Betriebsstörungen und Unfälle mit Biostoffen, die die Sicherheit oder Gesundheit der Beschäftigten gefährden können, unverzüglich zu unterrichten.

§ 14 Betriebsanweisung und Unterweisung der Beschäftigten

(1) Der Arbeitgeber hat auf der Grundlage der Gefährdungsbeurteilung nach § 4 vor Aufnahme der Tätigkeit eine schriftliche Betriebsanweisung arbeitsbereichs- und biostoffbezogen zu erstellen. Satz 1 gilt nicht, wenn ausschließlich Tätigkeiten mit Biostoffen der Risikogruppe 1 ohne sensibilisierende oder toxische Wirkungen ausgeübt werden. Die Betriebsanweisung ist den Beschäftigten zur Verfügung zu stellen. Sie muss in einer für die Beschäftigten verständlichen Form und Sprache verfasst sein

und insbesondere folgende Informationen enthalten:

1. die mit den vorgesehenen Tätigkeiten verbundenen Gefahren für die Beschäftigten, insbesondere zu

   a) der Art der Tätigkeit,

   b) den am Arbeitsplatz verwendeten oder auftretenden, tätigkeitsrelevanten Biostoffen einschließlich der Risikogruppe, Übertragungswege und gesundheitlichen Wirkungen,

2. Informationen über Schutzmaßnahmen und Verhaltensregeln, die die Beschäftigten zu ihrem eigenen Schutz und zum Schutz anderer Beschäftigter am Arbeitsplatz durchzuführen oder einzuhalten haben; dazu gehören insbesondere

   a) innerbetriebliche Hygienevorgaben,

   b) Informationen über Maßnahmen, die zur Verhütung einer Exposition zu ergreifen sind, einschließlich der richtigen Verwendung scharfer oder spitzer medizinischer Instrumente,

   c) Informationen zum Tragen, Verwenden und Ablegen der persönlicher Schutzausrüstung einschließlich Schutzkleidung,

3. Anweisungen zum Verhalten und zu Maßnahmen bei Verletzungen, bei Unfällen und Betriebsstörungen sowie zu deren innerbetrieblicher Meldung und zur Ersten Hilfe,

4. Informationen zur sachgerechten Inaktivierung oder Entsorgung von Biostoffen und kontaminierten Gegenständen, Materialien oder Arbeitsmitteln.

Die Betriebsanweisung muss bei jeder maßgeblichen Veränderung der Arbeitsbedingungen aktualisiert werden.

(2) Der Arbeitgeber hat sicherzustellen, dass die Beschäftigten auf der Grundlage der jeweils aktuellen Betriebsanweisung nach Absatz 1

Satz 1 über alle auftretenden Gefährdungen und erforderlichen Schutzmaßnahmen mündlich unterwiesen werden. Die Unterweisung ist so durchzuführen, dass bei den Beschäftigten ein Sicherheitsbewusstsein geschaffen wird. Die Beschäftigten sind auch über die Voraussetzungen zu informieren, unter denen sie Anspruch auf arbeitsmedizinische Vorsorge nach der Verordnung zur arbeitsmedizinischen Vorsorge haben. Im Rahmen der Unterweisung ist auch eine allgemeine arbeitsmedizinische Beratung durchzuführen mit Hinweisen zu besonderen Gefährdungen zum Beispiel bei verminderter Immunabwehr. Soweit erforderlich ist bei der Beratung die Ärztin oder der Arzt nach § 7 Absatz 1 der Verordnung zur arbeitsmedizinischen Vorsorge zu beteiligen.

(3) Die Unterweisung muss vor Aufnahme der Beschäftigung und danach mindestens jährlich arbeitsplatzbezogen durchgeführt werden sowie in einer für die Beschäftigten verständlichen Form und Sprache erfolgen. Inhalt und Zeitpunkt der Unterweisung hat der Arbeitgeber schriftlich festzuhalten und sich von den unterwiesenen Beschäftigten durch Unterschrift bestätigen zu lassen.

(4) Für Tätigkeiten der Schutzstufen 3 und 4 sind zusätzlich zur Betriebsanweisung Arbeitsanweisungen zu erstellen, die am Arbeitsplatz vorliegen müssen. Arbeitsanweisungen sind auch erforderlich für folgende Tätigkeiten mit erhöhter Infektionsgefährdung:

1. Instandhaltungs-, Reinigungs-, Änderungs- oder Abbrucharbeiten in oder an kontaminierten Arbeitsmitteln,

2. Tätigkeiten, bei denen erfahrungsgemäß eine erhöhte Unfallgefahr besteht,

3. Tätigkeiten, bei denen bei einem Unfall mit schweren Infektionen zu rechnen ist; dies kann bei der Entnahme von Proben menschlichen oder tierischen Ursprungs der Fall sein.

Abschnitt 4
Erlaubnis- und Anzeigepflichten

§ 15 Erlaubnispflicht

(1) Der Arbeitgeber bedarf der Erlaubnis der zuständigen Behörde bevor Tätigkeiten der Schutzstufe 3 oder 4 in Laboratorien, in der Versuchstierhaltung oder in der Biotechnologie erstmals aufgenommen werden. Die Erlaubnis umfasst die baulichen, technischen und organisatorischen Voraussetzungen nach dieser Verordnung zum Schutz der Beschäftigten und anderer Personen vor den Gefährdungen durch diese Tätigkeiten. Satz 1 gilt auch für Einrichtungen des Gesundheitsdienstes, die für Tätigkeiten der Schutzstufe 4 vorgesehen sind. Tätigkeiten mit Biostoffen der Risikogruppe 3, die mit (**) gekennzeichnet sind, bedürfen keiner Erlaubnis.

(2) Schließt eine andere behördliche Entscheidung, insbesondere eine öffentlich-rechtliche Genehmigung oder Erlaubnis, die Erlaubnis nach Absatz 1 ein, so wird die Anforderung nach Absatz 1 durch Übersendung einer Kopie dieser behördlichen Entscheidung an die zuständige Behörde erfüllt. Bei Bedarf kann die zuständige Behörde weitere Unterlagen anfordern.

(3) Die Erlaubnis nach Absatz 1 ist schriftlich oder elektronisch zu beantragen. Erfolgt die Antragstellung elektronisch, kann die zuständige Behörde Mehrfertigungen sowie die Übermittlung der dem Antrag beizufügenden Unterlagen auch in schriftlicher Form verlangen. Dem Antrag sind folgende Unterlagen beizufügen:

1. Name und Anschrift des Arbeitgebers,

2. Name und Befähigung der nach § 10 Absatz 2 oder § 11 Absatz 7 Nummer 3 benannten Person,

3. Name des Erlaubnisinhabers nach § 44 des Infektionsschutzgesetzes,

4. Lageplan, Grundriss und Bezeichnung der Räumlichkeiten einschließlich Flucht- und Rettungswege,

5. Beschreibung der vorgesehenen Tätigkeiten,

6. Ergebnis der Gefährdungsbeurteilung unter Angabe

   a) der eingesetzten oder vorkommenden Biostoffe und der Schutzstufe der Tätigkeit,

   b) der baulichen, technischen, organisatorischen und persönlichen Schutzmaßnahmen einschließlich der Angaben zur geplanten Wartung und Instandhaltung der baulichen und technischen Maßnahmen,

7. Plan nach § 13 Absatz 3,

8. Informationen über die Abfall- und Abwasserentsorgung.

Bei Bedarf kann die zuständige Behörde weitere Unterlagen anfordern.

(4) Die Erlaubnis ist zu erteilen, wenn die Anforderungen dieser Verordnung erfüllt werden, die erforderlich sind, um den Schutz der Beschäftigten und anderer Personen vor den Gefährdungen durch Biostoffe sicherzustellen.

§ 16 Anzeigepflicht

(1) Der Arbeitgeber hat der zuständigen Behörde nach Maßgabe der Absätze 2 und 3 anzuzeigen:

1. die erstmalige Aufnahme

   a) einer gezielten Tätigkeit mit Biostoffen der Risikogruppe 2,

   b) einer Tätigkeit mit Biostoffen der Risikogruppe 3 – soweit die Tätigkeiten keiner Erlaubnispflicht nach § 15 unterliegen,

   in Laboratorien, in der Versuchstierhaltung und in der Biotechnologie,

2. jede Änderung der erlaubten oder angezeigten Tätigkeiten, wenn diese für die Sicherheit und den Gesundheitsschutz bedeutsam sind, zum Beispiel Tätigkeiten, die darauf abzielen, die Virulenz des Biostoffs zu erhöhen oder die Aufnahme von Tätigkeiten mit weiteren Biostoffen der Risikogruppe 3 oder 4,

3. die Aufnahme eines infizierten Patienten in eine Patientenstation der Schutzstufe 4,

4. das Einstellen einer nach § 15 erlaubnispflichtigen Tätigkeit.

(2) Die Anzeige hat folgende Angaben zu umfassen:

1. Name und Anschrift des Arbeitgebers,

2. Beschreibung der vorgesehenen Tätigkeiten,

3. das Ergebnis der Gefährdungsbeurteilung nach § 4,

4. die Art des Biostoffs,

5. die vorgesehenen Maßnahmen zum Schutz der Sicherheit und Gesundheit der Beschäftigten.

(3) Die Anzeige nach Absatz 1 Nummer 1, 2 oder Nummer 4 hat spätestens 30 Tage vor Aufnahme oder Einstellung der Tätigkeiten, die Anzeige nach Absatz 1 Nummer 3 unverzüglich zu erfolgen.

(4) Die Anzeigepflicht kann auch dadurch erfüllt werden, dass der zuständigen Behörde innerhalb der in Absatz 3 bestimmten Frist die Kopie einer Anzeige, Genehmigung oder Erlaubnis nach einer anderen Rechtsvorschrift übermittelt wird, wenn diese gleichwertige Angaben beinhaltet.

Abschnitt 5
Vollzugsregelungen und Ausschuss für Biologische Arbeitsstoffe

§ 17 Unterrichtung der Behörde

(1) Der Arbeitgeber hat die zuständige Behörde unverzüglich zu unterrichten über

1. jeden Unfall und jede Betriebsstörung bei Tätigkeiten mit Biostoffen der Risikogruppe 3 oder 4, die zu einer Gesundheitsgefahr der Beschäftigten führen können,

2. Krankheits- und Todesfälle Beschäftigter, die auf Tätigkeiten mit Biostoffen zurückzuführen sind, unter genauer Angabe der Tätigkeit.

(2) Unbeschadet des § 22 des Arbeitsschutzgesetzes hat der Arbeitgeber der zuständigen Behörde auf ihr Verlangen Folgendes zu übermitteln:

1. die Dokumentation der Gefährdungsbeurteilung,

2. das Verzeichnis nach § 7 Absatz 3 Satz 1 sowie den Nachweis nach § 7 Absatz 3 Satz 4 Nummer 2,

3. die Tätigkeiten, bei denen Beschäftigte tatsächlich oder möglicherweise gegenüber Biostoffen exponiert worden sind, und die Anzahl dieser Beschäftigten,

4. die ergriffenen Schutz- und Vorsorgemaßnahmen einschließlich der Betriebs- und Arbeitsanweisungen,

5. die nach § 13 Absatz 1 und 2 festgelegten oder ergriffenen Maßnahmen und den nach § 13 Absatz 3 erstellten Plan.

§ 18 Behördliche Ausnahmen

Die zuständige Behörde kann auf schriftlichen oder elektronischen Antrag des Arbeitgebers Ausnahmen von den Vorschriften der §§ 9, 10, 11 und 13 einschließlich der Anhänge II und III erteilen, wenn die Durchführung der Vorschrift im Einzelfall zu einer unverhältnismäßigen Här-

te führen würde und die beantragte Abweichung mit dem Schutz der betroffenen Beschäftigten vereinbar ist.

§ 19 Ausschuss für Biologische Arbeitsstoffe

(1) Beim Bundesministerium für Arbeit und Soziales wird ein Ausschuss für Biologische Arbeitsstoffe (ABAS) gebildet, in dem fachlich geeignete Personen vonseiten der Arbeitgeber, der Gewerkschaften, der Länderbehörden, der gesetzlichen Unfallversicherung und weitere fachlich geeignete Personen, insbesondere der Wissenschaft, vertreten sein sollen. Die Gesamtzahl der Mitglieder soll 16 Personen nicht überschreiten. Für jedes Mitglied ist ein stellvertretendes Mitglied zu benennen. Die Mitgliedschaft im Ausschuss ist ehrenamtlich.

(2) Das Bundesministerium für Arbeit und Soziales beruft die Mitglieder des Ausschusses und die stellvertretenden Mitglieder. Der Ausschuss gibt sich eine Geschäftsordnung und wählt die Vorsitzende oder den Vorsitzenden aus seiner Mitte. Die Geschäftsordnung und die Wahl des oder der Vorsitzenden bedürfen der Zustimmung des Bundesministeriums für Arbeit und Soziales.

(3) Zu den Aufgaben des Ausschusses gehört es,

1. den Stand der Wissenschaft, Technik, Arbeitsmedizin und Arbeitshygiene sowie sonstige gesicherte Erkenntnisse für Tätigkeiten mit Biostoffen zu ermitteln und entsprechende Empfehlungen auszusprechen einschließlich solcher Beiträge, die in öffentlich nutzbaren Informationssystemen über Biostoffe genutzt werden können,

2. zu ermitteln, wie die in dieser Verordnung gestellten Anforderungen erfüllt werden können und dazu die dem jeweiligen Stand von Technik und Medizin entsprechenden Regeln und Erkenntnisse zu erarbeiten,

3. wissenschaftliche Bewertungen von Biostoffen vorzunehmen und deren Einstufung in Risikogruppen vorzuschlagen,

4. das Bundesministerium für Arbeit und Soziales in Fragen der biologischen Sicherheit zu beraten.

Das Arbeitsprogramm des Ausschusses wird mit dem Bundesministerium für Arbeit und Soziales abgestimmt. Der Ausschuss arbeitet eng mit den anderen Ausschüssen beim Bundesministerium für Arbeit und Soziales zusammen.

(4) Nach Prüfung kann das Bundesministerium für Arbeit und Soziales

1. die vom Ausschuss ermittelten Regeln und Erkenntnisse nach Absatz 3 Satz 1 Nummer 2 sowie die Einstufungen nach § 3 Absatz 3 im Gemeinsamen Ministerialblatt bekannt geben,

2. die Empfehlungen nach Absatz 3 Satz 1 Nummer 1 sowie die Beratungsergebnisse nach Absatz 3 Satz 1 Nummer 4 in geeigneter Weise veröffentlichen.

(5) Die Bundesministerien sowie die zuständigen obersten Landesbehörden können zu den Sitzungen des Ausschusses Vertreter entsenden. Diesen ist auf Verlangen in der Sitzung das Wort zu erteilen.

(6) Die Bundesanstalt für Arbeitsschutz und Arbeitsmedizin führt die Geschäfte des Ausschusses.

Abschnitt 6
Ordnungswidrigkeiten, Straftaten und Übergangsvorschriften

§ 20 Ordnungswidrigkeiten

(1) Ordnungswidrig im Sinne des § 25 Absatz 1 Nummer 1 des Arbeitsschutzgesetzes handelt, wer vorsätzlich oder fahrlässig

1. entgegen § 4 Absatz 1 Satz 1 die Gefährdung der Beschäftigten nicht, nicht richtig, nicht vollständig oder nicht rechtzeitig beurteilt,

2. entgegen § 4 Absatz 2 Satz 1 eine Gefährdungsbeurteilung nicht oder nicht rechtzeitig aktualisiert,

3. entgegen § 4 Absatz 2 Satz 2 eine Gefährdungsbeurteilung nicht oder nicht rechtzeitig überprüft,

4. entgegen § 7 Absatz 1 Satz 1 eine Gefährdungsbeurteilung nicht, nicht richtig, nicht vollständig oder nicht rechtzeitig dokumentiert,

5. entgegen § 7 Absatz 3 Satz 1 ein dort genanntes Verzeichnis nicht, nicht richtig oder nicht vollständig führt,

6. entgegen § 7 Absatz 3 Satz 3 ein dort genanntes Verzeichnis nicht oder nicht mindestens zehn Jahre aufbewahrt,

7. entgegen § 8 Absatz 4 Nummer 4 erster Halbsatz persönliche Schutzausrüstung nicht oder nicht rechtzeitig zur Verfügung stellt,

8. entgegen § 9 Absatz 1 Satz 2 Nummer 3 nicht dafür sorgt, dass eine Waschgelegenheit zur Verfügung steht,

9. entgegen § 9 Absatz 1 Satz 2 Nummer 4 erster Halbsatz nicht dafür sorgt, dass eine Umkleidemöglichkeit vorhanden ist,

10. entgegen § 9 Absatz 3 Satz 2 Nummer 5 erster Halbsatz zur Verfügung gestellte persönliche Schutzausrüstung nicht instand hält,

11. entgegen § 9 Absatz 3 Satz 2 Nummer 7 zweiter Halbsatz dort genannte Bereiche nicht oder nicht rechtzeitig einrichtet,

12. entgegen § 9 Absatz 4 Satz 2 nicht sicherstellt, dass nur dort genannte Behälter verwendet werden,

13. entgegen § 10 Absatz 1 Nummer 1 Buchstabe a oder § 11 Absatz 7 Nummer 1 einen Schutzstufenbereich nicht oder nicht rechtzeitig festlegt oder nicht, nicht richtig oder nicht rechtzeitig kennzeichnet,

14. entgegen § 10 Absatz 2 Satz 1 oder § 11 Absatz 7 Nummer 3 eine Person nicht oder nicht rechtzeitig benennt,

15. entgegen § 11 Absatz 1 Nummer 1 ein dort genanntes Verfahren nicht oder nicht rechtzeitig festlegt,

16. entgegen § 11 Absatz 2 ein dort genanntes Instrument nicht oder nicht rechtzeitig ersetzt,

17. entgegen § 11 Absatz 3 Satz 1 nicht sicherstellt, dass eine gebrauchte Kanüle nicht in die Schutzkappe zurückgesteckt wird,

18. entgegen § 11 Absatz 4 Satz 1, auch in Verbindung mit Satz 4, ein dort genanntes Instrument nicht oder nicht rechtzeitig entsorgt,

19. entgegen § 13 Absatz 1 Satz 2 Nummer 1, 2 oder 3 eine dort genannte Maßnahme nicht oder nicht rechtzeitig festlegt,

20. entgegen § 13 Absatz 3 Satz 1 einen innerbetrieblichen Plan nicht, nicht richtig, nicht vollständig oder nicht rechtzeitig erstellt,

21. entgegen § 13 Absatz 5 Satz 1 ein Verfahren für Unfallmeldungen und -untersuchungen nicht oder nicht rechtzeitig festlegt,

22. entgegen § 14 Absatz 1 Satz 1 eine schriftliche Betriebsanweisung nicht, nicht richtig, nicht vollständig oder nicht rechtzeitig erstellt,

23. entgegen § 14 Absatz 2 Satz 1 nicht sicherstellt, dass ein Beschäftigter unterwiesen wird,

24. ohne Erlaubnis nach § 15 Absatz 1 Satz 1 eine dort genannte Tätigkeit aufnimmt,

25. entgegen § 16 Absatz 1 eine Anzeige nicht, nicht richtig, nicht vollständig oder nicht rechtzeitig erstattet oder

26. entgegen § 17 Absatz 1 die zuständige Behörde nicht, nicht richtig, nicht vollständig oder nicht rechtzeitig unterrichtet.

(2) Ordnungswidrig im Sinne des § 32 Absatz 1 Nummer 1 des Heimarbeitsgesetzes handelt, wer vorsätzlich oder fahrlässig entgegen § 8 Absatz 7 eine dort genannte Tätigkeit ausüben lässt.

§ 21 Straftaten

(1) Wer durch eine in § 20 Absatz 1 bezeichnete vorsätzliche Handlung Leben oder Gesundheit eines Beschäftigten gefährdet, ist nach § 26 Nummer 2 des Arbeitsschutzgesetzes strafbar.

(2) Wer durch eine in § 20 Absatz 2 bezeichnete vorsätzliche Handlung in Heimarbeit Beschäftigte in ihrer Arbeitskraft oder Gesundheit gefährdet, ist nach § 32 Absatz 3 oder Absatz 4 des Heimarbeitsgesetzes strafbar.

§ 22 Übergangsvorschriften

Bei Tätigkeiten, die vor Inkrafttreten dieser Verordnung aufgenommen worden sind,

1. ist entsprechend § 10 Absatz 2 oder § 11 Absatz 7 Nummer 3 eine fachkundige Person bis zum 30. Juni 2014 zu benennen,

2. besteht keine Erlaubnispflicht gemäß § 15 Absatz 1, sofern diese Tätigkeiten der zuständigen Behörde angezeigt wurden.

Auf den Abdruck der Anlagen wurde verzichtet.

Bundesdatenschutzgesetz

(BDSG)

Neugefasst durch Artikel 1 des Gesetzes
vom 30. Juni 2017
(BGBl. I S. 2097)

Zuletzt geändert durch Artikel 12 des Gesetzes
vom 20. November 2019
(BGBl. I S. 1626)

Teil 1
Gemeinsame Bestimmungen

Kapitel 1
Anwendungsbereich und Begriffsbestimmungen

§ 1 Anwendungsbereich des Gesetzes

(1) Dieses Gesetz gilt für die Verarbeitung personenbezogener Daten durch

1. öffentliche Stellen des Bundes,

2. öffentliche Stellen der Länder, soweit der Datenschutz nicht durch Landesgesetz geregelt ist und soweit sie

   a) Bundesrecht ausführen oder
   b) als Organe der Rechtspflege tätig werden und es sich nicht um Verwaltungsangelegenheiten handelt.

Für nichtöffentliche Stellen gilt dieses Gesetz für die ganz oder teilweise automatisierte Verarbeitung personenbezogener Daten sowie die nicht automatisierte Verarbeitung personenbezogener Daten, die in einem Dateisystem gespeichert sind oder gespeichert werden sollen, es sei denn, die Verarbeitung durch natürliche Personen erfolgt zur Ausübung ausschließlich persönlicher oder familiärer Tätigkeiten.

(2) Andere Rechtsvorschriften des Bundes über den Datenschutz gehen den Vorschriften dieses Gesetzes vor. Regeln sie einen Sachverhalt, für den dieses Gesetz gilt, nicht oder nicht abschließend, finden die Vorschriften dieses Gesetzes Anwendung. Die Verpflichtung zur Wahrung gesetzlicher Geheimhaltungspflichten oder von Berufs- oder besonderen Amtsgeheimnissen, die nicht auf gesetzlichen Vorschriften beruhen, bleibt unberührt.

(3) Die Vorschriften dieses Gesetzes gehen denen des Verwaltungsverfahrensgesetzes vor, soweit bei der Ermittlung des Sachverhalts personenbezogene Daten verarbeitet werden.

(4) Dieses Gesetz findet Anwendung auf öffentliche Stellen. Auf nichtöffentliche Stellen findet es Anwendung, sofern

1. der Verantwortliche oder Auftragsverarbeiter personenbezogene Daten im Inland verarbeitet,

2. die Verarbeitung personenbezogener Daten im Rahmen der Tätigkeiten einer inländischen Niederlassung des Verantwortlichen oder Auftragsverarbeiters erfolgt oder

3. der Verantwortliche oder Auftragsverarbeiter zwar keine Niederlassung in einem Mitgliedstaat der Europäischen Union oder in einem anderen Vertragsstaat des Abkommens über den Europäischen Wirtschaftsraum hat, er aber in den Anwendungsbereich der Verordnung (EU) 2016/679 des Europäischen Parlaments und des Rates vom 27. April 2016 zum Schutz natürlicher Personen bei der Verarbeitung personenbezogener Daten, zum freien Datenverkehr und zur Aufhebung der Richtlinie 95/46/EG (Datenschutz-Grundverordnung) (ABl. L 119 vom 4.5.2016, S. 1; L 314 vom 22.11.2016, S. 72; L 127 vom 23.5.2018, S. 2) in der jeweils geltenden Fassung fällt.

Sofern dieses Gesetz nicht gemäß Satz 2 Anwendung findet, gelten für den Verantwortlichen oder Auftragsverarbeiter nur die §§ 8 bis 21, 39 bis 44.

(5) Die Vorschriften dieses Gesetzes finden keine Anwendung, soweit das Recht der Europäischen Union, im Besonderen die Verordnung (EU) 2016/679 in der jeweils geltenden Fassung, unmittelbar gilt.

(6) Bei Verarbeitungen zu Zwecken gemäß Artikel 2 der Verordnung (EU) 2016/679 stehen die Vertragsstaaten des Abkommens über den Europäischen Wirtschaftsraum den Mitgliedstaaten der Europäischen Union gleich. Andere Staaten gelten insoweit als Drittstaaten.

(7) Bei Verarbeitungen zu Zwecken gemäß Artikel 1 Absatz 1 der Richtlinie (EU) 2016/680 des Europäischen Parlaments und des Rates vom 27. April 2016 zum Schutz natürlicher Personen bei der Verarbeitung personenbezogener Daten durch die zuständigen Behörden zum

Zwecke der Verhütung, Ermittlung, Aufdeckung oder Verfolgung von Straftaten oder der Strafvollstreckung sowie zum freien Datenverkehr und zur Aufhebung des Rahmenbeschlusses 2008/977/JI des Rates (ABl. L 119 vom 4.5.2016, S. 89) stehen die bei der Umsetzung, Anwendung und Entwicklung des Schengen-Besitzstands assoziierten Staaten den Mitgliedstaaten der Europäischen Union gleich. Andere Staaten gelten insoweit als Drittstaaten.

(8) Für Verarbeitungen personenbezogener Daten durch öffentliche Stellen im Rahmen von nicht in die Anwendungsbereiche der Verordnung (EU) 2016/679 und der Richtlinie (EU) 2016/680 fallenden Tätigkeiten finden die Verordnung (EU) 2016/679 und die Teile 1 und 2 dieses Gesetzes entsprechend Anwendung, soweit nicht in diesem Gesetz oder einem anderen Gesetz Abweichendes geregelt ist.

§ 2 Begriffsbestimmungen

(1) Öffentliche Stellen des Bundes sind die Behörden, die Organe der Rechtspflege und andere öffentlich-rechtlich organisierte Einrichtungen des Bundes, der bundesunmittelbaren Körperschaften, der Anstalten und Stiftungen des öffentlichen Rechts sowie deren Vereinigungen ungeachtet ihrer Rechtsform.

(2) Öffentliche Stellen der Länder sind die Behörden, die Organe der Rechtspflege und andere öffentlich-rechtlich organisierte Einrichtungen eines Landes, einer Gemeinde, eines Gemeindeverbandes oder sonstiger der Aufsicht des Landes unterstehender juristischer Personen des öffentlichen Rechts sowie deren Vereinigungen ungeachtet ihrer Rechtsform.

(3) Vereinigungen des privaten Rechts von öffentlichen Stellen des Bundes und der Länder, die Aufgaben der öffentlichen Verwaltung wahrnehmen, gelten ungeachtet der Beteiligung nichtöffentlicher Stellen als öffentliche Stellen des Bundes, wenn

1. sie über den Bereich eines Landes hinaus tätig werden oder

2. dem Bund die absolute Mehrheit der Anteile gehört oder die absolute Mehrheit der Stimmen zusteht.

Andernfalls gelten sie als öffentliche Stellen der Länder.

(4) Nichtöffentliche Stellen sind natürliche und juristische Personen, Gesellschaften und andere Personenvereinigungen des privaten Rechts, soweit sie nicht unter die Absätze 1 bis 3 fallen. Nimmt eine nichtöffentliche Stelle hoheitliche Aufgaben der öffentlichen Verwaltung wahr, ist sie insoweit öffentliche Stelle im Sinne dieses Gesetzes.

(5) Öffentliche Stellen des Bundes gelten als nichtöffentliche Stellen im Sinne dieses Gesetzes, soweit sie als öffentlich-rechtliche Unternehmen am Wettbewerb teilnehmen. Als nichtöffentliche Stellen im Sinne dieses Gesetzes gelten auch öffentliche Stellen der Länder, soweit sie als öffentlich-rechtliche Unternehmen am Wettbewerb teilnehmen, Bundesrecht ausführen und der Datenschutz nicht durch Landesgesetz geregelt ist.

Kapitel 2
Rechtsgrundlagen der Verarbeitung personenbezogener Daten

§ 3 Verarbeitung personenbezogener Daten durch öffentliche Stellen

Die Verarbeitung personenbezogener Daten durch eine öffentliche Stelle ist zulässig, wenn sie zur Erfüllung der in der Zuständigkeit des Verantwortlichen liegenden Aufgabe oder in Ausübung öffentlicher Gewalt, die dem Verantwortlichen übertragen wurde, erforderlich ist.

§ 4 Videoüberwachung öffentlich zugänglicher Räume

(1) Die Beobachtung öffentlich zugänglicher Räume mit optisch-elektronischen Einrichtungen (Videoüberwachung) ist nur zulässig, soweit sie

1. zur Aufgabenerfüllung öffentlicher Stellen,

2. zur Wahrnehmung des Hausrechts oder

3. zur Wahrnehmung berechtigter Interessen für konkret festgelegte Zwecke

erforderlich ist und keine Anhaltspunkte bestehen, dass schutzwürdige Interessen der betroffenen Personen überwiegen. Bei der Videoüberwachung von

1. öffentlich zugänglichen großflächigen Anlagen, wie insbesondere Sport-, Versammlungs- und Vergnügungsstätten, Einkaufszentren oder Parkplätzen, oder

2. Fahrzeugen und öffentlich zugänglichen großflächigen Einrichtungen des öffentlichen Schienen-, Schiffs- und Busverkehrs

gilt der Schutz von Leben, Gesundheit oder Freiheit von dort aufhältigen Personen als ein besonders wichtiges Interesse.

(2) Der Umstand der Beobachtung und der Name und die Kontaktdaten des Verantwortlichen sind durch geeignete Maßnahmen zum frühestmöglichen Zeitpunkt erkennbar zu machen.

(3) Die Speicherung oder Verwendung von nach Absatz 1 erhobenen Daten ist zulässig, wenn sie zum Erreichen des verfolgten Zwecks erforderlich ist und keine Anhaltspunkte bestehen, dass schutzwürdige Interessen der betroffenen Personen überwiegen. Absatz 1 Satz 2 gilt entsprechend. Für einen anderen Zweck dürfen sie nur weiterverarbeitet werden, soweit dies zur Abwehr von Gefahren für die staatliche und öffentliche Sicherheit sowie zur Verfolgung von Straftaten erforderlich ist.

(4) Werden durch Videoüberwachung erhobene Daten einer bestimmten Person zugeordnet, so besteht die Pflicht zur Information der betroffenen Person über die Verarbeitung gemäß den Artikeln 13 und 14 der Verordnung (EU) 2016/679. § 32 gilt entsprechend.

(5) Die Daten sind unverzüglich zu löschen, wenn sie zur Erreichung des Zwecks nicht mehr erforderlich sind oder schutzwürdige Interessen der betroffenen Personen einer weiteren Speicherung entgegenstehen.

Kapitel 3
Datenschutzbeauftragte öffentlicher Stellen

§ 5 Benennung

(1) Öffentliche Stellen benennen eine Datenschutzbeauftragte oder einen Datenschutzbeauftragten. Dies gilt auch für öffentliche Stellen nach § 2 Absatz 5, die am Wettbewerb teilnehmen.

(2) Für mehrere öffentliche Stellen kann unter Berücksichtigung ihrer Organisationsstruktur und ihrer Größe eine gemeinsame Datenschutzbeauftragte oder ein gemeinsamer Datenschutzbeauftragter benannt werden.

(3) Die oder der Datenschutzbeauftragte wird auf der Grundlage ihrer oder seiner beruflichen Qualifikation und insbesondere ihres oder seines Fachwissens benannt, das sie oder er auf dem Gebiet des Datenschutzrechts und der Datenschutzpraxis besitzt, sowie auf der Grundlage ihrer oder seiner Fähigkeit zur Erfüllung der in § 7 genannten Aufgaben.

(4) Die oder der Datenschutzbeauftragte kann Beschäftigte oder Beschäftigter der öffentlichen Stelle sein oder ihre oder seine Aufgaben auf der Grundlage eines Dienstleistungsvertrags erfüllen.

(5) Die öffentliche Stelle veröffentlicht die Kontaktdaten der oder des Datenschutzbeauftragten und teilt diese Daten der oder dem Bundesbeauftragten für den Datenschutz und die Informationsfreiheit mit.

§ 6 Stellung

(1) Die öffentliche Stelle stellt sicher, dass die oder der Datenschutzbeauftragte ordnungsgemäß und frühzeitig in alle mit dem Schutz personenbezogener Daten zusammenhängenden Fragen eingebunden wird.

(2) Die öffentliche Stelle unterstützt die Datenschutzbeauftragte oder den Datenschutzbeauftragten bei der Erfüllung ihrer oder seiner Aufgaben gemäß § 7, indem sie die für die Erfüllung dieser Aufgaben erforderlichen Ressourcen und den Zugang zu personenbezogenen Daten und Verarbeitungsvorgängen sowie die zur Erhaltung ihres oder seines Fachwissens erforderlichen Ressourcen zur Verfügung stellt.

(3) Die öffentliche Stelle stellt sicher, dass die oder der Datenschutzbeauftragte bei der Erfüllung ihrer oder seiner Aufgaben keine Anweisungen bezüglich der Ausübung dieser Aufgaben erhält. Die oder der Datenschutzbeauftragte berichtet unmittelbar der höchsten Leitungsebene der öffentlichen Stelle. Die oder der Datenschutzbeauftragte darf von der öffentlichen Stelle wegen der Erfüllung ihrer oder seiner Aufgaben nicht abberufen oder benachteiligt werden.

(4) Die Abberufung der oder des Datenschutzbeauftragten ist nur in entsprechender Anwendung des § 626 des Bürgerlichen Gesetzbuchs zulässig. Die Kündigung des Arbeitsverhältnisses ist unzulässig, es sei denn, dass Tatsachen vorliegen, welche die öffentliche Stelle zur Kündigung aus wichtigem Grund ohne Einhaltung einer Kündigungsfrist berechtigen. Nach dem Ende der Tätigkeit als Datenschutzbeauftragte oder als Datenschutzbeauftragter ist die Kündigung des Arbeitsverhältnisses innerhalb eines Jahres unzulässig, es sei denn, dass die öffentliche Stelle zur Kündigung aus wichtigem Grund ohne Einhaltung einer Kündigungsfrist berechtigt ist.

(5) Betroffene Personen können die Datenschutzbeauftragte oder den Datenschutzbeauftragten zu allen mit der Verarbeitung ihrer personenbezogenen Daten und mit der Wahrnehmung ihrer Rechte gemäß der Verordnung (EU) 2016/679, diesem Gesetz sowie anderen Rechtsvorschriften über den Datenschutz im Zusammenhang stehenden Fragen zu Rate ziehen. Die oder der Datenschutzbeauftragte ist zur Verschwiegenheit über die Identität der betroffenen Person sowie über Umstände, die Rückschlüsse auf die betroffene Person zulassen, verpflichtet, soweit sie oder er nicht davon durch die betroffene Person befreit wird.

(6) Wenn die oder der Datenschutzbeauftragte bei ihrer oder seiner Tätigkeit Kenntnis von Daten erhält, für die der Leitung oder einer bei der öffentlichen Stelle beschäftigten Person aus beruflichen Gründen ein Zeugnisverweigerungsrecht zusteht, steht dieses Recht auch der oder dem Datenschutzbeauftragten und den ihr oder ihm unterstellten Beschäftigten zu. Über die Ausübung dieses Rechts entscheidet die Person, der das Zeugnisverweigerungsrecht aus beruflichen Gründen zusteht, es sei denn, dass diese Entscheidung in absehbarer Zeit nicht herbeigeführt werden kann. Soweit das Zeugnisverweigerungsrecht der oder des Datenschutzbeauftragten reicht, unterliegen ihre oder seine Akten und andere Dokumente einem Beschlagnahmeverbot.

§ 7 Aufgaben

(1) Der oder dem Datenschutzbeauftragten obliegen neben den in der Verordnung (EU) 2016/679 genannten Aufgaben zumindest folgende Aufgaben:

1. Unterrichtung und Beratung der öffentlichen Stelle und der Beschäftigten, die Verarbeitungen durchführen, hinsichtlich ihrer Pflichten nach diesem Gesetz und sonstigen Vorschriften über den Datenschutz, einschließlich der zur Umsetzung der Richtlinie (EU) 2016/680 erlassenen Rechtsvorschriften;

2. Überwachung der Einhaltung dieses Gesetzes und sonstiger Vorschriften über den Datenschutz, einschließlich der zur Umsetzung der Richtlinie (EU) 2016/680 erlassenen Rechtsvorschriften, sowie der Strategien der öffentlichen Stelle für den Schutz personenbezogener Daten, einschließlich der Zuweisung von Zuständigkeiten, der Sensibilisierung und der Schulung der an

den Verarbeitungsvorgängen beteiligten Beschäftigten und der diesbezüglichen Überprüfungen;

3. Beratung im Zusammenhang mit der Datenschutz-Folgenabschätzung und Überwachung ihrer Durchführung gemäß § 67 dieses Gesetzes;

4. Zusammenarbeit mit der Aufsichtsbehörde;

5. Tätigkeit als Anlaufstelle für die Aufsichtsbehörde in mit der Verarbeitung zusammenhängenden Fragen, einschließlich der vorherigen Konsultation gemäß § 69 dieses Gesetzes, und gegebenenfalls Beratung zu allen sonstigen Fragen.

Im Fall einer oder eines bei einem Gericht bestellten Datenschutzbeauftragten beziehen sich diese Aufgaben nicht auf das Handeln des Gerichts im Rahmen seiner justiziellen Tätigkeit.

(2) Die oder der Datenschutzbeauftragte kann andere Aufgaben und Pflichten wahrnehmen. Die öffentliche Stelle stellt sicher, dass derartige Aufgaben und Pflichten nicht zu einem Interessenkonflikt führen.

(3) Die oder der Datenschutzbeauftragte trägt bei der Erfüllung ihrer oder seiner Aufgaben dem mit den Verarbeitungsvorgängen verbundenen Risiko gebührend Rechnung, wobei sie oder er die Art, den Umfang, die Umstände und die Zwecke der Verarbeitung berücksichtigt.

Kapitel 4
Die oder der Bundesbeauftragte für den Datenschutz und die Informationsfreiheit

§ 8 Errichtung

(1) Die oder der Bundesbeauftragte für den Datenschutz und die Informationsfreiheit (Bundesbeauftragte) ist eine oberste Bundesbehörde. Der Dienstsitz ist Bonn.

(2) Die Beamtinnen und Beamten der oder des Bundesbeauftragten sind Beamtinnen und Beamte des Bundes.

(3) Die oder der Bundesbeauftragte kann Aufgaben der Personalverwaltung und Personalwirtschaft auf andere Stellen des Bundes übertragen, soweit hierdurch die Unabhängigkeit der oder des Bundesbeauftragten nicht beeinträchtigt wird. Diesen Stellen dürfen personenbezogene Daten der Beschäftigten übermittelt werden, soweit deren Kenntnis zur Erfüllung der übertragenen Aufgaben erforderlich ist.

§ 9 Zuständigkeit

(1) Die oder der Bundesbeauftragte ist zuständig für die Aufsicht über die öffentlichen Stellen des Bundes, auch soweit sie als öffentlich-rechtliche Unternehmen am Wettbewerb teilnehmen, sowie über Unternehmen, soweit diese für die geschäftsmäßige Erbringung von Telekommunikationsdienstleistungen Daten von natürlichen oder juristischen Personen verarbeiten und sich die Zuständigkeit nicht bereits aus § 115 Absatz 4 des Telekommunikationsgesetzes ergibt.

(2) Die oder der Bundesbeauftragte ist nicht zuständig für die Aufsicht über die von den Bundesgerichten im Rahmen ihrer justiziellen Tätigkeit vorgenommenen Verarbeitungen.

§ 10 Unabhängigkeit

(1) Die oder der Bundesbeauftragte handelt bei der Erfüllung ihrer oder seiner Aufgaben und bei der Ausübung ihrer oder seiner Befugnisse völlig unabhängig. Sie oder er unterliegt weder direkter noch indirekter Beeinflussung von außen und ersucht weder um Weisung noch nimmt sie oder er Weisungen entgegen.

(2) Die oder der Bundesbeauftragte unterliegt der Rechnungsprüfung durch den Bundesrechnungshof, soweit hierdurch ihre oder seine Unabhängigkeit nicht beeinträchtigt wird.

§ 11 Ernennung und Amtszeit

(1) Der Deutsche Bundestag wählt ohne Aussprache auf Vorschlag der Bundesregierung die

Bundesbeauftragte oder den Bundesbeauftragten mit mehr als der Hälfte der gesetzlichen Zahl seiner Mitglieder. Die oder der Gewählte ist von der Bundespräsidentin oder dem Bundespräsidenten zu ernennen. Die oder der Bundesbeauftragte muss bei ihrer oder seiner Wahl das 35. Lebensjahr vollendet haben. Sie oder er muss über die für die Erfüllung ihrer oder seiner Aufgaben und Ausübung ihrer oder seiner Befugnisse erforderliche Qualifikation, Erfahrung und Sachkunde insbesondere im Bereich des Schutzes personenbezogener Daten verfügen. Insbesondere muss die oder der Bundesbeauftragte über durch einschlägige Berufserfahrung erworbene Kenntnisse des Datenschutzrechts verfügen und die Befähigung zum Richteramt oder höheren Verwaltungsdienst haben.

(2) Die oder der Bundesbeauftragte leistet vor der Bundespräsidentin oder dem Bundespräsidenten folgenden Eid: „Ich schwöre, dass ich meine Kraft dem Wohle des deutschen Volkes widmen, seinen Nutzen mehren, Schaden von ihm wenden, das Grundgesetz und die Gesetze des Bundes wahren und verteidigen, meine Pflichten gewissenhaft erfüllen und Gerechtigkeit gegen jedermann üben werde. So wahr mir Gott helfe." Der Eid kann auch ohne religiöse Beteuerung geleistet werden.

(3) Die Amtszeit der oder des Bundesbeauftragten beträgt fünf Jahre. Einmalige Wiederwahl ist zulässig.

§ 12 Amtsverhältnis

(1) Die oder der Bundesbeauftragte steht nach Maßgabe dieses Gesetzes zum Bund in einem öffentlich-rechtlichen Amtsverhältnis.

(2) Das Amtsverhältnis beginnt mit der Aushändigung der Ernennungsurkunde. Es endet mit dem Ablauf der Amtszeit oder mit dem Rücktritt. Die Bundespräsidentin oder der Bundespräsident enthebt auf Vorschlag der Präsidentin oder des Präsidenten des Bundestages die Bundesbeauftragte ihres oder den Bundesbeauftragten seines Amtes, wenn die oder der Bundesbeauftragte eine schwere Verfehlung

begangen hat oder die Voraussetzungen für die Wahrnehmung ihrer oder seiner Aufgaben nicht mehr erfüllt. Im Fall der Beendigung des Amtsverhältnisses oder der Amtsenthebung erhält die oder der Bundesbeauftragte eine von der Bundespräsidentin oder dem Bundespräsidenten vollzogene Urkunde. Eine Amtsenthebung wird mit der Aushändigung der Urkunde wirksam. Endet das Amtsverhältnis mit Ablauf der Amtszeit, ist die oder der Bundesbeauftragte verpflichtet, auf Ersuchen der Präsidentin oder des Präsidenten des Bundestages die Geschäfte bis zur Ernennung einer Nachfolgerin oder eines Nachfolgers für die Dauer von höchstens sechs Monaten weiterzuführen.

(3) Die Leitende Beamtin oder der Leitende Beamte nimmt die Rechte der oder des Bundesbeauftragten wahr, wenn die oder der Bundesbeauftragte an der Ausübung ihres oder seines Amtes verhindert ist oder wenn ihr oder sein Amtsverhältnis endet und sie oder er nicht zur Weiterführung der Geschäfte verpflichtet ist. § 10 Absatz 1 ist entsprechend anzuwenden.

(4) Die oder der Bundesbeauftragte erhält vom Beginn des Kalendermonats an, in dem das Amtsverhältnis beginnt, bis zum Schluss des Kalendermonats, in dem das Amtsverhältnis endet, im Fall des Absatzes 2 Satz 6 bis zum Ende des Monats, in dem die Geschäftsführung endet, Amtsbezüge in Höhe der Besoldungsgruppe B 11 sowie den Familienzuschlag entsprechend Anlage V des Bundesbesoldungsgesetzes. Das Bundesreisekostengesetz und das Bundesumzugskostengesetz sind entsprechend anzuwenden. Im Übrigen sind § 12 Absatz 6 sowie die §§ 13 bis 20 und 21a Absatz 5 des Bundesministergesetzes mit den Maßgaben anzuwenden, dass an die Stelle der vierjährigen Amtszeit in § 15 Absatz 1 des Bundesministergesetzes eine Amtszeit von fünf Jahren tritt. Abweichend von Satz 3 in Verbindung mit den §§ 15 bis 17 und 21a Absatz 5 des Bundesministergesetzes berechnet sich das Ruhegehalt der oder des Bundesbeauftragten unter Hinzurechnung der Amtszeit als ruhegehaltsfähige Dienstzeit in entsprechender An-

wendung des Beamtenversorgungsgesetzes, wenn dies günstiger ist und die oder der Bundesbeauftragte sich unmittelbar vor ihrer oder seiner Wahl zur oder zum Bundesbeauftragten als Beamtin oder Beamter oder als Richterin oder Richter mindestens in dem letzten gewöhnlich vor Erreichen der Besoldungsgruppe B 11 zu durchlaufenden Amt befunden hat.

§ 13 Rechte und Pflichten

(1) Die oder der Bundesbeauftragte sieht von allen mit den Aufgaben ihres oder seines Amtes nicht zu vereinbarenden Handlungen ab und übt während ihrer oder seiner Amtszeit keine andere mit ihrem oder seinem Amt nicht zu vereinbarende entgeltliche oder unentgeltliche Tätigkeit aus. Insbesondere darf die oder der Bundesbeauftragte neben ihrem oder seinem Amt kein anderes besoldetes Amt, kein Gewerbe und keinen Beruf ausüben und weder der Leitung noch dem Aufsichtsrat oder Verwaltungsrat eines auf Erwerb gerichteten Unternehmens noch einer Regierung oder einer gesetzgebenden Körperschaft des Bundes oder eines Landes angehören. Sie oder er darf nicht gegen Entgelt außergerichtliche Gutachten abgeben.

(2) Die oder der Bundesbeauftragte hat der Präsidentin oder dem Präsidenten des Bundestages Mitteilung über Geschenke zu machen, die sie oder er in Bezug auf das Amt erhält. Die Präsidentin oder der Präsident des Bundestages entscheidet über die Verwendung der Geschenke. Sie oder er kann Verfahrensvorschriften erlassen.

(3) Die oder der Bundesbeauftragte ist berechtigt, über Personen, die ihr oder ihm in ihrer oder seiner Eigenschaft als Bundesbeauftragte oder Bundesbeauftragter Tatsachen anvertraut haben, sowie über diese Tatsachen selbst das Zeugnis zu verweigern. Dies gilt auch für die Mitarbeiterinnen und Mitarbeiter der oder des Bundesbeauftragten mit der Maßgabe, dass über die Ausübung dieses Rechts die oder der Bundesbeauftragte entscheidet. Soweit das Zeug-

nisverweigerungsrecht der oder des Bundesbeauftragten reicht, darf die Vorlegung oder Auslieferung von Akten oder anderen Dokumenten von ihr oder ihm nicht gefordert werden.

(4) Die oder der Bundesbeauftragte ist, auch nach Beendigung ihres oder seines Amtsverhältnisses, verpflichtet, über die ihr oder ihm amtlich bekanntgewordenen Angelegenheiten Verschwiegenheit zu bewahren. Dies gilt nicht für Mitteilungen im dienstlichen Verkehr oder über Tatsachen, die offenkundig sind oder ihrer Bedeutung nach keiner Geheimhaltung bedürfen. Die oder der Bundesbeauftragte entscheidet nach pflichtgemäßem Ermessen, ob und inwieweit sie oder er über solche Angelegenheiten vor Gericht oder außergerichtlich aussagt oder Erklärungen abgibt; wenn sie oder er nicht mehr im Amt ist, ist die Genehmigung der oder des amtierenden Bundesbeauftragten erforderlich. Unberührt bleibt die gesetzlich begründete Pflicht, Straftaten anzuzeigen und bei einer Gefährdung der freiheitlichen demokratischen Grundordnung für deren Erhaltung einzutreten. Für die Bundesbeauftragte oder den Bundesbeauftragten und ihre oder seine Mitarbeiterinnen und Mitarbeiter gelten die §§ 93, 97 und 105 Absatz 1, § 111 Absatz 5 in Verbindung mit § 105 Absatz 1 sowie § 116 Absatz 1 der Abgabenordnung nicht. Satz 5 findet keine Anwendung, soweit die Finanzbehörden die Kenntnis für die Durchführung eines Verfahrens wegen einer Steuerstraftat sowie eines damit zusammenhängenden Steuerverfahrens benötigen, an deren Verfolgung ein zwingendes öffentliches Interesse besteht, oder soweit es sich um vorsätzlich falsche Angaben der oder des Auskunftpflichtigen oder der für sie oder ihn tätigen Personen handelt. Stellt die oder der Bundesbeauftragte einen Datenschutzverstoß fest, ist sie oder er befugt, diesen anzuzeigen und die betroffene Person hierüber zu informieren.

(5) Die oder der Bundesbeauftragte darf als Zeugin oder Zeuge aussagen, es sei denn, die Aussage würde

1. dem Wohl des Bundes oder eines Landes Nachteile bereiten, insbesondere Nachteile für die Sicherheit der Bundesrepublik Deutschland oder ihre Beziehungen zu anderen Staaten, oder

2. Grundrechte verletzen.

Betrifft die Aussage laufende oder abgeschlossene Vorgänge, die dem Kernbereich exekutiver Eigenverantwortung der Bundesregierung zuzurechnen sind oder sein könnten, darf die oder der Bundesbeauftragte nur im Benehmen mit der Bundesregierung aussagen. § 28 des Bundesverfassungsgerichtsgesetzes bleibt unberührt.

(6) Die Absätze 3 und 4 Satz 5 bis 7 gelten entsprechend für die öffentlichen Stellen, die für die Kontrolle der Einhaltung der Vorschriften über den Datenschutz in den Ländern zuständig sind.

§ 14 Aufgaben

(1) Die oder der Bundesbeauftragte hat neben den in der Verordnung (EU) 2016/679 genannten Aufgaben die Aufgaben,

1. die Anwendung dieses Gesetzes und sonstiger Vorschriften über den Datenschutz, einschließlich der zur Umsetzung der Richtlinie (EU) 2016/680 erlassenen Rechtsvorschriften, zu überwachen und durchzusetzen,

2. die Öffentlichkeit für die Risiken, Vorschriften, Garantien und Rechte im Zusammenhang mit der Verarbeitung personenbezogener Daten zu sensibilisieren und sie darüber aufzuklären, wobei spezifische Maßnahmen für Kinder besondere Beachtung finden,

3. den Deutschen Bundestag und den Bundesrat, die Bundesregierung und andere Einrichtungen und Gremien über legislative und administrative Maßnahmen zum Schutz der Rechte und Freiheiten natürli-

cher Personen in Bezug auf die Verarbeitung personenbezogener Daten zu beraten,

4. die Verantwortlichen und die Auftragsverarbeiter für die ihnen aus diesem Gesetz und sonstigen Vorschriften über den Datenschutz, einschließlich der zur Umsetzung der Richtlinie (EU) 2016/680 erlassenen Rechtsvorschriften, entstehenden Pflichten zu sensibilisieren,

5. auf Anfrage jeder betroffenen Person Informationen über die Ausübung ihrer Rechte aufgrund dieses Gesetzes und sonstiger Vorschriften über den Datenschutz, einschließlich der zur Umsetzung der Richtlinie (EU) 2016/680 erlassenen Rechtsvorschriften, zur Verfügung zu stellen und gegebenenfalls zu diesem Zweck mit den Aufsichtsbehörden in anderen Mitgliedstaaten zusammenzuarbeiten,

6. sich mit Beschwerden einer betroffenen Person oder Beschwerden einer Stelle, einer Organisation oder eines Verbandes gemäß Artikel 55 der Richtlinie (EU) 2016/680 zu befassen, den Gegenstand der Beschwerde in angemessenem Umfang zu untersuchen und den Beschwerdeführer innerhalb einer angemessenen Frist über den Fortgang und das Ergebnis der Untersuchung zu unterrichten, insbesondere, wenn eine weitere Untersuchung oder Koordinierung mit einer anderen Aufsichtsbehörde notwendig ist,

7. mit anderen Aufsichtsbehörden zusammenzuarbeiten, auch durch Informationsaustausch, und ihnen Amtshilfe zu leisten, um die einheitliche Anwendung und Durchsetzung dieses Gesetzes und sonstiger Vorschriften über den Datenschutz, einschließlich der zur Umsetzung der Richtlinie (EU) 2016/680 erlassenen Rechtsvorschriften, zu gewährleisten,

8. Untersuchungen über die Anwendung dieses Gesetzes und sonstiger Vorschriften über den Datenschutz, einschließlich der

zur Umsetzung der Richtlinie (EU) 2016/680 erlassenen Rechtsvorschriften, durchzuführen, auch auf der Grundlage von Informationen einer anderen Aufsichtsbehörde oder einer anderen Behörde,

9. maßgebliche Entwicklungen zu verfolgen, soweit sie sich auf den Schutz personenbezogener Daten auswirken, insbesondere die Entwicklung der Informations- und Kommunikationstechnologie und der Geschäftspraktiken,

10. Beratung in Bezug auf die in § 69 genannten Verarbeitungsvorgänge zu leisten und

11. Beiträge zur Tätigkeit des Europäischen Datenschutzausschusses zu leisten.

Im Anwendungsbereich der Richtlinie (EU) 2016/680 nimmt die oder der Bundesbeauftragte zudem die Aufgabe nach § 60 wahr.

(2) Zur Erfüllung der in Absatz 1 Satz 1 Nummer 3 genannten Aufgabe kann die oder der Bundesbeauftragte zu allen Fragen, die im Zusammenhang mit dem Schutz personenbezogener Daten stehen, von sich aus oder auf Anfrage Stellungnahmen an den Deutschen Bundestag oder einen seiner Ausschüsse, den Bundesrat, die Bundesregierung, sonstige Einrichtungen und Stellen sowie an die Öffentlichkeit richten. Auf Ersuchen des Deutschen Bundestages, eines seiner Ausschüsse oder der Bundesregierung geht die oder der Bundesbeauftragte ferner Hinweisen auf Angelegenheiten und Vorgänge des Datenschutzes bei den öffentlichen Stellen des Bundes nach.

(3) Die oder der Bundesbeauftragte erleichtert das Einreichen der in Absatz 1 Satz 1 Nummer 6 genannten Beschwerden durch Maßnahmen wie etwa die Bereitstellung eines Beschwerdeformulars, das auch elektronisch ausgefüllt werden kann, ohne dass andere Kommunikationsmittel ausgeschlossen werden.

(4) Die Erfüllung der Aufgaben der oder des Bundesbeauftragten ist für die betroffene Person unentgeltlich. Bei offenkundig unbegründe-

ten oder, insbesondere im Fall von häufiger Wiederholung, exzessiven Anfragen kann die oder der Bundesbeauftragte eine angemessene Gebühr auf der Grundlage der Verwaltungskosten verlangen oder sich weigern, aufgrund der Anfrage tätig zu werden. In diesem Fall trägt die oder der Bundesbeauftragte die Beweislast für den offenkundig unbegründeten oder exzessiven Charakter der Anfrage.

§ 15 Tätigkeitsbericht

Die oder der Bundesbeauftragte erstellt einen Jahresbericht über ihre oder seine Tätigkeit, der eine Liste der Arten der gemeldeten Verstöße und der Arten der getroffenen Maßnahmen, einschließlich der verhängten Sanktionen und der Maßnahmen nach Artikel 58 Absatz 2 der Verordnung (EU) 2016/679, enthalten kann. Die oder der Bundesbeauftragte übermittelt den Bericht dem Deutschen Bundestag, dem Bundesrat und der Bundesregierung und macht ihn der Öffentlichkeit, der Europäischen Kommission und dem Europäischen Datenschutzausschuss zugänglich.

§ 16 Befugnisse

(1) Die oder der Bundesbeauftragte nimmt im Anwendungsbereich der Verordnung (EU) 2016/679 die Befugnisse gemäß Artikel 58 der Verordnung (EU) 2016/679 wahr. Kommt die oder der Bundesbeauftragte zu dem Ergebnis, dass Verstöße gegen die Vorschriften über den Datenschutz oder sonstige Mängel bei der Verarbeitung personenbezogener Daten vorliegen, teilt sie oder er dies der zuständigen Rechts- oder Fachaufsichtsbehörde mit und gibt dieser vor der Ausübung der Befugnisse des Artikels 58 Absatz 2 Buchstabe b bis g, i und j der Verordnung (EU) 2016/679 gegenüber dem Verantwortlichen Gelegenheit zur Stellungnahme innerhalb einer angemessenen Frist. Von der Einräumung der Gelegenheit zur Stellungnahme kann abgesehen werden, wenn eine sofortige Entscheidung wegen Gefahr im Verzug oder im öffentlichen Interesse notwendig er-

scheint oder ihr ein zwingendes öffentliches Interesse entgegensteht. Die Stellungnahme soll auch eine Darstellung der Maßnahmen enthalten, die aufgrund der Mitteilung der oder des Bundesbeauftragten getroffen worden sind.

(2) Stellt die oder der Bundesbeauftragte bei Datenverarbeitungen durch öffentliche Stellen des Bundes zu Zwecken außerhalb des Anwendungsbereichs der Verordnung (EU) 2016/679 Verstöße gegen die Vorschriften dieses Gesetzes oder gegen andere Vorschriften über den Datenschutz oder sonstige Mängel bei der Verarbeitung oder Nutzung personenbezogener Daten fest, so beanstandet sie oder er dies gegenüber der zuständigen obersten Bundesbehörde und fordert diese zur Stellungnahme innerhalb einer von ihr oder ihm zu bestimmenden Frist auf. Die oder der Bundesbeauftragte kann von einer Beanstandung absehen oder auf eine Stellungnahme verzichten, insbesondere wenn es sich um unerhebliche oder inzwischen beseitigte Mängel handelt. Die Stellungnahme soll auch eine Darstellung der Maßnahmen enthalten, die aufgrund der Beanstandung der oder des Bundesbeauftragten getroffen worden sind. Die oder der Bundesbeauftragte kann den Verantwortlichen auch davor warnen, dass beabsichtigte Verarbeitungsvorgänge voraussichtlich gegen in diesem Gesetz enthaltene und andere auf die jeweilige Datenverarbeitung anzuwendende Vorschriften über den Datenschutz verstoßen.

(3) Die Befugnisse der oder des Bundesbeauftragten erstrecken sich auch auf

1. von ihrer oder seiner Aufsicht unterliegenden Stellen erlangte personenbezogene Daten über den Inhalt und die näheren Umstände des Brief-, Post- und Fernmeldeverkehrs und

2. personenbezogene Daten, die einem besonderen Amtsgeheimnis, insbesondere dem Steuergeheimnis nach § 30 der Abgabenordnung, unterliegen.

Das Grundrecht des Brief-, Post- und Fernmeldegeheimnisses des Artikels 10 des Grundgesetzes wird insoweit eingeschränkt.

(4) Die öffentlichen Stellen des Bundes sind verpflichtet, der oder dem Bundesbeauftragten und ihren oder seinen Beauftragten

1. jederzeit Zugang zu den Grundstücken und Diensträumen, einschließlich aller Datenverarbeitungsanlagen und -geräte, sowie zu allen personenbezogenen Daten und Informationen, die zur Erfüllung ihrer oder seiner Aufgaben notwendig sind, zu gewähren und

2. alle Informationen, die für die Erfüllung ihrer oder seiner Aufgaben erforderlich sind, bereitzustellen.

Für nichtöffentliche Stellen besteht die Verpflichtung des Satzes 1 Nummer 1 nur während der üblichen Betriebs- und Geschäftszeiten.

(5) Die oder der Bundesbeauftragte wirkt auf die Zusammenarbeit mit den öffentlichen Stellen, die für die Kontrolle der Einhaltung der Vorschriften über den Datenschutz in den Ländern zuständig sind, sowie mit den Aufsichtsbehörden nach § 40 hin. § 40 Absatz 3 Satz 1 zweiter Halbsatz gilt entsprechend.

Kapitel 5
Vertretung im Europäischen Datenschutzausschuss, zentrale Anlaufstelle, Zusammenarbeit der Aufsichtsbehörden des Bundes und der Länder in Angelegenheiten der Europäischen Union

§ 17 Vertretung im Europäischen Datenschutzausschuss, zentrale Anlaufstelle

(1) Gemeinsamer Vertreter im Europäischen Datenschutzausschuss und zentrale Anlaufstelle ist die oder der Bundesbeauftragte (gemeinsamer Vertreter). Als Stellvertreterin oder Stellvertreter des gemeinsamen Vertreters wählt der Bundesrat eine Leiterin oder einen Leiter der Aufsichtsbehörde eines Landes (Stellvertreter).

Die Wahl erfolgt für fünf Jahre. Mit dem Ausscheiden aus dem Amt als Leiterin oder Leiter der Aufsichtsbehörde eines Landes endet zugleich die Funktion als Stellvertreter. Wiederwahl ist zulässig.

(2) Der gemeinsame Vertreter überträgt in Angelegenheiten, die die Wahrnehmung einer Aufgabe betreffen, für welche die Länder allein das Recht zur Gesetzgebung haben, oder welche die Einrichtung oder das Verfahren von Landesbehörden betreffen, dem Stellvertreter auf dessen Verlangen die Verhandlungsführung und das Stimmrecht im Europäischen Datenschutzausschuss.

§ 18 Verfahren der Zusammenarbeit der Aufsichtsbehörden des Bundes und der Länder

(1) Die oder der Bundesbeauftragte und die Aufsichtsbehörden der Länder (Aufsichtsbehörden des Bundes und der Länder) arbeiten in Angelegenheiten der Europäischen Union mit dem Ziel einer einheitlichen Anwendung der Verordnung (EU) 2016/679 und der Richtlinie (EU) 2016/680 zusammen. Vor der Übermittlung eines gemeinsamen Standpunktes an die Aufsichtsbehörden der anderen Mitgliedstaaten, die Europäische Kommission oder den Europäischen Datenschutzausschuss geben sich die Aufsichtsbehörden des Bundes und der Länder frühzeitig Gelegenheit zur Stellungnahme. Zu diesem Zweck tauschen sie untereinander alle zweckdienlichen Informationen aus. Die Aufsichtsbehörden des Bundes und der Länder beteiligen die nach den Artikeln 85 und 91 der Verordnung (EU) 2016/679 eingerichteten spezifischen Aufsichtsbehörden, sofern diese von der Angelegenheit betroffen sind.

(2) Soweit die Aufsichtsbehörden des Bundes und der Länder kein Einvernehmen über den gemeinsamen Standpunkt erzielen, legen die federführende Behörde oder in Ermangelung einer solchen der gemeinsame Vertreter und sein Stellvertreter einen Vorschlag für einen gemeinsamen Standpunkt vor. Einigen sich der gemeinsame Vertreter und sein Stellvertreter

nicht auf einen Vorschlag für einen gemeinsamen Standpunkt, legt in Angelegenheiten, die die Wahrnehmung von Aufgaben betreffen, für welche die Länder allein das Recht der Gesetzgebung haben, oder welche die Einrichtung oder das Verfahren von Landesbehörden betreffen, der Stellvertreter den Vorschlag für einen gemeinsamen Standpunkt fest. In den übrigen Fällen fehlenden Einvernehmens nach Satz 2 legt der gemeinsame Vertreter den Standpunkt fest. Der nach den Sätzen 1 bis 3 vorgeschlagene Standpunkt ist den Verhandlungen zu Grunde zu legen, wenn nicht die Aufsichtsbehörden von Bund und Ländern einen anderen Standpunkt mit einfacher Mehrheit beschließen. Der Bund und jedes Land haben jeweils eine Stimme. Enthaltungen werden nicht gezählt.

(3) Der gemeinsame Vertreter und dessen Stellvertreter sind an den gemeinsamen Standpunkt nach den Absätzen 1 und 2 gebunden und legen unter Beachtung dieses Standpunktes einvernehmlich die jeweilige Verhandlungsführung fest. Sollte ein Einvernehmen nicht erreicht werden, entscheidet in den in § 18 Absatz 2 Satz 2 genannten Angelegenheiten der Stellvertreter über die weitere Verhandlungsführung. In den übrigen Fällen gibt die Stimme des gemeinsamen Vertreters den Ausschlag.

§ 19 Zuständigkeiten

(1) Federführende Aufsichtsbehörde eines Landes im Verfahren der Zusammenarbeit und Kohärenz nach Kapitel VII der Verordnung (EU) 2016/679 ist die Aufsichtsbehörde des Landes, in dem der Verantwortliche oder der Auftragsverarbeiter seine Hauptniederlassung im Sinne des Artikels 4 Nummer 16 der Verordnung (EU) 2016/679 oder seine einzige Niederlassung in der Europäischen Union im Sinne des Artikels 56 Absatz 1 der Verordnung (EU) 2016/679 hat. Im Zuständigkeitsbereich der oder des Bundesbeauftragten gilt Artikel 56 Absatz 1 in Verbindung mit Artikel 4 Nummer 16 der Verordnung (EU) 2016/679 entsprechend.

Besteht über die Federführung kein Einvernehmen, findet für die Festlegung der federführenden Aufsichtsbehörde das Verfahren des § 18 Absatz 2 entsprechende Anwendung.

(2) Die Aufsichtsbehörde, bei der eine betroffene Person Beschwerde eingereicht hat, gibt die Beschwerde an die federführende Aufsichtsbehörde nach Absatz 1, in Ermangelung einer solchen an die Aufsichtsbehörde eines Landes ab, in dem der Verantwortliche oder der Auftragsverarbeiter eine Niederlassung hat. Wird eine Beschwerde bei einer sachlich unzuständigen Aufsichtsbehörde eingereicht, gibt diese, sofern eine Abgabe nach Satz 1 nicht in Betracht kommt, die Beschwerde an die Aufsichtsbehörde am Wohnsitz des Beschwerdeführers ab. Die empfangende Aufsichtsbehörde gilt als die Aufsichtsbehörde nach Maßgabe des Kapitels VII der Verordnung (EU) 2016/679, bei der die Beschwerde eingereicht worden ist, und kommt den Verpflichtungen aus Artikel 60 Absatz 7 bis 9 und Artikel 65 Absatz 6 der Verordnung (EU) 2016/679 nach. Im Zuständigkeitsbereich der oder des Bundesbeauftragten gibt die Aufsichtsbehörde, bei der eine Beschwerde eingereicht wurde, diese, sofern eine Abgabe nach Absatz 1 nicht in Betracht kommt, an den Bundesbeauftragten oder die Bundesbeauftragte ab.

Kapitel 6
Rechtsbehelfe

§ 20 Gerichtlicher Rechtsschutz

(1) Für Streitigkeiten zwischen einer natürlichen oder einer juristischen Person und einer Aufsichtsbehörde des Bundes oder eines Landes über Rechte gemäß Artikel 78 Absatz 1 und 2 der Verordnung (EU) 2016/679 sowie § 61 ist der Verwaltungsrechtsweg gegeben. Satz 1 gilt nicht für Bußgeldverfahren.

(2) Die Verwaltungsgerichtsordnung ist nach Maßgabe der Absätze 3 bis 7 anzuwenden.

(3) Für Verfahren nach Absatz 1 Satz 1 ist das Verwaltungsgericht örtlich zuständig, in dessen Bezirk die Aufsichtsbehörde ihren Sitz hat.

(4) In Verfahren nach Absatz 1 Satz 1 ist die Aufsichtsbehörde beteiligungsfähig.

(5) Beteiligte eines Verfahrens nach Absatz 1 Satz 1 sind

1. die natürliche oder juristische Person als Klägerin oder Antragstellerin und

2. die Aufsichtsbehörde als Beklagte oder Antragsgegnerin.

§ 63 Nummer 3 und 4 der Verwaltungsgerichtsordnung bleibt unberührt.

(6) Ein Vorverfahren findet nicht statt.

(7) Die Aufsichtsbehörde darf gegenüber einer Behörde oder deren Rechtsträger nicht die sofortige Vollziehung gemäß § 80 Absatz 2 Satz 1 Nummer 4 der Verwaltungsgerichtsordnung anordnen.

§ 21 Antrag der Aufsichtsbehörde auf gerichtliche Entscheidung bei angenommener Rechtswidrigkeit eines Beschlusses der Europäischen Kommission

(1) Hält eine Aufsichtsbehörde einen Angemessenheitsbeschluss der Europäischen Kommission, einen Beschluss über die Anerkennung von Standardschutzklauseln oder über die Allgemeingültigkeit von genehmigten Verhaltensregeln, auf dessen Gültigkeit es für eine Entscheidung der Aufsichtsbehörde ankommt, für rechtswidrig, so hat die Aufsichtsbehörde ihr Verfahren auszusetzen und einen Antrag auf gerichtliche Entscheidung zu stellen.

(2) Für Verfahren nach Absatz 1 ist der Verwaltungsrechtsweg gegeben. Die Verwaltungsgerichtsordnung ist nach Maßgabe der Absätze 3 bis 6 anzuwenden.

(3) Über einen Antrag der Aufsichtsbehörde nach Absatz 1 entscheidet im ersten und letzten Rechtszug das Bundesverwaltungsgericht.

(4) In Verfahren nach Absatz 1 ist die Aufsichtsbehörde beteiligungsfähig. An einem Verfahren nach Absatz 1 ist die Aufsichtsbehörde als Antragstellerin beteiligt; § 63 Nummer 3 und 4 der Verwaltungsgerichtsordnung bleibt unberührt. Das Bundesverwaltungsgericht kann der Europäischen Kommission Gelegenheit zur Äußerung binnen einer zu bestimmenden Frist geben.

(5) Ist ein Verfahren zur Überprüfung der Gültigkeit eines Beschlusses der Europäischen Kommission nach Absatz 1 bei dem Gerichtshof der Europäischen Union anhängig, so kann das Bundesverwaltungsgericht anordnen, dass die Verhandlung bis zur Erledigung des Verfahrens vor dem Gerichtshof der Europäischen Union auszusetzen sei.

(6) In Verfahren nach Absatz 1 ist § 47 Absatz 5 Satz 1 und Absatz 6 der Verwaltungsgerichtsordnung entsprechend anzuwenden. Kommt das Bundesverwaltungsgericht zu der Überzeugung, dass der Beschluss der Europäischen Kommission nach Absatz 1 gültig ist, so stellt es dies in seiner Entscheidung fest. Andernfalls legt es die Frage nach der Gültigkeit des Beschlusses gemäß Artikel 267 des Vertrags über die Arbeitsweise der Europäischen Union dem Gerichtshof der Europäischen Union zur Entscheidung vor.

Teil 2
Durchführungsbestimmungen für Verarbeitungen zu Zwecken gemäß Artikel 2 der Verordnung (EU) 2016/679

Kapitel 1
Rechtsgrundlagen der Verarbeitung personenbezogener Daten

Abschnitt 1
Verarbeitung besonderer Kategorien personenbezogener Daten und Verarbeitung zu anderen Zwecken

§ 22 Verarbeitung besonderer Kategorien personenbezogener Daten

(1) Abweichend von Artikel 9 Absatz 1 der Verordnung (EU) 2016/679 ist die Verarbeitung besonderer Kategorien personenbezogener Daten im Sinne des Artikels 9 Absatz 1 der Verordnung (EU) 2016/679 zulässig

1. durch öffentliche und nichtöffentliche Stellen, wenn sie

a) erforderlich ist, um die aus dem Recht der sozialen Sicherheit und des Sozialschutzes erwachsenden Rechte auszuüben und den diesbezüglichen Pflichten nachzukommen,

b) zum Zweck der Gesundheitsvorsorge, für die Beurteilung der Arbeitsfähigkeit des Beschäftigten, für die medizinische Diagnostik, die Versorgung oder Behandlung im Gesundheits- oder Sozialbereich oder für die Verwaltung von Systemen und Diensten im Gesundheits- und Sozialbereich oder aufgrund eines Vertrags der betroffenen Person mit einem Angehörigen eines Gesundheitsberufs erforderlich ist und diese Daten von ärztlichem Personal oder durch sonstige Personen, die einer entsprechenden Geheimhaltungspflicht unterliegen, oder unter deren Verantwortung verarbeitet werden,

c) aus Gründen des öffentlichen Interesses im Bereich der öffentlichen Gesundheit, wie des Schutzes vor schwerwiegenden grenzüberschreitenden Gesundheitsgefahren oder zur Gewährleistung hoher Qualitäts- und Sicherheitsstandards bei der Gesundheitsversorgung und bei Arzneimitteln und Medizinprodukten erforderlich ist; ergänzend zu den in Absatz 2 genannten Maßnahmen sind insbesondere die berufsrechtlichen und strafrechtlichen Vorgaben zur Wahrung des Berufsgeheimnisses einzuhalten, oder

d) aus Gründen eines erheblichen öffentlichen Interesses zwingend erforderlich ist,

2. durch öffentliche Stellen, wenn sie

   a) zur Abwehr einer erheblichen Gefahr für die öffentliche Sicherheit erforderlich ist,
   b) zur Abwehr erheblicher Nachteile für das Gemeinwohl oder zur Wahrung erheblicher Belange des Gemeinwohls zwingend erforderlich ist oder
   c) aus zwingenden Gründen der Verteidigung oder der Erfüllung über- oder zwischenstaatlicher Verpflichtungen einer öffentlichen Stelle des Bundes auf dem Gebiet der Krisenbewältigung oder Konfliktverhinderung oder für humanitäre Maßnahmen erforderlich ist

und soweit die Interessen des Verantwortlichen an der Datenverarbeitung in den Fällen der Nummer 1 Buchstabe d und der Nummer 2 die Interessen der betroffenen Person überwiegen.

(2) In den Fällen des Absatzes 1 sind angemessene und spezifische Maßnahmen zur Wahrung der Interessen der betroffenen Person vorzusehen. Unter Berücksichtigung des Stands der Technik, der Implementierungskosten und der Art, des Umfangs, der Umstände und der Zwecke der Verarbeitung sowie der unterschiedlichen Eintrittswahrscheinlichkeit und Schwere der mit der Verarbeitung verbundenen Risiken für die Rechte und Freiheiten natürlicher Personen können dazu insbesondere gehören:

1. technisch organisatorische Maßnahmen, um sicherzustellen, dass die Verarbeitung gemäß der Verordnung (EU) 2016/679 erfolgt,

2. Maßnahmen, die gewährleisten, dass nachträglich überprüft und festgestellt werden kann, ob und von wem personenbezogene Daten eingegeben, verändert oder entfernt worden sind,

3. Sensibilisierung der an Verarbeitungsvorgängen Beteiligten,

4. Benennung einer oder eines Datenschutzbeauftragten,

5. Beschränkung des Zugangs zu den personenbezogenen Daten innerhalb der verantwortlichen Stelle und von Auftragsverarbeitern,

6. Pseudonymisierung personenbezogener Daten,

7. Verschlüsselung personenbezogener Daten,

8. Sicherstellung der Fähigkeit, Vertraulichkeit, Integrität, Verfügbarkeit und Belastbarkeit der Systeme und Dienste im Zusammenhang mit der Verarbeitung personenbezogener Daten, einschließlich der Fähigkeit, die Verfügbarkeit und den Zugang bei einem physischen oder technischen Zwischenfall rasch wiederherzustellen,

9. zur Gewährleistung der Sicherheit der Verarbeitung die Einrichtung eines Verfahrens zur regelmäßigen Überprüfung, Bewertung und Evaluierung der Wirksamkeit der technischen und organisatorischen Maßnahmen oder

10. spezifische Verfahrensregelungen, die im Fall einer Übermittlung oder Verarbeitung für andere Zwecke die Einhaltung der Vorgaben dieses Gesetzes sowie der Verordnung (EU) 2016/679 sicherstellen.

§ 23 Verarbeitung zu anderen Zwecken durch öffentliche Stellen

(1) Die Verarbeitung personenbezogener Daten zu einem anderen Zweck als zu demjenigen, zu dem die Daten erhoben wurden, durch öffentliche Stellen im Rahmen ihrer Aufgabenerfüllung ist zulässig, wenn

1. offensichtlich ist, dass sie im Interesse der betroffenen Person liegt und kein Grund zu

der Annahme besteht, dass sie in Kenntnis des anderen Zwecks ihre Einwilligung verweigern würde,

2. Angaben der betroffenen Person überprüft werden müssen, weil tatsächliche Anhaltspunkte für deren Unrichtigkeit bestehen,

3. sie zur Abwehr erheblicher Nachteile für das Gemeinwohl oder einer Gefahr für die öffentliche Sicherheit, die Verteidigung oder die nationale Sicherheit, zur Wahrung erheblicher Belange des Gemeinwohls oder zur Sicherung des Steuer- und Zollaufkommens erforderlich ist,

4. sie zur Verfolgung von Straftaten oder Ordnungswidrigkeiten, zur Vollstreckung oder zum Vollzug von Strafen oder Maßnahmen im Sinne des § 11 Absatz 1 Nummer 8 des Strafgesetzbuchs oder von Erziehungsmaßregeln oder Zuchtmitteln im Sinne des Jugendgerichtsgesetzes oder zur Vollstreckung von Geldbußen erforderlich ist,

5. sie zur Abwehr einer schwerwiegenden Beeinträchtigung der Rechte einer anderen Person erforderlich ist oder

6. sie der Wahrnehmung von Aufsichts- und Kontrollbefugnissen, der Rechnungsprüfung oder der Durchführung von Organisationsuntersuchungen des Verantwortlichen dient; dies gilt auch für die Verarbeitung zu Ausbildungs- und Prüfungszwecken durch den Verantwortlichen, soweit schutzwürdige Interessen der betroffenen Person dem nicht entgegenstehen.

(2) Die Verarbeitung besonderer Kategorien personenbezogener Daten im Sinne des Artikels 9 Absatz 1 der Verordnung (EU) 2016/679 zu einem anderen Zweck als zu demjenigen, zu dem die Daten erhoben wurden, ist zulässig, wenn die Voraussetzungen des Absatzes 1 und ein Ausnahmetatbestand nach Artikel 9 Absatz 2 der Verordnung (EU) 2016/679 oder nach § 22 vorliegen.

§ 24 Verarbeitung zu anderen Zwecken durch nichtöffentliche Stellen

(1) Die Verarbeitung personenbezogener Daten zu einem anderen Zweck als zu demjenigen, zu dem die Daten erhoben wurden, durch nichtöffentliche Stellen ist zulässig, wenn

1. sie zur Abwehr von Gefahren für die staatliche oder öffentliche Sicherheit oder zur Verfolgung von Straftaten erforderlich ist oder

2. sie zur Geltendmachung, Ausübung oder Verteidigung zivilrechtlicher Ansprüche erforderlich ist,

sofern nicht die Interessen der betroffenen Person an dem Ausschluss der Verarbeitung überwiegen.

(2) Die Verarbeitung besonderer Kategorien personenbezogener Daten im Sinne des Artikels 9 Absatz 1 der Verordnung (EU) 2016/679 zu einem anderen Zweck als zu demjenigen, zu dem die Daten erhoben wurden, ist zulässig, wenn die Voraussetzungen des Absatzes 1 und ein Ausnahmetatbestand nach Artikel 9 Absatz 2 der Verordnung (EU) 2016/679 oder nach § 22 vorliegen.

§ 25 Datenübermittlungen durch öffentliche Stellen

(1) Die Übermittlung personenbezogener Daten durch öffentliche Stellen an öffentliche Stellen ist zulässig, wenn sie zur Erfüllung der in der Zuständigkeit der übermittelnden Stelle oder des Dritten, an den die Daten übermittelt werden, liegenden Aufgaben erforderlich ist und die Voraussetzungen vorliegen, die eine Verarbeitung nach § 23 zulassen würden. Der Dritte, an den die Daten übermittelt werden, darf diese nur für den Zweck verarbeiten, zu dessen Erfüllung sie ihm übermittelt werden. Eine Verarbeitung für andere Zwecke ist unter den Voraussetzungen des § 23 zulässig.

(2) Die Übermittlung personenbezogener Daten durch öffentliche Stellen an nichtöffentliche Stellen ist zulässig, wenn

1. sie zur Erfüllung der in der Zuständigkeit der übermittelnden Stelle liegenden Aufgaben erforderlich ist und die Voraussetzungen vorliegen, die eine Verarbeitung nach § 23 zulassen würden,

2. der Dritte, an den die Daten übermittelt werden, ein berechtigtes Interesse an der Kenntnis der zu übermittelnden Daten glaubhaft darlegt und die betroffene Person kein schutzwürdiges Interesse an dem Ausschluss der Übermittlung hat oder

3. es zur Geltendmachung, Ausübung oder Verteidigung rechtlicher Ansprüche erforderlich ist

und der Dritte sich gegenüber der übermittelnden öffentlichen Stelle verpflichtet hat, die Daten nur für den Zweck zu verarbeiten, zu dessen Erfüllung sie ihm übermittelt werden. Eine Verarbeitung für andere Zwecke ist zulässig, wenn eine Übermittlung nach Satz 1 zulässig wäre und die übermittelnde Stelle zugestimmt hat.

(3) Die Übermittlung besonderer Kategorien personenbezogener Daten im Sinne des Artikels 9 Absatz 1 der Verordnung (EU) 2016/679 ist zulässig, wenn die Voraussetzungen des Absatzes 1 oder 2 und ein Ausnahmetatbestand nach Artikel 9 Absatz 2 der Verordnung (EU) 2016/679 oder nach § 22 vorliegen.

Abschnitt 2
Besondere Verarbeitungssituationen

§ 26 Datenverarbeitung für Zwecke des Beschäftigungsverhältnisses

(1) Personenbezogene Daten von Beschäftigten dürfen für Zwecke des Beschäftigungsverhältnisses verarbeitet werden, wenn dies für die Entscheidung über die Begründung eines Beschäftigungsverhältnisses oder nach Begründung des Beschäftigungsverhältnisses für dessen Durchführung oder Beendigung oder zur Ausübung oder Erfüllung der sich aus einem Gesetz oder einem Tarifvertrag, einer Betriebs- oder Dienstvereinbarung (Kollektivvereinba-

rung) ergebenden Rechte und Pflichten der Interessenvertretung der Beschäftigten erforderlich ist. Zur Aufdeckung von Straftaten dürfen personenbezogene Daten von Beschäftigten nur dann verarbeitet werden, wenn zu dokumentierende tatsächliche Anhaltspunkte den Verdacht begründen, dass die betroffene Person im Beschäftigungsverhältnis eine Straftat begangen hat, die Verarbeitung zur Aufdeckung erforderlich ist und das schutzwürdige Interesse der oder des Beschäftigten an dem Ausschluss der Verarbeitung nicht überwiegt, insbesondere Art und Ausmaß im Hinblick auf den Anlass nicht unverhältnismäßig sind.

(2) Erfolgt die Verarbeitung personenbezogener Daten von Beschäftigten auf der Grundlage einer Einwilligung, so sind für die Beurteilung der Freiwilligkeit der Einwilligung insbesondere die im Beschäftigungsverhältnis bestehende Abhängigkeit der beschäftigten Person sowie die Umstände, unter denen die Einwilligung erteilt worden ist, zu berücksichtigen. Freiwilligkeit kann insbesondere vorliegen, wenn für die beschäftigte Person ein rechtlicher oder wirtschaftlicher Vorteil erreicht wird oder Arbeitgeber und beschäftigte Person gleichgelagerte Interessen verfolgen. Die Einwilligung hat schriftlich oder elektronisch zu erfolgen, soweit nicht wegen besonderer Umstände eine andere Form angemessen ist. Der Arbeitgeber hat die beschäftigte Person über den Zweck der Datenverarbeitung und über ihr Widerrufsrecht nach Artikel 7 Absatz 3 der Verordnung (EU) 2016/679 in Textform aufzuklären.

(3) Abweichend von Artikel 9 Absatz 1 der Verordnung (EU) 2016/679 ist die Verarbeitung besonderer Kategorien personenbezogener Daten im Sinne des Artikels 9 Absatz 1 der Verordnung (EU) 2016/679 für Zwecke des Beschäftigungsverhältnisses zulässig, wenn sie zur Ausübung von Rechten oder zur Erfüllung rechtlicher Pflichten aus dem Arbeitsrecht, dem Recht der sozialen Sicherheit und des Sozialschutzes erforderlich ist und kein Grund zu der Annahme besteht, dass das schutzwürdige Interesse der betroffenen Person an dem Aus-

schluss der Verarbeitung überwiegt. Absatz 2 gilt auch für die Einwilligung in die Verarbeitung besonderer Kategorien personenbezogener Daten; die Einwilligung muss sich dabei ausdrücklich auf diese Daten beziehen. § 22 Absatz 2 gilt entsprechend.

(4) Die Verarbeitung personenbezogener Daten, einschließlich besonderer Kategorien personenbezogener Daten von Beschäftigten für Zwecke des Beschäftigungsverhältnisses, ist auf der Grundlage von Kollektivvereinbarungen zulässig. Dabei haben die Verhandlungspartner Artikel 88 Absatz 2 der Verordnung (EU) 2016/679 zu beachten.

(5) Der Verantwortliche muss geeignete Maßnahmen ergreifen, um sicherzustellen, dass insbesondere die in Artikel 5 der Verordnung (EU) 2016/679 dargelegten Grundsätze für die Verarbeitung personenbezogener Daten eingehalten werden.

(6) Die Beteiligungsrechte der Interessenvertretungen der Beschäftigten bleiben unberührt.

(7) Die Absätze 1 bis 6 sind auch anzuwenden, wenn personenbezogene Daten, einschließlich besonderer Kategorien personenbezogener Daten, von Beschäftigten verarbeitet werden, ohne dass sie in einem Dateisystem gespeichert sind oder gespeichert werden sollen.

(8) Beschäftigte im Sinne dieses Gesetzes sind:

1. Arbeitnehmerinnen und Arbeitnehmer, einschließlich der Leiharbeitnehmerinnen und Leiharbeitnehmer im Verhältnis zum Entleiher,

2. zu ihrer Berufsbildung Beschäftigte,

3. Teilnehmerinnen und Teilnehmer an Leistungen zur Teilhabe am Arbeitsleben sowie an Abklärungen der beruflichen Eignung oder Arbeitserprobung (Rehabilitandinnen und Rehabilitanden),

4. in anerkannten Werkstätten für behinderte Menschen Beschäftigte,

5. Freiwillige, die einen Dienst nach dem Jugendfreiwilligendienstegesetz oder dem Bundesfreiwilligendienstgesetz leisten,

6. Personen, die wegen ihrer wirtschaftlichen Unselbständigkeit als arbeitnehmerähnliche Personen anzusehen sind; zu diesen gehören auch die in Heimarbeit Beschäftigten und die ihnen Gleichgestellten,

7. Beamtinnen und Beamte des Bundes, Richterinnen und Richter des Bundes, Soldatinnen und Soldaten sowie Zivildienstleistende.

Bewerberinnen und Bewerber für ein Beschäftigungsverhältnis sowie Personen, deren Beschäftigungsverhältnis beendet ist, gelten als Beschäftigte.

§ 27 Datenverarbeitung zu wissenschaftlichen oder historischen Forschungszwecken und zu statistischen Zwecken

(1) Abweichend von Artikel 9 Absatz 1 der Verordnung (EU) 2016/679 ist die Verarbeitung besonderer Kategorien personenbezogener Daten im Sinne des Artikels 9 Absatz 1 der Verordnung (EU) 2016/679 auch ohne Einwilligung für wissenschaftliche oder historische Forschungszwecke oder für statistische Zwecke zulässig, wenn die Verarbeitung zu diesen Zwecken erforderlich ist und die Interessen des Verantwortlichen an der Verarbeitung die Interessen der betroffenen Person an einem Ausschluss der Verarbeitung erheblich überwiegen. Der Verantwortliche sieht angemessene und spezifische Maßnahmen zur Wahrung der Interessen der betroffenen Person gemäß § 22 Absatz 2 Satz 2 vor.

(2) Die in den Artikeln 15, 16, 18 und 21 der Verordnung (EU) 2016/679 vorgesehenen Rechte der betroffenen Person sind insoweit beschränkt, als diese Rechte voraussichtlich die Verwirklichung der Forschungs- oder Statistikzwecke unmöglich machen oder ernsthaft beeinträchtigen und die Beschränkung für die Erfüllung der Forschungs- oder Statistikzwecke

notwendig ist. Das Recht auf Auskunft gemäß Artikel 15 der Verordnung (EU) 2016/679 besteht darüber hinaus nicht, wenn die Daten für Zwecke der wissenschaftlichen Forschung erforderlich sind und die Auskunftserteilung einen unverhältnismäßigen Aufwand erfordern würde.

(3) Ergänzend zu den in § 22 Absatz 2 genannten Maßnahmen sind zu wissenschaftlichen oder historischen Forschungszwecken oder zu statistischen Zwecken verarbeitete besondere Kategorien personenbezogener Daten im Sinne des Artikels 9 Absatz 1 der Verordnung (EU) 2016/679 zu anonymisieren, sobald dies nach dem Forschungs- oder Statistikzweck möglich ist, es sei denn, berechtigte Interessen der betroffenen Person stehen dem entgegen. Bis dahin sind die Merkmale gesondert zu speichern, mit denen Einzelangaben über persönliche oder sachliche Verhältnisse einer bestimmten oder bestimmbaren Person zugeordnet werden können. Sie dürfen mit den Einzelangaben nur zusammengeführt werden, soweit der Forschungs- oder Statistikzweck dies erfordert.

(4) Der Verantwortliche darf personenbezogene Daten nur veröffentlichen, wenn die betroffene Person eingewilligt hat oder dies für die Darstellung von Forschungsergebnissen über Ereignisse der Zeitgeschichte unerlässlich ist.

§ 28 Datenverarbeitung zu im öffentlichen Interesse liegenden Archivzwecken

(1) Abweichend von Artikel 9 Absatz 1 der Verordnung (EU) 2016/679 ist die Verarbeitung besonderer Kategorien personenbezogener Daten im Sinne des Artikels 9 Absatz 1 der Verordnung (EU) 2016/679 zulässig, wenn sie für im öffentlichen Interesse liegende Archivzwecke erforderlich ist. Der Verantwortliche sieht angemessene und spezifische Maßnahmen zur Wahrung der Interessen der betroffenen Person gemäß § 22 Absatz 2 Satz 2 vor.

(2) Das Recht auf Auskunft der betroffenen Person gemäß Artikel 15 der Verordnung (EU) 2016/679 besteht nicht, wenn das Archivgut nicht durch den Namen der Person erschlossen ist oder keine Angaben gemacht werden, die das Auffinden des betreffenden Archivguts mit vertretbarem Verwaltungsaufwand ermöglichen.

(3) Das Recht auf Berichtigung der betroffenen Person gemäß Artikel 16 der Verordnung (EU) 2016/679 besteht nicht, wenn die personenbezogenen Daten zu Archivzwecken im öffentlichen Interesse verarbeitet werden. Bestreitet die betroffene Person die Richtigkeit der personenbezogenen Daten, ist ihr die Möglichkeit einer Gegendarstellung einzuräumen. Das zuständige Archiv ist verpflichtet, die Gegendarstellung den Unterlagen hinzuzufügen.

(4) Die in Artikel 18 Absatz 1 Buchstabe a, b und d, den Artikeln 20 und 21 der Verordnung (EU) 2016/679 vorgesehenen Rechte bestehen nicht, soweit diese Rechte voraussichtlich die Verwirklichung der im öffentlichen Interesse liegenden Archivzwecke unmöglich machen oder ernsthaft beeinträchtigen und die Ausnahmen für die Erfüllung dieser Zwecke erforderlich sind.

§ 29 Rechte der betroffenen Person und aufsichtsbehördliche Befugnisse im Fall von Geheimhaltungspflichten

(1) Die Pflicht zur Information der betroffenen Person gemäß Artikel 14 Absatz 1 bis 4 der Verordnung (EU) 2016/679 besteht ergänzend zu den in Artikel 14 Absatz 5 der Verordnung (EU) 2016/679 genannten Ausnahmen nicht, soweit durch ihre Erfüllung Informationen offenbart würden, die ihrem Wesen nach, insbesondere wegen der überwiegenden berechtigten Interessen eines Dritten, geheim gehalten werden müssen. Das Recht auf Auskunft der betroffenen Person gemäß Artikel 15 der Verordnung (EU) 2016/679 besteht nicht, soweit durch die Auskunft Informationen offenbart würden, die nach einer Rechtsvorschrift oder ihrem Wesen nach, insbesondere wegen der überwiegenden berechtigten Interessen eines Dritten, geheim gehalten werden müssen. Die

Pflicht zur Benachrichtigung gemäß Artikel 34 der Verordnung (EU) 2016/679 besteht ergänzend zu der in Artikel 34 Absatz 3 der Verordnung (EU) 2016/679 genannten Ausnahme nicht, soweit durch die Benachrichtigung Informationen offenbart würden, die nach einer Rechtsvorschrift oder ihrem Wesen nach, insbesondere wegen der überwiegenden berechtigten Interessen eines Dritten, geheim gehalten werden müssen. Abweichend von der Ausnahme nach Satz 3 ist die betroffene Person nach Artikel 34 der Verordnung (EU) 2016/679 zu benachrichtigen, wenn die Interessen der betroffenen Person, insbesondere unter Berücksichtigung drohender Schäden, gegenüber dem Geheimhaltungsinteresse überwiegen.

(2) Werden Daten Dritter im Zuge der Aufnahme oder im Rahmen eines Mandatsverhältnisses an einen Berufsgeheimnisträger übermittelt, so besteht die Pflicht der übermittelnden Stelle zur Information der betroffenen Person gemäß Artikel 13 Absatz 3 der Verordnung (EU) 2016/679 nicht, sofern nicht das Interesse der betroffenen Person an der Informationserteilung überwiegt.

(3) Gegenüber den in § 203 Absatz 1, 2a und 3 des Strafgesetzbuchs genannten Personen oder deren Auftragsverarbeitern bestehen die Untersuchungsbefugnisse der Aufsichtsbehörden gemäß Artikel 58 Absatz 1 Buchstabe e und f der Verordnung (EU) 2016/679 nicht, soweit die Inanspruchnahme der Befugnisse zu einem Verstoß gegen die Geheimhaltungspflichten dieser Personen führen würde. Erlangt eine Aufsichtsbehörde im Rahmen einer Untersuchung Kenntnis von Daten, die einer Geheimhaltungspflicht im Sinne des Satzes 1 unterliegen, gilt die Geheimhaltungspflicht auch für die Aufsichtsbehörde.

§ 30 Verbraucherkredite

(1) Eine Stelle, die geschäftsmäßig personenbezogene Daten, die zur Bewertung der Kreditwürdigkeit von Verbrauchern genutzt werden dürfen, zum Zweck der Übermittlung erhebt,

speichert oder verändert, hat Auskunftsverlangen von Darlehensgebern aus anderen Mitgliedstaaten der Europäischen Union genauso zu behandeln wie Auskunftsverlangen inländischer Darlehensgeber.

(2) Wer den Abschluss eines Verbraucherdarlehensvertrags oder eines Vertrags über eine entgeltliche Finanzierungshilfe mit einem Verbraucher infolge einer Auskunft einer Stelle im Sinne des Absatzes 1 ablehnt, hat den Verbraucher unverzüglich hierüber sowie über die erhaltene Auskunft zu unterrichten. Die Unterrichtung unterbleibt, soweit hierdurch die öffentliche Sicherheit oder Ordnung gefährdet würde. § 37 bleibt unberührt.

§ 31 Schutz des Wirtschaftsverkehrs bei Scoring und Bonitätsauskünften

(1) Die Verwendung eines Wahrscheinlichkeitswerts über ein bestimmtes zukünftiges Verhalten einer natürlichen Person zum Zweck der Entscheidung über die Begründung, Durchführung oder Beendigung eines Vertragsverhältnisses mit dieser Person (Scoring) ist nur zulässig, wenn

1. die Vorschriften des Datenschutzrechts eingehalten wurden,

2. die zur Berechnung des Wahrscheinlichkeitswerts genutzten Daten unter Zugrundelegung eines wissenschaftlich anerkannten mathematisch-statistischen Verfahrens nachweisbar für die Berechnung der Wahrscheinlichkeit des bestimmten Verhaltens erheblich sind,

3. für die Berechnung des Wahrscheinlichkeitswerts nicht ausschließlich Anschriftendaten genutzt wurden und

4. im Fall der Nutzung von Anschriftendaten die betroffene Person vor Berechnung des Wahrscheinlichkeitswerts über die vorgesehene Nutzung dieser Daten unterrichtet worden ist; die Unterrichtung ist zu dokumentieren.

(2) Die Verwendung eines von Auskunfteien ermittelten Wahrscheinlichkeitswerts über die Zahlungsfähig- und Zahlungswilligkeit einer natürlichen Person ist im Fall der Einbeziehung von Informationen über Forderungen nur zulässig, soweit die Voraussetzungen nach Absatz 1 vorliegen und nur solche Forderungen über eine geschuldete Leistung, die trotz Fälligkeit nicht erbracht worden ist, berücksichtigt werden,

1. die durch ein rechtskräftiges oder für vorläufig vollstreckbar erklärtes Urteil festgestellt worden sind oder für die ein Schuldtitel nach § 794 der Zivilprozessordnung vorliegt,

2. die nach § 178 der Insolvenzordnung festgestellt und nicht vom Schuldner im Prüfungstermin bestritten worden sind,

3. die der Schuldner ausdrücklich anerkannt hat,

4. bei denen

a) der Schuldner nach Eintritt der Fälligkeit der Forderung mindestens zweimal schriftlich gemahnt worden ist,

b) die erste Mahnung mindestens vier Wochen zurückliegt,

c) der Schuldner zuvor, jedoch frühestens bei der ersten Mahnung, über eine mögliche Berücksichtigung durch eine Auskunftei unterrichtet worden ist und

d) der Schuldner die Forderung nicht bestritten hat oder

5. deren zugrunde liegendes Vertragsverhältnis aufgrund von Zahlungsrückständen fristlos gekündigt werden kann und bei denen der Schuldner zuvor über eine mögliche Berücksichtigung durch eine Auskunftei unterrichtet worden ist.

Die Zulässigkeit der Verarbeitung, einschließlich der Ermittlung von Wahrscheinlichkeitswerten, von anderen bonitätsrelevanten Daten nach allgemeinem Datenschutzrecht bleibt unberührt.

Kapitel 2
Rechte der betroffenen Person

§ 32 Informationspflicht bei Erhebung von personenbezogenen Daten bei der betroffenen Person

(1) Die Pflicht zur Information der betroffenen Person gemäß Artikel 13 Absatz 3 der Verordnung (EU) 2016/679 besteht ergänzend zu der in Artikel 13 Absatz 4 der Verordnung (EU) 2016/679 genannten Ausnahme dann nicht, wenn die Erteilung der Information über die beabsichtigte Weiterverarbeitung

1. eine Weiterverarbeitung analog gespeicherter Daten betrifft, bei der sich der Verantwortliche durch die Weiterverarbeitung unmittelbar an die betroffene Person wendet, der Zweck mit dem ursprünglichen Erhebungszweck gemäß der Verordnung (EU) 2016/679 vereinbar ist, die Kommunikation mit der betroffenen Person nicht in digitaler Form erfolgt und das Interesse der betroffenen Person an der Informationserteilung nach den Umständen des Einzelfalls, insbesondere mit Blick auf den Zusammenhang, in dem die Daten erhoben wurden, als gering anzusehen ist,

2. im Fall einer öffentlichen Stelle die ordnungsgemäße Erfüllung der in der Zuständigkeit des Verantwortlichen liegenden Aufgaben im Sinne des Artikels 23 Absatz 1 Buchstabe a bis e der Verordnung (EU) 2016/679 gefährden würde und die Interessen des Verantwortlichen an der Nichtteilung der Information die Interessen der betroffenen Person überwiegen,

3. die öffentliche Sicherheit oder Ordnung gefährden oder sonst dem Wohl des Bundes oder eines Landes Nachteile bereiten würde und die Interessen des Verantwortlichen an der Nichtteilung der Information die Interessen der betroffenen Person überwiegen,

4. die Geltendmachung, Ausübung oder Verteidigung rechtlicher Ansprüche beeinträchtigen würde und die Interessen des Verantwortlichen an der Nichterteilung der Information die Interessen der betroffenen Person überwiegen oder

5. eine vertrauliche Übermittlung von Daten an öffentliche Stellen gefährden würde.

(2) Unterbleibt eine Information der betroffenen Person nach Maßgabe des Absatzes 1, ergreift der Verantwortliche geeignete Maßnahmen zum Schutz der berechtigten Interessen der betroffenen Person, einschließlich der Bereitstellung der in Artikel 13 Absatz 1 und 2 der Verordnung (EU) 2016/679 genannten Informationen für die Öffentlichkeit in präziser, transparenter, verständlicher und leicht zugänglicher Form in einer klaren und einfachen Sprache. Der Verantwortliche hält schriftlich fest, aus welchen Gründen er von einer Information abgesehen hat. Die Sätze 1 und 2 finden in den Fällen des Absatzes 1 Nummer 4 und 5 keine Anwendung.

(3) Unterbleibt die Benachrichtigung in den Fällen des Absatzes 1 wegen eines vorübergehenden Hinderungsgrundes, kommt der Verantwortliche der Informationspflicht unter Berücksichtigung der spezifischen Umstände der Verarbeitung innerhalb einer angemessenen Frist nach Fortfall des Hinderungsgrundes, spätestens jedoch innerhalb von zwei Wochen, nach.

§ 33 Informationspflicht, wenn die personenbezogenen Daten nicht bei der betroffenen Person erhoben wurden

(1) Die Pflicht zur Information der betroffenen Person gemäß Artikel 14 Absatz 1, 2 und 4 der Verordnung (EU) 2016/679 besteht ergänzend zu den in Artikel 14 Absatz 5 der Verordnung (EU) 2016/679 und der in § 29 Absatz 1 Satz 1 genannten Ausnahme nicht, wenn die Erteilung der Information

1. im Fall einer öffentlichen Stelle

a) die ordnungsgemäße Erfüllung der in der Zuständigkeit des Verantwortlichen liegenden Aufgaben im Sinne des Artikels 23 Absatz 1 Buchstabe a bis e der Verordnung (EU) 2016/679 gefährden würde oder

b) die öffentliche Sicherheit oder Ordnung gefährden oder sonst dem Wohl des Bundes oder eines Landes Nachteile bereiten würde

c) und deswegen das Interesse der betroffenen Person an der Informationserteilung zurücktreten muss,

2. im Fall einer nichtöffentlichen Stelle

a) die Geltendmachung, Ausübung oder Verteidigung zivilrechtlicher Ansprüche beeinträchtigen würde oder die Verarbeitung Daten aus zivilrechtlichen Verträgen beinhaltet und der Verhütung von Schäden durch Straftaten dient, sofern nicht das berechtigte Interesse der betroffenen Person an der Informationserteilung überwiegt, oder

b) die zuständige öffentliche Stelle gegenüber dem Verantwortlichen festgestellt hat, dass das Bekanntwerden der Daten die öffentliche Sicherheit oder Ordnung gefährden oder sonst dem Wohl des Bundes oder eines Landes Nachteile bereiten würde; im Fall der Datenverarbeitung für Zwecke der Strafverfolgung bedarf es keiner Feststellung nach dem ersten Halbsatz.

(2) Unterbleibt eine Information der betroffenen Person nach Maßgabe des Absatzes 1, ergreift der Verantwortliche geeignete Maßnahmen zum Schutz der berechtigten Interessen der betroffenen Person, einschließlich der Bereitstellung der in Artikel 14 Absatz 1 und 2 der Verordnung (EU) 2016/679 genannten Informationen für die Öffentlichkeit in präziser, transparenter, verständlicher und leicht zugänglicher Form in einer klaren und einfachen Sprache. Der Verantwortliche hält schriftlich fest, aus welchen Gründen er von einer Information abgesehen hat.

(3) Bezieht sich die Informationserteilung auf die Übermittlung personenbezogener Daten durch öffentliche Stellen an Verfassungsschutzbehörden, den Bundesnachrichtendienst, den Militärischen Abschirmdienst und, soweit die Sicherheit des Bundes berührt wird, andere Behörden des Bundesministeriums der Verteidigung, ist sie nur mit Zustimmung dieser Stellen zulässig.

§ 34 Auskunftsrecht der betroffenen Person

(1) Das Recht auf Auskunft der betroffenen Person gemäß Artikel 15 der Verordnung (EU) 2016/679 besteht ergänzend zu den in § 27 Absatz 2, § 28 Absatz 2 und § 29 Absatz 1 Satz 2 genannten Ausnahmen nicht, wenn

1. die betroffene Person nach § 33 Absatz 1 Nummer 1, 2 Buchstabe b oder Absatz 3 nicht zu informieren ist, oder

2. die Daten

    a) nur deshalb gespeichert sind, weil sie aufgrund gesetzlicher oder satzungsmäßiger Aufbewahrungsvorschriften nicht gelöscht werden dürfen, oder

    b) ausschließlich Zwecken der Datensicherung oder der Datenschutzkontrolle dienen

3. und die Auskunftserteilung einen unverhältnismäßigen Aufwand erfordern würde sowie eine Verarbeitung zu anderen Zwecken durch geeignete technische und organisatorische Maßnahmen ausgeschlossen ist.

(2) Die Gründe der Auskunftsverweigerung sind zu dokumentieren. Die Ablehnung der Auskunftserteilung ist gegenüber der betroffenen Person zu begründen, soweit nicht durch die Mitteilung der tatsächlichen und rechtlichen Gründe, auf die die Entscheidung gestützt wird, der mit der Auskunftsverweigerung verfolgte Zweck gefährdet würde. Die zum Zweck der Auskunftserteilung an die betroffene Person und zu deren Vorbereitung gespeicherten Daten dürfen nur für diesen Zweck sowie für

Zwecke der Datenschutzkontrolle verarbeitet werden; für andere Zwecke ist die Verarbeitung nach Maßgabe des Artikels 18 der Verordnung (EU) 2016/679 einzuschränken.

(3) Wird der betroffenen Person durch eine öffentliche Stelle des Bundes keine Auskunft erteilt, so ist sie auf ihr Verlangen der oder dem Bundesbeauftragten zu erteilen, soweit nicht die jeweils zuständige oberste Bundesbehörde im Einzelfall feststellt, dass dadurch die Sicherheit des Bundes oder eines Landes gefährdet würde. Die Mitteilung der oder des Bundesbeauftragten an die betroffene Person über das Ergebnis der datenschutzrechtlichen Prüfung darf keine Rückschlüsse auf den Erkenntnisstand des Verantwortlichen zulassen, sofern dieser nicht einer weitergehenden Auskunft zustimmt.

(4) Das Recht der betroffenen Person auf Auskunft über personenbezogene Daten, die durch eine öffentliche Stelle weder automatisiert verarbeitet noch nicht automatisiert verarbeitet und in einem Dateisystem gespeichert werden, besteht nur, soweit die betroffene Person Angaben macht, die das Auffinden der Daten ermöglichen, und der für die Erteilung der Auskunft erforderliche Aufwand nicht außer Verhältnis zu dem von der betroffenen Person geltend gemachten Informationsinteresse steht.

§ 35 Recht auf Löschung

(1) Ist eine Löschung im Fall nicht automatisierter Datenverarbeitung wegen der besonderen Art der Speicherung nicht oder nur mit unverhältnismäßig hohem Aufwand möglich und ist das Interesse der betroffenen Person an der Löschung als gering anzusehen, besteht das Recht der betroffenen Person auf und die Pflicht des Verantwortlichen zur Löschung personenbezogener Daten gemäß Artikel 17 Absatz 1 der Verordnung (EU) 2016/679 ergänzend zu den in Artikel 17 Absatz 3 der Verordnung (EU) 2016/679 genannten Ausnahmen nicht. In diesem Fall tritt an die Stelle einer Löschung die Einschränkung der Verarbeitung gemäß Arti-

kel 18 der Verordnung (EU) 2016/679. Die Sätze 1 und 2 finden keine Anwendung, wenn die personenbezogenen Daten unrechtmäßig verarbeitet wurden.

(2) Ergänzend zu Artikel 18 Absatz 1 Buchstabe b und c der Verordnung (EU) 2016/679 gilt Absatz 1 Satz 1 und 2 entsprechend im Fall des Artikels 17 Absatz 1 Buchstabe a und d der Verordnung (EU) 2016/679, solange und soweit der Verantwortliche Grund zu der Annahme hat, dass durch eine Löschung schutzwürdige Interessen der betroffenen Person beeinträchtigt würden. Der Verantwortliche unterrichtet die betroffene Person über die Einschränkung der Verarbeitung, sofern sich die Unterrichtung nicht als unmöglich erweist oder einen unverhältnismäßigen Aufwand erfordern würde.

(3) Ergänzend zu Artikel 17 Absatz 3 Buchstabe b der Verordnung (EU) 2016/679 gilt Absatz 1 entsprechend im Fall des Artikels 17 Absatz 1 Buchstabe a der Verordnung (EU) 2016/679, wenn einer Löschung satzungsgemäße oder vertragliche Aufbewahrungsfristen entgegenstehen.

§ 36 Widerspruchsrecht

Das Recht auf Widerspruch gemäß Artikel 21 Absatz 1 der Verordnung (EU) 2016/679 gegenüber einer öffentlichen Stelle besteht nicht, soweit an der Verarbeitung ein zwingendes öffentliches Interesse besteht, das die Interessen der betroffenen Person überwiegt, oder eine Rechtsvorschrift zur Verarbeitung verpflichtet.

§ 37 Automatisierte Entscheidungen im Einzelfall einschließlich Profiling

(1) Das Recht gemäß Artikel 22 Absatz 1 der Verordnung (EU) 2016/679, keiner ausschließlich auf einer automatisierten Verarbeitung beruhenden Entscheidung unterworfen zu werden, besteht über die in Artikel 22 Absatz 2 Buchstabe a und c der Verordnung (EU) 2016/679 genannten Ausnahmen hinaus nicht, wenn die Entscheidung im Rahmen der

Leistungserbringung nach einem Versicherungsvertrag ergeht und

1. dem Begehren der betroffenen Person stattgegeben wurde oder

2. die Entscheidung auf der Anwendung verbindlicher Entgeltregelungen für Heilbehandlungen beruht und der Verantwortliche für den Fall, dass dem Antrag nicht vollumfänglich stattgegeben wird, angemessene Maßnahmen zur Wahrung der berechtigten Interessen der betroffenen Person trifft, wozu mindestens das Recht auf Erwirkung des Eingreifens einer Person seitens des Verantwortlichen, auf Darlegung des eigenen Standpunktes und auf Anfechtung der Entscheidung zählt; der Verantwortliche informiert die betroffene Person über diese Rechte spätestens zum Zeitpunkt der Mitteilung, aus der sich ergibt, dass dem Antrag der betroffenen Person nicht vollumfänglich stattgegeben wird.

(2) Entscheidungen nach Absatz 1 dürfen auf der Verarbeitung von Gesundheitsdaten im Sinne des Artikels 4 Nummer 15 der Verordnung (EU) 2016/679 beruhen. Der Verantwortliche sieht angemessene und spezifische Maßnahmen zur Wahrung der Interessen der betroffenen Person gemäß § 22 Absatz 2 Satz 2 vor.

Kapitel 3
Pflichten der Verantwortlichen und Auftragsverarbeiter

§ 38 Datenschutzbeauftragte nichtöffentlicher Stellen

(1) Ergänzend zu Artikel 37 Absatz 1 Buchstabe b und c der Verordnung (EU) 2016/679 benennen der Verantwortliche und der Auftragsverarbeiter eine Datenschutzbeauftragte oder einen Datenschutzbeauftragten, soweit sie in der Regel mindestens 20 Personen ständig mit der automatisierten Verarbeitung personenbezogener Daten beschäftigen. Nehmen der Verantwortliche oder der Auftragsverarbeiter Verarbeitungen vor, die einer Datenschutz-Folgen-

abschätzung nach Artikel 35 der Verordnung (EU) 2016/679 unterliegen, oder verarbeiten sie personenbezogene Daten geschäftsmäßig zum Zweck der Übermittlung, der anonymisierten Übermittlung oder für Zwecke der Markt- oder Meinungsforschung, haben sie unabhängig von der Anzahl der mit der Verarbeitung beschäftigten Personen eine Datenschutzbeauftragte oder einen Datenschutzbeauftragten zu benennen.

(2) § 6 Absatz 4, 5 Satz 2 und Absatz 6 finden Anwendung, § 6 Absatz 4 jedoch nur, wenn die Benennung einer oder eines Datenschutzbeauftragten verpflichtend ist.

§ 39 Akkreditierung

Die Erteilung der Befugnis, als Zertifizierungsstelle gemäß Artikel 43 Absatz 1 Satz 1 der Verordnung (EU) 2016/679 tätig zu werden, erfolgt durch die für die datenschutzrechtliche Aufsicht über die Zertifizierungsstelle zuständige Aufsichtsbehörde des Bundes oder der Länder auf der Grundlage einer Akkreditierung durch die Deutsche Akkreditierungsstelle. § 2 Absatz 3 Satz 2, § 4 Absatz 3 und § 10 Absatz 1 Satz 1 Nummer 3 des Akkreditierungsstellengesetzes finden mit der Maßgabe Anwendung, dass der Datenschutz als ein dem Anwendungsbereich des § 1 Absatz 2 Satz 2 unterfallender Bereich gilt.

Kapitel 4
Aufsichtsbehörde für die Datenverarbeitung durch nichtöffentliche Stellen

§ 40 Aufsichtsbehörden der Länder

(1) Die nach Landesrecht zuständigen Behörden überwachen im Anwendungsbereich der Verordnung (EU) 2016/679 bei den nichtöffentlichen Stellen die Anwendung der Vorschriften über den Datenschutz.

(2) Hat der Verantwortliche oder Auftragsverarbeiter mehrere inländische Niederlassungen, findet für die Bestimmung der zuständigen Aufsichtsbehörde Artikel 4 Nummer 16 der Verordnung (EU) 2016/679 entsprechende Anwendung. Wenn sich mehrere Behörden für zuständig oder für unzuständig halten oder wenn die Zuständigkeit aus anderen Gründen zweifelhaft ist, treffen die Aufsichtsbehörden die Entscheidung gemeinsam nach Maßgabe des § 18 Absatz 2. § 3 Absatz 3 und 4 des Verwaltungsverfahrensgesetzes findet entsprechende Anwendung.

(3) Die Aufsichtsbehörde darf die von ihr gespeicherten Daten nur für Zwecke der Aufsicht verarbeiten; hierbei darf sie Daten an andere Aufsichtsbehörden übermitteln. Eine Verarbeitung zu einem anderen Zweck ist über Artikel 6 Absatz 4 der Verordnung (EU) 2016/679 hinaus zulässig, wenn

1. offensichtlich ist, dass sie im Interesse der betroffenen Person liegt und kein Grund zu der Annahme besteht, dass sie in Kenntnis des anderen Zwecks ihre Einwilligung verweigern würde,

2. sie zur Abwehr erheblicher Nachteile für das Gemeinwohl oder einer Gefahr für die öffentliche Sicherheit oder zur Wahrung erheblicher Belange des Gemeinwohls erforderlich ist oder

3. sie zur Verfolgung von Straftaten oder Ordnungswidrigkeiten, zur Vollstreckung oder zum Vollzug von Strafen oder Maßnahmen im Sinne des § 11 Absatz 1 Nummer 8 des Strafgesetzbuchs oder von Erziehungsmaßregeln oder Zuchtmitteln im Sinne des Jugendgerichtsgesetzes oder zur Vollstreckung von Geldbußen erforderlich ist.

Stellt die Aufsichtsbehörde einen Verstoß gegen die Vorschriften über den Datenschutz fest, so ist sie befugt, die betroffenen Personen hierüber zu unterrichten, den Verstoß anderen für die Verfolgung oder Ahndung zuständigen Stellen anzuzeigen sowie bei schwerwiegenden Verstößen die Gewerbeaufsichtsbehörde zur Durchführung gewerberechtlicher Maßnahmen zu unterrichten. § 13 Absatz 4 Satz 4 bis 7 gilt entsprechend.

(4) Die der Aufsicht unterliegenden Stellen sowie die mit deren Leitung beauftragten Personen haben einer Aufsichtsbehörde auf Verlangen die für die Erfüllung ihrer Aufgaben erforderlichen Auskünfte zu erteilen. Der Auskunftspflichtige kann die Auskunft auf solche Fragen verweigern, deren Beantwortung ihn selbst oder einen der in § 383 Absatz 1 Nummer 1 bis 3 der Zivilprozessordnung bezeichneten Angehörigen der Gefahr strafgerichtlicher Verfolgung oder eines Verfahrens nach dem Gesetz über Ordnungswidrigkeiten aussetzen würde. Der Auskunftspflichtige ist darauf hinzuweisen.

(5) Die von einer Aufsichtsbehörde mit der Überwachung der Einhaltung der Vorschriften über den Datenschutz beauftragten Personen sind befugt, zur Erfüllung ihrer Aufgaben Grundstücke und Geschäftsräume der Stelle zu betreten und Zugang zu allen Datenverarbeitungsanlagen und -geräten zu erhalten. Die Stelle ist insoweit zur Duldung verpflichtet. § 16 Absatz 4 gilt entsprechend.

(6) Die Aufsichtsbehörden beraten und unterstützen die Datenschutzbeauftragten mit Rücksicht auf deren typische Bedürfnisse. Sie können die Abberufung der oder des Datenschutzbeauftragten verlangen, wenn sie oder er die zur Erfüllung ihrer oder seiner Aufgaben erforderliche Fachkunde nicht besitzt oder im Fall des Artikels 38 Absatz 6 der Verordnung (EU) 2016/679 ein schwerwiegender Interessenkonflikt vorliegt.

(7) Die Anwendung der Gewerbeordnung bleibt unberührt.

Kapitel 5
Sanktionen

§ 41 Anwendung der Vorschriften über das Bußgeld- und Strafverfahren

(1) Für Verstöße nach Artikel 83 Absatz 4 bis 6 der Verordnung (EU) 2016/679 gelten, soweit dieses Gesetz nichts anderes bestimmt, die Vorschriften des Gesetzes über Ordnungswidrigkeiten sinngemäß. Die §§ 17, 35 und 36 des Gesetzes über Ordnungswidrigkeiten finden keine Anwendung. § 68 des Gesetzes über Ordnungswidrigkeiten findet mit der Maßgabe Anwendung, dass das Landgericht entscheidet, wenn die festgesetzte Geldbuße den Betrag von einhunderttausend Euro übersteigt.

(2) Für Verfahren wegen eines Verstoßes nach Artikel 83 Absatz 4 bis 6 der Verordnung (EU) 2016/679 gelten, soweit dieses Gesetz nichts anderes bestimmt, die Vorschriften des Gesetzes über Ordnungswidrigkeiten und der allgemeinen Gesetze über das Strafverfahren, namentlich der Strafprozessordnung und des Gerichtsverfassungsgesetzes, entsprechend. Die §§ 56 bis 58, 87, 88, 99 und 100 des Gesetzes über Ordnungswidrigkeiten finden keine Anwendung. § 69 Absatz 4 Satz 2 des Gesetzes über Ordnungswidrigkeiten findet mit der Maßgabe Anwendung, dass die Staatsanwaltschaft das Verfahren nur mit Zustimmung der Aufsichtsbehörde, die den Bußgeldbescheid erlassen hat, einstellen kann.

§ 42 Strafvorschriften

(1) Mit Freiheitsstrafe bis zu drei Jahren oder mit Geldstrafe wird bestraft, wer wissentlich nicht allgemein zugängliche personenbezogene Daten einer großen Zahl von Personen, ohne hierzu berechtigt zu sein,

1. einem Dritten übermittelt oder

2. auf andere Art und Weise zugänglich macht und hierbei gewerbsmäßig handelt.

(2) Mit Freiheitsstrafe bis zu zwei Jahren oder mit Geldstrafe wird bestraft, wer personenbezogene Daten, die nicht allgemein zugänglich sind,

1. ohne hierzu berechtigt zu sein, verarbeitet oder

2. durch unrichtige Angaben erschleicht

und hierbei gegen Entgelt oder in der Absicht handelt, sich oder einen anderen zu bereichern oder einen anderen zu schädigen.

(3) Die Tat wird nur auf Antrag verfolgt. Antragsberechtigt sind die betroffene Person, der Verantwortliche, die oder der Bundesbeauftragte und die Aufsichtsbehörde.

(4) Eine Meldung nach Artikel 33 der Verordnung (EU) 2016/679 oder eine Benachrichtigung nach Artikel 34 Absatz 1 der Verordnung (EU) 2016/679 darf in einem Strafverfahren gegen den Meldepflichtigen oder Benachrichtigenden oder seine in § 52 Absatz 1 der Strafprozessordnung bezeichneten Angehörigen nur mit Zustimmung des Meldepflichtigen oder Benachrichtigenden verwendet werden.

§ 43 Bußgeldvorschriften

(1) Ordnungswidrig handelt, wer vorsätzlich oder fahrlässig

1. entgegen § 30 Absatz 1 ein Auskunftsverlangen nicht richtig behandelt oder

2. entgegen § 30 Absatz 2 Satz 1 einen Verbraucher nicht, nicht richtig, nicht vollständig oder nicht rechtzeitig unterrichtet.

(2) Die Ordnungswidrigkeit kann mit einer Geldbuße bis zu fünfzigtausend Euro geahndet werden.

(3) Gegen Behörden und sonstige öffentliche Stellen im Sinne des § 2 Absatz 1 werden keine Geldbußen verhängt.

(4) Eine Meldung nach Artikel 33 der Verordnung (EU) 2016/679 oder eine Benachrichtigung nach Artikel 34 Absatz 1 der Verordnung (EU) 2016/679 darf in einem Verfahren nach dem Gesetz über Ordnungswidrigkeiten gegen den Meldepflichtigen oder Benachrichtigenden oder seine in § 52 Absatz 1 der Strafprozessordnung bezeichneten Angehörigen nur mit Zustimmung des Meldepflichtigen oder Benachrichtigenden verwendet werden.

Kapitel 6
Rechtsbehelfe

§ 44 Klagen gegen den Verantwortlichen oder Auftragsverarbeiter

(1) Klagen der betroffenen Person gegen einen Verantwortlichen oder einen Auftragsverarbeiter wegen eines Verstoßes gegen datenschutzrechtliche Bestimmungen im Anwendungsbereich der Verordnung (EU) 2016/679 oder der darin enthaltenen Rechte der betroffenen Person können bei dem Gericht des Ortes erhoben werden, an dem sich eine Niederlassung des Verantwortlichen oder Auftragsverarbeiters befindet. Klagen nach Satz 1 können auch bei dem Gericht des Ortes erhoben werden, an dem die betroffene Person ihren gewöhnlichen Aufenthaltsort hat.

(2) Absatz 1 gilt nicht für Klagen gegen Behörden, die in Ausübung ihrer hoheitlichen Befugnisse tätig geworden sind.

(3) Hat der Verantwortliche oder Auftragsverarbeiter einen Vertreter nach Artikel 27 Absatz 1 der Verordnung (EU) 2016/679 benannt, gilt dieser auch als bevollmächtigt, Zustellungen in zivilgerichtlichen Verfahren nach Absatz 1 entgegenzunehmen. § 184 der Zivilprozessordnung bleibt unberührt.

Teil 3
Bestimmungen für Verarbeitungen zu Zwecken gemäß Artikel 1 Absatz 1 der Richtlinie (EU) 2016/680

Kapitel 1
Anwendungsbereich, Begriffsbestimmungen und allgemeine Grundsätze für die Verarbeitung personenbezogener Daten

§ 45 Anwendungsbereich

Die Vorschriften dieses Teils gelten für die Verarbeitung personenbezogener Daten durch die für die Verhütung, Ermittlung, Aufdeckung, Verfolgung oder Ahndung von Straftaten oder Ordnungswidrigkeiten zuständigen öffentlichen Stellen, soweit sie Daten zum Zweck der Erfüllung dieser Aufgaben verarbeiten. Die öffentlichen Stellen gelten dabei als Verantwortliche. Die Verhütung von Straftaten im Sinne des Satzes 1 umfasst den Schutz vor und die Abwehr von Gefahren für die öffentliche Sicherheit. Die Sätze 1 und 2 finden zudem Anwendung auf diejenigen öffentlichen Stellen, die für die Vollstreckung von Strafen, von Maßnahmen im Sinne des § 11 Absatz 1 Nummer 8 des Strafgesetzbuchs, von Erziehungsmaßregeln oder Zuchtmitteln im Sinne des Jugendgerichtsgesetzes und von Geldbußen zuständig sind. Soweit dieser Teil Vorschriften für Auftragsverarbeiter enthält, gilt er auch für diese.

§ 46 Begriffsbestimmungen

Es bezeichnen die Begriffe:

1. „personenbezogene Daten" alle Informationen, die sich auf eine identifizierte oder identifizierbare natürliche Person (betroffene Person) beziehen; als identifizierbar wird eine natürliche Person angesehen, die direkt oder indirekt, insbesondere mittels Zuordnung zu einer Kennung wie einem Namen, zu einer Kennnummer, zu Standortdaten, zu einer Online-Kennung oder zu einem oder mehreren besonderen Merkmalen, die Ausdruck der physischen, physiologischen, genetischen, psychischen, wirtschaftlichen, kulturellen oder sozialen Identität dieser Person sind, identifiziert werden kann;

2. „Verarbeitung" jeden mit oder ohne Hilfe automatisierter Verfahren ausgeführten Vorgang oder jede solche Vorgangsreihe im Zusammenhang mit personenbezogenen Daten wie das Erheben, das Erfassen, die Organisation, das Ordnen, die Speicherung, die Anpassung, die Veränderung, das Auslesen, das Abfragen, die Verwendung, die Offenlegung durch Übermittlung, Verbreitung oder eine andere Form der Bereitstellung, den Abgleich, die Verknüpfung, die

Einschränkung, das Löschen oder die Vernichtung;

3. „Einschränkung der Verarbeitung" die Markierung gespeicherter personenbezogener Daten mit dem Ziel, ihre künftige Verarbeitung einzuschränken;

4. „Profiling" jede Art der automatisierten Verarbeitung personenbezogener Daten, bei der diese Daten verwendet werden, um bestimmte persönliche Aspekte, die sich auf eine natürliche Person beziehen, zu bewerten, insbesondere um Aspekte der Arbeitsleistung, der wirtschaftlichen Lage, der Gesundheit, der persönlichen Vorlieben, der Interessen, der Zuverlässigkeit, des Verhaltens, der Aufenthaltsorte oder der Ortswechsel dieser natürlichen Person zu analysieren oder vorherzusagen;

5. „Pseudonymisierung" die Verarbeitung personenbezogener Daten in einer Weise, in der die Daten ohne Hinzuziehung zusätzlicher Informationen nicht mehr einer spezifischen betroffenen Person zugeordnet werden können, sofern diese zusätzlichen Informationen gesondert aufbewahrt werden und technischen und organisatorischen Maßnahmen unterliegen, die gewährleisten, dass die Daten keiner betroffenen Person zugewiesen werden können;

6. „Dateisystem" jede strukturierte Sammlung personenbezogener Daten, die nach bestimmten Kriterien zugänglich sind, unabhängig davon, ob diese Sammlung zentral, dezentral oder nach funktionalen oder geografischen Gesichtspunkten geordnet geführt wird;

7. „Verantwortlicher" die natürliche oder juristische Person, Behörde, Einrichtung oder andere Stelle, die allein oder gemeinsam mit anderen über die Zwecke und Mittel der Verarbeitung von personenbezogenen Daten entscheidet;

8. „Auftragsverarbeiter" eine natürliche oder juristische Person, Behörde, Einrichtung

oder andere Stelle, die personenbezogene Daten im Auftrag des Verantwortlichen verarbeitet;

9. „Empfänger" eine natürliche oder juristische Person, Behörde, Einrichtung oder andere Stelle, der personenbezogene Daten offengelegt werden, unabhängig davon, ob es sich bei ihr um einen Dritten handelt oder nicht; Behörden, die im Rahmen eines bestimmten Untersuchungsauftrags nach dem Unionsrecht oder anderen Rechtsvorschriften personenbezogene Daten erhalten, gelten jedoch nicht als Empfänger; die Verarbeitung dieser Daten durch die genannten Behörden erfolgt im Einklang mit den geltenden Datenschutzvorschriften gemäß den Zwecken der Verarbeitung;

10. „Verletzung des Schutzes personenbezogener Daten" eine Verletzung der Sicherheit, die zur unbeabsichtigten oder unrechtmäßigen Vernichtung, zum Verlust, zur Veränderung oder zur unbefugten Offenlegung von oder zum unbefugten Zugang zu personenbezogenen Daten geführt hat, die verarbeitet wurden;

11. „genetische Daten" personenbezogene Daten zu den ererbten oder erworbenen genetischen Eigenschaften einer natürlichen Person, die eindeutige Informationen über die Physiologie oder die Gesundheit dieser Person liefern, insbesondere solche, die aus der Analyse einer biologischen Probe der Person gewonnen wurden;

12. „biometrische Daten" mit speziellen technischen Verfahren gewonnene personenbezogene Daten zu den physischen, physiologischen oder verhaltenstypischen Merkmalen einer natürlichen Person, die die eindeutige Identifizierung dieser natürlichen Person ermöglichen oder bestätigen, insbesondere Gesichtsbilder oder daktyloskopische Daten;

13. „Gesundheitsdaten" personenbezogene Daten, die sich auf die körperliche oder geistige Gesundheit einer natürlichen Person, einschließlich der Erbringung von Gesundheitsdienstleistungen, beziehen und aus denen Informationen über deren Gesundheitszustand hervorgehen;

14. „besondere Kategorien personenbezogener Daten"

a) Daten, aus denen die rassische oder ethnische Herkunft, politische Meinungen, religiöse oder weltanschauliche Überzeugungen oder die Gewerkschaftszugehörigkeit hervorgehen,

b) genetische Daten,

c) biometrische Daten zur eindeutigen Identifizierung einer natürlichen Person,

d) Gesundheitsdaten und

e) Daten zum Sexualleben oder zur sexuellen Orientierung;

15. „Aufsichtsbehörde" eine von einem Mitgliedstaat gemäß Artikel 41 der Richtlinie (EU) 2016/680 eingerichtete unabhängige staatliche Stelle;

16. „internationale Organisation" eine völkerrechtliche Organisation und ihre nachgeordneten Stellen sowie jede sonstige Einrichtung, die durch eine von zwei oder mehr Staaten geschlossene Übereinkunft oder auf der Grundlage einer solchen Übereinkunft geschaffen wurde;

17. „Einwilligung" jede freiwillig für den bestimmten Fall, in informierter Weise und unmissverständlich abgegebene Willensbekundung in Form einer Erklärung oder einer sonstigen eindeutigen bestätigenden Handlung, mit der die betroffene Person zu verstehen gibt, dass sie mit der Verarbeitung der sie betreffenden personenbezogenen Daten einverstanden ist.

§ 47 Allgemeine Grundsätze für die Verarbeitung personenbezogener Daten

Personenbezogene Daten müssen

1. auf rechtmäßige Weise und nach Treu und Glauben verarbeitet werden,

2. für festgelegte, eindeutige und rechtmäßige Zwecke erhoben und nicht in einer mit diesen Zwecken nicht zu vereinbarenden Weise verarbeitet werden,

3. dem Verarbeitungszweck entsprechen, für das Erreichen des Verarbeitungszwecks erforderlich sein und ihre Verarbeitung nicht außer Verhältnis zu diesem Zweck stehen,

4. sachlich richtig und erforderlichenfalls auf dem neuesten Stand sein; dabei sind alle angemessenen Maßnahmen zu treffen, damit personenbezogene Daten, die im Hinblick auf die Zwecke ihrer Verarbeitung unrichtig sind, unverzüglich gelöscht oder berichtigt werden,

5. nicht länger als es für die Zwecke, für die sie verarbeitet werden, erforderlich ist, in einer Form gespeichert werden, die die Identifizierung der betroffenen Personen ermöglicht, und

6. in einer Weise verarbeitet werden, die eine angemessene Sicherheit der personenbezogenen Daten gewährleistet; hierzu gehört auch ein durch geeignete technische und organisatorische Maßnahmen zu gewährleistender Schutz vor unbefugter oder unrechtmäßiger Verarbeitung, unbeabsichtigtem Verlust, unbeabsichtigter Zerstörung oder unbeabsichtigter Schädigung.

Kapitel 2
Rechtsgrundlagen der Verarbeitung personenbezogener Daten

§ 48 Verarbeitung besonderer Kategorien personenbezogener Daten

(1) Die Verarbeitung besonderer Kategorien personenbezogener Daten ist nur zulässig, wenn sie zur Aufgabenerfüllung unbedingt erforderlich ist.

(2) Werden besondere Kategorien personenbezogener Daten verarbeitet, sind geeignete Garantien für die Rechtsgüter der betroffenen Personen vorzusehen. Geeignete Garantien können insbesondere sein

1. spezifische Anforderungen an die Datensicherheit oder die Datenschutzkontrolle,

2. die Festlegung von besonderen Aussonderungsprüffristen,

3. die Sensibilisierung der an Verarbeitungsvorgängen Beteiligten,

4. die Beschränkung des Zugangs zu den personenbezogenen Daten innerhalb der verantwortlichen Stelle,

5. die von anderen Daten getrennte Verarbeitung,

6. die Pseudonymisierung personenbezogener Daten,

7. die Verschlüsselung personenbezogener Daten oder

8. spezifische Verfahrensregelungen, die im Fall einer Übermittlung oder Verarbeitung für andere Zwecke die Rechtmäßigkeit der Verarbeitung sicherstellen.

§ 49 Verarbeitung zu anderen Zwecken

Eine Verarbeitung personenbezogener Daten zu einem anderen Zweck als zu demjenigen, zu dem sie erhoben wurden, ist zulässig, wenn es sich bei dem anderen Zweck um einen der in § 45 genannten Zwecke handelt, der Verantwortliche befugt ist, Daten zu diesem Zweck zu verarbeiten, und die Verarbeitung zu diesem Zweck erforderlich und verhältnismäßig ist. Die Verarbeitung personenbezogener Daten zu einem anderen, in § 45 nicht genannten Zweck ist zulässig, wenn sie in einer Rechtsvorschrift vorgesehen ist.

§ 50 Verarbeitung zu archivarischen, wissenschaftlichen und statistischen Zwecken

Personenbezogene Daten dürfen im Rahmen der in § 45 genannten Zwecke in archivarischer, wissenschaftlicher oder statistischer Form verarbeitet werden, wenn hieran ein öffentliches Interesse besteht und geeignete Garantien für die Rechtsgüter der betroffenen Personen vorgesehen werden. Solche Garantien können in einer so zeitnah wie möglich erfolgenden Anonymisierung der personenbezogenen Daten, in Vorkehrungen gegen ihre unbefugte Kenntnisnahme durch Dritte oder in ihrer räumlich und organisatorisch von den sonstigen Fachaufgaben getrennten Verarbeitung bestehen.

§ 51 Einwilligung

(1) Soweit die Verarbeitung personenbezogener Daten nach einer Rechtsvorschrift auf der Grundlage einer Einwilligung erfolgen kann, muss der Verantwortliche die Einwilligung der betroffenen Person nachweisen können.

(2) Erfolgt die Einwilligung der betroffenen Person durch eine schriftliche Erklärung, die noch andere Sachverhalte betrifft, muss das Ersuchen um Einwilligung in verständlicher und leicht zugänglicher Form in einer klaren und einfachen Sprache so erfolgen, dass es von den anderen Sachverhalten klar zu unterscheiden ist.

(3) Die betroffene Person hat das Recht, ihre Einwilligung jederzeit zu widerrufen. Durch den Widerruf der Einwilligung wird die Rechtmäßigkeit der aufgrund der Einwilligung bis zum Widerruf erfolgten Verarbeitung nicht berührt. Die

betroffene Person ist vor Abgabe der Einwilligung hiervon in Kenntnis zu setzen.

(4) Die Einwilligung ist nur wirksam, wenn sie auf der freien Entscheidung der betroffenen Person beruht. Bei der Beurteilung, ob die Einwilligung freiwillig erteilt wurde, müssen die Umstände der Erteilung berücksichtigt werden. Die betroffene Person ist auf den vorgesehenen Zweck der Verarbeitung hinzuweisen. Ist dies nach den Umständen des Einzelfalles erforderlich oder verlangt die betroffene Person dies, ist sie auch über die Folgen der Verweigerung der Einwilligung zu belehren.

(5) Soweit besondere Kategorien personenbezogener Daten verarbeitet werden, muss sich die Einwilligung ausdrücklich auf diese Daten beziehen.

§ 52 Verarbeitung auf Weisung des Verantwortlichen

Jede einem Verantwortlichen oder einem Auftragsverarbeiter unterstellte Person, die Zugang zu personenbezogenen Daten hat, darf diese Daten ausschließlich auf Weisung des Verantwortlichen verarbeiten, es sei denn, dass sie nach einer Rechtsvorschrift zur Verarbeitung verpflichtet ist.

§ 53 Datengeheimnis

Mit Datenverarbeitung befasste Personen dürfen personenbezogene Daten nicht unbefugt verarbeiten (Datengeheimnis). Sie sind bei der Aufnahme ihrer Tätigkeit auf das Datengeheimnis zu verpflichten. Das Datengeheimnis besteht auch nach der Beendigung ihrer Tätigkeit fort.

§ 54 Automatisierte Einzelentscheidung

(1) Eine ausschließlich auf einer automatischen Verarbeitung beruhende Entscheidung, die mit einer nachteiligen Rechtsfolge für die betroffene Person verbunden ist oder sie er-

heblich beeinträchtigt, ist nur zulässig, wenn sie in einer Rechtsvorschrift vorgesehen ist.

(2) Entscheidungen nach Absatz 1 dürfen nicht auf besonderen Kategorien personenbezogener Daten beruhen, sofern nicht geeignete Maßnahmen zum Schutz der Rechtsgüter sowie der berechtigten Interessen der betroffenen Personen getroffen wurden.

(3) Profiling, das zur Folge hat, dass betroffene Personen auf der Grundlage von besonderen Kategorien personenbezogener Daten diskriminiert werden, ist verboten.

Kapitel 3
Rechte der betroffenen Person

§ 55 Allgemeine Informationen zu Datenverarbeitungen

Der Verantwortliche hat in allgemeiner Form und für jedermann zugänglich Informationen zur Verfügung zu stellen über

1. die Zwecke der von ihm vorgenommenen Verarbeitungen,

2. die im Hinblick auf die Verarbeitung ihrer personenbezogenen Daten bestehenden Rechte der betroffenen Personen auf Auskunft, Berichtigung, Löschung und Einschränkung der Verarbeitung,

3. den Namen und die Kontaktdaten des Verantwortlichen und der oder des Datenschutzbeauftragten,

4. das Recht, die Bundesbeauftragte oder den Bundesbeauftragten anzurufen, und

5. die Erreichbarkeit der oder des Bundesbeauftragten.

§ 56 Benachrichtigung betroffener Personen

(1) Ist die Benachrichtigung betroffener Personen über die Verarbeitung sie betreffender personenbezogener Daten in speziellen Rechtsvorschriften, insbesondere bei verdeckten Maßnahmen, vorgesehen oder angeordnet, so hat diese Benachrichtigung zumindest die folgenden Angaben zu enthalten:

1. die in § 55 genannten Angaben,

2. die Rechtsgrundlage der Verarbeitung,

3. die für die Daten geltende Speicherdauer oder, falls dies nicht möglich ist, die Kriterien für die Festlegung dieser Dauer,

4. gegebenenfalls die Kategorien von Empfängern der personenbezogenen Daten sowie

5. erforderlichenfalls weitere Informationen, insbesondere, wenn die personenbezogenen Daten ohne Wissen der betroffenen Person erhoben wurden.

(2) In den Fällen des Absatzes 1 kann der Verantwortliche die Benachrichtigung insoweit und solange aufschieben, einschränken oder unterlassen, wie andernfalls

1. die Erfüllung der in § 45 genannten Aufgaben,

2. die öffentliche Sicherheit oder

3. Rechtsgüter Dritter

gefährdet würden, wenn das Interesse an der Vermeidung dieser Gefahren das Informationsinteresse der betroffenen Person überwiegt.

(3) Bezieht sich die Benachrichtigung auf die Übermittlung personenbezogener Daten an Verfassungsschutzbehörden, den Bundesnachrichtendienst, den Militärischen Abschirmdienst und, soweit die Sicherheit des Bundes berührt wird, andere Behörden des Bundesministeriums der Verteidigung, ist sie nur mit Zustimmung dieser Stellen zulässig.

(4) Im Fall der Einschränkung nach Absatz 2 gilt § 57 Absatz 7 entsprechend.

§ 57 Auskunftsrecht

(1) Der Verantwortliche hat betroffenen Personen auf Antrag Auskunft darüber zu erteilen, ob er sie betreffende Daten verarbeitet. Betrof-

fene Personen haben darüber hinaus das Recht, Informationen zu erhalten über

1. die personenbezogenen Daten, die Gegenstand der Verarbeitung sind, und die Kategorie, zu der sie gehören,

2. die verfügbaren Informationen über die Herkunft der Daten,

3. die Zwecke der Verarbeitung und deren Rechtsgrundlage,

4. die Empfänger oder die Kategorien von Empfängern, gegenüber denen die Daten offengelegt worden sind, insbesondere bei Empfängern in Drittstaaten oder bei internationalen Organisationen,

5. die für die Daten geltende Speicherdauer oder, falls dies nicht möglich ist, die Kriterien für die Festlegung dieser Dauer,

6. das Bestehen eines Rechts auf Berichtigung, Löschung oder Einschränkung der Verarbeitung der Daten durch den Verantwortlichen,

7. das Recht nach § 60, die Bundesbeauftragte oder den Bundesbeauftragten anzurufen, sowie

8. Angaben zur Erreichbarkeit der oder des Bundesbeauftragten.

(2) Absatz 1 gilt nicht für personenbezogene Daten, die nur deshalb verarbeitet werden, weil sie aufgrund gesetzlicher Aufbewahrungsvorschriften nicht gelöscht werden dürfen oder die ausschließlich Zwecken der Datensicherung oder der Datenschutzkontrolle dienen, wenn die Auskunftserteilung einen unverhältnismäßigen Aufwand erfordern würde und eine Verarbeitung zu anderen Zwecken durch geeignete technische und organisatorische Maßnahmen ausgeschlossen ist.

(3) Von der Auskunftserteilung ist abzusehen, wenn die betroffene Person keine Angaben macht, die das Auffinden der Daten ermöglichen, und deshalb der für die Erteilung der Auskunft erforderliche Aufwand außer Verhältnis zu

dem von der betroffenen Person geltend gemachten Informationsinteresse steht.

(4) Der Verantwortliche kann unter den Voraussetzungen des § 56 Absatz 2 von der Auskunft nach Absatz 1 Satz 1 absehen oder die Auskunftserteilung nach Absatz 1 Satz 2 teilweise oder vollständig einschränken.

(5) Bezieht sich die Auskunftserteilung auf die Übermittlung personenbezogener Daten an Verfassungsschutzbehörden, den Bundesnachrichtendienst, den Militärischen Abschirmdienst und, soweit die Sicherheit des Bundes berührt wird, andere Behörden des Bundesministeriums der Verteidigung, ist sie nur mit Zustimmung dieser Stellen zulässig.

(6) Der Verantwortliche hat die betroffene Person über das Absehen von oder die Einschränkung einer Auskunft unverzüglich schriftlich zu unterrichten. Dies gilt nicht, wenn bereits die Erteilung dieser Informationen eine Gefährdung im Sinne des § 56 Absatz 2 mit sich bringen würde. Die Unterrichtung nach Satz 1 ist zu begründen, es sei denn, dass die Mitteilung der Gründe den mit dem Absehen von oder der Einschränkung der Auskunft verfolgten Zweck gefährden würde.

(7) Wird die betroffene Person nach Absatz 6 über das Absehen von oder die Einschränkung der Auskunft unterrichtet, kann sie ihr Auskunftsrecht auch über die Bundesbeauftragte oder den Bundesbeauftragten ausüben. Der Verantwortliche hat die betroffene Person über diese Möglichkeit sowie darüber zu unterrichten, dass sie gemäß § 60 die Bundesbeauftragte oder den Bundesbeauftragten anrufen oder gerichtlichen Rechtsschutz suchen kann. Macht die betroffene Person von ihrem Recht nach Satz 1 Gebrauch, ist die Auskunft auf ihr Verlangen der oder dem Bundesbeauftragten zu erteilen, soweit nicht die zuständige oberste Bundesbehörde im Einzelfall feststellt, dass dadurch die Sicherheit des Bundes oder eines Landes gefährdet würde. Die oder der Bundesbeauftragte hat die betroffene Person zumindest darüber zu unterrichten, dass alle erforder-

lichen Prüfungen erfolgt sind oder eine Überprüfung durch sie stattgefunden hat. Diese Mitteilung kann die Information enthalten, ob datenschutzrechtliche Verstöße festgestellt wurden. Die Mitteilung der oder des Bundesbeauftragten an die betroffene Person darf keine Rückschlüsse auf den Erkenntnisstand des Verantwortlichen zulassen, sofern dieser keiner weitergehenden Auskunft zustimmt. Der Verantwortliche darf die Zustimmung nur insoweit und solange verweigern, wie er nach Absatz 4 von einer Auskunft absehen oder sie einschränken könnte. Die oder der Bundesbeauftragte hat zudem die betroffene Person über ihr Recht auf gerichtlichen Rechtsschutz zu unterrichten.

(8) Der Verantwortliche hat die sachlichen oder rechtlichen Gründe für die Entscheidung zu dokumentieren.

§ 58 Rechte auf Berichtigung und Löschung sowie Einschränkung der Verarbeitung

(1) Die betroffene Person hat das Recht, von dem Verantwortlichen unverzüglich die Berichtigung sie betreffender unrichtiger Daten zu verlangen. Insbesondere im Fall von Aussagen oder Beurteilungen betrifft die Frage der Richtigkeit nicht den Inhalt der Aussage oder Beurteilung. Wenn die Richtigkeit oder Unrichtigkeit der Daten nicht festgestellt werden kann, tritt an die Stelle der Berichtigung eine Einschränkung der Verarbeitung. In diesem Fall hat der Verantwortliche die betroffene Person zu unterrichten, bevor er die Einschränkung wieder aufhebt. Die betroffene Person kann zudem die Vervollständigung unvollständiger personenbezogener Daten verlangen, wenn dies unter Berücksichtigung der Verarbeitungszwecke angemessen ist.

(2) Die betroffene Person hat das Recht, von dem Verantwortlichen unverzüglich die Löschung sie betreffender Daten zu verlangen, wenn deren Verarbeitung unzulässig ist, deren Kenntnis für die Aufgabenerfüllung nicht mehr erforderlich ist oder diese zur Erfüllung einer

rechtlichen Verpflichtung gelöscht werden müssen.

(3) Anstatt die personenbezogenen Daten zu löschen, kann der Verantwortliche deren Verarbeitung einschränken, wenn

1. Grund zu der Annahme besteht, dass eine Löschung schutzwürdige Interessen einer betroffenen Person beeinträchtigen würde,

2. die Daten zu Beweiszwecken in Verfahren, die Zwecken des § 45 dienen, weiter aufbewahrt werden müssen oder

3. eine Löschung wegen der besonderen Art der Speicherung nicht oder nur mit unverhältnismäßigem Aufwand möglich ist.

In ihrer Verarbeitung nach Satz 1 eingeschränkte Daten dürfen nur zu dem Zweck verarbeitet werden, der ihrer Löschung entgegenstand.

(4) Bei automatisierten Dateisystemen ist technisch sicherzustellen, dass eine Einschränkung der Verarbeitung eindeutig erkennbar ist und eine Verarbeitung für andere Zwecke nicht ohne weitere Prüfung möglich ist.

(5) Hat der Verantwortliche eine Berichtigung vorgenommen, hat er einer Stelle, die ihm die personenbezogenen Daten zuvor übermittelt hat, die Berichtigung mitzuteilen. In Fällen der Berichtigung, Löschung oder Einschränkung der Verarbeitung nach den Absätzen 1 bis 3 hat der Verantwortliche Empfängern, denen die Daten übermittelt wurden, diese Maßnahmen mitzuteilen. Der Empfänger hat die Daten zu berichtigen, zu löschen oder ihre Verarbeitung einzuschränken.

(6) Der Verantwortliche hat die betroffene Person über ein Absehen von der Berichtigung oder Löschung personenbezogener Daten oder über die an deren Stelle tretende Einschränkung der Verarbeitung schriftlich zu unterrichten. Dies gilt nicht, wenn bereits die Erteilung dieser Informationen eine Gefährdung im Sinne des § 56 Absatz 2 mit sich bringen würde. Die Unterrichtung nach Satz 1 ist zu begründen, es sei

denn, dass die Mitteilung der Gründe den mit dem Absehen von der Unterrichtung verfolgten Zweck gefährden würde.

(7) § 57 Absatz 7 und 8 findet entsprechende Anwendung.

§ 59 Verfahren für die Ausübung der Rechte der betroffenen Person

(1) Der Verantwortliche hat mit betroffenen Personen unter Verwendung einer klaren und einfachen Sprache in präziser, verständlicher und leicht zugänglicher Form zu kommunizieren. Unbeschadet besonderer Formvorschriften soll er bei der Beantwortung von Anträgen grundsätzlich die für den Antrag gewählte Form verwenden.

(2) Bei Anträgen hat der Verantwortliche die betroffene Person unbeschadet des § 57 Absatz 6 und des § 58 Absatz 6 unverzüglich schriftlich darüber in Kenntnis zu setzen, wie verfahren wurde.

(3) Die Erteilung von Informationen nach § 55, die Benachrichtigungen nach den §§ 56 und 66 und die Bearbeitung von Anträgen nach den §§ 57 und 58 erfolgen unentgeltlich. Bei offenkundig unbegründeten oder exzessiven Anträgen nach den §§ 57 und 58 kann der Verantwortliche entweder eine angemessene Gebühr auf der Grundlage der Verwaltungskosten verlangen oder sich weigern, aufgrund des Antrags tätig zu werden. In diesem Fall muss der Verantwortliche den offenkundig unbegründeten oder exzessiven Charakter des Antrags belegen können.

(4) Hat der Verantwortliche begründete Zweifel an der Identität einer betroffenen Person, die einen Antrag nach den §§ 57 oder 58 gestellt hat, kann er von ihr zusätzliche Informationen anfordern, die zur Bestätigung ihrer Identität erforderlich sind.

§ 60 Anrufung der oder des Bundesbeauftragten

(1) Jede betroffene Person kann sich unbeschadet anderweitiger Rechtsbehelfe mit einer Beschwerde an die Bundesbeauftragte oder den Bundesbeauftragten wenden, wenn sie der Auffassung ist, bei der Verarbeitung ihrer personenbezogenen Daten durch öffentliche Stellen zu den in § 45 genannten Zwecken in ihren Rechten verletzt worden zu sein. Dies gilt nicht für die Verarbeitung von personenbezogenen Daten durch Gerichte, soweit diese die Daten im Rahmen ihrer justiziellen Tätigkeit verarbeitet haben. Die oder der Bundesbeauftragte hat die betroffene Person über den Stand und das Ergebnis der Beschwerde zu unterrichten und sie hierbei auf die Möglichkeit gerichtlichen Rechtsschutzes nach § 61 hinzuweisen.

(2) Die oder der Bundesbeauftragte hat eine bei ihr oder ihm eingelegte Beschwerde über eine Verarbeitung, die in die Zuständigkeit einer Aufsichtsbehörde in einem anderen Mitgliedstaat der Europäischen Union fällt, unverzüglich an die zuständige Aufsichtsbehörde des anderen Staates weiterzuleiten. Sie oder er hat in diesem Fall die betroffene Person über die Weiterleitung zu unterrichten und ihr auf deren Ersuchen weitere Unterstützung zu leisten.

§ 61 Rechtsschutz gegen Entscheidungen der oder des Bundesbeauftragten oder bei deren oder dessen Untätigkeit

(1) Jede natürliche oder juristische Person kann unbeschadet anderer Rechtsbehelfe gerichtlich gegen eine verbindliche Entscheidung der oder des Bundesbeauftragten vorgehen.

(2) Absatz 1 gilt entsprechend zugunsten betroffener Personen, wenn sich die oder der Bundesbeauftragte mit einer Beschwerde nach § 60 nicht befasst oder die betroffene Person nicht innerhalb von drei Monaten nach Einlegung der Beschwerde über den Stand oder das Ergebnis der Beschwerde in Kenntnis gesetzt hat.

Kapitel 4
Pflichten der Verantwortlichen und Auftragsverarbeiter

§ 62 Auftragsverarbeitung

(1) Werden personenbezogene Daten im Auftrag eines Verantwortlichen durch andere Personen oder Stellen verarbeitet, hat der Verantwortliche für die Einhaltung der Vorschriften dieses Gesetzes und anderer Vorschriften über den Datenschutz zu sorgen. Die Rechte der betroffenen Personen auf Auskunft, Berichtigung, Löschung, Einschränkung der Verarbeitung und Schadensersatz sind in diesem Fall gegenüber dem Verantwortlichen geltend zu machen.

(2) Ein Verantwortlicher darf nur solche Auftragsverarbeiter mit der Verarbeitung personenbezogener Daten beauftragen, die mit geeigneten technischen und organisatorischen Maßnahmen sicherstellen, dass die Verarbeitung im Einklang mit den gesetzlichen Anforderungen erfolgt und der Schutz der Rechte der betroffenen Personen gewährleistet wird.

(3) Auftragsverarbeiter dürfen ohne vorherige schriftliche Genehmigung des Verantwortlichen keine weiteren Auftragsverarbeiter hinzuziehen. Hat der Verantwortliche dem Auftragsverarbeiter eine allgemeine Genehmigung zur Hinzuziehung weiterer Auftragsverarbeiter erteilt, hat der Auftragsverarbeiter den Verantwortlichen über jede beabsichtigte Hinzuziehung oder Ersetzung zu informieren. Der Verantwortliche kann in diesem Fall die Hinzuziehung oder Ersetzung untersagen.

(4) Zieht ein Auftragsverarbeiter einen weiteren Auftragsverarbeiter hinzu, so hat er diesem dieselben Verpflichtungen aus seinem Vertrag mit dem Verantwortlichen nach Absatz 5 aufzuerlegen, die auch für ihn gelten, soweit diese Pflichten für den weiteren Auftragsverarbeiter nicht schon aufgrund anderer Vorschriften verbindlich sind. Erfüllt ein weiterer Auftragsverarbeiter diese Verpflichtungen nicht, so haftet der ihn beauftragende Auftragsverarbeiter gegenüber dem Verantwortlichen für die Einhaltung der Pflichten des weiteren Auftragsverarbeiters.

(5) Die Verarbeitung durch einen Auftragsverarbeiter hat auf der Grundlage eines Vertrags oder eines anderen Rechtsinstruments zu erfolgen, der oder das den Auftragsverarbeiter an den Verantwortlichen bindet und der oder das den Gegenstand, die Dauer, die Art und den Zweck der Verarbeitung, die Art der personenbezogenen Daten, die Kategorien betroffener Personen und die Rechte und Pflichten des Verantwortlichen festlegt. Der Vertrag oder das andere Rechtsinstrument haben insbesondere vorzusehen, dass der Auftragsverarbeiter

1. nur auf dokumentierte Weisung des Verantwortlichen handelt; ist der Auftragsverarbeiter der Auffassung, dass eine Weisung rechtswidrig ist, hat er den Verantwortlichen unverzüglich zu informieren;

2. gewährleistet, dass die zur Verarbeitung der personenbezogenen Daten befugten Personen zur Vertraulichkeit verpflichtet werden, soweit sie keiner angemessenen gesetzlichen Verschwiegenheitspflicht unterliegen;

3. den Verantwortlichen mit geeigneten Mitteln dabei unterstützt, die Einhaltung der Bestimmungen über die Rechte der betroffenen Person zu gewährleisten;

5. alle personenbezogenen Daten nach Abschluss der Erbringung der Verarbeitungsleistungen nach Wahl des Verantwortlichen zurückgibt oder löscht und bestehende Kopien vernichtet, wenn nicht nach einer Rechtsvorschrift eine Verpflichtung zur Speicherung der Daten besteht;

5. dem Verantwortlichen alle erforderlichen Informationen, insbesondere die gemäß § 76 erstellten Protokolle, zum Nachweis der Einhaltung seiner Pflichten zur Verfügung stellt;

6. Überprüfungen, die von dem Verantwortlichen oder einem von diesem beauftragten

Prüfer durchgeführt werden, ermöglicht und dazu beiträgt;

7. die in den Absätzen 3 und 4 aufgeführten Bedingungen für die Inanspruchnahme der Dienste eines weiteren Auftragsverarbeiters einhält;

8. alle gemäß § 64 erforderlichen Maßnahmen ergreift und

9. unter Berücksichtigung der Art der Verarbeitung und der ihm zur Verfügung stehenden Informationen den Verantwortlichen bei der Einhaltung der in den §§ 64 bis 67 und § 69 genannten Pflichten unterstützt.

(6) Der Vertrag im Sinne des Absatzes 5 ist schriftlich oder elektronisch abzufassen.

(7) Ein Auftragsverarbeiter, der die Zwecke und Mittel der Verarbeitung unter Verstoß gegen diese Vorschrift bestimmt, gilt in Bezug auf diese Verarbeitung als Verantwortlicher.

§ 63 Gemeinsam Verantwortliche

Legen zwei oder mehr Verantwortliche gemeinsam die Zwecke und die Mittel der Verarbeitung fest, gelten sie als gemeinsam Verantwortliche. Gemeinsam Verantwortliche haben ihre jeweiligen Aufgaben und datenschutzrechtlichen Verantwortlichkeiten in transparenter Form in einer Vereinbarung festzulegen, soweit diese nicht bereits in Rechtsvorschriften festgelegt sind. Aus der Vereinbarung muss insbesondere hervorgehen, wer welchen Informationspflichten nachzukommen hat und wie und gegenüber wem betroffene Personen ihre Rechte wahrnehmen können. Eine entsprechende Vereinbarung hindert die betroffene Person nicht, ihre Rechte gegenüber jedem der gemeinsam Verantwortlichen geltend zu machen.

§ 64 Anforderungen an die Sicherheit der Datenverarbeitung

(1) Der Verantwortliche und der Auftragsverarbeiter haben unter Berücksichtigung des Stands der Technik, der Implementierungskos-

ten, der Art, des Umfangs, der Umstände und der Zwecke der Verarbeitung sowie der Eintrittswahrscheinlichkeit und der Schwere der mit der Verarbeitung verbundenen Gefahren für die Rechtsgüter der betroffenen Personen die erforderlichen technischen und organisatorischen Maßnahmen zu treffen, um bei der Verarbeitung personenbezogener Daten ein dem Risiko angemessenes Schutzniveau zu gewährleisten, insbesondere im Hinblick auf die Verarbeitung besonderer Kategorien personenbezogener Daten. Der Verantwortliche hat hierbei die einschlägigen Technischen Richtlinien und Empfehlungen des Bundesamtes für Sicherheit in der Informationstechnik zu berücksichtigen.

(2) Die in Absatz 1 genannten Maßnahmen können unter anderem die Pseudonymisierung und Verschlüsselung personenbezogener Daten umfassen, soweit solche Mittel in Anbetracht der Verarbeitungszwecke möglich sind. Die Maßnahmen nach Absatz 1 sollen dazu führen, dass

1. die Vertraulichkeit, Integrität, Verfügbarkeit und Belastbarkeit der Systeme und Dienste im Zusammenhang mit der Verarbeitung auf Dauer sichergestellt werden und

2. die Verfügbarkeit der personenbezogenen Daten und der Zugang zu ihnen bei einem physischen oder technischen Zwischenfall rasch wiederhergestellt werden können.

(3) Im Fall einer automatisierten Verarbeitung haben der Verantwortliche und der Auftragsverarbeiter nach einer Risikobewertung Maßnahmen zu ergreifen, die Folgendes bezwecken:

1. Verwehrung des Zugangs zu Verarbeitungsanlagen, mit denen die Verarbeitung durchgeführt wird, für Unbefugte (Zugangskontrolle),

2. Verhinderung des unbefugten Lesens, Kopierens, Veränderns oder Löschens von Datenträgern (Datenträgerkontrolle),

3. Verhinderung der unbefugten Eingabe von personenbezogenen Daten sowie der unbefugten Kenntnisnahme, Veränderung

und Löschung von gespeicherten personenbezogenen Daten (Speicherkontrolle),

4. Verhinderung der Nutzung automatisierter
Verarbeitungssysteme mit Hilfe von Einrichtungen zur Datenübertragung durch Unbefugte (Benutzerkontrolle),

5. Gewährleistung, dass die zur Benutzung
eines automatisierten Verarbeitungssys-
tems Berechtigten ausschließlich zu den
von ihrer Zugangsberechtigung umfassten
personenbezogenen Daten Zugang haben
(Zugriffskontrolle),

6. Gewährleistung, dass überprüft und festgestellt werden kann, an welche Stellen personenbezogene Daten mit Hilfe von Einrichtungen zur Datenübertragung übermittelt
oder zur Verfügung gestellt wurden oder
werden können (Übertragungskontrolle),

7. Gewährleistung, dass nachträglich überprüft und festgestellt werden kann, welche
personenbezogenen Daten zu welcher Zeit
und von wem in automatisierte Verarbeitungssysteme eingegeben oder verändert
worden sind (Eingabekontrolle),

8. Gewährleistung, dass bei der Übermittlung
personenbezogener Daten sowie beim
Transport von Datenträgern die Vertraulichkeit und Integrität der Daten geschützt werden (Transportkontrolle),

9. Gewährleistung, dass eingesetzte Systeme
im Störungsfall wiederhergestellt werden
können (Wiederherstellbarkeit),

10. Gewährleistung, dass alle Funktionen des
Systems zur Verfügung stehen und auftre-
tende Fehlfunktionen gemeldet werden
(Zuverlässigkeit),

11. Gewährleistung, dass gespeicherte personenbezogene Daten nicht durch Fehlfunktionen des Systems beschädigt werden
können (Datenintegrität),

12. Gewährleistung, dass personenbezogene
Daten, die im Auftrag verarbeitet werden,
nur entsprechend den Weisungen des Auf-

traggebers verarbeitet werden können (Auf-
tragskontrolle),

13. Gewährleistung, dass personenbezogene
Daten gegen Zerstörung oder Verlust geschützt sind (Verfügbarkeitskontrolle),

14. Gewährleistung, dass zu unterschiedlichen
Zwecken erhobene personenbezogene Da-
ten getrennt verarbeitet werden können
(Trennbarkeit).

Ein Zweck nach Satz 1 Nummer 2 bis 5 kann
insbesondere durch die Verwendung von dem
Stand der Technik entsprechenden Verschlüsselungsverfahren erreicht werden.

§ 65 Meldung von Verletzungen des Schutzes personenbezogener Daten an die oder den Bundesbeauftragten

(1) Der Verantwortliche hat eine Verletzung
des Schutzes personenbezogener Daten unverzüglich und möglichst innerhalb von 72 Stunden, nachdem sie ihm bekannt geworden ist,
der oder dem Bundesbeauftragten zu melden,
es sei denn, dass die Verletzung voraussichtlich
keine Gefahr für die Rechtsgüter natürlicher
Personen mit sich gebracht hat. Erfolgt die Meldung an die Bundesbeauftragte oder den Bundesbeauftragten nicht innerhalb von 72 Stunden, so ist die Verzögerung zu begründen.

(2) Ein Auftragsverarbeiter hat eine Verletzung
des Schutzes personenbezogener Daten unverzüglich dem Verantwortlichen zu melden.

(3) Die Meldung nach Absatz 1 hat zumindest
folgende Informationen zu enthalten:

1. eine Beschreibung der Art der Verletzung
des Schutzes personenbezogener Daten,
die, soweit möglich, Angaben zu den Kategorien und der ungefähren Anzahl der betroffenen Personen, zu den betroffenen Kategorien personenbezogener Daten und zu
der ungefähren Anzahl der betroffenen personenbezogenen Datensätze zu enthalten
hat,

2. den Namen und die Kontaktdaten der oder des Datenschutzbeauftragten oder einer sonstigen Person oder Stelle, die weitere Informationen erteilen kann,

3. eine Beschreibung der wahrscheinlichen Folgen der Verletzung und

4. eine Beschreibung der von dem Verantwortlichen ergriffenen oder vorgeschlagenen Maßnahmen zur Behandlung der Verletzung und der getroffenen Maßnahmen zur Abmilderung ihrer möglichen nachteiligen Auswirkungen.

(4) Wenn die Informationen nach Absatz 3 nicht zusammen mit der Meldung übermittelt werden können, hat der Verantwortliche sie unverzüglich nachzureichen, sobald sie ihm vorliegen.

(5) Der Verantwortliche hat Verletzungen des Schutzes personenbezogener Daten zu dokumentieren. Die Dokumentation hat alle mit den Vorfällen zusammenhängenden Tatsachen, deren Auswirkungen und die ergriffenen Abhilfemaßnahmen zu umfassen.

(6) Soweit von einer Verletzung des Schutzes personenbezogener Daten personenbezogene Daten betroffen sind, die von einem oder an einen Verantwortlichen in einem anderen Mitgliedstaat der Europäischen Union übermittelt wurden, sind die in Absatz 3 genannten Informationen dem dortigen Verantwortlichen unverzüglich zu übermitteln.

(7) § 42 Absatz 4 findet entsprechende Anwendung.

(8) Weitere Pflichten des Verantwortlichen zu Benachrichtigungen über Verletzungen des Schutzes personenbezogener Daten bleiben unberührt.

§ 66 Benachrichtigung betroffener Personen bei Verletzungen des Schutzes personenbezogener Daten

(1) Hat eine Verletzung des Schutzes personenbezogener Daten voraussichtlich eine erhebliche Gefahr für Rechtsgüter betroffener Personen zur Folge, so hat der Verantwortliche die betroffenen Personen unverzüglich über den Vorfall zu benachrichtigen.

(2) Die Benachrichtigung nach Absatz 1 hat in klarer und einfacher Sprache die Art der Verletzung des Schutzes personenbezogener Daten zu beschreiben und zumindest die in § 65 Absatz 3 Nummer 2 bis 4 genannten Informationen und Maßnahmen zu enthalten.

(3) Von der Benachrichtigung nach Absatz 1 kann abgesehen werden, wenn

1. der Verantwortliche geeignete technische und organisatorische Sicherheitsvorkehrungen getroffen hat und diese Vorkehrungen auf die von der Verletzung des Schutzes personenbezogener Daten betroffenen Daten angewandt wurden; dies gilt insbesondere für Vorkehrungen wie Verschlüsselungen, durch die die Daten für unbefugte Personen unzugänglich gemacht wurden;

2. der Verantwortliche durch im Anschluss an die Verletzung getroffene Maßnahmen sichergestellt hat, dass aller Wahrscheinlichkeit nach keine erhebliche Gefahr im Sinne des Absatzes 1 mehr besteht, oder

3. dies mit einem unverhältnismäßigen Aufwand verbunden wäre; in diesem Fall hat stattdessen eine öffentliche Bekanntmachung oder eine ähnliche Maßnahme zu erfolgen, durch die die betroffenen Personen vergleichbar wirksam informiert werden.

(4) Wenn der Verantwortliche die betroffenen Personenüber eine Verletzung des Schutzes personenbezogener Daten nicht benachrichtigt hat, kann die oder der Bundesbeauftragte förmlich feststellen, dass ihrer oder seiner Auffassung nach die in Absatz 3 genannten Voraussetzungen nicht erfüllt sind. Hierbei hat sie oder er die Wahrscheinlichkeit zu berücksichtigen, dass die Verletzung eine erhebliche Gefahr im Sinne des Absatzes 1 zur Folge hat.

(5) Die Benachrichtigung der betroffenen Personen nach Absatz 1 kann unter den in § 56 Absatz 2 genannten Voraussetzungen aufgeschoben, eingeschränkt oder unterlassen werden, soweit nicht die Interessen der betroffenen Person aufgrund der von der Verletzung ausgehenden erheblichen Gefahr im Sinne des Absatzes 1 überwiegen.

(6) § 42 Absatz 4 findet entsprechende Anwendung.

§ 67 Durchführung einer Datenschutz-Folgenabschätzung

(1) Hat eine Form der Verarbeitung, insbesondere bei Verwendung neuer Technologien, aufgrund der Art, des Umfangs, der Umstände und der Zwecke der Verarbeitung voraussichtlich eine erhebliche Gefahr für die Rechtsgüter betroffener Personen zur Folge, so hat der Verantwortliche vorab eine Abschätzung der Folgen der vorgesehenen Verarbeitungsvorgänge für die betroffenen Personen durchzuführen.

(2) Für die Untersuchung mehrerer ähnlicher Verarbeitungsvorgänge mit ähnlich hohem Gefahrenpotential kann eine gemeinsame Datenschutz-Folgenabschätzung vorgenommen werden.

(3) Der Verantwortliche hat die Datenschutzbeauftragte oder den Datenschutzbeauftragten an der Durchführung der Folgenabschätzung zu beteiligen.

(4) Die Folgenabschätzung hat den Rechten der von der Verarbeitung betroffenen Personen Rechnung zu tragen und zumindest Folgendes zu enthalten:

1. eine systematische Beschreibung der geplanten Verarbeitungsvorgänge und der Zwecke der Verarbeitung,

2. eine Bewertung der Notwendigkeit und Verhältnismäßigkeit der Verarbeitungsvorgänge in Bezug auf deren Zweck,

3. eine Bewertung der Gefahren für die Rechtsgüter der betroffenen Personen und

4. die Maßnahmen, mit denen bestehenden Gefahren abgeholfen werden soll, einschließlich der Garantien, der Sicherheitsvorkehrungen und der Verfahren, durch die der Schutz personenbezogener Daten sichergestellt und die Einhaltung der gesetzlichen Vorgaben nachgewiesen werden sollen.

(5) Soweit erforderlich, hat der Verantwortliche eine Überprüfung durchzuführen, ob die Verarbeitung den Maßgaben folgt, die sich aus der Folgenabschätzung ergeben haben.

§ 68 Zusammenarbeit mit der oder dem Bundesbeauftragten

Der Verantwortliche hat mit der oder dem Bundesbeauftragten bei der Erfüllung ihrer oder seiner Aufgaben zusammenzuarbeiten.

§ 69 Anhörung der oder des Bundesbeauftragten

(1) Der Verantwortliche hat vor der Inbetriebnahme von neu anzulegenden Dateisystemen die Bundesbeauftragte oder den Bundesbeauftragten anzuhören, wenn

1. aus einer Datenschutz-Folgenabschätzung nach § 67 hervorgeht, dass die Verarbeitung eine erhebliche Gefahr für die Rechtsgüter der betroffenen Personen zur Folge hätte, wenn der Verantwortliche keine Abhilfemaßnahmen treffen würde, oder

2. die Form der Verarbeitung, insbesondere bei der Verwendung neuer Technologien, Mechanismen oder Verfahren, eine erhebliche Gefahr für die Rechtsgüter der betroffenen Personen zur Folge hat.

Die oder der Bundesbeauftragte kann eine Liste der Verarbeitungsvorgänge erstellen, die der Pflicht zur Anhörung nach Satz 1 unterliegen.

(2) Der oder dem Bundesbeauftragten sind im Fall des Absatzes 1 vorzulegen:

1. die nach § 67 durchgeführte Datenschutz-Folgenabschätzung,

2. gegebenenfalls Angaben zu den jeweiligen Zuständigkeiten des Verantwortlichen, der gemeinsam Verantwortlichen und der an der Verarbeitung beteiligten Auftragsverarbeiter,

3. Angaben zu den Zwecken und Mitteln der beabsichtigten Verarbeitung,

4. Angaben zu den zum Schutz der Rechtsgüter der betroffenen Personen vorgesehenen Maßnahmen und Garantien und

5. Name und Kontaktdaten der oder des Datenschutzbeauftragten.

Auf Anforderung sind ihr oder ihm zudem alle sonstigen Informationen zu übermitteln, die sie oder er benötigt, um die Rechtmäßigkeit der Verarbeitung sowie insbesondere die in Bezug auf den Schutz der personenbezogenen Daten der betroffenen Personen bestehenden Gefahren und die diesbezüglichen Garantien bewerten zu können.

(3) Falls die oder der Bundesbeauftragte der Auffassung ist, dass die geplante Verarbeitung gegen gesetzliche Vorgaben verstoßen würde, insbesondere weil der Verantwortliche das Risiko nicht ausreichend ermittelt oder keine ausreichenden Abhilfemaßnahmen getroffen hat, kann sie oder er dem Verantwortlichen und gegebenenfalls dem Auftragsverarbeiter innerhalb eines Zeitraums von sechs Wochen nach Einleitung der Anhörung schriftliche Empfehlungen unterbreiten, welche Maßnahmen noch ergriffen werden sollten. Die oder der Bundesbeauftragte kann diese Frist um einen Monat verlängern, wenn die geplante Verarbeitung besonders komplex ist. Sie oder er hat in diesem Fall innerhalb eines Monats nach Einleitung der Anhörung den Verantwortlichen und gegebenenfalls den Auftragsverarbeiter über die Fristverlängerung zu informieren.

(4) Hat die beabsichtigte Verarbeitung erhebliche Bedeutung für die Aufgabenerfüllung des Verantwortlichen und ist sie daher besonders dringlich, kann er mit der Verarbeitung nach Beginn der Anhörung, aber vor Ablauf der in Absatz 3 Satz 1 genannten Frist beginnen. In diesem Fall sind die Empfehlungen der oder des Bundesbeauftragten im Nachhinein zu berücksichtigen und sind die Art und Weise der Verarbeitung daraufhin gegebenenfalls anzupassen.

§ 70 Verzeichnis von Verarbeitungstätigkeiten

(1) Der Verantwortliche hat ein Verzeichnis aller Kategorien von Verarbeitungstätigkeiten zu führen, die in seine Zuständigkeit fallen. Dieses Verzeichnis hat die folgenden Angaben zu enthalten:

1. den Namen und die Kontaktdaten des Verantwortlichen und gegebenenfalls des gemeinsam mit ihm Verantwortlichen sowie den Namen und die Kontaktdaten der oder des Datenschutzbeauftragten,

2. die Zwecke der Verarbeitung,

3. die Kategorien von Empfängern, gegenüber denen die personenbezogenen Daten offengelegt worden sind oder noch offengelegt werden sollen,

4. eine Beschreibung der Kategorien betroffener Personen und der Kategorien personenbezogener Daten,

5. gegebenenfalls die Verwendung von Profiling,

6. gegebenenfalls die Kategorien von Übermittlungen personenbezogener Daten an Stellen in einem Drittstaat oder an eine internationale Organisation,

7. Angaben über die Rechtsgrundlage der Verarbeitung,

8. die vorgesehenen Fristen für die Löschung oder die Überprüfung der Erforderlichkeit der Speicherung der verschiedenen Kategorien personenbezogener Daten und

9. eine allgemeine Beschreibung der technischen und organisatorischen Maßnahmen gemäß § 64.

(2) Der Auftragsverarbeiter hat ein Verzeichnis aller Kategorien von Verarbeitungen zu führen, die er im Auftrag eines Verantwortlichen durchführt, das Folgendes zu enthalten hat:

1. den Namen und die Kontaktdaten des Auftragsverarbeiters, jedes Verantwortlichen, in dessen Auftrag der Auftragsverarbeiter tätig ist, sowie gegebenenfalls der oder des Datenschutzbeauftragten,

2. gegebenenfalls Übermittlungen von personenbezogenen Daten an Stellen in einem Drittstaat oder an eine internationale Organisation unter Angabe des Staates oder der Organisation und

3. eine allgemeine Beschreibung der technischen und organisatorischen Maßnahmen gemäß § 64.

(3) Die in den Absätzen 1 und 2 genannten Verzeichnisse sind schriftlich oder elektronisch zu führen.

(4) Verantwortliche und Auftragsverarbeiter haben auf Anforderung ihre Verzeichnisse der oder dem Bundesbeauftragten zur Verfügung zu stellen.

§ 71 Datenschutz durch Technikgestaltung und datenschutzfreundliche Voreinstellungen

(1) Der Verantwortliche hat sowohl zum Zeitpunkt der Festlegung der Mittel für die Verarbeitung als auch zum Zeitpunkt der Verarbeitung selbst angemessene Vorkehrungen zu treffen, die geeignet sind, die Datenschutzgrundsätze wie etwa die Datensparsamkeit wirksam umzusetzen, und die sicherstellen, dass die gesetzlichen Anforderungen eingehalten und die Rechte der betroffenen Personen geschützt werden. Er hat hierbei den Stand der Technik, die Implementierungskosten und die Art, den Umfang, die Umstände und die Zwecke der Verarbeitung sowie die unterschiedliche Eintrittswahrscheinlichkeit und Schwere der mit der Verarbeitung verbundenen Gefahren für die

Rechtsgüter der betroffenen Personen zu berücksichtigen. Insbesondere sind die Verarbeitung personenbezogener Daten und die Auswahl und Gestaltung von Datenverarbeitungssystemen an dem Ziel auszurichten, so wenig personenbezogene Daten wie möglich zu verarbeiten. Personenbezogene Daten sind zum frühestmöglichen Zeitpunkt zu anonymisieren oder zu pseudonymisieren, soweit dies nach dem Verarbeitungszweck möglich ist.

(2) Der Verantwortliche hat geeignete technische und organisatorische Maßnahmen zu treffen, die sicherstellen, dass durch Voreinstellungen grundsätzlich nur solche personenbezogenen Daten verarbeitet werden können, deren Verarbeitung für den jeweiligen bestimmten Verarbeitungszweck erforderlich ist. Dies betrifft die Menge der erhobenen Daten, den Umfang ihrer Verarbeitung, ihre Speicherfrist und ihre Zugänglichkeit. Die Maßnahmen müssen insbesondere gewährleisten, dass die Daten durch Voreinstellungen nicht automatisiert einer unbestimmten Anzahl von Personen zugänglich gemacht werden können.

§ 72 Unterscheidung zwischen verschiedenen Kategorien betroffener Personen

Der Verantwortliche hat bei der Verarbeitung personenbezogener Daten so weit wie möglich zwischen den verschiedenen Kategorien betroffener Personen zu unterscheiden. Dies betrifft insbesondere folgende Kategorien:

1. Personen, gegen die ein begründeter Verdacht besteht, dass sie eine Straftat begangen haben,

2. Personen, gegen die ein begründeter Verdacht besteht, dass sie in naher Zukunft eine Straftat begehen werden,

3. verurteilte Straftäter,

4. Opfer einer Straftat oder Personen, bei denen bestimmte Tatsachen darauf hindeuten, dass sie Opfer einer Straftat sein könnten, und

5. andere Personen wie insbesondere Zeugen, Hinweisgeber oder Personen, die mit den in den Nummern 1 bis 4 genannten Personen in Kontakt oder Verbindung stehen.

§ 73 Unterscheidung zwischen Tatsachen und persönlichen Einschätzungen

Der Verantwortliche hat bei der Verarbeitung so weit wie möglich danach zu unterscheiden, ob personenbezogene Daten auf Tatsachen oder auf persönlichen Einschätzungen beruhen. Zu diesem Zweck soll er, soweit dies im Rahmen der jeweiligen Verarbeitung möglich und angemessen ist, Beurteilungen, die auf persönlichen Einschätzungen beruhen, als solche kenntlich machen. Es muss außerdem feststellbar sein, welche Stelle die Unterlagen führt, die der auf einer persönlichen Einschätzung beruhenden Beurteilung zugrunde liegen.

§ 74 Verfahren bei Übermittlungen

(1) Der Verantwortliche hat angemessene Maßnahmen zu ergreifen, um zu gewährleisten, dass personenbezogene Daten, die unrichtig oder nicht mehr aktuell sind, nicht übermittelt oder sonst zur Verfügung gestellt werden. Zu diesem Zweck hat er, soweit dies mit angemessenem Aufwand möglich ist, die Qualität der Daten vor ihrer Übermittlung oder Bereitstellung zu überprüfen. Bei jeder Übermittlung personenbezogener Daten hat er zudem, soweit dies möglich und angemessen ist, Informationen beizufügen, die es dem Empfänger gestatten, die Richtigkeit, die Vollständigkeit und die Zuverlässigkeit der Daten sowie deren Aktualität zu beurteilen.

(2) Gelten für die Verarbeitung von personenbezogenen Daten besondere Bedingungen, so hat bei Datenübermittlungen die übermittelnde Stelle den Empfänger auf diese Bedingungen und die Pflicht zu ihrer Beachtung hinzuweisen. Die Hinweispflicht kann dadurch erfüllt werden, dass die Daten entsprechend markiert werden.

(3) Die übermittelnde Stelle darf auf Empfänger in anderen Mitgliedstaaten der Europäischen Union und auf Einrichtungen und sonstige Stellen, die nach den Kapiteln 4 und 5 des Titels V des Dritten Teils des Vertrags über die Arbeitsweise der Europäischen Union errichtet wurden, keine Bedingungen anwenden, die nicht auch für entsprechende innerstaatliche Datenübermittlungen gelten.

§ 75 Berichtigung und Löschung personenbezogener Daten sowie Einschränkung der Verarbeitung

(1) Der Verantwortliche hat personenbezogene Daten zu berichtigen, wenn sie unrichtig sind.

(2) Der Verantwortliche hat personenbezogene Daten unverzüglich zu löschen, wenn ihre Verarbeitung unzulässig ist, sie zur Erfüllung einer rechtlichen Verpflichtung gelöscht werden müssen oder ihre Kenntnis für seine Aufgabenerfüllung nicht mehr erforderlich ist.

(3) § 58 Absatz 3 bis 5 ist entsprechend anzuwenden. Sind unrichtige personenbezogene Daten oder personenbezogene Daten unrechtmäßig übermittelt worden, ist auch dies dem Empfänger mitzuteilen.

(4) Unbeschadet in Rechtsvorschriften festgesetzter Höchstspeicher- oder Löschfristen hat der Verantwortliche für die Löschung von personenbezogenen Daten oder eine regelmäßige Überprüfung der Notwendigkeit ihrer Speicherung angemessene Fristen vorzusehen und durch verfahrensrechtliche Vorkehrungen sicherzustellen, dass diese Fristen eingehalten werden.

§ 76 Protokollierung

(1) In automatisierten Verarbeitungssystemen haben Verantwortliche und Auftragsverarbeiter mindestens die folgenden Verarbeitungsvorgänge zu protokollieren:

1. Erhebung,

2. Veränderung,

3. Abfrage,

4. Offenlegung einschließlich Übermittlung,

5. Kombination und

6. Löschung.

(2) Die Protokolle über Abfragen und Offenlegungen müssen es ermöglichen, die Begründung, das Datum und die Uhrzeit dieser Vorgänge und so weit wie möglich die Identität der Person, die die personenbezogenen Daten abgefragt oder offengelegt hat, und die Identität des Empfängers der Daten festzustellen.

(3) Die Protokolle dürfen ausschließlich für die Überprüfung der Rechtmäßigkeit der Datenverarbeitung durch die Datenschutzbeauftragte oder den Datenschutzbeauftragten, die Bundesbeauftragte oder den Bundesbeauftragten und die betroffene Person sowie für die Eigenüberwachung, für die Gewährleistung der Integrität und Sicherheit der personenbezogenen Daten und für Strafverfahren verwendet werden.

(4) Die Protokolldaten sind am Ende des auf deren Generierung folgenden Jahres zu löschen.

(5) Der Verantwortliche und der Auftragsverarbeiter haben die Protokolle der oder dem Bundesbeauftragten auf Anforderung zur Verfügung zu stellen.

§ 77 Vertrauliche Meldung von Verstößen

Der Verantwortliche hat zu ermöglichen, dass ihm vertrauliche Meldungen über in seinem Verantwortungsbereich erfolgende Verstöße gegen Datenschutzvorschriften zugeleitet werden können.

Kapitel 5
Datenübermittlungen an Drittstaaten und an internationale Organisationen

§ 78 Allgemeine Voraussetzungen

(1) Die Übermittlung personenbezogener Daten an Stellen in Drittstaaten oder an internationale Organisationen ist bei Vorliegen der übrigen für Datenübermittlungengeltenden Voraussetzungen zulässig, wenn

1. die Stelle oder internationale Organisation für die in § 45 genannten Zwecke zuständig ist und

2. die Europäische Kommission gemäß Artikel 36 Absatz 3 der Richtlinie (EU) 2016/680 einen Angemessenheitsbeschluss gefasst hat.

(2) Die Übermittlung personenbezogener Daten hat trotz des Vorliegens eines Angemessenheitsbeschlusses im Sinne des Absatzes 1 Nummer 2 und des zu berücksichtigenden öffentlichen Interesses an der Datenübermittlung zu unterbleiben, wenn im Einzelfall ein datenschutzrechtlich angemessener und die elementaren Menschenrechte wahrender Umgang mit den Daten beim Empfänger nicht hinreichend gesichert ist oder sonst überwiegende schutzwürdige Interessen einer betroffenen Person entgegenstehen. Bei seiner Beurteilung hat der Verantwortliche maßgeblich zu berücksichtigen, ob der Empfänger im Einzelfall einen angemessenen Schutz der übermittelten Daten garantiert.

(3) Wenn personenbezogene Daten, die aus einem anderen Mitgliedstaat der Europäischen Union übermittelt oder zur Verfügung gestellt wurden, nach Absatz 1 übermittelt werden sollen, muss diese Übermittlung zuvor von der zuständigen Stelle des anderen Mitgliedstaats genehmigt werden. Übermittlungen ohne vorherige Genehmigung sind nur dann zulässig, wenn die Übermittlung erforderlich ist, um eine unmittelbare und ernsthafte Gefahr für die öffentliche Sicherheit eines Staates oder für die we-

sentlichen Interessen eines Mitgliedstaats abzuwehren, und die vorherige Genehmigung nicht rechtzeitig eingeholt werden kann. Im Fall des Satzes 2 ist die Stelle des anderen Mitgliedstaats, die für die Erteilung der Genehmigung zuständig gewesen wäre, unverzüglich über die Übermittlung zu unterrichten.

(4) Der Verantwortliche, der Daten nach Absatz 1 übermittelt, hat durch geeignete Maßnahmen sicherzustellen, dass der Empfänger die übermittelten Daten nur dann an andere Drittstaaten oder andere internationale Organisationen weiterübermittelt, wenn der Verantwortliche diese Übermittlung zuvor genehmigt hat. Bei der Entscheidung über die Erteilung der Genehmigung hat der Verantwortliche alle maßgeblichen Faktoren zu berücksichtigen, insbesondere die Schwere der Straftat, den Zweck der ursprünglichen Übermittlung und das in dem Drittstaat oder der internationalen Organisation, an das oder an die die Daten weiterübermittelt werden sollen, bestehende Schutzniveau für personenbezogene Daten. Eine Genehmigung darf nur dann erfolgen, wenn auch eine direkte Übermittlung an den anderen Drittstaat oder die andere internationale Organisation zulässig wäre. Die Zuständigkeit für die Erteilung der Genehmigung kann auch abweichend geregelt werden.

§ 79 Datenübermittlung bei geeigneten Garantien

(1) Liegt entgegen § 78 Absatz 1 Nummer 2 kein Beschluss nach Artikel 36 Absatz 3 der Richtlinie (EU) 2016/680 vor, ist eine Übermittlung bei Vorliegen der übrigen Voraussetzungen des § 78 auch dann zulässig, wenn

1. in einem rechtsverbindlichen Instrument geeignete Garantien für den Schutz personenbezogener Daten vorgesehen sind oder

2. der Verantwortliche nach Beurteilung aller Umstände, die bei der Übermittlung eine Rolle spielen, zu der Auffassung gelangt ist, dass geeignete Garantien für den Schutz personenbezogener Daten bestehen.

(2) Der Verantwortliche hat Übermittlungen nach Absatz 1 Nummer 2 zu dokumentieren. Die Dokumentation hat den Zeitpunkt der Übermittlung, die Identität des Empfängers, den Grund der Übermittlung und die übermittelten personenbezogenen Daten zu enthalten. Sie ist der oder dem Bundesbeauftragten auf Anforderung zur Verfügung zu stellen.

(3) Der Verantwortliche hat die Bundesbeauftragte oder den Bundesbeauftragten zumindest jährlich über Übermittlungen zu unterrichten, die aufgrund einer Beurteilung nach Absatz 1 Nummer 2 erfolgt. In der Unterrichtung kann er die Empfänger und die Übermittlungszwecke angemessen kategorisieren.

§ 80 Datenübermittlung ohne geeignete Garantien

(1) Liegt entgegen § 78 Absatz 1 Nummer 2 kein Beschluss nach Artikel 36 Absatz 3 der Richtlinie (EU) 2016/680 vor und liegen auch keine geeigneten Garantien im Sinne des § 79 Absatz 1 vor, ist eine Übermittlung bei Vorliegen der übrigen Voraussetzungen des § 78 auch dann zulässig, wenn die Übermittlung erforderlich ist

1. zum Schutz lebenswichtiger Interessen einer natürlichen Person,

2. zur Wahrung berechtigter Interessen der betroffenen Person,

3. zur Abwehr einer gegenwärtigen und erheblichen Gefahr für die öffentliche Sicherheit eines Staates,

4. im Einzelfall für die in § 45 genannten Zwecke oder

5. im Einzelfall zur Geltendmachung, Ausübung oder Verteidigung von Rechtsansprüchen im Zusammenhang mit den in § 45 genannten Zwecken.

(2) Der Verantwortliche hat von einer Übermittlung nach Absatz 1 abzusehen, wenn die Grundrechte der betroffenen Person das öf-

fentliche Interesse an der Übermittlung überwiegen.

(3) Für Übermittlungen nach Absatz 1 gilt § 79 Absatz 2 entsprechend.

§ 81 Sonstige Datenübermittlung an Empfänger in Drittstaaten

(1) Verantwortliche können bei Vorliegen der übrigen für die Datenübermittlung in Drittstaaten geltenden Voraussetzungen im besonderen Einzelfall personenbezogene Daten unmittelbar an nicht in § 78 Absatz 1 Nummer 1 genannte Stellen in Drittstaaten übermitteln, wenn die Übermittlung für die Erfüllung ihrer Aufgaben unbedingt erforderlich ist und

1. im konkreten Fall keine Grundrechte der betroffenen Person das öffentliche Interesse an einer Übermittlung überwiegen,

2. die Übermittlung an die in § 78 Absatz 1 Nummer 1 genannten Stellen wirkungslos oder ungeeignet wäre, insbesondere weil sie nicht rechtzeitig durchgeführt werden kann, und

3. der Verantwortliche dem Empfänger die Zwecke der Verarbeitung mitteilt und ihn darauf hinweist, dass die übermittelten Daten nur in dem Umfang verarbeitet werden dürfen, in dem ihre Verarbeitung für diese Zwecke erforderlich ist.

(2) Im Fall des Absatzes 1 hat der Verantwortliche die in § 78 Absatz 1 Nummer 1 genannten Stellen unverzüglich über die Übermittlung zu unterrichten, sofern dies nicht wirkungslos oder ungeeignet ist.

(3) Für Übermittlungen nach Absatz 1 gilt § 79 Absatz 2 und 3 entsprechend.

(4) Bei Übermittlungen nach Absatz 1 hat der Verantwortliche den Empfänger zu verpflichten, die übermittelten personenbezogenen Daten ohne seine Zustimmung nur für den Zweck zu verarbeiten, für den sie übermittelt worden sind.

(5) Abkommen im Bereich der justiziellen Zusammenarbeit in Strafsachen und der polizeilichen Zusammenarbeit bleiben unberührt.

Kapitel 6
Zusammenarbeit der Aufsichtsbehörden

§ 82 Gegenseitige Amtshilfe

(1) Die oder der Bundesbeauftragte hat den Datenschutzaufsichtsbehörden in anderen Mitgliedstaaten der Europäischen Union Informationen zu übermitteln und Amtshilfe zu leisten, soweit dies für eine einheitliche Umsetzung und Anwendung der Richtlinie (EU) 2016/680 erforderlich ist. Die Amtshilfe betrifft insbesondere Auskunftsersuchen und aufsichtsbezogene Maßnahmen, beispielsweise Ersuchen um Konsultation oder um Vornahme von Nachprüfungen und Untersuchungen.

(2) Die oder der Bundesbeauftragte hat alle geeigneten Maßnahmen zu ergreifen, um Amtshilfeersuchen unverzüglich und spätestens innerhalb eines Monats nach deren Eingang nachzukommen.

(3) Die oder der Bundesbeauftragte darf Amtshilfeersuchen nur ablehnen, wenn

1. sie oder er für den Gegenstand des Ersuchens oder für die Maßnahmen, die sie oder er durchführen soll, nicht zuständig ist oder

2. ein Eingehen auf das Ersuchen gegen Rechtsvorschriften verstoßen würde.

(4) Die oder der Bundesbeauftragte hat die ersuchende Aufsichtsbehörde des anderen Staates über die Ergebnisse oder gegebenenfalls über den Fortgang der Maßnahmen zu informieren, die getroffen wurden, um dem Amtshilfeersuchen nachzukommen. Sie oder er hat im Fall des Absatzes 3 die Gründe für die Ablehnung des Ersuchens zu erläutern.

(5) Die oder der Bundesbeauftragte hat die Informationen, um die sie oder er von der Aufsichtsbehörde des anderen Staates ersucht

wurde, in der Regel elektronisch und in einem standardisierten Format zu übermitteln.

(6) Die oder der Bundesbeauftragte hat Amtshilfeersuchen kostenfrei zu erledigen, soweit sie oder er nicht im Einzelfall mit der Aufsichtsbehörde des anderen Staates die Erstattung entstandener Ausgaben vereinbart hat.

(7) Ein Amtshilfeersuchen der oder des Bundesbeauftragten hat alle erforderlichen Informationen zu enthalten; hierzu gehören insbesondere der Zweck und die Begründung des Ersuchens. Die auf das Ersuchen übermittelten Informationen dürfen ausschließlich zudem Zweck verwendet werden, zu dem sie angefordert wurden.

Kapitel 7
Haftung und Sanktionen

§ 83 Schadensersatz und Entschädigung

(1) Hat ein Verantwortlicher einer betroffenen Person durch eine Verarbeitung personenbezogener Daten, die nach diesem Gesetz oder nach anderen auf ihre Verarbeitung anwendbaren Vorschriften rechtswidrig war, einen Schaden zugefügt, ist er oder sein Rechtsträger der betroffenen Person zum Schadensersatz verpflichtet. Die Ersatzpflicht entfällt, soweit bei einer nicht automatisierten Verarbeitung der Schaden nicht auf ein Verschulden des Verantwortlichen zurückzuführen ist.

(2) Wegen eines Schadens, der nicht Vermögensschaden ist, kann die betroffene Person eine angemessene Entschädigung in Geld verlangen.

(3) Lässt sich bei einer automatisierten Verarbeitung personenbezogener Daten nicht ermitteln, welche von mehreren beteiligten Verantwortlichen den Schaden verursacht hat, so haftet jeder Verantwortliche beziehungsweise sein Rechtsträger.

(4) Hat bei der Entstehung des Schadens ein Verschulden der betroffenen Person mitgewirkt, ist § 254 des Bürgerlichen Gesetzbuchs entsprechend anzuwenden.

(5) Auf die Verjährung finden die für unerlaubte Handlungen geltenden Verjährungsvorschriften des Bürgerlichen Gesetzbuchs entsprechende Anwendung.

§ 84 Strafvorschriften

Für Verarbeitungen personenbezogener Daten durch öffentliche Stellen im Rahmen von Tätigkeiten nach § 45 Satz 1, 3 oder 4 findet § 42 entsprechende Anwendung.

Teil 4
Besondere Bestimmungen für Verarbeitungen im Rahmen von nicht in die Anwendungsbereiche der Verordnung (EU) 2016/679 und der Richtlinie (EU) 2016/680 fallenden Tätigkeiten

§ 85 Verarbeitung personenbezogener Daten im Rahmen von nicht in die Anwendungsbereiche der Verordnung (EU) 2016/679 und der Richtlinie (EU) 2016/680 fallenden Tätigkeiten

(1) Die Übermittlung personenbezogener Daten an einen Drittstaat oder an über- oder zwischenstaatliche Stellen oder internationale Organisationen im Rahmen von nicht in die Anwendungsbereiche der Verordnung (EU) 2016/679 und der Richtlinie (EU) 2016/680 fallenden Tätigkeiten ist über die bereits gemäß der Verordnung (EU) 2016/679 zulässigen Fälle hinaus auch dann zulässig, wenn sie zur Erfüllung eigener Aufgaben aus zwingenden Gründen der Verteidigung oder zur Erfüllung über- oder zwischenstaatlicher Verpflichtungen einer öffentlichen Stelle des Bundes auf dem Gebiet der Krisenbewältigung oder Konfliktverhinderung oder für humanitäre Maßnahmen erforderlich ist. Der Empfänger ist darauf hinzuweisen, dass die übermittelten Daten nur zu dem Zweck verwendet werden dürfen, zu dem sie übermittelt wurden.

(2) Für Verarbeitungen im Rahmen von nicht in die Anwendungsbereiche der Verordnung (EU) 2016/679 und der Richtlinie (EU) 2016/680 fallenden Tätigkeiten durch Dienststellen im Geschäftsbereich des Bundesministeriums der Verteidigung gilt § 16 Absatz 4 nicht, soweit das Bundesministerium der Verteidigung im Einzelfall feststellt, dass die Erfüllung der dort genannten Pflichten die Sicherheit des Bundes gefährden würde.

(3) Für Verarbeitungen im Rahmen von nicht in die Anwendungsbereiche der Verordnung (EU) 2016/679 und der Richtlinie (EU) 2016/680 fallenden Tätigkeiten durch öffentliche Stellen des Bundes besteht keine Informationspflicht gemäß Artikel 13 Absatz 1 und 2 der Verordnung (EU) 2016/679, wenn

1. es sich um Fälle des § 32 Absatz 1 Nummer 1 bis 3 handelt oder

2. durch ihre Erfüllung Informationen offenbart würden, die nach einer Rechtsvorschrift oder ihrem Wesen nach, insbesondere wegen der überwiegenden berechtigten Interessen eines Dritten, geheim gehalten werden müssen, und deswegen das Interesse der betroffenen Person an der Erteilung der Information zurücktreten muss.

Ist die betroffene Person in den Fällen des Satzes 1 nicht zu informieren, besteht auch kein Recht auf Auskunft. § 32 Absatz 2 und § 33 Absatz 2 finden keine Anwendung.

§ 86 Verarbeitung personenbezogener Daten für Zwecke staatlicher Auszeichnungen und Ehrungen

(1) Zur Vorbereitung und Durchführung staatlicher Verfahren bei Auszeichnungen und Ehrungen dürfen sowohl die zuständigen als auch andere öffentliche und nichtöffentliche Stellen die dazu erforderlichen personenbezogenen Daten, einschließlich besonderer Kategorien personenbezogener Daten im Sinne des Artikels 9 Absatz 1 der Verordnung (EU) 2016/679, auch ohne Kenntnis der betroffenen Person verarbeiten. Für nichtöffentliche Stellen gilt insoweit § 1 Absatz 8 entsprechend. Eine Verarbeitung der personenbezogenen Daten nach Satz 1 für andere Zwecke ist nur mit Einwilligung der betroffenen Person zulässig.

(2) Soweit eine Verarbeitung ausschließlich für die in Absatz 1 Satz 1 genannten Zwecke erfolgt, sind die Artikel 13 bis 16, 19 und 21 der Verordnung (EU) 2016/679 nicht anzuwenden.

(3) Bei der Verarbeitung besonderer Kategorien personenbezogener Daten im Sinne des Artikels 9 Absatz 1 der Verordnung (EU) 2016/679 sieht der Verantwortliche angemessene und spezifische Maßnahmen zur Wahrung der Rechte der betroffenen Person gemäß § 22 Absatz 2 vor.

Gesetz zum Elterngeld und zur Elternzeit

(Bundeselterngeld- und Elternzeitgesetz – BEEG)

Neugefasst durch Bekanntmachung
vom 27. Januar 2015
(BGBl. I S. 33)

Zuletzt geändert durch Artikel 6 des Gesetzes
zur Digitalisierung von Verwaltungsverfahren
bei der Gewährung von Familienleistungen

Hinweis des Verlags:

In dem hier abgedruckten Text des BEEG sind die Änderungen durch das „Gesetz zur Digitalisierung von Verwaltungsverfahren bei der Gewährung von Familienleistungen", die der Bundesrat am 27.11.2020 beschlossen hat und die laut Artikel 9 „am Tag nach der Verkündung in Kraft [treten werden]", bereits eingearbeitet. Bei Drucklegung stand die Verkündung im Bundesgesetzblatt noch aus.

Abschnitt 1
Elterngeld

§ 1 Berechtigte

(1) Anspruch auf Elterngeld hat, wer

1. einen Wohnsitz oder seinen gewöhnlichen Aufenthalt in Deutschland hat,

2. mit seinem Kind in einem Haushalt lebt,

3. dieses Kind selbst betreut und erzieht und

4. keine oder keine volle Erwerbstätigkeit ausübt.

Bei Mehrlingsgeburten besteht nur ein Anspruch auf Elterngeld.

(2) Anspruch auf Elterngeld hat auch, wer, ohne eine der Voraussetzungen des Absatzes 1 Satz 1 Nummer 1 zu erfüllen,

1. nach § 4 des Vierten Buches Sozialgesetzbuch dem deutschen Sozialversicherungsrecht unterliegt oder im Rahmen seines in Deutschland bestehenden öffentlich-rechtlichen Dienst- oder Amtsverhältnisses vorübergehend ins Ausland abgeordnet, versetzt oder kommandiert ist,

2. Entwicklungshelfer oder Entwicklungshelferin im Sinne des § 1 des Entwicklungshelfer-Gesetzes ist oder als Missionar oder Missionarin der Missionswerke und -gesellschaften, die Mitglieder oder Vereinbarungspartner des Evangelischen Missionswerkes Hamburg, der Arbeitsgemeinschaft Evangelikaler Missionen e. V., des Deutschen katholischen Missionsrates oder der Arbeitsgemeinschaft pfingstlich-charismatischer Missionen sind, tätig ist oder

3. die deutsche Staatsangehörigkeit besitzt und nur vorübergehend bei einer zwischen- oder überstaatlichen Einrichtung tätig ist, insbesondere nach den Entsenderichtlinien des Bundes beurlaubte Beamte und Beamtinnen, oder wer vorübergehend eine nach § 123a des Beamtenrechtsrahmengesetzes oder § 29 des Bundesbeamtengeset-

zes zugewiesene Tätigkeit im Ausland wahrnimmt.

Dies gilt auch für mit der nach Satz 1 berechtigten Person in einem Haushalt lebende Ehegatten, Ehegattinnen, Lebenspartner oder Lebenspartnerinnen.

(3) Anspruch auf Elterngeld hat abweichend von Absatz 1 Satz 1 Nummer 2 auch, wer

1. mit einem Kind in einem Haushalt lebt, das er mit dem Ziel der Annahme als Kind aufgenommen hat,

2. ein Kind des Ehegatten, der Ehegattin, des Lebenspartners oder der Lebenspartnerin in seinen Haushalt aufgenommen hat oder

3. mit einem Kind in einem Haushalt lebt und die von ihm erklärte Anerkennung der Vaterschaft nach § 1594 Absatz 2 des Bürgerlichen Gesetzbuchs noch nicht wirksam oder über die von ihm beantragte Vaterschaftsfeststellung nach § 1600d des Bürgerlichen Gesetzbuchs noch nicht entschieden ist.

Für angenommene Kinder und Kinder im Sinne des Satzes 1 Nummer 1 sind die Vorschriften dieses Gesetzes mit der Maßgabe anzuwenden, dass statt des Zeitpunktes der Geburt der Zeitpunkt der Aufnahme des Kindes bei der berechtigten Person maßgeblich ist.

(4) Können die Eltern wegen einer schweren Krankheit, Schwerbehinderung oder Tod der Eltern ihr Kind nicht betreuen, haben Verwandte bis zum dritten Grad und ihre Ehegatten, Ehegattinnen, Lebenspartner oder Lebenspartnerinnen Anspruch auf Elterngeld, wenn sie die übrigen Voraussetzungen nach Absatz 1 erfüllen und von anderen Berechtigten Elterngeld nicht in Anspruch genommen wird.

(5) Der Anspruch auf Elterngeld bleibt unberührt, wenn die Betreuung und Erziehung des Kindes aus einem wichtigen Grund nicht sofort aufgenommen werden kann oder wenn sie unterbrochen werden muss.

(6) Eine Person ist nicht voll erwerbstätig, wenn ihre Arbeitszeit 30 Wochenstunden im Durchschnitt des Monats nicht übersteigt, sie eine Beschäftigung zur Berufsbildung ausübt oder sie eine geeignete Tagespflegeperson im Sinne des § 23 des Achten Buches Sozialgesetzbuch ist und nicht mehr als fünf Kinder in Tagespflege betreut.

(7) Ein nicht freizügigkeitsberechtigter Ausländer oder eine nicht freizügigkeitsberechtigte Ausländerin ist nur anspruchsberechtigt, wenn diese Person

1. eine Niederlassungserlaubnis oder eine Erlaubnis zum Daueraufenthalt-EU besitzt,

2. eine Blaue Karte EU, eine ICT-Karte, eine Mobiler-ICT-Karte oder eine Aufenthaltserlaubnis besitzt, die für einen Zeitraum von mindestens sechs Monaten zur Ausübung einer Erwerbstätigkeit berechtigen oder berechtigt haben oder diese erlauben, es sei denn, die Aufenthaltserlaubnis wurde

   a) nach § 16e des Aufenthaltsgesetzes zu Ausbildungszwecken, nach § 19c Absatz 1 des Aufenthaltsgesetzes zum Zweck der Beschäftigung als Au-Pair oder zum Zweck der Saisonbeschäftigung, nach § 19e des Aufenthaltsgesetzes zum Zweck der Teilnahme an einem Europäischen Freiwilligendienst oder nach § 20 Absatz 1 und 2 des Aufenthaltsgesetzes zur Arbeitsplatzsuche erteilt,

   b) nach § 16b des Aufenthaltsgesetzes zum Zweck eines Studiums, nach § 16d des Aufenthaltsgesetzes für Maßnahmen zur Anerkennung ausländischer Berufsqualifikationen oder nach § 20 Absatz 3 des Aufenthaltsgesetzes zur Arbeitsplatzsuche erteilt und er ist weder erwerbstätig noch nimmt er Elternzeit nach § 15 des Bundeselterngeld- und Elternzeitgesetzes oder laufende Geldleistungen nach dem Dritten Buch Sozialgesetzbuch in Anspruch,

   c) nach § 23 Absatz 1 des Aufenthaltsgesetzes wegen eines Krieges in seinem Heimatland oder nach den §§ 23a, 24 oder § 25 Absatz 3 bis 5 des Aufenthaltsgesetzes erteilt,

3. eine in Nummer 2 Buchstabe c genannte Aufenthaltserlaubnis besitzt und im Bundesgebiet berechtigt erwerbstätig ist oder Elternzeit nach § 15 des Bundeselterngeld- und Elternzeitgesetzes oder laufende Geldleistungen nach dem Dritten Buch Sozialgesetzbuch in Anspruch nimmt,

4. eine in Nummer 2 Buchstabe c genannte Aufenthaltserlaubnis besitzt und sich seit mindestens 15 Monaten erlaubt, gestattet oder geduldet im Bundesgebiet aufhält oder

5. eine Beschäftigungsduldung gemäß § 60d in Verbindung mit § 60a Absatz 2 Satz 3 des Aufenthaltsgesetzes besitzt.

Abweichend von Satz 1 Nummer 3 erste Alternative ist ein minderjähriger nicht freizügigkeitsberechtigter Ausländer oder eine minderjährige nicht freizügigkeitsberechtigte Ausländerin unabhängig von einer Erwerbstätigkeit anspruchsberechtigt.

(8) Ein Anspruch entfällt, wenn die berechtigte Person im letzten abgeschlossenen Veranlagungszeitraum vor der Geburt des Kindes ein zu versteuerndes Einkommen nach § 2 Absatz 5 des Einkommensteuergesetzes in Höhe von mehr als 250 000 Euro erzielt hat. Erfüllt auch eine andere Person die Voraussetzungen des Absatzes 1 Satz 1 Nummer 2 oder der Absätze 3 oder 4, entfällt abweichend von Satz 1 der Anspruch, wenn die Summe des zu versteuernden Einkommens beider Personen mehr als 500 000 Euro beträgt.

§ 2 Höhe des Elterngeldes

(1) Elterngeld wird in Höhe von 67 Prozent des Einkommens aus Erwerbstätigkeit vor der Geburt des Kindes gewährt. Es wird bis zu einem Höchstbetrag von 1 800 Euro monatlich für

volle Monate gezahlt, in denen die berechtigte Person kein Einkommen aus Erwerbstätigkeit hat. Das Einkommen aus Erwerbstätigkeit errechnet sich nach Maßgabe der §§ 2c bis 2f aus der um die Abzüge für Steuern und Sozialabgaben verminderten Summe der positiven Einkünfte aus

1. nichtselbständiger Arbeit nach § 2 Absatz 1 Satz 1 Nummer 4 des Einkommensteuergesetzes sowie

2. Land- und Forstwirtschaft, Gewerbebetrieb und selbständiger Arbeit nach § 2 Absatz 1 Satz 1 Nummer 1 bis 3 des Einkommensteuergesetzes,

die im Inland zu versteuern sind und die die berechtigte Person durchschnittlich monatlich im Bemessungszeitraum nach § 2b oder in Monaten der Bezugszeit nach § 2 Absatz 3 hat.

(2) In den Fällen, in denen das Einkommen aus Erwerbstätigkeit vor der Geburt geringer als 1 000 Euro war, erhöht sich der Prozentsatz von 67 Prozent um 0,1 Prozentpunkte für je 2 Euro, um die dieses Einkommen den Betrag von 1 000 Euro unterschreitet, auf bis zu 100 Prozent. In den Fällen, in denen das Einkommen aus Erwerbstätigkeit vor der Geburt höher als 1 200 Euro war, sinkt der Prozentsatz von 67 Prozent um 0,1 Prozentpunkte für je 2 Euro, um die dieses Einkommen den Betrag von 1 200 Euro überschreitet, auf bis zu 65 Prozent.

(3) Für Monate nach der Geburt des Kindes, in denen die berechtigte Person ein Einkommen aus Erwerbstätigkeit hat, das durchschnittlich geringer ist als das Einkommen aus Erwerbstätigkeit vor der Geburt, wird Elterngeld in Höhe des nach Absatz 1 oder 2 maßgeblichen Prozentsatzes des Unterschiedsbetrages dieser Einkommen aus Erwerbstätigkeit gezahlt. Als Einkommen aus Erwerbstätigkeit vor der Geburt ist dabei höchstens der Betrag von 2 770 Euro anzusetzen. Der Unterschiedsbetrag nach Satz 1 ist für das Einkommen aus Erwerbstätigkeit in Monaten, in denen die berechtigte Person Elterngeld im Sinne des § 4 Absatz 2 Satz 2 in Anspruch nimmt, und in Monaten, in denen sie Elterngeld Plus im Sinne des § 4 Absatz 3 Satz 1 in Anspruch nimmt, getrennt zu berechnen.

(4) Elterngeld wird mindestens in Höhe von 300 Euro gezahlt. Dies gilt auch, wenn die berechtigte Person vor der Geburt des Kindes kein Einkommen aus Erwerbstätigkeit hat.

§ 2a Geschwisterbonus und Mehrlingszuschlag

(1) Lebt die berechtigte Person in einem Haushalt mit

1. zwei Kindern, die noch nicht drei Jahre alt sind, oder

2. drei oder mehr Kindern, die noch nicht sechs Jahre alt sind,

wird das Elterngeld um 10 Prozent, mindestens jedoch um 75 Euro erhöht (Geschwisterbonus). Zu berücksichtigen sind alle Kinder, für die die berechtigte Person die Voraussetzungen des § 1 Absatz 1 und 3 erfüllt und für die sich das Elterngeld nicht nach Absatz 4 erhöht.

(2) Für angenommene Kinder, die noch nicht 14 Jahre alt sind, gilt als Alter des Kindes der Zeitraum seit der Aufnahme des Kindes in den Haushalt der berechtigten Person. Dies gilt auch für Kinder, die die berechtigte Person entsprechend § 1 Absatz 3 Satz 1 Nummer 1 mit dem Ziel der Annahme als Kind in ihren Haushalt aufgenommen hat. Für Kinder mit Behinderung im Sinne von § 2 Absatz 1 Satz 1 des Neunten Buches Sozialgesetzbuch liegt die Altersgrenze nach Absatz 1 Satz 1 bei 14 Jahren.

(3) Der Anspruch auf den Geschwisterbonus endet mit Ablauf des Monats, in dem eine der in Absatz 1 genannten Anspruchsvoraussetzungen entfällt.

(4) Bei Mehrlingsgeburten erhöht sich das Elterngeld um je 300 Euro für das zweite und jedes weitere Kind (Mehrlingszuschlag). Dies gilt auch, wenn ein Geschwisterbonus nach Absatz 1 gezahlt wird.

§ 2b Bemessungszeitraum

(1) Für die Ermittlung des Einkommens aus nichtselbstständiger Erwerbstätigkeit im Sinne von § 2c vor der Geburt sind die zwölf Kalendermonate vor dem Monat der Geburt des Kindes maßgeblich. Bei der Bestimmung des Bemessungszeitraums nach Satz 1 bleiben Kalendermonate unberücksichtigt, in denen die berechtigte Person

1. im Zeitraum nach § 4 Absatz 1 Satz 1 Elterngeld für ein älteres Kind bezogen hat,

2. während der Schutzfristen nach § 3 des Mutterschutzgesetzes nicht beschäftigt werden durfte oder Mutterschaftsgeld nach dem Fünften Buch Sozialgesetzbuch oder nach dem Zweiten Gesetz über die Krankenversicherung der Landwirte bezogen hat,

3. eine Krankheit hatte, die maßgeblich durch eine Schwangerschaft bedingt war, oder

4. Wehrdienst nach dem Wehrpflichtgesetz in der bis zum 31. Mai 2011 geltenden Fassung oder nach dem Vierten Abschnitt des Soldatengesetzes oder Zivildienst nach dem Zivildienstgesetz geleistet hat

und in den Fällen der Nummern 3 und 4 dadurch ein geringeres Einkommen aus Erwerbstätigkeit hatte. Abweichend von Satz 2 bleiben auf Antrag bei der Ermittlung des Einkommens für die Zeit vom 1. März bis 31. Dezember 2020 auch solche Kalendermonate unberücksichtigt, in denen die berechtigte Person aufgrund der COVID-19-Pandemie ein geringeres Einkommen aus Erwerbstätigkeit hatte und dies glaubhaft machen kann. Satz 2 Nummer 1 gilt in den Fällen des § 27 Absatz 1 Satz 1 mit der Maßgabe, dass auf Antrag auch Kalendermonate mit Elterngeldbezug für ein älteres Kind nach Vollendung von dessen 14. Lebensmonat unberücksichtigt bleiben, soweit der Elterngeldbezug von der Zeit vor Vollendung des 14. Lebensmonats auf danach verschoben wurde.

(2) Für die Ermittlung des Einkommens aus selbstständiger Erwerbstätigkeit im Sinne von § 2d vor der Geburt sind die jeweiligen steuerlichen Gewinnermittlungszeiträume maßgeblich, die dem letzten abgeschlossenen steuerlichen Veranlagungszeitraum vor der Geburt des Kindes zugrunde liegen. Haben in einem Gewinnermittlungszeitraum die Voraussetzungen des Absatzes 1 Satz 2 oder Satz 3 vorgelegen, sind auf Antrag die Gewinnermittlungszeiträume maßgeblich, die dem diesen Ereignissen vorangegangenen abgeschlossenen steuerlichen Veranlagungszeitraum zugrunde liegen.

(3) Abweichend von Absatz 1 ist für die Ermittlung des Einkommens aus nichtselbstständiger Erwerbstätigkeit vor der Geburt der steuerliche Veranlagungszeitraum maßgeblich, der den Gewinnermittlungszeiträumen nach Absatz 2 zugrunde liegt, wenn die berechtigte Person in den Zeiträumen nach Absatz 1 oder Absatz 2 Einkommen aus selbstständiger Erwerbstätigkeit hatte. Haben im Bemessungszeitraum nach Satz 1 die Voraussetzungen des Absatzes 1 Satz 2 oder Satz 3 vorgelegen, ist Absatz 2 Satz 2 mit der zusätzlichen Maßgabe anzuwenden, dass für die Ermittlung des Einkommens aus nichtselbstständiger Erwerbstätigkeit vor der Geburt der vorangegangene steuerliche Veranlagungszeitraum maßgeblich ist.

§ 2c Einkommen aus nichtselbstständiger Erwerbstätigkeit

(1) Der monatlich durchschnittlich zu berücksichtigende Überschuss der Einnahmen aus nichtselbstständiger Arbeit in Geld oder Geldeswert über ein Zwölftel des Arbeitnehmer-Pauschbetrags, vermindert um die Abzüge für Steuern und Sozialabgaben nach den §§ 2e und 2f, ergibt das Einkommen aus nichtselbstständiger Erwerbstätigkeit. Nicht berücksichtigt werden Einnahmen, die im Lohnsteuerabzugsverfahren nach den lohnsteuerlichen Vorgaben als sonstige Bezüge zu behandeln sind. Maßgeblich ist der Arbeitnehmer-Pauschbetrag nach § 9a Satz 1 Nummer 1 Buchstabe a des Einkommensteuergesetzes in der am 1. Januar des Kalenderjahres vor der Geburt des Kindes

für dieses Jahr geltenden Fassung. Die zeitliche Zuordnung von Einnahmen erfolgt nach den lohnsteuerlichen Vorgaben für das Lohnsteuerabzugsverfahren.

(2) Grundlage der Ermittlung der Einnahmen sind die Angaben in den für die maßgeblichen Monate erstellten Lohn- und Gehaltsbescheinigungen des Arbeitgebers. Die Richtigkeit und Vollständigkeit der Angaben in den maßgeblichen Lohn- und Gehaltsbescheinigungen wird vermutet.

(3) Grundlage der Ermittlung der nach den §§ 2e und 2f erforderlichen Abzugsmerkmale für Steuern und Sozialabgaben sind die Angaben in der Lohn- und Gehaltsbescheinigung, die für den letzten Monat im Bemessungszeitraum mit Einnahmen nach Absatz 1 erstellt Gehaltsbescheinigungen des Bemessungszeitraums eine Angabe zu einem Abzugsmerkmal geändert hat, ist die von der Angabe nach Satz 1 abweichende Angabe maßgeblich, wenn sie in der überwiegenden Zahl der Monate des Bemessungszeitraums gegolten hat. § 2c Absatz 2 Satz 2 gilt entsprechend.

§ 2d Einkommen aus selbstständiger Erwerbstätigkeit

(1) Die monatlich durchschnittlich zu berücksichtigende Summe der positiven Einkünfte aus Land- und Forstwirtschaft, Gewerbebetrieb und selbstständiger Arbeit (Gewinneinkünfte), vermindert um die Abzüge für Steuern und Sozialabgaben nach den §§ 2e und 2f, ergibt das Einkommen aus selbstständiger Erwerbstätigkeit.

(2) Bei der Ermittlung der im Bemessungszeitraum zu berücksichtigenden Gewinneinkünfte sind die entsprechenden im Einkommensteuerbescheid ausgewiesenen Gewinne anzusetzen. Ist kein Einkommensteuerbescheid zu erstellen, werden die Gewinneinkünfte in entsprechender Anwendung des Absatzes 3 ermittelt.

(3) Grundlage der Ermittlung der in den Bezugsmonaten zu berücksichtigenden Gewinn-

einkünfte ist eine Gewinnermittlung, die mindestens den Anforderungen des § 4 Absatz 3 des Einkommensteuergesetzes entspricht. Als Betriebsausgaben sind 25 Prozent der zugrunde gelegten Einnahmen oder auf Antrag die damit zusammenhängenden tatsächlichen Betriebsausgaben anzusetzen.

(4) Soweit nicht in § 2c Absatz 3 etwas anderes bestimmt ist, sind bei der Ermittlung der nach § 2e erforderlichen Abzugsmerkmale für Steuern die Angaben im Einkommensteuerbescheid maßgeblich. § 2c Absatz 3 Satz 2 gilt entsprechend.

(5) Die zeitliche Zuordnung von Einnahmen und Ausgaben erfolgt nach den einkommensteuerrechtlichen Grundsätzen.

§ 2e Abzüge für Steuern

(1) Als Abzüge für Steuern sind Beträge für die Einkommensteuer, den Solidaritätszuschlag und, wenn die berechtigte Person kirchensteuerpflichtig ist, die Kirchensteuer zu berücksichtigen. Die Abzüge für Steuern werden einheitlich für Einkommen aus nichtselbstständiger und selbstständiger Erwerbstätigkeit auf Grundlage einer Berechnung anhand des am 1. Januar des Kalenderjahres vor der Geburt des Kindes für dieses Jahr geltenden Programmablaufplans für die maschinelle Berechnung der vom Arbeitslohn einzubehaltenden Lohnsteuer, des Solidaritätszuschlags und der Maßstabsteuer für die Kirchenlohnsteuer im Sinne von § 39b Absatz 6 des Einkommensteuergesetzes nach den Maßgaben der Absätze 2 bis 5 ermittelt.

(2) Bemessungsgrundlage für die Ermittlung der Abzüge für Steuern ist die monatlich durchschnittlich zu berücksichtigende Summe der Einnahmen nach § 2c, soweit sie von der berechtigten Person zu versteuern sind, und der Gewinneinkünfte nach § 2d. Bei der Ermittlung der Abzüge für Steuern nach Absatz 1 werden folgende Pauschalen berücksichtigt:

1. der Arbeitnehmer-Pauschbetrag nach § 9a Satz 1 Nummer 1 Buchstabe a des Ein-

kommensteuergesetzes, wenn die berechtigte Person von ihr zu versteuernde Einnahmen hat, die unter § 2c fallen, und

2. eine Vorsorgepauschale

    a) mit den Teilbeträgen nach § 39b Absatz 2 Satz 5 Nummer 3 Buchstabe b und c des Einkommensteuergesetzes, falls die berechtigte Person von ihr zu versteuernde Einnahmen nach § 2c hat, ohne in der gesetzlichen Rentenversicherung oder einer vergleichbaren Einrichtung versicherungspflichtig gewesen zu sein, oder

    b) mit den Teilbeträgen nach § 39b Absatz 2 Satz 5 Nummer 3 Buchstabe a bis c des Einkommensteuergesetzes in allen übrigen Fällen,

    wobei die Höhe der Teilbeträge ohne Berücksichtigung der besonderen Regelungen zur Berechnung der Beiträge nach § 55 Absatz 3 und § 58 Absatz 3 des Elften Buches Sozialgesetzbuch bestimmt wird.*

(3) Als Abzug für die Einkommensteuer ist der Betrag anzusetzen, der sich unter Berücksichtigung der Steuerklasse und des Faktors nach § 39f des Einkommensteuergesetzes nach § 2c Absatz 3 ergibt; die Steuerklasse VI bleibt unberücksichtigt. War die berechtigte Person im Bemessungszeitraum nach § 2b in keine Steuerklasse eingereiht oder ist ihr nach § 2d zu berücksichtigender Gewinn höher als ihr nach § 2c zu berücksichtigender Überschuss der Einnahmen über ein Zwölftel des Arbeitnehmer-Pauschbetrags, ist als Abzug für die Einkommensteuer der Betrag anzusetzen, der sich unter Berücksichtigung der Steuerklasse IV ohne Berücksichtigung eines Faktors nach § 39f des Einkommensteuergesetzes ergibt.

(4) Als Abzug für den Solidaritätszuschlag ist der Betrag anzusetzen, der sich nach den Maßgaben des Solidaritätszuschlagsgesetzes 1995 für die Einkommensteuer nach Absatz 3 ergibt. Freibeträge für Kinder werden nach den Maßgaben des § 3 Absatz 2a des Solidaritätszuschlagsgesetzes 1995 berücksichtigt.

(5) Als Abzug für die Kirchensteuer ist der Betrag anzusetzen, der sich unter Anwendung eines Kirchensteuersatzes von 8 Prozent für die Einkommensteuer nach Absatz 3 ergibt. Freibeträge für Kinder werden nach den Maßgaben des § 51a Absatz 2a des Einkommensteuergesetzes berücksichtigt.

(6) Vorbehaltlich der Absätze 2 bis 5 werden Freibeträge und Pauschalen nur berücksichtigt, wenn sie ohne weitere Voraussetzung jeder berechtigten Person zustehen.

§ 2f Abzüge für Sozialabgaben

(1) Als Abzüge für Sozialabgaben sind Beträge für die gesetzliche Sozialversicherung oder für eine vergleichbare Einrichtung sowie für die Arbeitsförderung zu berücksichtigen. Die Abzüge für Sozialabgaben werden einheitlich für Einkommen aus nichtselbstständiger und selbstständiger Erwerbstätigkeit anhand folgender Beitragssatzpauschalen ermittelt:

1. 9 Prozent für die Kranken- und Pflegeversicherung, falls die berechtigte Person in der gesetzlichen Krankenversicherung nach § 5 Absatz 1 Nummer 1 bis 12 des Fünften Buches Sozialgesetzbuch versicherungspflichtig gewesen ist,

2. 10 Prozent für die Rentenversicherung, falls die berechtigte Person in der gesetzlichen Rentenversicherung oder einer vergleichbaren Einrichtung versicherungspflichtig gewesen ist, und

3. 2 Prozent für die Arbeitsförderung, falls die berechtigte Person nach dem Dritten Buch Sozialgesetzbuch versicherungspflichtig gewesen ist.

(2) Bemessungsgrundlage für die Ermittlung der Abzüge für Sozialabgaben ist die monatlich durchschnittlich zu berücksichtigende Summe der Einnahmen nach § 2c und der Gewinneinkünfte nach § 2d. Einnahmen aus Beschäftigungen im Sinne des § 8, des § 8a oder des § 20 Absatz 3 Satz 1 des Vierten Buches So-

zialgesetzbuch werden nicht berücksichtigt. Für Einnahmen aus Beschäftigungsverhältnissen im Sinne des § 20 Absatz 2 des Vierten Buches Sozialgesetzbuch ist der Betrag anzusetzen, der sich nach § 344 Absatz 4 des Dritten Buches Sozialgesetzbuch für diese Einnahmen ergibt, wobei der Faktor im Sinne des § 163 Absatz 10 Satz 2 des Sechsten Buches Sozialgesetzbuch unter Zugrundelegung der Beitragssatzpauschalen nach Absatz 1 bestimmt wird.

(3) Andere Maßgaben zur Bestimmung der sozialversicherungsrechtlichen Beitragsbemessungsgrundlagen werden nicht berücksichtigt.

§ 3 Anrechnung von anderen Einnahmen

(1) Auf das der berechtigten Person nach § 2 oder nach § 2 in Verbindung mit § 2a zustehende Elterngeld werden folgende Einnahmen angerechnet:

1. Mutterschaftsleistungen

   a) in Form des Mutterschaftsgeldes nach dem Fünften Buch Sozialgesetzbuch oder nach dem Zweiten Gesetz über die Krankenversicherung der Landwirte mit Ausnahme des Mutterschaftsgeldes nach § 19 Absatz 2 des Mutterschutzgesetzes oder

   b) in Form des Zuschusses zum Mutterschaftsgeld nach § 20 des Mutterschutzgesetzes, die der berechtigten Person für die Zeit ab dem Tag der Geburt des Kindes zustehen,

2. Dienst- und Anwärterbezüge sowie Zuschüsse, die der berechtigten Person nach beamten- oder soldatenrechtlichen Vorschriften für die Zeit eines Beschäftigungsverbots ab dem Tag der Geburt des Kindes zustehen,

3. dem Elterngeld oder dem Betreuungsgeld vergleichbare Leistungen, auf die eine nach § 1 berechtigte Person außerhalb Deutschlands oder gegenüber einer über- oder zwischenstaatlichen Einrichtung Anspruch hat,

4. Elterngeld, das der berechtigten Person für ein älteres Kind zusteht, sowie

5. Einnahmen, die der berechtigten Person als Ersatz für Erwerbseinkommen zustehen und

   a) die nicht bereits für die Berechnung des Elterngeldes nach § 2 berücksichtigt werden oder

   b) bei deren Berechnung das Elterngeld nicht berücksichtigt wird.

Stehen der berechtigten Person die Einnahmen nur für einen Teil des Lebensmonats des Kindes zu, sind sie nur auf den entsprechenden Teil des Elterngeldes anzurechnen. Für jeden Kalendermonat, in dem Einnahmen nach Satz 1 Nummer 4 oder Nummer 5 im Bemessungszeitraum bezogen worden sind, wird der Anrechnungsbetrag um ein Zwölftel gemindert.

(2) Bis zu einem Betrag von 300 Euro ist das Elterngeld von der Anrechnung nach Absatz 1 frei, soweit nicht Einnahmen nach Absatz 1 Satz 1 Nummer 1 bis 3 auf das Elterngeld anzurechnen sind. Dieser Betrag erhöht sich bei Mehrlingsgeburten um je 300 Euro für das zweite und jedes weitere Kind.

(3) Solange kein Antrag auf die in Absatz 1 Satz 1 Nummer 3 genannten vergleichbaren Leistungen gestellt wird, ruht der Anspruch auf Elterngeld bis zur möglichen Höhe der vergleichbaren Leistung.

§ 4 Art und Dauer des Bezugs

(1) Elterngeld kann in der Zeit vom Tag der Geburt bis zur Vollendung des 14. Lebensmonats des Kindes bezogen werden. Abweichend von Satz 1 kann Elterngeld Plus nach Absatz 3 auch nach dem 14. Lebensmonat bezogen werden, solange es ab dem 15. Lebensmonat in aufeinander folgenden Lebensmonaten von zumindest einem Elternteil in Anspruch genommen wird. Für angenommene Kinder und Kinder im Sinne des § 1 Absatz 3 Nummer 1 kann Elterngeld ab Aufnahme bei der berechtigten Person

längstens bis zur Vollendung des achten Lebensjahres des Kindes bezogen werden.

(2) Elterngeld wird in Monatsbeträgen für Lebensmonate des Kindes gezahlt. Es wird allein nach den Vorgaben der §§ 2 bis 3 ermittelt (Basiselterngeld), soweit nicht Elterngeld nach Absatz 3 in Anspruch genommen wird. Der Anspruch endet mit dem Ablauf des Monats, in dem eine Anspruchsvoraussetzung entfallen ist. Die Eltern können die jeweiligen Monatsbeträge abwechselnd oder gleichzeitig beziehen.

(3) Statt für einen Monat Elterngeld im Sinne des Absatzes 2 Satz 2 zu beanspruchen, kann die berechtigte Person jeweils zwei Monate lang ein Elterngeld beziehen, das nach den §§ 2 bis 3 und den zusätzlichen Vorgaben der Sätze 2 und 3 ermittelt wird (Elterngeld Plus). Das Elterngeld Plus beträgt monatlich höchstens die Hälfte des Elterngeldes nach Absatz 2 Satz 2, das der berechtigten Person zustünde, wenn sie während des Elterngeldbezugs keine Einnahmen im Sinne des § 2 oder des § 3 hätte oder hat. Für die Berechnung des Elterngeld Plus halbieren sich:

1. der Mindestbetrag für das Elterngeld nach § 2 Absatz 4 Satz 1,

2. der Mindestgeschwisterbonus nach § 2a Absatz 1 Satz 1,

3. der Mehrlingszuschlag nach § 2a Absatz 4 sowie

4. die von der Anrechnung freigestellten Elterngeldbeträge nach § 3 Absatz 2.

(4) Die Eltern haben gemeinsam Anspruch auf zwölf Monatsbeträge Elterngeld im Sinne des Absatzes 2 Satz 2. Erfolgt für zwei Monate eine Minderung des Einkommens aus Erwerbstätigkeit, können sie für zwei weitere Monate Elterngeld im Sinne des Absatzes 2 Satz 2 beanspruchen (Partnermonate). Wenn beide Elternteile in vier aufeinander folgenden Lebensmonaten gleichzeitig

1. nicht weniger als 25 und nicht mehr als 30 Wochenstunden im Durchschnitt des Monats erwerbstätig sind und

2. die Voraussetzungen des § 1 erfüllen,

hat jeder Elternteil für diese Monate Anspruch auf vier weitere Monatsbeträge Elterngeld Plus (Partnerschaftsbonus).

(5) Ein Elternteil kann höchstens zwölf Monatsbeträge Elterngeld im Sinne des Absatzes 2 Satz 2 zuzüglich der vier nach Absatz 4 Satz 3 zustehenden Monatsbeträge Elterngeld Plus beziehen. Er kann Elterngeld nur beziehen, wenn er es mindestens für zwei Monate in Anspruch nimmt. Lebensmonate des Kindes, in denen einem Elternteil nach § 3 Absatz 1 Satz 1 Nummer 1 bis 3 anzurechnende Leistungen oder nach § 192 Absatz 5 Satz 2 des Versicherungsvertragsgesetzes Versicherungsleistungen zustehen, gelten als Monate, für die dieser Elternteil Elterngeld im Sinne des Absatzes 2 Satz 2 bezieht.

(6) Ein Elternteil kann abweichend von Absatz 5 Satz 1 zusätzlich auch die weiteren Monatsbeträge Elterngeld nach Absatz 4 Satz 2 beziehen, wenn für zwei Monate eine Minderung des Einkommens aus Erwerbstätigkeit erfolgt und wenn

1. bei ihm die Voraussetzungen für den Entlastungsbetrag für Alleinerziehende nach § 24b Absatz 1 und 3 des Einkommensteuergesetzes vorliegen und der andere Elternteil weder mit ihm noch mit dem Kind in einer Wohnung lebt,

2. mit der Betreuung durch den anderen Elternteil eine Gefährdung des Kindeswohls im Sinne von § 1666 Absatz 1 und 2 des Bürgerlichen Gesetzbuchs verbunden wäre oder

3. die Betreuung durch den anderen Elternteil unmöglich ist, insbesondere weil er wegen einer schweren Krankheit oder Schwerbehinderung sein Kind nicht betreuen kann; für die Feststellung der Unmöglichkeit der Betreuung bleiben wirtschaftliche Gründe und Gründe einer Verhinderung wegen anderweitiger Tätigkeiten außer Betracht.

Ist ein Elternteil im Sinne des Satzes 1 Nummer 1 bis 3 in vier aufeinander folgenden Lebensmonaten nicht weniger als 25 und nicht mehr als 30 Wochenstunden im Durchschnitt des Monats erwerbstätig, kann er für diese Monate abweichend von Absatz 5 Satz 1 vier weitere Monatsbeträge Elterngeld Plus beziehen.

(7) Die Absätze 1 bis 6 gelten in den Fällen des § 1 Absatz 3 und 4 entsprechend. Nicht sorgeberechtigte Elternteile und Personen, die nach § 1 Absatz 3 Satz 1 Nummer 2 und 3 Elterngeld beziehen können, bedürfen der Zustimmung des sorgeberechtigten Elternteils.

Abschnitt 2
Betreuungsgeld

§ 4a Berechtigte

(1) Anspruch auf Betreuungsgeld hat, wer

1. die Voraussetzungen des § 1 Absatz 1 Nummer 1 bis 3, Absatz 2 bis 5, 7 und 8 erfüllt und

2. für das Kind keine Leistungen nach § 24 Absatz 2 in Verbindung mit den §§ 22 bis 23 des Achten Buches Sozialgesetzbuch in Anspruch nimmt.

(2) Können die Eltern ihr Kind wegen einer schweren Krankheit, Schwerbehinderung oder Tod der Eltern nicht betreuen, haben Berechtigte im Sinne von Absatz 1 Nummer 1 in Verbindung mit § 1 Absatz 4 einen Anspruch auf Betreuungsgeld abweichend von Absatz 1 Nummer 2, wenn für das Kind nicht mehr als 20 Wochenstunden im Durchschnitt des Monats Leistungen nach § 24 Absatz 2 in Verbindung mit den §§ 22 bis 23 des Achten Buches Sozialgesetzbuch in Anspruch genommen werden.

Fußnote
§ 4a: Nach Maßgabe der Urteilsgründe mit Art. 72 Abs. 2 GG (100-1) unvereinbar und nichtig gem. BVerfGE v. 21.7.2015 I 1565 – 1 BvF 2/13

§ 4b Höhe des Betreuungsgeldes

Das Betreuungsgeld beträgt für jedes Kind 150 Euro pro Monat.

Fußnote
§ 4b: Nach Maßgabe der Urteilsgründe mit Art. 72 Abs. 2 GG (100-1) unvereinbar und nichtig gem. BVerfGE v. 21.7.2015 I 1565 – 1 BvF 2/13

§ 4c Anrechnung von anderen Leistungen

Dem Betreuungsgeld oder dem Elterngeld vergleichbare Leistungen, auf die eine nach § 4a berechtigte Person außerhalb Deutschlands oder gegenüber einer über- oder zwischenstaatlichen Einrichtung Anspruch hat, werden auf das Betreuungsgeld angerechnet, soweit sie den Betrag übersteigen, der für denselben Zeitraum nach § 3 Absatz 1 Satz 1 Nummer 3 auf das Elterngeld anzurechnen ist. Stehen der berechtigten Person die Leistungen nur für einen Teil des Lebensmonats des Kindes zu, sind sie nur auf den entsprechenden Teil des Betreuungsgeldes anzurechnen. Solange kein Antrag auf die in Satz 1 genannten vergleichbaren Leistungen gestellt wird, ruht der Anspruch auf Betreuungsgeld bis zur möglichen Höhe der vergleichbaren Leistung.

Fußnote
§ 4c: Nach Maßgabe der Urteilsgründe mit Art. 72 Abs. 2 GG (100-1) unvereinbar und nichtig gem. BVerfGE v. 21.7.2015 I 1565 – 1 BvF 2/13

§ 4d Bezugszeitraum

(1) Betreuungsgeld kann in der Zeit vom ersten Tag des 15. Lebensmonats bis zur Vollendung des 36. Lebensmonats des Kindes bezogen werden. Vor dem 15. Lebensmonat wird Betreuungsgeld nur gewährt, wenn die Eltern die Monatsbeträge des Elterngeldes, die ihnen für ihr Kind nach § 4 Absatz 4 Satz 1 und 2 und nach § 4 Absatz 6 Satz 1 zustehen, bereits bezogen haben. Für jedes Kind wird höchstens für 22 Lebensmonate Betreuungsgeld gezahlt.

(2) Für angenommene Kinder und Kinder im Sinne des § 1 Absatz 3 Satz 1 Nummer 1 kann Betreuungsgeld ab dem ersten Tag des 15. Mo-

nats nach Aufnahme bei der berechtigten Person längstens bis zur Vollendung des dritten Lebensjahres des Kindes bezogen werden. Absatz 1 Satz 2 und 3 ist entsprechend anzuwenden.

(3) Für einen Lebensmonat eines Kindes kann nur ein Elternteil Betreuungsgeld beziehen. Lebensmonate des Kindes, in denen einem Elternteil nach § 4c anzurechnende Leistungen zustehen, gelten als Monate, für die dieser Elternteil Betreuungsgeld bezieht.

(4) Der Anspruch endet mit dem Ablauf des Monats, in dem eine Anspruchsvoraussetzung entfallen ist.

(5) Absatz 1 Satz 2 und Absatz 3 gelten in den Fällen des § 4a Absatz 1 Nummer 1 in Verbindung mit § 1 Absatz 3 und 4 entsprechend. Nicht sorgeberechtigte Elternteile und Personen, die nach § 4a Absatz 1 Nummer 1 in Verbindung mit § 1 Absatz 3 Satz 1 Nummer 2 und 3 Betreuungsgeld beziehen können, bedürfen der Zustimmung des sorgeberechtigten Elternteils.

Fußnote

§ 4d: Nach Maßgabe der Urteilsgründe mit Art. 72 Abs. 2 GG (100-1) unvereinbar und nichtig gem. BVerfGE v. 21.7.2015 I 1565 – 1 BvF 2/13

Abschnitt 3
Verfahren und Organisation

§ 5 Zusammentreffen von Ansprüchen

(1) Erfüllen beide Elternteile die Anspruchsvoraussetzungen für Elterngeld oder Betreuungsgeld, bestimmen sie, wer von ihnen welche Monatsbeträge der jeweiligen Leistung in Anspruch nimmt.

(2) Beanspruchen beide Elternteile zusammen mehr als die ihnen nach § 4 Absatz 4 oder nach § 4 Absatz 4 in Verbindung mit § 4 Absatz 7 zustehenden Monatsbeträge Elterngeld oder mehr als die ihnen zustehenden 22 Monatsbeträge Betreuungsgeld, besteht der Anspruch eines Elternteils auf die jeweilige Leistung, der nicht über die Hälfte der Monatsbe-

träge hinausgeht, ungekürzt; der Anspruch des anderen Elternteils wird gekürzt auf die verbleibenden Monatsbeträge. Beanspruchen beide Elternteile mehr als die Hälfte der Monatsbeträge Elterngeld oder Betreuungsgeld, steht ihnen jeweils die Hälfte der Monatsbeträge der jeweiligen Leistung zu.

(3) Die Absätze 1 und 2 gelten in den Fällen des § 1 Absatz 3 und 4 oder des § 4a Absatz 1 Nummer 1 in Verbindung mit § 1 Absatz 3 und 4 entsprechend. Wird eine Einigung mit einem nicht sorgeberechtigten Elternteil oder einer Person, die nach § 1 Absatz 3 Satz 1 Nummer 2 und 3 Elterngeld der nach § 4a Absatz 1 Nummer 1 in Verbindung mit § 1 Absatz 3 Satz 1 Nummer 2 und 3 Betreuungsgeld beziehen kann, nicht erzielt, kommt es abweichend von Absatz 2 allein auf die Entscheidung des sorgeberechtigten Elternteils an.

§ 6 Auszahlung

Elterngeld und Betreuungsgeld werden im Laufe des Monats gezahlt, für den sie bestimmt sind.

§ 7 Antragstellung

(1) Elterngeld oder Betreuungsgeld ist schriftlich zu beantragen. Sie werden rückwirkend nur für die letzten drei Monate vor Beginn des Monats geleistet, in dem der Antrag auf die jeweilige Leistung eingegangen ist. In dem Antrag auf Elterngeld oder Betreuungsgeld ist anzugeben, für welche Monate Elterngeld im Sinne des § 4 Absatz 2 Satz 2, für welche Monate Elterngeld Plus oder für welche Monate Betreuungsgeld beantragt wird.

(2) Die im Antrag getroffenen Entscheidungen können bis zum Ende des Bezugszeitraums geändert werden. Eine Änderung kann rückwirkend nur für die letzten drei Monate vor Beginn des Monats verlangt werden, in dem der Änderungsantrag eingegangen ist. Sie ist außer in den Fällen besonderer Härte unzulässig, soweit Monatsbeträge bereits ausgezahlt sind. Abwei-

chend von den Sätzen 2 und 3 kann für einen Monat, in dem bereits Elterngeld Plus bezogen wurde, nachträglich Elterngeld nach § 4 Absatz 2 Satz 2 beantragt werden. Im Übrigen finden die für die Antragstellung geltenden Vorschriften auch auf den Änderungsantrag Anwendung.

(3) Der Antrag ist außer in den Fällen des § 4 Absatz 6 und der Antragstellung durch eine allein sorgeberechtigte Person von der Person, die ihn stellt, und zur Bestätigung der Kenntnisnahme auch von der anderen berechtigten Person zu unterschreiben. Die andere berechtigte Person kann gleichzeitig einen Antrag auf das von ihr beanspruchte Elterngeld oder Betreuungsgeld stellen oder der Behörde anzeigen, wie viele Monatsbeträge sie für die jeweilige Leistung beansprucht, wenn mit ihrem Anspruch die Höchstgrenzen nach § 4 Absatz 4 überschritten würden. Liegt der Behörde weder ein Antrag auf Elterngeld oder Betreuungsgeld noch eine Anzeige der anderen berechtigten Person nach Satz 2 vor, erhält der Antragsteller oder die Antragstellerin die Monatsbeträge der jeweiligen Leistung ausgezahlt; die andere berechtigte Person kann bei einem späteren Antrag abweichend von § 5 Absatz 2 nur die unter Berücksichtigung von § 4 Absatz 4 oder § 4d Absatz 1 Satz 3 verbleibenden Monatsbeträge der jeweiligen Leistung erhalten.

§ 8 Auskunftspflicht, Nebenbestimmungen

(1) Soweit im Antrag auf Elterngeld Angaben zum voraussichtlichen Einkommen aus Erwerbstätigkeit gemacht wurden, sind nach Ablauf des Bezugszeitraums für diese Zeit das tatsächliche Einkommen aus Erwerbstätigkeit und die Arbeitszeit nachzuweisen.

(1a) Die Mitwirkungspflichten nach § 60 des Ersten Buches Sozialgesetzbuch gelten

1. im Falle des § 1 Absatz 8 Satz 2 auch für die andere Person im Sinne des § 1 Absatz 8 Satz 2 und

2. im Falle des § 4 Absatz 4 Satz 3 oder des § 4 Absatz 4 Satz 3 in Verbindung mit § 4

Absatz 7 Satz 1 für beide Personen, die den Partnerschaftsbonus beantragt haben.

§ 65 Absatz 1 und 3 des Ersten Buches Sozialgesetzbuch gilt entsprechend.

(2) Elterngeld wird in den Fällen, in denen die berechtigte Person nach ihren Angaben im Antrag im Bezugszeitraum voraussichtlich kein Einkommen aus Ewerbstätigkeit haben wird, unter dem Vorbehalt des Widerrufs für den Fall gezahlt, dass sie entgegen ihren Angaben im Antrag Einkommen aus Erwerbstätigkeit hat. In den Fällen, in denen zum Zeitpunkt der Antragstellung der Steuerbescheid für den letzten abgeschlossenen Veranlagungszeitraum vor der Geburt des Kindes nicht vorliegt und nach den Angaben im Antrag auf Elterngeld oder Betreuungsgeld die Beträge nach § 1 Absatz 8 oder nach § 4a Absatz 1 Nummer 1 in Verbindung mit § 1 Absatz 8 voraussichtlich nicht überschritten werden, wird die jeweilige Leistung unter dem Vorbehalt des Widerrufs für den Fall gezahlt, dass entgegen den Angaben im Antrag auf die jeweilige Leistung die Beträge nach § 1 Absatz 8 oder nach § 4a Absatz 1 Nummer 1 in Verbindung mit § 1 Absatz 8 überschritten werden.

(3) Das Elterngeld wird bis zum Nachweis der jeweils erforderlichen Angaben vorläufig unter Berücksichtigung der glaubhaft gemachten Angaben gezahlt, wenn

1. zum Zeitpunkt der Antragstellung der Steuerbescheid für den letzten abgeschlossenen Veranlagungszeitraum vor der Geburt des Kindes nicht vorliegt und noch nicht angegeben werden kann, ob die Beträge nach § 1 Absatz 8 oder nach § 4a Absatz 1 Nummer 1 in Verbindung mit § 1 Absatz 8 überschritten werden,

2. das Einkommen aus Erwerbstätigkeit vor der Geburt nicht ermittelt werden kann,

3. die berechtigte Person nach den Angaben im Antrag auf Elterngeld im Bezugszeitraum voraussichtlich Einkommen aus Erwerbstätigkeit hat oder

4. die berechtigte Person weitere Monatsbeträge Elterngeld Plus nach § 4 Absatz 4 Satz 3 oder nach § 4 Absatz 6 Satz 2 beantragt.

Satz 1 Nummer 1 gilt entsprechend bei der Beantragung von Betreuungsgeld.

§ 9 Einkommens- und Arbeitszeitnachweis, Auskunftspflicht des Arbeitgebers

(1) Soweit es zum Nachweis des Einkommens aus Erwerbstätigkeit oder der wöchentlichen Arbeitszeit erforderlich ist, hat der Arbeitgeber der nach § 12 zuständigen Behörde für bei ihm Beschäftigte das Arbeitsentgelt, die für die Ermittlung der nach den §§ 2e und 2f erforderlichen Abzugsmerkmale für Steuern und Sozialabgaben sowie die Arbeitszeit auf Verlangen zu bescheinigen; das Gleiche gilt für ehemalige Arbeitgeber. Für die in Heimarbeit Beschäftigten und die ihnen Gleichgestellten (§ 1 Absatz 1 und 2 des Heimarbeitsgesetzes) tritt an die Stelle des Arbeitgebers der Auftraggeber oder Zwischenmeister.

(2) Für den Nachweis des Einkommens aus Erwerbstätigkeit kann die nach § 12 Absatz 1 zuständige Behörde auch das in § 108a Absatz 1 des Vierten Buches Sozialgesetzbuch vorgesehene Verfahren zur elektronischen Abfrage und Übermittlung von Entgeltbescheinigungsdaten nutzen. Sie darf dieses Verfahren nur nutzen, wenn die betroffene Arbeitnehmerin oder der betroffene Arbeitnehmer zuvor in dessen Nutzung eingewilligt hat. Wenn der betroffene Arbeitgeber ein systemgeprüftes Entgeltabrechnungsprogramm nutzt, ist er verpflichtet, die jeweiligen Entgeltbescheinigungsdaten mit dem in § 108a Absatz 1 des Vierten Buches Sozialgesetzbuch vorgesehenen Verfahren zu übermitteln.

§ 10 Verhältnis zu anderen Sozialleistungen

(1) Das Elterngeld, das Betreuungsgeld und jeweils vergleichbare Leistungen der Länder sowie die nach § 3 oder § 4c auf die jeweilige Leistung angerechneten Einnahmen oder Leistungen bleiben bei Sozialleistungen, deren Zahlung von anderen Einkommen abhängig ist, bis zu einer Höhe von insgesamt 300 Euro im Monat als Einkommen unberücksichtigt.

(2) Das Elterngeld, das Betreuungsgeld und jeweils vergleichbare Leistungen der Länder sowie die nach § 3 oder § 4c auf die jeweilige Leistung angerechneten Einnahmen oder Leistungen dürfen bis zu einer Höhe von insgesamt 300 Euro nicht dafür herangezogen werden, um auf Rechtsvorschriften beruhende Leistungen anderer, auf die kein Anspruch besteht, zu versagen.

(3) Soweit die berechtigte Person Elterngeld Plus bezieht, bleibt das Elterngeld nur bis zur Hälfte des Anrechnungsfreibetrags, der nach Abzug der anderen nach Absatz 1 nicht zu berücksichtigenden Einnahmen für das Elterngeld verbleibt, als Einkommen unberücksichtigt und darf nur bis zu dieser Höhe nicht dafür herangezogen werden, um auf Rechtsvorschriften beruhende Leistungen anderer, auf die kein Anspruch besteht, zu versagen.

(4) Die nach den Absätzen 1 bis 3 nicht zu berücksichtigenden oder nicht heranzuziehenden Beträge vervielfachen sich bei Mehrlingsgeburten mit der Zahl der geborenen Kinder.

(5) Die Absätze 1 bis 4 gelten nicht bei Leistungen nach dem Zweiten Buch Sozialgesetzbuch, dem Zwölften Buch Sozialgesetzbuch und § 6a des Bundeskindergeldgesetzes. Bei den in Satz 1 bezeichneten Leistungen bleiben das Elterngeld und vergleichbare Leistungen der Länder sowie die nach § 3 auf das Elterngeld angerechneten Einnahmen in Höhe des nach § 2 Absatz 1 berücksichtigten Einkommens aus Erwerbstätigkeit vor der Geburt bis zu 300 Euro im Monat als Einkommen unberücksichtigt. Soweit die berechtigte Person Elterngeld Plus bezieht, verringern sich die Beträge nach Satz 2 um die Hälfte.

(6) Die Absätze 1 bis 4 gelten entsprechend, soweit für eine Sozialleistung ein Kostenbeitrag erhoben werden kann, der einkommensabhängig ist.

§ 11 Unterhaltspflichten

Unterhaltsverpflichtungen werden durch die Zahlung des Elterngeldes, des Betreuungsgeldes und jeweils vergleichbarer Leistungen der Länder nur insoweit berührt, als die Zahlung 300 Euro monatlich übersteigt. Soweit die berechtigte Person Elterngeld Plus bezieht, werden die Unterhaltspflichten insoweit berührt, als die Zahlung 150 Euro übersteigt. Die in den Sätzen 1 und 2 genannten Beträge vervielfachen sich bei Mehrlingsgeburten mit der Zahl der geborenen Kinder. Die Sätze 1 bis 3 gelten nicht in den Fällen des § 1361 Absatz 3, der §§ 1579, 1603 Absatz 2 und des § 1611 Absatz 1 des Bürgerlichen Gesetzbuchs.

§ 12 Zuständigkeit; Aufbringung der Mittel

(1) Die Landesregierungen oder die von ihnen beauftragten Stellen bestimmen die für die Ausführung dieses Gesetzes zuständigen Behörden. Diesen Behörden obliegt auch die Beratung zur Elternzeit. In den Fällen des § 1 Absatz 2 oder des § 4a Absatz 1 Nummer 1 in Verbindung mit § 1 Absatz 2 ist die von den Ländern für die Durchführung dieses Gesetzes bestimmte Behörde des Bezirks zuständig, in dem die berechtigte Person ihren letzten inländischen Wohnsitz hatte; hilfsweise ist die Behörde des Bezirks zuständig, in dem der entsendende Dienstherr oder Arbeitgeber der berechtigten Person oder der Arbeitgeber des Ehegatten, der Ehegattin, des Lebenspartners oder der Lebenspartnerin der berechtigten Person den inländischen Sitz hat.

(2) Der Bund trägt die Ausgaben für das Elterngeld und das Betreuungsgeld.

§ 13 Rechtsweg

(1) Über öffentlich-rechtliche Streitigkeiten in Angelegenheiten der §§ 1 bis 12 entscheiden die Gerichte der Sozialgerichtsbarkeit. § 85 Absatz 2 Nummer 2 des Sozialgerichtsgesetzes gilt mit der Maßgabe, dass die zuständige Stelle nach § 12 bestimmt wird.

(2) Widerspruch und Anfechtungsklage haben keine aufschiebende Wirkung.

§ 14 Bußgeldvorschriften

(1) Ordnungswidrig handelt, wer vorsätzlich oder fahrlässig

1. entgegen § 8 Absatz 1 einen Nachweis nicht, nicht richtig, nicht vollständig oder nicht rechtzeitig erbringt,

2. entgegen § 9 Absatz 1 eine dort genannte Angabe nicht, nicht richtig, nicht vollständig oder nicht rechtzeitig bescheinigt,

3. entgegen § 60 Absatz 1 Nummer 1 des Ersten Buches Sozialgesetzbuch, auch in Verbindung mit § 8 Absatz 1a Satz 1, eine Angabe nicht, nicht richtig, nicht vollständig oder nicht rechtzeitig macht,

4. entgegen § 60 Absatz 1 Satz 1 Nummer 2 des Ersten Buches Sozialgesetzbuch, auch in Verbindung mit § 8 Absatz 1a Satz 1, eine Mitteilung nicht, nicht richtig, nicht vollständig oder nicht rechtzeitig macht oder

5. entgegen § 60 Absatz 1 Satz 1 Nummer 3 des Ersten Buches Sozialgesetzbuch, auch in Verbindung mit § 8 Absatz 1a Satz 1, eine Beweisurkunde nicht, nicht richtig, nicht vollständig oder nicht rechtzeitig vorlegt.

(2) Die Ordnungswidrigkeit kann mit einer Geldbuße von bis zu zweitausend Euro geahndet werden.

(3) Verwaltungsbehörden im Sinne des § 36 Absatz 1 Nummer 1 des Gesetzes über Ordnungswidrigkeiten sind die in § 12 Absatz 1 Satz 1 und 3 genannten Behörden.

Abschnitt 4
Elternzeit für Arbeitnehmerinnen und Arbeitnehmer

§ 15 Anspruch auf Elternzeit

(1) Arbeitnehmerinnen und Arbeitnehmer haben Anspruch auf Elternzeit, wenn sie

1. a) mit ihrem Kind,

   b) mit einem Kind, für das sie die Anspruchsvoraussetzungen nach § 1 Absatz 3 oder 4 erfüllen, oder

   c) mit einem Kind, das sie in Vollzeitpflege nach § 33 des Achten Buches Sozialgesetzbuch aufgenommen haben,

   in einem Haushalt leben und

2. dieses Kind selbst betreuen und erziehen.

Nicht sorgeberechtigte Elternteile und Personen, die nach Satz 1 Nummer 1 Buchstabe b und c Elternzeit nehmen können, bedürfen der Zustimmung des sorgeberechtigten Elternteils.

(1a) Anspruch auf Elternzeit haben Arbeitnehmerinnen und Arbeitnehmer auch, wenn sie mit ihrem Enkelkind in einem Haushalt leben und dieses Kind selbst betreuen und erziehen und

1. ein Elternteil des Kindes minderjährig ist oder

2. ein Elternteil des Kindes sich in einer Ausbildung befindet, die vor Vollendung des 18. Lebensjahres begonnen wurde und die Arbeitskraft des Elternteils im Allgemeinen voll in Anspruch nimmt.

Der Anspruch besteht nur für Zeiten, in denen keiner der Elternteile des Kindes selbst Elternzeit beansprucht.

(2) Der Anspruch auf Elternzeit besteht bis zur Vollendung des dritten Lebensjahres eines Kindes. Ein Anteil von bis zu 24 Monaten kann zwischen dem dritten Geburtstag und dem vollendeten achten Lebensjahr des Kindes in Anspruch genommen werden. Die Zeit der Mutterschutzfrist nach § 3 Absatz 2 und 3 des Mutterschutzgesetzes wird für die Elternzeit der Mutter auf die Begrenzung nach den Sätzen 1 und 2 angerechnet. Bei mehreren Kindern besteht der Anspruch auf Elternzeit für jedes Kind, auch wenn sich die Zeiträume im Sinne der Sätze 1 und 2 überschneiden. Bei einem angenommenen Kind und bei einem Kind in Vollzeit- oder Adoptionspflege kann Elternzeit von insgesamt bis zu drei Jahren ab der Aufnahme bei der berechtigten Person, längstens bis zur Vollendung des achten Lebensjahres des Kindes genommen werden; die Sätze 2 und 4 sind entsprechend anwendbar, soweit sie die zeitliche Aufteilung regeln. Der Anspruch kann nicht durch Vertrag ausgeschlossen oder beschränkt werden.

(3) Die Elternzeit kann, auch anteilig, von jedem Elternteil allein oder von beiden Elternteilen gemeinsam genommen werden. Satz 1 gilt in den Fällen des Absatzes 1 Satz 1 Nummer 1 Buchstabe b und c entsprechend.

(4) Der Arbeitnehmer oder die Arbeitnehmerin darf während der Elternzeit nicht mehr als 30 Wochenstunden im Durchschnitt des Monats erwerbstätig sein. Eine im Sinne des § 23 des Achten Buches Sozialgesetzbuch geeignete Tagespflegeperson kann bis zu fünf Kinder in Tagespflege betreuen, auch wenn die wöchentliche Betreuungszeit 30 Stunden übersteigt. Teilzeitarbeit bei einem anderen Arbeitgeber oder selbstständige Tätigkeit nach Satz 1 bedürfen der Zustimmung des Arbeitgebers. Dieser kann sie nur innerhalb von vier Wochen aus dringenden betrieblichen Gründen schriftlich ablehnen.

(5) Der Arbeitnehmer oder die Arbeitnehmerin kann eine Verringerung der Arbeitszeit und ihre Verteilung beantragen. Über den Antrag sollen sich der Arbeitgeber und der Arbeitnehmer oder die Arbeitnehmerin innerhalb von vier Wochen einigen. Der Antrag kann mit der schriftlichen Mitteilung nach Absatz 7 Satz 1 Nummer 5 verbunden werden. Unberührt bleibt das Recht, sowohl die vor der Elternzeit bestehende Teilzeitarbeit unverändert während der Elternzeit fortzusetzen, soweit Absatz 4 beachtet ist, als auch nach der Elternzeit zu der Arbeitszeit zurückzu-

kehren, die vor Beginn der Elternzeit vereinbart war.

(6) Der Arbeitnehmer oder die Arbeitnehmerin kann gegenüber dem Arbeitgeber, soweit eine Einigung nach Absatz 5 nicht möglich ist, unter den Voraussetzungen des Absatzes 7 während der Gesamtdauer der Elternzeit zweimal eine Verringerung seiner oder ihrer Arbeitszeit beanspruchen.

(7) Für den Anspruch auf Verringerung der Arbeitszeit gelten folgende Voraussetzungen:

1. Der Arbeitgeber beschäftigt, unabhängig von der Anzahl der Personen in Berufsbildung, in der Regel mehr als 15 Arbeitnehmer und Arbeitnehmerinnen,

2. das Arbeitsverhältnis in demselben Betrieb oder Unternehmen besteht ohne Unterbrechung länger als sechs Monate,

3. die vertraglich vereinbarte regelmäßige Arbeitszeit soll für mindestens zwei Monate auf einen Umfang von nicht weniger als 15 und nicht mehr als 30 Wochenstunden im Durchschnitt des Monats verringert werden,

4. dem Anspruch stehen keine dringenden betrieblichen Gründe entgegen und

5. der Anspruch auf Teilzeit wurde dem Arbeitgeber

a) für den Zeitraum bis zum vollendeten dritten Lebensjahr des Kindes sieben Wochen und

b) für den Zeitraum zwischen dem dritten Geburtstag und dem vollendeten achten Lebensjahr des Kindes 13 Wochen

vor Beginn der Teilzeittätigkeit schriftlich mitgeteilt.

Der Antrag muss den Beginn und den Umfang der verringerten Arbeitszeit enthalten. Die gewünschte Verteilung der verringerten Arbeitszeit soll im Antrag angegeben werden. Falls der Arbeitgeber die beanspruchte Verringerung oder Verteilung der Arbeitszeit ablehnen will, muss er dies innerhalb der in Satz 5 genannten

Frist mit schriftlicher Begründung tun. Hat ein Arbeitgeber die Verringerung der Arbeitszeit

1. in einer Elternzeit zwischen der Geburt und dem vollendeten dritten Lebensjahr des Kindes nicht spätestens vier Wochen nach Zugang des Antrags oder

2. in einer Elternzeit zwischen dem dritten Geburtstag und dem vollendeten achten Lebensjahr des Kindes nicht spätestens acht Wochen nach Zugang des Antrags

schriftlich abgelehnt, gilt die Zustimmung als erteilt und die Verringerung der Arbeitszeit entsprechend den Wünschen der Arbeitnehmerin oder des Arbeitnehmers als festgelegt. Haben Arbeitgeber und Arbeitnehmerin oder Arbeitnehmer über die Verteilung der Arbeitszeit kein Einvernehmen nach Absatz 5 Satz 2 erzielt und hat der Arbeitgeber nicht innerhalb der in Satz 5 genannten Fristen die gewünschte Verteilung schriftlich abgelehnt, gilt die Verteilung der Arbeitszeit entsprechend den Wünschen der Arbeitnehmerin oder des Arbeitnehmers als festgelegt. Soweit der Arbeitgeber den Antrag auf Verringerung oder Verteilung der Arbeitszeit rechtzeitig ablehnt, kann die Arbeitnehmerin oder der Arbeitnehmer Klage vor dem Gericht für Arbeitssachen erheben.

§ 16 Inanspruchnahme der Elternzeit

(1) Wer Elternzeit beanspruchen will, muss sie

1. für den Zeitraum bis zum vollendeten dritten Lebensjahr des Kindes spätestens sieben Wochen und

2. für den Zeitraum zwischen dem dritten Geburtstag und dem vollendeten achten Lebensjahr des Kindes spätestens 13 Wochen

vor Beginn der Elternzeit schriftlich vom Arbeitgeber verlangen. Verlangt die Arbeitnehmerin oder der Arbeitnehmer Elternzeit nach Satz 1 Nummer 1, muss sie oder er gleichzeitig erklären, für welche Zeiten innerhalb von zwei Jahren Elternzeit genommen werden soll. Bei dringenden Gründen ist ausnahmsweise eine angemessene kürzere Frist möglich. Nimmt die

Mutter die Elternzeit im Anschluss an die Mutterschutzfrist, wird die Zeit der Mutterschutzfrist nach § 3 Absatz 2 und 3 des Mutterschutzgesetzes auf den Zeitraum nach Satz 2 angerechnet. Nimmt die Mutter die Elternzeit im Anschluss an einen auf die Mutterschutzfrist folgenden Erholungsurlaub, werden die Zeit der Mutterschutzfrist nach § 3 Absatz 2 und 3 des Mutterschutzgesetzes und die Zeit des Erholungsurlaubs auf den Zweijahreszeitraum nach Satz 2 angerechnet. Jeder Elternteil kann seine Elternzeit auf drei Zeitabschnitte verteilen; eine Verteilung auf weitere Zeitabschnitte ist nur mit der Zustimmung des Arbeitgebers möglich. Der Arbeitgeber kann die Inanspruchnahme eines dritten Abschnitts einer Elternzeit innerhalb von acht Wochen nach Zugang des Antrags aus dringenden betrieblichen Gründen ablehnen, wenn dieser Abschnitt im Zeitraum zwischen dem dritten Geburtstag und dem vollendeten achten Lebensjahr des Kindes liegen soll. Der Arbeitgeber hat dem Arbeitnehmer oder der Arbeitnehmerin die Elternzeit zu bescheinigen. Bei einem Arbeitgeberwechsel ist bei der Anmeldung der Elternzeit auf Verlangen des neuen Arbeitgebers eine Bescheinigung des früheren Arbeitgebers über bereits genommene Elternzeit durch die Arbeitnehmerin oder den Arbeitnehmer vorzulegen.

(2) Können Arbeitnehmerinnen aus einem von ihnen nicht zu vertretenden Grund eine sich unmittelbar an die Mutterschutzfrist des § 3 Absatz 2 und 3 des Mutterschutzgesetzes anschließende Elternzeit nicht rechtzeitig verlangen, können sie dies innerhalb einer Woche nach Wegfall des Grundes nachholen.

(3) Die Elternzeit kann vorzeitig beendet oder im Rahmen des § 15 Absatz 2 verlängert werden, wenn der Arbeitgeber zustimmt. Die vorzeitige Beendigung wegen der Geburt eines weiteren Kindes oder in Fällen besonderer Härte, insbesondere bei Eintritt einer schweren Krankheit, Schwerbehinderung oder Tod eines Elternteils oder eines Kindes der berechtigten Person oder bei erheblich gefährdeter wirtschaftlicher Existenz der Eltern nach Inanspruchnahme der Elternzeit, kann der Arbeitgeber unbeschadet von Satz 3 nur innerhalb von vier Wochen aus

dringenden betrieblichen Gründen schriftlich ablehnen. Die Elternzeit kann zur Inanspruchnahme der Schutzfristen des § 3 des Mutterschutzgesetzes auch ohne Zustimmung des Arbeitgebers vorzeitig beendet werden; in diesen Fällen soll die Arbeitnehmerin dem Arbeitgeber die Beendigung der Elternzeit rechtzeitig mitteilen. Eine Verlängerung der Elternzeit kann verlangt werden, wenn ein vorgesehener Wechsel der Anspruchsberechtigten aus einem wichtigen Grund nicht erfolgen kann.

(4) Stirbt das Kind während der Elternzeit, endet diese spätestens drei Wochen nach dem Tod des Kindes.

(5) Eine Änderung in der Anspruchsberechtigung hat der Arbeitnehmer oder die Arbeitnehmerin dem Arbeitgeber unverzüglich mitzuteilen.

§ 17 Urlaub

(1) Der Arbeitgeber kann den Erholungsurlaub, der dem Arbeitnehmer oder der Arbeitnehmerin für das Urlaubsjahr zusteht, für jeden vollen Kalendermonat der Elternzeit um ein Zwölftel kürzen. Dies gilt nicht, wenn der Arbeitnehmer oder die Arbeitnehmerin während der Elternzeit bei seinem oder ihrem Arbeitgeber Teilzeitarbeit leistet.

(2) Hat der Arbeitnehmer oder die Arbeitnehmerin den ihm oder ihr zustehenden Urlaub vor dem Beginn der Elternzeit nicht oder nicht vollständig erhalten, hat der Arbeitgeber den Resturlaub nach der Elternzeit im laufenden oder im nächsten Urlaubsjahr zu gewähren.

(3) Endet das Arbeitsverhältnis während der Elternzeit oder wird es im Anschluss an die Elternzeit nicht fortgesetzt, so hat der Arbeitgeber den noch nicht gewährten Urlaub abzugelten.

(4) Hat der Arbeitnehmer oder die Arbeitnehmerin vor Beginn der Elternzeit mehr Urlaub erhalten, als ihm oder ihr nach Absatz 1 zusteht, kann der Arbeitgeber den Urlaub, der dem Arbeitnehmer oder der Arbeitnehmerin nach dem Ende der Elternzeit zusteht, um die zu viel gewährten Urlaubstage kürzen.

§ 18 Kündigungsschutz

(1) Der Arbeitgeber darf das Arbeitsverhältnis ab dem Zeitpunkt, von dem an Elternzeit verlangt worden ist, nicht kündigen. Der Kündigungsschutz nach Satz 1 beginnt

1. frühestens acht Wochen vor Beginn einer Elternzeit bis zum vollendeten dritten Lebensjahr des Kindes und

2. frühestens 14 Wochen vor Beginn einer Elternzeit zwischen dem dritten Geburtstag und dem vollendeten achten Lebensjahr des Kindes.

Während der Elternzeit darf der Arbeitgeber das Arbeitsverhältnis nicht kündigen. In besonderen Fällen kann ausnahmsweise eine Kündigung für zulässig erklärt werden. Die Zulässigkeitserklärung erfolgt durch die für den Arbeitsschutz zuständige oberste Landesbehörde oder die von ihr bestimmte Stelle. Die Bundesregierung kann mit Zustimmung des Bundesrates allgemeine Verwaltungsvorschriften zur Durchführung des Satzes 4 erlassen.

(2) Absatz 1 gilt entsprechend, wenn Arbeitnehmer oder Arbeitnehmerinnen

1. während der Elternzeit bei demselben Arbeitgeber Teilzeitarbeit leisten oder

2. ohne Elternzeit in Anspruch zu nehmen, Teilzeitarbeit leisten und Anspruch auf Elterngeld nach § 1 während des Zeitraums nach § 4 Absatz 1 Satz 1 und 3 haben.

§ 19 Kündigung zum Ende der Elternzeit

Der Arbeitnehmer oder die Arbeitnehmerin kann das Arbeitsverhältnis zum Ende der Elternzeit nur unter Einhaltung einer Kündigungsfrist von drei Monaten kündigen.

§ 20 Zur Berufsbildung Beschäftigte, in Heimarbeit Beschäftigte

(1) Die zu ihrer Berufsbildung Beschäftigten gelten als Arbeitnehmer oder Arbeitnehmerinnen im Sinne dieses Gesetzes. Die Elternzeit

wird auf Berufsbildungszeiten nicht angerechnet.

(2) Anspruch auf Elternzeit haben auch die in Heimarbeit Beschäftigten und die ihnen Gleichgestellten (§ 1 Absatz 1 und 2 des Heimarbeitsgesetzes), soweit sie am Stück mitarbeiten. Für sie tritt an die Stelle des Arbeitgebers der Auftraggeber oder Zwischenmeister und an die Stelle des Arbeitsverhältnisses das Beschäftigungsverhältnis.

§ 21 Befristete Arbeitsverträge

(1) Ein sachlicher Grund, der die Befristung eines Arbeitsverhältnisses rechtfertigt, liegt vor, wenn ein Arbeitnehmer oder eine Arbeitnehmerin zur Vertretung eines anderen Arbeitnehmers oder einer anderen Arbeitnehmerin für die Dauer eines Beschäftigungsverbotes nach dem Mutterschutzgesetz, einer Elternzeit, einer auf Tarifvertrag, Betriebsvereinbarung oder einzelvertraglicher Vereinbarung beruhenden Arbeitsfreistellung zur Betreuung eines Kindes oder für diese Zeiten zusammen oder für Teile davon eingestellt wird.

(2) Über die Dauer der Vertretung nach Absatz 1 hinaus ist die Befristung für notwendige Zeiten einer Einarbeitung zulässig.

(3) Die Dauer der Befristung des Arbeitsvertrags muss kalendermäßig bestimmt oder bestimmbar oder den in den Absätzen 1 und 2 genannten Zwecken zu entnehmen sein.

(4) Der Arbeitgeber kann den befristeten Arbeitsvertrag unter Einhaltung einer Frist von mindestens drei Wochen, jedoch frühestens zum Ende der Elternzeit, kündigen, wenn die Elternzeit ohne Zustimmung des Arbeitgebers vorzeitig endet und der Arbeitnehmer oder die Arbeitnehmerin die vorzeitige Beendigung der Elternzeit mitgeteilt hat. Satz 1 gilt entsprechend, wenn der Arbeitgeber die vorzeitige Beendigung der Elternzeit in den Fällen des § 16 Absatz 3 Satz 2 nicht ablehnen darf.

(5) Das Kündigungsschutzgesetz ist im Falle des Absatzes 4 nicht anzuwenden.

(6) Absatz 4 gilt nicht, soweit seine Anwendung vertraglich ausgeschlossen ist.

(7) Wird im Rahmen arbeitsrechtlicher Gesetze oder Verordnungen auf die Zahl der beschäftigten Arbeitnehmer und Arbeitnehmerinnen abgestellt, so sind bei der Ermittlung dieser Zahl Arbeitnehmer und Arbeitnehmerinnen, die sich in der Elternzeit befinden oder zur Betreuung eines Kindes freigestellt sind, nicht mitzuzählen, solange für sie aufgrund von Absatz 1 ein Vertreter oder eine Vertreterin eingestellt ist. Dies gilt nicht, wenn der Vertreter oder die Vertreterin nicht mitzuzählen ist. Die Sätze 1 und 2 gelten entsprechend, wenn im Rahmen arbeitsrechtlicher Gesetze oder Verordnungen auf die Zahl der Arbeitsplätze abgestellt wird.

Abschnitt 5
Statistik und Schlussvorschriften

§ 22 Bundesstatistik

(1) Zur Beurteilung der Auswirkungen dieses Gesetzes sowie zu seiner Fortentwicklung sind laufende Erhebungen zum Bezug von Elterngeld und Betreuungsgeld als Bundesstatistiken durchzuführen. Die Erhebungen erfolgen zentral beim Statistischen Bundesamt.

(2) Die Statistik zum Bezug von Elterngeld erfasst vierteljährlich zum jeweils letzten Tag des aktuellen und der vorangegangenen zwei Kalendermonate Elterngeld bezogen haben, für jedes den Anspruch auslösende Kind folgende Erhebungsmerkmale:

1. Art der Berechtigung nach § 1,

2. Grundlagen der Berechnung des zustehenden Monatsbetrags nach Art und Höhe (§ 2 Absatz 1, 2, 3 oder 4, § 2a Absatz 1 oder 4, § 2c, die §§ 2d, 2e oder § 2f),

3. Höhe und Art des zustehenden Monatsbetrags (§ 4 Absatz 2 Satz 2 und Absatz 3 Satz 1) ohne die Berücksichtigung der Einnahmen nach § 3,

4. Art und Höhe der Einnahmen nach § 3,

5. Inanspruchnahme der als Partnerschaftsbonus gewährten Monatsbeträge nach § 4 Absatz 4 Satz 3 und der weiteren Monatsbeträge Elterngeld Plus nach § 4 Absatz 6 Satz 2,

6. Höhe des monatlichen Auszahlungsbetrags,

7. Geburtstag des Kindes,

8. für die Elterngeld beziehende Person:

   a) Geschlecht, Geburtsjahr und -monat,

   b) Staatsangehörigkeit,

   c) Wohnsitz oder gewöhnlicher Aufenthalt,

   d) Familienstand und unverheiratetes Zusammenleben mit dem anderen Elternteil und

   e) Anzahl der im Haushalt lebenden Kinder.

Die Angaben nach den Nummern 2, 3, 5 und 6 sind für jeden Lebensmonat des Kindes bezogen auf den nach § 4 Absatz 1 möglichen Zeitraum des Leistungsbezugs zu melden.

(3) Die Statistik zum Bezug von Betreuungsgeld erfasst vierteljährlich zum jeweils letzten Tag des aktuellen und der vorangegangenen zwei Kalendermonate erstmalig zum 30. September 2013 für Personen, die in einem dieser Kalendermonate Betreuungsgeld bezogen haben, für jedes den Anspruch auslösende Kind folgende Erhebungsmerkmale:

1. Art der Berechtigung nach § 4a,

2. Höhe des monatlichen Auszahlungsbetrags,

3. Geburtstag des Kindes,

4. für die Betreuungsgeld beziehende Person:

   a) Geschlecht, Geburtsjahr und -monat,

   b) Staatsangehörigkeit,

c) Wohnsitz oder gewöhnlicher Aufenthalt,

d) Familienstand und unverheiratetes Zusammenleben mit dem anderen Elternteil und

e) Anzahl der im Haushalt lebenden Kinder.

Die Angaben nach Nummer 2 sind für jeden Lebensmonat des Kindes bezogen auf den nach § 4d Absatz 1 möglichen Zeitraum des Leistungsbezugs zu melden.

(4) Hilfsmerkmale sind:

1. Name und Anschrift der zuständigen Behörde,

2. Name und Telefonnummer sowie Adresse für elektronische Post der für eventuelle Rückfragen zur Verfügung stehenden Person und

3. Kennnummer des Antragstellers oder der Antragstellerin.

§ 23 Auskunftspflicht; Datenübermittlung an das Statistische Bundesamt

(1) Für die Erhebung nach § 22 besteht Auskunftspflicht. Die Angaben nach § 22 Absatz 4 Nummer 2 sind freiwillig. Auskunftspflichtig sind die nach § 12 Absatz 1 zuständigen Stellen.

(2) Der Antragsteller oder die Antragstellerin ist gegenüber den nach § 12 Absatz 1 zuständigen Stellen zu den Erhebungsmerkmalen nach § 22 Absatz 2 und 3 auskunftspflichtig. Die zuständigen Stellen nach § 12 Absatz 1 dürfen die Angaben nach § 22 Absatz 2 Satz 1 Nummer 8 und Absatz 3 Satz 1 Nummer 4, soweit sie für den Vollzug dieses Gesetzes nicht erforderlich sind, nur durch technische und organisatorische Maßnahmen getrennt von den übrigen Daten nach § 22 Absatz 2 und 3 und nur für die Übermittlung an das Statistische Bundesamt verwenden und haben diese unverzüglich nach Übermittlung an das Statistische Bundesamt zu löschen.

(3) Die in sich schlüssigen Angaben sind als Einzeldatensätze elektronisch bis zum Ablauf von 30 Arbeitstagen nach Ablauf des Berichtszeitraums an das Statistische Bundesamt zu übermitteln.

§ 24 Übermittlung von Tabellen mit statistischen Ergebnissen durch das Statistische Bundesamt

Zur Verwendung gegenüber den gesetzgebenden Körperschaften und zu Zwecken der Planung, jedoch nicht zur Regelung von Einzelfällen, übermittelt das Statistische Bundesamt Tabellen mit statistischen Ergebnissen, auch soweit Tabellenfelder nur einen einzigen Fall ausweisen, an die fachlich zuständigen obersten Bundes- oder Landesbehörden. Tabellen, deren Tabellenfelder nur einen einzigen Fall ausweisen, dürfen nur dann übermittelt werden, wenn sie nicht differenzierter als auf Regierungsbezirksebene, im Falle der Stadtstaaten auf Bezirksebene, aufbereitet sind.

§ 24a Übermittlung von Einzelangaben durch das Statistische Bundesamt

(1) Zur Abschätzung von Auswirkungen der Änderungen dieses Gesetzes im Rahmen der Zwecke nach § 24 übermittelt das Statistische Bundesamt auf Anforderung des fachlich zuständigen Bundesministeriums diesem oder von ihm beauftragten Forschungseinrichtungen Einzelangaben ab dem Jahr 2007 ohne Hilfsmerkmale mit Ausnahme des Merkmals nach § 22 Absatz 4 Nummer 3 für die Entwicklung und den Betrieb von Mikrosimulationsmodellen. Die Einzelangaben dürfen nur im hierfür erforderlichen Umfang und mittels eines sicheren Datentransfers übermittelt werden.

(2) Bei der Verarbeitung der Daten nach Absatz 1 ist das Statistikgeheimnis nach § 16 des Bundesstatistikgesetzes zu wahren. Dafür ist die Trennung von statistischen und nichtstatistischen Aufgaben durch Organisation und Verfahren zu gewährleisten. Die nach Absatz 1 übermittelten Daten dürfen nur für die Zwecke

verwendet werden, für die sie übermittelt wurden. Die übermittelten Einzeldaten sind nach dem Erreichen des Zweckes zu löschen, zu dem sie übermittelt wurden.

(3) Personen, die Empfängerinnen und Empfänger von Einzelangaben nach Absatz 1 Satz 1 sind, unterliegen der Pflicht zur Geheimhaltung nach § 16 Absatz 1 und 10 des Bundesstatistikgesetzes. Personen, die Einzelangaben nach Absatz 1 Satz 1 erhalten sollen, müssen Amtsträger oder für den öffentlichen Dienst besonders Verpflichtete sein. Personen, die Einzelangaben erhalten sollen und die nicht Amtsträger oder für den öffentlichen Dienst besonders Verpflichtete sind, sind vor der Übermittlung zur Geheimhaltung zu verpflichten. § 1 Absatz 2, 3 und 4 Nummer 2 des Verpflichtungsgesetzes vom 2. März 1974 (BGBl. I S. 469, 547), das durch § 1 Nummer 4 des Gesetzes vom 15. August 1974 (BGBl. I S. 1942) geändert worden ist, gilt in der jeweils geltenden Fassung entsprechend. Die Empfängerinnen und Empfänger von Einzelangaben dürfen aus ihrer Tätigkeit gewonnene Erkenntnisse nur für die in Absatz 1 genannten Zwecke verwenden.

§ 24b Elektronische Unterstützung bei der Antragstellung

(1) Zur elektronischen Unterstützung bei der Antragstellung kann der Bund ein Internetportal einrichten und betreiben. Das Internetportal ermöglicht das elektronische Ausfüllen der Antragsformulare der Länder sowie die Übermittlung der Daten aus dem Antragsformular an die nach § 12 zuständige Behörde. Zuständig für Einrichtung und Betrieb des Internetportals ist das Bundesministerium für Familie, Senioren, Frauen und Jugend. Die Ausführung dieses Gesetzes durch die nach § 12 zuständigen Behörden bleibt davon unberührt.

(2) Das Bundesministerium für Familie, Senioren, Frauen und Jugend ist für das Internetportal datenschutzrechtlich verantwortlich. Für die elektronische Unterstützung bei der Antragstellung darf das Bundesministerium für Familie, Senioren, Frauen und Jugend die zur Beantragung von Elterngeld erforderlichen personenbezogenen Daten sowie die in § 22 genannten statistischen Erhebungsmerkmale verarbeiten, sofern der Nutzer in die Verarbeitung eingewilligt hat. Die statistischen Erhebungsmerkmale einschließlich der zur Beantragung von Elterngeld erforderlichen personenbezogenen Daten sind nach Beendigung der Nutzung des Internetportals unverzüglich zu löschen.

§ 25 Datenübermittlung durch Standesämter

Beantragt eine Person Elterngeld, so darf das für die Entgegennahme der Anzeige der Geburt zuständige Standesamt der nach § 12 Absatz 2 zuständigen Behörde die erforderlichen Daten über die Beurkundung der Geburt eines Kindes elektronisch übermitteln, wenn die antragstellende Person zuvor in die elektronische Datenübermittlung eingewilligt hat.

§ 26 Anwendung der Bücher des Sozialgesetzbuches

(1) Soweit dieses Gesetz zum Elterngeld oder Betreuungsgeld keine ausdrückliche Regelung trifft, ist bei der Ausführung des Ersten, Zweiten und Dritten Abschnitts das Erste Kapitel des Zehnten Buches Sozialgesetzbuch anzuwenden.

(2) § 328 Absatz 3 und § 331 des Dritten Buches Sozialgesetzbuch gelten entsprechend.

§ 27 Sonderregelung aus Anlass der COVID-19-Pandemie

(1) Übt ein Elternteil eine systemrelevante Tätigkeit aus, so kann sein Bezug von Elterngeld auf Antrag für die Zeit vom 1. März 2020 bis 31. Dezember 2020 aufgeschoben werden. Der Bezug der verschobenen Lebensmonate ist spätestens bis zum 30. Juni 2021 anzutreten. Wird von der Möglichkeit des Aufschubs Gebrauch gemacht, so kann das Basiselterngeld abweichend von § 4 Absatz 1 Satz 1 auch noch

nach Vollendung des 14. Lebensmonats bezogen werden. In der Zeit vom 1. März 2020 bis 30. Juni 2021 entstehende Lücken im Elterngeldbezug sind abweichend von § 4 Absatz 1 Satz 2 unschädlich.

(2) Für ein Verschieben des Partnerschaftsbonus genügt es, wenn nur ein Elternteil einen systemrelevanten Beruf ausübt. Hat der Bezug des Partnerschaftsbonus bereits begonnen, so gelten allein die Bestimmungen des Absatzes 3.

(3) Wurde der Partnerschaftsbonus spätestens bis zum Ablauf des 27. Mai 2020 beantragt, und liegt der Bezug des Partnerschaftsbonus ganz oder teilweise zwischen dem 1. März 2020 und 31. Dezember 2020, gelten abweichend von § 8 Absatz 1 und 3 Nummer 4 die Angaben zur Höhe des Einkommens und zum Umfang der Arbeitszeit, die bei der Beantragung des Partnerschaftsbonus glaubhaft gemacht worden sind.

(4) Für die Höhe des Elterngeldes bleiben für die Zeit vom 1. März 2020 bis zum 31. Dezember 2020 die Einnahmen im Bezugszeitraum unberücksichtigt, die der berechtigten Person als Ersatz für Erwerbseinkommen zustehen, das nach der Geburt des Kindes aufgrund der COVID-19-Pandemie weggefallen ist. Im Fall des Satzes 1 ist das Elterngeld monatlich höchstens so hoch wie der Elterngeldbetrag, der zustünde, wenn die berechtigte Person keinen Einkommenswegfall aufgrund der COVID-19-Pandemie hätte oder hat.

§ 28 Übergangsvorschrift

(1) Für die vor dem 1. Januar 2015 geborenen oder mit dem Ziel der Adoption aufgenommenen Kinder ist § 1 in der bis zum 31. Dezember 2014 geltenden Fassung weiter anzuwenden. Für die vor dem 1. Juli 2015 geborenen oder mit dem Ziel der Adoption aufgenommenen Kinder sind die §§ 2 bis 22 in der bis zum 31. Dezember 2014 geltenden Fassung weiter anzuwenden. Satz 2 gilt nicht für § 2c Absatz 1 Satz 2 und § 22 Absatz 2 Satz 1 Nummer 2.

(1a) Soweit dieses Gesetz Mutterschaftsgeld nach dem Fünften Buch Sozialgesetzbuch oder nach dem Zweiten Gesetz über die Krankenversicherung der Landwirte in Bezug nimmt, gelten die betreffenden Regelungen für Mutterschaftsgeld nach der Reichsversicherungsordnung oder nach dem Gesetz über die Krankenversicherung der Landwirte entsprechend.

(2) Für die dem Erziehungsgeld vergleichbaren Leistungen der Länder sind § 8 Absatz 1 und § 9 des Bundeserziehungsgeldgesetzes in der bis zum 31. Dezember 2006 geltenden Fassung weiter anzuwenden.

(3) § 1 Absatz 7 Satz 1 Nummer 1 bis 4 in der Fassung des Artikels 36 des Gesetzes vom 12. Dezember 2019 (BGBl. I S. 2451) ist für Entscheidungen anzuwenden, die Zeiträume betreffen, die nach dem 29. Februar 2020 beginnen. § 1 Absatz 7 Satz 1 Nummer 5 in der Fassung des Artikels 36 des Gesetzes vom 12. Dezember 2019 (BGBl. I S. 2451) ist für Entscheidungen anzuwenden, die Zeiträume betreffen, die nach dem 31. Dezember 2019 beginnen.

(4) § 9 Absatz 2 und § 25 sind auf Kinder anwendbar, die nach dem 31. Dezember 2021 geboren oder nach dem 31. Dezember 2021 mit dem Ziel der Adoption aufgenommen worden sind. Zur Erprobung des Verfahrens können diese Regelungen in Pilotprojekten mit Zustimmung des Bundesministeriums für Familie, Senioren, Frauen und Jugend, des Bundesministeriums für Arbeit und Soziales und des Bundesministeriums des Innern, für Bau und Heimat auf Kinder, die vor dem 1. Januar 2022 geboren oder vor dem 1. Januar 2022 zur Adoption aufgenommen worden sind, angewendet werden.

Coronavirus-Testverordnung

(TestV)

Vom 14. Oktober 2020

§ 1 Anspruch

(1) Versicherte haben nach Maßgabe der §§ 2 bis 5 Anspruch auf Testung in Bezug auf einen direkten Erregernachweis des Coronavirus SARS-CoV-2. Der Anspruch nach Satz 1 umfasst das Gespräch mit der zu testenden Person im Zusammenhang mit der Testung, die Entnahme von Körpermaterial, die nach der Teststrategie des Bundesministeriums für Gesundheit empfohlene Diagnostik, die Ergebnismitteilung und die Ausstellung eines Zeugnisses über das Vorliegen oder Nichtvorliegen einer Infektion mit dem Coronavirus SARS-CoV-2. Der Anspruch nach Satz 1 in Bezug auf eine Diagnostik durch Antigen-Tests beschränkt sich auf Tests, welche die durch das Paul-Ehrlich-Institut in Abstimmung mit dem Robert Koch-Institut festgelegten Mindestkriterien für Antigen-Tests erfüllen. Das Bundesinstitut für Arzneimittel und Medizinprodukte veröffentlicht auf seiner Internetseite unter www.bfarm.de/antigentests eine Marktübersicht solcher Tests und schreibt diese fort.

(2) Den Anspruch nach Absatz 1 haben auch Personen, die nicht in der gesetzlichen Krankenversicherung versichert sind.

(3) Ein Anspruch nach den Absätzen 1 und 2 besteht nicht, wenn die zu testende Person bereits einen Anspruch auf die in Absatz 1 genannten Leistungen hat oder einen Anspruch auf Erstattung der Aufwendungen für entsprechende Leistungen hätte. Dies gilt insbesondere für Ansprüche auf Leistungen der ambulanten Krankenbehandlung oder der Krankenhausbehandlung. Zu den Leistungen nach Satz 2 gehört insbesondere die bestätigende Diagnostik mittels eines Nukleinsäurenachweises des Coronavirus SARS-CoV-2 (PCR-Test) nach einem positiven Antigen-Test.

§ 2 Testungen von Kontaktpersonen

(1) Wenn von einem behandelnden Arzt einer mit dem Coronavirus SARS-CoV-2 infizierten Person oder vom öffentlichen Gesundheitsdienst asymptomatische Kontaktpersonen nach Absatz 2 festgestellt werden, haben diese Anspruch auf Testung.

(2) Kontaktpersonen im Sinne des Absatzes 1 sind:

1. Personen, die in den letzten zehn Tagen insbesondere in Gesprächssituationen mindestens 15 Minuten ununterbrochen oder durch direkten Kontakt mit Körperflüssigkeiten engen Kontakt zu einer mit dem Coronavirus SARS-CoV-2 infizierten Person hatten,

2. Personen, die mit einer mit dem Coronavirus SARS-CoV-2 infizierten Person in demselben Haushalt leben oder in den letzten zehn Tagen gelebt haben,

3. Personen, die in den letzten zehn Tagen durch die räumliche Nähe zu einer mit dem Coronavirus SARS-CoV-2 infizierten Person mit hoher Wahrscheinlichkeit einer relevanten Konzentration von Aerosolen auch bei größerem Abstand ausgesetzt waren (z. B. Feiern, gemeinsames Singen oder Sporttreiben in Innenräumen),

4. Personen, die sich in den letzten zehn Tagen mit einer mit dem Coronavirus SARS-CoV-2 infizierten Person für eine Zeit von über 30 Minuten in relativ beengter Raumsituation oder schwer zu überblickender Kontaktsituation aufgehalten haben (z. B. Schulklasse, Gruppenveranstaltungen),

5. Personen, die in den letzten zehn Tagen durch die „Corona-Warn-App" des Robert Koch-Institutes eine Warnung erhalten haben,

6. Personen, die Kontakt zu einer mit dem Coronavirus SARS-CoV-2 infizierten Person hatten,

   a) die sie in ihrem Haushalt oder in dem Haushalt der mit dem Coronavirus SARS-CoV-2 infizierten Person behandeln, betreuen oder pflegen oder in den letzten zehn Tagen behandelt, betreut oder gepflegt haben, oder

b) von der sie in ihrem Haushalt oder in dem Haushalt der mit dem Coronavirus SARS-CoV-2 infizierten Person behandelt, betreut oder in den letzten zehn Tagen gepflegt werden oder wurden.

§ 3 Testungen von Personen nach Auftreten von Infektionen in Einrichtungen und Unternehmen

(1) Wenn in oder von Einrichtungen oder Unternehmen nach Absatz 2 von diesen oder vom öffentlichen Gesundheitsdienst außerhalb der regulären Versorgung in den letzten zehn Tagen eine mit dem Coronavirus SARS-CoV-2 infizierte Person festgestellt wurde, haben asymptomatische Personen Anspruch auf Testung, wenn sie in oder von betroffenen Teilen dieser Einrichtungen oder Unternehmen

1. behandelt, betreut, gepflegt oder untergebracht werden oder in den letzten zehn Tagen wurden,

2. tätig sind oder in den letzten zehn Tagen waren oder

3. sonst anwesend sind oder in den letzten zehn Tagen waren.

(2) Einrichtungen oder Unternehmen im Sinne des Absatzes 1 sind:

1. Einrichtungen nach § 23 Absatz 3 Satz 1 Nummer 1 bis 10 und 12 des Infektionsschutzgesetzes, Vorsorge- und Rehabilitationseinrichtungen auch dann, wenn dort keine den Krankenhäusern vergleichbare medizinische Versorgung erfolgt,

2. Einrichtungen und Unternehmen nach § 36 Absatz 1 Nummer 1 bis 6 und Absatz 2 des Infektionsschutzgesetzes,

3. Einrichtungen und Unternehmen nach § 23 Absatz 3 Satz 1 Nummer 11 oder § 36 Absatz 1 Nummer 7 einschließlich der in § 36 Absatz 1 Nummer 7 zweiter Teilsatz des Infektionsschutzgesetzes genannten Einrichtungen und Unternehmen und

4. ambulante Dienste der Eingliederungshilfe.

§ 4 Testungen zur Verhütung der Verbreitung des Coronavirus SARS-CoV-2

(1) Wenn es die Einrichtungen oder Unternehmen im Rahmen ihres einrichtungs- oder unternehmensbezogenen Testkonzepts oder der öffentliche Gesundheitsdienst zur Verhinderung der Verbreitung des Coronavirus SARS-CoV-2 verlangen, haben asymptomatische Personen Anspruch auf Testung, wenn sie

1. in oder von Einrichtungen oder Unternehmen nach Absatz 2 Nummer 1 bis 4 behandelt, betreut, gepflegt oder untergebracht werden sollen,

2. in Einrichtungen oder Unternehmen nach Absatz 2 tätig werden sollen oder tätig sind, oder

3. in oder von Einrichtungen oder Unternehmen nach Absatz 2 Nummer 1 bis 4 gegenwärtig behandelt, betreut, gepflegt werden oder untergebracht sind oder in Einrichtungen oder Unternehmen nach Absatz 2 Nummer 1 und 2 eine dort behandelte, betreute, gepflegte oder untergebrachte Person besuchen wollen.

Bei Personen nach Satz 1 Nummer 2 ist der Anspruch in Bezug auf die Diagnostik abweichend von § 1 Absatz 1 Satz 2 und 3 auf eine Diagnostik mittels Antigen-Tests beschränkt. Die zuständigen Stellen des öffentlichen Gesundheitsdienstes können abweichend von Satz 2 unter Berücksichtigung der Testkapazitäten und der epidemiologischen Lage vor Ort bei Einrichtungen nach Absatz 2 Nummer 1 bis 4 veranlassen, dass auch andere Testmethoden zur Anwendung kommen können. Bei Personen nach Satz 1 Nummer 3 ist der Anspruch abweichend von § 1 Absatz 1 Satz 2 und 3 auf eine Diagnostik mittels Antigen-Tests zur patientennahen Anwendung (PoC-Antigen-Tests) beschränkt, die von den Einrichtungen oder Unternehmen nach Absatz 2 Nummer 1 bis 4 im Rahmen eines einrichtungs- oder unternehmensbezogenen Testkonzepts selbst durchgeführt wird, nachdem die zuständigen Stellen des öffentlichen Gesundheitsdienstes eine Feststellung nach § 6 Absatz 3 Satz 1 getroffen haben.

(2) Einrichtungen und Unternehmen im Sinne des Absatzes 1 sind:

1. Einrichtungen nach § 23 Absatz 3 Satz 1 Nummer 1 bis 4 des Infektionsschutzgesetzes, Vorsorge- und Rehabilitationseinrichtungen auch dann, wenn dort keine den Krankenhäusern vergleichbare medizinische Versorgung erfolgt,

2. Einrichtungen nach § 36 Absatz 1 Nummer 2 des Infektionsschutzgesetzes,

3. Einrichtungen und Unternehmen nach § 23 Absatz 3 Satz 1 Nummer 11 oder § 36 Absatz 1 Nummer 7 einschließlich der in § 36 Absatz 1 Nummer 7 zweiter Teilsatz des Infektionsschutzgesetzes genannten Einrichtungen und Unternehmen,

4. ambulante Dienste der Eingliederungshilfe und

5. Einrichtungen nach § 23 Absatz 3 Satz 1 Nummer 8 und 9 des Infektionsschutzgesetzes.

(3) Asymptomatische Personen haben innerhalb von zehn Tagen nach Einreise Anspruch auf Testung, wenn sie auf dem Land-, See- oder Luftweg in die Bundesrepublik Deutschland einreisen und sich zu einem beliebigen Zeitpunkt in den letzten 14 Tagen vor der Einreise in einem Gebiet aufgehalten haben, das das Robert Koch-Institut zum Zeitpunkt der Einreise auf seiner Internetseite als Risikogebiet veröffentlicht hat.

(4) Asymptomatische Personen haben Anspruch auf Testung, wenn sie sich in einem Gebiet in der Bundesrepublik Deutschland aufhalten oder in den letzten 14 Tagen vor Testung aufgehalten haben, in dem sich laut Veröffentlichung des Robert Koch-Instituts in einem ununterbrochenen Zeitraum von sieben Tagen bezogen auf 100 000 Einwohner dieses Gebietes

mehr als 50 Personen neu mit dem Coronavirus SARS-CoV-2 infiziert haben und der öffentliche Gesundheitsdienst die Testung veranlasst hat.

§ 5 Häufigkeit der Testungen

(1) Testungen nach den §§ 2, 3 und 4 Absatz 1 Satz 1 Nummer 1 und Absatz 3 können für jeden Einzelfall einmal   pro Person wiederholt werden. Satz 1 gilt für Testungen nach § 4 Absatz 4 entsprechend.

(2) Testungen nach § 4 Absatz 1 Satz 1 Nummer 2 und 3 können für jeden Einzelfall einmal pro Woche wiederholt werden.

§ 6 Leistungserbringung

(1) Zur Erbringung der Leistungen nach § 1 Absatz 1 sind vorbehaltlich des Absatzes 3

1. die zuständigen Stellen des öffentlichen Gesundheitsdienstes und die von ihnen betriebenen Testzentren,

2. die von den Stellen nach Nummer 1 als weitere Leistungserbringer beauftragten Dritten oder

3. die zur vertragsärztlichen Versorgung zugelassenen Leistungserbringer und die von den Kassenärztlichen Vereinigungen betriebenen Testzentren

berechtigt. Der nach § 7 Absatz 7 festgelegte Vordruck ist zu verwenden.

(2) Der Anspruch nach § 1 Absatz 1 Satz 1 auf Testungen durch Leistungserbringer nach Absatz 1 Satz 1 Nummer 2 und 3 besteht nur, wenn

1. bei Testungen nach § 2 gegenüber dem Leistungserbringer dargelegt wurde, dass die zu testende Person von   einem behandelnden Arzt einer mit dem Coronavirus SARS-CoV-2 infizierten Person oder vom öffentlichen Gesundheitsdienst als Kontaktperson festgestellt wurde,

2. bei Testungen nach § 3 gegenüber dem Leistungserbringer dargelegt wurde, dass die zu testende Person den erforderlichen Bezug zu Einrichtungen oder Unternehmen hat, in denen von diesen Einrichtungen oder Unternehmen oder vom öffentlichen Gesundheitsdienst eine mit dem Coronavirus SARS-CoV-2 infizierte Person festgestellt wurde,

3. bei Testungen nach § 4 gegenüber dem Leistungserbringer dargelegt wurde, dass die betroffene Einrichtung, das betroffene Unternehmen oder der öffentliche Gesundheitsdienst die Testung verlangt hat.

(3) Zur Erfüllung des Anspruchs nach § 4 Absatz 1 Satz 1 Nummer 2 und 3 stellen die zuständigen Stellen des öffentlichen Gesundheitsdienstes gegenüber den betroffenen Einrichtungen oder Unternehmen nach § 4 Absatz 2 Nummer 1 bis 4 auf deren Antrag fest, dass im Rahmen ihres einrichtungs- oder unternehmensbezogenen Testkonzepts monatlich bestimmte Mengen an PoC-Antigen-Tests in eigener Verantwortung beschafft und genutzt werden können. Das Testkonzept ist durch die jeweilige Einrichtung oder das jeweilige Unternehmen der zuständigen Stelle des öffentlichen Gesundheitsdienstes mit dem Antrag zu übermitteln. Die zuständigen Stellen des öffentlichen Gesundheitsdienstes legen die Menge der PoC-Antigen-Tests unter Berücksichtigung der Anzahl der Personen fest, die in oder von der jeweiligen Einrichtung oder dem jeweiligen Unternehmen behandelt, betreut, gepflegt oder untergebracht werden; dabei können je behandelter, betreuter, gepflegter oder untergebrachter Person in Einrichtungen oder Unternehmen nach § 4 Absatz 2 Nummer 1 und 2 bis zu 20 PoC-Antigen-Tests und in Einrichtungen oder Unternehmen nach § 4 Absatz 2 Nummer 3 und 4 bis zu 10 PoC-Antigen-Tests pro Monat beschafft und genutzt werden. Solange die zuständigen Stellen des öffentlichen Gesundheitsdienstes keine Feststellung nach Satz 1 getroffen haben, können die antragstellenden Einrichtungen oder Unternehmen nach Satz 1 bis zu 30 Tage nach dem Antrag PoC-Antigen-Tests nach Maßgabe der Mengen nach Satz 3 in eigener Verantwortung beschaffen und nutzen. Absatz 1 Satz 2 gilt entsprechend.

§ 7 Abrechnung der Leistungen

(1) Die nach § 6 Absatz 1 Satz 1 berechtigten Leistungserbringer rechnen die von ihnen erbrachten Leistungen und die Sachkosten nach den §§ 9 bis 11 mit der Kassenärztlichen Vereinigung ab, in deren Bezirk der Leistungserbringer seinen Sitz hat.

(2) Einrichtungen oder Unternehmen nach § 6 Absatz 3 Satz 1 rechnen die Sachkosten für die selbst beschafften PoC-Antigen-Tests nach § 11 mit der Kassenärztlichen Vereinigung ab, in deren Bezirk die Einrichtung ihren oder das Unternehmen seinen Sitz hat. Die Absätze 4 und 5 gelten für die Abrechnung nach Satz 1 entsprechend. Abweichend von den Sätzen 1 und 2 sind die Sachkosten für die selbst beschafften PoC-Antigen-Tests von Einrichtungen und Unternehmen nach § 6 Absatz 3 Satz 1, die nach § 72 des Elften Buches Sozialgesetzbuch zugelassene Pflegeeinrichtungen oder die nach Maßgabe des gemäß § 45a Absatz 3 des Elften Buches Sozialgesetzbuch erlassenen Landesrechts anerkannte Angebote zur Unterstützung im Alltag sind, über eine Pflegekasse entsprechend der in § 150 Absatz 2 bis 5a des Elften Buches Sozialgesetzbuch niedergelegten Verfahren abzurechnen. Die durch diese Verordnung anfallenden Kosten gelten für Einrichtungen und Unternehmen nach Satz 3 als infolge des neuartigen Coronavirus SARS-CoV-2 anfallende, außerordentliche Aufwendungen.

(3) Die nach § 6 Absatz 1 Satz 1 Nummer 2 und 3 berechtigten Leistungserbringer rechnen die von ihnen erbrachten ärztlichen Leistungen nach § 12 mit der Kassenärztlichen Vereinigung ab, in deren Bezirk der Leistungserbringer seinen Sitz hat. Ärztliche Leistungen nach § 12 im Zusammenhang mit der Testung von eigenem Personal oder mit von den Einrichtungen oder Unternehmen nach § 4 Absatz 2 Nummer

1 bis 4 im Rahmen eines einrichtungs- oder unternehmensbezogenen Testkonzepts selbst durchgeführten Testungen mit PoC-Antigen-Tests dürfen nicht abgerechnet werden.

(4) Die nach § 6 Absatz 1 Satz 1 berechtigten Leistungserbringer sind verpflichtet, die von der Kassenärztlichen Bundesvereinigung nach Absatz 6 Nummer 1 festgelegten Angaben in den Abrechnungsunterlagen auftragsbezogen zu dokumentieren und für ein Quartal oder monatlich spätestens bis zum Ende des jeweiligen Folgemonats an die Kassenärztlichen Vereinigungen zu übermitteln. Die zu übermittelnden Angaben dürfen keinen Bezug zu der getesteten Person aufweisen, deren Untersuchungsmaterial untersucht wurde. Die erforderlichen Angaben sind spätestens ab dem 1. Januar 2021 elektronisch zu übermitteln.

(5) Die nach § 6 Absatz 1 Satz 1 berechtigten Leistungserbringer haben die nach Absatz 4 in Verbindung mit Absatz 6 Nummer 1 zu dokumentierenden Angaben und die für den Nachweis der korrekten Abrechnung notwendigen Auftrags- und Leistungsdokumentation bis zum 31. Dezember 2024 unverändert zu speichern oder aufzubewahren.

(6) Die Kassenärztliche Bundesvereinigung legt spätestens bis zum 12. November 2020 im Benehmen mit den maßgeblichen Verbänden der Ärzte und Einrichtungen, die Leistungen der Labordiagnostik erbringen, dem Deutschen Städte- und Gemeindebund, dem Deutschen Städtetag und dem Deutschen Landkreistag das Nähere fest über

1. die von den Leistungserbringern für die Abrechnung und für Zwecke des § 15 an die Kassenärztlichen Vereinigungen zu übermittelnden Angaben und die für den Nachweis der korrekten Abrechnung notwendigen Auftrags- und Leistungsdokumentation, die keinen Bezug zu den getesteten Personen haben dürfen,

2. die Form der Abrechnungsunterlagen,

3. die Erfüllung der Pflichten der nach § 6 Absatz 1 Satz 1 berechtigten Leistungserbringer und

4. die Erfüllung der Pflichten der Kassenärztlichen Vereinigungen.

(7) Die Kassenärztliche Bundesvereinigung legt spätestens bis zum 12. November 2020 im Benehmen mit den maßgeblichen Verbänden der Ärzte und Einrichtungen, die Leistungen der Labordiagnostik erbringen, dem Deutschen Städte- und Gemeindebund, dem Deutschen Städtetag und dem Deutschen Landkreistag Form und Inhalt des nach § 6 Absatz 1 Satz 2 sowie § 6 Absatz 3 Satz 5 zu verwendenden Vordrucks bundeseinheitlich fest. Für die Abrechnung von Sachkosten für PoC-Antigen-Tests können Sammelvordrucke verwendet werden. Im Vordruck ist insbesondere nach der Art der Testung, den in den §§ 2 bis 4 genannten Fällen und in den Fällen der §§ 3 und 4 danach zu differenzieren, welcher Art einer Einrichtung oder eines Unternehmens der Anspruch auf Testung einer zu testenden Person zuzuordnen ist. Der Vordruck ist spätestens ab dem 1. Januar 2021 elektronisch auszugestalten.

(8) Festlegungen und Vorgaben der Kassenärztlichen Bundesvereinigung gemäß § 7 Absatz 4 und 5 in der bis zum 14. Oktober 2020 geltenden Fassung der Verordnung zum Anspruch auf bestimmte Testungen für den Nachweis des Vorliegens einer Infektion mit dem Coronavirus SARS-CoV-2 gelten bis zum Inkrafttreten der Vorgaben nach den Absätzen 6 und 7 fort.

§ 8 Verwaltungskostenersatz der Kassenärztlichen Vereinigungen

Die Kassenärztlichen Vereinigungen behalten für den Aufwand der Beschaffung und Verteilung des zu verwendenden Vordrucks sowie der Abrechnung von Leistungen von Leistungserbringern nach dieser Verordnung einen Verwaltungskostensatz in Höhe von 0,7 Prozent des jeweiligen Gesamtbetrags der Abrechnungen ein. Für Leistungserbringer, die nicht Mitglied dieser

Kassenärztlichen Vereinigung sind und noch keine Leistungen ihr gegenüber abgerechnet haben, behalten die Kassenärztlichen Vereinigungen einen Verwaltungskostensatz in Höhe von 3,5 Prozent des Gesamtbetrags der Abrechnungen ein.

§ 9 Vergütung von Leistungen der Labordiagnostik mittels Nukleinsäurenachweis (PCR-Test)

Die an die nach § 6 Absatz 1 Satz 1 berechtigten Leistungserbringer zu zahlende Vergütung für die Leistungen der Labordiagnostik mittels eines Nukleinsäurenachweises des Coronavirus SARS-CoV-2 einschließlich der allgemeinen ärztlichen Laborleistungen, Versandmaterial und Transportkosten beträgt je Testung 50,50 Euro.

§ 10 Vergütung von Leistungen der Labordiagnostik mittels Antigen-Test

Die an die nach § 6 Absatz 1 Satz 1 berechtigten Leistungserbringer zu zahlende Vergütung für die Leistungen der Labordiagnostik mittels eines Antigennachweises des Coronavirus SARS-CoV-2 einschließlich der allgemeinen ärztlichen Laborleistungen, Versandmaterial und Transportkosten beträgt je Testung 15 Euro.

§ 11 Vergütung von Sachkosten für PoC-Antigen-Tests

An die nach § 6 Absatz 1 Satz 1 und Absatz 3 Satz 1 berechtigten Leistungserbringer ist für selbst beschaffte PoC-Antigen-Tests eine Vergütung für die Sachkosten in Höhe der entstandenen Beschaffungskosten, aber höchstens 7 Euro je Test, zu zahlen.

§ 12 Vergütung von weiteren ärztlichen Leistungen

(1) Die an die nach § 6 Absatz 1 Satz 1 Nummer 2 und 3 berechtigten Leistungserbringer zu zahlende Vergütung für das Gespräch, die Entnahme von Körpermaterial, die Ergebnismitteilung und die Ausstellung eines Zeugnisses über das Vorliegen oder Nichtvorliegen einer Infektion mit dem Coronavirus SARS-CoV-2 im Zusammenhang mit einer Testung nach den §§ 9 bis 11 beträgt je Testung 15 Euro.

(2) Für die ärztliche Schulung des Personals in nichtärztlich geführten Einrichtungen nach § 4 Absatz 2 Nummer 1 bis 4 zur Anwendung und Auswertung von PoC-Antigen-Tests erhält der die Schulung durchführende Arzt einmalig 70 Euro je Einrichtung. Führt eine Stelle des öffentlichen Gesundheitsdienstes diese Schulung durch, dürfen keine Schulungsmaßnahmen vergütet werden.

§ 13 Finanzierung von Testzentren

(1) Kosten für die Errichtung und den laufenden Betrieb von Testzentren werden nach den Maßgaben der Absätze 2 bis 6 erstattet. Dies gilt auch, wenn in den Zentren neben Personen mit einem Anspruch nach § 1 Absatz 1 auch Personen im Rahmen der ambulanten Krankenbehandlung getestet werden. Die Zentren sind wirtschaftlich zu betreiben, insbesondere hinsichtlich der Ausstattung mit Personal, der genutzten Räumlichkeiten sowie der Dauer des Betriebs.

(2) Einnahmen aus der Vergütung von Leistungen nach dieser Verordnung, nach regionalen Vereinbarungen mit den Ländern und den zuständigen Stellen des öffentlichen Gesundheitsdienstes und nach den Vereinbarungen aufgrund der Regelungen des Fünften Buches Sozialgesetzbuch, die durch das Testzentrum erwirtschaftet werden, sind in der Rechnungslegung des jeweiligen Betreibers gesondert auszuweisen und mit den Gesamtkosten des Testzentrums aufzurechnen. Eine Aufrechnung findet nicht statt bei Vergütungen für Leistungen von selbständig in Testzentren tätigen Vertragsärzten. Alle weiteren notwendigen Kosten nach Absatz 1 Satz 1, die durch Vergütungen nach Satz 1 nicht gedeckt sind, können durch

die Kassenärztliche Vereinigung und den öffentlichen Gesundheitsdienst gemäß § 14 Absatz 1 abgerechnet werden. Im Hinblick auf Testzentren, die vom öffentlichen Gesundheitsdienst oder in Kooperation mit diesem betrieben werden, ist die Abrechnung von Personalkosten des öffentlichen Gesundheitsdienstes nach § 14 Absatz 1 ausgeschlossen. Sofern die Abrechnung des öffentlichen Gesundheitsdienstes eines Landes als Gesamtbetrag über eine oberste Landesbehörde erfolgt, entfällt der Verwaltungskostenersatz nach Absatz 6. In diesem Fall leitet die jeweilige Kassenärztliche Vereinigung die Zahlung des Bundesamtes für Soziale Sicherung nach § 14 Absatz 1 Satz 3 an die oberste Landesbehörde weiter.

(3) Die der Rechnungslegung zugrundeliegenden Unterlagen sind bis zum 31. Dezember 2024 unverändert zu speichern oder aufzubewahren.

(4) Eine Erstattung der entstandenen Kosten für die Errichtung und den Betrieb von Testzentren nach den Absätzen 1 bis 3 ist ausgeschlossen, soweit eine Erstattung der entstandenen Kosten der Kassenärztlichen Vereinigungen nach § 105 Absatz 3 des Fünften Buches Sozialgesetzbuch durch die Krankenkassen erfolgt.

(5) Die zur Abrechnung mit den Krankenkassen nach § 105 Absatz 3 des Fünften Buches Sozialgesetzbuch eingereichten Beträge und rechnungsbegründenden Unterlagen sowie die Höhe des erstatteten Betrags sind für den Zweck der Abrechnung nach dieser Verordnung bis zum 31. Dezember 2024 unverändert zu speichern oder aufzubewahren.

(6) Die Kassenärztliche Vereinigung behält für ihren zusätzlichen Aufwand für den Fall, dass der öffentliche Gesundheitsdienst nicht nach Absatz 2 Satz 5 abrechnet, einen Verwaltungskostensatz in Höhe von 1,0 Prozent pro Abrechnungsgesamtbetrag ein.

§ 14 Verfahren für die Zahlung aus der Liquiditätsreserve des Gesundheitsfonds

(1) Jede Kassenärztliche Vereinigung übermittelt monatlich oder jeweils zum Ende des Quartals, erstmals zum 31. Dezember 2020, folgende Angaben an das Bundesamt für Soziale Sicherung und an die jeweilige oberste Landesgesundheitsbehörde:

1. den jeweiligen Gesamtbetrag der sich nach § 7 Absatz 1 bis 3 ergebenden Abrechnung,

2. den Gesamtbetrag der für die Errichtung und den Betrieb von Testzentren durch den öffentlichen Gesundheitsdienst abgerechneten Kosten und

3. den Gesamtbetrag der für die Errichtung und den Betrieb von Testzentren durch die Kassenärztliche Vereinigung abgerechneten Kosten.

Sachliche oder rechnerische Fehler in den nach Satz 1 übermittelten Angaben sind durch die jeweilige Kassenärztliche Vereinigung in der nächsten Übermittlung zu berichtigen. Das Bundesamt für Soziale Sicherung zahlt die nach den Sätzen 1 und 2 übermittelten Beträge aus der Liquiditätsreserve des Gesundheitsfonds an die jeweilige Kassenärztliche Vereinigung.

(2) Das Bundesamt für Soziale Sicherung bestimmt das Nähere zu dem Verfahren der Übermittlung nach Absatz 1 Satz 1 und 2 und zu dem Verfahren der Zahlungen aus der Liquiditätsreserve des Gesundheitsfonds nach Absatz 1 Satz 3.

(3) Die Kassenärztlichen Vereinigungen sind verpflichtet, die von ihnen nach Absatz 1 Satz 1 und 2 übermittelten Angaben und die ihnen nach § 7 Absatz 4 Satz 1 übermittelten Angaben bis zum 31. Dezember 2024 unverändert zu speichern oder aufzubewahren.

(4) Das Bundesamt für Soziale Sicherung übermittelt dem Bundesministerium für Gesundheit unverzüglich nach Vornahme der Zahlungen nach Absatz 1 Satz 3 eine Aufstellung

der an die Kassenärztlichen Vereinigungen ausgezahlten Beträge.

(5) Die durch die Kassenärztlichen Vereinigungen gemäß § 8 Absatz 1 Satz 1 in der bis
zum 14. Oktober 2020 geltenden Fassung der
Verordnung zum Anspruch auf bestimmte Testungen für den Nachweis des Vorliegens einer
Infektion mit dem Coronavirus SARS-CoV-2
übermittelten Gesamtbeträge werden nach Absatz 1 Satz 3 durch das Bundesamt für Soziale
Sicherung ausgezahlt, soweit die Zahlung noch
nicht erfolgt ist. Für die Übermittlungen nach
Satz 1 gilt Absatz 1 Satz 2.

§ 15 Transparenz

(1) Die Kassenärztlichen Vereinigungen haben dem Bundesministerium für Gesundheit
und dem Spitzenverband Bund der Krankenkassen jeden Monat, erstmals zum 15. Januar
2021, über die Kassenärztliche Bundesvereinigung folgende Angaben zu übermitteln:

1. die Anzahl der nach § 7 Absatz 1 abgerechneten Leistungen, differenziert nach den
   §§ 9 bis 11, und den jeweiligen Gesamtbetrag der Abrechnung,

2. die Anzahl der nach § 7 Absatz 2 abgerechneten PoC-Antigen-Tests und den Gesamtbetrag der Abrechnung,

3. die Anzahl der nach § 7 Absatz 3 abgerechneten Leistungen und den Gesamtbetrag
   der Abrechnung,

4. die vom öffentlichen Gesundheitsdienst je
   Testzentrum abgerechneten Kosten einschließlich der Postleitzahl des jeweiligen
   Standortes oder den Gesamtbetrag der Abrechnung nach § 13 Absatz 2 Satz 5 und

5. die von der Kassenärztlichen Vereinigung je
   Testzentrum abgerechneten Kosten ein-
   schließlich der Postleitzahl des jeweiligen
   Standortes.

Die Angaben nach Satz 1 Nummer 1 bis 3 sind
nach den in den §§ 2 bis 4 genannten Fällen

und in den Fällen der §§ 3 und 4 danach zu differenzieren, welcher Art einer Einrichtung oder
eines Unternehmens der Anspruch auf Testung
einer zu testenden Person zuzuordnen ist.

(2) Kassenärztliche Vereinigungen, die für den
betreffenden Monat keine Mittel nach § 14 Absatz 1 Satz 1 angefordert haben, übermitteln
die Angaben nach Absatz 1 Satz 1 für jedes
Quartal.

(3) Bis zum 14. Januar 2021 übermitteln die
Kassenärztlichen Vereinigungen die Daten
nach § 10 in der bis zum 14. Oktober 2020 geltenden Fassung der Verordnung zum Anspruch
auf bestimmte Testungen für den Nachweis des
Vorliegens einer Infektion mit dem Coronavirus
SARS-CoV-2.

§ 16 Inkrafttreten, Außerkrafttreten

(1) Diese Verordnung tritt am 15. Oktober
2020 in Kraft; sie tritt vorbehaltlich des Absatzes 2 nach § 5 Absatz 4   Satz 1 des Infektionsschutzgesetzes vom 20. Juli 2000 (BGBl. I S.
1045), das zuletzt durch Artikel 5 des Gesetzes
vom 19. Juni 2020 (BGBl. I S. 1385) geändert
worden ist, außer Kraft.

(2) § 4 Absatz 4 und § 5 Absatz 1 Satz 2 treten
mit Ablauf des 8. November 2020 außer Kraft.

(3) Die Verordnung zum Anspruch auf bestimmte Testungen für den Nachweis des Vorliegens einer Infektion mit   dem Coronavirus
SARS-CoV-2 vom 8. Juni 2020 (BAnz AT
09.06.2020 V1), die zuletzt durch Artikel 1 der
Verordnung vom 11. September 2020 (BAnz AT
14.09.2020 V1) geändert worden ist, tritt mit
Ablauf des 14. Oktober 2020 außer Kraft.

Verordnung
zum Schutz vor Gefahrstoffen

(Gefahrstoffverordnung – GefStoffV)

Vom 26. November 2010
(BGBl. I S. 1643, 1644)

Zuletzt geändert durch Artikel 148 des Gesetzes
vom 29. März 2017
(BGBl. I S. 626)

Abschnitt 1
Zielsetzung, Anwendungsbereich und Begriffsbestimmungen

§ 1 Zielsetzung und Anwendungsbereich

(1) Ziel dieser Verordnung ist es, den Menschen und die Umwelt vor stoffbedingten Schädigungen zu schützen durch

1. Regelungen zur Einstufung, Kennzeichnung und Verpackung gefährlicher Stoffe und Gemische,

2. Maßnahmen zum Schutz der Beschäftigten und anderer Personen bei Tätigkeiten mit Gefahrstoffen und

3. Beschränkungen für das Herstellen und Verwenden bestimmter gefährlicher Stoffe, Gemische und Erzeugnisse.

(2) Abschnitt 2 gilt für das Inverkehrbringen von

1. gefährlichen Stoffen und Gemischen,

2. bestimmten Stoffen, Gemischen und Erzeugnissen, die mit zusätzlichen Kennzeichnungen zu versehen sind, nach Maßgabe der Richtlinie 96/59/EG des Rates vom 16. September 1996 über die Beseitigung polychlorierter Biphenyle und polychlorierter Terphenyle (PCB/PCT) (ABl. L 243 vom 24.9.1996, S. 31), die durch die Verordnung (EG) Nr. 596/2009 (ABl. L 188 vom 18.7.2009, S. 14) geändert worden ist,

3. Biozid-Produkten im Sinne des § 3 Nummer 11 des Chemikaliengesetzes, die keine gefährlichen Stoffe oder Gemische sind, sowie

4. Biozid-Wirkstoffen im Sinne des § 3 Nummer 12 des Chemikaliengesetzes, die biologische Arbeitsstoffe im Sinne der Biostoffverordnung sind, und Biozid-Produkten im Sinne des § 3 Nummer 11 des Chemikaliengesetzes, die als Wirkstoffe solche biologischen Arbeitsstoffe enthalten.

Abschnitt 2 gilt nicht für Lebensmittel oder Futtermittel in Form von Fertigerzeugnissen, die für den Endverbrauch bestimmt sind.

(3) Die Abschnitte 3 bis 6 gelten für Tätigkeiten, bei denen Beschäftigte Gefährdungen ihrer Gesundheit und Sicherheit durch Stoffe, Gemische oder Erzeugnisse ausgesetzt sein können. Sie gelten auch, wenn die Sicherheit und Gesundheit anderer Personen aufgrund von Tätigkeiten im Sinne von § 2 Absatz 5 gefährdet sein können, die durch Beschäftigte oder Unternehmer ohne Beschäftigte ausgeübt werden. Die Sätze 1 und 2 finden auch Anwendung auf Tätigkeiten, die im Zusammenhang mit der Beförderung von Stoffen, Gemischen und Erzeugnissen ausgeübt werden. Die Vorschriften des Gefahrgutbeförderungsgesetzes und der darauf gestützten Rechtsverordnungen bleiben unberührt.

(4) Sofern nicht ausdrücklich etwas anderes bestimmt ist, gilt diese Verordnung nicht für

1. biologische Arbeitsstoffe im Sinne der Biostoffverordnung und

2. private Haushalte.

Diese Verordnung gilt ferner nicht für Betriebe, die dem Bundesberggesetz unterliegen, soweit dort oder in Rechtsverordnungen, die auf Grund dieses Gesetzes erlassen worden sind, entsprechende Rechtsvorschriften bestehen.

§ 2 Begriffsbestimmungen

(1) Gefahrstoffe im Sinne dieser Verordnung sind

1. gefährliche Stoffe und Gemische nach § 3,

2. Stoffe, Gemische und Erzeugnisse, die explosionsfähig sind,

3. Stoffe, Gemische und Erzeugnisse, aus denen bei der Herstellung oder Verwendung Stoffe nach Nummer 1 oder Nummer 2 entstehen oder freigesetzt werden,

4. Stoffe und Gemische, die die Kriterien nach den Nummern 1 bis 3 nicht erfüllen, aber

auf Grund ihrer physikalisch-chemischen, chemischen oder toxischen Eigenschaften und der Art und Weise, wie sie am Arbeitsplatz vorhanden sind oder verwendet werden, die Gesundheit und die Sicherheit der Beschäftigten gefährden können,

5. alle Stoffe, denen ein Arbeitsplatzgrenzwert zugewiesen worden ist.

(2) Für die Begriffe Stoff, Gemisch, Erzeugnis, Lieferant, nachgeschalteter Anwender und Hersteller gelten die Begriffsbestimmungen nach Artikel 2 der Verordnung (EG) Nr. 1272/2008 des Europäischen Parlaments und des Rates vom 16. Dezember 2008 über die Einstufung, Kennzeichnung und Verpackung von Stoffen und Gemischen, zur Änderung und Aufhebung der Richtlinien 67/548/EWG und 1999/45/EG und zur Änderung der Verordnung (EG) Nr. 1907/2006 (ABl. L 353 vom 31.12.2008, S. 1), die zuletzt durch die Verordnung (EU) Nr. 2015/1221 (ABl. L 197 vom 25.7.2015, S. 10) geändert worden ist.

(2a) Umweltgefährlich sind, über die Gefahrenklasse gewässergefährdend nach der Verordnung (EG) Nr. 1272/2008 hinaus, Stoffe oder Gemische, wenn sie selbst oder ihre Umwandlungsprodukte geeignet sind, die Beschaffenheit von Naturhaushalt, Boden oder Luft, Klima, Tieren, Pflanzen oder Mikroorganismen derart zu verändern, dass dadurch sofort oder später Gefahren für die Umwelt herbeigeführt werden können.

(3) Krebserzeugend, keimzellmutagen oder reproduktionstoxisch sind

1. Stoffe, die in Anhang VI der Verordnung (EG) Nr. 1272/2008 in der jeweils geltenden Fassung als karzinogen, keimzellmutagen oder reproduktionstoxisch eingestuft sind,

2. Stoffe, welche die Kriterien für die Einstufung als karzinogen, keimzellmutagen oder reproduktionstoxisch nach Anhang I der Verordnung (EG) Nr. 1272/2008 in der jeweils geltenden Fassung erfüllen,

3. Gemische, die einen oder mehrere der in § 2 Absatz 3 Nummer 1 oder 2 genannten Stoffe enthalten, wenn die Konzentration dieses Stoffs oder dieser Stoffe die stoffspezifischen oder die allgemeinen Konzentrationsgrenzen nach der Verordnung (EG) Nr. 1272/2008 in der jeweils geltenden Fassung erreicht oder übersteigt, die für die Einstufung eines Gemischs als karzinogen, keimzellmutagen oder reproduktionstoxisch festgelegt sind,

4. Stoffe, Gemische oder Verfahren, die in den nach § 20 Absatz 4 bekannt gegebenen Regeln und Erkenntnissen als krebserzeugend, keimzellmutagen oder reproduktionstoxisch bezeichnet werden.

(4) Organische Peroxide im Sinne des § 11 Absatz 4 und des Anhangs III sind Stoffe, die sich vom Wasserstoffperoxid dadurch ableiten, dass ein oder beide Wasserstoffatome durch organische Gruppen ersetzt sind, sowie Gemische, die diese Stoffe enthalten.

(5) Eine Tätigkeit ist jede Arbeit mit Stoffen, Gemischen oder Erzeugnissen, einschließlich Herstellung, Mischung, Ge- und Verbrauch, Lagerung, Aufbewahrung, Be- und Verarbeitung, Ab- und Umfüllung, Entfernung, Entsorgung und Vernichtung. Zu den Tätigkeiten zählen auch das innerbetriebliche Befördern sowie Bedien- und Überwachungsarbeiten.

(6) Lagern ist das Aufbewahren zur späteren Verwendung sowie zur Abgabe an andere. Es schließt die Bereitstellung zur Beförderung ein, wenn die Beförderung nicht innerhalb von 24 Stunden nach der Bereitstellung oder am darauffolgenden Werktag erfolgt. Ist dieser Werktag ein Samstag, so endet die Frist mit Ablauf des nächsten Werktags.

(7) Es stehen gleich

1. den Beschäftigten die in Heimarbeit beschäftigten Personen sowie Schülerinnen und Schüler, Studierende und sonstige, insbesondere an wissenschaftlichen Einrichtungen tätige Personen, die Tätigkeiten mit

Gefahrstoffen ausüben; für Schülerinnen und Schüler und Studierende gelten jedoch nicht die Regelungen dieser Verordnung über die Beteiligung der Personalvertretungen,

2. dem Arbeitgeber der Unternehmer ohne Beschäftigte sowie der Auftraggeber und der Zwischenmeister im Sinne des Heimarbeitsgesetzes in der im Bundesgesetzblatt Teil III, Gliederungsnummer 804-1, veröffentlichten bereinigten Fassung, das zuletzt durch Artikel 225 der Verordnung vom 31. Oktober 2006 (BGBl. I S. 2407) geändert worden ist.

(8) Der Arbeitsplatzgrenzwert ist der Grenzwert für die zeitlich gewichtete durchschnittliche Konzentration eines Stoffs in der Luft am Arbeitsplatz in Bezug auf einen gegebenen Referenzzeitraum. Er gibt an, bis zu welcher Konzentration eines Stoffs akute oder chronische schädliche Auswirkungen auf die Gesundheit von Beschäftigten im Allgemeinen nicht zu erwarten sind.

(9) Der biologische Grenzwert ist der Grenzwert für die toxikologisch-arbeitsmedizinisch abgeleitete Konzentration eines Stoffs, seines Metaboliten oder eines Beanspruchungsindikators im entsprechenden biologischen Material. Er gibt an, bis zu welcher Konzentration die Gesundheit von Beschäftigten im Allgemeinen nicht beeinträchtigt wird.

(9a) Physikalisch-chemische Einwirkungen umfassen Gefährdungen, die hervorgerufen werden können durch Tätigkeiten mit

1. Stoffen, Gemischen oder Erzeugnissen mit einer physikalischen Gefahr nach der Verordnung (EG) Nr. 1272/2008 oder

2. weiteren Gefahrstoffen, die nach der Verordnung (EG) Nr. 1272/2008 nicht mit einer physikalischen Gefahr eingestuft sind, die aber miteinander oder aufgrund anderer Wechselwirkungen so reagieren können, dass Brände oder Explosionen entstehen können.

(10) Ein explosionsfähiges Gemisch ist ein Gemisch aus brennbaren Gasen, Dämpfen, Nebeln oder aufgewirbelten Stäuben und Luft oder einem anderen Oxidationsmittel, das nach Wirksamwerden einer Zündquelle in einer sich selbsttätig fortpflanzenden Flammenausbreitung reagiert, sodass im Allgemeinen ein sprunghafter Temperatur- und Druckanstieg hervorgerufen wird.

(11) Chemisch instabile Gase, die auch ohne ein Oxidationsmittel nach Wirksamwerden einer Zündquelle in einer sich selbsttätig fortpflanzenden Flammenausbreitung reagieren können, so dass ein sprunghafter Temperatur- und Druckanstieg hervorgerufen wird, stehen explosionsfähigen Gemischen nach Absatz 10 gleich.

(12) Ein gefährliches explosionsfähiges Gemisch ist ein explosionsfähiges Gemisch, das in solcher Menge auftritt, dass besondere Schutzmaßnahmen für die Aufrechterhaltung der Gesundheit und Sicherheit der Beschäftigten oder anderer Personen erforderlich werden.

(13) Gefährliche explosionsfähige Atmosphäre ist ein gefährliches explosionsfähiges Gemisch mit Luft als Oxidationsmittel unter atmosphärischen Bedingungen (Umgebungstemperatur von –20 °C bis +60 °C und Druck von 0,8 Bar bis 1,1 Bar).

(14) Explosionsgefährdeter Bereich ist der Gefahrenbereich, in dem gefährliche explosionsfähige Atmosphäre auftreten kann.

(15) Der Stand der Technik ist der Entwicklungsstand fortschrittlicher Verfahren, Einrichtungen oder Betriebsweisen, der die praktische Eignung einer Maßnahme zum Schutz der Gesundheit und zur Sicherheit der Beschäftigten gesichert erscheinen lässt. Bei der Bestimmung des Stands der Technik sind insbesondere vergleichbare Verfahren, Einrichtungen oder Betriebsweisen heranzuziehen, die mit Erfolg in der Praxis erprobt worden sind. Gleiches gilt für die Anforderungen an die Arbeitsmedizin und die Arbeitsplatzhygiene.

(16) Fachkundig ist, wer zur Ausübung einer in dieser Verordnung bestimmten Aufgabe über die erforderlichen Fachkenntnisse verfügt. Die Anforderungen an die Fachkunde sind abhängig von der jeweiligen Art der Aufgabe. Zu den Anforderungen zählen eine entsprechende Berufsausbildung, Berufserfahrung oder eine zeitnah ausgeübte entsprechende berufliche Tätigkeit sowie die Teilnahme an spezifischen Fortbildungsmaßnahmen.

(17) Sachkundig ist, wer seine bestehende Fachkunde durch Teilnahme an einem behördlich anerkannten Sachkundelehrgang erweitert hat. In Abhängigkeit vom Aufgabengebiet kann es zum Erwerb der Sachkunde auch erforderlich sein, den Lehrgang mit einer erfolgreichen Prüfung abzuschließen. Sachkundig ist ferner, wer über eine von der zuständigen Behörde als gleichwertig anerkannte oder in dieser Verordnung als gleichwertig bestimmte Qualifikation verfügt.

Abschnitt 2
Gefahrstoffinformation

§ 3 Gefahrenklassen

(1) Gefährlich im Sinne dieser Verordnung sind Stoffe, Gemische und bestimmte Erzeugnisse, die den in Anhang I der Verordnung (EG) Nr. 1272/2008 dargelegten Kriterien entsprechen.

(2) Die folgenden Gefahrenklassen geben die Art der Gefährdung wieder und werden unter Angabe der Nummerierung des Anhangs I der Verordnung (EG) Nr. 1272/2008 aufgelistet:

Nummerierung nach Anhang I
der Verordnung (EG) Nr. 1272/2008

1. Physikalische Gefahren   2

   a) Explosive Stoffe/Gemische und Erzeugnisse mit Explosivstoff   2.1

   b) Entzündbare Gase   2.2

   c) Aerosole   2.3

   d) Oxidierende Gase   2.4

   e) Gase unter Druck   2.5

   f) Entzündbare Flüssigkeiten   2.6

   g) Entzündbare Feststoffe   2.7

   h) Selbstzersetzliche Stoffe und Gemische   2.8

   i) Pyrophore Flüssigkeiten   2.9

   j) Pyrophore Feststoffe   2.10

   k) Selbsterhitzungsfähige Stoffe und Gemische   2.11

   l) Stoffe und Gemische, die in Berührung mit Wasser entzündbare Gase entwickeln   2.12

   m) Oxidierende Flüssigkeiten   2.13

   n) Oxidierende Feststoffe   2.14

   o) Organische Peroxide   2.15

   p) Korrosiv gegenüber Metallen   2.16

2. Gesundheitsgefahren   3

   a) Akute Toxizität (oral, dermal und inhalativ)   3.1

   b) Ätz-/Reizwirkung auf die Haut   3.2

   c) Schwere Augenschädigung/ Augenreizung   3.3

   d) Sensibilisierung der Atemwege oder der Haut   3.4

   e) Keimzellmutagenität   3.5

   f) Karzinogenität   3.6

   g) Reproduktionstoxizität   3.7

   h) Spezifische Zielorgan-Toxizität, einmalige Exposition (STOT SE)   3.8

   i) Spezifische Zielorgan-Toxizität, wiederholte Exposition (STOT RE)   3.9

   j) Aspirationsgefahr   3.10

§ 4 Einstufung, Kennzeichnung und Verpackung

(1) Die Einstufung, Kennzeichnung und Verpackung von Stoffen und Gemischen sowie von Erzeugnissen mit Explosivstoff richten sich nach den Bestimmungen der Verordnung (EG) Nr. 1272/2008. Gemische, die bereits vor dem 1. Juni 2015 in Verkehr gebracht worden sind und die nach den Bestimmungen der Richtlinie 1999/45/EG gekennzeichnet und verpackt sind, müssen bis 31. Mai 2017 nicht nach der Verordnung (EG) Nr. 1272/2008 eingestuft, gekennzeichnet und verpackt werden.

(2) Bei der Einstufung von Stoffen und Gemischen sind die nach § 20 Absatz 4 bekannt gegebenen Regeln und Erkenntnisse zu beachten.

(3) Die Kennzeichnung von Stoffen und Gemischen, die in Deutschland in Verkehr gebracht werden, muss in deutscher Sprache erfolgen.

(4) Werden gefährliche Stoffe oder gefährliche Gemische unverpackt in Verkehr gebracht, sind jeder Liefereinheit geeignete Sicherheitsinformationen oder ein Sicherheitsdatenblatt in deutscher Sprache beizufügen.

(5) Lieferanten eines Biozid-Produkts, für das ein Dritter der Zulassungsinhaber ist, haben über die in Absatz 1 erwähnten Kennzeichnungspflichten hinaus sicherzustellen, dass die vom Zulassungsinhaber nach Artikel 69 Absatz 2 Satz 2 der Verordnung (EU) Nr. 528/2012 anzubringende Zusatzkennzeichnung bei der Abgabe an Dritte erhalten oder neu angebracht ist. Biozid-Produkte, die aufgrund des § 28 Absatz 8 des Chemikaliengesetzes ohne Zulassung auf dem Markt bereitgestellt werden, sind zusätzlich zu der in Absatz 1 erwähnten Kennzeich-

nung entsprechend Artikel 69 Absatz 2 Satz 2 und 3 der Verordnung (EU) Nr. 528/2012 zu kennzeichnen, wobei die dort in Satz 2 Buchstabe c und d aufgeführten Angaben entfallen und die Angaben nach Satz 2 Buchstaben f und g auf die vorgesehenen Anwendungen zu beziehen sind.

(6) Biozid-Wirkstoffe, die biologische Arbeitsstoffe nach § 2 Absatz 1 der Biostoffverordnung sind, sind zusätzlich nach § 3 Biostoffverordnung einzustufen. Biozid-Wirkstoffe nach Satz 1 sowie Biozid-Produkte, bei denen der Wirkstoff ein biologischer Arbeitsstoff ist, sind zusätzlich mit den folgenden Elementen zu kennzeichnen:

1. Identität des Organismus nach Anhang II Titel 2 Nummer 2.1 und 2.2 der Verordnung (EU) Nr. 528/2012,

2. Einstufung der Mikroorganismen in Risikogruppen nach § 3 der Biostoffverordnung und

3. im Falle einer Einstufung in die Risikogruppe 2 und höher nach § 3 der Biostoffverordnung Hinzufügung des Symbols für Biogefährdung nach Anhang I der Biostoffverordnung.

(7) Dekontaminierte PCB-haltige Geräte im Sinne der Richtlinie 96/59/EG müssen nach dem Anhang dieser Richtlinie gekennzeichnet werden.

(8) Die Kennzeichnung bestimmter, beschränkter Stoffe, Gemische und Erzeugnisse richtet sich zusätzlich nach Artikel 67 in Verbindung mit Anhang XVII der Verordnung (EG) Nr. 1907/2006 in ihrer jeweils geltenden Fassung.

(9) Der Lieferant eines Gemischs oder eines Stoffs hat einem nachgeschalteten Anwender auf Anfrage unverzüglich alle Informationen zur Verfügung zu stellen, die dieser für eine ordnungsgemäße Einstufung neuer Gemische benötigt, wenn

1. der Informationsgehalt der Kennzeichnung oder des Sicherheitsdatenblatts des Gemischs oder

2. die Information über eine Verunreinigung oder Beimengung auf dem Kennzeichnungsetikett oder im Sicherheitsdatenblatt des Stoffs

dafür nicht ausreicht.

§ 5 Sicherheitsdatenblatt und sonstige Informationspflichten

(1) Die vom Lieferanten hinsichtlich des Sicherheitsdatenblatts beim Inverkehrbringen von Stoffen und Gemischen zu beachtenden Anforderungen ergeben sich aus Artikel 31 in Verbindung mit Anhang II der Verordnung (EG) Nr. 1907/2006. Ist nach diesen Vorschriften die Übermittlung eines Sicherheitsdatenblatts nicht erforderlich, richten sich die Informationspflichten nach Artikel 32 der Verordnung (EG) Nr. 1907/2006.

(2) Bei den Angaben, die nach den Nummern 15 und 16 des Anhangs II der Verordnung (EG) Nr. 1907/2006 zu machen sind, sind insbesondere die nach § 20 Absatz 4 bekannt gegebenen Regeln und Erkenntnisse zu berücksichtigen, nach denen Stoffe oder Tätigkeiten als krebserzeugend, keimzellmutagen und reproduktionstoxisch bezeichnet werden.

Abschnitt 3
Gefährdungsbeurteilung und Grundpflichten

§ 6 Informationsermittlung und Gefährdungsbeurteilung

(1) Im Rahmen einer Gefährdungsbeurteilung als Bestandteil der Beurteilung der Arbeitsbedingungen nach § 5 des Arbeitsschutzgesetzes hat der Arbeitgeber festzustellen, ob die Beschäftigten Tätigkeiten mit Gefahrstoffen ausüben oder ob bei Tätigkeiten Gefahrstoffe entstehen oder freigesetzt werden können. Ist dies der Fall, so hat er alle hiervon ausgehenden Gefährdungen der Gesundheit und Sicherheit der Beschäftigten unter folgenden Gesichtspunkten zu beurteilen:

1. gefährliche Eigenschaften der Stoffe oder Gemische, einschließlich ihrer physikalisch-chemischen Wirkungen,

2. Informationen des Lieferanten zum Gesundheitsschutz und zur Sicherheit insbesondere im Sicherheitsdatenblatt,

3. Art und Ausmaß der Exposition unter Berücksichtigung aller Expositionswege; dabei sind die Ergebnisse der Messungen und Ermittlungen nach § 7 Absatz 8 zu berücksichtigen,

4. Möglichkeiten einer Substitution,

5. Arbeitsbedingungen und Verfahren, einschließlich der Arbeitsmittel und der Gefahrstoffmenge,

6. Arbeitsplatzgrenzwerte und biologische Grenzwerte,

7. Wirksamkeit der ergriffenen oder zu ergreifenden Schutzmaßnahmen,

8. Erkenntnisse aus arbeitsmedizinischen Vorsorgeuntersuchungen nach der Verordnung zur arbeitsmedizinischen Vorsorge.

(2) Der Arbeitgeber hat sich die für die Gefährdungsbeurteilung notwendigen Informationen beim Lieferanten oder aus anderen, ihm mit zumutbarem Aufwand zugänglichen Quellen zu beschaffen. Insbesondere hat der Arbeitgeber die Informationen zu beachten, die ihm nach Titel IV der Verordnung (EG) Nr. 1907/2006 zur Verfügung gestellt werden; dazu gehören Sicherheitsdatenblätter und die Informationen zu Stoffen oder Gemischen, für die kein Sicherheitsdatenblatt zu erstellen ist. Sofern die Verordnung (EG) Nr. 1907/2006 keine Informationspflicht vorsieht, hat der Lieferant dem Arbeitgeber auf Anfrage die für die Gefährdungsbeurteilung notwendigen Informationen über die Gefahrstoffe zur Verfügung zu stellen.

(3) Stoffe und Gemische, die nicht von einem Lieferanten nach § 4 Absatz 1 eingestuft und gekennzeichnet worden sind, beispielsweise innerbetrieblich hergestellte Stoffe oder Gemische, hat der Arbeitgeber selbst einzustufen.

Zumindest aber hat er die von den Stoffen oder Gemischen ausgehenden Gefährdungen der Beschäftigten zu ermitteln; dies gilt auch für Gefahrstoffe nach § 2 Absatz 1 Nummer 4.

(4) Der Arbeitgeber hat festzustellen, ob die verwendeten Stoffe, Gemische und Erzeugnisse bei Tätigkeiten, auch unter Berücksichtigung verwendeter Arbeitsmittel, Verfahren und der Arbeitsumgebung sowie ihrer möglichen Wechselwirkungen, zu Brand- oder Explosionsgefährdungen führen können. Dabei hat er zu beurteilen,

1. ob gefährliche Mengen oder Konzentrationen von Gefahrstoffen, die zu Brand- und Explosionsgefährdungen führen können, auftreten; dabei sind sowohl Stoffe und Gemische mit physikalischen Gefährdungen nach der Verordnung (EG) Nr. 1272/2008 wie auch andere Gefahrstoffe, die zu Brand- und Explosionsgefährdungen führen können, sowie Stoffe, die in gefährlicher Weise miteinander reagieren können, zu berücksichtigen,

2. ob Zündquellen oder Bedingungen, die Brände oder Explosionen auslösen können, vorhanden sind und

3. ob schädliche Auswirkungen von Bränden oder Explosionen auf die Gesundheit und Sicherheit der Beschäftigten möglich sind.

Insbesondere hat er zu ermitteln, ob die Stoffe, Gemische und Erzeugnisse auf Grund ihrer Eigenschaften und der Art und Weise, wie sie am Arbeitsplatz vorhanden sind oder verwendet werden, explosionsfähige Gemische bilden können. Im Fall von nicht atmosphärischen Bedingungen sind auch die möglichen Veränderungen der für den Explosionsschutz relevanten sicherheitstechnischen Kenngrößen zu ermitteln und zu berücksichtigen.

(5) Bei der Gefährdungsbeurteilung sind ferner Tätigkeiten zu berücksichtigen, bei denen auch nach Ausschöpfung sämtlicher technischer Schutzmaßnahmen die Möglichkeit einer Gefährdung besteht. Dies gilt insbesondere für Instandhaltungsarbeiten, einschließlich Wartungsarbeiten. Darüber hinaus sind auch andere Tätigkeiten wie Bedien- und Überwachungsarbeiten zu berücksichtigen, wenn diese zu einer Gefährdung von Beschäftigten durch Gefahrstoffe führen können.

(6) Die mit den Tätigkeiten verbundenen inhalativen, dermalen und physikalisch-chemischen Gefährdungen sind unabhängig voneinander zu beurteilen und in der Gefährdungsbeurteilung zusammenzuführen. Treten bei einer Tätigkeit mehrere Gefahrstoffe gleichzeitig auf, sind Wechsel- oder Kombinationswirkungen der Gefahrstoffe, die Einfluss auf die Gesundheit und Sicherheit der Beschäftigten haben, bei der Gefährdungsbeurteilung zu berücksichtigen, soweit solche Wirkungen bekannt sind.

(7) Der Arbeitgeber kann bei der Festlegung der Schutzmaßnahmen eine Gefährdungsbeurteilung übernehmen, die ihm der Lieferant mitgeliefert hat, sofern die Angaben und Festlegungen in dieser Gefährdungsbeurteilung zu Arbeitsbedingungen und Verfahren, einschließlich der Arbeitsmittel und der Gefahrstoffmenge, im eigenen Betrieb entsprechen.

(8) Der Arbeitgeber hat die Gefährdungsbeurteilung unabhängig von der Zahl der Beschäftigten erstmals vor Aufnahme der Tätigkeit zu dokumentieren. Dabei ist Folgendes anzugeben:

1. die Gefährdungen bei Tätigkeiten mit Gefahrstoffen,

2. das Ergebnis der Prüfung auf Möglichkeiten einer Substitution nach Absatz 1 Satz 2 Nummer 4,

3. eine Begründung für einen Verzicht auf eine technisch mögliche Substitution, sofern Schutzmaßnahmen nach § 9 oder § 10 zu ergreifen sind,

4. die durchzuführenden Schutzmaßnahmen einschließlich derer,

   a) die wegen der Überschreitung eines Arbeitsplatzgrenzwerts zusätzlich ergriffen wurden sowie der geplanten Schutzmaßnahmen, die zukünftig ergriffen werden sollen, um den Arbeitsplatzgrenzwert einzuhalten, oder

b) die unter Berücksichtigung eines Beurteilungsmaßstabs für krebserzeugende Gefahrstoffe, der nach § 20 Absatz 4 bekannt gegeben worden ist, zusätzlich getroffen worden sind oder zukünftig getroffen werden sollen (Maßnahmenplan),

5. eine Begründung, wenn von den nach § 20 Absatz 4 bekannt gegebenen Regeln und Erkenntnissen abgewichen wird, und

6. die Ermittlungsergebnisse, die belegen, dass der Arbeitsplatzgrenzwert eingehalten wird oder, bei Stoffen ohne Arbeitsplatzgrenzwert, die ergriffenen technischen Schutzmaßnahmen wirksam sind.

Im Rahmen der Dokumentation der Gefährdungsbeurteilung können auch vorhandene Gefährdungsbeurteilungen, Dokumente oder andere gleichwertige Berichte verwendet werden, die auf Grund von Verpflichtungen nach anderen Rechtsvorschriften erstellt worden sind.

(9) Bei der Dokumentation nach Absatz 8 hat der Arbeitgeber in Abhängigkeit der Feststellungen nach Absatz 4 die Gefährdungen durch gefährliche explosionsfähige Gemische besonders auszuweisen (Explosionsschutzdokument). Daraus muss insbesondere hervorgehen,

1. dass die Explosionsgefährdungen ermittelt und einer Bewertung unterzogen worden sind,

2. dass angemessene Vorkehrungen getroffen werden, um die Ziele des Explosionsschutzes zu erreichen (Darlegung eines Explosionsschutzkonzeptes),

3. ob und welche Bereiche entsprechend Anhang I Nummer 1.7 in Zonen eingeteilt wurden,

4. für welche Bereiche Explosionsschutzmaßnahmen nach § 11 und Anhang I Nummer 1 getroffen wurden,

5. wie die Vorgaben nach § 15 umgesetzt werden und

6. welche Überprüfungen nach § 7 Absatz 7 und welche Prüfungen zum Explosionsschutz nach Anhang 2 Abschnitt 3 der Betriebssicherheitsverordnung durchzuführen sind.

(10) Bei Tätigkeiten mit geringer Gefährdung nach Absatz 13 kann auf eine detaillierte Dokumentation verzichtet werden. Falls in anderen Fällen auf eine detaillierte Dokumentation verzichtet wird, ist dies nachvollziehbar zu begründen. Die Gefährdungsbeurteilung ist regelmäßig zu überprüfen und bei Bedarf zu aktualisieren. Sie ist umgehend zu aktualisieren, wenn maßgebliche Veränderungen oder neue Informationen dies erfordern oder wenn sich eine Aktualisierung auf Grund der Ergebnisse der arbeitsmedizinischen Vorsorge nach der Verordnung zur arbeitsmedizinischen Vorsorge als notwendig erweist.

(11) Die Gefährdungsbeurteilung darf nur von fachkundigen Personen durchgeführt werden. Verfügt der Arbeitgeber nicht selbst über die entsprechenden Kenntnisse, so hat er sich fachkundig beraten zu lassen. Fachkundig können insbesondere die Fachkraft für Arbeitssicherheit und die Betriebsärztin oder der Betriebsarzt sein.

(12) Der Arbeitgeber hat nach Satz 2 ein Verzeichnis der im Betrieb verwendeten Gefahrstoffe zu führen, in dem auf die entsprechenden Sicherheitsdatenblätter verwiesen wird. Das Verzeichnis muss mindestens folgende Angaben enthalten:

1. Bezeichnung des Gefahrstoffs,

2. Einstufung des Gefahrstoffs oder Angaben zu den gefährlichen Eigenschaften,

3. Angaben zu den im Betrieb verwendeten Mengenbereichen,

4. Bezeichnung der Arbeitsbereiche, in denen Beschäftigte dem Gefahrstoff ausgesetzt sein können.

Die Sätze 1 und 2 gelten nicht, wenn nur Tätigkeiten mit geringer Gefährdung nach Absatz 13 ausgeübt werden. Die Angaben nach Satz 2 Nummer 1, 2 und 4 müssen allen betroffenen Beschäftigten und ihrer Vertretung zugänglich sein.

(13) Ergibt sich aus der Gefährdungsbeurteilung für bestimmte Tätigkeiten auf Grund

1. der gefährlichen Eigenschaften des Gefahrstoffs,

2. einer geringen verwendeten Stoffmenge,

3. einer nach Höhe und Dauer niedrigen Exposition und

4. der Arbeitsbedingungen

insgesamt eine nur geringe Gefährdung der Beschäftigten und reichen die nach § 8 zu ergreifenden Maßnahmen zum Schutz der Beschäftigten aus, so müssen keine weiteren Maßnahmen des Abschnitts 4 ergriffen werden.

(14) Liegen für Stoffe oder Gemische keine Prüfdaten oder entsprechende aussagekräftige Informationen zur akut toxischen, reizenden, hautsensibilisierenden oder keimzellmutagenen Wirkung oder zur spezifischen Zielorgan-Toxizität bei wiederholter Exposition vor, sind die Stoffe oder Gemische bei der Gefährdungsbeurteilung wie Stoffe der Gefahrenklasse Akute Toxizität (oral, dermal und inhalativ) Kategorie 3, Ätz-/Reizwirkung auf die Haut Kategorie 2, Sensibilisierung der Haut Kategorie 1, Keimzellmutagenität Kategorie 2 oder Spezifische Zielorgan-Toxizität, wiederholte Exposition (STOT RE) Kategorie 2 zu behandeln. Hinsichtlich der Spezifizierung der anzuwendenden Einstufungskategorien sind die entsprechenden nach § 20 Absatz 4 Nummer 1 bekannt gegebenen Regeln und Erkenntnisse zu berücksichtigen.

§ 7 Grundpflichten

(1) Der Arbeitgeber darf eine Tätigkeit mit Gefahrstoffen erst aufnehmen lassen, nachdem eine Gefährdungsbeurteilung nach § 6 durchgeführt und die erforderlichen Schutzmaßnahmen nach Abschnitt 4 ergriffen worden sind.

(2) Um die Gesundheit und die Sicherheit der Beschäftigten bei allen Tätigkeiten mit Gefahrstoffen zu gewährleisten, hat der Arbeitgeber die erforderlichen Maßnahmen nach dem Arbeitsschutzgesetz und zusätzlich die nach dieser Verordnung erforderlichen Maßnahmen zu ergreifen. Dabei hat er die nach § 20 Absatz 4 bekannt gegebenen Regeln und Erkenntnisse zu berücksichtigen. Bei Einhaltung dieser Regeln und Erkenntnisse ist in der Regel davon auszugehen, dass die Anforderungen dieser Verordnung erfüllt sind. Von diesen Regeln und Erkenntnissen kann abgewichen werden, wenn durch andere Maßnahmen zumindest in vergleichbarer Weise der Schutz der Gesundheit und die Sicherheit der Beschäftigten gewährleistet werden.

(3) Der Arbeitgeber hat auf der Grundlage des Ergebnisses der Substitutionsprüfung nach § 6 Absatz 1 Satz 2 Nummer 4 vorrangig eine Substitution durchzuführen. Er hat Gefahrstoffe oder Verfahren durch Stoffe, Gemische oder Erzeugnisse oder Verfahren zu ersetzen, die unter den jeweiligen Verwendungsbedingungen für die Gesundheit und Sicherheit der Beschäftigten nicht oder weniger gefährlich sind.

(4) Der Arbeitgeber hat Gefährdungen der Gesundheit und der Sicherheit der Beschäftigten bei Tätigkeiten mit Gefahrstoffen auszuschließen. Ist dies nicht möglich, hat er sie auf ein Minimum zu reduzieren. Diesen Geboten hat der Arbeitgeber durch die Festlegung und Anwendung geeigneter Schutzmaßnahmen Rechnung zu tragen. Dabei hat er folgende Rangfolge zu beachten:

1. Gestaltung geeigneter Verfahren und technischer Steuerungseinrichtungen von Verfahren, den Einsatz emissionsfreier oder emissionsarmer Verwendungsformen so-

wie Verwendung geeigneter Arbeitsmittel und Materialien nach dem Stand der Technik,

2. Anwendung kollektiver Schutzmaßnahmen technischer Art an der Gefahrenquelle, wie angemessene Be- und Entlüftung, und Anwendung geeigneter organisatorischer Maßnahmen,

3. sofern eine Gefährdung nicht durch Maßnahmen nach den Nummern 1 und 2 verhütet werden kann, Anwendung von individuellen Schutzmaßnahmen, die auch die Bereitstellung und Verwendung von persönlicher Schutzausrüstung umfassen.

(5) Beschäftigte müssen die bereitgestellte persönliche Schutzausrüstung verwenden, solange eine Gefährdung besteht. Die Verwendung von belastender persönlicher Schutzausrüstung darf keine Dauermaßnahme sein. Sie ist für jeden Beschäftigten auf das unbedingt erforderliche Minimum zu beschränken.

(6) Der Arbeitgeber stellt sicher, dass

1. die persönliche Schutzausrüstung an einem dafür vorgesehenen Ort sachgerecht aufbewahrt wird,

2. die persönliche Schutzausrüstung vor Gebrauch geprüft und nach Gebrauch gereinigt wird und

3. schadhafte persönliche Schutzausrüstung vor erneutem Gebrauch ausgebessert oder ausgetauscht wird.

(7) Der Arbeitgeber hat die Funktion und die Wirksamkeit der technischen Schutzmaßnahmen regelmäßig, mindestens jedoch jedes dritte Jahr, zu überprüfen. Das Ergebnis der Prüfungen ist aufzuzeichnen und vorzugsweise zusammen mit der Dokumentation nach § 6 Absatz 8 aufzubewahren.

(8) Der Arbeitgeber stellt sicher, dass die Arbeitsplatzgrenzwerte eingehalten werden. Er hat die Einhaltung durch Arbeitsplatzmessungen oder durch andere geeignete Methoden zur Ermittlung der Exposition zu überprüfen. Ermitt-

lungen sind auch durchzuführen, wenn sich die Bedingungen ändern, welche die Exposition der Beschäftigten beeinflussen können. Die Ermittlungsergebnisse sind aufzuzeichnen, aufzubewahren und den Beschäftigten und ihrer Vertretung zugänglich zu machen. Werden Tätigkeiten entsprechend einem verfahrens- und stoffspezifischen Kriterium ausgeübt, das nach § 20 Absatz 4 bekannt gegebenen worden ist, kann der Arbeitgeber in der Regel davon ausgehen, dass die Arbeitsplatzgrenzwerte eingehalten werden; in diesem Fall findet Satz 2 keine Anwendung.

(9) Sofern Tätigkeiten mit Gefahrstoffen ausgeübt werden, für die kein Arbeitsplatzgrenzwert vorliegt, hat der Arbeitgeber regelmäßig die Wirksamkeit der ergriffenen technischen Schutzmaßnahmen durch geeignete Ermittlungsmethoden zu überprüfen, zu denen auch Arbeitsplatzmessungen gehören können.

(10) Wer Arbeitsplatzmessungen von Gefahrstoffen durchführt, muss fachkundig sein und über die erforderlichen Einrichtungen verfügen. Wenn ein Arbeitgeber eine für Messungen von Gefahrstoffen an Arbeitsplätzen akkreditierte Messstelle beauftragt, kann der Arbeitgeber in der Regel davon ausgehen, dass die von dieser Messstelle gewonnenen Erkenntnisse zutreffend sind.

(11) Der Arbeitgeber hat bei allen Ermittlungen und Messungen die nach § 20 Absatz 4 bekannt gegebenen Verfahren, Messregeln und Grenzwerte zu berücksichtigen, bei denen die entsprechenden Bestimmungen der folgenden Richtlinien berücksichtigt worden sind:

1. der Richtlinie 98/24/EG des Rates vom 7. April 1998 zum Schutz von Gesundheit und Sicherheit der Arbeitnehmer vor der Gefährdung durch chemische Arbeitsstoffe bei der Arbeit (vierzehnte Einzelrichtlinie im Sinne des Artikels 16 Absatz 1 der Richtlinie 89/391/EWG) (ABl. L 131 vom 5.5.1998, S. 11), die zuletzt durch die Richtlinie 2014/27/EG (ABl. 65 vom 5.3.2014, S. 1) geändert worden ist, einschließlich der Richtlinien über Arbeits-

platzgrenzwerte, die nach Artikel 3 Absatz 2 der Richtlinie 98/24/EG erlassen wurden,

2. der Richtlinie 2004/37/EG des Europäischen Parlaments und des Rates vom 29. April 2004 über den Schutz der Arbeitnehmer gegen Gefährdung durch Karzinogene oder Mutagene bei der Arbeit (Sechste Einzelrichtlinie im Sinne von Artikel 16 Absatz 1 der Richtlinie 89/391/EWG des Rates) (kodifizierte Fassung) (ABl. L 158 vom 30.4.2004, S. 50, L 229 vom 29.6.2004, S. 23, L 204 vom 4.8.2007, S. 28), die zuletzt durch die Richtlinie 2014/27/EG geändert worden ist, sowie

3. der Richtlinie 2009/148/EG des Europäischen Parlaments und des Rates vom 30. November 2009 über den Schutz der Arbeitnehmer gegen Gefährdung durch Asbest am Arbeitsplatz (ABl. L 330 vom 16.12.2009, S. 28).

Abschnitt 4
Schutzmaßnahmen

§ 8 Allgemeine Schutzmaßnahmen

(1) Der Arbeitgeber hat bei Tätigkeiten mit Gefahrstoffen die folgenden Schutzmaßnahmen zu ergreifen:

1. geeignete Gestaltung des Arbeitsplatzes und geeignete Arbeitsorganisation,

2. Bereitstellung geeigneter Arbeitsmittel für Tätigkeiten mit Gefahrstoffen und geeignete Wartungsverfahren zur Gewährleistung der Gesundheit und Sicherheit der Beschäftigten bei der Arbeit,

3. Begrenzung der Anzahl der Beschäftigten, die Gefahrstoffen ausgesetzt sind oder ausgesetzt sein können,

4. Begrenzung der Dauer und der Höhe der Exposition,

5. angemessene Hygienemaßnahmen, insbesondere zur Vermeidung von Kontaminatio-

nen, und die regelmäßige Reinigung des Arbeitsplatzes,

6. Begrenzung der am Arbeitsplatz vorhandenen Gefahrstoffe auf die Menge, die für den Fortgang der Tätigkeiten erforderlich ist,

7. geeignete Arbeitsmethoden und Verfahren, welche die Gesundheit und Sicherheit der Beschäftigten nicht beeinträchtigen oder die Gefährdung so gering wie möglich halten, einschließlich Vorkehrungen für die sichere Handhabung, Lagerung und Beförderung von Gefahrstoffen und von Abfällen, die Gefahrstoffe enthalten, am Arbeitsplatz.

(2) Der Arbeitgeber hat sicherzustellen, dass

1. alle verwendeten Stoffe und Gemische identifizierbar sind,

2. gefährliche Stoffe und Gemische innerbetrieblich mit einer Kennzeichnung versehen sind, die ausreichende Informationen über die Einstufung, über die Gefahren bei der Handhabung und über die zu beachtenden Sicherheitsmaßnahmen enthält; vorzugsweise ist eine Kennzeichnung zu wählen, die der Verordnung (EG) Nr. 1272/2008 entspricht,

3. Apparaturen und Rohrleitungen so gekennzeichnet sind, dass mindestens die enthaltenen Gefahrstoffe sowie die davon ausgehenden Gefahren eindeutig identifizierbar sind.

Kennzeichnungspflichten nach anderen Rechtsvorschriften bleiben unberührt. Solange der Arbeitgeber den Verpflichtungen nach Satz 1 nicht nachgekommen ist, darf er Tätigkeiten mit den dort genannten Stoffen und Gemischen nicht ausüben lassen. Satz 1 Nummer 2 gilt nicht für Stoffe, die für Forschungs- und Entwicklungszwecke oder für wissenschaftliche Lehrzwecke neu hergestellt worden sind und noch nicht geprüft werden konnten. Eine Exposition der Beschäftigten bei Tätigkeiten mit diesen Stoffen ist zu vermeiden.

(3) Der Arbeitgeber hat gemäß den Ergebnissen der Gefährdungsbeurteilung nach § 6 sicherzustellen, dass die Beschäftigten in Arbeitsbereichen, in denen sie Gefahrstoffen ausgesetzt sein können, keine Nahrungs- oder Genussmittel zu sich nehmen. Der Arbeitgeber hat hierfür vor Aufnahme der Tätigkeiten geeignete Bereiche einzurichten.

(4) Der Arbeitgeber hat sicherzustellen, dass durch Verwendung verschließbarer Behälter eine sichere Lagerung, Handhabung und Beförderung von Gefahrstoffen auch bei der Abfallentsorgung gewährleistet ist.

(5) Der Arbeitgeber hat sicherzustellen, dass Gefahrstoffe so aufbewahrt oder gelagert werden, dass sie weder die menschliche Gesundheit noch die Umwelt gefährden. Er hat dabei wirksame Vorkehrungen zu treffen, um Missbrauch oder Fehlgebrauch zu verhindern. Insbesondere dürfen Gefahrstoffe nicht in solchen Behältern aufbewahrt oder gelagert werden, durch deren Form oder Bezeichnung der Inhalt mit Lebensmitteln verwechselt werden kann. Sie dürfen nur übersichtlich geordnet und nicht in unmittelbarer Nähe von Arznei-, Lebens- oder Futtermitteln, einschließlich deren Zusatzstoffe, aufbewahrt oder gelagert werden. Bei der Aufbewahrung zur Abgabe oder zur sofortigen Verwendung muss eine Kennzeichnung nach Absatz 2 deutlich sichtbar und lesbar angebracht sein.

(6) Der Arbeitgeber hat sicherzustellen, dass Gefahrstoffe, die nicht mehr benötigt werden, und entleerte Behälter, die noch Reste von Gefahrstoffen enthalten können, sicher gehandhabt, vom Arbeitsplatz entfernt und sachgerecht gelagert oder entsorgt werden.

(7) Der Arbeitgeber hat sicherzustellen, dass Stoffe und Gemische, die als akut toxisch Kategorie 1, 2 oder 3, spezifisch zielorgantoxisch Kategorie 1, krebserzeugend Kategorie 1A oder 1B oder keimzellmutagen Kategorie 1A oder 1B eingestuft sind, unter Verschluss oder so aufbewahrt oder gelagert werden, dass nur fachkundige und zuverlässige Personen Zugang haben. Tätigkeiten mit diesen Stoffen und Gemischen dürfen nur von fachkundigen oder besonders unterwiesenen Personen ausgeführt werden. Satz 2 gilt auch für Tätigkeiten mit Stoffen und Gemischen, die als reproduktionstoxisch Kategorie 1A oder 1B oder als atemwegssensibilisierend eingestuft sind. Die Sätze 1 und 2 gelten nicht für Kraftstoffe an Tankstellen oder sonstigen Betankungseinrichtungen sowie für Stoffe und Gemische, die als akut toxisch Kategorie 3 eingestuft sind, sofern diese vormals nach der Richtlinie 67/548/EWG oder der Richtlinie 1999/45/EG als gesundheitsschädlich bewertet wurden. Hinsichtlich der Bewertung als gesundheitsschädlich sind die entsprechenden nach § 20 Absatz 4 Nummer 1 bekannt gegebenen Regeln und Erkenntnisse zu berücksichtigen.

(8) Der Arbeitgeber hat bei Tätigkeiten mit Gefahrstoffen nach Anhang I Nummer 2 bis 5 sowohl die §§ 6 bis 18 als auch die betreffenden Vorschriften des Anhangs I Nummer 2 bis 5 zu beachten.

§ 9 Zusätzliche Schutzmaßnahmen

(1) Sind die allgemeinen Schutzmaßnahmen nach § 8 nicht ausreichend, um Gefährdungen durch Einatmen, Aufnahme über die Haut oder Verschlucken entgegenzuwirken, hat der Arbeitgeber zusätzlich diejenigen Maßnahmen nach den Absätzen 2 bis 7 zu ergreifen, die auf Grund der Gefährdungsbeurteilung nach § 6 erforderlich sind. Dies gilt insbesondere, wenn

1. Arbeitsplatzgrenzwerte oder biologische Grenzwerte überschritten werden,

2. bei hautresorptiven oder haut- oder augenschädigenden Gefahrstoffen eine Gefährdung durch Haut- oder Augenkontakt besteht oder

3. bei Gefahrstoffen ohne Arbeitsplatzgrenzwert und ohne biologischen Grenzwert eine Gefährdung auf Grund der ihnen zugeordneten Gefahrenklasse nach § 3 und der inhalativen Exposition angenommen werden kann.

(2) Der Arbeitgeber hat sicherzustellen, dass Gefahrstoffe in einem geschlossenen System hergestellt und verwendet werden, wenn

1. die Substitution der Gefahrstoffe nach § 7 Absatz 3 durch solche Stoffe, Gemische, Erzeugnisse oder Verfahren, die bei ihrer Verwendung nicht oder weniger gefährlich für die Gesundheit und Sicherheit sind, technisch nicht möglich ist und

2. eine erhöhte Gefährdung der Beschäftigten durch inhalative Exposition gegenüber diesen Gefahrstoffen besteht.

Ist die Anwendung eines geschlossenen Systems technisch nicht möglich, so hat der Arbeitgeber dafür zu sorgen, dass die Exposition der Beschäftigten nach dem Stand der Technik und unter Beachtung von § 7 Absatz 4 so weit wie möglich verringert wird.

(3) Bei Überschreitung eines Arbeitsplatzgrenzwerts muss der Arbeitgeber unverzüglich die Gefährdungsbeurteilung nach § 6 erneut durchführen und geeignete zusätzliche Schutzmaßnahmen ergreifen, um den Arbeitsplatzgrenzwert einzuhalten. Wird trotz Ausschöpfung aller technischen und organisatorischen Schutzmaßnahmen der Arbeitsplatzgrenzwert nicht eingehalten, hat der Arbeitgeber unverzüglich persönliche Schutzausrüstung bereitzustellen. Dies gilt insbesondere für Abbruch-, Sanierungs- und Instandhaltungsarbeiten.

(4) Besteht trotz Ausschöpfung aller technischen und organisatorischen Schutzmaßnahmen bei hautresorptiven, haut- oder augenschädigenden Gefahrstoffen eine Gefährdung durch Haut- oder Augenkontakt, hat der Arbeitgeber unverzüglich persönliche Schutzausrüstung bereitzustellen.

(5) Der Arbeitgeber hat getrennte Aufbewahrungsmöglichkeiten für die Arbeits- oder Schutzkleidung einerseits und die Straßenkleidung andererseits zur Verfügung zu stellen. Der Arbeitgeber hat die durch Gefahrstoffe verunreinigte Arbeitskleidung zu reinigen.

(6) Der Arbeitgeber hat geeignete Maßnahmen zu ergreifen, die gewährleisten, dass Arbeitsbereiche, in denen eine erhöhte Gefährdung der Beschäftigten besteht, nur den Beschäftigten zugänglich sind, die sie zur Ausübung ihrer Arbeit oder zur Durchführung bestimmter Aufgaben betreten müssen.

(7) Wenn Tätigkeiten mit Gefahrstoffen von einer oder einem Beschäftigten allein ausgeübt werden, hat der Arbeitgeber zusätzliche Schutzmaßnahmen zu ergreifen oder eine angemessene Aufsicht zu gewährleisten. Dies kann auch durch den Einsatz technischer Mittel sichergestellt werden.

§ 10 Besondere Schutzmaßnahmen bei Tätigkeiten mit krebserzeugenden, keimzellmutagenen und reproduktionstoxischen Gefahrstoffen der Kategorie 1A und 1B

(1) Bei Tätigkeiten mit krebserzeugenden Gefahrstoffen der Kategorie 1A oder 1B, für die kein Arbeitsplatzgrenzwert nach § 20 Absatz 4 bekannt gegeben worden ist, hat der Arbeitgeber ein geeignetes, risikobezogenes Maßnahmenkonzept anzuwenden, um das Minimierungsgebot nach § 7 Absatz 4 umzusetzen. Hierbei sind die nach § 20 Absatz 4 bekannt gegebenen Regeln, Erkenntnisse und Beurteilungsmaßstäbe zu berücksichtigen. Bei Tätigkeiten mit krebserzeugenden, keimzellmutagenen oder reproduktionstoxischen Gefahrstoffen der Kategorie 1A oder 1B hat der Arbeitgeber, unbeschadet des Absatzes 2, zusätzlich die Bestimmungen nach den Absätzen 3 bis 5 zu erfüllen. Die besonderen Bestimmungen des Anhangs II Nummer 6 sind zu beachten.

(2) Die Absätze 3 bis 5 gelten nicht, wenn

1. ein Arbeitsplatzgrenzwert nach § 20 Absatz 4 bekannt gegeben worden ist, dieser eingehalten und dies durch Arbeitsplatzmessung oder durch andere geeignete Methoden zur Ermittlung der Exposition belegt wird oder

2. Tätigkeiten entsprechend einem nach § 20 Absatz 4 bekannt gegebenen verfahrens- und stoffspezifischen Kriterium ausgeübt werden.

(3) Wenn Tätigkeiten mit krebserzeugenden, keimzellmutagenen oder reproduktionstoxischen Gefahrstoffen der Kategorie 1A oder 1B ausgeübt werden, hat der Arbeitgeber

1. die Exposition der Beschäftigten durch Arbeitsplatzmessungen oder durch andere geeignete Ermittlungsmethoden zu bestimmen, auch um erhöhte Expositionen infolge eines unvorhersehbaren Ereignisses oder eines Unfalls schnell erkennen zu können,

2. Gefahrenbereiche abzugrenzen, in denen Beschäftigte diesen Gefahrstoffen ausgesetzt sind oder ausgesetzt sein können, und Warn- und Sicherheitszeichen anzubringen, einschließlich der Verbotszeichen „Zutritt für Unbefugte verboten" und „Rauchen verboten" nach Anhang II Nummer 3.1 der Richtlinie 92/58/EWG des Rates vom 24. Juni 1992 über Mindestvorschriften für die Sicherheits- und/oder Gesundheitsschutzkennzeichnung am Arbeitsplatz (ABl. L 245 vom 26.8.1992, S. 23), die zuletzt durch die Richtlinie 2014/27/EU (ABl. 65 vom 5.3.2014, S. 1) geändert worden ist.

(4) Bei Tätigkeiten, bei denen eine beträchtliche Erhöhung der Exposition der Beschäftigten durch krebserzeugende, keimzellmutagene oder reproduktionstoxische Gefahrstoffe der Kategorie 1A oder 1B zu erwarten ist und bei denen jede Möglichkeit weiterer technischer Schutzmaßnahmen zur Begrenzung dieser Exposition bereits ausgeschöpft wurde, hat der Arbeitgeber nach Beratung mit den Beschäftigten oder mit ihrer Vertretung Maßnahmen zu ergreifen, um die Dauer der Exposition der Beschäftigten so weit wie möglich zu verkürzen und den Schutz der Beschäftigten während dieser Tätigkeiten zu gewährleisten. Er hat den betreffenden Beschäftigten persönliche Schutzausrüstung zur Verfügung zu stellen, die sie während der gesamten Dauer der erhöhten Exposition tragen müssen.

(5) Werden in einem Arbeitsbereich Tätigkeiten mit krebserzeugenden, keimzellmutagenen oder reproduktionstoxischen Gefahrstoffen der Kategorie 1A oder 1B ausgeübt, darf die dort abgesaugte Luft nicht in den Arbeitsbereich zurückgeführt werden. Dies gilt nicht, wenn die Luft unter Anwendung von behördlich oder von den Trägern der gesetzlichen Unfallversicherung anerkannten Verfahren oder Geräte ausreichend von solchen Stoffen gereinigt ist. Die Luft muss dann so geführt oder gereinigt werden, dass krebserzeugende, keimzellmutagene oder reproduktionstoxische Stoffe nicht in die Atemluft anderer Beschäftigter gelangen.

§ 11 Besondere Schutzmaßnahmen gegen physikalisch-chemische Einwirkungen, insbesondere gegen Brand- und Explosionsgefährdungen

(1) Der Arbeitgeber hat auf der Grundlage der Gefährdungsbeurteilung Maßnahmen zum Schutz der Beschäftigten und anderer Personen vor physikalisch-chemischen Einwirkungen bei Tätigkeiten mit Gefahrstoffen zu ergreifen. Er hat die Maßnahmen so festzulegen, dass die Gefährdungen vermieden oder so weit wie möglich verringert werden. Dies gilt insbesondere bei Tätigkeiten einschließlich Lagerung, bei denen es zu Brand- und Explosionsgefährdungen kommen kann. Dabei hat der Arbeitgeber Anhang I Nummer 1 und 5 zu beachten. Die Vorschriften des Sprengstoffgesetzes und der darauf gestützten Rechtsvorschriften bleiben unberührt.

(2) Zur Vermeidung von Brand- und Explosionsgefährdungen hat der Arbeitgeber Maßnahmen nach folgender Rangfolge zu ergreifen:

1. gefährliche Mengen oder Konzentrationen von Gefahrstoffen, die zu Brand- oder Explosionsgefährdungen führen können, sind zu vermeiden,

2. Zündquellen oder Bedingungen, die Brände oder Explosionen auslösen können, sind zu vermeiden,

3. schädliche Auswirkungen von Bränden oder Explosionen auf die Gesundheit und Sicherheit der Beschäftigten und anderer Personen sind so weit wie möglich zu verringern.

(3) Arbeitsbereiche, Arbeitsplätze, Arbeitsmittel und deren Verbindungen untereinander müssen so konstruiert, errichtet, zusammengebaut, installiert, verwendet und instand gehalten werden, dass keine Brand- und Explosionsgefährdungen auftreten.

(4) Bei Tätigkeiten mit organischen Peroxiden hat der Arbeitgeber über die Bestimmungen der Absätze 1 und 2 sowie des Anhangs I Nummer 1 hinaus insbesondere Maßnahmen zu treffen, die die

1. Gefahr einer unbeabsichtigten Explosion minimieren und

2. Auswirkungen von Bränden und Explosionen beschränken.

Dabei hat der Arbeitgeber Anhang III zu beachten.

§ 12
(weggefallen)

§ 13 Betriebsstörungen, Unfälle und Notfälle

(1) Um die Gesundheit und die Sicherheit der Beschäftigten bei Betriebsstörungen, Unfällen oder Notfällen zu schützen, hat der Arbeitgeber rechtzeitig die Notfallmaßnahmen festzulegen, die beim Eintreten eines derartigen Ereignisses zu ergreifen sind. Dies schließt die Bereitstellung angemessener Erste-Hilfe-Einrichtungen und die Durchführung von Sicherheitsübungen in regelmäßigen Abständen ein.

(2) Tritt eines der in Absatz 1 Satz 1 genannten Ereignisse ein, so hat der Arbeitgeber unverzüglich die gemäß Absatz 1 festgelegten Maßnahmen zu ergreifen, um

1. betroffene Beschäftigte über die durch das Ereignis hervorgerufene Gefahrensituation im Betrieb zu informieren,

2. die Auswirkungen des Ereignisses zu mindern und

3. wieder einen normalen Betriebsablauf herbeizuführen.

Neben den Rettungskräften dürfen nur die Beschäftigten im Gefahrenbereich verbleiben, die Tätigkeiten zur Erreichung der Ziele nach Satz 1 Nummer 2 und 3 ausüben.

(3) Der Arbeitgeber hat Beschäftigten, die im Gefahrenbereich tätig werden, vor Aufnahme ihrer Tätigkeit geeignete Schutzkleidung und persönliche Schutzausrüstung sowie gegebenenfalls erforderliche spezielle Sicherheitseinrichtungen und besondere Arbeitsmittel zur Verfügung zu stellen. Im Gefahrenbereich müssen die Beschäftigten die Schutzkleidung und die persönliche Schutzausrüstung für die Dauer des nicht bestimmungsgemäßen Betriebsablaufs verwenden. Die Verwendung belastender persönlicher Schutzausrüstung muss für die einzelnen Beschäftigten zeitlich begrenzt sein. Ungeschützte und unbefugte Personen dürfen sich nicht im festzulegenden Gefahrenbereich aufhalten.

(4) Der Arbeitgeber hat Warn- und sonstige Kommunikationssysteme, die eine erhöhte Gefährdung der Gesundheit und Sicherheit anzeigen, zur Verfügung zu stellen, so dass eine angemessene Reaktion möglich ist und unverzüglich Abhilfemaßnahmen sowie Hilfs-, Evakuierungs- und Rettungsmaßnahmen eingeleitet werden können.

(5) Der Arbeitgeber hat sicherzustellen, dass Informationen über Maßnahmen bei Notfällen mit Gefahrstoffen zur Verfügung stehen. Die zuständigen innerbetrieblichen und betriebsfremden Unfall- und Notfalldienste müssen Zugang zu diesen Informationen erhalten. Zu diesen Informationen zählen:

1. eine Vorabmitteilung über einschlägige Gefahren bei der Arbeit, über Maßnahmen zur Feststellung von Gefahren sowie über Vorsichtsmaßregeln und Verfahren, damit die Notfalldienste ihre eigenen Abhilfe- und Sicherheitsmaßnahmen vorbereiten können,

2. alle verfügbaren Informationen über spezifische Gefahren, die bei einem Unfall oder Notfall auftreten oder auftreten können, einschließlich der Informationen über die Verfahren nach den Absätzen 1 bis 4.

§ 14 Unterrichtung und Unterweisung der Beschäftigten

(1) Der Arbeitgeber hat sicherzustellen, dass den Beschäftigten eine schriftliche Betriebsanweisung, die der Gefährdungsbeurteilung nach § 6 Rechnung trägt, in einer für die Beschäftigten verständlichen Form und Sprache zugänglich gemacht wird. Die Betriebsanweisung muss mindestens Folgendes enthalten:

1. Informationen über die am Arbeitsplatz vorhandenen oder entstehenden Gefahrstoffe, wie beispielsweise die Bezeichnung der Gefahrstoffe, ihre Kennzeichnung sowie mögliche Gefährdungen der Gesundheit und der Sicherheit,

2. Informationen über angemessene Vorsichtsmaßregeln und Maßnahmen, die die Beschäftigten zu ihrem eigenen Schutz und zum Schutz der anderen Beschäftigten am Arbeitsplatz durchzuführen haben; dazu gehören insbesondere

   a) Hygienevorschriften,

   b) Informationen über Maßnahmen, die zur Verhütung einer Exposition zu ergreifen sind,

   c) Informationen zum Tragen und Verwenden von persönlicher Schutzausrüstung und Schutzkleidung,

3. Informationen über Maßnahmen, die bei Betriebsstörungen, Unfällen und Notfällen und zur Verhütung dieser von den Beschäf-

tigten, insbesondere von Rettungsmannschaften, durchzuführen sind.

Die Betriebsanweisung muss bei jeder maßgeblichen Veränderung der Arbeitsbedingungen aktualisiert werden. Der Arbeitgeber hat ferner sicherzustellen, dass die Beschäftigten

1. Zugang haben zu allen Informationen nach Artikel 35 der Verordnung (EG) Nr. 1907/2006 über die Stoffe und Gemische, mit denen sie Tätigkeiten ausüben, insbesondere zu Sicherheitsdatenblättern, und

2. über Methoden und Verfahren unterrichtet werden, die bei der Verwendung von Gefahrstoffen zum Schutz der Beschäftigten angewendet werden müssen.

(2) Der Arbeitgeber hat sicherzustellen, dass die Beschäftigten anhand der Betriebsanweisung nach Absatz 1 über alle auftretenden Gefährdungen und entsprechende Schutzmaßnahmen mündlich unterwiesen werden. Teil dieser Unterweisung ist ferner eine allgemeine arbeitsmedizinisch-toxikologische Beratung. Diese dient auch zur Information der Beschäftigten über die Voraussetzungen, unter denen sie Anspruch auf arbeitsmedizinische Vorsorgeuntersuchungen nach der Verordnung zur arbeitsmedizinischen Vorsorge haben, und über den Zweck dieser Vorsorgeuntersuchungen. Die Beratung ist unter Beteiligung der Ärztin oder des Arztes nach § 7 Absatz 1 der Verordnung zur arbeitsmedizinischen Vorsorge durchzuführen, falls dies erforderlich sein sollte. Die Unterweisung muss vor Aufnahme der Beschäftigung und danach mindestens jährlich arbeitsplatzbezogen durchgeführt werden. Sie muss in für die Beschäftigten verständlicher Form und Sprache erfolgen. Inhalt und Zeitpunkt der Unterweisung sind schriftlich festzuhalten und von den Unterwiesenen durch Unterschrift zu bestätigen.

(3) Der Arbeitgeber hat bei Tätigkeiten mit krebserzeugenden, keimzellmutagenen oder reproduktionstoxischen Gefahrstoffen der Kategorie 1A oder 1B sicherzustellen, dass

1. die Beschäftigten und ihre Vertretung nachprüfen können, ob die Bestimmungen dieser Verordnung eingehalten werden, und zwar insbesondere in Bezug auf

   a) die Auswahl und Verwendung der persönlichen Schutzausrüstung und die damit verbundenen Belastungen der Beschäftigten,

   b) durchzuführende Maßnahmen im Sinne des § 10 Absatz 4 Satz 1,

2. die Beschäftigten und ihre Vertretung bei einer erhöhten Exposition, einschließlich der in § 10 Absatz 4 Satz 1 genannten Fälle, unverzüglich unterrichtet und über die Ursachen sowie über die bereits ergriffenen oder noch zu ergreifenden Gegenmaßnahmen informiert werden,

3. ein aktualisiertes Verzeichnis über die Beschäftigten geführt wird, die Tätigkeiten mit krebserzeugenden oder keimzellmutagenen Gefahrstoffen der Kategorie 1A oder 1B ausüben, bei denen die Gefährdungsbeurteilung nach § 6 eine Gefährdung der Gesundheit oder der Sicherheit der Beschäftigten ergibt; in dem Verzeichnis ist auch die Höhe und die Dauer der Exposition anzugeben, der die Beschäftigten ausgesetzt waren,

4. das Verzeichnis nach Nummer 3 mit allen Aktualisierungen 40 Jahre nach Ende der Exposition aufbewahrt wird; bei Beendigung von Beschäftigungsverhältnissen hat der Arbeitgeber den Beschäftigten einen Auszug über die sie betreffenden Angaben des Verzeichnisses auszuhändigen und einen Nachweis hierüber wie Personalunterlagen aufzubewahren,

5. die Ärztin oder der Arzt nach § 7 Absatz 1 der Verordnung zur arbeitsmedizinischen Vorsorge, die zuständige Behörde sowie jede für die Gesundheit und die Sicherheit am Arbeitsplatz verantwortliche Person Zugang zu dem Verzeichnis nach Nummer 3 haben,

6. alle Beschäftigten Zugang zu den sie persönlich betreffenden Angaben in dem Verzeichnis haben,

7. die Beschäftigten und ihre Vertretung Zugang zu den nicht personenbezogenen Informationen allgemeiner Art in dem Verzeichnis haben.

(4) Der Arbeitgeber kann mit Einwilligung des betroffenen Beschäftigten die Aufbewahrungseinschließlich der Aushändigungspflicht nach Absatz 3 Nummer 4 auf den zuständigen gesetzlichen Unfallversicherungsträger übertragen. Dafür übergibt der Arbeitgeber dem Unfallversicherungsträger die erforderlichen Unterlagen in einer für die elektronische Datenverarbeitung geeigneten Form. Der Unfallversicherungsträger händigt der betroffenen Person auf Anforderung einen Auszug des Verzeichnisses mit den sie betreffenden Angaben aus.

§ 15 Zusammenarbeit verschiedener Firmen

(1) Sollen in einem Betrieb Fremdfirmen Tätigkeiten mit Gefahrstoffen ausüben, hat der Arbeitgeber als Auftraggeber sicherzustellen, dass nur solche Fremdfirmen herangezogen werden, die über die Fachkenntnisse und Erfahrungen verfügen, die für diese Tätigkeiten erforderlich sind. Der Arbeitgeber als Auftraggeber hat die Fremdfirmen über Gefahrenquellen und spezifische Verhaltensregeln zu informieren.

(2) Kann bei Tätigkeiten von Beschäftigten eines Arbeitgebers eine Gefährdung von Beschäftigten anderer Arbeitgeber durch Gefahrstoffe nicht ausgeschlossen werden, so haben alle betroffenen Arbeitgeber bei der Durchführung ihrer Gefährdungsbeurteilungen nach § 6 zusammenzuwirken und die Schutzmaßnahmen abzustimmen. Dies ist zu dokumentieren. Die Arbeitgeber haben dabei sicherzustellen, dass Gefährdungen der Beschäftigten aller beteiligten Unternehmen durch Gefahrstoffe wirksam begegnet wird.

(3) Jeder Arbeitgeber ist dafür verantwortlich, dass seine Beschäftigten die gemeinsam festgelegten Schutzmaßnahmen anwenden.

(4) Besteht bei Tätigkeiten von Beschäftigten eines Arbeitgebers eine erhöhte Gefährdung von Beschäftigten anderer Arbeitgeber durch Gefahrstoffe, ist durch die beteiligten Arbeitgeber ein Koordinator zu bestellen. Wurde ein Koordinator nach den Bestimmungen der Baustellenverordnung vom 10. Juni 1998 (BGBl. I S. 1283), die durch Artikel 15 der Verordnung vom 23. Dezember 2004 (BGBl. I S. 3758) geändert worden ist, bestellt, gilt die Pflicht nach Satz 1 als erfüllt. Dem Koordinator sind von den beteiligten Arbeitgebern alle erforderlichen sicherheitsrelevanten Informationen sowie Informationen zu den festgelegten Schutzmaßnahmen zur Verfügung zu stellen. Die Bestellung eines Koordinators entbindet die Arbeitgeber nicht von ihrer Verantwortung nach dieser Verordnung.

(5) Vor dem Beginn von Abbruch-, Sanierungs- und Instandhaltungsarbeiten oder Bauarbeiten muss der Arbeitgeber für die Gefährdungsbeurteilung nach § 6 Informationen, insbesondere vom Auftraggeber oder Bauherrn, darüber einholen, ob entsprechend der Nutzungs- oder Baugeschichte des Objekts Gefahrstoffe, insbesondere Asbest, vorhanden oder zu erwarten sind. Weiter reichende Informations-, Schutz- und Überwachungspflichten, die sich für den Auftraggeber oder Bauherrn nach anderen Rechtsvorschriften ergeben, bleiben unberührt.

Abschnitt 5
Verbote und Beschränkungen

§ 16 Herstellungs- und Verwendungsbeschränkungen

(1) Herstellungs- und Verwendungsbeschränkungen für bestimmte Stoffe, Gemische und Erzeugnisse ergeben sich aus Artikel 67 in Verbindung mit Anhang XVII der Verordnung (EG) Nr. 1907/2006.

(2) Nach Maßgabe des Anhangs II bestehen weitere Herstellungs- und Verwendungsbeschränkungen für dort genannte Stoffe, Gemische und Erzeugnisse.

(3) Biozid-Produkte dürfen nicht verwendet werden, soweit damit zu rechnen ist, dass ihre Verwendung im einzelnen Anwendungsfall schädliche Auswirkungen auf die Gesundheit von Menschen, Nicht-Zielorganismen oder auf die Umwelt hat. Wer Biozid-Produkte verwendet, hat dies ordnungsgemäß zu tun. Zur ordnungsgemäßen Verwendung gehört es insbesondere, dass

1. ein Biozid-Produkt nur für die in der Kennzeichnung ausgewiesenen Verwendungszwecke eingesetzt wird,

2. die sich aus der Kennzeichnung und der Zulassung ergebenden Verwendungsbedingungen eingehalten werden und

3. der Einsatz von Biozid-Produkten durch eine sachgerechte Berücksichtigung physikalischer, biologischer, chemischer und sonstiger Alternativen auf das Minimum begrenzt wird. Die Sätze 1 bis 3 gelten auch für private Haushalte.

(4) Der Arbeitgeber darf in Heimarbeit beschäftigte Personen nur Tätigkeiten mit geringer Gefährdung im Sinne des § 6 Absatz 11 ausüben lassen.

§ 17 Nationale Ausnahmen von Beschränkungsregelungen nach der Verordnung (EG) Nr. 1907/2006

(1) Für am 1. Dezember 2010 bestehende Anlagen gelten die Beschränkungen nach Artikel 67 in Verbindung mit Anhang XVII Nummer 6 der Verordnung (EG) Nr. 1907/2006 bis zum 1. Juli 2025 nicht für das Verwenden chrysotilhaltiger Diaphragmen für die Chloralkalielektrolyse oder für das Verwenden von Chrysotil, das ausschließlich zur Wartung dieser Diaphragmen eingesetzt wird, wenn

1. keine asbestfreien Ersatzstoffe, Gemische oder Erzeugnisse auf dem Markt angeboten werden oder

2. die Verwendung der asbestfreien Ersatzstoffe, Gemische oder Erzeugnisse zu einer unzumutbaren Härte führen würde

und die Konzentration der Asbestfasern in der Luft am Arbeitsplatz unterhalb von 1 000 Fasern pro Kubikmeter liegt. Betreiber von Anlagen, die von der Regelung nach Satz 1 Gebrauch machen, übermitteln der Bundesstelle für Chemikalien bis zum 31. Januar eines jeden Kalenderjahres einen Bericht, aus dem die Menge an Chrysotil hervorgeht, die in Diaphragmen, die unter diese Ausnahmeregelung fallen, im Vorjahr verwendet wurde. Die Ergebnisse der Arbeitsplatzmessungen sind in den Bericht aufzunehmen. Die Bundesstelle für Chemikalien übermittelt der Europäischen Kommission eine Kopie des Berichts.

(2) Das Verwendungsverbot nach Artikel 67 in Verbindung mit Anhang XVII Nummer 16 und 17 der Verordnung (EG) Nr. 1907/2006 gilt nicht für die Verwendung der dort genannten Bleiverbindungen in Farben, die zur Erhaltung oder originalgetreuen Wiederherstellung von Kunstwerken und historischen Bestandteilen oder von Einrichtungen denkmalgeschützter Gebäude bestimmt sind, wenn die Verwendung von Ersatzstoffen nicht möglich ist.

Abschnitt 6
Vollzugsregelungen und Ausschuss für Gefahrstoffe

§ 18 Unterrichtung der Behörde

(1) Der Arbeitgeber hat der zuständigen Behörde unverzüglich anzuzeigen

1. jeden Unfall und jede Betriebsstörung, die bei Tätigkeiten mit Gefahrstoffen zu einer ernsten Gesundheitsschädigung von Beschäftigten geführt haben,

2. Krankheits- und Todesfälle, bei denen konkrete Anhaltspunkte dafür bestehen, dass sie durch die Tätigkeit mit Gefahrstoffen verursacht worden sind, mit der genauen Angabe der Tätigkeit und der Gefährdungsbeurteilung nach § 6.

Lassen sich die für die Anzeige nach Satz 1 erforderlichen Angaben gleichwertig aus Anzeigen nach anderen Rechtsvorschriften entnehmen, kann die Anzeigepflicht auch durch Übermittlung von Kopien dieser Anzeigen an die zuständige Behörde erfüllt werden. Der Arbeitgeber hat den betroffenen Beschäftigten oder ihrer Vertretung Kopien der Anzeigen nach Satz 1 oder Satz 2 zur Kenntnis zu geben.

(2) Unbeschadet des § 22 des Arbeitsschutzgesetzes hat der Arbeitgeber der zuständigen Behörde auf Verlangen Folgendes mitzuteilen:

1. das Ergebnis der Gefährdungsbeurteilung nach § 6 und die ihr zugrunde liegenden Informationen, einschließlich der Dokumentation der Gefährdungsbeurteilung,

2. die Tätigkeiten, bei denen Beschäftigte tatsächlich oder möglicherweise gegenüber Gefahrstoffen exponiert worden sind, und die Anzahl dieser Beschäftigten,

3. die nach § 13 des Arbeitsschutzgesetzes verantwortlichen Personen,

4. die durchgeführten Schutz- und Vorsorgemaßnahmen, einschließlich der Betriebsanweisungen.

(3) Der Arbeitgeber hat der zuständigen Behörde bei Tätigkeiten mit krebserzeugenden, keimzellmutagenen oder reproduktionstoxischen Gefahrstoffen der Kategorie 1A oder 1B zusätzlich auf Verlangen Folgendes mitzuteilen:

1. das Ergebnis der Substitutionsprüfung,

2. Informationen über

a) ausgeübte Tätigkeiten und angewandte industrielle Verfahren und die Gründe für die Verwendung dieser Gefahrstoffe,

b) die Menge der hergestellten oder verwendeten Gefahrstoffe,

c) die Art der zu verwendenden Schutzausrüstung,

d) Art und Ausmaß der Exposition,

e) durchgeführte Substitutionen.

(4) Auf Verlangen der zuständigen Behörde ist die nach Anhang II der Verordnung (EG) Nr. 1907/2006 geforderte Fachkunde für die Erstellung von Sicherheitsdatenblättern nachzuweisen.

§ 19 Behördliche Ausnahmen, Anordnungen und Befugnisse

(1) Die zuständige Behörde kann auf schriftlichen oder elektronischen Antrag des Arbeitgebers Ausnahmen von den §§ 6 bis 15 zulassen, wenn die Anwendung dieser Vorschriften im Einzelfall zu einer unverhältnismäßigen Härte führen würde und die Abweichung mit dem Schutz der Beschäftigten vereinbar ist. Der Arbeitgeber hat der zuständigen Behörde im Antrag darzulegen:

1. den Grund für die Beantragung der Ausnahme,

2. die jährlich zu verwendende Menge des Gefahrstoffs,

3. die betroffenen Tätigkeiten und Verfahren,

4. die Zahl der voraussichtlich betroffenen Beschäftigten,

5. die geplanten Maßnahmen zur Gewährleistung des Gesundheitsschutzes und der Sicherheit der betroffenen Beschäftigten,

6. die technischen und organisatorischen Maßnahmen, die zur Verringerung oder Vermeidung einer Exposition der Beschäftigten ergriffen werden sollen.

(2) Eine Ausnahme nach Absatz 1 kann auch im Zusammenhang mit Verwaltungsverfahren nach anderen Rechtsvorschriften beantragt werden.

(3) Die zuständige Behörde kann unbeschadet des § 23 des Chemikaliengesetzes im Einzelfall Maßnahmen anordnen, die der Hersteller, Lieferant oder Arbeitgeber zu ergreifen hat, um die Pflichten nach den Abschnitten 2 bis 5 dieser Verordnung zu erfüllen; dabei kann sie insbesondere anordnen, dass der Arbeitgeber

1. die zur Bekämpfung besonderer Gefahren notwendigen Maßnahmen ergreifen muss,

2. festzustellen hat, ob und in welchem Umfang eine vermutete Gefahr tatsächlich besteht und welche Maßnahmen zur Bekämpfung der Gefahr ergriffen werden müssen,

3. die Arbeit, bei der die Beschäftigten gefährdet sind, einstellen zu lassen hat, wenn der Arbeitgeber die zur Bekämpfung der Gefahr angeordneten notwendigen Maßnahmen nicht unverzüglich oder nicht innerhalb der gesetzten Frist ergreift.

Bei Gefahr im Verzug können die Anordnungen auch gegenüber weisungsberechtigten Personen im Betrieb erlassen werden.

(4) Der zuständigen Behörde ist auf Verlangen ein Nachweis vorzulegen, dass die Gefährdungsbeurteilung fachkundig nach § 6 Absatz 9 erstellt wurde.

(5) Die zuständige Behörde kann dem Arbeitgeber untersagen, Tätigkeiten mit Gefahrstoffen auszuüben oder ausüben zu lassen, und insbesondere eine Stilllegung der betroffenen Arbeitsbereiche anordnen, wenn der Arbeitgeber der Mitteilungspflicht nach § 18 Absatz 2 Nummer 1 nicht nachkommt.

§ 20 Ausschuss für Gefahrstoffe

(1) Beim Bundesministerium für Arbeit und Soziales wird ein Ausschuss für Gefahrstoffe (AGS) gebildet, in dem geeignete Personen vonseiten der Arbeitgeber, der Gewerkschaften, der Landesbehörden, der gesetzlichen Unfallversicherung und weitere geeignete Personen, insbesondere aus der Wissenschaft, vertreten sein sollen. Die Gesamtzahl der Mitglieder soll

21 Personen nicht überschreiten. Für jedes Mitglied ist ein stellvertretendes Mitglied zu benennen. Die Mitgliedschaft im Ausschuss für Gefahrstoffe ist ehrenamtlich.

(2) Das Bundesministerium für Arbeit und Soziales beruft die Mitglieder des Ausschusses und die stellvertretenden Mitglieder. Der Ausschuss gibt sich eine Geschäftsordnung und wählt die Vorsitzende oder den Vorsitzenden aus seiner Mitte. Die Geschäftsordnung und die Wahl der oder des Vorsitzenden bedürfen der Zustimmung des Bundesministeriums für Arbeit und Soziales.

(3) Zu den Aufgaben des Ausschusses gehört es:

1. den Stand der Wissenschaft, Technik, Arbeitsmedizin und Arbeitshygiene sowie sonstige gesicherte Erkenntnisse für Tätigkeiten mit Gefahrstoffen einschließlich deren Einstufung und Kennzeichnung zu ermitteln und entsprechende Empfehlungen auszusprechen,

2. zu ermitteln, wie die in dieser Verordnung gestellten Anforderungen erfüllt werden können und dazu die dem jeweiligen Stand von Technik und Medizin entsprechenden Regeln und Erkenntnisse zu erarbeiten,

3. das Bundesministerium für Arbeit und Soziales in allen Fragen zu Gefahrstoffen und zur Chemikaliensicherheit zu beraten und

4. Arbeitsplatzgrenzwerte, biologische Grenzwerte und andere Beurteilungsmaßstäbe für Gefahrstoffe vorzuschlagen und regelmäßig zu überprüfen, wobei Folgendes zu berücksichtigen ist:

   a) bei der Festlegung der Grenzwerte und Beurteilungsmaßstäbe ist sicherzustellen, dass der Schutz der Gesundheit der Beschäftigten gewahrt ist,

   b) für jeden Stoff, für den ein Arbeitsplatzgrenzwert oder ein biologischer Grenzwert in Rechtsakten der Europäischen Union festgelegt worden ist, ist unter

Berücksichtigung dieses Grenzwerts ein nationaler Grenzwert vorzuschlagen.

Das Arbeitsprogramm des Ausschusses für Gefahrstoffe wird mit dem Bundesministerium für Arbeit und Soziales abgestimmt, wobei die Letztentscheidungsbefugnis beim Bundesministerium für Arbeit und Soziales liegt. Der Ausschuss arbeitet eng mit den anderen Ausschüssen beim Bundesministerium für Arbeit und Soziales zusammen.

(4) Nach Prüfung kann das Bundesministerium für Arbeit und Soziales

1. die vom Ausschuss für Gefahrstoffe ermittelten Regeln und Erkenntnisse nach Absatz 3 Satz 1 Nummer 2 sowie die Arbeitsplatzgrenzwerte und Beurteilungsmaßstäbe nach Absatz 3 Satz 1 Nummer 4 im Gemeinsamen Ministerialblatt bekannt geben und

2. die Empfehlungen nach Absatz 3 Satz 1 Nummer 1 sowie die Beratungsergebnisse nach Absatz 3 Satz 1 Nummer 3 in geeigneter Weise veröffentlichen.

(5) Die Bundesministerien sowie die obersten Landesbehörden können zu den Sitzungen des Ausschusses Vertreterinnen oder Vertreter entsenden. Auf Verlangen ist diesen in der Sitzung das Wort zu erteilen.

(6) Die Bundesanstalt für Arbeitsschutz und Arbeitsmedizin führt die Geschäfte des Ausschusses.

Abschnitt 7
Ordnungswidrigkeiten und Straftaten

§ 21 Chemikaliengesetz – Anzeigen

Ordnungswidrig im Sinne des § 26 Absatz 1 Nummer 8 Buchstabe b des Chemikaliengesetzes handelt, wer vorsätzlich oder fahrlässig

1. entgegen § 8 Absatz 8 in Verbindung mit Anhang I Nummer 2.4.2 Absatz 1 Satz 1 oder Absatz 2 eine Anzeige nicht, nicht richtig, nicht vollständig oder nicht rechtzeitig erstattet,

2. entgegen § 8 Absatz 8 in Verbindung mit Anhang I Nummer 3.4 Absatz 1 oder Absatz 2 eine Anzeige nicht, nicht richtig, nicht vollständig oder nicht rechtzeitig erstattet,

3. entgegen § 8 Absatz 8 in Verbindung mit Anhang I Nummer 3.4 Absatz 3 eine Änderung nicht oder nicht rechtzeitig anzeigt,

4. entgegen § 8 Absatz 8 in Verbindung mit Anhang I Nummer 3.6 eine Anzeige nicht, nicht richtig, nicht vollständig oder nicht rechtzeitig erstattet,

5. entgegen § 8 Absatz 8 in Verbindung mit Anhang I Nummer 4.3.2 Absatz 1 Satz 1 oder Absatz 2 in Verbindung mit Absatz 3 eine Anzeige nicht, nicht richtig, nicht vollständig oder nicht rechtzeitig erstattet,

6. entgegen § 8 Absatz 8 in Verbindung mit Anhang I Nummer 4.3.2 Absatz 4 eine Anzeige nicht oder nicht rechtzeitig erstattet,

7. entgegen § 8 Absatz 8 in Verbindung mit Anhang I Nummer 5.4.2.3 Absatz 1 oder Absatz 2 eine Anzeige nicht, nicht richtig, nicht vollständig oder nicht rechtzeitig erstattet,

8. entgegen § 8 Absatz 8 in Verbindung mit Anhang I Nummer 5.4.2.3 Absatz 3 eine Änderung nicht oder nicht rechtzeitig anzeigt,

9. entgegen § 18 Absatz 1 eine Anzeige nicht, nicht richtig, nicht vollständig oder nicht rechtzeitig erstattet oder

10. entgegen § 18 Absatz 2 eine Mitteilung nicht, nicht richtig, nicht vollständig oder nicht rechtzeitig macht.

§ 22 Chemikaliengesetz – Tätigkeiten

(1) Ordnungswidrig im Sinne des § 26 Absatz 1 Nummer 8 Buchstabe b des Chemikaliengesetzes handelt, wer vorsätzlich oder fahrlässig

1. entgegen § 6 Absatz 8 Satz 1 eine Gefährdungsbeurteilung nicht, nicht richtig, nicht vollständig oder nicht rechtzeitig dokumentiert,

2. entgegen § 6 Absatz 12 Satz 1 ein Gefahrstoffverzeichnis nicht, nicht richtig oder nicht vollständig führt,

3. entgegen § 7 Absatz 1 eine Tätigkeit aufnehmen lässt,

3a. entgegen § 7 Absatz 5 Satz 2 das Verwenden von belastender persönlicher Schutzausrüstung als Dauermaßnahme anwendet,

4. entgegen § 7 Absatz 7 Satz 1 die Funktion und die Wirksamkeit der technischen Schutzmaßnahmen nicht oder nicht rechtzeitig überprüft,

5. entgegen § 8 Absatz 2 Satz 3 eine Tätigkeit ausüben lässt,

6. entgegen § 8 Absatz 3 Satz 2 einen Bereich nicht oder nicht rechtzeitig einrichtet,

7. entgegen § 8 Absatz 5 Satz 3 Gefahrstoffe aufbewahrt oder lagert,

8. entgegen § 8 Absatz 8 in Verbindung mit Anhang I Nummer 2.4.2 Absatz 3 Satz 2 nicht dafür sorgt, dass eine weisungsbefugte sachkundige Person vor Ort tätig ist,

9. entgegen § 8 Absatz 8 in Verbindung mit Anhang I Nummer 2.4.4 Satz 1 einen Arbeitsplan nicht oder nicht rechtzeitig aufstellt,

10. entgegen § 8 Absatz 8 in Verbindung mit Anhang I Nummer 3.3 Satz 2 eine Schädlingsbekämpfung durchführt,

11. entgegen § 8 Absatz 8 in Verbindung mit Anhang I Nummer 5.4.2.1 Absatz 2 Stoffe oder Gemische der Gruppe A lagert oder befördert,

12. entgegen § 8 Absatz 8 in Verbindung mit Anhang I Nummer 5.4.2.1 Absatz 3 brennbare Materialien lagert,

13. entgegen § 8 Absatz 8 in Verbindung mit Anhang I Nummer 5.4.2.2 Absatz 3 Stoffe oder Gemische nicht oder nicht rechtzeitig in Teilmengen unterteilt,

14. entgegen § 8 Absatz 8 in Verbindung mit Anhang I Nummer 5.4.2.3 Absatz 5 Stoffe oder Gemische lagert,

15. entgegen § 9 Absatz 3 Satz 2 oder § 9 Absatz 4 eine persönliche Schutzausrüstung nicht oder nicht rechtzeitig bereitstellt,

15a. entgegen § 9 Absatz 5 nicht gewährleistet, dass getrennte Aufbewahrungsmöglichkeiten zur Verfügung stehen,

16. entgegen § 10 Absatz 4 Satz 2 Schutzkleidung oder ein Atemschutzgerät nicht zur Verfügung stellt,

17. entgegen § 10 Absatz 5 Satz 1 abgesaugte Luft in einen Arbeitsbereich zurückführt,

18. entgegen § 11 Absatz 1 Satz 3 in Verbindung mit Anhang I Nummer 1.3 Absatz 2 Satz 1 das Rauchen oder die Verwendung von offenem Feuer oder offenem Licht nicht verbietet,

19. entgegen § 11 Absatz 1 Satz 3 in Verbindung mit Anhang I Nummer 1.5 Absatz 4 oder Nummer 1.6 Absatz 5 einen dort genannten Bereich nicht oder nicht richtig kennzeichnet.

19a. entgegen § 11 Absatz 4 Satz 2 in Verbindung mit Anhang III Nummer 2.3 Absatz 1 Satz 1 eine Tätigkeit mit einem organischen Peroxid ausüben lässt,

19b. entgegen § 11 Absatz 4 Satz 2 in Verbindung mit Anhang III Nummer 2.6 Satz 2 Buchstabe a nicht sicherstellt, dass ein dort genanntes Gebäude oder ein dort genannter Raum in Sicherheitsbauweise errichtet wird,

19c. entgegen § 11 Absatz 4 Satz 2 in Verbindung mit Anhang III Nummer 2.7 einen dort genannten Bereich nicht oder nicht rechtzeitig festlegt,

20. entgegen § 13 Absatz 2 Satz 1 eine dort genannte Maßnahme nicht oder nicht rechtzeitig ergreift,

21. entgegen § 13 Absatz 3 Satz 1 einen Beschäftigten nicht oder nicht rechtzeitig ausstattet,

22. entgegen § 13 Absatz 4 Warn- und sonstige Kommunikationseinrichtungen nicht zur Verfügung stellt,

23. entgegen § 13 Absatz 5 Satz 1 nicht sicherstellt, dass Informationen über Notfallmaßnahmen zur Verfügung stehen,

24. entgegen § 14 Absatz 1 Satz 1 nicht sicherstellt, dass den Beschäftigten eine schriftliche Betriebsanweisung in der vorgeschriebenen Weise zugänglich gemacht wird,

25. entgegen § 14 Absatz 2 Satz 1 nicht sicherstellt, dass die Beschäftigten über auftretende Gefährdungen und entsprechende Schutzmaßnahmen mündlich unterwiesen werden,

26. entgegen § 14 Absatz 3 Nummer 2 nicht oder nicht rechtzeitig sicherstellt, dass die Beschäftigten und ihre Vertretung unterrichtet und informiert werden,

27. entgegen § 14 Absatz 3 Nummer 3 nicht sicherstellt, dass ein aktualisiertes Verzeichnis geführt wird, oder

28. entgegen § 14 Absatz 3 Nummer 4 nicht sicherstellt, dass ein aktualisiertes Verzeichnis 40 Jahre nach Ende der Exposition aufbewahrt wird.

(2) Wer durch eine in Absatz 1 bezeichnete Handlung das Leben oder die Gesundheit eines anderen oder fremde Sachen von bedeutendem Wert gefährdet, ist nach § 27 Absatz 2 bis 4 des Chemikaliengesetzes strafbar.

§ 23
(weggefallen)

§ 24 Chemikaliengesetz – Herstellungs- und Verwendungsbeschränkungen

(1) Ordnungswidrig im Sinne des § 26 Absatz 1 Nummer 7 Buchstabe a des Chemikaliengesetzes handelt, wer vorsätzlich oder fahrlässig

1. entgegen § 16 Absatz 2 in Verbindung mit Anhang II Nummer 6 Absatz 1 einen dort aufgeführten Stoff verwendet,

2. entgegen § 16 Absatz 3 Satz 2 in Verbindung mit Satz 3 Nummer 1, auch in Verbindung mit Satz 4, ein Biozid-Produkt für einen nicht in der Kennzeichnung ausgewiesenen Verwendungszweck einsetzt oder

3. entgegen § 16 Absatz 3 Satz 2 in Verbindung mit Satz 3 Nummer 2, auch in Verbindung mit Satz 4, eine sich aus der Kennzeichnung oder der Zulassung ergebende Verwendungsbedingung nicht einhält.

(2) Nach § 27 Absatz 1 Nummer 1, Absatz 2 bis 4 des Chemikaliengesetzes wird bestraft, wer vorsätzlich oder fahrlässig

1. entgegen § 8 Absatz 8 in Verbindung mit Anhang I Nummer 2.4.2 Absatz 3 Satz 1 oder Absatz 4 Satz 1 Abbruch-, Sanierungs- oder Instandhaltungsarbeiten durchführt,

2. entgegen § 8 Absatz 8 in Verbindung mit Anhang I Nummer 3.5 Satz 1 Schädlingsbekämpfungen durchführt,

3. ohne Erlaubnis nach § 8 Absatz 8 in Verbindung mit Anhang I Nummer 4.2 Absatz 1 Begasungen durchführt,

4. entgegen § 8 Absatz 8 in Verbindung mit Anhang I Nummer 4.2 Absatz 7 Satz 1 Begasungen durchführt,

5. entgegen § 16 Absatz 2 in Verbindung mit Anhang II Nummer 1 Absatz 1 Satz 1 auch in Verbindung mit Satz 3 Arbeiten durchführt,

6. entgegen § 16 Absatz 2 in Verbindung mit Anhang II Nummer 1 Absatz 1 Satz 4 Überdeckungs-, Überbauungs-, Aufständerungs-,

Reinigungs- oder Beschichtungsarbeiten durchführt,

7. entgegen § 16 Absatz 2 in Verbindung mit Anhang II Nummer 1 Absatz 1 Satz 5 asbesthaltige Gegenstände oder Materialien zu anderen Zwecken weiterverwendet,

8. entgegen § 16 Absatz 2 in Verbindung mit Anhang II Nummer 2 Absatz 1 die dort aufgeführten Stoffe oder Gemische herstellt,

9. entgegen § 16 Absatz 2 in Verbindung mit Anhang II Nummer 3 Absatz 1 die dort aufgeführten Erzeugnisse verwendet,

10. entgegen § 16 Absatz 2 in Verbindung mit Anhang II Nummer 4 Absatz 1, Absatz 3 Satz 1 oder Absatz 4 die dort aufgeführten Kühlschmierstoffe oder Korrosionsschutzmittel verwendet oder

11. entgegen § 16 Absatz 2 in Verbindung mit Anhang II Nummer 5 Absatz 1 die dort aufgeführten Stoffe, Gemische oder Erzeugnisse herstellt oder verwendet.

§ 25 Übergangsvorschrift

§ 10 Absatz 5 findet hinsichtlich der fruchtschädigenden Wirkungen von reproduktionstoxischen Stoffen oder Gemischen ab dem 1. Januar 2019 Anwendung.

Hinweis: Auf den Abdruck des Anhangs wurde verzichtet.

Gesetz zur Verhütung und Bekämpfung von Infektionskrankheiten beim Menschen

(Infektionsschutzgesetz – IfSG)

Vom 20. Juli 2000
(BGBl. I S. 1045)

Zuletzt geändert durch Artikel 1 des Gesetzes
vom 18. November 2020
(BGBl. I S. 2397)

1. Abschnitt
Allgemeine Vorschriften

§ 1 Zweck des Gesetzes

(1) Zweck des Gesetzes ist es, übertragbaren Krankheiten beim Menschen vorzubeugen, Infektionen frühzeitig zu erkennen und ihre Weiterverbreitung zu verhindern.

(2) Die hierfür notwendige Mitwirkung und Zusammenarbeit von Behörden des Bundes, der Länder und der Kommunen, Ärzten, Tierärzten, Krankenhäusern, wissenschaftlichen Einrichtungen sowie sonstigen Beteiligten soll entsprechend dem jeweiligen Stand der medizinischen und epidemiologischen Wissenschaft und Technik gestaltet und unterstützt werden. Die Eigenverantwortung der Träger und Leiter von Gemeinschaftseinrichtungen, Lebensmittelbetrieben, Gesundheitseinrichtungen sowie des Einzelnen bei der Prävention übertragbarer Krankheiten soll verdeutlicht und gefördert werden.

§ 1a (weggefallen)

§ 2 Begriffsbestimmungen

Im Sinne dieses Gesetzes ist

1. Krankheitserreger
    ein vermehrungsfähiges Agens (Virus, Bakterium, Pilz, Parasit) oder ein sonstiges biologisches transmissibles Agens, das bei Menschen eine Infektion oder übertragbare Krankheit verursachen kann,

2. Infektion
    die Aufnahme eines Krankheitserregers und seine nachfolgende Entwicklung oder Vermehrung im menschlichen Organismus,

3. übertragbare Krankheit
    eine durch Krankheitserreger oder deren toxische Produkte, die unmittelbar oder mittelbar auf den Menschen übertragen werden, verursachte Krankheit,

3a. bedrohliche übertragbare Krankheit
    eine übertragbare Krankheit, die auf Grund klinisch schwerer Verlaufsformen oder ihrer Ausbreitungsweise eine schwerwiegende Gefahr für die Allgemeinheit verursachen kann,

4. Kranker
    eine Person, die an einer übertragbaren Krankheit erkrankt ist,

5. Krankheitsverdächtiger
    eine Person, bei der Symptome bestehen, welche das Vorliegen einer bestimmten übertragbaren Krankheit vermuten lassen,

6. Ausscheider
    eine Person, die Krankheitserreger ausscheidet und dadurch eine Ansteckungsquelle für die Allgemeinheit sein kann, ohne krank oder krankheitsverdächtig zu sein,

7. Ansteckungsverdächtiger
    eine Person, von der anzunehmen ist, dass sie Krankheitserreger aufgenommen hat, ohne krank, krankheitsverdächtig oder Ausscheider zu sein,

8. nosokomiale Infektion
    eine Infektion mit lokalen oder systemischen Infektionszeichen als Reaktion auf das Vorhandensein von Erregern oder ihrer Toxine, die im zeitlichen Zusammenhang mit einer stationären oder einer ambulanten medizinischen Maßnahme steht, soweit die Infektion nicht bereits vorher bestand,

9. Schutzimpfung
    die Gabe eines Impfstoffes mit dem Ziel, vor einer übertragbaren Krankheit zu schützen,

10. andere Maßnahme der spezifischen Prophylaxe
    die Gabe von Antikörpern (passive Immunprophylaxe) oder die Gabe von Medikamenten (Chemoprophylaxe) zum Schutz vor Weiterverbreitung bestimmter übertragbarer Krankheiten,

11. Impfschaden
die gesundheitliche und wirtschaftliche Folge einer über das übliche Ausmaß einer Impfreaktion hinausgehenden gesundheitlichen Schädigung durch die Schutzimpfung; ein Impfschaden liegt auch vor, wenn mit vermehrungsfähigen Erregern geimpft wurde und eine andere als die geimpfte Person geschädigt wurde,

12. Gesundheitsschädling
ein Tier, durch das Krankheitserreger auf Menschen übertragen werden können,

13. Sentinel-Erhebung
eine epidemiologische Methode zur stichprobenartigen Erfassung der Verbreitung bestimmter übertragbarer Krankheiten und der Immunität gegen bestimmte übertragbare Krankheiten in ausgewählten Bevölkerungsgruppen,

14. Gesundheitsamt
die nach Landesrecht für die Durchführung dieses Gesetzes bestimmte und mit einem Amtsarzt besetzte Behörde,

15. Leitung der Einrichtung
die Person, die mit den Leitungsaufgaben in der jeweiligen Einrichtung beauftragt ist; das betrifft auch

   a) die selbständig tätige Person für ihren Zuständigkeitsbereich selbst,

   b) die Person, die einrichtungsübergreifend mit den Leitungsaufgaben beauftragt ist,

16. personenbezogene Angabe
Name und Vorname, Geschlecht, Geburtsdatum, Anschrift der Hauptwohnung oder des gewöhnlichen Aufenthaltsortes und, falls abweichend, Anschrift des derzeitigen Aufenthaltsortes der betroffenen Person sowie, soweit vorliegend, Telefonnummer und E-Mail-Adresse,

17. Risikogebiet
ein Gebiet außerhalb der Bundesrepublik Deutschland, für das vom Bundesministe-

rium für Gesundheit im Einvernehmen mit dem Auswärtigen Amt und dem Bundesministerium des Innern, für Bau und Heimat ein erhöhtes Risiko für eine Infektion mit einer bestimmten bedrohlichen übertragbaren Krankheit festgestellt wurde; die Einstufung als Risikogebiet erfolgt erst mit Ablauf des ersten Tages nach Veröffentlichung der Feststellung durch das Robert Koch-Institut im Internet unter der Adresse https://www.rki.de/risikogebiete

§ 3 Prävention durch Aufklärung

Die Information und Aufklärung der Allgemeinheit über die Gefahren übertragbarer Krankheiten und die Möglichkeiten zu deren Verhütung sind eine öffentliche Aufgabe. Insbesondere haben die nach Landesrecht zuständigen Stellen über Möglichkeiten des allgemeinen und individuellen Infektionsschutzes sowie über Beratungs-, Betreuungs- und Versorgungsangebote zu informieren.

2. Abschnitt
Koordinierung und epidemische Lage von nationaler Tragweite

§ 4 Aufgaben des Robert Koch-Institutes

(1) Das Robert Koch-Institut ist die nationale Behörde zur Vorbeugung übertragbarer Krankheiten sowie zur frühzeitigen Erkennung und Verhinderung der Weiterverbreitung von Infektionen. Dies schließt die Entwicklung und Durchführung epidemiologischer und laborgestützter Analysen sowie Forschung zu Ursache, Diagnostik und Prävention übertragbarer Krankheiten ein. Es arbeitet mit den jeweils zuständigen Bundesbehörden, den zuständigen Landesbehörden, den nationalen Referenzzentren, weiteren wissenschaftlichen Einrichtungen und Fachgesellschaften zusammen. Auf dem Gebiet der Zoonosen und mikrobiell bedingten Lebensmittelvergiftungen sind das Bundesamt für Verbraucherschutz und Lebens-

mittelsicherheit, das Bundesinstitut für Risikobewertung und das Friedrich-Loeffler-Institut zu beteiligen. Auf Ersuchen der zuständigen obersten Landesgesundheitsbehörde kann das Robert Koch-Institut den zuständigen Stellen bei Maßnahmen zur Überwachung, Verhütung und Bekämpfung von bedrohlichen übertragbaren Krankheiten, auf Ersuchen mehrerer zuständiger oberster Landesgesundheitsbehörden auch länderübergreifend, Amtshilfe leisten. Soweit es zur Erfüllung dieser Amtshilfe erforderlich ist, darf es personenbezogene Daten verarbeiten.

Beim Robert Koch-Institut wird eine Kontaktstelle für den öffentlichen Gesundheitsdienst der Länder eingerichtet, die die Amtshilfe nach Satz 5 und die Zusammenarbeit mit den zuständigen Landesbehörden und die Zusammenarbeit bei der Umsetzung des elektronischen Melde- und Informationssystems nach § 14 innerhalb der vom gemeinsamen Planungsrat nach § 14 Absatz 1 Satz 7 getroffenen Leitlinien koordiniert.

(1a) Das Bundesministerium für Gesundheit legt dem Deutschen Bundestag nach Beteiligung des Bundesrates bis spätestens zum 31. März 2021 einen Bericht zu den Erkenntnissen aus der durch das neuartige Coronavirus SARS-CoV-2 verursachten Epidemie vor. Der Bericht beinhaltet Vorschläge zur gesetzlichen, infrastrukturellen und personellen Stärkung des Robert Koch-Instituts sowie gegebenenfalls zusätzlicher Behörden zur Erreichung des Zwecks dieses Gesetzes.

(2) Das Robert Koch-Institut

1. erstellt im Benehmen mit den jeweils zuständigen Bundesbehörden für Fachkreise als Maßnahme des vorbeugenden Gesundheitsschutzes Richtlinien, Empfehlungen, Merkblätter und sonstige Informationen zur Vorbeugung, Erkennung und Verhinderung der Weiterverbreitung übertragbarer Krankheiten,

2. wertet die Daten zu meldepflichtigen Krankheiten und meldepflichtigen Nach-

weisen von Krankheitserregern, die ihm nach diesem Gesetz und nach § 11 Absatz 5, § 16 Absatz 4 des IGV- Durchführungsgesetzes übermittelt worden sind, infektionsepidemiologisch aus,

3. stellt die Ergebnisse der infektionsepidemiologischen Auswertungen den folgenden Behörden und Institutionen zur Verfügung:

   a) den jeweils zuständigen Bundesbehörden,

   b) dem Kommando Sanitätsdienst der Bundeswehr,

   c) den obersten Landesgesundheitsbehörden,

   d) den Gesundheitsämtern,

   e) den Landesärztekammern,

   f) dem Spitzenverband Bund der Krankenkassen,

   g) der Kassenärztlichen Bundesvereinigung,

   h) dem Institut für Arbeitsschutz der Deutschen Gesetzlichen Unfallversicherung und

   i) der Deutschen Krankenhausgesellschaft,

4. veröffentlicht die Ergebnisse der infektionsepidemiologischen Auswertungen periodisch und

5. unterstützt die Länder und sonstigen Beteiligten bei ihren Aufgaben im Rahmen der epidemiologischen Überwachung nach diesem Gesetz.

(3) Das Robert Koch-Institut arbeitet zu den in § 1 Absatz 1 genannten Zwecken mit ausländischen Stellen und supranationalen Organisationen sowie mit der Weltgesundheitsorganisation und anderen internationalen Organisationen zusammen. Im Rahmen dieser Zusammenarbeit stärkt es deren Fähigkeiten, insbesondere einer möglichen grenzüberschreitenden Ausbreitung von übertragbaren Krankheiten vorzu-

beugen, entsprechende Gefahren frühzeitig zu erkennen und Maßnahmen zur Verhinderung einer möglichen grenzüberschreitenden Weiterverbreitung einzuleiten. Die Zusammenarbeit kann insbesondere eine dauerhafte wissenschaftliche Zusammenarbeit mit Einrichtungen in Partnerstaaten, die Ausbildung von Personal der Partnerstaaten sowie Unterstützungsleistungen im Bereich der epidemiologischen Lage- und Risikobewertung und des Krisenmanagements umfassen, auch verbunden mit dem Einsatz von Personal des Robert Koch-Institutes im Ausland. Soweit es zur Abwendung von Gefahren von Dritten und zum Schutz von unmittelbar Betroffenen im Rahmen der frühzeitigen Erkennung und Verhinderung der Weiterverbreitung von bedrohlichen übertragbaren Krankheiten, der Unterstützung bei der Ausbruchsuntersuchung und -bekämpfung, der Kontaktpersonennachverfolgung oder der medizinischen Evakuierung von Erkrankten und Ansteckungsverdächtigen erforderlich ist, darf das Robert Koch-Institut im Rahmen seiner Aufgaben nach den Sätzen 1 bis 3 personenbezogene Daten verarbeiten.

§ 5 Epidemische Lage von nationaler Tragweite

(1) Der Deutsche Bundestag kann eine epidemische Lage von nationaler Tragweite feststellen, wenn die Voraussetzungen nach Satz 4 vorliegen. Der Deutsche Bundestag hebt die Feststellung der epidemischen Lage von nationaler Tragweite wieder auf, wenn die Voraussetzungen nach Satz 4 nicht mehr vorliegen. Die Feststellung und die Aufhebung sind im Bundesgesetzblatt bekannt zu machen. Eine epidemische Lage von nationaler Tragweite liegt vor, wenn eine ernsthafte Gefahr für die öffentliche Gesundheit in der gesamten Bundesrepublik Deutschland besteht, weil

1. die Weltgesundheitsorganisation eine gesundheitliche Notlage von internationaler Tragweite ausgerufen hat und die Einschleppung einer bedrohlichen übertragba-

ren Krankheit in die Bundesrepublik Deutschland droht oder

2. eine dynamische Ausbreitung einer bedrohlichen übertragbaren Krankheit über mehrere Länder in der Bundesrepublik Deutschland droht oder stattfindet.

Solange eine epidemische Lage von nationaler Tragweite festgestellt ist, unterrichtet die Bundesregierung den Deutschen Bundestag regelmäßig mündlich über die Entwicklung der epidemischen Lage von nationaler Tragweite.

(2) Das Bundesministerium für Gesundheit wird im Rahmen der epidemischen Lage von nationaler Tragweite unbeschadet der Befugnisse der Länder ermächtigt,

1. (aufgehoben)

2. (aufgehoben)

3. (aufgehoben)

4. durch Rechtsverordnung ohne Zustimmung des Bundesrates Maßnahmen zur Sicherstellung der Versorgung mit Arzneimitteln einschließlich Impfstoffen und Betäubungsmitteln, mit Medizinprodukten, Labordiagnostik, Hilfsmitteln, Gegenständen der persönlichen Schutzausrüstung und Produkten zur Desinfektion sowie zur Sicherstellung der Versorgung mit Wirk-, Ausgangs- und Hilfsstoffen, Materialien, Behältnissen und Verpackungsmaterialien, die zur Herstellung und zum Transport der zuvor genannten Produkte erforderlich sind, zu treffen und insbesondere

a) Ausnahmen von den Vorschriften des Arzneimittelgesetzes, des Betäubungsmittelgesetzes, des Apothekengesetzes, des Fünften Buches Sozialgesetzbuch, des Transfusionsgesetzes sowie der auf ihrer Grundlage erlassenen Rechtsverordnungen, der medizinprodukterechtlichen Vorschriften und der die persönliche Schutzausrüstung betreffenden Vorschriften zum Arbeitsschutz, die die Herstellung, Kennzeichnung, Zulassung, klinische Prüfung, Anwendung, Verschreibung und Abgabe, Ein- und Ausfuhr, das Verbringen und die Haftung, sowie den Betrieb von Apotheken einschließlich Leitung und Personaleinsatz regeln, zuzulassen,

b) die zuständigen Behörden zu ermächtigen, im Einzelfall Ausnahmen von den in Buchstabe a genannten Vorschriften zu gestatten, insbesondere Ausnahmen von den Vorschriften zur Herstellung, Kennzeichnung, Anwendung, Verschreibung und Abgabe, zur Ein- und Ausfuhr und zum Verbringen sowie zum Betrieb von Apotheken einschließlich Leitung und Personaleinsatz zuzulassen,

c) Maßnahmen zum Bezug, zur Beschaffung, Bevorratung, Verteilung und Abgabe solcher Produkte durch den Bund zu treffen sowie Regelungen zu Melde- und Anzeigepflichten vorzusehen,

d) Regelungen zur Sicherstellung und Verwendung der genannten Produkte sowie bei enteignender Wirkung Regelungen über eine angemessene Entschädigung hierfür vorzusehen,

e) ein Verbot, diese Produkte zu verkaufen, sich anderweitig zur Überlassung zu verpflichten oder bereits eingegangene Verpflichtungen zur Überlassung zu erfüllen sowie Regelungen über eine angemessene Entschädigung hierfür vorzusehen,

f) Regelungen zur zum Vertrieb, zur Abgabe, Preisbildung und -gestaltung, Erstattung sowie Vergütung vorzusehen,

g) Maßnahmen zur Aufrechterhaltung, Umstellung, Eröffnung oder Schließung von Produktionsstätten oder einzelnen Betriebsstätten von Unternehmen, die solche Produkte produzieren sowie Regelungen über eine angemessene Entschädigung hierfür vorzusehen;

5. nach § 13 Absatz 1 des Patentgesetzes anzuordnen, dass eine Erfindung in Bezug auf eines der in Nummer 4 vor der Aufzählung genannten Produkte im Interesse der öffentlichen Wohlfahrt oder im Interesse der Sicherheit des Bundes benutzt werden soll; das Bundesministerium für Gesundheit kann eine nachgeordnete Behörde beauftragen, diese Anordnung zu treffen;

6. die notwendigen Anordnungen

a) zur Durchführung der Maßnahmen nach Nummer 4 Buchstabe a und

b) zur Durchführung der Maßnahmen nach Nummer 4 Buchstabe c bis g

zu treffen; das Bundesministerium für Gesundheit kann eine nachgeordnete Behörde beauftragen, diese Anordnung zu treffen;

7. durch Rechtsverordnung ohne Zustimmung des Bundesrates Maßnahmen zur Aufrechterhaltung der Gesundheitsversorgung in ambulanten Praxen, Apotheken, Krankenhäusern, Laboren, Vorsorge- und Rehabilitationseinrichtungen und in sonstigen Gesundheitseinrichtungen in Abweichung von bestehenden gesetzlichen Vorgaben vorzusehen und insbesondere

a) untergesetzliche Richtlinien, Regelungen, Vereinbarungen und Beschlüsse der Selbstverwaltungspartner nach dem Fünften Buch Sozialgesetzbuch und nach Gesetzen, auf die im Fünften Buch Sozialgesetzbuch Bezug genommen wird, anzupassen, zu ergänzen oder auszusetzen,

b) abweichend von der Approbationsordnung für Ärzte die Zeitpunkte und die Anforderungen an die Durchführung der einzelnen Abschnitte der Ärztlichen Prüfung und der Eignungs- und Kenntnisprüfung festzulegen und zu regeln, dass Medizinstudierende infolge einer notwendigen Mitwirkung an der Gesundheitsversorgung keine Nachteile für den Studienfortschritt entstehen,

c) abweichend von der Approbationsordnung für Zahnärzte die Anforderungen an die Durchführung der naturwissenschaftlichen Vorprüfung, der zahnärztlichen Vorprüfung und der zahnärztlichen Prüfung festzulegen und alternative Lehrformate vorzusehen, um die Fortführung des Studiums zu gewährleisten,

d) abweichend von der Approbationsordnung für Apotheker die Zeitpunkte und die Anforderungen an die Durchführung der einzelnen Prüfungsabschnitte der pharmazeutischen Prüfung sowie die Anforderungen an die Durchführung der Famulatur und der praktischen Ausbildung festzulegen und alternative Lehrformate vorzusehen, um die Fortführung des Studiums zu gewährleisten;

8. durch Rechtsverordnung ohne Zustimmung des Bundesrates Maßnahmen zur Aufrechterhaltung der pflegerischen Versorgung in ambulanten und stationären Pflegeeinrichtungen in Abweichung von bestehenden gesetzlichen Vorgaben vorzusehen und insbesondere

a) bundesgesetzliche oder vertragliche Anforderungen an Pflegeeinrichtungen auszusetzen oder zu ändern,

b) untergesetzliche Richtlinien, Regelungen, Vereinbarungen und Beschlüsse der Selbstverwaltungspartner nach dem Elften Buch Sozialgesetzbuch und nach Gesetzen, auf die im Elften Buch Sozialgesetzbuch Bezug genommen wird, anzupassen, zu ergänzen oder auszusetzen,

c) Aufgaben, die über die Durchführung von körperbezogenen Pflegemaßnahmen, pflegerischen Betreuungsmaßnahmen und Hilfen bei der Haushaltsführung bei Pflegebedürftigen hinaus regelmäßig von Pflegeeinrichtungen, Pflegekassen und Medizinischen Diensten zu erbringen sind, auszusetzen oder einzuschränken;

9. Finanzhilfen gemäß Artikel 104b Absatz 1 des Grundgesetzes für Investitionen der Länder, Gemeinden und Gemeindeverbände zur technischen Modernisierung der Gesundheitsämter und zum Anschluss dieser an das elektronische Melde- und Informationssystem nach § 14 sowie zum Aufbau oder zur Aufrechterhaltung von Kernkapazitäten im Sinne der Anlage 1 Teil B der Internationalen Gesundheitsvorschriften (2005) (BGBl. 2007 II S. 930, 932), auf Flughäfen, in Häfen und bei Landübergängen, soweit dies in die Zuständigkeit der Länder fällt, zur Verfügung zu stellen; das Nähere wird durch Verwaltungsvereinbarungen mit den Ländern geregelt;

10. durch Rechtsverordnung ohne Zustimmung des Bundesrates unbeschadet des jeweiligen Ausbildungsziels und der Patientensicherheit abweichende Regelungen von den Berufsgesetzen der Gesundheitsfachberufe und den auf deren Grundlage erlassenen Rechtsverordnungen zu treffen, insbesondere hinsichtlich

a) der Dauer der Ausbildungen,

b) der Nutzung von digitalen Unterrichtsformaten,

c) der Besetzung der Prüfungsausschüsse,

d) der staatlichen Prüfungen und

e) der Durchführung der Eignungs- und Kenntnisprüfungen.

Die Ermächtigung nach Satz 1 Nummer 10 umfasst die folgenden Ausbildungen:

1. zur Altenpflegerin oder zum Altenpfleger nach § 58 Absatz 2 des Pflegeberufegesetzes,

2. zur Altenpflegerin oder zum Altenpfleger nach § 66 Absatz 2 des Pflegeberufegesetzes,

3. zur Diätassistentin oder zum Diätassistenten nach dem Diätassistentengesetz,

4. zur Ergotherapeutin oder zum Ergotherapeuten nach dem Ergotherapeutengesetz,

5. zur Gesundheits- und Krankenpflegerin oder zum Gesundheits- und Krankenpfleger nach § 66 Absatz 1 Satz 1 Nummer 1 des Pflegeberufegesetzes,

6. zur Gesundheits- und Kinderkrankenpflegerin oder zum Gesundheits- und Kinderkrankenpfleger nach § 58 Absatz 1 Satz 1 des Pflegeberufegesetzes,

7. zur Gesundheits- und Kinderkrankenpflegerin oder zum Gesundheits- und Kinderkrankenpfleger nach § 66 Absatz 1 Satz 1 Nummer 2 des Pflegeberufegesetzes,

8. zur Hebamme oder zum Entbindungspfleger nach § 77 Absatz 1 und § 78 des Hebammengesetzes,

9. zur Hebamme nach dem Hebammengesetz,

10. zur Logopädin oder zum Logopäden nach dem Gesetz über den Beruf des Logopäden,

11. zur Masseurin und medizinischen Bademeisterin oder zum Masseur und medizinischen Bademeister nach dem Masseur- und Physiotherapeutengesetz,

12. zur Medizinisch-technischen Laboratoriumsassistentin oder zum Medizinischtechnischen Laboratoriumsassistenten nach dem MTA-Gesetz,

13. zur Medizinisch-technischen Radiologieassistentin oder zum Medizinisch-technischen Radiologieassistenten nach dem MTA-Gesetz,

14. zur Medizinisch-technischen Assistentin für Funktionsdiagnostik oder zum Medizinisch-technischen Assistenten für Funktionsdiagnostik nach dem MTA-Gesetz,

15. zur Notfallsanitäterin oder zum Notfallsanitäter nach dem Notfallsanitätergesetz,

16. zur Orthoptistin oder zum Orthoptisten nach dem Orthoptistengesetz,

17. zur Pflegefachfrau oder zum Pflegefachmann nach dem Pflegeberufegesetz,

18. zur pharmazeutisch-technischen Assistentin oder zum pharmazeutisch-technischen Assistenten nach dem Gesetz über den Beruf des pharmazeutischtechnischen Assistenten,

19. zur Physiotherapeutin oder zum Physiotherapeuten nach dem Masseur- und Physiotherapeutengesetz,

20. zur Podologin oder zum Podologen nach dem Podologengesetz,

21. zur Veterinärmedizinisch-technischen Assistentin oder zum Veterinärmedizinisch-technischen Assistenten nach dem MTA-Gesetz.

(3) Anordnungen nach Absatz 2 Nummer 1 und 2 werden im Einvernehmen mit dem Bundesministerium des Innern, für Bau und Heimat und dem Bundesministerium für Verkehr und digitale Infrastruktur getroffen. Rechtsverordnungen nach Absatz 2, insbesondere nach Nummer 3, 4, 7 und 8, bedürfen des Einvernehmens mit dem Bundesministerium für Arbeit und Soziales, soweit sie sich auf das Arbeitsrecht oder den Arbeitsschutz beziehen. Rechtsverordnungen nach Absatz 2 Nummer 4 und Anordnungen nach Absatz 2 Nummer 6 ergehen im Benehmen mit dem Bundesministerium für Wirtschaft und Energie. Rechtsverordnungen nach Absatz 2 Nummer 10 werden im Benehmen mit dem Bundesministerium für Bildung und Forschung erlassen und bedürfen, soweit sie sich auf die Pflegeberufe beziehen, des Einvernehmens mit dem Bundesministerium für Familie, Senioren, Frauen und Jugend. Bei Gefahr im Verzug kann auf das Einvernehmen nach den Sätzen 1 und 2 verzichtet werden.

(4) Eine auf Grund des Absatzes 2 oder § 5a Absatz 2 erlassene Rechtsverordnung tritt mit

Aufhebung der Feststellung der epidemischen Lage von nationaler Tragweite außer Kraft, ansonsten spätestens mit Ablauf des 31. März 2021. Abweichend von Satz 1 bleibt eine Übergangsregelung in der Verordnung nach Absatz 2 Nummer 7 Buchstabe b, Buchstabe c oder Buchstabe d bis zum Ablauf der Phase des Studiums in Kraft, für die sie gilt. Abweichend von Satz 1 ist eine Verordnung nach Absatz 2 Nummer 10 auf ein Jahr nach Aufhebung der Feststellung der epidemischen Lage von nationaler Tragweite, spätestens auf den Ablauf des 31. März 2022 zu befristen. Eine Anfechtungsklage gegen Anordnungen nach Absatz 2 hat keine aufschiebende Wirkung.

(5) Das Grundrecht der körperlichen Unversehrtheit (Artikel 2 Absatz 2 Satz 1 des Grundgesetzes) wird im Rahmen des Absatzes 2 insoweit eingeschränkt.

(6) Aufgrund einer epidemischen Lage von nationaler Tragweite kann das Bundesministerium für Gesundheit unter Heranziehung der Empfehlungen des Robert Koch-Instituts Empfehlungen abgeben, um ein koordiniertes Vorgehen innerhalb der Bundesrepublik Deutschland zu ermöglichen.

(7) Das Robert Koch-Institut koordiniert im Rahmen seiner gesetzlichen Aufgaben im Fall einer epidemischen Lage von nationaler Tragweite die Zusammenarbeit zwischen den Ländern und zwischen den Ländern und dem Bund sowie weiteren beteiligten Behörden und Stellen und tauscht Informationen aus. Die Bundesregierung kann durch allgemeine Verwaltungsvorschrift mit Zustimmung des Bundesrates Näheres bestimmen. Die zuständigen Landesbehörden informieren unverzüglich die Kontaktstelle nach § 4 Absatz 1 Satz 7, wenn im Rahmen einer epidemischen Lage von nationaler Tragweite die Durchführung notwendiger Maßnahmen nach dem 5. Abschnitt nicht mehr gewährleistet ist.

(8) Aufgrund einer epidemischen Lage von nationaler Tragweite kann das Bundesministerium für Gesundheit im Rahmen der Aufgaben des Bundes insbesondere das Deutsche Rote Kreuz, die Johanniter-Unfall-Hilfe, den Malteser Hilfsdienst, den Arbeiter-Samariter-Bund und die Deutsche Lebens-Rettungs-Gesellschaft gegen Auslagenerstattung beauftragen, bei der Bewältigung der epidemischen Lage von nationaler Tragweite Hilfe zu leisten.

§ 5a Ausübung heilkundlicher Tätigkeiten bei Vorliegen einer epidemischen Lage von nationaler Tragweite, Verordnungsermächtigung

(1) Im Rahmen einer epidemischen Lage von nationaler Tragweite wird die Ausübung heilkundlicher Tätigkeiten folgenden Personen gestattet:

1. Altenpflegerinnen und Altenpflegern,

2. Gesundheits- und Kinderkrankenpflegerinnen und Gesundheits- und Kinderkrankenpflegern,

3. Gesundheits- und Krankenpflegerinnen und Gesundheits- und Krankenpflegern,

4. Notfallsanitäterinnen und Notfallsanitätern und

5. Pflegefachfrauen und Pflegefachmännern.

Die Ausübung heilkundlicher Tätigkeiten ist während der epidemischen Lage von nationaler Tragweite gestattet, wenn

1. die Person auf der Grundlage der in der jeweiligen Ausbildung erworbenen Kompetenzen und ihrer persönlichen Fähigkeiten in der Lage ist, die jeweils erforderliche Maßnahme eigenverantwortlich durchzuführen und

2. der Gesundheitszustand der Patientin oder des Patienten nach seiner Art und Schwere eine ärztliche Behandlung im Ausnahmefall einer epidemischen Lage von nationaler Tragweite nicht zwingend erfordert, die jeweils erforderliche Maßnahme aber eine ärztliche Beteiligung voraussetzen würde, weil sie der Heilkunde zuzurechnen ist.

Die durchgeführte Maßnahme ist in angemessener Weise zu dokumentieren. Sie soll unverzüglich der verantwortlichen Ärztin oder dem verantwortlichen Arzt oder einer sonstigen die Patientin oder den Patienten behandelnden Ärztin oder einem behandelnden Arzt mitgeteilt werden.

(2) Das Bundesministerium für Gesundheit wird ermächtigt, durch Rechtsverordnung ohne Zustimmung des Bundesrates weiteren Personen mit Erlaubnis zum Führen der Berufsbezeichnung eines reglementierten Gesundheitsfachberufs während einer epidemischen Lage von nationaler Tragweite die Ausübung heilkundlicher Tätigkeiten nach Absatz 1 Satz 2 zu gestatten.

3. Abschnitt
Überwachung

§ 6 Meldepflichtige Krankheiten

(1) Namentlich ist zu melden:

1. der Verdacht einer Erkrankung, die Erkrankung sowie der Tod in Bezug auf die folgenden Krankheiten:

   a) Botulismus,

   b) Cholera,

   c) Diphtherie,

   d) humane spongiforme Enzephalopathie, außer familiär-hereditärer Formen,

   e) akute Virushepatitis,

   f) enteropathisches hämolytisch-urämisches Syndrom (HUS),

   g) virusbedingtes hämorrhagisches Fieber,

   h) Keuchhusten,

   i) Masern,

   j) Meningokokken-Meningitis oder -Sepsis,

   k) Milzbrand,

   l) Mumps,

   m) Pest,

   n) Poliomyelitis,

   o) Röteln einschließlich Rötelnembryopathie,

   p) Tollwut,

   q) Typhus abdominalis oder Paratyphus,

   r) Windpocken,

   s) zoonotische Influenza,

   t) Coronavirus-Krankheit-2019 (COVID-19),

1a. die Erkrankung und der Tod in Bezug auf folgende Krankheiten:

   a) behandlungsbedürftige Tuberkulose, auch wenn ein bakteriologischer Nachweis nicht vorliegt,

   b) Clostridioides-difficile-Infektion mit klinisch schwerem Verlauf; ein klinisch schwerer Verlauf liegt vor, wenn

   aa) der Erkrankte zur Behandlung einer ambulant erworbenen Clostridioides-difficile-Infektion in eine medizinische Einrichtung aufgenommen wird,

   bb) der Erkrankte zur Behandlung der Clostridioides-difficile-Infektion oder ihrer Komplikationen auf eine Intensivstation verlegt wird,

   cc) ein chirurgischer Eingriff, zum Beispiel Kolektomie, auf Grund eines Megakolons, einer Perforation oder einer refraktären Kolitis erfolgt oder

   dd) der Erkrankte innerhalb von 30 Tagen nach der Feststellung der Clostridioides-difficile-Infektion verstirbt und die Infektion als direkte Todesursache oder als zum Tode beitragende Erkrankung gewertet wurde,

2. der Verdacht auf und die Erkrankung an einer mikrobiell bedingten Lebensmittelvergiftung oder an einer akuten infektiösen Gastroenteritis, wenn

   a) eine Person betroffen ist, die eine Tätigkeit im Sinne des § 42 Abs. 1 ausübt,

   b) zwei oder mehr gleichartige Erkrankungen auftreten, bei denen ein epidemischer Zusammenhang wahrscheinlich ist oder vermutet wird,

3. der Verdacht einer über das übliche Ausmaß einer Impfreaktion hinausgehenden gesundheitlichen Schädigung,

4. die Verletzung eines Menschen durch ein tollwutkrankes, -verdächtiges oder -ansteckungsverdächtiges Tier sowie die Berührung eines solchen Tieres oder Tierkörpers,

5. der Verdacht einer Erkrankung, die Erkrankung sowie der Tod, in Bezug auf eine bedrohliche übertragbare Krankheit, die nicht bereits nach den Nummern 1 bis 4 meldepflichtig ist.

Die Meldung nach Satz 1 hat gemäß § 8 Absatz 1 Nummer 1, 3 bis 8, § 9 Absatz 1, 2, 3 Satz 1 oder 3 zu erfolgen.

(2) Dem Gesundheitsamt ist über die Meldung nach Absatz 1 Satz 1 Nummer 1 Buchstabe i hinaus zu melden, wenn Personen an einer subakuten sklerosierenden Panenzephalitis infolge einer Maserninfektion erkranken oder versterben. Dem Gesundheitsamt ist über die Meldung nach Absatz 1 Satz 1 Nummer 1a Buchstabe a hinaus zu melden, wenn Personen, die an einer behandlungsbedürftigen Lungentuberkulose erkrankt sind, eine Behandlung verweigern oder abbrechen. Die Meldung nach den Sätzen 1 und 2 hat gemäß § 8 Absatz 1 Nummer 1, § 9 Absatz 1 und 3 Satz 1 oder 3 zu erfolgen.

(3) Nichtnamentlich ist das Auftreten von zwei oder mehr nosokomialen Infektionen zu melden, bei denen ein epidemischer Zusammenhang wahrscheinlich ist oder vermutet wird. Die Meldung nach Satz 1 hat gemäß § 8 Absatz 1 Nummer 1, 3 oder 5, § 10 Absatz 1 zu erfolgen.

§ 7 Meldepflichtige Nachweise von Krankheitserregern

(1) Namentlich ist bei folgenden Krankheitserregern, soweit nicht anders bestimmt, der direkte oder indirekte Nachweis zu melden, soweit die Nachweise auf eine akute Infektion hinweisen:

1. Adenoviren; Meldepflicht nur für den direkten Nachweis im Konjunktivalabstrich

2. Bacillus anthracis

3. Bordetella pertussis, Bordetella parapertussis

3a. humanpathogene Bornaviren; Meldepflicht nur für den direkten Nachweis

4. Borrelia recurrentis

5. Brucella sp.

6. Campylobacter sp., darmpathogen

6a. Chikungunya-Virus

7. Chlamydia psittaci

8. Clostridium botulinum oder Toxinnachweis

9. Corynebacterium spp., Toxin bildend

10. Coxiella burnetii

10a. Dengue-Virus

11. humanpathogene Cryptosporidium sp.

12. Ebolavirus

13. a) Escherichia coli, enterohämorrhagische Stämme (EHEC)

    b) Escherichia coli, sonstige darmpathogene Stämme

14. Francisella tularensis

15. FSME-Virus

16. Gelbfiebervirus

17. Giardia lamblia

18. Haemophilus influenzae; Meldepflicht nur für den direkten Nachweis aus Liquor oder Blut

19. Hantaviren

20. Hepatitis-A-Virus

21. Hepatitis-B-Virus; Meldepflicht für alle Nachweise

22. Hepatitis-C-Virus; Meldepflicht für alle Nachweise

23. Hepatitis-D-Virus; Meldepflicht für alle Nachweise

24. Hepatitis-E-Virus

25. Influenzaviren; Meldepflicht nur für den direkten Nachweis

26. Lassavirus

27. Legionella sp.

28. humanpathogene Leptospira sp.

29. Listeria monocytogenes; Meldepflicht nur für den direkten Nachweis aus Blut, Liquor oder anderen normalerweise sterilen Substraten sowie aus Abstrichen von Neugeborenen

30. Marburgvirus

31. Masernvirus

31a. Middle-East-Respiratory-Syndrome-Coronavirus (MERS-CoV)

32. Mumpsvirus

33. Mycobacterium leprae

34. Mycobacterium tuberculosis/africanum, Mycobacterium bovis; Meldepflicht für den direkten Erregernachweis sowie nachfolgend für das Ergebnis der Resistenzbestimmung; vorab auch für den Nachweis säurefester Stäbchen im Sputum

35. Neisseria meningitidis; Meldepflicht nur für den direkten Nachweis aus Liquor, Blut, hämorrhagischen Hautinfiltraten oder anderen normalerweise sterilen Substraten

36. Norovirus

37. Poliovirus

38. Rabiesvirus

39. Rickettsia prowazekii

40. Rotavirus

41. Rubellavirus

42. Salmonella Paratyphi; Meldepflicht für alle direkten Nachweise

43. Salmonella Typhi; Meldepflicht für alle direkten Nachweise

44. Salmonella, sonstige

44a. Severe-Acute-Respiratory-Syndrome-Coronavirus (SARS-CoV) und Severe-Acute-Respiratory-Syndrome-Coronavirus-2 (SARS-CoV-2)

45. Shigella sp.

45a. Streptococcus pneumoniae; Meldepflicht nur für den direkten Nachweis aus Liquor, Blut, Gelenkpunktat oder anderen normalerweise sterilen Substraten

46. Trichinella spiralis

47. Varizella-Zoster-Virus

48. Vibrio spp., humanpathogen; soweit ausschließlich eine Ohrinfektion vorliegt, nur bei Vibrio cholerae

48a. West-Nil-Virus

49. Yersinia pestis

50. Yersinia spp., darmpathogen

50a. Zika-Virus und sonstige Arboviren

51. andere Erreger hämorrhagischer Fieber

52. der direkte Nachweis folgender Krankheitserreger:

a) Staphylococcus aureus, Methicillin-resistente Stämme; Meldepflicht nur für den Nachweis aus Blut oder Liquor

b) Enterobacterales bei Nachweis einer Carbapenemase-Determinante oder mit verminderter Empfindlichkeit gegenüber Carbapenemen außer bei natürlicher Resistenz; Meldepflicht nur bei Infektion oder Kolonisation

c) Acinetobacter spp. bei Nachweis einer Carbapenemase-Determinante oder mit verminderter Empfindlichkeit gegenüber Carbapenemen außer bei natürlicher Resistenz; Meldepflicht nur bei Infektion oder Kolonisation.

Die Meldung nach Satz 1 hat gemäß § 8 Absatz 1 Nummer 2, 3, 4 oder Absatz 4, § 9 Absatz 1, 2, 3 Satz 1 oder 3 zu erfolgen.

(2) Namentlich sind in Bezug auf Infektionen und Kolonisationen Nachweise von in dieser Vorschrift nicht genannten Krankheitserregern zu melden, wenn unter Berücksichtigung der Art der Krankheitserreger und der Häufigkeit ihres Nachweises Hinweise auf eine schwerwiegende Gefahr für die Allgemeinheit bestehen. Die Meldung nach Satz 1 hat gemäß § 8 Absatz 1 Nummer 2, 3 oder Absatz 4, § 9 Absatz 2, 3 Satz 1 oder 3 zu erfolgen.

(3) Nichtnamentlich ist bei folgenden Krankheitserregern der direkte oder indirekte Nachweis zu melden:

1. Treponema pallidum

2. HIV

3. Echinococcus sp.

4. Plasmodium sp.

5. Toxoplasma gondii; Meldepflicht nur bei konnatalen Infektionen

6. Neisseria gonorrhoeae mit verminderter Empfindlichkeit gegenüber Azithromycin, Cefixim oder Ceftriaxon. Die Meldung nach Satz 1 hat gemäß § 8 Absatz 1 Nummer 2, 3 oder Absatz 4, § 10 Absatz 2 zu erfolgen.

(4) (weggefallen)

§ 8 Zur Meldung verpflichtete Personen

(1) Zur Meldung sind verpflichtet:

1. im Falle des § 6 der feststellende Arzt; in Einrichtungen nach § 23 Absatz 5 Satz 1 ist für die Einhaltung der Meldepflicht neben dem feststellenden Arzt auch der leitende Arzt, in Krankenhäusern mit mehreren selbständigen Abteilungen der leitende Abteilungsarzt, in Einrichtungen ohne leitenden Arzt der behandelnde Arzt verantwortlich,

2. im Falle des § 7 die Leiter von Medizinaluntersuchungsämtern und sonstigen privaten oder öffentlichen Untersuchungsstellen einschließlich von Arztpraxen mit Infektionserregerdiagnostik und Krankenhauslaboratorien sowie Zahnärzte und Tierärzte, wenn sie aufgrund einer Rechtsverordnung nach § 24 Satz 3 Nummer 2 befugt sind, im Rahmen einer Labordiagnostik den direkten oder indirekten Nachweis eines Krankheitserregers zu führen,

3. im Falle der §§ 6 und 7 die Leiter von Einrichtungen der pathologisch-anatomischen Diagnostik,

4. im Falle des § 6 Absatz 1 Satz 1 Nr. 4 und im Falle des § 7 Absatz 1 Satz 1 Nummer 38 bei Tieren, mit denen Menschen Kontakt gehabt haben, auch der Tierarzt,

5. im Falle des § 6 Absatz 1 Satz 1 Nr. 1, 2 und 5 und Abs. 3 Angehörige eines anderen Heil- oder Pflegeberufs, der für die Berufsausübung oder die Führung der Berufsbezeichnung eine staatlich geregelte Ausbildung oder Anerkennung erfordert,

6. (weggefallen)

7. im Fall des § 6 Absatz 1 Satz 1 Nummer 1, 2 und 5 die Leiter von den in § 36 Absatz 1 Nummer 1 bis 7 genannten Einrichtungen und Unternehmen,

8. im Falle des § 6 Absatz 1 Satz 1 der Heilpraktiker.

(2) Die Meldepflicht besteht nicht für Personen des Not- und Rettungsdienstes, wenn der Patient unverzüglich in eine ärztlich geleitete Einrichtung gebracht wurde. Die Meldepflicht besteht für die in Absatz 1 Nr. 5 bis 7 bezeichneten Personen nur, wenn ein Arzt nicht hinzugezogen wurde.

(3) Die Meldepflicht besteht nicht, wenn dem Meldepflichtigen ein Nachweis vorliegt, dass die Meldung bereits erfolgte und andere als die bereits gemeldeten Angaben nicht erhoben wurden. Eine Meldepflicht besteht ebenfalls nicht für Erkrankungen, bei denen der Verdacht bereits gemeldet wurde und andere als die bereits gemeldeten Angaben nicht erhoben wurden.

(4) Absatz 1 Nr. 2 gilt entsprechend für Personen, die die Untersuchung zum Nachweis von Krankheitserregern außerhalb des Geltungsbereichs dieses Gesetzes durchführen lassen.

(5) (weggefallen)

§ 9 Namentliche Meldung

(1) Die namentliche Meldung durch eine der in § 8 Absatz 1 Nummer 1 und 4 bis 8 genannten Personen muss, soweit vorliegend, folgende Angaben enthalten:

1. zur betroffenen Person:

   a) Name und Vorname,

   b) Geschlecht,

   c) Geburtsdatum,

   d) Anschrift der Hauptwohnung oder des gewöhnlichen Aufenthaltsortes und, falls abweichend: Anschrift des derzeitigen Aufenthaltsortes,

   e) weitere Kontaktdaten,

   f) Tätigkeit in Einrichtungen und Unternehmen nach § 23 Absatz 3 Satz 1 oder nach § 36 Absatz 1 und 2 mit Namen, Anschrift und weiterer Kontaktdaten der Einrichtung oder des Unternehmens,

   g) Tätigkeit nach § 42 Absatz 1 bei akuter Gastroenteritis, bei akuter Virushepatitis, bei Typhus abdominalis oder Paratyphus und bei Cholera mit Namen, Anschrift und weiterer Kontaktdaten der Einrichtung oder des Unternehmens,

   h) Betreuung oder Unterbringung in oder durch Einrichtungen oder Unternehmen nach § 23 Absatz 5 Satz 1 oder § 36 Absatz 1 oder Absatz 2 mit Name, Anschrift und weiterer Kontaktdaten der Einrichtungen oder Unternehmen sowie der Art der Einrichtung oder des Unternehmens,

   i) Diagnose oder Verdachtsdiagnose,

   j) Tag der Erkrankung, Tag der Diagnose, gegebenenfalls Tag des Todes und wahrscheinlicher Zeitpunkt oder Zeitraum der Infektion,

   k) wahrscheinlicher Infektionsweg, einschließlich Umfeld, in dem die Übertragung wahrscheinlich stattgefunden hat, mit Name, Anschrift und weiterer Kontaktdaten der Infektionsquelle und wahrscheinliches Infektionsrisiko,

   l) in Deutschland: Landkreis oder kreisfreie Stadt, in dem oder in der die Infektion wahrscheinlich erworben worden ist, ansonsten Staat, in dem die Infektion wahrscheinlich erworben worden ist,

   m) bei Tuberkulose, Hepatitis B und Hepatitis C: Geburtsstaat, Staatsangehörigkeit und gegebenenfalls Jahr der Einreise nach Deutschland,

   n) bei Coronavirus-Krankheit-2019 (COVID-19): Angaben zum Behandlungsergebnis und zum Serostatus in Bezug auf diese Krankheit,

o) Überweisung, Aufnahme und Entlassung aus einer Einrichtung nach § 23 Absatz 5 Satz 1, gegebenenfalls intensivmedizinische Behandlung und deren Dauer,

p) Spender für eine Blut-, Organ-, Gewebe- oder Zellspende in den letzten sechs Monaten,

q) bei impfpräventablen Krankheiten Angaben zum diesbezüglichen Impfstatus,

r) Zugehörigkeit zu den in § 54a Absatz 1 Nummer 1 bis 5 genannten Personengruppen,

2. Name, Anschrift und weitere Kontaktdaten der Untersuchungsstelle, die mit der Erregerdiagnostik beauftragt ist,

3. Name, Anschrift und weitere Kontaktdaten sowie die lebenslange Arztnummer (LANR) und die Betriebsstättennummer (BSNR) des Meldenden und

4. bei einer Meldung nach § 6 Absatz 1 Satz 1 Nummer 3 die Angaben zur Schutzimpfung nach § 22 Absatz 2.

(2) Die namentliche Meldung durch eine in § 8 Absatz 1 Nummer 2 und 3 genannte Person muss, soweit vorliegend, folgende Angaben enthalten:

1. zur betroffenen Person:

a) Name und Vorname,

b) Geschlecht,

c) Geburtsdatum,

d) Anschrift der Hauptwohnung oder des gewöhnlichen Aufenthaltsortes und, falls abweichend: Anschrift des derzeitigen Aufenthaltsortes,

e) weitere Kontaktdaten,

f) Art des Untersuchungsmaterials,

g) Eingangsdatum des Untersuchungsmaterials,

h) Nachweismethode,

i) Untersuchungsbefund, einschließlich Typisierungsergebnissen, und

j) erkennbare Zugehörigkeit zu einer Erkrankungshäufung,

2. Name, Anschrift und weitere Kontaktdaten des Einsenders und

3. Name, Anschrift und weitere Kontaktdaten sowie die lebenslange Arztnummer (LANR) und die Betriebsstättennummer (BSNR) des Meldenden.

Der Einsender hat den Meldenden bei dessen Angaben nach Satz 1 zu unterstützen und diese Angaben gegebenenfalls zu vervollständigen. Bei einer Untersuchung auf Hepatitis C hat der Einsender dem Meldenden mitzuteilen, ob ihm eine chronische Hepatitis C bei der betroffenen Person bekannt ist.

(3) Die namentliche Meldung muss unverzüglich erfolgen und dem zuständigen Gesundheitsamt nach Absatz 4 spätestens 24 Stunden, nachdem der Meldende Kenntnis erlangt hat, vorliegen. Eine Meldung darf wegen einzelner fehlender Angaben nicht verzögert werden. Die Nachmeldung oder Korrektur von Angaben hat unverzüglich nach deren Vorliegen an das Gesundheitsamt zu erfolgen, das die ursprüngliche Meldung erhalten hat. Das Gesundheitsamt ist befugt, von dem Meldenden Auskunft über Angaben zu verlangen, die die Meldung zu enthalten hat. Der Meldende hat dem Gesundheitsamt unverzüglich anzugeben, wenn sich eine Verdachtsmeldung nicht bestätigt hat.

(4) Meldungen nach den Absätzen 1 und 2 haben an das Gesundheitsamt zu erfolgen, in dessen Bezirk sich die betroffene Person derzeitig aufhält oder zuletzt aufhielt. Sofern die betroffene Person in einer Einrichtung gemäß Absatz 1 Nummer 1 Buchstabe h betreut oder untergebracht ist, haben Meldungen nach Absatz 1 an das Gesundheitsamt zu erfolgen, in dessen Bezirk sich die Einrichtung befindet. Abweichend von Satz 1 haben Meldungen nach Absatz 2 an das Gesundheitsamt zu erfolgen, in dessen Be-

zirk die Einsender ihren Sitz haben, wenn den Einsendern keine Angaben zum Aufenthalt der betroffenen Person vorliegen.

(5) Die verarbeiteten Daten zu meldepflichtigen Krankheiten und Nachweisen von Krankheitserregern werden jeweils fallbezogen mit den Daten der zu diesem Fall geführten Ermittlungen und getroffenen Maßnahmen sowie mit den daraus gewonnenen Erkenntnissen auch an das Gesundheitsamt übermittelt,

1. in dessen Bezirk die betroffene Person ihre Hauptwohnung hat oder zuletzt hatte oder

2. in dessen Bezirk sich die betroffene Person gewöhnlich aufhält, falls ein Hauptwohnsitz nicht feststellbar ist oder falls die betroffene Person sich dort gewöhnlich nicht aufhält.

(6) Die verarbeiteten Daten zu meldepflichtigen Krankheiten und Nachweisen von Krankheitserregern werden jeweils fallbezogen mit den Daten der zu diesem Fall geführten Ermittlungen und getroffenen Maßnahmen sowie mit den daraus gewonnenen Erkenntnissen auch an die zuständigen Stellen der Bundeswehr übermittelt, sofern die betroffene Person einer Personengruppe im Sinne des § 54a Absatz 1 Nummer 1 bis 5 angehört.

§ 10 Nichtnamentliche Meldung

(1) Die nichtnamentliche Meldung nach § 6 Absatz 3 Satz 1 muss unverzüglich erfolgen und dem Gesundheitsamt, in dessen Bezirk sich die Einrichtung befindet, spätestens 24 Stunden nach der Feststellung des Ausbruchs vorliegen. Die Meldung muss, soweit vorliegend, folgende Angaben enthalten:

1. Name, Anschrift und weitere Kontaktdaten

   a) der betroffenen Einrichtung,

   b) des Meldenden,

   c) der mit der Erregerdiagnostik beauftragten Untersuchungsstelle und

2. folgende einzelfallbezogene Angaben zu den aufgetretenen nosokomialen Infektionen sowie zu allen damit wahrscheinlich oder vermutlich in epidemischem Zusammenhang stehenden Kolonisationen:

   a) Geschlecht der betroffenen Person,

   b) Monat und Jahr der Geburt der betroffenen Person,

   c) Untersuchungsbefund, einschließlich Typisierungsergebnissen,

   d) Diagnose,

   e) Datum der Diagnose,

   f) wahrscheinlicher Infektionsweg, einschließlich Umfeld, in dem die Übertragung wahrscheinlich stattgefunden hat, mit Name, Anschrift und weiteren Kontaktdaten der Infektionsquelle und wahrscheinliches Infektionsrisiko.

§ 9 Absatz 3 Satz 2 bis 4 gilt entsprechend.

(2) Die nichtnamentliche Meldung nach § 7 Absatz 3 Satz 1 muss innerhalb von zwei Wochen, nachdem der Meldende Kenntnis erlangt hat, an das Robert Koch-Institut erfolgen. Das Robert Koch-Institut bestimmt die technischen Übermittlungsstandards. Die Meldung muss folgende Angaben enthalten:

1. in den Fällen des § 7 Absatz 3 Satz 1 Nummer 2 eine fallbezogene Pseudonymisierung nach Absatz 3,

2. Geschlecht der betroffenen Person,

3. Monat und Jahr der Geburt der betroffenen Person,

4. die ersten drei Ziffern der Postleitzahl der Hauptwohnung oder des gewöhnlichen Aufenthaltsortes,

5. Untersuchungsbefund einschließlich Typisierungsergebnissen,

6. Monat und Jahr der Diagnose,

7. Art des Untersuchungsmaterials,

8. Nachweismethode,

9. wahrscheinlicher Infektionsweg und wahrscheinliches Infektionsrisiko,

10. Staat, in dem die Infektion wahrscheinlich erfolgt ist,

11. bei Malaria Angaben zur Expositions- und Chemoprophylaxe,

12. Name, Anschrift und weitere Kontaktdaten des Einsenders und

13. Name, Anschrift und weitere Kontaktdaten des Meldenden.

Der Einsender hat den Meldenden bei den Angaben nach Satz 3 zu unterstützen und diese Angaben gegebenenfalls zu vervollständigen. § 9 Absatz 3 Satz 2 bis 4 gilt entsprechend.

(3) Die fallbezogene Pseudonymisierung besteht aus dem dritten Buchstaben des ersten Vornamens in Verbindung mit der Anzahl der Buchstaben des ersten Vornamens sowie dem dritten Buchstaben des ersten Nachnamens in Verbindung mit der Anzahl der Buchstaben des ersten Nachnamens. Bei Doppelnamen wird jeweils nur der erste Teil des Namens berücksichtigt; Umlaute werden in zwei Buchstaben dargestellt. Namenszusätze bleiben unberücksichtigt. § 14 Absatz 3 bleibt unberührt. Angaben nach den Sätzen 1 bis 3 und die Angaben zum Monat der Geburt dürfen vom Robert Koch-Institut lediglich zu der Prüfung, ob verschiedene Meldungen sich auf denselben Fall beziehen, verarbeitet werden. Sie sind zu löschen, sobald nicht mehr zu erwarten ist, dass die damit bewirkte Einschränkung der Prüfung nach Satz 5 eine nicht unerhebliche Verfälschung der aus den Meldungen zu gewinnenden epidemiologischen Beurteilung bewirkt.

§ 11 Übermittlung an die zuständige Landesbehörde und an das Robert Koch-Institut

(1) Die verarbeiteten Daten zu meldepflichtigen Krankheiten und Nachweisen von Krankheitserregern werden anhand der Falldefinitionen nach Absatz 2 bewertet und spätestens am folgenden Arbeitstag durch das nach Absatz 3 zuständige Gesundheitsamt vervollständigt, gegebenenfalls aus verschiedenen Meldungen zum selben Fall zusammengeführt und der zuständigen Landesbehörde sowie von dort spätestens am folgenden Arbeitstag dem Robert Koch-Institut mit folgenden Angaben übermittelt:

1. zur betroffenen Person:

   a) Geschlecht,

   b) Monat und Jahr der Geburt,

   c) Tag der Verdachtsmeldung, Angabe, wenn sich ein Verdacht nicht bestätigt hat, der Erkrankung, Tag der Diagnose, gegebenenfalls Tag des Todes und wahrscheinlicher Zeitpunkt oder Zeitraum der Infektion,

   d) Untersuchungsbefund, einschließlich Typisierungsergebnissen,

   e) wahrscheinlicher Infektionsweg, einschließlich Umfeld, in dem die Übertragung wahrscheinlich stattgefunden hat; wahrscheinliches Infektionsrisiko, Impf- und Serostatus und erkennbare Zugehörigkeit zu einer Erkrankungshäufung,

   f) gegebenenfalls Informationen zur Art der Einrichtung bei Tätigkeit, Betreuung oder Unterbringung in Einrichtungen und Unternehmen nach § 23 Absatz 3 Satz 1, Absatz 5 Satz 1 oder § 36 Absatz 1 und 2,

   g) in Deutschland: Gemeinde mit zugehörigem amtlichem achtstelligem Gemeindeschlüssel, in der die Infektion wahrscheinlich erfolgt ist, ansonsten Staat, in dem die Infektion wahrscheinlich erfolgt ist,

   h) bei reiseassoziierter Legionellose: Name und Anschrift der Unterkunft,

   i) bei Tuberkulose, Hepatitis B und Hepatitis C: Geburtsstaat, Staatsangehörigkeit und gegebenenfalls Jahr der Einreise nach Deutschland,

j) bei Coronavirus-Krankheit-2019 (CO-VID-19): durchgeführte Maßnahmen nach dem 5. Abschnitt; gegebenenfalls Behandlungsergebnis und Angaben zur Anzahl der Kontaktpersonen, und jeweils zu diesen Angaben zu Monat und Jahr der Geburt, Geschlecht, zuständigem Gesundheitsamt, Beginn und Ende der Absonderung und darüber, ob bei diesen eine Infektion nachgewiesen wurde,

k) Überweisung, Aufnahme und Entlassung aus einer Einrichtung nach § 23 Absatz 5 Satz 1, gegebenenfalls intensivmedizinische Behandlung und deren Dauer,

l) Zugehörigkeit zu den in § 54a Absatz 1 Nummer 1 bis 5 genannten Personengruppen,

m) Gemeinde mit zugehörigem amtlichem achtstelligem Gemeindeschlüssel der Hauptwohnung oder des gewöhnlichen Aufenthaltsortes und, falls abweichend, des derzeitigen Aufenthaltsortes,

2. zuständige Gesundheitsämter oder zuständige Stellen nach § 54a und

3. Datum der Meldung.

In den Fällen der Meldung nach § 6 Absatz 3 Satz 1 sind nur die Angaben nach Satz 1 Nummer 2 und 3 sowie zu den aufgetretenen nosokomialen Infektionen und den damit zusammenhängenden Kolonisationen jeweils nur die Angaben nach Satz 1 Nummer 1 Buchstabe a bis e erforderlich. Für die Übermittlungen von den zuständigen Landesbehörden an das Robert Koch-Institut bestimmt das Robert Koch-Institut die technischen Übermittlungsstandards. Frühere Übermittlungen sind gegebenenfalls zu berichtigen und zu ergänzen, insoweit gelten die Sätze 1 bis 3 entsprechend.

(2) Das Robert Koch-Institut erstellt entsprechend den jeweiligen epidemiologischen Erfordernissen die Falldefinitionen für die Bewertung von Verdachts-, Erkrankungs- oder Todesfällen und Nachweisen von Krankheitserregern und schreibt sie fort.

(3) Für die Vervollständigung, Zusammenführung und Übermittlung der Daten nach Absatz 1 ist das Gesundheitsamt zuständig, in dessen Bezirk die betroffene Person ihre Hauptwohnung hat oder zuletzt hatte. Falls ein Hauptwohnsitz nicht feststellbar ist oder die betroffene Person sich dort gewöhnlich nicht aufhält, so ist das Gesundheitsamt zuständig, in dessen Bezirk sich die betroffene Person gewöhnlich aufhält. Falls ein solcher Aufenthaltsort nicht feststellbar ist oder in den Fällen der Meldung nach § 6 Absatz 3 Satz 1 ist das Gesundheitsamt zuständig, welches die Daten erstmals verarbeitet hat. Das nach den Sätzen 1 bis 3 zuständige Gesundheitsamt kann diese Zuständigkeit an ein anderes Gesundheitsamt mit dessen Zustimmung abgeben, insbesondere wenn schwerpunktmäßig im Zuständigkeitsbereich des anderen Gesundheitsamtes weitere Ermittlungen nach § 25 Absatz 1 angestellt werden müssen.

(4) Einen nach § 6 Absatz 1 Satz 1 Nummer 3 gemeldeten Verdacht einer über das übliche Ausmaß einer Impfreaktion hinausgehenden gesundheitlichen Schädigung übermittelt das Gesundheitsamt unverzüglich der zuständigen Landesbehörde. Das Gesundheitsamt übermittelt alle notwendigen Angaben, sofern es diese Angaben ermitteln kann, wie Bezeichnung des Produktes, Name oder Firma des pharmazeutischen Unternehmers, die Chargenbezeichnung, den Zeitpunkt der Impfung und den Beginn der Erkrankung. Über die betroffene Person sind ausschließlich das Geburtsdatum, das Geschlecht sowie der erste Buchstabe des ersten Vornamens und der erste Buchstabe des ersten Nachnamens anzugeben. Die zuständige Behörde übermittelt die Angaben unverzüglich dem Paul-Ehrlich-Institut. Die personenbezogenen Daten sind zu pseudonymisieren.

§ 12 Übermittlungen und Mitteilungen auf Grund völker- und unionsrechtlicher Vorschriften

(1) Im Hinblick auf eine übertragbare Krankheit, die nach Anlage 2 der Internationalen Gesundheitsvorschriften (2005) vom 23. Mai 2005 (BGBl. 2007 II S. 930, 932) eine gesundheitliche Notlage von internationaler Tragweite im Sinne von Artikel 1 Absatz 1 der Internationalen Gesundheitsvorschriften (2005) darstellen könnte, übermittelt die zuständige Behörde der zuständigen Landesbehörde unverzüglich folgende Angaben:

1. das Auftreten der übertragbaren Krankheit, Tatsachen, die auf das Auftreten der übertragbaren Krankheit hinweisen, oder Tatsachen, die zum Auftreten der übertragbaren Krankheit führen können,

2. die getroffenen Maßnahmen und

3. sonstige Informationen, die für die Bewertung der Tatsachen und für die Verhütung und Bekämpfung der übertragbaren Krankheit von Bedeutung sind.

Die zuständige Behörde darf im Rahmen dieser Vorschrift die folgenden personenbezogenen Daten übermitteln

1. zur betroffenen Person:

   a) den Namen und Vornamen,

   b) Tag der Geburt und

   c) Anschrift der Hauptwohnung oder des gewöhnlichen Aufenthaltsortes und

2. den Namen des Meldenden.

Die zuständige Landesbehörde übermittelt die in den Sätzen 1 und 2 genannten Angaben unverzüglich dem Robert Koch-Institut. Darüber hinaus übermittelt die zuständige Landesbehörde dem Robert Koch-Institut auf dessen Anforderung unverzüglich alle ihr vorliegenden Informationen, die für Mitteilungen an die Weltgesundheitsorganisation im Sinne der Artikel 6 bis 12 und 19 Buchstabe c der Internationalen Gesundheitsvorschriften (2005) erforderlich

sind. Für die Übermittlungen von den zuständigen Landesbehörden an das Robert Koch-Institut kann das Robert Koch-Institut die technischen Übermittlungsstandards bestimmen. Das Robert Koch-Institut bewertet die ihm übermittelten Angaben nach der Anlage 2 der Internationalen Gesundheitsvorschriften (2005) und nimmt die Aufgaben nach § 4 Absatz 1 Nummer 1 des IGV- Durchführungsgesetzes wahr.

(2) Im Hinblick auf Gefahren biologischen oder unbekannten Ursprungs nach Artikel 2 Absatz 1 Buchstabe a oder d des Beschlusses Nr. 1082/2013/EU des Europäischen Parlaments und des Rates vom 22. Oktober 2013 zu schwerwiegenden grenzüberschreitenden Gesundheitsgefahren und zur Aufhebung der Entscheidung Nr. 2119/98/EG (ABl. L 293 vom 5.11.2013, S. 1; L 231 vom 4.9.2015, S. 16) übermittelt die zuständige Behörde der zuständigen Landesbehörde unverzüglich alle Angaben, die für Übermittlungen nach den Artikeln 6 bis 9 des Beschlusses Nr. 1082/2013/EU erforderlich sind. Die zuständige Landesbehörde übermittelt diese Angaben unverzüglich dem Robert Koch-Institut. Für die Übermittlung an das Robert Koch-Institut kann das Robert Koch-Institut die technischen Übermittlungsstandards bestimmen. Das Robert Koch-Institut ist in dem in Satz 1 genannten Bereich der Gefahren biologischen oder unbekannten Ursprungs die zuständige nationale Behörde im Sinne der Artikel 6 und 8 bis 10 des Beschlusses Nr. 1082/2013/EU.

(3) Abweichungen von den Regelungen des Verwaltungsverfahrens in Absatz 1 Satz 1 bis 5 und Absatz 2 Satz 1 bis 3 durch Landesrecht sind ausgeschlossen.

§ 12a (weggefallen)

§ 13 Weitere Formen der epidemiologischen Überwachung; Verordnungsermächtigung

(1) Zur Überwachung übertragbarer Krankheiten können der Bund und die Länder weitere

Formen der epidemiologischen Überwachung durchführen. Bei Erhebungen des Bundes ist den jeweils zuständigen Landesbehörden Gelegenheit zu geben, sich zu beteiligen. Das Bundesministerium für Gesundheit kann im Benehmen mit den jeweils zuständigen obersten Landesgesundheitsbehörden festlegen, welche Krankheiten und Krankheitserreger durch Erhebungen nach Satz 1 überwacht werden.

(2) Das Robert Koch-Institut kann insbesondere nach Absatz 1 zur Überwachung übertragbarer Krankheiten in Zusammenarbeit mit ausgewählten Einrichtungen der Gesundheitsvorsorge oder -versorgung Sentinel- Erhebungen zu Personen, die diese Einrichtungen unabhängig von der Erhebung in Anspruch nehmen, koordinieren und durchführen zur Ermittlung

1. der Verbreitung übertragbarer Krankheiten, wenn diese Krankheiten von großer gesundheitlicher Bedeutung für das Gemeinwohl sind, und

2. des Anteils der Personen, der gegen bestimmte Erreger nicht immun ist, sofern dies notwendig ist, um die Gefährdung der Bevölkerung durch diese Krankheitserreger zu bestimmen.

Die Sentinel-Erhebungen können auch über anonyme unverknüpfbare Testungen an Restblutproben oder anderem geeigneten Material erfolgen. Werden personenbezogene Daten verwendet, die bereits bei der Vorsorge oder Versorgung erhoben wurden, sind diese zu anonymisieren. Daten, die eine Identifizierung der in die Untersuchung einbezogenen Personen erlauben, dürfen nicht erhoben werden. Die obersten Landesgesundheitsbehörden können zusätzliche Sentinel-Erhebungen durchführen.

(3) Für Zwecke weiterer Untersuchungen und der Verwahrung können die in § 23 Absatz 3 Satz 1 genannten Einrichtungen sowie Laboratorien Untersuchungsmaterial und Isolate von Krankheitserregern an bestimmte Einrichtungen der Spezialdiagnostik abliefern, insbesondere an nationale Referenzzentren, an Konsiliarlaboratorien, an das Robert Koch-Institut und

an fachlich unabhängige Landeslaboratorien. Die Einrichtungen der Spezialdiagnostik können Untersuchungsmaterial und Isolate von Krankheitserregern für den gleichen Zweck untereinander abliefern. Gemeinsam mit dem abgelieferten Material können pseudonymisierte Falldaten übermittelt werden. Die Ergebnisse der Untersuchungen können an die abliefernden Einrichtungen übermittelt werden sowie pseudonymisiert einem nach § 7 gemeldeten Fall zugeordnet werden. Eine Wiederherstellung des Personenbezugs der übermittelten pseudonymisierten Daten ist für die Einrichtungen der Spezialdiagnostik auszuschließen. Enthält das Untersuchungsmaterial humangenetische Bestandteile, sind angemessene Maßnahmen zu treffen, die eine Identifizierung betroffener Personen verhindern. Humangenetische Analysen des Untersuchungsmaterials sind verboten. Das Bundesministerium für Gesundheit wird ermächtigt, durch Rechtsverordnung mit Zustimmung des Bundesrates festzulegen, dass die Träger der in § 8 Absatz 1 Nummer 2 und 3 genannten Einrichtungen sowie Einrichtungen des öffentlichen Gesundheitsdienstes, in denen Untersuchungsmaterial und Isolate von Krankheitserregern untersucht werden, verpflichtet sind, Untersuchungsmaterial und Isolate von Krankheitserregern zum Zwecke weiterer Untersuchungen und der Verwahrung an bestimmte Einrichtungen der Spezialdiagnostik abzuliefern (molekulare und virologische Surveillance). Die Sätze 3 bis 7 gelten entsprechend. In der Rechtsverordnung nach Satz 8 kann insbesondere bestimmt werden,

1. in welchen Fällen die Ablieferung zu erfolgen hat,

2. welche Verfahren bei der Bildung der Pseudonymisierung nach Satz 3 und bei den Maßnahmen nach Satz 6 anzuwenden sind,

3. dass Angaben zu Art und Herkunft des Untersuchungsmaterials sowie zu Zeitpunkt und Umständen der Probennahme zu übermitteln sind und

4. in welchem Verfahren und in welcher Höhe die durch die Ablieferungspflicht entstehenden Kosten für die Vorbereitung, die Verpackung und den Versand der Proben erstattet werden und welcher Kostenträger diese Kosten übernimmt.

Die Länder können zusätzliche Maßnahmen der molekularen und virologischen Surveillance treffen.

(4) Für Zwecke der Überwachung der Verbreitung von Krankheitserregern, insbesondere solcher mit Resistenzen, und der entsprechenden Therapie- und Bekämpfungsmaßnahmen können die in Absatz 3 Satz 1 genannten Einrichtungen untereinander pseudonymisierte Falldaten übermitteln. Das Bundesministerium für Gesundheit wird ermächtigt, durch Rechtsverordnung ohne Zustimmung des Bundesrates festzulegen, dass bestimmte in Absatz 3 Satz 1 genannte Einrichtungen verpflichtet sind, dem Robert Koch-Institut in pseudonymisierter Form einzelfallbezogen folgende Angaben zu übermitteln:

1. Angaben über von ihnen untersuchte Proben in Bezug auf bestimmte Krankheitserreger (Krankheitserregersurveillance) oder

2. Angaben über das gemeinsame Vorliegen von verschiedenen Krankheitszeichen (syndromische Surveillance).

In der Rechtsverordnung kann insbesondere bestimmt werden,

1. welche Angaben innerhalb welcher Fristen zu übermitteln sind,

2. welche Verfahren bei der Bildung der Pseudonymisierung anzuwenden sind und

3. in welchem Verfahren und in welcher Höhe die durch die Übermittlungspflicht entstehenden Kosten erstattet werden und wer diese Kosten trägt.

Eine Wiederherstellung des Personenbezugs der nach Satz 1 oder der auf Grund der Rechtsverordnung nach Satz 2 übermittelten pseud-

onymisierten Daten ist für den jeweiligen Empfänger der Daten auszuschließen.

(5) Die Kassenärztlichen Vereinigungen und, soweit die Angaben bei ihnen vorliegen, die für die Durchführung von Impfleistungen eingerichteten Impfzentren haben für Zwecke der Feststellung der Inanspruchnahme von Schutzimpfungen und von Impfeffekten (Impfsurveillance) dem Robert Koch-Institut und für Zwecke der Überwachung der Sicherheit von Impfstoffen (Pharmakovigilanz) dem Paul-Ehrlich-Institut in von diesen festgelegten Zeitabständen folgende Angaben zu übermitteln:

1. Patienten-Pseudonym,

2. Geburtsmonat und -jahr,

3. Geschlecht,

4. fünfstellige Postleitzahl und Landkreis des Patienten,

5. Landkreis des behandelnden Arztes oder des Impfzentrums,

6. Fachrichtung des behandelnden Arztes,

7. Datum der Schutzimpfung, der Vorsorgeuntersuchung, des Arzt-Patienten-Kontaktes und Quartal der Diagnose,

8. antigenspezifische Dokumentationsnummer der Schutzimpfung, bei Vorsorgeuntersuchungen die Leistung nach dem einheitlichen Bewertungsmaßstab,

9. Diagnosecode nach der Internationalen statistischen Klassifikation der Krankheiten und verwandter Gesundheitsprobleme (ICD), Diagnosesicherheit und Diagnosetyp im Sinne einer Akutoder Dauerdiagnose,

10. bei Schutzimpfungen gegen Severe-Acute-Respiratory-Syndrome-Coronavirus-2 (SARS-CoV-2) zusätzlich die impfstoffspezifische Dokumentationsnummer, die Chargennummer, die Indikation sowie den Beginn oder den Abschluss der Impfserie.

Das Robert Koch-Institut bestimmt die technischen Übermittlungsstandards für die im Rahmen der Impfsurveillance und der Pharmakovigilanz zu übermittelnden Daten sowie das Verfahren zur Bildung des Patienten-Pseudonyms nach Satz 1 Nummer 1. Eine Wiederherstellung des Personenbezugs der übermittelten pseudonymisierten Daten ist für das Robert Koch-Institut und das Paul-Ehrlich-Institut auszuschließen.

(6) (zukünftig in Kraft)

§ 14 Elektronisches Melde- und Informationssystem; Verordnungsermächtigung

(1) Für die Erfüllung der Aufgaben nach Maßgabe der Zwecke dieses Gesetzes richtet das Robert Koch-Institut nach Weisung des Bundesministeriums für Gesundheit und nach Maßgabe der technischen Möglichkeiten ein elektronisches Melde- und Informationssystem ein. Das Robert Koch-Institut ist der Verantwortliche im Sinne des Datenschutzrechts. Das Robert Koch-Institut kann einen IT-Dienstleister mit der technischen Umsetzung beauftragen. Das elektronische Melde- und Informationssystem nutzt geeignete Dienste der Telematikinfrastruktur nach dem Fünften Buch Sozialgesetzbuch, sobald diese zur Verfügung stehen. Die Gesellschaft für Telematik nach § 291a Absatz 7 Satz 2 des Fünften Buches Sozialgesetzbuch unterstützt das Robert Koch-Institut und das Bundesministerium für Gesundheit bis zum 1. Juni 2021 bei der Einrichtung des elektronischen Melde- und Informationssystems. Der Gesellschaft für Telematik sind die zur Erfüllung ihrer Aufgabe nach Satz 4 entstehenden Kosten aus den beim Robert Koch-Institut und beim Bundesministerium für Gesundheit für die Einrichtung des elektronischen Melde- und Informationssystems zur Verfügung stehenden Mitteln zu erstatten. Für die Zusammenarbeit von Bund und Ländern bei der Umsetzung des elektronischen Melde- und Informationssystems legt ein gemeinsamer Planungsrat Leitlinien fest. Sofern eine Nutzungspflicht für das elektronische Melde- und Informationssystem besteht, ist den Anwendern mindestens eine kostenlose Software-Lösung bereitzustellen.

(2) Im elektronischen Melde- und Informationssystem können insbesondere folgende Daten fallbezogen verarbeitet werden:

1. die Daten, die nach den §§ 6, 7, 34 und 36 erhoben worden sind,

2. die Daten, die bei den Meldungen nach dem IGV-Durchführungsgesetz und im Rahmen von §§ 4 und 12 erhoben worden sind,

3. die Daten, die im Rahmen der epidemiologischen Überwachung nach § 13 erhoben worden sind,

4. die im Verfahren zuständigen Behörden und Ansprechpartner,

5. die Daten über die von den zuständigen Behörden nach den §§ 25 bis 32 geführten Ermittlungen, getroffenen Maßnahmen und die daraus gewonnenen Erkenntnisse und

6. sonstige Informationen, die für die Bewertung, Verhütung und Bekämpfung der übertragbaren Krankheit von Bedeutung sind.

(3) Im elektronischen Melde- und Informationssystem werden die verarbeiteten Daten, die zu melde- und benachrichtigungspflichtigen Tatbeständen nach den §§ 6, 7, 34 und 36 erhoben worden sind, jeweils fallbezogen mit den Daten der zu diesem Fall geführten Ermittlungen, getroffenen Maßnahmen und den daraus gewonnenen Erkenntnissen automatisiert

1. pseudonymisiert,

2. den zuständigen Behörden übermittelt mit der Möglichkeit, dass sie diese Daten im Rahmen ihrer jeweiligen Zuständigkeit verarbeiten können,

3. gegebenenfalls gemäß den Falldefinitionen nach § 11 Absatz 2 bewertet und

4. gemeinsam mit den Daten nach den Nummern 1 bis 3 nach einer krankheitsspezifischen Dauer gelöscht, es sei denn, es handelt sich um epidemiologische Daten, die nach den §§ 11 und 12 übermittelt wurden.

(4) Im elektronischen Melde- und Informationssystem können die verarbeiteten Daten, die zu melde- und benachrichtigungspflichtigen Tatbeständen nach den §§ 6, 7, 34 und 36 erhoben worden sind, daraufhin automatisiert überprüft werden, ob sich diese Daten auf denselben Fall beziehen.

(5) Im elektronischen Melde- und Informationssystem können die verarbeiteten Daten zu meldepflichtigen Krankheiten und Nachweisen von Krankheitserregern nach den §§ 6 und 7 und aus Benachrichtigungen nach den §§ 34 und 36 daraufhin automatisiert überprüft werden, ob es ein gehäuftes Auftreten von übertragbaren Krankheiten gibt, bei denen ein epidemischer Zusammenhang wahrscheinlich ist.

(6) Der Zugriff auf gespeicherte Daten ist nur im gesetzlich bestimmten Umfang zulässig, sofern die Kenntnis der Daten zur Erfüllung der gesetzlichen Aufgaben der beteiligten Behörden erforderlich ist. Eine Wiederherstellung des Personenbezugs bei pseudonymisierten Daten ist nur zulässig, sofern diese Daten auf der Grundlage eines Gesetzes der beteiligten Behörde übermittelt werden dürfen. Es wird gewährleistet, dass auch im Bereich der Verschlüsselungstechnik und der Authentifizierung organisatorische und dem jeweiligen Stand der Technik entsprechende Maßnahmen getroffen werden, um den Datenschutz und die Datensicherheit und insbesondere die Vertraulichkeit und Integrität der im elektronischen Melde- und Informationssystem gespeicherten Daten sicherzustellen. Unter diesen Voraussetzungen kann die Übermittlung der Daten auch durch eine verschlüsselte Datenübertragung über das Internet erfolgen. Die Kontrolle der Durchführung des Datenschutzes obliegt nach § 9 Absatz 1 des Bundesdatenschutzgesetzes ausschließlich der oder dem Bundesbeauftragten für den Datenschutz und die Informationsfreiheit.

(7) Bis zur Einrichtung des elektronischen Melde- und Informationssystems kann das Robert Koch-Institut im Einvernehmen mit den zuständigen obersten Landesgesundheitsbehörden zur Erprobung für die freiwillig teilnehmenden meldepflichtigen Personen und für die zuständigen Gesundheitsämter Abweichungen von den Vorschriften des Melde- und Übermittlungsverfahrens zulassen.

(8) Ab dem 1. Januar 2021 haben die zuständigen Behörden der Länder das elektronische Melde- und Informationssystem zu nutzen. Ab dem 1. Januar 2023 müssen Melde- und Benachrichtigungspflichtige ihrer Verpflichtung zur Meldung und Benachrichtigung durch Nutzung des elektronischen Melde- und Informationssystems nachkommen. Meldepflichtige nach § 8 Absatz 1 Nummer 2 müssen abweichend von Satz 2 ihrer Verpflichtung zur Meldung des direkten oder indirekten Nachweises einer Infektion mit dem in § 7 Absatz 1 Satz 1 Nummer 44a genannten Krankheitserreger durch Nutzung des elektronischen Melde- und Informationssystems ab dem 1. Januar 2021 nachkommen. Meldepflichtige nach § 8 Absatz 1 Nummer 2 müssen abweichend von Satz 2 ihrer Verpflichtung zur Meldung des direkten oder indirekten Nachweises einer Infektion mit den sonstigen in § 7 Absatz 1 Satz 1 genannten Krankheitserregern durch Nutzung des elektronischen Melde- und Informationssystems ab dem 1. Januar 2022 nachkommen. Meldepflichtige nach § 8 Absatz 1 Nummer 2 müssen abweichend von Satz 2 ihrer Verpflichtung zur Meldung des direkten oder indirekten Nachweises einer Infektion mit den in § 7 Absatz 3 Satz 1 genannten Krankheitserregern durch Nutzung des elektronischen Melde- und Informationssystems ab dem 1. April 2022 nachkommen. Das Robert Koch-Institut bestimmt das technische Format der Daten und das technische Verfahren der Datenübermittlung.

(9) Das Bundesministerium für Gesundheit wird ermächtigt, durch Rechtsverordnung ohne Zustimmung des Bundesrates Folgendes festzulegen:

1. in welchen Fällen Ausnahmen von der Verpflichtung zur Nutzung des elektronischen Melde- und Informationssystems nach Absatz 8 Satz 1 bis 5 bestehen,

2. die im Hinblick auf die Zweckbindung angemessenen Fristen für die Löschung der im elektronischen Melde- und Informationssystem gespeicherten Daten,

3. welche funktionalen und technischen Vorgaben einschließlich eines Sicherheitskonzepts dem elektronischen Melde- und Informationssystem zugrunde liegen müssen,

4. welche notwendigen Test-, Authentifizierungs- und Zertifizierungsmaßnahmen sicherzustellen sind und

5. welches Verfahren bei der Bildung der fallbezogenen Pseudonymisierung nach Absatz 3 Nummer 1 anzuwenden ist; hierzu kann festgelegt werden, dass bei nichtnamentlichen Meldungen andere als die in § 10 Absatz 1 und 2 genannten Angaben übermittelt werden, die sofort nach Herstellung der fallbezogenen Pseudonymisierung zu löschen sind.

(10) Abweichungen von den in dieser Vorschrift getroffenen Regelungen des Verwaltungsverfahrens durch Landesrecht sind ausgeschlossen.

§ 15 Anpassung der Meldepflicht an die epidemische Lage

(1) Das Bundesministerium für Gesundheit wird ermächtigt, durch Rechtsverordnung mit Zustimmung des Bundesrates die Meldepflicht für die in § 6 aufgeführten Krankheiten oder die in § 7 aufgeführten Krankheitserreger aufzuheben, einzuschränken oder zu erweitern oder die Meldepflicht auf andere übertragbare Krankheiten oder Krankheitserreger auszudehnen, soweit die epidemische Lage dies zulässt oder erfordert. Wird die Meldepflicht nach Satz 1 auf andere übertragbare Krankheiten oder Krankheitserreger ausgedehnt, gelten die für meldepflichtige Krankheiten nach § 6 Absatz 1 Satz 1 Nummer 1 und meldepflichtige Nachweise von Krankheitserregern nach § 7 Absatz 1 Satz 1 geltenden Vorschriften für diese entsprechend.

(2) In dringenden Fällen kann zum Schutz der Bevölkerung die Rechtsverordnung ohne Zustimmung des Bundesrates erlassen werden. Eine auf der Grundlage des Satzes 1 erlassene Verordnung tritt ein Jahr nach ihrem Inkrafttreten außer Kraft; ihre Geltungsdauer kann mit Zustimmung des Bundesrates verlängert werden.

(3) Solange das Bundesministerium für Gesundheit von der Ermächtigung nach Absatz 1 keinen Gebrauch macht, sind die Landesregierungen zum Erlass einer Rechtsverordnung nach Absatz 1 ermächtigt, sofern die Meldepflicht nach diesem Gesetz hierdurch nicht eingeschränkt oder aufgehoben wird. Sie können die Ermächtigung durch Rechtsverordnung auf andere Stellen übertragen.

§ 15a Durchführung der infektionshygienischen und hygienischen Überwachung

(1) Bei der Durchführung der folgenden infektionshygienischen oder hygienischen Überwachungen unterliegen Personen, die über Tatsachen Auskunft geben können, die für die jeweilige Überwachung von Bedeutung sind, den in Absatz 2 genannten Pflichten und haben die mit der jeweiligen Überwachung beauftragten Personen die in Absatz 3 genannten Befugnisse:

1. infektionshygienische Überwachung durch das Gesundheitsamt nach § 23 Absatz 6 und 6a,

2. infektionshygienische Überwachung durch das Gesundheitsamt nach § 36 Absatz 1 und 2,

3. hygienische Überwachung durch das Gesundheitsamt nach § 37 Absatz 3 und

4. infektionshygienische Überwachung durch die zuständige Behörde nach § 41 Absatz 1 Satz 2.

(2) Personen, die über Tatsachen Auskunft geben können, die für die Überwachung von Bedeutung sind, sind verpflichtet, den mit der Überwachung beauftragten Personen auf Ver-

langen die erforderlichen Auskünfte insbesondere über den Betrieb und den Betriebsablauf einschließlich dessen Kontrolle zu erteilen und Unterlagen einschließlich dem tatsächlichen Stand entsprechende technische Pläne vorzulegen. Der Verpflichtete kann die Auskunft auf solche Fragen verweigern, deren Beantwortung ihn selbst oder einen der in § 52 Absatz 1 der Strafprozessordnung bezeichneten Angehörigen der Gefahr aussetzen würde, wegen einer Straftat oder einer Ordnungswidrigkeit verfolgt zu werden; Entsprechendes gilt für die Vorlage von Unterlagen.

(3) Die mit der Überwachung beauftragten Personen sind, soweit dies zur Erfüllung ihrer Aufgaben erforderlich ist, befugt,

1. Betriebsgrundstücke, Betriebs- und Geschäftsräume, zum Betrieb gehörende Anlagen und Einrichtungen sowie Verkehrsmittel zu Betriebs- und Geschäftszeiten zu betreten und zu besichtigen,

2. sonstige Grundstücke sowie Wohnräume tagsüber an Werktagen zu betreten und zu besichtigen,

3. in die Bücher oder sonstigen Unterlagen Einsicht zu nehmen und hieraus Abschriften, Ablichtungen oder Auszüge anzufertigen,

4. sonstige Gegenstände zu untersuchen oder

5. Proben zur Untersuchung zu fordern oder zu entnehmen.

Der Inhaber der tatsächlichen Gewalt ist verpflichtet, den Beauftragten der zuständigen Behörde oder des Gesundheitsamtes die Grundstücke, Räume, Anlagen, Einrichtungen und Verkehrsmittel sowie sonstigen Gegenstände zugänglich zu machen. Das Grundrecht der Unverletzlichkeit der Wohnung (Artikel 13 Absatz 1 des Grundgesetzes) wird insoweit eingeschränkt.

(4) Weitergehende Pflichten und Befugnisse, insbesondere unter den Voraussetzungen der §§ 16 oder 17 oder nach den Vorschriften des 5. Abschnitts, bleiben unberührt.

4. Abschnitt
Verhütung übertragbarer Krankheiten

§ 16 Allgemeine Maßnahmen zur Verhütung übertragbarer Krankheiten

(1) Werden Tatsachen festgestellt, die zum Auftreten einer übertragbaren Krankheit führen können, oder ist anzunehmen, dass solche Tatsachen vorliegen, so trifft die zuständige Behörde die notwendigen Maßnahmen zur Abwendung der dem Einzelnen oder der Allgemeinheit hierdurch drohenden Gefahren. Im Rahmen dieser Maßnahmen können von der zuständigen Behörde personenbezogene Daten erhoben werden; diese dürfen nur von der zuständigen Behörde für Zwecke dieses Gesetzes verarbeitet werden.

(2) In den Fällen des Absatzes 1 sind die Beauftragten der zuständigen Behörde und des Gesundheitsamtes zur Durchführung von Ermittlungen und zur Überwachung der angeordneten Maßnahmen berechtigt, Grundstücke, Räume, Anlagen und Einrichtungen sowie Verkehrsmittel aller Art zu betreten und Bücher oder sonstige Unterlagen einzusehen und hieraus Abschriften, Ablichtungen oder Auszüge anzufertigen sowie sonstige Gegenstände zu untersuchen oder Proben zur Untersuchung zu fordern oder zu entnehmen. Der Inhaber der tatsächlichen Gewalt ist verpflichtet, den Beauftragten der zuständigen Behörde und des Gesundheitsamtes Grundstücke, Räume, Anlagen, Einrichtungen und Verkehrsmittel sowie sonstige Gegenstände zugänglich zu machen. Personen, die über die in Absatz 1 genannten Tatsachen Auskunft geben können, sind verpflichtet, auf Verlangen die erforderlichen Auskünfte insbesondere über den Betrieb und den Betriebsablauf einschließlich dessen Kontrolle zu erteilen und Unterlagen einschließlich dem tatsächlichen Stand entsprechende technische Pläne vorzulegen. Der Verpflichtete kann die

Auskunft auf solche Fragen verweigern, deren Beantwortung ihn selbst oder einen der in § 383 Abs. 1 Nr. 1 bis 3 der Zivilprozessordnung bezeichneten Angehörigen der Gefahr strafrechtlicher Verfolgung oder eines Verfahrens nach dem Gesetz über Ordnungswidrigkeiten aussetzen würde; Entsprechendes gilt für die Vorlage von Unterlagen.

(3) Soweit es die Aufklärung der epidemischen Lage erfordert, kann die zuständige Behörde Anordnungen über die Übergabe von in Absatz 2 genannten Untersuchungsmaterialien zum Zwecke der Untersuchung und Verwahrung an Institute des öffentlichen Gesundheitsdienstes oder andere vom Land zu bestimmende Einrichtungen treffen.

(4) Das Grundrecht der Unverletzlichkeit der Wohnung (Artikel 13 Abs. 1 Grundgesetz) wird im Rahmen der Absätze 2 und 3 eingeschränkt.

(5) Wenn die von Maßnahmen nach den Absätzen 1 und 2 betroffenen Personen geschäftsunfähig oder in der Geschäftsfähigkeit beschränkt sind, hat derjenige für die Erfüllung der genannten Verpflichtung zu sorgen, dem die Sorge für die Person zusteht. Die gleiche Verpflichtung trifft den Betreuer einer von Maßnahmen nach den Absätzen 1 und 2 betroffenen Person, soweit die Erfüllung dieser Verpflichtung zu seinem Aufgabenkreis gehört.

(6) Die Maßnahmen nach Absatz 1 werden auf Vorschlag des Gesundheitsamtes von der zuständigen Behörde angeordnet. Kann die zuständige Behörde einen Vorschlag des Gesundheitsamtes nicht rechtzeitig einholen, so hat sie das Gesundheitsamt über die getroffene Maßnahme unverzüglich zu unterrichten.

(7) Bei Gefahr im Verzuge kann das Gesundheitsamt die erforderlichen Maßnahmen selbst anordnen. Es hat die zuständige Behörde unverzüglich hiervon zu unterrichten. Diese kann die Anordnung ändern oder aufheben. Wird die Anordnung nicht innerhalb von zwei Arbeitstagen nach der Unterrichtung aufgehoben, so gilt sie als von der zuständigen Behörde getroffen.

(8) Widerspruch und Anfechtungsklage gegen Maßnahmen nach den Absätzen 1 bis 3 haben keine aufschiebende Wirkung.

§ 17 Besondere Maßnahmen zur Verhütung übertragbarer Krankheiten, Verordnungsermächtigung

(1) Wenn Gegenstände mit meldepflichtigen Krankheitserregern behaftet sind oder wenn das anzunehmen ist und dadurch eine Verbreitung der Krankheit zu befürchten ist, hat die zuständige Behörde die notwendigen Maßnahmen zur Abwendung der hierdurch drohenden Gefahren zu treffen. Wenn andere Maßnahmen nicht ausreichen, kann die Vernichtung von Gegenständen angeordnet werden. Sie kann auch angeordnet werden, wenn andere Maßnahmen im Verhältnis zum Wert der Gegenstände zu kostspielig sind, es sei denn, dass derjenige, der ein Recht an diesem Gegenstand oder die tatsächliche Gewalt darüber hat, widerspricht und auch die höheren Kosten übernimmt. Müssen Gegenstände entseucht (desinfiziert), von Gesundheitsschädlingen befreit oder vernichtet werden, so kann ihre Benutzung und die Benutzung der Räume und Grundstücke, in denen oder auf denen sie sich befinden, untersagt werden, bis die Maßnahme durchgeführt ist.

(2) Wenn Gesundheitsschädlinge festgestellt werden und die Gefahr begründet ist, dass durch sie Krankheitserreger verbreitet werden, so hat die zuständige Behörde die zu ihrer Bekämpfung erforderlichen Maßnahmen anzuordnen. Die Bekämpfung umfasst Maßnahmen gegen das Auftreten, die Vermehrung und Verbreitung sowie zur Vernichtung von Gesundheitsschädlingen.

(3) Erfordert die Durchführung einer Maßnahme nach den Absätzen 1 und 2 besondere Sachkunde, so kann die zuständige Behörde anordnen, dass der Verpflichtete damit geeignete Fachkräfte beauftragt. Die zuständige Behörde kann selbst geeignete Fachkräfte mit der Durchführung beauftragen, wenn das zur wirksamen Bekämpfung der übertragbaren

Krankheiten oder Krankheitserreger oder der Gesundheitsschädlinge notwendig ist und der Verpflichtete diese Maßnahme nicht durchführen kann oder einer Anordnung nach Satz 1 nicht nachkommt oder nach seinem bisherigen Verhalten anzunehmen ist, dass er einer Anordnung nach Satz 1 nicht rechtzeitig nachkommen wird. Wer ein Recht an dem Gegenstand oder die tatsächliche Gewalt darüber hat, muss die Durchführung der Maßnahme dulden.

(4) Die Landesregierungen werden ermächtigt, unter den nach § 16 sowie nach Absatz 1 maßgebenden Voraussetzungen durch Rechtsverordnung entsprechende Gebote und Verbote zur Verhütung übertragbarer Krankheiten zu erlassen. Sie können die Ermächtigung durch Rechtsverordnung auf andere Stellen übertragen.

(5) Die Landesregierungen können zur Verhütung und Bekämpfung übertragbarer Krankheiten Rechtsverordnungen über die Feststellung und die Bekämpfung von Gesundheitsschädlingen, Krätzmilben und Kopfläusen erlassen. Sie können die Ermächtigung durch Rechtsverordnung auf andere Stellen übertragen. Die Rechtsverordnungen können insbesondere Bestimmungen treffen über

1. die Verpflichtung der Eigentümer von Gegenständen, der Nutzungsberechtigten oder der Inhaber der tatsächlichen Gewalt an Gegenständen sowie der zur Unterhaltung von Gegenständen Verpflichteten,

   a) den Befall mit Gesundheitsschädlingen festzustellen oder feststellen zu lassen und der zuständigen Behörde anzuzeigen,

   b) Gesundheitsschädlinge zu bekämpfen oder bekämpfen zu lassen,

2. die Befugnis und die Verpflichtung der Gemeinden oder der Gemeindeverbände, Gesundheitsschädlinge, auch am Menschen, festzustellen, zu bekämpfen und das Ergebnis der Bekämpfung festzustellen,

3. die Feststellung und Bekämpfung, insbesondere über

   a) die Art und den Umfang der Bekämpfung,

   b) den Einsatz von Fachkräften,

   c) die zulässigen Bekämpfungsmittel und -verfahren,

   d) die Minimierung von Rückständen und die Beseitigung von Bekämpfungsmitteln und

   e) die Verpflichtung, Abschluss und Ergebnis der Bekämpfung der zuständigen Behörde mitzuteilen und das Ergebnis durch Fachkräfte feststellen zu lassen,

4. die Mitwirkungs- und Duldungspflichten, insbesondere im Sinne des § 16 Abs. 2, die den in Nummer 1 genannten Personen obliegen.

(6) § 16 Abs. 5 bis 8 gilt entsprechend.

(7) Die Grundrechte der Freiheit der Person (Artikel 2 Abs. 2 Satz 2 Grundgesetz), der Freizügigkeit (Artikel 11 Abs. 1 Grundgesetz), der Versammlungsfreiheit (Artikel 8 Grundgesetz) und der Unverletzlichkeit der Wohnung (Artikel 13 Abs. 1 Grundgesetz) werden im Rahmen der Absätze 1 bis 5 eingeschränkt.

§ 18 Behördlich angeordnete Maßnahmen zur Desinfektion und zur Bekämpfung von Gesundheitsschädlingen, Krätzmilben und Kopfläusen; Verordnungsermächtigungen

(1) Zum Schutz des Menschen vor übertragbaren Krankheiten dürfen bei behördlich angeordneten Maßnahmen zur

1. Desinfektion und

2. Bekämpfung von Gesundheitsschädlingen, Krätzmilben oder Kopfläusen

nur Mittel und Verfahren verwendet werden, die von der zuständigen Bundesoberbehörde anerkannt worden sind. Bei Maßnahmen nach Satz 1 Nummer 2 kann die anordnende Behörde mit Zustimmung der zuständigen Bundesoberbehörde zulassen, dass andere Mittel oder Verfahren als die behördlich anerkannten verwendet werden.

(2) Die Mittel und Verfahren werden von der zuständigen Bundesoberbehörde auf Antrag oder von Amts wegen nur anerkannt, wenn sie hinreichend wirksam sind und keine unvertretbaren Auswirkungen auf die menschliche Gesundheit und die Umwelt haben.

(3) Zuständige Bundesoberbehörde für die Anerkennung von Mitteln und Verfahren zur Desinfektion ist das Robert Koch-Institut. Im Anerkennungsverfahren prüft:

1. die Wirksamkeit der Mittel und Verfahren das Robert Koch-Institut,

2. die Auswirkungen der Mittel und Verfahren auf die menschliche Gesundheit das Bundesinstitut für Arzneimittel und Medizinprodukte und

3. die Auswirkungen der Mittel und Verfahren auf die Umwelt das Umweltbundesamt.

Das Robert Koch-Institut erteilt die Anerkennung im Einvernehmen mit dem Bundesinstitut für Arzneimittel und Medizinprodukte und mit dem Umweltbundesamt.

(4) Zuständige Bundesoberbehörde für die Anerkennung von Mitteln und Verfahren zur Bekämpfung von Gesundheitsschädlingen, Krätzmilben und Kopfläusen ist das Umweltbundesamt. Im Anerkennungsverfahren prüft:

1. die Wirksamkeit der Mittel und Verfahren sowie deren Auswirkungen auf die Umwelt das Umweltbundesamt,

2. die Auswirkungen der Mittel und Verfahren auf die menschliche Gesundheit das Bundesinstitut für Arzneimittel und Medizinprodukte, soweit es nach § 77 Absatz 1 des Arzneimittelgesetzes für die Zulassung zuständig ist,

3. die Auswirkungen der Mittel und Verfahren auf die Gesundheit von Beschäftigten als Anwender die Bundesanstalt für Arbeitsschutz und Arbeitsmedizin, wenn die Prüfung nicht nach Nummer 2 dem Bundesinstitut für Arzneimittel und Medizinprodukte zugewiesen ist, und

4. die Auswirkungen der Mittel und Verfahren auf die Gesundheit von anderen als den in Nummer 3 genannten Personen das Bundesinstitut für Risikobewertung, wenn die Prüfung nicht nach Nummer 2 dem Bundesinstitut für Arzneimittel und Medizinprodukte zugewiesen ist.

Das Umweltbundesamt erteilt die Anerkennung im Einvernehmen mit den nach Satz 2 Nummer 2 bis 4 prüfenden Behörden. Sofern Mittel Wirkstoffe enthalten, die in zugelassenen Pflanzenschutzmitteln oder in der Zulassungsprüfung befindlichen Pflanzenschutzmitteln enthalten sind, erfolgt die Anerkennung zusätzlich im Benehmen mit dem Bundesamt für Verbraucherschutz und Lebensmittelsicherheit.

(5) Die Prüfungen können durch eigene Untersuchungen der zuständigen Bundesbehörde oder auf der Grundlage von Sachverständigengutachten, die im Auftrag der zuständigen Bundesbehörde durchgeführt werden, erfolgen.

(6) Die Prüfung der Wirksamkeit der Mittel und Verfahren nach Absatz 1 Satz 1 Nummer 2 ist an den betreffenden Schädlingen unter Einbeziehung von Wirtstieren bei parasitären Nichtwirbeltieren vorzunehmen. Die Prüfung der Wirksamkeit von Mitteln nach Absatz 1 Satz 1 Nummer 2 unterbleibt, sofern die Mittel nach einer der folgenden Vorschriften nach dem Tilgungsprinzip gleichwertig geprüft und zugelassen sind:

1. Verordnung (EU) Nr. 528/2012 des Europäischen Parlaments und des Rates vom 22. Mai 2012 über die Bereitstellung auf dem Markt und die Verwendung von Biozidprodukten (ABl. L 167 vom 27.6.2012, S. 1; L 303 vom 20.11.2015, S. 109), die zuletzt

durch die Verordnung (EU) Nr. 334/2014 (ABl. L 103 vom 5.4.2014, S. 22) geändert worden ist,

2. Verordnung (EG) Nr. 1107/2009 des Europäischen Parlaments und des Rates vom 21. Oktober 2009 über das Inverkehrbringen von Pflanzenschutzmitteln und zur Aufhebung der Richtlinien 79/117/EWG und 91/414/EWG des Rates (ABl. L 309 vom 24.11.2009, S. 1), die zuletzt durch die Verordnung (EU) Nr. 652/2014 (ABl. L 189 vom 27.6.2014, S. 1) geändert worden ist, oder

3. Arzneimittelgesetz.

Die Prüfung der Auswirkungen von Mitteln nach Absatz 1 Satz 1 Nummer 1 und 2 auf die menschliche Gesundheit und die Prüfung ihrer Auswirkungen auf die Umwelt unterbleibt, sofern die Mittel oder ihre Biozidwirkstoffe nach einer der in Satz 2 genannten Vorschriften geprüft und zugelassen sind.

(7) Die Anerkennung ist zu widerrufen, wenn die zuständige Bundesoberbehörde davon Kenntnis erlangt, dass eine nach anderen Gesetzen erforderliche Verkehrsfähigkeit für das Mittel oder Verfahren nicht mehr besteht. Sie kann widerrufen werden, insbesondere wenn nach aktuellen Erkenntnissen und Bewertungsmaßstäben die Voraussetzungen nach Absatz 2 nicht mehr erfüllt sind. Die zuständige Bundesoberbehörde führt die jeweils anerkannten Mittel und Verfahren in einer Liste und veröffentlicht die Liste.

(8) Das Robert Koch-Institut und das Umweltbundesamt erheben für individuell zurechenbare öffentliche Leistungen nach den Absätzen 1 und 2 Gebühren und Auslagen.

(9) Das Bundesministerium für Gesundheit wird ermächtigt, im Einvernehmen mit dem Bundesministerium für Umwelt, Naturschutz und nukleare Sicherheit durch Rechtsverordnung ohne Zustimmung des Bundesrates die gebührenpflichtigen Tatbestände der individuell zurechenbaren öffentlichen Leistungen

nach den Absätzen 1 bis 4 und 7 näher zu bestimmen und dabei feste Sätze oder Rahmensätze vorzusehen.

(10) Das Bundesministerium für Gesundheit wird ermächtigt, im Einvernehmen mit dem Bundesministerium für Umwelt, Naturschutz und nukleare Sicherheit durch Rechtsverordnung ohne Zustimmung des Bundesrates Einzelheiten des Anerkennungsverfahrens festzulegen.

§ 19 Aufgaben des Gesundheitsamtes in besonderen Fällen

(1) Das Gesundheitsamt bietet bezüglich sexuell übertragbarer Krankheiten und Tuberkulose Beratung und Untersuchung an oder stellt diese in Zusammenarbeit mit anderen medizinischen Einrichtungen sicher. In Bezug auf andere übertragbare Krankheiten kann das Gesundheitsamt Beratung und Untersuchung anbieten oder diese in Zusammenarbeit mit anderen medizinischen Einrichtungen sicherstellen. Die Beratung und Untersuchung sollen für Personen, deren Lebensumstände eine erhöhte Ansteckungsgefahr für sich oder andere mit sich bringen, auch aufsuchend angeboten werden. Im Einzelfall können die Beratung und Untersuchung nach Satz 1 bezüglich sexuell übertragbarer Krankheiten und Tuberkulose die ambulante Behandlung durch eine Ärztin oder einen Arzt umfassen, soweit dies zur Verhinderung der Weiterverbreitung der übertragbaren Krankheit erforderlich ist. Die Angebote können bezüglich sexuell übertragbarer Krankheiten anonym in Anspruch genommen werden, soweit hierdurch die Geltendmachung von Kostenerstattungsansprüchen nicht gefährdet wird. Die zuständigen Behörden können mit den Maßnahmen nach den Sätzen 1 bis 4 Dritte beauftragen.

(2) Soweit die von der Maßnahme betroffene Person gegen einen anderen Kostenträger einen Anspruch auf entsprechende Leistungen hat oder einen Anspruch auf Erstattung der Aufwendungen für entsprechende Leistungen hät-

te, ist dieser zur Tragung der Sachkosten verpflichtet. Wenn Dritte nach Absatz 1 Satz 6 beauftragt wurden, ist der andere Kostenträger auch zur Tragung dieser Kosten verpflichtet, soweit diese angemessen sind.

§ 20 Schutzimpfungen und andere Maßnahmen der spezifischen Prophylaxe

(1) Die Bundeszentrale für gesundheitliche Aufklärung, die obersten Landesgesundheitsbehörden und die von ihnen beauftragten Stellen sowie die Gesundheitsämter informieren die Bevölkerung zielgruppenspezifisch über die Bedeutung von Schutzimpfungen und andere Maßnahmen der spezifischen Prophylaxe übertragbarer Krankheiten. Bei der Information der Bevölkerung soll die vorhandene Evidenz zu bestehenden Impflücken berücksichtigt werden.

(2) Beim Robert Koch-Institut wird eine Ständige Impfkommission eingerichtet. Die Kommission gibt sich eine Geschäftsordnung, die der Zustimmung des Bundesministeriums für Gesundheit bedarf. Die Kommission gibt Empfehlungen zur Durchführung von Schutzimpfungen und zur Durchführung anderer Maßnahmen der spezifischen Prophylaxe übertragbarer Krankheiten und entwickelt Kriterien zur Abgrenzung einer üblichen Impfreaktion und einer über das übliche Ausmaß einer Impfreaktion hinausgehenden gesundheitlichen Schädigung. Die Mitglieder der Kommission werden vom Bundesministerium für Gesundheit im Benehmen mit den obersten Landesgesundheitsbehörden berufen. Vertreter des Bundesministeriums für Gesundheit, der obersten Landesgesundheitsbehörden, des Robert Koch-Institutes und des Paul-Ehrlich-Institutes nehmen mit beratender Stimme an den Sitzungen teil. Weitere Vertreter von Bundesbehörden können daran teilnehmen. Die Empfehlungen der Kommission werden von dem Robert Koch-Institut den obersten Landesgesundheitsbehörden übermittelt und anschließend veröffentlicht.

(3) Die obersten Landesgesundheitsbehörden sollen öffentliche Empfehlungen für Schutzimpfungen oder andere Maßnahmen der spezifischen Prophylaxe auf der Grundlage der jeweiligen Empfehlungen der Ständigen Impfkommission aussprechen.

(4) Zur Durchführung von Schutzimpfungen ist jeder Arzt berechtigt. Fachärzte dürfen Schutzimpfungen unabhängig von den Grenzen der Ausübung ihrer fachärztlichen Tätigkeit durchführen. Die Berechtigung zur Durchführung von Schutzimpfungen nach anderen bundesrechtlichen Vorschriften bleibt unberührt.

(5) Die obersten Landesgesundheitsbehörden können bestimmen, dass die Gesundheitsämter unentgeltlich Schutzimpfungen oder andere Maßnahmen der spezifischen Prophylaxe gegen bestimmte übertragbare Krankheiten durchführen. Die zuständigen Behörden können mit den Maßnahmen nach Satz 1 Dritte beauftragen. Soweit die von der Maßnahme betroffene Person gegen einen anderen Kostenträger einen Anspruch auf entsprechende Leistungen hat oder einen Anspruch auf Erstattung der Aufwendungen für entsprechende Leistungen hätte, ist dieser zur Tragung der Sachkosten verpflichtet. Wenn Dritte nach Satz 2 beauftragt wurden, ist der andere Kostenträger auch zur Tragung dieser Kosten verpflichtet, soweit diese angemessen sind.

(6) Das Bundesministerium für Gesundheit wird ermächtigt, durch Rechtsverordnung mit Zustimmung des Bundesrates anzuordnen, dass bedrohte Teile der Bevölkerung an Schutzimpfungen oder anderen Maßnahmen der spezifischen Prophylaxe teilzunehmen haben, wenn eine übertragbare Krankheit mit klinisch schweren Verlaufsformen auftritt und mit ihrer epidemischen Verbreitung zu rechnen ist. Personen, die auf Grund einer medizinischen Kontraindikation nicht an Schutzimpfungen oder an anderen Maßnahmen der spezifischen Prophylaxe teilnehmen können, können durch Rechtsverordnung nach Satz 1 nicht zu einer Teilnahme an Schutzimpfungen oder an anderen Maßnahmen der spezifischen Prophylaxe verpflichtet werden. § 15 Abs. 2 gilt entsprechend.

(7) Solange das Bundesministerium für Gesundheit von der Ermächtigung nach Absatz 6 keinen Gebrauch macht, sind die Landesregierungen zum Erlass einer Rechtsverordnung nach Absatz 6 ermächtigt. Die Landesregierungen können die Ermächtigung durch Rechtsverordnung auf die obersten Landesgesundheitsbehörden übertragen.

(8) Folgende Personen, die nach dem 31. Dezember 1970 geboren sind, müssen entweder einen nach den Maßgaben von Satz 2 ausreichenden Impfschutz gegen Masern oder ab der Vollendung des ersten Lebensjahres eine Immunität gegen Masern aufweisen:

1. Personen, die in einer Gemeinschaftseinrichtung nach § 33 Nummer 1 bis 3 betreut werden,

2. Personen, die bereits vier Wochen

   a) in einer Gemeinschaftseinrichtung nach § 33 Nummer 4 betreut werden oder

   b) in einer Einrichtung nach § 36 Absatz 1 Nummer 4 untergebracht sind, und

3. Personen, die in Einrichtungen nach § 23 Absatz 3 Satz 1, § 33 Nummer 1 bis 4 oder § 36 Absatz 1 Nummer 4 tätig sind.

Ein ausreichender Impfschutz gegen Masern besteht, wenn ab der Vollendung des ersten Lebensjahres mindestens eine Schutzimpfung und ab der Vollendung des zweiten Lebensjahres mindestens zwei Schutzimpfungen gegen Masern bei der betroffenen Person durchgeführt wurden. Satz 1 gilt auch, wenn zur Erlangung von Impfschutz gegen Masern ausschließlich Kombinationsimpfstoffe zur Verfügung stehen, die auch Impfstoffkomponenten gegen andere Krankheiten enthalten. Satz 1 gilt nicht für Personen, die auf Grund einer medizinischen Kontraindikation nicht geimpft werden können.

(9) Personen, die in Gemeinschaftseinrichtungen nach § 33 Nummer 1 bis 3 betreut oder in Einrichtungen nach § 23 Absatz 3 Satz 1, § 33

Nummer 1 bis 4 oder § 36 Absatz 1 Nummer 4 tätig werden sollen, haben der Leitung der jeweiligen Einrichtung vor Beginn ihrer Betreuung oder ihrer Tätigkeit folgenden Nachweis vorzulegen:

1. eine Impfdokumentation nach § 22 Absatz 1 und 2 oder ein ärztliches Zeugnis, auch in Form einer Dokumentation nach § 26 Absatz 2 Satz 4 des Fünften Buches Sozialgesetzbuch, darüber, dass bei ihnen ein nach den Maßgaben von Absatz 8 Satz 2 ausreichender Impfschutz gegen Masern besteht,

2. ein ärztliches Zeugnis darüber, dass bei ihnen eine Immunität gegen Masern vorliegt oder sie aufgrund einer medizinischen Kontraindikation nicht geimpft werden können oder

3. eine Bestätigung einer staatlichen Stelle oder der Leitung einer anderen in Absatz 8 Satz 1 genannten Einrichtung darüber, dass ein Nachweis nach Nummer 1 oder Nummer 2 bereits vorgelegen hat.

Die oberste Landesgesundheitsbehörde oder die von ihr bestimmte Stelle kann bestimmen, dass der Nachweis nach Satz 1 nicht der Leitung der jeweiligen Einrichtung, sondern dem Gesundheitsamt oder einer anderen staatlichen Stelle gegenüber zu erbringen ist. Die Behörde, die für die Erteilung der Erlaubnis nach § 43 Absatz 1 des Achten Buches Sozialgesetzbuch zuständig ist, kann bestimmen, dass vor dem Beginn der Tätigkeit im Rahmen der Kindertagespflege der Nachweis nach Satz 1 ihr gegenüber zu erbringen ist. Wenn der Nachweis nach Satz 1 von einer Person, die aufgrund einer nach Satz 8 zugelassenen Ausnahme oder nach Satz 9 in Gemeinschaftseinrichtungen nach § 33 Nummer 1 bis 3 betreut oder in Einrichtungen nach § 23 Absatz 3 Satz 1, § 33 Nummer 1 bis 4 oder § 36 Absatz 1 Nummer 4 beschäftigt oder tätig werden darf, nicht vorgelegt wird oder wenn sich ergibt, dass ein Impfschutz gegen Masern erst zu einem späteren Zeitpunkt möglich ist oder vervollständigt werden kann, hat

1. die Leitung der jeweiligen Einrichtung oder

2. die andere Stelle nach Satz 2 oder Satz 3

unverzüglich das Gesundheitsamt, in dessen Bezirk sich die Einrichtung befindet, darüber zu benachrichtigen und dem Gesundheitsamt personenbezogene Angaben zu übermitteln. Eine Benachrichtigungspflicht besteht nicht, wenn der Leitung der jeweiligen Einrichtung oder der anderen Stelle nach Satz 2 oder Satz 3 bekannt ist, dass das Gesundheitsamt über den Fall bereits informiert ist. Eine Person, die ab der Vollendung des ersten Lebensjahres keinen Nachweis nach Satz 1 vorlegt, darf nicht in Gemeinschaftseinrichtungen nach § 33 Nummer 1 bis 3 betreut oder in Einrichtungen nach § 23 Absatz 3 Satz 1, § 33 Nummer 1 bis 4 oder § 36 Absatz 1 Nummer 4 beschäftigt werden. Eine Person, die über keinen Nachweis nach Satz 1 verfügt oder diesen nicht vorlegt, darf in Einrichtungen nach § 23 Absatz 3 Satz 1, § 33 Nummer 1 bis 4 oder § 36 Absatz 1 Nummer 4 nicht tätig werden. Die oberste Landesgesundheitsbehörde oder die von ihr bestimmte Stelle kann allgemeine Ausnahmen von den Sätzen 6 und 7 zulassen, wenn das Paul-Ehrlich-Institut auf seiner Internetseite einen Lieferengpass zu allen Impfstoffen mit einer Masernkomponente, die für das Inverkehrbringen in Deutschland zugelassen oder genehmigt sind, bekannt gemacht hat; parallel importierte und parallel vertriebene Impfstoffe mit einer Masernkomponente bleiben unberücksichtigt. Eine Person, die einer gesetzlichen Schulpflicht unterliegt, darf in Abweichung von Satz 6 in Gemeinschaftseinrichtungen nach § 33 Nummer 3 betreut werden.

(10) Personen, die am 1. März 2020 bereits in Gemeinschaftseinrichtungen nach § 33 Nummer 1 bis 3 betreut werden oder in Einrichtungen nach § 23 Absatz 3 Satz 1, § 33 Nummer 1 bis 4 oder § 36 Absatz 1 Nummer 4 tätig sind, haben der Leitung der jeweiligen Einrichtung einen Nachweis nach Absatz 9 Satz 1 bis zum Ablauf des 31. Juli 2021 vorzulegen. Absatz 9 Satz 2 bis 5 findet mit der Maßgabe entsprechende Anwendung, dass eine Benachrichti-

gung des zuständigen Gesundheitsamtes und eine Übermittlung personenbezogener Angaben immer zu erfolgen hat, wenn der Nachweis nach Absatz 9 Satz 1 nicht bis zum Ablauf des 31. Juli 2021 vorgelegt wird.

(11) Personen, die bereits vier Wochen in Gemeinschaftseinrichtungen nach § 33 Nummer 4 betreut werden oder in Einrichtungen nach § 36 Absatz 1 Nummer 4 untergebracht sind, haben der Leitung der jeweiligen Einrichtung einen Nachweis nach Absatz 9 Satz 1 wie folgt vorzulegen:

1. innerhalb von vier weiteren Wochen oder,

2. wenn sie am 1. März 2020 bereits betreut werden oder untergebracht sind, bis zum Ablauf des 31. Juli 2021.

Absatz 9 Satz 2, 4 und 5 findet mit der Maßgabe entsprechende Anwendung, dass eine Benachrichtigung des zuständigen Gesundheitsamtes und eine Übermittlung personenbezogener Angaben immer zu erfolgen hat, wenn der Nachweis nach Absatz 9 Satz 1 nicht bis zu dem in Satz 1 Nummer 1 oder Nummer 2 genannten Zeitpunkt vorgelegt wird.

(12) Folgende Personen haben dem Gesundheitsamt, in dessen Bezirk sich die jeweilige Einrichtung befindet, auf Anforderung einen Nachweis nach Absatz 9 Satz 1 vorzulegen:

1. Personen, die in Gemeinschaftseinrichtungen nach § 33 Nummer 1 bis 3 betreut werden,

2. Personen, die bereits acht Wochen

   a) in Gemeinschaftseinrichtungen nach § 33 Nummer 4 betreut werden oder

   b) in Einrichtungen nach § 36 Absatz 1 Nummer 4 untergebracht sind und

3. Personen, die in Einrichtungen nach § 23 Absatz 3 Satz 1, § 33 Nummer 1 bis 4 oder § 36 Absatz 1 Nummer 4 tätig sind.

Wenn der Nachweis nach Absatz 9 Satz 1 nicht innerhalb einer angemessenen Frist vorgelegt wird oder sich aus dem Nachweis ergibt, dass ein Impfschutz gegen Masern erst zu einem späteren Zeitpunkt möglich ist oder vervollständigt werden kann, kann das Gesundheitsamt die zur Vorlage des Nachweises verpflichtete Person zu einer Beratung laden und hat diese zu einer Vervollständigung des Impfschutzes gegen Masern aufzufordern. Das Gesundheitsamt kann einer Person, die trotz der Anforderung nach Satz 1 keinen Nachweis innerhalb einer angemessenen Frist vorlegt, untersagen, dass sie die dem Betrieb einer in Absatz 8 Satz 1 genannten Einrichtung dienenden Räume betritt oder in einer solchen Einrichtung tätig wird. Einer Person, die einer gesetzlichen Schulpflicht unterliegt, kann in Abweichung von Satz 3 nicht untersagt werden, die dem Betrieb einer Einrichtung nach § 33 Nummer 3 dienenden Räume zu betreten. Einer Person, die einer Unterbringungspflicht unterliegt, kann in Abweichung von Satz 3 nicht untersagt werden, die dem Betrieb einer Gemeinschaftseinrichtung nach § 33 Nummer 4 oder einer Einrichtung nach § 36 Absatz 1 Nummer 4 dienenden Räume zu betreten. Widerspruch und Anfechtungsklage gegen ein vom Gesundheitsamt nach Satz 3 erteiltes Verbot haben keine aufschiebende Wirkung.

(13) Wenn eine nach den Absätzen 9 bis 12 verpflichtete Person minderjährig ist, so hat derjenige für die Einhaltung der diese Person nach den Absätzen 9 bis 12 treffenden Verpflichtungen zu sorgen, dem die Sorge für diese Person zusteht. Die gleiche Verpflichtung trifft den Betreuer einer von Verpflichtungen nach den Absätzen 9 bis 12 betroffenen Person, soweit die Erfüllung dieser Verpflichtungen zu seinem Aufgabenkreis gehört.

(14) Durch die Absätze 6 bis 12 wird das Grundrecht der körperlichen Unversehrtheit (Artikel 2 Absatz 2 Satz 1 des Grundgesetzes) eingeschränkt.

§ 21 Impfstoffe

Bei einer auf Grund dieses Gesetzes angeordneten oder einer von der obersten Landesge-

sundheitsbehörde öffentlich empfohlenen Schutzimpfung oder einer Impfung nach § 17a Absatz 2 des Soldatengesetzes dürfen Impfstoffe verwendet werden, die Mikroorganismen enthalten, welche von den Geimpften ausgeschieden und von anderen Personen aufgenommen werden können. Das Grundrecht der körperlichen Unversehrtheit (Artikel 2 Abs. 2 Satz 1 Grundgesetz) wird insoweit eingeschränkt.

§ 22 Impfdokumentation

(1) Jede Schutzimpfung ist unverzüglich in einen Impfausweis, oder, falls der Impfausweis nicht vorgelegt wird, in einer Impfbescheinigung zu dokumentieren (Impfdokumentation).

(2) Die Impfdokumentation muss zu jeder Schutzimpfung folgende Angaben enthalten:

1. Datum der Schutzimpfung,

2. Bezeichnung und Chargenbezeichnung des Impfstoffes,

3. Name der Krankheit, gegen die geimpft wurde,

4. Name und Anschrift der für die Durchführung der Schutzimpfung verantwortlichen Person sowie

5. Bestätigung in Schriftform oder in elektronischer Form mit einer qualifizierten elektronischen Signatur oder einem qualifizierten elektronischen Siegel durch die für die Durchführung der Schutzimpfung verantwortliche Person.

Bei Nachtragungen in einen Impfausweis kann jeder Arzt die Bestätigung nach Satz 1 Nummer 5 vornehmen oder hat das zuständige Gesundheitsamt die Bestätigung nach Satz 1 Nummer 5 vorzunehmen, wenn dem Arzt oder dem Gesundheitsamt eine frühere Impfdokumentation über die nachzutragende Schutzimpfung vorgelegt wird.

(3) In der Impfdokumentation ist hinzuweisen auf

1. das zweckmäßige Verhalten bei ungewöhnlichen Impfreaktionen,

2. die sich gegebenenfalls aus den §§ 60 bis 64 ergebenden Ansprüche bei Eintritt eines Impfschadens sowie

3. Stellen, bei denen die sich aus einem Impfschaden ergebenden Ansprüche geltend gemacht werden können.

(4) In der Impfdokumentation ist über notwendige Folge- und Auffrischimpfungen mit Terminvorschlägen zu informieren, so dass die geimpfte Person diese rechtzeitig wahrnehmen kann.

§ 23 Nosokomiale Infektionen; Resistenzen; Rechtsverordnungen durch die Länder

(1) Beim Robert Koch-Institut wird eine Kommission für Krankenhaushygiene und Infektionsprävention eingerichtet. Die Kommission gibt sich eine Geschäftsordnung, die der Zustimmung des Bundesministeriums für Gesundheit bedarf. Die Kommission erstellt Empfehlungen zur Prävention nosokomialer Infektionen sowie zu betrieblich-organisatorischen und baulich-funktionellen Maßnahmen der Hygiene in Krankenhäusern und anderen medizinischen Einrichtungen. Sie erstellt zudem Empfehlungen zu Kriterien und Verfahren zur Einstufung von Einrichtungen als Einrichtungen für ambulantes Operieren. Die Empfehlungen der Kommission werden unter Berücksichtigung aktueller infektionsepidemiologischer Auswertungen stetig weiterentwickelt und vom Robert Koch-Institut veröffentlicht. Die Mitglieder der Kommission werden vom Bundesministerium für Gesundheit im Benehmen mit den obersten Landesgesundheitsbehörden berufen. Vertreter des Bundesministeriums für Gesundheit, der obersten Landesgesundheitsbehörden und des Robert Koch-Institutes nehmen mit beratender Stimme an den Sitzungen teil.

(2) Beim Robert Koch-Institut wird eine Kommission Antiinfektiva, Resistenz und Therapie eingerichtet. Die Kommission gibt sich eine Geschäftsordnung, die der Zustimmung des Bundesministeriums für Gesundheit bedarf. Die Kommission erstellt Empfehlungen mit allgemeinen Grundsätzen für Diagnostik und antimikrobielle Therapie, insbesondere bei Infektionen mit resistenten Krankheitserregern. Die Empfehlungen der Kommission werden unter Berücksichtigung aktueller infektionsepidemiologischer Auswertungen stetig weiterentwickelt und vom Robert Koch-Institut veröffentlicht. Die Mitglieder der Kommission werden vom Bundesministerium für Gesundheit im Benehmen mit den obersten Landesgesundheitsbehörden berufen. Vertreter des Bundesministeriums für Gesundheit, der obersten Landesgesundheitsbehörden, des Robert Koch-Institutes und des Bundesinstitutes für Arzneimittel und Medizinprodukte nehmen mit beratender Stimme an den Sitzungen teil.

(3) Die Leiter folgender Einrichtungen haben sicherzustellen, dass die nach dem Stand der medizinischen Wissenschaft erforderlichen Maßnahmen getroffen werden, um nosokomiale Infektionen zu verhüten und die Weiterverbreitung von Krankheitserregern, insbesondere solcher mit Resistenzen, zu vermeiden:

1. Krankenhäuser,

2. Einrichtungen für ambulantes Operieren,

3. Vorsorge- oder Rehabilitationseinrichtungen, in denen eine den Krankenhäusern vergleichbare medizinische Versorgung erfolgt,

4. Dialyseeinrichtungen,

5. Tageskliniken,

6. Entbindungseinrichtungen,

7. Behandlungs- oder Versorgungseinrichtungen, die mit einer der in den Nummern 1 bis 6 genannten Einrichtungen vergleichbar sind,

8. Arztpraxen, Zahnarztpraxen,

9. Praxen sonstiger humanmedizinischer Heilberufe,

10. Einrichtungen des öffentlichen Gesundheitsdienstes, in denen medizinische Untersuchungen, Präventionsmaßnahmen oder ambulante Behandlungen durchgeführt werden,

11. ambulante Pflegedienste, die ambulante Intensivpflege in Einrichtungen, Wohngruppen oder sonstigen gemeinschaftlichen Wohnformen erbringen, und

12. Rettungsdienste.

Die Einhaltung des Standes der medizinischen Wissenschaft auf diesem Gebiet wird vermutet, wenn jeweils die veröffentlichten Empfehlungen der Kommission für Krankenhaushygiene und Infektionsprävention beim Robert Koch-Institut und der Kommission Antiinfektiva, Resistenz und Therapie beim Robert Koch-Institut beachtet worden sind.

(4) Die Leiter von Einrichtungen nach Absatz 3 Satz 1 Nummer 1 bis 3 haben sicherzustellen, dass die nach Absatz 4a festgelegten nosokomialen Infektionen und das Auftreten von Krankheitserregern mit speziellen Resistenzen und Multiresistenzen fortlaufend in einer gesonderten Niederschrift aufgezeichnet, bewertet und sachgerechte Schlussfolgerungen hinsichtlich erforderlicher Präventionsmaßnahmen gezogen werden und dass die erforderlichen Präventionsmaßnahmen dem Personal mitgeteilt und umgesetzt werden. Darüber hinaus haben die Leiter sicherzustellen, dass die nach Absatz 4a festgelegten Daten zu Art und Umfang des Antibiotika-Verbrauchs fortlaufend in zusammengefasster Form aufgezeichnet, unter Berücksichtigung der lokalen Resistenzsituation bewertet und sachgerechte Schlussfolgerungen hinsichtlich des Einsatzes von Antibiotika gezogen werden und dass die erforderlichen Anpassungen des Antibiotikaeinsatzes dem Personal mitgeteilt und umgesetzt werden. Die Aufzeichnungen nach den Sätzen 1 und 2 sind zehn Jahre nach deren Anfertigung aufzubewahren. Dem zuständigen Gesundheitsamt ist auf Verlangen Einsicht in die Aufzeichnungen, Bewertungen und Schlussfolgerungen zu gewähren.

(4a) Das Robert Koch-Institut hat entsprechend den jeweiligen epidemiologischen Erkenntnissen die nach Absatz 4 zu erfassenden nosokomialen Infektionen und Krankheitserreger mit speziellen Resistenzen und Multiresistenzen sowie Daten zu Art und Umfang des Antibiotikaverbrauchs festzulegen. Die Festlegungen hat es in einer Liste im Bundesgesundheitsblatt zu veröffentlichen. Die Liste ist an den aktuellen Stand anzupassen.

(5) Die Leiter folgender Einrichtungen haben sicherzustellen, dass innerbetriebliche Verfahrensweisen zur Infektionshygiene in Hygieneplänen festgelegt sind:

1. Krankenhäuser,

2. Einrichtungen für ambulantes Operieren,

3. Vorsorge- oder Rehabilitationseinrichtungen,

4. Dialyseeinrichtungen,

5. Tageskliniken,

6. Entbindungseinrichtungen,

7. Behandlungs- oder Versorgungseinrichtungen, die mit einer der in den Nummern 1 bis 6 genannten Einrichtungen vergleichbar sind,

8. ambulante Pflegedienste, die ambulante Intensivpflege in Einrichtungen, Wohngruppen oder sonstigen gemeinschaftlichen Wohnformen erbringen, und

9. Rettungsdienste.

Die Landesregierungen können durch Rechtsverordnung vorsehen, dass Leiter von Zahnarztpraxen sowie Leiter von Arztpraxen und Praxen sonstiger humanmedizinischer Heilberufe, in denen invasive Eingriffe vorgenommen werden, sicherzustellen haben, dass innerbetriebliche Verfahrensweisen zur Infektionshygiene in Hygieneplänen festgelegt sind. Die Landesregierungen können die Ermächtigung durch Rechtsverordnung auf andere Stellen übertragen.

(6) Einrichtungen nach Absatz 5 Satz 1 unterliegen der infektionshygienischen Überwachung durch das Gesundheitsamt. Einrichtungen nach Absatz 5 Satz 2 können durch das Gesundheitsamt infektionshygienisch überwacht werden.

(6a) Die infektionshygienische Überwachung von ambulanten Pflegediensten, die ambulante Intensivpflege in Einrichtungen, Wohngruppen oder sonstigen gemeinschaftlichen Wohnformen erbringen, erstreckt sich auch auf Orte, an denen die Intensivpflege erbracht wird. Die ambulanten Pflegedienste haben dem Gesundheitsamt auf dessen Anforderung die Namen und Kontaktdaten der von ihnen versorgten Personen und der vertretungsberechtigten Personen mitzuteilen.

(7) (weggefallen)

(8) Die Landesregierungen haben durch Rechtsverordnung für Krankenhäuser, Einrichtungen für ambulantes Operieren, Vorsorge- oder Rehabilitationseinrichtungen, in denen eine den Krankenhäusern vergleichbare medizinische Versorgung erfolgt, sowie für Dialyseeinrichtungen und Tageskliniken die jeweils erforderlichen Maßnahmen zur Verhütung, Erkennung, Erfassung und Bekämpfung von nosokomialen Infektionen und Krankheitserregern mit Resistenzen zu regeln. Dabei sind insbesondere Regelungen zu treffen über

1. hygienische Mindestanforderungen an Bau, Ausstattung und Betrieb der Einrichtungen,

2. Bestellung, Aufgaben und Zusammensetzung einer Hygienekommission,

3. die erforderliche personelle Ausstattung mit Hygienefachkräften und Krankenhaushygienikern und die Bestellung von hygienebeauftragten Ärzten einschließlich bis längstens zum 31. Dezember 2019 befristeter Übergangsvorschriften zur Qualifikation einer ausreichenden Zahl geeigneten Fachpersonals,

4. Aufgaben und Anforderungen an Fort- und Weiterbildung der in der Einrichtung erforderlichen Hygienefachkräfte, Krankenhaushygieniker und hygienebeauftragten Ärzte,

5. die erforderliche Qualifikation und Schulung des Personals hinsichtlich der Infektionsprävention,

6. Strukturen und Methoden zur Erkennung von nosokomialen Infektionen und resistenten Erregern und zur Erfassung im Rahmen der ärztlichen und pflegerischen Dokumentationspflicht,

7. die zur Erfüllung ihrer jeweiligen Aufgaben erforderliche Einsichtnahme der in Nummer 4 genannten Personen in Akten der jeweiligen Einrichtung einschließlich der Patientenakten,

8. die Information des Personals über Maßnahmen, die zur Verhütung und Bekämpfung von nosokomialen Infektionen und Krankheitserregern mit Resistenzen erforderlich sind,

9. die klinisch-mikrobiologisch und klinisch-pharmazeutische Beratung des ärztlichen Personals,

10. die Information von aufnehmenden Einrichtungen und niedergelassenen Ärzten bei der Verlegung, Überweisung oder Entlassung von Patienten über Maßnahmen, die zur Verhütung und Bekämpfung von nosokomialen Infektionen und von Krankheitserregern mit Resistenzen erforderlich sind.

Für Rettungsdienste können die Landesregierungen erforderliche Maßnahmen nach den Sätzen 1 und 2 regeln. Die Landesregierungen können die Ermächtigung durch Rechtsverordnung auf andere Stellen übertragen.

§ 23a Personenbezogene Daten über den Impf- und Serostatus von Beschäftigten

Soweit es zur Erfüllung von Verpflichtungen aus § 23 Absatz 3 in Bezug auf übertragbare

Krankheiten erforderlich ist, darf der Arbeitgeber personenbezogene Daten eines Beschäftigten über dessen Impf- und Serostatus verarbeiten, um über die Begründung eines Beschäftigungsverhältnisses oder über die Art und Weise einer Beschäftigung zu entscheiden. Dies gilt nicht in Bezug auf übertragbare Krankheiten, die im Rahmen einer leitliniengerechten Behandlung nach dem Stand der medizinischen Wissenschaft nicht mehr übertragen werden können.

5. Abschnitt
Bekämpfung übertragbarer Krankheiten

§ 24 Feststellung und Heilbehandlung übertragbarer Krankheiten, Verordnungsermächtigung

Die Feststellung oder die Heilbehandlung einer in § 6 Absatz 1 Satz 1 Nummer 1, 2 und 5 oder in § 34 Absatz 1 Satz 1 genannten Krankheit oder einer Infektion mit einem in § 7 genannten Krankheitserreger oder einer sonstigen sexuell übertragbaren Krankheit darf nur durch einen Arzt erfolgen. Satz 1 gilt nicht für die Anwendung von In-vitro-Diagnostika, die für patientennahe Schnelltests bei Testung auf HIV, Hepatitis-C-Virus, Severe-Acute-Respiratory-Syndrome-Coronavirus-2 (SARS-CoV-2) und Treponema pallidum verwendet werden. Das Bundesministerium für Gesundheit wird ermächtigt, durch Rechtsverordnung mit Zustimmung des Bundesrates festzulegen, dass

1. Satz 1 auch nicht für die Anwendung von Invitro-Diagnostika gilt, die für patientennahe Schnelltests bei Testung auf weitere Krankheiten oder Krankheitserreger verwendet werden, sowie

2. abweichend von Satz 1 auch ein Zahnarzt oder ein Tierarzt im Rahmen einer Labordiagnostik den direkten oder indirekten Nachweis eines in § 7 genannten Krankheitserregers führen kann.

In der Rechtsverordnung nach Satz 3 kann auch geregelt werden, dass Veterinärmedizinisch-technische Assistentinnen und Veterinärmedizinisch-technische Assistenten bei der Durchführung laboranalytischer Untersuchungen zum Nachweis eines in § 7 genannten Krankheitserregers die in § 9 Absatz 1 Nummer 1 des MTA-Gesetzes genannten Tätigkeiten ausüben dürfen und dass in diesem Fall der Vorbehalt der Ausübung dieser Tätigkeiten durch Medizinisch-technische Laboratoriumsassistentinnen und Medizinisch-technische Laboratoriumsassistenten nicht gilt. In dringenden Fällen kann zum Schutz der Bevölkerung die Rechtsverordnung nach Satz 3 ohne Zustimmung des Bundesrates erlassen werden. Eine nach Satz 5 erlassene Verordnung tritt ein Jahr nach ihrem Inkrafttreten außer Kraft; ihre Geltungsdauer kann mit Zustimmung des Bundesrates verlängert werden.

§ 25 Ermittlungen

(1) Ergibt sich oder ist anzunehmen, dass jemand krank, krankheitsverdächtig, ansteckungsverdächtig oder Ausscheider ist oder dass ein Verstorbener krank, krankheitsverdächtig oder Ausscheider war, so stellt das Gesundheitsamt die erforderlichen Ermittlungen an, insbesondere über Art, Ursache, Ansteckungsquelle und Ausbreitung der Krankheit.

(2) Für die Durchführung der Ermittlungen nach Absatz 1 gilt § 16 Absatz 1 Satz 2, Absatz 2, 3, 5 und 8 entsprechend. Das Gesundheitsamt kann eine im Rahmen der Ermittlungen im Hinblick auf eine bedrohliche übertragbare Krankheit erforderliche Befragung in Bezug auf die Art, Ursache, Ansteckungsquelle und Ausbreitung der Krankheit unmittelbar an eine dritte Person, insbesondere an den behandelnden Arzt, richten, wenn eine Mitwirkung der betroffenen Person oder der nach § 16 Absatz 5 verpflichteten Person nicht oder nicht rechtzeitig möglich ist; die dritte Person ist in entsprechender Anwendung von § 16 Absatz 2 Satz 3 und 4 zur Auskunft verpflichtet.

(3) Die in Absatz 1 genannten Personen können durch das Gesundheitsamt vorgeladen werden. Sie können durch das Gesundheitsamt verpflichtet werden,

1. Untersuchungen und Entnahmen von Untersuchungsmaterial an sich vornehmen zu lassen, insbesondere die erforderlichen äußerlichen Untersuchungen, Röntgenuntersuchungen, Tuberkulintestungen, Blutentnahmen und Abstriche von Haut und Schleimhäuten durch die Beauftragten des Gesundheitsamtes zu dulden, sowie

2. das erforderliche Untersuchungsmaterial auf Verlangen bereitzustellen.

Darüber hinausgehende invasive Eingriffe sowie Eingriffe, die eine Betäubung erfordern, dürfen nur mit Einwilligung des Betroffenen vorgenommen werden; § 16 Absatz 5 gilt nur entsprechend, wenn der Betroffene einwilligungsunfähig ist. Die bei den Untersuchungen erhobenen personenbezogenen Daten dürfen nur für Zwecke dieses Gesetzes verarbeitet werden.

(4) Den Ärzten des Gesundheitsamtes und dessen ärztlichen Beauftragten ist vom Gewahrsamsinhaber die Untersuchung der in Absatz 1 genannten Verstorbenen zu gestatten. Die zuständige Behörde soll gegenüber dem Gewahrsamsinhaber die innere Leichenschau anordnen, wenn dies vom Gesundheitsamt für erforderlich gehalten wird.

(5) Die Grundrechte der körperlichen Unversehrtheit (Artikel 2 Absatz 2 Satz 1 des Grundgesetzes), der Freiheit der Person (Artikel 2 Absatz 2 Satz 2 des Grundgesetzes) und der Unverletzlichkeit der Wohnung (Artikel 13 Absatz 1 des Grundgesetzes) werden insoweit eingeschränkt.

§ 26 Teilnahme des behandelnden Arztes

Der behandelnde Arzt ist berechtigt, mit Zustimmung des Patienten an den Untersuchungen nach § 25 sowie an der inneren Leichenschau teilzunehmen.

§ 27 Gegenseitige Unterrichtung

(1) Das Gesundheitsamt unterrichtet insbesondere in den Fällen des § 25 Absatz 1 unverzüglich andere Gesundheitsämter oder die zuständigen Behörden und Stellen nach den §§ 54 bis 54b, deren Aufgaben nach diesem Gesetz berührt sind, und übermittelt ihnen die zur Erfüllung von deren Aufgaben erforderlichen Angaben, sofern ihm die Angaben vorliegen. Die zuständigen Behörden und Stellen nach den §§ 54 bis 54b unterrichten das Gesundheitsamt, wenn dessen Aufgaben nach diesem Gesetz berührt sind, und übermitteln diesem die zur Erfüllung von dessen Aufgaben erforderlichen Angaben, soweit ihnen die Angaben vorliegen.

(2) Das Gesundheitsamt unterrichtet unverzüglich die für die Überwachung nach § 39 Absatz 1 Satz 1 des Lebensmittel- und Futtermittelgesetzbuchs örtlich zuständige Lebensmittelüberwachungsbehörde, wenn auf Grund von Tatsachen feststeht oder der Verdacht besteht,

1. dass ein spezifisches Lebensmittel, das an Endverbraucher abgegeben wurde, in mindestens zwei Fällen mit epidemiologischem Zusammenhang Ursache einer übertragbaren Krankheit ist, oder

2. dass Krankheitserreger auf Lebensmittel übertragen wurden und deshalb eine Weiterverbreitung der Krankheit durch Lebensmittel zu befürchten ist.

Fußnote

§ 25 Abs. 1: Baden-Württemberg – Abweichung durch <u>§ 60 Abs. 4 Polizeigesetz (PolG BW)</u> idF d. G v. 20.11.2012 GBl. BW 2012, 625 mWv 29.11.2012 (vgl. BGBl. I 2012, 2726)

§ 25 Abs. 1 bis 3: Bremen – Abweichung durch § 2 des Gesetzes zur Behandlungseinleitung bei Infektionen mit übertragbaren Krankheiten durch Dritte (BremBlüKDG) v. 24.3.2015 Brem. GBl. S. 118 mWv 26.3.2015 (vgl. BGBl. I 2015, 700)

§ 26 Abs. 1 u. 2: Baden-Württemberg – Abweichung durch <u>§ 60 Abs. 4 Polizeigesetz (PolG BW)</u> idF d. G v. 20.11.2012 GBl. BW 2012, 625 mWv 29.11.2012 (vgl. BGBl. I 2012, 2726)

Das Gesundheitsamt stellt folgende Angaben zur Verfügung, soweit sie ihm vorliegen und die Angaben für die von der zuständigen Lebensmittelüberwachungsbehörde zu treffenden Maßnahmen erforderlich sind:

1. Zahl der Kranken, Krankheitsverdächtigen, Ansteckungsverdächtigen und Ausscheider, auf Ersuchen der Lebensmittelüberwachungsbehörde auch Namen und Erreichbarkeitsdaten,

2. betroffenes Lebensmittel,

3. an Endverbraucher abgegebene Menge des Lebensmittels,

4. Ort und Zeitraum seiner Abgabe,

5. festgestellter Krankheitserreger und

6. von Personen entgegen § 42 ausgeübte Tätigkeit sowie Ort der Ausübung.

(3) Das Gesundheitsamt unterrichtet unverzüglich die nach § 4 Absatz 1 des Tiergesundheitsgesetzes zuständige Behörde, wenn

1. auf Grund von Tatsachen feststeht oder der Verdacht besteht, dass

   a) Erreger einer übertragbaren Krankheit unmittelbar oder mittelbar von Tieren auf eine betroffene Person übertragen wurden oder

   b) Erreger von einer betroffenen Person auf Tiere übertragen wurden, und

2. es sich um Erreger einer nach einer auf Grund des Tiergesundheitsgesetzes erlassenen Rechtsverordnung anzeigepflichtigen Tierseuche oder meldepflichtigen Tierkrankheit handelt.

Das Gesundheitsamt übermittelt der nach § 4 Absatz 1 des Tiergesundheitsgesetzes zuständigen Behörde Angaben zum festgestellten Erreger, zur Tierart und zum Standort der Tiere, sofern ihm die Angaben vorliegen.

(4) Das Gesundheitsamt unterrichtet unverzüglich die für den Immissionsschutz zuständige Behörde, wenn im Fall einer örtlichen oder zeitlichen Häufung von Infektionen mit Legionella sp. der Verdacht besteht, dass Krankheitserreger durch Aerosole in der Außenluft auf den Menschen übertragen wurden. Das Gesundheitsamt übermittelt der für den Immissionsschutz zuständigen Behörde Angaben zu den wahrscheinlichen Orten und Zeitpunkten der Infektionen, sofern ihm die Angaben vorliegen.

(5) Das Gesundheitsamt unterrichtet unverzüglich die zuständige Landesbehörde, wenn der Verdacht besteht, dass ein Arzneimittel die Quelle einer Infektion ist. Das Gesundheitsamt übermittelt der zuständigen Landesbehörde alle notwendigen Angaben, sofern es diese Angaben ermitteln kann, wie Bezeichnung des Produktes, Name oder Firma des pharmazeutischen Unternehmers und die Chargenbezeichnung. Über die betroffene Person sind ausschließlich das Geburtsdatum, das Geschlecht sowie der erste Buchstabe des ersten Vornamens und der erste Buchstabe des ersten Nachnamens anzugeben. Die zuständige Behörde übermittelt die Angaben unverzüglich der nach § 77 des Arzneimittelgesetzes zuständigen Bundesoberbehörde. Die personenbezogenen Daten sind zu pseudonymisieren.

(6) Steht auf Grund von Tatsachen fest oder besteht der Verdacht, dass jemand, der an einer meldepflichtigen Krankheit erkrankt oder mit einem meldepflichtigen Krankheitserreger infiziert ist, oder dass ein Verstorbener, der an einer meldepflichtigen Krankheit erkrankt oder mit einem meldepflichtigen Krankheitserreger infiziert war, nach dem vermuteten Zeitpunkt der Infektion Blut-, Organ-, Gewebe- oder Zellspender war, so hat das Gesundheitsamt, wenn es sich dabei um eine durch Blut, Blutprodukte, Organe, Gewebe oder Zellen übertragbare Krankheit oder Infektion handelt, die zuständigen Behörden von Bund und Ländern unverzüglich über den Befund oder Verdacht zu unterrichten. Es meldet dabei die ihm bekannt gewordenen Sachverhalte. Nach den Sätzen 1 und 2 hat es bei Spendern vermittlungspflichtiger Organe (§ 1a Nummer 2 des Transplantati-

onsgesetzes) auch die nach § 11 des Transplantationsgesetzes errichtete oder bestimmte Koordinierungsstelle zu unterrichten, bei sonstigen Organ-, Gewebe- oder Zellspendern nach den Vorschriften des Transplantationsgesetzes die Einrichtung der medizinischen Versorgung, in der das Organ, das Gewebe oder die Zelle übertragen wurde oder übertragen werden soll, und die Gewebeeinrichtung, die das Gewebe oder die Zelle entnommen hat.

§ 28 Schutzmaßnahmen

(1) Werden Kranke, Krankheitsverdächtige, Ansteckungsverdächtige oder Ausscheider festgestellt oder ergibt sich, dass ein Verstorbener krank, krankheitsverdächtig oder Ausscheider war, so trifft die zuständige Behörde die notwendigen Schutzmaßnahmen, insbesondere die in den § 28a Absatz 1 und in den §§ 29 bis 31 genannten, soweit und solange es zur Verhinderung der Verbreitung übertragbarer Krankheiten erforderlich ist; sie kann insbesondere Personen verpflichten, den Ort, an dem sie sich befinden, nicht oder nur unter bestimmten Bedingungen zu verlassen oder von ihr bestimmte Orte oder öffentliche Orte nicht oder nur unter bestimmten Bedingungen zu betreten. Unter den Voraussetzungen von Satz 1 kann die zuständige Behörde Veranstaltungen oder sonstige Ansammlungen von Menschen beschränken oder verbieten und Badeanstalten oder in § 33 genannte Gemeinschaftseinrichtungen oder Teile davon schließen. Eine Heilbehandlung darf nicht angeordnet werden. Die Grundrechte der körperlichen Unversehrtheit (Artikel 2 Absatz 2 Satz 1 des Grundgesetzes), der Freiheit der Person (Artikel 2 Absatz 2 Satz 2 des Grundgesetzes), der Versammlungsfreiheit (Artikel 8 des Grundgesetzes), der Freizügigkeit (Artikel 11 Absatz 1 des Grundgesetzes) und der Unverletzlichkeit der Wohnung (Artikel 13 Absatz 1 des Grundgesetzes) werden insoweit eingeschränkt.

(2) Wird festgestellt, dass eine Person in einer Gemeinschaftseinrichtung an Masern erkrankt, dessen verdächtig oder ansteckungsverdächtig ist, kann die zuständige Behörde Personen, die weder einen Impfschutz, der den Empfehlungen der Ständigen Impfkommission entspricht, noch eine Immunität gegen Masern durch ärztliches Zeugnis nachweisen können, die in § 34 Absatz 1 Satz 1 und 2 genannten Verbote erteilen, bis eine Weiterverbreitung der Krankheit in der Gemeinschaftseinrichtung nicht mehr zu befürchten ist.

(3) Für Maßnahmen nach den Absätzen 1 und 2 gilt § 16 Abs. 5 bis 8, für ihre Überwachung außerdem § 16 Abs. 2 entsprechend.

§ 28a Besondere Schutzmaßnahmen zur Verhinderung der Verbreitung der Coronavirus-Krankheit-2019 (COVID-19)

(1) Notwendige Schutzmaßnahmen im Sinne des § 28 Absatz 1 Satz 1 und 2 zur Verhinderung der Verbreitung der Coronavirus-Krankheit-2019 (COVID-19) können für die Dauer der Feststellung einer epidemischen Lage von nationaler Tragweite nach § 5 Absatz 1 Satz 1 durch den Deutschen Bundestag insbesondere sein

1. Anordnung eines Abstandsgebots im öffentlichen Raum,

2. Verpflichtung zum Tragen einer Mund-Nasen-Bedeckung (Maskenpflicht),

3. Ausgangs- oder Kontaktbeschränkungen im privaten sowie im öffentlichen Raum,

4. Verpflichtung zur Erstellung und Anwendung von Hygienekonzepten für Betriebe, Einrichtungen oder Angebote mit Publikumsverkehr,

5. Untersagung oder Beschränkung von Freizeitveranstaltungen und ähnlichen Veranstaltungen,

6. Untersagung oder Beschränkung des Betriebs von Einrichtungen, die der Freizeitgestaltung zuzurechnen sind,

7. Untersagung oder Beschränkung von Kulturveranstaltungen oder des Betriebs von Kultureinrichtungen,

8. Untersagung oder Beschränkung von Sportveranstaltungen und der Sportausübung,

9. umfassendes oder auf bestimmte Zeiten beschränktes Verbot der Alkoholabgabe oder des Alkoholkonsums auf bestimmten öffentlichen Plätzen oder in bestimmten öffentlich zugänglichen Einrichtungen,

10. Untersagung von oder Erteilung von Auflagen für das Abhalten von Veranstaltungen, Ansammlungen, Aufzügen, Versammlungen sowie religiösen oder weltanschaulichen Zusammenkünften,

11. Untersagung oder Beschränkung von Reisen; dies gilt insbesondere für touristische Reisen,

12. Untersagung oder Beschränkung von Übernachtungsangeboten,

13. Untersagung oder Beschränkung des Betriebs von gastronomischen Einrichtungen,

14. Schließung oder Beschränkung von Betrieben, Gewerben, Einzel- oder Großhandel,

15. Untersagung oder Beschränkung des Betretens oder des Besuchs von Einrichtungen des Gesundheits- oder Sozialwesens,

16. Schließung von Gemeinschaftseinrichtungen im Sinne von § 33, Hochschulen, außerschulischen Einrichtungen der Erwachsenenbildung oder ähnlichen Einrichtungen oder Erteilung von Auflagen für die Fortführung ihres Betriebs oder

17. Anordnung der Verarbeitung der Kontaktdaten von Kunden, Gästen oder Veranstaltungsteilnehmern,

um nach Auftreten einer Infektion mit dem Coronavirus SARS-CoV-2 mögliche Infektionsketten nachverfolgen und unterbrechen zu können.

(2) Die Anordnung der folgenden Schutzmaßnahmen nach Absatz 1 in Verbindung mit § 28 Absatz 1 ist nur zulässig, soweit auch bei Berücksichtigung aller bisher getroffenen anderen Schutzmaßnahmen eine wirksame Eindämmung der Verbreitung der Coronavirus-Krankheit-2019 (COVID-19) erheblich gefährdet wäre:

1. Untersagung von Versammlungen oder Aufzügen im Sinne von Artikel 8 des Grundgesetzes und von religiösen oder weltanschaulichen Zusammenkünften nach Absatz 1 Nummer 10,

2. Anordnung einer Ausgangsbeschränkung nach Absatz 1 Nummer 3, nach der das Verlassen des privaten Wohnbereichs nur zu bestimmten Zeiten oder zu bestimmten Zwecken zulässig ist, und

3. Untersagung des Betretens oder des Besuchs von Einrichtungen im Sinne von Absatz 1 Nummer 15, wie zum Beispiel Alten- oder Pflegeheimen, Einrichtungen der Behindertenhilfe, Entbindungseinrichtungen oder Krankenhäusern für enge Angehörige von dort behandelten, gepflegten oder betreuten Personen.

Schutzmaßnahmen nach Absatz 1 Nummer 15 dürfen nicht zur vollständigen Isolation von einzelnen Personen oder Gruppen führen; ein Mindestmaß an sozialen Kontakten muss gewährleistet bleiben.

(3) Entscheidungen über Schutzmaßnahmen zur Verhinderung der Verbreitung der Coronavirus-Krankheit-2019 (COVID-19) nach Absatz 1 in Verbindung mit § 28 Absatz 1, nach § 28 Absatz 1 Satz 1 und 2 und den §§ 29 bis 31 sind insbesondere an dem Schutz von Leben und Gesundheit und der Funktionsfähigkeit des Gesundheitssystems auszurichten. Die Schutzmaßnahmen sollen unter Berücksichtigung des jeweiligen Infektionsgeschehens regional bezogen auf die Ebene der Landkreise, Bezirke oder kreisfreien Städte an den Schwellenwerten nach Maßgabe der Sätze 4 bis 12 ausgerichtet werden, soweit Infektionsgeschehen innerhalb eines Landes nicht regional übergreifend oder gleichgelagert sind. Die Länder Berlin und die Freie und Hansestadt Hamburg gelten als kreisfreie Städte im Sinne des Satzes 2. Maßstab für die zu ergreifenden Schutzmaßnahmen ist ins-

besondere die Anzahl der Neuinfektionen mit dem Coronavirus SARSCoV-2 je 100 000 Einwohnern innerhalb von sieben Tagen. Bei Überschreitung eines Schwellenwertes von über 50 Neuinfektionen je 100 000 Einwohner innerhalb von sieben Tagen sind umfassende Schutzmaßnahmen zu ergreifen, die eine effektive Eindämmung des Infektionsgeschehens erwarten lassen. Bei Überschreitung eines Schwellenwertes von über 35 Neuinfektionen je 100 000 Einwohner innerhalb von sieben Tagen sind breit angelegte Schutzmaßnahmen zu ergreifen, die eine schnelle Abschwächung des Infektionsgeschehens erwarten lassen. Unterhalb eines Schwellenwertes von 35 Neuinfektionen je 100 000 Einwohner innerhalb von sieben Tagen kommen insbesondere Schutzmaßnahmen in Betracht, die die Kontrolle des Infektionsgeschehens unterstützen. Vor dem Überschreiten eines Schwellenwertes sind die in Bezug auf den jeweiligen Schwellenwert genannten Schutzmaßnahmen insbesondere bereits dann angezeigt, wenn die Infektionsdynamik eine Überschreitung des jeweiligen Schwellenwertes in absehbarer Zeit wahrscheinlich macht. Bei einer bundesweiten Überschreitung eines Schwellenwertes von über 50 Neuinfektionen je 100 000 Einwohner innerhalb von sieben Tagen sind bundesweit abgestimmte umfassende, auf eine effektive Eindämmung des Infektionsgeschehens abzielende Schutzmaßnahmen anzustreben. Bei einer landesweiten Überschreitung eines Schwellenwertes von über 50 Neuinfektionen je 100 000 Einwohner innerhalb von sieben Tagen sind landesweit abgestimmte umfassende, auf eine effektive Eindämmung des Infektionsgeschehens abzielende Schutzmaßnahmen anzustreben. Nach Unterschreitung eines in den Sätzen 5 und 6 genannten Schwellenwertes können die in Bezug auf den jeweiligen Schwellenwert genannten Schutzmaßnahmen aufrechterhalten werden, soweit und solange dies zur Verhinderung der Verbreitung der Coronavirus-Krankheit-2019 (COVID-19) erforderlich ist. Die in den Landkreisen, Bezirken oder kreisfreien Städten auftretenden Inzidenzen werden zur Bestimmung des nach diesem Absatz jeweils maßgeblichen Schwellenwertes durch das Robert Koch-Institut im Rahmen der laufenden Fallzahlenberichterstattung auf dem RKIDashboard unter der Adresse http://corona.rki.de im Internet veröffentlicht.

(4) Im Rahmen der Kontaktdatenerhebung nach Absatz 1 Nummer 17 dürfen von den Verantwortlichen nur personenbezogene Angaben sowie Angaben zum Zeitraum und zum Ort des Aufenthaltes erhoben und verarbeitet werden, soweit dies zur Nachverfolgung von Kontaktpersonen zwingend notwendig ist. Die Verantwortlichen haben sicherzustellen, dass eine Kenntnisnahme der erfassten Daten durch Unbefugte ausgeschlossen ist. Die Daten dürfen nicht zu einem anderen Zweck als der Aushändigung auf Anforderung an die nach Landesrecht für die Erhebung der Daten zuständigen Stellen verwendet werden und sind vier Wochen nach Erhebung zu löschen. Die zuständigen Stellen nach Satz 3 sind berechtigt, die erhobenen Daten anzufordern, soweit dies zur Kontaktnachverfolgung nach § 25 Absatz 1 erforderlich ist. Die Verantwortlichen nach Satz 1 sind in diesen Fällen verpflichtet, den zuständigen Stellen nach Satz 3 die erhobenen Daten zu übermitteln. Eine Weitergabe der übermittelten Daten durch die zuständigen Stellen nach Satz 3 oder eine Weiterverwendung durch diese zu anderen Zwecken als der Kontaktnachverfolgung ist ausgeschlossen. Die den zuständigen Stellen nach Satz 3 übermittelten Daten sind von diesen unverzüglich irreversibel zu löschen, sobald die Daten für die Kontaktnachverfolgung nicht mehr benötigt werden.

(5) Rechtsverordnungen, die nach § 32 in Verbindung mit § 28 Absatz 1 und § 28a Absatz 1 erlassen werden, sind mit einer allgemeinen Begründung zu versehen und zeitlich zu befristen. Die Geltungsdauer beträgt grundsätzlich vier Wochen; sie kann verlängert werden.

(6) Schutzmaßnahmen nach Absatz 1 in Verbindung mit § 28 Absatz 1, nach § 28 Absatz 1 Satz 1 und 2 und nach den §§ 29 bis 31 können

auch kumulativ angeordnet werden, soweit und solange es für eine wirksame Verhinderung der Verbreitung der Coronavirus-Krankheit-2019 (COVID-19) erforderlich ist. Bei Entscheidungen über Schutzmaßnahmen zur Verhinderung der Verbreitung der Coronavirus-Krankheit-2019 (COVID-19) sind soziale, gesellschaftliche und wirtschaftliche Auswirkungen auf den Einzelnen und die Allgemeinheit einzubeziehen und zu berücksichtigen, soweit dies mit dem Ziel einer wirksamen Verhinderung der Verbreitung der Coronavirus-Krankheit-2019 (COVID-19) vereinbar ist. Einzelne soziale, gesellschaftliche oder wirtschaftliche Bereiche, die für die Allgemeinheit von besonderer Bedeutung sind, können von den Schutzmaßnahmen ausgenommen werden, soweit ihre Einbeziehung zur Verhinderung der Verbreitung der Coronavirus-Krankheit-2019 (COVID-19) nicht zwingend erforderlich ist.

(7) Nach dem Ende einer durch den Deutschen Bundestag nach § 5 Absatz 1 Satz 1 festgestellten epidemischen Lage von nationaler Tragweite können die Absätze 1 bis 6 auch angewendet werden, soweit und solange sich die Coronavirus-Krankheit-2019 (COVID-19) nur in einzelnen Ländern ausbreitet und das Parlament in einem betroffenen Land die Anwendbarkeit der Absätze 1 bis 6 dort feststellt.

§ 29 Beobachtung

(1) Kranke, Krankheitsverdächtige, Ansteckungsverdächtige und Ausscheider können einer Beobachtung unterworfen werden.

(2) Wer einer Beobachtung nach Absatz 1 unterworfen ist, hat die erforderlichen Untersuchungen durch die Beauftragten des Gesundheitsamtes zu dulden und den Anordnungen des Gesundheitsamtes Folge zu leisten. § 25 Absatz 3 gilt entsprechend. Eine Person nach Satz 1 ist ferner verpflichtet, den Beauftragten des Gesundheitsamtes zum Zwecke der Befragung oder der Untersuchung den Zutritt zu seiner Wohnung zu gestatten, auf Verlangen ihnen über alle seinen Gesundheitszustand betref-

fenden Umstände Auskunft zu geben und im Falle des Wechsels der Hauptwohnung oder des gewöhnlichen Aufenthaltes unverzüglich dem bisher zuständigen Gesundheitsamt Anzeige zu erstatten. Die Anzeigepflicht gilt auch bei Änderungen einer Tätigkeit im Lebensmittelbereich im Sinne von § 42 Abs. 1 Satz 1 oder in Einrichtungen im Sinne von § 23 Absatz 5 oder § 36 Absatz 1 sowie beim Wechsel einer Gemeinschaftseinrichtung im Sinne von § 33. § 16 Abs. 2 Satz 4 gilt entsprechend. Die Grundrechte der körperlichen Unversehrtheit (Artikel 2 Abs. 2 Satz 1 Grundgesetz), der Freiheit der Person (Artikel 2 Abs. 2 Satz 2 Grundgesetz) und der Unverletzlichkeit der Wohnung (Artikel 13 Abs. 1 Grundgesetz) werden insoweit eingeschränkt.

§ 30 Absonderung

(1) Die zuständige Behörde hat anzuordnen, dass Personen, die an Lungenpest oder an von Mensch zu Mensch übertragbarem hämorrhagischem Fieber erkrankt oder dessen verdächtig sind, unverzüglich in einem Krankenhaus oder einer für diese Krankheiten geeigneten Einrichtung abgesondert werden. Bei sonstigen Kranken sowie Krankheitsverdächtigen, Ansteckungsverdächtigen und Ausscheidern kann angeordnet werden, dass sie in einem geeigneten Krankenhaus oder in sonst geeigneter Weise abgesondert werden, bei Ausscheidern jedoch nur, wenn sie andere Schutzmaßnahmen nicht befolgen, befolgen können oder befolgen würden und dadurch ihre Umgebung gefährden.

(2) Kommt der Betroffene den seine Absonderung betreffenden Anordnungen nicht nach oder ist nach seinem bisherigen Verhalten anzunehmen, dass er solchen Anordnungen nicht ausreichend Folge leisten wird, so ist er zwangsweise durch Unterbringung in einem abgeschlossenen Krankenhaus oder einem abgeschlossenen Teil eines Krankenhauses abzusondern. Ansteckungsverdächtige und Ausscheider können auch in einer anderen geeigneten abgeschlossenen Einrichtung abge-

sondert werden. Das Grundrecht der Freiheit der Person (Artikel 2 Abs. 2 Satz 2 Grundgesetz) kann insoweit eingeschränkt werden. Buch 7 des Gesetzes über das Verfahren in Familiensachen und in den Angelegenheiten der freiwilligen Gerichtsbarkeit gilt entsprechend.

(3) Der Abgesonderte hat die Anordnungen des Krankenhauses oder der sonstigen Absonderungseinrichtung zu befolgen und die Maßnahmen zu dulden, die der Aufrechterhaltung eines ordnungsgemäßen Betriebs der Einrichtung oder der Sicherung des Unterbringungszwecks dienen. Insbesondere dürfen ihm Gegenstände, die unmittelbar oder mittelbar einem Entweichen dienen können, abgenommen und bis zu seiner Entlassung anderweitig verwahrt werden. Für ihn eingehende oder von ihm ausgehende Pakete und schriftliche Mitteilungen können in seinem Beisein geöffnet und zurückgehalten werden, soweit dies zur Sicherung des Unterbringungszwecks erforderlich ist. Die bei der Absonderung erhobenen personenbezogenen Daten sowie die über Pakete und schriftliche Mitteilungen gewonnenen Erkenntnisse dürfen nur für Zwecke dieses Gesetzes verarbeitet werden. Postsendungen von Gerichten, Behörden, gesetzlichen Vertretern, Rechtsanwälten, Notaren oder Seelsorgern dürfen weder geöffnet noch zurückgehalten werden; Postsendungen an solche Stellen oder Personen dürfen nur geöffnet und zurückgehalten werden, soweit dies zum Zwecke der Entseuchung notwendig ist. Die Grundrechte der körperlichen Unversehrtheit (Artikel 2 Abs. 2 Satz 1 Grundgesetz), der Freiheit der Person (Artikel 2 Abs. 2 Satz 2 Grundgesetz) und das Grundrecht des Brief- und Postgeheimnisses (Artikel 10 Grundgesetz) werden insoweit eingeschränkt.

(4) Der behandelnde Arzt und die zur Pflege bestimmten Personen haben freien Zutritt zu abgesonderten Personen. Dem Seelsorger oder Urkundspersonen muss, anderen Personen kann der behandelnde Arzt den Zutritt unter Auferlegung der erforderlichen Verhaltensmaßregeln gestatten.

(5) Die Träger der Einrichtungen haben dafür zu sorgen, dass das eingesetzte Personal sowie die weiteren gefährdeten Personen den erforderlichen Impfschutz oder eine spezifische Prophylaxe erhalten.

(6) Die Länder haben dafür Sorge zu tragen, dass die nach Absatz 1 Satz 1 notwendigen Räume, Einrichtungen und Transportmittel zur Verfügung stehen.

(7) Die zuständigen Gebietskörperschaften haben dafür zu sorgen, dass die nach Absatz 1 Satz 2 und Absatz 2 notwendigen Räume, Einrichtungen und Transportmittel sowie das erforderliche Personal zur Durchführung von Absonderungsmaßnahmen außerhalb der Wohnung zur Verfügung stehen. Die Räume und Einrichtungen zur Absonderung nach Absatz 2 sind nötigenfalls von den Ländern zu schaffen und zu unterhalten.

§ 31 Berufliches Tätigkeitsverbot

Die zuständige Behörde kann Kranken, Krankheitsverdächtigen, Ansteckungsverdächtigen und Ausscheidern die Ausübung bestimmter beruflicher Tätigkeiten ganz oder teilweise untersagen. Satz 1 gilt auch für sonstige Personen, die Krankheitserreger so in oder an sich tragen, dass im Einzelfall die Gefahr einer Weiterverbreitung besteht.

§ 32 Erlass von Rechtsverordnungen

Die Landesregierungen werden ermächtigt, unter den Voraussetzungen, die für Maßnahmen nach den §§ 28 bis 31 maßgebend sind, auch durch Rechtsverordnungen entsprechende Gebote und Verbote zur Bekämpfung übertragbarer Krankheiten zu erlassen. Die Landesregierungen können die Ermächtigung durch Rechtsverordnung auf andere Stellen übertragen. Die Grundrechte der Freiheit der Person (Artikel 2 Abs. 2 Satz 2 Grundgesetz), der Freizügigkeit (Artikel 11 Abs. 1 Grundgesetz), der Versammlungsfreiheit (Artikel 8 Grundgesetz), der Unverletzlichkeit der Wohnung (Artikel 13

Abs. 1 Grundgesetz) und des Brief- und Postgeheimnisses (Artikel 10 Grundgesetz) können insoweit eingeschränkt werden.

6. Abschnitt
Infektionsschutz bei bestimmten Einrichtungen, Unternehmen und Personen

§ 33 Gemeinschaftseinrichtungen

Gemeinschaftseinrichtungen im Sinne dieses Gesetzes sind Einrichtungen, in denen überwiegend minderjährige Personen betreut werden; dazu gehören insbesondere:

1. Kindertageseinrichtungen und Kinderhorte,

2. die nach § 43 Absatz 1 des Achten Buches Sozialgesetzbuch erlaubnispflichtige Kindertagespflege,

3. Schulen und sonstige Ausbildungseinrichtungen,

4. Heime und

5. Ferienlager.

§ 34 Gesundheitliche Anforderungen, Mitwirkungspflichten, Aufgaben des Gesundheitsamtes

(1) Personen, die an

1. Cholera

2. Diphtherie

3. Enteritis durch enterohämorrhagische E. coli (EHEC)

4. virusbedingtem hämorrhagischen Fieber

5. Haemophilus influenzae Typ b-Meningitis

6. Impetigo contagiosa (ansteckende Borkenflechte)

7. Keuchhusten

8. ansteckungsfähiger Lungentuberkulose

9. Masern

10. Meningokokken-Infektion

11. Mumps

12. Paratyphus

13. Pest

14. Poliomyelitis

14a. Röteln

15. Scharlach oder sonstigen Streptococcus pyogenes-Infektionen

16. Shigellose

17. Skabies (Krätze)

18. Typhus abdominalis

19. Virushepatitis A oder E

20. Windpocken

erkrankt oder dessen verdächtig oder die verlaust sind, dürfen in den in § 33 genannten Gemeinschaftseinrichtungen keine Lehr-, Erziehungs-, Pflege-, Aufsichts- oder sonstige Tätigkeiten ausüben, bei denen sie Kontakt zu den dort Betreuten haben, bis nach ärztlichem Urteil eine Weiterverbreitung der Krankheit oder der Verlausung durch sie nicht mehr zu befürchten ist. Satz 1 gilt entsprechend für die in der Gemeinschaftseinrichtung Betreuten mit der Maßgabe, dass sie die dem Betrieb der Gemeinschaftseinrichtung dienenden Räume nicht betreten, Einrichtungen der Gemeinschaftseinrichtung nicht benutzen und an Veranstaltungen der Gemeinschaftseinrichtung nicht teilnehmen dürfen. Satz 2 gilt auch für Kinder, die das 6. Lebensjahr noch nicht vollendet haben und an infektiöser Gastroenteritis erkrankt oder dessen verdächtig sind.

(2) Ausscheider von

1. Vibrio cholerae O 1 und O 139

2. Corynebacterium spp., Toxin bildend

3. Salmonella Typhi

4. Salmonella Paratyphi

5. Shigella sp.

6. enterohämorrhagischen E. coli (EHEC)

dürfen nur mit Zustimmung des Gesundheitsamtes und unter Beachtung der gegenüber dem Ausscheider und der Gemeinschaftseinrichtung verfügten Schutzmaßnahmen die dem Betrieb der Gemeinschaftseinrichtung dienenden Räume betreten, Einrichtungen der Gemeinschaftseinrichtung benutzen und an Veranstaltungen der Gemeinschaftseinrichtung teilnehmen.

(3) Absatz 1 Satz 1 und 2 gilt entsprechend für Personen, in deren Wohngemeinschaft nach ärztlichem Urteil eine Erkrankung an oder ein Verdacht auf

1. Cholera

2. Diphtherie

3. Enteritis durch enterohämorrhagische E. coli (EHEC)

4. virusbedingtem hämorrhagischem Fieber

5. Haemophilus influenzae Typ b-Meningitis

6. ansteckungsfähiger Lungentuberkulose

7. Masern

8. Meningokokken-Infektion

9. Mumps

10. Paratyphus

11. Pest

12. Poliomyelitis

12a. Röteln

13. Shigellose

14. Typhus abdominalis

15. Virushepatitis A oder E

16. Windpocken aufgetreten ist.

(4) Wenn die nach den Absätzen 1 bis 3 verpflichteten Personen geschäftsunfähig oder in der Geschäftsfähigkeit beschränkt sind, so hat derjenige für die Einhaltung der die diese Personen

nach den Absätzen 1 bis 3 treffenden Verpflichtungen zu sorgen, dem die Sorge für diese Person zusteht. Die gleiche Verpflichtung trifft den Betreuer einer von Verpflichtungen nach den Absätzen 1 bis 3 betroffenen Person, soweit die Erfüllung dieser Verpflichtungen zu seinem Aufgabenkreis gehört.

(5) Wenn einer der in den Absätzen 1, 2 oder 3 genannten Tatbestände bei den in Absatz 1 genannten Personen auftritt, so haben diese Personen oder in den Fällen des Absatzes 4 der Sorgeinhaber der Gemeinschaftseinrichtung hiervon unverzüglich Mitteilung zu machen. Die Leitung der Gemeinschaftseinrichtung hat jede Person, die in der Gemeinschaftseinrichtung neu betreut wird, oder deren Sorgeberechtigte über die Pflichten nach Satz 1 zu belehren.

(6) Werden Tatsachen bekannt, die das Vorliegen einer der in den Absätzen 1, 2 oder 3 aufgeführten Tatbestände annehmen lassen, so hat die Leitung der Gemeinschaftseinrichtung das Gesundheitsamt, in dessen Bezirk sich die Gemeinschaftseinrichtung befindet, unverzüglich zu benachrichtigen und krankheits- und personenbezogene Angaben zu machen. Dies gilt auch beim Auftreten von zwei oder mehr gleichartigen, schwerwiegenden Erkrankungen, wenn als deren Ursache Krankheitserreger anzunehmen sind. Eine Benachrichtigungspflicht besteht nicht, wenn der Leitung ein Nachweis darüber vorliegt, dass die Meldung des Sachverhalts nach § 6 bereits erfolgt ist.

(7) Die zuständige Behörde kann im Einvernehmen mit dem Gesundheitsamt für die in § 33 genannten Einrichtungen Ausnahmen von dem Verbot nach Absatz 1, auch in Verbindung mit Absatz 3, zulassen, wenn Maßnahmen durchgeführt werden oder wurden, mit denen eine Übertragung der aufgeführten Erkrankungen oder der Verlausung verhütet werden kann.

(8) Das Gesundheitsamt kann gegenüber der Leitung der Gemeinschaftseinrichtung anordnen, dass das Auftreten einer Erkrankung oder eines hierauf gerichteten Verdachtes ohne Hinweis auf die Person in der Gemeinschaftseinrichtung bekannt gegeben wird.

(9) Wenn in Gemeinschaftseinrichtungen betreute Personen Krankheitserreger so in oder an sich tragen, dass im Einzelfall die Gefahr einer Weiterverbreitung besteht, kann die zuständige Behörde die notwendigen Schutzmaßnahmen anordnen.

(10) Die Gesundheitsämter und die in § 33 genannten Gemeinschaftseinrichtungen sollen die betreuten Personen oder deren Sorgeberechtigte gemeinsam über die Bedeutung eines vollständigen, altersgemäßen, nach den Empfehlungen der Ständigen Impfkommission ausreichenden Impfschutzes und über die Prävention übertragbarer Krankheiten aufklären.

(10a) Bei der Erstaufnahme in eine Kindertageseinrichtung haben die Personensorgeberechtigten gegenüber dieser einen schriftlichen Nachweis darüber zu erbringen, dass zeitnah vor der Aufnahme eine ärztliche Beratung in Bezug auf einen vollständigen, altersgemäßen, nach den Empfehlungen der Ständigen Impfkommission ausreichenden Impfschutz des Kindes erfolgt ist. Wenn der Nachweis nicht erbracht wird, benachrichtigt die Leitung der Kindertageseinrichtung das Gesundheitsamt, in dessen Bezirk sich die Einrichtung befindet, und übermittelt dem Gesundheitsamt personenbezogene Angaben. Das Gesundheitsamt kann die Personensorgeberechtigten zu einer Beratung laden. Weitergehende landesrechtliche Regelungen bleiben unberührt.

(11) Bei Erstaufnahme in die erste Klasse einer allgemein bildenden Schule hat das Gesundheitsamt oder der von ihm beauftragte Arzt den Impfstatus zu erheben und die hierbei gewonnenen aggregierten und anonymisierten Daten über die oberste Landesgesundheitsbehörde dem Robert Koch-Institut zu übermitteln.

§ 35 Belehrung für Personen in der Betreuung von Kindern und Jugendlichen

Personen, die in den in § 33 genannten Gemeinschaftseinrichtungen Lehr-, Erziehungs-, Pflege-, Aufsichts- oder sonstige regelmäßige Tätigkeiten ausüben und Kontakt mit den dort Betreuten haben, sind vor erstmaliger Aufnahme ihrer Tätigkeit und im Weiteren mindestens im Abstand von zwei Jahren von ihrem Arbeitgeber über die gesundheitlichen Anforderungen und Mitwirkungsverpflichtungen nach § 34 zu belehren. Über die Belehrung ist ein Protokoll zu erstellen, das beim Arbeitgeber für die Dauer von drei Jahren aufzubewahren ist. Die Sätze 1 und 2 finden für Dienstherren entsprechende Anwendung.

§ 36 Infektionsschutz bei bestimmten Einrichtungen, Unternehmen und Personen; Verordnungsermächtigung

(1) Folgende Einrichtungen und Unternehmen müssen in Hygieneplänen innerbetriebliche Verfahrensweisen zur Infektionshygiene festlegen und unterliegen der infektionshygienischen Überwachung durch das Gesundheitsamt:

1. die in § 33 genannten Gemeinschaftseinrichtungen mit Ausnahme der Gemeinschaftseinrichtungen nach § 33 Nummer 2,

2. nicht unter § 23 Absatz 5 Satz 1 fallende voll- oder teilstationäre Einrichtungen zur Betreuung und Unterbringung älterer, behinderter oder pflegebedürftiger Menschen oder vergleichbare Einrichtungen,

3. Obdachlosenunterkünfte,

4. Einrichtungen zur gemeinschaftlichen Unterbringung von Asylbewerbern, vollziehbar Ausreisepflichtigen, Flüchtlingen und Spätaussiedlern,

5. sonstige Massenunterkünfte,

6. Justizvollzugsanstalten sowie

7. nicht unter § 23 Absatz 5 Satz 1 fallende ambulante Pflegedienste und Unternehmen, die den Einrichtungen nach Nummer 2 vergleichbare Dienstleistungen anbieten; Angebote zur Unterstützung im Alltag im Sinne von § 45a Absatz 1 Satz 2 des Elften Buches Sozialgesetzbuch zählen nicht zu den Dienstleistungen, die mit Angeboten in

Einrichtungen nach Nummer 2 vergleichbar sind.

(2) Einrichtungen und Unternehmen, bei denen die Möglichkeit besteht, dass durch Tätigkeiten am Menschen durch Blut Krankheitserreger übertragen werden, sowie Gemeinschaftseinrichtungen nach § 33 Nummer 2 können durch das Gesundheitsamt infektionshygienisch überwacht werden.

(3) (weggefallen)

(3a) Die Leiter von in Absatz 1 Nummer 2 bis 6 genannten Einrichtungen haben das Gesundheitsamt, in dessen Bezirk sich die Einrichtung befindet, unverzüglich zu benachrichtigen und die nach diesem Gesetz erforderlichen krankheits- und personenbezogenen Angaben zu machen, wenn eine in der Einrichtung tätige oder untergebrachte Person an Skabies erkrankt ist oder bei ihr der Verdacht besteht, dass sie an Skabies erkrankt ist.

(4) Personen, die in eine Einrichtung nach Absatz 1 Nummer 2 bis 4 aufgenommen werden sollen, haben der Leitung der Einrichtung vor oder unverzüglich nach ihrer Aufnahme ein ärztliches Zeugnis darüber vorzulegen, dass bei ihnen keine Anhaltspunkte für das Vorliegen einer ansteckungsfähigen Lungentuberkulose vorhanden sind. Bei der erstmaligen Aufnahme darf die Erhebung der Befunde, die dem ärztlichen Zeugnis zugrunde liegt, nicht länger als sechs Monate zurückliegen, bei einer erneuten Aufnahme darf sie nicht länger als zwölf Monate zurückliegen. Bei Personen, die in eine Einrichtung nach Absatz 1 Nummer 4 aufgenommen werden sollen, muss sich das Zeugnis auf eine im Geltungsbereich dieses Gesetzes erstellte Röntgenaufnahme der Lunge oder auf andere von der obersten Landesgesundheitsbehörde oder der von ihr bestimmten Stelle zugelassene Befunde stützen. Bei Personen, die das 15. Lebensjahr noch nicht vollendet haben, sowie bei Schwangeren ist von der Röntgenaufnahme abzusehen; stattdessen ist ein ärztliches Zeugnis vorzulegen, dass nach sonstigen Befunden eine ansteckungsfähige Lungentu-

berkulose nicht zu befürchten ist. § 34 Absatz 4 gilt entsprechend. Satz 1 gilt nicht für Obdachlose, die weniger als drei Tage in eine Einrichtung nach Absatz 1 Nummer 3 aufgenommen werden.

(5) Personen, die in eine Einrichtung nach Absatz 1 Nummer 4 aufgenommen werden sollen, sind verpflichtet, eine ärztliche Untersuchung auf Ausschluss einer ansteckungsfähigen Lungentuberkulose einschließlich einer Röntgenaufnahme der Atmungsorgane zu dulden. Dies gilt nicht, wenn die betroffenen Personen ein ärztliches Zeugnis nach Absatz 4 vorlegen oder unmittelbar vor ihrer Aufnahme in einer anderen Einrichtung nach Absatz 1 Nummer 4 untergebracht waren und die entsprechenden Untersuchungen bereits dort durchgeführt wurden. Personen, die in eine Justizvollzugsanstalt aufgenommen werden, sind verpflichtet, eine ärztliche Untersuchung auf übertragbare Krankheiten einschließlich einer Röntgenaufnahme der Lunge zu dulden. Für Untersuchungen nach den Sätzen 1 und 3 gilt Absatz 4 Satz 4 entsprechend. Widerspruch und Anfechtungsklage gegen Anordnungen nach den Sätzen 1 und 3 haben keine aufschiebende Wirkung.

(6) Die Landesregierungen werden ermächtigt, durch Rechtsverordnung festzulegen, dass Personen, die nach dem 31. Dezember 2018 in die Bundesrepublik Deutschland eingereist sind und die auf Grund ihrer Herkunft oder ihrer Lebenssituation wahrscheinlich einem erhöhten Infektionsrisiko für bestimmte bedrohliche bertragbare Krankheiten ausgesetzt waren, nach ihrer Einreise ein ärztliches Zeugnis darüber vorzulegen haben, dass bei ihnen keine Anhaltspunkte für das Vorliegen solcher bedrohlicher übertragbarer Krankheiten vorhanden sind, sofern dies zum Schutz der Bevölkerung vor einer Gefährdung durch bedrohliche übertragbare Krankheiten erforderlich ist; § 34 Absatz 4 gilt entsprechend. Personen, die kein auf Grund der Rechtsverordnung erforderliches ärztliches Zeugnis vorlegen, sind verpflichtet, eine ärztliche Untersuchung auf Ausschluss bedrohlicher übertragbarer Krankhei-

ten im Sinne des Satzes 1 zu dulden; Absatz 5 Satz 5 gilt entsprechend. In der Rechtsverordnung nach Satz 1 ist zu bestimmen:

1. das jeweils zugrunde liegende erhöhte Infektionsrisiko im Hinblick auf bestimmte bedrohliche übertragbare Krankheiten,

2. die jeweils betroffenen Personengruppen unter Berücksichtigung ihrer Herkunft oder ihrer Lebenssituation,

3. Anforderungen an das ärztliche Zeugnis nach Satz 1 und zu der ärztlichen Untersuchung nach Satz 2 sowie

4. die Frist, innerhalb der das ärztliche Zeugnis nach der Einreise in die Bundesrepublik Deutschland vorzulegen ist.

Das Robert Koch-Institut kann zu den Einzelheiten nach Satz 3 Nummer 1 Empfehlungen abgeben. Die Landesregierungen können die Ermächtigung nach Satz 1 durch Rechtsverordnung auf andere Stellen übertragen.

(7) Das Bundesministerium für Gesundheit wird ermächtigt, durch Rechtsverordnung mit Zustimmung des Bundesrates festzulegen, dass Personen, die in die Bundesrepublik Deutschland einreisen wollen oder eingereist sind und die wahrscheinlich einem erhöhten Infektionsrisiko für eine bestimmte bedrohliche übertragbare Krankheit ausgesetzt waren, vor oder nach ihrer Einreise ein ärztliches Zeugnis darüber vorzulegen haben, dass bei ihnen keine Anhaltspunkte für das Vorliegen einer solchen bedrohlichen übertragbaren Krankheit vorhanden sind, sofern dies zum Schutz der Bevölkerung vor einer Gefährdung durch schwerwiegende übertragbare Krankheiten erforderlich ist; § 34 Absatz 4 gilt entsprechend. Personen, die kein auf Grund der Rechtsverordnung erforderliches ärztliches Zeugnis vorlegen, sind verpflichtet, eine ärztliche Untersuchung auf Ausschluss einer bedrohlichen übertragbaren Krankheit im Sinne des Satzes 1 zu dulden; Absatz 5 Satz 5 gilt entsprechend. In der Rechtsverordnung können nähere Einzelheiten insbesondere zu den betroffenen Personengruppen

und zu den Anforderungen an das ärztliche Zeugnis nach Satz 1 und zu der ärztlichen Untersuchung nach Satz 2 bestimmt werden. Das Robert Koch-Institut kann zu den Einzelheiten nach Satz 3 Empfehlungen abgeben. In dringenden Fällen kann zum Schutz der Bevölkerung die Rechtsverordnung ohne Zustimmung des Bundesrates erlassen werden. Eine auf der Grundlage des Satzes 5 erlassene Verordnung tritt ein Jahr nach ihrem Inkrafttreten außer Kraft; ihre Geltungsdauer kann mit Zustimmung des Bundesrates verlängert werden.

(8) Die Bundesregierung wird, sofern der Deutsche Bundestag nach § 5 Absatz 1 Satz 1 eine epidemische Lage von nationaler Tragweite festgestellt hat, ermächtigt, durch Rechtsverordnung ohne Zustimmung des Bundesrates festzulegen, dass Personen, die in die Bundesrepublik Deutschland einreisen wollen oder eingereist sind und bei denen die Möglichkeit besteht, dass sie einem erhöhten Infektionsrisiko für die Krankheit ausgesetzt waren, die zur Feststellung der epidemischen Lage von nationaler Tragweite geführt hat, insbesondere, weil sie sich in einem entsprechenden Risikogebiet aufgehalten haben, ausschließlich zur Feststellung und Verhinderung der Verbreitung dieser Krankheit verpflichtet sind, der zuständigen Behörde ihre personenbezogenen Angaben, das Datum ihrer voraussichtlichen Einreise, ihre Aufenthaltsorte bis zu zehn Tage vor und nach der Einreise und das für die Einreise genutzte Reisemittel durch Nutzung des vom Robert Koch-Institut nach Absatz 9 eingerichteten elektronischen Melde- und Informationssystems mitzuteilen. In der Rechtsverordnung ist auch zu bestimmen, in welchen Fällen Ausnahmen von der Verpflichtung nach Satz 1 bestehen. Es kann festgelegt werden, dass, soweit eine Ausnahme vorliegt, anstelle der Nutzung des vom Robert Koch-Institut nach Absatz 9 eingerichteten elektronischen Melde- und Informationssystems eine schriftliche Ersatzmitteilung gegenüber der zuständigen Behörde vorzunehmen ist. § 34 Absatz 4 gilt für die durch die Rechtsverordnung nach den Sätzen 1 und 3 festgelegte Verpflichtung entsprechend.

(9) Das Robert Koch-Institut richtet für die Zwecke des Absatzes 8 Satz 1 ein elektronisches Melde- und Informationssystem ein und ist verantwortlich für dessen technischen Betrieb. Das Robert Koch-Institut kann einen IT-Dienstleister mit der technischen Umsetzung beauftragen. Die aufgrund einer Rechtsverordnung nach Absatz 8 Satz 1 erhobenen Daten dürfen von der zuständigen Behörde nur für Zwecke der Überwachung der Absonderung und der Kontaktnachverfolgung verarbeitet werden. Sie sind spätestens 14 Tage nach dem mitgeteilten Datum der Einreise der jeweils betroffenen Person zu löschen.

(10) Die Bunderegierung wird, sofern der Deutsche Bundestag nach § 5 Absatz 1 Satz 1 eine epidemische Lage von nationaler Tragweite festgestellt hat, ermächtigt, durch Rechtsverordnung ohne Zustimmung des Bundesrates festzulegen,

1. dass die in einer Rechtsverordnung nach Absatz 8 Satz 1 genannten Personen verpflichtet sind, gegenüber den Beförderern, gegenüber der zuständigen Behörde oder gegenüber den diese Behörde nach Maßgabe des Absatzes 11 Satz 1 unterstützenden, mit der polizeilichen Kontrolle des grenzüberschreitenden Verkehrs beauftragten Behörden

   a) einen Nachweis über die Erfüllung der in einer Rechtsverordnung nach Absatz 8 Satz 1 festgelegten Verpflichtung oder die Ersatzmitteilung nach Absatz 8 Satz 3 vorzulegen,

   b) eine Impfdokumentation hinsichtlich der in Absatz 8 Satz 1 genannten Krankheit vorzulegen,

   c) ein ärztliches Zeugnis oder ein Testergebnis hinsichtlich des Nichtvorliegens der in Absatz 8 Satz 1 genannten Krankheit vorzulegen,

   d) Auskunft darüber zu geben, ob bei ihnen Anhaltspunkte für die in Absatz 8

Satz 1 genannte Krankheit vorhanden sind;

2. dass Unternehmen, die im Eisenbahn-, Bus-, Schiffs- oder Flugverkehr Reisende befördern, Betreiber von Flugplätzen, Häfen, Personenbahnhöfen und Omnibusbahnhöfen im Rahmen ihrer betrieblichen und technischen Möglichkeiten ausschließlich zur Feststellung und Verhinderung der Verbreitung der in Absatz 8 Satz 1 genannten Krankheit, bei der Durchführung der Rechtsverordnung nach Nummer 1 mitzuwirken haben, und verpflichtet sind,

   a) Beförderungen aus einem entsprechenden Risikogebiet in die Bundesrepublik Deutschland zu unterlassen, sofern eine Rückreise von Personen mit Wohnsitz in Deutschland weiterhin möglich ist, deren Einreise nicht aus aufenthaltsrechtlichen Gründen zu untersagen ist,

   b) Beförderungen aus einem Risikogebiet in die Bundesrepublik Deutschland nur dann durchzuführen, wenn die zu befördernden Personen den nach Nummer 1 auferlegten Verpflichtungen vor der Beförderung nachgekommen sind,

   c) Reisende über die geltenden Einreise- und Infektionsschutzbestimmungen und -maßnahmen in der Bundesrepublik Deutschland und die Gefahren der in Absatz 8 Satz 1 genannten Krankheit sowie die Möglichkeiten zu deren Verhütung und Bekämpfung barrierefrei zu informieren und in diesem Rahmen auf die Reise- und Sicherheitshinweise des Auswärtigen Amts hinzuweisen,

   d) die zur Identifizierung einer Person oder zur Früherkennung von Kranken, Krankheitsverdächtigen, Ansteckungsverdächtigen und Ausscheidern notwendigen personenbezogenen Angaben zu erheben und an die für den Aufenthaltsort der betreffenden Person nach diesem Gesetz zuständige Behörde zu übermitteln,

e) bestimmte Schutzmaßnahmen zur Verhinderung der Übertragung der in Absatz 8 Satz 1 genannten Krankheit im Rahmen der Beförderung vorzunehmen,

f) die Beförderung von Kranken, Krankheitsverdächtigen, Ansteckungsverdächtigen und Ausscheidern der zuständigen Behörde zu melden,

g) Passagierlisten und Sitzpläne auf Nachfrage der zuständigen Behörde zu übermitteln,

h) den Transport von Kranken, Krankheitsverdächtigen, Ansteckungsverdächtigen oder Ausscheidern, in ein Krankenhaus oder in eine andere geeignete Einrichtung durch Dritte zu ermöglichen,

i) gegenüber dem Robert Koch-Institut eine für Rückfragen der zuständigen Behörden erreichbare Kontaktstelle zu benennen;

3. dass Anbieter von Telekommunikationsdiensten und Betreiber öffentlicher Mobilfunknetze verpflichtet sind, Einreisende barrierefrei über elektronische Nachrichten über die geltenden Einreise- und Infektionsschutzbestimmungen und -maßnahmen in der Bundesrepublik Deutschland zu informieren.

Personen, die kein aufgrund der Rechtsverordnung nach Satz 1 Nummer 1 erforderliches ärztliches Zeugnis oder erforderliches Testergebnis vorlegen, sind verpflichtet, eine ärztliche Untersuchung auf Ausschluss der in Absatz 8 Satz 1 genannten Krankheit zu dulden. § 34 Absatz 4 gilt für die durch die Rechtsverordnung nach Satz 1 Nummer 1 festgelegten Verpflichtungen entsprechend.

(11) Die mit der polizeilichen Kontrolle des grenzüberschreitenden Verkehrs beauftragten Behörden können anlässlich der grenzpolizeilichen Aufgabenwahrnehmung als unterstützende Behörde nach Absatz 10 Satz 1 Nummer 1 stichprobenhaft von den in der Rechtsverordnung nach Absatz 8 Satz 1 genannten Personen verlangen, dass sie ihnen die in Absatz 10 Satz 1 Nummer 1 Buchstabe a bis c genannten Nachweise oder Dokumente vorlegen oder ihnen Auskunft nach Absatz 10 Satz 1 Nummer 1 Buchstabe d erteilen. Die unterstützenden Behörden nach Absatz 10 Satz 1 Nummer 1 unterrichten bei Kenntnis unverzüglich die zuständigen Behörden über die Einreise der in der Rechtsverordnung nach Absatz 8 Satz 1 genannten Personen, soweit diese ihren den unterstützenden Behörden gegenüber bestehenden in der Rechtsverordnung nach Absatz 10 Satz 1 Nummer 1 festgelegten Verpflichtungen bei der Einreise nicht nachkommen. Zu diesem Zweck dürfen bei den in der Rechtsverordnung nach Absatz 8 Satz 1 genannten Personen ihre personenbezogenen Angaben, Angaben zu ihren Aufenthaltsorten bis zu zehn Tage vor und nach der Einreise und Angaben zu dem von ihnen genutzten Reisemittel erhoben und der zuständigen Behörde übermittelt werden. Die nach § 71 Absatz 1 Satz 1 des Aufenthaltsgesetzes zuständigen Behörden und die unterstützenden Behörden nach Absatz 10 Satz 1 Nummer 1 unterrichten bei Kenntnis unverzüglich die zuständigen Behörden über die Einreise der in der Rechtsverordnung nach Absatz 6 Satz 1 oder nach Absatz 7 Satz 1 genannten Personen. Zu diesem Zweck dürfen bei diesen Personen ihre personenbezogenen Angaben erhoben und der zuständigen Behörde übermittelt werden. Die von den Behörden nach den Sätzen 1, 3 und 5 erhobenen Daten dürfen mit den Daten vorgelegter Reisedokumente abgeglichen werden.

(12) Eine aufgrund des Absatzes 8 Satz 1 oder des Absatzes 10 Satz 1 erlassene Rechtsverordnung tritt mit der Aufhebung der Feststellung der epidemischen Lage von nationaler Tragweite durch den Deutschen Bundestag nach § 5 Absatz 1 Satz 2 außer Kraft, ansonsten spätestens mit Ablauf des 31. März 2021.

(13) Durch die Absätze 4 bis 7 und 10 werden die Grundrechte der körperlichen Unversehrtheit (Artikel 2 Absatz 2 Satz 1 des Grundgesetzes) und der Freizügigkeit (Artikel 11 Absatz 1 des Grundgesetzes) eingeschränkt.

7. Abschnitt
Wasser

§ 37 Beschaffenheit von Wasser für den menschlichen Gebrauch sowie von Wasser zum Schwimmen oder Baden in Becken oder Teichen, Überwachung

(1) Wasser für den menschlichen Gebrauch muss so beschaffen sein, dass durch seinen Genuss oder Gebrauch eine Schädigung der menschlichen Gesundheit, insbesondere durch Krankheitserreger, nicht zu besorgen ist.

(2) Wasser, das in Gewerbebetrieben, öffentlichen Bädern sowie in sonstigen nicht ausschließlich privat genutzten Einrichtungen zum Schwimmen oder Baden bereitgestellt wird

1. in Schwimm- oder Badebecken oder

2. in Schwimm- oder Badeteichen, die nicht Badegewässer im Sinne der Richtlinie 2006/7/EG des Europäischen Parlaments und des Rates vom 15. Februar 2006 über die Qualität der Badegewässer und deren Bewirtschaftung und zur Aufhebung der Richtlinie 76/160/EWG (ABl. L 64 vom 4.3.2006, S. 37; L 359 vom 29.12.2012, S. 77), die zuletzt durch die Richtlinie 2013/64/EU (ABl. L 353 vom 28.12.2013, S. 8) geändert worden ist, sind,

muss so beschaffen sein, dass durch seinen Gebrauch eine Schädigung der menschlichen Gesundheit, insbesondere durch Krankheitserreger, nicht zu besorgen ist. Bei Schwimm- oder Badebecken muss die Aufbereitung des Wassers eine Desinfektion einschließen. Bei Schwimm- oder Badeteichen hat die Aufbereitung des Wassers durch biologische und mechanische Verfahren, die mindestens den all-

gemein anerkannten Regeln der Technik entsprechen, zu erfolgen.

(3) Wassergewinnungs- und Wasserversorgungsanlagen, Schwimm- oder Badebecken und Schwimm- oder Badeteiche einschließlich ihrer Wasseraufbereitungsanlagen unterliegen hinsichtlich der in den Absätzen 1 und 2 genannten Anforderungen der Überwachung durch das Gesundheitsamt.

§ 38 Erlass von Rechtsverordnungen

(1) Das Bundesministerium für Gesundheit bestimmt durch Rechtsverordnung mit Zustimmung des Bundesrates,

1. welchen Anforderungen das Wasser für den menschlichen Gebrauch entsprechen muss, um der Vorschrift von § 37 Abs. 1 zu genügen,

2. dass und wie die Wassergewinnungs- und Wasserversorgungsanlagen und das Wasser in hygienischer Hinsicht zu überwachen sind,

3. welche Handlungs-, Unterlassungs-, Mitwirkungs- und Duldungspflichten dem Unternehmer oder sonstigen Inhaber einer Wassergewinnungs- oder Wasserversorgungsanlage im Sinne der Nummern 1 und 2 obliegen, welche Wasseruntersuchungen dieser durchführen oder durchführen lassen muss und in welchen Zeitabständen diese vorzunehmen sind,

4. die Anforderungen an Stoffe, Verfahren und Materialien bei der Gewinnung, Aufbereitung oder Verteilung des Wassers für den menschlichen Gebrauch, soweit diese nicht den Vorschriften des Lebensmittel- und Futtermittelgesetzbuches unterliegen, und insbesondere, dass nur Aufbereitungsstoffe und Desinfektionsverfahren verwendet werden dürfen, die hinreichend wirksam sind und keine vermeidbaren oder unvertretbaren Auswirkungen auf Gesundheit und Umwelt haben,

5. in welchen Fällen das Wasser für den menschlichen Gebrauch, das den Anforderungen nach den Nummern 1 oder 4 nicht entspricht, nicht oder nur eingeschränkt abgegeben oder anderen nicht oder nur eingeschränkt zur Verfügung gestellt werden darf,

6. dass und wie die Bevölkerung über die Beschaffenheit des Wassers für den menschlichen Gebrauch und über etwaige zu treffende Maßnahmen zu informieren ist,

7. dass und wie Angaben über die Gewinnung und die Beschaffenheit des Wassers für den menschlichen Gebrauch einschließlich personenbezogener Daten, soweit diese für die Erfassung und die Überwachung der Wasserqualität und der Wasserversorgung erforderlich sind, zu übermitteln sind und

8. die Anforderungen an die Untersuchungsstellen, die das Wasser für den menschlichen Gebrauch analysieren.

In der Rechtsverordnung können auch Regelungen über die Anforderungen an die Wassergewinnungs- und Wasserversorgungsanlagen getroffen werden. Ferner kann in der Rechtsverordnung dem Umweltbundesamt die Aufgabe übertragen werden, zu prüfen und zu entscheiden, ob Stoffe, Verfahren und Materialien die nach Satz 1 Nummer 4 festgelegten Anforderungen erfüllen. Voraussetzungen, Inhalt und Verfahren der Prüfung und Entscheidung können in der Rechtsverordnung näher bestimmt werden. In der Rechtsverordnung kann zudem festgelegt werden, dass Stoffe, Verfahren und Materialien bei der Gewinnung, Aufbereitung und Verteilung des Wassers für den menschlichen Gebrauch erst dann verwendet werden dürfen, wenn das Umweltbundesamt festgestellt hat, dass sie die nach Satz 1 Nummer 4 festgelegten Anforderungen erfüllen. Die Rechtsverordnung bedarf des Einvernehmens mit dem Bundesministerium für Umwelt, Naturschutz und nukleare Sicherheit, soweit es sich um Wassergewinnungsanlagen handelt.

(2) Das Bundesministerium für Gesundheit bestimmt durch Rechtsverordnung mit Zustimmung des Bundesrates,

1. welchen Anforderungen das in § 37 Abs. 2 bezeichnete Wasser entsprechen muss, um der Vorschrift von § 37 Abs. 2 zu genügen,

2. dass und wie die Schwimm- oder Badebecken, die Schwimm- oder Badeteiche und das Wasser in hygienischer Hinsicht zu überwachen sind,

3. welche Handlungs-, Unterlassungs-, Mitwirkungs- und Duldungspflichten dem Unternehmer oder sonstigen Inhaber eines Schwimm- oder Badebeckens oder eines Schwimm- oder Badeteiches im Sinne der Nummern 1 und 2 obliegen, welche Wasseruntersuchungen dieser durchführen oder durchführen lassen muss und in welchen Zeitabständen diese vorzunehmen sind,

4. in welchen Fällen das in § 37 Abs. 2 bezeichnete Wasser, das den Anforderungen nach Nummer 1 nicht entspricht, anderen nicht zur Verfügung gestellt werden darf und

5. dass für die Aufbereitung des in § 37 Absatz 2 Satz 1 bezeichneten Wassers nur Mittel und Verfahren verwendet werden dürfen, die vom Umweltbundesamt in einer Liste bekannt gemacht worden sind.

Die Aufnahme von Mitteln und Verfahren zur Aufbereitung des in § 37 Absatz 2 Satz 2 bezeichneten Wassers in die Liste nach Nummer 5 erfolgt nur, wenn das Umweltbundesamt festgestellt hat, dass die Mittel und Verfahren mindestens den allgemein anerkannten Regeln der Technik entsprechen.

(3) Für individuell zurechenbare öffentliche Leistungen in Antragsverfahren nach den auf Grund der Absätze 1 und 2 erlassenen Rechtsverordnungen kann das Umweltbundesamt zur Deckung des Verwaltungsaufwands Gebühren

und Auslagen erheben. Das Bundesministerium für Umwelt, Naturschutz und nukleare Sicherheit wird ermächtigt, durch Rechtsverordnung ohne Zustimmung des Bundesrates die gebührenpflichtigen Tatbestände, die Gebührensätze und die Auslagenerstattung näher zu bestimmen und dabei feste Sätze oder Rahmensätze vorzusehen.

§ 39 Untersuchungen, Maßnahmen der zuständigen Behörde

(1) Der Unternehmer oder sonstige Inhaber einer Wassergewinnungs- oder Wasserversorgungsanlage, eines Schwimm- oder Badebeckens oder eines Schwimm- oder Badeteiches hat die ihm auf Grund von Rechtsverordnungen nach § 38 Abs. 1 oder 2 obliegenden Wasseruntersuchungen auf eigene Kosten durchzuführen oder durchführen zu lassen. Er hat auch die Gebühren und Auslagen der Wasseruntersuchungen zu tragen, die die zuständige Behörde auf Grund der Rechtsverordnungen nach § 38 Abs. 1 oder 2 durchführt oder durchführen lässt.

(2) Die zuständige Behörde hat die notwendigen Maßnahmen zu treffen, um

1. die Einhaltung der Vorschriften des § 37 Abs. 1 und 2 und von Rechtsverordnungen nach § 38 Abs. 1 und 2 sicherzustellen,

2. Gefahren für die menschliche Gesundheit abzuwenden, die von Wasser für den menschlichen Gebrauch im Sinne von § 37 Abs. 1 sowie von Wasser für und in Schwimm- oder Badebecken und Schwimm- oder Badeteichen im Sinne von § 37 Abs. 2 ausgehen können, insbesondere um das Auftreten oder die Weiterverbreitung übertragbarer Krankheiten zu verhindern.

§ 16 Abs. 6 bis 8 gilt entsprechend.

§ 40 Aufgaben des Umweltbundesamtes

Das Umweltbundesamt hat im Rahmen dieses Gesetzes die Aufgabe, Konzeptionen zur Vorbeugung, Erkennung und Verhinderung der Weiterverbreitung von durch Wasser übertragbaren Krankheiten zu entwickeln. Beim Umweltbundesamt können zur Erfüllung dieser Aufgaben beratende Fachkommissionen eingerichtet werden, die Empfehlungen zum Schutz der menschlichen Gesundheit hinsichtlich der Anforderungen an die Qualität des in § 37 Abs. 1 und 2 bezeichneten Wassers sowie der insoweit notwendigen Maßnahmen abgeben können. Die Mitglieder dieser Kommissionen werden vom Bundesministerium für Gesundheit im Benehmen mit dem Bundesministerium für Umwelt, Naturschutz und nukleare Sicherheit sowie im Benehmen mit den jeweils zuständigen obersten Landesbehörden berufen. Vertreter des Bundesministeriums für Gesundheit, des Bundesministeriums für Umwelt, Naturschutz und nukleare Sicherheit und des Umweltbundesamtes nehmen mit beratender Stimme an den Sitzungen teil. Weitere Vertreter von Bundes- und Landesbehörden können daran teilnehmen.

§ 41 Abwasser

(1) Die Abwasserbeseitigungspflichtigen haben darauf hinzuwirken, dass Abwasser so beseitigt wird, dass Gefahren für die menschliche Gesundheit durch Krankheitserreger nicht entstehen. Einrichtungen zur Beseitigung des in Satz 1 genannten Abwassers unterliegen der infektionshygienischen Überwachung durch die zuständige Behörde.

(2) Die Landesregierungen werden ermächtigt, bezüglich des Abwassers durch Rechtsverordnung entsprechende Gebote und Verbote zur Verhütung übertragbarer Krankheiten zu erlassen. Die Landesregierungen können die Ermächtigung durch Rechtsverordnung auf andere Stellen übertragen. Das Grundrecht der Unverletzlichkeit der Wohnung (Artikel 13 Abs. 1 Grundgesetz) kann insoweit eingeschränkt werden.

8. Abschnitt
Gesundheitliche Anforderungen an das Personal beim Umgang mit Lebensmitteln

§ 42 Tätigkeits- und Beschäftigungsverbote

(1) Personen, die

1. an Typhus abdominalis, Paratyphus, Cholera, Shigellenruhr, Salmonellose, einer anderen infektiösen Gastroenteritis oder Virushepatitis A oder E erkrankt oder dessen verdächtig sind,

2. an infizierten Wunden oder an Hautkrankheiten erkrankt sind, bei denen die Möglichkeit besteht, dass deren Krankheitserreger über Lebensmittel übertragen werden können,

3. die Krankheitserreger Shigellen, Salmonellen, enterohämorrhagische Escherichia coli oder Choleravibrionen ausscheiden,

dürfen nicht tätig sein oder beschäftigt werden

a) beim Herstellen, Behandeln oder Inverkehrbringen der in Absatz 2 genannten Lebensmittel, wenn sie dabei mit diesen in Berührung kommen, oder

b) in Küchen von Gaststätten und sonstigen Einrichtungen mit oder zur Gemeinschaftsverpflegung.

Satz 1 gilt entsprechend für Personen, die mit Bedarfsgegenständen, die für die dort genannten Tätigkeiten verwendet werden, so in Berührung kommen, dass eine Übertragung von Krankheitserregern auf die Lebensmittel im Sinne des Absatzes 2 zu befürchten ist. Die Sätze 1 und 2 gelten nicht für den privaten hauswirtschaftlichen Bereich.

(2) Lebensmittel im Sinne des Absatzes 1 sind

1. Fleisch, Geflügelfleisch und Erzeugnisse daraus

2. Milch und Erzeugnisse auf Milchbasis

3. Fische, Krebse oder Weichtiere und Erzeugnisse daraus

4. Eiprodukte

5. Säuglings- und Kleinkindernahrung

6. Speiseeis und Speiseeishalberzeugnisse

7. Backwaren mit nicht durchgebackener oder durcherhitzter Füllung oder Auflage

8. Feinkost-, Rohkost- und Kartoffelsalate, Marinaden, Mayonnaisen, andere emulgierte Soßen, Nahrungshefen

9. Sprossen und Keimlinge zum Rohverzehr sowie Samen zur Herstellung von Sprossen und Keimlingen zum Rohverzehr.

(3) Personen, die in amtlicher Eigenschaft, auch im Rahmen ihrer Ausbildung, mit den in Absatz 2 bezeichneten Lebensmitteln oder mit Bedarfsgegenständen im Sinne des Absatzes 1 Satz 2 in Berührung kommen, dürfen ihre Tätigkeit nicht ausüben, wenn sie an einer der in Absatz 1 Nr. 1 genannten Krankheiten erkrankt oder dessen verdächtig sind, an einer der in Absatz 1 Nr. 2 genannten Krankheiten erkrankt sind oder die in Absatz 1 Nr. 3 genannten Krankheitserreger ausscheiden.

(4) Das Gesundheitsamt kann Ausnahmen von den Verboten nach dieser Vorschrift zulassen, wenn Maßnahmen durchgeführt werden, mit denen eine Übertragung der aufgeführten Erkrankungen und Krankheitserreger verhütet werden kann.

(5) Das Bundesministerium für Gesundheit wird ermächtigt, durch Rechtsverordnung mit Zustimmung des Bundesrates den Kreis der in Absatz 1 Nr. 1 und 2 genannten Krankheiten, der in Absatz 1 Nr. 3 genannten Krankheitserreger und der in Absatz 2 genannten Lebensmittel einzuschränken, wenn epidemiologische Erkenntnisse dies zulassen, oder zu erweitern, wenn dies zum Schutz der menschlichen Gesundheit vor einer Gefährdung durch Krankheitserreger erforderlich ist. In dringenden Fällen kann zum Schutz der Bevölkerung die Rechtsverordnung ohne Zustimmung des Bundesrates erlassen werden. Eine auf der Grundlage des Satzes 2 erlassene Verordnung tritt ein

Jahr nach ihrem Inkrafttreten außer Kraft; ihre Geltungsdauer kann mit Zustimmung des Bundesrates verlängert werden.

§ 43 Belehrung, Bescheinigung des Gesundheitsamtes

(1) Personen dürfen gewerbsmäßig die in § 42 Abs. 1 bezeichneten Tätigkeiten erstmalig nur dann ausüben und mit diesen Tätigkeiten erstmalig nur dann beschäftigt werden, wenn durch eine nicht mehr als drei Monate alte Bescheinigung des Gesundheitsamtes oder eines vom Gesundheitsamt beauftragten Arztes nachgewiesen ist, dass sie

1. über die in § 42 Abs. 1 genannten Tätigkeitsverbote und über die Verpflichtungen nach den Absätzen 2, 4 und 5 vom Gesundheitsamt oder von einem durch das Gesundheitsamt beauftragten Arzt belehrt wurden und

2. nach der Belehrung im Sinne der Nummer 1 in Textform erklärt haben, dass ihnen keine Tatsachen für ein Tätigkeitsverbot bei ihnen bekannt sind.

Liegen Anhaltspunkte vor, dass bei einer Person Hinderungsgründe nach § 42 Abs. 1 bestehen, so darf die Bescheinigung erst ausgestellt werden, wenn durch ein ärztliches Zeugnis nachgewiesen ist, dass Hinderungsgründe nicht oder nicht mehr bestehen.

(2) Treten bei Personen nach Aufnahme ihrer Tätigkeit Hinderungsgründe nach § 42 Abs. 1 auf, sind sie verpflichtet, dies ihrem Arbeitgeber oder Dienstherrn unverzüglich mitzuteilen.

(3) Werden dem Arbeitgeber oder Dienstherrn Anhaltspunkte oder Tatsachen bekannt, die ein Tätigkeitsverbot nach § 42 Abs. 1 begründen, so hat dieser unverzüglich die zur Verhinderung der Weiterverbreitung der Krankheitserreger erforderlichen Maßnahmen einzuleiten.

(4) Der Arbeitgeber hat Personen, die eine der in § 42 Abs. 1 Satz 1 oder 2 genannten Tätigkeiten ausüben, nach Aufnahme ihrer Tätigkeit und im Weiteren alle zwei Jahre über die in § 42 Abs. 1 genannten Tätigkeitsverbote und über die Verpflichtung nach Absatz 2 zu belehren. Die Teilnahme an der Belehrung ist zu dokumentieren. Die Sätze 1 und 2 finden für Dienstherren entsprechende Anwendung.

(5) Die Bescheinigung nach Absatz 1 und die letzte Dokumentation der Belehrung nach Absatz 4 sind beim Arbeitgeber aufzubewahren. Der Arbeitgeber hat die Nachweise nach Satz 1 und, sofern er eine in § 42 Abs. 1 bezeichnete Tätigkeit selbst ausübt, die ihn betreffende Bescheinigung nach Absatz 1 Satz 1 an der Betriebsstätte verfügbar zu halten und der zuständigen Behörde und ihren Beauftragten auf Verlangen vorzulegen. Bei Tätigkeiten an wechselnden Standorten genügt die Vorlage einer beglaubigten Abschrift oder einer beglaubigten Kopie.

(6) Im Falle der Geschäftsunfähigkeit oder der beschränkten Geschäftsfähigkeit treffen die Verpflichtungen nach Absatz 1 Satz 1 Nr. 2 und Absatz 2 denjenigen, dem die Sorge für die Person zusteht. Die gleiche Verpflichtung trifft auch den Betreuer, soweit die Sorge für die Person zu seinem Aufgabenkreis gehört. Die den Arbeitgeber oder Dienstherrn betreffenden Verpflichtungen nach dieser Vorschrift gelten entsprechend für Personen, die die in § 42 Abs. 1 genannten Tätigkeiten selbständig ausüben.

(7) Das Bundesministerium für Gesundheit wird ermächtigt, durch Rechtsverordnung mit Zustimmung des Bundesrates Untersuchungen und weitergehende Anforderungen vorzuschreiben oder Anforderungen einzuschränken, wenn Rechtsakte der Europäischen Union dies erfordern.

9. Abschnitt
Tätigkeiten mit Krankheitserregern

§ 44 Erlaubnispflicht für Tätigkeiten mit Krankheitserregern

Wer Krankheitserreger in den Geltungsbereich dieses Gesetzes verbringen, sie ausführen, aufbewahren, abgeben oder mit ihnen arbeiten will, bedarf einer Erlaubnis der zuständigen Behörde.

§ 45 Ausnahmen

(1) Einer Erlaubnis nach § 44 bedürfen nicht Personen, die zur selbständigen Ausübung des Berufs als Arzt, Zahnarzt oder Tierarzt berechtigt sind, für mikrobiologische Untersuchungen zur orientierenden medizinischen und veterinärmedizinischen Diagnostik mittels solcher kultureller Verfahren, die auf die primäre Anzucht und nachfolgender Subkultur zum Zwecke der Resistenzbestimmung beschränkt sind und bei denen die angewendeten Methoden nicht auf den spezifischen Nachweis meldepflichtiger Krankheitserreger gerichtet sind, soweit die Untersuchungen für die unmittelbare Behandlung der eigenen Patienten für die eigene Praxis durchgeführt werden.

(2) Eine Erlaubnis nach § 44 ist nicht erforderlich für

1. Sterilitätsprüfungen, Bestimmung der Koloniezahl und sonstige Arbeiten zur mikrobiologischen Qualitätssicherung bei der Herstellung, Prüfung und der Überwachung des Verkehrs mit

   a) Arzneimitteln,

   b) Medizinprodukten,

2. Sterilitätsprüfungen, Bestimmung der Koloniezahl und sonstige Arbeiten zur mikrobiologischen Qualitätssicherung, soweit diese nicht dem spezifischen Nachweis von Krankheitserregern dienen und dazu Verfahrensschritte zur gezielten Anreicherung oder gezielten Vermehrung von Krankheitserregern beinhalten,

3. Sterilitätsprüfungen, Bestimmung der Koloniezahl und sonstige Arbeiten zur mikrobiologischen Qualitätssicherung, wenn

   a) diese durch die in Absatz 1 bezeichneten Personen durchgeführt werden,

   b) der Qualitätssicherung von mikrobiologischen Untersuchungen nach Absatz 1 dienen und

   c) von der jeweiligen Berufskammer vorgesehen sind.

(3) Die zuständige Behörde hat Personen für sonstige Arbeiten zur mikrobiologischen Qualitätssicherung, die auf die primäre Anzucht auf Selektivmedien beschränkt sind, von der Erlaubnispflicht nach § 44 freizustellen, wenn die Personen im Rahmen einer mindestens zweijährigen Tätigkeit auf dem Gebiet der mikrobiologischen Qualitätssicherung oder im Rahmen einer staatlich geregelten Ausbildung die zur Ausübung der beabsichtigten Tätigkeiten erforderliche Sachkunde erworben haben.

(4) Die zuständige Behörde hat Tätigkeiten im Sinne der Absätze 1, 2 und 3 zu untersagen, wenn eine Person, die die Arbeiten ausführt, sich bezüglich der erlaubnisfreien Tätigkeiten nach den Absätzen 1, 2 oder 3 als unzuverlässig erwiesen hat.

§ 46 Tätigkeit unter Aufsicht

Der Erlaubnis nach § 44 bedarf nicht, wer unter Aufsicht desjenigen, der eine Erlaubnis besitzt oder nach § 45 keiner Erlaubnis bedarf, tätig ist.

§ 47 Versagungsgründe, Voraussetzungen für die Erlaubnis

(1) Die Erlaubnis ist zu versagen, wenn der Antragsteller

1. die erforderliche Sachkenntnis nicht besitzt oder

2. sich als unzuverlässig in Bezug auf die Tätigkeiten erwiesen hat, für deren Ausübung die Erlaubnis beantragt wird.

(2) Die erforderliche Sachkenntnis wird durch

1. den Abschluss eines Studiums der Human-, Zahn- oder Veterinärmedizin, der Pharmazie oder den Abschluss eines naturwissenschaftlichen Fachhochschul- oder Universitätsstudiums mit mikrobiologischen Inhalten und

2. eine mindestens zweijährige hauptberufliche Tätigkeit mit Krankheitserregern unter Aufsicht einer Person, die im Besitz der Erlaubnis zum Arbeiten mit Krankheitserregern ist,

nachgewiesen. Die zuständige Behörde hat auch eine andere, mindestens zweijährige hauptberufliche Tätigkeit auf dem Gebiet der Bakteriologie, Mykologie, Parasitologie oder Virologie als Nachweis der Sachkenntnis nach Nummer 2 anzuerkennen, wenn der Antragsteller bei dieser Tätigkeit eine gleichwertige Sachkenntnis erworben hat.

(3) Die Erlaubnis ist auf bestimmte Tätigkeiten und auf bestimmte Krankheitserreger zu beschränken und mit Auflagen zu verbinden, soweit dies zur Verhütung übertragbarer Krankheiten erforderlich ist. Die zuständige Behörde kann Personen, die ein naturwissenschaftliches Fachhochschul- oder Universitätsstudium ohne mikrobiologische Inhalte oder ein ingenieurwissenschaftliches Fachhochschul- oder Universitätsstudium mit mikrobiologischen Inhalten abgeschlossen haben oder die die Voraussetzungen nach Absatz 2 Satz 1 Nr. 2 nur teilweise erfüllen, eine Erlaubnis nach Satz 1 erteilen, wenn der Antragsteller für den eingeschränkten Tätigkeitsbereich eine ausreichende Sachkenntnis erworben hat.

(4) Bei Antragstellern, die nicht die Approbation oder Bestallung als Arzt, Zahnarzt oder Tierarzt besitzen, darf sich die Erlaubnis nicht auf den direkten oder indirekten Nachweis eines Krankheitserregers für die Feststellung einer In-

fektion oder übertragbaren Krankheit erstrecken. Satz 1 gilt nicht für Antragsteller, die Arbeiten im Auftrag eines Arztes, Zahnarztes oder Tierarztes, die im Besitz der Erlaubnis sind, oder Untersuchungen in Krankenhäusern für die unmittelbare Behandlung der Patienten des Krankenhauses durchführen.

§ 48 Rücknahme und Widerruf

Die Erlaubnis nach § 44 kann außer nach den Vorschriften des Verwaltungsverfahrensgesetzes zurückgenommen oder widerrufen werden, wenn ein Versagungsgrund nach § 47 Abs. 1 vorliegt.

§ 49 Anzeigepflichten

(1) Wer Tätigkeiten im Sinne von § 44 erstmalig aufnehmen will, hat dies der zuständigen Behörde mindestens 30 Tage vor Aufnahme anzuzeigen. Die Anzeige nach Satz 1 muss enthalten:

1. eine beglaubigte Abschrift der Erlaubnis, soweit die Erlaubnis nicht von der Behörde nach Satz 1 ausgestellt wurde, oder Angaben zur Erlaubnisfreiheit im Sinne von § 45,

2. Angaben zu Art und Umfang der beabsichtigten Tätigkeiten sowie Entsorgungsmaßnahmen,

3. Angaben zur Beschaffenheit der Räume und Einrichtungen.

Soweit die Angaben in einem anderen durch Bundesrecht geregelten Verfahren bereits gemacht wurden, kann auf die dort vorgelegten Unterlagen Bezug genommen werden. Die Anzeigepflicht gilt nicht für Personen, die auf der Grundlage des § 46 tätig sind.

(2) Mit Zustimmung der zuständigen Behörde können die Tätigkeiten im Sinne von § 44 vor Ablauf der Frist aufgenommen werden.

(3) Die zuständige Behörde untersagt Tätigkeiten, wenn eine Gefährdung der Gesundheit der Bevölkerung zu besorgen ist, insbesondere weil

1. für Art und Umfang der Tätigkeiten geeignete Räume oder Einrichtungen nicht vorhanden sind oder

2. die Voraussetzungen für eine gefahrlose
   Entsorgung nicht gegeben sind.

§ 50 Veränderungsanzeige

Wer eine in § 44 genannte Tätigkeit ausübt,
hat jede wesentliche Veränderung der Beschaffenheit der Räume und Einrichtungen, der Entsorgungsmaßnahmen sowie von Art und Umfang der Tätigkeit unverzüglich der zuständigen
Behörde anzuzeigen. Anzuzeigen ist auch die
Beendigung oder Wiederaufnahme der Tätigkeit. § 49 Abs. 1 Satz 3 gilt entsprechend. Die
Anzeigepflicht gilt nicht für Personen, die auf
der Grundlage des § 46 tätig sind.

§ 50a Laborcontainment und Ausrottung des Poliovirus; Verordnungsermächtigung

(1) Natürliche oder juristische Personen, die
die tatsächliche Sachherrschaft über Polioviren
oder Material, das möglicherweise Polioviren
enthält, haben (Besitzer), haben dies der zuständigen Behörde unverzüglich anzuzeigen.
Die Anzeige muss Angaben zu der Einrichtung,
zu der verantwortlichen Person, zu der Art und
der Menge der Polioviren oder des Materials sowie zu dem damit verfolgten Zweck enthalten.
Im Fall einer wesentlichen Veränderung der Tatsachen nach Satz 2 gelten die Sätze 1 und 2
entsprechend. Die zuständige Behörde übermittelt die Angaben nach den Sätzen 1 bis 3 unverzüglich der obersten Landesgesundheitsbehörde, die sie unverzüglich der Geschäfts-
stelle der Nationalen Kommission für die
Polioeradikation beim Robert Koch-Institut
übermittelt. Die Pflichten nach den §§ 49 und
50 bleiben von den Sätzen 1 bis 3 unberührt.

(2) Der Besitzer hat Polioviren oder Material,
das möglicherweise Polioviren enthält, unverzüglich zu vernichten, sobald die Polioviren oder
das Material nicht mehr konkret für Zwecke der
Erkennung, Verhütung oder Bekämpfung von
Poliomyelitis oder Polioviren benötigt wird.

(3) Polioviren oder Material, das möglicherweise Polioviren enthält, darf nur eine Einrichtung besitzen, die eine Zulassung für den Besitz
von Polioviren hat (zentrale Einrichtung). Für
Polioimpf- oder -wildviren des Typs 1 und 3 sowie für Material, das möglicherweise solche
Polioviren enthält, gilt Satz 1 ab den in einer
Rechtsverordnung nach Absatz 4 Nummer 2
festgelegten Zeitpunkten. Die Zulassung als
zentrale Einrichtung darf die zuständige Behörde mit Zustimmung der obersten Landesgesundheitsbehörde nur erteilen, wenn die Einrichtung Sicherheitsmaßnahmen gewährleistet, die mindestens den Schutzmaßnahmen der
Schutzstufe 3 nach den §§ 10 und 13 der
Biostoffverordnung entsprechen und die die Anforderungen erfüllen, die nach den Empfehlungen der Weltgesundheitsorganisation an die
Biosicherheit in Bezug auf Polioviren zu stellen
sind. Die Zulassung ist auf ein Jahr zu befristen.
Die zentrale Einrichtung ist mit der Zulassung
verpflichtet, Polioviren und Material, das Polioviren enthält, aus anderen Einrichtungen zu
übernehmen; bei der Übernahme ist jeweils Absatz 1 anzuwenden. Absatz 2 bleibt unberührt.
Die zentrale Einrichtung hat über den jeweiligen
Bestand nach den Vorgaben der zuständigen
Behörde ein Verzeichnis zu führen.

(4) Das Bundesministerium für Gesundheit
wird ermächtigt, durch Rechtsverordnung mit
Zustimmung des Bundesrates die Zeitpunkte
festzulegen,

1. zu denen Polioviren und Material, das möglicherweise Polioviren enthält, nach Absatz
   2 spätestens vernichtet sein müssen,

2. ab denen nur eine zentrale Einrichtung Po-
   liowildviren des Typs 1 und 3, Polioimpf-
   viren des Typs 1 und 3 sowie Material, das
   möglicherweise solche Polioviren enthält,
   besitzen darf.

(5) Wenn der Verdacht besteht, dass eine Person Polioviren oder Material, das möglicherwei-

se Polioviren enthält, besitzt, ohne dass dies nach Absatz 1 angezeigt wurde, kann die zuständige Behörde die erforderlichen Ermittlungen durchführen. Für die Ermittlungen gilt § 16 Absatz 2 bis 4 entsprechend. Das Grundrecht der Unverletzlichkeit der Wohnung (Artikel 13 Absatz 1 des Grundgesetzes) wird insoweit eingeschränkt.

§ 51 Aufsicht

Wer eine in § 44 genannte Tätigkeit ausübt oder Polioviren oder Material, das möglicherweise Polioviren enthält, besitzt, untersteht der Aufsicht der zuständigen Behörde. Er und der sonstige Berechtigte ist insoweit verpflichtet, den von der zuständigen Behörde beauftragten Personen Grundstücke, Räume, Anlagen und Einrichtungen zugänglich zu machen, auf Verlangen Bücher und sonstige Unterlagen vorzulegen, die Einsicht in diese zu gewähren und die notwendigen Prüfungen zu dulden. Das Grundrecht der Unverletzlichkeit der Wohnung (Artikel 13 Abs. 1 Grundgesetz) wird insoweit eingeschränkt.

§ 52 Abgabe

Krankheitserreger sowie Material, das Krankheitserreger enthält, dürfen nur an denjenigen abgegeben werden, der eine Erlaubnis besitzt, unter Aufsicht eines Erlaubnisinhabers tätig ist oder einer Erlaubnis nach § 45 Absatz 2 Nummer 1 oder Nummer 3 nicht bedarf. Satz 1 gilt nicht für staatliche human- oder veterinärmedizinische Untersuchungseinrichtungen.

§ 53 Anforderungen an Räume und Einrichtungen, Gefahrenvorsorge

(1) Die Bundesregierung wird ermächtigt, durch Rechtsverordnung mit Zustimmung des Bundesrates Vorschriften

1. über die an die Beschaffenheit der Räume und Einrichtungen zu stellenden Anforderungen sowie

2. über die Sicherheitsmaßnahmen, die bei Tätigkeiten nach § 44 zu treffen sind,

zu erlassen, soweit dies zum Schutz der Bevölkerung vor übertragbaren Krankheiten erforderlich ist.

(2) In der Rechtsverordnung nach Absatz 1 kann zum Zwecke der Überwachung der Tätigkeiten auch vorgeschrieben werden, dass bei bestimmten Tätigkeiten Verzeichnisse zu führen und Berichte über die durchgeführten Tätigkeiten der zuständigen Behörde vorzulegen sowie bestimmte Wahrnehmungen dem Gesundheitsamt zu melden sind, soweit dies zur Verhütung oder Bekämpfung übertragbarer Krankheiten erforderlich ist.

§ 53a Verfahren über eine einheitliche Stelle, Entscheidungsfrist

(1) Verwaltungsverfahren nach diesem Abschnitt können über eine einheitliche Stelle abgewickelt werden.

(2) Über Anträge auf Erteilung einer Erlaubnis nach § 44 entscheidet die zuständige Behörde innerhalb einer Frist von drei Monaten. § 42a Absatz 2 Satz 2 bis 4 des Verwaltungsverfahrensgesetzes gilt entsprechend.

10. Abschnitt
Vollzug des Gesetzes und zuständige Behörden

§ 54 Vollzug durch die Länder

Die Landesregierungen bestimmen durch Rechtsverordnung die zuständigen Behörden im Sinne dieses Gesetzes, soweit eine landesrechtliche Regelung nicht besteht und dieses Gesetz durch die Länder vollzogen wird. Sie können ferner darin bestimmen, dass nach diesem Gesetz der obersten Landesgesundheitsbehörde oder der für die Kriegsopferversorgung zuständigen obersten Landesbehörde zugewiesene Aufgaben ganz oder im Einzelnen von einer diesen jeweils nachgeordneten Landesbehörde wahrgenommen werden und dass auf die Wahrnehmung von Zustimmungsvorbehalten der obersten Landesbehörden nach diesem Gesetz verzichtet wird.

§ 54a Vollzug durch die Bundeswehr

(1) Den zuständigen Stellen der Bundeswehr obliegt der Vollzug dieses Gesetzes, soweit er betrifft:

1. Angehörige des Geschäftsbereiches des Bundesministeriums der Verteidigung während ihrer Dienstausübung,

2. Soldaten außerhalb ihrer Dienstausübung,

3. Personen, während sie sich in Liegenschaften der Bundeswehr oder in ortsfesten oder mobilen Einrichtungen aufhalten, die von der Bundeswehr oder im Auftrag der Bundeswehr betrieben werden,

4. Angehörige dauerhaft in der Bundesrepublik Deutschland stationierter ausländischer Streitkräfte im Rahmen von Übungen und Ausbildungen, sofern diese ganz oder teilweise außerhalb der von ihnen genutzten Liegenschaften durchgeführt werden,

5. Angehörige ausländischer Streitkräfte auf der Durchreise sowie im Rahmen von gemeinsam mit der Bundeswehr stattfindenden Übungen und Ausbildungen,

6. Grundstücke, Einrichtungen, Ausrüstungs- und Gebrauchsgegenstände der Bundeswehr und

7. Tätigkeiten mit Krankheitserregern im Bereich der Bundeswehr.

(2) Die Aufgaben der zivilen Stellen nach dem 3. Abschnitt bleiben unberührt. Die zivilen Stellen unterstützen die zuständigen Stellen der Bundeswehr.

(3) Bei Personen nach Absatz 1 Nummer 1, die sich dauernd oder vorübergehend außerhalb der in Absatz 1 Nummer 3 genannten Einrichtungen aufhalten und bei Personen nach Absatz 1 Nummer 2, sind die Maßnahmen der zuständigen Stellen der Bundeswehr nach dem 5. Abschnitt im Benehmen mit den zivilen Stellen zu treffen. Bei Differenzen ist die Entscheidung der zuständigen Stellen der Bundeswehr maßgebend.

(4) Bei zivilen Angehörigen des Geschäftsbereiches des Bundesministeriums der Verteidigung außerhalb ihrer Dienstausübung sind die Maßnahmen der zivilen Stellen nach dem 5. Abschnitt im Benehmen mit den zuständigen Stellen der Bundeswehr zu treffen.

(5) Absatz 1 Nummer 4 und 5 lässt völkerrechtliche Verträge über die Stationierung ausländischer Streitkräfte in der Bundesrepublik Deutschland unberührt.

§ 54b Vollzug durch das Eisenbahn-Bundesamt

Im Bereich der Eisenbahnen des Bundes und der Magnetschwebebahnen obliegt der Vollzug dieses Gesetzes für Schienenfahrzeuge sowie für ortsfeste Anlagen zur ausschließlichen Befüllung von Schienenfahrzeugen dem Eisenbahn-Bundesamt, soweit die Aufgaben des Gesundheitsamtes und der zuständigen Behörde nach den §§ 37 bis 39 und 41 betroffen sind.

11. Abschnitt
Angleichung an Gemeinschaftsrecht

§ 55 Angleichung an Gemeinschaftsrecht

Rechtsverordnungen nach diesem Gesetz können auch zum Zwecke der Angleichung der Rechtsvorschriften der Mitgliedstaaten der Europäischen Union erlassen werden, soweit dies zur Durchführung von Verordnungen oder zur Umsetzung von Richtlinien oder Entscheidungen des Rates der Europäischen Union oder der Kommission der Europäischen Gemeinschaften, die Sachbereiche dieses Gesetzes betreffen, erforderlich ist.

12. Abschnitt
Entschädigung in besonderen Fällen

§ 56 Entschädigung

(1) Wer auf Grund dieses Gesetzes als Ausscheider, Ansteckungsverdächtiger, Krankheitsverdächtiger oder als sonstiger Träger von Krankheitserregern im Sinne von § 31 Satz 2 Verboten in der Ausübung seiner bisherigen Erwerbstätigkeit unterliegt oder unterworfen wird und dadurch einen Verdienstausfall erleidet, erhält eine Entschädigung in Geld. Das Gleiche gilt für Personen, die als Ausscheider, Ansteckungsverdächtige oder Krankheitsverdächtige abgesondert wurden oder werden, bei Ausscheidern jedoch nur, wenn sie andere Schutzmaßnahmen nicht befolgen können. Eine Entschädigung nach den Sätzen 1 und 2 erhält nicht, wer durch Inanspruchnahme einer Schutzimpfung oder anderen Maßnahme der spezifischen Prophylaxe, die gesetzlich vorgeschrieben ist oder im Bereich des gewöhnlichen Aufenthaltsorts des Betroffenen öffentlich empfohlen wurde, oder durch Nichtantritt einer vermeidbaren Reise in ein bereits zum Zeitpunkt der Abreise eingestuftes Risikogebiet, ein Verbot in der Ausübung seiner bisherigen Tätigkeit oder eine Absonderung hätte vermeiden können. Eine Reise ist im Sinne des Satzes 3 vermeidbar, wenn zum Zeitpunkt der Abreise keine zwingenden und unaufschiebbaren Gründe für die Reise vorlagen.

(1a) Eine erwerbstätige Person erhält eine Entschädigung in Geld, wenn

1. Einrichtungen zur Betreuung von Kindern, Schulen oder Einrichtungen für Menschen mit Behinderungen von der zuständigen Behörde zur Verhinderung der Verbreitung von Infektionen oder übertragbaren Krankheiten auf Grund dieses Gesetzes vorübergehend geschlossen werden oder deren Betreten, auch aufgrund einer Absonderung, untersagt wird,

2. die erwerbstätige Person ihr Kind, das das zwölfte Lebensjahr noch nicht vollendet hat

oder behindert und auf Hilfe angewiesen ist, in diesem Zeitraum selbst beaufsichtigt, betreut oder pflegt, weil sie keine anderweitige zumutbare Betreuungsmöglichkeit sicherstellen kann, und

3. die erwerbstätige Person dadurch einen Verdienstausfall erleidet.

Anspruchsberechtigte haben gegenüber der zuständigen Behörde, auf Verlangen des Arbeitgebers auch diesem gegenüber, darzulegen, dass sie in diesem Zeitraum keine zumutbare Betreuungsmöglichkeit für das Kind sicherstellen können. Ein Anspruch besteht nicht, soweit eine Schließung ohnehin wegen der Schul- oder Betriebsferien erfolgen würde. Im Fall, dass das Kind in Vollzeitpflege nach § 33 des Achten Buches Sozialgesetzbuch in den Haushalt aufgenommen wurde, steht der Anspruch auf Entschädigung den Pflegeeltern zu.

(2) Die Entschädigung bemisst sich nach dem Verdienstausfall. Für die ersten sechs Wochen wird sie in Höhe des Verdienstausfalls gewährt. Vom Beginn der siebenten Woche an wird sie in Höhe des Krankengeldes nach § 47 Abs. 1 des Fünften Buches Sozialgesetzbuch gewährt, soweit der Verdienstausfall die für die gesetzliche Krankenversicherungspflicht maßgebende Jahresarbeitsentgeltgrenze nicht übersteigt. Im Fall des Absatzes 1a wird die Entschädigung abweichend von den Sätzen 2 und 3 in Höhe von 67 Prozent des der erwerbstätigen Person entstandenen Verdienstausfalls für jede erwerbstätige Person für längstens zehn Wochen gewährt, für eine erwerbstätige Person, die ihr Kind allein beaufsichtigt, betreut oder pflegt, längstens für 20 Wochen; für einen vollen Monat wird höchstens ein Betrag von 2 016 Euro gewährt.

(3) Als Verdienstausfall gilt das Arbeitsentgelt (§ 14 des Vierten Buches Sozialgesetzbuch), das dem Arbeitnehmer bei der für ihn maßgebenden regelmäßigen Arbeitszeit nach Abzug der Steuern und der Beiträge zur Sozialversicherung und zur Arbeitsförderung oder entsprechenden Aufwendungen zur sozialen Si-

cherung in angemessenem Umfang zusteht (Netto-Arbeitsentgelt). Der Betrag erhöht sich um das Kurzarbeitergeld und um das Zuschuss-Wintergeld, auf das der Arbeitnehmer Anspruch hätte, wenn er nicht aus den in Absatz 1 genannten Gründen an der Arbeitsleistung verhindert wäre. Verbleibt dem Arbeitnehmer nach Einstellung der verbotenen Tätigkeit oder bei Absonderung ein Teil des bisherigen Arbeitsentgelts, so gilt als Verdienstausfall der Unterschiedsbetrag zwischen dem in Satz 1 genannten Netto-Arbeitsentgelt und dem in dem auf die Einstellung der verbotenen Tätigkeit oder der Absonderung folgenden Kalendermonat erzielten Netto-Arbeitsentgelt aus dem bisherigen Arbeitsverhältnis. Die Sätze 1 und 3 gelten für die Berechnung des Verdienstausfalls bei den in Heimarbeit Beschäftigten und bei Selbständigen entsprechend mit der Maßgabe, dass bei den in Heimarbeit Beschäftigten das im Durchschnitt des letzten Jahres vor Einstellung der verbotenen Tätigkeit oder vor der Absonderung verdiente monatliche Arbeitsentgelt und bei Selbständigen ein Zwölftel des Arbeitseinkommens (§ 15 des Vierten Buches Sozialgesetzbuch) aus der entschädigungspflichtigen Tätigkeit zugrunde zu legen ist.

(4) Bei einer Existenzgefährdung können den Entschädigungsberechtigten die während der Verdienstausfallzeiten entstehenden Mehraufwendungen auf Antrag in angemessenem Umfang von der zuständigen Behörde erstattet werden. Selbständige, deren Betrieb oder Praxis während der Dauer einer Maßnahme nach Absatz 1 ruht, erhalten neben der Entschädigung nach den Absätzen 2 und 3 auf Antrag von der zuständigen Behörde Ersatz der in dieser Zeit weiterlaufenden nicht gedeckten Betriebsausgaben in angemessenem Umfang.

(5) Bei Arbeitnehmern hat der Arbeitgeber für die Dauer des Arbeitsverhältnisses, längstens für sechs Wochen, die Entschädigung für die zuständige Behörde auszuzahlen. Die ausgezahlten Beträge werden dem Arbeitgeber auf Antrag von der zuständigen Behörde erstattet. Im Übri-

gen wird die Entschädigung von der zuständigen Behörde auf Antrag gewährt.

(6) Bei Arbeitnehmern richtet sich die Fälligkeit der Entschädigungsleistungen nach der Fälligkeit des aus der bisherigen Tätigkeit erzielten Arbeitsentgelts. Bei sonstigen Entschädigungsberechtigten ist die Entschädigung jeweils zum Ersten eines Monats für den abgelaufenen Monat zu gewähren.

(7) Wird der Entschädigungsberechtigte arbeitsunfähig, so bleibt der Entschädigungsanspruch in Höhe des Betrages, der bei Eintritt der Arbeitsunfähigkeit an den Berechtigten auszuzahlen war, bestehen. Ansprüche, die Entschädigungsberechtigten wegen des durch die Arbeitsunfähigkeit bedingten Verdienstausfalls auf Grund anderer gesetzlicher Vorschriften oder eines privaten Versicherungsverhältnisses zustehen, gehen insoweit auf das entschädigungspflichtige Land über.

(8) Auf die Entschädigung sind anzurechnen

1. Zuschüsse des Arbeitgebers, soweit sie zusammen mit der Entschädigung den tatsächlichen Verdienstausfall übersteigen,

2. das Netto-Arbeitsentgelt und das Arbeitseinkommen nach Absatz 3 aus einer Tätigkeit, die als Ersatz der verbotenen Tätigkeit ausgeübt wird, soweit es zusammen mit der Entschädigung den tatsächlichen Verdienstausfall übersteigt,

3. der Wert desjenigen, das der Entschädigungsberechtigte durch Ausübung einer anderen als der verbotenen Tätigkeit zu erwerben böswillig unterlässt, soweit es zusammen mit der Entschädigung den tatsächlichen Verdienstausfall übersteigt,

4. das Arbeitslosengeld in der Höhe, in der diese Leistung dem Entschädigungsberechtigten ohne Anwendung der Vorschriften über das Ruhen des Anspruchs auf Arbeitslosengeld bei Sperrzeit nach dem Dritten Buch Sozialgesetzbuch sowie des § 66 des

Ersten Buches Sozialgesetzbuch in der jeweils geltenden Fassung hätten gewährt werden müssen.

Liegen die Voraussetzungen für eine Anrechnung sowohl nach Nummer 3 als auch nach Nummer 4 vor, so ist der höhere Betrag anzurechnen.

(9) Der Anspruch auf Entschädigung geht insoweit, als dem Entschädigungsberechtigten Arbeitslosengeld oder Kurzarbeitergeld für die gleiche Zeit zu gewähren ist, auf die Bundesagentur für Arbeit über.

(10) Ein auf anderen gesetzlichen Vorschriften beruhender Anspruch auf Ersatz des Verdienstausfalls, der dem Entschädigungsberechtigten durch das Verbot der Ausübung seiner Erwerbstätigkeit oder durch die Absonderung erwachsen ist, geht insoweit auf das zur Gewährung der Entschädigung verpflichtete Land über, als dieses dem Entschädigungsberechtigten nach diesem Gesetz Leistungen zu gewähren hat.

(11) Die Anträge nach Absatz 5 sind innerhalb einer Frist von zwölf Monaten nach Einstellung der verbotenen Tätigkeit, dem Ende der Absonderung oder nach dem Ende der vorübergehenden Schließung oder der Untersagung des Betretens nach Absatz 1a Satz 1 bei der zuständigen Behörde zu stellen. Dem Antrag ist von Arbeitnehmern eine Bescheinigung des Arbeitgebers und von den in Heimarbeit Beschäftigten eine Bescheinigung des Auftraggebers über die Höhe des in dem nach Absatz 3 für sie maßgeblichen Zeitraum verdienten Arbeitsentgelts und der gesetzlichen Abzüge, von Selbständigen eine Bescheinigung des Finanzamtes über die Höhe des letzten beim Finanzamt nachgewiesenen Arbeitseinkommens beizufügen. Ist ein solches Arbeitseinkommen noch nicht nachgewiesen oder ist ein Unterschiedsbetrag nach Absatz 3 zu errechnen, so kann die zuständige Behörde die Vorlage anderer oder weiterer Nachweise verlangen.

(12) Die zuständige Behörde hat auf Antrag dem Arbeitgeber einen Vorschuss in der voraussichtlichen Höhe des Erstattungsbetrages, den in Heimarbeit Beschäftigten und Selbständigen in der voraussichtlichen Höhe der Entschädigung zu gewähren.

§ 57 Verhältnis zur Sozialversicherung und zur Arbeitsförderung

(1) Für Personen, denen eine Entschädigung nach § 56 Abs. 1 zu gewähren ist, besteht eine Versicherungspflicht in der gesetzlichen Rentenversicherung fort. Bemessungsgrundlage für Beiträge sind

1. bei einer Entschädigung nach § 56 Abs. 2 Satz 2 das Arbeitsentgelt, das der Verdienstausfallentschädigung nach § 56 Abs. 3 vor Abzug von Steuern und Beitragsanteilen zur Sozialversicherung oder entsprechender Aufwendungen zur sozialen Sicherung zugrunde liegt,

2. bei einer Entschädigung nach § 56 Abs. 2 Satz 3 80 vom Hundert des dieser Entschädigung zugrunde liegenden Arbeitsentgelts oder Arbeitseinkommens.

Das entschädigungspflichtige Land trägt die Beiträge zur gesetzlichen Rentenversicherung allein. Zahlt der Arbeitgeber für die zuständige Behörde die Entschädigung aus, gelten die Sätze 2 und 3 entsprechend; die zuständige Behörde hat ihm auf Antrag die entrichteten Beiträge zu erstatten.

(2) Für Personen, denen nach § 56 Absatz 1 Satz 2 eine Entschädigung zu gewähren ist, besteht eine Versicherungspflicht in der gesetzlichen Krankenversicherung, in der sozialen Pflegeversicherung und nach dem Dritten Buch Sozialgesetzbuch sowie eine Pflicht zur Leistung der aufgrund der Teilnahme an den Ausgleichsverfahren nach § 1 oder § 12 des Aufwendungsausgleichsgesetzes und nach § 358 des Dritten Buches Sozialgesetzbuch zu entrichtenden Umlagen fort. Absatz 1 Satz 2 bis 4 gilt entsprechend.

(3) In der gesetzlichen Unfallversicherung wird, wenn es für den Berechtigten günstiger ist,

der Berechnung des Jahresarbeitsverdienstes für Zeiten, in denen dem Verletzten im Jahr vor dem Arbeitsunfall eine Entschädigung nach § 56 Abs. 1 zu gewähren war, das Arbeitsentgelt oder Arbeitseinkommen zugrunde gelegt, das seinem durchschnittlichen Arbeitsentgelt oder Arbeitseinkommen in den mit Arbeitsentgelt oder Arbeitseinkommen belegten Zeiten dieses Zeitraums entspricht. § 82 Abs. 3 des Siebten Buches Sozialgesetzbuch gilt entsprechend. Die durch die Anwendung des Satzes 1 entstehenden Mehraufwendungen werden den Versicherungsträgern von der zuständigen Behörde erstattet.

(4) In der Krankenversicherung werden die Leistungen nach dem Arbeitsentgelt berechnet, das vor Beginn des Anspruchs auf Entschädigung gezahlt worden ist.

(5) Zeiten, in denen nach Absatz 1 eine Versicherungspflicht nach dem Dritten Buch Sozialgesetzbuch fortbesteht, bleiben bei der Feststellung des Bemessungszeitraums für einen Anspruch auf Arbeitslosengeld nach dem Dritten Buch Sozialgesetzbuch außer Betracht.

(6) Wird eine Entschädigung nach § 56 Absatz 1a gewährt, gelten die Absätze 1, 2 und 5 entsprechend mit der Maßgabe, dass sich die Bemessungsgrundlage für die Beiträge nach Absatz 1 Satz 2 Nummer 2 bestimmt.

§ 58 Aufwendungserstattung

Entschädigungsberechtigte im Sinne des § 56 Absatz 1 und 1a, die der Pflichtversicherung in der gesetzlichen Kranken-, Renten- sowie der sozialen Pflegeversicherung nicht unterliegen, haben gegenüber dem nach § 66 Absatz 1 Satz 1 zur Zahlung verpflichteten Land einen Anspruch auf Erstattung ihrer Aufwendungen für soziale Sicherung in angemessenem Umfang. In den Fällen, in denen sie Netto-Arbeitsentgelt und Arbeitseinkommen aus einer Tätigkeit beziehen, die als Ersatz der verbotenen Tätigkeit ausgeübt wird, mindert sich der Anspruch nach Satz 1 in dem Verhältnis dieses Einkommens zur ungekürzten Entschädigung.

§ 59 Sondervorschrift für Ausscheider

Ausscheider, die Anspruch auf eine Entschädigung nach § 56 haben, gelten als körperlich Behinderte im Sinne des Dritten Buches Sozialgesetzbuch.

§ 60 Versorgung bei Impfschaden und bei Gesundheitsschäden durch andere Maßnahmen der spezifischen Prophylaxe

(1) Wer durch eine Schutzimpfung oder durch eine andere Maßnahme der spezifischen Prophylaxe, die

1. von einer zuständigen Landesbehörde öffentlich empfohlen und in ihrem Bereich vorgenommen wurde,

2. auf Grund dieses Gesetzes angeordnet wurde,

3. gesetzlich vorgeschrieben war oder

4. auf Grund der Verordnungen zur Ausführung der Internationalen Gesundheitsvorschriften durchgeführt worden ist,

eine gesundheitliche Schädigung erlitten hat, erhält nach der Schutzimpfung wegen des Impfschadens im Sinne des § 2 Nr. 11 oder in dessen entsprechender Anwendung bei einer anderen Maßnahme wegen der gesundheitlichen und wirtschaftlichen Folgen der Schädigung auf Antrag Versorgung in entsprechender Anwendung der Vorschriften des Bundesversorgungsgesetzes, soweit dieses Gesetz nichts Abweichendes bestimmt. Satz 1 Nr. 4 gilt nur für Personen, die zum Zwecke der Wiedereinreise in den Geltungsbereich dieses Gesetzes geimpft wurden und die ihren Wohnsitz oder gewöhnlichen Aufenthalt in diesem Gebiet haben oder nur vorübergehend aus beruflichen Gründen oder zum Zwecke der Ausbildung aufgegeben haben, sowie deren Angehörige, die mit ihnen in häuslicher Gemeinschaft leben. Als Angehörige gelten die in § 10 des Fünften Buches Sozialgesetzbuch genannten Personen.

(2) Versorgung im Sinne des Absatzes 1 erhält auch, wer als Deutscher außerhalb des Gel-

tungsbereichs dieses Gesetzes einen Impf-schaden durch eine Impfung erlitten hat, zu der er auf Grund des Impfgesetzes vom 8. April 1874 in der im Bundesgesetzblatt Teil III, Glie-derungsnummer 2126-5, veröffentlichten be-reinigten Fassung, bei einem Aufenthalt im Gel-tungsbereich dieses Gesetzes verpflichtet ge-wesen wäre. Die Versorgung wird nur gewährt, wenn der Geschädigte

1. nicht im Geltungsbereich dieses Gesetzes geimpft werden konnte,

2. von einem Arzt geimpft worden ist und

3. zur Zeit der Impfung in häuslicher Gemein-schaft mit einem Elternteil oder einem Sor-geberechtigten gelebt hat, der sich zur Zeit der Impfung aus beruflichen Gründen oder zur Ausbildung nicht nur vorübergehend außerhalb des Geltungsbereichs dieses Ge-setzes aufgehalten hat.

(3) Versorgung im Sinne des Absatzes 1 erhält auch, wer außerhalb des Geltungsbereichs die-ses Gesetzes einen Impfschaden erlitten hat in-folge einer Pockenimpfung auf Grund des Impf-gesetzes oder infolge einer Pockenimpfung, die in den in § 1 Abs. 2 Nr. 3 des Bundesvertrieb-enengesetzes bezeichneten Gebieten, in der Deutschen Demokratischen Republik oder in Berlin (Ost) gesetzlich vorgeschrieben oder auf Grund eines Gesetzes angeordnet worden ist oder war, soweit nicht auf Grund anderer ge-setzlicher Vorschriften Entschädigung gewährt wird. Ansprüche nach Satz 1 kann nur geltend machen, wer

1. als Deutscher bis zum 8. Mai 1945,

2. als Berechtigter nach den §§ 1 bis 4 des Bundesvertriebenengesetzes oder des § 1 des Flüchtlingshilfegesetzes in der Fassung der Bekanntmachung vom 15. Mai 1971 (BGBl. I S. 681), das zuletzt durch Artikel 24 des Gesetzes vom 26. Mai 1994 (BGBl. I S. 1014) geändert worden ist, in der jeweils geltenden Fassung,

3. als Ehegatte oder Abkömmling eines Spätaussiedlers im Sinne des § 7 Abs. 2 des Bundesvertriebenengesetzes oder

4. im Wege der Familienzusammenführung gemäß § 94 des Bundesvertriebenenge-setzes in der vor dem 1. Januar 1993 gel-tenden Fassung

seinen ständigen Aufenthalt im Geltungsbe-reich dieses Gesetzes genommen hat oder nimmt.

(4) Die Hinterbliebenen eines Geschädigten im Sinne der Absätze 1 bis 3 erhalten auf Antrag Versorgung in entsprechender Anwendung der Vorschriften des Bundesversorgungsgesetzes. Partner einer eheähnlichen Gemeinschaft er-halten Leistungen in entsprechender Anwen-dung der §§ 40, 40a und 41 des Bundesver-sorgungsgesetzes, sofern ein Partner an den Schädigungsfolgen verstorben ist und der an-dere unter Verzicht auf eine Erwerbstätigkeit die Betreuung eines gemeinschaftlichen Kindes ausübt; dieser Anspruch ist auf die ersten drei Lebensjahre des Kindes beschränkt. Satz 2 gilt entsprechend, wenn ein Partner in der Zeit zwi-schen dem 1. November 1994 und dem 23. Ju-ni 2006 an den Schädigungsfolgen verstorben ist.

(5) Als Impfschaden im Sinne des § 2 Nr. 11 gelten auch die Folgen einer gesundheitlichen Schädigung, die durch einen Unfall unter den Voraussetzungen des § 1 Abs. 2 Buchstabe e oder f oder des § 8a des Bundesversorgungs-gesetzes herbeigeführt worden sind. Einem Impfschaden im Sinne des Satzes 1 steht die Beschädigung eines am Körper getragenen Hilfsmittels, einer Brille, von Kontaktlinsen oder von Zahnersatz infolge eines Impfschadens im Sinne des Absatzes 1 oder eines Unfalls im Sin-ne des Satzes 1 gleich.

(6) Im Rahmen der Versorgung nach Absatz 1 bis 5 finden die Vorschriften des zweiten Kapi-tels des Zehnten Buches Sozialgesetzbuch über den Schutz der Sozialdaten Anwendung.

§ 61 Gesundheitsschadensanerkennung

Zur Anerkennung eines Gesundheitsschadens als Folge einer Schädigung im Sinne des § 60 Abs. 1 Satz 1 genügt die Wahrscheinlichkeit des ursächlichen Zusammenhangs. Wenn diese Wahrscheinlichkeit nur deshalb nicht gegeben ist, weil über die Ursache des festgestellten Leidens in der medizinischen Wissenschaft Ungewissheit besteht, kann mit Zustimmung der für die Kriegsopferversorgung zuständigen obersten Landesbehörde der Gesundheitsschaden als Folge einer Schädigung im Sinne des § 60 Abs. 1 Satz 1 anerkannt werden. Die Zustimmung kann allgemein erteilt werden.

§ 62 Heilbehandlung

Dem Geschädigten im Sinne von § 60 Abs. 1 bis 3 sind im Rahmen der Heilbehandlung auch heilpädagogische Behandlung, heilgymnastische und bewegungstherapeutische Übungen zu gewähren, wenn diese bei der Heilbehandlung notwendig sind.

§ 63 Konkurrenz von Ansprüchen, Anwendung der Vorschriften nach dem Bundesversorgungsgesetz, Übergangsregelungen zum Erstattungsverfahren an die Krankenkassen

(1) Treffen Ansprüche aus § 60 mit Ansprüchen aus § 1 des Bundesversorgungsgesetzes oder aus anderen Gesetzen zusammen, die eine entsprechende Anwendung des Bundesversorgungsgesetzes vorsehen, ist unter Berücksichtigung des durch die gesamten Schädigungsfolgen bedingten Grades der Schädigungsfolgen eine einheitliche Rente festzusetzen.

(2) Trifft ein Versorgungsanspruch nach § 60 mit einem Schadensersatzanspruch auf Grund fahrlässiger Amtspflichtverletzung zusammen, so wird der Anspruch nach § 839 Abs. 1 des Bürgerlichen Gesetzbuchs nicht dadurch ausgeschlossen, dass die Voraussetzungen des § 60 vorliegen.

(3) Bei Impfschäden gilt § 4 Abs. 1 Nr. 2 des Siebten Buches Sozialgesetzbuch nicht.

(4) § 81a des Bundesversorgungsgesetzes findet mit der Maßgabe Anwendung, dass der gegen Dritte bestehende gesetzliche Schadensersatzanspruch auf das zur Gewährung der Leistungen nach diesem Gesetz verpflichtete Land übergeht.

(5) Die §§ 64 bis 64d, 64f und 89 des Bundesversorgungsgesetzes sind entsprechend anzuwenden mit der Maßgabe, dass an die Stelle der Zustimmung des Bundesministeriums für Arbeit und Soziales die Zustimmung der für die Kriegsopferversorgung zuständigen obersten Landesbehörde tritt. Die Zustimmung ist bei entsprechender Anwendung des § 89 Abs. 2 des Bundesversorgungsgesetzes im Einvernehmen mit der obersten Landesgesundheitsbehörde zu erteilen.

(6) § 20 des Bundesversorgungsgesetzes ist mit den Maßgaben anzuwenden, dass an die Stelle der in Absatz 1 Satz 3 genannten Zahl die Zahl der rentenberechtigten Beschädigten und Hinterbliebenen nach diesem Gesetz im Vergleich zur Zahl des Vorjahres tritt, dass in Absatz 1 Satz 4 an die Stelle der dort genannten Ausgaben der Krankenkassen je Mitglied und Rentner einschließlich Familienangehörige die bundesweiten Ausgaben je Mitglied treten, dass Absatz 2 Satz 1 für die oberste Landesbehörde, die für die Kriegsopferversorgung zuständig ist, oder für die von ihr bestimmte Stelle gilt und dass in Absatz 3 an die Stelle der in Satz 1 genannten Zahl die Zahl 1,3 tritt und die Sätze 2 bis 4 nicht gelten.

(7) Am 1. Januar 1998 noch nicht gezahlte Erstattungen von Aufwendungen für Leistungen, die von den Krankenkassen vor dem 1. Januar 1998 erbracht worden sind, werden nach den bis dahin geltenden Erstattungsregelungen abgerechnet.

(8) Für das Jahr 1998 wird der Pauschalbetrag nach § 20 des Bundesversorgungsgesetzes wie folgt ermittelt: Aus der Summe der Erstattungen des Landes an die Krankenkassen nach diesem

Gesetz in den Jahren 1995 bis 1997, abzüglich der Erstattungen für Leistungen bei Pflegebedürftigkeit nach § 11 Abs. 4 und § 12 Abs. 5 des Bundesversorgungsgesetzes in der bis zum 31. März 1995 geltenden Fassung und abzüglich der Erstattungen nach § 19 Abs. 4 des Bundesversorgungsgesetzes in der bis zum 31. Dezember 1993 geltenden Fassung, wird der Jahresdurchschnitt ermittelt.

§ 64 Zuständige Behörde für die Versorgung

(1) Die Versorgung nach den §§ 60 bis 63 Abs. 1 wird von den für die Durchführung des Bundesversorgungsgesetzes zuständigen Behörden durchgeführt. Die örtliche Zuständigkeit der Behörden bestimmt die Regierung des Landes, das die Versorgung zu gewähren hat (§ 66 Abs. 2), durch Rechtsverordnung. Die Landesregierung ist befugt, die Ermächtigung durch Rechtsverordnung auf eine andere Stelle zu übertragen.

(2) Das Gesetz über das Verwaltungsverfahren der Kriegsopferversorgung in der Fassung der Bekanntmachung vom 6. Mai 1976 (BGBl. I S. 1169), zuletzt geändert durch das Gesetz vom 18. August 1980 (BGBl. I S. 1469), mit Ausnahme der §§ 3 und 4, die Vorschriften des ersten und dritten Kapitels des Zehnten Buches Sozialgesetzbuch sowie die Vorschriften des Sozialgerichtsgesetzes über das Vorverfahren sind anzuwenden.

(3) Absatz 2 gilt nicht, soweit die Versorgung in der Gewährung von Leistungen besteht, die den Leistungen der Kriegsopferfürsorge nach den §§ 25 bis 27j des Bundesversorgungsgesetzes entsprechen.

§ 65 Entschädigung bei behördlichen Maßnahmen

(1) Soweit auf Grund einer Maßnahme nach den §§ 16 und 17 Gegenstände vernichtet, beschädigt oder in sonstiger Weise in ihrem Wert gemindert werden oder ein anderer nicht nur unwesentlicher Vermögensnachteil verursacht

wird, ist eine Entschädigung in Geld zu leisten; eine Entschädigung erhält jedoch nicht derjenige, dessen Gegenstände mit Krankheitserregern oder mit Gesundheitsschädlingen als vermutlichen Überträgern solcher Krankheitserreger behaftet oder dessen verdächtig sind. § 254 des Bürgerlichen Gesetzbuchs ist entsprechend anzuwenden.

(2) Die Höhe der Entschädigung nach Absatz 1 bemisst sich im Falle der Vernichtung eines Gegenstandes nach dessen gemeinem Wert, im Falle der Beschädigung oder sonstigen Wertminderung nach der Minderung des gemeinen Wertes. Kann die Wertminderung behoben werden, so bemisst sich die Entschädigung nach den hierfür erforderlichen Aufwendungen. Die Entschädigung darf den gemeinen Wert nicht übersteigen, den der Gegenstand ohne die Beschädigung oder Wertminderung gehabt hätte. Bei Bestimmung des gemeinen Wertes sind der Zustand und alle sonstigen den Wert des Gegenstandes bestimmenden Umstände in dem Zeitpunkt maßgeblich, in dem die Maßnahme getroffen wurde. Die Entschädigung für andere nicht nur unwesentliche Vermögensnachteile darf den Betroffenen nicht besser stellen, als er ohne die Maßnahme gestellt sein würde. Auf Grund der Maßnahme notwendige Aufwendungen sind zu erstatten.

§ 66 Zahlungsverpflichteter

(1) Ansprüche nach den §§ 56 bis 58 richten sich gegen das Land, in dem das Verbot erlassen oder die Schließung beziehungsweise das Betretungsverbot veranlasst worden ist, in den Fällen des § 34 Absatz 1 bis 3 und des § 42 gegen das Land, in dem die verbotene Tätigkeit ausgeübt worden ist. Ansprüche nach § 65 richten sich gegen das Land, in dem der Schaden verursacht worden ist.

(2) Versorgung wegen eines Impfschadens nach den §§ 60 bis 63 ist zu gewähren

1. in den Fällen des § 60 Abs. 1 von dem Land, in dem der Schaden verursacht worden ist,

2. in den Fällen des § 60 Abs. 2

   a) von dem Land, in dem der Geschädigte bei Eintritt des Impfschadens im Geltungsbereich dieses Gesetzes seinen Wohnsitz oder gewöhnlichen Aufenthalt hat,

   b) wenn bei Eintritt des Schadens ein Wohnsitz oder gewöhnlicher Aufenthalt im Geltungsbereich dieses Gesetzes nicht vorhanden ist, von dem Land, in dem der Geschädigte zuletzt seinen Wohnsitz oder gewöhnlichen Aufenthalt gehabt hat oder

   c) bei minderjährigen Geschädigten, wenn die Wohnsitzvoraussetzungen der Buchstaben a oder b nicht gegeben sind, von dem Land, in dem der Elternteil oder Sorgeberechtigte des Geschädigten, mit dem der Geschädigte in häuslicher Gemeinschaft lebt, seinen Wohnsitz oder gewöhnlichen Aufenthalt im Geltungsbereich dieses Gesetzes hat oder, falls ein solcher Wohnsitz oder gewöhnlicher Aufenthalt nicht gegeben ist, zuletzt seinen Wohnsitz oder gewöhnlichen Aufenthalt gehabt hat,

3. in den Fällen des § 60 Abs. 3 von dem Land, in dem der Geschädigte seinen Wohnsitz oder gewöhnlichen Aufenthalt im Geltungsbereich dieses Gesetzes hat oder erstmalig nimmt. Die Zuständigkeit für bereits anerkannte Fälle bleibt unberührt.

(3) In den Fällen des § 63 Abs. 1 sind die Kosten, die durch das Hinzutreten der weiteren Schädigung verursacht werden, von dem Leistungsträger zu übernehmen, der für die Versorgung wegen der weiteren Schädigung zuständig ist.

§ 67 Pfändung

(1) Die nach § 56 Abs. 2 Satz 2 und 3 zu zahlenden Entschädigungen können nach den für das Arbeitseinkommen geltenden Vorschriften der Zivilprozessordnung gepfändet werden.

(2) Übertragung, Verpfändung und Pfändung der Ansprüche nach den §§ 60, 62 und 63 Abs. 1 richten sich nach den Vorschriften des Bundesversorgungsgesetzes.

§ 68 Rechtsweg

(1) Für Streitigkeiten über Ansprüche nach den §§ 56 bis 58 gegen das nach § 66 Absatz 1 Satz 1 zur Zahlung verpflichtete Land ist der Verwaltungsrechtsweg gegeben. Für Streitigkeiten über Ansprüche nach § 65 ist der ordentliche Rechtsweg gegeben.

(2) Für öffentlich-rechtliche Streitigkeiten in Angelegenheiten der §§ 60 bis 63 Abs. 1 ist der Rechtsweg vor den Sozialgerichten gegeben. Soweit das Sozialgerichtsgesetz besondere Vorschriften für die Kriegsopferversorgung enthält, gelten diese auch für Streitigkeiten nach Satz 1.

(3) Absatz 2 gilt nicht, soweit Versorgung entsprechend den Vorschriften der Kriegsopferfürsorge nach den §§ 25 bis 27j des Bundesversorgungsgesetzes gewährt wird. Insoweit ist der Rechtsweg vor den Verwaltungsgerichten gegeben.

13. Abschnitt
Kosten

§ 69 Kosten

(1) Folgende Kosten sind aus öffentlichen Mitteln zu bestreiten, soweit nicht ein anderer Kostenträger zur Kostentragung verpflichtet ist:

1. Kosten für die Übermittlung der Meldungen nach den §§ 6 und 7,

2. Kosten für die Durchführung der Erhebungen nach § 13 Absatz 2 Satz 5,

3. Kosten für die Ablieferung von Untersuchungsmaterial an bestimmte Einrichtungen der Spezialdiagnostik nach § 13 Absatz 3 Satz 1,

4. Kosten für Maßnahmen nach § 17 Absatz 1, auch in Verbindung mit Absatz 3, soweit sie von der zuständigen Behörde angeordnet worden sind und die Notwendigkeit der Maßnahmen nicht vorsätzlich herbeigeführt wurde,

5. Kosten für Maßnahmen nach § 19,

6. Kosten für Schutzimpfungen oder andere Maßnahmen der spezifischen Prophylaxe gegen bestimmte übertragbare Krankheiten nach § 20 Absatz 5,

7. Kosten für die Durchführung von Ermittlungen nach § 25,

8. Kosten für die Durchführung von Schutzmaßnahmen nach den §§ 29 und 30,

9. Kosten für ärztliche Untersuchungen nach § 36 Absatz 5 Satz 1 und 3, Absatz 6 Satz 2, Absatz 7 Satz 2 und Absatz 10 Satz 2.

Soweit ein anderer Kostenträger zur Kostentragung verpflichtet ist oder solange dies noch nicht feststeht, können die entsprechenden Kosten vorläufig aus öffentlichen Mitteln bestritten werden. Der andere Kostenträger ist zur Erstattung der Kosten verpflichtet.

(2) Wer die öffentlichen Mittel aufzubringen hat, bleibt, soweit nicht bundesgesetzlich geregelt, der Regelung durch die Länder vorbehalten.

(3) Für aus öffentlichen Mitteln zu bestreitende Kosten der Quarantänemaßnahmen nach § 30 ist der Kostenträger zuständig, in dessen Bezirk die von der Maßnahme betroffene Person zum Zeitpunkt der Anordnung der Maßnahme ihren gewöhnlichen Aufenthalt hat oder zuletzt hatte. Falls ein gewöhnlicher Aufenthaltsort nicht feststellbar ist, werden die Kosten vorläufig von dem Kostenträger übernommen, in dessen Bezirk die Maßnahme angeordnet wird. Der zuständige Kostenträger ist im Fall des Satzes 2 zur Erstattung verpflichtet. Satz 1 gilt nicht, soweit die Länder abweichende Vereinbarungen treffen.

14. Abschnitt
Straf- und Bußgeldvorschriften

§ 73 Bußgeldvorschriften

(1) Ordnungswidrig handelt, wer entgegen § 50a Absatz 3 Satz 1, auch in Verbindung mit einer Rechtsverordnung nach § 50a Absatz 4 Nummer 2, Polioviren oder dort genanntes Material besitzt.

(1a) Ordnungswidrig handelt, wer vorsätzlich oder fahrlässig

1. einer vollziehbaren Anordnung nach § 5 Absatz 2 Satz 1 Nummer 6 Buchstabe b zuwiderhandelt,

2. entgegen § 6 oder § 7, jeweils auch in Verbindung mit § 14 Absatz 8 Satz 2, 3, 4 oder 5 oder einer Rechtsverordnung nach § 15 Absatz 1 oder 3, eine Meldung nicht, nicht richtig, nicht vollständig, nicht in der vorgeschriebenen Weise oder nicht rechtzeitig macht,

3. entgegen § 15a Absatz 2 Satz 1, § 16 Absatz 2 Satz 3, auch in Verbindung mit § 25 Absatz 2 Satz 1 oder 2 zweiter Halbsatz oder einer Rechtsverordnung nach § 17 Absatz 4 Satz 1, oder entgegen § 29 Absatz 2 Satz 3, auch in Verbindung mit einer Rechtsverordnung nach § 32 Satz 1, eine Auskunft nicht, nicht richtig, nicht vollständig oder nicht rechtzeitig erteilt,

4. entgegen § 15a Absatz 2 Satz 1, § 16 Absatz 2 Satz 3, auch in Verbindung mit § 25 Absatz 2 Satz 1 oder 2 zweiter Halbsatz oder einer Rechtsverordnung nach § 17 Absatz 4 Satz 1, eine Unterlage nicht, nicht richtig, nicht vollständig oder nicht rechtzeitig vorlegt,

5. entgegen § 15a Absatz 3 Satz 2, § 16 Absatz 2 Satz 2, auch in Verbindung mit § 25 Absatz 2 Satz 1 oder einer Rechtsverordnung nach § 17 Absatz 4 Satz 1, oder entgegen § 51 Satz 2 ein Grundstück, einen Raum, eine Anlage, eine Einrichtung, ein

Verkehrsmittel oder einen sonstigen Gegenstand nicht zugänglich macht,

6. einer vollziehbaren Anordnung nach § 17 Abs. 1, auch in Verbindung mit einer Rechtsverordnung nach Abs. 4 Satz 1, § 17 Abs. 3 Satz 1, § 25 Absatz 3 Satz 1 oder 2, auch in Verbindung mit § 29 Abs. 2 Satz 2, dieser auch in Verbindung mit einer Rechtsverordnung nach § 32 Satz 1, § 25 Absatz 4 Satz 2, § 28 Absatz 1 Satz 1 oder Satz 2, § 30 Absatz 1 Satz 2 oder § 31, jeweils auch in Verbindung mit einer Rechtsverordnung nach § 32 Satz 1, oder § 34 Abs. 8 oder 9 zuwiderhandelt,

7. entgegen § 18 Abs. 1 Satz 1 ein Mittel oder ein Verfahren anwendet,

7a. entgegen § 20 Absatz 9 Satz 4 Nummer 1, auch in Verbindung mit Absatz 10 Satz 2 oder Absatz 11 Satz 2 eine Benachrichtigung nicht, nicht richtig, nicht vollständig oder nicht rechtzeitig vornimmt,

7b. entgegen § 20 Absatz 9 Satz 6 oder Satz 7 eine Person betreut oder beschäftigt oder in einer dort genannten Einrichtung tätig wird,

7c. entgegen § 20 Absatz 12 Satz 1, auch in Verbindung mit § 20 Absatz 13 Satz 1 oder Satz 2, einen Nachweis nicht, nicht richtig, nicht vollständig oder nicht rechtzeitig vorlegt,

7d. einer vollziehbaren Anordnung nach § 20 Absatz 12 Satz 3, auch in Verbindung mit § 20 Absatz 13 Satz 1 oder Satz 2, zuwiderhandelt,

8. (aufgehoben),

9. entgegen § 23 Absatz 4 Satz 1 nicht sicherstellt, dass die dort genannten Infektionen und das Auftreten von Krankheitserregern aufgezeichnet oder die Präventionsmaßnahmen mitgeteilt oder umgesetzt werden,

9a. entgegen § 23 Absatz 4 Satz 2 nicht sicherstellt, dass die dort genannten Daten aufgezeichnet oder die Anpassungen mitgeteilt oder umgesetzt werden,

9b. entgegen § 23 Absatz 4 Satz 3 eine Aufzeichnung nicht oder nicht mindestens zehn Jahre aufbewahrt,

10. entgegen § 23 Absatz 4 Satz 4 Einsicht nicht gewährt,

10a. entgegen § 23 Absatz 5 Satz 1, auch in Verbindung mit einer Rechtsverordnung nach § 23 Absatz 5 Satz 2, nicht sicherstellt, dass die dort genannten Verfahrensweisen festgelegt sind,

11. entgegen § 25 Absatz 4 Satz 1 eine Untersuchung nicht gestattet,

11a. einer vollziehbaren Anordnung nach § 28 Absatz 2, auch in Verbindung mit einer Rechtsverordnung nach § 32 Satz 1, zuwiderhandelt,

12. entgegen § 29 Abs. 2 Satz 3, auch in Verbindung mit einer Rechtsverordnung nach § 32 Satz 1, Zutritt nicht gestattet,

13. entgegen § 29 Abs. 2 Satz 3, auch in Verbindung mit Satz 4 oder einer Rechtsverordnung nach § 32 Satz 1, § 49 Absatz 1 Satz 1, § 50 Satz 1 oder 2 oder § 50a Absatz 1 Satz 1 eine Anzeige nicht, nicht richtig, nicht vollständig oder nicht rechtzeitig erstattet,

14. entgegen § 34 Abs. 1 Satz 1, auch in Verbindung mit Satz 2 oder Abs. 3, eine dort genannte Tätigkeit ausübt, einen Raum betritt, eine Einrichtung benutzt oder an einer Veranstaltung teilnimmt,

15. ohne Zustimmung nach § 34 Abs. 2 einen Raum betritt, eine Einrichtung benutzt oder an einer Veranstaltung teilnimmt,

16. entgegen § 34 Abs. 4 für die Einhaltung der dort genannten Verpflichtungen nicht sorgt,

16a. entgegen § 34 Absatz 5 Satz 1 oder § 43 Absatz 2 eine Mitteilung nicht, nicht richtig, nicht vollständig oder nicht rechtzeitig macht,

17. entgegen § 34 Abs. 6 Satz 1, auch in Verbindung mit Satz 2, oder § 36 Absatz 3a das Gesundheitsamt nicht, nicht richtig, nicht vollständig oder nicht rechtzeitig benachrichtigt,

17a. entgegen § 34 Absatz 10a Satz 1 einen Nachweis nicht oder nicht rechtzeitig erbringt,

18. entgegen § 35 Satz 1 oder § 43 Abs. 4 Satz 1 eine Belehrung nicht, nicht richtig, nicht vollständig oder nicht rechtzeitig durchführt,

19. entgegen § 36 Absatz 5 Satz 1 oder Satz 3, Absatz 6 Satz 2 erster Halbsatz, Absatz 7 Satz 2 erster Halbsatz oder Absatz 10 Satz 2 eine ärztliche Untersuchung nicht duldet,

20. entgegen § 43 Abs. 1 Satz 1, auch in Verbindung mit einer Rechtsverordnung nach Abs. 7, eine Person beschäftigt,

21. entgegen § 43 Abs. 5 Satz 2 einen Nachweis oder eine Bescheinigung nicht oder nicht rechtzeitig vorlegt,

22. einer vollziehbaren Auflage nach § 47 Abs. 3 Satz 1 zuwiderhandelt,

22a. entgegen § 50a Absatz 2, auch in Verbindung mit einer Rechtsverordnung nach § 50a Absatz 4 Nummer 1, Polioviren oder dort genanntes Material nicht oder nicht rechtzeitig vernichtet,

23. entgegen § 51 Satz 2 ein Buch oder eine sonstige Unterlage nicht oder nicht rechtzeitig vorlegt, Einsicht nicht gewährt oder eine Prüfung nicht duldet oder

24. einer Rechtsverordnung nach § 5 Absatz 2 Satz 1 Nummer 4 Buchstabe c bis f oder g oder Nummer 8 Buchstabe c, § 13 Absatz 3 Satz 1, § 17 Absatz 4 Satz 1 oder Absatz 5 Satz 1, § 20 Abs. 6 Satz 1 oder Abs. 7 Satz 1, § 23 Absatz 8 Satz 1 oder

Satz 2, § 32 Satz 1, § 36 Absatz 8 Satz 1 oder Satz 3 oder Absatz 10 Satz 1, § 38 Abs. 1 Satz 1 Nr. 3 oder Abs. 2 Nr. 3 oder 5 oder § 53 Abs. 1 Nr. 2 oder einer vollziehbaren Anordnung auf Grund einer solchen Rechtsverordnung zuwiderhandelt, soweit die Rechtsverordnung für einen bestimmten Tatbestand auf diese Bußgeldvorschrift verweist.

(2) Die Ordnungswidrigkeit kann in den Fällen des Absatzes 1a Nummer 7a bis 7d, 8, 9b, 11a, 17a und 21 mit einer Geldbuße bis zu zweitausendfünfhundert Euro, in den übrigen Fällen mit einer Geldbuße bis zu fünfundzwanzigtausend Euro geahndet werden.

§ 74 Strafvorschriften

Mit Freiheitsstrafe bis zu fünf Jahren oder mit Geldstrafe wird bestraft, wer eine in § 73 Absatz 1 oder Absatz 1a Nummer 1 bis 7, 11 bis 20, 22, 22a, 23 oder 24 bezeichnete vorsätzliche Handlung begeht und dadurch eine in § 6 Absatz 1 Satz 1 Nummer 1 genannte Krankheit, einen in § 7 genannten Krankheitserreger oder eine in einer Rechtsverordnung nach § 15 Absatz 1 oder Absatz 3 genannte Krankheit oder einen dort genannten Krankheitserreger verbreitet.

§ 75 Weitere Strafvorschriften

(1) Mit Freiheitsstrafe bis zu zwei Jahren oder mit Geldstrafe wird bestraft, wer

1. einer vollziehbaren Anordnung nach § 30 Absatz 1 Satz 1, auch in Verbindung mit einer Rechtsverordnung nach § 32 Satz 1, zuwiderhandelt,

2. entgegen § 42 Abs. 1 Satz 1, auch in Verbindung mit Satz 2, jeweils auch in Verbindung mit einer Rechtsverordnung nach § 42 Abs. 5 Satz 1, oder § 42 Abs. 3 eine Person beschäftigt oder eine Tätigkeit ausübt,

3. ohne Erlaubnis nach § 44 Krankheitserreger verbringt, ausführt, aufbewahrt, abgibt oder mit ihnen arbeitet oder

4. entgegen § 52 Satz 1 Krankheitserreger oder Material abgibt.

(2) Ebenso wird bestraft, wer einer Rechtsverordnung nach § 38 Abs. 1 Satz 1 Nr. 5 oder Abs. 2 Nr. 4 oder einer vollziehbaren Anordnung auf Grund einer solchen Rechtsverordnung zuwiderhandelt, soweit die Rechtsverordnung für einen bestimmten Tatbestand auf diese Strafvorschrift verweist.

(3) Wer durch eine in Absatz 1 bezeichnete Handlung eine in § 6 Abs. 1 Nr. 1 genannte Krankheit oder einen in § 7 genannten Krankheitserreger verbreitet, wird mit Freiheitsstrafe von drei Monaten bis zu fünf Jahren bestraft, soweit nicht die Tat in anderen Vorschriften mit einer schwereren Strafe bedroht ist.

(4) Handelt der Täter in den Fällen der Absätze 1 oder 2 fahrlässig, so ist die Strafe Freiheitsstrafe bis zu einem Jahr oder Geldstrafe.

(5) Mit Freiheitsstrafe bis zu einem Jahr oder mit Geldstrafe wird bestraft, wer entgegen § 24 Satz 1, auch in Verbindung mit Satz 2, dieser auch in Verbindung mit einer Rechtsverordnung nach § 15 Abs. 1, eine Person behandelt.

§ 76 Einziehung

Gegenstände, auf die sich eine Straftat nach § 75 Abs. 1 oder 3 bezieht, können eingezogen werden.

15. Abschnitt
Übergangsvorschriften

§ 77 Übergangsvorschriften

(1) Die nach den Vorschriften des Bundes-Seuchengesetzes bestehende Erlaubnis für das Arbeiten und den Verkehr mit Krankheitserregern gilt im Geltungsbereich dieses Gesetzes als Erlaubnis im Sinne des § 44; bei juristischen Personen gilt dies bis fünf Jahre nach Inkrafttreten dieses Gesetzes mit der Maßgabe, dass die Erlaubnis nach § 48 zurückgenommen oder widerrufen werden kann, wenn ein Versagungsgrund nach § 47 Abs. 1 Nr. 2 bei den nach Gesetz oder Satzung zur Vertretung berufenen Personen vorliegt; die Maßgabe gilt auch, wenn der Erlaubnisinhaber nicht selbst die Leitung der Tätigkeiten übernommen hat und bei der von ihm mit der Leitung beauftragten Person ein Versagungsgrund nach § 47 Abs. 1 vorliegt. Die Beschränkung des § 47 Abs. 4 Satz 1 gilt nicht für die in § 22 Abs. 4 Satz 2 des Bundes-Seuchengesetzes genannten Personen, wenn bei Inkrafttreten dieses Gesetzes sie selbst oder diejenigen Personen, von denen sie mit der Leitung der Tätigkeiten beauftragt worden sind, Inhaber einer insoweit unbeschränkten Erlaubnis sind. Bei Personen, die die in § 20 Abs. 1 Satz 1 des Bundes-Seuchengesetzes bezeichneten Arbeiten vor dem Inkrafttreten des Gesetzes berechtigt durchgeführt haben, bleibt die Befreiung von der Erlaubnis für diese Arbeiten fünf Jahre nach Inkrafttreten des Gesetzes bestehen; § 45 Abs. 4 findet entsprechend Anwendung.

(2) Ein Zeugnis nach § 18 des Bundes-Seuchengesetzes gilt als Bescheinigung nach § 43 Abs. 1.

(3) Auf Streitigkeiten über Ansprüche nach den §§ 56 bis 58 gegen das nach § 66 Absatz 1 Satz 1 zur Zahlung verpflichtete Land, die nach dem 18. November 2020 rechtshängig werden, sind § 58 Absatz 2 Satz 1 der Verwaltungsgerichtsordnung, § 70 Absatz 1 Satz 1 der Verwaltungsgerichtsordnung und § 75 Satz 2 der Verwaltungsgerichtsordnung mit der Maßgabe anzuwenden, dass die Fristen frühestens am 19. November 2020 zu laufen beginnen.

Die nachfolgenden Änderungen wurden am 18.11.2020 vom Bundesrat beschlossen, treten aber erst zum 01.04.2021 in Kraft:

Das Infektionsschutzgesetz vom 20. Juli 2000 (BGBl. I S. 1045), das zuletzt durch Artikel 5 des Gesetzes vom 19. Juni 2020 (BGBl. I S. 1385) geändert worden ist, wird wie folgt geändert:

11. § 14 wird wie folgt geändert:

   a) Absatz 1 wird wie folgt geändert:

      bb) Die bisherigen Sätze 4 und 5 werden wie folgt gefasst:

      „Die Gesellschaft für Telematik nach § 306 Absatz 1 Satz 3 des Fünften Buches Sozialgesetzbuch unterstützt das Robert Koch-Institut bei der Entwicklung und dem Betrieb des elektronischen Melde- und Informationssystems. Bei der Gesellschaft für Telematik unmittelbar für die Erfüllung der Aufgabe nach Satz 5 entstehende Fremdkosten aus der Beauftragung Dritter werden vom Robert Koch-Institut getragen."

Das Infektionsschutzgesetz vom 20. Juli 2000 (BGBl. I S. 1045), das zuletzt durch Artikel 1 dieses Gesetzes geändert worden ist, wird wie folgt geändert:

1. § 5 Absatz 8 wird Absatz 3.

2. § 56 wird wie folgt geändert:

   a) Absatz 1a wird aufgehoben.

   b) Absatz 2 Satz 4 wird aufgehoben.

   c) Absatz 11 Satz 1 wird wie folgt gefasst:

      „Die Anträge nach Absatz 5 sind innerhalb einer Frist von zwölf Monaten nach Einstellung der verbotenen Tätigkeit oder dem Ende der Absonderung bei der zuständigen Behörde zu stellen."

3. § 57 Absatz 6 wird aufgehoben.

4. In § 58 Satz 1 wird die Angabe „und 1a" gestrichen.

5. In § 66 Absatz 1 Satz 1 werden die Wörter „oder die Schließung beziehungsweise das Betretungsverbot veranlasst" gestrichen.

6. § 73 Absatz 1a wird wie folgt geändert:

   a) Nummer 1 wird aufgehoben.

   b) In Nummer 24 werden die Wörter „§ 5 Absatz 2 Satz 1 Nummer 4 Buchstabe c bis f oder g oder Nummer 8 Buchstabe c," gestrichen.

Kündigungsschutzgesetz

(KSchG)

**Neugefasst durch Bekanntmachung
vom 25. August 1969
(BGBl. I S. 1317)**

**Zuletzt geändert durch Artikel 2 des Gesetzes
vom 14. Oktober 2020
(BGBl. I S. 2112)**

Erster Abschnitt
Allgemeiner Kündigungsschutz

§ 1 Sozial ungerechtfertigte Kündigungen

(1) Die Kündigung des Arbeitsverhältnisses gegenüber einem Arbeitnehmer, dessen Arbeitsverhältnis in demselben Betrieb oder Unternehmen ohne Unterbrechung länger als sechs Monate bestanden hat, ist rechtsunwirksam, wenn sie sozial ungerechtfertigt ist.

(2) Sozial ungerechtfertigt ist die Kündigung, wenn sie nicht durch Gründe, die in der Person oder in dem Verhalten des Arbeitnehmers liegen, oder durch dringende betriebliche Erfordernisse, die einer Weiterbeschäftigung des Arbeitnehmers in diesem Betrieb entgegenstehen, bedingt ist. Die Kündigung ist auch sozial ungerechtfertigt, wenn

1. in Betrieben des privaten Rechts

    a) die Kündigung gegen eine Richtlinie nach § 95 des Betriebsverfassungsgesetzes verstößt,

    b) der Arbeitnehmer an einem anderen Arbeitsplatz in demselben Betrieb oder in einem anderen Betrieb des Unternehmens weiterbeschäftigt werden kann

    und der Betriebsrat oder eine andere nach dem Betriebsverfassungsgesetz insoweit zuständige Vertretung der Arbeitnehmer aus einem dieser Gründe der Kündigung innerhalb der Frist des § 102 Abs. 2 Satz 1 des Betriebsverfassungsgesetzes schriftlich widersprochen hat,

2. in Betrieben und Verwaltungen des öffentlichen Rechts

    a) die Kündigung gegen eine Richtlinie über die personelle Auswahl bei Kündigungen verstößt,

    b) der Arbeitnehmer an einem anderen Arbeitsplatz in derselben Dienststelle oder in einer anderen Dienststelle desselben Verwaltungszweigs an demselben Dienstort einschließlich seines Ein-

zugsgebiets weiterbeschäftigt werden kann

und die zuständige Personalvertretung aus einem dieser Gründe fristgerecht gegen die Kündigung Einwendungen erhoben hat, es sei denn, daß die Stufenvertretung in der Verhandlung mit der übergeordneten Dienststelle die Einwendungen nicht aufrechterhalten hat.

Satz 2 gilt entsprechend, wenn die Weiterbeschäftigung des Arbeitnehmers nach zumutbaren Umschulungs- oder Fortbildungsmaßnahmen oder eine Weiterbeschäftigung des Arbeitnehmers unter geänderten Arbeitsbedingungen möglich ist und der Arbeitnehmer sein Einverständnis hiermit erklärt hat. Der Arbeitgeber hat die Tatsachen zu beweisen, die die Kündigung bedingen.

(3) Ist einem Arbeitnehmer aus dringenden betrieblichen Erfordernissen im Sinne des Absatzes 2 gekündigt worden, so ist die Kündigung trotzdem sozial ungerechtfertigt, wenn der Arbeitgeber bei der Auswahl des Arbeitnehmers die Dauer der Betriebszugehörigkeit, das Lebensalter, die Unterhaltspflichten und die Schwerbehinderung des Arbeitnehmers nicht oder nicht ausreichend berücksichtigt hat; auf Verlangen des Arbeitnehmers hat der Arbeitgeber dem Arbeitnehmer die Gründe anzugeben, die zu der getroffenen sozialen Auswahl geführt haben. In die soziale Auswahl nach Satz 1 sind Arbeitnehmer nicht einzubeziehen, deren Weiterbeschäftigung, insbesondere wegen ihrer Kenntnisse, Fähigkeiten und Leistungen oder zur Sicherung einer ausgewogenen Personalstruktur des Betriebes, im berechtigten betrieblichen Interesse liegt. Der Arbeitnehmer hat die Tatsachen zu beweisen, die die Kündigung als sozial ungerechtfertigt im Sinne des Satzes 1 erscheinen lassen.

(4) Ist in einem Tarifvertrag, in einer Betriebsvereinbarung nach § 95 des Betriebsverfassungsgesetzes oder in einer entsprechenden Richtlinie nach den Personalvertretungsgesetzen festgelegt, wie die sozialen Gesichtspunkte

nach Absatz 3 Satz 1 im Verhältnis zueinander zu bewerten sind, so kann die Bewertung nur auf grobe Fehlerhaftigkeit überprüft werden.

(5) Sind bei einer Kündigung auf Grund einer Betriebsänderung nach § 111 des Betriebsverfassungsgesetzes die Arbeitnehmer, denen gekündigt werden soll, in einem Interessenausgleich zwischen Arbeitgeber und Betriebsrat namentlich bezeichnet, so wird vermutet, dass die Kündigung durch dringende betriebliche Erfordernisse im Sinne des Absatzes 2 bedingt ist. Die soziale Auswahl der Arbeitnehmer kann nur auf grobe Fehlerhaftigkeit überprüft werden. Die Sätze 1 und 2 gelten nicht, soweit sich die Sachlage nach Zustandekommen des Interessenausgleichs wesentlich geändert hat. Der Interessenausgleich nach Satz 1 ersetzt die Stellungnahme des Betriebsrates nach § 17 Abs. 3 Satz 2.

§ 1a Abfindungsanspruch bei betriebsbedingter Kündigung

(1) Kündigt der Arbeitgeber wegen dringender betrieblicher Erfordernisse nach § 1 Abs. 2 Satz 1 und erhebt der Arbeitnehmer bis zum Ablauf der Frist des § 4 Satz 1 keine Klage auf Feststellung, dass das Arbeitsverhältnis durch die Kündigung nicht aufgelöst ist, hat der Arbeitnehmer mit dem Ablauf der Kündigungsfrist Anspruch auf eine Abfindung. Der Anspruch setzt den Hinweis des Arbeitgebers in der Kündigungserklärung voraus, dass die Kündigung auf dringende betriebliche Erfordernisse gestützt ist und der Arbeitnehmer bei Verstreichenlassen der Klagefrist die Abfindung beanspruchen kann.

(2) Die Höhe der Abfindung beträgt 0,5 Monatsverdienste für jedes Jahr des Bestehens des Arbeitsverhältnisses. § 10 Abs. 3 gilt entsprechend. Bei der Ermittlung der Dauer des Arbeitsverhältnisses ist ein Zeitraum von mehr als sechs Monaten auf ein volles Jahr aufzurunden.

§ 2 Änderungskündigung

Kündigt der Arbeitgeber das Arbeitsverhältnis und bietet er dem Arbeitnehmer im Zusammenhang mit der Kündigung die Fortsetzung des Arbeitsverhältnisses zu geänderten Arbeitsbedingungen an, so kann der Arbeitnehmer dieses Angebot unter dem Vorbehalt annehmen, daß die Änderung der Arbeitsbedingungen nicht sozial ungerechtfertigt ist (§ 1 Abs. 2 Satz 1 bis 3, Abs. 3 Satz 1 und 2). Diesen Vorbehalt muß der Arbeitnehmer dem Arbeitgeber innerhalb der Kündigungsfrist, spätestens jedoch innerhalb von drei Wochen nach Zugang der Kündigung erklären.

§ 3 Kündigungseinspruch

Hält der Arbeitnehmer eine Kündigung für sozial ungerechtfertigt, so kann er binnen einer Woche nach der Kündigung Einspruch beim Betriebsrat einlegen. Erachtet der Betriebsrat den Einspruch für begründet, so hat er zu versuchen, eine Verständigung mit dem Arbeitgeber herbeizuführen. Er hat seine Stellungnahme zu dem Einspruch dem Arbeitnehmer und dem Arbeitgeber auf Verlangen schriftlich mitzuteilen.

§ 4 Anrufung des Arbeitsgerichts

Will ein Arbeitnehmer geltend machen, dass eine Kündigung sozial ungerechtfertigt oder aus anderen Gründen rechtsunwirksam ist, so muss er innerhalb von drei Wochen nach Zugang der schriftlichen Kündigung Klage beim Arbeitsgericht auf Feststellung erheben, dass das Arbeitsverhältnis durch die Kündigung nicht aufgelöst ist. Im Falle des § 2 ist die Klage auf Feststellung zu erheben, daß die Änderung der Arbeitsbedingungen sozial ungerechtfertigt oder aus anderen Gründen rechtsunwirksam ist. Hat der Arbeitnehmer Einspruch beim Betriebsrat eingelegt (§ 3), so soll er der Klage die Stellungnahme des Betriebsrats beifügen. Soweit die Kündigung der Zustimmung einer Behörde bedarf, läuft die Frist zur Anrufung des Arbeitsgerichts erst von der Bekanntgabe der

Entscheidung der Behörde an den Arbeitnehmer ab.

§ 5 Zulassung verspäteter Klagen

(1) War ein Arbeitnehmer nach erfolgter Kündigung trotz Anwendung aller ihm nach Lage der Umstände zuzumutenden Sorgfalt verhindert, die Klage innerhalb von drei Wochen nach Zugang der schriftlichen Kündigung zu erheben, so ist auf seinen Antrag die Klage nachträglich zuzulassen. Gleiches gilt, wenn eine Frau von ihrer Schwangerschaft aus einem von ihr nicht zu vertretenden Grund erst nach Ablauf der Frist des § 4 Satz 1 Kenntnis erlangt hat.

(2) Mit dem Antrag ist die Klageerhebung zu verbinden; ist die Klage bereits eingereicht, so ist auf sie im Antrag Bezug zu nehmen. Der Antrag muß ferner die Angabe der die nachträgliche Zulassung begründenden Tatsachen und der Mittel für deren Glaubhaftmachung enthalten.

(3) Der Antrag ist nur innerhalb von zwei Wochen nach Behebung des Hindernisses zulässig. Nach Ablauf von sechs Monaten, vom Ende der versäumten Frist an gerechnet, kann der Antrag nicht mehr gestellt werden.

(4) Das Verfahren über den Antrag auf nachträgliche Zulassung ist mit dem Verfahren über die Klage zu verbinden. Das Arbeitsgericht kann das Verfahren zunächst auf die Verhandlung und Entscheidung über den Antrag beschränken. In diesem Fall ergeht die Entscheidung durch Zwischenurteil, das wie ein Endurteil angefochten werden kann.

(5) Hat das Arbeitsgericht über einen Antrag auf nachträgliche Klagezulassung nicht entschieden oder wird ein solcher Antrag erstmals vor dem Landesarbeitsgericht gestellt, entscheidet hierüber die Kammer des Landesarbeitsgerichts. Absatz 4 gilt entsprechend.

§ 6 Verlängerte Anrufungsfrist

Hat ein Arbeitnehmer innerhalb von drei Wochen nach Zugang der schriftlichen Kündigung im Klagewege geltend gemacht, dass eine rechtswirksame Kündigung nicht vorliege, so kann er sich in diesem Verfahren bis zum Schluss der mündlichen Verhandlung erster Instanz zur Begründung der Unwirksamkeit der Kündigung auch auf innerhalb der Klagefrist nicht geltend gemachte Gründe berufen. Das Arbeitsgericht soll ihn hierauf hinweisen.

§ 7 Wirksamwerden der Kündigung

Wird die Rechtsunwirksamkeit einer Kündigung nicht rechtzeitig geltend gemacht (§ 4 Satz 1, §§ 5 und 6), so gilt die Kündigung als von Anfang an rechtswirksam; ein vom Arbeitnehmer nach § 2 erklärter Vorbehalt erlischt.

§ 8 Wiederherstellung der früheren Arbeitsbedingungen

Stellt das Gericht im Falle des § 2 fest, daß die Änderung der Arbeitsbedingungen sozial ungerechtfertigt ist, so gilt die Änderungskündigung als von Anfang an rechtsunwirksam.

§ 9 Auflösung des Arbeitsverhältnisses durch Urteil des Gerichts, Abfindung des Arbeitnehmers

(1) Stellt das Gericht fest, daß das Arbeitsverhältnis durch die Kündigung nicht aufgelöst ist, ist jedoch dem Arbeitnehmer die Fortsetzung des Arbeitsverhältnisses nicht zuzumuten, so hat das Gericht auf Antrag des Arbeitnehmers das Arbeitsverhältnis aufzulösen und den Arbeitgeber zur Zahlung einer angemessenen Abfindung zu verurteilen. Die gleiche Entscheidung hat das Gericht auf Antrag des Arbeitgebers zu treffen, wenn Gründe vorliegen, die eine den Betriebszwecken dienliche weitere Zusammenarbeit zwischen Arbeitgeber und Arbeitnehmer nicht erwarten lassen. Arbeitnehmer und Arbeitgeber können den Antrag auf Auflösung

des Arbeitsverhältnisses bis zum Schluß der letzten mündlichen Verhandlung in der Berufungsinstanz stellen.

(2) Das Gericht hat für die Auflösung des Arbeitsverhältnisses den Zeitpunkt festzusetzen, an dem es bei sozial gerechtfertigter Kündigung geendet hätte.

§ 10 Höhe der Abfindung

(1) Als Abfindung ist ein Betrag bis zu zwölf Monatsverdiensten festzusetzen.

(2) Hat der Arbeitnehmer das fünfzigste Lebensjahr vollendet und hat das Arbeitsverhältnis mindestens fünfzehn Jahre bestanden, so ist ein Betrag bis zu fünfzehn Monatsverdiensten, hat der Arbeitnehmer das fünfundfünfzigste Lebensjahr vollendet und hat das Arbeitsverhältnis mindestens zwanzig Jahre bestanden, so ist ein Betrag bis zu achtzehn Monatsverdiensten festzusetzen. Dies gilt nicht, wenn der Arbeitnehmer in dem Zeitpunkt, den das Gericht nach § 9 Abs. 2 für die Auflösung des Arbeitsverhältnisses festsetzt, das in der Vorschrift des Sechsten Buches Sozialgesetzbuch über die Regelaltersrente bezeichnete Lebensalter erreicht hat.

(3) Als Monatsverdienst gilt, was dem Arbeitnehmer bei der für ihn maßgebenden regelmäßigen Arbeitszeit in dem Monat, in dem das Arbeitsverhältnis endet (§ 9 Abs. 2), an Geld und Sachbezügen zusteht.

§ 11 Anrechnung auf entgangenen Zwischenverdienst

Besteht nach der Entscheidung des Gerichts das Arbeitsverhältnis fort, so muß sich der Arbeitnehmer auf das Arbeitsentgelt, das ihm der Arbeitgeber für die Zeit nach der Entlassung schuldet, anrechnen lassen,

1. was er durch anderweitige Arbeit verdient hat,

2. was er hätte verdienen können, wenn er es nicht böswillig unterlassen hätte, eine ihm zumutbare Arbeit anzunehmen,

3. was ihm an öffentlich-rechtlichen Leistungen infolge Arbeitslosigkeit aus der Sozialversicherung, der Arbeitslosenversicherung, der Sicherung des Lebensunterhalts nach dem Zweiten Buch Sozialgesetzbuch oder der Sozialhilfe für die Zwischenzeit gezahlt worden ist. Diese Beträge hat der Arbeitgeber der Stelle zu erstatten, die sie geleistet hat.

§ 12 Neues Arbeitsverhältnis des Arbeitnehmers, Auflösung des alten Arbeitsverhältnisses

Besteht nach der Entscheidung des Gerichts das Arbeitsverhältnis fort, ist jedoch der Arbeitnehmer inzwischen ein neues Arbeitsverhältnis eingegangen, so kann er binnen einer Woche nach der Rechtskraft des Urteils durch Erklärung gegenüber dem alten Arbeitgeber die Fortsetzung des Arbeitsverhältnisses bei diesem verweigern. Die Frist wird auch durch eine vor ihrem Ablauf zur Post gegebene schriftliche Erklärung gewahrt. Mit dem Zugang der Erklärung erlischt das Arbeitsverhältnis. Macht der Arbeitnehmer von seinem Verweigerungsrecht Gebrauch, so ist ihm entgangener Verdienst nur für die Zeit zwischen der Entlassung und dem Tag des Eintritts in das neue Arbeitsverhältnis zu gewähren. § 11 findet entsprechende Anwendung.

§ 13 Außerordentliche, sittenwidrige und sonstige Kündigungen

(1) Die Vorschriften über das Recht zur außerordentlichen Kündigung eines Arbeitsverhältnisses werden durch das vorliegende Gesetz nicht berührt. Die Rechtsunwirksamkeit einer außerordentlichen Kündigung kann jedoch nur nach Maßgabe des § 4 Satz 1 und der §§ 5 bis 7 geltend gemacht werden. Stellt das Gericht fest, dass die außerordentliche Kündigung un-

begründet ist, ist jedoch dem Arbeitnehmer die Fortsetzung des Arbeitsverhältnisses nicht zuzumuten, so hat auf seinen Antrag das Gericht das Arbeitsverhältnis aufzulösen und den Arbeitgeber zur Zahlung einer angemessenen Abfindung zu verurteilen. Das Gericht hat für die Auflösung des Arbeitsverhältnisses den Zeitpunkt festzulegen, zu dem die außerordentliche Kündigung ausgesprochen wurde. Die Vorschriften der §§ 10 bis 12 gelten entsprechend.

(2) Verstößt eine Kündigung gegen die guten Sitten, so finden die Vorschriften des § 9 Abs. 1 Satz 1 und Abs. 2 und der §§ 10 bis 12 entsprechende Anwendung.

(3) Im Übrigen finden die Vorschriften dieses Abschnitts mit Ausnahme der §§ 4 bis 7 auf eine Kündigung, die bereits aus anderen als den in § 1 Abs. 2 und 3 bezeichneten Gründen rechtsunwirksam ist, keine Anwendung.

§ 14 Angestellte in leitender Stellung

(1) Die Vorschriften dieses Abschnitts gelten nicht

1. in Betrieben einer juristischen Person für die Mitglieder des Organs, das zur gesetzlichen Vertretung der juristischen Person berufen ist,

2. in Betrieben einer Personengesamtheit für die durch Gesetz, Satzung oder Gesellschaftsvertrag zur Vertretung der Personengesamtheit berufenen Personen.

(2) Auf Geschäftsführer, Betriebsleiter und ähnliche leitende Angestellte, soweit diese zur selbständigen Einstellung oder Entlassung von Arbeitnehmern berechtigt sind, finden die Vorschriften dieses Abschnitts mit Ausnahme des § 3 Anwendung. § 9 Abs. 1 Satz 2 findet mit der Maßgabe Anwendung, daß der Antrag des Arbeitgebers auf Auflösung des Arbeitsverhältnisses keiner Begründung bedarf.

Zweiter Abschnitt
Kündigungsschutz im Rahmen der Betriebsverfassung und Personalvertretung

§ 15 Unzulässigkeit der Kündigung

(1) Die Kündigung eines Mitglieds eines Betriebsrats, einer Jugend- und Auszubildendenvertretung, einer Bordvertretung oder eines Seebetriebsrats ist unzulässig, es sei denn, daß Tatsachen vorliegen, die den Arbeitgeber zur Kündigung aus wichtigem Grund ohne Einhaltung einer Kündigungsfrist berechtigen, und daß die nach § 103 des Betriebsverfassungsgesetzes erforderliche Zustimmung vorliegt oder durch gerichtliche Entscheidung ersetzt ist. Nach Beendigung der Amtszeit ist die Kündigung eines Mitglieds eines Betriebsrats, einer Jugend- und Auszubildendenvertretung oder eines Seebetriebsrats innerhalb eines Jahres, die Kündigung eines Mitglieds einer Bordvertretung innerhalb von sechs Monaten, jeweils vom Zeitpunkt der Beendigung der Amtszeit an gerechnet, unzulässig, es sei denn, daß Tatsachen vorliegen, die den Arbeitgeber zur Kündigung aus wichtigem Grund ohne Einhaltung einer Kündigungsfrist berechtigen; dies gilt nicht, wenn die Beendigung der Mitgliedschaft auf einer gerichtlichen Entscheidung beruht.

(2) Die Kündigung eines Mitglieds einer Personalvertretung, einer Jugend- und Auszubildendenvertretung oder einer Jugendvertretung ist unzulässig, es sei denn, daß Tatsachen vorliegen, die den Arbeitgeber zur Kündigung aus wichtigem Grund ohne Einhaltung einer Kündigungsfrist berechtigen, und daß die nach dem Personalvertretungsrecht erforderliche Zustimmung vorliegt oder durch gerichtliche Entscheidung ersetzt ist. Nach Beendigung der Amtszeit der in Satz 1 genannten Personen ist ihre Kündigung innerhalb eines Jahres, vom Zeitpunkt der Beendigung der Amtszeit an gerechnet, unzulässig, es sei denn, daß Tatsachen vorliegen, die den Arbeitgeber zur Kündigung aus wichtigem Grund ohne Einhaltung einer Kündigungsfrist berechtigen; dies gilt nicht, wenn die Be-

endigung der Mitgliedschaft auf einer gerichtlichen Entscheidung beruht.

(3) Die Kündigung eines Mitglieds eines Wahlvorstands ist vom Zeitpunkt seiner Bestellung an, die Kündigung eines Wahlbewerbers vom Zeitpunkt der Aufstellung des Wahlvorschlags an, jeweils bis zur Bekanntgabe des Wahlergebnisses unzulässig, es sei denn, daß Tatsachen vorliegen, die den Arbeitgeber zur Kündigung aus wichtigem Grund ohne Einhaltung einer Kündigungsfrist berechtigen, und daß die nach § 103 des Betriebsverfassungsgesetzes oder nach dem Personalvertretungsrecht erforderliche Zustimmung vorliegt oder durch eine gerichtliche Entscheidung ersetzt ist. Innerhalb von sechs Monaten nach Bekanntgabe des Wahlergebnisses ist die Kündigung unzulässig, es sei denn, daß Tatsachen vorliegen, die den Arbeitgeber zur Kündigung aus wichtigem Grund ohne Einhaltung einer Kündigungsfrist berechtigen; dies gilt nicht für Mitglieder des Wahlvorstands, wenn dieser durch gerichtliche Entscheidung durch einen anderen Wahlvorstand ersetzt worden ist.

(3a) Die Kündigung eines Arbeitnehmers, der zu einer Betriebs-, Wahl- oder Bordversammlung nach § 17 Abs. 3, § 17a Nr. 3 Satz 2, § 115 Abs. 2 Nr. 8 Satz 1 des Betriebsverfassungsgesetzes einlädt oder die Bestellung eines Wahlvorstands nach § 16 Abs. 2 Satz 1, § 17 Abs. 4, § 17a Nr. 4, § 63 Abs. 3, § 115 Abs. 2 Nr. 8 Satz 2 oder § 116 Abs. 2 Nr. 7 Satz 5 des Betriebsverfassungsgesetzes beantragt, ist vom Zeitpunkt der Einladung oder Antragstellung an bis zur Bekanntgabe des Wahlergebnisses unzulässig, es sei denn, dass Tatsachen vorliegen, die den Arbeitgeber zur Kündigung aus wichtigem Grund ohne Einhaltung einer Kündigungsfrist berechtigen; der Kündigungsschutz gilt für die ersten drei in der Einladung oder Antragstellung aufgeführten Arbeitnehmer. Wird ein Betriebsrat, eine Jugend- und Auszubildendenvertretung, eine Bordvertretung oder ein Seebetriebsrat nicht gewählt, besteht der Kündigungsschutz nach Satz 1 vom Zeitpunkt der Einladung oder Antragstellung an drei Monate.

(4) Wird der Betrieb stillgelegt, so ist die Kündigung der in den Absätzen 1 bis 3 genannten Personen frühestens zum Zeitpunkt der Stillegung zulässig, es sei denn, daß ihre Kündigung zu einem früheren Zeitpunkt durch zwingende betriebliche Erfordernisse bedingt ist.

(5) Wird eine der in den Absätzen 1 bis 3 genannten Personen in einer Betriebsabteilung beschäftigt, die stillgelegt wird, so ist sie in eine andere Betriebsabteilung zu übernehmen. Ist dies aus betrieblichen Gründen nicht möglich, so findet auf ihre Kündigung die Vorschrift des Absatzes 4 über die Kündigung bei Stillegung des Betriebs sinngemäß Anwendung.

§ 16 Neues Arbeitsverhältnis, Auflösung des alten Arbeitsverhältnisses

Stellt das Gericht die Unwirksamkeit der Kündigung einer der in § 15 Abs. 1 bis 3a genannten Person fest, so kann diese Person, falls sie inzwischen ein neues Arbeitsverhältnis eingegangen ist, binnen einer Woche nach Rechtskraft des Urteils durch Erklärung gegenüber dem alten Arbeitgeber die Weiterbeschäftigung bei diesem verweigern. Im übrigen finden die Vorschriften des § 11 und des § 12 Satz 2 bis 4 entsprechende Anwendung.

Dritter Abschnitt
Anzeigepflichtige Entlassungen

§ 17 Anzeigepflicht

(1) Der Arbeitgeber ist verpflichtet, der Agentur für Arbeit Anzeige zu erstatten, bevor er

1. in Betrieben mit in der Regel mehr als 20 und weniger als 60 Arbeitnehmern mehr als 5 Arbeitnehmer,

2. in Betrieben mit in der Regel mindestens 60 und weniger als 500 Arbeitnehmern 10 vom Hundert der im Betrieb regelmäßig be-

schäftigten Arbeitnehmer oder aber mehr als 25 Arbeitnehmer,

3. in Betrieben mit in der Regel mindestens 500 Arbeitnehmern mindestens 30 Arbeitnehmer

innerhalb von 30 Kalendertagen entläßt. Den Entlassungen stehen andere Beendigungen des Arbeitsverhältnisses gleich, die vom Arbeitgeber veranlaßt werden.

(2) Beabsichtigt der Arbeitgeber, nach Absatz 1 anzeigepflichtige Entlassungen vorzunehmen, hat er dem Betriebsrat rechtzeitig die zweckdienlichen Auskünfte zu erteilen und ihn schriftlich insbesondere zu unterrichten über

1. die Gründe für die geplanten Entlassungen,

2. die Zahl und die Berufsgruppen der zu entlassenden Arbeitnehmer,

3. die Zahl und die Berufsgruppen der in der Regel beschäftigten Arbeitnehmer,

4. den Zeitraum, in dem die Entlassungen vorgenommen werden sollen,

5. die vorgesehenen Kriterien für die Auswahl der zu entlassenden Arbeitnehmer,

6. die für die Berechnung etwaiger Abfindungen vorgesehenen Kriterien.

Arbeitgeber und Betriebsrat haben insbesondere die Möglichkeiten zu beraten, Entlassungen zu vermeiden oder einzuschränken und ihre Folgen zu mildern.

(3) Der Arbeitgeber hat gleichzeitig der Agentur für Arbeit eine Abschrift der Mitteilung an den Betriebsrat zuzuleiten; sie muß zumindest die in Absatz 2 Satz 1 Nr. 1 bis 5 vorgeschriebenen Angaben enthalten. Die Anzeige nach Absatz 1 ist schriftlich unter Beifügung der Stellungnahme des Betriebsrats zu den Entlassungen zu erstatten. Liegt eine Stellungnahme des Betriebsrats nicht vor, so ist die Anzeige wirksam, wenn der Arbeitgeber glaubhaft macht, daß er den Betriebsrat mindestens zwei Wochen vor Erstattung der Anzeige nach Absatz 2

Satz 1 unterrichtet hat, und er den Stand der Beratungen darlegt. Die Anzeige muß Angaben über den Namen des Arbeitgebers, den Sitz und die Art des Betriebes enthalten, ferner die Gründe für die geplanten Entlassungen, die Zahl und die Berufsgruppen der zu entlassenden und der in der Regel beschäftigten Arbeitnehmer, den Zeitraum, in dem die Entlassungen vorgenommen werden sollen und die vorgesehenen Kriterien für die Auswahl der zu entlassenden Arbeitnehmer. In der Anzeige sollen ferner im Einvernehmen mit dem Betriebsrat für die Arbeitsvermittlung Angaben über Geschlecht, Alter, Beruf und Staatsangehörigkeit der zu entlassenden Arbeitnehmer gemacht werden. Der Arbeitgeber hat dem Betriebsrat eine Abschrift der Anzeige zuzuleiten. Der Betriebsrat kann gegenüber der Agentur für Arbeit weitere Stellungnahmen abgeben. Er hat dem Arbeitgeber eine Abschrift der Stellungnahme zuzuleiten.

(3a) Die Auskunfts-, Beratungs- und Anzeigepflichten nach den Absätzen 1 bis 3 gelten auch dann, wenn die Entscheidung über die Entlassungen von einem den Arbeitgeber beherrschenden Unternehmen getroffen wurde. Der Arbeitgeber kann sich nicht darauf berufen, daß das für die Entlassungen verantwortliche Unternehmen die notwendigen Auskünfte nicht übermittelt hat.

(4) Das Recht zur fristlosen Entlassung bleibt unberührt. Fristlose Entlassungen werden bei Berechnung der Mindestzahl der Entlassungen nach Absatz 1 nicht mitgerechnet.

(5) Als Arbeitnehmer im Sinne dieser Vorschrift gelten nicht

1. in Betrieben einer juristischen Person die Mitglieder des Organs, das zur gesetzlichen Vertretung der juristischen Person berufen ist,

2. in Betrieben einer Personengesamtheit die durch Gesetz, Satzung oder Gesellschaftsvertrag zur Vertretung der Personengesamtheit berufenen Personen,

3. Geschäftsführer, Betriebsleiter und ähnliche leitende Personen, soweit diese zur selbständigen Einstellung oder Entlassung von Arbeitnehmern berechtigt sind.

§ 18 Entlassungssperre

(1) Entlassungen, die nach § 17 anzuzeigen sind, werden vor Ablauf eines Monats nach Eingang der Anzeige bei der Agentur für Arbeit nur mit deren Zustimmung wirksam; die Zustimmung kann auch rückwirkend bis zum Tage der Antragstellung erteilt werden.

(2) Die Agentur für Arbeit kann im Einzelfall bestimmen, daß die Entlassungen nicht vor Ablauf von längstens zwei Monaten nach Eingang der Anzeige wirksam werden.

(3) (weggefallen)

(4) Soweit die Entlassungen nicht innerhalb von 90 Tagen nach dem Zeitpunkt, zu dem sie nach den Absätzen 1 und 2 zulässig sind, durchgeführt werden, bedarf es unter den Voraussetzungen des § 17 Abs. 1 einer erneuten Anzeige.

§ 19 Zulässigkeit von Kurzarbeit

(1) Ist der Arbeitgeber nicht in der Lage, die Arbeitnehmer bis zu dem in § 18 Abs. 1 und 2 bezeichneten Zeitpunkt voll zu beschäftigen, so kann die Bundesagentur für Arbeit zulassen, daß der Arbeitgeber für die Zwischenzeit Kurzarbeit einführt.

(2) Der Arbeitgeber ist im Falle der Kurzarbeit berechtigt, Lohn oder Gehalt der mit verkürzter Arbeitszeit beschäftigten Arbeitnehmer entsprechend zu kürzen; die Kürzung des Arbeitsentgelts wird jedoch erst von dem Zeitpunkt an wirksam, an dem das Arbeitsverhältnis nach den allgemeinen gesetzlichen oder den vereinbarten Bestimmungen enden würde.

(3) Tarifvertragliche Bestimmungen über die Einführung, das Ausmaß und die Bezahlung von Kurzarbeit werden durch die Absätze 1 und 2 nicht berührt.

§ 20 Entscheidungen der Agentur für Arbeit

(1) Die Entscheidungen der Agentur für Arbeit nach § 18 Abs. 1 und 2 trifft deren Geschäftsführung oder ein Ausschuß (Entscheidungsträger). Die Geschäftsführung darf nur dann entscheiden, wenn die Zahl der Entlassungen weniger als 50 beträgt.

(2) Der Ausschuß setzt sich aus dem Geschäftsführer, der Geschäftsführerin oder dem oder der Vorsitzenden der Geschäftsführung der Agentur für Arbeit oder einem von ihm oder ihr beauftragten Angehörigen der Agentur für Arbeit als Vorsitzenden und je zwei Vertretern der Arbeitnehmer, der Arbeitgeber und der öffentlichen Körperschaften zusammen, die von dem Verwaltungsausschuss der Agentur für Arbeit benannt werden. Er trifft seine Entscheidungen mit Stimmenmehrheit.

(3) Der Entscheidungsträger hat vor seiner Entscheidung von Arbeitgeber und den Betriebsrat anzuhören. Dem Entscheidungsträger sind, insbesondere vom Arbeitgeber und Betriebsrat, die von ihm für die Beurteilung des Falles erforderlich gehaltenen Auskünfte zu erteilen.

(4) Der Entscheidungsträger hat sowohl das Interesse des Arbeitgebers als auch das der zu entlassenden Arbeitnehmer, das öffentliche Interesse und die Lage des gesamten Arbeitsmarktes unter besonderer Beachtung des Wirtschaftszweiges, dem der Betrieb angehört, zu berücksichtigen.

§ 21 Entscheidungen der Zentrale der Bundesagentur für Arbeit

Für Betriebe, die zum Geschäftsbereich des Bundesministers für Verkehr oder des Bundesministers für Post und Telekommunikation gehören, trifft, wenn mehr als 500 Arbeitnehmer entlassen werden sollen, ein gemäß § 20 Abs. 1 bei der Zentrale der Bundesagentur für Arbeit zu bildender Ausschuß die Entscheidungen nach § 18 Abs. 1 und 2. Der zuständige Bundesminister kann zwei Vertreter mit beratender Stimme in den Ausschuß entsenden. Die Anzeigen nach § 17 sind in diesem Falle an die Zentrale der Bundesagentur für Arbeit zu erstatten. Im übrigen gilt § 20 Abs. 1 bis 3 entsprechend.

§ 22 Ausnahmebetriebe

(1) Auf Saisonbetriebe und Kampagne-Betriebe finden die Vorschriften dieses Abschnitts bei Entlassungen, die durch diese Eigenart der Betriebe bedingt sind, keine Anwendung.

(2) Keine Saisonbetriebe oder Kampagne-Betriebe sind Betriebe des Baugewerbes, in denen die ganzjährige Beschäftigung nach dem Dritten Buch Sozialgesetzbuch gefördert wird. Das Bundesministerium für Arbeit und Soziales wird ermächtigt, durch Rechtsverordnung Vorschriften zu erlassen, welche Betriebe als Saisonbetriebe oder Kampagne-Betriebe im Sinne des Absatzes 1 gelten.

Vierter Abschnitt
Schlußbestimmungen

§ 23 Geltungsbereich

(1) Die Vorschriften des Ersten und Zweiten Abschnitts gelten für Betriebe und Verwaltungen des privaten und des öffentlichen Rechts, vorbehaltlich der Vorschriften des § 24 für die Seeschiffahrts-, Binnenschiffahrts- und Luftverkehrsbetriebe. Die Vorschriften des Ersten Abschnitts gelten mit Ausnahme der §§ 4 bis 7 und des § 13 Abs. 1 Satz 1 und 2 nicht für Betriebe und Verwaltungen, in denen in der Regel fünf oder weniger Arbeitnehmer ausschließlich der zu ihrer Berufsbildung Beschäftigten beschäftigt werden. In Betrieben und Verwaltungen, in denen in der Regel zehn oder weniger Arbeitnehmer ausschließlich der zu ihrer Berufsbildung Beschäftigten beschäftigt werden, gelten die Vorschriften des Ersten Abschnitts mit Ausnahme der §§ 4 bis 7 und des § 13 Abs. 1 Satz 1 und 2 nicht für Arbeitnehmer, deren Arbeitsverhältnis nach dem 31. Dezember

2003 begonnen hat; diese Arbeitnehmer sind bei der Feststellung der Zahl der beschäftigten Arbeitnehmer nach Satz 2 bis zur Beschäftigung von in der Regel zehn Arbeitnehmern nicht zu berücksichtigen. Bei der Feststellung der Zahl der beschäftigten Arbeitnehmer nach den Sätzen 2 und 3 sind teilzeitbeschäftigte Arbeitnehmer mit einer regelmäßigen wöchentlichen Arbeitszeit von nicht mehr als 20 Stunden mit 0,5 und nicht mehr als 30 Stunden mit 0,75 zu berücksichtigen.

(2) Die Vorschriften des Dritten Abschnitts gelten für Betriebe und Verwaltungen des privaten Rechts sowie für Betriebe, die von einer öffentlichen Verwaltung geführt werden, soweit sie wirtschaftliche Zwecke verfolgen.

§ 24 Anwendung des Gesetzes auf Betriebe der Schiffahrt und des Luftverkehrs

(1) Die Vorschriften des Ersten und Zweiten Abschnitts finden nach Maßgabe der Absätze 2 bis 4 auf Arbeitsverhältnisse der Besatzung von Seeschiffen, Binnenschiffen und Luftfahrzeugen Anwendung.

(2) Als Betrieb im Sinne dieses Gesetzes gilt jeweils die Gesamtheit der Seeschiffe oder der Binnenschiffe eines Schiffahrtsbetriebs oder der Luftfahrzeuge eines Luftverkehrsbetriebs.

(3) Dauert die erste Reise eines Besatzungsmitglieds eines Seeschiffes oder eines Binnenschiffes länger als sechs Monate, so verlängert sich die Sechsmonatsfrist des § 1 Abs. 1 bis drei Tage nach Beendigung dieser Reise.

(4) Die Klage nach § 4 ist binnen drei Wochen zu erheben, nachdem die Kündigung dem Besatzungsmitglied an Land zugegangen ist. Geht dem Besatzungsmitglied eines Seeschiffes oder eines Binnenschiffes die Kündigung während der Fahrt des Schiffes zu, ist die Klage innerhalb von sechs Wochen nach dem Dienstende an Bord zu erheben. Geht dem Besatzungsmitglied eines Seeschiffes die Kündigung während einer Gefangenschaft aufgrund von seeräuberischen Handlungen oder bewaffne-

ten Raubüberfällen auf Schiffe im Sinne von § 2 Nummer 11 oder 12 des Seearbeitsgesetzes zu oder gerät das Besatzungsmitglied während des Laufs der Frist nach Satz 1 oder 2 in eine solche Gefangenschaft, ist die Klage innerhalb von sechs Wochen nach der Freilassung des Besatzungsmitglieds zu erheben; nimmt das Besatzungsmitglied nach der Freilassung den Dienst an Bord wieder auf, beginnt die Frist mit dem Dienstende an Bord. An die Stelle der Dreiwochenfrist in § 5 Absatz 1 und § 6 treten die hier in den Sätzen 1 bis 3 genannten Fristen.

(5) Die Vorschriften des Dritten Abschnitts finden nach Maßgabe der folgenden Sätze Anwendung auf die Besatzungen von Seeschiffen. Bei Schiffen nach § 114 Absatz 4 Satz 1 des Betriebsverfassungsgesetzes tritt, soweit sie nicht als Teil des Landbetriebs gelten, an die Stelle des Betriebsrats der Seebetriebsrat. Betrifft eine anzeigepflichtige Entlassung die Besatzung eines Seeschiffes, welches unter der Flagge eines anderen Mitgliedstaates der Europäischen Union fährt, so ist die Anzeige an die Behörde des Staates zu richten, unter dessen Flagge das Schiff fährt.

§ 25 Kündigung in Arbeitskämpfen

Die Vorschriften dieses Gesetzes finden keine Anwendung auf Kündigungen und Entlassungen, die lediglich als Maßnahmen in wirtschaftlichen Kämpfen zwischen Arbeitgebern und Arbeitnehmern vorgenommen werden.

§ 25a Berlin-Klausel

Dieses Gesetz gilt nach Maßgabe des § 13 Abs. 1 des Dritten Überleitungsgesetzes auch im Land Berlin. Rechtsverordnungen, die auf Grund dieses Gesetzes erlassen werden, gelten im Land Berlin nach § 14 des Dritten Überleitungsgesetzes.

§ 26 Inkrafttreten

Dieses Gesetz tritt am Tag nach seiner Verkündung in Kraft.

Muster-Verordnung zu Quarantänemaßnahmen für Ein- und Rückreisende zur Bekämpfung des Coronavirus

Vom 14. Oktober 2020

§ 1 Absonderung für Ein- und Rückreisende; Beobachtung

(1) Personen, die auf dem Land-, See-, oder Luftweg aus dem Ausland [in das Land/den Freistaat/die Freie Hansestadt Bremen/ die Freie und Hansestadt Hamburg] einreisen und sich zu einem beliebigen Zeitpunkt in den letzten zehn Tagen vor Einreise in einem Risikogebiet im Sinne des Absatzes 4 aufgehalten haben, sind verpflichtet, sich unverzüglich nach der Einreise auf direktem Weg in die Haupt- oder Nebenwohnung oder in eine andere, eine Absonderung ermöglichende Unterkunft zu begeben und sich für einen Zeitraum von zehn Tagen nach ihrer Einreise ständig dort abzusondern; dies gilt auch für Personen, die zunächst in ein anderes Land der Bundesrepublik Deutschland eingereist sind. Den in Satz 1 genannten Personen ist es in diesem Zeitraum nicht gestattet, Besuch von Personen zu empfangen, die nicht ihrem Hausstand angehören.

(2) Die von Absatz 1 Satz 1 erfassten Personen sind verpflichtet, unverzüglich nach der Einreise die für sie zuständige Behörde zu kontaktieren und auf das Vorliegen der Verpflichtung nach Absatz 1 Satz 1 hinzuweisen. *[Bis die Digitale Einreiseanmeldung zur Verfügung steht:]* Werden vom Beförderer Aussteigekarten im Sinne der Anlage 2 der vom Bundesministerium für Gesundheit im Einvernehmen mit dem Bundesministerium des Innern, für Bau und Heimat sowie dem Bundesministerium für Verkehr und digitale Infrastruktur erlassenen Anordnungen betreffend den Reiseverkehr nach Feststellung einer epidemischen Lage von nationaler Tragweite durch den Deutschen Bundestag vom 29. September 2020 (BAnz AT 29.09.2020 B2) ausgeteilt, ist die Verpflichtung nach Satz 1 durch Abgabe an den Beförderer, im Fall von Abschnitt I Nummer 1 Satz 5 dieser Anordnungen an die mit der polizeilichen Kontrolle des grenzüberschreitenden Verkehrs beauftragte Behörde zu erfüllen. *[Wenn die Digitale Einreiseanmeldung zur Verfügung steht: Die Verpflichtung nach Satz 1 ist durch eine digitale* Einreiseanmeldung unter https://www.einreiseanmeldung.de zu erfüllen, indem die Daten nach Abschnitt I Nummer 1 Satz 1 der vom Bundesministerium für Gesundheit im Einvernehmen mit dem Bundesministerium des Innern, für Bau und Heimat sowie dem Bundesministerium für Verkehr und digitale Infrastruktur erlassenen Anordnungen betreffend den Reiseverkehr nach Feststellung einer epidemischen Lage von nationaler Tragweite durch den Deutschen Bundestag vom ... 2020 (BAnz AT....2020 B...) vollständig übermittelt und die erhaltene Bestätigung der erfolgreichen digitalen Einreiseanmeldung bei der Einreise mit sich geführt und auf Aufforderung dem Beförderer, im Fall von Abschnitt I Nummer 1 Satz 5 dieser Anordnungen der mit der polizeilichen Kontrolle des grenzüberschreitenden Verkehrs beauftragten Behörde vorgelegt wird; soweit eine digitale Einreiseanmeldung in Ausnahmefällen nicht möglich war, ist die Verpflichtung nach Satz 1 durch die Abgabe einer schriftlichen Ersatzanmeldung nach dem Muster der Anlage 2 der vom Bundesministerium für Gesundheit im Einvernehmen mit dem Bundesministerium des Innern, für Bau und Heimat sowie dem Bundesministerium für Verkehr und digitale Infrastruktur erlassenen Anordnungen betreffend den Reiseverkehr nach Feststellung einer epidemischen Lage von nationaler Tragweite durch den Deutschen Bundestag vom 29. September 2020 (BAnz AT....2020 B...) an den Beförderer, im Falle von Abschnitt I Nummer 1 Satz 5 dieser Anordnungen an die mit der polizeilichen Kontrolle des grenzüberschreitenden Verkehrs beauftragte Behörde zu erfüllen.]* Die von Absatz 1 Satz 1 erfassten Personen sind ferner verpflichtet, die zuständige Behörde unverzüglich zu informieren, wenn typische Symptome einer Infektion mit dem Coronavirus SARS-CoV-2 wie Husten, Fieber, Schnupfen oder Geruchs- und Geschmacksverlust innerhalb von zehn Tagen nach der Einreise bei ihnen auftreten.

(3) Für die Zeit der Absonderung unterliegen die von Absatz 1 Satz 1 erfassten Personen der Beobachtung durch die zuständige Behörde.

(4) Risikogebiet im Sinne des Absatzes 1 ist ein Staat oder eine Region außerhalb der Bundesrepublik Deutschland, für den oder die zum Zeitpunkt der Einreise in die Bundesrepublik Deutschland ein erhöhtes Risiko für eine Infektion mit dem Coronavirus SARS-CoV-2 besteht. Die Einstufung als Risikogebiet erfolgt mit Ablauf des ersten Tages nach Veröffentlichung durch das Robert Koch-Institut im Internet unter der Adresse https://www.rki.de/covid-19-risikogebiete, nachdem das Bundesministerium für Gesundheit, das Auswärtige Amt und das Bundesministerium des Innern, für Bau und Heimat darüber entschieden haben.

§ 2 Ausnahmen

(1) Von § 1 Absatz 1 Satz 1 nicht erfasst sind Personen, die nur zur Durchreise in [einfügen: Geltungsbereich dieser Verordnung] einreisen; diese haben das Gebiet [einfügen: Geltungsbereich dieser Verordnung] auf dem schnellsten Weg zu verlassen, um die Durchreise abzuschließen.

(2) Von § 1 Absatz 1 Satz 1 nicht erfasst sind,

1. Personen, die sich im Rahmen des Grenzverkehrs mit Nachbarstaaten weniger als 24 Stunden in einem Risikogebiet nach § 1 Absatz 4 aufgehalten haben oder für bis zu 24 Stunden in das Bundesgebiet einreisen,

2. bei Aufenthalten von weniger als 72 Stunden

    a) Personen, die einreisen aufgrund des Besuchs von Verwandten ersten Grades, des nicht dem gleichen Hausstand angehörigen Ehegatten oder Lebensgefährten oder eines geteilten Sorgerechts oder eines Umgangsrechts,

    b) bei Einhaltung angemessener Schutz- und Hygienekonzepte Personen, deren Tätigkeit für die Aufrechterhaltung des Gesundheitswesens dringend erforderlich und unabdingbar ist, und dies durch den Dienstherrn, Arbeitgeber oder Auftraggeber bescheinigt wird,

    c) bei Einhaltung angemessener Schutz- und Hygienekonzepte Personen, die beruflich bedingt grenzüberschreitend Personen, Waren oder Güter auf der Straße, der Schiene, per Schiff oder per Flugzeug transportieren, oder

    d) bei Einhaltung angemessener Schutz- und Hygienekonzepte hochrangige Mitglieder des diplomatischen und konsularischen Dienstes, von Volksvertretungen und Regierungen, oder

3. bei Einhaltung angemessener Schutz- und Hygienekonzepte Personen,

    a) die [im Land/im Freistaat/in der Freien Hansestadt Bremen/in der Freien und Hansestadt Hamburg] ihren Wohnsitz haben und die sich zwingend notwendig zum Zweck ihrer Berufsausübung, ihres Studiums oder Ausbildung an ihre Berufsausübungs-, Studien- oder Ausbildungsstätte in einem Risikogebiet nach § 1 Absatz 4 begeben und regelmäßig, mindestens ein Mal wöchentlich, an ihren Wohnsitz zurückkehren (Grenzpendler), oder

    b) die in einem Risikogebiet nach § 1 Absatz 4 ihren Wohnsitz haben und die sich zwingend notwendig zum Zweck ihrer Berufsausübung, ihres Studiums oder ihrer Ausbildung [in das Land/in den Freistaat/in die Freie Hansestadt Bremen/in die Freie und Hansestadt Hamburg] begeben und regelmäßig, mindestens ein Mal wöchentlich, an ihren Wohnsitz zurückkehren (Grenzgänger);

die zwingende Notwendigkeit sowie die Einhaltung angemessener Schutz- und Hygienekonzepte sind durch den Arbeitgeber, Auftraggeber oder die Bildungseinrichtung zu bescheinigen.

(3) Von § 1 Absatz 1 Satz 1 nicht erfasst sind,

1. Personen, deren Tätigkeit für die Aufrechterhaltung

a) der Funktionsfähigkeit des Gesundheitswesens, insbesondere Ärzte, Pflegekräfte, unterstützendes medizinisches Personal und 24-Stunden-Betreuungskräfte,

b) der öffentlichen Sicherheit und Ordnung,

c) der Pflege diplomatischer und konsularischer Beziehungen,

d) der Funktionsfähigkeit der Rechtspflege,

e) der Funktionsfähigkeit von Volksvertretung, Regierung und Verwaltung des Bundes, der Länder und der Kommunen, oder

f) der Funktionsfähigkeit der Organe der Europäischen Union und von internationalen Organisationen

unabdingbar ist; die zwingende Notwendigkeit ist durch den Dienstherrn, Arbeitgeber oder Auftraggeber zu bescheinigen,

2. Personen, die einreisen aufgrund

a) des Besuchs von Verwandten ersten oder zweiten Grades, des nicht dem gleichen Hausstand angehörigen Ehegatten oder Lebensgefährten oder eines geteilten Sorgerechts oder eines Umgangsrechts,

b) einer dringenden medizinischen Behandlung oder

c) des Beistands oder zur Pflege schutz-, beziehungsweise hilfebedürftiger Personen,

3. Polizeivollzugsbeamte, die aus dem Einsatz und aus einsatzgleichen Verpflichtungen aus dem Ausland zurückkehren, oder

4. Personen, die sich für bis zu fünf Tage zwingend notwendig und unaufschiebbar beruflich veranlasst, wegen ihrer Ausbildung oder ihres Studiums in einem Risikogebiet nach § 1 Absatz 4 aufgehalten haben oder

in das Bundesgebiet einreisen; die zwingende Notwendigkeit ist durch den Arbeitgeber, Auftraggeber oder die Bildungseinrichtung zu bescheinigen,

5. Personen, die zur Vorbereitung, Teilnahme, Durchführung und Nachbereitung internationaler Sportveranstaltungen durch das jeweilige Organisationskomitee akkreditiert werden oder von einem Bundessportfachverband zur Teilnahme an Trainings- und Lehrgangsmaßnahmen eingeladen sind, oder

6. Personen, die als Urlaubsrückkehrer aus einem Risikogebiet im Sinne des § 1 Absatz 4 zurückreisen und die unmittelbar vor Rückreise in ihrem Urlaubsort einen Test mit negativem Ergebnis in Bezug auf eine Infektion mit dem Coronavirus SARS-CoV-2 durchgeführt haben, sofern

a) auf Grundlage einer Vereinbarung zwischen der Bundesrepublik Deutschland und der betroffenen nationalen Regierung vor Ort besondere epidemiologische Vorkehrungen (Schutz- und Hygienekonzept) für einen Urlaub in diesem Risikogebiet getroffen wurden (siehe Internetseite des Auswärtigen Amtes sowie des Robert Koch-Instituts,

b) die Infektionslage in dem jeweiligen Risikogebiet der Nichterfüllung der Verpflichtung nach § 1 Absatz 1 Satz 1 nicht entgegensteht und

c) das Auswärtige Amt nicht wegen eines erhöhten Infektionsrisikos eine Reisewarnung unter https://www.auswaertiges-amt.de/de/ReiseUndSicherheit/ reise-und-sicherheitshinweise für die betroffene Region ausgesprochen hat.

Satz 1 gilt nur, soweit die Personen über ein negatives Testergebnis in Bezug auf eine Infektion mit dem Coronavirus SARS-CoV-2 auf Papier oder in einem elektronischen Dokument in deutscher, englischer oder französischer Sprache verfügen und sie dieses innerhalb von zehn

Tage nach der Einreise der zuständigen Behörde auf Verlangen unverzüglich vorlegen. Die zu Grunde liegende Testung darf entweder höchstens 48 Stunden vor Einreise vorgenommen worden sein oder muss bei der Einreise in die Bundesrepublik Deutschland vorgenommen werden. Der zu Grunde liegende Test muss die Anforderungen des Robert Koch-Instituts, die im Internet unter der Adresse https://www.rki.de/covid-19-tests veröffentlicht sind, erfüllen. Das Testergebnis nach Satz 2 ist für mindestens zehn Tage nach Einreise aufzubewahren.

(4) Von §1 Absatz 1 Satz 1 nicht erfasst sind

1. Personen nach § 54a Infektionsschutzgesetz,

2. Angehörige ausländischer Streitkräfte im Sinne des NATO-Truppenstatuts, des Truppenstatuts der NATO-Partnerschaft für den Frieden (PfP Truppenstatut) und des Truppenstatuts der Mitgliedstaaten der Europäischen Union (EU-Truppenstatut), die zu dienstlichen Zwecken nach Deutschland einreisen oder dorthin zurückkehren, oder

3. Personen, die zum Zweck einer mindestens dreiwöchigen Arbeitsaufnahme in das Bundesgebiet einreisen, wenn am Ort ihrer Unterbringung und ihrer Tätigkeit in den ersten zehn Tagen nach ihrer Einreise gruppenbezogen betriebliche Hygienemaßnahmen und Vorkehrungen zur Kontaktvermeidung außerhalb der Arbeitsgruppe ergriffen werden, die einer Absonderung nach § 1 Absatz 1 Satz 1 vergleichbar sind, sowie das Verlassen der Unterbringung nur zur Ausübung ihrer Tätigkeit gestattet ist. Der Arbeitgeber zeigt die Arbeitsaufnahme vor ihrem Beginn bei der zuständigen Behörde an und dokumentiert die ergriffenen Maßnahmen nach Satz 1. Die zuständige Behörde hat die Einhaltung der Voraussetzungen nach Satz 1 zu überprüfen.

(5) In begründeten Fällen kann die zuständige Behörde auf Antrag weitere Ausnahmen bei Vorliegen eines triftigen Grundes erteilen.

(6) Die Absätze 1 bis 5 gelten nur, soweit die dort bezeichneten Personen keine typischen Symptome einer Infektion mit dem Coronavirus SARS-CoV-2 wie Husten, Fieber, Schnupfen oder Geruchs- und Geschmacksverlust aufweisen. Die Person nach Absatz 2 bis 5 hat zur Durchführung eines Tests einen Arzt oder ein Testzentrum aufzusuchen, wenn binnen zehn Tagen nach Einreise typische Symptome einer Infektion mit dem Coronavirus SARS CoV-2 wie Husten, Fieber, Schnupfen oder Geruchs- und Geschmacksverlust auftreten.

§ 3 Verkürzung der Absonderungsdauer

(1) Die Absonderung nach § 1 Absatz 1 Satz 1 endet frühestens ab dem fünften Tag nach der Einreise, wenn eine Person über ein negatives Testergebnis in Bezug auf eine Infektion mit Coronavirus SARS-CoV-2 auf Papier oder in einem elektronischen Dokument in deutscher, englischer oder französischer Sprache verfügt und sie dieses innerhalb von zehn Tage nach der Einreise der zuständigen Behörde auf Verlangen unverzüglich vorlegt.

(2) Die zu Grunde liegende Testung muss mindestens fünf Tage nach der Einreise in die Bundesrepublik Deutschland vorgenommen worden sein. Der zu Grunde liegende Test muss die Anforderungen des Robert Koch-Instituts, die im Internet unter der Adresse https://www.rki.de/covid-19-tests veröffentlicht sind, erfüllen.

(3) Die Person muss das ärztliche Zeugnis für mindestens zehn Tage nach Einreise aufbewahren.

(4) Die Absonderung nach § 1 Absatz 1 Satz 1 wird für die Dauer, die zur Durchführung eines Tests nach Absatz 1 erforderlich ist, ausgesetzt.

(5) Die Person nach Absatz 1 hat zur Durchführung eines Tests einen Arzt oder ein Testzentrum aufzusuchen, wenn binnen zehn Tagen nach Einreise typische Symptome einer Infektion mit dem Coronavirus SARS CoV-2 wie Husten, Fieber, Schnupfen oder Geruchs- und Geschmacksverlust auftreten.

(6) Die Absätze 1 bis 5 gelten für die Personen, die unter § 2 Absatz 4 Nr. 3 fallen, entsprechend.

§ 4 Ordnungswidrigkeiten

Ordnungswidrig im Sinne des § 73 Absatz 1a Nummer 24 des Infektionsschutzgesetzes handelt, wer vorsätzlich oder fahrlässig

1. entgegen § 1 Absatz 1 Satz 1 sich nicht, nicht in der vorgeschriebenen Weise oder nicht rechtzeitig in eine dort genannte Wohnung oder Unterkunft begibt oder sich nicht oder nicht rechtzeitig absondert,

2. entgegen § 1 Absatz 1 Satz 2 Besuch empfängt,

3. entgegen § 1 Absatz 2 Satz 1, auch in Verbindung mit Satz 2, die zuständige Behörde nicht oder nicht rechtzeitig kontaktiert,

4. entgegen § 2 Absatz 2 Nummer 2 Buchstabe b), Nummer 3, Absatz 3 Satz 1 Nummer 1 zweiter Halbsatz oder Nummer 4 eine Bescheinigung nicht richtig ausstellt oder

5. entgegen § 2 Absatz 6 Satz 2 oder § 3 Absatz 5 die zuständige Behörde nicht oder nicht rechtzeitig informiert.

§ 5 Inkrafttreten

Diese Verordnung tritt am Tag nach der Verkündung in Kraft.

Gesetz über den Nachweis der für ein Arbeitsverhältnis geltenden wesentlichen Bedingungen

(Nachweisgesetz – NachwG)

Vom 20. Juli 1995
(BGBl. I S. 946)

Zuletzt geändert durch Artikel 3a des Gesetzes
vom 11. August 2014
(BGBl. I S. 1348)

§ 1 Anwendungsbereich

Dieses Gesetz gilt für alle Arbeitnehmer, es sei denn, daß sie nur zur vorübergehenden Aushilfe von höchstens einem Monat eingestellt werden. Praktikanten, die gemäß § 22 Absatz 1 des Mindestlohngesetzes als Arbeitnehmer gelten, sind Arbeitnehmer im Sinne dieses Gesetzes.

§ 2 Nachweispflicht

(1) Der Arbeitgeber hat spätestens einen Monat nach dem vereinbarten Beginn des Arbeitsverhältnisses die wesentlichen Vertragsbedingungen schriftlich niederzulegen, die Niederschrift zu unterzeichnen und dem Arbeitnehmer auszuhändigen. In die Niederschrift sind mindestens aufzunehmen:

1. der Name und die Anschrift der Vertragsparteien,

2. der Zeitpunkt des Beginns des Arbeitsverhältnisses,

3. bei befristeten Arbeitsverhältnissen: die vorhersehbare Dauer des Arbeitsverhältnisses,

4. der Arbeitsort oder, falls der Arbeitnehmer nicht nur an einem bestimmten Arbeitsort tätig sein soll, ein Hinweis darauf, daß der Arbeitnehmer an verschiedenen Orten beschäftigt werden kann,

5. eine kurze Charakterisierung oder Beschreibung der vom Arbeitnehmer zu leistenden Tätigkeit,

6. die Zusammensetzung und die Höhe des Arbeitsentgelts einschließlich der Zuschläge, der Zulagen, Prämien und Sonderzahlungen sowie anderer Bestandteile des Arbeitsentgelts und deren Fälligkeit,

7. die vereinbarte Arbeitszeit,

8. die Dauer des jährlichen Erholungsurlaubs,

9. die Fristen für die Kündigung des Arbeitsverhältnisses,

10. ein in allgemeiner Form gehaltener Hinweis auf die Tarifverträge, Betriebs- oder Dienstvereinbarungen, die auf das Arbeitsverhältnis anzuwenden sind.

Der Nachweis der wesentlichen Vertragsbedingungen in elektronischer Form ist ausgeschlossen.

(1a) Wer einen Praktikanten einstellt, hat unverzüglich nach Abschluss des Praktikumsvertrages, spätestens vor Aufnahme der Praktikantentätigkeit, die wesentlichen Vertragsbedingungen schriftlich niederzulegen, die Niederschrift zu unterzeichnen und dem Praktikanten auszuhändigen. In die Niederschrift sind mindestens aufzunehmen:

1. der Name und die Anschrift der Vertragsparteien,

2. die mit dem Praktikum verfolgten Lern- und Ausbildungsziele,

3. Beginn und Dauer des Praktikums,

4. Dauer der regelmäßigen täglichen Praktikumszeit,

5. Zahlung und Höhe der Vergütung,

6. Dauer des Urlaubs,

7. ein in allgemeiner Form gehaltener Hinweis auf die Tarifverträge, Betriebs- oder Dienstvereinbarungen, die auf das Praktikumsverhältnis anzuwenden sind.

Absatz 1 Satz 3 gilt entsprechend.

(2) Hat der Arbeitnehmer seine Arbeitsleistung länger als einen Monat außerhalb der Bundesrepublik Deutschland zu erbringen, so muß die Niederschrift dem Arbeitnehmer vor seiner Abreise ausgehändigt werden und folgende zusätzliche Angaben enthalten:

1. die Dauer der im Ausland auszuübenden Tätigkeit,

2. die Währung, in der das Arbeitsentgelt ausgezahlt wird,

3. ein zusätzliches mit dem Auslandsaufenthalt verbundenes Arbeitsentgelt und damit verbundene zusätzliche Sachleistungen,

4. die vereinbarten Bedingungen für die Rückkehr des Arbeitnehmers.

(3) Die Angaben nach Absatz 1 Satz 2 Nr. 6 bis 9 und Absatz 2 Nr. 2 und 3 können ersetzt werden durch einen Hinweis auf die einschlägigen Tarifverträge, Betriebs- oder Dienstvereinbarungen und ähnlichen Regelungen, die für das Arbeitsverhältnis gelten. Ist in den Fällen des Absatzes 1 Satz 2 Nr. 8 und 9 die jeweilige gesetzliche Regelung maßgebend, so kann hierauf verwiesen werden.

(4) Wenn dem Arbeitnehmer ein schriftlicher Arbeitsvertrag ausgehändigt worden ist, entfällt die Verpflichtung nach den Absätzen 1 und 2, soweit der Vertrag die in den Absätzen 1 bis 3 geforderten Angaben enthält.

§ 3 Änderung der Angaben

Eine Änderung der wesentlichen Vertragsbedingungen ist dem Arbeitnehmer spätestens einen Monat nach der Änderung schriftlich mitzuteilen. Satz 1 gilt nicht bei einer Änderung der gesetzlichen Vorschriften, Tarifverträge, Betriebs- oder Dienstvereinbarungen und ähnlichen Regelungen, die für das Arbeitsverhältnis gelten.

§ 4 Übergangsvorschrift

Hat das Arbeitsverhältnis bereits bei Inkrafttreten dieses Gesetzes bestanden, so ist dem Arbeitnehmer auf sein Verlangen innerhalb von zwei Monaten eine Niederschrift im Sinne des § 2 auszuhändigen. Soweit eine früher ausgestellte Niederschrift oder ein schriftlicher Arbeitsvertrag die nach diesem Gesetz erforderlichen Angaben enthält, entfällt diese Verpflichtung.

§ 5 Unabdingbarkeit

Von den Vorschriften dieses Gesetzes kann nicht zuungunsten des Arbeitnehmers abgewichen werden.

Gesetz über Teilzeitarbeit und befristete Arbeitsverträge

(Teilzeit- und Befristungsgesetz – TzBfG)

Vom 21. Dezember 2000
(BGBl. I S. 1966)

Zuletzt geändert durch Artikel 10 des Gesetzes
vom 22. November 2019
(BGBl. I S. 1746)

Erster Abschnitt
Allgemeine Vorschriften
Teilzeit- und Befristungsgesetz

§ 1 Zielsetzung

Ziel des Gesetzes ist, Teilzeitarbeit zu fördern, die Voraussetzungen für die Zulässigkeit befristeter Arbeitsverträge festzulegen und die Diskriminierung von teilzeitbeschäftigten und befristet beschäftigten Arbeitnehmern zu verhindern.

§ 2 Begriff des teilzeitbeschäftigten Arbeitnehmers

(1) Teilzeitbeschäftigt ist ein Arbeitnehmer, dessen regelmäßige Wochenarbeitszeit kürzer ist als die eines vergleichbaren vollzeitbeschäftigten Arbeitnehmers. Ist eine regelmäßige Wochenarbeitszeit nicht vereinbart, so ist ein Arbeitnehmer teilzeitbeschäftigt, wenn seine regelmäßige Arbeitszeit im Durchschnitt eines bis zu einem Jahr reichenden Beschäftigungszeitraums unter der eines vergleichbaren vollzeitbeschäftigten Arbeitnehmers liegt. Vergleichbar ist ein vollzeitbeschäftigter Arbeitnehmer des Betriebes mit derselben Art des Arbeitsverhältnisses und der gleichen oder einer ähnlichen Tätigkeit. Gibt es im Betrieb keinen vergleichbaren vollzeitbeschäftigten Arbeitnehmer, so ist der vergleichbare vollzeitbeschäftigte Arbeitnehmer auf Grund des anwendbaren Tarifvertrages zu bestimmen; in allen anderen Fällen ist darauf abzustellen, wer im jeweiligen Wirtschaftszweig üblicherweise als vergleichbarer vollzeitbeschäftigter Arbeitnehmer anzusehen ist.

(2) Teilzeitbeschäftigt ist auch ein Arbeitnehmer, der eine geringfügige Beschäftigung nach § 8 Abs. 1 Nr. 1 des Vierten Buches Sozialgesetzbuch ausübt.

§ 3 Begriff des befristet beschäftigten Arbeitnehmers

(1) Befristet beschäftigt ist ein Arbeitnehmer mit einem auf bestimmte Zeit geschlossenen Arbeitsvertrag. Ein auf bestimmte Zeit geschlossener Arbeitsvertrag (befristeter Arbeitsvertrag) liegt vor, wenn seine Dauer kalendermäßig bestimmt ist (kalendermäßig befristeter Arbeitsvertrag) oder sich aus Art, Zweck oder Beschaffenheit der Arbeitsleistung ergibt (zweckbefristeter Arbeitsvertrag).

(2) Vergleichbar ist ein unbefristet beschäftigter Arbeitnehmer des Betriebes mit der gleichen oder einer ähnlichen Tätigkeit. Gibt es im Betrieb keinen vergleichbaren unbefristet beschäftigten Arbeitnehmer, so ist der vergleichbare unbefristet beschäftigte Arbeitnehmer auf Grund des anwendbaren Tarifvertrages zu bestimmen; in allen anderen Fällen ist darauf abzustellen, wer im jeweiligen Wirtschaftszweig üblicherweise als vergleichbarer unbefristet beschäftigter Arbeitnehmer anzusehen ist.

§ 4 Verbot der Diskriminierung

(1) Ein teilzeitbeschäftigter Arbeitnehmer darf wegen der Teilzeitarbeit nicht schlechter behandelt werden als ein vergleichbarer vollzeitbeschäftigter Arbeitnehmer, es sei denn, dass sachliche Gründe eine unterschiedliche Behandlung rechtfertigen. Einem teilzeitbeschäftigten Arbeitnehmer ist Arbeitsentgelt oder eine andere teilbare geldwerte Leistung mindestens in dem Umfang zu gewähren, der dem Anteil seiner Arbeitszeit an der Arbeitszeit eines vergleichbaren vollzeitbeschäftigten Arbeitnehmers entspricht.

(2) Ein befristet beschäftigter Arbeitnehmer darf wegen der Befristung des Arbeitsvertrages nicht schlechter behandelt werden, als ein vergleichbarer unbefristet beschäftigter Arbeitnehmer, es sei denn, dass sachliche Gründe eine unterschiedliche Behandlung rechtfertigen. Einem befristet beschäftigten Arbeitnehmer ist Arbeitsentgelt oder eine andere teilbare geldwerte Leistung, die für einen bestimmten Bemessungszeitraum gewährt wird, mindestens in dem Umfang zu gewähren, der dem Anteil seiner Beschäftigungsdauer am Bemessungszeitraum entspricht. Sind bestimmte Beschäfti-

gungsbedingungen von der Dauer des Bestehens des Arbeitsverhältnisses in demselben Betrieb oder Unternehmen abhängig, so sind für befristet beschäftigte Arbeitnehmer dieselben Zeiten zu berücksichtigen wie für unbefristet beschäftigte Arbeitnehmer, es sei denn, dass eine unterschiedliche Berücksichtigung aus sachlichen Gründen gerechtfertigt ist.

§ 5 Benachteiligungsverbot

Der Arbeitgeber darf einen Arbeitnehmer nicht wegen der Inanspruchnahme von Rechten nach diesem Gesetz benachteiligen.

Zweiter Abschnitt
Teilzeitarbeit

§ 6 Förderung von Teilzeitarbeit

Der Arbeitgeber hat den Arbeitnehmern, auch in leitenden Positionen, Teilzeitarbeit nach Maßgabe dieses Gesetzes zu ermöglichen.

§ 7 Ausschreibung; Erörterung; Information über freie Arbeitsplätze

(1) Der Arbeitgeber hat einen Arbeitsplatz, den er öffentlich oder innerhalb des Betriebes ausschreibt, auch als Teilzeitarbeitsplatz auszuschreiben, wenn sich der Arbeitsplatz hierfür eignet.

(2) Der Arbeitgeber hat mit dem Arbeitnehmer dessen Wunsch nach Veränderung von Dauer oder Lage oder von Dauer und Lage seiner vertraglich vereinbarten Arbeitszeit zu erörtern. Dies gilt unabhängig vom Umfang der Arbeitszeit. Der Arbeitnehmer kann ein Mitglied der Arbeitnehmervertretung zur Unterstützung oder Vermittlung hinzuziehen.

(3) Der Arbeitgeber hat einen Arbeitnehmer, der ihm den Wunsch nach einer Veränderung von Dauer oder Lage oder seiner vertraglich vereinbarten Arbeitszeit angezeigt hat, über entsprechende Arbeitsplätze zu informieren, die im Betrieb oder Unternehmen besetzt werden sollen.

(4) Der Arbeitgeber hat die Arbeitnehmervertretung über angezeigte Arbeitszeitwünsche nach Absatz 2 sowie über Teilzeitarbeit im Betrieb und Unternehmen zu informieren, insbesondere über vorhandene oder geplante Teilzeitarbeitsplätze und über die Umwandlung von Teilzeitarbeitsplätzen in Vollzeitarbeitsplätze oder umgekehrt. Der Arbeitnehmervertretung sind auf Verlangen die erforderlichen Unterlagen zur Verfügung zu stellen; § 92 des Betriebsverfassungsgesetzes bleibt unberührt.

§ 8 Zeitlich nicht begrenzte Verringerung der Arbeitszeit

(1) Ein Arbeitnehmer, dessen Arbeitsverhältnis länger als sechs Monate bestanden hat, kann verlangen, dass seine vertraglich vereinbarte Arbeitszeit verringert wird.

(2) Der Arbeitnehmer muss die Verringerung seiner Arbeitszeit und den Umfang der Verringerung spätestens drei Monate vor deren Beginn in Textform geltend machen. Er soll dabei die gewünschte Verteilung der Arbeitszeit angeben.

(3) Der Arbeitgeber hat mit dem Arbeitnehmer die gewünschte Verringerung der Arbeitszeit mit dem Ziel zu erörtern, zu einer Vereinbarung zu gelangen. Er hat mit dem Arbeitnehmer Einvernehmen über die von ihm festzulegende Verteilung der Arbeitszeit zu erzielen.

(4) Der Arbeitgeber hat der Verringerung der Arbeitszeit zuzustimmen und ihre Verteilung entsprechend den Wünschen des Arbeitnehmers festzulegen, soweit betriebliche Gründe nicht entgegenstehen. Ein betrieblicher Grund liegt insbesondere vor, wenn die Verringerung der Arbeitszeit die Organisation, den Arbeitsablauf oder die Sicherheit im Betrieb wesentlich beeinträchtigt oder unverhältnismäßige Kosten verursacht. Die Ablehnungsgründe können durch Tarifvertrag festgelegt werden. Im Geltungsbereich eines solchen Tarifvertrages kön-

nen nicht tarifgebundene Arbeitgeber und Arbeitnehmer die Anwendung der tariflichen Regelungen über die Ablehnungsgründe vereinbaren.

(5) Die Entscheidung über die Verringerung der Arbeitszeit und ihre Verteilung hat der Arbeitgeber dem Arbeitnehmer spätestens einen Monat vor dem gewünschten Beginn der Verringerung in Textform mitzuteilen. Haben sich Arbeitgeber und Arbeitnehmer nicht nach Absatz 3 Satz 1 über die Verringerung der Arbeitszeit geeinigt und hat der Arbeitgeber die Arbeitszeitverringerung nicht spätestens einen Monat vor deren gewünschtem Beginn in Textform abgelehnt, verringert sich die Arbeitszeit in dem vom Arbeitnehmer gewünschten Umfang. Haben Arbeitgeber und Arbeitnehmer über die Verteilung der Arbeitszeit kein Einvernehmen nach Absatz 3 Satz 2 erzielt und hat der Arbeitgeber nicht spätestens einen Monat vor dem gewünschten Beginn der Arbeitszeitverringerung die gewünschte Verteilung der Arbeitszeit in Textform abgelehnt, gilt die Verteilung der Arbeitszeit entsprechend den Wünschen des Arbeitnehmers als festgelegt. Der Arbeitgeber kann die nach Satz 3 oder Absatz 3 Satz 2 festgelegte Verteilung der Arbeitszeit wieder ändern, wenn das betriebliche Interesse daran das Interesse des Arbeitnehmers an der Beibehaltung erheblich überwiegt und der Arbeitgeber die Änderung spätestens einen Monat vorher angekündigt hat.

(6) Der Arbeitnehmer kann eine erneute Verringerung der Arbeitszeit frühestens nach Ablauf von zwei Jahren verlangen, nachdem der Arbeitgeber einer Verringerung zugestimmt oder sie berechtigt abgelehnt hat.

(7) Für den Anspruch auf Verringerung der Arbeitszeit gilt die Voraussetzung, dass der Arbeitgeber, unabhängig von der Anzahl der Personen in Berufsbildung, in der Regel mehr als 15 Arbeitnehmer beschäftigt.

§ 9 Verlängerung der Arbeitszeit

Der Arbeitgeber hat einen teilzeitbeschäftigten Arbeitnehmer, der ihm in Textform den Wunsch nach einer Verlängerung seiner vertraglich vereinbarten Arbeitszeit angezeigt hat, bei der Besetzung eines Arbeitsplatzes bevorzugt zu berücksichtigen, es sei denn, dass

1. es sich dabei nicht um einen entsprechenden freien Arbeitsplatz handelt oder

2. der teilzeitbeschäftigte Arbeitnehmer nicht mindestens gleich geeignet ist wie ein anderer vom Arbeitgeber bevorzugter Bewerber oder

3. Arbeitszeitwünsche anderer teilzeitbeschäftigter Arbeitnehmer oder

4. dringende betriebliche Gründe entgegenstehen.

Ein freier zu besetzender Arbeitsplatz liegt vor, wenn der Arbeitgeber die Organisationsentscheidung getroffen hat, diesen zu schaffen oder einen unbesetzten Arbeitsplatz neu zu besetzen.

§ 9a Zeitlich begrenzte Verringerung der Arbeitszeit

(1) Ein Arbeitnehmer, dessen Arbeitsverhältnis länger als sechs Monate bestanden hat, kann verlangen, dass seine vertraglich vereinbarte Arbeitszeit für einen im Voraus zu bestimmenden Zeitraum verringert wird. Der begehrte Zeitraum muss mindestens ein Jahr und darf höchstens fünf Jahre betragen. Der Arbeitnehmer hat nur dann einen Anspruch auf zeitlich begrenzte Verringerung der Arbeitszeit, wenn der Arbeitgeber in der Regel mehr als 45 Arbeitnehmer beschäftigt.

(2) Der Arbeitgeber kann das Verlangen des Arbeitnehmers nach Verringerung der Arbeitszeit ablehnen, soweit betriebliche Gründe entgegenstehen; § 8 Absatz 4 gilt entsprechend. Ein Arbeitgeber, der in der Regel mehr als 45, aber nicht mehr als 200 Arbeitnehmer beschäftigt, kann das Verlangen eines Arbeitneh-

mers auch ablehnen, wenn zum Zeitpunkt des begehrten Beginns der verringerten Arbeitszeit bei einer Arbeitnehmerzahl von in der Regel

1. mehr als 45 bis 60 bereits mindestens vier,

2. mehr als 60 bis 75 bereits mindestens fünf,

3. mehr als 75 bis 90 bereits mindestens sechs,

4. mehr als 90 bis 105 bereits mindestens sieben,

5. mehr als 105 bis 120 bereits mindestens acht,

6. mehr als 120 bis 135 bereits mindestens neun,

7. mehr als 135 bis 150 bereits mindestens zehn,

8. mehr als 150 bis 165 bereits mindestens elf,

9. mehr als 165 bis 180 bereits mindestens zwölf,

10. mehr als 180 bis 195 bereits mindestens 13,

11. mehr als 195 bis 200 bereits mindestens 14

andere Arbeitnehmer ihre Arbeitszeit nach Absatz 1 verringert haben.

(3) Im Übrigen gilt für den Umfang der Verringerung der Arbeitszeit und für die gewünschte Verteilung der Arbeitszeit § 8 Absatz 2 bis 5. Für den begehrten Zeitraum der Verringerung der Arbeitszeit sind § 8 Absatz 2 Satz 1, Absatz 3 Satz 1, Absatz 4 sowie Absatz 5 Satz 1 und 2 entsprechend anzuwenden.

(4) Während der Dauer der zeitlich begrenzten Verringerung der Arbeitszeit kann der Arbeitnehmer keine weitere Verringerung und keine Verlängerung seiner Arbeitszeit nach diesem Gesetz verlangen; § 9 findet keine Anwendung.

(5) Ein Arbeitnehmer, der nach einer zeitlich begrenzten Verringerung der Arbeitszeit nach Absatz 1 zu seiner ursprünglichen vertraglich

vereinbarten Arbeitszeit zurückgekehrt ist, kann eine erneute Verringerung der Arbeitszeit nach diesem Gesetz frühestens ein Jahr nach der Rückkehr zur ursprünglichen Arbeitszeit verlangen. Für einen erneuten Antrag auf Verringerung der Arbeitszeit nach berechtigter Ablehnung auf Grund entgegenstehender betrieblicher Gründe nach Absatz 2 Satz 1 gilt § 8 Absatz 6 entsprechend. Nach berechtigter Ablehnung auf Grund der Zumutbarkeitsregelung nach Absatz 2 Satz 2 kann der Arbeitnehmer frühestens nach Ablauf von einem Jahr nach der Ablehnung erneut eine Verringerung der Arbeitszeit verlangen.

(6) Durch Tarifvertrag kann der Rahmen für den Zeitraum der Arbeitszeitverringerung abweichend von Absatz 1 Satz 2 auch zuungunsten des Arbeitnehmers festgelegt werden.

(7) Bei der Anzahl der Arbeitnehmer nach Absatz 1 Satz 3 und Absatz 2 sind Personen in Berufsbildung nicht zu berücksichtigen.

§ 10 Aus- und Weiterbildung

Der Arbeitgeber hat Sorge zu tragen, dass auch teilzeitbeschäftigte Arbeitnehmer an Aus- und Weiterbildungsmaßnahmen zur Förderung der beruflichen Entwicklung und Mobilität teilnehmen können, es sei denn, dass dringende betriebliche Gründe oder Aus- und Weiterbildungswünsche anderer teilzeit- oder vollzeitbeschäftigter Arbeitnehmer entgegenstehen.

§ 11 Kündigungsverbot

Die Kündigung eines Arbeitsverhältnisses wegen der Weigerung eines Arbeitnehmers, von einem Vollzeit- in ein Teilzeitarbeitsverhältnis oder umgekehrt zu wechseln, ist unwirksam. Das Recht zur Kündigung des Arbeitsverhältnisses aus anderen Gründen bleibt unberührt.

§ 12 Arbeit auf Abruf

(1) Arbeitgeber und Arbeitnehmer können vereinbaren, dass der Arbeitnehmer seine Arbeitsleistung entsprechend dem Arbeitsanfall zu er-

bringen hat (Arbeit auf Abruf). Die Vereinbarung muss eine bestimmte Dauer der wöchentlichen und täglichen Arbeitszeit festlegen. Wenn die Dauer der wöchentlichen Arbeitszeit nicht festgelegt ist, gilt eine Arbeitszeit von 20 Stunden als vereinbart. Wenn die Dauer der täglichen Arbeitszeit nicht festgelegt ist, hat der Arbeitgeber die Arbeitsleistung des Arbeitnehmers jeweils für mindestens drei aufeinander folgende Stunden in Anspruch zu nehmen.

(2) Ist für die Dauer der wöchentlichen Arbeitszeit nach Absatz 1 Satz 2 eine Mindestarbeitszeit vereinbart, darf der Arbeitgeber nur bis zu 25 Prozent der wöchentlichen Arbeitszeit zusätzlich abrufen. Ist für die Dauer der wöchentlichen Arbeitszeit nach Absatz 1 Satz 2 eine Höchstarbeitszeit vereinbart, darf der Arbeitgeber nur bis zu 20 Prozent der wöchentlichen Arbeitszeit weniger abrufen.

(3) Der Arbeitnehmer ist nur zur Arbeitsleistung verpflichtet, wenn der Arbeitgeber ihm die Lage seiner Arbeitszeit jeweils mindestens vier Tage im Voraus mitteilt.

(4) Zur Berechnung der Entgeltfortzahlung im Krankheitsfall ist die maßgebende regelmäßige Arbeitszeit im Sinne von § 4 Absatz 1 des Entgeltfortzahlungsgesetzes die durchschnittliche Arbeitszeit der letzten drei Monate vor Beginn der Arbeitsunfähigkeit (Referenzzeitraum). Hat das Arbeitsverhältnis bei Beginn der Arbeitsunfähigkeit keine drei Monate bestanden, ist der Berechnung des Entgeltfortzahlungsanspruchs die durchschnittliche Arbeitszeit dieses kürzeren Zeitraums zugrunde zu legen. Zeiten von Kurzarbeit, unverschuldeter Arbeitsversäumnis, Arbeitsausfällen und Urlaub im Referenzzeitraum bleiben außer Betracht. Für den Arbeitnehmer günstigere Regelungen zur Berechnung der Entgeltfortzahlung im Krankheitsfall finden Anwendung.

(5) Für die Berechnung der Entgeltzahlung an Feiertagen nach § 2 Absatz 1 des Entgeltfortzahlungsgesetzes gilt Absatz 4 entsprechend.

(6) Durch Tarifvertrag kann von den Absätzen 1 und 3 auch zuungunsten des Arbeitnehmers

abgewichen werden, wenn der Tarifvertrag Regelungen über die tägliche und wöchentliche Arbeitszeit und die Vorankündigungsfrist vorsieht. Im Geltungsbereich eines solchen Tarifvertrages können nicht tarifgebundene Arbeitgeber und Arbeitnehmer die Anwendung der tariflichen Regelungen über die Arbeit auf Abruf vereinbaren.

§ 13 Arbeitsplatzteilung

(1) Arbeitgeber und Arbeitnehmer können vereinbaren, dass mehrere Arbeitnehmer sich die Arbeitszeit an einem Arbeitsplatz teilen (Arbeitsplatzteilung). Ist einer dieser Arbeitnehmer an der Arbeitsleistung verhindert, sind die anderen Arbeitnehmer zur Vertretung verpflichtet, wenn sie der Vertretung im Einzelfall zugestimmt haben. Eine Pflicht zur Vertretung besteht auch, wenn der Arbeitsvertrag bei Vorliegen dringender betrieblicher Gründe eine Vertretung vorsieht und diese im Einzelfall zumutbar ist.

(2) Scheidet ein Arbeitnehmer aus der Arbeitsplatzteilung aus, so ist die darauf gestützte Kündigung des Arbeitsverhältnisses eines anderen in die Arbeitsplatzteilung einbezogenen Arbeitnehmers durch den Arbeitgeber unwirksam. Das Recht zur Änderungskündigung aus diesem Anlass und zur Kündigung des Arbeitsverhältnisses aus anderen Gründen bleibt unberührt.

(3) Die Absätze 1 und 2 sind entsprechend anzuwenden, wenn sich Gruppen von Arbeitnehmern auf bestimmten Arbeitsplätzen in festgelegten Zeitabschnitten abwechseln, ohne dass eine Arbeitsplatzteilung im Sinne des Absatzes 1 vorliegt.

(4) Durch Tarifvertrag kann von den Absätzen 1 und 3 auch zuungunsten des Arbeitnehmers abgewichen werden, wenn der Tarifvertrag Regelungen über die Vertretung der Arbeitnehmer enthält. Im Geltungsbereich eines solchen Tarifvertrages können nicht tarifgebundene Arbeitgeber und Arbeitnehmer die Anwendung

der tariflichen Regelungen über die Arbeitsplatzteilung vereinbaren.

Dritter Abschnitt
Befristete Arbeitsverträge

§ 14 Zulässigkeit der Befristung

(1) Die Befristung eines Arbeitsvertrages ist zulässig, wenn sie durch einen sachlichen Grund gerechtfertigt ist. Ein sachlicher Grund liegt insbesondere vor, wenn

1. der betriebliche Bedarf an der Arbeitsleistung nur vorübergehend besteht,

2. die Befristung im Anschluss an eine Ausbildung oder ein Studium erfolgt, um den Übergang des Arbeitnehmers in eine Anschlussbeschäftigung zu erleichtern,

3. der Arbeitnehmer zur Vertretung eines anderen Arbeitnehmers beschäftigt wird,

4. die Eigenart der Arbeitsleistung die Befristung rechtfertigt,

5. die Befristung zur Erprobung erfolgt,

6. in der Person des Arbeitnehmers liegende Gründe die Befristung rechtfertigen,

7. der Arbeitnehmer aus Haushaltsmitteln vergütet wird, die haushaltsrechtlich für eine befristete Beschäftigung bestimmt sind, und er entsprechend beschäftigt wird oder

8. die Befristung auf einem gerichtlichen Vergleich beruht.

(2) Die kalendermäßige Befristung eines Arbeitsvertrages ohne Vorliegen eines sachlichen Grundes ist bis zur Dauer von zwei Jahren zulässig; bis zu dieser Gesamtdauer von zwei Jahren ist auch die höchstens dreimalige Verlängerung eines kalendermäßig befristeten Arbeitsvertrages zulässig. Eine Befristung nach Satz 1 ist nicht zulässig, wenn mit demselben Arbeitgeber bereits zuvor ein befristetes oder unbefristetes Arbeitsverhältnis bestanden hat. Durch Tarif-

vertrag kann die Anzahl der Verlängerungen oder die Höchstdauer der Befristung abweichend von Satz 1 festgelegt werden. Im Geltungsbereich eines solchen Tarifvertrages können nicht tarifgebundene Arbeitgeber und Arbeitnehmer die Anwendung der tariflichen Regelungen vereinbaren.

(2a) In den ersten vier Jahren nach der Gründung eines Unternehmens ist die kalendermäßige Befristung eines Arbeitsvertrages ohne Vorliegen eines sachlichen Grundes bis zur Dauer von vier Jahren zulässig; bis zu dieser Gesamtdauer von vier Jahren ist auch die mehrfache Verlängerung eines kalendermäßig befristeten Arbeitsvertrages zulässig. Dies gilt nicht für Neugründungen im Zusammenhang mit der rechtlichen Umstrukturierung von Unternehmen und Konzernen. Maßgebend für den Zeitpunkt der Gründung des Unternehmens ist die Aufnahme einer Erwerbstätigkeit, die nach § 138 der Abgabenordnung der Gemeinde oder dem Finanzamt mitzuteilen ist. Auf die Befristung eines Arbeitsvertrages nach Satz 1 findet Absatz 2 Satz 2 bis 4 entsprechende Anwendung.

(3) Die kalendermäßige Befristung eines Arbeitsvertrages ohne Vorliegen eines sachlichen Grundes ist bis zu einer Dauer von fünf Jahren zulässig, wenn der Arbeitnehmer bei Beginn des befristeten Arbeitsverhältnisses das 52. Lebensjahr vollendet hat und unmittelbar vor Beginn des befristeten Arbeitsverhältnisses mindestens vier Monate beschäftigungslos im Sinne des § 138 Absatz 1 Nummer 1 des Dritten Buches Sozialgesetzbuch gewesen ist, Transferkurzarbeitergeld bezogen oder an einer öffentlich geförderten Beschäftigungsmaßnahme nach dem Zweiten oder Dritten Buch Sozialgesetzbuch teilgenommen hat. Bis zu der Gesamtdauer von fünf Jahren ist auch die mehrfache Verlängerung des Arbeitsvertrages zulässig.

(4) Die Befristung eines Arbeitsvertrages bedarf zu ihrer Wirksamkeit der Schriftform.

§ 15 Ende des befristeten Arbeitsvertrages

(1) Ein kalendermäßig befristeter Arbeitsvertrag endet mit Ablauf der vereinbarten Zeit.

(2) Ein zweckbefristeter Arbeitsvertrag endet mit Erreichen des Zwecks, frühestens jedoch zwei Wochen nach Zugang der schriftlichen Unterrichtung des Arbeitnehmers durch den Arbeitgeber über den Zeitpunkt der Zweckerreichung.

(3) Ein befristetes Arbeitsverhältnis unterliegt nur dann der ordentlichen Kündigung, wenn dies einzelvertraglich oder im anwendbaren Tarifvertrag vereinbart ist.

(4) Ist das Arbeitsverhältnis für die Lebenszeit einer Person oder für längere Zeit als fünf Jahre eingegangen, so kann es von dem Arbeitnehmer nach Ablauf von fünf Jahren gekündigt werden. Die Kündigungsfrist beträgt sechs Monate.

(5) Wird das Arbeitsverhältnis nach Ablauf der Zeit, für die es eingegangen ist, oder nach Zweckerreichung mit Wissen des Arbeitgebers fortgesetzt, so gilt es als auf unbestimmte Zeit verlängert, wenn der Arbeitgeber nicht unverzüglich widerspricht oder dem Arbeitnehmer die Zweckerreichung nicht unverzüglich mitteilt.

§ 16 Folgen unwirksamer Befristung

Ist die Befristung rechtsunwirksam, so gilt der befristete Arbeitsvertrag als auf unbestimmte Zeit geschlossen; er kann vom Arbeitgeber frühestens zum vereinbarten Ende ordentlich gekündigt werden, sofern nicht nach § 15 Abs. 3 die ordentliche Kündigung zu einem früheren Zeitpunkt möglich ist. Ist die Befristung nur wegen des Mangels der Schriftform unwirksam, kann der Arbeitsvertrag auch vor dem vereinbarten Ende ordentlich gekündigt werden.

§ 17 Anrufung des Arbeitsgerichts

Will der Arbeitnehmer geltend machen, dass die Befristung eines Arbeitsvertrages rechtsun-

wirksam ist, so muss er innerhalb von drei Wochen nach dem vereinbarten Ende des befristeten Arbeitsvertrages Klage beim Arbeitsgericht auf Feststellung erheben, dass das Arbeitsverhältnis auf Grund der Befristung nicht beendet ist. Die §§ 5 bis 7 des Kündigungsschutzgesetzes gelten entsprechend. Wird das Arbeitsverhältnis nach dem vereinbarten Ende fortgesetzt, so beginnt die Frist nach Satz 1 mit dem Zugang der schriftlichen Erklärung des Arbeitgebers, dass das Arbeitsverhältnis auf Grund der Befristung beendet sei.

§ 18 Information über unbefristete Arbeitsplätze

Der Arbeitgeber hat die befristet beschäftigten Arbeitnehmer über entsprechende unbefristete Arbeitsplätze zu informieren, die besetzt werden sollen. Die Information kann durch allgemeine Bekanntgabe an geeigneter, den Arbeitnehmern zugänglicher Stelle im Betrieb und Unternehmen erfolgen.

§ 19 Aus- und Weiterbildung

Der Arbeitgeber hat Sorge zu tragen, dass auch befristet beschäftigte Arbeitnehmer an angemessenen Aus- und Weiterbildungsmaßnahmen zur Förderung der beruflichen Entwicklung und Mobilität teilnehmen können, es sei denn, dass dringende betriebliche Gründe oder Aus- und Weiterbildungswünsche anderer Arbeitnehmer entgegenstehen.

§ 20 Information der Arbeitnehmervertretung

Der Arbeitgeber hat die Arbeitnehmervertretung über die Anzahl der befristet beschäftigten Arbeitnehmer und ihren Anteil an der Gesamtbelegschaft des Betriebes und des Unternehmens zu informieren.

§ 21 Auflösend bedingte Arbeitsverträge

Wird der Arbeitsvertrag unter einer auflösenden Bedingung geschlossen, gelten § 4 Abs. 2,

§ 5, § 14 Abs. 1 und 4, § 15 Abs. 2, 3 und 5 sowie die §§ 16 bis 20 entsprechend.

Vierter Abschnitt
Gemeinsame Vorschriften

§ 22 Abweichende Vereinbarungen

(1) Außer in den Fällen des § 9a Absatz 6, § 12 Absatz 6, § 13 Absatz 4 und § 14 Absatz 2 Satz 3 und 4 kann von den Vorschriften dieses Gesetzes nicht zuungunsten des Arbeitnehmers abgewichen werden.

(2) Enthält ein Tarifvertrag für den öffentlichen Dienst Bestimmungen im Sinne des § 8 Absatz 4 Satz 3 und 4, auch in Verbindung mit § 9a Absatz 2, des § 9a Absatz 6, § 12 Absatz 6, § 13 Absatz 4, § 14 Absatz 2 Satz 3 und 4 oder § 15 Absatz 3, so gelten diese Bestimmungen auch zwischen nicht tarifgebundenen Arbeitgebern und Arbeitnehmern außerhalb des öffentlichen Dienstes, wenn die Anwendung der für den öffentlichen Dienst geltenden tarifvertraglichen Bestimmungen zwischen ihnen vereinbart ist und die Arbeitgeber die Kosten des Betriebes überwiegend mit Zuwendungen im Sinne des Haushaltsrechts decken.

§ 23 Besondere gesetzliche Regelungen

Besondere Regelungen über Teilzeitarbeit und über die Befristung von Arbeitsverträgen nach anderen gesetzlichen Vorschriften bleiben unberührt.